SUPPLÉMENT

DU DICTIONNAIRE

DES SYNONYMES

DE LA LANGUE FRANÇAISE

LISTE DES AUTEURS

CITÉS EN ABRÉGÉ

DANS LE SUPPLÉMENT DU DICTIONNAIRE DES SYNONYMES

DE LA LANGUE FRANÇAISE

Acad. Académie. Le dictionnaire de l'Académie.
Arn. Arnauld.
Bach. Bachaumont.
Barth. Barthélemy.
Beaum. Beaumarchais.
Beauz. Beauzée.
Bern. Bernardin de Saint-Pierre.
Boil. Boileau.
Boss. Bossuet.
Bouff. Boufflers.
Bouh. Bouhours.
Bourd. Bourdaloue.
Brant. Brantôme.
Buff. Buffon.
Champ. Chamfort.
Chap. Chapelle.
Chap. et Bach. Chapelle et Bachaumont.
Charr. Charron.
Chén. Chénier.
Cond. Condillac.
Corn. Corneille.
Créb. Crébillon.
D'Ag. D'Aguesseau.
D'Al. D'Alembert.
Danc. Dancourt.
Delaf. Mme de Lafayette.
Del. Delille.
Desc. Descartes.
Dest. Destouches.
Did. Diderot.
D'Ol. D'Olivet.
Duc. Ducis.
Ducl. Duclos.
Du Deff. Mme du Deffand.
Dufr. Dufresny.
Fén. Fénelon.
Flech. Fléchier.
Flor. Florian.
Font. Fontenelle.
Gilb. Gilbert.
Gir. Girard.
Gress. Gresset.
Guiz. Guizot.
Ham. Hamilton.
Hén. Hénault.

J. B. Rouss. Jean-Baptiste Rousseau.
J. J. Jean-Jacques Rousseau.
Labr. Labruyère.
Laf. Lafontaine.
Lah. Laharpe.
Laroch. Larochefoucauld.
Lav. Laveaux.
Les. Lesage.
L. Rac. Louis Racine.
Maint. Mme de Maintenon.
Mal. Malebranche.
Malh. Malherbe.
Mariv. Marivaux.
Marm. Marmontel.
Mass. Massillon.
Mol. Molière.
Montaign. Montaigne.
Montesq. Montesquieu.
Nic. Nicole.
P. A. Le Père André.
Pasc. Pascal.
Pelliss. Pellisson.
Pir. Piron.
P. R. Port-Royal.
Prev. L'abbé Prévost.
Rab. Rabelais.
Rac. Racine.
Rayn. Raynal.
Regn. Regnard.
Riv. Rivarol.
Roll. Rollin.
Rotr. Rotrou.
Roub. Roubaud.
S. Lamb. Saint-Lambert.
S. R. Saint-Réal.
S. S. Le duc de Saint-Simon.
Scarr. Scarron.
Sed. Sedaine.
Sév. Mme de Sévigné.
Staël. Mme de Staël.
Thom. Thomas.
Vaug. Vaugelas.
Vauv. Vauvenargues.
Vert. Vertot.
Volt. Voltaire

PRÉFACE DU SUPPLÉMENT

Les progrès de la philologie dans l'étude des mots synonymes ont conduit à en reconnaître de deux sortes. Les uns se ressemblent non-seulement pour le sens, mais encore par la forme : ils ont même radical, et toute la différence qu'il peut encore y avoir entre eux provient, soit de ce qu'ils sont soumis à diverses influences grammaticales, soit de ce qu'ils ne commencent pas de même ou de ce qu'ils n'ont pas la même terminaison. Tels sont : *détail* et *détails, un couple* et *une couple, commencer à* et *commencer de, être* et *avoir changé; défiance* et *méfiance, conserver* et *réserver; charlatanisme* et *charlatanerie, funèbre* et *funéraire*. Les autres, comme *larmes* et *pleurs, laid* et *vilain, demeurer* et *rester*, ayant des radicaux divers, ne présentent aucune ressemblance extérieure ou de forme, et leurs différences résultent des significations diverses primitivement attachées à leurs radicaux mêmes.

Les synonymes à radical commun, doublement synonymes en quelque sorte, puisqu'ils le sont également pour l'œil et pour l'esprit, peuvent et ont dû être étudiés à part, tant ils diffèrent des autres. Ils forment en effet l'unique sujet du livre que j'ai publié pour la première fois en 1841 sous le titre de *Traité des synonymes grammaticaux*. Les autres font plutôt la matière d'un dictionnaire dans lequel ils sont rangés par articles séparés qui se suivent selon l'ordre alphabétique. Aussi est-ce seulement des synonymes de cette espèce qu'il est question dans le *Dictionnaire des synonymes de la langue française*, que j'ai publié pour la première fois en 1858, en le faisant précéder d'une deuxième édition du *Traité des synonymes grammaticaux*.

Me voici arrivé, au bout de trente ans, à un troisième ouvrage sur les synonymes. Quel en est l'objet propre? C'est d'ajouter aux deux précédents, et surtout au second. Le premier, le *Traité des synonymes grammaticaux*, tel que le présente la deuxième édition, est aussi parfait et presque aussi complet que j'étais capable de le rendre. Mais il n'en est pas de même du dictionnaire, il s'en faut bien.

En général, un dictionnaire de synonymes ne saurait être complet. Comme tous les autres, comme ceux mêmes qui s'intitulent fastueusement dictionnaires *universels* des synonymes, ce qui ne les empêche pas de se dire considérablement augmentés quand on les réimprime, mon dictionnaire proprement dit était susceptible d'additions. Il ne contient guère, à dire le vrai, que des synonymes connus, mais rapprochés, conciliés, fondus en un tout, méthodiquement distingués et ordonnés d'une manière systématique. C'est l'ancien dictionnaire refait d'après un plan régulier. A ces synonymes qui sont proprement du domaine public, et qui se retrouvent dans toutes sortes de recueils sous des formes plus ou moins variées, le présent livre ajoute plus de sept cents articles nouveaux; en sorte qu'on peut avec raison le considérer comme propre à servir de supplément non-seulement à mon dictionnaire, mais encore à tous les dictionnaires de synonymes français.

Quand je dis que ces articles sont nouveaux, j'entends qu'ils le sont pour le public. Car plusieurs avaient déjà été traités par Condillac. Mais, outre que les synonymes de Condillac sont restés inédits, ils se sont tellement développés ou transformés sous ma plume, qu'il serait difficile de les reconnaître. Les synonymes latins de Dœderlein et les allemands d'Eberhard m'ont également servi, je ne le dissimule pas, à composer quelques articles ; mais, tels qu'ils sont, c'est à peine s'ils ont conservé quoi que ce soit qui rappelle leur origine.

Parmi les autres, il en est qui méritent une mention particulière. Ce sont ceux qui répondent à une liste de synonymes recommandés par l'abbé Girard à l'attention des synonymistes futurs, ses imitateurs. Ceux-ci, en effet, Beauzée, Roubaud, Laveaux et plusieurs encyclopédistes en avaient expliqué chacun un certain nombre. Le Roy de Flagis avait complété l'œuvre, en traitant presque tous ceux qui n'avaient pas encore été examinés. Mais son travail, très imparfait du reste, est à peine connu même des philologues de profession. Je l'ai refait avec le plus grand soin, et le fruit de mes efforts compte pour une bonne part dans le livre que je publie aujourd'hui : le lecteur y trouvera accomplie enfin la tâche proposée par le fondateur même de cette étude à ceux qui voudraient s'y appliquer après lui.

SUPPLÉMENT

DU DICTIONNAIRE

DES SYNONYMES

DE LA LANGUE FRANÇAISE

DICTIONNAIRE
DES SYNONYMES
DE LA LANGUE FRANÇAISE

SUPPLÉMENT.

A

A, OU. Ces mots servent à indiquer un nombre approximativement.

Mais *ou* le fait avec plus de précision. Il offre à l'esprit une alternative, l'option entre deux nombres seulement; au lieu que *à* donne à choisir entre plus de deux nombres. Si un historien apprend d'un général qu'il a péri douze mille hommes dans une bataille, et d'un autre qu'il en a péri seize mille, il écrira que dans cette bataille périrent douze *ou* seize mille hommes, et le lecteur n'aura à balancer qu'entre ces deux nombres. Mais si l'historien apprend d'autres personnes qu'il en a péri treize, quatorze ou quinze mille, ou bien qu'il ait des raisons de croire que des deux premiers témoins l'un a affaibli et l'autre exagéré la vérité, il écrira qu'il a été tué dans le combat douze *à* seize mille hommes, et le lecteur aura à hésiter entre tous les nombres intermédiaires depuis douze mille jusqu'à seize mille. J'ai reçu de vous six *ou* huit lettres, c'est-à-dire l'un ou l'autre; six *à* huit lettres c'est-à-dire ou six, ou sept, ou huit.

Quand les deux nombres donnés se suivent, ne diffèrent que d'une unité, comme le choix est alors borné à l'un ou à l'autre, *ou* doit seul être employé. On dira donc sept *ou* huit personnes (Labr., Hén.), quatre *ou* cinq hommes (S. S.), quatre *ou* cinq fois (Id.), sept *ou* huit moyens de gagner sa vie (Id.), cinq *ou* six chèvres (Laf.), cinq *ou* six lois (Boss.), et non pas sept *à* huit personnes, quatre *à* cinq hommes, quatre *à* cinq fois, sept *à* huit moyens, cinq *à* six chèvres, cinq *à* six lois. — « Le duc de Montmorency avait rassemblé six *à* sept mille hommes... Il franchit un large fossé suivi seulement de cinq *ou* six personnes. » Volt.

Toutefois *ou* n'est de rigueur et *à* n'est absolument impropre que dans le cas où les deux nombres ressemblent à ceux qui viennent d'être cités, c'est-à-dire non-seulement sont consécutifs, mais encore se rapportent à des choses qui ne peuvent être divisées par fractions. Ainsi on dira bien cinq *à* six francs, quatre *à* cinq mètres, deux *à* trois livres de sucre, avoir dix-sept *à* dix-huit ans, un territoire de huit *à* neuf lieues. C'est que dans ces exemples et autres semblables il est question de choses divisibles par fractions et qu'entre deux nombres de ces choses il y a des intermédiaires, si bien que le choix ne se réduit pas à une simple alternative.

Mais c'est là un cas particulier, ce qui lui convient ne doit pas être étendu aux autres, à ceux dans lesquels il s'agit de deux nombres consécutifs d'individus ou de choses indivisibles. On parlerait mal en disant comme autrefois l'Académie, qui du reste s'est rétractée sur ce point depuis 1835 : « Il y avait six *à* sept femmes dans cette assemblée. »

ABAISSER, ABATTRE. Faire aller en bas.

Abaisser est relatif, et signifie faire aller plus bas, diminuer la hauteur; *abattre* est absolu, et veut dire faire aller à bas, jeter par terre. On *abaisse* une branche pour pouvoir l'atteindre, et on l'*abaisse* plus ou moins ; on *abat* un arbre en le renversant. Ce qui s'*abaisse*, s'incline ou décline; ce qui s'*abat* tombe. L'action d'*abaisser*, en conséquence de l'effet qu'elle produit, est plus douce ou moins brusque que celle d'*abattre*. Jamais les canards ne se posent qu'après avoir fait plusieurs circonvolutions sur le lieu où ils voudraient s'*abattre*, comme pour l'examiner ; et lorsque enfin ils s'*abaissent*, c'est toujours avec précaution : ils fléchissent leur vol et se lancent obliquement sur la surface de l'eau. » Buff.—Ensuite, *abaisser* suppose quelquefois qu'on ôte seulement l'obstacle qui empêchait la chose d'aller en bas, au lieu qu'*abattre* emporte l'idée d'une action qui détermine ou contraint à aller en bas une chose qui n'y irait pas d'elle-même : on *abaisse* des voiles, des jalousies, des réverbères, en lâchant la corde qui les tient suspendus ; on *abat* une maison qu'on démolit, dont on cause la chute.

Les mêmes nuances reparaissent au figuré. Une puissance *abaissée* est moins grande, une puissance *abattue* est détruite, sans force ou sans ressource aucune : l'une a baissé, l'autre est déchue. Les premières guerres puniques n'avaient fait qu'*abaisser* le courage et l'orgueil des Carthaginois ; il fallut la ruine de Carthage pour *abattre* l'un et l'autre. Suivant Nicole : « Nos misères doivent nous *abaisser* sans nous *abattre*. » C'est-à-dire qu'elles doivent diminuer l'estime de nous-mêmes, nous humilier, mais non pas nous jeter dans un état de complet accablement, de désespoir.

ABAISSER (S'), DESCENDRE. Se mettre plus bas, prendre une position inférieure ou moins élevée.

S'*abaisser*, c'est simplement se *baisser*, comme fait un homme qui s'incline en saluant ou par respect. Mais pour *descendre* il faut quitter la place où l'on est et passer à une autre qui est au-dessous. S'*abaisser* dit donc moins que *descendre*. « Lorsque je m'*abaisse* je perds de ma force, et je tombe lorsque je *descends*. » Champ. A l'égard des pêcheurs, le directeur des consciences doit « s'*abaisser* et *descendre* dans la profondeur de leur corruption et de leur misère. » Mass.

Que si *descendre* se distingue par le degré, s'*abaisser*, de son côté, a pour accessoire une idée particulière d'*abaissement*, de dégradation, d'humiliation, de diminution de dignité ou de grandeur. « Il *descend* au style naïf sans jamais s'*abaisser*. » Acad. « L'orateur alors, simple et modeste, saura *descendre* sans s'*abaisser*. » D'Ag. « Affable et d'un accès facile, Cyrus sait *descendre* jusqu'au dernier de ses sujets sans s'*abaisser*. » Cond. « On doit rendre aux auteurs qui nous ont paru originaux dans plusieurs endroits de leurs ouvrages cette justice, qu'ils ne se sont point *abaissés* à *descendre* jusqu'à la qualité de copistes. » Montesq. « Le Fils unique de Dieu *descend* du sein de son Père, et vient sur la terre s'*abaisser* lui-même et s'anéantir. » Bourd.

Descendre exprime bien aussi une diminution par rapport à une situation antérieure, sans quoi il ne serait pas synonyme de s'*abaisser*, mais il signifie proprement une diminution de rang qui ne fait concevoir rien de *bas*, d'avilissant, d'indigne, de honteux ou de mortifiant. On s'*abaisse* à une lâcheté (Corn.), à des faiblesses, à de honteux moyens (Volt.), à une infamie (J. J.), à des contes vulgaires (Laf.) ; mais on *descend* de son rang (Rac., Volt.). « Des grands *descendus* volontairement au rang des petits. » Bourd. « Ce prince daigne *descendre* à tout. » Volt. « Enfant de saint Louis, que votre grandeur ne vous empêche jamais de *descendre* avec bonté jusqu'aux plus petits. » Fén.

Tu *descends* jusqu'à nous de ton trône suprême.
Corn.

ABANDONNER, LIVRER, CÉDER, LACHER.
On *abandonne*, on *livre*, on *cède*, et on *lâche* quelque chose à quelqu'un, en faisant en sorte qu'il en devienne maître.

Mais d'abord *livrer* dit quelque chose de plus positif qu'*abandonner*. « On *abandonne* une chose qu'on ne défend pas ; on *livre* celle qu'on met entre les mains, au pouvoir d'un autre. On *abandonne* une place lorsqu'on se retire et qu'on cesse par conséquent de la défendre ; on la *livre* lorsqu'on ouvre soi-même les portes à l'ennemi. L'Eglise *abandonnait* un prêtre au bras séculier, c'est-à-dire que, ne voulant pas le juger elle-même, elle le laissait aux tribunaux le soin de le juger ; *livrer* à la justice, c'est traduire un malfaiteur devant un tribunal. » Cond. A l'approche d'Alexandre, les Bactriens *abandonnèrent* Bessus, et se retirèrent chacun chez eux ; mais Spitamène et deux autres officiers de l'usurpateur, s'étant saisis de sa personne, le conduisirent à Alexandre, auquel ils le *livrèrent* chargé de chaînes (Roll.). — On *abandonne*, mais on ne *livre* pas un homme à lui-même, un homme se possède déjà ; mais on le *livre* à quelqu'un ou à quelque chose. » Tout m'*abandonne* à moi-même, ou plutôt tout me *livre* à toi. » J. J. « Je vais rester *abandonnée* à moi seule, ou *livrée* aux persécutions. » Id. « Dieu *abandonne* les impies à eux-mêmes, et les *livre* à l'erreur, à un sens réprouvé. » Boss., Mal.

Céder, de *cedere*, se retirer, faire place à un autre, c'est renoncer à quelque chose en faveur d'un concurrent, d'un compétiteur. « Le peuple allait employer la force (contre Louis XVI) ; et telle était la répugnance du roi pour toute espèce de violence, que les troupes n'eurent pas l'ordre de le défendre. Sans vouloir rien *céder*, on *abandonnait* tout. » Marm. « Qui passera de nous deux ? Qui *cédera* la place à l'autre ? » Pasc. « J'ai assez combattu, je me retire ; prenez mon rang, jeunes gens, je vous le *cède*. » J. J.

Les bons morceaux de tout, il faut qu'on les lui *cède*.
Mol.

Enfin nos ennemis nous *cèdent* la campagne. Corn.

Polyeucte vous *cède* ;
Et, comme si vos feux étaient un don fatal,
Il en fait un présent lui-même à son rival. Id.

Lâcher, c'est laisser échapper, ne pas retenir jusqu'au bout. « Il voulut l'espèce sur-le-champ. Je balançai longtemps, mais il me pressa, et fatigua ma résistance. J'eus la faiblesse de lui *lâcher* le dépôt qu'il emporta. » Les. « A ce discours, je jugeai que M. le grand inquisiteur n'avait pas envie de *lâcher* ma malle qu'il tenait dans ses serres. » Id. « Ces lions ne se laissent poursuivre par des femmes ou par des enfants qui leur font à coup de bâton quitter prise et *lâcher* indignement leur proie. » Buff.

Pourquoi donc les avoir en d'autres mains *lâchés* ?
(Ces papiers), Mol.

On ne put faire
Qu'elle *lâchât* aux autres le morceau. LAF.

Ainsi on *abandonne* une chose à quelqu'un, en ne faisant rien pour l'empêcher de la prendre. On *livre* une chose à quelqu'un, en la lui remettant. On *cède* une chose à un rival, en lui quittant la partie. On *lâche* une chose à quelqu'un, en mollissant, en se *relâchant* tout à coup de ses efforts pour la retenir.

ABANDONNER (S'), SE LIVRER, aux passions, à la joie, à la douleur, etc. : se mettre dans le cas de les ressentir ; en latin *indulgere*.

S'abandonner à une chose, c'est s'y laisser aller ; *s'y livrer*, c'est s'y adonner. *S'abandonner* marque plutôt une action aveugle et sans retenue : « Il ne me reste qu'à *m'abandonner* à la Providence, et à me jeter tête baissée dans mon destin. » J. J. Mais *se livrer* est plus propre à exprimer une action faite avec choix et modération, comme est, par exemple, celle d'un homme qui *se livre* à une étude ou à un art : « Je ne blâme pas que vous *vous livriez* avec la modération que vous voulez y mettre, aux amusements du grand monde. » J. J.

S'abandonner enchérit donc sur *se livrer* ; c'est *se livrer* sans réserve. « Le pantomime *se livre* et *s'abandonne* aux mouvements de son âme. » MARM. « Ses inclinations étaient douces ; elle *s'y livrait* sans faiblesse, et ne *s'y abandonnait* jamais. » J. J.

D'ailleurs nous *nous abandonnons* à ce qui nous attache ou nous prend, à Dieu, à la fatalité, au sommeil, à la peur ; au lieu que nous *nous livrons* aux choses auxquelles nous nous attachons ou nous nous prenons, au jeu, à la société, à un genre quelconque d'occupation.

ABATTRE, RENVERSER, TERRASSER. Faire tomber une personne.

Abattre a rapport à la hauteur, c'est jeter de haut en bas. *Renverser* a rapport au sens dans lequel on met, c'est-à-dire sur le sol tout de son long. On dit très-bien *abattre* à ses pieds (Boss., FÉN., VOL.), parce que cette expression implique l'idée d'un contraste entre un état antérieur d'élévation et un état actuel d'abaissement ; mais on dit *renverser* sur le sable (FÉN.) ou dans la boue, ce qui fait penser à l'état d'un homme étendu sur la terre, et non plus dans sa situation naturelle. Un cavalier est *abattu* de dessus son cheval ; David *abattit* Goliath qui était d'une taille gigantesque ; Télémaque ayant dit qu'il *renversa* un Samien, son adversaire au combat du ceste, ajoute : « A peine fut-il étendu par terre que je lui tendis la main pour le relever. » FÉN.

Terrasser représente une lutte, et n'exprime pas seulement un fait ; il indique une action prolongée, acharnée, qui suppose de la résistance ; aussi ne *terrasse*-t-on que des hommes ou des animaux, des êtres capables d'opposer des efforts à des efforts. L'homme *terrassé* n'est pas seulement mis à bas ou étendu sur la place, mais roulé par terre, mais battu et défait, au propre et au figuré. On peut *abattre* ou *renverser* un lion d'un coup de flèche ou de fusil, ou bien de manière qu'il se relève ; on ne le *terrasse* qu'en le battant avec lui corps à corps, et en le mettant sous soi, en lui faisant mordre la poussière, en remportant sur lui la victoire.

A B C, ALPHABET (ABÉCÉDAIRE, ALPHABÉTIQUE). Réunion de tous les signes d'écriture d'une langue ; et, comme ces signes sont la première chose qu'on apprend en grammaire, on appelle figurément *a b c* ou *alphabet* un commencement de notions dans un certain genre de savoir.

Charles Nodier, dans son *Examen critique des dictionnaires de la langue française*, avait voulu proscrire *alphabet*, parce que ce mot lui semblait faire double emploi avec celui d'*a b c*, qui a l'avantage d'avoir une origine nationale, ayant été formé des trois premières lettres de notre langue. L'auteur anonyme de la *Revue française* (n° IX, mai 1829, p. 35 et 36) lui répondit en faisant voir que les deux expressions méritaient d'être conservées l'une et l'autre, parce que, bien que synonymes, elles ont chacune une sphère d'application qui lui est propre.

A b c est naturellement le mot qui convient en parlant de la langue française. Mais *alphabet*, des deux premières lettres de la langue grecque, άλφα et βῆτα (*alpha* et *béta*), doit être nécessairement préféré quand il est question du grec, puis du latin, puis de toutes les langues anciennes, et enfin de toutes les langues qui ne sont pas la nôtre.

Ainsi *a b c* est une expression moderne et vulgaire qui désigne une espèce, et *alphabet* un terme ancien et savant qui marque le genre. On dira bien, surtout dans le langage soutenu, en employant le genre pour l'espèce, l'*alphabet* français ; mais on ne dira point l'*a b c* grec, hébreu ou phénicien, si ce n'est pourtant qu'on ne parle avec une sorte de dédain, comme dans cette phrase de Voltaire : « Quand nous avons vu que les marchands de Tyr enseignèrent leur *a b c* aux Grecs, nous n'avons pas prétendu qu'ils eussent appris aux Grecs à parler. »

Au figuré, *a b c* s'applique à quelque chose de commun, sinon de bas ; il convient pour exprimer le commencement d'une science vulgaire ou les premières pratiques d'un métier, même d'un vil métier. « Je ne tardai guère à être employé à la filouterie commune...., en un mot, à cent pareils exercices qui ne sont que l'*a b c* de l'école des filous. » LES. *Alphabet*, au contraire, se distingue par un caractère de noblesse conforme à celui de son origine. « Ah ! que l'admirable Bernard s'était avancé dans cette sagesse ! Il était toujours au pied de la croix, lisant, contemplant et étudiant ce grand livre. Ce livre fut son premier *alphabet* dans sa tendre enfance : ce même livre fut tout son conseil dans sa sage et vénérable vieillesse. » Boss.

Les adjectifs *abécédaire* et *alphabétique* se ressemblent aussi, quoiqu'à un moindre degré que leurs primitifs. Ils diffèrent en ce qu'ils font considérer les lettres, *abécédaire* sous un point de vue inférieur, comme étant apprises par les enfants dans les écoles, et *alphabétique* sous un point de vue plus relevé, celui de l'ordre selon lequel elles sont rangées, surtout dans les langues savantes de l'antiquité et dans les dictionnaires.

Une ignorance *abécédaire* (Montaigne) et un homme *abécédaire* (Id.) se disent d'un homme qui n'en sait pas plus que l'écolier le moins avancé, que celui qui est encore à la croix de par Dieu. Mais ordre *alphabétique*, table *alphabétique*, sont des expressions d'érudit, et c'est en érudit que s'exprime Voltaire quand il dit dans son *Essai sur les mœurs* : « On trouve encore ces histoires absurdes dans nos dictionnaires qui ont été longtemps, pour la plupart, des archives *alphabétiques* du mensonge. »

ABEILLE, MOUCHE A MIEL. Insecte ailé et armé d'un aiguillon, qui se colonise par essaims, qui vit en société sous une sorte de police instinctive, qui est très-industrieux, et que l'homme rend domestique et fait travailler pour son profit en le renfermant sous une espèce de panier ou de cloche qu'on appelle *ruche*.

Abeille, en latin *apis*, qui a pour diminutif *apicula*, d'où vient *abeille*, est le nom propre du petit animal. *Mouche à miel* est une circonlocution employée par les gens trop peu instruits pour connaître les noms des choses. Il y a en France bien des villages où on élève beaucoup d'*abeilles* et où on ne les nomme jamais que des *mouches à miel*. Un auteur dit *abeille*; mais à ce mot il substitue *mouche à miel* quand il a occasion de faire parler des gens du peuple. « Le vol de la simple *abeille* me paraît encore plus étonnant. Des marins m'ont assuré qu'on voyait sur les côtes de Normandie des *mouches à miel* arrivant des îles de Jersey et de Guernesey, situées à plus de six lieues au large. » Bern. Il en est de même de *ruche* à l'égard de *panier à mouches* : l'écrivain qui parle de la demeure des abeilles la désigne par le mot *ruche*, mais il met celui de *panier à mouches* dans la bouche des paysans, des gens de peu d'instruction, quand il lui arrive d'en rapporter quelques paroles. « Le meunier retira Ragotin d'entre les glaives pointus et venimeux de ces ennemis volants; et, quoiqu'il fût enragé de la chute de ses *ruches*, il ne laissa pas d'avoir pitié du misérable. Il lui demanda où diable il se venait fourrer tout nu, et les mains liées, entre des *paniers à mouches*. » Scarr.

Au figuré, *abeille* convient seul; *mouche à miel* est trop vulgaire pour pouvoir être employé dans cette acception. Voltaire a dit de Rollin que c'était « l'*abeille* de la France ». Sophocle avait reçu le nom d'*abeille* à cause de la douceur de ses vers, et c'est aussi ce qui fit imaginer que des *mouches à miel* s'étaient arrêtées sur ses lèvres lorsqu'il était au berceau (Roll.). Une personne qui a recueilli d'excellents vers est l'*abeille* du Parnasse; l'*abeille* des bibliothèques se dit d'une personne qui va butiner dans les livres comme l'*abeille* sur les fleurs. Le mot *abeille* sert aussi à désigner certains recueils.

Il ne faudrait pas croire toutefois que *mouche à miel* fût exclu de la langue des savants et de celle des personnes qui parlent bien. C'est l'expression à laquelle on revient naturellement quand on considère les *abeilles* par rapport au produit de leur industrie, à la sorte de richesse que nous tirons d'elles. Ainsi on lit dans Buffon, d'une part, que nos observations admirent à l'envi l'intelligence et les talents des *abeilles*; mais, d'autre part, que les moineaux mangent les *mouches à miel* et détruisent ainsi de préférence les seuls insectes qui nous soient utiles. Bernardin de Saint-Pierre n'est pas moins précis. Au mot d'*abeille*, qui est celui dont il se sert d'ordinaire, il préfère la circonlocution *mouche à miel* quand il a à représenter l'*abeille* comme un agent de la production qui nous fournit le miel et la cire. « La Livonie est la province de Russie la mieux cultivée et la plus fertile : elle donne en abondance des blés, des chanvres...; on y trouve quantité de *mouches à miel* qu'on élève dans des troncs d'arbres. »

ABJURER, SE CONVERTIR; — RENIER, APOSTASIER. Abandonner sa religion pour en embrasser une autre.

Abjurer et *se convertir* se prennent en bonne part, savoir : *abjurer*, d'ordinaire, et *se convertir*, toujours : ils expriment l'action d'abandonner une religion fausse ou qu'on croit telle. *Renier* et *apostasier* ne se disent jamais qu'en mauvaise part, et signifient renoncer à sa religion par crainte, égarement d'esprit, libertinage, intérêt ou ambition.

Abjurer, se convertir.

Abjurer se distingue, et de *se convertir*, et, au besoin, de ses deux autres synonymes, en ce qu'il marque une renonciation solennelle, par serment et acte public. « Henri IV fit dans l'église abbatiale de Saint-Denis son *abjuration* publique, le dimanche 25 juillet 1593, entre les mains de l'archevêque de Bourges. » S. S. « Thoré conduisit le prince de Condé à Strasbourg, où il *abjura* publiquement la religion catholique. » Boss. *Se convertir* désigne plutôt un changement intérieur de croyance du mal en bien, qu'une déclaration par laquelle on fait connaître qu'on ne professe plus telle religion. D'ailleurs, à la différence d'*abjurer*, *se convertir* a plus de rapport à la religion qu'on embrasse qu'à celle qu'on quitte : des peuples sauvages *abjurent* l'idolâtrie pour *se convertir* au christianisme. Enfin *se convertir* ne doit pas toujours s'entendre à la lettre : c'est quelquefois simplement changer de vie et revenir à Dieu, à la manière d'un pécheur qui fait pénitence, sans pour cela passer d'une religion à une autre.

Renier, apostasier.

Il semble que le *reniement* est moins libre et par conséquent moins coupable, moins odieux que l'*apostasie*. Saint Pierre *renia* son maître (Acad.) dans une circonstance où il fut surpris et comme contraint; il faut plaindre plutôt que détester ceux des premiers chrétiens qui *renièrent* la foi dans la crainte des tourments (Boss.). Mais ce fut de son plein gré que l'empereur Julien *apostasia*, et que Saurin rentra avec sa femme dans le sein de l'Église romaine, ce qui fit dire aux protestants qu'il avait *apostasié* et fait *apostasier* sa femme (Volt.).

Ensuite *renier*, dans sa sphère, comme *abjurer* dans la sienne, indique une rupture complète; au lieu que l'*apostasie*, comme la *conversion*, peut n'être que partielle ou relative : un simple hérétique et un religieux qui renonce à ses vœux et à son habit, *apostasient*, selon l'expression consacrée par l'usage, et ne *renient* pas proprement. « Les Pères ont reproché aux hérétiques qu'ils *apostasiaient* en se séparant de l'Église. » Boss.

« Dans sa jeunesse, poussé d'une dévotion indiscrète, il avait pris l'habit et fait profession dans un ordre fort austère, et *apostasié* quelques années après. » LES. « Quoique engagé dans l'état ecclésiastique, l'abbé Abeille ne crût pas *apostasier* en travaillant pour le théâtre. » D'AL.

ABLUTION, LAVAGE, LAVEMENT. Action de nettoyer avec de l'eau.

Ablution, latin *ablutio*, du verbe *abluere*, laver, reproduit exactement son primitif. Mais *lavage*, quoique dérivé en dernière analyse du latin *lavare*, a été fait du français *laver* par l'addition d'une terminaison toute française : si on l'eût formé de *lavare*, on aurait dit *lavation*, latin *lavatio*.

C'est pourquoi *ablution*, seul d'ailleurs de sa famille dans notre langue, s'y distingue par un caractère de noblesse qui fait qu'il se dit seulement en termes de religion et au figuré ; au lieu que *lavage* appartient à la langue commune et n'est usité qu'au propre.

Une *ablution*, dans le sens le plus général du mot, est une pratique religieuse qui consiste à se laver diverses parties du corps, à des heures prescrites, avec certaines formalités et selon certains rites. « Les éléphants ont quelque participation de religion ; d'autant qu'après plusieurs *ablutions* et purifications, on les voit haussans leur trompe comme des bras, et tenans les yeux fichez vers le soleil levant, se planter longtemps en méditation et en contemplation, à certaines heures du jour. » MONTAIGNE. « Ces *ablutions*, ces privations et ces jeûnes.... qu'on recommande si fort dans les mystères de la Grèce. » BARTH. « Mahomet laissa dans sa loi beaucoup de choses qu'il trouva établies chez les Arabes : la circoncision, le jeûne, les *ablutions*. » VOLT. « Là les seuls Israélites avaient le droit d'entrer ; encore fallait-il qu'ils ne fussent souillés d'aucune tache, et qu'ils eussent pris soin de se purifier par la vertu des jeûnes et des *ablutions* prescrites. » MASS. « Le mauvais riche offrait les sacrifices ordonnés ; il pratiquait les *ablutions* prescrites. » ID. — Dans le christianisme l'usage des *ablutions* est inconnu. Cependant le mot *ablution* chez les peuples catholiques en particulier a aussi une signification spéciale : il désigne dans la cérémonie de la messe l'action du prêtre qui prend le vin après la communion, et, d'autre part, quand le prêtre a communié, l'action de verser du vin et de l'eau sur ses doigts au-dessus du calice. « Ce vin qu'on mettait dans un calice pour le donner à ces enfants (après les avoir baptisés) s'appelait *ablution*, par la ressemblance de cette action avec l'*ablution* que les prêtres prenaient à la messe. » BOSS. « On voit que les solitaires ne communiaient que sous une seule espèce (celle du pain), et n'employaient ensuite le vin que par forme d'*ablution* comme nous. » ID. — Figurément, au sens moral, *ablution* s'est dit et tend de plus en plus à se dire, pour signifier une purification de l'âme. « L'innocence, qui est sans la moindre souillure, n'a pas besoin d'*ablution*. » DID. « Jamais on n'entre dans une église sans ressentir une émotion qui fait du bien à l'âme, et lui rend, comme par une *ablution* sainte, sa force et sa pureté. » STAEL.

Mais *lavage* n'a rien de relevé. C'est le mot dont on se sert, toujours au propre, en parlant des choses et des actions les plus vulgaires. Le *lavage* des vitres, des carreaux d'une salle, des rues d'une ville, du linge sale, de légumes qu'on apprête pour le repas. « Je fais des *lavages* à mes mains, de l'ordonnance du vieux de Lorme. » SÉV. « Est-il possible que dans le pays des bains chauds vous trouviez le moyen de laisser périr vos pauvres jambes ? N'y a-t-il point de *lavages* qui puissent vous ramener les esprits à ces parties comme abandonnées ? » SÉV. « Je me trouve infiniment mieux depuis que j'ai renoncé à tout ce *lavage* d'eaux qu'on m'avait ordonnées, et qui m'avaient presque gâté entièrement l'estomac. » RAC. « Quand toutes les maisons de Paris seront fournies d'eau nécessaire, l'usage des bains deviendra plus fréquent, on multipliera les *lavages*.... » BEAUM. « Les premières terres limoneuses ayant été délayées et entraînées par les eaux, ce grand *lavage* aura fait la séparation de tous les grains de fer contenus dans cette terre. » BUFF.

Quant à *lavement*, qui diffère aussi de *lavage* en ce qu'il est plus noble, se confond-il par cela même avec *ablution*? Point du tout. Uniquement usité dans le langage de l'Église, il n'y exprime point comme *ablution* quelque chose qui se pratique à la messe, mais l'action que fit Jésus-Christ en lavant les pieds aux apôtres le jour de la Cène, et la double cérémonie qui consiste à laver, le jeudi saint, les autels et les pieds de certaines personnes. Ensuite, beaucoup moins susceptible d'extension que son synonyme, *lavement* n'a point ou n'a pas autant d'aptitude à prendre l'acception figurée. « Jésus voulut bien recevoir le baptême de Jean ; mais le *lavement* d'eau doit être aboli par le baptême du Christ, ce baptême de l'esprit, cette *ablution* de l'âme, qui sauve les hommes. » VOLT.

ABOLITION, ABOLISSEMENT. Anéantissement, extinction, suppression de certaines choses comme usages, coutumes, institutions, lois.

Abolissement n'est point du tout, comme le prétend l'Académie dans son *Dictionnaire historique*, un synonyme inutile d'*abolition*. Rivarol à raison de vouloir qu'on les distingue l'un de l'autre et qu'on les conserve l'un et l'autre, comme *dépopulation* et *dépeuplement*, par exemple.

Abolition représente comme se faisant la même chose qu'*abolissement* signifie comme étant faite. On travaille à l'*abolition* d'un usage dont on juge l'*abolissement* nécessaire. Une loi ordonne l'*abolition* d'un vieux système de poids et mesures : mais on n'en obtient l'*abolissement* qu'après qu'un long usage a rendu le nouveau système familier. L'*abolition* de telle coutume a eu lieu à telle époque, a rencontré de grands obstacles ; le peuple se trouve fort bien de l'*abolissement* de cette coutume.

« La guerre entre l'empire et le sacerdoce n'a semblé terminée que par l'*abolition* des jésuites. » VOLT. « M. d'Aguesseau égalera la gloire de son père, s'il contribue à l'*abolition* de l'esclavage. » ID. — « L'État et les séculiers, en Angleterre, n'ont profité que de l'*abolissement* des monastères. » VOLT. « La France n'est que plus florissante par l'*abolissement* de la vénalité infâme de la judicature. » ID. « L'*abolissement* du droit barbare de main-morte serait encore plus nécessaire que l'*abolissement* des jésuites. » ID.

ABONDANCE, AFFLUENCE. Beaucoup de biens. C'est ce qu'exprime *abondance* employé absolument; mais pour qu'*affluence* ait cette signification il faut y ajouter d'autres mots. « De là cette *abondance* dans votre maison, de là cette *affluence* de biens, de là ce bonheur, ce succès.... » Boss. Dans la fable de Lafontaine, intitulée *Les Souhaits*, les hôtes du follet, demandent, pour premier vœu, l'*abondance*; mais quand ils en voient les inconvénients, ils s'écrient :

Otez-nous de ces biens l'*affluence* importune.

Ensuite *affluence* paraît dire plus qu'*abondance*. *Abondance*, du latin *abundare*, déborder, couler abondamment, marque seulement plus que suffisance ; *affluence*, *quod affluit*, représente le mouvement de plusieurs cours d'eau qui se sont reunis et qui coulent à flots, en grande abondance. « Une maison voluptueuse, et, dans cette maison le luxe, l'*abondance*, l'*affluence* de tous les biens, etc. » MARM.

Et ce n'est pas seulement pour la quantité que l'*affluence* enchérit sur l'*abondance*, c'est aussi pour la qualité : elle suppose des biens plus doux, plus exquis, d'une plus grande valeur. « Une Mélanie vit dans la pompe et dans l'*affluence* des délices de Rome. » BOURD. « Qui est celle-ci qui s'élève de la terre avec cette *affluence* de délices et cet état de gloire qui l'environne? » ID. « Les hommes s'imaginent la félicité comme une *affluence* de voluptés semblables à celles des sens, mais exquises, intarissables, et d'une durée éternelle. » MARM. « A Capoue, tout paraissait dangereux aux Romains : la fertilité des terres, l'*abondance* de toutes sortes de grains et de fruits.... la beauté et la commodité des bâtiments, l'*affluence* de toutes sortes de biens et de délices. » ROLL.

ABONDER, FOURMILLER, REGORGER, PULLULER, FOISONNER. Avoir ou être en grande quantité.

Abonder, latin, *abundare*, couler abondamment, avoir ou être en abondance, est de tous ces verbes le plus général, et il se rapporte particulièrement à la quantité divisible. « Si les hommes *abondent* de bien, et que nul ne soit dans le cas de vivre de son travail.... » LAER. « Le riche à qui tout *abonde*. » Boss. « L'île *abondait* en bois. » J. J. « Le fer *abonde* par toute la terre. » BERN. « Les paysages ne sont jamais plus intéressants que quand les eaux y *abondent*. » ID. A la Bourse arrivent de toutes parts les avis de ce qui manque ou de ce qui *abonde* chez les autres nations. » ID. « La grâce *abonde* où le péché avait *abondé*. » MASS.

Depuis que la richesse entre ses murs *abonde*. CORN.
La louange est si sèche, elle produit si peu !
Mais la critique *abonde*; elle coule de source.
                  LA CHAUSSÉE.

Iris goûtait encor,
Non cet encens commun dont le Parnasse *abonde*.
     Mais la louange délicate.... LAF.
Dans sa charité fausse, où l'amour-propre *abonde*....
                  BOIL.

Fourmiller se dit de ce qui abonde comme une fourmilière de fourmis ou comme des fourmis dans une fourmilière. Il a proprement rapport à une quantité de choses qui se comptent, qui forment une multitude et non pas une masse; il représente beaucoup d'individus, et d'individus qui ressemblent sous quelque point de vue à des fourmis. « La tradition enseignait que les cadavres des soldats de Sennachérib avaient été jetés à tas dans cette vallée, de sorte qu'elle *fourmillait* de vers qui sortaient de ces cadavres. » Boss. « Où ne trouve-t-on pas de petits insectes? Les creux de tous les arbres en *fourmillent*. » VOLT. « Les goëlands se tiennent en troupes sur les rivages de la mer ; souvent on les voit couvrir de leur multitude les écueils et les falaises, sur lesquelles ils semblent *fourmiller*. » BUFF. — Ayant rapport à la quantité qui se compte, *fourmiller* s'emploie bien en parlant d'une multitude d'hommes, mais d'hommes de petite valeur ou dont on fait peu de cas.

Un peuple d'importuns qui *fourmillent* sans cesse.
                  BOIL.
Vil essaim (de rimeurs) qui *fourmille* sans cesse.
                  DEL.
Tout *fourmille* d'ingrats, à la cour, à la ville. DEST.

« De certains personnages qui ont des couronnes, je ne dis pas des comtes ou des marquis dont la terre *fourmille*, mais des princes et des souverains. » LABR. « Ce pays-ci *fourmille* de gens oisifs qui se font des plaisirs de ce qui, pour des gens sensés, ne serait qu'un objet de mépris et de pitié. » BACH. « Le comté d'Eu *fourmillait* de faux sauniers. » S. S. « Les pays où l'on emmaillotte les enfants sont ceux qui *fourmillent* de bossus, de boiteux..., de gens contrefaits de toute espèce. » J. J. — *Fourmiller* se prend volontiers aussi en mauvaise part quand il est question, non d'une multitude de personnes, mais d'une multitude de choses. « Paris *fourmille* d'écrits qui portent mon nom, mais dont peu de gens sont les dupes. » J. J. « Votre gouvernement *fourmille* d'abus. » VOLT. « Nous passons une multitude d'anachronismes, de méprises, d'ignorances et de fables, qui *fourmillent* dans ces livres. » ID.

C'est peu qu'en un ouvrage où les fautes *fourmillent*,
Des traits d'esprit semés de temps en temps pétillent.
                  BOIL.

Regorger se dit de ce qui abonde à la manière d'un fluide qui, ne pouvant tenir tout entier dans la *gorge* ou dans quelque autre canal, reflue, en sort pour se répandre. Ce mot suppose un contenant où les choses en questions sont rassemblées et d'où elles débordent. Une province *abonde* en blés; des greniers *regorgent* de blés. « Ils engraissent tout ce qui les entoure, hommes et bestiaux, des biens dont *regorgent* leurs granges, leurs caves, leurs greniers. » J. J. « Nos bibliothèques *regorgent* de livres de théologie. » ID. « Les antichambres *regorgent* de serviteurs mieux nourris, mieux vêtus.... » VOLT. « Nos arsenaux et nos ports sont remplis de canons et de vaisseaux que nous avons enlevés à ces puissances : ils en *regorgent* au point que.... » BERN. — D'ailleurs, *regorger*, rejeter ou sortir de la *gorge*, qui en a de trop, semble renchérir sur ses synonymes, et marquer non pas seulement une grande mais une très-grande et même une trop grande quantité. « Toutes ces superfluités dont *regorgent* nos palais. » DEL. « Comme ces femmes *regorgent* de train, de splendeurs et de dignités, elles se délassent volontiers avec la philosophie ou la vertu. » LABR.

D'éloges on *regorge*, à la tête on les jette,
Et mon valet de chambre est mis dans la gazette. MOL.

Pulluler, latin *pullulare*, de *pullus*, petit rejeton, c'est abonder en choses ou comme les choses qui font des petits ou multiplient beaucoup, qui vont se reproduisant d'une manière extraordinaire. « Les frères doivent se réunir pour résister aux méchants, dont on m'a dit que la race *pullule*. » VOLT. « C'est une chose infâme que les Frérons *pullulent*, et que les aigles n'aient point de petits. » ID. « Orose proteste dans ce mémoire qu'il a ramassé toutes les plantes de perdition qui *pullulent* dans la secte des priscillianites. » ID. « Les rats se multiplient toujours trop, et dans certaines années *pullulent* à un tel point, qu'ils dévorent toutes les graines. » BUFF. « L'amour a varié ses lois à l'infini dans cette foule d'insectes qui *pullulent* au sein de la terre, des forêts, des eaux et des airs. » BERN. — Cette idée de propagation est unique et parfaitement distincte du mot, au figuré comme au propre. Que des hérésies *fourmillent* quelque part, cela signifie qu'il y en a beaucoup ; mais dire qu'elles y *pullulent*, c'est faire entendre qu'elles s'y engendrent et s'y étendent comme les mauvaises herbes, par exemple. « S'ils jugent que ce ne soit pas assez ôter le méchant que de le bannir pour faire *pulluler* ailleurs ses impiétés comme celles de Nestorius se sont répandues en Orient par son exil.... » Boss. « La durée et le nombre des procès fait toute la richesse et l'autorité de la robe, et par conséquent il les faut laisser *pulluler* et s'éterniser. » S. S.

Foisonner, du français *foison* (à foison), est familier comme son primitif et d'un usage aussi rare pour le moins. Il ne s'en trouve guère d'exemples que dans les lettres et dans la poésie légère. « Quant à nos sottises intestines, elles commencent à *foisonner* un peu moins dans ce moment-ci. » VOLT.

Mais savez-vous pourquoi? C'est que ceux qui raisonnent,
Sont en très-petit nombre, et que les sots *foisonnent*. DEST.
Dans nos sociétés les ennuyeux *foisonnent*. DEL.
Lui dont l'esprit *foisonne* en adresses nouvelles. LAF.

Bon se dit-il (l'Amour), nous allons moissonner;
Car le climat doit en cœurs *foisonner*. ID.

Ne faut-il que délibérer ?
La cour en conseillers *foisonne* ;
Est-il besoin d'exécuter?
L'on ne rencontre plus personne. ID.

A la santé du parterre :
Le ciel veuille allonger ses jours !
Et que dans notre gibecière
Son argent *foisonne* toujours.
(Arlequin dans la *Suite de la Foire*). RÉGN.

ABORD, ACCÈS (ABORDABLE, ACCESSIBLE; —INABORDABLE, INACCESSIBLE). Ces mots se disent en parlant des choses et des personnes à l'égard desquelles on cesse d'être éloigné. L'*abord* ou l'*accès* d'un port, d'une ville, d'une place, d'une montagne ; un homme d'un *abord* ou d'un *accès* difficile.

L'*abord*, d'à et de *bord*, est simplement l'approche, et de là vient qu'on dit également les *abords* et les approches d'une place ; l'*accès*, latin *accessus*, accès, entrée, lieu par où on entre, est l'entrée. Ce qui défend l'*abord* d'un lieu ou d'une chose empêche qu'on n'y arrive, qu'on ne vienne auprès, qu'on n'en approche.

On n'en approche plus (de cette fontaine) : deux monstres à l'entour
Interdisent l'*abord* d'une source si belle. LAF.

Ce qui défend l'*accès* d'un lieu empêche qu'on n'y pénètre, le ferme.

Depuis quand entre-t-on dans ces lieux (le sérail),
Dont l'*accès* était même interdit à nos yeux? RAC.

Ensuite, *abord* se rapporte à la manière, à la manière dont on est accueilli, reçu, traité, quand on se rend auprès de la chose ou de la personne, et on lui donne des qualifications en conséquence. Ainsi l'*abord* d'une côte où règne la peste est dangereux pour un équipage.

Et du méchant l'*abord* contagieux
N'altère point son innocence. RAC.

Mais *accès* n'est relatif qu'à la possibilité, à la faculté d'entrer, de s'introduire dans le lieu ou chez la personne. L'*accès* est donné (Boss., VOLT.), permis (LAF., CORN.), ouvert (MOL.) ou fermé (ID) ; et on dit absolument avoir *accès* quelque part, et non pas *abord*, pour, y avoir ses entrées. — Une personne d'un *abord* difficile est rude, brutale, farouche. « Lucullus était d'un *abord* difficile : il avait le commandement rude.... il ne savait point se concilier les esprits par un air de bonté et de douceur, et des manières insinuantes. » ROLL. Mais une personne d'un *accès* difficile ne laisse pas aisément pénétrer chez elle, ferme sa porte à presque tout le monde. « Qui est cet homme qui parle si souvent à vos ministres qu'on dit être d'un *accès* si difficile ? » MONTESQ. « Auguste n'excite pas seulement Virgile et Horace par ses bienfaits, mais encore en leur donnant un libre *accès* auprès de lui. » Boss.

Mêmes différences entre *abordable* et *accessible*, entre *inabordable* et *inaccessible*. L'homme *abordable* est gracieux, affable, accueille les gens avec douceur ; l'homme *accessible* ne se renferme point, laisse venir chez lui qui veut. Une batterie de canons rend une côte, un vaisseau, un port, un rempart *inabordable* ; une inondation et des embarras rendent une brèche *inaccessible* (Boss.), et en général un lieu *inaccessible* est impénétrable. Un trône est *inabordable* (J. B. Rouss.), ce n'est pas quelque chose en quoi il s'agisse d'entrer ; mais un empire (FÉN.) et une forêt (ROLL.) sont *inaccessibles*. Des rochers *inabordables* rendent une île *inaccessible*. « La côte est formée de rochers *inabordables*. L'île serait *inaccessible*, s'il ne se trouvait des passages dans les récifs. » BERN. — Une personne *inabordable* n'est point du tout, comme le prétend l'Académie, un homme de difficile *accès*, mais un bourru, un homme mal gracieux d'humeur fâcheuse, dont les manières choquent et rebutent ceux qui l'approchent en toute liberté. « Qu'il soit permis aux grands d'être fâcheux, inquiets, *inabordables*, qu'ils regardent comme un droit acquis à la prospérité d'accabler encore de leur humeur des malheureux qui gémissent... Grand Dieu! serait-ce donc là le privilége des grands? » Mass. « On leur avait assuré (à des officiers curieux de voir J.-J. Rousseau), que j'étais un loup-garou *inabordable*. » J.-J. « Comment vous y prendrez-vous pour apprivoiser cet ours presque *inabordable*? » Id. Mais un homme *inaccessible* est un homme de difficile accès, c'est-à-dire qui ne laisse pas aisément pénétrer jusqu'à lui. « Les gens intéressés qui obsèdent les rois sont ravis de les voir *inaccessibles*. » Fén. « Le sultan, enfermé dans son sérail, ne voit que par les yeux de son grand vizir: ce ministre, aussi *inaccessible* que son maître, est d'ordinaire trompé. » Volt. — Comme *accès* signifie l'entrée et *inaccessible* ce où l'entrée n'est pas permise, cet adjectif se dit bien de l'âme considérée en tant qu'elle ne se laisse pas pénétrer de certains sentiments. *Inaccessible* aux frayeurs de la mort (Boss.), aux consolations (Laf.).

Il oppose à l'amour un cœur *inaccessible*. Rac.

ABORD, ACCUEIL, RÉCEPTION. Traitement fait à une personne quand on vient à être avec elle, dans une rencontre ou une entrevue.

Abord est de ces trois mots le plus distinct. Il désigne aussi bien le traitement fait par la personne qui arrive que celui qui est fait par la personne vers laquelle on arrive; au lieu que *accueil* et *réception* signifient exclusivement le traitement fait par la personne vers laquelle on arrive ou qui reçoit. « On introduisit Auguste dans l'appartement d'Antoine. Leur *abord* fut froid. » Vert. Omphis, roi des Indes, vint trouver Alexandre. « Leur *abord* se passa avec beaucoup de civilité. » Vaug. « J'attendis de sangfroid Mme de Velbac. Rien de plus leste et de plus délibéré que son *abord*; rien de plus naturellement poli que mon *accueil*. » Marm. « J'aperçus un jour La Dornal à la comédie avec Senecé. J'allai trouver celui-ci comme pour lui demander une place. Mon *abord* les déconcerta l'un et l'autre... La Dornal finit par me faire un *accueil* assez flatteur. » Ducl. — Outre cela, l'*abord* se rapporte plutôt à l'air, et même à l'air qu'on a constamment à l'égard des personnes; au lieu que l'*accueil* et la *réception* regardent proprement les manières ou les procédés dont on use dans l'occasion. Telle personne a l'*abord* ou un *abord* doux ou choquant, et dans une certaine circonstance elle vous fait un bon ou un mauvais *accueil*, une bonne ou une mauvaise *réception*. — Enfin l'*abord* est surtout facile ou difficile, et le mot s'emploie particulièrement bien en parlant d'un grand, pour exprimer qu'il est ou qu'il n'est pas accessible. Bossuet dit de François Ier que son *abord* gagnait tout le monde. « Le duc de Monmouth avait un *abord* attrayant, un air de grandeur... » Ham. « Son *abord* facile, (de Vononès, roi des Parthes), son affabilité générale, vertus inconnues aux Parthes, étaient à leurs yeux des vices nouveaux. » D'Al. « Je me soucie fort peu que Colbert ait eu la physionomie rude et basse, l'*abord* glaçant. » Volt. « L'*abord* de Grimm fut celui du comte de Tufière, à peine daigna-t-il me rendre le salut. » J.-J. Si quelquefois on se sert abusivement d'*accueil* dans le sens caractéristique d'*abord*, c'est-à-dire pour faire connaître comment on accueille ou on reçoit habituellement, c'est quand il s'agit de dépeindre, non quelque personnage considérable, mais un homme du commun. Dans l'*Ecole des maris*, Valère dit de Sganarelle:

Il a le repart brusque et l'*accueil* loup-garou. Mol.

Accueil et *réception*, de leur côté, ont aussi leurs nuances particulières provenant surtout de ce que le premier est un mot tout français, et le second un mot pris du latin *receptio*, (de *recipere*, recevoir) et ayant encore la physionomie toute latine. Il y a dans l'*accueil* plus de familiarité, de cordialité ou de faveur, et dans la *réception* plus de cérémonie et de pompe. On est sensible à un bon *accueil*; on est honoré d'une bonne *réception*. On dit un *accueil* doux (Corn., Regn.), doux et poli (Marm.), favorable (Corn., Bourd.), gracieux (Volt.), obligeant (J.-J.), aisé, tendre et familier (Mariv.), l'*accueil* de l'amitié (J.-J.); mais on dit une *réception* honorable (Roll.), superbe (Boss.), magnifique (Bourd.), solennelle (Id.), la grandeur d'une *réception* (Delaf.), les cérémonies et la magnificence des *réceptions* (Ham.), et quand Labruyère et Voltaire racontent comment Louis XIV reçut le roi Jacques d'Angleterre après qu'il eut été détrôné, c'est du mot de *réception* qu'ils se servent. Rollin rapporte que, Lélius et Massinissa étant venus trouver Scipion dans sa tente en Afrique, Scipion leur fit à tous deux un *accueil* également amical et gracieux; mais dans un autre endroit, il rappelle la glorieuse *réception* qui fut faite à Varron, à son retour après une défaite dont il avait été la principale cause. « M. de Wolmar amène à sa femme quelque bon vieillard; elle lui fait un *accueil* charmant, qui marque la bienveillance et l'humanité de son caractère... Le vieux bonhomme, de retour dans sa chaumière, raconte avec emphase la *réception* qu'on lui a faite, les mets dont on l'a servi..., et généralement ce qui peut donner du prix aux marques d'estime et de bonté qu'il a reçues; toute la maison croit jouir des honneurs rendus à son chef. » J.-J.

ABORD (D'), SUR-LE-CHAMP, AUSSITOT, A L'INSTANT, TOUT DE SUITE, INCONTINENT, IMMÉDIATEMENT. Adverbes et locutions adverbiales qui signifient sans tarder, sans délai, sans perdre de temps.

D'abord, dès l'abord, au premier abord, sans aller au delà, sans pousser plus loin, vient de *ab ordio*, dès le commencement et est opposé à ensuite. Il exprime qu'une chose se fait sans délai, parce qu'on la fait ou qu'on l'épuise en un seul coup, sans avoir besoin d'y revenir à plusieurs reprises. « Ceux qui sont accoutumés à juger par le sentiment ne comprennent rien aux choses de raisonnement: car ils veulent *d'abord* pénétrer d'une vue, et ne sont point accoutumés à chercher les principes. » Pasc. « Je l'ai *d'abord* reconnu. » Laf. « Adraste, d'un coup de lance, le rendit immobile; et son âme s'enfuit *d'abord* avec son sang. » Fén. « On allait droit à l'ennemi, et la force décidait *d'abord*. » Montesq. « Le défaut de lumière nous empêche de discerner *d'abord* ce qui est le meilleur. » Laroch. Harpagon dit à son cuisinier: « Il faudra de ces choses dont on ne mange guère, et qui rassasient *d'abord*. » Mol.

Sur-le-champ, sur la place, sans changer de lieu, séance tenante, où qu'on se trouve, répond tout à fait au latin *illico*, *in loco*. Il se dit surtout en parlant d'une résolution, d'une mesure qu'on prend sans délai, sans tergiverser, sans délibérer davantage. Il rappelle l'idée de ce roi de Syrie qu'un ambassadeur romain avait sommé d'accepter la paix ou la guerre avant de sortir du cercle qu'il avait tracé autour de lui avec une baguette, ou bien encore l'idée d'une assemblée qui ne quitte le lieu de ses séances qu'après avoir adopté une certaine mesure. Dans le *Lutrin*, le prélat approuve le projet de Sidrac.

Il veut que *sur-le-champ* dans la troupe on choisisse
Les trois que Dieu destine à ce pieux office.

C'est-à-dire qu'il ne veut pas que l'on sorte avant d'avoir tiré les noms des trois élus.

Je voulais *sur-le-champ* congédier l'armée. Rac.

« Dans vos nouvelles lois, l'offensé se demande à lui-même la mort de son ennemi, il l'ordonne, il l'exécute *sur-le-champ*. » Pasc. « Louis XI terminait *sur-le-champ* avec une netteté et en jugement admirables les choses qui demandaient une prompte résolution. » Boss. « Tout le peuple applaudit à cette peinture (du juste par Eschyle), et en fait *sur-le-champ* l'application à Aristide présent. » D'Ag. « On a fait *sur-le-champ* arrêter son premier ministre. » Montesq. « Ordonner de partir *sur-le-champ*. » J. J.

Aussitôt indique par sa composition une comparaison, une condition dans un événement antérieur formellement exprimé et que suit sans délai, dans le plus court intervalle, l'événement principal, sur lequel il appelle l'attention. Par là il se distingue nettement de ses deux premiers synonymes qui ne supposent rien d'antérieur. « Jamais personne n'osa me contredire sans être *aussitôt* puni. » Fén. « Les juges prononcèrent en faveur de Bias qui expira *aussitôt*. » Id. « Protésilas, sourit ; toute l'assemblée se mit *aussitôt* à rire. » Id. « Je dis à ce père : Je voudrais que vous en eussiez de bonnes preuves. — En voulez-vous? me dit-il *aussitôt*. » Pasc. « Je ne suis sorti que trois fois depuis votre départ, et je suis rentré presque *aussitôt*. » J. J.

Il n'est marmot osant crier
Que du loup *aussitôt* sa mère ne menace. Laf.
L'aventurier rencontre une cité.
Un cri par l'éléphant est *aussitôt* jeté :
Le peuple *aussitôt* sort en armes. Id.

A l'instant se rapproche beaucoup d'*aussitôt*. Cependant il est plus précis. *Aussitôt*, c'est dans le même temps, à la même heure ; *à l'instant*, c'est dans le plus petit intervalle de temps qui se puisse concevoir. Fénelon dit : « Ma volonté n'a qu'à vouloir, et le corps que j'appelle le mien se remue *aussitôt* ; » c'est-à-dire simplement sans qu'il y ait beaucoup d'intervalle entre l'ordre et son exécution. Ailleurs il dit : L'esprit veut, et tous les membres du corps se remuent *à l'instant* ; c'est-à-dire subitement, en moins d'un clin d'œil. Il faut donc se servir de cette locution toutes les fois qu'il s'agit d'une succession très-rapide, instantanée, ponctuelle.

Qu'à ce monstre *à l'instant* l'âme soit arrachée. Rac.
Cent coups étaient portés et parés *à l'instant*. Volt.
« Calypso fit signe aux nymphes : *à l'instant* on chanta le combat des centaures. » Fén. « Finissez vos cruels discours, ou je vais vous fuir *à l'instant*. » Beaum. « Si mademoiselle Goton m'eût ordonné de me jeter dans les flammes, je crois qu'*à l'instant* j'aurais obéi. » J. J. « Songez à la manière admirable dont la règle exprime cette ponctualité : que tout autre ouvrage cesse *à l'instant*, quand il s'agit d'accomplir celui de l'obéissance. » Boss. « Quand l'action du cerveau ou du cœur cesse tout à fait, on meurt *à l'instant*. » Id.

Tout de suite, incontinent et *immédiatement*, ainsi que *aussitôt* et *à l'instant*, annoncent une succession prompte et rapide entre des événements consécutifs ; mais étant primitivement applicables à l'espace, ils font image dans l'acception ici considérée, ils indiquent qu'on ne peut rien mettre entre ces événements, qu'ils font suite, se touchent, ne laissent point entre eux de lacunes. Au surplus, chacun d'eux se distingue par quelque chose de particulier.

Tout de suite est du style simple et familier, comme beaucoup de locutions où entre le mot *tout*, *tout* de bon, *tout* exprès, *tout* au long, *tout* de travers, *tout* à loisir, etc. « Elle m'interrogea, m'examina : je ne lui déplus pas ; et *tout de suite* j'entrai à son service. » J. J. « Ne comptez jamais mes lettres, ou rompons *tout de suite*. » Id. « Entre l'arrivée de Fénelon chez moi et le départ de Chirac il n'y eut pas une heure, et il alla *tout de suite* à Cambrai. » S. S. « Le bruit s'est accru.... La garde s'en est mêlée, et on a arrêté deux jeunes gens des plus acharnés.... On les a relâchés *tout de suite*. » Bach.

Incontinent, *in continenti*, en continuation de, outre qu'il est du style soutenu, marque transition prompte entre des événements semblables, dont le second tient au premier, y est contenu, de manière qu'ils forment un tout continu ou qu'il y a continuité de l'un à l'autre.

Un cerf tomba malade.
Incontinent maint camarade
Accourt à son grabat le voir. Laf.

Tout de suite n'eût point convenu ; il est trop familier, trop prosaïque ; *à l'instant*, à la minute, eût indiqué une promptitude qu'il n'est pas besoin d'exprimer ici. *Aussitôt* semblerait plus propre à remplacer *incontinent* ; d'autant plus que Lafontaine dit ailleurs :

La femme du lion mourut ;
Aussitôt chacun accourut.

Il y a pourtant une différence : *aussitôt* signifie qu'on ne tarda pas à accourir après la mort de la lionne ; *incontinent* implique de plus que le concours forme un tout avec la maladie du cerf, qu'il en est la continuation, qu'on devait s'y attendre, que, le cerf étant malade, il était tout naturel qu'on accourût. « *Incontinent* après le combat, les consuls donnaient publiquement la louange ou le blâme. » Boss. « Après avoir dit dans le symbole : Je crois au Saint-Esprit, nous ajoutons *incontinent* après la sainte Église catholique. « ID. « Agamemnon était demeuré d'accord avec Clytemnestre que, sitôt que Troie serait prise, il le lui ferait savoir par des flambeaux disposés de montagne en montagne, dont le second s'allumerait *incontinent* à la vue du premier, le troisième à la vue du second, et ainsi du res'e. » CORN. « Une pauvre femme attaquée d'une humeur froide se présenta devant lui (Édouard III), il la guérit *incontinent* en faisant le signe de la croix. » VOLT. « Un soulèvement général de tout le royaume suivit *incontinent* celui de Lisbonne. » VERT. « Ce chien nagea jusqu'à ce qu'il abordât presque sans force à Salamine, et mourut *incontinent* sur le rivage. » ROLL.

Immédiatement, de *in* négatif, et de *medius*, milieu, moyen, se dit quand il s'agit d'événements entre lesquels il y a contiguïté, une sorte de contact, qui se touchent, entre lesquels on ne peut rien intercaler, quoiqu'ils soient distincts et ne forment pas un tout continu. Changer *immédiatement* du blanc au noir (J. J.), c'est aller de l'un à l'autre sans transition, brusquement, sans intermédiaire, sans qu'on s'y attende ; *incontinent* en pareil cas serait un vrai contre-sens. « Faire que ces deux choses (la définition et le défini) soient tellement jointes et inséparables dans la pensée, qu'aussitôt que le discours exprime l'une, l'esprit y attache *immédiatement* l'autre. » PASC. « Tu te trompes de croire que le pêcheur soit souvent puni *immédiatement* après son crime. » MAL. « Les Suédois sont bien sûrs que Magog, fils de Japhet, leur donna des lois *immédiatement* après le déluge. » VOLT. — D'ailleurs, au lieu que *tout de suite* est familier, et *incontinent* du haut style, *immédiatement* appartient plutôt au langage de la métaphysique.

En résumé donc, on fait une chose *d'abord*, quand on la fait tout d'un coup, sans avoir besoin de s'y prendre à plusieurs fois, d'y revenir ensuite. On se détermine, on prend un parti ou une mesure *sur-le-champ*, sans hésiter. Une chose était arrivée, une autre arrive *aussitôt*, ou elle arrive *à l'instant* si c'est *instantanément*, dans le plus bref délai, à la minute. *Tout de suite* est du style commun, du style de la conversation. *Incontinent*, d'un usage relevé, mais de plus en plus rare, marque prompte succession entre des événements analogues d'un même drame, d'un même plan. *Immédiatement* a quelque air de métaphysique, et sert à marquer un prompt passage entre des événements divers entre lesquels il établit non continuité, mais contiguïté seulement.

ABOYER, JAPPER. Ces deux verbes expriment l'action du chien poussant la sorte de cri qui est particulière à son espèce.

Mais *aboyer*, du latin *ad*, à, vers, contre, et *baubari*, aboyer, hurler, est transitif, marque une action dirigée d'un certain côté, vers, après, contre une personne ou une chose ; au lieu que *japper*, verbe simple, ne contenant aucune préposition, est absolu, indique une action sans objet, sans relation avec qui que ce soit et avec quoi que ce soit. Un chien *aboie* aux voleurs, contre les passants, après tout le monde ; il *jappe* à part soi, sans nécessité, par habitude, parce qu'il s'ennuie peut-être d'être renfermé, c'est plutôt une occupation qu'une attaque, ou du moins qu'une attaque précise. Madame Deshoulières, faisant l'apothéose de son chien, prétend qu'il est supérieur « au chien qui *jappe* là-bas », c'est-à-dire à Cerbère, et elle ajoute :

Il démêle un sot de cent pas,
Le poursuit, l'*aboie*, et le pille.

Voltaire a observé cette différence d'une manière encore plus rigoureuse en parlant de certains libellistes : « On ne peut fermer la gueule à ces roquets-là, parce qu'ils *jappent* pour gagner un écu ; ils ont plus *aboyé* contre Louis XIV que contre son historien. »

Outre cela, *aboyer* se dit de tous les chiens, mais *japper* convient surtout quand il est question des moins gros. *Japper* paraît être une onomatopée (*hap*, *hap*), un mot formé par imitation des cris courts, continuels et multipliés des petits chiens. « Tous nos déclamateurs crient à l'idolâtrie comme de petits chiens qui *jappent* quand ils entendent un gros chien *aboyer*. » VOLT.

ABRÉGÉ (EN), EN RACCOURCI. D'une manière peu étendue, peu développée, sans détails.

En abrégé est l'expression ordinaire. On dit (Boss.), on rapporte (ID., FÉN., ROLL.) une chose *en abrégé* ; une chose en contient, en renferme une autre *en abrégé* (BOURD., BOSS., FÉN.). « La proposition est le discours *en abrégé*. » FÉN. *En raccourci* fait image ; c'est une façon de parler figurée, prise de la peinture, et ne s'emploie qu'à l'égard d'objets mis sous les yeux de l'esprit, et susceptibles de leur paraître accourcis par l'effet de la perspective. « Les anciens taillaient l'émeraude en creux régulier dans lequel venaient se peindre les objets *en raccourci*. » BUFF. On présente (BUFF., S. S.) ou on représente (Boss.) les choses *en raccourci*. « Voilà *en raccourci* tout le portrait de ce grand saint. » BOURD. « J'emprunterai ici le pinceau de Tite-Live pour tracer *en raccourci* le portrait d'un homme si fameux. » ROLL. « Le voilà ce tableau que je vous ai promis ; la voilà représentée au naturel et comme *en raccourci* cette immortelle beauté de la morale chrétienne. » BOSS. « Lafontaine, dit, en parlant du paysan du Danube, qu'il va dépeindre en peu de mots :

Voici le personnage *en raccourci*.

Une histoire *en abrégé* (SÉV.) ; une description *en raccourci* (BUFF.). Conter une chose *en abrégé* (ACAD.) ; exposer une affaire *en raccourci* (ID.).

ABSENCE, ÉLOIGNEMENT. Défaut de présence d'une personne en un lieu où elle a coutume d'être.

Absence exprime proprement que la personne n'est plus là, *abest* ; et *éloignement*, qu'elle est loin de là. Ainsi, sous le rapport de la distance, *absence* dit moins qu'*éloignement*. « Elle jugea que l'*absence* seule et l'*éloignement* pouvaient lui donner quelque force. » DELAF. « L'*absence* et l'*éloignement* de l'héritier légitime n'empêcha point la plupart des provinces de regarder toujours le Bourguignon comme un usurpateur. » VERT. — Le malheur de l'*absence* consiste à ne pouvoir plus vivre ensemble, et il est d'autant plus grand que l'*absence* dure plus longtemps. Dans la fable des deux pigeons, le sédentaire dit à celui qui veut voyager :

L'*absence* est le plus grand des maux.

« Je suis déjà trop vivement touchée du désir extrême de vous revoir, et de la tristesse d'une année d'*absence*. » Sév. « Faire consister le mal de l'*absence* dans la privation de la vue. » Boss. Mais le malheur de l'*éloignement* consiste à ne pouvoir plus que difficilement communiquer, donner et recevoir des nouvelles, et il est d'autant plus grand qu'on est séparé par un plus long espace. « Vous savez quel déplaisir nous avions de la perte de je ne sais quelle ville, lorsqu'il y avait dix jours qu'à Paris on se réjouissait que le prince d'Orange en eût levé le siége ; c'est le malheur de l'*éloignement*. » Sév. « N'admirez-vous point les erreurs et les contre-temps de l'*éloignement* ? Je suis en peine de vous quand vous êtes en bonne santé ; et quand vous serez malade, une de vos lettres me redonnera de la joie. » Id. « L'*éloignement* cause nécessairement ces propos rompus. » Id.

D'autre part, *absence*, substantif pur signifie quelque chose d'absolu, d'idéal, de simplement conçu ou possible, au lieu qu'*éloignement*, substantif verbal, désigne quelque chose d'effectif, quelque chose qui s'est fait ou a eu lieu. « Cent fois, en lisant des romans, j'ai ri des froides plaintes des amants sur l'*absence*.... Je ne sais quelle idée consolante et douce tempère en moi l'amertume de votre *éloignement*, en songeant qu'il s'est fait par votre ordre. » J. J. « Il me semblait que j'aurais porté plus patiemment sa mort ou son *absence*, et que j'avais moins souffert tout le temps que j'avais passé loin d'elle. Quand je gémissais dans l'*éloignement*, l'espoir de la revoir soulageait mon cœur. » Id. — L'*absence* est un état : les peines (Acad.), les tourments (Mol.) de l'*absence*. L'*éloignement* est un fait, un départ ou une expulsion, ou c'est l'état qui en résulte. « Je voudrais bien que vous ne me missiez point dans le nombre de ceux que vous trouvez qui souhaitaient votre départ, puisque rien ne peut m'être si dur ni si sensible que votre *éloignement*. » Sév. « Henri, comte d'Erbi, fils du duc de Lancastre, maltraité par le roi et chassé du royaume, se retira en France. Les Londriens souffrirent son *éloignement* avec une extrême impatience. » Boss. Nous pleurons lors de l'*éloignement* d'une personne qui nous est chère, c'est un fait ou un événement qui nous cause de la douleur ; nous profiterons de son *absence*, c'est-à-dire de l'état amené par son *éloignement*, pour faire telle ou telle chose. — Comme on dit bien *absence* et *éloignement*, parce qu'*éloignement* suppose la personne à une plus grande distance ; de même on trouve dans les meilleurs écrivains *éloignement* et *absence* (Boss., Sév.), et c'est sans doute parce que *éloignement* est le fait qui produit l'état signifié par *absence*.

ABSOLU, ARBITRAIRE, DESPOTIQUE. Épithètes dont on se sert pour qualifier un pouvoir ou une autorité autocratique et sans bornes.

Absolu du latin *absolutus*, délié, dégagé, libre, marque proprement l'indépendance, l'exemption de contrôle, l'exemption d'une puissance capable de restreindre celle dont il s'agit, de s'y opposer ou de la contredire. « Quelque *absolue* que fût l'autorité des rois chez les Perses, elle était pourtant retenue dans certaines bornes par l'établissement du conseil que l'État leur donnait, conseil composé de sept des principaux chefs de la nation. » Roll. « Les bachas ne sont point *absolus* dans leurs provinces ; ils dépendent de leur divan. » Volt. « Les mages, sont-ce des rois *absolus*, ou dépendants d'un plus grand empire ? » Boss. « Les princes sont des dieux et participent en quelque façon à l'indépendance divine.... Samuel déclare aux Juifs sur ce fondement que la puissance de leur prince sera *absolue*, sans pouvoir être restreinte par aucune autre puissance. » Id. « Limiter le pouvoir *absolu*. » Staël. « Autrefois le roi ne prenait jamais rien sur les peuples par sa seule autorité ; c'était le parlement, c'est-à-dire l'assemblée de la nation, qui lui accordait les fonds nécessaires pour les besoins extraordinaires de l'État. Qu'est-ce qui a changé cet ordre, sinon l'autorité *absolue* que les rois ont prise ? » Fén. « Cette nouvelle pratique choque la monarchie qui est *absolue* et indépendante. » Laroch. « Le roi a une puissance *absolue* pour faire le bien, et les mains liées dès qu'il veut faire le mal. » Bern.

Arbitraire, qui agit arbitrairement, à son gré, suivant sa seule volonté (en latin, *arbitrium*), emporte l'idée odieuse de quelque chose d'illégitime, de contraire à des règles, de capricieux, idée qui n'est point du tout essentielle à *absolu* ; car avec un pouvoir *absolu* ; il se peut qu'un roi, s'il est sage et bien conseillé, tienne compte des lois, n'entreprenne et ne fasse rien qui n'y soit conforme. « Une domination *arbitraire* et sans règles. » Roll. « La Chine est gouvernée par les lois, et non par une seule volonté *arbitraire*. » Volt. « Il ne faut pas imaginer que l'empire ottoman soit un gouvernement *arbitraire* en tout, où la loi permette aux caprices d'un seul d'immoler à son gré des multitudes d'hommes. » Id. « Souvent, sous les empereurs romains on ne daignait pas recourir à la vaine formalité des lois ; la puissance *arbitraire* emprisonnait, exilait, ou faisait mourir à son gré. » Thom. « Un gouvernement assez *arbitraire* pour toutes les jouissances du pouvoir et de la fortune dépendent uniquement de sa faveur. » Staël. « Savez-vous ce que c'est que l'anarchie, ce que c'est que la puissance *arbitraire*, et ce que c'est que la royauté réglée par les lois, milieu entre les deux extrémités ? » Fén.

Despotique renchérit sur *arbitraire*. « Sous Tarquin le Superbe l'autorité », dit Rollin, « dégénéra en un pouvoir *arbitraire* et *despotique*. » « La philosophie ne rend impropre qu'à gouverner *arbitrairement*, *despotiquement*, et d'une manière méprisante pour l'espèce humaine. » Staël *Despote*, grec δεσπότης, signifie originairement le maître d'un esclave ; si bien que le pouvoir ou le gouvernement *despotique* suppose qu'on commande à des esclaves, à des hommes qui ne possèdent rien en propre, qui sont aveuglément soumis et dont on dispose comme d'un troupeau. « Ce gouvernement *despotique* n'est que le droit des brigands. » Volt. « Que deviendrait un pays gouverné *despotiquement*, si un tyran au-dessus de toutes les lois n'avait rien à craindre des poignards ? » STAEL. D'ailleurs, au lieu qu'*arbitraire* est plus propre à caractériser la volonté et les résolutions, *despotique* a plus de rapport aux actions et à la conduite. Rien ne se décide que par la volonté du prince sous un gouvernement *arbitraire*; il faut que tout plie sous un gouvernement *despotique*. « Henri VIII était *despotique* avec brutalité. » VOLT. « L'objet du père Tellier était le règne *despotique* de sa société, et la destruction radicale non-seulement de tout ce qui y était contraire, mais de tout ce qui n'y serait pas soumis jusqu'à l'abandon aveugle. » S. S.

A Rome on suspendit toutes les autres magistratures lorsqu'on créa les décemvirs, et on donna à ceux-ci un pouvoir *absolu* dont ils usèrent avec beaucoup de modération. L'année suivante on en créa d'autres entre les mains desquels le pouvoir devint bientôt *arbitraire* : ils portèrent des jugements, rendirent des décrets, se continuèrent dans leur magistrature, sans avoir égard aux lois, sans assembler le sénat ni le peuple, sans prendre conseil que d'eux-mêmes, sans autres règles que leur volonté capricieuse. Joignant la violence à l'arbitraire, l'un d'eux, App. Claudius, s'arrogea un pouvoir *despotique*, se conduisit *despotiquement*, particulièrement dans l'affaire de Virginie ; en sorte que le peuple et l'armée, indignés de ses attentats, unirent leurs efforts pour sortir d'esclavage en secouant le joug du tyran.

ACCABLÉ, SURCHARGÉ. Qui a d'une chose ou de certaines choses en trop grande quantité, qui y succombe.

Accablé est plus général et convient seul à l'égard de plusieurs sortes de choses ordinairement désagréables sous lesquelles on gémit : *accablé* de douleur, de misère, d'ennuis, de vieillesse. *Surchargé* ne se dit guère que quand il est question d'affaires ou de travaux, c'est-à-dire de choses dont on a charge ou qu'on est chargé de faire. « Il est fort doux d'être occupé, mais il est dur d'être *surchargé*. » VOLT. — « La nécessité des affaires oblige Dioclétien à partager l'Orient et l'Occident entre lui et Maximien ; chacun d'eux *surchargé* se soulage en élisant deux césars. Par cette multitude d'empereurs et de césars, l'État est *accablé* d'une dépense excessive. » BOSS. « Je suis un pauvre diable d'ermite, *accablé* de maux, et *surchargé* d'un travail ingrat et pénible. » VOLT.

Mais quand *accablé* se prend dans le sens particulier de *surchargé* et s'emploie en parlant des mêmes choses, il dit plus, il renchérit, et doit par conséquent se mettre après. « Être à Dieu, quand il n'y aura plus à reculer, et que, *surchargés*, *accablés* de dettes, il faudra par une pénitence précipitée apaiser sa justice. » BOURD. « Je suis *surchargé*, *accablé*, écrasé de visites, de lettres et d'affaires. » J. J.

ACCABLER, OPPRIMER, FOULER. Un roi ou un gouverneur de province *accable*, *opprime* ou *foule* ses sujets, c'est-à-dire qu'il ne les ménage point, qu'il leur impose des charges trop fortes.

En les *accablant*, au lieu de les soulager, il les ruine, il leur ôte leurs ressources, il les met dans un état de faiblesse et de misère dont il doit finir par se ressentir lui-même. En les *opprimant*, au lieu d'être leur protecteur, il exerce contre eux des violences, des injustices et des inhumanités qui le rendent odieux. Il les *foule*, quand il les grève ou les surcharge, quand il en exige trop, sans autre idée accessoire.

Les peuples *accablés* gémissent sous le poids des impôts. « Louis XI commençait à être touché des misères extrêmes de son peuple, qu'il avait *accablé* plus que les rois ses prédécesseurs. » Boss.

Et le peuple *accablé*, poussant de vains soupirs,
Gémissait de leur luxe, et payait leur plaisirs. VOLT.

Les peuples *opprimés* conçoivent et nourrissent des sentiments de haine et de rébellion. « Pour prévenir les révoltes, ils abattent les murs des villes, qui pourraient servir de défense au peuple *opprimé*. » COND.

Rois, si vous m'*opprimez*, si vos grandeurs dédaignent
Les pleurs de l'innocent que vous faites couler,
Mon vengeur est au ciel, apprenez à trembler. VOLT.

Les peuples *foulés* perdent leur aisance, sont gênés, appauvris. Les gourverneurs qui avaient précédé Néhémias avaient beaucoup *foulé* ce pauvre peuple. » Boss. « Cela lui servirait à se frayer un chemin au trône d'Espagne sans trop *fouler* les alliés. » S. S. « Beaucoup d'impôts étaient payés en denrées ; usage qui *foule* bien moins le peuple que celui de payer leurs tributs en argent. » VOLT.

ACCOUCHEUSE, SAGE-FEMME. Femme qui en assiste une autre en travail d'enfant.

L'*accoucheuse accouche*, aide à faire sortir l'enfant du sein de la mère, c'est une sorte de chirurgien. *Sage-femme* est le terme vulgaire et marque la condition : la *sage-femme* donne des soins à la mère et à l'enfant, c'est une sorte de garde-malade en même temps qu'une nourrice ou une bonne provisoire. Une bonne *accoucheuse* est habile ; une bonne *sage-femme* est douce, empressée, prudente, attentive.

Accoucheuse n'a rapport qu'au talent, à l'opération et aux connaissances qu'elle présuppose. « Hippocrate n'a débité sur la manière dont les femmes s'y prennent pour faire des enfants que des raisonnements d'*accoucheuse*. » VOLT. « Platon ne considère dans la génération que l'harmonie du nombre trois : l'engendreur, l'engendré, et la femelle dans laquelle on engendre ; ce qui compose une proportion harmonique, et ce qu'une *accoucheuse* ne comprend guère. » ID. — *Sage-femme* a rapport à la profession et à tout ce qui la concerne. Beaucoup de *sages-femmes* prennent des pensionnaires. « Les *sages-femmes* et les nourrices trompent quelquefois les familles sur les enfants (par des substitutions). » FÉN. « Les enfants ne sortent des mains de la *sage-femme* que pour passer dans celles d'une nourrice. » J. J.

On dira que Phénarète, mère de Socrate, était *accoucheuse* (FÉN.), si on veut, par exemple, rappeler ce mot de Socrate, que, comme sa mère aidait les femmes à mettre leurs enfants au monde, il aidait les esprits à produire leurs pensées. Mais on dira qu'elle était *sage-femme* (COND., ROLL.), s'il s'agit simplement de faire connaître l'extraction du philosophe.

ACCUSER, REPROCHER, TAXER, Imputer à quelqu'un quelque action mauvaise ou quelque défaut : *accuser* quelqu'un de négligence, lui *reprocher* sa ou de la négligence, le *taxer* de négligence.

Accuser et *reprocher* d'abord diffèrent l'un de l'autre d'une manière palpable. « L'*accusation* se fait à un tiers ; le *reproche* se fait à la personne même qu'on blâme. » Cond. Vous *accuser* de quelque chose, c'est vous signaler, vous dénoncer, vous déférer aux tribunaux ou à l'opinion ; mais vous *reprocher* quelque chose, c'est vous le représenter à vous-même, vous le remettre en quelque sorte sous les yeux. Un pécheur qui *s'accuse* de ses fautes les déclare à un confesseur pour en obtenir l'absolution ; un pécheur qui se *reproche* ses fautes les repasse dans son esprit, se les remontre à lui-même pour s'exciter au repentir. — On *accuse* proprement de crimes ou d'injustices, de quelque chose de manifeste et de public ; mais on *reproche* plutôt des vices, ou bien, dans tous les cas, quelque chose de secret, de moins connu ou de moins susceptible de l'être. « On n'*accusait* pas Jésus-Christ d'avoir voulu introduire une secte nouvelle... On ne lui *reprochait* pas d'avoir prêché publiquement contre la loi. » Volt. Dans cet exemple le second membre de la phrase explique le premier : *accuser*, c'est *reprocher* d'avoir commis quelque attentat ou mauvaise action publique. « Le Sauveur du monde *reprocha* aux Juifs tout les autres vices, mais il ne les *accusa* jamais d'impiété dans les sacrifices qu'ils présentaient à Dieu. » Bourd. « La trahison dont je l'*accusais*, les desseins secrets que je lui *reprochais* lui firent connaître le sujet de ma fureur. » J. J. « Lysandre, ayant remporté la victoire sur les Athéniens, on jugea les prisonniers ; on *accusa* les Athéniens d'avoir précipité tous les captifs de deux galères... Ils furent tous égorgés... Lysandre *reprocha* à Philoclès, avant de le faire mourir, qu'il avait dépravé les esprits. » Montesq.

Taxer se distingue *d'accuser*, de la même manière que *reprocher*. Au lieu qu'on *accuse* de quelque chose d'effectif, de notoire et d'éclatant on *taxe* de quelque chose de particulier à la personne, de quelque chose qui est du ressort de la conscience plutôt que du ressort des lois ou de l'opinion. « Là on vous *accuse* de perfidie, on vous *taxe* de mauvaise foi. » Mass. On *accuse* d'injustice, de tyrannie, de correspondance avec l'ennemi ; on *taxe* de fausseté, d'avarice, d'hypocrisie. « Un directeur m'a dit : Vous, que l'on prétend si riche, comment n'appréhendez-vous pas que l'on vous *taxe* d'avarice en exigeant sévèrement un payement pour vos ouvrages ?... J'ai répondu : Feu la maréchale d'Estrées avait deux cent mille livres de rente ; jamais je n'en ai pu tirer une bouteille de vin de Sillery sans lui avoir donné un écu de six francs, et personne ne l'*accusa* d'avarice ni d'injustice. » Beaum. — Toutefois *taxer* est loin d'équivaloir à *reprocher*. En vous *taxant* d'être avare, je déclare que vous l'êtes. Mais en vous *reprochant* d'être avare, je vous blâme de l'être, je cherche à vous en faire rougir ; ce n'est plus de ma part une qualification, c'est une réprimande, une sorte de censure. L'action de *taxer* consiste à avancer le fait, à l'établir ou à prétendre l'établir ; celle de *reprocher* suppose le fait établi, et le prend pour texte ou pour sujet d'une semonce. *Taxer* témérairement et *reprocher* trop durement, deux excès également condamnables.

ACQUIT, DÉCHARGE. Faire quelque chose pour l'*acquit* ou pour la *décharge* de sa conscience, c'est la faire pour ne l'avoir plus sur la conscience, afin d'avoir la conscience tranquille à cet égard.

Acquit fait concevoir une dette qu'on paye et convient particulièrement quand il s'agit de quelque chose qu'on donne. Dans le *Légataire* de Regnard, Crispin s'excuse d'avoir légué une très-forte somme à Lisette, en disant qu'il l'a fait pour l'*acquit* de sa conscience. Mais au mot *décharge* est attachée l'idée d'un fardeau dont on se soulage, comme il arrive au pénitent qui dépose aux pieds du prêtre le poids de ses fautes. Aussi est-ce le mot dont on se sert de préférence avec le verbe *confesser* : « Il faut *confesser*, pour la *décharge* de ma conscience, que j'ai emprunté des vers et quelques images de Francisco Santos. » Les.

Ensuite, ce qu'on fait pour l'*acquit* de sa conscience est d'une obligation moins stricte que ce qu'on fait pour la *décharge* de sa conscience ; si on ne le faisait pas, on resterait débiteur, on aurait de la négligence à se reprocher, rien de plus. « Je suis navré que vous soyez dupe à ce point, et que vous le soyez d'un homme si vil... C'est pour l'*acquit* de ma conscience, et par un effet de mon tendre attachement pour vous, que je crois devoir vous instruire de ce qui vous intéresse. » D'Al. Ce qu'on fait pour la *décharge* de sa conscience est de devoir rigoureux ; si on ne le faisait pas, cela pèserait sur la conscience, on serait coupable ou même criminel, et, religieusement parlant, on compromettrait son salut. « Ayant à vous remettre en d'autres mains, pour la *décharge* de sa conscience et pour votre propre salut, le pape pouvait-il rien faire de mieux que de vous remettre à celui que Jésus-Christ avait chargé de vous ? » Boss.

ACQUITTER LIBÉRER, S'ACQUITTER, SE LIBÉRER. Qu'une personne endettée cesse de l'être, vienne à être déchargée de sa dette ou de ses dettes, c'est ce qu'expriment ces deux verbes.

Mais *acquitter*, quoique dérivé du latin, selon toute apparence, est un mot de la langue commune, et *libérer*, tout latin, *liberare*, délivrer, affranchir, est un terme de jurisprudence. De plus, ils n'ont pas tout à fait la même signification.

On n'*acquitte* et on ne s'*acquitte* qu'en agissant de façon à obtenir *quittance*, qu'en satisfaisant le créancier, qu'en payant. « De là ces promesses frivoles de vous *acquitter*, et ces chicanes infinies pour éloigner un payement. » Bourd. Mais on *libère* et on *se libère* sans payer, et, par exemple, en empruntant, en niant la dette ou en faisant banqueroute. « Je suis endetté ; je vais, pour me *libérer*, emprunter cent mille écus. » Volt. « Le débiteur d'un créancier déniait la dette, et venait en justice de s'en *libérer* par serment. » Marm.

« On voulait persuader au régent que le nouveau roi était dispensé de reconnaître les dettes de son prédécesseur, et ce moyen honteux et violent de *libérer* le trésor royal ne manquait pas d'apologistes... Ceux qui, par leurs richesses, devaient porter le poids des contributions dont on avait besoin pour *acquitter* l'État auraient trouvé l'expédient de la banqueroute aussi légitime qu'il était commode. » Marm.

ACTIVITÉ, HATE. Ces deux mots donnent l'idée d'une manière de faire les choses remarquable par un grand développement de puissance ou de force.

Mais l'*activité* se rapporte à la personne : c'est la qualité effective de quelqu'un qui est *actif*; on vante l'*activité* de César. La *hâte* est relative au temps : on fait une chose ou les choses en grande *hâte*, en toute *hâte*, de façon à finir ou à arriver bientôt. Si vous manquez d'*activité*, vous êtes lâche, mou, languissant, sans ardeur; si vous n'avez *hâte*, si vous ne faites *hâte*, votre démarche ou votre arrivée sera tardive.

Condillac assigne à *hâte* une autre nuance qui n'est pas moins propre à la caractériser. Elle consiste en ce que d'ordinaire la *hâte*, pour avoir plus tôt fait, néglige des choses qu'il ne fallait pas négliger. D'où il suit qu'elle est voisine de la précipitation. En allemand, *hast*, d'où vient certainement le français *hâte*, signifie un empressement précipité ou brusque. « Il m'apprit que ce discours avait été mutilé et qu'on en avait retranché un article tout entier, supposant que c'était une omission d'inadvertance par la *hâte* où le voleur avait transcrit le discours. » J.-J.

ADHÉRENT, COMPLICE, FAUTEUR. Homme attaché ou associé à un mauvais parti, partisan d'une mauvaise cause.

Adhérent, qui *adhère*, qui a de l'*adhérence*, c'est-à-dire qui est du même sentiment, de la même opinion qu'un autre, est principalement usité en matière de doctrine : on appelle de ce nom les sectateurs d'un hérésiarque et en général les disciples d'un maître qui enseigne le mensonge ou l'erreur. Les *adhérents* de l'antéchrist (Boss.). « Un acte dont ni Luther, ni ses *adhérents*, ni ses adversaires n'ont jamais parlé. » Id. « Les impiétés de Nestorius se sont répandues en Orient par son exil et celui de ses *adhérents*. » Id. « L'un de ces députés suisses dit qu'il est prêt à soutenir le concile avec son épée, et à traiter les ennemis de l'Église comme ses compatriotes ont traité le curé Zuingle et ses *adhérents*. » Volt. « Le général (de cet ordre religieux) était janséniste, et disposé à tirer vengeance de l'espèce de persécution qu'Hudson avait exercée contre les *adhérents* à ses opinions. » Did.

Complice, du latin *complex*, qui est impliqué ou compris dans une mauvaise affaire, dans une accusation, se dit proprement en fait d'entreprises : un voleur, un assassin, un conspirateur ont des *complices*. « Le jeune homme est emprisonné comme *complice* de vol. » Bach. « Damiens n'était qu'un insensé fanatique, moins abominable que Ravaillac et Jean Châtel, mais plus fou, et n'ayant pas plus de *complices* que ces deux énergumènes. » Volt. « Cicéron avait été exilé pour avoir fait mourir sans observer les formes de la justice les *complices* de Catilina. » Roll. « Sans nous rendre *complices* des mauvaises pratiques et des injustes desseins de nos amis, nous nous serons acquittés d'une des plus essentielles obligations de l'amitié. » Bourd.

Complice enchérit sur *adhérent* par la raison que le crime a plus de gravité que l'erreur. Si donc les erreurs admises et professées par les disciples d'un maître sont considérées comme criminelles, comme des attentats, on ne dira plus qu'ils sont les *adhérents* mais bien les *complices* du chef qui les dirige. « Deux évêques espagnols vinrent demander à Maxime le sang de Priscillien et de tous ses *adhérents*, qui disaient que les âmes sont des émanations de Dieu, que... Maxime sentit toute l'énormité de ces crimes. Les saints évêques obtinrent qu'on donnât d'abord la question à Priscillien et à ses *complices* avant qu'on les fît mourir. » Volt. — Réciproquement, on appelle quelquefois *adhérents* plutôt que *complices* ceux qui prennent part à une entreprise jugée peu coupable. « Des *adhérents* de la cabale. » S. S. « Goërtz vit en Hollande les *adhérents* du prétendant. » Volt.

Quant à *fauteur*, latin *fautor*, de *favere*, favoriser, il a cela de tout à fait particulier que, au lieu de supposer comme ses deux synonymes un inférieur joint et subordonné à un chef, il désigne un supérieur qui s'intéresse à une cause condamnable quelconque, soit en matière de doctrine, soit en fait d'actions. « Se promettre la grâce pour se maintenir dans l'habitude de son péché, c'est vouloir que la fidélité de Dieu le rende, tout Dieu qu'il est, prévaricateur et *fauteur* de notre iniquité. » Bourd. « Ne parlons point de ces prières abominables qui feraient des saints, s'ils les écoutaient, les *fauteurs* de nos vices. » Id. « Théodose, *fauteur* de l'hérésie d'Eutychès. » Cond. « Le pape Jean XXII déclara les Visconti hérétiques; et comme l'empereur favorise les Visconti, il déclare l'empereur *fauteur* d'hérétiques. » Volt. « Les plaies que les papes *fauteurs* de la Ligue ont faites à la France ont saigné pendant trente années. » Id. — D'ailleurs, la participation du *fauteur* est moins grande, moins ostensible et moins directe; ce n'est point un membre, mais un simple protecteur; il approuve, il sympathise, il suit d'un œil bienveillant, il prête appui, rien de plus, et encore est-ce presque toujours sous main. Voltaire dit en parlant des extravagances des convulsionnaires : « Les *fauteurs* secrets du parti (jansénistes) encourageaient cette frénésie. » « La disgrâce de Marivaux fut si complète, qu'il ne put même avoir pour consolateurs ses dangereux amis Fontenelle et La Motte, qu'on accusait d'avoir été les *fauteurs* secrets et peut-être les *complices* de l'*Homère travesti*. » D'Al. — Enfin, la coopération du *fauteur* étant vague et en quelque sorte lointaine, ce mot convient mieux quand il est question de quelque chose de général et d'idéal que quand il s'agit de quelque chose de particulier ou d'effectif. On dit les *adhérents* d'un docteur hérétique ou schismatique, et les *fauteurs* de l'hérésie ou du schisme; les *complices* d'un acte de tyrannie, et les *fauteurs* de la tyrannie. « Il ne faut pas servir les hommes au point de se rendre *complice* de leurs désordres et *fauteur* de leurs vices. » Bourd. Les jésuites furent chassés de France en 1594 comme *complices* du parricide de Jean Châtel ; soumis au despotisme dans leurs maisons, ils en sont les *fauteurs* dans l'État. » (Dɪᴅ.).

ADONNER (S'), SE DONNER, SE LIVRER, S'APPLIQUER. On *s'adonne*, on *se donne*, on *se livre*, on *s'applique* à un certain genre de travail ou d'exercice, c'est-à-dire qu'on en fait le sujet de ses occupations.

S'adonner, verbe inchoatif, est moins fort que *se donner*, il marque simplement la destination, la direction de l'activité vers (*ad*) ; on ne dit guère *se donner*, sans ajouter *tout entier*.

Se livrer semble dès lors équivaloir à *se donner* ; car *se livrer*, c'est aussi remettre sa personne de manière qu'elle ne soit plus disponible. Cependant à cette idée *se livrer* ajoute celle qu'on renonce à soi, qu'on s'abandonne, qu'on *se donne* sans réserve, sans mesure, avec excès. Si donc, pour l'ordinaire, on se donne tout entier, on *se livre* aveuglément. « La musique était pour moi une autre passion moins fougueuse, mais non moins consumante par l'ardeur avec laquelle je *m'y livrais*, par l'étude opiniâtre des obscurs livres de Rameau. » J. J. Montesquieu dit au sujet du jeu en France : « Les femmes y sont surtout très-abandonnées. Il est vrai qu'elles ne *s'y livrent* guère dans leur jeunesse que pour favoriser une passion plus chère. »

S'appliquer suppose du soin, de l'attention à bien faire.

Il ne prenait de soin que pour la république ;
Et même le ménage où trop tard on *s'applique*
De ses plus jeunes ans n'était point négligé. Laf.

— D'ailleurs on *s'applique* surtout aux occupations de l'esprit, aux sciences (Fén., Mal.), à l'étude(Mal.), ou à ce qui demande de l'étude, comme un art. « Chez les Romains chaque esclave avait son pécule. Celui-ci faisait la banque ; celui-là *se donnait* au commerce de la mer ; l'autre *s'appliquait* à quelque art mécanique. » Montesq.

Ainsi, *s'adonner* annonce l'occupation ordinaire de quelqu'un, sa sorte d'emploi ; *se donner* une occupation qui absorbe entièrement ; *se livrer*, une occupation qui passionne ; et *s'appliquer*, une forte occupation d'esprit, une occupation attentive diligente, exacte.

AFFAIBLIR, ATTÉNUER. Produire dans le corps de l'homme une certaine diminution.

Affaiblir exprime une diminution abstraite, pour ainsi dire, qui ne tombe pas sous les sens, une diminution de force ; et *atténuer*, au contraire, une diminution visible, celle de l'embonpoint, un amaigrissement.

Ensuite, *affaiblir* signifie généralement quelque chose de fâcheux ; au lieu qu'*atténuer* semble se prendre plus volontiers en bonne part. « Les plaisirs *affaiblissent* le corps et abrutissent l'esprit. » Fén. « A la cour de Louis IX on trouvait ce saint roi couvert d'un cilice, et *atténué* de jeûne. » Bourd. « L'*affaiblissement* du corps constitue toujours un déchet ou un dommage ; mais il y a des femmes qui travaillent et réussissent à se donner un air de langueur, à se rendre intéressantes, en *atténuant* leur corps par le régime. » Roll. Dans un sens dérivé, ainsi qu'en médecine et en droit criminel,
atténuer, atténuation, atténuant indiquent une diminution de mal, le contraire d'une aggravation.

Ajoutez que dans l'acception primitive où il se rencontre avec *affaiblir*, *atténuer* est d'un usage incomparablement plus rare, et que dans l'acception dérivée, où il est surtout usité, il est ou plus noble ou plus propre à être employé comme terme spécial de science, parce qu'il a cela de particulier qu'il reproduit exactement un mot latin (*attenuare*).

AFFAMÉ, ALTÉRÉ. Ces deux mots s'emploient au figuré en parlant de certaines choses pour signifier en être avide, les désirer ardemment.

Mais les choses dont on est *affamé* sont de celles qui sont propres à être mangées, qui sont solides par conséquent ; celles dont on est *altéré* sont bonnes ou comme bonnes pour la soif, c'est-à-dire liquides ou conçues comme telles.

Je cherche en *affamé* le pain vivifiant ;
Je cherche en *altéré* la fontaine de vie. Corn.

On dit également *affamé* et *altéré* de carnage, parce que dans le carnage on trouve en quelque sorte à manger et à boire. Mais on dira exclusivement, d'une part, *affamé* de richesses (Les., Del.) et, de l'autre, *altéré* de sang (Acad., Créb.).

D'ailleurs, la *faim*, exprimant plus particulièrement que la *soif* un de nos appétits les plus bas, *affamé*, comme *famélique*, paraît convenir beaucoup moins que son synonyme au style noble ou en parlant de choses relevées. C'est plutôt en conversation qu'on dira *affamé* de carnage : « Ho ! ho ! il t'en faut donner de ces princes, ou plutôt de ces monstres *affamés* de carnage ! Mercure à Charon. » Fén. Mais dans *la Henriade*, Voltaire a préféré et dû préférer *altéré* de carnage.

Ces monstres furieux, de carnage *altérés*,
Invoquaient le Seigneur en égorgeant leurs frères.

« On voit dans le christianisme même beaucoup de gens *affamés* de plaisirs, et des plaisirs les plus grossiers. » Bourd. « On en rencontre peu qui soupirent pour la justice éternelle, qui mettent leur bonheur à en être toujours *altérés*. » Fén.

Mêmes différences en allemand entre les mots correspondants *hungerig* et *durstig*.

AFFIDÉ, CONFIDENT. Ces deux mots s'emploient substantivement et adjectivement en parlant d'une personne en qui on a confiance.

Mais d'abord *affidé* marque un état, une qualité constante, au lieu que *confident* se dit bien pour un fait particulier et convient seul pour exprimer une qualité accidentelle. On est l'*affidé* de quelqu'un, et le *confident* d'un de ses projets. « Lorsque la princesse des Ursins eut résolu de choisir une nouvelle reine d'Espagne, le financier Orry, son *affidé*, fut le seul *confident* de cette importante affaire. » S. S., Marm. « Que fait Péthion ? Il se promène en bas sur la terrasse du château avec quelques *affidés confidents* de son embarras visible. » Lamartine.

D'un autre côté, l'*affidé* est un homme qu'on tient pour sûr (*fidus*), sur la fidélité duquel on compte sous tous les rapports. « Il était essentiel au duc du Maine de n'avoir en caractère auprès du jeune prince que des dépendants et des *affidés* sur qui il pût entièrement compter. » S. S.

« Mlle de Macdonald conseilla au prince (Charles-Édouard Stuart) de se cacher près de la cabane d'un montagnard connu d'elle et *affidé*. « VOLT. Mais ce que nous attendons du *confident*, c'est seulement de la discrétion, c'est qu'il n'abusera pas de nos *confidences* et ne trahira pas notre secret. « Bontemps, premier valet de chambre en quartier, et le plus *confident* des quatre servit cette messe où ce monarque et la Maintenon furent mariés. » S. S. « Louis XIII avait toujours besoin d'un *confident*, qu'on appelle un favori, qui pût amuser son humeur triste et recevoir les *confidences* de ses amertumes. » VOLT. « Vous pouvez vous ouvrir de ce que je vous dis à des personnes sages et bien *confidentes*. » BOSS.

Enfin, *affidé* se prend plutôt en mauvaise part. L'*affidé* est assez souvent un subalterne, une sorte de domestique, de familier, qui s'est attaché à nous par intérêt ou par accoutumance, qui dépend de nous et qui est prêt à tout faire pour nous. « Il faudrait interroger les domestiques et autres *affidés* de la maison. » FÉN. « Dès qu'une personne publique cesse tout à fait de paraître, dès qu'on n'admet dans le cabinet que le domestique ou les gens plus *affidés* et plus familiers... » BOSS. « On rend ici publique la *Réponse à la relation*. M. de Cambrai et ses *affidés* se confient aux mensonges et aux tours d'esprit qui la composent. » ID. « Stair était informé à point de l'intérieur par les valets *affidés* à Dubois. » S. S. « Ce forcené (Clodius) eut l'impudence de faire accuser Sextius de violence par Albinovamus, un de ses *affidés*. » LA H. « On appela originairement *roués* les *affidés* du prince régent et les familiers de ses soupers. » ID. « Ce libraire est *affidé* aux Voëtius... Il est aisé à croire qu'il n'a rien déclaré que ce qu'il leur a plu, puisque ce sont eux qui lui ont fait écrire ce témoignage. » DESC. — Le *confident*, au contraire, n'a généralement rien que d'honorable : c'est un homme jouissant de l'estime de celui qui l'a choisi pour lui confier ses secrets et qui par là l'a élevé jusqu'à sa hauteur. « La reine nomma à l'ambassade de France le duc de Shrewsbury, l'un de ses plus *confidents* ministres. » S. S. « Une principale femme de chambre (de la duchesse du Maine), favorite, *confidente*, et sur le pied de bel esprit. » ID. « C'est ainsi que raisonnait ce grand prince (Condé), s'en ouvrant lui-même à ses plus *confidents* amis. » BOURD. « Il n'y a que ce que vous confiez à vos plus *confidents* et plus intimes amis, dont il faut bien que je me passe, soit dit en passant, mon cher Voltaire. » DUDEFF. « Eusèbe, évêque de Césarée, *confident* de Constantin. » VOLT. « Despréaux était le *confident* de Racine et de Molière. » ID. Cinna, après avoir dit que souvent Auguste le mande pour prendre ses conseils, ajoute :

Maxime est comme moi de ses plus *confidents*. CORN.

AFFIRMATION, ASSERTION. L'idée commune à ces deux mots est celle de l'action ou du résultat de l'action des verbes latins *affirmare, asserere*, présenter une chose comme vraie.

Affirmation a plus de rapport à l'action, au fait de dire une chose avec assurance, ou à l'assurance avec laquelle on la dit. « Nous ne disons rien ici sur l'*affirmation* avec laquelle les savants s'expriment si souvent. » VOLT. Mais *assertion*, plus matériel que formel, signifie la chose dite, sans aucune relation à la manière : admettre une *assertion* (LAH.). Une *affirmation* est plus ou moins positive (BOSS.) ; une *assertion* est vraie ou fausse (ACAD.). Il ne suffit pas de la parole ou de l'*affirmation* d'une personne pour prouver son *assertion*.

D'autre part, l'*affirmation* est d'un homme qui croit, qui ne doute pas, qui juge et déclare que la chose est telle ou telle; au lieu que l'*assertion* est d'un homme qui propose à croire, qui dogmatise, qui prétend ou avance que la chose est telle ou telle, et qui est prêt à le soutenir. On dit l'*affirmation* d'un témoin; il dit oui, il atteste que le fait s'est passé. « Il aura beau dire *non* contre cent faux témoignages à qui l'on fera dire *oui*, sa négation sera sans effet contre tant d'*affirmations* unanimes. » J. J. Mais ce sont des *assertions* que les thèses ou les propositions mises en avant et défendues par des hommes qui disputent; *asserere*, dans une de ses acceptions, signifie se défendre. « Tous deux, en face l'un de l'autre, soutenaient leur *assertion* avec une égale constance. » MARM.

L'*affirmation* marque l'acquiescement ou l'adhésion de l'esprit, la conviction. « Celui qui juge que la terre est ronde, et celui qui juge qu'elle n'est pas ronde, ont tous deux les mêmes choses peintes dans le cerveau, savoir la terre et la rondeur; mais l'un y ajoute l'*affirmation*, qui est une action de son esprit, et l'autre une action contraire, qui est la négation. » P. R. — L'*assertion* exprime la doctrine, c'est-à-dire, non plus une opinion solitaire, mais quelque chose de proposé avec la résolution de le faire valoir et de combattre le contraire. « Ils peuvent crier autant qu'il leur plaira qu'en me déclarant contre les sciences j'ai parlé contre mon sentiment : à une *assertion* aussi téméraire, dénuée également de preuve et de vraisemblance, je ne dois qu'une réponse. » J. J.

AFIN DE, AFIN QUE. Deux locutions destinées à indiquer la fin ou le but qu'on se propose en agissant.

Beauzée en a marqué la différence de la manière suivante.

On se sert d'*afin de* avec l'infinitif quand cet infinitif peut se rapporter au même sujet que le verbe qui précède *afin* : il faut donc dire : Je porte toujours un livre, *afin de* mettre à profit mes moments de loisir; parce que c'est moi qui porte le livre, qui mettrai à profit les moments de loisir.

On se sert d'*afin que* avec le subjonctif, si le sujet du verbe qui suit n'est pas le même que celui du verbe qui précède : ainsi il faut dire : Je porte toujours un livre, *afin que* la solitude ne puisse jamais me jeter dans l'ennui; parce que *la solitude*, sujet du second verbe *puisse*, est différente de *je*, sujet du premier verbe *porte*.

« Le marchand fait des montres, pour donner de sa marchandise ce qu'il y a de pire : il a le cati et les faux jours, *afin d'*en cacher les défauts, et *qu'*elle paraisse bonne...; il a des marques fausses et mystérieuses, *afin qu'*on croie n'en donner que son prix. » LABR.

ÂGE (A L') DE, ÂGÉ DE. On se sert de l'un et de l'autre pour marquer combien d'années a ou avait un homme lorsqu'il fait ou qu'il a fait ceci ou cela, lorsqu'il lui arrive ou qu'il lui est arrivé telle ou telle chose.

A l'âge de indique une époque de la vie, rien de plus. « *A l'âge de* trente-deux ans, Épicure enseigna la philosophie à Métélin. » Fén. « Le roi (Louis XIV), *à l'âge de* quinze ans, vit, de la hauteur de Charonne, la bataille de Saint-Antoine. » Volt. *Âgé de*, en même temps qu'il indique une époque de la vie, caractérise le sujet, le représente comme ayant un âge propre ou impropre à ce qu'il fait ou à ce qui lui arrive, à ce qu'il a fait ou à ce qui lui est arrivé. « La fille de Mozart, *âgée de* onze ans, touche du clavecin de la manière la plus brillante. » Grimm. « Le journal de la maison de Borgia porte que le pape, *âgé de* soixante-douze ans, fut attaqué d'une fièvre tierce, qui bientôt devint continue et mortelle; ce n'est pas là l'effet du poison. » Volt. « Gengis voulait, *âgé* d'environ soixante-dix ans, aller achever la conquête de ce grand royaume de la Chine. » Id. « L'envie de plaire à Mme l'abbesse de Fontevrault engagea l'abbé Genest, quoique *âgé de* quarante ans, à vouloir apprendre le latin. » D'Oliv.

En outre, *à l'âge de* se dit quel que soit l'âge qu'il s'agit d'exprimer; mais comme *âgé*, employé absolument, signifie qui a beaucoup d'âge, *âgé de* paraît être préférable quand il est question d'un grand âge. On dira donc : Alexandre mourut *à l'âge de* trente-trois ans (Boss.); Charles IX, *à l'âge de* vingt-quatre ans (Boss., Volt.); Henri V d'Angleterre, *à l'âge de* trente-quatre ans (Volt.); Lesueur, *à l'âge de* trente-huit ans (Id.). Mais on dira : Le patriarche saint Germain mourut *âgé de* quatre-vingt-dix ans (Boss.); Aurengzeb, *âgé* d'environ cent trois ans (Volt.); tel homme mourut *âgé de* près de cent ans (Bern.); Mme du Deffant, *âgée de* quatre-vingt-quatre ans (Grimm); Pyrrhon, *âgé de* plus de quatre-vingt-dix ans (Fén.); et Épiménide, *âgé de* cent cinquante-sept ans (Id.).

ÂGÉ, VIEUX, SURANNÉ. — VIEILLARD, BARBON. Tous ces mots, traités comme synonymes par Condillac, se disent d'un homme qui n'est plus jeune, qui a déjà beaucoup vécu.

Mais *âgé, vieux, suranné* étant des adjectifs diffèrent considérablement, par cela seul, des substantifs *vieillard* et *barbon*. On ne peut considérer comme synonymes des mots qui appartiennent à des parties du discours différentes.

Âgé a rapport à l'âge; *vieux* aux effets que l'âge produit; et *suranné* au discrédit, à la dépréciation, à l'inaptitude qui en résulte. Un homme *âgé* approche du terme de sa vie. « La même personne repasse plusieurs fois dans ma tête : d'abord je la vois enfant, puis jeune et enfin *âgée*. » Fén. « Le roi est malheureusement trop *âgé* pour pouvoir compter qu'il verra son successeur en âge de gouverner d'abord après lui. » Id. Un homme *vieux* est cassé, usé, caduc, infirme. « Le duc de Croy étant *vieux* et caduc fut contraint de céder. » Boss. « Il est *vieux* et usé, dit un grand, il s'est crevé à mon service, qu'en faire? » Labr. Un homme *suranné* n'est plus de mise ou de saison. Damoiseau *suranné* (Mol.), Adonis *suranné* (Régn.). « Je savais que le temps d'aimer était passé, je sentais trop le ridicule des amants *surannés* pour y tomber. » J. J. Une femme *âgée* est sur le retour, ce mot est purement chronologique; une *vieille* femme inspire du dégoût; une femme *surannée* a des prétentions déplacées, elle doit songer à la retraite.

Quant à *vieillard* et à *barbon*, on ne peut guère les confondre. *Vieillard* est le mot ordinaire, et il emporte presque toujours une idée de respect. « Un *vieillard* vénérable et plein de majesté s'avança vers Télémaque. » Fén. Mais *barbon* ne se dit que dans le style familier et en plaisantant. « Mon cher capitaine, vous qui êtes jeune, riez des *barbons* qui font des façons à la porte du néant. » Volt.

Là souvent le héros d'un spectacle grossier,
Enfant au premier acte, est *barbon* au dernier. Boil.

« J'ai embrassé cette occasion-ci de me mettre à mon aise; et je l'ai fait sur l'espérance de me voir bientôt délivrée du *barbon* que je prends (pour époux). » Dorimène dans le *Mariage forcé*. Mol. Dans l'*École des femmes*, Arnolphe est un *barbon* jaloux (Lah.).

AGILE, LÉGER, VITE, LESTE, ALERTE, PRESTE, DISPOS. Tous ces mots servent à qualifier un homme auquel on attribue de l'aisance dans le développement de ses forces.

Agile, latin *agilis*, d'*agere*, agir, se dit en parlant de tous les mouvements du corps, quel que soit le sens dans lequel ils ont lieu. Les poissons en nageant, les oiseaux dans leur vol, les enfants en grimpant aux arbres, les faiseurs de tours d'équilibre et les danseurs de corde se montrent plus ou moins *agiles*. « Émile a le corps *agile*, les membres flexibles, pour prendre sans peine toutes sortes d'attitudes et prolonger sans peine toutes sortes de mouvements. » J. J.

Léger, qui n'est pas pesant, n'a rapport qu'au mouvement de bas en haut; il signifie *agile* pour sauter, et, par extension, *agile* pour se soulever afin de marcher ou de courir. C'est proprement avec *légèreté* qu'on saute, qu'on danse et qu'on se porte vers un but. « La fouine a le saut *léger*. » Buff. « A-t-on remarqué dans ces enfants une danse moins *légère* que dans les danseurs tou formés? » J. J.

Légère et court vêtue, elle allait à grands pas. Laf.
Le cerf est le plus *léger* de tous les animaux (Lah.). Lafontaine appelle le lièvre l'animal *léger*.

Vite est plus particulièrement synonyme de *léger* quand celui-ci se rapporte à la course. Mais il exprime une plus grande rapidité de mouvement; aussi se met-il bien après pour renchérir. « Alexandre disputait le prix de la course avec les plus *légers* et les plus *vites* d'entre les siens. » Vaug. « Des chevaux *vites* comme des éclairs. » Sév. « Avec ces ailes Mercure, plus *vite* que les vents, traverse les mers et toute l'étendue de la terre. » Fén. Du reste, ce mot se dit peu des hommes, parce qu'ils n'ont pas la rapidité de la foudre, et, au contraire, il s'applique très-bien à des choses immatérielles, douées d'une telle célérité et non susceptibles d'être considérées comme plus ou moins pesantes. « Ce qui fait dire à ce sublime poëte, pour exprimer la célérité d'un mouvement, qu'il est *vite* comme la pensée.... Néanmoins l'acte de la volonté se trouvera le plus *vite* de tous les actes humains, puisqu'il l'est tellement qu'à peine a-t-on le loisir de le sentir. » Boss. « On a beau fuir ce qui nous est cher, son image, plus *vite* que la mer et les vents, nous suit au bout de l'univers. » J. J.

Leste, dégagé, emporte une idée de bonne grâce ou de bon air qui lui est tout à fait propre. Si l'homme *léger* n'est pas pesant, l'homme *leste* n'est pas lourd. Une femme *leste* et pimpante (Mol.). « J'étais *leste* et bien pris dans ma taille. » J. J. S. Simon écrit en parlant du duc de Bourgogne : « Un front plus serein, un air plus aisé, quelque chose de plus *leste* en de certaines occasions, dilateraient les cœurs. » « Rien n'était si beau, si *leste*, si brillant, si bien ordonné que les deux armées. » Volt. « Comme elle rêvait à tout cela, le comte de Luzy l'invita à danser avec lui : il était jeune, *leste*, bien fait et trop séduisant pour Laurette. » Marm.

Alerte, c'est-à-dire, dans une première acception, vigilant, sur ses gardes, tire de là sa nuance distinctive. L'homme ou l'animal *alerte* ne s'endort pas, a l'œil au guet. « Les petits vanneaux partent en courant, et il est difficile de les prendre sans chien; car ils sont aussi *alertes* que les perdreaux. » Buff. Ou bien *alerte*, comme *éveillé*, par exemple, ajoute à l'idée commune celle de gaieté. « Comme toutes les fauvettes, celle-ci est toujours gaie, *alerte*, vive. » Buff. « Si c'est une fille, elle sera gentille et douce; si c'est un garçon, il sera *alerte* et joyeux. » Marm.

Mais est-il vif, *alerte*, étourdi, bien planté,
Bon vivant? car je veux tout cela pour ma fille. Dest.

Preste s'emploie quand il s'agit d'un mouvement soudain, instantané, de courte durée, semblable à un tour de *preste*digitateur. « Le mouvement des lièvres dans leur course est une espèce de galop, une suite de sauts très-*prestes* et très-pressés. » Buff. « Les lavandières courent légèrement à petits pas très-*prestes* sur la grève des rivages. » Id. « Les plongeons se meuvent dans l'eau d'une manière si *preste* et si prompte, qu'ils évitent la balle, en plongeant, à l'éclair du feu, au même instant que le coup part. » Id.

Dispos, disposé ou en état pour, préparé à, est le seul de ces mots qui marque une aptitude, non pas à se mouvoir, mais à exécuter un dessein, une tâche ou un ouvrage ; aussi ne se dit-il bien que de l'homme. On est *dispos* quand on est propre à toutes les actions qui demandent de la santé, de la force ou de l'adresse. « Considérez mon Émile, à vingt ans passés, bien formé, bien constitué d'esprit et de corps, fort, sain, *dispos*, adroit, robuste. » J. J. « Dieu me garde d'oser disputer avec vous ! Vous auriez trop d'avantage comme un homme sain, frais, gaillard et *dispos* vis-à-vis d'un vieux quinze-vingts malade. » Volt.

Le moi que voici, chargé de lassitude,
A trouvé l'autre moi frais, gaillard et *dispos*,
Et n'ayant d'autre inquiétude
Que de battre et casser des os. Mol.

AIDER, SECONDER. Nous *aidons* ou *secondons* quelqu'un quand, pour faciliter le succès de ses efforts, nous y joignons les nôtres.

Aider marque une coopération pour une action quelconque. *Seconder*, venir en *second*, désigne une coopération pour l'exécution d'un projet.

Une personne, tombée dans un précipice, fait effort pour s'en tirer; vous l'*aidez* en lui tendant la main. Une personne entreprend quelque chose, travaille à remplir une tâche, poursuit un but; vous la *secondez* en vous associant à elle, en vous faisant son collaborateur.

Il y a des vieillards et des enfants qui ne peuvent marcher qu'autant qu'on les *aide* en leur donnant le bras ou la main ; une conspiration, le siège d'une ville, un projet de mariage ne réussissent qu'autant que celui qui les conduit est convenablement *secondé*.

Dans une des fables de Lafontaine, un âne, succombant sous le faix, prie un cheval qui ne porte que son harnais de l'*aider* quelque peu. Mais à la fin d'une des scènes du *Légataire*, Crispin dit à ses complices:

Secondez-moi bien, tous, dans cette affaire-ci.

Une méthode *aide* la mémoire (Acad.); le gain d'une bataille suppose que la fortune a *secondé* le courage (Volt.).

Si vous n'êtes *aidé*, vos efforts sont impuissants. Si vous n'êtes *secondé*, vos efforts sont impuissants pour faire réussir un dessein, une entreprise, une affaire, une intrigue ou quelque chose de semblable.

AIGLE, PHÉNIX. Ces deux noms d'oiseaux ne sont considérés ici que dans leur acception figurée, suivant laquelle ils désignent l'un et l'autre un homme d'un mérite éminent.

L'*aigle* est un homme transcendant, le *phénix* un homme unique. Saint Augustin, dont le génie plane sans cesse dans les régions les plus hautes de la science de Dieu, est l'*aigle* des docteurs (Boss., P. A.). Pic de la Mirandole, qui n'avait pas son pareil pour l'étendue du savoir, a été le *phénix* de son siècle (S. S., Cond.).

On est un *aigle* dans le grand, par la force de son esprit ou par sa capacité, et ce mot ne se dit guère en parlant des femmes. « Pomereu était un *aigle* qui brillait d'esprit et de capacité, qui avait été le premier intendant de Bretagne, qui avait eu de grandes et importantes commissions. » S. S. « Accoutumé à être l'*aigle* du conseil, Harlay.... » Id.

Je suis un *aigle* en conseil, en affaires. Volt.

Mais c'est surtout en beauté que le *phénix* est éminent ; aussi le mot s'applique-t-il aux femmes comme aux hommes. Le *phénix* des beaux esprits (Acad., Volt.). « La reine Zénobie est le *phénix* de la beauté. » Les.

J'aperçois le *phénix* des femmes beaux-esprits. Chén.

Enfin, comme le *phénix* n'est pas exclusivement comme l'*aigle* le symbole de l'excellence, mais aussi et principalement celui de la rareté, *phénix* suppose moins de mérite et d'un ordre moins relevé. « Ce prince ne manquait pas de mérite : aussi s'appelait-il *Phénix*. » J. J. Le *phénix* des intendants (Les.), des muletiers (Id.), des arbalétriers (Sarr.).

AIGRIR, IRRITER, PIQUER, FÂCHER. Ces verbes ont cela de commun avec *choquer*, *blesser* et *offenser* (Voy.), qu'ils signifient faire sur l'esprit par des propos ou des procédés une impression désagréable; mais ils marquent en outre de la part de l'esprit un ressentiment, une réaction plus ou moins forte, et de là vient qu'ils ne s'emploient pas comme *choquer*, *blesser et offenser* en parlant des organes et des choses morales qui ne peuvent que recevoir des atteintes sans y répondre : On ne dit point *aigrir*, *irriter*, *piquer*, *fâcher* les oreilles ou la bienséance comme on dit les *choquer*, les *blesser*, les *offenser*.

D'abord *aigrir* et *irriter* diffèrent d'une manière nettement indiquée dans cette phrase de Bourdaloue: « Expliquer quels sont les effets de cette colère du Seigneur, *aigrie* et *irritée* par cela même qui devait l'adoucir et l'apaiser. » Ce qui nous *aigrit* nous prive de douceur, nous rend bourrus ou peu traitables ; ce qui nous *irrite* (du latin *ira*, colère) nous met en colère, nous prive de retenue ou d'empire sur nous-mêmes, nous rend presque furieux. L'*aigreur* n'est qu'*aigre*, acariâtre, désagréable, fâcheuse, malgracieuse; l'*irritation* est violente. Aussi *irriter* enchérit-il sur *aigrir*. « Pigmalyon ne peut souffrir les bons; la vertu le condamne : il s'*aigrit* et s'*irrite* contre elle. » FÉN. « On ne voulait qu'*aigrir* et *irriter* les esprits. » Boss. « N'est-il pas plus important pour nous d'édifier le prochain par notre douceur, de ne le pas scandaliser, *aigrir*, *irriter*, par notre fierté ? » NIC.

Piquer et *fâcher* ont aussi chacun sa nuance particulière. *Piquer* suppose quelque chose de vif et de passager, et *fâcher*, au contraire, emporte une idée de concentration et de durée : on *pique* en faisant naître un dépit d'un instant, on *fâche* en produisant un mécontentement mêlé de tristesse, qui se prolonge, qui fait bouder et garder rancune. « Il était emporté sans être boudeur. Je l'ai vu souvent en colère, mais je ne l'ai jamais vu *fâché*. » J. J. D'ailleurs *fâcher* désigne moins comme *piquer* un mouvement hostile et de représailles, qu'un mouvement solitaire et intransitif de déplaisir ; si bien que, dans l'une de ces acceptions, ce mot veut dire simplement contrister, affliger, causer de la peine. Le roi Philippe V d'Espagne ayant un soir essuyé un refus de la part de la reine, « il en fut *piqué*, et encore plus *fâché*. » S. S.

Ainsi, l'action d'*aigrir* produit de la rudesse, celle d'*irriter* de l'emportement, celle de *piquer* un accès d'irritation, celle de *fâcher* de la bouderie.

AIMANT, SENSIBLE. Disposé envers autrui d'une manière affectueuse, bienveillante, favorable. Homme, caractère, cœur, naturel *aimant* ou *sensible* ; personne, âme *aimante* ou *sensible*.

Aimant est absolu; et *sensible*, relatif. *Aimant* exprime une disposition spontanée en vertu de laquelle nous inclinons vers nos semblables de nous-mêmes et sans provocation. *Sensible*, au contraire, donne l'idée d'une disposition réactive pour ainsi dire, l'idée d'une facilité à nous intéresser au sort de nos semblables en conséquence des impressions qu'ils font sur nous. Une âme *aimante* suit son penchant, se porte ou est prompte à aimer, cherche l'union : « Comment se peut-il qu'avec un cœur si *aimant* et si tendre je ne trouve partout que haine et que malveillants ? » J. J. Une âme *sensible* cède à ce qui l'entraîne à aimer, se laisse aisément émouvoir et enflammer. « A ces récits, les âmes *sensibles* de leurs enfants s'enflammaient. » BERN.

CLÉANTHIS.
La nature, en naissant, vous fit l'âme *sensible*.
STRABON.
Le soufre préparé n'est pas plus combustible.
Démocrite. REGN.

Autre différence non moins importante. *Aimant* ne va pas au delà du sentiment : qui est *aimant* aime, se plaît à aimer, vit d'affection, rien de plus. « Encore aurais-je pu me passer d'amis, quoiqu'ayant un cœur *aimant* et tendre pour qui des attachements sont de vrais besoins. » J. J. « La fauvette fut l'emblème des amours volages; cependant la fauvette, vive et gaie, n'en est ni moins *aimante* ni moins fidèlement attachée. » BUFF. « Il est des caractères *aimants*, qui, profondément convaincus de tout ce qui s'oppose au bonheur de l'amour, repoussent tout ce qui peut entraîner à cette passion. » STAËL. « Je suis persuadé que l'amitié de Nisus et d'Euryale est un des morceaux qui ont le plus intéressé l'âme *aimante* de Virgile. » BERN. Mais *sensible* a un caractère pratique; il suppose qu'on prend part à ce qui touche les autres, qu'on compatit à leurs maux ou qu'on travaille à y remédier. L'homme *aimant* n'est que liant; l'homme *sensible* est bon. « Durant l'opération je m'efforçais de retenir mes plaintes pour ne pas déchirer le cœur *sensible* du bon maréchal. » J. J. « Nous les conjurons de daigner se mettre à la tête de ceux qui ont entrepris de justifier et de secourir la famille des Sirven. L'aventure effroyable des Calas n'aura point épuisé la compassion des cœurs *sensibles*. » VOLT. « Soyez touchés de mes malheurs, *sensibles* et compatissants voisins. » BERN. « Tous les êtres à qui leurs malheurs et leurs besoins donnent des droits à la pitié des âmes *sensibles*. » DEL.

J'appris de l'infortune à devenir *sensible* ;
Vous souffrez: mon devoir est de vous secourir. CHÉN.

AIMER À, PRENDRE PLAISIR À. On *aime à* faire et on *prend plaisir à* faire ce qu'on fait volontiers.

Aimer à faire une chose, c'est y incliner, y avoir du penchant, et, comme le penchant est quelque chose de constant, *aimer à* suppose une disposition habituelle et caractéristique du sujet. Telle personne *aime* ou n'*aime* pas à donner (BOURD.). « Les jolies femmes n'*aiment* point à se fâcher; elles *aiment à* rire. » J. J. « J'ai trouvé ma vie très-courte, dit Caton ; car j'*aimais* fort à vivre. » FÉN. « L'humilité nous fait demeurer dans notre place, qui est d'*aimer à* n'être rien. » ID. « L'homme n'*aime* point à s'occuper de son néant et de sa bassesse. » MASS.

Oui, mon cœur au mérite *aime à* rendre justice. MOL.
Le peuple aura peut-être une âme moins soumise :
Il *aime à* censurer ceux qui lui font la loi. CORN.

Au contraire, *prendre plaisir*, se plaire, trouver du plaisir *à* faire une chose, le plaisir étant de sa nature passager, de peu de durée, exprime dans le sujet une disposition accidentelle, et, en général, quelque chose qui arrive dans l'occasion. « D'espérer que Dieu sera toujours disposé à faire un autre miracle encore plus grand, qui serait de nous convertir, c'est *prendre plaisir à nous tromper nous-mêmes.* » Bourd. « Quand on est orgueilleux pour des biens empruntés, le prêteur *prend plaisir à* confondre l'emprunteur ingrat. » Fén. « Monsieur, dis-je un soir au docteur Sangrado, j'atteste ici le ciel que je suis exactement votre méthode; cependant tous mes malades vont en l'autre monde : on dirait qu'ils *prennent plaisir à* mourir pour décréditer notre méthode. » Les. « Un amateur ne *prend plaisir à* voir un tableau de Vernet, que parce qu'il lui rappelle une série d'effets qu'il a observés lui-même. » Bern.

Quelqu'un a *pris plaisir à* se jouer de vous. Corn.
Et pour traiter la paix avec tant d'avantage,
On ne m'a point forcé de m'en faire le gage :
J'ai *pris plaisir à* l'être. Id.

Qui *aime à* vous obéir est toujours prêt à faire ce que vous voulez; mais on dira de quelqu'un, qui dans un cas particulier a exécuté avec joie quelque ordre de vous, qu'il a *pris plaisir à* vous obéir.

ALTÉRER, FALSIFIER. *Altérer* ou *falsifier* des écrits, des textes, des passages, c'est en changer le vrai sens; *altérer* ou *falsifier* des monnaies, c'est les modifier de façon à en diminuer la valeur.

Mais *altérer* (d'*alter*, autre), rendre autre, signifie cette action sans imputer au sujet d'intention bien mauvaise, et même quelquefois sans lui supposer d'intention. C'est ainsi qu'il peut arriver à un copiste d'*altérer* un texte faute d'attention ou par ignorance. « Ces passages de saint François de Sales se trouvent (sans mauvais dessein, nous le croyons) supposés, tronqués, *altérés* dans les termes et pris à contre-sens par l'auteur de l'*Explication des maximes des saints.* » Boss. « Il s'en est fait des copies; elles se sont répandues, elles se sont *altérées*... Sans dessein de mentir, il se trouve qu'on *altère* la vérité. » Id.

Falsifier, au contraire, implique le dessein de mentir; car c'est changer ou altérer en trompant; en commettant une *fausseté*, en *faussaire* ou en fourbe (*falsificus*). « J'ai écrit à M. de Montmollin une lettre qu'il a fait courir, mais dont les voltairiens ont pris soin de *falsifier* beaucoup de copies. » J. J. « On voit ici la raison pourquoi les Samaritains ont *falsifié*, dans leur Pentateuque, l'endroit où il est parlé de la montagne de Garizim, dans le dessein de montrer que cette montagne était bénie de Dieu et consacrée à son culte. » Boss. « Voilà l'accusation plus formelle de mensonge et de *falsification.* » Fén.

Une chose est plus ou moins *altérée*, et plus ou moins audacieusement ou artificieusement *falsifiée* : « On a imprimé un recueil de mes lettres à Avignon; on dit que ces lettres sont aussi *altérées* et indignement *falsifiées* que celles qui ont été imprimées à Amsterdam. Volt. »

En général, *falsifier* dit plus qu'*altérer* : ce n'est pas seulement produire une simple ou une légère modification, qui échappe en quelque sorte, près, de propos délibéré, et, par conséquent, un changement essentiel ou profond. Aussi *falsifier* se met-il bien après *altérer* pour renchérir. « Ces vils champions se cachaient sous des monceaux de textes *altérés* et *falsifiés.* « Lah. « Ceux qui profanent ainsi la science du christianisme sont des ouvriers mercenaires qui *altèrent* et *falsifient* par un mélange étranger cette divine monnaie. » Boss.

« Il n'y a rien que je déteste davantage que de blesser tant soit peu la vérité; et j'ai toujours pris un soin très-particulier non-seulement de ne pas *falsifier*, ce qui serait horrible, mais de ne pas *altérer* ou détourner le moins du monde le sens d'un passage. » Pasc.

AMANTE, MAITRESSE. Une femme est l'*amante* ou la *maîtresse* d'un homme qui est sa passion ou dont elle est la passion.

Amante, en latin *amans*, est un mot qui a été emprunté d'une langue savante et polie pour être transporté en français avec sa signification originelle. *Maîtresse*, féminin de *maître*, tire bien aussi son origine d'un primitif latin (*magister, magistra*); mais ce primitif a un autre sens, et ce n'est pas sans peine qu'on aperçoit que *maîtresse* en dérive. Il suit de là qu'*amante* est plus noble, et *maîtresse* plus commun. Cela peut aussi servir à expliquer pourquoi *amante* ne se prend jamais comme *maîtresse* en mauvaise part, dans le sens de concubine, de femme qui a avec un homme un commerce de galanterie.

Sur ce vers du *Sertorius* de Corneille,
Si vos Romains ainsi choisissent des *maîtresses*....
Voltaire remarque que le mot de *maîtresse* n'a jamais été employé par Racine dans ses bonnes pièces. Ce n'est pas assez dire : *maîtresse* ne doit jamais paraître dans une tragédie. Là le mot propre est *amante*.

Je plains les tourments de l'amour,
Phèdre abhorrant sa flamme, et se cachant au jour,
Didon sur son bûcher. Toute *amante* a des charmes ;
Hermione à ses cris, Andromaque a ses larmes ;
Oui, je plains et Chimène, et ses nobles douleurs,
Et les longs cris perdus d'une Ariane en pleurs. Duc.

Ce sont là en effet les noms d'autant d'*amantes*, et c'est dans des tragédies ou des poëmes héroïques que figurent les femmes qui les portent. Mais dans la comédie, c'est *maîtresse* qu'il faut dire. Harpagon, dans l'*Avare*, n'y manque pas. « Les beaux yeux de ma cassette ! Il parle d'elle comme un amant d'une *maîtresse.* » Mol. « Térence ne pouvait, comme Plaute, donner à ses jeunes gens que des courtisanes pour *maîtresses.* » Lah.

Une autre différence plus essentielle, quoique d'une application moins ordinaire, c'est que l'*amante* aime, et que la *maîtresse*, soit qu'elle aime ou qu'elle n'aime pas, est considérée uniquement comme aimée. Dans *Andromaque*, Hermione est l'*amante* de Pyrrhus, comme elle le dit elle-même à Oreste :

Ah ! fallait-il en croire une *amante* insensée ?
Mais Bernardin de Saint-Pierre, dans le passage suivant, l'appelle avec une parfaite justesse la *maîtresse* de ce même Oreste : « Les vertus criminelles d'Oreste, qui, pour plaire à une *maî-*

tresse dont il était haï, assassina Pyrrhus, auprès duquel il était ambassadeur, sont d'un trop dangereux exemple. » Dans l'*Ingénu* de Voltaire, Mlle de Saint-Yves est dite l'*amante* de l'Ingénu quand elle est représentée comme l'aimant, comme portée vers lui de cœur et d'affection. « Une indifférente qu'on mettrait au couvent jetterait les hauts cris, mais une *amante*, et une *amante* aussi sage que tendre! c'était de quoi la mettre au désespoir. » Mais l'auteur change le nom d'*amante* en celui de *maîtresse* toutes les fois qu'il montre la belle Saint-Yves comme étant l'objet de l'amour du jeune Huron. « L'Ingénu voulait aller mettre le feu au couvent, enlever sa *maîtresse* ou se brûler avec elle. »

AMATEUR, CURIEUX. Ces deux mots pris substantivement désignent un homme comme ayant pour certaines choses un goût prononcé prédominant.

Mais ce qui caractérise l'*amateur*, c'est le sentiment qui l'attache; et ce qui distingue le *curieux*, c'est la nouveauté, la rareté ou l'originalité des choses qui l'attachent. Dans le jardin d'un *amateur* vous trouverez beaucoup de fleurs, ou de belles fleurs, ou telles fleurs de prédilection ; dans le jardin d'un *curieux* vous trouverez des fleurs étrangères (J. J.). « Les *amateurs* des anciens et d'Homère ne pardonneront jamais à Dacier sa malheureuse érudition » LAH. « Les médailles sont devenues un objet de recherche pour les *curieux* d'antiquité. » ID. Les *amateurs* de littérature se plaisent à lire les ouvrages d'esprit, à en admirer les beautés ; « Il y a un panégyrique des poésies de Lefranc de Pompignan si extraordinaire, qu'il sera toujours cité comme un phénomène unique en ce genre, du moins par les *curieux* de littérature. » LAH. On dit les *amateurs* de tableaux en parlant des hommes qui aiment la peinture ; mais on dit les *curieux* de tableaux anciens (LES.), de tableaux originaux.

AMBITIONNER, BRIGUER. C'est, selon la définition de l'Académie, rechercher avec ardeur, avec empressement.

Ambitionner déplaisait à Vaugelas qui l'avait proscrit comme n'étant pas du bel usage et lui avait prédit une chute prochaine. Ce mot n'en a pas moins fait son chemin, parce qu'il est nécessaire aussi bien que celui de *briguer*, chacun des deux ayant une nuance particulière qui le rend seul propre à être employé dans certains cas.

Ambitionner, comme ambition, latin *ambitio*, se prend en bonne et en mauvaise part : on peut *ambitionner* des choses grandes et belles et les poursuivre par des voies honorables. « Cette maison cache un trésor dont j'*ambitionne* la possession. » DEST. « J'ai longtemps *ambitionné* l'honneur d'être curé ; je l'*ambitionne* encore, mais je ne l'espère plus. Je ne trouve rien de si beau que d'être curé. » J. J. « Louis XIV montra d'abord qu'il *ambitionnait* toute sorte de gloire, et qu'il voulait être aussi considéré au dehors qu'absolu au dedans. » VOLT. « Puisque Boileau désirait avec tant d'ardeur l'approbation de l'immortel Colbert, pourquoi n'*ambitionnerions*-nous pas les suffrages de ceux qui ont rendu des services essentiels à la patrie ? » ID. « Les princes et les grands n'ambi-

tionnent guère le surnom de *juste*, parce qu'il n'en connaissent pas la beauté et l'excellence. » ROLL.

Briguer n'est jamais susceptible d'un bon sens, non plus que *brigue*, qui a servi à le former et qui est d'une origine probablement vulgaire : ce qu'on *brigue* est de peu de valeur, mérite peu d'estime, ou on emploie, pour l'obtenir, des *brigues*, c'est-à-dire des cabales, des manœuvres secrètes, honteuses ou tout au moins blâmables. « On verra les aspirants aux charges *briguer* la faveur des comédiens pour obtenir les suffrages. » J. J. « On *brigue* sourdement la faveur ; on mérite et on demande hautement des récompenses. » VOLT. « Toutes les nations de l'Europe, qui avaient négligé l'alliance de l'Angleterre sous Jacques 1er et sous Charles 1er, la *briguèrent* sous le protecteur. » ID. « Un peu d'honneur suffit à un principal pour ne jamais *briguer* aucun pensionnaire. Ce serait avilir et dégrader sa profession et la confondre avec l'emploi des mercenaires et des ouvriers, dont plusieurs même rougiraient d'une telle démarche. » ROLL.

On voit parmi le monde un tas de sottes gens
Qui *briguent* des flatteurs les discours obligeants.
LAF.

« Pompée *ambitionnait* le commandemen ; mais dans le commandement il cherchait moins la puissance que l'éclat.... César, qui comptait peu sur la faveur du peuple, ne la *briguait* que pour obtenir le commandement, et, bien différent de Pompée, il ne cherchait dans le commandement que la puissance, c'est-à-dire les richesses et l'affection des soldats. » COND. « On *ambitionnera* les grandes places pour s'attirer dans le monde une considération agréable et profitable ; on *briguera* les offices publics pour le bénéfice qui en revient. » P. A.

A cette différence il en faut joindre une autre moins importante, mais non moins réelle, *Ambitionner* est absolu, et *briguer* relatif. Ce qu'on *ambitionne*, comme, par exemple, la gloire, la louange, n'est pas disputé, ou plusieurs peuvent en jouir à la fois. Mais ce qu'on *brigue*, ce pour quoi on forme une *brigue* ou une cabale, suppose des concurrents qu'il s'agit de surpasser ou de renverser. De là vient qu'on dit *briguer* plutôt qu'*ambitionner* un choix, et *briguer* plutôt qu'*ambitionner* à l'envi.

Parmi tant de beautés qui *briguèrent* son choix... RAC.

« On aurait peine à croire que les plus grands hommes *briguassent* à l'envi la société des courtisanes d'Athènes. « THOM. « Ce fut à qui *briguerait* cette commission. » ROLL.

ÂME, CŒUR. Partie sensible et appétitive de notre être.

A l'*âme* se rapportent proprement les sentiments, et au *cœur* les passions.

On a touché son *âme*, et son *cœur* s'est épris. CORN.

« Ce discours augmenta encore mon estime pour Mme de Selve, et par conséquent mon amour. Quand cette passion est une fois entrée dans le *cœur*, notre *âme* ne reçoit plus d'autres sentiments qu'ils ne servent encore à fortifier l'amour. » DUCL.

En morale et en esthétique, où les mouvements sensibles sont toujours calmes, on montre plus ou moins d'*âme* ; mais en amour et à la guerre, où il faut être tout ardeur, tout feu, c'est précisément du *cœur*, et non pas de l'*âme*, qu'il s'agit d'avoir. « Suis-je moins bonne et moins vraie, ai-je moins de fierté, moins d'élévation dans l'*âme*, parce que l'amour règne sur mon *cœur* ? » STAËL.

Ces braves citoyens (les bourgeois de Calais),
Qui mourant pour l'État en sont les vrais soutiens,
Savent qu'à leur grand *cœur* mon *âme* porte envie.
DE BELLOI.

ÂME, ESPRIT. C'est le nom donné en français à la partie intime et invisible de notre être, au principe de vie dont les opérations et les facultés sont étudiées par les philosophes. Quand une personne est sur le point d'expirer, nous disons également, à l'imitation des Latins, qu'elle va rendre l'*âme* ou rendre l'*esprit*.

Cependant l'*âme* se considère plutôt en rapport avec le corps ; elle est jointe à un corps qu'elle anime et qu'elle meut. Mais l'*esprit* se conçoit indépendamment du corps, comme quelque chose de fin et de subtil qui est proprement opposé à la matière : Dieu et les intelligences célestes sont des *esprits*, non des *âmes*, et quand l'*âme* de l'homme aura dépouillé son enveloppe corporelle elle sera, elle aussi, un *esprit*, un *esprit* pur. « Comme Dieu est *esprit*, mon *âme* aussi est *esprit*. » LABR.

D'autre part, au mot *âme* se rattache spécialement l'idée de nos facultés les plus corporelles, les plus dépendantes du corps dans leur développement, l'idée de la sensibilité et de la volonté ; au lieu qu'*esprit* rappelle particulièrement notre faculté la plus abstraite, pour ainsi dire, la moins assujettie, dans son exercice, à la condition du corps, la raison. On dit, les sentiments et les mouvements de l'*âme* ; une *âme* sensible, passionnée, forte : mais on dit, les idées, les lumières, la justesse, les inventions de l'*esprit* ; un *esprit* éclairé, instruit, méthodique. Du principe intellectuel et moral de vie dans l'homme *âme* représente le côté moral, et *esprit* le côté intellectuel. C'est avoir de l'*âme* que de se distinguer par le *cœur*, que d'être capable de sentiments vifs, de passions fortes et de résolutions énergiques ; c'est avoir de l'*esprit* que d'être une bonne tête, que d'être capable de saisir les choses et leurs rapports, d'imaginer, de réfléchir, de raisonner.

« On voit dans le monde des *esprits* élevés, mais en même temps des *âmes* basses ; de bonnes têtes, mais de méchants *cœurs*. » BOURD. « L'émotion qui nous fait rire est une affection de l'*esprit* ou de la raison humaine ; celle qui nous fait verser des larmes est un sentiment de l'*âme*. » BERN. « L'*esprit* est l'œil de l'*âme*, non sa force ; sa force est dans le cœur, c'est-à-dire dans les passions. » VAUV. « Marie Tudor laissa une mémoire odieuse dans l'*esprit* de quiconque n'a pas l'*âme* d'un persécuteur. « VOLT. » Grâce au retour de l'humanité dans les *âmes*, de la raison dans les *esprits*... » MARM. « Ces vérités répétées à l'homme par la Providence ne peuvent échapper ni aux émotions de son *âme*, ni aux recherches de son *esprit*. » STAËL. « Ces grandes questions ont intéressé tant d'*esprits* éclairés, et calmé tant d'*âmes* souffrantes. » ID. « Il y a parmi nous si peu d'élévation dans l'*âme*, et de justesse dans l'*esprit*. » ID. « Ce parti a besoin plus que tout autre de courage dans l'*âme* et d'étendue dans l'*esprit*. » ID. « Un *esprit* raisonnable et une *âme* vertueuse valent bien des parents. » MARIV. « La lecture où il se trouve quelque chose qui peut façonner l'*esprit* et fortifier l'*âme* est celle que j'aime le plus. » LAROCH. « On dit que, faible par caractère, Cicéron n'était grand que par réflexion..., que son *esprit* donnait du ressort à son *âme*. » THOM.

Au figuré, même différence. On appelle *âme* d'un parti l'homme qui le mène, qui le fait aller, qui en est le moteur, et *esprit* d'un parti l'ensemble des vues ou des maximes qui lui servent comme de symbole. L'*âme* d'une ligue change nécessairement par la mort de son chef, tandis que son *esprit* reste le même.

AMENDER, AMÉLIORER, PERFECTIONNER. Faire qu'une chose gagne en valeur.

Amender, latin *emendare*, de la particule *e*, qui marque ablation, et de *menda*, qui signifie faute, emporte une idée négative : *amender*, c'est ôter les fautes, faire gagner en valeur par le retranchement de qualités mauvaises. De là vient que ce verbe est synonyme de *corriger* et de *réformer*, et qu'on dit bien *amender* une sottise (VOLT.), l'*amendement* d'un défaut (MASS.), l'*amendement* d'un criminel (BOSS.). « Lorsque vous avez commis quelques fautes, confiez-vous en la miséricorde divine, et lui demandez la grâce de vous en *amender*. » ID.

J'espère avec usure *amender* mon défaut. REGNIER.

L'idée d'*améliorer* est plutôt positive. Ce mot est formé de la préposition *ad*, qui indique addition, et de *melius*, meilleur ; en sorte qu'on *améliore* proprement en ajoutant à ce que les choses renferment de bon, en le faisant croître ou augmenter. « Carro-Carri débarque avec une recette qu'il appelle un prompt remède, et qui quelquefois est un poison lent ; c'est un bien de famille, mais *amélioré* en ses mains : de spécifique qu'il était contre la colique, il guérit de la fièvre quarte, de la pleurésie, de l'hydropisie, de l'apoplexie, de l'épilepsie. » LABR. « En fait de goût, l'art ne consiste pas à contrarier la nature, mais à l'*améliorer*, à l'embellir en l'imitant, à faire mieux qu'elle en faisant comme elle. » MARM.

On *amende* une terre trop humide ou trop dure, trop compacte, trop tenace, en y mêlant quelque chose de propre à corriger ces défauts, de la marne, de l'argile, du fumier ; on *amende* aussi les terres par le sarclage qui les débarrasse des mauvaises herbes. Mais on *améliore* une terre en rendant sa fertilité plus grande par la culture, ou bien en y faisant des changements avantageux quelconques, qui l'augmentent ou l'embellissent, en y plantant ou en y bâtissant, par exemple. — Il y a *amendement* dans les symptômes d'une maladie ou à la santé d'un malade ; il y a *amélioration* dans la santé d'un convalescent, d'un homme qui déjà se portait bien et qui à présent se porte encore mieux. D'ailleurs, *amendement* est relatif à l'état fâcheux qu'on a commencé à quitter, à la maladie, et *amélioration* l'est davantage à l'état plus satisfaisant dans lequel on est entré : l'un regarde le passé, l'autre l'avenir.

L'idée de *perfectionner* est superlative pour ainsi

dire. On *perfectionne* ce qu'on *amende* ou ce que l'on *améliore* au point de le rendre admirable, exemplaire, achevé. La chose *amendée* ou *améliorée* est mieux ; la chose *perfectionnée* est très-bien. « Le XVIII° siècle ne pourrait être éminemment philosophe, qu'autant qu'il serait remarquable par les progrès sensibles de la raison publique appliquée à tous les objets qu'elle peut *perfectionner*, ou du moins *améliorer* pour la gloire et le bonheur de l'espèce humaine. » LAH. — Du reste, *perfectionner* ne se dit pas d'une terre ou de la santé, ni en général de toutes les choses qui ne peuvent être qu'utiles : on ne s'en sert que quand il est question de celles qui peuvent être très-belles, très-ingénieuses ou moralement très-bonnes.

AMOLLIR, ATTENDRIR. C'est, au propre, ôter à une chose, et, au figuré, ôter à une personne sa dureté ou de sa dureté.

Au propre, on *amollit* en rendant mou, peu résistant au toucher. Le feu ou la chaleur *amollit* la cire (ACAD., MAL.) ; mettre du cuir dans l'eau pour l'*amollir* (ACAD.). « Cette jambe est sans aucune plaie ni enflure ; elle est toute *amollie*. » SÉV. Mais on *attendrit* en rendant tendre, peu résistant à ce qui tend à diviser, à couper. « Souvent le roc qui renferme ces mines est si dur qu'on est quelquefois obligé de le calciner pour l'*attendrir*. » BUFF. « Le souper de ce Tartare se composait de quelques lambeaux de chair crue et sanglante, seulement un peu *attendrie* sous la selle du cheval. » MARM.

Au figuré la différence est la même.

L'action d'*amollir* adoucit le caractère, le rend souple et maniable de roide et d'intraitable qu'il était. « Un homme d'esprit, et qui est né fier, ne perd rien de sa fierté et de sa roideur pour se trouver pauvre ; si quelque chose au contraire doit *amollir* son humeur, le rendre plus doux et plus sociable, c'est un peu de prospérité. » LABR. « Un vain entêtement de noblesse et cette roideur de caractère que rien n'*amollit* ont fait vos malheurs et les siens. » J. J. « Ainsi quelquefois encore la voix de la nature amollit nos cœurs farouches. » ID. — Mais l'action d'*attendrir* ouvre le cœur, fait qu'il devient sensible, pénétrable ou accessible aux sentiments d'amour, de bienveillance, d'intérêt ou compassion. « Combien a-t-on vu de pécheurs insensibles à tous les châtiments divins dont on les menaçait se laisser *attendrir* par le motif de la reconnaissance ? » BOURD. « Ses larmes m'ont *attendri* le cœur. » ACAD. Dans l'*Avare*, Frosine s'étant vantée « d'avoir le secret de s'ouvrir la tendresse des hommes, de chatouiller leurs cœurs, de trouver les endroits par où ils sont sensibles, » La Flèche lui répond en parlant d'Harpagon, son maître : « Je te défie d'*attendrir*, du côté de l'argent, l'homme dont il est question. » MOL.

L'homme *amolli* a perdu sa férocité, son âpreté de caractère, n'est plus farouche, est devenu doux, comme les tigres *amollis* par la lyre d'Orphée ; l'homme *attendri* a perdu sa froideur ou son indifférence, est devenu sensible et compatissant, comme Pluton, que le même poète sut *attendrir*, c'est-à-dire apitoyer, intéresser vivement en sa faveur.

D'ailleurs, *amollir*, donner de la mollesse, se prend seul ou plus volontiers en mauvaise part : c'est proprement le caractère qu'on *amollit*, et en l'*amollissant* il arrive souvent qu'on l'énerve, qu'avec sa rudesse on lui enlève sa vigueur ; au lieu que c'est le cœur qu'on *attendrit*, et en l'*attendrissant* on le touche pour un moment, on lui inspire dans le moment un sentiment louable par lui-même, la tendresse. Suivant Platon, la musique *amollit* un caractère qu'elle adoucit, et la gymnastique le rend dur et féroce en lui donnant de la vigueur ; d'où la nécessité de combiner ces deux arts et de les corriger l'un par l'autre (BARTH.).

Sous le joug des Tarquins, la cour et l'esclavage
Amollissaient les mœurs, énervaient le courage.
VOLT.

La tragédie a pour objet d'*attendrir* ou d'émouvoir ; on a plus d'une fois accusé Racine de l'avoir *amollie* par des intrigues d'amour.

ANATOMIE, DISSECTION. Division faite des parties du corps de l'animal, de celui de l'homme en particulier, pour arriver à en acquérir une connaissance exacte.

Étymologiquement les deux mots ont le même sens : chacun d'eux vient d'un verbe qui veut dire couper, savoir : *anatomie* de τέμνειν, et *dissection* de *secare*. Mais par cela seul que le premier tire son origine du grec, et le second du latin, celui-là doit être plus noble et celui-ci plus commun.

Anatomie est un terme de théorie, et *dissection* un terme de pratique. L'*anatomie* est la science ; la *dissection* est le moyen qu'elle emploie ou le fait de l'employer dans un certain cas et sur un certain sujet. « L'anatomie est une science qui donne la connaissance des parties du corps humain par la *dissection*. » ROLL. On dit d'une manière générale et absolue, l'*anatomie* ; on dit plutôt d'une manière particulière et relative, une *dissection*, des *dissections*, une *dissection* de tel ou tel corps. « La chose sera encore moins difficile à entendre si on regarde toute la substance du cerveau comme composée de petits filets qui tiennent aux nerfs ; à quoi l'*anatomie* ne répugne pas.... Les chairs et les muscles paraissent, dans une *dissection* délicate, un écheveau de petits cordons, nommés fibres. » Boss. « J'ai considéré non-seulement ce que Vézalius et les autres écrivent de l'*anatomie*, mais aussi plusieurs choses plus particulières que celles qu'ils écrivent, lesquelles j'ai remarquées en faisant moi-même la *dissection* de plusieurs animaux. » DESC. « Le médecin Hérophile faisait grand usage de la botanique, et encore plus de l'*anatomie*, qu'il porta à une grande perfection. Les princes lui permirent de faire des *dissections* de corps vivants sur des criminels condamnés à mort. » ROLL.

Toutefois *anatomie* se prend aussi, quoique bien rarement, dans le sens spécial de *dissection* : « Faire l'*anatomie* du corps humain. » ACAD. Mais dans ce cas encore *anatomie* garde sa supériorité de noblesse et a plus de rapport avec la théorie. En faisant l'*anatomie* du corps d'un animal on se propose d'en connaître toute la structure, d'en avoir une idée générale, on est placé au point de vue de la science ; quand on fait la *dissection* du corps d'un animal, on en sépare méthodiquement les parties à l'aide de certains instruments, afin d'étudier ces parties une à une, ou plutôt même le mot de *dissection* ne marque rien de scientifique, n'exprime qu'une opération toute manuelle. Il se peut qu'un savant *anatomiste*, ayant à son service un adroit *disséqueur*, ne mette jamais lui-même la main à l'œuvre. Quoi qu'il en soit, l'habileté de l'un ne doit pas être confondue avec le talent de l'autre. — Que si l'usage permet, à la rigueur, de dire l'*anatomie* du corps de l'homme, il semble que *dissection* convient seul, comme moins relevé, en parlant du corps d'un autre animal : « Je fus rudement insulté par une de mes voisines pour avoir fait la *dissection* d'un chien qu'elle prétendait lui appartenir. » MONTESQ. Pendant longtemps l'*anatomie* du corps humain fut interdite comme une sorte de sacrilège ; on y suppléait par la *dissection* du corps des animaux qui par leur organisation ressemblent le plus à l'homme.

Anatomie, étant plus noble que son synonyme, a seul une acception figurée. Par la même raison *anatomiser* se dit au figuré en opposition à *disséquer* pris au propre : « Il viendra un homme qui *anatomisera* un seul rayon de lumière avec plus de dextérité que le plus habile artiste ne *dissèque* le corps humain. » VOLT. Si pourtant *disséquer* s'emploie aussi au figuré, c'est, selon la remarque expresse de l'Académie, quand on parle familièrement ; tant il est vrai que *disséquer* se ressent toujours de l'infériorité de son origine.

ANÉANTIR, ANNIHILER. Réduire à néant, à rien ; détruire, exterminer ou abolir totalement.

Anéantir a été formé du mot français *néant*, et *annihiler* du mot latin *nihil*, rien. D'où il suit que le premier est un mot de la langue commune, et le second un terme didactique, à l'usage des savants seuls. *Anéantir* convient à tous les styles ; *annihiler* ne se dit qu'en métaphysique et en jurisprudence. « Je ne saurais pas démontrer que Dieu ne la puisse *annihiler* (l'âme), mais seulement qu'elle est d'une nature entièrement distincte de celle du corps. » DESC. « La manière dont Helvétius s'y prend pour expliquer les actes de cette puissance (l'âme) ne tend à rien moins qu'à l'*annihiler*. » LAH. « Le maréchal de Duras vous renvoie ici le premier arrêt du conseil pour l'*annihiler*. » BEAUM. « *Annihiler* un acte, un testament, une donation. » ACAD.

ANGLE, COIN. L'endroit où se rencontrent deux lignes, deux surfaces, deux murs, etc.

Angle est évidemment le latin *angulus* qui a le même sens. Mais *coin* vient-il du latin *cuneus*, coin à fendre du bois ? Cela est moins apparent et moins incontestable.

Quoi qu'il en soit, *angle*, seul usité en géométrie, est d'abord abstrait, au lieu que *coin* est concret. Un saule est placé à l'*angle* d'une prairie, et il en fait le *coin*. Dans la description de la grand'chambre du parlement de Paris, St. Simon dit : « En haut le banc des pairs à droite et celui des présidents à gauche joignent l'un et l'autre le *coin* du roi ; ce *coin* est juste dans l'*angle* de la muraille, et y est adossé tout contre ; quand le roi n'y est point, ce *coin* est nu, tapissé comme les bancs.... »

Outre cela, *angle* est précis, et *coin* vague. On dit, dans l'*angle* d'un appartement, et d'une manière toute indéterminée, dans un *coin*. « On s'est servi, pour la cérémonie (les obsèques du pape Clément XIII) d'un cénotaphe du feu cavalier Bernin, et comme il y avait aux quatre *angles* quatre places propres à recevoir les vertus du défunt, on n'a su comment les remplir ; et ne trouvant à louer que sa dévotion, on l'a représenté, dans un *coin*, à genoux devant une chapelle. » BACH.

Angle paraît aussi plus relevé ou plus noble que *coin*. Nous disons vulgairement les *coins* d'un dé à jouer ; mais Thomas parle quelque part de « ces dés avec lesquels Descartes composait le monde, et dont les inégalités et les *angles* se brisaient en se heurtant. » La poésie, comme la science, a pour *angle* une sorte de prédilection.

Les autels sont épars dans le sein des campagnes,
Dans les riches cités, dans les antres déserts,
Aux *angles* des vallons, aux sommets des montagnes,
Au haut du ciel, au fond des mers.
Hymne à l'Être suprême. CHÉN.

ANNEAU, BAGUE. Petit cercle qu'on met au doigt.

Anneau a été formé du latin *annellus*, annel (d'où annelet), anneau. Mais *bague* est généralement rapporté par les étymologistes au celtique.

C'est pourquoi *anneau* se dit particulièrement bien en parlant de l'antiquité romaine ou de la grecque. Agamemnon (VOLT., LAH.), Darius (VAUG.), Alexandre (ID., ROLL., BERN.), le tyran de Samos, Polycrate (ROLL.), Sylla (ID.), tous les chevaliers romains (ID.) avaient des *anneaux*. *Bague*, au contraire, convient mieux quand il est question des temps modernes. En France, sous Charles IX, les grands portaient des *bagues* (Boss.), comme en portent aujourd'hui la plupart des femmes (DID.). Mme de Sévigné écrit à sa fille : « Je reçois vos lettres comme vous avez reçu ma *bague*. » « Lorsque l'on achète une *bague*, on dit : celle-là est trop grande ; l'autre est trop petite, jusqu'à ce qu'on en rencontre une pour son doigt. » VAUV.

Ensuite, et quelle que soit l'époque par rapport à laquelle on considère l'objet, on donne à celui-ci un nom plus distingué en l'appelant un *anneau* qu'en le nommant une *bague*. Lorsque Marius, consul pour la seconde fois, triompha de Jugurtha, « il portait encore une simple *bague* de fer ; ce ne fut qu'à son troisième consulat qu'il prit l'*anneau* d'or. » ROLL. Dans le discours soutenu il faut dire *anneau* nuptial (ACAD.) ; mais *bague* nuptiale (DEST.) est préférable dans la comédie. Que si pourtant la *bague* peut être riche, au moins elle n'est jamais noble, jamais marque d'état ou de dignité ; dans la locution, *anneau* épiscopal (ACAD.), le mot *anneau* est de rigueur, celui de *bague* ne saurait lui être substitué, il est, par son extraction, trop vulgaire.

APOTHICAIRE, PHARMACIEN. Celui dont la profession est de fournir les médicaments prescrits aux malades.

L'*apothicaire* du grec ἀποθήκη, dépôt, magasin, se borne à en vendre ; le *pharmacien* du grec φαρμακον, médicament, remède, en prépare ou en compose. Il y a donc entre l'un et l'autre la même différence qu'entre le *confiturier* et le *confiseur*. L'*apothicaire* est un simple débitant qui tient boutique ; le *pharmacien* est un savant, un chimiste qui s'occupe dans un laboratoire à combiner les substances selon leurs propriétés et dans des proportions que l'art a déterminées. On dit particulièrement bien une boutique d'*apothicaire* (LAB.), et un habile *pharmacien* (J. J.).

En général, on le voit, le nom d'*apothicaire* est moins honorable que celui de *pharmacien*. Voltaire dit du cardinal Dubois, pour faire concevoir toute la bassesse de son origine, qu'il était fils d'un *apothicaire* de Brive-la-Gaillarde. Mais parmi les hommes célèbres du siècle de Louis XIV il cite un membre de l'Académie des sciences, Charas, le premier qui ait bien écrit sur la pharmacie, et il lui donne, sans crainte ni intention de le déprécier, le nom de *pharmacien*.

Outre qu'il ne suppose aucun talent, *apothicaire* rappelle l'une des fonctions les moins relevées qu'exerçaient au temps de Molière les auxiliaires des médecins, celle qui est attribuée, dans le *Malade imaginaire*, à M. Fleurant. « L'enfant fit le malade. Le médecin fut appelé.... Ce médecin était un plaisant. La diète et la chambre furent prescrites, et l'enfant fut recommandé à l'*apothicaire*. » J. J.

Ce n'est donc pas sans raison et par un pur caprice de l'usage, comme paraît le croire Ch. Nodier, que le mot d'*apothicaire* est aujourd'hui universellement et totalement abandonné pour celui de *pharmacien*. C'est que personne ne se soucie de s'appeler et d'être appelé d'un nom qui présente la profession dont il s'agit sous des points de vue vraiment peu avantageux.

APPARENCE, SEMBLANT. Extérieur de certaines qualités ou de certains sentiments, la vertu, la piété, l'amour. etc.

L'Académie définit simplement *semblant* par *apparence*, ce qui suppose ou peut faire supposer qu'ils sont tout à fait synonymes.

Cependant il y a entre eux la différence de l'objectif au subjectif. On emprunte l'*apparence* ; on fait *semblant* : s'il ne m'aime pas, du moins il en prend l'*apparence*, et il en fait le *semblant*. C'est ainsi qu'on parle. D'ordinaire l'*apparence* est vaine, non solide, non réelle ; au lieu que le *semblant* est proprement faux ou non véritable. Les *apparences* regardent l'objet ou la chose, car tout objet ou toute chose a une *apparence* ; le *semblant* se rapporte à la personne, en est l'œuvre : avec les *apparences* de l'honnêteté, on est comme revêtu de la livrée de l'honnêteté ; avec les *semblants* de l'honnêteté, on la contrefait, on affecte ou on feint d'être honnête.

Il suit de là que l'*apparence* vaut mieux que le *semblant*, qu'elle n'est pas aussi essentiellement factice et chimérique. « La politesse n'inspire pas toujours la bonté, l'équité, la complaisance, la gratitude : elle en donne du moins les *apparences*. » LABR. C'est donc quelque chose encore que l'*apparence* ; mais dans le *semblant* et les *semblants* il n'y a rien que de trompeur et de futile. « La vie de la cour nous accoutume à ne faire pas grand cas des dehors et des démonstrations extérieures d'amitié, à être en garde contre tous ces *semblants* si communs et si peu sincères. » MASS.

Non, vous dis je ; on devrait châtier sans pitié
Ce commerce honteux de *semblant* d'amitié. MOL.

En fait de courage, l'homme qui n'en a que l'*apparence* a au moins un air martial qui impose ; celui qui n'en a que le *semblant* n'a rien du tout, pas même cette bonne mine, tout en lui sous ce rapport n'est que simulacre, feinte et mensonge.

APPARENT, SPÉCIEUX. Qui a l'air d'être bon, solide, vrai, et qui ne l'est pas au fond.

Spécieux, du latin *species*, apparence, marque par sa terminaison plénitude de la qualité que les deux mots expriment. C'est pourquoi il enchérit sur *apparent*. « Excuses aussi frivoles qu'elles sont *apparentes* et *spécieuses*. » BOURD. « Mme Guyon s'est laissé entraîner à l'autorité de ses directeurs et à la suite *apparente* et *spécieuse* des principes qu'ils lui proposaient. » BOSS.

Ensuite, *spécieux* signifie rendu *apparent* à dessein et par artifice. » Se laisser éblouir par l'éclat d'une *spécieuse* hypocrisie. » BOURD. Un paralogisme est une raison *apparente* ; un sophisme, un raisonnement *spécieux*. *Spécieux* se dit particulièrement bien d'un prétexte ; car un prétexte est toujours étudié. « Un péché que nous nous justifions à nous-mêmes par de *spécieux* prétextes et des sujets *apparents*. » BOURD.

APPARTENANCES, DÉPENDANCES. Choses accessoires relativement à d'autres auxquelles elles sont jointes ou attachées.

Les *appartenances* tiennent à la chose principale, en font presque partie ; les *dépendances* ne s'y rapportent pas d'une manière si étroite, n'y touchent pas immédiatement. C'est ce qui résulte de la comparaison des deux verbes correspondants : les enfants *appartiennent* à leurs pères ; les hommes *dépendent* tous les uns des autres. S'agit-il de maisons, leurs *appartenances* les entourent, ce sont des écuries, des remises, des hangars ou autres constructions accessoires semblables, et tout au plus des cours et des jardins. « Saint-Géran bâtissait une salle de théâtre et ses *appartenances* tout auprès de la place que vous aviez choisie. » VOLT. « Il fallait (à Marly) des cuisines aux princesses, et d'autres *appartenances*. » S. S. Mais les *dépendances* d'un château l'environnent seulement, en peuvent être à une certaine distance, ce sont des terres, des prairies ou des bois : « Le duc de Chevreuse vendit beaucoup de terres et de bois qui firent presque de Dampierre une maison sans *dépendances*. » S. S. Vendre une maison avec toutes ses *appartenances* et *dépendances*, c'est la vendre avec tout ce qui de près ou de loin s'y rattache comme formant avec elle une seule propriété.

Il en est de même au figuré. Les *appartenances* d'une chose abstraite en forment comme le cortége nécessaire. « Pourquoi mon créateur m'a-t-il donné la raison, les sentiments d'honneur, de bienséance, de justice, de pudeur, de reconnaissance, de fidélité, etc. ? C'est que cette raison, avec toutes ces *appartenances*, est un écoulement de sa justice, de sa sagesse et de sa raison souveraine. » FÉN. Mais les *dépendances* d'une chose, celle de la vieillesse, par exemple, ne l'accompagnent pas toujours aussi constamment. « Cette certitude, jointe à d'autres circonstances, me fait supporter ce malheur avec courage : ces circonstances sont la vieillesse avec ses *dépendances*, la perte de deux sens et de plusieurs facultés de l'âme. » DUDEFF. « Nous pouvons connaître très-certainement beaucoup de choses, dont toutefois nous n'entendons pas toutes les *dépendances* ni toutes les suites. » Boss.

APPARTENIR, CONVENIR. On dit également qu'une qualité *appartient* et *convient* à une chose ou à une personne. « Presque tous les philosophes ont attribué aux corps ce qui n'*appartient* qu'aux esprits, et aux esprits ce qui ne peut *convenir* qu'aux corps. » PASC.

Mais *appartenir* est absolu, et *convenir*, relatif. Ce qui *appartient* à quelqu'un ou à quelque chose est à lui en propre, il faut le lui attribuer: ce qui *convient* à une personne ou à une chose lui va, on peut bien le lui attribuer. « Enseigner la vérité, c'est une chose qui peut *convenir* à l'homme, et qui n'est point au-dessus de la portée de l'homme. Mais enseigner sans exception toute vérité, mais l'enseigner sans distinction à toute sorte de sujets, mais pouvoir l'enseigner en toutes manières, c'est ce qui n'*appartient* qu'à Dieu. » BOURD. Une chose m'*appartient* ou ne m'*appartient* pas ; elle me *convient* plus ou moins, peu ou beaucoup, elle me *convient* ou ne me *convient* pas à mon âge, dans les dispositions ou les circonstances où je me trouve.

D'ailleurs, *appartenir* n'emporte pas comme *convenir* l'idée de *convenance*, de bel effet produit par l'adjonction de la qualité à la personne ou à la chose. D'où résulte une différence semblable à celle qui existe en latin entre *pertinere* et *decere*. L'étendue *appartient* à la matière ; telle qualité de style *convient* bien à telle espèce de sujet. « Il *appartenait* à S. Bernard de condamner ces hommes, et cette censure lui *convenait* admirablement. » BOURD. « Il est d'un beau dessein d'avoir voulu faire de toutes sortes d'êtres : des êtres qui n'eussent que l'étendue avec tout ce qui lui *appartient*, figure, mouvement, repos; et des êtres qui n'eussent que l'intelligence, et tout ce qui *convient* à une si noble opération, sagesse, raison, prévoyance, volonté, liberté, vertu. » Boss.

APPARTENIR à quelqu'un, ÊTRE à quelqu'un: l'avoir pour maître, être de son domaine ou sien. *Être*, suivi de la préposition *à*, dit l'Académie, signifie souvent *appartenir*. »

Il reste cependant encore entre ces deux expressions une assez grande différence, celle du droit au fait.

La chose qui vous *appartient* vous est due, vous revient légitimement; la chose qui *est* à vous se trouve entre vos mains, vous la tenez. C'est en vain que vous prétendez ce qui ne vous *appartient* pas; vous n'avez pas ce qui n'*est* pas à vous. Une chose nous *appartient* à tel ou tel titre; une chose *est* à nous par suite de tel ou tel événement, depuis longtemps ou depuis peu. Tel objet m'*appartient* en vertu de la sentence d'un juge; tel autre *est* à moi, parce que je l'ai reçu, pris ou trouvé. Suivant Massillon, les biens ecclésiastiques *appartiennent* à Dieu et aux pauvres, quoiqu'ils *soient* effectivement aux prêtres qui en usent et en disposent. « En surprenant Venuse, dit Télémaque, vous ne feriez que vous mettre en possession d'une ville qui vous *appartient*, puisqu'elle *est* aux Apuliens, qui sont un des peuples de votre ligue. » FÉN.

Il m'*appartient* de faire ce qu'il me convient de faire, ce que je suis autorisé à faire, ce qui rentre dans mes attributions; c'est à moi à faire ce que je suis en possession de faire.

Appartenir à s'emploie de préférence pour l'abstrait, en parlant de droits, de facultés, de pouvoirs, de prérogatives; *être à* se dit plutôt quand il est question de choses concrètes, susceptibles d'être possédées. Dans *Rodogune* (CORN.) on lit que le choix d'un mari pour cette princesse *appartient* à la reine Cléopâtre, mais que la couronne *est* à ses fils. De même dans *Sertorius* (CORN.), Perpenna prétend que le commandement devait lui *appartenir*, et le tribun Aufide lui fait remarquer que la reine Viriate *sera* à lui quand Sertorius aura été mis à mort.

Appartenir enchérit sur *être à*; aussi se met-il bien après : ce qui *est* à nous est nôtre de fait seulement, se trouve être nôtre; mais ce qui nous *appartient* est nôtre essentiellement, à juste titre, sans conteste, d'une manière propre et absolue. « Voyre mais, dist le dyable, ce champ n'est pas tien; il *est* à moy, et m'*appartient*. » RAB. « Ces deux mille écus *sont* à vous. Oui, monsieur, ils *sont* à vous, ils vous *appartiennent*. » SED. Le maréchal de Villeroy dit au jeune roi Louis XV, en lui montrant la foule qui se pressait un jour de fête sous les fenêtres des Tuileries : « Voyez donc tout ce monde et tout ce peuple, tout cela *est* à vous, tout cela vous *appartient*, vous en êtes le maître. » S. S. Je *suis* à vous dans un instant, c'est-à-dire que dans un instant je vais être à votre disposition ou à votre service ; on n'*appartient* à quelqu'un qu'autant qu'on en est l'esclave.

APPELER, MANDER. *Appeler* ou *mander* quelqu'un, c'est le faire venir.

Mais *appeler*, dire le nom d'un homme, afin que, l'intendant, il arrive, convient à l'égard de toutes sortes de personnes. *Mander*, au contraire, du latin *mandare*, donner charge ou commission, enjoindre, indique *commandement*, invitation faite avec autorité à un inférieur.

J'entends à haute voix tout mon camp qui m'*appelle*, dit Athalie dans Racine; dans le *Cinna* de Corneille, Cinna est *mandé* par Auguste, qui est informé de tout le complot (LAH.). On est *appelé* en duel, et *mandé* à la cour ou à la barre. On *appelle* le confesseur ; un prince *mande* son intendant, un seigneur ses vassaux. Une puissance attaquée *appelle* ses alliés; c'est Dieu lui-même qui avait *mandé* Sennachérib contre Jérusalem (ROLL.). Quand vous êtes malade, vous *appelez* le médecin; Marc-Aurèle, au retour de son expédition contre les Allemands, voyant sa santé affaiblie, *manda* Galien à Aquilée (ROLL.).

APPLIQUER (S'), VAQUER. S'occuper d'une chose attentivement, avec soin.

C'est ce que signifie simplement et absolument s'*appliquer*. « A Tyr, tous les citoyens s'*appliquent* au commerce. » FÉN. « Ceux qui *se sont appliqués* avec plus d'ardeur à la lecture des livres sont ceux-là mêmes qui nous ont jetés dans un plus grand nombre d'erreurs. » MAL. « Le calife Mamoum inspira aux Arabes du goût pour les mathématiques, auxquelles il *s'appliqua* lui-même avec passion et avec succès. » COND. — Ce verbe a cependant cela de particulier relativement à *vaquer*, qu'il se dit seul avec un infinitif : *s'appliquer* à faire une chose, à cultiver son esprit, à régler sa conduite, à bien élever ses enfants, à contrarier quelqu'un.

Mais *vaquer* se distingue par un accessoire bien remarquable et qui résulte de son acception primitive, être vacant ou vide, n'être point rempli : il est relatif, il a rapport à l'état où on est, état de liberté sous le point de vue des occupations. Qui *vaque* à une chose est délivré ou débarrassé de toute autre affaire, et, pour *vaquer* à quelque chose, on se délivre ou on se débarrasse de toute autre, on laisse ou on abandonne tout le reste. « Si nous pouvions faire la paix en Italie et en Allemagne, nous *vaquerions* à cette guerre anglaise et hollandaise avec plus d'attention. » SÉV. « Il est tourmenté d'une maladie cruelle qui le laisse à peine en état de *vaquer* aux soins indispensables. » J. J. « Ma santé est si mauvaise, mon état est si triste, et j'ai tant d'embarras plus pressants, que je ne puis *vaquer* maintenant aux recherches nécessaires pour vérifier votre histoire. » ID. « Ces affreuses austérités que les saints ont pratiquées, cette solitude, cet éloignement de toute société pour *vaquer* jour et nuit à la prière touche les bonnes âmes. » MAINT. « Ce n'est pas aux grands à abandonner le gouvernement pour *vaquer* à des fonctions obscures qui n'intéressent pas la sûreté publique. » MASS.

APPRÊTER, ACCOMMODER, ASSAISONNER. Ces verbes expriment tous trois le soin qu'on prend d'aliments à servir à quelqu'un, ce que les traiteurs font par état.

Apprêter, tenir *prêt*, est le plus général des trois. L'action qu'il signifie comprend tout ce qu'il faut faire pour donner à manger. Aussi dit-on bien *apprêter* à manger (FÉN.), et des mets *apprêtés* avec élégance (COND.). Ce qu'on *apprête*, à parler proprement, c'est le repas tout entier, le dîner ou le souper.

Reposez-vous sur moi des soins de cette fête,
Des habits, du repas qu'il faut que l'on *apprête*. REGN.

« L'élève peut être tenté de se regarder comme un personnage important, en voyant tant de soins concourir pour *apprêter* son dîner. « J. J. « Maître Jacques nous fera ici besoin pour *apprêter* le souper. » MOL. Ce verbe a une acception tellement étendue qu'il s'applique même aux choses inanimées en tant qu'elles fournissent des aliments. Dans *Philémon et Baucis*, Philémon dit :

Que la terre et que l'onde
Apprêtent un repas pour les maîtres du monde. LAF.

Accommoder et *assaisonner* regardent seulement les préparations à faire subir aux aliments; ils ne se rapportent point du tout, comme *apprêter*, à ce qui est l'œuvre de l'intendant, mais spécialement à ce qui forme l'industrie du cuisinier.

Accommoder, rendre *commode*, bon ou propre à manger, est à son tour plus général qu'*assaisonner*. On *accommode*, par exemple, du gibier (LES.) ou un agneau (REGN.), en le soumettant à plusieurs opérations qui consistent à le dépouiller, à le vider, à le nettoyer, à le dépecer ou à l'embrocher et enfin à le cuire. *Assaisonner*, c'est rendre, non pas propre, mais agréable à manger, appétissant; ce qui se fait en mettant dans ce qu'on *accommode* certains ingrédients. « Les méchants cuisiniers ne savent rien *assaisonner* avec justesse, et croient donner un goût exquis aux viandes en y mettant beaucoup de sel et de poivre. » FÉN. « Les Caraïbes se nourrissent de burgaux, de crabes, de tortues, de lézards, de serpents et de poissons qu'ils *assaisonnent* avec du piment et de la farine de manioc. » BUFF. « L'usage des ragoûts fait que les viandes communes et *assaisonnées* simplement deviennent fades et insipides. » ROLL. « Surpris de la quantité et de la variété des mets, nous lui demandâmes comment il avait pu amasser tant de gibier.... Il nous avoua que tout ce gibier prétendu n'était que du porc *assaisonné* diversement et mis à différentes sauces. » ID.

APPUYER, PESER. C'est, en rapportant, en expliquant ou en exposant certaines choses, s'arrêter principalement ou avec force sur une partie, une circonstance, un détail, au lieu de se borner à l'indiquer en passant.

Appuyer, comme *appui*, ne se prend guère qu'en bonne part. *Peser*, au contraire, comme *pesant* et *poids*, exprime souvent quelque chose d'excessif et de fâcheux. On dit *appuyer* légèrement (ACAD.), un peu (BOSS.); on emploierait mal *peser* avec de tels adverbes, il signifie toujours *appuyer* beaucoup ou trop. « Celui qui *appuie* sur ses idées instruit, celui qui *pèse* sur ses idées ennuie. » COND.

Ainsi, en général, on a raison d'*appuyer*, mais on s'abstient, on doit s'abstenir de *peser*. « J'*appuie* sur ces légers détails parce qu'on me reproche de n'avoir pas écrit à M. Foëzman pour le voir. » BEAUM. « Je me garderais bien de *peser* sur des détails que mon respect pour les dames désavoue. » ID.

ARRANGER, ACCOMMODER, ADAPTER, AJUSTER, AGENCER. Mettre ensemble des choses ou les différentes parties d'une chose de telle façon qu'elles soient ou aillent bien.

On *arrange* en mettant en ordre, en donnant à chaque chose sa place ou une place convenable. *Arranger* des livres sur des tablettes (LABR.). « Plusieurs corps peuvent être, ou jetés ensemble pêle-mêle et en confusion, ou *arrangés* dans un certain ordre, et rapportés à la même fin. » BOSS. « Si S. Cyrille ne fait que copier ces passages, et que ces passages soient jetés sans choix sur le papier, c'est peu de chose ; mais ce Père les choisit bien, il les *arrange* avec ordre, et les réduit méthodiquement à certains chapitres. » ID.

Accommoder se distingue, non plus par l'idée d'ordre ou de disposition, mais par celle de *commodité* ou d'utilité : c'est mettre les choses comme il faut pour la *commodité* ou l'avantage de quelqu'un. On *accommode* un logement pour un ami ; on lui fait *accommoder* des œufs ou tout autre mets pour satisfaire sa faim. « Je me mis à m'*arranger* (au lazaret de Gênes) pour mes vingt-un jours comme j'aurais fait pour toute ma vie.... J'*arrangeai* en manière de bibliothèque une douzaine de livres que j'avais. Bref, je m'*accommodai* si bien que j'étais presque aussi commodément à ce lazaret absolument nu qu'à mon jeu de paume de la rue Verdelet. » J. J. — Mais *accommoder* ne se dit pas seulement d'une manière absolue comme dans les exemples précédents, il s'emploie aussi relativement : *accommoder* une chose à une autre ; s'*accommoder* à quelque chose. Il conserve alors le même caractère. C'est toujours pour la commodité de quelqu'un ou de soi-même, pour complaire à autrui ou dans son propre intérêt qu'on agit. « Les courtisans savent *accommoder* leur goût, leur humeur, leurs discours à ce qui plaît au prince. » ACAD. Pascal reproche aux Jésuites d'*accommoder* leur langage à tous les états et à tous les pays. *Accommoder* à ses vues un fait qu'on raconte (J. J.); *accommoder* à son éloquence un sujet de discours (MARM.) S'*accommoder* à la portée de quelqu'un (ROLL.). « Nous juger, non selon l'extrême rigueur, mais selon une rigueur tempérée est une justice *accommodée* à notre faiblesse. » Boss.

Adapter, du latin *ad*, à, et *aptus*, joint, propre, fait pour, ne réveille pas l'idée d'ordre, ni celle de commodité, mais celle d'application d'une chose à une autre. L'*adaptation* suppose, non pas comme l'*arrangement*, un certain nombre de choses ou de parties qu'on distribue sans les lier et en les laissant séparées, mais seulement deux choses ou deux parties qu'on joint. « La force de succion ou d'aspiration est proportionnelle à l'activité et à la quantité de la chaleur qui la produit, comme on le voit dans les fourneaux où l'on *adapte* des tuyaux aspiratoires. » BUFF. « J'*adapterai* au haut de ce bâton un tuyau par lequel je ferai entrer l'air au moyen d'une soupape. » VOLT. « La déclamation de Lulli est dans la nature, elle est *adaptée* à la langue. » ID. « Les Indiens ont leurs arts, qui sont *adaptés* à leur manière de vivre. » MONTESQ.

Ajuster, c'est *arranger* ou *adapter* d'une manière *juste* ou avec art, et de façon à produire, non pas, comme il arrive à *accommoder*, quelque chose de commode ou d'utile, mais quelque chose de beau. « Les gens qui parlent si bien devraient *ajuster* toutes leurs paroles avec assez d'art pour ne pas se contredire eux-mêmes. » FÉN. « Un petit enfant, pour tirer des mamelles de sa nourrice la liqueur dont il se nourrit, *ajuste* aussi bien ses lèvres et sa langue que s'il savait l'art des pompes aspirantes. » Boss. « Les abeilles qui *ajustent* avec tant de symétrie leurs petites niches. » ID. « Ils n'ont pas assez de lumière pour *ajuster* ces raisonnements aux règles. » P. R. « Il vous faut l'entremise d'un homme de tête pour *ajuster* ce différend. » DEST. — *Ajuster* sa maison, ce n'est ni y mettre tout en ordre, ni la rendre commode, mais la rendre propre et belle par l'ameublement : « Mme de Marbeuf a fait *ajuster* et meubler sa maison si proprement, et tout cela d'un si bon air et d'un si bon cœur, qu'elle mérite toutes sortes de louanges. » SÉV. Marmontel rapporte dans ses *Mémoires* qu'il composait pour l'Académie divers morceaux, « qu'il *adaptait* aux circonstances ; » mais d'Alembert dit de M. de Saint-Aulaire que ses vers « montraient et l'esprit aimable du poëte et le talent avec lequel il savait l'*ajuster* aux circonstances. »

Agencer, arranger ou assembler de manière à produire quelque chose de *gent* ou de *gentil*, ressemble à *ajuster* en tant que celui-ci marque *ajustement*, parure, ornement, implique l'idée de beauté dans le résultat. Mais il en diffère en ce qu'il ne se dit que familièrement ou en mauvaise part, si ce n'est dans le langage spécial de la peinture et de l'architecture. « Ces gens se consument vainement à *agencer* des paroles, sans se mettre en peine des choses. » LAH. « Comme ces deux vers sont forcément *agencés* ! » ID. « Il n'y a aucune construction raisonnable en cet *agencement* de mots. » VAUG. « Sur la scène française tout se passe communément en beaux dialogues bien *agencés* et bien ronflants. » J. J. — Une personne est *ajustée* avec goût ; telle autre est bizarrement *agencée*.

ARRÊTER, RETENIR. S'assurer d'avance un domestique, une maison, une voiture, une loge d'Opéra.

Arrêter est absolu ; *retenir* est relatif et annonce que la chose *retenue* ne peut échapper, ou qu'on la prend parce qu'on craint qu'elle n'échappe pour aller à d'autres. Vous *arrêtez* ce qui a cours, ce qui est à louer, ce qui attend une destination fixe ; vous *retenez* de peur d'être prévenu et pour que d'autres ne vous enlèvent pas ce que vous désirez avoir. Vous *arrêtez* une loge à l'Opéra parmi celles qui sont à louer, qui ne sont pas réservées ; vous *retenez* une loge pour qu'on n'en dispose pas en faveur d'un autre, et, s'il y a eu double emploi, vous ferez voir que vous l'aviez *retenue* le premier. Un domestique *arrêté* n'est plus sans place ; un domestique *retenu* ne peut plus s'engager à un autre maître. Une lecture qui vous *arrête* vous attache ; celle qui vous *retient* vous empêche de passer à une autre ou de penser à autre chose.

« J'ai vu ici le père Soanen, et je l'ai *arrêté* à souper et à coucher à l'évêché. » Boss. « Elle demanda s'il y avait quelque appartement à louer. On lui répondit que oui, et on lui en montra un assez propre qu'elle *arrêta*. » LES.

« Je veux t'amener des convives plus légers. Je vais de ce pas chez un marchand de liqueurs, où ils vont s'assembler. Je les *retiendrai*, de peur qu'ils ne s'engagent ailleurs ; car c'est à qui les aura.... » LES. « A vous une chambre ! me dit l'hôtesse. Tous mes lits sont *retenus*. J'attends des cavaliers d'importance, qui doivent venir loger ici ce soir. » ID.

ARRIVÉE, VENUE, AVÉNEMENT. C'est, de la part d'une personne absente jusque-là, le fait de devenir présente, en un certain temps, dans le lieu où nous sommes ou dont il est question.

Arrivée exprime plutôt le fait se faisant, une action : l'*arrivée* est comme l'achèvement de la course d'un vaisseau qui aborde, qui touche à la rive. On assiste à une *arrivée*, on la voit. « Je ne sais rien par vous de votre *arrivée* à Aix. Il me vint hier un gentilhomme de ce pays-là qui était présent à cette *arrivée*. » SÉV.

Et tous ceux du logis ont vu votre *arrivée*.
           Alcimène à Amphitryon. MOL.

Mais *venue* représente plutôt le fait comme accompli, comme un résultat. On se trouve bien ou mal de la *venue* de quelqu'un ; on en profite ou on en souffre. « Bien loin de se préparer à recevoir le Messie et à profiter de sa *venue*, Hérode jure sa ruine. » Bourd. Dans le *Festin de Pierre*, don Louis dit à son fils don Juan : « Je vois bien que je vous embarrasse, et que vous vous passeriez fort aisément de ma *venue*. » Mol. Annoncer l'*arrivée* de quelqu'un, c'est prévenir qu'il approche ; annoncer sa *venue*, c'est faire savoir qu'il est là. On est affecté de telle ou telle manière à l'*arrivée* d'une personne dont on a désiré la *venue* : « Après avoir désiré sa *venue* avec la passion la plus vive, après avoir éprouvé à son *arrivée* un saisissement de joie.... » J. J.

Arrivée marque un fait qui est l'exécution d'un dessein ; car on *arrive* à un but, on *arrive* en un lieu où on se proposait de parvenir : on dit proprement l'*arrivée* d'un voyageur, d'un commissionnaire, d'un courrier. L'idée de *venue*, comme celle de *venir*, est moins étroite : il y a *venue* toutes les fois qu'il y a présence effectuée de quelque façon que ce soit, et, par exemple, dans des circonstances qui ne ressemblent en rien à celles d'un voyage ou d'une course. Sosie dit, dans *Amphitryon*, en parlant de Mercure qu'il croit être un autre lui-même :

Ce moi plus tôt que moi s'est au logis trouvé ;
Et j'étais *venu*, je vous jure,
Avant que je fusse *arrivé*. Mol.

Après que Boileau a dit, dans l'*Art poétique*,
Enfin Malherbe vint,

il décrit les effets de cette *venue* (et non pas de cette *arrivée*) pour le perfectionnement de la langue et de la poésie française. « Par la *venue* du Saint-Esprit, les cœurs des hommes devaient être purifiés. » Bourd. « Je demande toujours qu'on me montre une église, petite ou grande, dans les sentiments de Luther avant sa *venue*. » Boss. L'*arrivée* des Mages ne laissa plus de doute à Hérode sur la *venue* du Messie.

En parlant du Messie on emploie aussi, mais non pas toujours, le mot *avénement*. *Avénement* signifie une *venue* extraordinaire, éclatante, un événement plutôt qu'un simple fait. C'est pour cela qu'on appelle *avénement* l'élévation à une dignité suprême : « Le duc de Veragua, vice-roi de Sardaigne à l'*avénement* de Philippe V. » S. S. C'est pour cela qu'on oppose l'*avénement* glorieux de Jésus-Christ, lequel aura lieu lors du jugement dernier, à sa *venue* humble et obscure qui a eu lieu lors de son incarnation : « Dans ce temps (de l'Avent), consacré à la première *venue* de Jésus-Christ dans l'infirmité de notre chair, l'Église nous fait lire d'abord l'Évangile de sa gloire et de son *avénement* magnifique (à la fin des siècles). » Boss. Le même écrivain oppose encore avec une intention marquée l'*avénement* du Sauveur du monde à la *venue* de l'Antechrist. « Cette séduction sera la dernière que Jésus-Christ se réserve à détruire par son dernier *avénement*.... Les protestants se désabuseront de l'erreur grossière qui leur fait imaginer leur Antechrist dans plusieurs personnes ; en sorte qu'après sa *venue* il nous fasse attendre si longtemps le jugement universel. »

Du reste, l'usage du mot commun *venue* est permis même à l'égard de Jésus-Christ, même pour désigner sa dernière apparition à la fin du monde, s'il n'est pas nécessaire ou si l'on n'a pas l'intention d'en rappeler la solennité. « Il ne sera pas temps de se disposer au jugement de Dieu, quand paraîtront ces signes avant-coureurs de la *venue* du Fils de l'homme. » Bourd.

ARRIVER, PARVENIR, ATTEINDRE. On *arrive*, on *parvient* et on *atteint* à un but ou à quelque chose de semblable.

Arriver, du latin *ad*, à, et *ripa*, rive, c'est toucher à la rive, au port, aborder. Il exprime l'idée commune simplement et sans aucun accessoire : on *arrive* à tout et de toute manière.

Parvenir, venir par, en latin *per venire*, c'est arriver par ou à travers (*per*) les obstacles, avec effort. Tout vaisseau qui entre au port y *arrive* ; celui-là y *parvient* qui n'y entre que difficilement, malgré les vents et les flots. L'on *arrive* naturellement à la mort ; l'on ne *parvient* jamais à la gloire sans luttes et sans combats. Quelquefois même *arriver* marque le fait de toucher au terme, le succès ; et *parvenir*, ce qu'on fait, la peine qu'on se donne pour obtenir cet avantage : « Considérer, dans les productions des esprits, les efforts qu'ils font pour *parvenir* à la vérité, et remarquer en quoi ils y *arrivent* et en quoi ils s'en égarent. » Pasc.

Atteindre, *attingere*, *ad tangere*, c'est aller jusqu'à toucher un objet qui est placé à une certaine distance devant nous ou au-dessus ; en sorte que l'idée caractéristique de ce mot est celle d'éloignement et plus particulièrement encore celle d'élévation.

Mais, étant sur le point d'*atteindre* à la fenêtre,
J'ai, contre mon espoir, vu quelques gens paraître,
Qui, sur moi brusquement levant chacun le bras,
M'ont fait manquer le pied et tomber jusqu'en bas.
Mol.

Atteindre au sommet de la perfection (Boil.). « Jamais nulle ode grecque ou latine n'a pu *atteindre* à la hauteur des psaumes. » Fén. « Il y a dans les maximes de l'Évangile une noblesse et une élévation où les cœurs vils et rampants ne sauraient *atteindre*. » Mass. — La moitié, tout au plus, des enfants *parvient* à l'adolescence à cause des maladies qui les assiégent et parce que tous les risques de la vie sont au commencement ; l'âge de cent ans est un terme trop éloigné pour que personne puisse raisonnablement espérer d'y *atteindre*.

Les saints sont *arrivés* à la perfection chrétienne par différentes voies. Ne nous la figurons pas entourée de tant de difficultés que nous ne puissions y *parvenir*, ni placée à un tel degré d'élévation que nous ne puissions y *atteindre* (Bourd.).

ARTIFICIEL, FACTICE. Qui n'est pas naturel, mais l'œuvre de l'homme. En latin *artificialis* et *facticius*.

Artificiel, composé par l'*art*, annonce quelque chose qui est l'œuvre de la main de l'homme. C'est un mot particulièrement propre pour le concret. Une fontaine (Acad.), une machine (Buff.), une cavité (Id.), une liqueur (J. J.) *artificielle* ;

des dents (Acad., Buff.), des prairies (Acad., Bern.), des fleurs (Id.), des balles (Bach.) *artificielles*; les rizières sont des marais *artificiels* formés le long du Gange (Bern.); les ossements de l'âne de Vérone étaient renfermés dans le ventre d'un âne *artificiel* fait exprès (Volt.). — Mais *factice* (de *facere*, faire), fait, produit, créé, se dit en parlant de ce qui est l'œuvre de l'esprit de l'homme, et convient surtout pour le figuré et l'abstrait. Des besoins (Acad., J. J.), des religions (J. J.) *factices*; une sensibilité (Acad.), un sentiment (Staël), un héros (S. S.), une disette (Id.), un caractère (Thom.) *factice*; outre les idées adventices et des idées innées, Descartes reconnaissait des idées *factices*, fruit du travail de l'imagination; les sophistes soutenaient que la loi, toute loi, est *factice*, inventée par les hommes, et non émanée de Dieu ou fondée sur la nature des choses. — Une beauté *artificielle* (Acad.) est, au physique, celle d'une femme qui se pare et peut-être se farde. Mais nous qualifions de *factices* certaines beautés littéraires ou musicales. « On pouvait appeler Boucher le Fontenelle de la peinture : il avait son luxe, sa recherche, son précieux, ses grâces *factices*. » Grimm. « Comme une telle musique serait dénuée de toute mélodie agréable, on tâcherait d'y suppléer par des beautés *factices* et peu naturelles. » J. J.

Que si toutefois *factice* s'emploie bien aussi au propre, c'est uniquement en termes de science : les savants, par exemple, donnent l'épithète de *factice* au cinabre (Acad.) qui dans le commerce est appelé *artificiel* (Acad.). Et si, d'autre part, *artificiel* prend quelquefois l'acception abstraite et figurée, il se distingue alors en ce qu'il est collectif, en ce qu'il s'applique de préférence à un tout, pendant que *factice* sert à qualifier une partie ou les parties de ce même tout. « L'homme originel s'évanouissant par degrés, la société n'offre plus aux yeux du sage qu'un assemblage d'hommes *artificiels* et de passions *factices* qui sont l'ouvrage de toutes ces nouvelles relations. » J. J. Marmontel prétend que les harangues de Tite Live sont *artificielles*, et que le style de celles de Thucydide est *factice*.

Quant au degré, *factice* renchérit sensiblement sur *artificiel*. L'objet *artificiel* ne s'écarte de la nature que par l'arrangement, et la chose *factice* s'en éloigne par le fond, par la substance même, essentiellement; l'un n'a été que reformé ou transformé, et l'autre a été en quelque sorte recréé. « Il y a des plantes dont la nature est, pour ainsi dire, *artificielle* et *factice*. Le blé, par exemple, est une plante que l'homme a changée au point qu'elle n'existe nulle part dans l'état de nature. » Buff. « L'étude seule, en observant l'homme *artificiel* et *factice*, peut faire prévoir les effets de l'art. » Marm.

ASSEMBLÉE, COMPAGNIE. Réunion d'un certain nombre de personnes.

Assemblée est verbal : il exprime ce qui résulte de l'action du verbe *assembler* ou *s'assembler*, un rassemblement ou ce qui s'assemble de monde en un certain lieu et à une certaine époque. *Compagnie*, purement nominal, désigne, non pas un fait ou le résultat d'un fait, quelque chose d'accidentel, mais un corps, quelque chose de permanent.

Vous racontez que vous avez assisté à une *assemblée*, à une *assemblée* qui s'est tenue tel jour et en tel endroit; vous faites connaître que vous êtes d'une *compagnie*, d'une *compagnie* qui est telle ou telle, industrielle ou religieuse, organisée de telle ou telle façon. « Parce que l'*assemblée* n'était ce jour-là composée que de dix-sept académiciens, le roi fit savoir à ces messieurs : qu'il regardait comme nul tout ce qui s'était fait dans leur *assemblée*, la *compagnie* n'ayant pu rien faire de contraire au règlement qui demande la présence de vingt académiciens. » D'Ol. Il se trouva dans l'arche, pendant le déluge, une *assemblée* de justes; la *compagnie* de Jésus est surtout remarquable par sa constitution. On dit, le lieu et le temps d'une *assemblée* ; mais on dit, les statuts d'une *compagnie*. Le souverain diffère une *assemblée* ou transfère une *assemblée* d'un local dans un autre, il autorise ou n'autorise pas une *compagnie*. Une *assemblée* peut avoir pour objet de fonder une *compagnie*, et il arrive assez souvent qu'il y a des *assemblées* d'actionnaires de certaines *compagnies* pour s'entendre sur les intérêts communs. Qui aime les *assemblées* court après les parties de plaisir, comme bals, fêtes, spectacles, toute les fois qu'il y en a et partout où il y en a; qui aime les *compagnies* fait volontiers partie de cercles et d'autres associations semblables.

Que si on appelle aussi *assemblées* des réunions d'hommes qui s'assemblent, non pas une fois, mais plusieurs de suite, ce sont des réunions d'hommes qu'on considère toujours et uniquement comme s'assemblant, et cela pour un objet qui est toujours le même, savoir pour consulter ou délibérer. Telle est une *assemblée* législative, de laquelle on peut dire ce qu'on ne saurait dire d'une *compagnie* : aller à l'*assemblée*, et, il y a ou il n'y a pas *assemblée* aujourd'hui. Les membres d'une *assemblée* ont été envoyés de différents endroits pour se réunir, pour venir ensemble tenir conseil en un certain lieu, à une certaine époque et pour un certain temps; mais les membres d'une *compagnie* sont réunis, sont ensemble, sont compagnons ou confrères, forment un corps, abstraction faite de toute idée de lieu et de temps, et peuvent s'occuper en commun de toutes sortes de choses, de nouvelles, de jeux, de plaisirs, de leurs intérêts commerciaux, religieux, littéraires ou autres.

ASSORTIR, APPAREILLER, APPARIER. Mettre ensemble des choses qui se conviennent.

Assortir, associer, faire que des choses soient compagnes (*consortes*) les unes des autres, ne limite pas le nombre des choses; mais *appareiller* et *apparier*, du latin *par*, une paire, une couple, n'en supposent jamais que deux. « *Assortir* tellement ensemble les volontés, qu'elles ne heurtent point les unes contre les autres. » Bourd. « Croyez-vous qu'on pût trouver quatre poètes mieux *assortis*? » Laf. — Ensuite, *assortir* se distingue des deux autres verbes par un caractère moral ou esthétique qui lui est exclusivement propre. De l'*assortiment* résulte quelque chose de bon ou de beau. « Si toutes choses sont bonnes en elles-mêmes, elles reçoivent une beauté et bonté nouvelle par leur ordre, par leur assemblage, par leur parfait *assortiment* et ajustement les unes avec les autres. » Boss. « L'inversion permet aux Latins d'essayer une foule de combinaisons, jusqu'à ce qu'ils aient *assorti* et marié les mots de la manière la plus flatteuse pour l'oreille. » Del. *Appareiller*, et *apparier*, d'une application beaucoup plus restreinte, ne se prennent qu'au physique en parlant des animaux qu'on accouple de façon que l'un soit égal ou semblable à l'autre. Quand ils se disent des hommes, ils ne les font pas considérer autrement.

Entre *appareiller* et *apparier* la principale sinon peut-être l'unique différence a été indiquée par Condillac. En *appareillant* on ne fait attention qu'à la ressemblance de la forme, à celle qui saute aux yeux. « Que ces deux ombres me semblent mal *appareillées* ! Leurs tailles et leurs allures sont bien différentes : l'une est d'une hauteur démesurée, et marche fort gravement ; au lieu que l'autre est petite, et a l'air évaporé. » Les. Mais en *appariant* c'est à l'égalité des forces ou des talents qu'on a égard. Dans l'antiquité, avant de mettre les athlètes aux prises deux à deux, on les *appariait* (Cond.). « Xénocrate étudia sous Platon en même temps qu'Aristote, mais non avec les mêmes talents. Il avait besoin d'éperon, et l'autre de frein : c'est le jugement qu'en portait Platon ; et il ajoutait qu'en les commettant ensemble, il *appariait* un cheval avec un âne. » Roll.

ASSOUPISSEMENT, LÉTHARGIE. Dans l'acception figurée, ces deux mots signifient un grand défaut de zèle.

Mais d'abord il est facile de voir que *léthargie* renchérit sur *assoupissement* ; car, au propre, l'*assoupissement* n'est qu'un commencement de sommeil, au lieu que la *léthargie* est un sommeil profond et très-prolongé. « Que s'ensuit-il de là? Un *assoupissement*, une *léthargie*, et enfin une extinction entière de la foi. » Bourd. « De cette langueur dans le service de Dieu l'âme tombe dans une espèce de *léthargie* et dans un profond *assoupissement* sur tout ce qui regarde ses devoirs et l'affaire de son salut. » Id. On dit bien un léger *assoupissement* (Bourd.), mais non pas une *léthargie* légère, la *léthargie* équivaut, comme on vient de le voir, à un *assoupissement* profond. On réveille quelqu'un de son *assoupissement*, il dort simplement ; mais on tire quelqu'un de sa *léthargie* c'est-à-dire d'un état dans lequel il est comme plongé. « Un des plus grands services que la philosophie puisse nous rendre, c'est de nous réveiller de cet *assoupissement* et de nous tirer de cette *léthargie*. » Roll. D'ailleurs, l'*assoupissement* n'est ni aussi fâcheux ni aussi essentiellement fâcheux que la *léthargie*. « C'est ce dangereux *assoupissement* que craignait le divin Psalmiste.... C'est pour prévenir l'effet de cette mortelle *léthargie* que l'Apôtre nous dit.... » Boss. « Il n'y a que le trouble qui puisse faire sortir ces consciences criminelles de la *léthargie* et de l'*assoupissement* funeste où elles sont. » Bourd.

Non-seulement *léthargie* dit plus que son synonyme, mais encore il n'a pas exactement le même sens. Dans l'*assoupissement* (racine *sopor*, sommeil) c'est l'intelligence, et dans la *léthargie* (de λήθη, oubli, et ἀργία, paresse, torpeur) c'est l'activité qui est en défaut. Il y a, d'une part, manque de vigilance, de soin, d'attention, grande négligence en un mot, et, d'autre part, manque d'énergie ou de courage, nonchalance ou paresse extrême. L'*assoupissement* empêche de voir, d'entendre les choses ou d'y songer : « Il ne songe point à ses intérêts, il est là-dessus dans un *assoupissement* étrange. » Acad. Mais la *léthargie* empêche proprement d'agir : Le régent leur laissait croire qu'il allait agir et sortir de sa *léthargie*. » S. S.

ASSURÉMENT, SANS DOUTE. On se sert de l'un et de l'autre pour affirmer ou nier ; aussi dit-on bien : oui *assurément*, *asurément* non ; et, oui ou non *sans doute*.

« *Assurément* paraît plus marquer qu'on répond d'une chose à quelqu'un qui en pourrait douter. Le second marque qu'on l'affirme parce qu'on n'en doute pas, et qu'on suppose même que les autres n'en doutent pas d'avantage. » Cond.

Assurément, je l'assure, exprime l'assurance, la croyance de celui qui parle, son sentiment personnel. Tu le crois ? — *Assurément* (Mol.).

Vous me ferez plaisir, madame, assurément, Regn.

Mais *sans doute*, il n'y a pas de doute, indubitablement, s'emploie pour signifier quelque chose de constant ou d'incontestable, une opinion générale ou même nécessaire, l'opinion de tout le monde ou celle que tout le monde doit avoir. Les écrits des Pères de l'Église sont *sans doute* catholiques (Pasc.). » Il ne faut pas examiner si les esclaves seraient utiles à la petite partie riche et voluptueuse de chaque nation ; *sans doute* qu'ils lui seraient utiles. » Montesq.

Assurément est tout relatif au sujet, et *sans doute* n'y a aucun rapport. « Cette fête a eu des ornements qui l'emportent *sans doute* sur tout ce que l'on saurait voir.... ; et je puis dire *assurément* qu'il n'y a rien dans l'univers qui s'y puisse égaler. » Mol.

ASTRE, ÉTOILE. On dit également les *astres* et les *étoiles* pour signifier tous les corps célestes en général.

Mais *astre* a sur *étoile* une supériorité de grandeur et de noblesse qu'il tient de son origine. Le français *astre* est évidemment le latin *astrum*, grec ἄστρον ; au lieu qu'*étoile*, dérivé du latin *stella*, reproduit bien aussi un mot d'une langue savante, mais ce n'est pas d'une manière aussi certaine, aussi manifeste et aussi exacte.

En conséquence, d'abord, un *astre* est quelque chose de plus grand ou de plus considérable qu'une *étoile*. « O Lucifer, *astre* brillant, comment es-tu tombé si soudainement ?.... Cependant cet *astre* est tombé, et il a entraîné avec lui la quatrième partie des *étoiles*. » Boss. « S'il arrivait qu'une *étoile* de la dernière grandeur interrompît son cours, ce serait un défaut dans le monde, qui néanmoins n'y ferait pas une grande altération. Mais si le soleil venait à s'obscurcir tout à coup, quel désordre dans l'univers ! Qu'un prince abandonne la conduite des affaires, c'est comme l'éclipse du premier *astre*, qui fait souffrir toute la nature. » Bourd. — L'usage est aujourd'hui d'observer cette distinction à la rigueur : *astre* est le seul mot qui convienne pour désigner en particulier les plus grands corps célestes, le soleil, la lune, les planètes et les comètes; et les plus petits, ces points lumineux et fixes dont le ciel est parsemé, s'appellent proprement des *étoiles*.

D'un autre côté, le mot *astre* est le seul propre au style relevé et poétique. On s'en sert en parlant de ce qu'il y a de plus beau et de plus admirable. « L'Église a de temps en temps ses *astres* qui l'éclairent et ses monstres qui la défigurent. » Mass.

On voit paraître Guise, et le peuple inconstant
Tourna bientôt ses yeux vers cet *astre* éclatant.
Volt.

« Une personne très-imparfaite est nommée (dans la tragédie) un soleil, ou tout au moins une aurore; ses yeux sont deux *astres*. » Fén. « On a inventé de certains termes bizarres, *siècle d'or*, *fatal laurier*, *bel astre*, etc.; et on appelle ce jargon beauté poétique. » Pasc. « Cette femme est belle comme un *astre*. » Acad.

Quand les deux mots se disent pour exprimer une prétendue influence des corps célestes sur les corps terrestes et particulièrement sur les hommes, *astre* s'emploie en termes d'astrologie ou poétiquement, au lieu qu'*étoile* reste un mot du langage commun ou même familier. On lit au commencement de l'*Art poétique* :

C'est en vain qu'au Parnasse un téméraire auteur
Pense de l'art des vers atteindre la hauteur,
Si son *astre* en naissant ne l'a formé poëte. Boil.

Mais le même écrivain a judicieusement préféré *étoile* à *astre* dans ce passage d'une de ses lettres à Racine : « Je sens bien qu'il n'y a qu'une *étoile* bizarre et infortunée qui pût empêcher le succès d'une affaire si bien conduite. »

Enfin, *astre* se prendra plutôt en bonne et *étoile* en mauvaise part. « Alexandre parut à propos. ainsi qu'un *astre* salutaire, pour apaiser tant de tempêtes. » Vaug.

Trop fatal ascendant d'une *étoile* ennemie ! Duc.

ATTAQUER, ASSAILLIR. *Attaquer* ou *assaillir* quelqu'un, c'est en venir aux coups contre lui.

Attaquer, primitivement *attacher*, signifie en effet s'attacher à quelqu'un, l'entreprendre, se mettre après lui, se mettre à le toucher, à le frapper ; c'est ainsi qu'en grec ἅπτεσθαι veut dire aussi tout à la fois s'attacher à quelqu'un et l'attaquer, mettre sur lui la main. *Assaillir*, du latin *ad salire*, sauter à ou contre, c'est se jeter ou fondre sur, et par conséquent attaquer avec vigueur et impétuosité.

L'*attaque* est plutôt un commencement d'action, et l'*assaut* une action dans toute sa plénitude, un choc énergique et rude. « Il y a dans la voie où vous marchez bien des *assauts* à donner et bien des *assauts* à soutenir....; il y a des moments où cette constance est rudement *attaquée*. » Bourd. « Est-on *assailli* de la tentation et dans un danger prochain de succomber, on peut dire alors comme les apôtres *attaqués* d'une rude tempête et battus violemment de l'orage.... » Id. « Dans les guerres on n'emporte pas tout ce qu'on *attaque* avec vigueur; quelquefois les hasards divers rendent inutiles les efforts des *assaillants*. » Boss.

En second lieu, l'*attaque* est plutôt simple, et l'*assaut* multiple. L'action d'*attaquer* peut être faite par un seul homme; celle d'*assaillir* en suppose plusieurs et même beaucoup qui tombent de toutes parts, comme il arrive quand une place est emportée d'*assaut*. On est *attaqué* de la fièvre ou d'un autre mal quelconque; on est *assailli* par une foule de maux. Il y a tels lieux où vous évitez d'aller de peur d'y rencontrer certain importun qui vous y *attaquerait* sûrement; il y en a d'autres où vous ne pouvez vous promener sans être *assailli* par des nuées de cousins. « Est-il à croire que je surmonte mille tentations qui ne manqueront pas sur cela de m'*assaillir* ? » Bourd. « Les malheurs nous *assaillent* et nous pénètrent par trop d'endroits pour pouvoir être prévus et arrêtés de toutes parts. » Boss. « Nous fûmes *assaillis* d'une grêle de pierres. » Acad.

ATTAQUER, PRENDRE. Parmi les nombreuses acceptions de *prendre* il en est une que l'Académie définit par le seul mot *attaquer*. D'où il semblerait suivre que les deux verbes sont tout à fait synonymes quand il est question d'ennemis avec lesquels on en vient aux mains. Cependant il n'en est rien.

D'abord *attaquer* se dit bien absolument sans qu'il soit besoin d'indiquer par quel côté on aborde l'armée qu'on a à combattre ; au lieu que *prendre* ne peut être employé dans cette acception qu'à la condition qu'on marque expressément par où on saisit en quelque sorte l'ennemi. « Charles XII rencontra sur son chemin vingt mille Moscovites. Il n'attendit pas, pour les *attaquer*, que le reste de son infanterie fût arrivé; il se jette dans l'eau.... Pendant qu'il allait ainsi aux ennemis, il avait ordonné à la cavalerie de faire le tour du marais pour *prendre* les ennemis en flanc. » Volt. « Dans la crainte d'être *pris* en queue par des troupes nouvellement arrivées, s'ils s'arrêtaient à *attaquer* le camp de Fabius, les Samnites se retirèrent. » Roll. « Cyrus commença par *attaquer* l'aile des ennemis qui s'était avancée sur le flanc droit de son armée; et, l'ayant *prise* elle-même en flanc, la mit en désordre. » Id.

Ensuite, *attaquer* est un mot commun dont on se sert dans tous les cas et quel que soit le côté par lequel on engage le combat ; *prendre*, au contraire, est un terme de tactique propre à désigner un mode d'engagement insidieux, par lequel on prend ou on surprend, par lequel on attaque, non pas de front, mais en flanc ou par derrière. *Attaquer* quelqu'un, c'est toujours se porter contre lui de front ouvertement; mais on ne *prend* guère qu'au dépourvu ou en trahison. « Les Égyptiens, *attaqués* de tous côtés, faisaient face partout... Cyrus ne met point de troupes sur ses flancs pour les couvrir et pour s'opposer aux deux corps que Crésus avait détachés pour *prendre* son armée en flanc. » Roll. « Paul Émile ordonne à ses troupes de se jeter dans les espaces vides de la bataille des ennemis, et de ne plus *attaquer* tous ensemble de front et d'un commun effort.... Les Romains s'insinuent dans les intervalles ; ils *prennent* l'ennemi en flanc et en queue par où il était découvert. » ID. « Asdrubal rangea ses troupes de manière que sa gauche ne pouvait être ni *attaquée* de front ni *prise* en flanc. » ID. « Charles XII avait envoyé au milieu de la nuit le général Kreutz avec cinq mille cavaliers, qui devaient *prendre* les ennemis en flanc, tandis qu'il les *attaquerait* de front. » VOLT. « Sylla avait ordonné à Pompée de *prendre* les Samnites en queue, pendant qu'il les *attaquerait* de front. » COND. « Le roi Didier avait assemblé les débris de son armée, et suivi les Africains pour les *prendre* par derrière, tandis que le duc Naime les *attaquerait* par devant.» LES. « Que ceux, dit Philippe Auguste, qui ont passé la rivière la repassent promptement et qu'ils *prennent* les ennemis par derrière pendant que nous les *attaquerons* de front. » Boss.

ATTENTION (AVOIR), PRENDRE GARDE. Ne pas perdre de vue ou ne pas négliger.

« *Avoir attention* se dit des choses qu'on ne laisse pas échapper, de quelque espèce qu'elles soient; *prendre garde*, de celles qui peuvent avoir quelque inconvénient. On *prend garde* à un accident qui menace, à une faute qui se fait ou se peut faire; on *a attention* à tout ce qui arrive tant en bien qu'en mal. On *a attention* à soi pour ce qu'on veut faire; on *prend garde* à soi pour ce qu'il faut éviter. » COND.

Avoir attention est positif et tient plus de la sagesse : on *a attention* à ou de bien faire. « Les lois doivent *avoir attention* que les esclaves soient soignés dans leurs maladies et dans leur vieillesse. » MONTESQ. « En faisant des bouquets, les jeunes filles *auraient attention* de mettre les fleurs les plus blanches au centre, comme une masse de lumière qui éclaire et rehausse tout le groupe. » BERN. Mais *prendre garde* est négatif et se rapporte proprement à la prudence : nous *prenons garde* de mal faire ou qu'il ne nous arrive mal. « *Prends garde* aux impostures des amants. » MONTESQ. « Il faut bien *prendre garde* qu'en cherchant à augmenter la grandeur réelle on ne diminue la grandeur relative. » ID. « *Prenons garde* d'abuser des grâces de Dieu. » FÉN.

ATTENTIONS, SOINS. Actes de bienfaisance, manières d'agir favorables envers les personnes pour lesquelles on éprouve de l'intérêt.

Les *attentions* témoignent qu'on fait *attention* aux personnes, qu'on y pense, qu'on s'aperçoit qu'elles sont là, qu'on les remarque parmi les autres. Les *soins* font voir qu'on songe aux personnes, qu'on s'inquiète leur état, et qu'on travaille à l'améliorer. Les *attentions* sont d'ordinaire des distinctions, des honnêtetés, des prévenances toutes spontanées; on y est très-sensible, on en est flatté : les *soins* sont des secours, des services; on en profite. Avec des *attentions*, nous nous rendons agréables, et, avec des *soins*, utiles. Les *attentions* sont toujours de petits *soins* dont le principal prix tient au sentiment qui les inspire.

ATTICISME, URBANITÉ. Manière de dire les choses exquise, pleine d'élégance, de délicatesse et de grâce.

Atticisme est un mot grec, ἀττικισμὸς, qui a été transporté dans notre langue et qui avait signifié primitivement la manière de parler, le dialecte, des habitants de l'Attique et particulièrement des Athéniens. *Urbanité* est un mot latin, *urbanitas*, qui a été francisé et qui voulait dire à l'origine manière de parler de la ville (*urbis*), de Rome, en opposition au langage rustique ou des champs.

Atticisme doit donc être préféré en parlant des Grecs et *urbanité* quand il est question des Romains. « Ces princes ont su joindre aux plus belles et aux plus hautes connaissances et l'*atticisme* des Grecs et l'*urbanité* des Romains. » LABR. « Tout dépend de l'heureux choix des idiotismes : il constituait l'*urbanité* chez les Latins et l'*atticisme* chez les Grecs. » RIV. « Nous lui laissâmes débiter ces dures plaisanteries, dont le fond pouvait malheureusement être vrai, mais qui n'avait rien de l'*atticisme* grec et de l'*urbanité* romaine. » VOLT. Rollin représente expressément l'*urbanité* des Latins comme ayant été une imitation de l'*atticisme* des Grecs ; et, l'ayant définie, il ajoute qu'elle était propre à la ville de Rome comme l'*atticisme* à celle d'Athènes.

Du reste, considérés quant à leur valeur précise, ces deux mots tirent une autre différence de ce qu'ils ont été empruntés l'un du grec, l'autre du latin. *Atticisme*, purement théorique, ne se rapporte jamais qu'au langage et au style ; *urbanité*, au contraire, est pratique, relatif à la manière d'agir, synonyme de politesse, et ce n'est que rarement qu'il se prend dans la signification unique d'*atticisme* comme indicatif d'une manière de parler. Et même dans ce dernier cas, exceptionnel pour ainsi dire, il conserve quelque chose de son caractère original. Au lieu que l'*atticisme* ne regarde absolument que la diction ou le style, l'*urbanité* ne se réduit pas ainsi au point de vue scientifique, c'est-à-dire ici au point de vue grammatical et littéraire, elle a rapport en même temps à la prononciation, au ton, au geste, à tout ce qui compose l'action. L'idée même des mœurs n'est pas étrangère à l'*urbanité* : « L'*urbanité* répondait à l'*atticisme*, mais elle tenait plus aux mœurs qu'au langage. » MARM. En un mot, l'*atticisme* consiste ou consistait seulement à bien dire, c'est la définition même qu'en donne Cicéron ; mais l'*urbanité* consiste ou consistait, en bien disant, à bien agir, à prononcer comme il faut, et à avoir le ton, les mouvements, les manières et les mœurs les plus convenables.

ATTIRANT, ENGAGEANT, INSINUANT. Qui fait doucement venir à soi. On dit également et presque indifféremment des manières *attirantes*, des manières *engageantes* et des manières *insinuantes*. Aussi l'Académie définit-elle *engageant* par *attirant, insinuant*.

Cependant chacun de ces mots a sa nuance propre.

Pour ce qui concerne d'abord *attirant* et *engageant*, ce serait une faute de les confondre. Ce qui est *attirant* fait venir à soi, rien de plus ; ce qui est *engageant* fait venir à soi et retient. Une marchande, voulant faire venir à elle des acheteurs, a des manières *attirantes* (ACAD.) ; de même on rend des jeux *attirants* (J. J.). afin que le public y accoure le jour où ils ont lieu; de même encore une personne a un extérieur *attirant* (d'Al.), une figure *attirante* (S. S.) quand au premier abord, et pour le seul moment où on l'aborde, on se sent porté vers elle. Mais avec des manières *engageantes* on gagne les gens, on se les attache, on les met de son parti : une femme qui veut fixer un homme (Mol.), un roi jaloux d'acquérir et de conserver l'affection de ses sujets (Bourd.), un sectaire qui aspire à se faire des disciples (Id.) doivent avoir une douceur, une bonté et toutes sortes de qualités *engageantes*. — En parlant d'une personne qu'il vous faut aller trouver vous dites qu'elle n'a rien d'*attirant*, vous diriez d'une personne qu'elle n'a rien d'*engageant*, s'il s'agissait d'aller vivre avec elle, d'entrer en société avec elle.

Insinuant (d'*in sinu*, dans le sein), qui s'insinue ou se glisse dans le sein, qui s'empare des esprits d'une manière *sinueuse*, est, de son côté, marqué d'un caractère unique : il implique essentiellement et toujours l'idée d'adresse. « Obéissance d'artifice : on a des raisons ou des prétextes spécieux dont on s'autorise, on a des manières *insinuantes*, des déférences et des soumissions étudiées. » Bourd. « Aristippe était si adroit et si *insinuant*, qu'il venait aisément à bout de tout ce qu'il entreprenait. » Fén. « Platon eut soin de manier l'esprit du jeune Denys avec une adresse merveilleuse, travaillant à gagner sa confiance par des manières douces et *insinuantes*. » Roll. « Ces livres ne sont pas écrits sans artifice ; le mal qu'ils contiennent est adroitement déguisé ; s'ils sont courts, leur brièveté les rend plus *insinuants*. » Boss. « Pour justifier mon innocence attaquée avec tant d'adresse et avec une éloquence si *insinuante*. » Id.

D'un air *insinuant* l'adroite Politique
Se glisse au vaste sein de la Sorbonne antique. Volt.

— D'ailleurs, quoique *insinuant* se dise des manières comme ses deux synonymes, c'est surtout en parlant des discours qu'il convient de s'en servir, auquel cas il prend une signification analogue à celle de persuasif. « Pardonnez-moi tous ces sentiments que j'ai fait naître par mes discours *insinuants*, par mes manières *engageantes*. » Bourd. « Le ciel ne fit pas les femmes *insinuantes* et persuasives pour devenir acariâtres. » J. J. « Il était assez *insinuant* pour persuader ceux à qui il parlait. » Roll.

ATTIRER (S'), ENCOURIR. Ces verbes se disent de certaines choses qu'il nous arrive et en tant qu'il nous arrive de les éprouver.

Mais d'abord les choses que nous *nous attirons* peuvent être bonnes, avantageuses, dignes d'envie. *S'attirer* l'estime (Fén.), la confiance (Id.), l'affection ou l'approbation (Acad.) de quelqu'un. « Les récompenses du siècle, on les emporte par le crédit, on *se les attire* par la brigue. » Bourd. « Je crois que la plupart des grandes choses se sont faites pour *s'attirer* des louanges et que ce désir-là fait les héros. » Maint. On ne peut *encourir* que des choses fâcheuses.

Nous *nous attirons* toutes sortes de choses mauvaises ou désagréables, de méchantes affaires, des querelles, des reproches, la colère ou la haine de quelqu'un. Mais nous n'*encourons* proprement que des peines infligées par l'autorité à ceux qui se rendent coupables. « Ils ne doivent point *encourir* la peine de cette bulle. » Pasc. « Le péché et la mort qu'Adam avait *encourue* ne sont pas demeurés en lui seul. » Boss. « Quand un homme en avait tué un autre et qu'il n'avait pas de quoi satisfaire à la peine pécuniaire qu'il avait *encourue*. » Montesq. « Ces devoirs indispensables que vous ne sauriez refuser à Dieu sans *encourir* des peines éternelles. » Mass. — On *s'attire* le blâme, on *encourt* l'animadversion. — C'est plutôt involontairement qu'on *s'attire*. « Un Persan qui, par imprudence ou par malheur, s'est *attiré* la disgrâce du prince, est sûr de mourir. » Montesq. Mais pour l'ordinaire c'est par sa faute qu'on *encourt*. « Je vous ordonne de ne point célébrer sans mon consentement vos noces avec lui (M. de Pourceaugnac), sur peine d'*encourir* la disgrâce de la faculté. » Mol.

Enfin, lors même que les deux verbes s'emploient en parlant des mêmes choses, ils n'ont pas exactement le même sens. *S'attirer* une peine ou toute autre chose, c'est la subir présentement parce qu'on l'a *encourue*; et l'*encourir*, c'est seulement se mettre dans le cas de la subir, s'y exposer : « Ce courtisan a si souvent *encouru* sa disgrâce, qu'il *se* l'est enfin *attirée*. » Cond. Une peine que vous avez *encourue* peut vous être remise, mais non pas une peine que vous vous êtes *attirée*, parce que celle-ci, à la différence de celle-là, est déjà effective. « Les évêques des premiers siècles usaient d'indulgence envers ceux qui, dans les persécutions, vaincus par la rigueur des supplices, avaient abjuré ou paru abjurer la foi, en les tenant quittes des peines qu'ils avaient *encourues* par leur apostasie. » Bourd.

ATTROUPER, AMEUTER (S'ATTROUPER, S'AMEUTER) : Rassembler une foule ou en foule.

C'est ce que veut dire, ni plus ni moins, *attrouper*, réunir en *troupe*, former une *troupe*. D'ailleurs, on *attroupe* et on *s'attroupe* et dans toutes sortes de vues, et, par exemple, sans intentions hostiles, pour causer ou adresser la parole sur divers sujets, pour voir quelqu'un, pour le féliciter, lui faire fête ou se mettre à sa suite. « Mais ces assistants (ceux qui assistent à la messe), que font-ils ? Ils *s'attroupent* quelquefois comme dans un cercle, et mêlent leurs voix à celles des prêtres, non pour prier, mais pour se réjouir et pour plaisanter : » Bourd. « Tout le peuple était dans le trouble et dans l'émotion (en apprenant la mort de Turenne) chacun parlait et *s'attroupait* pour regretter ce héros. » Sév. « Pierre le Grand se fit inscrire dans le catalogue des charpentiers du village de Sardam. Il maniait la hache et le compas. Le peuple *s'attroupait* autour de lui. Il écartait quelquefois les importuns d'une manière un peu rude. » Volt. « Les princes (revenant vainqueurs de la bataille de Steinkerque) trouvaient les chemins bordés de peuple. Les acclamations et la joie allaient jusqu'à la démence… Le peuple *s'attroupait* partout autour d'eux. » Id. « Ce fut dans Paris une joie universelle (quand la famille des Calas y fut justifiée et réhabilitée) : on *s'attroupait* dans les places publiques ; on accourait pour voir cette famille si malheureuse ; on battait des mains en voyant passer les juges. » ID. « De nos jours, un imposteur s'est dit le Christ en Orient ; tous les Juifs commençaient à *s'attrouper* autour de lui : nous les avons vus se préparer à tout vendre et à tout quitter pour le suivre. » Boss.

Ameuter, émouvoir, mettre en état d'*émeute*, de sédition, ou dans l'état de chiens qu'on dispose à bien chasser ensemble, a un tout autre caractère : il donne toujours à entendre qu'on a pour but de nuire, de faire du mal, de porter ou de se porter contre quelqu'un. Aussi, au lieu qu'on dise *attrouper* ou *s'attrouper* autour, on dit ordinairement *ameuter* et *s'ameuter* contre. « Tout ce que madame de Maintenon avait su *ameuter* et organiser contre lui…. » S. S. « Ne manquez jamais d'*ameuter* le peuple contre tous les gens de qualité qui ne font point assez de vœux. » VOLT. « L'horreur d'un tel attentat met en mouvement toute la ville ; le peuple *s'ameute*, et amasse du bois autour de la maison qu'occupait Verrès. Il courait risque d'être brûlé vif. » ROLL.

Lorsqu'*attrouper* et *s'attrouper* expriment comme *ameuter* et *s'ameuter* un mouvement de mécontentement et de mutinerie, ils disent moins, ils ne signifient que le fait matériel du rassemblement, ou ils supposent qu'on s'en tient aux murmures et aux plaintes, qu'on ne va pas jusqu'au soulèvement proprement dit. « Le peuple aveugle est facile à séduire ; un homme qui dogmatise *attroupe*, et bientôt il peut *ameuter*. » J. J. « Le consul Dolabella renversa l'autel élevé à César ; il dissipa la populace qui *s'attroupait* autour de ce monument, et il punit de mort les chefs qui l'*ameutaient*. » ROLL. « Déjà les plébéiens *s'attroupaient* dans différents quartiers : ils murmuraient contre les sénateurs…. Sous le consulat de P. Servilius, les troubles s'accrurent…. Les plébéiens *s'ameutaient* impunément ; ils refusaient de s'enrôler…. » COND. « Ces familles *s'attroupèrent*, elles allèrent porter en foule leurs plaintes à la grand'chambre. » VOLT.

AUMÔNE, CHARITÉ. Dons faits aux pauvres dans les vues de religion.

Aumône désigne seulement le don lui-même. *Charité* y joint une idée accessoire, celle d'un sentiment d'intérêt et de bienveillance primitivement exprimé par ce mot. On accoutume de bonne heure les enfants à donner l'*aumône*, afin qu'ils fassent la *charité* dans l'âge de raison. Plusieurs guerres contre les infidèles se sont faites avec des *aumônes* ; mais c'est avec des *charités* que des religieux allaient racheter les malheureux captifs.

Donner l'*aumône*, c'est donner de l'argent pour des pauvres qu'on ne connaît pas, et pour le soulagement de misères auxquelles on ne compatit point. On donne l'*aumône* à un pauvre qu'on rencontre dans la rue ; une personne pieuse réserve telle partie de son revenu pour les *aumônes* ; le tronc des *aumônes* ; on donne l'*aumône* pour les pauvres honteux ; c'est la coutume, en certains pays, qu'à la fin du carême on verse dans un tronc une certaine *aumône* pour avoir été dispensé du jeûne ; autrefois les grands seigneurs prétendaient racheter leurs péchés par l'*aumône*, et on appelait *aumône* une peine pécuniaire à laquelle on était condamné dans certains cas, quand on perdait son procès. « Mme de Dreux sortit hier de prison ; elle fut admonestée avec cinq cents livres d'*aumône*. » SÉV. « Mesmes condamna Tencin à une *aumône*, qui est une peine infamante. » SÉV. — Le mot *aumône* sera donc propre à représenter les dons qu'on ne fait pas très-volontiers, mais en vertu d'une sorte de contrainte. « Mais peut-être que vous me direz qu'il se fait des *charités* dans l'Église. Chrétiens, quelles *charités* ! quelques misérables *aumônes*, que nous répandons d'une main avare. » Boss. « Les prédicateurs ne peuvent arracher un demi-écu aux enfants dénaturés de l'Église. Il faut les aller presser les uns après les autres ; et ils donnent quelque *aumône* chétive, foible et inutile secours. » ID.

La *charité* est toujours une œuvre de miséricorde qu'on fait de son plein gré. Elle suppose qu'on connaît les misères de ceux qu'on assiste, qu'on en est touché, et qu'on y prend une part véritable. — Ensuite, le mot *charité* exprime moins la chose donnée que le fait de la donner avec les dispositions que nous avons signalées, On donne l'*aumône*, et on fait la *charité*. « Les vanités arrêtent le cours des *charités* et mettent tout à fait à sec la source des *aumônes*. » Boss. — Enfin, la *charité* ne consiste pas toujours en dons pécuniaires. C'est ce que J. J. Rousseau a très-bien remarqué et exprime dans son *Emile*. « Ne faites pas seulement l'*aumône*, dit-il, faites la charité. » Ce qu'il explique de la manière suivante : « C'est votre temps, ce sont vos soins, vos affections, c'est vous-même qu'il faut donner. Il y a des témoignages d'intérêt et de bienveillance qui font plus d'effet et sont réellement plus utiles que tous les dons. Combien de malheureux, de malades, ont plus besoin de consolations que d'*aumônes* ! Combien d'opprimés à qui la protection sert plus que l'argent ! Raccommodez les gens qui se brouillent, prévenez les procès ; portez les enfants au devoir, les pères à l'indulgence ; favorisez d'heureux mariages ; empêchez les vexations. Soyez juste, humain, bienfaisant. Les œuvres de miséricorde soulagent plus de maux que l'argent.

AVANCEMENT, PROGRÈS (PROGRESSION). Mouvement en avant ; augmentation en bien ou en mal.

Avancement, usité seulement au singulier, exprime l'action d'avancer, un fait ; *progrès*, du latin *progressus*, pas en avant, s'emploie au pluriel comme au singulier et signifie une chose. Un enfant travaille à son *avancement* dans les études, et il y fait du *progrès* ou des *progrès*. L'*avancement* est lent ou rapide, le *progrès* grand ou petit, réel ou imaginaire. Le premier se considère comme quelque chose qui est en train de s'opérer, et le second, au contraire, comme quelque chose de fait ou d'effectué. « Le principal d'un collège peut contribuer beaucoup par lui-même à l'*avancement* des études en s'appliquant à jeter de l'émulation dans les classes par tes fréquentes visites qu'il y fera pour se faire rendre compte du *progrès* des études. » ROLL. « Ce serait un ouvrage très-utile que celui où l'on exposerait en détail le *progrès* de l'astronomie dans l'ordre que ce *progrès* a dû suivre.... Il est impossible qu'un pareil travail ne contribue très-efficacement à l'*avancement* rapide de l'astronomie. » D'AL. « Dans le plan que Bacon trace des sciences il montre les *progrès* qu'elles ont faits, et il enseigne les moyens de contribuer à leur *avancement*. » COND.

Une seconde différence est propre à séparer *avancement* non-seulement de *progrès*, mais encore de *progression*, avec lequel on serait peut-être tenté de le confondre en conséquence de la distinction précédente. *Avancement* a été formé d'un verbe tout français, *avancer* ou *s'avancer*, au lieu que *progrès* et *progression* reproduisent exactement les mots latins *progressus* et *progressio*. Il s'ensuit qu'*avancement* est plus commun et moins scientifique : l'*avancement* de vos affaires (BOURD.); ne jamais rien faire que pour l'*avancement* de ses vues et de sa fortune. (S. S.). Il se dit particulièrement bien d'une augmentation dans les emplois, d'une élévation en grade, d'une promotion : procurer de l'*avancement* à un commis, à un officier. « Ce n'était ni par le travail ni par l'étude qu'on parvenait au pouvoir en France : un bon mot, une certaine grâce, étaient souvent la cause de l'*avancement* le plus rapide. » STAËL. Mais *progrès* et *progression* s'emploient mieux en parlant, par exemple, de choses qui ont une marche régulière, un développement soumis à des lois que les savants étudient : le *progrès* d'une maladie, le *progrès* de la civilisation, les *progrès* de l'esprit humain ; le *progrès* ou la *progression* du mouvement de déclinaison de l'aimant.

Avancement le cède encore à *progrès* en ce qu'il dit moins ou quelque chose de moindre. Aussi *progrès* se met-il bien après pour renchérir. « L'hypocrisie ne trouve rien qui ne soit permis dès qu'il sert à son *avancement* et à son *progrès*. » BOURD. « Cette marche que Jésus-Christ nous ordonne n'est rien autre chose que l'*avancement* et le *progrès* dans le chemin du salut. » ID. Une infériorité de signification aussi grande pour le moins a été attribuée à *avancement* par M. Dupanloup dans le passage suivant : « Substituer à la haute éducation intellectuelle l'enseignement tout professionnel, c'est condamner la société à ne plus marcher que dans les voies étroites d'un *avancement* sans *progrès* véritables. »

AVENIR, POSTÉRITÉ, DESCENDANTS, NEVEUX. Les hommes qui viendront après ceux d'à présent ou qui sont venus après ceux d'une certaine époque.

Avenir, pris ici figurément, est un terme tout abstrait, d'une très-grande généralité, et le plus souvent poétique : il représente, non pas une collection de personnes réelles, mais un être de raison, auquel on reconnaît pour tout attribut l'intelligence. L'*avenir* est l'esprit ou l'opinion des races futures, ou ce sont les races futures en tant qu'elles conçoivent, qu'elles apprennent, qu'elles pensent, qu'elles croient, qu'elles jugent, qu'elles estiment.

J'ai vu trop de merveilles :
L'*avenir* aura peine à les bien concevoir. MOL.
Le croirai-je? grands dieux ! et le voudra-t-on croire
Alors que l'*avenir* en apprendra l'histoire ? CORN.
L'univers me contemple, et les races futures
Contre mes ennemis déposeront pour moi.
— L'univers, mon ami, ne pense point à toi,
L'*avenir* encore moins. VOLT.

« L'*avenir* ne voudra jamais croire que.... » J. J. « Regardez comme très-possible que votre patrie et votre siècle vous jugent aussi mal, et que l'*avenir* ne soit pas plus juste. » MARM. Hippolyte dit à Thésée dans *Phèdre* :

Souffrez que mon courage ose enfin s'occuper....
Ou que d'un beau trépas la mémoire durable
Prouve à tout l'*avenir* que j'étais votre fils. RAC.

Le Parnasse français, ennobli par ta veine.
Contre tous ces complots saura te maintenir
Et soulever pour toi l'équitable *avenir*.
(*Ép. à Racine.*) BOIL.

Postérité, très-général comme *avenir*, ne s'emploie également qu'au singulier. Néanmoins il détermine davantage l'idée commune, et ce qui le prouve, c'est qu'il se prend quelquefois dans le sens relatif de *descendants* et de *neveux* pour signifier une suite d'hommes issus d'un même père, parents de celui ou de ceux dont ils sont les successeurs.

Jamais *postérité* de vous ne sortira. REGN.

La *postérité* d'Abraham (ACAD.). Dans son acception la plus générale, outre qu'il n'est pas poétique comme *avenir*, il est moins abstrait, moins exclusivement intellectuel, il représente les hommes à venir comme des personnes, auxquelles on dit très-bien, par exemple, qu'on lègue quelque chose (J. J., CHÉN.). « Actions qui seront écrites en caractères ineffaçables dans le livre de la *postérité*. » MASS. Un passage des *Rêveries* de J. J. Rousseau met cette différence dans tout son jour : « Je comptais encore sur l'*avenir*, et j'espérais qu'une génération meilleure, examinant mieux...., démêlerait aisément l'artifice et me verrait enfin tel que je suis. C'est cet espoir qui m'a fait écrire mes dialogues et qui m'a suggéré mille folles tentatives pour les faire passer à la *postérité*. »

Mais si *postérité* est plus déterminé, plus précis qu'*avenir*, il l'est moins que *descendants* et que *neveux*, et c'est proprement en cela qu'il diffère de ceux-ci. Il désigne les successeurs les plus lointains, ceux qui sont venus ou qui viendront bien longtemps après ; en sorte que la *postérité* dans l'avenir correspond aux ancêtres dans le passé : « La gloire des ancêtres est une lumière pour leur *postérité*. » ROLL. D'ailleurs, *postérité*, purement collectif, fait considérer seulement l'ensemble, et non pas dans l'ensemble les individus comme *descendants* et *neveux*, qui ne se disent qu'au pluriel : Dieu promit la terre de Chanaan à la *postérité* d'Abraham, et l'obligea à le servir et à se circoncire, lui et ses *descendants* (BOSS., BOURD.).

Les *descendants*, à leur tour, sont plus éloignés que les *neveux*; car les *descendants* d'un homme peuvent appartenir à une génération postérieure quelconque, au lieu que ses *neveux*, comme ses fils, sont de la génération qui le suit immédiatement. Les *descendants* d'un prince, d'une famille ou d'une nation vivront dans les siècles à venir : « Quelle leçon domestique, dans les siècles à venir, pour les *descendants* de cette auguste maison ! » Mass. « Les Grecs modernes sont les *descendants* d'Homère, de Socrate, de Thémistocle, etc. » Volt. Mais nos *neveux* sont presque nos fils, ce sont nos petits-fils, nos héritiers tout au moins. « Les *neveux* portent sur leur front l'iniquité de leurs pères. » Mass.

Mes *neveux* souperont sans rancune et gaîment
Avec les héritiers des frères Pompignan. Volt.

— Du reste, il en est de *neveux* par rapport à *descendants* comme d'*avenir* relativement à *postérité*. Étant pris ici dans une acception qui n'est pas son acception propre, il convient plus particulièrement en poésie.

Je veux que votre livre aille, au gré de vos vœux.
Faire siffler Cotin chez nos derniers *neveux* :
Que vous sert-il qu'un jour l'*avenir* vous estime
Si vos vers aujourd'hui vous tiennent lieu de crime ?
Boil.

AVENIR (A L') DANS LA SUITE ; — DORÉNAVANT, DÉSORMAIS. Dans le temps futur.

A *l'avenir* et *dans la suite* différent en ce que *à l'avenir* n'exprime pas, comme *dans la suite*, une *suite*, ne suppose pas une liaison entre ce qui sera et ce qui est ou a été. Quelqu'un promet d'être sage *à l'avenir* ; un écrivain, dans une partie de son livre qui n'est pas la dernière, promet d'exposer telle chose *dans la suite*. On profite *à l'avenir* d'un avertissement ; au milieu d'une entreprise, des agents demandent ce qu'ils auront à faire *dans la suite*. Le châtiment des coupables épouvante ceux qui *à l'avenir* voudraient les imiter ; vos débuts ayant été bons, tâchez *dans la suite* de faire encore mieux. Telle paix est le modèle de toutes les paix qui se feront *à l'avenir* ; de bonne heure l'enfant fait pressentir ce qu'il sera *dans la suite*.

Dorénavant et *désormais* ont cela de propre par rapport aux deux premiers mots, qu'ils annoncent un futur immédiat, et non pas un futur plus ou moins éloigné. Ils signifient l'un et l'autre dès ce moment-ci, à partir de cette heure. Faites telle chose *à l'avenir* ou *dans la suite*, n'est pas aussi pressant que, faites telle chose *dorénavant* ou *désormais*.

Entre eux *dorénavant* et *désormais* se distinguent de la manière suivante. *Dorénavant*, d'*ores-en-avant* (Montaig., Mol.), de cette heure en avant, est positif ou affirmatif : *Dorénavant* vous serez heureux. *Désormais*, dès-or-mais, dès cette heure plus, est négatif, indicatif de la cessation d'un état : *Désormais* vous ne souffrirez plus. — Vous êtes *dorénavant* aimé d'une personne qui vous prend en affection ; vous n'êtes plus *désormais* persécuté par l'ennemi avec lequel vous vous réconciliez. — Dans *Horace*, Horace dit à Camille avec une parfaite précision :

Tes flammes *désormais* doivent être étouffées ;
Bannis-les de ton âme, et songe à mes trophées ;
Qu'ils soient *dorénavant* ton unique entretien. Corn.

On fait ou on fera *dorénavant* ce qu'on ne faisait pas jusque-là. « Cythérée dit à Psyché : Je ne veux *dorénavant* nourrir mes pigeons que de miel ou de froment pur. » Laf. « Moyennant les cinq cents francs qu'il touchera par mois *dorénavant*, il pourra se donner la considération qu'il doit avoir. » Volt. « L'histoire de l'empire grec, c'est ainsi que nous nommerons *dorénavant* l'empire romain, n'est plus qu'un tissu de révoltes. » Montesq. « Cette vérité expressément reconnue par tant de théologiens doit passer *dorénavant* pour très-constante. » Boss. « François Ier écrivit de sa main au roi d'Angleterre, l'assurant que *dorénavant* il ne ferait rien que par ses conseils. » Id. — On fait ou on fera *désormais* le contraire de ce qu'on faisait jusque-là, ou ce qu'on faisait jusque-là, *désormais* on le cessera, on y renoncera, on se l'interdira.

De ses jeunes erreurs *désormais* revenu. Rac.
Mais faites-moi l'honneur de cesser *désormais*
Un amour qu'un mari peut trouver fort mauvais. Mol.

« Peste soit de la sincérité ! *Désormais* j'y renonce. » Id. « Tous nos maux vont finir *désormais*. » Regn. « Ali-Camourgi disait qu'il ne fallait plus souffrir *désormais* aucun ministre chrétien à Constantinople. » Volt. « *Désormais* les deux princes vivraient en bonne intelligence, sans se souvenir des inimitiés passées. » Boss. « *Désormais* ne péchez plus. » Id.

AVERTISSEMENT, REMONTRANCE. Discours inspirés par l'intérêt qu'on nous porte et qui ont pour fin notre correction.

L'*avertissement* tend à nous corriger de nos défauts, de nos torts, de nos mauvaises habitudes, en nous les montrant, en nous les faisant connaître ; et la *remontrance* en nous les remontrant, en nous les remettant sous les yeux, afin que nous en apercevions toute la laideur, afin que nous en rougissions et que nous nous en repentions. On donne des *avertissements*, c'est-à-dire des instructions qui éclairent ; on fait des *remontrances*, c'est-à-dire des semonces, et des réprimandes qui touchent. Il ne faut être ni sourd aux *avertissements*, ni insensible aux *remontrances* (Mass.).

AVEUGLEMENT, CÉCITÉ. État d'un homme qui est privé de la faculté de voir.

C'est ce que le latin exprimait au propre et au figuré par un seul terme *cæcitas*. Le français n'a eu de même pendant longtemps pour les deux acceptions qu'un seul mot, *aveuglement*, du latin barbare *aboculus*, *sine oculis*, sans yeux, comme *amens sine mente*, sans raison. Mais au dix-huitième siècle, les médecins empruntèrent du latin le terme *cécité*, qui naturellement désigna l'infirmité physique de ceux qui n'ont pas l'usage de la vue, et *aveuglement* se réduisit peu à peu à la signification figurée, suivant laquelle il représente un état intellectuel ou moral. Avant 1760, *cécité* n'avait pas place dans le *Dictionnaire de l'Académie* ; mais on l'y trouve à partir de cette époque, avec la remarque expresse que *cécité* se dit au propre, et *aveuglement* au figuré. Vers le même temps, d'Alembert écrivait dans ses *Éléments de philosophie* : « Il y a dans la langue française un grand nombre d'expressions qui n'ont d'usage qu'au sens figuré, comme *aveuglement* ; on parlerait assez mal en disant de quelqu'un qui a perdu la vue, qu'il est à plaindre par son *aveuglement*; mais on dit très-bien l'*aveuglement* de l'esprit et du cœur. »

Que *cécité* ne se prenne jamais et ne doive jamais se prendre au figuré, c'est une chose certaine. Mais *aveuglement*, au propre, au lieu de *cécité*, a continué de se dire et se dit bien encore dans le langage commun. C'est que *cécité*, auquel ne correspond pas en français, comme à *aveuglement*, un adjectif, un verbe et un adverbe de sa famille, conserve toujours quelque chose de savant et d'étranger qui fait qu'il ne se popularise pas aisément. Dans l'*Histoire naturelle de l'homme*, Buffon parle de la *cécité* et de ses causes; mais Voltaire, commentant quelque part l'histoire de Tobie en termes vulgaires tout au moins, dit que c'est chose extraordinaire « qu'un *aveuglement* causé par une chiasse d'hirondelle ». Pareillement, Laharpe, dans son *Cours de littérature*, cite une ode de la Motte, « qui roule sur la *cécité* dont il fut affligé dès trente ans »; et, d'autre part, Mme Dudeffand, devenue aveugle, se plaint plusieurs fois, dans ses lettres, de son *aveuglement* et des autres infirmités de son âge.

Du reste, *aveuglement* qui, au figuré, exprime un simple trouble, convient assez au propre et peut-être est nécessaire pour signifier une privation passagère ou incomplète de la vue. Il semble donc qu'on dirait bien que saint Paul, sur le chemin de Damas, fut frappé d'*aveuglement*, et non pas de *cécité* comme Polyphème à qui Ulysse fit perdre la vue absolument et pour toujours.

B

BAGAGE, ÉQUIPAGE. Ce qu'on a d'effets avec soi, hors de chez soi, en voyage ou en campagne.

Bagage signifie un assemblage de *bagues*, c'est-à-dire de hardes, suivant l'acception primitive du mot, un paquet d'effets, en latin *sarcina*. *Equipage* a voulu dire d'abord la même chose qu'*équipement*, la réunion des objets dont on pourvoit un vaisseau pour la manœuvre, la subsistance, la défense et l'attaque, etc.: *équipage*, *esquipage*, paraît venir comme *esquif* du germanique *skif*, *sckiff*, *skip*, navire.

Le *bagage* peut être peu considérable, se réduire à un simple paquet : on dit plier *bagage* comme plier son paquet, pour s'en aller furtivement ou mourir. Les moindres gens ont du *bagage* ou des *bagages*. « Ignace va étudier à Paris : il fait le voyage à pied, précédé d'un âne qui portait son *bagage*, ses livres et ses écrits. » Volt. « Oldar mit dans ses poches tout l'or et les choses précieuses, et fit de tout le reste de son *bagage* un petit paquet qu'il assujétit sur ses épaules. » Ham. L'*équipage*, au contraire, est tout un attirail, et on n'attribue d'*équipages* qu'aux princes et aux grands. La ville de Malines ayant été prise en 1746, « on renvoya au prince Charles les domestiques et les *équipages* qu'il avait dans la ville.» Volt. « On voyait des richesses immenses (le trésor de Darius) éparses çà et là par la campagne, les superbes *équipages* de tant de grands seigneurs et de grandes dames, les vases d'or, les tentes magnifiques... » Vauc.

En termes de guerre *bagage* a une signification bien moins étendue qu'*équipage*. Les *bagages* sont les choses qui appartiennent aux troupes et qui sont à leur usage. Mais les *équipages* comprennent en outre toutes les choses nécessaires pour les opérations, c'est-à-dire les munitions de toutes sortes.

Étant petit, et pouvant, à la rigueur, être porté par une personne ou par la personne à laquelle il appartient, le *bagage* ne suppose nécessairement ni cheval ni voiture. Mais par la raison contraire *équipage* implique presque toujours l'idée de monture ou de chariot ; aussi des étymologistes ont ils pensé que le mot *équipage* avait bien pu être formé du latin *equum parare*, préparer ou charger un cheval. « Ajoutons (à ces ouvrages de Salomon) les lieux destinés aux *équipages*, où les chevaux, les chariots, les attelages étaient innombrables. » Boss. « O quelle merveille, s'écrie Sénèque, de voir Caton n'avoir pour tout *équipage* qu'un seul cheval, qui portait avec son maître tout son petit *bagage* ! » Roll.

Il est à remarquer encore que *bagage* est absolu et *équipage* relatif. On a du *bagage* ou des *bagages* simplement, et un *équipage* de chasse, de guerre, de siége, etc. D'autre part, le *bagage* se considère plutôt en soi, on y a ou on y met telle ou telle chose, au lieu que l'*équipage* se conçoit comme un convoi, comme quelque chose qui est en mouvement ou en train d'aller. « Tarquin vient à bout de corrompre les domestiques de Turnus (député latin) qui conduisait son *équipage* ; il les engagea à souffrir qu'on portât pendant la nuit des armes dans la maison où logeait leur maître, et à les glisser adroitement parmi son *bagage*. » Roll.

BARBOUILLAGE, GRIFFONNAGE. Mauvaise écriture, et, par extension, écrit de peu de valeur.

Barbouillage désigne primitivement une mauvaise peinture. « J'ai laissé Beaulieu avec le copiste de M. de la Garde ; il ne quitte point mon original (le portrait de Mme de Grignan).... Vous verrez ce que c'est que ce *barbouillage*. Je souhaite que les derniers traits soient plus heureux; mais hier c'était quelque chose d'horrible. » Sév. Quand ce mot se prend pour signifier une mauvaise écriture, il paraît dire moins que *griffonnage* qui est dans ce sens le mot propre. Le *barbouillage* est quelque chose de peu net et de peu distinct; et le *griffonnage* semble écrit par la *griffe* d'un chat, les lettres n'y sont pas formées, on n'y distingue rien.

Dans leur acception étendue, quand ils se disent d'écrits dont on fait peu de cas, les deux mots diffèrent de la manière suivante. Le *barbouillage* est plutôt un écrit imprimé, et il est défectueux, il péche sous quelque rapport que ce soit. « Vous trouverez, à votre retour, un *barbouillage* nouvellement imprimé où je me suis mêlé de bavarder sur la musique... Aimant la musique, vous ne dédaignerez peut-être pas de parcourir une espèce de livre qui en traite tant bien que mal. » J. J. Mais le *griffonnage* est plus généralement manuscrit, et il a le défaut particulier d'être informe ou inachevé, de n'être qu'une ébauche. « Gorbinelli montre tout ce qu'il fait (tout ce qu'il écrit) à Mme de Coulanges : plusieurs cartésiens le prient de continuer; il ne veut pas; il brûle tout ce qu'il a *griffonné*. » Sév. Voltaire avait confié à M. le comte d'Argental le manuscrit d'une tragédie à laquelle il n'avait pas encore mis la dernière main, le priant de faire des observations. Il lui écrit à ce sujet : « Renvoyez-moi donc mon *griffonnage* apostillé, et puis j'aurai l'honneur de vous le renvoyer au net. » Le *griffonnage* n'est donc pas comme le *barbouillage* une œuvre imprimée et sous sa forme définitive : c'est quelque chose de manuscrit qui doit ou pourrait être retouché. Aussi *griffonnage* est-il le mot qui convient le mieux en parlant d'une lettre. « Je finis à la hâte ce *griffonnage*, que je n'ai pas même le temps de relire, tant je suis pressé de le faire partir. » J. J. « Au moment que je *griffonne* (que je vous écris cette lettre), la nouvelle vient de Francfort que... » Volt.

BARIOLÉ, BIGARRÉ, CHAMARRÉ. Marqué de différentes couleurs.

Bariolé, écrit *barriolé* par deux *r* dans la première édition du dictionnaire de l'Académie, peut bien avoir été fait de *barre*, ainsi que l'Académie l'indique en effet, et il a une terminaison diminutive comme *affriolé*, *bestiole*, *gloriole*, etc. En sorte que les couleurs de la chose *bariolée* forment de petites *barres* ou de petites bandes, au lieu de taches arrondies et plus ou moins larges. « Les géographes nous présentent la terre *bariolée* de lignes de toutes couleurs qui la divisent et la subdivisent en empires, en diocèses, en sénéchaussées, en élections, en bailliages, en greniers à sel. » Bern. « Le requin est devancé par plusieurs petits poissons *bariolés* de noir et de jaune. » Id. Arlequin est appelé un grand drôle *bariolé* (Mariv.) à cause du vêtement rayé qu'il porte.

Bigarré et *chamarré*, outre qu'ils supposent des couleurs qui ne forment pas de petites raies ou de petites ligues, mais des taches rondes et plus ou moins grandes, se distinguent de *bariolé* en ce qu'ils sont d'une application plus fréquente et plus variée. Dans sa *Satire de l'homme*, Boileau dit de l'âne :

Et que peut-il penser lorsque dans une rue
Au milieu de Paris il promène sa vue ;
Qu'il voit de toutes parts les hommes *bigarrés*,
Les uns gris, les uns noirs ; les autres *chamarrés* ?

La *bigarrure* et la *chamarrure* diffèrent ensuite l'une de l'autre d'une manière encore assez sensible. La *bigarrure*, de *bis varius*, deux fois ou plusieurs fois varié, très-varié, plaît ou déplaît par l'opposition des couleurs, par leur arrangement ou piquant ou bizarre. « Il n'y a rien qui plaise davantage aux Indiens que leurs oiseaux *bigarrés* de diverses couleurs. » Vaug. « Le plumage du petit-duc est plus élégamment *bigarré* et plus distinctement tacheté que celui des autres. » Buff.

Votre éventail me plaît d'être ainsi *bigarré*. Corn.

« La législation était tellement *bigarrée*, que non-seulement des lois particulières régissaient les divers ordres de l'État, mais que chaque province avait ses priviléges distincts. » Staël. Mais la *chamarrure*, résultat de l'action d'orner un habit de passements, de galons, de fourrures, d'en faire une *simarre*, plaît ou déplaît par l'éclat, par la richesse. Un habit *chamarré* d'argent (Les.), de diamants (Laf.). Des baladins *chamarrés* (J. J.) sont couverts d'oripeaux. « Le reste du plumage (de ce canard) est richement *chamarré* d'ondes et de festons de noirâtre, de roussâtre et de roux. » Buff. « Les généraux français portaient sans rougir des habits usés par la guerre, et plus honorables cent fois que les broderies et les décorations dont, plus tard, on les a vus *chamarrés*. » Staël.

De son orgueil ses habits se sentaient :
Force brillants sur sa robe éclataient,
La *chamarrure* avec la broderie. Laf.

— Un écrit *bigarré* de certaines choses en est diversifié : « Toutes mes pièces ont été *bigarrées* de variantes. » Volt. Mais un écrit *chamarré* de certaines choses en est paré ou embelli : « Je réponds bien tard à votre aimable lettre *chamarrée* de jolis vers. » Volt.

BAS, IGNOBLE. L'air, le langage, etc., quand ils annoncent peu de grandeur, sont qualifiés de *bas* ou d'*ignobles*.

Mais c'est proprement un défaut d'élévation que marque ce qui est *bas*, et un défaut de noblesse qu'indique ce qui est *ignoble*. Le *bas* se remarque partout ; l'*ignoble*, dans ce qui est d'un ordre ou d'un rang distingué. Philaminte des *Femmes savantes* reprend dans le langage de la servante Martine des mots sauvages et *bas* ; Voltaire relève dans les tragédies de Corneille des expressions *ignobles*. Toute personne peut être dite avoir une physionomie ou une mine *basse* : on n'attribue de physionomie ou de mine *ignoble* qu'aux princes et aux grands personnages.

Ensuite, *bas* suppose un défaut plus essentiel, un fond de lâcheté ou de quelque autre qualité mauvaise ; *ignoble* est plutôt esthétique seulement, tout relatif à la forme, et n'emporte d'autre idée que celle de grossièreté. Buffon reconnaît une physionomie *basse* et cruelle à toute la race sanguinaire des goëlands, et à l'engoulevent un air de famille lourd et *ignoble*. On ne dit pas une laideur *basse*, mais bien une laideur *ignoble* (S. S.), parce que la laideur est toute superficielle, sans rapport au caractère, aux sentiments, aux dispositions de l'âme.

1° **BATEAU, BATELET, BARQUE, NACELLE, ESQUIF, CANOT ;** — 2° **VAISSEAU, NAVIRE, BÂTIMENT, GALÈRE, CHALOUPE.** Ce sont les noms les plus communs donnés en France à ces machines en bois dont on se sert pour aller sur l'eau ou pour transporter par eau des choses ou des personnes.

Les six premiers désignent évidemment quelque chose de moins grand que les cinq autres. Les pêcheurs ont des *bateaux*, des *barques* ou des *nacelles*; une flotte se compose de *vaisseaux*, de *bâtiments* ou de *chaloupes*. Ce avec quoi et dans quoi Caron faisait passer au delà du Styx les âmes des défunts est également nommé dans l'*Énéide travestie* un *bateau*, une *barque*, une *nacelle* et un *esquif*; lorsque Annibal, parvenu sur les bords du Rhône, voulut le traverser avec ses troupes, il mit en réquisition tout ce que les habitants possédaient de *bateaux*, de *barques*, de *nacelles* et de *canots* (ROLL.). Mais en racontant une bataille navale on rapportera quel fut le sort des *vaisseaux*, des *navires*, des *galères*, etc., combien il y en eut qui sautèrent, combien qui furent coulés à fond, ou pris, ou mis en fuite. (VOLT., THOM.)

1° *Bateau, batelet, barque, nacelle, esquif, canot.*

Bateau diffère de *batelet* en ce que celui-ci est le diminutif de celui-là : le *batelet* est un petit *bateau*, et on s'en sert principalement pour aller d'un bord à l'autre d'une rivière. « Je voudrais, comme font les Anglais chez eux, établir nos matelots invalides aux bacs des rivières, sur tous ces petits *batelets* qui traversent Paris, et les répandre le long de la Seine comme des tritons dans nos campagnes. » BERN.

... La sarcelle le quitte (le lapin).
Et revient, traînant un vieux nid.
Laissé par des canards. Elle l'emplit bien vite
De feuilles, de roseaux, les presse, les unit
Des pieds, du bec; en forme un *batelet* capable
De supporter un lourd fardeau. FLOR.

Du reste, *batelet* est peu usité en comparaison de *bateau*, et il ne se trouve pas dans la première édition du *Dictionnaire de l'Académie*.

Bateau et *barque* ne sont guère plus difficiles à distinguer. — D'abord on emploie plutôt les *bateaux*, comme les *batelets*, sur les rivières, et les *barques* sur la mer : on dit qu'une rivière porte *bateau* dès sa source, et c'est surtout au petit cabotage que les *barques* sont affectées. « Descartes et César faillirent périr, l'un dans un *bateau* sur l'Elbe, l'autre dans une *barque* sur laquelle il passait d'Épire en Italie. » THOM. — Ensuite, ce qu'on considère particulièrement dans le *bateau*, c'est sa forme : un lit en *bateau* (ACAD.) : la moule est taillée en *bateau* (BERN.) ; sous le brou de la noix est une coque ligneuse de la forme d'un *bateau*, ayant une proue pointue, une poupe aplatie... (ID.). Mais c'est spécialement à la conduite, à la manière dont on dirige le gouvernail que *barque* fait penser : conduire la *barque*, au propre et au figuré (ACAD.) ; bien conduire sa *barque*, être adroit dans le maniement de ses affaires.

Nacelle, en latin et du latin *navicella* (formé de *navis*, navire), est un diminutif comme *batelet*. Mais il y a de plus pour caractère propre de l'emporter l'idée particulière de faiblesse et de fragilité : une faible *nacelle* (BERN.), une frêle *nacelle* (LAH., ROLL.). Lorsque Neptune, dans l'*Odyssée*, lance contre le *vaisseau* d'Ulysse une vague épouvantable, « la *nacelle* est le jouet des flots qui la poussent et la ballotent dans tous les sens. » FÉN.

La frêle *nacelle* gémit,
Quand Œnéas les pieds y mit,
Et reçut l'eau par plusieurs fentes. SCARR.

Esquif, italien *schifo*, de l'allemand *schiff*, vaisseau, a servi à former *esquiver*. C'est le nom d'une petite barque légère à l'aide de laquelle on manœuvre ou on se sauve adroitement et promptement. « Comme le roi Édouard II voulut se sauver dans un *esquif* avec son favori Spencer, ils furent pris tous deux. » Boss. « Les Tyriens assiégés venaient avec des *esquifs* reconnaître la digue élevée par Alexandre.... Il était facile d'avancer et de retirer ces *esquifs* comme on voulait. » ROLL. « Entre les lignes, Scipion laissa des intervalles par où les *esquifs* devaient passer entre les barques pour aller reconnaître les ennemis et se retirer en sûreté. » ID.

Pour moi, sur cette mer qu'ici-bas nous courons,
Je songe à me pourvoir d'*esquif* et d'avirons,
A régler mes désirs, à prévenir l'orage,
Et sauver, s'il se peut, ma raison du naufrage. BOIL.

Il fut un temps où les vaisseaux avaient à leur service un *esquif* ou des *esquifs* pour aller du bord à terre ou pour se sauver en cas de naufrage. C'est ce qu'on voit dans les *Fourberies de Scapin* : il feint que son maître est retenu sur la galère turque, tandis que lui, Scapin, a été renvoyé seul à terre dans un *esquif* pour traiter de la rançon du prisonnier. Et dans Rabelais : « Si toust que les ancres feurent iectes, et le vaisseau asseuré, lon descendit *lesquif*.... Le bon Pantagruel entra et toute sa compaignie dedans *lesquif*, pour prendre terre. »

Canot est aujourd'hui le terme dont on se sert pour rendre cette dernière idée, celle d'une petite embarcation au moyen de laquelle les vaisseaux communiquent avec le rivage ou entre eux. « Ces Patagons avaient aidé les matelots à échouer le *canot* du navire. » BUFF. Mais si *canot* a remplacé *esquif* dans cette acception, il ne signifie pas par lui-même comme *esquif* quelque chose d'agile ; il désigne dans le principe et à présent encore quelque chose de creux, de semblable à un roseau, *canna* (d'où *canal*), un simple tronc d'arbre creusé, une pirogue, ou un petit bateau fait d'écorce, ou enfin quelque chose de très-primitif en fait de voiture par eau. « Au moyen du feu l'homme excave et façonne les troncs les plus durs ; il en fait des vases, des tonneaux, des *canots*. » BERN. « Il ne faut que l'écorce d'un de ces vastes bouleaux pour faire un grand *canot*. » ID. « Tant que les hommes se bornèrent à tailler avec des pierres tranchantes quelques *canots* de pêcheurs. » J. J. Les sauvages ont des *canots* : « Les sauvages arrêtent leurs *canots* des heures entières pour considérer les cabrioles des sapajous. » BUFF.

2° *Vaisseau, navire, bâtiment, galère, chaloupe.*

Vaisseau, grand, énorme vase, espèce de maison flottante, est dans la langue commune le terme général dont on se sert pour représenter tout ouvrage de grande dimension fait par les hommes pour voguer sur la mer. Il est admis en poésie, et il se prend bien au figuré.

Les *vaisseaux* sous leurs mains, fiers souverains des ondes,
Étaient prêts à voler sur les plaines profondes. VOLT.

Et le *vaisseau* public, de l'orage battu,
Avait besoin d'une ancre au milieu des tempêtes
THOM.

Toutefois il a reçu de l'usage pour acception particulière de s'appliquer surtout à ceux de ces édifices qui sont armés en guerre et destinés à combattre. De là dans les auteurs d'assez fréquentes oppositions entre les *vaisseaux* d'une part, et les *navires* ou les *bâtiments* de l'autre. « Une flotte composée de vingt *vaisseaux* de guerre et de cent cinquante *navires* de transport. » MARM. « Vingt-cinq *vaisseaux* de guerre avec cinquante *navires* de charge furent prêts dans les ports de la Sicile. » VOLT. « Trente-deux *vaisseaux* de guerre avec plusieurs *bâtiments* de charge furent pris ou coulés à fond. « ROLL. « Cet ambassadeur s'en vint faire à Versailles des lamentations sur ce navire, en disant que je feignais d'équiper un *bâtiment* pour le commerce, et ne faisais qu'armer un *vaisseau* de guerre pour le service du congrès. » BEAUM.

Navire, du latin *navis*, dont le sens est le même, veut dire, toujours dans la langue commune dont il s'agit exclusivement ici, un grand *vaisseau*. « Pour résister à la violence du canon, et ne pas essuyer un feu supérieur, il a fallu de gros *navires*.... Les petits *vaisseaux* d'autrefois s'accrochaient soudain, et les soldats combattaient des deux parts. » MONTESQ. Hiéron, roi de Syracuse, fit construire par Archimède un vaisseau de dimensions prodigieuses, à vingt rangs de rames, une sorte de *Léviathan*, et comme aucun port de la Sicile ne pouvait contenir cette masse énorme, il en fit présent au roi d'Égypte Ptolémée : « Plusieurs autres *vaisseaux* de charge de moindre grandeur accompagnaient ce grand *navire*. » ROLL. « Un puissant *navire*. » LAF. » Les voiles de ces bateaux de la Loire sont fort amples ; cela leur donne une majesté de *navires*. » ID.

Le *bâtiment* est un *vaisseau* considéré sous le point de vue de sa construction ou de sa structure. « Pour passer d'Italie en Sicile, les Romains avaient été obligés d'emprunter des *vaisseaux* de leurs voisins... Ils n'avaient point d'ouvriers qui sussent construire des *bâtiments*. » ROLL. « Les *vaisseaux* de charge chez les Romains étaient de petits *bâtiments* qu'on appelait ouverts, parce qu'ils n'avaient pas de pont. » ID. On radoube un *bâtiment* (ID.), on recueille des débris d'un vieux *bâtiment* (ID.) *Bâtiments* à rames, *bâtiments* à voiles, *bâtiments* à vapeur.

Les *galères* étaient des bâtiments longs et plats qui allaient à rames, et quelquefois à voiles en même temps qu'à rames, mais jamais à voiles seulement. L'expression *galère à rames* qui se trouve dans Voltaire paraît être un pléonasme. Mais on dit bien une *galère* à tant de rames (FÉN., ROLL.), ou à tant de rangs de rames (ACAD., ROLL.) A l'époque où l'on se servait de *galères* en France, elles étaient employées principalement à la navigation sur la Méditerranée, et parmi les rameurs il y avait des *galériens*, des criminels condamnés à cette sorte de travail. « En 1690, Colbert fit venir les *galères* de Marseille sur l'Océan, et les côtes d'Angleterre virent des *galères* pour la première fois. » VOLT.

La *chaloupe* est au service du vaisseau comme le *canot*, et comme anciennement l'*esquif*, c'est une embarcation. Mais entre toutes les embarcations elle a cela de remarquable qu'elle est la plus grande. Elle n'est pas pontée, et on s'en sert beaucoup dans les ports et dans les rades. « Le mouvement perpétuel des *chaloupes* en rade. » BERN.. « Depuis le tronc flottant d'un arbre jusqu'au *vaisseau*, il y a la pirogue, la yole, le *canot*, la *chaloupe*, etc. » ID. « De grandes *chaloupes* débarquaient quantité de marchandises. » ID. « L'orgueilleux Rodomont donnait ses ordres fièrement de la proue de son *vaisseau*. Bientôt les *chaloupes* et les autres bâtiments plats faits pour la descente furent remplis de soldats qui s'approchèrent de la terre. » LES.

Il fut sur le port, où ses troupes
Par ordre montaient les *chaloupes*
Pour arriver dans les *vaisseaux*. SCARR.

BÂTIMENT, ÉDIFICE. Ouvrages en charpente, en maçonnerie, destinés ordinairement à la retraite ou à l'habitation des hommes.

Bâtiment, dont l'origine paraît être vulgaire, est le mot commun. *Édifice*, latin *ædificium* (*ædem facere*, faire un temple ou un palais), signifie un *bâtiment* grand, beau et le plus souvent public. « L'*édifice* suppose plus d'art, plus de grandeur, d'élévation, des matériaux plus solides. » LITTRÉ. Des *bâtiments* irréguliers, de petits *bâtiments* inégaux et simples ; de grands *édifices*, soutenus de colonnes, d'une architecture majestueuse (FÉN.). « Il entre dans un *bâtiment* simple et vaste dont la structure a l'apparence d'un *édifice* public. » MARM. « L'ordre toscan se met rarement en usage, si ce n'est pour quelque *bâtiment* rustique où il n'est besoin que d'un seul ordre, ou bien pour quelque grand *édifice*, comme un amphithéâtre. » ROLL. — De plus, *édifice* se dit seul au figuré. « Le fanatisme absurde s'était introduit dans ce grand *édifice* (le gouvernement de l'Angleterre) au temps de Cromwell comme un feu dévorant qui consume un beau *bâtiment* qui n'est que de bois. » VOLT.

BÂTON, CANNE. Branche ou tige qu'on a détachée de la plante pour la tenir à la main et s'en servir à divers usages.

Bâton exprime le genre, et *canne* une espèce. Le *bâton*, quelle que soit l'origine du mot, peut être d'un bois quelconque ; au lieu que la *canne*, du latin *canna*, roseau, est proprement de roseau, de jonc ou de bambou. On dit en général, menacer quelqu'un du *bâton* (J. J.) ; mais les bourreaux de Jésus-Christ, lui ôtant le roseau qu'ils lui avaient mis à la main, lui déchargèrent mille coups de *canne* sur la tête (BOURD.).

Le *bâton* est plein ; la *canne*, au contraire, par la nature de son bois, est vide ou creuse et peut servir de contenant : une *canne*, et non un *bâton*, à épée. « Quand les fils de Tarquin furent arrivés à Delphes, ils firent leurs présents à Apollon, et ils plaisantèrent fort sur Brutus qui n'offrit qu'un *bâton*. C'était une *canne* qu'il avait fait percer secrètement et dans laquelle était enfermée une baguette d'or, image énigmatique de son caractère et de son esprit. » ROLL.

Le *bâton* suppose un besoin réel : il y a des malades et des vieillards qui ne peuvent s'en passer ; et ce peut être une arme grossière qu'on improvise dans une circonstance unique. La *canne* est plutôt un objet d'ornement plus ou moins élégamment travaillé qu'on porte habituellement, comme la badine, par maintien et par mode. « En disant ces mots, le vieux dieu du fleuve leva sur moi un énorme *bâton* de pommier tout fraîchement coupé.... Tout cela n'était réellement qu'un rêve de mon imagination bizarre.... En me relevant de l'endroit où je m'étais couché (et endormi), la première personne qui se présenta à moi fut un de nos vieux jésuites, qui se promenait une longue *canne* à la main. » HAM.

BÉNIR, SACRER. C'est, par des cérémonies ou des prières, donner un certain caractère religieux.

Bénir, quoique dérivé du latin *benedicere*, a une forme toute française qui ne permet pas d'apercevoir d'abord l'origine du mot. Mais dans *sacrer* il n'est personne qui ne reconnaisse au premier coup d'œil le latin *sacrare*. Il s'ensuit que *bénir* est plus commun ou moins noble que son synonyme : on *bénit* un abbé ou une abbesse, de simples religieuses, des époux ; on ne *sacre* que des souverains, empereurs ou rois, et des princes de l'Église, des évêques.

En outre, *bénir* dit moins que *sacrer*. La chose *bénite* ou *bénie* est seulement recommandée à Dieu, mise sous sa protection spéciale, du nombre de celles auxquelles Dieu s'intéresse particulièrement ; la chose *sacrée* appartient à Dieu, est quelque chose de Dieu ou qui en participe, quelque chose d'inviolable par conséquent. Ainsi, par exemple, pain *bénit* ne signifie point du tout la même chose que pain *sacré* : le pain *bénit* est un pain sur lequel le prêtre a invoqué la grâce de Dieu et qui se distribue à tous les fidèles présents à la messe ; mais le pain *sacré* est la sainte eucharistie, le pain que les communiants seuls reçoivent. L'hostie n'est que *bénite* au moment de l'oblation ; c'est par l'acte ultérieur de la *consécration* qu'elle devient *sacrée* ou le pain *sacré*, c'est-à-dire quelque chose de divin.

BESOIN (AVOIR) AVOIR AFFAIRE. On *a besoin* ou *affaire* des choses qui seraient utiles, dont on ne peut guère se passer, dont le manque ou le défaut se fait sentir.

Avoir besoin est l'expression positive ordinaire. « Qu'enseignait Jésus-Christ à ses disciples ? Une seule chose dont ils *avaient besoin*, je veux dire la science des saints. » BOURD. « Cet appui, cette protection, vous manquerait, vous en *avez besoin*. » ID. « Je me trouve étouffée ici, *j'ai besoin* d'air et de marcher. » SÉV. « Je veux mettre dans ma famille les gens dont *j'ai besoin*. » MOL. « C'est bien le moins que les blés soient vendus à un prix raisonnable aux pauvres qui en *ont besoin*. » VOLT.

Mais *avoir affaire*, suivant la juste distinction de Condillac, convient particulièrement, sinon uniquement, avec négation ou interrogation : Je n'ai pas *affaire* de vos conseils ; qu'ai-je *affaire* de vous ? C'est une façon de parler volontiers ironique et qui emporte d'ordinaire une idée de dédain ou de mépris. « Qu'ai-je *affaire* de telle et telle question qui causent tant de mouvements dans l'Église ? Qu'ai-je *affaire* de toutes ces contestations, et qu'est-il nécessaire que je me déclare là-dessus ? » BOURD. « Qu'ai-je *affaire* de celui-ci, et que me reviendra-t-il d'avoir des égards pour celui-là ? » ID. Vous n'avez pas trop *affaire* de ce détail, mais c'est la nouvelle du pays. » SÉV. « Il *avait* bien *affaire* de cette dépense ? » ID. « On *a* bien *affaire* de votre sentiment ? Taisez-vous. » DEST. « Ce serait une manière assez sûre d'attacher les Génevois à la France. Je sais bien qu'on n'a pas *affaire* des Génevois ; mais les temps peuvent changer. » VOLT.

Et l'on sait tout chez moi, hors ce qu'il faut savoir.
On y sait comme vont lune, étoile polaire,
Vénus, Saturne et Mars, dont je n'ai point *affaire* ;
Et dans ce vain savoir, qu'on va chercher si loin,
On ne sait comme va mon pot, dont *j'ai besoin*.
(Chrysale, dans les *Femmes savantes*.) MOL.

BESOIN (N'AVOIR PAS), N'AVOIR QUE FAIRE. Pouvoir se passer

N'avoir pas besoin, ne pas manquer, ne pas être privé, *non egere*, se prend au passif : on *n'a pas besoin* de ce qui ne fait pas besoin, de ce dont on peut manquer sans en souffrir. Mais *n'avoir que faire*, n'avoir quoi faire, n'avoir pas à faire, convient mieux pour l'actif : on *n'a que faire* dans un lieu où on n'a rien à faire. « Les plaisirs publics *n'ont pas besoin* de protection. S'ils sont nécessaires aux États, l'autorité *n'a que faire* de s'en mêler. » MASS. « Dieu *n'a pas besoin* que nous lui disions beaucoup de paroles ; il voit notre cœur, et cela lui suffit. On *n'a que faire* de répéter de moment en moment à une personne qu'on aime : Je vous aime de tout mon cœur. » FÉN.

D'ailleurs, *n'avoir pas besoin* est relatif et dit moins que son synonyme : on *n'a pas besoin* d'une chose pour tel usage ou dans telle circonstance ; au lieu qu'on *n'a que faire* d'une chose absolument, sous tous les rapports, ne sachant qu'en faire, quel emploi lui donner. L'objet dont on *n'a pas besoin* ne sert de rien, est inutile ; celui dont on *n'a que faire* ne sert à rien, est totalement inutile. On *n'a pas besoin* de parapluie quand il fait beau ; en Égypte, où il ne pleut jamais, on *n'en a que faire*. On *n'a pas besoin* de richesse pour goûter la plupart des plaisirs que la nature met à notre portée ; les morts *n'ont que faire* de richesse. C'est donc avec raison que *n'avoir que faire* de quelqu'un ou de quelque chose est défini par l'Académie, *n'en avoir aucun besoin*. Et Voltaire a voulu sans doute renchérir quand il a dit : « Il n'a tenu qu'à moi d'accepter du roi de Prusse des biens dont je *n'ai pas besoin*, et ce qu'on appelle des honneurs dont je *n'ai que faire*. »

De là un autre caractère distinctif de *n'avoir que faire* : il est ironique, il sert à marquer que, n'ayant nul besoin d'une personne ou d'une chose, on n'en fait nul cas, on s'en moque. « Ceux-là ne méprisaient pas ouvertement la parole (de celui qui les invitait à un festin). Ils ne disaient pas : Je *n'ai que faire* de vous ni de votre festin : ils s'excusaient avec une espèce de respect. » BOSS.

BIAISER, TERGIVERSER. User de détours

Biaiser montre le sujet à l'œuvre, n'allant pas droit au but qu'il poursuit. « Il a commencé de bonne heure à se mettre dans les voies de la fortune : s'il trouve une barrière de front qui ferme son passage, il *biaise* naturellement, et va à droite et à gauche. » LABR. *Tergiverser* représente le sujet avant l'action, reculant (*terga vertere*, reculer), s'arrêtant devant une décision, n'allant pas droit au parti à prendre. « Après avoir un peu *tergiversé*, l'abbé de Fénelon souscrivit à ces articles. » Boss.

Celui qui *biaise* dérobe sa marche, et louvoie, il n'agit pas à découvert, il dissimule. « Le médisant dissimule, il *biaise*, il ne s'explique qu'à demi-mot par des paroles à double entente ; s'il parle ouvertement, il prend de beaux prétextes. » Boss. « M. de Cambrai a trouvé à propos d'en écrire au pape, et il a bien fait si c'est avec soumission et la sincérité qu'il doit. Mais nous avons sujet de craindre qu'il ne *biaise*. » ID. Celui qui *tergiverse* a peine à se déterminer, à conclure, à répondre, il cherche à éviter une résolution, il hésite. « Je demandai franchement au régent à qui il en avait. Il balança, il *tergiversa*. Je le pressai, l'apostème creva. » S. S. « Je pris le dernier parti hautement, pleinement, sans *tergiverser*. » J. J.

Sans *biaiser*, c'est-à-dire clairement, nettement, franchement ; sans *tergiverser*, c'est-à-dire d'abord.

BIENS, RICHESSES, FORTUNE, FACULTÉS, AVOIR. Ce qu'une personne possède en propre compose ses *biens*, ses *richesses*, sa *fortune*, ses *facultés* ou son *avoir*.

Ses *biens* sont ce qui lui appartient de bon, d'agréable, d'utile, d'avantageux. Ses *richesses* sont ce qui la rendent *riche*, opulente : ce sont de grands *biens*. Il faut avoir beaucoup de *biens* pour être *riche*. « Tout le monde a entendu parler des *richesses* de Crassus... Il s'en fallait de beaucoup qu'il n'eût reçu tout ce grand *bien* de ses pères. » ROLL. « Attale n'imita pas la plupart des hommes pour qui les grands *biens* pour porter l'ordinaire une occasion de vices. L'usage généreux qu'il fit de ses *richesses* lui donna le moyen d'augmenter ses États. » ID. « L'on porte Crésus au cimetière : de toutes ses immenses *richesses* que le vol et la concussion lui avaient acquises et qu'il a épuisées par le luxe il ne lui est pas demeuré de quoi se faire enterrer : il est mort insolvable, sans *biens*, et ainsi privé de tous les secours. » LABR.

Otez-nous de ces *biens* l'affluence importune,
Dirent-ils l'un et l'autre : heureux les indigents !
La pauvreté vaut mieux qu'une telle *richesse*.
Retirez-vous, trésors. LAF.

On voit de plus par ce dernier exemple que les *richesses*, à la différence des *biens*, consistent plutôt en trésors, en or et en argent, qu'en objets et en propriétés. Ce sont proprement des *richesses*, et non pas des *biens*, que l'avare entasse ou enfouit. « Rien ne fait mieux comprendre le peu de choses que Dieu croit donner aux hommes en leur abandonnant les *richesses*, l'argent, les grands établissements et les autres *biens*. » LABR.

Fortune ne se prend jamais qu'au singulier, et il signifie une condition *fortunée*, heureuse, et plus ou moins heureuse ou *fortunée* suivant qu'on a plus ou moins de *biens* ou de *richesses*. Sans *biens* et sans *richesses* on possède peu ou même on ne possède rien ; sans *fortune* on est infortuné ou malheureux. Les *biens* et les *richesses* sont des choses ; la *fortune* est l'état de prospérité qui en dépend. On fait *fortune* ou sa *fortune* en obtenant du sort ou en acquérant des *biens* ou des *richesses*. « Servius était persuadé que les hommes, en faisant la guerre, n'ont point de motifs plus pressants que leur *fortune*; et qu'il n'y a point de péril auquel ils ne s'exposent volontiers pour défendre leurs *biens*. » ROLL. Les *biens* d'un homme charitable sont la *fortune* des pauvres.

Mon président, sachant que votre *bien*
Est, tout compté, plus ample que le mien,
Méprise enfin ma *fortune* et mes larmes :
De votre dot il convoite les charmes. VOLT.

Facultés est un mot parfaitement distinct de tous les autres. Il se rapporte à l'emploi de ce qu'on possède. Les *facultés* d'un homme sont ce qu'il peut ou ce qui lui est permis en conséquence de ce qu'il a ; ce sont ses moyens ou ses ressources. « Il a donné l'état de ses moyens et *facultés*. » ACAD. « Voulez-vous rendre à Dieu (par l'aumône) ce qui lui est dû, examinez vos *facultés* et vos forces. » BOURD. « Si elles se faisaient une dévotion de remédier aux maux des pauvres autant qu'il leur est possible, et de n'y rien épargner de tout ce que leurs *facultés* leur permettent. » ID. « Le pasteur veut exiger ou au delà de ses droits ou au delà des *facultés* des pauvres desquels il les exige. » MASS. « Chaque particulier qui ne sera pas dans une impuissance véritable donnera au moins trois sous pour les pauvres malades ; nous exhortons tous ceux qui sont en état de donner davantage de le faire à proportion de leurs *facultés*. » FÉN. « La bonne foi de la mariée a été récompensée par une somme d'argent proportionnée aux *facultés* du mari. » VOLT. « Les alliés se piquèrent à l'envi de secourir le consul promptement et chacun selon ses *facultés*. » ROLL.

Avoir est familier, et s'emploie d'ordinaire avec *tout*, pour exprimer collectivement ce qu'on possède et presque toujours le peu qu'on possède de bien. « Il relève en plein d'un seigneur dont la grande seigneurie rend ce fief fort petit, ainsi que le gentilhomme dont il est tout l'*avoir*. » S. S. « On lui enleva son petit *avoir*. » ACAD.

Mes parents, reprit (le renard), ne m'ont point fait
instruire ;
Ils sont pauvres, et n'ont qu'un trou pour tout *avoir*.
LAF.

J'ai des écus ; Pierre Blaise mon père
M'a bien laissé trois bons journaux de terre :
Tout est pour elle, écus comptants, journaux,
Tout mon *avoir*. VOLT.

BLÂME, ANIMADVERSION. Témoignage d'improbation, jugement par lequel on déclare mauvais ce qui a été fait, dit ou écrit par quelqu'un. C'est l'idée qu'exprime dans toute sa généralité le mot *blâme*, qui tire peut-être son origine du latin ou du grec, mais non pas certes d'une manière directe et facile à reconnaître. Le *blâme* est l'opposé de la louange. « Peu de gens sont assez sages pour préférer le *blâme* qui leur est utile à la louange qui les trahit. » LAROCH. » Fréron était aussi peu mesuré dans la louange que dans le *blâme*. » LAH.

Sitôt que l'auteur signe un écrit qu'il proclame,
Son nom doit partager et l'éloge et le *blâme*. GILB.

Mais *animadversion*, du latin *animadversio*, réprimande, châtiment, est d'abord un terme de palais, ainsi que le disait le dictionnaire de l'Académie avant 1835, et ensuite dans le langage commun il ne signifie jamais qu'un *blâme* infligé, imposé comme une peine par une autorité quelconque, judiciaire ou autre.

Redouter le *blâme*, c'est redouter l'opinion, craindre de s'exposer à la censure de qui que ce soit, de tout le monde. Mais on redoute l'*animadversion* d'un tribunal (MONTESQ.), de la justice (BACH.), des lois, des magistrats, du ministère (LAH.), du gouvernement (D'AL.), du souverain (MONTESQ.); à Rome les sénateurs et les chevaliers étaient soumis à l'*animadversion* des censeurs. (ROLL.)

L'Académie, qui avait donné d'abord d'*animadversion* une idée juste, tout en ayant le tort de le réduire à n'être qu'un terme de palais, définit ce mot d'une manière beaucoup trop large dans la dernière édition de son dictionnaire. Elle prétend qu'on dit l'*animadversion* d'une famille, l'*animadversion* de tous les honnêtes gens. C'est une erreur. Dans ces locutions et autres semblables *blâme* convient seul, parce qu'il s'y agit d'une improbation d'hommes privés, et non pas d'un jugement émané d'un pouvoir. « Puissiez-vous faire de vos talents un usage qui ne vous attire pas le *blâme* des honnêtes gens! » J. J. « J'abandonne mon livre tel qu'il est au *blâme* ou à l'approbation des sages. » ID. Le même écrivain connaît parfaitement le terme *animadversion*, et il a soin d'y recourir quand il a à parler d'une censure de ses livres faite par l'autorité publique. « Que ne tolère-t-on pas à Genève? Des ouvrages qu'on a peine à lire sans indignation s'y débitent publiquement....; les magistrats se taisent, les ministres sourient.... Moi seul et mes livres avons mérité l'*animadversion* du Conseil. »

Que si toutefois on veut employer *animadversion* d'une manière plus générale, il faut au moins que ce soit sans lui ôter le caractère de distinction qui lui est propre. Ainsi on pourrait le dire en parlant soit des Romains, chez qui le mot a été primitivement usité, soit des savants ou des hommes de lettres, qui en ont introduit l'usage dans notre langue. « Antoine ne voulut jamais épouser Cléopâtre, parce qu'il ne voulut point encourir l'*animadversion* des Romains. » STAEL. « L'*animadversion* des gens de lettres me paraît la plus dangereuse des pestes. » DUDEFF.

BOCAGE, BOSQUET. Petit bois ; deux mots formés du même primitif, *bosc*, bois, *bocage* étant pour *boscage*, qui se trouve encore dans Nicol.

Le *bocage* et le *bosquet* sont entre eux comme le *plumage* et le *plumet* ; l'un est naturel, l'autre ne l'est pas. Le *bocage* est une collection d'arbres située dans la campagne, venue d'elle-même, sans culture et sans arts. Le *bosquet*, au contraire, fait partie d'un parc ou d'un jardin, qu'il contribue à orner, et il est planté de main d'homme symétriquement et avec plus ou moins de goût.

« Les Nymphes dansaient ensemble dans une prairie, sur les bords d'une rivière, auprès d'un *bocage*. » FÉN. « La voix des oiseaux d'eau n'a rien de cette douce mélodie dont nos oiseaux champêtres animent nos *bocages*. » BUFF. « Il n'y a point d'aussi riant aspect que celui des montagnes couronnées d'arbres, des rivières bordées de *bocages*, des plaines tapissées de verdure et des vallons émaillés de fleurs. » J. J.

Laissez-moi de Tempé parcourir les *bocages*. DEL
Ainsi, développant sa flexible souplesse,
Un fleuve heureux avec mollesse
Arrose des champs nus ou des *bocages* verts,
S'attriste dans d'affreux déserts,
Se plaît dans de riches campagnes.... ID.

« Ce ne sont pas de ces petits *bosquets* à la mode, si ridiculement contournés qu'on n'y marche qu'en zigzag, et qu'à chaque pas il faut faire une pirouette. » J. J. « Ils trouvent des jardins variés, des *bosquets*, des vergers, des potagers, des parterres, établis par terrasses.... Enfin on découvre les balustres de la plate-forme d'un château. » BOUFFL. « Le roi plantait-il un *bosquet*, meublait-il un appartement, Villers trouvait tout mal entendu. » VOLT. « On voit dans le parc de Sans-Souci des *bosquets* d'acacias. » BERN. Les *bosquets* de Versailles (ACAD., VOLT.., S. S., DEL.), de Marly (THOM., BERN.).

Il fuit de vos jardins les *bosquets* enchantés. DEL.
Mais j'avais mon verger, mon *bosquet*, mon berceau.
ID.

Vos regards affligés redemandent en vain
Le verger, le *bosquet* que planta votre main. ID.

« J'ai interrompu ma lettre pour m'aller promener dans les *bocages* qui sont près de notre maison.... Parmi les *bosquets* naturels que forme ce lieu charmant, il en est un plus charmant que les autres.... » J. J. « Les rives du lac de Bienne sont plus sauvages et romantiques que celles du lac de Genève. S'il y a moins de culture de champs et de vignes, moins de villes et de maisons, il y a aussi plus de verdure naturelle, plus de prairies, d'asiles ombragés de *bocages*.... Dans l'île (qui est au milieu de ce lac), on trouve des champs, des vignes, des bois, des vergers, de gras pâturages ombragés de *bosquets*; une haute terrasse plantée de deux rangs d'arbres borde l'île dans sa longueur. » ID.

BOIS, FORÊT. Réunions d'arbres qui croissent les uns à côté des autres sur un certain espace de terrain, ou le terrain même sur lequel ils se trouvent réunis.

Bois, qui signifie aussi la substance dure et compacte des arbres, est plus relatif aux arbres, au lieu que *forêt* l'est davantage au terrain qu'ils occupent. La terre, qui n'était au commencement qu'une *forêt* immense, prend une autre forme ; les *bois* abattus font place aux champs, aux pâturages, aux hameaux, aux bourgades, et enfin aux villes. » Boss. « Solitude chérie, *forêts* sans *bois*, marais sans eau. » J. J.

Bois s'emploie particulièrement bien quand on détermine l'espèce d'arbres : un *bois* de chênes, de hêtres, de pins, de myrtes, de palmiers, d'orangers. Mais ce que *forêt* fait considérer dans les arbres c'est leur grand nombre ; ce mot emporte nécessairement l'idée de multitude, ainsi qu'on le voit par son acception figurée : une *forêt* de mats, de lances, de dards, c'est-à-dire beaucoup de ces choses, droites et placées près à près.

D'ailleurs, *bois*, de *bosc*, d'où ont été formés les diminutifs *bosquet* et *bocage*, primitivement *boscage*, désigne une moindre étendue de terrain que *forêt*, anglais *forest*, allemand *forst*, auquel est attachée l'idée de grande quantité sous tous les rapports. On dit plutôt un petit *bois*, et une vaste *forêt*; se promener dans un *bois*, et vivre au fond des *forêts*. Le *bois* de Boulogne, la *forêt* Noire. *Bois* et *forêt* répondent proprement aux mots latins *nemus* et *silva*. Le *bois* est quelque chose d'agréable, on y va chercher l'ombre et la retraite. La *forêt*, au contraire, est, non pas riante, mais sombre.

Quitter des *bois* touffus, les paisibles douceurs....
La sombre *forêt* est l'asile
Des brigands, des loups et des ours....
Tu sauras, d'un bras intrépide,
Dompter les hôtes des *forêts*. STAEL.

Le nom d'hôtes des *bois* se donne pour l'ordinaire aux oiseaux :

Vous êtes le phénix des hôtes de ces *bois*,

dit le renard au corbeau dans Lafontaine. Mais ce sont des animaux sauvages qui habitent les *forêts*: tandis que le chien Laridon hantait la cuisine, son frère César hantait les *forêts*, où il mettait aux abois les cerfs et les sangliers (LAL.).

Les monstres des *forêts* ont un antre sauvage... :
Et vous, le peuple-roi, vous, citoyens romains...,
Vous n'avez point d'asile où reposer vos têtes.
C. *Cracchus*. CHÉN.
Un monstre des *forêts* éleva ton enfance.
(Didon à Énée.) LEFRANC DE POMPIGNAN.

BOISSON, BREUVAGE. Liquide destiné à être avalé, à être introduit dans le corps par la bouche.

L'Académie définit simplement *breuvage* par *boisson* et paraît ne mettre entre les deux mots aucune différence. Ils sont loin pourtant d'équivaloir l'un à l'autre.

Leur racine est la même, le latin *bibere*, boire, et par conséquent ils signifient ce qui est à boire ou propre à être bu. Mais, comme ils ont chacun une terminaison distincte, l'idée commune se trouve par cela seul notablement modifiée dans chacun.

Boisson désigne d'abord l'action de boire. « Nous partons lundi (des bains de Bourbon) après trois semaines de séjour et seize jours de *boisson*. » SÉV. « Le bain m'a renforcé les jambes; mais pour ma voix, ni le bain ni la *boisson* des eaux ne m'y ont de rien servi. » BOIL. Ensuite on appelle *boisson* tout aliment liquide dont on a coutume d'user pour apaiser la soif ou pour se procurer un plaisir. « J'ai cru avoir eu besoin de manger et de boire, c'est-à-dire de faire entrer de la nourriture et de la *boisson* dans mon corps. » ARN. « Ceux qui fondent dans quelques pays l'essence de leurs rites religieux sur du pain et du vin font très-bien de remercier Dieu de l'aliment et de la *boisson* qu'ils tiennent de sa bonté. » VOLT. « Le maréchal de Villeroy faisait sottement admirer de si sages précautions pour conserver la vie du roi (Louis XV), comme si les viandes, sa *boisson* et mille autres choses dont il se servait nécessairement, qui ne pouvaient être sous sa clé, n'eussent pu suppléer au crime. » S. S.

Breuvage annonce par sa terminaison un composé, une mixture, le résultat d'une opération ayant pour objet particulier et exprès de produire un effet extraordinaire, soit en bien, soit en mal. Il y a des *breuvages* qui sont des remèdes, d'autres qui sont des poisons. Un philtre est un *breuvage*, et l'Académie dit de la tisane, que c'est un *breuvage*, « une *boisson* médicamenteuse. » On avait rêvé dans l'Orient un *breuvage* d'immortalité (MONTESQ., VOLT.). C'est par le salutaire *breuvage* qu'il donna à Alexandre que le médecin Philippe d'Arcananie est célèbre (VAUG., ROLL.). « Ne faut-il pas avoir avalé jusqu'à la lie le *breuvage* d'assoupissement que boivent les prophètes de mensonge, pour annoncer de tels prodiges? » BOSS. Le poëte Lucrèce mourut, dit-on, empoisonné par un *breuvage* amoureux que lui donna une femme (BERN.).

Bientôt un certain *breuvage*
Lui fit voir le noir rivage. LAF.

Il faut prendre des *boissons* pour vivre, pour se désaltérer ou se rafraîchir; mais la médecine ordonne des *breuvages*, et la justice criminelle a souvent à constater des empoisonnements et des avortements commis à l'aide de *breuvages*. L'eau est la *boisson* primitive et naturelle; mais le docteur Sangrado apprit à Gil-Blas à en composer avec la sauge, la véronique, le romarin et d'autres plantes semblables, des *breuvages* exquis. Ce fut avec une *boisson* qu'Ulysse enivra le Cyclope, puisque ce fut avec du vin et que le vin est, comme le cidre, la bière, le café, etc., une liqueur d'un usage habituel; mais ce fut d'un *breuvage*, c'est-à-dire d'une *boisson* mixtionnée (FÉN.), que se servit Circé pour métamorphoser les compagnons d'Ulysse en pourceaux.

BOITEUX, ÉCLOPPÉ. Qui marche mal, avec peine, à cause de quelque infirmité.

On applique l'épithète de *boiteux* à tous ceux qui ont ce défaut. « Le poëte Tyrtée avait quelque chose d'original dans l'esprit et de choquant dans le corps, car il était *boiteux*. » ROLL. « Nous sommes bien certains que nous ne sommes pas *boiteux*; mais nous ne sommes pas aussi assurés que nous choisissions le vrai. » PASC. « Sa femme est *boiteuse*. » ACAD.

Ceux-ci sont nés *boiteux*, ceux-là sont nés bossus.
FLOR.

Mais on ne qualifie d'*éclopé* que celui qui a été rendu tel, celui à qui ce défaut est venu par accident ou par suite de maladie. « Barbe en montant sur le grison s'appuya si pesamment sur le pauvre diable d'écuyer qu'elle le renversa tout *éclopé*. » LES. « L'impétueux hôtelier lui ferma la bouche d'un soufflet, immédiatement suivi d'une douzaine de coups de pieds dans le ventre, qui renversèrent la princesse tout *éclopée*. » ID. Dans la *Pucelle*, Voltaire dit en parlant des chevaliers français qui, dans une rencontre, avaient été blessés :

Donc à la ville il fallut qu'ils revinssent
Tout *éclopés*, et qu'au lit ils se tinssent.

Dans une lettre au marquis d'Argenson, il s'appelle « l'éternel malade, l'éternel persécuté, le plus ancien de ses courtisans et le plus *écloppé*. »

Il faut convenir pourtant que *boiteux* peut indiquer aussi une infirmité acquise ou contractée. « On demanda un jour à Diogène pourquoi on donnait plutôt l'aumône aux borgnes et aux *boiteux* qu'aux philosophes : C'est, répondit-il, parce que les hommes s'attendent plutôt à devenir borgnes ou *boiteux* que philosophes. » Fén. « Une femme lacédémonienne pensait en homme, lorsque, pour consoler son fils, qu'une blessure glorieuse avait rendu *boiteux*, elle lui disait : Va, mon fils, tu ne saurais plus faire un pas qui ne te fasse souvenir de ta valeur. » Roll. Mais *boiteux* est de tous les styles, au lieu que le mot *écloppé* appartient au langage familier seulement. En cela consiste une différence dont il est tenu compte, dans l'usage, autant que de la première pour le moins.

BOMBANCE, BONNE CHÈRE. Idée commune, celle d'un repas qu'on fait à une table bien servie, où il y a de quoi se bien traiter.

Bombance (de *bombe*), repas qui fait devenir rond et gros comme une *bombe*, est familier, et il suppose les mets abondants plutôt que délicats ; en sorte que faire *bombance* ressemble beaucoup à faire ripaille ou à faire ribote.

Et le rat court en diligence
A l'office, qu'on nomme autrement la dépense.
Où maints rats assemblés
Faisaient, au frais de l'hôte, une entière *bombance*.
LAF.

« Le sérénissime prince de Guise se moque de moi, chétif citoyen ; il fait *bombance* à Arcueil, et il laisse mourir de faim ses créanciers. » Volt. « C'était à peu près du temps que M. le chevalier de Grammont avait jeté les yeux sur la Warmestré, qu'on menait ce petit train de vie dans sa chambre. Dieu sait les pâtés de jambon, les bouteilles de vin, et les autres provisions de sa libéralité qui s'y consommaient ! Au milieu de ces *bombances* nocturnes.... » Ham. « Chez Fulvius ce ne furent que festins et *bombances* : il s'enivra lui-même le premier. » Roll.

Mais *bonne chère* (*chère* tirant probablement son origine du latin) est de tous les styles et il annonce en fait de mets quelque chose qui se distingue plus par la qualité que par la quantité, quelque chose de fin, de choisi, de propre à satisfaire, non pas l'avidité d'un homme sensuel, mais le goût raffiné d'un voluptueux. « Dieu ordonnait à son peuple de venir au lieu que le Seigneur avait choisi pour y faire *bonne chère*. » Boss. « Un des amis de Boileau qui aimait la *bonne chère*, et qui se piquait de s'y connaître. » D'Al. « Dans la campagne de 1667, tout le monde se piqua de somptuosité et de goût dans la *bonne chère*, dans les habits, dans les équipages. » Volt. « Il est inutile de parler de la *bonne chère* qu'on y fit : il suffira de dire que le repas du soir ne cédait ni en délicatesse ni en variété à celui du dîner. » Ham. « Le consul Philippe passait pour aimer la *bonne chère* et les fins morceaux. » Roll.

BON, AGRÉABLE. Qui convient à notre nature. La chose *bonne* nous est utile ou salutaire ; la chose *agréable* nous plaît. Il y a dans l'une plus de solidité, dans l'autre plus de douceur. On profite de ce qui est *bon*, on jouit de ce qui est *agréable*. *Bon* a pour superlatif *excellent* et *agréable*, *délicieux*. Ce qui nous est *bon* fait partie de nos commodités ; ce qui nous est *agréable* contribue à nos aises. L'objet *bon* nous fait du bien ; l'objet *agréable* nous fait plaisir. Que de choses sont *bonnes*, sans être *agréables*, comme les remèdes et les corrections ! Que de choses sont *agréables* sans être *bonnes* ; témoin les funestes effets de la mollesse et de la débauche !

Cependant, pour ce qui regarde l'état du corps, c'est d'ordinaire par l'*agrément* que nous jugeons de la *bonté*, et de là vient que les deux mots ont quelque apparence de synonymie. « Il fallait qu'Adam fût averti par des sentiments prévenants que telles et telles choses étaient *bonnes* pour son corps ou utiles à sa santé. » Mal.

BON, EXCELLENT, DÉLICIEUX, EXQUIS. Épithètes qualificatives d'un objet qui a les qualités qu'il doit avoir pour être estimé et recherché.

Bon exprime de la manière la plus faible l'idée commune à tous ces mots ; si bien qu'on peut définir *excellent*, *délicieux* et *exquis* par très-*bon*. Quand on dit simplement d'un objet qu'il est *bon*, on se sert du positif ; mais on emploie le superlatif en disant d'un objet qu'il est *excellent*, ou *délicieux* ou *exquis*.

De leur côté, *excellent*, *délicieux* et *exquis* n'équivalent pas non plus l'un à l'autre. *Excellent* diffère de *délicieux* comme il diffère d'*exquis* (voy. *Excellent*, *exquis*).

Et pour ce qui regarde le rapport de *délicieux* et d'*exquis*, il suffit de remarquer que l'un désigne une qualité naturelle ou qui convient à une chose naturelle, et l'autre une qualité factice ou qui se rapporte à quelque chose de factice. On dit qu'il fait un temps *délicieux* (Sév.), qu'on respire un air *délicieux* (Régn.), qu'on habite une contrée *délicieuse* (Volt.) ; mais on dit des sirops *exquis* (Boil.), une table *exquise* (Fén.), des meubles *exquis* (Laf.). « N'est-ce pas vous donner pour nourriture les fruits les plus *délicieux*, les mets les plus *exquis* ? » Marm.

BOUFFON, FARCEUR, BALADIN, TURLUPIN, HISTRION. Termes de mépris dont on se sert pour signifier des comédiens ou des gens qui leur ressemblent.

Bouffon s'est dit d'abord du personnage qui dans une comédie a pour emploi de faire rire et qui primitivement *bouffissait* ou enflait ses joues avec son souffle, soit par grimace, soit pour recevoir de bruyants soufflets. Les *bouffons* sont de mauvais plaisants, et le mot s'emploie surtout en parlant de personnes et de matières auxquelles il conviendrait d'être graves et sérieuses. « Quelle grâce ce prêtre aura-t-il à exercer un ministère si sérieux et si divin ?... Peut-être déshonorera-t-il la majesté de la parole sainte par des *bouffonneries* profanes. » Mass. « Être *bouffon* de profession ne convient pas à un homme grave, tel qu'est un disciple de Jésus-Christ. » Boss. « La comédie tourne tout en ridicule, même les objets les plus sérieux et les plus graves, elle change en bouffons et plaisants de théâtre les plus respectables citoyens. » J. J.

Le *farceur* est un joueur de *farce*, et la *farce* est une comédie d'un genre populaire et bas. Ce qui le distingue, ce n'est pas le défaut de sérieux seulement, mais le défaut de noblesse, la grossièreté. Les fous des rois ont été appelés des *bouffons*; les *farceurs* ne sont propres qu'à amuser des valets ou la multitude. « J'avoue que les traits plaisants d'Aristophane me paraissent souvent bas ; ils sentent la *farce* faite exprès pour amuser et pour mener le peuple. » FÉN. « Le paysan ou l'ivrogne fournit quelques scènes à un *farceur*; il n'entre qu'à peine dans le vrai comique. » LABR. « Irai-je quitter tout cela pour être immolé sur le théâtre des *farceurs* italiens à la malignité du public et aux rires de la canaille ? » VOLT. « Vous peignez le sieur Du Jonquay vertueux et opprimé, et vous le faites parler comme un *farceur* qui cherche à faire rire la canaille. » ID. « Ce maraud de *farceur*. » CORN.

Baladin, du latin *ballare*, danser, voulait dire dans le principe un danseur de théâtre ou de *ballet*, puis il a signifié un danseur de rue, un saltimbanque. C'est de tous ces termes le plus injurieux : il représente un homme comme un misérable qui va de ville en ville ou de foire en foire amuser les regardants par ses gambades. « Un Hésiode, un Homère ont été négligés au point d'aller errant, mendiant par tout l'univers, et chantant leurs vers de ville en ville comme de vils *baladins*. » J. J. « Vous me parlez de Voltaire ! Pourquoi le nom de ce *baladin* souille-t-il vos lettres ? » ID. « Justinien et Bélisaire avaient pour femmes les deux plus impudentes carognes qui fussent dans tout l'empire. Justinien avait épousé une *baladine* des rues, une gueuse. » VOLT. « Du temps de Plutarque, les parcs où l'on combattait à nu et les jeux de la lutte rendaient les jeunes gens lâches, les portaient à un amour infâme, et n'en faisaient que des *baladins*. » MONTESQ.

Turlupin, nom d'un acteur de nos anciennes farces, a pour caractère parfaitement distinctif de ne se rapporter qu'aux paroles. Le *bouffon* et le *farceur* agissent, jouent, font des gestes et des grimaces en même temps qu'ils cherchent à divertir par ce qu'ils disent, et quant au *baladin*, il ne parle même pas, ou mieux son rôle consiste surtout à se donner divers mouvements. Mais le *turlupin* égaie uniquement par ses propos, ses pointes, ses calembourgs. Des *turlupinades* sont des bons mots. Mme de Sévigné écrit à sa fille : « Ne craignons jamais de nous permettre les *turlupinades* qui viennent au bout de nos plumes. » Dans la *Critique de l'École des femmes*, il est dit que les *turlupinades* sont un langage à la mode, et qu'un *turlupin* est un bel esprit qui défraye la compagnie de bons mots, et qu'il semble qu'il ne doit demander à boire qu'avec une pointe. Dans son *Art poétique*, Boileau rapporte que le goût des pointes disparut peu à peu de la littérature française et se réfugia dans l'épigramme, puis il ajoute:

Toutefois à la cour les *turlupins* restèrent,
D'un jeu de mots grossiers partisans surannés.

Histrion, latin *histrio*, de tous ces mots le seul qui se soit dit dans l'antiquité, est naturellement le seul aussi dont on doive se servir quand il est question de comédiens des temps anciens ou du moyen âge. « M. Needham est comme cet *histrion*, qui, jouant devant Auguste, prenait pour lui les applaudissements qu'on prodiguait à l'empereur. » VOLT. « Saint Thomas d'Aquin, qui ne connaissait que de malheureux *histrions*, devine pourtant que le théâtre peut être utile. » ID. « Au temps de saint Louis, il s'était répandu dans toutes nos villes une foule d'*histrions* qui sur des théâtres impurs corrompaient le peuple. » MASS. Quand *histrion* s'emploie pour désigner des personnages de notre temps, c'est particulièrement dans le style relevé. « Les comédiens seront les arbitres de l'État ; les élections se feront dans les loges des actrices, et les chefs d'un peuple libre seront les créatures d'une bande d'*histrions*. » J. J.

Vieux seigneurs, *histrions*, courtisanes et prêtres,
Contre moi tout s'est déchaîné. CHÉN.

BOURRASQUE, TOURBILLON. Coup de vent.

La *bourrasque* (italien *burasca*) est *bourrue*, ou comme *borée*, le vent le plus soudain et le plus impétueux : elle arrive brusquement, elle survient, et elle traite d'une manière rude ou brutale. « A peine fûmes-nous hors du golfe d'Alicante, qu'il survint une *bourrasque* effroyable. » LES. « Cette *bourrasque* inattendue lança malgré lui le génie sur le rivage. » HAM. « Cette *bourrasque* imprévue a renversé avec notre barque le projet que nous avions fait. » MOL.

Demain ma Didon s'en ira
A la chasse avec votre Énée,
Une *bourrasque* inopinée
Que je ferai tomber sur eux
Fera peur aux plus valeureux. SCARR.

Le *tourbillon*, du latin *turbo*, mouvement en rond, tournoiement, agit d'une manière circulaire, et, au lieu d'assaillir et de renverser comme la *bourrasque*, il enveloppe et absorbe et enlève ou dissipe ce qu'il a saisi. « On voit souvent les ouragans élever des tourbillons de sable, de terre, et souvent ils enlèvent et transportent dans ce *tourbillon* les maisons, les arbres, les animaux. » BUFF. « Dieu a effacé tes iniquités comme une légère vapeur qui, étant dissipée par un *tourbillon*, ne laisse pas dans l'air la moindre vestige. » Boss. « Il semblait un *tourbillon* d'automne qui disperse des monceaux de feuilles desséchées. » BOUFFL.

Même différence au figuré. *Bourrasque* annonce, en fait de mouvements de colère ou d'humeur e en fait de rudesses, quelque chose de brusque et d'imprévu ; *tourbillon* exprime un cercle d'occupations, d'affaires, de soins ou de plaisirs dans lequel on tourne de force et sans pouvoir se retenir. Une *bourrasque* est comme une incartade, on ne s'y attendait pas ; on est emporté par le *tourbillon* comme on l'est par un torrent.

Bourrasque, au figuré, ne se dit guère que familièrement ; *tourbillon* est de tous les styles, même du plus relevé.

BOURREAU, EXÉCUTEUR. Le *bourreau* et l'*exécuteur* mettent à mort.

Que Ménage ait raison ou tort d'attribuer à *bourreau* la même étymologie qu'à *boucher*, le fait est que *bourreau* correspond exactement pour le sens au latin *carnifex, carnem faciens*, qui fait de la chair ou du carnage. Le *bourreau* en effet est un homme de carnage ou de boucherie ; il tue volontiers, comme l'homme cruel (de *cruor*, sang) a le goût du sang, est sanguinaire. De *bourreau* dérive *bourreler*, faire éprouver des tourments. De là vient au *bourreau* un caractère odieux que n'a point l'*exécuteur*, celui-ci se bornant à *exécuter*, à accomplir un ordre. Ce sont des *bourreaux* qui ont fait souffrir la mort à Jésus-Christ et aux martyrs. Mais ce sont proprement des *exécuteurs* que les hommes chargés par état de donner la mort aux condamnés ; ils sont désignés ainsi par la loi française, qui considère comme injurieuse à leur égard la dénomination vulgaire de *bourreau*.

Ensuite, il se peut que le *bourreau* agisse de lui-même ou de son chef, au lieu que l'*exécuteur* est toujours un instrument, le bras qui met à exécution une sentence criminelle. Cromwell fut le *bourreau* de Charles Ier d'Angleterre (Volt.); l'*exécuteur* qui fit tomber la tête de ce malheureux prince était masqué (Stael). De même qu'Agamemnon fut le *bourreau* de sa fille (Rac.), Philippe II d'Espagne fut celui de son fils don Carlos, à qui l'*exécuteur*, le voyant crier et prêt à se débattre, dit en l'étranglant : « Paix, monseigneur, tout ce qu'on en fait n'est que pour votre bien. » J. J. D'ordinaire, il est vrai, le *bourreau* n'est, comme l'*exécuteur*, qu'un agent, il ne fait qu'obéir ; mais *bourreau* ne fait pas entendre aussi expressément qu'*exécuteur* cette idée accessoire. « Mon ami, dit-il, en s'adressant à l'*exécuteur*, fais promptement ton devoir ; consomme l'ouvrage injuste et barbare de tes supérieurs. A ces mots, il pencha sa tête sur le billot, et le *bourreau* la lui trancha. » Les.

BOURRU, BRUSQUE, BRUTAL. Ces mots signifient des qualités sociales fâcheuses, des qualités qui font qu'on n'est pas aimable.

La ressemblance est très-grande entre *bourru* et *brusque*, et pourtant ils diffèrent.

On dit de quelqu'un que c'est un *bourru*, et qu'il agit ou parle *brusquement*, qu'il fait ou dit des *brusqueries*. C'est que *bourru* regarde le caractère, et *brusque* les manières ; c'est que le premier indique comme on est, et le second comment on se comporte. On est *bourru* simplement ; on est *brusque* dans son accueil ou dans ses réparties.

On a proprement l'humeur *bourrue*, c'est-à-dire qu'on est constamment chagrin et maussade. « C'était un petit homme *bourru* et chagrin. » Volt. « Ce Gardiel était donc bien séduisant, bien aimable? Point du tout. Un petit homme *bourru*, taciturne et caustique. » Did. « Figaro. Tu sais comme l'humeur du comte est devenue sombre et terrible ! — Suzanne. Tu n'es pas mal *bourru* non plus ! » Beaum.

Dame chagrine, apaise tes regrets ;
Si quelque ingrat rend ton humeur *bourrue*,
Ne t'en prends point à l'enfant de Cypris. Laf.

Tous ces galants polis sont d'aimables fripons,
Qui deviennent tyrans dès que nous épousons....
Femmes de ces messieurs, nous cessons d'être belles.
Ils sont chagrins, *bourrus*, ennuyés, ennuyeux Dest.

Mais c'est précisément dans les manières qu'on est *brusque*, c'est-à-dire ennuyeux pour les autres, impoli.

Il est *brusque*, impoli. Regn.

« Je ferais craindre aux maris la différence qu'il y a de leurs manières *brusques* aux civilités des galants. » Mol. « Un mari avare, *brusque* dans ses réponses, incivil. » Labr. « Ses propos avaient souvent une nuance *brusque*. » S. S. « Des manières ou *brusques* ou rebutantes. » Bourd. « De ces supérieurs *brusques* dans leurs manières, sèches dans leurs paroles.... » Id.

Brutal, semblable à une *brute*, enchérit sur *bourru* et sur *brusque*. « Le seigneur Isidore était grossier, *bourru*, *brutal* et capricieux. » Les.

Si la Justice vient à connaître du fait,
Elle est un peu *brutale*, et saisit au collet. Regn.

« Je leur faisais un accueil si *brusque*, qu'il pouvait porter le nom de *brutal*. » J. J. Le *brutal* va jusqu'aux mauvais traitements, jusqu'aux coups ou aux injures. « La *brutalité* est une certaine dureté, et, j'ose dire, une férocité qui se rencontre dans nos manières d'agir et qui passe même jusqu'à nos paroles. » Labr. « Cette femme l'épouse ; ce garçon est *brutal*, il est fou ; il la battra comme plâtre. » Sév. « Il faut un laquais au capitaine Torbellino, homme emporté, *brutal* et fantasque ; il gronde sans cesse, jure, frappe, et le plus souvent estropie ses domestiques. » Les. « Il se retourne et voit un *brutal* qui de paroles insolentes maltraitait une bergère. » Mol. « Le général Lalli usa sans doute très-mal de son autorité en outrageant de paroles quelques officiers, en manquant d'égards, de circonspection, de bienséance ; mais il n'y a point de loi qui dise. Tout général d'armée qui sera *brutal* aura la tête tranchée. » Volt.

BOUTIQUE, MAGASIN, ATELIER, CHANTIER. Lieux consacrés à une industrie.

Dans la *boutique*, quelle que soit l'étymologie du mot, on fait deux choses, on tient des produits et on en fabrique. « Robinson eût fait beaucoup plus de cas de la *boutique* d'un taillandier que de tous les colifichets de Saïde. » J. J. « Je m'arrête au milieu de la ville, devant la *boutique* d'un maréchal ; me voilà regardant forger et battre le fer. » Bern.

Dans le *magasin* (d'un mot arabe, dit-on, qui signifie réservoir ou trésor) on ne fait qu'une seule chose, on tient des produits. D'ailleurs ces produits ne sont pas toujours destinés à la vente comme ceux qui sont étalés dans les *boutiques*. « Les saintes vérités du ciel ne sont pas des meubles curieux et superflus qu'il suffisse de conserver dans un *magasin*. » Boss. « Les Perses avaient assemblé dans Persépolis comme en un *magasin* toutes les richesses de la Perse. » Vaug. Et quand ce sont aussi des marchandises que le *magasin* renferme, elles ne se vendent qu'en gros, et elles sont en plus grande quantité que celles qui sont exposées à la vue dans les *boutiques*; en sorte que de toute façon le *magasin* est une maison de vente plus considérable que la *boutique*. Aussi il faut voir combien est dédaigné par les marchands le nom de *boutique*, et combien recherché celui de *magasin*; tout garçon de *boutique* veut être appelé garçon de *magasin*; et on dira plutôt une *boutique* d'apothicaire, et un *magasin* de librairie.

Dans l'*atelier* on ne fait qu'une seule chose, on travaille, on crée des produits. Les *ateliers* étaient primitivement les basses-cours des grandes fermes où travaillaient divers ouvriers, comme bourreliers et charrons, pour l'*attelage* des chevaux et des bœufs. Par conséquent il n'y a guère de ressemblance entre le *magasin* et l'*atelier* : *magasin* de marchandise, *atelier* de construction. Quant au rapport qui existe entre l'*atelier* et la *boutique* considérée comme un lieu de travail, il revient à celui qu'il y a entre le *magasin* et la *boutique*, prise pour un lieu de dépôt : la *boutique* le cède à l'*atelier* en importance. L'*atelier* réunit un grand nombre d'ouvriers, et il n'y en a qu'un ou quelques-uns dans la *boutique*. Ou bien *atelier* se dit en parlant d'industries plus relevées, d'arts et non pas de métiers: *atelier* de peinture, de sculpture, les *ateliers* d'une imprimerie, *boutique* d'artisan, de serrurier, de cordonnier. Il y a des élèves dans un *atelier*, et dans une *boutique* des apprentis.

Dans le *chantier*, comme dans la *boutique*, on fait deux choses, on tient des objets et on travaille. Mais le *chantier*, du latin *canterius*, chevron, étançon, se distingue par la matière des objets. Ce qu'on y tient en dépôt ou en vente, c'est exclusivement du bois, bois de chauffage, de charpente, de charronnage, de construction, et quelquefois des pierres à bâtir ; d'autre part, le bois et la pierre sont les seules matières employées dans les travaux du *chantier*, tous ou la plupart relatifs à l'industrie du bâtiment, et qui comprennent principalement ceux des charpentiers. des scieurs de long, des constructeurs de navires et des tailleurs de pierre. « En Russie et en Suède sont les *chantiers* des Hollandais pour les mâtures. » BERN. « Ces pousses si vigoureuses et si rapides s'emparent souvent de nos *chantiers* de pierres, de nos murailles de maçonnerie et de nos cours pavées de grès. » ID. « Le czar Pierre va s'instruire dans les *chantiers* de Hollande, il y veut être charpentier pour apprendre la construction. » COND.

Les *ateliers* des arts, les *chantiers* de Neptune. DEL.

BOUTON, BOURGEON. Ce sont de petits corps, de formes variées, qui poussent sur diverses parties des végétaux et qui contiennent le germe d'un nouveau développement.

Le *bouton* n'est autre chose qu'un petit *bourgeon*, le rudiment d'un *bourgeon*, ou, ce qui revient au même, le *bourgeon* est un *bouton* qui a un peu grossi. Ce sont des *boutons* qu'on remarque pendant l'hiver à l'extrémité des branches ou un peu au-dessus des endroits où ont été les feuilles ; mais, au retour du printemps, à l'époque où tout bourgeonne dans la nature, les *boutons* se gonflent et deviennent proprement des *bourgeons*. On appelle même *bourgeon* les nouveaux jets de la vigne lorsqu'ils sont déjà en scions : couper les nouveaux *bourgeons* d'un cep de vigne.

Mais une seconde différence tout autrement importante pour l'application consiste en ce qu'on se sert plus particulièrement de *bouton* en parlant des fleurs, et de *bourgeon* pour désigner un embryon végétal d'où doivent se développer des feuilles et des branches. « *Bouton*, germe de fleurs ; *bourgeon*, germe de feuilles et de branches. » J. J. « On peut donner le nom de germe aux rudiments des feuilles enfermées dans les *bourgeons*, et à ceux des fleurs enfermées dans les *boutons*. » ID. « Cette prévoyance divine soit pour défendre ces feuilles si soigneusement et si artistement plissées dans l'enveloppe du *bourgeon*, soit pour conserver ces tendres fleurs dans le *bouton* qui les enferme. » MARM.

Un *bouton* de rose (FÉN.), des *boutons* de fleurs (BERN.) « Les pétales d'une fleur sont renfermés dans son *bouton*. » BERN. — Les *bourgeons* des arbres (MARM.). « J'ai remarqué qu'au commencement du printemps les scions et les *bourgeons* de la plupart des arbres devenaient tout rouges avant de jeter leurs feuilles. » BERN.

BRAS (DANS LES), ENTRE LES BRAS. On dit également et indifféremment, ce semble, prendre ou tenir quelqu'un *dans ses bras*, et prendre ou tenir quelqu'un *entre ses bras*.

A proprement parler, on prend ou on tient *dans ses bras* un enfant ; on lui fait de ses bras comme un contenant dans lequel on le met ou on le porte. « Quand à ta naissance je te pris *dans mes bras*. » J. J. « Les femmes furent consumées par les flammes avec les enfants qu'elles tenaient *dans leurs bras*. » VOLT. « Le czar Pierre, étonné et inquiété de la foule qui se pressait autour de ce monarque enfant (Louis XV), le prit et le porta quelque temps *dans ses bras*. » ID.

Flore même en naissant le reçut *dans ses bras*. DEL.
La nourrice, à son tour, un enfant *dans les bras*,
Arrive dans la chambre. ID.

Mais on prend on et tient *entre ses bras* toute personne qu'on embrasse sans la soulever, autour de laquelle on met ses bras en les rapprochant plus ou moins. Aussi dit-on, presser, serrer, étouffer *entre* et non pas *dans ses bras*. « Dès que l'époux approche, l'épouse le tient serré *entre ses bras*. » Boss. « Sophronyme nomme Aristonoüs son père, et le serre *entre ses bras*. » FÉN. « Trois fois j'abattis le lion ; trois fois il se releva. Enfin je l'étouffai *entre mes bras*. » ID.

Ma mère, auprès du roi,...
Le roi de temps en temps la presse *entre ses bras*.
RAC.

« Apollonius se laissa tomber sur le corps de Marc-Aurèle ; il le serra longtemps *entre ses bras* ; et se relevant tout à coup : Mais toi, ô fils de Marc-Aurèle, ô mon fils, permets ce nom à un vieillard qui t'a vu naître et qui t'a tenu enfant *dans ses bras*.... » THOM.

Au figuré se retrouve une différence analogue à celle-là. *Dans les bras* annonce un état heureux ou agréable, comme est celui d'un enfant sur le sein de sa mère ; et, par opposition, *entre les bras* marque une situation pénible, une sorte de détresse. On va se reposer *dans les bras* du sommeil (FÉN.) ; Jésus-Christ a expiré *entre les bras* de la douleur (MASS.). Ou, tout au moins, on est plus doucement et plus en sûreté *dans les bras* qu'*entre les bras* ; c'est, d'une part, un asile, et, de l'autre, un simple refuge. « Oh! qu'on est bien quand on demeure les yeux fermés *dans les bras* de Dieu! » Fén. « Hippias est chassé d'Athènes ; il se jette *entre les bras* de Darius, et n'a plus d'espérance qu'en sa protection. » Boss.

BRAVER, AFFRONTER. Se comporter sans crainte à l'égard de quelqu'un ou par rapport à un danger, à un supplice, à la mort.

Toute la différence consiste en ce que *braver*, se montrer *brave* ou faire le *brave*, ne suppose pas qu'on en soit aux prises comme *affronter*, qui signifie opposer front *à front* ainsi que des béliers ou des taureaux qui se battent. Pour *braver* l'ennemi il suffit de le défier ou d'être à l'abri de ses coups ; pour *l'affronter* il faut en venir aux mains avec lui. Vous *bravez* la menace de quelqu'un (Acad., Thom.) ; Vous *affrontez* sa présence (Rac., Chén.). Vous *bravez* une personne même absente ; vous ne *l'affrontez* qu'en face : « Ose *affronter* cette société qui ne peut te *braver* qu'en ton absence. » Staël. On *brave* quelquefois une personne sans avoir envie de se battre avec elle ; on ne saurait *l'affronter* sans se porter contre elle avec intrépidité et s'efforcer de la vaincre. Qui *brave* le danger s'en moque ; qui *l'affronte* s'y expose hardiment. On *brave* la mort en la méprisant, en la défiant, en se disant à soi-même : qu'elle vienne, je ne la crains pas ; on *affronte* la mort en allant au-devant d'elle, comme ont fait les martyrs. Dans leurs nids, les petits des oiseaux *bravent* les pièges et les saisons (Del.) ; mais le serpent,

Assaillant furieux,...
Du tigre affreux lui-même *affronte* la colère. Id.

Or, comme *braver* n'emporte pas l'idée d'un combat effectif, comme il a pour objet une personne ou une chose qui est à distance, au lieu qu'on *affronte* une personne ou une chose présente contre laquelle on lutte actuellement, *affronter* dit plus, marque un plus grand péril. On *brave* le qu'en-dira-t-on (J. J.) ; on *affronte* l'enfer avec ses feux. Boss. « Tu n'as qu'à me dire les périls que je dois *braver* ; *j'affronterai* pour toi sans pâlir la mort la plus terrible. » Les.

BRAVER, DÉFIER, PROVOQUER. Se comporter à l'égard de quelqu'un avec fermeté ou sans faiblesse, de manière à lui témoigner ouvertement qu'on ne le craint pas.

Braver se met bien avant *défier*. « La cavalerie gauloise s'étant approchée pour *braver* et *défier* les Romains, celle de César se retira. » Roll. « La bise n'est pas toujours en humeur de souffrir ces hauteurs qui semblent la *braver* et la *défier*. » Sév. C'est que *braver* veut dire seulement se moquer, se poser intrépidement en face ; au lieu que *défier*, c'est, de plus, inviter à venir essayer ou mesurer ses forces. En *bravant* on se tient sur la défensive ; mais, pour *défier*, il faut prendre l'offensive : à l'idée d'assurance, qui est propre à *braver*, *défier* joint celle d'appel. Vous *bravez* l'amour par des *bravades*, en vous vantant d'être fort contre lui ; vous le *défiez* en le sommant en quelque sorte de venir lutter avec vous. Aussi ne dit-on pas *braver* au combat, comme on dit *défier* au combat, mais *braver*, simplement. Deux fanfarons ou deux poltrons, n'ayant nulle envie de se battre, peuvent bien se *braver* l'un l'autre ; mais ils ne se *défient* pas, si ce n'est quand ils ont la certitude d'un refus.

Provoquer, à son tour, ajoute à *défier*. Le *provocateur* ne propose pas seulement un cartel, n'appelle pas seulement au combat ; il y excite, il y entraîne, pour ainsi dire, soit par des injures, soit par un commencement d'agression. « Le duc d'Albe révolte l'âme généreuse du comte d'Egmont, et l'irrite par la dispute, pour arracher de lui quelques paroles violentes. Il veut se donner l'air d'être *provoqué*. » Staël. « Don Quichotte leur dit : Sortez tous ensemble contre moi... ; je vous attends ici pour vous punir de votre audace.... Voyant que, conformément à son *défi*, il les *provoquait* au combat en les appelant canailles et poltrons, l'hôte lui dit.... » Les. « Quoique plus faible, cette louve était la plus méchante ; elle *provoquait*, elle attaquait, elle mordait le chien, qui finit par l'étrangler. » Buff.

BRAVER, MORGUER. *Braver* ou *morguer* quelqu'un, c'est lui faire sentir sans ménagement la supériorité qu'on a ou qu'on prétend avoir sur lui.

Mais on *brave* par *bravade*, en témoignant qu'on a un grand courage et qu'on ne craint pas les gens ; et on *morgue* par *morgue* ou par orgueil, en se montrant hautain, plein de fierté. Vous *bravez* un ennemi que vous êtes prêt à combattre, que vous *défiez* ; vous *morguez* un public ou des gens que vous méprisez, que vous narguez, à qui vous faites la nique.

Du reste, *morguer* est un mot rare et d'un style familier ou voisin du familier. En voici un exemple tiré de la correspondance de Voltaire. « Les *Lois de Minos* seront huées d'un bout à l'autre : il faut s'y attendre, en prévenir les acteurs, ne se pas décourager, jouer la pièce avec un majestueux enthousiasme, bien *morguer* le public, et le traiter avec la dernière insolence. » Il s'en trouve un autre dans les *Mémoires* de Larochefoucauld : « M. de Beaufort, croyant que le marquis de Jarsay, et d'autres dépendants du cardinal, avaient affecté de le *morguer* aux Tuileries pour persuader que son crédit dans le peuple était fini avec la guerre, il résolut de leur faire un affront public. »

BREF, BULLE, CONSTITUTION. Termes de chancellerie romaine, qui désignent des rescrits du saint-père.

Le *bref* est *bref* ou succinct, comme son nom l'indique, sans préface, relatif à des affaires peu considérables, est revêtu de peu de formalités. Il est ordinairement sur papier et scellé de cire verte avec *l'anneau du pêcheur* ; et, quand il est sur parchemin, ce qui arrive quelquefois, il est scellé du même anneau, mais en cire rouge. Il est adressé à des souverains, à des prélats, à des communautés, et même à de simples particuliers pour leur accorder des dispenses ou simplement pour leur donner des marques d'intérêt, des témoignages d'affection ou de reconnaissance, ou bien encore pour leur demander ou leur défendre quelque chose. « Aldovrandi emportait des *brefs* qui accordaient au roi d'Espagne une imposition annuelle de deux cent mille écus sur les biens ecclésiastiques de l'Espagne et des Indes. » S. S. « Albéroni avait remis au premier ministre et au confesseur les *brefs* de révocation des indults. » Id. « Mailly, archevêque d'Arles, avait fait au pape un présent de quelques reliques de saint Trophime, qui lui en avait attiré un *bref* de pur remerciement. » Id. « Si le duc d'Orléans donnait le temps au pape de lui donner un *bref* d'amitié par lequel il lui demanderait comme une grâce de ne pas mettre le cardinal de Noailles à la tête de ce conseil.... » Id. « Ils imaginèrent un *bref* du pape qui permit à l'abbé d'aller à la guerre en conservant ses bénéfices.... De ces *brefs* il y en avait mille exemples. » Id. « Le prince électoral fit secrètement à Rome son abjuration. Le pape lui accorda un *bref* qui lui permit de la tenir cachée. » Id. « Philippe II n'avait pas épargné les ecclésiastiques, témoin ce fameux *bref* d'absolution qu'il avait obtenu du pape pour deux mille prêtres ou religieux qu'il avait fait mourir pour assurer son usurpation. » Vert. « Clément XI, alors pape, envoya des *brefs* à tous les prélats de Pologne, par lesquels il les menaçait de l'excommunication s'ils osaient assister au sacre de Stanislas. » Volt. M. le cardinal de Bonzi m'a assuré que le pape, sans avoir encore reçu la lettre du cardinal de Retz, lui avait envoyé un *bref*, pour lui dire qu'il veut et entend qu'il garde son chapeau. » Sév. Fénelon écrit à l'abbé de Chanterac, son correspondant à Rome dans l'affaire du quiétisme : « Faites tout ce que vous pourrez pour arracher (au pape) un *bref* de consolation. » Et dans une autre lettre : « Partez de Rome, sans attendre un *bref* d'honnêtetés vagues que je ne veux ni acheter ni mendier. »

Bulle, du latin *bulla*, petite boule, est le nom donné à un rescrit qui s'expédie toujours sur parchemin et auquel est suspendu un sceau en plomb sous forme de boule. Ce sceau représente d'un côté les images de saint Pierre et de saint Paul, et porte de l'autre le nom du pape avec l'année de son pontificat. Plus solennelle dans la forme, la *bulle* se rapporte à des intérêts ou à des questions plus graves, et elle est plus développée dans la rédaction, plus explicite ; on y distingue l'exposé et la décision. C'est par une *bulle* ou des *bulles* qu'est dénoncé le jubilé ; il y a des *bulles* d'excommunication ; il y en a par lesquelles le pape institue les évêques, et par lesquelles autrefois il conférait les bénéfices appelés consistoriaux, les abbayes, les prieurés, etc. ; enfin les *bulles* sont en général les écrits dont les papes se servent pour notifier leurs décrets quels qu'ils soient. « Ce formulaire fut inséré dans un *bref* que Sa Sainteté adressait au roi. Mais ce *bref* étant arrivé, on s'aperçut qu'on n'en pouvait faire aucun usage, à cause que le parlement, où on le voulait faire enregistrer, ne reconnaît d'autre expédition de Rome que ce qu'on appelle des *constitutions plombées*. Il fallut donc renvoyer le *bref*, et prier le pape de le changer en une *bulle*. » Rac. « Pour avoir l'indulgence du jubilé, il faut accomplir les œuvres ordonnées par la *bulle*. » Bourd. « La *bulle* détermine suffisamment les autres choses qu'on doit faire pour gagner le jubilé. » Fén. « On a donné avis au roi que M. le cardinal de Bouillon pourrait faire mettre dans la préface d'une *bulle* quelque clause qui blesserait les droits du royaume. » Boss. « Bentivoglio persuada le pape de faire entendre qu'il n'accorderait plus de *bulles* sans des précautions et des conditions à l'égard de ceux que le roi nommerait aux évêchés et aux autres bénéfices. » S. S. « Il y avait déjà longtemps que le pape s'était rendu à ces cardinaux malgré lui, pour refuser des *bulles*. Grand nombre d'églises étaient sans évêques, quoique nommés la plupart. » Id. « Déjà, dans une *bulle* longtemps fameuse, Boniface VIII avait décidé qu'aucun clerc ne doit rien payer au roi son maître sans permission expresse du souverain pontife. » Volt. « Sixte-Quint priva la reine Elisabeth de ses royaumes par une *bulle*; et si la *flotte invincible* de Philippe II eût abordé en Angleterre, la *bulle* eût pu être mise à exécution. » Id. « Le pape a remis sur pied une ancienne *bulle* par où il ôte les immunités et toutes les franchises aux princes souverains, en vertu de quoi il fait le procès aux criminels qui se sont trouvés dans le palais de la reine de Suède. » Sév.

La *constitution* est une espèce par rapport à la *bulle*. C'est une *bulle* dogmatique (S. S.), une *bulle* qui contient une décision du Saint-Siège en matière de doctrine ou de discipline. On a appelé spécialement de ce nom (S. S., Fén.) la *bulle Unigenitus* de Clément XI qui condamnait cent une propositions extraites d'un livre du P. Quesnel. — Lors même que *bulle* se prend dans cette acception particulière de *constitution*, il en diffère encore : il appelle l'attention sur le fait plutôt que sur le fond ; et *constitution*, au contraire. « Le 18 avril 1752, le parlement déclare que la *constitution* de la *bulle Unigenitus* n'est point un article de foi. » Volt. Fénelon parle quelque part des cinq *constitutions*, c'est-à-dire des cinq décisions, contenues dans la *bulle* du pape Innocent X contre cinq propositions de Jansénius. La *bulle* se considère extérieurement ou sous le point de vue de sa publication ; ce qui frappe surtout dans la *constitution*, c'est ce qui y est contenu. Les *constitutions* sont des objets d'étude, font partie des matières d'érudition. « Les Français ont adopté toutes les *constitutions* des papes, et en ont fait une nouvelle partie de leur droit. » Montesq.

Le livre de Fénelon, intitulé *Explication des maximes des saints*, ayant été déféré au pape Innocent XII, fut condamné par un décret en forme de *bref*. Bossuet aurait voulu quelque chose de plus solennel, savoir une *bulle*. « Il n'y a qu'une seule chose à désirer, écrit-il à cette occasion, c'est qu'on eût fait une *bulle* en forme comme celle contre Molinos. Je ne sais s'il se trouvera un exemple d'une décision de foi par un *bref sub annulo Piscatoris*. » Il explique comment et pourquoi on s'est contenté à Rome de cette sorte de censure, la moins éclatante de toutes ; il assure que le roi l'appelle toujours une *bulle*; et pour sa part, il lui donne le même nom, auquel il substitue celui de *constitution* quand il parle de cette sentence, eu égard à sa valeur et à l'écrit permanent qui la contient. « Il est bien constant qu'il n'a tenu qu'au cardinal de Bouillon qu'on ait fait une *bulle* avec tous ses accompagnements, et on n'a pris le parti d'un *bref* que pour mettre l'affaire entre les mains du cardinal Albani ; mais tous les adoucissements de ce cardinal n'empêchent pas la force de la *constitution*. Tous les gens de bien à Rome bénissent Dieu d'avoir si bien inspiré le pape. »

BREVET, PROVISIONS. Termes de chancellerie, dont le premier ne se dit plus guère et dont le second ne se dit plus en parlant de ce qui se pratique en France aujourd'hui, mais qu'il importe néanmoins de savoir distinguer, afin de les employer avec précision quand il est question des usages présentement abolis auxquels ils se rapportent. Ils signifient l'un et l'autre des lettres expédiées en faveur de certaines personnes pour leur servir comme de certificats ou de diplômes.

Mais le *brevet* était quelque chose de *bref*, de court, quelque chose de fait promptement et sans formalités, une sorte d'expédition non scellée. On appelle encore, de nos jours, actes en *brevet* des actes quelconques, obligations, transactions, procurations, dont le notaire ne garde pas la minute, et qu'il délivre sans y mettre la formule exécutoire. Les *provisions*, au contraire, étaient revêtues de toutes les formalités, de celle du sceau, par exemple.

De plus, le *brevet* constatait qu'on avait obtenu du roi une faveur, comme une pension, une dignité, ou une distinction honorifique. Nicot ne donne à ce terme d'autre sens que celui de reconnaissance par laquelle on confesse devoir. « C'est le *brevet* de votre pension, signé du ministre. Elle est de mille écus. » Dɪᴅ. « Le lendemain de la démission de Sully, la reine, en considération de ses services, lui envoya un *brevet* de cent mille écus. » Tʜᴏᴍ. « Vous me demandez le détail de ce qui s'est passé sur le sujet de ma pension.... Je reçus la grâce le 16.... Je ne sais si le roi y apporta de la résistance, mais je sais qu'il ordonna à M. de Pontchartrain de m'expédier mon *brevet*. » Bᴜssʏ. « Le comte de Luxe, à qui le roi a accordé un *brevet* de duc. » Cᴏᴜʟᴀɴɢᴇs. « Le *brevet* qui fit MM. de Bouillon princes ne fut point enregistré comme l'échange l'a été. » Rᴀᴄ. « Vénus consentit que le teint de Psyché lui fût rendu, même qu'un *brevet* de déesse lui fût donné, si tout cela pouvait s'obtenir de Jupiter. » Lᴀғ. — Mais les *provisions* étaient ce par quoi il était *pourvu* à un emploi ou à un office. L'idée qui y est attachée n'est pas celle de don et de quelque chose à recevoir, mais celle de commission et de quelque chose à faire. « Je m'étais opposé à ce que M. l'évêque de Nantes fît la charge de lieutenant de roi sans en avoir ni l'ordre ni les *provisions*. » M. de Sᴇ́ᴠɪɢɴᴇ́. M. de Pontchartrain devait donner sa démission de secrétaire d'État. « La Vrillière s'y trouverait pour expédier les *provisions* de la charge au jeune Maurepas. » S. S. « J'allai dîner chez un *homme* de robe.... Quand je pris cette charge, me dit-il, j'eus besoin d'argent pour payer mes *provisions*; je vendis ma bibliothèque. » Mᴏɴᴛᴇsǫ. « Le cardinal de Richelieu n'eut les *provisions* de premier ministre qu'en 1629, le 21 novembre; Louis XIII les signa seul de sa main. » Vᴏʟᴛ. « Sixte V envoyait un légat à Paris et lui donnait une juridiction entière sur les laïques.... Ses lettres de créance et les *provisions* de sa juridiction suprême furent enregistrées sans difficultés au parlement de Paris. » Iᴅ. « En 1747, Maurice de Saxe fut créé maréchal général de toutes les armées du roi; les *provisions* sont datées du 12 janvier. » Tʜᴏᴍ. — Le gendre de Mme de Sévigné, le comte de Grignan, reçut du roi, en 1869, le *brevet* qui l'autorisait à porter le cordon bleu (Sᴇ́ᴠ.). Il y avait déjà longtemps qu'il avait obtenu les *provisions* en vertu desquelles il exerçait en Provence les hautes fonctions de lieutenant général!.

Toutefois il est à remarquer que dans la hiérarchie ecclésiastique le mot de *provisions* était seul usité, même pour désigner un *brevet* proprement dit, une collation, le don d'un bénéfice. « Il vaquait un bon *preferment* (bénéfice) à la nomination de milord Chesterfield.... Il me donne une lettre pour M. Sidrac. Je ne doute pas que M. Sidrac ne soit celui qui doit m'expédier les *provisions* de ma cure.... » Vᴏʟᴛ. Dans les *Ordonnances synodales* de Bossuet, on lit: « Déclarons que nous sommes résolus de n'accorder ni *provisions* de bénéfices aux curés, ni *visa*, qu'à ceux (des curés) qui seront capables d'instruire par eux-mêmes. »

BROUILLON, TRACASSIER. Qui met le trouble, le désordre dans les affaires ou entre les personnes.

La différence principale, peut-être l'unique, provient de ce que *tracassier* possède et possède seul une terminaison diminutive et familière.

Brouillon s'emploie dans le grand, et, par exemple, en parlant des perturbateurs du repos public. « Je ne saurais aucunement approuver ces humeurs *brouillonnes* et inquiètes qui, n'étant appelées ni par leur naissance ni par leur fortune au maniement des affaires publiques, ne laissent pas d'y faire toujours en idée quelque nouvelle réformation. » Dᴇsᴄ. « Les décemvirs menacèrent Fabius de le faire précipiter du haut de la roche Tarpéienne, comme un séditieux et un *brouillon*. » Vᴇʀᴛ. Dans les *Dialogues des Morts*, de Fénelon, Charon dit à Alcibiade : « Je vois bien que tu as été un dangereux *brouillon*. » A quoi Mercure ajoute : « Tu as mis le feu partout; c'est toi qui as allumé cette horrible guerre dans toute la Grèce. » Et Charles VII à Jean, duc de Bourgogne : « Quand on a affaire à un homme aussi violent et aussi *brouillon* que vous l'étiez, assassiner est le plus sûr. » « Les seigneurs ambitieux, souples et *brouillons*, chercheraient avec ardeur à entrer dans ce conseil. » Fᴇ́ɴ. Saint-Simon, dans l'affaire de la *Constitution*, conseilla au régent de faire enlever trois jésuites qu'il appelle « les boute-feux de toute cette affaire, trois *brouillons* très-pernicieux ».

Tracassier se dit familièrement, ou bien pour exprimer le même défaut en petit, c'est-à-dire s'exerçant, non plus dans les États, mais dans les familles, entre particuliers, et employant de petits moyens, tels que les faux rapports et les commérages. « Il ne faut point avoir de rapporteurs, qui s'empressent à vous empoisonner du récit de toutes les petites fautes des particuliers; mais il faut avoir des gens de bien, qui, malgré eux, soient chargés en conscience de vous avertir des choses qui le mériteront : ceux-là ne vous diront que le nécessaire, et laisseront le superflu aux *tracassiers*. » Fén. « A Paris, les femmes sont moins indiscrètes, moins *tracassières* que chez nous, moins peut-être que partout ailleurs. « J.-J.

Oui, oui défaites-nous de cette *tracassière*. Dest.
Chacun du *tracassier* se venge en le fuyant ;
    De sa sottise semillante
Laissez-lui l'ardeur pétillante :
Le bon ton n'est jamais bruyant. Del.
Tu m'as donné pour femme une mégère....
Elle est fausse, elle est *tracassière*. Volt.

« Ce Castel-là est un chien enragé ; c'est un fou de mathématiques, et le *tracassier* de la société. » Id.

BRULER, GRILLER. On dit également au figuré *brûler* et *griller* de faire une chose, ce qui signifie le désirer beaucoup.

Mais *brûler*, éprouver une *brûlure*, a pour idée dominante l'ardeur ou la violence du désir. « De quelle adresse une femme n'a-t-elle pas besoin pour faire qu'on lui dérobe ce qu'elle *brûle* d'accorder ! » J.-J.

Sans cesse vous *brûles* de voir tous vos parents
Engloutir à la cour charges, dignités, rangs. Boil.

Griller, être sur le gril, sur les charbons, ne pouvoir plus y tenir, suppose surtout de l'impatience ; si bien que *griller* employé d'une manière absolue veut dire, comme le remarque avec raison l'Académie, *brûler* d'impatience. « Mais achevez votre conte, tous ces seigneurs et moi nous *grillons* d'en savoir le reste. » Les.

La femme du pondeur s'en retourne chez elle.
L'autre *grille* déjà de conter la nouvelle. Laf.

D'ailleurs *brûler* est de tous les styles : il se trouve dans les meilleures tragédies. Il peut servir à exprimer un désir relevé, et, par exemple, une noble ambition. « Au souvenir des héros parmi lesquels ce prince *brûlait* de se placer. » Staël. « Je *brûle* de servir mon roi. » Maint. *Griller*, au contraire, appartient toujours au langage familier, et il dénote une simple envie, une démangeaison. « Restait encore la curieuse Cristalline, qui *grillait* de savoir ce qu'on allait lui annoncer. » Ham.

    Ah ! ah ! quelle douleur
      Pour le cœur
      D'une fille
    Qui sèche, qui *grille*
    De voir son amant.
    (Ariette de *Rose et Colas*). Sed.

BURLESQUE, GROTESQUE. Ces mots, relatifs à l'art et à la manière de s'exprimer, signifient très-bouffon.

Pellisson paraît les avoir confondus ; car il dit dans son *Histoire de l'Académie française* : « M. de Saint-Amant se chargea de faire la partie comique du dictionnaire, et de recueillir les termes *grotesques*, c'est-à-dire, comme nous parlerions aujourd'hui, *burlesques*. »

Ainsi que l'annonce leur terminaison, ils viennent de l'italien l'un et l'autre, mais chacun avec sa nuance propre. *Burlesque*, *burlesco*, de *burlare*, se moquer, désigne originairement un genre de poésie plaisant et trivial, dont les Italiens nous ont donné et l'exemple et le nom. *Grotesque*, *grottesco*, s'est dit d'abord d'un genre de peinture les *grotesques*, ou, comme on devrait l'écrire, les *grottesques* sont des ornements de peinture bizarres, imités de ceux qui furent découverts à Rome dans les *grottes* ou ruines du palais de Titus.

Burlesque se rapporte donc à l'art et à la manière de s'exprimer en littérature, c'est-à-dire par la plume et quelquefois par la voix. « Qu'est-ce que la *Batrachomyomachie* attribuée à Homère, sinon une bouffonnerie, un poëme *burlesque* ? » Volt. « Dans le système des monades de Leibnitz l'âme et le corps sont deux automates qui vont chacun à part, à peu près comme dans certains sermons *burlesques* un homme prêche tandis qu'un autre fait des gestes. » Id. « Les contes *burlesques* des Anglais. » Staël. « Avoir un accent *burlesque*. » Ham. Mais *grotesque* convient seul pour la peinture, pour ce qui est représenté aux yeux par le pinceau. « Watteau a été dans le gracieux à peu près ce que Teniers a été dans le *grotesque* : il a fait des disciples dont les tableaux sont recherchés. » Volt.

    Un groupe de mazettes
Très-gravement poursuit ce chant falot,
  Concert *grotesque* et digne de Callot. Gress.

Ce qui est *burlesque* rappelle, suivant la définition de Boileau, le langage des halles ; ce qui est *grotesque* est une caricature ou y ressemble.

Que si *grotesque* s'emploie aussi par rapport à des œuvres littéraires, c'est quand et en tant qu'elles sont ou contiennent des peintures, quelque chose qui parle aux yeux. « Il serait difficile de décider si la chevalerie errante est plus tournée en ridicule par les peintures *grotesques* de Cervantes que par la féconde imagination de l'Arioste. » Volt.

    Cette moderne histoire
Est un peu folle, il en faut convenir....
    Ma Minerve sévère
Adoucira ses *grotesques* portraits,
En les voilant d'une gaze légère,
Ne montrera que la moitié des traits. Gress.

On qualifie bien de *burlesque* (et non pas de *grotesque*, quoi qu'en dise Pellisson) un mot (Boil.) ou un vers (Volt.). Mais, comme on applique l'épithète de *grotesque* à un habit (Mol.), à un équipage (J.-J. Dest.), à une figure (Dest., Les.), de même on s'en sert en parlant d'une imagination (Pasc.) et d'un spectacle dépeint dans un livre ou dans une comédie, par exemple, parce qu'une imagination et un spectacle font image, sont une sorte de tableau. « Le peuple d'Athènes n'exigeait point qu'on mêlât (dans les drames), comme en Angleterre, les scènes *grotesques* de la vie commune aux situations héroïques. » Staël. « *Rinconet* et *Cortadille* de Cervantes est un tableau *grotesque*, mais vrai, des fripons de Séville. » Flor. « Ce spectacle *grotesque* (contenu dans les deux derniers actes du *Bourgeois gentilhomme*) est amené pour divertir la multitude. » Lah. « Le *Légataire* est rempli de situations qui, par la forme, approchent du *grotesque*, telles que le déguisement de Crispin en veuve et en campagnard. » Id.

BUT, OBJET, FIN. Ce à quoi on tend, ce à quoi on s'efforce d'arriver. Se proposer un *but*, un *objet* ou une *fin;* se proposer telle chose pour *but,* pour *objet* ou pour *fin.*

Le *but* est au bout de la carrière; l'*objet* est posé devant; la *fin* termine ou fait cesser l'action.

On marche vers le *but;* il est plus ou moins éloigné, on en approche plus ou moins; on l'atteint ou ne l'atteint pas. « Pourvu que je vous mène à mon but. » Fén. « Pythagore revint à Samos, chargé de précieuses dépouilles qui avaient été le *but* de ses voyages. » Roll. — On a l'*objet* sous les yeux comme un idéal auquel on se conforme; on le perd ou on ne le perd pas de vue. « La morale se propose pour *objet* de régler les mœurs. » Roll. « On ne peut pas douter que César n'ait eu cet *objet* en vue dès ses premières années; car on ne voit aucune démarche de lui qui ne tende à ce but. » Id.

Et donne à tes désirs pour immuable loi,
Que leur unique *objet* soit le bien de me plaire,
Et leur unique *but* de ne chercher que moi. Corn.

— On agit pour une *fin,* on y emploie tels ou tels moyens : qui veut la *fin* veut les moyens, dit le proverbe; la *fin* ne justifie pas toujours les moyens. « Il n'y aurait rien de plus insensé que de rejeter ces moyens par attachement à la *fin,* puisque, au contraire, cet attachement nous les doit faire chérir. » Boss. « Si, dans chaque action, on laisse à part les moyens pour ne considérer que la *fin,* on trouve incomparablement plus de bonnes actions que de mauvaises. » J. J.

On dit proprement le *but* d'un voyage ou d'une course ou de ce qui y ressemble : Le *but* de la vie. On dit particulièrement bien l'*objet* d'un discours ou d'un écrit, et de tout ce qui se fait en ayant attention à quelque chose, à la vérité, par exemple, à la religion ou aux mœurs. On dit la *fin* d'une action, et c'est presque toujours en opposition aux moyens dont on se sert pour y parvenir.

On poursuit un *but;* on a tel *objet* en vue; on agit pour telle *fin.*

C

CADUC, CASSÉ. Ces deux mots se disent d'un homme presque décrépit, qui décline, dont la fin est prochaine.

Caduc, d'où vient le substantif abstrait *caducité,* annonce une qualité abstraite, qui s'adresse moins à l'imagination qu'à l'esprit. *Cassé,* au contraire, est une expression toute concrète qui représente un corps courbé et comme plié en deux. On dit l'âge *caduc* (Boss.), une *caduque* vieillesse (Bourd., Boss., Fén., Bern.) : L'âge de quarante ans paraît *caduc* à la jeunesse (Vauv.); mais on dit un corps *cassé* (Mol., J. J.), un vieillard *cassé* (Regn., Fén., J. J.), un vieillard qui soutient d'un bâton ses membres *cassés* (Boss.).

Ensuite, on est *caduc,* on est devenu *cassé.* Le premier de ces mots désigne une qualité sans la faire concevoir comme acquise; au lieu que le second donne à entendre que cette même qualité a été produite dans le sujet, non pas naturellement et par le seul effet de l'âge, mais par une cause particulière. On est vieux et *caduc* (Boss., Labr.); un soldat est recru et *cassé* (Montaig.). « Le roi parut fort *cassé,* maigri et avoir très-méchant visage. » S. S. *Caduc* s'emploie simplement; avec *cassé* on peut très-bien mettre d'autres mots servant à exprimer de quelle manière on a été *cassé,* réduit à l'état d'un homme *cassé.* « Déjà *cassé,* moins par les infirmités d'un âge avancé, par les fatigues de ses voyages et de ses guerres, que par les austérités d'une vie dure et pénitente, saint Louis part et marche encore contre les infidèles. » Mass.

CAILLER, COAGULER, FIGER, CONGELER. Faire passer de l'état liquide à l'état solide.

Cailler, italien *quagliare,* paraît avoir été formé du latin *coagulare,* d'où évidemment *coaguler* tire son origine. Or, par cela seul que le primitif commun à ces deux verbes français, lequel est emprunté d'une langue ancienne, se trouve dans *cailler* défiguré par les transformations qu'il a subies, tandis que *coaguler,* au contraire, le représente d'une manière exacte et parfaitement reconnaissable, l'un est vulgaire, et l'autre savant ou didactique. Nous disons en langage ordinaire, du lait ou du sang *caillé.* Mais Voltaire écrit, en faisant allusion à un passage de l'*Esprit des lois:* « On a prétendu que la loi de Mahomet qui défend de boire du vin est la loi du climat d'Arabie, parce que le vin y *coagulerait* le sang et que l'eau est rafraîchissante. » Et on lit dans une dissertation de Montesquieu sur la *botanique* : « Les sucs de la terre, lorsqu'ils sont parvenus au bout des branches, s'arrêtent sur la superficie, et commencent à se *coaguler.* » Pareillement, dans l'*Histoire naturelle* de Buffon : « Les grès formés par le sédiment des eaux sont plus solides et plus durs que les grès *coagulés* par le feu. » « L'esprit de vitriol ronge de certains mixtes et en *coagule* d'autres comme sont le sang et le lait. » Charas (*pharmacie*).

De leur côté, *figer* et *congeler* ont cela de bien particulier, qu'ils expriment un phénomène qui s'opère par le refroidissement, au lieu que la *coagulation* se fait par l'échauffement. Et quant à la différence entre l'un et l'autre, elle se rapporte au degré. Ce qui est *figé,* du latin *figere,* ficher, arrêter, a pris assez de consistance pour ne plus couler, pour être fixe et non plus fluide; et ce qui est *congelé* est devenu de la glace (*gelu*), c'est-à-dire quelque chose de dur comme la pierre. De l'huile *figée,* de l'eau *congelée.*

CAISSE, COFFRE ; — CASSETTE, BOITE. Noms de certains contenants faits de main d'homme pour recevoir et conserver différents objets solides.

La *caisse* et le *coffre* sont de grande dimension, au lieu que la *cassette* et la *boîte* sont essentiellement petites. Il faut toute la force d'un homme et parfois même de plusieurs pour transporter une *caisse* ou un *coffre;* moins volumineuses et moins pesantes, la *cassette* et la *boîte* se portent aisément à la main, sous le bras, ou de quelque autre manière. « On envoya de Gênes à Son Éminence une grande *caisse* de confitures bien dorées et artistement arrangées dans leurs *boîtes*. » Les. « Vous garderez ces lettres : mais il n'y a plus de *cassettes* capables de les contenir : hélas ! il faudra des *coffres*. » Sév. « C'est de là qu'on appelle cette édition si correcte qu'Alexandre fit faire d'Homère 'édition de la *Boîte*, parce que le petit *coffre* où il l'enferma servait auparavant de *boîte* à garder des odeurs et des parfums. » Vaug.

Je m'en vais vous donner de l'argent pour l'avoir.
Tirez-moi ma *cassette*, elle est dans cette *caisse*. Laf.
Des os taillés, sculptés, et façonnés sans frais,
Sont changés en coffrets, sont transformés en *boîtes*.
Del.

Caisse, coffre. — La *caisse* (peut-être du latin *capsa*, grec κάψα) est faite plus grossièrement, d'une matière et d'une manière moins solide, moins durable : c'est un assemblage de planches d'un bois léger, et on s'en sert surtout pour expédier des effets, tels que des marchandises. D'ailleurs, ou elle ne ferme point du tout, comme on le voit par les *caisses* à orangers, ou elle ne ferme pas à clef, le dessus en est fixé avec des clous, au moins pour l'ordinaire. Une bière est une *caisse*. « Monseigneur avait dans son cabinet une grande *caisse* de bois blanc remplie de toutes sortes de confitures sèches. » Les. « Je viens de recevoir cette réponse par la diligence avec une *caisse* que ma fille envoyait à sa sœur. » Bussy. « On vient de m'envoyer la *caisse* (contenant un cadeau de plantes rares).... Il m'a paru plus convenable, puisque j'avais à la rendre, de la renvoyer sans l'ouvrir. » J. J. On embarque sur les bâtiments marchands des ballots et des *caisses* (Bern.).

Mais le *coffre* (en allemand *koffer*, en anglais *coffer*) est un objet d'art ; c'est un meuble, une espèce d'armoire sans pied et moins haute que longue, qui s'ouvre en levant un couvercle, et dans laquelle on met sous clef de l'argent, du linge, des papiers et autres choses semblables. L'arche de Noé et l'arche d'alliance étaient des *coffres* et non des *caisses*. « Si leurs femmes ont perdu seulement un denier, il faut alors renverser toute une maison, déranger les lits, transporter des *coffres*, et chercher dans les recoins les plus cachés. » Labr. « Dans ce temps-là (1562) on allait à la cour habiter une chambre où il n'y avait que des *coffres* pour meubles. » Volt. « Mesdames, voici des *coffres* qui vous serviront de fauteuils. » Mol. « Il ne fut pas une heure dans la prison, et ceux qui l'y avaient mis n'eurent pas le temps d'avoir un *coffre* de papier qui avait été transporté avec lui à la Conciergerie. » S. S. « Sa mère ne lui donnait pas une assiette d'argent, ayant deux *coffres* pleins de la vaisselle de nos oncles. » Sév. « Hébert prit dix *coffres* de linge sur son soin. » Sév. « L'abbé Bigorre m'a envoyé l'édit et le rehaussement des monnaies : ah ! c'est cela qui vous enrichira, supposé que vos *coffres* soient pleins. » Sév.

As-tu trouvé le *coffre* à ton gré copieux ?
Ses écus, ses louis étaient-ils neufs ou vieux ? Regn.

Les *coffres* ayant cessé peu à peu d'être employés comme meubles dans les maisons, et ayant été remplacés dans les voyages par les malles, le mot est tombé en désuétude si ce n'est en parlant du passé. *Caisse* a gagné d'autant. Ainsi, nous ne disons plus aujourd'hui, les *coffres* mais les *caisses* de l'État, et, en termes d'administration, de banque et de commerce, *caisse* a été substitué à *coffre* sans que l'usage ait tenu compte de la signification précise attachée à chacun de ces termes.

Cassette, boîte. — La *cassette* (petite *casse* ou petite *caisse*) est moins petite que la *boîte* : on n'a pas de peine sans doute à la porter, mais on ne la porte pas, comme d'ordinaire la *boîte*, sur soi ou dans sa poche. Du reste, elle a cela de tout particulier, qu'on n'y met que des objets de prix, en cela plus semblable au *coffre* qu'à la *caisse* en dépit de l'étymologie. « Les petites hordes errantes portaient de village en village leurs dieux dans des *coffres*, sur des charrettes traînées par des bœufs.... Les Iduméens, quelques Sabéens portaient dans des *cassettes* les représentations grossières d'une étoile. » Volt. « Le livre des lois de Minos était un grand livre qu'on tenait enfermé dans une *cassette* d'or avec des parfums. » Fén. « Il y a peut-être plus de diamants et de perles dans les *cassettes* des Hollandais que dans celles des bijoutiers du Portugal. » Bern. « M. de Guitaud (dont la maison était toute en feu) m'envoya une *cassette* de ce qu'il a de plus précieux. » Sév. « La reine d'Angleterre, à Saint-Germain, se trouva toute servie comme la reine, de toutes sortes de hardes, parmi lesquelles était une *cassette* très-riche avec six mille louis d'or. » Sév. « On trouva chez lui les pièces de la conjuration, les divers traités, et cinq *cassettes* pleines de lettres, d'instructions, d'actes.... » S. S. « Le duc d'Orléans fit porter la *cassette* des sceaux devant lui. » Id. « J'aperçus dans la boutique d'un marchand une espèce de *cassette* à bijoux fort propre. » Les.

Il prit aussi la *cassette* aux bijoux,
Aux diamants, aux témoignages doux
Que reçoit et garde une amante. Laf.

La *boîte*, la *boiste* (de *buxum*, buis, petit objet en bois de buis) se distingue et par sa petitesse et par la multitude de ses destinations. Une bonbonnière et une tabatière sont des *boîtes* ; c'est dans des *boîtes* que se vendent ou qu'on met les choses les plus vulgaires, certains remèdes, différentes poudres, les pains à cacheter, les allumettes, etc. Une *boîte* d'onguent, de pilules (Acad.). « Je la prie de me donner une *boîte* de son fard. » Laf. « N'avez-vous point de honte de nous montrer cette vieille chaire de Saint-Pierre avec le dos rompu, et pleine de vermoulure ! Voulez-vous qu'on regarde votre *coffre*, où sont tant de richesses spirituelles, comme une *boîte* d'orviétan ou de mithridate ? » Montesq.

CALME, BONACE. Ces mots représentent dans la nature un état de tranquillité, un état où on n'éprouve ni trouble ni agitation.

Il n'y a guère que *calme* qui soit usité aujourd'hui ; mais *bonace* s'est dit autrefois en même temps que *calme*, et il importe de savoir dans quelles circonstances et avec quelles nuances particulières.

Calme, quelle qu'en soit l'étymologie, a une

grande généralité : le *calme* est un état qui peut régner partout. Mais *bonace*, c'est-à-dire temps bon ou favorable (pour la navigation), s'emploie uniquement en parlant de la mer. Pour s'exprimer exactement, il faudrait opposer le *calme* à l'orage et la *bonace* à la tempête.

Mais une différence plus frappante semble avoir prévalu sur celle-ci. *Calme*, d'où le verbe *calmer*, est relatif à un état antérieur de violence qui a été apaisé ; en sorte que le *calme* succède à l'orage.

Il se promet en vain le *calme* après l'orage. Corn.
Jusqu'à ce que l'orage ait moins de véhémence,
Jusqu'à ce que le *calme* ait pu le dissiper. Id.

Bonace, au contraire, suppose un état ultérieur de violence qui surviendra ; si bien que la *bonace* précède l'orage, au lieu de venir après comme le *calme*. « Vous vivez ici dans la cour, et je veux croire que la vie vous y semble douce ; mais certes vous n'avez pas si fort oublié les tempêtes dont cette mer est si souvent agitée, que vous osiez vous fier tout à fait à cette *bonace*. » Boss.

Ces moments passeront avec tous leurs attraits,
Et la tentation se coulant en leur place,
Y fera succéder l'orage à la *bonace*. Corn.

Le *calme* est donc une cessation et la *bonace* une exemption d'orage ou de tempête. Le *calme* est le rétablissement de la *bonace* après l'orage ; la *bonace*, un état qui préexiste à l'orage et qui peut en être troublé. Dans le *Cid*, l'infante cherche à consoler Chimène en lui disant :

Tu reverras le *calme* après un tel orage.

Mais Chimène lui répond que l'orage qui a troublé la *bonace* ne se calmera point et se signalera par un naufrage.

CANAL, CONDUIT, TUYAU. Corps d'une certaine longueur et d'une certaine capacité, donnant ou pouvant donner passage à différentes choses.

Canal, latin *canalis*, se distingue de trois manières. Il est de ces mots qui se disent au figuré, il désigne un corps qui peut être très-grand en longueur et en capacité, et, de plus, ce corps, le *canal*, est uniquement destiné à recevoir et à faire passer de l'eau ou un liquide quelconque.

Conduit, du verbe français *conduire*, est sensiblement opposé à *canal* sous ces trois rapports, particulièrement sous le dernier, le plus important de tous, c'est-à-dire en ce qui concerne la nature des choses auxquelles le *canal* et le *conduit* servent de contenant et de moyen de transport. Le *canal* ne reçoit que de l'eau ou des liquides. « Dieu a distribué l'eau avec soin sur la terre, comme les *canaux* d'un jardin. » Fén. « Les branches distribuent en divers *canaux* la sève que les racines avaient réunie dans le tronc. » Id. « Les *canaux* dans lesquels notre sang et nos liqueurs coulent nous sont très-connus. » Volt. Mais ce ne sont pas seulement des choses liquides qui passent par le conduit. « Le crâne se trouve percé régulièrement pour les deux yeux, pour les deux oreilles, pour la bouche et pour le nez. Il y a des nerfs destinés aux sensations qui s'exercent dans la plupart de ces *conduits*. » Fén. La trachée-artère est le *conduit* de la voix (Id.) ; « c'est le *conduit* par où l'air qu'on respire est porté dans les poumons. » Boss. Le *conduit* et non le *canal* a

ditif. « Il y a un grand nombre d'oiseaux qui n'ont point de narines, c'est-à-dire point de *conduits* ouverts au-dessus du bec, en sorte qu'ils ne peuvent recevoir les odeurs que par la fente intérieure qui est dans la bouche. » Buff. — Quand on assiège une place, on en coupe les *canaux* pour empêcher l'eau d'y parvenir (Boss.). On en bouche les *conduits* pour intercepter tout ce qu'on voudrait y introduire de secours, même des hommes. « Marius tâcha de s'échapper par des *conduits* souterrains. » Vert.

Je sais qu'il fit trancher et clore ce *conduit*
Par où ce grand secours devait être introduit. Corn.

Tuyau, d'une origine incertaine, et très-probablement vulgaire, ressemble beaucoup à *conduit*. Mais il a cela de propre, qu'il signifie généralement quelque chose de plus petit. *Tuyau* capillaire (Acad.). « Il faut que ce mouvement se communique au cerveau par le moyen de petits filets enfermés dans les nerfs, comme dans des *tuyaux*, qui sont étendus comme de petites cordes. » P. R. D'ailleurs, le *tuyau* se considère plutôt comme vide, comme ne *conduisant* rien actuellement, comme ne contenant que de l'air : un *tuyau* de plume, un *tuyau* de paille, un *tuyau* de soufflet. Enfin, ce qui fait de *tuyau* un mot tout à fait à part relativement aux deux autres, c'est qu'il est primitif, c'est qu'il exprime assez souvent une partie du *canal* ou du *conduit* : les *tuyaux* d'une fontaine (Boss.) : poser des *tuyaux* (Acad.).

CANONICAT, CHANOINIE. Place de chanoine, de prêtre attaché à une église, faisant partie du chapitre et vivant des revenus de cette église.

Le *canonicat* est plus grand et plus relevé que la *chanoinie*. « Henri II, empereur d'Allemagne, veut se faire chanoine de Strasbourg, et fonde un *canonicat*, dont le possesseur est appelé *le roi du chœur*. » Volt. « A la vued'un chanoine du saint-siège de Tolède, je me sentis saisi d'un profond respect, ayant ouï dire qu'un *canonicat* de cette Église valait deux évêchés d'Italie. » Les. « La grâce que je vous demande, sire, est un *canonicat* de votre chapelle royale de Vincennes. » Mol. « Ce beau nom de tribun signifiait des pensions pour cinq ans ; ce grand nom de sénateur signifiait des *canonicats* à vie. » Staël.

La *chanoinie* est un petit *canonicat*, un *canonicat* de peu d'importance. « L'enchanteur aurait bien pu faire prendre au seigneur Valentin une *chanoinie* pour un évêché ; en acceptant la prébende du bourg d'Ateca, messire Valentin, auparavant archevêque de Reims, est proprement devenu d'évêque meunier. » Les. « Il se trouva parmi nous dans le carrosse un petit abbé espagnol qui allait prendre possession d'une *chanoinie* à Bruxelles. » Regn.

CAP, PROMONTOIRE. Pointe de terre élevée qui s'avance dans la mer.

Quoique *cap* vienne du latin *caput*, tête, c'est le mot commun, celui qui est spécialement usité en termes de géographie moderne. La raison en est qu'il ne reproduit qu'incomplètement son primitif, qui, d'ailleurs, n'avait pas en latin l'acception que *cap* a reçue en français. « Du *cap* Gonsalvez au *cap* des Trois-Pointes, l'Océan forme un golfe ouvert qui n'a rien de remarquable, sinon un *cap* fort avancé. » Buff. « Les *caps* sont tous célèbres par leurs tempêtes, comme le *cap* Finistère, le *cap* de Bonne-Espérance et le *cap* Horn. » Bern. *Promontoire*, au contraire, rappelant exactement le latin *promontorium*, qui a signifié la même chose, convient particulièrement bien en parlant de la géographie ancienne. « Comme Annibal tournait un *promontoire*, la flotte des Romains se présenta en ordre de bataille. » Cond. « Pline nous apprend que, pour faire la navigation des Indes, on alla d'abord du *promontoire* de Siagre à l'île de Patalène. » Montesq. « Depuis Auguste, les Romains découvrirent le *promontoire* Raptum et le *promontoire* Prassum, dont Strabon ne parle pas. » Id. « Les Perses se retirèrent à Mycale, *promontoire* du continent d'Asie. » Roll. « L'île de Trinacrie est ainsi appelée à cause de ses trois *promontoires*. » Id. « Par ce traité, les Romains ne pouvaient naviguer au delà du *Beau-Promontoire*, qui était tout près de Carthage. » Id. — « Les pirates se renfermaient alors dans la mer entre le Pirée et le *promontoire* de Malée, appelé aujourd'hui le *cap* Malio. » Roll. « C'était sur le *cap* Misène que Corinne avait fait préparer les danses et la musique.... Pline, dit-elle, cherchant la science, partit de ce *promontoire* même pour observer le Vésuve à travers les flammes. » Staël.

Mais cette distinction, déjà indiquée par l'Académie, n'est pas toujours observée : on se sert quelquefois de *cap* en géographie ancienne et de *promontoire* quand il est question de géographie moderne. Quelle est alors la considération qui détermine et doit déterminer dans l'emploi de ces deux mots?

C'est que *cap* ne suppose pas, comme *promontoire*, une élévation considérable : « On voyait, à cent pas de là, un château sur une petite élévation qui s'avançait en forme de *cap* dans la mer. » Les. Le *cap* est une *tête* de terre, comme on dit une *tête* de pont ou une *tête* d'armée, c'est-à-dire la partie avancée d'une chose étendue plutôt que haute. Mais le *promontoire* (mons pro, montagne qui s'avance, ou même haute montagne) est un *cap* qui se distingue par sa hauteur. « Les Andes s'arrêtent dans la Terre-de-Feu, où elles présentent à l'Océan un *promontoire* de glaces éternelles, d'une hauteur prodigieuse. » Bern.

Outre cela, *cap* est un terme technique de géographie, inusité hors de cette science ; au lieu que *promontoire* a un caractère littéraire en quelque sorte et une signification plus susceptible de s'étendre. « Souvent il se forme au ciel des paysages.... On y voit des *promontoires*, des rochers escarpés, des tours, des hameaux. » Bern.

La colombe aussitôt usa de charité :
Un brin d'herbe dans l'eau par elle étant jeté,
Ce fut un *promontoire* où la fourmis arrive. Laf.

CAPITALES, MAJUSCULES. Lettres plus grandes que les autres et qui se mettent au commencement des chapitres, des phrases, des vers, des noms propres, etc.

Capitales s'emploie de préférence en termes d'imprimerie. « On nomme ainsi, suivant l'*Encyclopédie*, dans la pratique de l'imprimerie, certaines lettres qui, quoiqu'elles fassent partie d'une fonte et soient du même corps de caractère, diffèrent seulement en ce que l'œil en est plus gros, en ce que la figure n'est pas la même, et qu'elles sont moins d'usage et moins courantes dans l'impression. »

Majuscules est plutôt un terme d'écriture. C'est ce qu'atteste encore l'*Encyclopédie*, dans laquelle on lit : « *Majuscules* se dit, dans l'écriture, des lettres capitales et initiales; c'est un terme peu usité dans l'imprimerie, et qui tient plus de l'art de l'écriture. »

Que si toutefois on peut sans impropriété choquante se servir du mot *capitales* dans l'art de l'écriture, et du mot *majuscules* quand il est question d'imprimerie, au moins on doit avoir soin d'observer que les *capitales* sont plus grandes que les *majuscules*. En effet, *capitales*, de caput, tête, signifie ce qui est à la tête, ce qu'il y a de plus grand dans un genre; et *majuscules* est pris du latin *majusculus*, qui veut dire un peu plus grand que les autres objets du même genre. « On distingue pour écrire deux mouvements : le mouvement des doigts et celui du bras; le premier pour les lettres mineures et quelques *majuscules*; le second pour les *capitales*, les traits, les passes, les entrelas, et la plus grande partie des *majuscules*. » *Encyclopédie*.

CAPTURE, PRISE. Action de s'emparer de quelque chose ou résultat de cette action.

Capture reproduisant exactement un mot latin, *captura*, de *capere*, prendre, se dit particulièrement bien en termes de jurisprudence. « Cette conspiration fut déconcertée par la *capture* de la cassette de Mercy. » S. S. *Prise*, du verbe *prendre*, ayant au contraire une origine toute française, convient mieux dans le langage commun. « Attends, jeune homme, dit la fée, et cesse de poursuivre les bêtes de la forêt; une *prise* plus considérable se présente à toi : je t'offre mon cœur et ma main. » Les. Pareillement l'action d'appréhender quelqu'un se nomme vulgairement et par rapport au public une *prise*, mais, en style de palais et par rapport à la justice, une *capture*. « M. le président et M. Talon commencèrent par faire arrêter M. de Canillac.... Ils auraient mieux fait de n'épouvanter pas d'abord un grand nombre de gentilshommes qui se retirèrent d'abord après cette *prise*.... Tout le monde est d'accord que cette première *capture* est un bon coup pour le juge, mais non pas pour la justice. » Flech. Dans les sciences, en histoire naturelle, par exemple, *capture* s'emploie de préférence à *prise*. « Le butor fait grande *capture* de grenouilles. » Buff. « Lorsque la femelle du héron vient à couver, le mâle va à la pêche, et lui fait part de ses *captures*. » Id.

En outre, *capture* par sa terminaison, marque essentiellement un résultat, au lieu que *prise*, quoique formé d'un participe passif, *pris*, se rapporte davantage ou plus souvent à l'action. Un corsaire opère la *prise* d'un bâtiment marchand appartenant à une nation ennemie, et, quand il considère les richesses qui y sont contenues, il trouve que c'est une des meilleures *captures* qu'il ait faites (Bern.). « Mes compagnons (de piraterie) avaient péri presque tous dans trois combats où on avait fait trois *prises* différentes. Comme ce n'était pas ma faute si je n'avais point combattu avec eux, j'eus ma part, ainsi que les autres, dans les *captures* qui avaient été faites. » LES.

Que si toutefois *prise* convient aussi pour désigner ce qui a été saisi, le butin, il semble alors, non plus être moins noble que son synonyme, mais signifier quelque chose de moindre. « On jugea qu'il était plus à propos de continuer à croiser sur les côtes d'Afrique, afin de faire quelque autre *prise*, et d'aller vendre le tout à Saint-Domingue, ou bien à Cadix, supposé que nous fissions quelque *capture* considérable. » LES.

CARACTÈRE, GÉNIE. On dit également et indifféremment, ce semble, le *caractère* et le *génie* de certaines choses, d'une nation, d'une langue, par exemple, pour signifier ce qui leur est propre, ce qui les distingue des autres. « Les langues seraient ainsi une peinture du *caractère* et du *génie* de chaque peuple. » COND. « Ce sera le temps de bien faire sentir aux jeunes gens le *génie* et le *caractère* de la langue française. » ROLL.

La différence revient à celle du passif à l'actif. En effet, le *caractère* est une marque, une empreinte faite sur une chose, et le *génie* est un talent. Le *caractère* fait qu'on est tel ou tel, bon ou mauvais, aimable ou haïssable; le *génie* fait qu'on est capable de certains effets ou de certaines productions. « Si on regarde les talents, Julien eut plus de *génie* que Marc-Aurèle; si on regarde le *caractère*, il eut plus de fermeté peut-être. » THOM. « Corneille, qui commence l'ère du *génie* français, doit beaucoup à l'étude des *caractères* espagnols. » STAËL. « Lessing a donné le premier aux Allemands l'honorable impulsion de travailler pour le théâtre d'après leur propre *génie*. L'originalité de son *caractère* se manifeste dans ses pièces. » ID.

Le *caractère* d'une nation ou d'une langue est l'ensemble de ses qualités ou sa qualité dominante; son *génie* est l'ensemble de ses aptitudes ou son aptitude principale.

Le *caractère* national ou de la nation, en France, est la légèreté, la gaieté, la sociabilité; en Angleterre, c'est le calme, la réflexion et le patriotisme. Le *génie* national ou de la nation, en France, est plutôt littéraire et guerrier; en Angleterre, industriel et commercial.

Le *caractère* de la langue française est la clarté; son *génie*, suivant Voltaire, la rend particulièrement propre à la conversation.

CARACTÈRE, HUMEUR. Manière d'être de l'âme, bonne ou mauvaise, qui est particulière à une personne et la distingue des autres. On dit bien et sans différence apparente, un *caractère* timide, gai, doux, altier, et une *humeur* timide, gaie, douce, altière.

Cependant, *caractère* désigne une forme de l'âme constante, et *humeur* une disposition passagère. Un homme de mauvais *caractère* est toujours mauvais; un homme de mauvaise *humeur* est entré en mauvaise *humeur* (PASC.), paraît mauvais dans l'occasion et par accident. Cet homme, d'un *caractère* si bon, vient de se montrer de fâcheuse *humeur* pour la première fois. Homère, Théophraste et Labruyère ont excellé à peindre des *caractères*, et non pas des *humeurs*. L'*humeur* est essentiellement variable et fugitive: on ne soutient pas son *humeur* comme on soutient son *caractère*.

Le *caractère* suppose de l'empire sur soi-même; à tel point que avoir du *caractère* signifie avoir de la force d'âme, de la fermeté. L'*humeur*, au contraire, est, comme de la passion, un entraînement, l'effet de la complexion. En conséquence, l'homme à *caractère* doux est doux par principe, parce qu'il veut l'être en s'efforçant de l'être; au lieu que l'homme à *humeur* douce est doux par tempérament, par une inclination de sa nature sensible. On dit, un grand, un beau, un noble *caractère*, un *caractère* de franchise et de droiture, et là *humeur*, à la place de *caractère*, serait d'une impropriété choquante.

Le *caractère* est plutôt une manière dont on est et dont on agit à l'égard des autres. « Ma Thérèse avait une *humeur* douce et un *caractère* aimable. » J. J. « Femme adorable autant par la douceur, par la bonté de son charmant *caractère* que par l'agrément de son esprit et par l'inaltérable gaieté de son *humeur*. » ID. « Mes malheurs n'ont point altéré mon *caractère*, mais ils ont altéré mon *humeur* et y ont mis une inégalité dont mes amis ont encore moins à souffrir que moi-même. » ID. Sans doute l'*humeur* est aussi parfois relative aux autres; mais elle se rapporte moins à la conduite proprement dite qu'aux manières et aux procédés. La bonté du *caractère* rend bienfaisant; celle de l'*humeur* affable. « On ne pouvait reprocher à Dion qu'un défaut; c'est qu'il avait quelque chose de dur et d'austère dans l'*humeur*, qui le rendait moins accessible et moins sociable. » ROLL.

Son esprit, il est vrai, n'est pas semblable au vôtre
Il est brusque, impoli; son *humeur* est toute autre.
RÉGN.

CARACTÈRES, LETTRES. Signes graphiques ou typographiques, signes à l'aide desquels l'écriture ou l'imprimerie parle aux yeux.

Caractères est dans ce sens un mot général, et *lettres* le mot spécial. Un *caractère* est une marque quelconque, et une *lettre* est une marque destinée à être lue. Parmi les *caractères* on distingue, outre ceux dont on fait usage en mathématiques, en astronomie et en chimie, par exemple, les *caractères* des *lettres* (ROLL., THOM.); les *caractères* de l'alphabet ou les *caractères* d'écriture et d'imprimerie s'appellent proprement *lettres*. « Si on prenait 24 pour racine de l'échelle arithmétique, il faudrait 14 *caractères* nouveaux qu'on serait obligé de retenir par mémoire; mais cela ne ferait aucune peine, puisqu'on retient si facilement les 24 *lettres* de l'alphabet lorsqu'on apprend à lire. » BUFF. « Ces lézards ont sur le dos des espèces de *caractères* du rouge le plus vif, qui ressemblent à des *lettres* arabes. » BERN. « Les premiers hommes ont cherché à exprimer leurs idées par des signes naturels, comme on le voit par les *caractères* primitifs de leur écriture, dont chaque *lettre* formait une pensée. » ID.

Ensuite, on dit plutôt *caractères* en termes d'imprimerie, et *lettres* en termes d'écriture: les *caractères* sont des empreintes, et les *lettres* des traits de plume ou des composés de traits de plume. « Il faut donner aux enfants un livre bien relié avec de belles images et des *caractères* bien formés.... On peut leur faire un divertissement de former des *lettres*. » Fén. Dans tel livre les *caractères* majuscules ont ceci ou cela de remarquable ; telle personne est plus ou moins adroite à faire, en écrivant, les *lettres* majuscules.

Enfin, les *caractères* se considèrent ordinairement du point de vue de l'imprimeur, quant à la forme, à la grosseur ou à la matière. « Examinez les *caractères* tartares, indiens, siamois, japonais, vous n'y voyez pas la moindre analogie avec l'alphabet grec et phénicien. » Volt. « Je m'amuse les soirs à lire l'histoire de la prison de M. le Prince. Je suis plus charmée de la grosseur des *caractères* que de la bonté du style. » Sév. « Les philosophes platoniciens étaient prêts à écrire en *caractères* d'or ces beaux commencements de l'Évangile de saint Jean. » Boss. Les *lettres*, au contraire, se considèrent sous le rapport de leur valeur phonique ou du sens qu'elles ont étant réunies en mots. Les consonnes sont des *lettres* articulées (J. J.). « Épicure comparait les atomes aux *lettres* de l'alphabet, qui forment des mots différents selon la différente manière dont elles sont arrangées. » Fén. On dit d'un homme que c'est un sot en trois *lettres*. — Ou bien les *caractères* sont quelque chose d'isolé, des éléments encore épars, au lieu que les *lettres* sont ces mêmes éléments actuellement rassemblés et composant des mots. Qui croira, disent Cicéron et Fénelon contre les épicuriens, qu'en jetant à terre quantité de *caractères* en confusion on obtiendra un arrangement de *lettres* semblable à celui qui constitue l'admirable poëme de l'*Iliade ?*

CARCASSE, SQUELETTE. Cadavre décharné et réduit à la charpente osseuse.

Quand même *carcasse* dériverait du latin, comme quelques uns le prétendent à tort ou à raison, il ne laisserait pas d'être très commun pour le moins ; car sa terminaison est une des plus vulgaires qu'il y ait dans notre langue, ainsi qu'on peut s'en convaincre par les mots *hommasse, paperasse, tignasse, chiasse,* etc. *Squelette,* au contraire, du grec σκελετός, desséché, ou corps desséché, tient de son origine un caractère incontestable de noblesse.

Carcasse se dit proprement en parlant des animaux et même des choses, par extension ; mais *squelette* doit être préféré quand il est question de l'homme.

Que si *squelette* s'emploie aussi par rapport aux animaux, c'est uniquement en termes de science, en anatomie.

Et si, d'autre part, on se sert quelquefois de *carcasse* pour désigner hyperboliquement un homme extrêmement maigre, c'est non-seulement dans le discours familier, mais encore quand il s'agit de quelqu'un dont on fait peu de cas ou dont on se moque. Pour donner une idée de sa grande maigreur, Fénelon dit de lui-même, familièrement, il est vrai, mais sans se représenter comme quelque chose de vil ou de dégoûtant : « Je ne suis plus qu'un *squelette* qui marche et qui parle, mais qui dort et mange peu. » *Carcasse* en pareil cas se prend en mauvaise part, c'est une expression de dénigrement ou de dédain, analogue à *charogne*, sans en avoir pourtant toute l'énergie. « Je leur laissais (à ces médecins) gouverner ma *carcasse* avec pleine autorité. » J. J. « La vieille Sanguin est morte comme une héroïne, promenant sa *carcasse* par la chambre, se mirant pour voir la mort au naturel. » Sév. « Son visage n'était qu'un vieux parchemin qui semblait collé sur une tête de mort ; elle était nue jusqu'à la ceinture, et la plus sèche de toutes les *carcasses* ne l'était pas tant que cette misérable nudité. » Ham. « Le mariage ne sied point à une *carcasse* décharnée comme la vôtre ; et tout franc, vous êtes trop vieux pour faire souche. » (Pierrot à Roquillard, dans les *Chinois*). Regn.

Au figuré, en matière de littérature, *squelette* convient seul, comme il convient seul dans le langage des savants. « Sans les circonstances, les faits demeurent comme décharnés ; ce n'est plus que le *squelette* d'une histoire. » Fén. « Je hais, dit Lycon, toutes ces longueurs qu'on appelle de l'éloquence.... Je préfère à ces vaines bouffissures le simple *squelette* de la pensée. » Bern.

CATHOLICISME, CATHOLICITÉ. Ce qui constitue catholique.

Catholicisme a rapport aux croyances et au système de religion qu'on professe. Les dogmes du *catholicisme*. A différentes époques, les empereurs de la Chine ont accordé et retiré aux missionnaires la permission d'enseigner le *catholicisme* (Volt.). « Le gouvernement d'Angleterre admet toutes les sectes, et tolère à peine le *catholicisme*. » Id.

Catholicité exprime une qualité qu'on possède ou un caractère qu'on porte. « Mon salut dépend de ma *catholicité* et de ma soumission. » Bourd. « On a vu des royaumes où la plus pure et la plus fervente *catholicité* formait des milliers de saints. » Id. « Cette sainte discipline était comme la marque de la *catholicité* dans les Pays-Bas. » Fén. Avant la Révolution, il fallait, pour être reçu avocat, des certificats de *catholicité* (Volt.). « Ce prince affectait une grande *catholicité*. » Vert.

CAVALE, JUMENT. La femelle du cheval. C'est la définition de ces deux mots donnée par l'Académie, qui ne met et ne laisse soupçonner entre eux aucune différence.

Il s'en faut bien cependant qu'on puisse dans tous les cas employer l'un ou l'autre indistinctement.

Cavale, du latin *caballus*, cheval, d'où dérivent aussi *cavalier*, *cavalerie* et *cavalcade*, n'est pas moins noble que *coursier* ; au lieu que *jument*, de *jumentum*, bête de somme quelconque, cheval, âne, mulet, chameau, est aussi commun que *cheval*, sinon plus. C'est, au reste, ce qu'il est facile de confirmer par des exemples.

« Avec quelle élégance Homère décrit-il la légèreté et la vitesse des *cavales* d'Énée ! » Roll. « En Grèce on élevait des monuments aux chevaux à la vitesse desquels on était redevable de la couronne agonistique ; et Pausanias témoigne que cela se fit pour une *cavale* entre autres nommée *Aura*. » Id. « Si je veux peindre un coursier, et me former une juste idée de ce noble animal, je le prends au haras, vigoureux, découplé, l'œil ardent, et dont le brusque hennissement réjouit l'homme et fait tressaillir toutes les *cavales* de la contrée. » BEAUM. « Avec la rapidité d'un jeune cheval arabe qui franchit les vastes plaines et les fleuves de l'antique Saana, pour s'approcher de la brillante *cavale* qui règne dans son cœur. » VOLT. « Le prince Rozinel était monté sur un beau coursier qui descendait en ligne directe du dieu Borée et de ces fameuses *cavales* d'Éricthonius, qui marchaient si légèrement qu'elles passaient sur les épis sans les rompre. » LES. « Je vous ai comparée, ma chère épouse, à une *cavale* docile : je vous ai mise sous le joug, marchez avec moi. » Boss. Ici le coursier barbe est errant dans vos bois; Là bondit d'Albion la *cavale* superbe. DEL.

« La *jument* qui traînait notre chariot tomba morte de lassitude. La comédienne à qui elle appartenait et qui la louait à la troupe, en fit des cris pitoyables. » SCARR. « Les coutumiers prononcent que le cultivateur comtois est devenu comme le bœuf ou la *jument* de son seigneur, à qui son travail et sa postérité appartiennent. » VOLT. « Dans cette vie de Virgile on le représente comme une espèce de maquignon qui devine qu'un poulain qu'on avait envoyé à Auguste était né d'une *jument* malade. » ID. « M. de Voltaire avait une demi-douzaine de vieilles *juments* qui le traînaient lui et sa nièce. » GRIMM. « La *jument* ne donne pas autant de lait que la vache. » BERN. « Quelle princesse ! elle ressemble comme deux gouttes d'eau à une vieille *jument* que j'ai dans mon écurie. » LES. « Il passa près de lui un homme qui était monté sur une mauvaise *jument*. » ID.

« Je soutiens mon grison, dit Sancho, plus beau que sa *jument*, quand elle serait aussi belle que la *cavale* de messire Valentin qui passe dans Ateca pour la plus grasse bête du chapitre. » ID. Dans les *Vies des dames galantes* de Brantôme, on voit une dame qui se fâche contre M. de Bussy, parce qu'il l'a appelée *jument*, mais qui s'apaise ensuite quand elle apprend que le mot dont il s'est servi est *poultre*, qui voulait dire une jeune *cavale*.

CAVITÉ, EXCAVATION. Espace en forme de voûte dans l'intérieur d'une chose.

Cavité, de *cavus*, cave, représente cet espace en lui-même, tel qu'il est; *excavation*, *excavatio*, du verbe *excavare*, creuser, percer, caver, désigne d'abord une action, puis ce qui en résulte, mais toujours relativement au fait ou à l'auteur de sa formation. La *cavité* est plus ou moins grande; l'*excavation* est l'effet de telle ou telle action ou l'effet de l'action de tel ou tel agent.

« Ce sont trois grottes en voûte l'une sur l'autre. On n'y peut monter que par une échelle, et il faut s'élancer ensuite dans ces *cavités* en se tenant à des branches d'arbres. » VOLT. C'est une erreur de Descartes de croire « qu'il y a de grandes *cavités* sous toutes les montagnes qui reçoivent l'eau de la mer ». ID. « L'Islande entière ne doit être regardée que comme une vaste montagne parsemée de *cavités* profondes, cachant dans son sein des amas de minéraux. » BUFF. « Les grandes *cavités* sont dans les montagnes. » ID.

« Les hommes forment tous les jours de nouvelles cavernes en fouillant les mines et les carrières, et lorsqu'elles sont abandonnées, il n'est pas fort aisé de reconnaître si ces *excavations* ont été produites par la nature ou faites de la main des hommes. » BUFF. « Les volcans ont aussi formé des cavernes et des *excavations* souterraines qu'il est aisé de distinguer de celles qui ont été formées par les eaux. » ID. « Si les rois d'Égypte, au lieu d'avoir fait des pyramides, eussent fait la même dépense pour sonder la terre et y faire une profonde *excavation*, on aurait des connaissances qu'on n'a pas. » ID. « Les marmottes creusent la terre, et jettent au dehors, derrière elles, les déblais de leur *excavation*. » ID.

CENTRE, MILIEU. C'est dans une chose un point ou un endroit situé à égale distance des extrémités.

Mais d'abord le *centre* suppose un certain nombre ou un grand nombre d'extrémités, et le *milieu* n'en suppose que deux. Le *centre* d'un cercle ou d'une sphère; le *milieu* d'une ligne. Le soleil est placé au *centre* de notre univers; Josué arrêta, dit-on, au *milieu* de sa carrière. L'araignée se tient en embuscade au *centre* de sa toile où aboutissent toutes les lignes (ROLL.); quand on est au *milieu* de la grotte de Pausilippe, on aperçoit à peine le jour aux deux extrémités (STAËL). — Au figuré, de même. Le *centre* est un point de réunion où se rendent de toutes parts les personnes ou les choses : les Orientaux sont le *centre* des nations; telle ville est le *centre* des affaires du Levant; un égoïste se fait le *centre* de tout. Mais le *milieu* est ce qui se trouve également éloigné de deux excès contraires : la vertu est un *milieu* entre deux extrêmes, la libéralité un *milieu* entre la prodigalité et l'avarice; on appelle aussi *milieu* un moyen de concilier, non pas tout le monde, mais deux personnes ou deux partis précisément.

En outre, *centre*, latin *centrum*, grec κέντρον, tient de son origine savante un caractère incontestable de noblesse, et convient mieux pour l'abstrait; au contraire, *milieu*, formé de deux mots français, *mi*, *lieu*, lieu qui est à *mi*-chemin ou mitoyen, est commun et particulièrement propre pour le concret. Au *centre* d'une pomme se trouve la partie qu'on appelle le *milieu* de la pomme, celle qu'on ne mange point et qui contient les pepins. Il y a des émotions qui partent du *centre* de l'âme (STAËL), et des chants d'oiseaux qui partent du *milieu* des buissons (ID.). Un général doit choisir habilement le *centre* de ses opérations, et avoir soin de fortifier le *milieu* de son armée.

« Des saints se sont sanctifiés à la cour, c'est-à-dire au *milieu* des plus dangereux écueils, et, si je l'ose dire, comme dans le *centre* de la corruption du monde. » BOURD. Dans le langage des sciences, *centre* ne signifie rien que d'abstrait : *centre* de gravité, d'oscillation, d'attraction, d'équilibre, de percussion. Mais, en termes de science, *milieu* est tout concret et sert à désigner des corps : La lumière se rompt différemment en traversant différents *milieux*; l'air est le *milieu* dans lequel nous vivons.

CERCLE, SPHÈRE. Figurément ils signifient l'un et l'autre étendue, circonscription.

Au propre, le *cercle* est quelque chose d'étroit et qu'on emploie pour resserrer, un cerceau; la *sphère*, au contraire, est vaste, puisque c'est l'espace dans lequel les astronomes conçoivent qu'une planète accomplit son cours. De là la différence au figuré.

Le *cercle* est petit, la *sphère* grande. « L'histoire de Louis XIV me paraît un *cercle* trop étroit; je trouve que Frédéric élargit la *sphère* de mes idées. » VOLT. « Nous voilà réduits à un bien petit *cercle* relativement à l'existence des choses; mais que ce *cercle* forme encore une *sphère* immense pour la mesure de l'esprit d'un enfant! » J. J. « Ce n'est point en resserrant la *sphère* de la nature et en la renfermant dans un *cercle* étroit qu'on pourra la connaître. » BUFF. « Dans le *cercle* étroit que l'âme parcourt, son activité lui semble vaine; un désir invincible la presse de s'élancer vers des régions élevées, vers des *sphères* plus libres. » STAËL. « L'art d'écrire en prose embrasse toute la *sphère* philosophique des idées; et, quand on condamne les hommes de lettres à tourner dans le *cercle* des madrigaux et des idylles, on leur donne aisément le vertige de la flatterie. » ID. Sans l'histoire, resserrés dans le *cercle* étroit de nos connaissances particulières, nous demeurons toujours dans une espèce d'enfance (ROLL.) ; Voltaire cultivait les lettres et les sciences auprès de Mme du Châtelet, capable de les rassembler dans la *sphère* de ses travaux et de ses méditations (LAH.).

En parlant d'un homme, on ne dit pas, son *cercle*, mais le *cercle* de ses idées, le *cercle* dans lequel il est retenu, renfermé, resserré. « La plupart des hommes vieillissent dans un petit *cercle* d'idées qu'ils n'ont pas tirées de leur fonds. » VAUV. « Maintenez toujours vos enfants dans le *cercle* étroit des dogmes qui tiennent à la morale. » J. J. « Après avoir parcouru le *cercle* étroit de leur vain savoir. » ID. « Pourquoi nous resserrer dans le *cercle* étroit d'une petite société isolée? » VOLT. Mais on dit bien la *sphère* d'un homme ou d'une classe d'hommes, parce qu'on les considère comme des astres qui se meuvent dans des orbites plus ou moins grandes. « Tant que les hommes naîtront avec peu d'esprit et beaucoup d'envie d'en avoir, ils ne pourront jamais s'arrêter dans leur *sphère*. » VAUV. « M. le président de Lamoignon était d'un mérite supérieur, à le prendre même dans la *sphère* d'un homme de lettres. » D'OL. « Cicéron assure que la *sphère* de l'orateur est aussi étendue que celle du poëte. » MARM.

CERCUEIL, BIÈRE. Espèce de caisse dans laquelle on met un corps mort.

Cercueil, anciennement *sarcueil*, est dérivé par les uns du latin *arca*, dont le sens est le même, et par les autres du grec σάρξ, σαρκός, chair, d'où se serait formé dans le latin du moyen âge *sarcus*, sarcueil, cercueil, c'est-à-dire proprement caisse à chair. *Bière*, au contraire, ne tire pas son origine d'une langue savante: il paraît venir de l'allemand *bahre*, civière, brancard, bière, en latin *feretrum*.

De là résulte entre les deux termes une grande et incontestable différence.

Cercueil est plus noble que *bière* : il signifie quelque chose de plus distingué, quelque chose d'orné ou de précieux quant à la matière; c'est d'ailleurs le seul mo qui convienne au discours soutenu et qui se prenne au figuré. « On voyait le corps du jeune Hippias étendu, qu'on portait dans un *cercueil* orné de pourpre, d'or et d'argent. » FÉN. « C'est en vain que l'on enrichit de marbre et de bronze les *cercueils* des grands de la terre. » Boss. « Alexandre fit embaumer le corps de Darius et orner son *cercueil* avec une magnificence royale. » ROLL. « Phraate fit chercher parmi les morts le corps d'Antiochus, et le fit mettre dans un *cercueil* d'argent. » ID. « On prétend que la tête de don Carlos n'est séparée du corps, dans les tombes de l'Escurial, que parce que la caisse de plomb qui renferme le corps est trop petite.... Il était aisé de faire un *cercueil* plus long. » VOLT.

Penses-tu que plus vieille en la maison céleste
 Elle eût eu plus d'accueil,
Ou qu'elle eût moins senti la poussière funeste
 Et les vers du *cercueil*?
  (*Consolation à M. du Perrier*). MALH.

« Sa fille passa du berceau au *cercueil*. » VOLT.

Rhodes, des Ottomans ce redoutable écueil,
De tous ses défenseurs devenu le *cercueil*. RAC.

Des antiques héros la gloire est au *cercueil*. CHÉN.

Molière admis à peine aux honneurs du *cercueil*. ID.

As-tu bien pu penser, quand tu cesses de vivre,
Qu'au *cercueil* Roméo pût tarder à le suivre? DUC.

Bière est le mot commun: il exprime quelque chose de simple, de modeste, de vil même, et on s'en sert de préférence dans le langage ordinaire, en conversation, dans les fables, dans la comédie et dans le style badin.

Au pied de cet autel de structure grossière,
Gît sans pompe, enfermé dans une vile *bière*,
Le plus savant mortel qui jamais ait écrit.
 (*Épitaphe de M. Arnauld.*) BOIL.

« L'homme civil naît, vit et meurt dans l'esclavage : à sa naissance on le coud dans un maillot; à sa mort on le cloue dans une *bière*. » J. J. « Elle a fini par une économie, ou plutôt par une avarice qui lui fit marchander sa *bière*, la veille de sa mort. » HÉN. « Cette digne religieuse sentit de loin son heure approcher; elle se condamna au silence; elle fit porter sa *bière* dans sa chambre. » DID.

Son fils, qui jette tout, à qui, dans sa misère,
Manquera même un drap pour entrer dans sa *bière*.
  DUC.

Un mort s'en allait tristement
 S'emparer de son dernier gîte....
Notre défunt était en carosse porté,
Bien et dûment empaqueté,
Et vêtu d'une robe, hélas! qu'on nomme *bière*. LAF.

La *bière* est un séjour par trop mélancolique. MOL.

Le procès est gagné, la tante est dans la *bière*;
Orphise ma maîtresse est sa seule héritière. DEST.

Mais si quelque jour, moi, chétif,
J'allais passer le noir esquif,
Je n'aurois qu'une vile *bière*. VOLT.

« Considérez toutes ces ombres, dit le boîteux à l'écolier; celles qui ont des mausolées sont confondues avec celles qui n'ont qu'une misérable *bière* pour tout monument.... Savez-vous bien quelle est cette ombre-là? C'est celle d'un vieux notaire, lequel a eu la vanité de se faire enterrer dans un *cercueil* de plomb; ce qui a choqué tous les autres mânes de bourgeois dont les cadavres ont été mis en terre plus modestement. » Les.

CHAMPÊTRE, RUSTIQUE, AGRESTE. Qui est des champs, qui appartient ou se rapporte aux champs ; les champs sont appelés en latin *campi*, *rura* et *agri*.

Champêtre et *rustique* d'abord se ressemblent beaucoup, mais sans cependant équivaloir l'un à l'autre : autre chose est, par exemple, la vie *champêtre*, et autre chose la vie *rustique*.

Champêtre, latin *campestris*, vient de *campus*, la plaine, la partie des terres qui est cultivée et fertile par opposition aux montagnes et aux rochers qui ne le sont pas. *Rustique*, *rusticus*, a été formé de *rus*, qui signifie la campagne ou plutôt le village et les villageois par opposition à la ville. On dit proprement un lieu *champêtre* (Montesq., Mol.), et une maison *rustique* (Volt., J. J., Buff.). *Champêtre* est plus relatif à la campagne même et fait concevoir quelque chose de riant et d'agréable ; *rustique* regarde plutôt les gens de la campagne (*rustici*), les paysans, ce qu'ils sont et ce qu'ils font. Vous direz mieux un domaine *champêtre*, et une cabane ou un toit *rustique*; des fleurs ou des oiseaux *champêtres*, et des meubles ou des outils *rustiques*; des plaisirs *champêtres* (Laf.), et des travaux *rustiques* (Boss., Volt.) ; les amusements (d'Ag.), les agréments (Lfs.) de la vie *champêtre*, et les occupations (Boss., d'Ag.) ou les exercices (Marm.) de la vie *rustique*. Une promenade faite dans les champs est une promenade *champêtre* (J. J.) ; l'éducation qu'on reçoit au village est une éducation *rustique* (Roll.) : promenade *rustique* et éducation *champêtre* seraient des façons de parler vicieuses. Un asile *champêtre* (J. J.) se trouve au milieu des arbres et de la verdure ; il y avait à Rome des tribus *rustiques* et des tribus urbaines (J. J.). Dans l'antiquité, les divinités *champêtres* présidaient aux biens de la terre, et les divinités *rustiques* protégeaient les laboureurs et les bergers : « Quand la Renommée eut annoncé aux divinités *rustiques* et aux bergers de Cynthe le départ de Lycon, tous les bois retentirent de plaintes amères... ; les divinités mêmes les plus *champêtres* ne furent pas insensibles à cette perte ; les dryades sortaient des troncs creux des vieux chênes pour regretter Lycon. » Fén. A la rigueur, *champêtre* peut servir à qualifier une musique et une flûte, quand elles se font entendre dans les champs ; mais est-il question du chant ou de la voix des habitants de la campagne, *rustique* est la seule épithète qui convienne : « Le roi veut voir vos bergers danser au son d'une flûte *champêtre*, y mêler leurs voix *rustiques* et chanter les louanges de celui qui leur aura rendu la joie et la sérénité. » Labr.

A peine est-il besoin d'ajouter que *rustique*, à la différence de *champêtre*, est applicable aux personnes, propre à en faire connaître l'air, les manières, l'humeur, le langage. « L'on voit des gens *rustiques*.... » Labr.

Agreste, latin *agrestis*, a pour racine *ager*, qui désigne la campagne par opposition aux maisons, aux lieux habités. De là vient qu'*agreste* emporte l'idée de quelque chose de sauvage, et qu'il y a par conséquent entre *agreste* et *champêtre* une très-grande distance. « *Agreste* n'est pas synonyme de *champêtre*. *Agreste* emporte avec lui l'idée de sauvage ; *champêtre*, l'idée de la culture et des agréments qui l'accompagnent. » Littré. « Voyez ces plages désertes, ces tristes contrées où l'homme n'a jamais résidé... ; ce sont des végétaux *agrestes*, des herbes dures, épineuses.... » Buff. « Il ne vous en a coûté que de la négligence. Le lieu est charmant, il est vrai, mais *agreste* et abandonné ; je n'y vois point de travail humain. » J. J. « Les Russes mangent sans distinction et sans apprêt les productions les plus *agrestes* de la campagne. » Bern. « Des poires rêches et des fruits *agrestes*, tels que la nature les produit dans les montagnes pour l'âpre palais des sangliers. » Id. « Le second lieu *agreste* que j'ai vu était dans la Finlande russe : nous voyagions entre la Suède et la Russie, dans des pays si peu fréquentés, que les sapins avaient poussé dans le grand chemin. » Id. « Toute la campagne qui environne la petite ville d'Évandre est encore inculte et sauvage ; des troupeaux bêlent ou mugissent encore dans ces lieux *agrestes*. » Del. — Relativement à *rustique*, et en parlant des personnes, *agreste* garde son caractère distinctif. Le *rustique* manque de politesse, c'est un paysan, un lourdaud ; l'*agreste* manque de civilisation ou de culture, c'est un homme des champs, il est brut et presque féroce. « On remarque toujours en Marius quelque chose d'*agreste* et de féroce. » Roll. « Un pasteur brusque et grossier établi sur un peuple encore plus *agreste* et plus féroce que lui-même. » Mass. *Rustique* se dit plutôt des particuliers et a plus de rapport aux manières ; *agreste* convient surtout à l'égard des peuples ou, quand il est question des mœurs, de la manière d'agir. Dans les *Lois de Minos*. Teucer parle de son projet « de civiliser l'*agreste* Cydonie ». Volt. « Un peuple regardé alors comme barbare, et qui, moins malheureux que les Français, était cependant beaucoup plus *agreste*. » Id. « Avec des mœurs plus *agrestes* (que celles des Spartiates), les habitants des villes de la Laconie ont une valeur moins brillante. » Barth.

CHANSONS, SORNETTES, BALIVERNES, BILLEVESÉES, FARIBOLES. Mots dont on se sert familièrement, le plus souvent au pluriel, pour signifier des propos oiseux ou frivoles.

Les *chansons* n'ont rien de sérieux ; ce sont, en fait de discours, des bagatelles, quelque chose qui ne mérite pas plus attention que si on chantait. « En voilà trop sur des *chansons*, revenons à des choses plus sérieuses. » J. J.

Ce que je vous dis là ne sont pas des *chansons*,
Et vous devez du cœur dévorer ces leçons. Mol.

Dans le *Tartufe*, Dorine, ayant entendu parler du mariage de Tartufe avec Mariane, traite cela de pure bagatelle, de plaisante histoire, de *chansons*; mais le père de Mariane, Orgon, soutient qu'il ne raille pas, que ce n'est point un jeu.

Les *sornettes*, du vieux français *sorne*, le commencement de la nuit, latin *serum*, ressemblent aux contes qu'on fait pendant les veillées : elles n'ont rien de sensé ; ce n'est pas seulement, comme les *chansons*, quelque chose de peu digne d'attention, c'est quelque chose d'extravagant, « Je vous envoie une fête (le *Temple de la Gloire*, opéra), que j'ai voulu rendre raisonnable, décente, et à qui j'ai retranché exprès les fadeurs et les *sornettes* de l'opéra. » VOLT.

Cherchez ailleurs vos dettes;
Et je n'ai pas le temps d'entendre vos *sornettes* :
Vous êtes un vieux fou. REGN.

Boileau n'estime sur le théâtre que les auteurs qui plaisent par la raison seule; mais quant aux faux plaisants à équivoques grossières, il les envoie

Amuser le Pont-Neuf de leurs *sornettes* fades.

Les *balivernes*, quelle que soit l'étymologie du mot, n'ont rien d'amusant; elles sont particulièrement ennuyeuses. Ce sont, dit Condillac, les propos d'un homme qui parle pour parler: elles sont l'effet du désœuvrement, et ne peuvent intéresser personne. « Je serais ici il y a une heure, s'il n'y avait pas de fâcheux au monde.... C'est là le fléau des petites villes que ces grands nouvellistes qui cherchent partout où répandre les contes qu'ils ramassent. Celui-ci m'a montré d'abord deux feuilles de papier pleines d'un grand fatras de *balivernes*. » MOL. « Pendant qu'on est à la comédie italienne, moi qui n'aime point du tout ces pantalons étrangers, je me renferme dans ma chambre pour vous mander les *balivernes* de ce pays-ci. » VOLT. « Pardonnez-moi. Comment peut-on écrire quatre pages sur ces *balivernes*? Cela est honteux. » ID.

Les *billevesées*, c'est-à-dire, suivant les étymologistes, les balles soufflées, n'ont rien de solide, sont creuses. Ce mot se dit spécialement là où on prétend être profond, en matière de doctrines, de métaphysique ou de théologie. Dans le *Festin de Pierre*, Sganarelle dit de son maître, don Juan : « C'est un chien, un démon, un Turc, un hérétique qui ne croit ni ciel, ni enfer, ni diable..., qui traite de *billevesées* tout ce que nous croyons. » MOL. « Il ne s'est point engagé dans les belles disputes scholastiques, que notre ami appelle de vénérables *billevesées*. » VOLT. « O Platon et Descartes, Bayle a exercé toute la sagacité de sa dialectique sur vos antiques *billevesées*. » ID. « Il s'élève des guerres intestines pour des *billevesées* incompréhensibles de pure métaphysique. » ID. « Toutes les *billevesées* de la métaphysique ne valent pas un argument *ad hominem*. » DID. Des *billevesées* théologiques, sorboniques (D'AL.).

Les *fariboles*, de même origine peut-être que *fable*, c'est-à-dire de *fari*, parler, n'ont rien de vrai; c'est quelque chose de fabuleux, ce sont des menteries, et assez souvent des menteries amoureuses, des fleurettes. « Il s'est fait depuis peu une certaine mascarade que je prétends faire entrer dans une bourde que je veux faire à notre ridicule (M. Jourdain).... Il est homme à y jouer son rôle à merveille et à donner aisément dans toutes les *fariboles* qu'on s'avisera de lui dire. » MOL. « Je ne puis souffrir toutes ces *fariboles*; ceux qui vous les ont contées sont des menteurs. » LES. « L'hôte, qui avait écouté tout ce discours comme un discours fait à plaisir, dit au chevalier : Laissons à part ces *fariboles*. » ID. Dans *Amphitryon*, Cléanthis reproche à Mercure, qu'elle prend pour Sosie, de la quitter sans lui dire un seul mot de douceur. Mercure lui répond:

Diantre! où veux-tu que mon esprit
T'aille chercher des *fariboles*? MOL.
Ce sont là des billets qu'il faut négocier,
Et non pas vos poulets, vos chiffons de papier,
Où l'amour se distille en de fades paroles,
Et qui ne sont partout pleins que de *fariboles*. REGN.

CHANTEUSE, CANTATRICE. Femme qui chante, qui forme avec la voix une suite de sons variés selon les règles de la musique.

Chanteuse, du verbe français *chanter*, ou qui tout au moins le rappelle, est un mot commun et qui n'exprime rien que d'ordinaire. Mais *cantatrice*, du verbe latin *cantare*, et copié exactement du substantif latin *cantatrix*, de même signification, est un terme relevé et qui suppose quelque chose de distingué ou d'éminent dans la personne à laquelle on l'applique.

On dit une *chanteuse* des rues, d'atelier, de salon; une *chanteuse* des chœurs; une *chanteuse* de peu de mérite. « M. Poinsinet reparaît sur la scène à l'occasion de l'escroquerie dont l'accuse Mlle Duprat, *chanteuse* des chœurs de l'Opéra. » BACH. « Mlle Carton, *chanteuse* des chœurs et d'un talent fort médiocre. » ID. Mais on n'appelle *cantatrice* qu'une femme qui chante sur le théâtre et qui s'y montre habile dans son art. « Mme Favart a été longtemps l'héroïne des Italiens.... On a beaucoup applaudi au début de Mlle Piccinelli. C'est une *cantatrice* de premier ordre. » BACH.

Chanteuse sert aussi à marquer l'emploi indépendamment de la manière dont on le remplit, et *cantatrice* le talent indépendamment de l'emploi dans lequel on le développe. Telle femme à tel théâtre est première ou deuxième *chanteuse*, forte *chanteuse* ou *chanteuse* légère; telle femme excelle comme *cantatrice* à tel théâtre. « La comédie italienne vient de perdre Mlle Véronèse. C'était une très-grande actrice. On n'y voit plus en femme que des *cantatrices*, et l'on sera obligé de renoncer absolument aux pièces italiennes qu'elle soutenait par son jeu. » BACH.

Il est à remarquer, d'ailleurs, que *cantatrice* nous étant venu du latin par l'italien, s'est dit d'abord uniquement et doit peut-être encore se dire spécialement d'une chanteuse italienne. « Ah! ah! cette *cantatrice* italienne? eh bien! qu'en dites-vous? — Ah! Monsieur, quelle voix! Nos *chanteuses* de France paraissent ensuite bien misérables. » FLOR.

CHAPELAIN, AUMÔNIER. Ecclésiastique attaché à un grand à qui il dit la messe.

Le *chapelain*, voué au service de la *chapelle*, est moindre que l'*aumônier*, chargé de la distribution des *aumônes* : ou le grand, auprès duquel réside le *chapelain*, n'est pas de ceux qui ont des aumônes à distribuer, n'est pas très-considérable, ou le *chapelain* ne remplit pas auprès de lui de fonctions importantes. *Chapelain* paraît même quelquefois signifier un ecclésiastique subalterne qui s'occupe des soins d'une chapelle les plus vulgaires. « Quand je suis à l'office de notre chœur, je vois la main d'un de nos *chapelains* qui promène un grand éteignoir qui éteint tous les cierges par derrière l'un après l'autre. » FÉN.

Un personnage d'un rang élevé, mais non pas du plus haut rang, peut avoir un *chapelain*. « Lorsque le maréchal de Tallard, ambassadeur auprès du roi Guillaume, revint en France, il avait laissé à Londres un *chapelain* nommé Gaultier. » COND. « Le général Widers, entendant un jour son *chapelain* lire cet endroit de la Bible, lui arracha ce livre et lui dit.... » VOLT. Tous les gens de lettres connaissent la charmante description de l'île de Tinian, faite par le *chapelain* de l'amiral Anson. » BERN. Mais il n'y a que les souverains qui aient des *aumôniers*. « Saint Louis ne communiait que cinq fois l'année. On demanda à La Chaise où il avait pris cela : il fit voir un manuscrit d'un des *aumôniers* de ce roi. » SÉV. « Le roi (François I*er*) envoya secrètement un des *aumôniers* de sa mère pour négocier avec le duc de Bourbon. » BOSS. — L'abbé Girard était *chapelain* de la duchesse de Berry; un autre académicien, Jean de Montigny, évêque de Laon, fut plusieurs années *aumônier* de la reine Marie-Thérèse.

En appelant *aumôniers* les ecclésiastiques attachés à certains corps et à certains établissements pour y remplir des fonctions analogues à celles des curés, on leur donne le titre le plus honorable et aussi le plus juste; car ils sont plus particulièrement que les curés, leurs confrères, au service du souverain ou de l'État.

CHARGE, CARICATURE. Représentation grotesque et bouffonne.

Charge rappelle le verbe *charger* et exprime proprement un fait, l'action de représenter en *chargeant*, en amplifiant, en grossissant; mais *caricature*, sans verbe correspondant dans notre langue, marque par sa terminaison un résultat, comme *écriture*, *gravure*, *ciselure*, *peinture*, *chaussure*, *armure*, *garniture*, etc. Tel peintre excelle dans la *charge*; tel portrait est une *caricature*. Quelle *charge* ! c'est-à-dire comme cette personne exagère en parlant, en peignant ou en jouant sur la scène! Quelle *caricature*! c'est-à-dire quelle tournure! comme cela est plaisamment fait! Dans une pièce de théâtre on trouve du comique de *charge* (LAH.), des rôles de *charge* (ID.); mais on juge que la pièce elle-même, prise comme objet d'art, est une *caricature*. « Fabre d'Églantine n'a fait de son *Intrigue épistolaire* qu'une très-lourde *caricature* de tout ce que l'on connaissait.... Il n'a obtenu le rire que par des rôles de *charge* et des succès de tréteaux. » LAH.

En général, *charge* convient mieux en parlant de représentations théâtrales, parce que les représentations de cette sorte consistent tout en actions, et *caricature* est plutôt un terme de peinture et de sculpture, parce que ce qu'on considère surtout de ces deux arts, c'est ce qui en résulte, les œuvres qu'ils produisent.

Quant au degré, la *charge* reste évidemment au-dessous de la *caricature*; car la première ne fait qu'ajouter à l'original, au lieu que la seconde le contourne, le fait grimacer, le défigure. « C'est la *caricature* du style héroïque; mais c'était déjà quelque chose, après les *mystères*, que de ressembler à l'héroïque, même avec cette *charge* grossière; et c'est à peu près tout ce que firent Jodelle et Garnier. » LAH. Ainsi la *caricature* est une *charge* grossière; ou bien c'est une *charge* violente, maligne à outrance et sans ménagement, satirique et agressive, redoutable auxiliaire des partis politiques.

CHARITABLE, MISÉRICORDIEUX. Quoique Girard ait indiqué ces deux mots comme étant synonymes, ils le sont, à vrai dire, extrêmement peu. Tout ce qu'ils ont de commun se réduit à exprimer l'idée très-étendue d'une sensibilité active et gratuitement bienfaisante.

Charitable veut dire bon, humain : on est *charitable* pour tout le monde, et la *charité* consiste surtout à donner; une *charité* est une aumône. « Il faut être *charitable* envers tout le monde. » ACAD. « Les hérétiques ont été *charitables* envers les pauvres. » BOURD. « Il n'y a d'homme *charitable* que celui qui sait donner. » MONTESQ. *Miséricordieux* ressemble fort à compatissant : on n'est *miséricordieux* qu'à l'égard des hommes qui sont dans la *misère*, digne de pitié, et particulièrement à l'égard de ceux qui, étant coupables, nous touchent et nous disposent à la clémence; en sorte que la *miséricorde* consiste surtout à pardonner. « Le messie doit être un homme infiniment *miséricordieux*, dont le cœur s'attendrira à l'aspect des misères de notre nature. » BOSS. « Dieu est *miséricordieux* envers les pécheurs. » ACAD. « A l'égard d'une infortunée au désespoir, à qui le remords seul arrachait l'aveu de sa faute, était-ce un crime d'être *miséricordieux*? » J. J.

CHAUD, BRULANT, ARDENT, BOUILLANT, FERVENT. En quoi il y a du feu ou une sorte de feu; qui éprouve ou produit les effets du feu ou des effets semblables.

Chaud, du latin *calidus* ou *caldus*, exprime à un degré, si non toujours bas, au moins peu élevé, la qualité dont il est question. Il en est de même du mot *chaleur* : il désigne, comme on sait, un état ou une action qui en soi n'a rien que de modéré. « Dans les latitudes *chaudes* et tempérées. » BERN.

Brûlant, qui brûle, paraît avoir été formé du latin *perustus*, brûlé, consumé, dévoré. Il enchérit évidemment sur *chaud* : l'objet *brûlant* est très-*chaud*, en proie au feu, si *chaud* qu'il en est en état de brûler, de consumer ou d'endommager ce qui en approcherait, ou de causer une très-vive douleur, quelquefois la mort à ceux qui s'y exposeraient.

Prête-moi (ô soleil!) de tes feux l'éclat étincelant.
Que j'embrase leur Grèce avec ton char *brûlant*.
CORN.

Quand le soleil *brûlant* dévorait les campagnes. DUC. « Que de fruits de la miséricorde le vent *brûlant* de l'orgueil flétrit tous les jours! » MASS. « Le comte d'Ennery ne put résister aux funestes influences de ce climat *brûlant*. Sa perte fut une calamité publique. » VOLT. « J'attribue à ces promenades *brûlantes* une maladie qu'éprouva Rousseau. » BERN.

Ardent, latin *ardens*, du verbe *ardere*, être tout en feu, signifie aussi très-chaud, excessivement chaud. « Dès que cette *ardeur* (de la terre incandescente) se fut attiédie, une *chaleur* bénigne et féconde succéda par degrés au feu dévorant qui s'opposait à toute production. » Buff. — Au figuré, *chaud* et *chaleur* se prennent volontiers en bonne part et n'annoncent rien que de doux et de bienfaisant : un ami (J. J., Corn., Mol.), un protecteur (Mol.) *chaud*; la *chaleur* du sentiment (Acad.), la *chaleur* de l'enthousiasme (Cond.). Mais *ardent* et *ardeur* sont plus propres à marquer un excès et à qualifier quelque chose de nuisible : un ennemi (J.-J.), un persécuteur (Id.), un satellite (Id.) *ardent*; l'*ardeur* des passions (Acad.); rien de plus funeste pour le salut que l'*ardeur* de vouloir être plus qu'on n'est (Bourd.).

Brûlant et *ardent*, les deux superlatifs de *chaud*, diffèrent aussi l'un de l'autre. *Brûlant* suppose quelque chose de passif ou a plus de rapport à l'état ; *ardent* suppose quelque chose d'actif ou a plus de rapport à l'action. La chose *brûlante* brûle dans le sens neutre du verbe *brûler*, possède la chaleur à un degré remarquable : plat *brûlant*, avoir les mains *brûlantes*. La chose *ardente* est en action ou en mouvement, jette des rayons : lampe *ardente*, fournaise *ardente*, miroir *ardent*.

   Le souffle impétueux
Fouette d'un sable *ardent* leur *brûlante* paupière.
         Del.

Le soleil est *brûlant*, c'est une substance ignée ; dans la canicule le soleil est *ardent*, il darde ses rayons avec force. — De même au figuré. Dans une fièvre *brûlante* on éprouve une extrême chaleur, on en est consumé ou miné ; dans une fièvre *ardente* on s'agite et on délire. *Brûlant* de combattre fait connaître la passion dont on est possédé ; *ardent* au combat montre à l'œuvre et fait voir la manière dont on agit. En disant un style *brûlant* et des pages *brûlantes*, vous qualifiez des choses dont vous indiquez, non pas l'action, car elles ne sont pas de nature à agir, mais la qualité ou l'état ; c'est tout le contraire quand vous dites un désir *ardent*, une poursuite *ardente*.

Bouillant a plus d'analogie avec *ardent* qu'avec aucun autre des mots qui précèdent : il implique comme lui l'idée d'activité. Mais d'abord, au propre, il ne se dit que des liquides, au lieu qu'*ardent* ne se dit que des solides. « Outre ces épreuves à l'eau froide et à l'eau *bouillante*, il y en avait encore d'autres : c'était de porter à la main l'espace de neuf pas et sans se brûler une barre de fer *ardent*, de marcher sur des charbons allumés, etc. » Cond. — Au figuré, la différence est aussi simple que certaine : *ardent* suppose une activité intérieure, et *bouillant* une activité extérieure, visible, comme est celle d'un liquide qui bout sur le feu. Un homme *ardent* est vif, animé, passionné, véhément ; un homme *bouillant* est violent et emporté. *Ardente* affection (Boss.) courage *bouillant* (Acad.). Il y a d'ailleurs ceci de particulier à remarquer qu'avec le mot sang l'épithète de *bouillant* est la seule qui convienne. « Ah ! si M. le chevalier avait une telle cause en main, avec ce beau sang *bouillant* qui fait la goutte et les héros, il la saurait bien soutenir. » Sév. « Cette force, cette vigueur, ce sang *chaud* et *bouillant*, semblable à un vin fumeux, ne permet rien aux jeunes gens de rassis ni de modéré. » Boss.

Fervent, latin *fervens* de *fervere* ; être chaud, ardent, brûlant, bouillir, fermenter, a pris dans notre langue une spécialité d'acception qui dispense d'en traiter longuement. Il n'est usité qu'au figuré, et encore en termes de dévotion seulement ; en sorte qu'on peut appliquer à *fervent* ce que Voltaire a dit de *ferveur*, sur ce premier vers du *Cid* :

Entre tous ces amants dont la jeune *ferveur*....

L'Académie réprouve le mot *ferveur* qui n'est admis que dans le langage de la dévotion. Prière, dévotion *fervente* (Acad.); *fervent* dans la piété (Acad.); *fervent* à la prière (Boss.); une *fervente* carmélite (Maint.).

Vert-Vert n'est plus cet oiseau révérend,
Ce cœur si pur, cet esprit si *fervent*. Gress.

Redouble (ô mon Dieu !) tes faveurs divines,
Visite mon cœur plus souvent,
Et pour le rendre plus *fervent*
Instruis-le dans tes disciplines. Corn.

CHEF, PRINCE, CORYPHÉE. Celui qui est à la tête ou au premier rang dans son genre.

Chef, formé du latin *caput*, tête, est le mot commun. *Prince* et *coryphée* sont des termes de choix auxquels on a très-rarement occasion de recourir.

Prince, du latin *princeps*, le premier, chef d'État, se dit toujours en bonne part et dans le grand pour désigner un homme qui prime ou excelle par son mérite dans un genre relevé, en doctrine, en éloquence, en philosophie ou en poésie. Saint Pierre, le *prince* des apôtres (Bourd.); saint Augustin ou saint Thomas, le *prince* des théologiens (Pasc., Boss.); Cicéron, le *prince* de l'éloquence (J. J.) ou des orateurs (Bern.); Socrate, Platon, Aristote ou Descartes, le *prince* des philosophes (Pasc., Fén., P. R., Cond., Roll.); Virgile, le *prince* des poètes latins (Les., Bern. Del.). « Lessing a eu le courage de critiquer un grand écrivain français, et de plaisanter avec esprit le *prince* des moqueurs, Voltaire lui-même. » Staël.

Coryphée, grec κορυφαῖος, de κορυφή, tête, sommet, a signifié spécialement chez les Grecs le chef du chœur dans les tragédies. De nos jours, on nomme encore de ce nom celui ou celle qui est à la tête d'un chœur ou d'une sorte de chœur. « Mlle Lemière et Larrivée, ces deux *coryphées* de la scène lyrique, sont enfin unis par des liens indissolubles. Ce grand événement a fait une sensation générale parmi les amateurs de l'opéra. » Bach. « Bonaparte se faisait dire sa volonté sur divers tons, tantôt par la voix sage du sénat, tantôt par les cris commandés des tribuns, tantôt par le scrutin silencieux du corps législatif ; et ce chœur à trois parties était censé l'organe de la nation, quoiqu'un même maître en fût le *coryphée*. » Staël. Au figuré, *coryphée* s'applique d'abord à ceux qui se distinguent en musique. « Le rossignol, ce *coryphée* du printemps.... » Buff. « Grétry était fait pour opérer une révolution dans la musique du théâtre italien, dont les *coryphées* ne paraissent que des gens médiocres auprès de cet auteur. » Bach. Mais ensuite n'ayant plus égard à la signification primitive de *coryphée* ni à la noblesse de son origine, on s'en sert le plus souvent comme d'un mot usé et avili, on l'emploie par plaisanterie ou en le prenant en mauvaise part. « Il n'est pas besoin d'en dire davantage du *coryphée* des cavaliers galants. » Les. « J'aimais l'honneur, et je pensais avec plaisir que je passerais pour le *coryphée* des domestiques. » Id. « Je vous avouerai franchement que je suis le *coryphée* des joueurs d'échecs de Bordeaux. » Id. « Il s'est formé à Paris une nouvelle secte appelée les Économistes.... M. Quesnay est le *coryphée* de la bande. » Bach. « Les plaidoyers de Lemaître et de Patru, les deux *coryphées* du barreau, sont imprégnés de cette rouille de pédantisme et de faux esprit. » Lah. « C'est cette doctrine insensée et perverse qui gardera à jamais le nom de *philosophie du dix-huitième siècle*, et qu'un de ses *coryphées*, Rousseau, a poussée jusqu'à condamner formellement la société en elle-même. » Id. Voltaire, qui n'aimait point Pascal, l'appelle quelque part le *coryphée* des jansénistes.

CHER, PRÉCIEUX. Une chose nous est *chère* ou *précieuse* qui n'est pour nous rien moins qu'indifférente, qui nous touche ou nous intéresse beaucoup.

Mais c'est par le cœur que nous tenons à ce qui nous est *cher*.

A tous les cœurs bien nés que la patrie est *chère*!
  VOLT.

Que si nous tenons à la chose qui nous est *précieuse*, c'est par estime, c'est à cause de sa valeur ou de son utilité. « Voilà les motifs qui doivent rendre à tout homme sage le temps *précieux* et estimable. » Mass. On conserve *chèrement* un objet *chéri*, ce qu'on aime ; on conserve *précieusement* un objet de prix, un trésor. Voltaire écrit à Vauvenargues : « Votre société m'est aussi *chère* que votre goût m'est *précieux*. » Il dit dans une autre lettre, en parlant d'une visite qu'il a reçue d'un prince : « Je suis toujours dans cet hermitage si *précieux* pour moi, puisqu'il a été habité par un prince dont le souvenir m'est si *cher*. » Dans l'éloge de Sacy fait par d'Alembert devant l'Académie française on lit : « Les qualités de son âme et la dignité de sa conduite ont rendu son souvenir *cher* à cette compagnie et son exemple *précieux* aux gens de lettres. »

Quelquefois les deux mots se mettent l'un après l'autre avec leurs nuances respectives, mais sans que l'un enchérisse sur l'autre, comme on pourrait se l'imaginer. Qu'on affectionne beaucoup une chose et qu'on en fasse grand cas, on dira qu'elle est *chère* et *précieuse* : « Non, grand Dieu! vous n'exercerez pas votre vengeance sur cette Église que le sang de tant de martyrs vous rendra toujours *chère* et *précieuse*. » Mass. Et si une chose est d'un grand prix ou très-prisée, et que par conséquent on y soit attaché, il faudra dire qu'elle est *précieuse* et *chère* :

Un diamant trouvé dans un désert
Est-il moins beau, moins *précieux*, moins *cher*?
  VOLT.

CHERCHER, QUÉRIR. Ils sont synonymes quand on les emploie de la seule manière qui convienne à *quérir*, savoir, à l'infinitif et à la suite des verbes *aller*, *venir* ou *envoyer* ; auquel cas tous deux signifient, prendre et amener, ou prendre et apporter. Envoyez *chercher* ou *quérir* le médecin ; allez *chercher* ou *quérir* une lettre.

La différence entre l'un et l'autre a été très-bien saisie par Condillac qui l'énonce en ces termes : « On va *chercher* une chose ou une personne quand on ne sait où elle est ; on la va *quérir* quand on sait où la trouver. » *Chercher* garde ici comme partout son idée essentielle, qui est celle de démarches et d'efforts pour arriver à découvrir ; au lieu que *quérir* ne rappelle aujourd'hui à nos esprits aucune idée semblable, quoiqu'il dérive du latin *quærere*, qui veut dire chercher. « Feignant que la précipitation et le tumulte lui ont fait oublier ses armes, l'homme timide court les *quérir* dans sa tente, où il cache son épée sous le chevet de son lit, et emploie beaucoup de temps à la *chercher*. » Labr.

Quérir, ayant un caractère distinctif assez considérable, mériterait d'être conservé. Mais le fait est qu'on ne le dit plus guère. Voltaire affirme même absolument, dans ses *Commentaires sur Corneille*, qu'on ne le dit plus, ce qui ne l'empêche pas de s'en servir lui-même dans une de ses lettres. On continue à l'employer quelquefois et on devrait l'employer encore plus souvent dans le discours familier, parmi le peuple, en parlant de choses ou de personnes communes qu'on va prendre dans un lieu certain. Il en est des mots usés comme de la défroque des gens riches, laquelle, avant d'être totalement rejetée, sert encore quelque temps aux domestiques ou aux pauvres.

Allez au cabinet me *quérir* un mouchoir. Corn.

Va *quérir* un peu d'eau ; mais il faut te hâter. Id.

« Qu'y avait-il de plus ordinaire que la rencontre d'un homme qui venait de *quérir* de l'eau à quelque fontaine hors de la ville ? » Boss. « Croiriez-vous bien que je n'aurais jamais eu le courage d'aller au grenier *quérir* du foin, si la cuisinière n'y fût pas venue avec moi? » Dest. « Envoyez-moi toujours ce soir vos lettres par Lefèvre qui viendra les *quérir*. » Volt. « Il avait ce livre, il l'alla *quérir*, et le mit entre les mains de son ami. » Arn. « Fort bien, mon gaillard, me dit-elle ; allez donc *quérir* vos hardes afin de revenir dîner. » Mariv. « Almanzor, dites aux gens de M. le marquis qu'ils aillent *quérir* des violons. » Mol. « Je suis de retour dans un moment.... Si l'on m'apporte de l'argent, que l'on me vienne *quérir* vite chez le seigneur Géronimo. » (Sganarelle, au commencement du *Mariage forcé*.) Id.

CHÈREMENT, TENDREMENT. Aimer *chèrement*, aimer *tendrement*, c'est-à-dire beaucoup.

On aime *chèrement* ce qu'on *chérit*, ce qu'on aime par réflexion, par estime, en considération des qualités qu'on y trouve ; mais on aime *tendrement* ce qu'on aime avec *tendresse*, par inclination, spontanément, d'instinct.

On aime *chèrement* un ami, un bienfaiteur, la vertu. « Le prince de Montpensier adressant la parole au comte d'un ton qui faisait voir qu'il avait encore de l'amitié pour lui : Que vois-je? lui dit-il. Est-il possible qu'un homme que j'ai aimé si *chèrement* choisisse ma femme entre toutes les autres femmes pour la séduire? » Delaf. « Tout ce pays a bien sujet d'être dans l'affliction ; nous allons perdre notre seigneur, que nous aimons *chèrement*, et de qui nos familles reçoivent mille biens tous les jours. » Les. « Julie n'aima si *chèrement* la vertu même que comme la plus douce des voluptés. » J. J. — Mais ce sont ses enfants, c'est son époux ou sa femme, c'est un amant ou une maîtresse qu'on aime *tendrement*. « La reine sa mère ne l'aimait pas plus *tendrement* que faisait Anne d'Espagne. » Boss. « Vous ne savez pas ce que c'est qu'un mari qu'on aime *tendrement*. » Mol. « Je suis une princesse de la cour d'Ortus. J'étais *tendrement* aimée d'Arimin. Il me devait épouser, lorsqu'une imprudente curiosité nous porta, mon amant et moi, à vérifier ce qu'on disait d'une fontaine si merveilleuse. » Les.

Mme de Sévigné écrit à M. de Grignan, son gendre : « Il faut m'aimer, mon cher comte, et vous assurer que vous n'êtes aimé en nul lieu du monde si *chèrement* qu'ici. » Mais quand elle écrit à sa fille et lui parle de ses sentiments pour elle, elle emploie *tendrement* de préférence : « Vous connaissez tous mes sentiments sur votre sujet et combien la vie me paraît triste sans voir une personne que j'aime si *tendrement*. »

Chèrement annonçant une affection réglée par la raison et calme, au lieu que *tendrement* suppose de l'entraînement et de l'abandon, une plus grande effusion de cœur, il s'ensuit que *tendrement* l'emporte en force et renchérit sur son synonyme. « Après cette gronderie toute maternelle, laissez-moi vous embrasser *chèrement* et *tendrement*, persuadée que vous n'êtes point fâchée. » Sév.

CHICANER, INCIDENTER. Élever de mauvaises difficultés.

Chicaner, c'est user de chicane. La *chicane*, de l'italien *cica*, minutie, bagatelle, d'où viennent aussi l'espagnol *chico* petit, et le français *chiche*, qui dépense peu, signifie une difficulté par laquelle on veut réduire à peu, diminuer. Celui donc qui *chicane* cherche à rabattre. C'est ce que fait un critique *chicaneur* : il déprise, il ôte aux personnes ou aux choses une partie de leur mérite. « Quelques-uns prétendaient *chicaner* sur la victoire de César, et soutenaient qu'elle n'était pas aussi complète que l'on pouvait se l'imaginer. » Roll. « Il me dit que, puisque j'avais les profits de sa chancellerie, il était juste que j'en fisse les frais. Je ne voulus pas *chicaner* sur cet article. » J. J. « Notre présent (don gratuit de la Bretagne au roi) est déjà fait : on a demandé trois millions; nous avons offert sans *chicaner* deux millions cinq cent mille livres, et voilà qui est fait. » Sév.

Incidenter, faire naître un incident ou des incidents dans un procès, indique des difficultés élevées afin de se tirer d'affaire, des échappatoires. Celui donc qui *incidente* le fait pour éluder ou pour sortir d'embarras. « Les tribuns *incidentent*, cherchent des faux-fuyants, et tâchent d'éluder la force du serment. » Roll. « On s'aperçut que la cour de Vienne *incidentait* sur des détails de peu de conséquence, et qu'elle cherchait à éluder l'acceptation du traité. » Marm. « Pour empêcher qu'on ne voie tous ces nouveaux embarras, l'auteur ne songe qu'à tout embrouiller de questions inutiles à cette matière.... On voudrait, pour *incidenter* toujours, voir ce que nous dirons. » Boss.

D'ailleurs, *chicaner* se prend en plus mauvaise part, ou plus essentiellement en mauvaise part. En effet, c'est alléguer des raisons frivoles, des vétilles; au lieu que *incidenter*, c'est proprement relever quelque chose d'accessoire, quelque chose de peu important, il est vrai, mais non pas de futile ou de mal fondé. « Antoine ayant (par ce sénatus-consulte), l'essentiel de ce qu'il désirait, n'*incidenta* pas sur une clause par laquelle il savait bien qu'il ne serait pas gêné. » Roll. « On pourrait *incidenter* sur *une main qui se fait partie* (dans la tragédie d'Héraclius); mais c'est ici que la critique des mots doit se taire devant la noblesse des choses. » Volt. Il est donc quelquefois permis d'*incidenter*, mais de *chicaner* jamais.

CHOQUER, BLESSER, OFFENSER, Pris au figuré, ces verbes sont synonymes quand ils signifient produire sur la vue ou sur l'ouïe une impression désagréable, ou bien affecter l'esprit d'une manière fâcheuse en contrariant ses goûts, ses préventions, ses sentiments, ou bien porter atteinte à certaines choses morales, telles que la religion et la bienséance.

Choquer, c'est heurter contre ce qui est établi, accoutumé, en usage, l'ébranler, tendre à le renverser. *Blesser* n'a point pour accessoire d'exprimer qu'on s'attaque à une chose reçue, ordinaire, qui a cours, et qu'on la brusque, qu'on la rudoie ; mais il désigne une impression ou une atteinte beaucoup plus forte, laquelle endommage ou laisse une lésion. *Offenser*, d'*offendere*, donner, toucher contre une chose qui est devant soi et qu'on rencontre, n'a pas l'accessoire de *choquer* et marque une impression ou une atteinte plus faible que *blesser*. « Un musicien sera vivement *choqué* d'une dissonance ; une voix fausse, un son aigre l'*offensera*, le *blessera*. » Buff.

Mon visage l'*offense*, et ma gloire le *blesse*. Corn.

La vue ou l'ouïe est *choquée* par un assortiment de couleurs ou par un son inaccoutumé formant avec ce qu'on voit et ce qu'on entend d'ordinaire un contraste qui désoriente, surprend et déplaît. Il faut qu'une chose agisse vivement, fasse une forte impression sur la vue ou sur l'ouïe, pour *blesser* l'une ou l'autre ; il faut, par exemple, une couleur trop vive ou trop éclatante, un son trop aigre ou trop aigu. Il y a des vues et des oreilles délicates qu'une lumière peu éclatante ou une dissonance légère peut *offenser*.

Ce qui est difforme ou grotesque *choque* la vue; il faut pour *blesser* la vue quelque chose dont l'aspect fasse une impression très-pénible ; l'*offenser*, c'est la blesser un peu. Ce qu'il y a d'étrange, de peu mesuré, dans le langage d'un homme, *choque* l'oreille ; tout ce qui fait beaucoup de peine à entendre, comme des paroles obscènes, la *blesse*; il suffit d'un mot mal prononcé, d'une parole un peu libre pour *offenser* une oreille un peu délicate.

On *choque* un homme en contrariant sa manière de penser, ses préjugés, ses habitudes, ses mœurs, et cela dénote peu de ménagement, le peu de soin qu'on prend de s'accommoder aux vues et aux volontés des autres. On *blesse* les personnes dans ce qu'elles ont de plus cher : on dit *blesser* au vif, *blesser* au cœur; et, s'il y a défaut de ménagement, rudesse à *choquer*, il y a souvent malice et cruauté à *blesser*. On *offense* les personnes surtout en ne leur marquant pas toute la considération dont elles se croient dignes, en leur manquant de respect.

Nous sommes *choqués* de tout ce qui nous paraît paradoxal, inusité, excessif; nous sommes *blessés* par tout ce qui nous cause du chagrin ou de la douleur, par tout ce qui froisse nos affections; nous sommes *offensés* par tout ce qui paraît attaquer notre mérite, notre honneur ou nos droits.

La chose *choquante* est bizarre, singulière, surprenante, ridicule; la chose *blessante* est poignante, très-sensible, amère, mortifiante; la chose *offensante* est injurieuse.

On se *choque* de ce qu'on trouve étrange; on se *blesse* de ce qu'on prend à cœur, de ce dont on se chagrine; on s'*offense* de ce qu'on regarde comme un outrage. Se *choquer* de tout est le propre d'un esprit étroit et peu flexible qui ne peut concevoir qu'on pense ou fasse autre chose que ce qu'il pense ou fait. Se *blesser* de tout et s'*offenser* de tout sont la marque, l'un d'une trop grande sensibilité, l'autre d'une trop grande susceptibilité.

En parlant des choses morales auxquelles on porte atteinte, *choquer* se dit du bon sens, de la vérité, de la bienséance, des usages, de toutes les choses en un mot qui sont établies, reçues, et qui peuvent être heurtées, attaquées, ébranlées; *blesser* convient en parlant de l'honnêteté, de la pudeur, de la conscience, du cœur, de tout ce qui peut recevoir une vive atteinte ou être violé; *offenser* est préférable à l'égard de ce qui peut être l'objet d'une injustice ou d'une injure. « Despréaux interdit à la comédie les plaisanteries qui *choquent* le bon sens, ou qui *blessent* l'honnêteté. » MARM. « Vous me déplaisez en me parlant comme vous le faites de vos aimables lettres.... Où pêchez-vous cette fausse et offensante humilité? Elle *blesse* mon cœur, elle *offense* la justice, elle *choque* la vérité. » SÉV.

Choquer la religion, c'est faire ou dire quelque chose qui soit contraire à ce qui est établi par la religion, aux croyances, aux cérémonies, aux pratiques religieuses; la *blesser*, c'est en transgresser ouvertement les préceptes en faisant quelque action qu'elle réprouve; l'*offenser*, c'est se rendre coupable envers elle d'irrévérence.

Vous montrez-vous dans une réunion vêtu d'une manière grotesque ou tout à fait surannée, vous *choquez* la bienséance. Qu'une femme déclare son amour à celui qui en est l'objet, elle *blesse* la bienséance. C'est *offenser* la bienséance que de mettre peu de retenue dans ses paroles au milieu d'un cercle composé de personnes chatouilleuses ou qui sont encore dans l'âge de l'innocence.

CIEL, CIEUX. En latin *cœlum, cœli*, du grec κοῖλος, creux, concave. C'est la partie du monde qui s'étend au-dessus de nos têtes en forme de voûte et à laquelle les astres semblent être attachés.

Le singulier marque l'unité, et le pluriel la multiplicité. On se sert du mot *ciel* comme d'une expression collective ou synthétique quand on veut donner une idée du tout, de l'ensemble, sans avoir aucun égard à l'étendue de la chose et à ses parties. Lever les yeux ou les mains au *ciel*; tout ce qui est sous le *ciel*; le *ciel* devient sombre.

Son front touchait le *ciel*, ses pieds foulaient la terre.
DEL.

Mais on emploie le pluriel *cieux* toutes les fois qu'il s'agit de développer devant les yeux de l'esprit les vastes espaces du *ciel* ou d'en parler d'une manière analytique, distributive ou détaillée. « Les dieux d'Homère franchissent l'espace des *cieux* en trois pas, et arrivent au quatrième. » J. J. « On dit qu'un prophète, en une minute, parcourut sept régions différentes des *cieux*. » STAËL. — « Il tourne par hasard les yeux vers le *ciel*....; il considère, avec je ne sais quel frémissement, la marche lente et majestueuse de cette multitude de globes qui sans cesse lancent à travers les espaces des *cieux* une lumière pure et inaltérable. » J. J.

Ciel, emportant l'idée d'unité, se prend souvent d'une manière abstraite et pour personnifier la puissance céleste, Dieu, la Providence. *Cieux*, au contraire et par la raison contraire, est impropre ou bien moins propre à cet usage : il ne convient guère que pour le concret, pour désigner quelque chose qui est dans l'espace ou relatif à l'espace. La philosophie est un présent du *ciel* : elle nous a été donnée pour porter nos esprits à la connaissance d'un Dieu par la contemplation des *cieux* (MOL.). « Ici nous sentons toujours la protection du *ciel*.... Connaissez-vous cette terre que les rayons des *cieux* fécondent avec amour? » STAËL.

Peignez de ces beaux lieux les oiseaux et les fleurs.
Où le *ciel* prodigua le luxe des couleurs....
Montrez-nous l'Orénoque et l'immense Amazone....
Qui semblent, à leur poids, à leur bruyant tonnerre,
Plutôt tomber des *cieux* que rouler sur la terre.
DEL.

Toutefois, quand le *ciel* en adoucit les traits,
Les rigueurs de l'hiver se changent en bienfaits :
Il raffermit les nerfs; son souffle salutaire
Va balayer les *cieux* et purger l'atmosphère. ID.

Enfin, *ciel* est précis, et *cieux* vague. C'est pourquoi celui-ci est préféré et doit l'être dans le style soutenu auquel conviennent moins les abstractions et la clarté que le grandiose, les images et les expressions indéterminées. » Les *cieux* s'ouvrent sur la tête de J.-C., et annoncent eux-mêmes aux hommes sa gloire et sa magnificence. » MASS.

Descends du haut des *cieux* auguste Vérité! VOLT.
Les *cieux* instruisent la terre
A révérer leur auteur. J. B. ROUSSEAU.

CLASSE, ORDRE; — GENRE, ESPÈCE; — SORTE. Ces mots signifient tous un assemblage, une collection ou une réunion d'individus qui se ressemblent sous certains rapports, ou, en d'autres termes, des divisions entre les choses en raison de leurs similitudes et de leurs différences. Des êtres sont de la même *classe*, du même *ordre*, du même *genre*, de la même *espèce* ou de la même *sorte*, quand il y a entre eux certains caractères communs.

Classe et *ordre* ont cela de bien particulier relativement aux deux mots suivants, qu'ils expriment des divisions artificielles, faites par les hommes dans certaines vues et d'après des points de ressemblance pris arbitrairement. C'est pourquoi on dit bien *classer* et *ordonner*, pour former des *classes* et ranger en *ordre*, tandis qu'on ne peut pas dire dans le même sens *généraliser* et *spécifier*, *genre* et *espèce* marquant des divisions constantes établies par la nature même. C'est pourquoi, d'un autre côté, on dit bien que la nature veille à la conservation des *genres* ou des *espèces*, mais non pas à celle des *classes* ou des *ordres*. Il peut y avoir dans une société d'hommes diverses *classes* ou divers *ordres* sans qu'il y ait pour cela plusieurs *genres* ou plusieurs *espèces* d'hommes. Dans les locutions générales, talent de premier *ordre*, artiste de première *classe*, substituez *genre* ou *espèce* à *ordre* ou à *classe*, elles n'auront plus de sens ; et, d'autre part, *ordre* humain ou *classe* humaine à la place de *genre* humain, d'*espèce* humaine, seraient des barbarismes. Un homme est de l'*ordre* ou de la *classe* des savants, mais non du *genre* ou de l'*espèce* des savants.

Quant à *sorte*, de *sorte*, ablatif de *sors*, sort, hasard, il est vague et indéterminé ; il n'indique pas comme ses synonymes, de classification expressément faite par l'homme ou par la nature, et il s'emploie surtout avec les mots qui marquent multiplicité sans distinction : bien des *sortes*, toutes *sortes*, différentes *sortes* d'oiseaux, de livres, etc. « Il n'y a *sorte* de volupté qu'ils n'essaient. » LABR. Il y a bien des *sortes* d'oiseaux signifie qu'il y en a d'un grand nombre de couleurs, de formes, de grosseurs, etc. ; il y en a bien des *genres* ou des *espèces* suppose qu'on pourrait au besoin les compter et montrer en quoi consistent leurs différences. « On compte douze *espèces* de fauvettes dans nos climats, qui ont chacune leur département ; nos diverses *sortes* d'alouettes sont aussi réparties à différents sites. » BERN. On est moins précis quand on dit que des objets sont de la même *sorte* que quand on dit qu'ils sont du même *genre* ou de la même *espèce* ; et si la nature, qui conserve les *genres* et les *espèces*, ne conserve pas les *sortes*, non plus que les *classes* et les *ordres*, c'est que les *sortes* sont des assemblages indéfinis, fondés sur des accidents, sans caractères fixes. Aussi le mot *sorte*, à la différence de tous les précédents, est-il exclu de la science et renvoyé au langage commun et presque familier où on en fait un continuel usage.

Classe, *ordre*. Divisions artificielles, établies par les hommes.

Classe, de κλῆσις, action d'appeler, de nommer, de convoquer, de rassembler, est le mot propre pour exprimer tous les rassemblements d'objets sous des dénominations communes que font les hommes pour des motifs particuliers, afin, par exemple, de soulager la mémoire. Il se dit très-bien en matière de science. *Ordre* a une signification bien plus restreinte et ne se dit que de certaines divisions introduites dans un État ou une corporation. C'est en ce sens seulement que sa synonymie avec *classe* devient étroite.

Ordre vient du latin *ordo* formé du grec ὀρθός, droit, en droite ligne. Du même mot latin a été fait celui d'*ordinal* qui se trouve dans l'expression nombre *ordinal* : le nombre *ordinal*, c'est 1er, 2e, 3e, etc. Un État divisé en *ordres* est en quelque sorte aligné, c'est-à-dire réglé suivant une hiérarchie ; chaque *ordre* est subordonné à un autre, et à son tour il a le pas sur un *ordre* inférieur ; chaque *ordre* a des prérogatives, des privilèges bien déterminément fixés par des règlements invariables. La *classe* d'abord n'emporte pas l'idée d'hiérarchie ; elle est ensuite plus flexible et ne suppose pas de distinctions aussi nettement et aussi fortement tranchées. La république romaine était composée de deux *ordres*, le sénat et le peuple (ROLL.) ; Numa partagea le peuple par métiers, comme d'orfèvres, de charpentiers et d'autres pareils artisans, les rangeant, selon les professions, en diverses *classes* (ID.). Les Athéniens avaient été partagés par Thésée en trois *ordres*, dans l'un desquels chacun naissait et restait, l'*ordre* des nobles, celui des laboureurs et celui des artisans ; mais Solon les divisa en quatre *classes* suivant les biens de chacun, et, comme la mesure des revenus seule en décidait, quand les revenus augmentaient on pouvait passer dans une *classe* supérieure (ROLL.). Autrefois en France les états étaient composés de trois *ordres*, les nobles, le clergé, le tiers état, et non pas de trois *classes*. Aujourd'hui notre société est divisée en *classes* élevée, moyenne, pauvre, laborieuse, etc. ; mais ces locutions n'expriment pas de divisions rigoureuses, des corps particuliers et bien délimités dans le grand corps de l'État : tous les citoyens étant considérés comme également honorables, il n'y a pas de subordination de l'une de ces *classes* aux autres. « Le nom de *communes* que le tiers avait pris, et le nom de *classes* qu'il donnait aux deux premiers *ordres*, annonçaient qu'il ne voulait plus entre eux et lui de distinction de grades. » MARM. Savoir intéresser par le charme de son style toutes les *classes* de lecteurs (DUC.). Il y a bien encore dans les diverses branches de notre administration des employés de 1re, de 2e et de 3e *classe* ; mais là encore il n'y a pas hiérarchie : dans un régiment un capitaine de 1re *classe* n'est distingué en rien de celui de 2e ou de 3e, si ce n'est que sa paye est plus forte ; il en est de même dans l'Université du professeur de 1re *classe* par rapport à ceux de 2e ou de 3e. D'ailleurs, quand même une *classe* aurait de grands avantages sur une autre, c'est par le talent, la capacité, le mérite personnel qu'on y arrive, au lieu qu'on naît d'ordinaire dans un *ordre*.

Dans une acception plus étendue, *ordre* a par lui-même quelque chose de noble et d'élevé qui tient sans doute à ce qu'il a exprimé d'abord les prérogatives, les distinctions honorifiques des anciennes castes : esprit du premier *ordre*, homme de la dernière *classe*. On ne dit pas un fripon ou un menteur du premier *ordre*, mais de la première *classe*; on ne dit pas faire rentrer un roi dans l'*ordre*, mais dans la *classe* des simples citoyens. Les *ordres* de chevalerie; les *classes* d'un collège.

Genre, espèce. Divisions naturelles.

Genre, de *genere*, ablatif de *genus*, naissance, origine, en grec γενος, qui signifie la même chose et vient de γίνεσθαι, naître, devenir, se dit des êtres qui ont une naissance commune, qui se ressemblent par leur nature même, leur essence, et sont de la même race, de la même famille; c'est pourquoi on dit *engendrer*, pour propager sa race. *Espèce*, de *species*, aspect, apparence, extérieur, est le nom donné aux subdivisions du *genre*, qui doivent se distinguer entre elles par des signes spécifiques, caractéristiques, visibles, frappants. C'est conformément à cette étymologie qu'*espèce* veut dire quelquefois qualité, et *genre* jamais, des poires d'une belle *espèce*, et qu'on dit mieux la nature veille à la conservation des *espèces* que des *genres*, considérant plutôt alors les êtres par rapport à leurs qualités que par rapport à leur essence qui semble impérissable d'elle-même. On dit d'un arbre, il en faut conserver l'*espèce* et non le *genre*.

« Parmi les universaux, ce qui est essentiel et plus commun s'appelle *genre*; ce qui est essentiel et plus particulier s'appelle *espèce*. » Boss. Sous le *genre* animal il y a deux *espèces* comprises, celle de l'homme et celle de la bête. Deux affaires peuvent être du même *genre* sans être de la même *espèce*: ces deux affaires ne sont pas de la même *espèce* dit donc plus que, ces deux affaires ne sont pas du même *genre*. De même, il est unique en son *espèce* dit plus que, il est unique en son *genre*.

L'*espèce*, considérée par rapport à des *espèces* inférieures, devient *genre*: ainsi l'*espèce* bête est *genre* par rapport au lion et au chien. Réciproquement le *genre* devient *espèce* quand on le considère par rapport à un *genre* supérieur. Or, il faut se servir du mot *genre*, non-seulement quand on considère une classe naturelle par rapport à ses *espèces*, mais aussi quand on la considère absolument: le *genre* humain. Au contraire, il faut se servir d'*espèce* non-seulement quand on considère une classe naturelle par rapport à son *genre*, mais encore quand on la considère par rapport aux autres *espèces* du même *genre*: après avoir créé les animaux, Dieu créa l'*espèce* humaine. La découverte de la vaccine est un bienfait pour l'*espèce* humaine fait entendre que ce bienfait ne s'étend pas aux autres animaux; *genre* humain n'exprimerait point cet accessoire.

COCHON, PORC, POURCEAU. Animal domestique qui a le pied fourchu, qui ne rumine pas, et qui est déclaré immonde dans la loi de Moïse.

Cochon est le nom de l'espèce, le mot dont on sert en histoire naturelle et dans l'économie rurale, quand on veut donner une idée de la famille à laquelle appartient cet animal, de ses caractères, de ses mœurs, de sa manière de vivre ou de multiplier. Buffon traite dans un même article du *cochon*, du cochon de Siam et du sanglier. « Les compagnons d'Ulysse aimèrent mieux rester *cochons* que de redevenir hommes. » VOLT. L'un d'eux dit à Ulysse, qui l'invite à revenir à son premier état: « Le métier de *cochon* est bien plus joli. » FÉN. « En Dauphiné tous les *cochons* sont noirs. » BUFF. « Les Cachemiriens n'ont point ces petits yeux de *cochon* qu'on trouve chez leurs voisins. » ID. « Les *cochons* aiment à se vautrer dans la fange; un groin de *cochon*, etc. » ACAD.

Porc et *pourceau* ont rapport à l'usage que nous faisons de cet animal. Le *porc* est le *cochon*, lorsqu'il a acquis le développement qui le rend propre à servir ou même lorsqu'il sert actuellement à la nourriture de l'homme. Le *pourceau* est un petit *porc*, qu'on élève, qu'on fait paître qu'on engraisse, afin qu'un jour il devienne *porc*, c'est-à-dire tel qu'on veut qu'il soit pour le manger. Voy. *Porc, pourceau*.

COFFRER, CLAQUEMURER. Mots familiers qui signifient l'un et l'autre emprisonner.

Coffrer, mettre dans un *coffre*, est plus relatif à l'action, au fait de saisir quelqu'un pour le mener en prison. *Claquemurer*, appliquer ou flanquer entre des murs, entre quatre murs, a plus de rapport à l'état, exprime plutôt la détention que l'arrestation. On *coffre* ou on est *coffré* tel jour, de telle manière; on voit *coffrer* quelqu'un, c'est une scène dont on est témoin. « Si ton maître ne me paye aujourd'hui, je le ferai *coffrer* demain. » REGN. « Sancho arriva à la porte de la prison, où, après avoir vu *coffrer* don Quichotte, il demeura très-embarrassé de sa personne. » LES.

Par les soins vigilants de l'exempt Balafré,
Ton affaire allait bien, le drôle était *coffré*,
Si ton maître au moment ne fût venu lui-même....
D'abord il a chargé si bien sûr les recors.... MOL.

Mais on est *claquemuré*, c'est-à-dire étroitement renfermé, dans tel lieu.

Notre beauté, si fatale au cerveau,
Fut dans sa chambre étroitement gardée....
La belle sotte, ainsi *claquemurée*,
Filait, cousait.... VOLT.

L'on m'a raconté qu'Encelade
Est sous ce mont (l'Etna) *claquemure*. SCARR.

D'ailleurs, *coffrer* n'a jamais que le sens propre et ne se prend qu'à la rigueur: c'est un terme de police. *Claquemurer*, au contraire, est susceptible d'extension et d'applications plus ou moins éloignées de la primitive; on dit bien, par exemple, se *claquemurer*. « Le duc d'Orléans me dit qu'il s'était résolu à donner au duc de Charost la place de gouverneur du roi, qu'il allait tenir en mue, *claquemuré* dans son appartement, sans en sortir ni se montrer à qui que ce fût, pour l'avoir tout prêt sous sa main. » S. S. « Me voilà *claquemuré* pour longtemps dans ma triste, mais très-chère et très-paisible géométrie. » D'AL. « Je quitte aujourd'hui les agréables pénates de la baronne, et je vais me *claquemurer* vis-à-vis le portail de Saint-Gervais. » VOLT.

Plus d'une fille a forligné; le diable
Est bien subtil; bien malins sont les gens;
Il nous faudrait toutes dans des couvents
Claquemurer jusqu'à notre hyménée. LAF.

que vous jouez au monde un petit personnage,
De vous *claquemurer* aux choses du ménage ! Mol.

COLLINE, COTEAU. Petite montagne en pente douce et ordinairemeut ornée de verdure, soit par l'effet de la culture, soit naturellement.

Colline, latin *collis*, signifie l'objet tout entier. *Coteau*, du latin *costa*, côte ou côté, n'en désigne que le flanc ou le penchant. Aussi oppose-t-on bien les *coteaux* des *collines* à leurs sommets. « Après quelques lieues de chemin, on trouve des *collines* dont les *coteaux*, quoique rapides, et même les sommets, sont également garnis d'une grande épaisseur de bonne terre, plantée partout d'arbres. » Buff. « Qu'on examine dans le même canton les hommes qui habitent les terres élevées, comme les *coteaux* ou le dessus des *collines*, et qu'on les compare avec ceux qui occupent le milieu des vallées voisines. » Id.

Quand *coteau* sert aussi à exprimer l'objet tout entier, il le représente comme plus petit ; car c'est un diminutif. Les vallées sont bordées de *collines* (Buff.), et les vallons de *coteaux* (Id.). *Coteau* garde toujours dans son idée quelque chose de partiel et se prend volontiers au pluriel pour représenter distributivement ce que le mot *colline* au singulier marque d'une manière collective. « Les Altenais se réfugièrent sur les *coteaux* voisins qui étaient couverts de glace.... Quelques femmes nouvellement accouchées emportèrent leurs enfants et moururent de froid avec eux sur la *colline*, en regardant de loin les flammes qui consumaient leur patrie. » Volt.

D'ailleurs, le *coteau* est plus cultivé ou plus ordinairement cultivé que la *colline*. La *colline* est couverte de bois ou on y trouve des pâtis pour les troupeaux. « Cette vallée est environnée de *collines* d'une hauteur extraordinaire, dont les endroits les moins fertiles sont couverts de ces bois d'éternelle verdure qui ne se trouvent que dans les pays chauds. » S. R. « Au delà des savanes s'étend un cordon de *collines*, qui sont toutes couvertes d'une grande épaisseur de terre, plantées partout de vieilles forêts. » Buff. « Lorsqu'on conduit les chèvres avec les moutons, elles précèdent toujours le troupeau. Il vaut mieux les mener séparément paître sur les *collines*. » Id. Mais le *coteau*, comme le vallon et le bosquet, est plus riant, plus gracieux et suppose toujours des soins donnés par les mains de l'homme. « Ici des *coteaux* s'élèvent comme en amphithéâtre, et sont couronnés de vignobles et d'arbres fruitiers. » Fén. « Une belle campagne où l'on ne sait ce qu'on doit le plus admirer, ou ces riches *coteaux* si merveilleusement diversifiés par des maisons, des arbres, des vignes..., ou, etc. » Roll.

Vous, gracieux *coteaux*, qui parez les vallons. Corn.
    Et nos climats ont vu l'année
    Deux fois de pampre couronnée
    Enrichir *coteaux* et vallons. Laf.

COLONNE, PILIER, PILASTRE. Ce sont dans un édifice des parties qui en soutiennent d'autres.

Colonne et *pilier* signifient des parties d'édifice isolées et ordinairement de forme ronde ; le *pilastre*, au contraire, a la forme carrée, et il est engagé dans le mur. On attache un homme ou un animal à une *colonne*, à un *pilier*, mais non pas à un *pilastre*. Et ce qui achève de séparer *colonne* et *pilier* de *pilastre*, c'est que les deux premiers se prennent seuls au figuré.

Colonne et *pilier* diffèrent aussi, même d'une manière très-sensible. *Colonne* est le latin *columna* ; *pilier* vient bien aussi d'un mot latin *pila*, mais il a une terminaison commune et vulgaire, qui marque un métier. En conséquence, *colonne* est noble, et *pilier* non. La *colonne* sert à décorer en même temps qu'à soutenir ; le *pilier* sans proportion et quelquefois sans ornement, ne fait que soutenir, c'est comme son métier, son unique métier. Dans les palais et dans les temples il y a des *colonnes* ; sous les ponts, dans les halles et dans les écuries, des *piliers*. Sans la vertu, la patrie s'écroulerait comme un temple dont on aurait sapé les *colonnes* (Bern.) ; on lit quelquefois, avec attendrissement, dans nos églises, des billets affichés par des malheureux, au coin de quelques *piliers*, dans une chapelle obscure (Id.). Que si parfois *pilier* se dit des mêmes choses exactement, il les représente comme lourdes ou comme mal proportionnées, irrégulières. « Ces masses énormes de matière (les éléphants) sont soutenus par quatre membres qui ressemblent moins à des jambes qu'à des *piliers* ou des *colonnes* massives de quinze ou dix-huit pouces de diamètre et de cinq ou six pieds de hauteur. » Buff. « Un édifice grec n'a aucun ornement qui ne serve qu'à orner l'ouvrage ; les pièces nécessaires pour le soutenir ou pour le mettre à couvert, comme les *colonnes* et la corniche, se tournent seulement en grâce par leurs proportions. Au contraire, l'architecte gothique élève sur des *piliers* très-minces une voûte immense qui monte jusqu'aux nues ; on croit que tout va tomber. » Fén.

Au figuré, *colonne* est de même une expression relevée, et *pilier* un mot souvent familier, qui exprime quelque chose de commun tout au moins, sinon de bas. Les *colonnes* de l'État, de l'Église ; un *pilier* de cuisine, de coulisses, de cabaret. Roland est appelé dans les romans de chevalerie la *colonne* de la foi (Les.) ; Bossuet témoigne le peu de cas qu'il fait de Luther, de Mélanchthon et de Bucer en leur donnant le nom de *piliers* de la Réforme.

COLOSSAL, GIGANTESQUE. D'une grandeur extraordinaire.

Colossal, de colosse, est plus fort que *gigantesque*, de géant. En effet, les *colosses* étaient des statues d'hommes, dix fois, cent fois plus grandes que nature ; et par *géants* on entend des hommes plus grands que les autres, à la vérité, mais du double tout au plus. *Colossal* équivaut à démesurément *gigantesque*, comme il résulte de l'exemple suivant. « Que l'on compare ces énormes dents à pointes mousses avec celles de nos plus grands animaux, on sera bientôt forcé d'avouer que l'animal auquel ces dents appartenaient était d'une espèce *colossale*, et que de même les très-grosses dents carrées que j'ai cru pouvoir comparer à celles de l'hippopotame sont encore des débris de corps démesurément *gigantesques*. » Buff. Quand on dit de quelqu'un qu'il a une stature *colossale* (ACAD.) ou une figure *colossale* (S. S.), on dit plus que si on lui attribue une taille *gigantesque* (ACAD.) ou une *gigantesque* figure (SÉV.).

D'autre part. *colossal*, qui rappelle une statue, une représentation matérielle, est tout physique, relatif à la forme seule: au lieu que *gigantesque*, ayant pour idée fondamentale celle d'hommes vivants, tels que nous, au dedans comme au dehors, sauf la grandeur, se prend bien au figuré et au moral pour exprimer quelque chose d'abstrait. Des éléphants *colossaux* (BERN.); des entreprises *gigantesques* (ACAD.). « Tout est *colossal* dans cette demeure (de l'impératrice de Russie); les conceptions du prince qui l'a construite étaient bizarrement *gigantesques*. » STAËL. — Un homme *colossal* est prodigieusement grand : « Là était un noir *colossal*, avec un chien d'une taille proportionnée à celle de son maître. » BERN. Un homme *gigantesque* a fait de grandes choses ou possède une grande puissance : « Un gentilhomme saxon s'exprime ainsi sur Charles-Quint: Cet homme *gigantesque* ne recèle point de cœur dans sa terrible poitrine; la foudre de la toute-puissance est dans sa main, mais il ne sait point y joindre l'apothéose de l'amour. » STAËL. — On dit des statues BOSS., FÉN., des formes (STAËL), des proportions (ACAD., LAH.) *colossales*; mais on dit des facultés (STAËL) et des actions (VOLT.) *gigantesques*. Mme de Staël reproche à Napoléon d'avoir voulu « mettre son moi *gigantesque* à la place de l'espèce humaine ». — Figures *colossales*, s'entend toujours au propre; mais figures *gigantesques*, peut convenir en parlant du style. « Un morceau simple et sublime, dépouillé d'enthousiasme et de ces figures *gigantesques* que le bon sens désavoue. » VOLT. « Les lois des Wisigoths sont pleines de rhétorique et vides de sens, frivoles dans le fond et *gigantesques* dans le style. » MONTESQ. Si on voulait substituer *colossal* à *gigantesque* dans les deux dernières phrases ou dans d'autres semblables, l'usage s'y opposerait absolument.

Ainsi *gigantesque* est d'une application plus générale. Ce qui, du reste, contribue à le prouver, c'est que ce mot s'emploie quand il est question non-seulement de l'homme et des animaux, mais encore des plantes; il sert à qualifier celles qui surpassent de beaucoup en grandeur les autres de la même espèce. Un arbre *gigantesque* (ACAD.). « Ces fucus parviennent à une grandeur prodigieuse, qui leur a fait donner le nom de *gigantesques*. » BERN.

COMBLER, ACCABLER. Pris au figuré, ces verbes s'emploient l'un et l'autre pour signifier donner d'une chose à quelqu'un abondamment.

Mais d'abord on ne *comble* jamais que de biens ou de choses bonnes; au lieu que d'ordinaire on *accable* de ce qui est *accablant*, onéreux, à charge, fâcheux ou pénible. « Le cardinal Mazarin était *accablé* de soins et de maladies, et *comblé* de trésors dont il ne savait que faire. » HAM.

Qu'il m'importera peu si leurs faibles esprits
Me *comblent* de faveurs, ou m'*accablent* d'injures !
CORN.

Que si *combler* ne se dit jamais comme *accabler* avec un nom de chose mauvaise pour complément indirect, *accabler* se prend quelquefois en bonne part comme *combler*, et c'est alors qu'il y a entre eux la plus grande apparence de synonymie : l'Académie définit *accabler* dans cette acception favorable par *combler*, simplement.

Cependant *accabler* ainsi entendu dit plus que *combler*. *Combler* marque seulement mesure *comble* ou plénitude, et *accabler* emporte l'idée de surcharge, de quelque chose qui excède ou va au delà de la mesure. « Il nous semble, dit M. Pautex, qu'*accabler* doit signifier *combler* outre mesure. »

Tu trahis mes bienfaits je les veux redoubler;
Je t'en avais *comblé*, je t'en veux *accabler*. CORN.
Je sais ce que je dois au souverain bonheur
Dont me *comble* et m'*accable* un tel excès d'honneur.
ID.

Outre cela, on *comble* surtout d'honneurs, l'esprit se figurant les honneurs comme quelque chose qui va en s'élevant et peut recevoir un *comble*, une partie supérieure qui l'achève; mais on *accable* de toutes sortes de biens, ils forment comme une masse, une charge, quelque chose en un mot dont on porte plus ou moins. Cinna hésite à assassiner un prince.

Qui le *comble* d'honneurs, qui l'*accable* de biens.
CORN.

Vous l'avez jusqu'ici de tant d'honneurs *comblée*,
De tant de faveurs *accablée*.... ID.

COMMENCER, SE METTRE, SE PRENDRE à faire une chose, c'est, par rapport à cette chose, entrer en action.

Mais, pour ce qui concerne d'abord *commencer* à et *se mettre* à, ils ne se disent pas indifféremment l'un pour l'autre. On *commence* à faire ce qui aura de la suite : un enfant *commence* à parler; on *commence* à aimer une personne ou à la haïr. On *se met* à faire ce à quoi on s'emploie ou on s'occupe, et, pour l'ordinaire, c'est quelque chose de court, qui ne se continue ou ne se prolonge pas : *se mettre* à rire ou à pleurer; on dit que Zoroastre, dès qu'il fut né, *se mit* à rire (VOLT.); au théâtre, on *se met* à causer avec un voisin dans un entr'acte. Bien avant que Charlemagne fût couronné empereur, le peuple de Rome *commença* à le demander pour souverain temporel ; mais le jour où le pape, ayant vaincu la résistance du monarque, lui posa la couronne sur la tête, le peuple *se mit* à faire des acclamations (BOSS.). Quand je dis que vous *commencez* à raconter une chose, je fais penser à la longueur, à la continuation et à la fin de votre récit; en disant que vous *vous mettez* à la raconter, je fais entendre que c'est à cela que vous appliquez votre activité, je n'ai aucun égard à la suite et pour ainsi dire au cours de vos paroles.

Se prendre à ressemble beaucoup à *se mettre* à. Cependant il est d'une application plus restreinte. Il s'emploie presque uniquement avec *rire* et *pleurer*. Les anges ayant dit à Sara qu'elle aurait un fils, Sara *se prit* à rire. (Boss.).

Hier, dit-on, de vous on parla chez le roi,
Et d'attentat horrible on traita la satire.
Et le roi que dit-il ? Le roi *se prit* à rire. BOIL.

« Ils *se prirent* tous à pleurer. » VAUG. « Et si le roi *se prend* à pleurer et à dire qu'il veut M. du Maine, où tout ceci aboutira-t-il? » S. S. C'est que *se prendre* à exprime plus particulièrement encore que *se mettre* à une action courte, soudaine, qui s'épuise en un instant. On *se met* à raconter quelque chose (S. S.); on *se prend* à dire un mot. « Les profondeurs du père Tellier, les violences qu'il me montra, tout cela ensemble me jeta en une telle extase, que tout à coup je *me pris* à lui dire « : Mon père, quel âge avez-vous? Son extrême surprise rappela mes sens. » S. S.

COMMENTAIRE, NOTES, ANNOTATIONS. Explication des faits, des circonstances, des usages et de toutes les autres choses qui peuvent être obscures dans un texte.

Le *commentaire* se fait quelquefois de vive voix ou même mentalement; les *notes* et les *annotations* sont toujours écrites ou même imprimées. « Des mousquetaires portaient à chaque membre du parlement un papier à signer. Ce papier ne contenait qu'un ordre de déclarer s'ils obéiraient ou s'ils refuseraient. Plusieurs voulurent interpréter la volonté du roi : les mousquetaires leur dirent qu'ils avaient ordre d'éviter les *commentaires*. » VOLT. « Je lisais les bons auteurs, que le docteur Canizarez avait soin de me faire entendre par les doctes *commentaires* qu'il me faisait sur le texte. » LES. « Je me livrais à mille conjectures, et je faisais surtout ce qui se passait autour de moi des *commentaires* qui marquaient plutôt le délire de la fièvre que le sang-froid. » J. J. « Vous pourrez consulter sur les endroits les plus difficiles les *notes* de Vinnius et celles de La Coste, qui sont, à mon sens, les deux meilleurs *commentaires* imprimés que nous ayons sur les Instituts. » D'AG.

Commentaire (du latin *commentari*, discuter, disserter), est, comme *discussion*, *dissertation*, un terme collectif. *Notes* et *annotations* (de *nota*, marque, d'où *notare*, remarquer, observer) sont, comme *observations* et *remarques*, des mots distributifs, et ne se disent guère qu'au pluriel. Un *commentaire* est un recueil ou un ensemble de *notes* ou d'*annotations*. Un ouvrage obscur a besoin, pour être compris, d'un *commentaire*, et de *notes* ou *annotations*. « Voilà qui est clair : il n'y faut point de *notes* ni de *commentaire*. » Boss.

Le *commentaire* est suivi et étendu, comme une dissertation. Les *notes* et les *annotations* sont quelque chose de détaché et de court. « On s'est trouvé exempt de charger ce livre (les *Caractères* de Théophraste) de longues et curieuses observations et de doctes *commentaires*, qui rendissent un compte exact de l'antiquité : on s'est contenté de mettre de petites *notes* à côté de certains endroits que l'on a cru les mériter. » LABR. « Les *notes* abrégées de Denis Godefroy.., le commentaire de Jacques Godefroy sur le code Théodosien. » D'AG.

Notes et *annotations*, dont le radical est le même, ne diffèrent qu'en ce que le second mot rappelle l'action d'*annoter* et celui qui la fait, l'*annotateur*. De bonnes *notes* sont d'un grand secours; de bonnes *annotations* sont d'un habile interprète. Envoyez-moi vos *notes*, peut vouloir dire envoyez-moi les *notes* que vous avez ou que vous avez prises; envoyez-moi vos *annotations*, signifiera toujours, envoyez-moi les *notes* que vous avez faites, dont vous êtes l'auteur. « Le troisième endroit que j'ai remarqué est vers la fin de vos *annotations*, où vous dites que la matière est la machine du monde. » DESC. « Renvoyez-nous la copie que vous avez (de l'*Enfant prodigue*) avec *annotations*. » VOLT.

COMMERÇANT, NÉGOCIANT, TRAFIQUANT, MARCHAND. Ces mots désignent des hommes dont l'industrie ou la profession est de procurer des denrées ou des valeurs pour d'autres ou pour de l'argent.

Commerçant est le terme le plus général, ce qui lui donne un caractère de noblesse. Il indique simplement, d'une manière un peu vague, étendue, et relevée, le genre d'état auquel on appartient : Le *commerçant* n'est ni prêtre, ni soldat, ni magistrat. « On divisa la nation en trois classes : les propriétaires, les hommes de lettres et les *commerçants*. » STAËL. « Toutes ces espèces (le *négociant*, le *trafiquant* et le *marchand*) sont comprises sous la dénomination de *commerçants*. » COND. *Négociant* signifie le *commerçant* en tant qu'il se livre aux affaires de sa profession, c'est-à-dire qu'il s'ingénie, qu'il calcule, qu'il fait des démarches, des entreprises, des transactions, pour placer les marchandises; ou bien les *négociants* sont parmi les *commerçants* ceux qui se chargent spécialement de ces sortes d'occupations : ce sont les hommes d'affaires du commerce. Tels sont, par exemple, les courtiers. « On est *négociant* lorsqu'ayant fait du commerce une affaire de spéculation, on en observe les branches, on en combine les circonstances, on en calcule les avantages et les inconvénients dans les achats et dans les ventes à faire, et quand, par ses correspondances, on paraît disposer des effets commerçables de plusieurs nations. » COND. « En faisant prendre Tyr par Alexandre, Dieu voulait punir le luxe et l'arrogance de ces fiers *négociants* qui se regardaient comme les princes de la mer et les maîtres des rois mêmes. » ROLL.

Trafiquant et *marchand* sont moins nobles. Le *trafiquant* est un *négociant* dont tout le génie se borne à apercevoir que telle marchandise se vendra bien dans tel ou tel lieu, et qui l'y porte ou l'y envoie; sa fonction propre est de transmettre; ou bien c'est un homme qui exerce un commerce petit ou bas.

Un petit *trafiquant*. LAF.
Un *trafiquant* de Perse,
Chez son voisin, s'en allant en commerce,
Mit en dépôt un cent de fer un jour. ID.
De sa vile moitié ce *trafiquant* infâme
Étale impudemment l'or qui paya sa femme. DEL.

Le *marchand* est le dernier terme de l'échange; il livre au consommateur; d'ordinaire, il tient boutique, il étale, il a des pratiques. Il n'a guère rapport qu'aux marchandises mêmes, à la matière du commerce, et aucune de ses opérations ne demande des vues et des connaissances étendues, ni une bien grande habileté dans le maniement des affaires. Aussi l'oppose-t-on bien au *commerçant* et mieux encore au *négociant*. « On ne doit pas confondre les *commerçants* dont je parle avec ces hommes qui, sans avoir l'esprit du commerce, n'ont que le caractère *marchand*, et n'envisagent que leur intérêt particulier. » Ducl. « Il y a des pairies en Angleterre accordées nouvellement à des *négociants* de première classe.... La même famille tient souvent à des pairs d'une part, et de l'autre aux plus simples *marchands* de telle ou telle ville de province. » Staël. « Le lord-maire est ordinairement un *négociant* de la Cité, et non pas un *négociant* en grand, mais souvent un simple *marchand*. » Staël.

COMMETTRE, COMPROMETTRE. C'est mal à propos ou indiscrètement mettre en danger, exposer à quelque chose de fâcheux, et presque sacrifier.

Commettre, du latin *committere*, mettre avec ou ensemble, mettre aux prises, est un terme poétique et relevé qui a été employé par Racine dans le sens général d'*exposer*. Agamemnon, dit Clytemnestre en parlant d'Iphigénie,

Aux affronts d'un refus a craint de la *commettre*.

On *commet* proprement l'honneur, la réputation, la dignité.

Que ne demande point votre honneur menacé ?
C'est un trésor trop cher pour oser le *commettre*.
Œnone à *Phèdre*. Rac.

« Cet homme (pris en flagrant délit de galanterie) aime mieux passer pour un voleur, et s'exposer à perdre la vie, que de *commettre* l'honneur de sa dame. » Les. « Tout autre en votre place ménagerait mieux sa réputation, et se serait bien gardé de se *commettre* comme vous faites. » Mol. « Le sultan ne voulait point *commettre* son honneur et celui de l'empire Ottoman, en exposant le roi (Charles XII) à être pris sur la route par ses ennemis. » Volt. « De peur que les Turcs ne lui manquassent de respect et ne le forçassent à *commettre* sa dignité, le roi.... » Id.

Compromettre, du latin *compromittere*, s'engager mutuellement, passer un compromis, convenir de s'en rapporter à un arbitre ou à plusieurs pour juger un différend, est, au contraire, un mot commun, parce qu'il rappelle l'idée vulgaire d'affaires et de procès. On *compromet* sa fortune, ses intérêts, sa position dans le monde, sa vie même ou son salut. « Vous ne devez pas *compromettre* plus longtemps vos intérêts. » Beaum. « La fin de tout est de *compromettre* ma vie, en me forçant de me montrer au milieu de mes ennemis. » Id. « Les ministres du czar ne virent Goërtz qu'en secret, avec ordre d'écouter tout et de donner des espérances, sans prendre aucun engagement, et sans le *compromettre*. » Volt.

Pareillement se *commettre*, c'est se mettre au risque de voir diminuer son crédit, sa gloire, le respect et les égards auxquels on a droit, et c'est pourquoi ce mot se dit particulièrement bien des femmes et de personnages éminents, tels que des ambassadeurs ; mais se *compromettre* annonce un danger quelconque, dommage, perte, inconvénient, embarras, péril de la vie, et il s'emploie en parlant de toutes sortes de personnes. Dans *Tancrède*, Orbassan ayant été défié par Tancrède,

Il veut bien avec lui descendre à se *commettre*. Volt.
Mais, dans la *Princesse de Babylone*, le roi des Scythes se présenta dans l'arène contre le lion qu'il s'agissait de vaincre ; « il voulait faire voir que si les rois de l'Inde et de l'Égypte étaient assez prudents pour ne pas se *compromettre* avec des lions, il était assez courageux pour ne pas dédaigner ce combat. » Id. En Angleterre, un fils du roi ne se *commet* pas en haranguant le public au milieu des marchands, ses collègues à la tribune ; et si, dans les procès criminels, l'accusé se *compromet* par ses réponses, le juge le met sur la bonne voie (Staël). On doit rougir de se *commettre*, il faut craindre de se *compromettre*. La fierté nous empêche de nous *commettre*, et la défiance de nous *compromettre*. Un honnête homme se *commet* quand il hante la canaille ou des gens perdus d'honneur ; il est rare que dans la compagnie des fourbes ou des méchants on ne se *compromette* pas.

En général, *commettre* est plus noble que *compromettre* et c'est à quoi on a quelquefois uniquement égard dans le choix de ces deux termes. Ainsi l'on dit bien, quoique improprement, *compromettre* l'honneur et la dignité ; mais c'est en plaisantant ou en parlant de gens de peu de valeur, de gens dont on fait peu de cas. « Il n'y a jamais de sultane si orgueilleuse de sa beauté que le plus vieux et le plus vilain mâtin ne l'est de la blancheur olivâtre de son teint, lorsqu'il est dans une ville du Mexique, assis sur sa porte. Un homme de cette conséquence ne travaillerait pas pour tous les trésors du monde, et ne se résoudrait jamais, par une vile et mécanique industrie, de *compromettre* l'honneur et la dignité de sa peau. » Montesq. Dans une même affaire vous direz d'un homme que vous traitez sans façon, d'un ami, qu'il ne veut pas se *compromettre*, et d'un grand personnage, d'un homme élevé en dignité, qu'il ne veut pas se *commettre* : Voltaire, ayant dessein de faire imprimer secrètement à Rouen son *Histoire de Charles XII*, s'adressa à son ami Cideville et le pria, s'il ne voulait pas se *compromettre*, d'employer un tiers pour obtenir une permission tacite ; il croyait que le parti le plus raisonnable était de parler au premier président, seulement il craignait qu'il ne refusât pour ne pas se *compromettre*.

COMMETTRE, PRÉPOSER. L'autorité *commet* ou *prépose* quelqu'un à une chose ou pour faire une chose, c'est-à-dire qu'elle l'en charge.

Commettre suppose proprement une chose à garder ; il rappelle une autre de ses acceptions, suivant laquelle il veut dire confier quelque chose à quelqu'un. « Il fut *commis* pour garder les prisonniers. » Acad. « *Commettre* quelqu'un pour veiller sur d'autres. » Roll. « Dieu a pourvu d'un historien contemporain (Moïse), et a *commis* tout un peuple pour la garde de ce livre. » Pasc. « Dieu a *commis* des anges pour ta sûreté. » Bourd. « Saint ange, qui que vous soyez que Dieu a *commis* à ma garde. » Boss.

L'élève de Barbin, *commis* à la boutique,
Veut en vain s'opposer à leur fureur gothique. Boil.

Mais *préposer*, poser devant ou à la tête (*præ*), se dit plutôt quand il s'agit de choses à conduire ou à gouverner. Si le *commis* est un homme de confiance qui a soin des choses ou des personnes et veille à leur conservation, le *préposé* est un chef de service ou d'entreprises, qui préside à la marche des affaires ou des choses qu'il dirige. « On l'a *préposé* à la conduite de tous les travaux. » ACAD. « On le *préposa* à la régie de telle ferme. » ACAD. « Ceux qui sont *préposés* à l'éducation des clercs. » MASS. « Les églises particulières, les évêques, les prêtres, les diacres, *préposés* pour les gouverner. » Boss. « Jésus-Christ *prépose* à la conduite de tout son troupeau un Pierre, qui a été infidèle. » ID. « On voit par là que le prince (chez les Juifs) avait des fonds, et des officiers *préposés* pour les régir. » ID.

D'ailleurs *commettre*, donner commission, marque une fonction de peu de durée, une délégation pour une seule action ou pour une seule affaire ; en sorte que souvent *commettre*, selon l'excellente définition donnée par l'Académie avant 1835, signifie *préposer* pour un temps. Dans une occasion unique où il se propose de donner à dîner, Harpagon distribue des ordres et des rôles pour la journée à ses domestiques, et, commençant par sa servante : « Approchez, dame Claude, lui dit-il ; je vous *commets* au soin de nettoyer partout. » MOL. « La reine fut contrainte de *commettre* à la connaissance de cette affaire un jurisconsulte qu'on lui nomma. » COND. « Le parlement *commit* deux conseillers pour aller informer contre Mazarin sur la frontière. » VOLT. « On mit Astarbé en prison ; les plus sages vieillards furent *commis* pour examiner toutes ses actions. » FÉN. C'est tout le contraire pour *préposer :* ceux qu'on *prépose* sont établis, mis à poste fixe pour faire telles ou telles choses, c'est pour eux un ministère ou un emploi constant. « Une loi veut que le prince, établi pour faire exécuter les lois, *prépose* un officier dans chaque tribunal pour poursuivre en son nom tous les crimes. » MONTESQ. « Il y a des officiers *préposés* pour recevoir les dernières volontés des mourants. » VOLT. « Combien de crimes tolérés dans le monde par la négligence, par la corruption de ceux que Dieu avait *préposés* pour les punir? » BOURD. « Jésus-Christ dit lui-même aux pasteurs : Enseignez et baptisez. Il parle donc directement à ceux qu'il a *préposés* à la prédication et à l'administration des sacrements. » Boss. « A Florence, on montre les statues et les tableaux à toutes les heures, avec la plus grande facilité ; des hommes instruits sont *préposés*, comme des fonctionnaires publics, à l'explication de tous ces chefs-d'œuvre. » STAËL.

COMPARAISON (EN), AU PRIX, AUPRÈS. Trois locutions confondues par l'Académie et dont on se sert également pour relever une chose en l'opposant à d'autres.

En comparaison est la plus générale des trois : on l'emploie bien par exemple, quand on veut exprimer combien une chose est grande ou petite, forte ou faible, bonne ou mauvaise, combien une personne est heureuse ou malheureuse, retenue ou indiscrète, éclairée ou ignorante, polie ou grossière. « Toute la multitude (de chrétiens) qu'on a vue si grande dans les règnes précédents, *en comparaison* de celle qu'on vit sous Julien l'Apostat parut petite. » Boss. « Jésus-Christ fit voir combien la justice humaine était faible *en comparaison* de la divine. » ID. « Mme de Buchwald n'a point de santé, me dira-t-on. Ah ! c'est un Samson *en comparaison* de moi. » VOLT. « On ordonna que chaque Goth mènerait à la guerre et armerait la dixième partie de ses esclaves. Ce nombre était peu considérable *en comparaison* de ceux qui restaient. » MONTESQ. « Qu'avez-vous perdu de lis et d'albâtre *en comparaison* de ce qui vous en reste? » LAF. « Notre plus haute connaissance demeurera toujours infiniment imparfaite *en comparaison* de l'être infiniment parfait. » FÉN. « Toute cette félicité n'est rien *en comparaison* de celle qui lui était destinée. » ID. « Mes chagrins et mes maux ne sont rien *en comparaison* de l'état où est ma pauvre tante. » SÉV. « *En comparaison* de tous mes confrères les satiriques j'ai été un poëte fort retenu. » BOIL. « L'Église grecque est demeurée peu éclairée sur ces matières *en comparaison* de la latine. » Boss. « Votre politesse me fait croire une paysanne *en comparaison* de vous. » SÉV. « Les Gilles et les Pierrots de la foire Saint-Germain, il y a cinquante ans, étaient des Cinna et des Polyeucte *en comparaison* des personnages de cet ivrogne de Shakespeare. » VOLT.

Au prix est d'une application plus restreinte et se dit uniquement quand il est question de faire concevoir combien une chose ou une personne est appréciée ou digne de l'être, ou, au contraire, combien on en fait ou on doit en faire peu de cas. « Il m'a donné trois pièces d'or pour aller dire seulement à la femme qu'il est amoureux d'elle. Voyez s'il y a là une grande fatigue pour me payer si bien, et ce qu'est, *au prix* de cela une journée de travail où je ne gagne que dix sous. » MOL. « Rien au monde ne m'est cher *au prix* de votre amitié. » FLOR. « Tous les biens du monde, mon ami, ne me sont rien *au prix* de vous. » ID. « Vous méprisez bien nos petits buissons *au prix* de vos forêts d'orangers. » SÉV. « Engagement (religieux) *au prix* duquel vous ne considérez tous les trésors de la terre que comme de la boue. » BOURD. « Les mets les plus précieux et les plus exquis ne leur ont paru que de la boue *au prix* de cette viande céleste. » MASS. « *Au prix* de la sagesse les richesses m'ont paru rien. » Boss. « Un ami fidèle est une défense invincible ; qui l'a trouvé a trouvé un trésor : rien ne lui peut être comparé ; l'or et l'argent ne sont rien *au prix* de sa fidélité. » ID. « Il méprise tout ce que vous lui pouvez apporter *au prix* de ce qu'il a vu. » ID. » Que l'homme, étant revenu à soi, considère ce qu'il est *au prix* de ce qui est...., et que de ce que lui paraîtra ce monde visible il apprenne à estimer la terre, les royaumes, les villes, et soi-même son juste prix. » PASC.

Auprès présente à l'esprit l'idée d'une chose placée à côté d'une autre qui la fait ressortir ou lui donne du relief ; c'est un mot concret, pittoresque, particulièrement propre à marquer par un rapprochement et un contraste combien une chose est belle, magnifique, artistement faite ou littérairement excellente.

Enfin l'on ne voit rien de si beau sous le ciel ;
Et la fête de Pan, parmi nous si chérie,
Auprès de ce spectacle est une gueuserie. MOL.

« Il m'est évident que je vois sur la terre des choses merveilleuses et qu'on m'en rapporte encore d'autres plus surprenantes et plus admirables... Mais tout cela néanmoins n'est rien *auprès* de la gloire que j'attends. » Bourd. « Dans cette campagne de 1667 un jeune roi, aimant la magnificence, étalait celle de sa cour dans les fatigues de la guerre. Ce luxe était cependant encore très-peu de chose *auprès* de celui qu'on a vu depuis. » Volt. « Les têtes de nos pontifes, de nos philosophes, de nos magistrats n'ont l'air que de têtes d'enfants *auprès* de celles des Turcs. » Bern. « Tout cela est pratiqué si habilement dans le corps humain, qu'*auprès* de ces opérations la chimie la plus fine n'est qu'une ignorance. » Boss. « Mes lettres sont bien ennuyeuses *auprès* des vôtres. » Sév. « Dans cette poésie du Tasse, aimable et belle encore *auprès* de celle de Virgile, est-ce par du clinquant que nous nous laissons éblouir? » Marm. « Tout roman devient insipide *auprès* de l'Arioste; tout est plat devant lui. » Volt.

COMPARER, CONFRONTER, CONFÉRER, COLLATIONNER. Rapprocher des choses pour en connaître ou en faire connaître les rapports.

Comparer signifie cela simplement et sans aucun accessoire; au lieu que relativement à ce premier verbe les trois suivants désignent chacun une espèce particulière.

Confronter, usité d'abord et principalement au palais, c'est mettre *front à front*, comparer des personnes et par extension des choses comme le fait un juge, afin d'arriver à faire ressortir la culpabilité, le tort ou le défaut de l'une par la déposition ou la vue de l'autre. On *confronte* deux écritures ou deux étoffes pour apercevoir ou montrer par l'opposition que l'une des deux est mauvaise. « Dieu *confrontera* ces deux consciences pour condamner l'une par l'autre. » Bourd. « Voilà ce qui doit s'accomplir à l'égard du religieux, et voilà comment Dieu lui *confrontera* des troupes de séculiers dont la vie et les exemples feront sa honte et sa condamnation. » Id. « Jésus-Christ envisage en détail tous les péchés du monde; il les *confronte* aux règles immuables dont ils violent l'équité par leur injustice. » Boss. « Les auditeurs, au fond de leur conscience, *confrontèrent* le prédicateur avec ses maximes. » Lah. « Il rentrait souvent en lui-même pour *confronter* ses sentiments avec ceux de sa conscience. » Mal.

Conférer, latin *conferre*, exprime, non plus l'œuvre d'un juge, mais celle d'un philologue ou d'un homme curieux de s'instruire. C'est moins un terme de pratique, comme le précédent, qu'un terme de théorie ou de doctrine. Il veut dire comparer des auteurs, des écrits ou des passages pour arriver à s'éclairer, à savoir ce qu'on doit croire. « Suivant les protestants, l'Écriture est claire, et il n'y a personne qui n'y puisse trouver les vérités nécessaires en considérant par lui-même attentivement les passages, et les *conférant* avec soin les uns aux autres. » Boss. « Un des évangélistes explique l'autre; et en *conférant* ces passages, il nous est aisé d'entendre que.... » Id. « Après avoir *conféré* les témoignages des historiens et des voyageurs, il nous a paru que les éléphants sont plus nombreux en Afrique qu'en Asie. » Buff. « Comme on peut voir si on *confère* ce que j'ai écrit du nombre des racines qui sont en chaque équation dans l'article 4 du livre III de ma géométrie. » Desc. « Je me tiens assuré que ceux qui prendront la peine de *conférer* ma traduction (de l'*Imitation*) avec le texte latin connaîtront combien cet effort m'a coûté. » Corn. « En *conférant* la date de sa dernière lettre avec celle de ces nouvelles, je les crois fausses. » J. J.

Collationner indique l'œuvre d'un contrôleur plutôt que celle d'un juge ou d'un philologue : c'est comparer une copie avec un original, ou deux copies, deux éditions d'un même écrit, afin de constater qu'il y a ou qu'il n'y a pas conformité. « L'ennui d'un long travail (copier de la musique) me donne des distractions si grandes que, si je n'apporte la plus grande attention à *collationner* mes parties, elles font toujours manquer l'exécution. » J. J. « Il jeta de violents soupçons sur la fidélité des édits imprimés en 1713. Il dit avoir *collationné* sur des édits manuscrits ces imprimés dans lesquels il affirme avoir trouvé quantité d'erreurs. » Id. « On aura soin de *collationner* les deux éditions (d'une *Réponse* de Fénelon), pour montrer les variations, s'il y en a : celles que M. Phelippeaux m'envoie sont impudentes. » Boss. « Vous y verrez ces propres mots dans la copie *collationnée* du registre de nos états. » Volt.

Ainsi, en *comparant*, on établit des ressemblances ou des différences ; en *confrontant* on établit par un contraste l'injustice, le vice, le mal ; en *conférant*, on établit le vrai sens des choses, l'idée ou l'opinion qu'on doit avoir; et en *collationnant*, on établit l'exactitude et par conséquent l'authenticité d'une pièce ou d'un écrit.

COMPENSATION DÉDOMMAGEMENT. Ces mots signifient quelque chose qui tient lieu de ce qui est de moins, qui le supplée ou le rend.

La *compensation*, du latin *compensare*, mettre en balance, établit l'équilibre, l'égalité de poids, de sommes, de valeur, d'avantages. Le *dédommagement*, ce qui ôte le dommage, est une compensation de bien par la réparation d'un dommage souffert. La *compensation* ramène les choses au même ; le *dédommagement* redonne l'équivalent de ce qu'on a perdu. Si les ouvriers de Paris gagnent plus que les autres, ils dépensent aussi davantage, donc il y a *compensation* ; il n'y a pas de *dédommagement* possible pour un homme à qui la mort a enlevé son fils unique. La vie actuelle ne se suffit pas à elle-même ; car il s'y trouve des misères sans *compensation*, et la vertu y commande des sacrifices sans *dédommagement*.

Compensation est un terme de compte, de calcul, d'évaluation. « Tel homme, dit Dieu, s'est échappé à votre égard, et c'est une dette dont vous pourriez lui demander compte. Mais cette dette je la prends sur moi ; et par une juste *compensation*, je lui transporte celles que je pourrais à meilleur titre exiger de vous. » Bourd. « On a proportionné les moyens de défensive aux armes de ceux qui attaquent ; tout cela revient à une espèce de *compensation*, après laquelle chacun n'est pas plus avancé que quand on n'avait que des tours, des piques, etc. » Fén. « Les cilices, les gémissements.... étaient l'exercice des saints pénitents, qui s'estimaient trop heureux d'éviter, par une si faible *compensation*, les peines de la vie future. » Boss. — *Dédommagement*, comme *indemnité*, terme de palais, emporte nécessairement l'idée particulière d'un tort, d'une perte, d'une privation à réparer. « Console-toi donc de sa perte, comme d'un mal qui n'est pas sans *dédommagement*. » J. J. « On entre dans des œuvres de miséricorde; mais on en veut les premiers honneurs.... Il semble qu'on ne veut pas courir le risque de l'humiliation, sans s'être préparé le *dédommagement* des éloges. » Mass. « Si c'est (cet intérêt qu'on m'offre) comme *dédommagement* du sacrifice d'argent que je fais à la France, je ne l'accepte pas. » Beaum. « L'exclusion des magistratures eût été infiniment dangereuse, si les citoyens qui l'éprouvaient n'avaient pas reçu quelque *dédommagement*. » Barth.

Mais la peine a toujours ses *dédommagements*. Duc.

COMPLAISANT, COURTOIS. L'idée commune à ces deux mots est celle d'une qualité par laquelle on se rend aimable.

Mais, outre que la *complaisance* tient davantage au caractère, et la *courtoisie* à l'éducation et à l'usage du monde, la *complaisance* est une qualité plus solide, et la *courtoisie* une qualité plus brillante : l'homme *complaisant* a de bons procédés, et l'homme *courtois* de belles manières.

D'ailleurs le mot *complaisant* se prend quelquefois en mauvaise part pour désigner une sorte de servilité, un dévouement feint, des empressements intéressés ayant pour but de gagner la faveur et d'être largement payé de retour. « Leur empressement gracieux et *complaisant* pour le pouvoir fait de la peine. » Staël.

Libre d'ambition, insensible aux richesses,
Courageux sans hauteur, *complaisant* sans bassesses,
Voilà le vrai poète. Del.

Au contraire, il n'y a jamais rien que de loyal et de généreux dans la *courtoisie*, qui a été primitivement la qualité des hommes de cour et des chevaliers, de gens, en un mot, qui n'ont ou qui sont censés n'avoir que l'honneur en recommandation. « Feu M. de Sipierre, gouverneur de Charles IX, était le plus honnête et le plus gentil cavalier de son temps et le plus *courtois* et révérentieux aux dames. » Brant.

Les Grecs, en *courtois* chevaliers,
Changeaient entre eux de boucliers. Del.

Mais, pour un cavalier, c'est peu de *courtoisie*,
Et cela messied fort à des hommes de cour. Corn.

COMPRENDRE, EMBRASSER. Contenir réunies en un tout dont elles font partie des choses ou des personnes.

Comprendre, prendre ensemble, action qui peut se faire avec la main, indique seulement plusieurs choses ou plusieurs personnes. » Le gouvernement de la Gaule transalpine *comprenait* les pays du midi de la France. » Montesq. « Voilà la foi catholique qui *comprend* ces deux vérités qui semblent opposées. » Pasc.

Mais *embrasser*, prendre avec les bras, c'est rassembler beaucoup ou tout un genre de choses ou de personnes. « C'est une espèce de prodige que dans un si vaste empire, qui *embrassait* tant de nations et tant de royaumes, les peuples aient été si obéissants et les révoltes si rares. » Boss. « L'ouvrage de Pline *embrasse* toute l'histoire naturelle. » Roll.

COMPTABLE, RESPONSABLE. Ces mots servent à qualifier un homme en tant que soumis au contrôle d'une autorité dont il relève.

« Nous sommes *comptables*, c'est-à-dire nous sommes tenus de rendre compte des choses qui nous ont été confiées, que nous avons eues en dépôt. Nous sommes *responsables* de nos actions et même de celles des personnes dont nous sommes garants, c'est-à-dire que nous sommes tenus de réparer les torts qu'elles font ou de souffrir les peines qu'elles méritent. » Cond.

1° On est *comptable* de ce qu'on a reçu, d'un don ou d'un dépôt; car *comptable* signifie proprement assujetti à établir par ses *comptes* qu'on a fait un usage légitime de ce qui avait été donné ou confié, qu'on n'en a rien pris, gardé ou retenu pour soi. « Si le riche avait du superflu, dont il ne fut ni *comptable*, ni redevable aux pauvres, ce superflu non-seulement ne serait plus un don de Dieu, mais une malédiction. » Bourd. « Dieu nous a donné la raison pour connaître ce qui est bien, la conscience pour l'aimer, et la liberté pour le choisir. Et comme nous avons tous reçu ces dons sublimes, nous en sommes tous *comptables*. » J. J. Mme du Deffand écrit à Voltaire : « Vous avez reçu des talents de la nature qui vous rendent *comptable* à tout l'univers. » Et Voltaire à d'Alembert : « Vous êtes *comptable* de votre temps à la raison humaine. » — Mais on est *responsable* d'un événement ou d'une action, d'une action qu'on fait soi-même ou qui est faite par quelqu'un dont on est garant; car *répondre*, c'est s'engager à payer ou à recevoir un châtiment en cas qu'une chose arrive ou n'arrive pas, se fasse ou manque de se faire. « Les officiers de l'armée et le conseil de Pondichéry protestèrent contre le départ de l'amiral et le rendirent *responsable* de la ruine de la compagnie. » Volt. « Les gens en place sont *responsables* de la conduite de ceux qu'ils attachent à leur personne. » Roll. « Sthénius pria instamment Pompée de ne pas faire tomber sur une multitude innocente la peine due à un seul coupable : Je suis le seul, dit-il, qui ai engagé mes citoyens dans le parti contraire au vôtre; ainsi je suis seul *responsable* d'une faute que j'ai seul commise. » Id.

Et qui donne à sa fille un homme qu'elle hait
Est *responsable* au ciel des fautes qu'elle fait. Mol.

2° *Comptable* dit moins que *responsable*. Il donne l'idée d'une dépendance, sans y ajouter comme *responsable* celle d'une sanction ou d'une pénalité. Celui qui est *comptable* de ses actions a au-dessus de lui un maître ou un chef à qui il doit rendre compte de sa conduite, l'expliquer, en faire voir la netteté; celui qui est *responsable* d'une action ou d'un fait encourt en conséquence une certaine peine ou de certaines peines. *Comptable* est un terme administratif, qui suppose simplement un inspecteur ou un vérificateur;

responsable a plutôt un caractère judiciaire, il fait nécessairement concevoir un tribunal et des juges qui infligent des amendes ou des punitions. A Carthage, le commandement des armées n'était pas annuel ni fixé à un temps limité comme à Rome et à Athènes; mais les généraux ne jouissaient pas pour cela d'un pouvoir absolu, ils étaient *comptables* à la république des événements de la guerre; on les en rendait même *responsables*, et un mauvais succès était puni de mort comme un crime d'État (Roll).

CONCUBINE, MAITRESSE. La *concubine* ou la *maîtresse* d'un homme vit avec lui, quoiqu'ils ne soient pas mariés ensemble, comme s'ils l'étaient.

Concubine, latin *concubina*, se dit par rapport à l'antiquité et au moyen âge, ou bien en termes de droit. Salomon (Bourd.) et les rois de Perse Boss.) avaient des *concubines*. L'usage des *concubines*, permis chez tout l'Orient et dans la loi des Juifs, ne l'était pas dans la nouvelle loi; mais il était autorisé au moyen âge par la coutume (Volt.). Bachaumont, dans ses *Mémoires*, rapporte qu'un ambassadeur de Naples demanda au parlement de Paris la cassation d'un testament de son frère en faveur d'un enfant d'une demoiselle Delair, sa *concubine*.

Mais *maîtresse*, du mot français *maître*, est le mot de la langue commune et celui qu'on emploie en parlant de ce qui s'est passé dans les temps modernes et de ce qui se passe encore aujourd'hui. Louis XIV (Volt.), et le régent (S. S. ont eu des *maîtresses*. Mme de Sévigné écrit à sa fille : « Mon fils vous aime mieux, dit-il, que toutes ses *maîtresses*. »

D'ailleurs, et abstraction faite des temps, la *concubine* et la *maîtresse* ont chacune un caractère propre. La *concubine* est absolument soumise à l'homme avec lequel elle cohabite : c'est une esclave comme pouvait l'être dans l'antiquité une femme illégitime, lorsque l'épouse légitime elle-même était dans une si grande sujétion. « A l'Ile de France, il y a très-peu de gens mariés ; la facilité de trouver des *concubines* parmi les négresses en est la véritable raison. » Bern. Mais la *maîtresse* est jusqu'à un certain point, maîtresse de celui dont elle partage le lit. Hérodias, qui vivait incestueusement avec Hérode et qui eut le pouvoir d'obtenir de lui la tête de saint Jean-Baptiste, est appelée en conséquence par Bossuet la *maîtresse* de ce prince. « Gouverné par toutes les femmes dont la coquetterie avait de quoi le séduire, Dagobert ne fut plus que l'instrument de l'avarice et de la vanité d'un sexe qui a fait si souvent la honte des rois et le malheur des peuples : il foula ses sujets pour fournir aux caprices de ses *maîtresses*. » Cond. « Les *maîtresses* les plus subalternes du roi de France (Louis XV) faisaient nommer et renvoyer ses ministres. » Staël.

CONDUITE, PROCÉDÉ. Manière d'agir.

« La *conduite* est la manière d'agir par rapport à soi ; les *procédés* sont la manière d'agir envers les autres. » Cond. Vous louez la *conduite* d'un homme de bien ; vous vous louez du *procédé*, d'un *procédé* ou des *procédés* d'un honnête homme. Dans le *Joueur*, de Regnard, le joueur, Valère, se voit reprocher sa *conduite* par son père, Géronte, de la manière suivante :

Votre *conduite* enfin m'enflamme de courroux ;
Je ne puis vous souffrir vivre de cette sorte.

Et, d'autre part, son amante Angélique, dont il a mis le portrait en gage, se plaint de ce *procédé*.

Autrefois mon cœur eut la faiblesse
De rendre à votre fils tendresse pour tendresse ;
Pour mon portrait enfin son lâche *procédé*
Me fait ouvrir les yeux.

Avoir de la *conduite*, c'est être rangé ou régulier, sage ; avoir des *procédés*, c'est observer les bienséances et les égards que la morale sociale exige. Il faut s'appliquer à n'être ni inconséquent dans sa *conduite* ni injuste dans ses *procédés*.

Au reste, on le voit déjà par ce qui vient d'être dit, *conduite* n'est usité qu'au singulier, au lieu que *procédé* s'emploie de préférence au pluriel. C'est que *conduite* exprime tout un genre de vie, toute une suite d'actions, et que *procédé* désigne un trait ou une action particulière. Pour faire connaître la *conduite* de quelqu'un à votre égard, vous citez ses *procédés*, quelqu'un ou quelques-uns de ses *procédés* envers vous.

CONFIANCE, SÉCURITÉ. État de tranquillité d'une âme qui à tort ou à droit croit être en bonne position.

Confiance est actif, et la *confiance* tient plus de la hardiesse. « Ils disputent avec hardiesse et *confiance* ; les autres avec crainte et défiance. » Pasc. *Sécurité* est passif, et la *sécurité* ressemble davantage à l'intrépidité. « Ils croiront pouvoir être tranquilles sur leur état, et vivre dans une pleine *sécurité* au milieu de tant de sujets de trembler. » Boss. La *confiance* implique l'idée qu'on réussira, et la *sécurité* l'idée qu'il n'y a pas de danger, qu'il n'arrivera rien de fâcheux. Avec trop de *confiance* on est téméraire ; avec trop de *sécurité*, endormi. On a la *confiance* de faire une chose, et on vit dans une pleine *sécurité*. *Confiance* convient donc mieux pour l'offensive, et *sécurité* pour la défensive. « Les Carthaginois s'avancèrent avec le désordre que donne la *confiance*.... Ils furent mis en déroute. Rentrés dans le camp, ils ne prévirent pas devoir être attaqués ; et cette *sécurité* acheva de les perdre. » Cond.

CONFIER, COMMETTRE. On *confie* ou on *commet* à quelqu'un une chose dont on le charge de prendre soin.

Mais ce qu'on lui *confie*, il doit prendre soin de le garder, c'est un dépôt ou comme un dépôt ; et ce qu'on lui *commet*, il doit prendre soin de le faire, de l'exécuter, de le remplir, c'est une commission qu'on lui donne, une fonction ou une tâche qu'on lui impose. « Ce n'est point aux potentats, mais aux apôtres et à leurs disciples que le Saint-Esprit a *confié* le dépôt de la foi ; si quelqu'un en doit juger, ce sont ceux à qui la prédication en est *commise*. » Boss. « Il fallut que les désordres se multipliassent pour qu'on songeât enfin à *confier* à des particuliers le dangereux dépôt de l'autorité publique, et qu'on *commît* à des magistrats le soin de faire observer les délibérations du peuple. » J. J. On *confie* une personne à quelqu'un (Bourd., Mass., Regn.), et on lui *commet* son éducation (ROLL., MAL.). Jésus-Christ en mourant *confia* sa mère au plus fidèle de ses disciples (BOURD.) ; Dieu *commit* aux Israélites la vengeance des iniquités des Amorrhéens (Boss.). Dans *Britannicus*, Néron prétend que Junie est un trésor qui lui appartient, qui ne peut être *confié* qu'aux mains auxquelles est *commis* le gouvernement du monde (RAC.).

Sur ce vers de Crébillon,

Abandonner des lieux *commis* à mon devoir,

Laharpe remarque qu'il fallait *confiés* au lieu de *commis*; et il a raison, puisqu'il est ici question d'une chose donnée à garder, et non pas à faire. Seulement il aurait dû ajouter que la plupart de nos poëtes se sont rendus coupables de cette impropriété. C'est que *commettre*, reproduisant le latin *committere*, qui signifie la même chose, est un terme poétique et relevé, ce qui seul a suffi souvent pour déterminer le choix en sa faveur abstraction faite de sa nuance distinctive; au lieu que *confier*, du latin *confidere* qui a un autre sens, est le mot commun, celui dont tout le monde fait usage.

La porte dans le chœur à sa garde est *commise*. BOIL.

Je vous l'avais promis ;
Je vous rends le dépôt que vous m'aviez *commis*.
RAC.

Un voleur se hasarde
D'enlever le dépôt *commis* au soin du garde. LAF.

Mais ce qui est permis ou plutôt toléré en poésie ne doit pas l'être ailleurs, et il s'agit ici d'une licence, et non d'un exemple à imiter. Sans doute *commettre* est principalement usité en poésie et dans le style soutenu; mais il ne faut l'y employer qu'en lui laissant sa valeur propre, que quand il signifie *confier* quelque chose à faire. Dans *Athalie*, Abner dit que Dieu

Aux seuls enfants d'Aaron *commit* ses sacrifices. RAC.

Et, dans *Rodogune*, Léonice dit en parlant des tourments que fit souffrir à Rodogune la reine Cléopâtre :

La reine à la gêner prenant mille délices,
Ne *commettait* qu'à moi l'ordre de ses supplices.
CORN.

Vois de quel ministère, en t'imposant les mains,
L'évêque t'a *commis* le divin exercice. ID.

Non que de vous servir je néglige l'emploi,
Mais daignez le *commettre* à quelque autre que moi.
CRÉB.

Quoi ! le prince tantôt ne vous a pas *commis*
Le soin officieux d'attendrir Criséis ? REGN.

C'est ainsi que s'expriment les poëtes eux-mêmes lorsque les nécessités de leur art les empêchent pas d'être exacts dans l'emploi des mots.

CONGRÉGATION, CONFRÉRIE, SOCIÉTÉ. Compagnie ou corporation religieuse.

Pour ce qui concerne d'abord la *congrégation* et la *confrérie*, elles ont cela de bien distinct, que l'une se compose de religieux ou de prêtres, l'autre de laïques. Les membres d'une *congrégation* sont *congrégés* (FÉN.) ou agrégés, c'est-à-dire, selon l'étymologie, (*grex, gregis*, troupeau), font partie d'un seul et même troupeau sacré. Mais les membres d'une *confrérie* vivent dans le monde, chacun de son côté, à la manière des hommes qui sont *confrères* les uns des autres, parce qu'ils appartiennent les uns et les autres, ou à la médecine, ou au barreau, ou à une académie quelconque. L'institut pythagoricien était une *congrégation*. « Pythagore conçut un grand projet, celui d'une *congrégation* qui, toujours dépositaire des sciences et des mœurs serait l'organe de la vérité et de la vertu. Un grand nombre d'élèves embrassèrent le nouvel institut.... On n'était pas facilement admis au nombre des novices. Pythagore examinait le caractère du postulant.... » BARTH. Mais c'étaient des *confréries* qu'avait instituées Numa en réunissant par différents liens de religion les différentes classes de la population civile. « Numa rassembla tous ceux d'un même art et d'un même métier, et les réunit dans une même *confrérie*, en leur assignant des jours de fêtes et des cérémonies propres, pour leur faire oublier par ces nouveaux liens de religion et de plaisir la diversité de leur ancienne origine. » ROLL.

Il en est de même en parlant du christianisme.

Les *congrégations* sont des ordres, ou elles ressemblent à des ordres en ce que leurs membres sont voués par état à la prière et aux exercices de la piété. Il y a eu dans les derniers temps des bénédictins de la *congrégation* de Saint-Maur, de la *congrégation* de Saint-Vannes, des dominicains de la *congrégation* de Saint-Louis. « Le défenseur des bénédictins, qui parle au nom de l'ordre, suppose qu'un homme de sa *congrégation* a fait l'*Apologie des Provinciales*. » FÉN. « Le concile de Latran défendit de fonder de nouveaux ordres religieux.... Saint Basile, quoique fondateur de monastères, pensait qu'on ne devait pas souffrir dans un même lieu deux communautés différentes, ni même deux maisons d'une même *congrégation*. » COND. « Chaque siècle produisit en tout pays des hommes animés par l'exemple de saint Benoît, qui tous voulurent être fondateurs de *congrégations* nouvelles. » VOLT. « Cette solennité était une des plus dignes d'être choisies singulièrement par la *congrégation* des prêtres. » Boss. Les religieuses de la Visitation de Marie, instituées par saint François de Sales et dirigées par Mme de Chantal, formaient une *congrégation* (BOURD.). On donne le nom de *congrégation* à une *congrégation* de prêtres qui ont pour occupation principale de travailler à l'instruction de jeunes ecclésiastiques. — Le mot de *congrégation* s'est dit spécialement de compagnies de prêtres qui étaient des religieux sans être des moines, qui tenaient le milieu entre les ecclésiastiques séculiers et les réguliers. Telles ont été les *congrégations* de l'Oratoire, de la Doctrine chrétienne, de Saint-Lazare, des Eudistes, etc. « Fléchier étant encore dans la *congrégation* de la Doctrine chrétienne.... » D'AL. « Massillon entra dans l'Oratoire. Résolu de consacrer ses travaux à l'Église, il préféra aux liens indissolubles qu'il aurait pu prendre dans quelqu'un de ces ordres religieux si multipliés parmi nous, les engagements libres que l'on contracte dans une *congrégation* à laquelle le grand Bossuet a donné ce rare éloge:.... » ID. « Mon frère ayant fini ses classes, comme il avait passé ses dernières vacances dans une de ces abbayes de génovéfins, où trois ou quatre religieux forment toute la communauté et vivent à peu près comme des gentilshommes de château, il résolut d'entrer dans la *congrégation*. » Ducl. — Les jésuites se sont aussi servis du terme de *congrégation* pour désigner des *confréries* proprement dites, c'est-à-dire des réunions de fidèles formées sous leurs auspices et dans leurs églises afin de vaquer à des pratiques de dévotion ou à des œuvres de charité. Mais c'est un abus, une exception qui confirme la règle. La règle est que *congrégation* signifie exclusivement une corporation cléricale ; et c'est ce que prouve encore un autre emploi du mot pour exprimer, quand il est question de la cour de Rome, une assemblée de cardinaux et de prélats.

La *confrérie*, au contraire, est essentiellement laïque. D'Olivet appelle l'Académie une docte *confrérie*, et, suivant Mme de Staël, la chevalerie était une *confrérie* guerrière. Bossuet, prêchant devant une assemblée de charité consacrée au soulagement des pauvres malades, l'appelle une *confrérie* charitable. Il y a dans le midi de la France des *confréries* de pénitents dont font partie des hommes de toutes les conditions, des artisans surtout. Parmi les *confréries* les plus fameuses on cite celle des flagellants (Volt.) et des Rose-Croix (P. R.). « La superstition avait établi les *confréries* chez les bourgeois, la débauche les conservait ; on faisait (au seizième siècle) des procession en faveur d'un saint, dont on portait l'image grossière au bout d'un bâton, après quoi on s'enivrait.... Ces *confréries* servirent beaucoup à former la Ligue. » Volt. « Point de ville (au treizième et au quatorzième siècle) qui n'eût des *confréries* d'artisans, de bourgeois, de femmes : les plus extravagantes cérémonies y étaient érigées en mystères sacrés ; et c'est de là que vient la société des francs-maçons, échappée au temps qui a détruit toutes les autres. » Id. « Du temps de Henri III, on voyait d'un côté des empoisonnements et des assassinats ; de l'autre, des processions, des *confréries* et des pénitents blancs et noirs. » Thom.

Société, dans l'acception ici considérée, n'est point du tout un terme spécial comme les deux mots précédents. Général et vague, il ne s'emploie bien que quand il est évident d'ailleurs qu'il s'agit d'une société religieuse ou établie dans des vues religieuses, et quand on ne veut pas déterminer expressément si ceux qui en font partie, appartiennent ou n'appartiennent pas au clergé. Peut-être, au reste, *société* implique-t-il en particulier l'idée de grandeur, l'idée d'une institution ou d'un institut considérable. « Que ne pourrions-nous pas ajouter de ces *sociétés* et de ces ordres religieux ? Que n'en a-t-il pas dû coûter pour former ces grands corps ? Comme autant de républiques, ils ont leur forme de gouvernement, leurs lois, leurs statuts, leurs offices, leurs fonctions, leurs observances.... » Bourd. « C'est à une constitution si bien assortie aux véritables intérêts d'une congrégation monastique, que cette *société* (des jésuites) doit les hommes célèbres qu'elle a produits. » D'Al. Si en fait d'ordres religieux celui des Jésuites reçoit plus ordinairement le nom de *société*, n'est-ce pas à cause qu'il s'étend par toute la terre ?

CONSÉQUENCE (EN) DE, EN VERTU DE. Locutions prépositives qui expriment entre deux choses un rapport tel que l'une détermine ou a déterminé l'autre. *En conséquence* ou *en vertu* de tels décrets, tels faits ont lieu ou ont eu lieu.

En conséquence de, par suite de, annonce que la seconde chose est une suite de la première, ce qui suppose que celle-ci n'exerce qu'une influence éloignée ou idéale et abstraite. Mais *en vertu de*, par la puissance ou l'efficace de, indique que la seconde est un effet de la première, ce qui emporte que celle-ci exerce une influence immédiate ou une influence physique plutôt que morale ou intellectuelle.

On dira donc mieux, *en conséquence* d'une loi générale (Fén.), et *en vertu* d'une sentence (Boss.) ou d'un testament (Fén., Vert.); *en conséquence* des décrets de la Providence, il arrive dans la succession des siècles que..., et *en vertu* d'un décret impérial de telle date il est défendu à tout français de....

D'autre part, Bourdaloue s'exprime avec une parfaite justesse quand il dit que Jésus-Christ, *en conséquence* de ses promesses, doit assister son Église et qu'*en vertu* de sa parole il ressuscitera les morts. *En conséquence* d'un principe (Bourd.) ou de la doctrine apostolique (Boss.) nous avons ou nous professons sur un point telle ou telle opinion ; *en vertu* de la grâce (Bourd.) nous avons le pouvoir de faire ou nous faisons telle ou telle chose.

CONSERVER, GARDER. Ne pas perdre ou ne pas laisser perdre ; continuer à avoir une chose, ou empêcher qu'elle ne s'en aille ou qu'elle n'échappe, qu'elle ne se gâte ou ne s'égare, qu'elle ne dépérisse ou ne soit enlevée.

Conserver signifie plutôt ne pas perdre, et *garder* ne pas laisser perdre. *Conserver* se rapporte à l'effet, et *garder* à la cause. Il arrive ou on a le bonheur de *conserver*, on a le soin ou la précaution de *garder*. On *conserve* ses enfants, on *garde* une poire pour la soif. On *conserve* un domestique qui ne s'en va pas ; on *garde* un domestique qu'on retient, qu'on fait rester. *Conserver*, un souvenir, c'est continuer à l'avoir ; le *garder*, c'est volontairement continuer à l'avoir, le nourrir :

Pour *garder* du défunt le souvenir charmant,
Je portais son portrait. Regn.

Vous *conservez* le dépôt qui se retrouve intact entre vos mains ; vous *gardez* un dépôt, comme l'avare son trésor, avec vigilance et sollicitude. Un souverain *conserve* les conquêtes ou les provinces qui demeurent en son pouvoir ; il les *garde* quand il empêche par un traité ou autrement qu'elles ne lui soient ôtées : « Le roi de France (par le traité des Pyrénées) *garda* le Roussillon, qu'il aurait toujours *conservé* sans cette paix. » Volt.

« Parmi tant d'observances, il n'est jamais parlé, ni de fioles pour y *conserver* le sang précieux, ni d'aucunes précautions pour le *garder*. » Boss. « Ce canon fait voir qu'on ne croyait pas pouvoir aisément *conserver* le sacré breuvage en sa propre espèce, et qu'on s'attachait principalement à *garder* le pain sacré. » Id. « Comme l'Église veut que les enfants *conservent* ces dispositions dans toute la suite de leur vie, elle leur recommande expressément de les *garder* inviolablement. » Pasc. Dans une même page de l'*Essai sur les mœurs*, Voltaire dit des prêtres de l'Égypte, simplement, « qu'ils avaient *conservé* l'ancienne langue, » et des Égyptiens, « qu'ils *gardèrent* surtout très-scrupuleusement les premiers symboles. »

Les choses n'étant pas des agents proprement dits, des agents capables de *garde*, d'attention pour apercevoir les dangers, et d'effort pour les écarter, peuvent tout au plus *conserver* : telle pommade *conserve* le teint. *Garder* se dit exclusivement des personnes et, par extension, des chiens, surtout quand on veut faire remarquer le degré de leur action pour tenir les choses en sûreté et prévenir toute surprise.

CONSIDÉRATION, CIRCONSPECTION. L'Académie définit *considération*, dans une de ses acceptions particulières, par *circonspection*, attention dans la conduite.

Considération, action de regarder longtemps, exprime une qualité positive, du genre de la sagesse. « Dans un peuple si sagement dirigé, les récompenses et les châtiments étaient ordonnés avec grande *considération*. » Boss. Mais *circonspection*, du latin *circumspicere*, regarder autour de soi avec inquiétude, prendre garde, désigne une qualité négative qui tient proprement de la prudence. « De tous les choix il n'en est point où la prudence chrétienne ait moins de part qu'à celui d'un état de vie.... Une démarche où la *circonspection* la plus attentive devrait encore craindre de se méprendre est toujours l'ouvrage des goûts puérils de l'enfance. » Mass.

Quand ces deux mots se rapportent spécialement à la conduite envers les autres, ils diffèrent encore, mais non plus de même. — La *considération* consiste à avoir pour les autres des égards, à les traiter convenablement; et la *circonspection*, à avoir pour eux des ménagements, à les traiter avec douceur. — La *considération* est une partie de l'honnêteté; elle fait qu'on témoigne aux gens de la *considération*, de l'estime, du respect. « Je n'ignore pas avec quelle *considération*, quel respect et quelle crainte on doit non-seulement traiter les ministres de la justice, mais encore regarder tout ce qui les touche. » Boss. Mais c'est plutôt par la charité que la *circonspection* est prescrite, et elle fait qu'on épargne les gens, qu'on évite de les blesser. « Avec quelle *circonspection* elle ménageait le prochain! » Boss.

CONSIDÉRATION (EN) DE, EN FAVEUR DE. Eu égard à, en se laissant déterminer par telle chose ou telle personne.

En considération de marque *considération*, estime; de sorte que ce qu'on fait *en considération* d'une chose ou d'une personne est dû ou mérité. « Dieu l'a fait saint *en considération* de sa foi et de sa douceur. » Bourd. « Je ne puis lui refuser mes faibles offices, *en considération* du commerce obligeant qu'il a eu avec moi en ce pays-ci. » Fén. « On accorda la qualité de citoyens romains aux Campaniens, *en considération* de leurs cavaliers qui avaient refusé d'entrer dans la révolte des Latins. » Roll. « On le déclara vice-amiral *en considération* de ses services. » Volt. « Je fis dire au roi que je ne lui demandais ni grâce ni retour pour moi, mais que je le suppliais, *en considération* de mes services, de donner quelque chose à mes enfants. » Bussy. « Égée assure Médée d'une retraite chez lui à Athènes *en considération* d'un service qu'elle promet de lui rendre. » Corn.

En faveur de a un caractère tout opposé : quand, *en faveur* d'une chose ou d'une personne, on fait telle ou telle action, ce n'est pas une récompense qu'on donne, c'est une *faveur*, une grâce, un pardon ou une libéralité qu'on accorde. « Dieu cherche dix justes, *en faveur* desquels il puisse épargner toute la multitude innombrable. » Fén. « Le ciel semblait suspendre, *en faveur* de la piété de la reine, la vengeance qu'il méditait. » Boss. « Ils nous pardonnent les endroits qui leur ont déplu, *en faveur* de ceux qui leur ont donné du plaisir. » Rac. « L'esprit religieux et militaire domine tellement en Russie, qu'on peut faire grâce à bien des travers *en faveur* de ces deux grandes sources des belles actions. » Staël. « On excusera les grandes fautes de François Iᵉʳ *en faveur* des arts et des sciences dont il a été le père. » Volt. « Il faut que vous supportiez mes défauts *en faveur* de mon amitié. » Sév. Géronte dit de Lisette, sa servante, dans le *Légataire* :

Je la souffre *en faveur* de quelques bons talents.
REGN.

« *En faveur* de ce mariage, le roi d'Espagne le fit grand de la première classe. » S. S.

Quand je vous la promis, vous me fîtes serment
Que votre oncle, *en faveur* de cet engagement,
Vous ferait de ses biens donation entière. Regn.

Ainsi, *en considération de* annonce chez celui qui agit de la reconnaissance ou de la justice, et *en faveur de* lui suppose de l'indulgence ou de la générosité.

CONSUMER, DISSIPER, ENGLOUTIR, ABSORBER. C'est, en parlant de biens ou de richesses, les faire disparaître, faire en sorte qu'il n'y en ait plus.

Consumer, du latin *consumere*, consumer, détruire, employer entièrement, épuiser, exprime une action complète, qui ne laisse rien subsister de la chose : une succession *consumée* a totalement disparu. De plus, ce verbe a cela de particulier, qu'il est relatif, qu'il se rapporte à l'emploi de la chose; et c'est pourquoi on peut dire *consumer* ses biens, ses richesses *à* faire telle ou telle chose, ou *en* telles ou telles choses. « Il *consuma* tout ce qu'il avait de richesse *à* faire bâtir un temple. » Laf. « *Consumer* de grandes sommes *en* habits, *en* meubles *et en* équipages. » Labr.

De son bien *en* procès *consumer* le plus beau. Rac.

Dissiper, du latin *dissipare*, répandre çà et là, c'est gaspiller, user de sa fortune en *dissipateur*, en homme qui administre mal ses affaires, qui jette l'argent par les fenêtres. « Il avait caché son talent....; il l'eût *dissipé* en folles dépenses. » Mass. A *dissiper* ajouter *en folles dépenses*, c'est faire un pléonasme; car l'idée de folles dépenses est toujours contenue dans celle de *dissiper*.

Engloutir, *in gulâ*, dans la gueule, c'est dévorer en *glouton*, tout d'un coup. Un joueur, par exemple, peut *engloutir* en un instant tout un riche héritage. « Il eut le malheur de s'entêter d'une de ces fameuses coquettes qui dévorent et *engloutissent* en peu de temps les plus gros patrimoines. » LES.

Mais *absorber*, de *sorbere ab*, humer en tirant de, avaler, non pas gloutonnement, mais par une action successive, suppose un fait qui s'accomplit peu à peu. Ainsi un plaideur peut voir sa fortune *absorbée* par une longue suite de procès. « Toutes ces nations qui entouraient l'empire en Europe et en Asie *absorbèrent* peu à peu les richesses des Romains. » MONTESQ.

CONTENIR, RENFERMER, COMPRENDRE. Avoir en soi.

C'est ce que *contenir* exprime de la manière la plus générale et la plus simple. Une chose *contenue* dans une autre s'y trouve : « Toutes les preuves de la vérité de la religion chrétienne sont *contenues* dans la Bible. » J. J. Un vase qui *contient* de l'eau a de l'eau au dedans de soi.

Toutefois, en y regardant de près, on arrive à reconnaître à ce mot deux idées accessoires, celle de limitation et celle de mesure. — 1° Le *contenant* ou ce qui *contient* présente un espace borné et qui borne, un lieu déterminé dans lequel est la chose *contenue* de manière à ne pouvoir se répandre, aller au delà, et c'est pourquoi *contenir*, dans une de ses acceptions, signifie retenir, empêcher l'effusion, empêcher de couler, de s'étendre ou d'éclater. « Les larmes lui coulent des yeux ; le moyen de les *contenir*? » LABR.

Mon cœur ne peut suffire à *contenir* sa joie. REGN.

— 2° Le *contenant* ou ce qui *contient* se considère assez souvent par rapport à sa grandeur, comme ayant telle ou telle capacité. « Ce vase *contient* tant de litres. » ACAD. « Pierre le Grand quitte ses États comme s'ils ne pouvaient le *contenir*, et va chercher dans l'Europe d'autres provinces et de nouveaux royaumes. » MONTESQ. « Reconnaissez donc deux dieux, dit le manichéen ; le monde est assez grand pour les *contenir*. » VOLT. « J'élèverais des temples capables de *contenir* le tiers de la population de Paris. » BERN.

Renfermer, c'est contenir dans un enclos ou dans un lieu clos, dans un endroit d'où la chose n'est pas aisée à tirer, ou bien encore dans un endroit où la chose est enveloppée et comme à l'état latent. Un parc *contient* tant d'hectares, et il *renferme* du gibier. « Il faut prendre de la ville de Rome l'idée de celles de la Crimée, faites pour *refermer* le butin, les bestiaux et les fruits de la campagne. » MONTESQ. « On ne peut douter que le germe d'un ognon de tulipe ne *renferme* une tulipe tout entière. » MAL. « C'est pour l'homme seul que l'arbre *renferme* dans son bois l'élément du feu. » BERN. « Ces haines étaient *renfermées* dans le cœur de ces malheureux ; mais c'est le vin qui les a mises en évidence. » ID. « Quand tous les préceptes sont *renfermés* en un, ils y sont cachés et inutiles, et lorsqu'on veut les développer, ils reparaissent dans leur confusion naturelle. » PASC. Que des vérités soient *contenues* dans un livre, il n'y a qu'à l'ouvrir, elles s'y lisent ; mais qu'elles y soient *renfermées*, il faut savoir les en dégager,

les développer. Un principe *renferme* plutôt qu'il ne *contient* une conséquence.

Comprendre, c'est contenir des choses ou des personnes assemblées en un tout qu'elles composent, dont elles font partie. Ce verbe est essentiellement collectif. Un vase *contient* de l'eau, et un caillou *renferme* du feu dans ses veines. Dites que l'un *comprend* de l'eau, et l'autre du feu, l'impropriété sera choquante. Mais vous direz avec justesse qu'une famille de plantes *comprend* tels ou tels genre, que l'Europe *comprend* plusieurs grands royaumes, que la philosophie *comprend* la psychologie, la logique et la morale. Vous êtes *contenu* dans le lieu où vous vous trouvez, et *renfermé* dans le lieu d'où vous ne pouvez sortir ; vous êtes *compris* avec d'autres dans une certaine catégorie ou dans une liste que vous contribuez à former. — Sans doute il se peut aussi que plusieurs choses ou personnes soient *contenues* ou *renfermées* ensemble. Mais ce n'est alors qu'une rencontre effective et purement locale ; au lieu que *comprendre* suppose une réunion idéale, l'effet d'une classification. Des choses *contenues* ou *renfermées* ensemble sont rassemblées en un même endroit, et des choses *comprises* ensemble sont réunies sous une même idée. Telle salle de spectacle *contient* deux mille spectateurs, et telle prison *renferme* en ce moment trois voleurs insignes ; le genre *comprend* les espèces, la nation différentes familles, et ainsi du reste.

CONTENTIEUX, LITIGIEUX. Sur quoi on dispute ou on peut disputer.

Contentieux, qui offre matière à *contention*, à discussion, s'applique à des objets d'opinion, de controverse, spéculatifs, à des objets dont il est question dans l'école ou entre les savants. D'Alembert, exposant une théorie sur la musique dit : « Je ne crois pas mon opinion tout à fait sans fondement ; mais l'objet est si métaphysique, et par conséquent si *contentieux*, que je ne suis point surpris qu'un des plus grands musiciens de l'Europe pense autrement. »

Litigieux, qui est en *litige* ou matière à procès, ne s'emploie qu'en parlant d'objets d'intérêt, de biens contestés. « On a cru qu'il eût été très-aisé de prévenir tant de malheurs en s'accommodant avec les Anglais pour un petit terrain *litigieux* vers le Canada. » VOLT. « J'ai toujours prévu que je serais obligé de poursuivre cette affaire *litigieusement* au conseil des dépêches. » ID.

Un point est *contentieux* entre des théologiens ou des philosophes ; un point est *litigieux* entre des héritiers ou des associés.

Toutefois *contentieux* se prend aussi par exception dans le sens pratique de *litigieux* ; car on dit également une affaire *contentieuse* et une affaire *litigieuse*.

Alors *contentieux* est subjectif, il fait penser aux personnes, aux *contendants*, aux parties et à leurs avocats, ainsi qu'à leur *contention*, à leurs efforts réciproques pour obtenir gain de cause, et c'est pourquoi on dit bien un homme *contentieux*. *Litigieux*, au contraire, est objectif, caractérise l'affaire en elle-même, en fait connaître la nature. Tel avocat se distingue dans les affaires *contentieuses*, comme, par exemple, Ulrich Guallet,

« homme saige et discret, dit Rabelais, duquel en divers et *contentieux* affaires Grandgousier auoyt esprouvé la vertus et bon aduiz; » mais dans les *Femmes savantes*, Philaminte préoccupée de l'affaire du mariage d'Henriette avec Trissotin, laquelle lui a fait négliger une affaire *litigieuse* d'où dépendait sa fortune, apprend sans s'émouvoir la perte de son procès.

Contentieux, plein de *contention*, se dit des personnes, de leur esprit ou de leur caractère enclin à contester. Mais, quoi qu'en dise le dictionnaire de l'Académie depuis 1835, *litigieux*, plein de procès, sujet à procès, est exclusivement réservé pour les choses : droit (Mass., Boil., Volt.), titre (P. A.), intérêt (Lah.) *litigieux*.

CONTINU, CONTINUÉ. Non interrompu. Latin : *continuus, continuatus*.

Continu, est un adjectif, *continué* un participe : l'un exprime qu'une chose est telle, l'autre qu'une chose est ou a été rendue telle par quelqu'un; l'un, qu'une chose continue, l'autre, qu'on continue, que quelqu'un continue une chose. La santé est un état *continu* de bien-être; « La conservation des créatures n'est, de la part de Dieu, que leur création *continuée*. » Mal. Un feu *continu* tient dans un état constant de liquéfaction les matières vomies par les volcans; « Dans le grillage des mines de cuivre, il est à remarquer que les feux interrompus les désoufrent beaucoup mieux qu'un feu *continué*. » Buff.

CONTRARIER, CONTREDIRE, CONTRECARRER, CONTREPOINTER. L'action exprimée par chacun de ces verbes est celle de s'opposer à quelqu'un.

On *contrarie* quelqu'un en se montrant contraire à ce qu'il veut ou à ce qu'il fait; on le *contredit* en disant le contraire de ce qu'il dit, en s'opposant à ses discours, en combattant son opinion ou ses assertions. Louvois *contrariait* continuellement Colbert (Volt.) ; les hérétiques *contredisent* les doctrines que l'Église professe (Boss.). Avec une humeur fâcheuse et *contrariante* (Boss.), incommode et *contrariante* (Id.), on est acariâtre, on tourmente les gens, on les tracasse, on les traverse dans leurs desseins; avec une humeur *contredisante* (Acad.), on aime à disputer : « Émile n'est point disputeur ni *contredisant*. » J. J. Un modèle d'homme *contrariant*, c'est Tartufe qui, dans la maison d'Orgon, contrôle tout, heurte tout le monde et met son veto à tous les divertissements; aussi Dorine dit-elle de lui :

Certes, c'est une chose aussi qui scandalise,
De voir qu'un inconnu......
En vienne jusque-là que de se méconnaître,
De *contrarier* tout, et de faire le maître. Mol.

Mais, dans le *Misanthrope*, Alceste est peint comme ayant la manie de *contredire* :

Le sentiment d'autrui n'est jamais pour lui plaire;
Il prend toujours en main l'opinion contraire,
Et penserait paraître un homme du commun,
Si l'on voyait qu'il fût de l'avis de quelqu'un. Mol.

Contrecarrer, pris sans doute de l'art militaire, signifie contrarier ou contredire de front, avec une intention marquée. Il indique, selon Condillac, plus d'animosité, plus d'envie d'offenser. « On apporte quelques preuves de cette jalousie (entre Xénophon et Platon).... On prétend que Xénophon n'avait composé la Cyropédie que pour *contrecarrer* les livres de Platon sur la république, qui commençaient à paraître, et que Platon en fut si vivement piqué, que.... » Roll. « Oh ! c'en est trop, mon mari : vous me *contrecarrez*, vous m'insultez, vous m'outragez. » Dufr.

Servantes et valets, tous prennent l'habitude
De me *contrecarrer*, d'oser trouver mauvais
Et tout ce que je dis et tout ce que je fais.
Par tout le monde ici je me vois maltraitée. Dest.

« Votre coquine de Toinette est devenue plus insolente que jamais.... Elle m'a fait enrager.... Elle a *contrecarré* une heure durant, les choses que je veux faire. » Mol. Dans les *Femmes savantes*, Clitandre ayant dit de Philaminte, qui prétend marier Henriette avec Trissotin :

Elle veut dès ce soir faire ce mariage,

Chrysale répond d'un ton résolu :

Et dès ce soir je veux,
Pour la *contrecarrer*, vous marier tous deux....
Ah ! je leur ferai voir si pour donner la loi,
Il est dans ma maison d'autre maître que moi. Mol.

Contrepointer ne se trouve que dans les dictionnaires. Si l'usage ne l'a pas admis, c'est apparemment parce qu'il ne diffère en rien de *contrecarrer* avec lequel il ferait double emploi. J. J. Rousseau parle quelque part « de tribunaux concurrents qui se chicanent, se *contrepointent*. » Mais c'est en cet endroit un terme de palais comme *appointer*, et cet exemple est unique.

CONTRITION, ATTRITION, COMPONCTION. Termes de dévotion ou de théologie, significatifs du repentir qu'on ressent de ses péchés.

L'*attrition* est une *contrition* imparfaite, servile, inefficace, qui ne suppose qu'un faible amour de Dieu. *Componction*, au contraire, ajoute à *contrition* ou dit plus. *Componction*, de *compungere*, piquer en plusieurs endroits à la fois, exprime quelque chose de poignant, un déchirement de cœur; et *contrition* de *conterere*, presser, fouler, un pressement ou un serrement de cœur seulement. La *contrition* est *triste*, honteuse, abattue ; la *componction* est désolée, et se manifeste par des pleurs et des gémissements. On dit, un acte de *contrition*, la *contrition* étant quelque chose de tout intérieur; mais on dit l'esprit de gémissement, de prière et de *componction* (Boss.) : « Donner la *componction*, c'est donner l'esprit de prière, et ouvrir la source des larmes. » Id. « Brisons nos cœurs devant Dieu par l'esprit de *componction*; délivrons-nous de la tyrannie de nos passions par l'effort d'une *contrition* sans mesure. » Boss.

Or, précisément parce que *componction* désigne une douleur extrême, il se prend quelquefois en mauvaise part pour marquer une douleur purement apparente et toute en démonstrations. « Josué, dans la terre des Philistins, détruit, renverse tout; ainsi la *contrition* véritable entrant dans l'âme. Et pourquoi cette sanglante exécution ? C'est qu'elle craint la *componction* d'un Judas, d'un Antiochus, d'un Balaam, *componction* fausse et hypocrite, qui trompe la conscience par l'image d'une douleur superficielle. » Boss. — *Componction* paraît aussi mieux convenir dans le style ironique ou plaisant. « Envoyez-moi les chansons du roi David, je lirai avec *componction* les psaumes pénitentiaux, attendu que je suis malade. » Volt. Voltaire dit de Gresset, devenu dévot :

Sanctifié par ses palinodies,
Il prétendait avec *componction*
Qu'il avait fait jadis des comédies
Dont à la Vierge il demandait pardon.

CONTUSION, MEURTRISSURE. Blessure superficielle, qui ne va pas jusqu'à entamer la peau, jusqu'à y produire une solution de continuité, une séparation des parties.

La *contusion* est proprement l'effet de l'action de frapper fort, de frapper avec un instrument contondant, *contundere*; et la *meurtrissure* l'effet de l'action de *meurtrir*.

La *contusion* peut être plus légère et ne consister que dans un rude frottement qui occasione une bosse, une enflure ou même simplement une grande rougeur dans la partie offensée.

Il se bat, et ne peut rien souffrir;
Il s'est fait en maint lieu *contusion* et bosse.
Et veut accompagner son papa dans la fosse. Mol.

« Un laquais qui montait un mauvais cheval se laissa tomber et se fit une légère *contusion* à la tête. » J. J. — La *meurtrissure* a plus de gravité. » Ils me bernèrent avec tant de vigueur, qu'ils me lançaient jusqu'au plafond; j'en fus quitte toutefois pour des *contusions* et des *meurtrissures*. » Les. Une *meurtrissure* est une *contusion* assez forte pour produire sur le corps des taches livides, ou c'est la *contusion* en tant qu'elle laisse de telles marques. « Le magicien se frappait la poitrine si rudement, qu'elle était couverte de *meurtrissures* noires. » Regn. « Cette jeune fille sortit folle du couvent; sa mère, en la faisant changer de chemise, trouva tout son corps couvert de *meurtrissures*. » Volt..

Chaque coup sur la chair laisse une *meurtrissure*. Boil.

On dira d'une manière abstraite, la douleur d'une *contusion* (Desc.), la gêne causée dans le genou par une *contusion* (J. J.); et d'une manière pittoresque, avoir le corps diapré de *meurtrissures* (Beaum.).

CONVENABLE, BIENSÉANT, DÉCENT, HONNÊTE, SÉANT, SORTABLE. Qui est bien, comme il faut.

De tous ces mots *convenable* est le plus général : la chose *convenable* est conforme à la raison, à la vérité, à l'ordre, au bien quel qu'il soit et de quelque manière qu'on l'entende. — *Bienséant* signifie convenable, comme étant conforme aux principes et aux règles de l'honnêteté civile : « Il est *bienséant* aux jeunes gens de respecter la vieillesse, de n'être pas trop pressés de parler. » Acad. — Ce qui est *décent* est convenable, comme étant conforme aux principes et aux règles de l'honneur, à la pudeur, à la dignité humaine ou d'un homme dont il s'agit. « Cette femme a un maintien fort *décent*. » Acad. « Eschyle donna aux acteurs des robes traînantes et magnifiques dont la forme était si *décente*, que les prêtres de Cérès n'ont pas rougi de l'adopter. » Barth. Il n'est pas *décent* pour un roi d'être trop familier (Cond.). Voy. *Convenance, bienséance, décence*.

Honnête désigne en soi la qualité que *bienséant* et *décent* représentent dans l'expression ou par rapport à l'impression. Ce qui est *bienséant* ou *décent* ne choque point; ce qui est *honnête* est de sa nature conforme au beau moral. Une femme *décente* fuit le scandale, le déshonneur public; une femme *honnête* fuit la faute et le déshonneur essentiel qui y est attaché. Ce n'est pas assez que le vêtement soit *décent*; il faut aussi que l'âme soit *honnête*. Il n'est pas *bienséant* ou *décent* pour un magistrat de se montrer de telle façon, de se vêtir de telle manière, de tenir tel langage; il n'est pas *honnête* à un magistrat de se laisser prévenir.

Séant et *sortable* sont moins usités que les précédents. *Séant*, qui sied, est à l'égard de *bienséant*, qui sied bien, comme un diminutif, ou comme un positif par rapport à un superlatif. On ne l'emploie guère qu'avec la négation, avec l'adverbe *peu*, ou bien avec *mal* ou *mé* (*malséant*, *messéant*). « Ce n'est pas une chose *séante* de parler si haut devant des personnes à qui on doit du respect. » Acad. « Hugues, frère du roi de France Philippe Ier, écrivit à l'empereur Alexis des lettres pleines d'une fierté peu *séante* à qui n'avait point d'armée. » Volt. « A l'église, quelles contenances négligées et peu *séantes!* » Bourd. « Façon de se vêtir peu *séante* pour un homme de guerre. » Roll.

Sortable veut dire convenable en tant que conforme au sort, à l'état ou à la condition des personnes. « Procurer à ses enfants des établissements *sortables* à leur condition. » Bourd. « Martial se retira en Espagne. Il eut tout le temps de s'y ennuyer, n'y trouvant nulle compagnie *sortable*, et qui eût du goût pour les lettres. » Roll. « Ce n'est pas là le fait de votre fille; il se présente un parti plus *sortable* pour elle. » Mol. « Le mariage de Mlle de la Marck avait presque été fait l'année précédente avec le duc d'Estrées. Rien n'était plus *sortable*. » Delaf. « Marie de Bourgogne, fille et héritière de Charles le Téméraire, ne voulut pas regarder un si petit comte (le comte de Rivière, frère de la reine d'Angleterre), et méprisa une alliance si peu *sortable*. » Boss.

CONVENIR, S'ACCORDER. N'être pas opposé d'opinion, de vues ou de dessein.

Convenir marque conformité; et *s'accorder*, une conformité entre gens qui sont ou pouvaient être adversaires ou ennemis. Des historiens, des témoins, des philosophes, *conviennent* d'un fait ou sur un fait; des historiens, des témoins, des philosophes, divisés d'ailleurs, ou qu'on s'attendait à trouver en contradiction, *s'accordent* cependant. Des assiégés *conviennent* entre eux d'une sortie à faire, et avec les assiégeants ils *s'accordent* sur une trêve. « On contesta à qui aurait le trépied; on était prêt à passer à une guerre ouverte, lorsqu'on *s'accorda* de part et d'autre de s'en tenir aux décisions de l'oracle. » Fén.

On *convient* d'un principe, chose sur laquelle le consentement est tout simple, n'a rien de remarquable. « C'est un principe qui ne peut être contesté, et dont il n'y a sans doute personne qui ne *convienne* avec moi. » Bourd. « Je me souviens en gros que nous *convenions* des principes. » Boss. Mais on *s'accorde* sur un point litigieux, sur un article sujet à dissentiment. « Nous avons bien pu nous *accorder* tous sur un point aussi difficile que la foi des trois adorables personnes. » Bourd. « Les censeurs réglèrent ensemble une affaire sur laquelle ils avaient longtemps disputé sans pouvoir *s'accorder* entre eux. » Roll.

Entre choses ou personnes qui se *conviennent*, l'harmonie est naturelle et peu frappante ; entre choses ou personnes qui *s'accordent*, l'harmonie existe de fait, et est, sinon plus grande, au moins plus sensible ou plus extraordinaire.

CONVERSION, TRANSMUTATION. Changement des substances, des éléments, des métaux, les uns dans les autres. En latin, *conversio*, *transmutatio*.

Mais *conversion* a été complètement naturalisé dans notre langue, où il jouit d'autres acceptions, ainsi que le verbe correspondant, *convertir*. *Transmutation*, au contraire, conserve un air étranger, n'a que le sens dont il est question ici, et ne s'emploie que dans le didactique, surtout quand on parle d'un changement imaginaire, impossible, tel que celui qu'avaient rêvé les alchimistes. « Il y a une sorte de chimie qui se propose la *transmutation* chimérique des métaux ; c'est ce qu'on appelle chercher la pierre philosophale. » Roll. « Personne n'a vu de *transmutation* de métaux et plusieurs ont été ruinés par la créance de la pierre philosophale. » Volt. « Nous trouvons que le germe du blé est tout différent de celui de l'ivraie, et nous ne croyons à aucune *transmutation*. » Id. « Rappelez-vous cette fameuse *transmutation* qu'un nommé Needham crut avoir faite de jus de mouton et de blé pourri en petites anguilles. » Id. « La chimie curieuse a des *transmutations*, des précipitations, des détonations, des explosions, des phosphores. » J. J. « On doit rejeter le *grand œuvre* en bonne morale ; mais pourquoi prononcer d'une manière décidée que la *transmutation* des métaux soit absolument impossible, puisque nous ne pouvons douter que toutes les matières terrestres ne soient *convertibles* ? » Buff.

Le mot *conversion* est usité dans le langage commun, et il représente un phénomène réel, un changement de forme. La *conversion* du fer en acier (Buff.), en rouille (Id.) ; la *conversion* des sables vitreux en argile (Id.) « Il se fait une véritable *conversion* de la substance des aliments en la nôtre. » P. A.

CONVIVE, CONVIÉ. Personne qui se trouve avec d'autres en un certain lieu pour y manger et boire ensemble.

Convive, latin *conviva* (*vivere cum*, vivre avec), est général, significatif d'une habitude, et seul propre quand il s'agit de quelque chose qui arrive d'ordinaire. « Dans les repas des Spartiates il n'était pas permis de se présenter aux salles publiques après avoir pris la précaution de se remplir d'autres nourritures, parce que tous les *convives* observaient avec grand soin celui qui ne buvait et ne mangeait point. » Roll. « Viriathe se tenait toujours debout à table, ne mangeait que du pain et de grosses viandes, laissant les mets plus délicats pour ses *convives*. » Id. « Chez les Romains les lits (sur lesquels on se couchait pour manger) étaient couverts de tapis, et garnis de coussins pour les *convives*. » Id. « Les Romains avaient à leurs gages des joueuses de harpes, des farceurs, des comédiens et pareilles gens dont le métier était de divertir les *convives*. » Id. « La loi *Orchia* (contre le luxe de la table) prescrivait le nombre des *convives* » Id. On dit en parlant de quelqu'un qu'on veut caractériser indépendamment de toute circonstance de temps et de lieu : c'est un bon, un joyeux, un charmant *convive*. « L'abbé Le Gendre avait les mœurs très-douces, et était un excellent *convive*. » Bach.

Il est gai, complaisant, libéral, magnifique, Beau joueur, bon convive, aimant à dépenser. Dest.

Convié, qui a été *convié* ou invité, est particulier, désigne quelque chose d'accidentel, et doit se dire seul quand il est question d'un repas spécial auquel on a été prié d'assister. « Au lieu d'eau les *conviés* de Cana trouvèrent du vin dans les cruches. » Boss. « Si le flatteur est invité à souper, il est le premier des *conviés* à louer le vin. » Labr. « Périandre écrivit une lettre circulaire à tous les sages pour les inviter à venir passer quelque temps chez lui... Plutarque décrit le repas qu'il leur donna, dont il fait remarquer l'honnête simplicité proportionnée au goût et au caractère des *conviés*. » Roll. « Cléopâtre célébra le jour de la naissance d'Antoine avec un éclat et une magnificence au-dessus de tout ce qu'elle avait fait auparavant, jusque-là que plusieurs des *conviés* qui étaient venus pauvres à ce festin s'en retournèrent riches. » Id.

Il est à remarquer qu'on n'emploie *convié* au lieu de *convive*, l'espèce au lieu du genre, même dans les cas particuliers, qu'autant qu'il y a eu invitation et qu'à l'égard des personnes qui ont été invitées. Des voyageurs descendent à une hôtellerie pour y prendre un repas en commun : ce sont des *convives* et non des *conviés*. Pareillement, quand un repas se donne pour lequel il y a des invitations, on appelle néanmoins *convives*, et non pas *conviés*, ceux qui s'y trouvent sans y avoir été appelés, et, par exemple, les parasites, s'il y en a, et les gens de la maison.

1° COQUIN, MARAUD, MAROUFLE, BELITRE ; — 2° FAQUIN, VAURIEN, GARNEMENT ; — 3° GUEUX, VA-NU-PIEDS ; — 4° FRIPON ; — 5° PENDARD. Dénominations méprisantes et injurieuses qui appartiennent au langage le plus commun et ne sauraient être souffertes dans les sujets de haut style. « La passion que nous entendîmes ici près fut étrange ; les mots de *faquin* et de *coquin* furent employés pour exprimer l'humiliation de Notre-Seigneur ; cela ne donne-t-il pas de belles et de nobles idées ? » Sév.

1° *Coquin, maraud, maroufle, belitre*. Homme abject, qui n'est rien moins qu'honorable, qui n'a rien que d'ignoble, qui est un indigne.

C'est ce qu'exprime proprement *coquin*. Ce mot paraît venir de *coquina*, cuisine, le *coquin* étant, comme le Laridon de Lafontaine, un être dégénéré qui s'est *acoquiné*, c'est-à-dire adonné à la cuisine, qui est devenu sujet de son ventre et rendu l'esclave du plus grossier appétit. Le *co-*

quin est bas, lâche, sans aucun sentiment d'honneur, sans aucune élévation d'âme. « Moi, coquin! un nourrisson du point d'honneur! » LES. « Il n'y a rien de grand que la guerre, dit-on ; le reste des hommes sont des coquins. » PASC. « Un misérable à qui on a ôté le nom de scélérat, qu'on ne trouvait pas encore assez abject, pour lui donner celui de coquin comme exprimant mieux la bassesse et l'indignité de son âme. » J. J. Les Caractères de Théophraste, traduits par Labruyère, contiennent du coquin une excellente peinture qui commence ainsi : Un coquin est celui qui les choses les plus honteuses ne coûtent rien à dire ou à faire.

J'ai fui comme un coquin. DÉST.
Me renfermer! Faquin,
Tu m'oses proposer un acte de coquin? MOL.

Maraud, maroufle, et belître ne sont plus usités. Ils ne l'ont jamais été dans la bonne compagnie, mais seulement parmi le bas peuple, parmi les valets de comédie ou à leur égard, et dans des écrits où l'on garde peu de réserve. C'est avec raison que Voltaire reproche à J.-B. Rousseau d'en avoir déshonoré ses épîtres.

Le maraud est un coquin insolent. Dans Amphytrion Mercure dit de Sosie :

Comme avec irrévérence
Parle des dieux ce maraud! MOL.

Et Amphitryon à Mercure qu'il prend pour Sosie :

Ah! tu sauras, maraud, à ta confusion,
Ce que c'est qu'un valet qui s'attaque à son maître. ID.
Quoi! tu pourrais, maraud, avec pareille audace
Me soutenir?... REGN.

« Oh, c'est pousser l'impudence à l'excès. Tiens, maraud, voilà comment je reçois tes excuses. » DÉST. « Il s'agit d'humilier et de punir un maraud impudent. » VOLT. « Finiras-tu, maraud, avec tes impertinentes réflexions? » STAËL.

Le maroufle est un coquin brutal. « Je suis un brutal, Monsieur le maroufle! » DEST. « Le maroufle! voyez comme il fait le brave parce qu'il est ivre. » ID. « Voilà un maroufle bien brutal! » LES. « Qui peut t'avoir mis de mauvaise humeur? Je vais parier que c'est ce maroufle qui sort... L'animal! » ID. Dans le Festin de Pierre, Sganarelle, qui vient de recevoir un soufflet pour le paysan Pierrot, dit en regardant celui-ci : « Peste soit du maroufle! » MOL. « Et tant molestement poursuyuirent Gargantua qu'il feut contrainct soy repouser...; et voyant tant de gens a lentour de luy, il dist clerement : Je croy que ces marroufles veulent que ie leur paye icy ma bien venue. » RAB.

Le belître est un coquin pédant, un vil cuistre. « Un grand belître de régent. » LES. « Si je parle, c'est pour confondre ce belître-là qui se croit un docteur et veut parler argument. » REGN. « Je ne suis pas du sentiment de ces belîtres ignorants et impies, Newton, Leclerc et d'autres, qui prouvent que.... » VOLT. « Dans sa Doctrine curieuse Garasse dit que Pasquier, Scaliger, Luther, etc., sont des belîtres d'athéistes et de carpocratiens. » ID. Dans le Bourgeois gentilhomme, le maître de musique apostrophe le maître de philosophie en ces termes : » Allez, belître de pédant! » MOL.

2° Faquin, vaurien, garnement. Homme d'une mince valeur, homme que distingue, non plus la bassesse, mais la nullité. Autant le coquin est vil, autant est chétif le faquin. Si le coquin n'est rien moins qu'honorable, le faquin n'est rien moins que bon.

Le faquin est mauvais, chétif ou presque nul sous le rapport du talent. Il manque proprement de mérite. Faquin signifiait autrefois dans notre langue ce que signifie encore en italien son primitif facchino, savoir un porte-faix, un crocheteur, un homme du métier qui demande le moins de capacité. C'est le sens qu'il a dans Rabelais : « A Paris, en la roustisserye du petit Chastelet, au deuant de l'ouuroir dung rostisseur, ung facquin mangeoit son pain a la fumee du roust.... » « Vous trouverez à pied (dans Paris) une infinité de gens de mérite, et la plupart des carrosses pleins de faquins. » MONTESQ. Voltaire appelle barbouilleur Le Tourneur, traducteur du Shakespeare, et ajoute : « Il n'y a point en France assez de camouflets, assez de bonnets d'âne, assez de piloris pour un pareil faquin. » Ailleurs il donne le nom de faquin à un libraire inepte qui avait mal imprimé ses pièces de théâtre.

Un faquin sans esprit, chansonnier des valets,
De refrains d'antichambre habillant ses couplets,
Compile lourdement de tristes facéties. CHÉN.

Vaurien et garnement annoncent des défauts de conduite. C'est proprement de moralité que manquent les gens auxquels on applique ces noms. Mais le vaurien, celui qui ne vaut rien, est un mauvais sujet quelconque, l'opposé de l'homme de bien. « Tu l'as vue ma Fanchon.... Claude Anet, de son côté, dont le bon naturel a résisté à trois ans de service, en eût-il pu supporter encore autant sans devenir un vaurien comme tous les autres? » J. J. « Convenez que vous étiez un grand vaurien. — Cela se peut... C'est, je crois, au péril que je courus alors que je dois mes nouvelles mœurs. » DID.

Je ne connais, dans l'histoire du monde,
Aucun héros, aucun homme de bien,
Qui n'ait été la dupe d'un vaurien. VOLT.

Quelle raison demande
Que vous alliez passer dans une erreur plus grande,
Et qu'avecque le cœur d'un perfide vaurien
Vous confondiez les cœurs de tous les gens de bien?
MOL.

Le garnement ou le mauvais garnement, le mauvais gars, le mauvais garçon, est un jeune vaurien, un enfant, un fils qui tourne ou a tourné mal. « Mme de Conflans éleva son fils de façon qu'il ne fut qu'un garnement. » S. S. « Le Peltorano (jeune débauché mis sous la conduite du duc de Giovenazzo) n'en devint pas plus sage.... C'est ce garnement-là qui épousa la fille du maréchal de Boufflers. » ID.

Qu'une veuve est à plaindre, et qu'elle a de tourments
Quand elle a mis au jour de méchants garnements.
REGN.

Et j'ai prédit cent fois à mon fils, votre père,
Que vous preniez tout l'air d'un méchant garnement.
(Mme Pernelle à Damis, dans le Tartufe.) MOL.

Certain petit bourreau,
Marmot n'aimant que le désordre,
Garnement qu'on appelle Amour. Pir.

3° *Gueux, va-nu-pieds*. Homme au comble de la misère.

Mais le *gueux* gueuse ou gueusaille, c'est-à-dire mendie en menant la vie d'un vagabond et d'un fainéant, et l'extrême pauvreté lui fait faire des infamies. Mme de Sévigné appelle du nom de *gueuses* des sorcières et empoisonneuses célèbres de son temps. « Je devais dévouer à l'horreur de la postérité les *gueux* qui, pour l'argent, ont voulu décrier l'*Encyclopédie*. » Volt.

Le *va-nu-pieds* est moins odieux : c'est un homme de la dernière classe et parfaitement obsur, voilà tout. « Un *va-nu-pieds* fit à Mattignon un procès et produisit des pièces qui mirent Mattignon au moment d'être condamné à lui payer 1 200 000 livres malgré tout son crédit. » S. S. « Le père Tellier exclut, pour les bénéfices, tout homme connu et de nom, et ne voulut que des *va-nu-pieds* et des valets à tout faire, gens obscurs.... » Id. « Rien de si court en robe que les Chauvelin, qui étaient des *va-nu-pieds*, sans magistrature, quand la fortune du chancelier le Tellier les débourba. » Id.

4° *Fripon*. Voleur adroit, homme rusé, sans bonne foi, qui trompe avec esprit.

« Nancré était un drôle de beaucoup d'esprit, mais dangereux *fripon*, pour ne pas dire scélérat.... N'ayant ni âme ni sentiment que simulés, il voulait cheminer et être compté, à quoi tous moyens lui étaient bons. » S. S. « De voleurs déterminés, les chats deviennent, lorsqu'ils sont bien élevés, souples et flatteurs comme les *fripons* ; ils ont la même adresse, la même subtilité. » Buff. « C'est un tour de *fripon*. » Acad.

Pasquin est un fripon qui s'est moqué de vous. Dest.
Le fripon m'a joué d'un tour de son métier. Regn.

5° *Pendard*. Homme bon à pendre, qui mérite la corde.

Ce mot ne s'emploie avec justesse qu'en parlant de quelqu'un qu'il s'agit de punir en raison et en proportion de ses méfaits. « Des contes, bon *pendard* ? oh ! la gueule du juge en pétera ; tu seras pendu, je t'en réponds. » Danc. « C'est une punition trop délicate pour mon *pendard* : je veux une vengeance qui se fasse un peu mieux sentir. » (Martine dans le *Médecin malgré lui*.) Mol.

Courons donc le chercher, ce *pendard* qui m'affronte ;
Montrons notre courage à venger notre honte. Id.
Tais-toi, pendard....
Si tu dis un seul mot, je te romprai les bras. Id.
Quoi, *pendard*, tu peux me tenir ce discours ?
Ah ! je t'en punirai. Dest.
Viens çà, *pendard*.... Viens ça que je t'assomme. Id.

CORRIGER, REDRESSER, RECTIFIER. Faire disparaître d'une chose un défaut ou des défauts.

On corrige tout ce qui n'est pas bien, tout ce qui pèche d'une façon quelconque, on ne *redresse* et on ne *rectifie* que ce qui n'est pas droit. On *corrige* une couleur par une autre, on *corrige* l'amertume d'une viande ou d'une boisson ; on *redresse* un arbre qui penche, on *rectifie* des intentions. On *corrige* les mœurs ; on *redresse* les torts. On *corrige* une humeur violente ; on *redresse* ou on *rectifie* un jugement de travers.

Redresser et *rectifier* ont même radical, *directum* ou *rectum*, droit. Mais dans *redresser* la dérivation latine ne s'aperçoit plus, au lieu qu'elle est évidente dans *rectifier*, *rectum facere*, faire ou rendre droit. En conséquence, *redresser* se dit au propre des choses concrètes, au lieu que *rectifier* n'est d'usage que dans l'abstrait. On *redresse* une planche courbée ; on *rectifie* la construction d'une phrase. On *redresse* un homme au physique d'abord, puis au figuré ; on ne *rectifie* pas un homme, mais on *rectifie* ses vues, ses sentiments, ses calculs. En parlant des mêmes choses, des idées ou des erreurs, par exemple, *rectifier*, seul usité en termes de sciences, en chimie et en géométrie, a un air plus savant et plus distingué.

CÔTÉ (DE) ET D'AUTRE, ÇA ET LA, PAR-CI PAR-LA. En plusieurs endroits. Locutions adverbiales entre lesquelles l'Académie ne met aucune différence.

De côté et d'autre, d'un côté et de l'autre, n'indique, à la rigueur, que deux endroits, suivant la signification primitive du mot *côté*, la partie droite ou gauche de l'homme. *De côté et d'autre*, c'est-à-dire à droite et à gauche. « Ce mouvement que nous appelons animal est le même qu'on nomme progressif, comme avancer, reculer, marcher *de côté et d'autre*. » Boss. « A ce grand mot plusieurs baissèrent la tête. Effiat secoua fort la sienne *de côté et d'autre*. » S. S. « La barbarie semblable à un torrent, avait entraîné tout ce qui était solide, et avait seulement déposé *de côté et d'autre* ce que la légèreté avait fait surnager. » Cond. *Çà et là*, au contraire, fait concevoir, non-seulement plus de deux endroits, mais encore beaucoup d'endroits, savoir l'endroit précis où est la personne qui parle, *çà*, et tous ceux autour d'elle où elle n'est pas, *là*. « Peut-être étais-je il y a cent ans un corps ou beaucoup de petits corps épars *çà et là*, sous diverses formes, que le mouvement a rassemblés pour en composer cette portion de matière que j'appelle mon corps. » Fén. « Mille et mille beaux enfants, sans autre guide, sans autre commandement que la gaieté de leur âge, dansaient, sautaient, couraient *çà et là*, s'exerçaient à mille jeux divers. » Bouffl. — Lors même que *de côté et d'autre* suppose aussi plus de deux endroits, il a toujours cela de particulier, qu'il les représente comme fixes, comme certains, au lieu que ceux dont *çà et là* donne l'idée sont marqués d'une manière vague et confuse. Des choses sont disposées *de côté et d'autre*, d'autres sont éparses *çà et là*. Pisistrate s'étant emparé de la tyrannie, chacun songea à se retirer *de côté et d'autre*. » Fén. « Cassandre étant entré avec son armée dans la Béotie, on voyait les habitants de Thèbes errer *çà et là* sans demeure et sans retraite. » Roll. « Résolu d'aller s'informer de son père dans différents lieux de la Grèce, particulièrement à Sparte et à Pylos, Télémaque demanda aux poursuivants un vaisseau qui le menât *de côté et d'autre* sur cette mer sur laquelle Ulysse errait *çà et là* depuis si longtemps. » Fén.

Par-ci par-là signifie comme *çà et là*, en divers endroits, indéterminément. Cependant il en diffère. Dans *par-ci par-là*, *par* a le même sens que dans *par* parties, *par* intervalles, *par*fois; en sorte que *par-ci par-là* veut dire, non pas en beaucoup d'endroits (*multifariam*), mais *par* places, en quelques endroits (*aliquotfariam*). « Du haut d'une montagne on aperçoit dans la plaine une grande quantité de maisons de campagne répandues *çà et là*, et quelques gros bourgs répandus *par-ci par-là*. » LES. Voltaire, admirateur d'Helvétius, dit d'un de ses ouvrages posthumes : « On trouve dans cette compilation irrégulière beaucoup de petits diamants brillants semés *çà et là*. » Mais, ailleurs, parlant de J. J. Rousseau, qui lui paraissait en général détestable, il veut bien convenir toutefois qu'il a chez lui, *par-ci par-là*, de bons traits.

COTER, NUMÉROTER. Distinguer certaines choses de la même espèce par des signes écrits. Pour *coter* on se sert tantôt de chiffres, tantôt de lettres; on ne se sert que de chiffres pour *numéroter*.

En outre, *coter* pour *quoter* (analogue à l'italien *quotare*, arranger, mettre en ordre), du latin *quot* ou *quotus*, combien, en quel nombre, est plus noble que *numéroter*, mettre des *numéros*: bien que tiré aussi du latin, de *numerus*, nombre; *numéro* est en français un mot des plus communs, et naturellement il en est de même du verbe qui en a été formé. — *Coter* s'emploie en parlant d'estampes, de papiers, de pièces, de registres. « Mlle Levasseur m'a remis le paquet que vous lui avez confié; j'y ai trouvé les papiers *cotés* dans la lettre. » J. J. « Pourquoi cette lettre n'est-elle pas *cotée* au rang d'une foule de pièces justificatives qui ne sont pas plus justificatives que cette lettre ? » BEAUM. *Coter* un registre par première et dernière (ACAD.). — Mais *numéroter* est le mot qui convient pour les choses usuelles ou vulgaires : *numéroter* des voitures de place, des maisons d'une nouvelle rue (ACAD.), des lingots (VOLT.), des lettres de change (ID.).

Il est à remarquer d'ailleurs que *coter* veut dire quelquefois, non plus, assigner un rang aux choses, mais les rapporter au rang qu'elles ont, acception totalement étrangère à *numéroter*. *Coter* un chapitre, un article, un verset, des passages d'auteurs, un âge ou une époque, c'est en indiquer la place en citant le nombre ou le numéro qui lui est affecté. *Coter* à la marge (ACAD.). « Je continue la lecture de votre grand livre. Je suis dans l'étonnement de beaucoup de spiritualités inconnues aux Pères.... Si vous aviez *coté* les endroits, vous m'auriez soulagé de quelques petits soins. » BOSS. « Regardez-moi avec attention, répliqua-t-elle, et mettez mon âge en conscience (sur une déposition). Le commissaire la considéra, et fut assez poli pour ne marquer que 28 ans. Il lui demanda ensuite.... J'ai donc mal *coté* votre âge, reprit-il.... LES.

Au temps que le sexe vivait
Dans l'ignorance, et ne savait
Gloser encor sur l'Évangile
(Temps à *coter* fort difficile). LAF.

COTERIE, CLIQUE. Termes de dénigrement dont on se sert pour désigner certaines petites sociétés.

Coterie, petite *cote*, petite société où chacun apporte sa *cote*, ou bien, petite société qui *cote*, qui apprécie, qui met le prix aux choses, indique une compagnie ou un cercle qui a principalement pour objet ou pour occupation de cabaler, de travailler à faire valoir ou à décréditer les personnes et ce qui les concerne. Langage, opinion de *coterie* (ACAD.). « Dorat n'était pas encore aussi gâté qu'il le fut depuis par les plates adulations de journal et de *coterie*. » LAH. « C'est une fureur pour entendre la lecture de la tragédie de M. de la Harpe, intitulée la *Religieuse*. On s'arrache cet auteur; il ne peut suffire aux dîners auxquels on l'invite et dont ce drame fait le meilleur plat.... Ces éloges de *coterie* sont toujours suspects. » BACH.

La *clique*, quelle que soit l'étymologie du mot, est tout autrement odieuse. On fait peu de cas de la *coterie* à cause de ses partialités, et quelquefois uniquement parce qu'elle est peu étendue, particulière.

Veux-tu que, limité
Au petit cercle obscur d'une société,
J'aille m'ensevelir dans quelque *coterie*? GRESS.

Mais on méprise souverainement la *clique* comme détestable à tous égards. Il n'est guère en français de terme plus injurieux. « La *clique* Fréron, la *clique* Pompignan crie que je suis l'auteur de je ne sais quel *Dictionnaire philosophique portatif*. » VOLT. « Après avoir vu de près les manœuvres de la *clique* philosophique à mon égard, Deleyre s'en était tout à fait détaché. » J. J. « La dame assura qu'il était de la *clique* infâme qui voulait flétrir sa réputation. » BEAUM. « Je les fis condamner, lui, Bergasse, Kornman et toute leur honteuse *clique*, comme d'infâmes calomniateurs. » ID.

Le diable avec sa *clique*, et réduit en ce point,
Fort inutilement s'y casserait la tête. REGN.

COUCHÉ, ÉTENDU, GISANT. Qui n'est pas debout ou dans une situation verticale, en parlant de l'homme.

L'Académie définit *gisant* par *couché, étendu*; ce qui indique seulement que ces trois mots sont synonymes. Ils ne le sont pourtant pas absolument.

Couché, mis dans une *couche* ou comme dans une *couche*, est le plus simple et le plus ordinaire des trois. Il se rapporte particulièrement à la couche ou à ce qui en sert, à ce sur quoi on est couché : on est *couché* sur un lit (BOSS., FÉN.) ou par terre (BOURD., VOLT., ROLL.); les mages adorèrent J.-C. *couché* dans une crèche (BOSS); les amis de Job furent étonnés de le voir *couché* sur un fumier (BOURD); on vit Robespierre *couché* tout sanglant sur la table même où il apposait son nom à ses sentences funestes (STAEL). C'est aussi le terme qui convient le mieux quand on veut marquer sur quelle partie du corps on porte dans cette attitude qui n'est pas de l'ordinaire : *couché* sur le ventre (VOLT.), sur le visage (VAUG.), sur le dos (LABR.), sur le côté droit ou sur le gauche.

Couché sur ses genoux, le bœuf pesant rumine. DEL.

Étendu, du latin *extendere*, allonger, déployer, étaler, a cela de tout à fait distinctif d'abord, qu'il se dit quelquefois d'une personne assise. « Mettez-vous tout *étendu* dans cette chaise, et contrefaites le mort. » Mol. « Maupertuis, *étendu* dans son fauteuil, et bâillant, dit un jour. » Champ. Et quand il suppose, comme *couché*, la position horizontale, il en diffère en ce qu'il exprime un développement de tous les membres, un déploiement du corps dans toute sa longueur. « Les nègres sont entassés dans le vaisseau de façon qu'ils occuperaient plus de place s'ils étaient morts, car leur corps serait du moins alors *étendu* sur la misérable planche qu'on leur accorde. » Staël. Les anciens prenaient leurs repas, *couchés*, et non pas *étendus*; mais le supplice de Saint Laurent consista à être *étendu* sur un brasier (Bourd.).

Sur le bord d'un puits très-profond
Dormait, *étendu* de son long,
Un enfant alors dans ses classes. Laf.

Gisant, du latin *jacens*, se dit d'un cadavre couché ou étendu dans le tombeau, et de là vient qu'on lit au commencement des épitaphes : *Ci-gît*.... « Votre orgueil est précipité dans les enfers, votre cadavre est *gisant* dans le tombeau. » Boss. « Adorer le Sauveur dans sa sépulture, contempler ce corps innocent *gisant* sur une pierre. » Id. On emploie aussi *gisant* en parlant d'un corps mort couché ou étendu sur la terre. « Saint Jean nous montrait les corps morts de ces deux témoins *gisants* à terre. » Boss. Dans la fable de *l'Ours et des deux compagnons*, l'un de ceux-ci, voyant paraître la bête,

Se couche sur le nez fait le mort....
Seigneur ours, comme un sot, donna dans ce panneau :
Il voit ce corps *gisant*, le croit privé de vie....
C'est, dit-il, un cadavre; ôtons-nous, car il sent. Laf.

Enfin le mot de *gisant* s'applique par extension à un homme qui est comme un cadavre, étendu immobile et dans la plus pitoyable position. Pline représente l'homme, ce superbe animal, dans un dénûment général de tout secours, dans les larmes, dans les douleurs, *gisant* dans un berceau pieds et mains liés, rebut infortuné de la nature. » Roll. « Le phoque demeurerait *gisant* au même lieu sans sa gueule et ses mains. » Buff. « Il nous faut descendre dans les demeures tristes et obscures où sont *gisants* les pauvres malades. » Boss. « Ma déplorable santé ne me permet guère de porter trois fardeaux à la fois.... Je suis *gisant* dans mon lit, ne pouvant guère écrire. » Volt.

COUCHÉE, GITE. Lieu où les voyageurs se retirent pour la nuit.

Couchée, lieu où on *couche*, dérive du latin *collocare*, placer, poser, *collocare aliquem*, coucher quelqu'un. Mais *gîte* doit avoir une origine vulgaire, et c'est à cause de cela sans doute qu'il signifie l'habitation ordinaire d'un animal, du lièvre. Quoi qu'il en soit, *couchée* désigne certainement quelque chose de plus distingué que *gîte*. « J'arrivai à un gros village. J'entrai dans une hôtellerie. C'était la *couchée* des muletiers; il en vint plusieurs ce soir-là : tous les lits furent pour ces honnêtes gens. L'hôte m'envoya gîter au grenier. Je m'étendis sur la paille et dormis tranquillement.... J'étais hors de l'hôtellerie, quand le maudit hôte me vint incivilement arrêter pour me demander le payement de mon *gîte*. » Les.

Outre cela, *couchée* est purement indicatif, et n'a aucun rapport à la manière dont on est ou dont on se trouve dans le lieu qu'il exprime. *Gîte*, au contraire, est qualificatif. On dit, à la première, la dernière *couchée*; et, un *gîte* bon ou mauvais. « Il me fit bien voir, lorsque nous arrivâmes à la *couchée*, que je n'avais pas fait une mauvaise affaire en l'attachant à moi. Il fut toujours en mouvement pour tâcher de me rendre par ses soins le *gîte* commode. » Les. « Amboise devait être notre *couchée*... Depuis Amboise jusqu'à Fontallade, nous vous épargnerons la peine de lire les incommodités de quatre méchants *gîtes*. » Chap. « Il ne nous resta de l'heure que pour gagner Chavigny, misérable *gîte*.... Notre seconde *couchée* fut Bellac. » Laf. L'un des deux voyageurs dit à l'autre :

Gageons un peu quel sera le meilleur,
Pour ce jourd'hui, de mon *gîte* ou du vôtre.
Il faisait lors un froid plein de rigueur;
La nuit de plus était fort approchante,
Et la *couchée* encore assez distante. Id.

COULER, S'ÉCOULER, FLUER. L'action marquée par ces verbes est celle de choses non solides ou sans consistance qui se meuvent en suivant une pente.

Couler et *s'écouler*, du latin *colare*, verser goutte à goutte, passer par l'étamine, filtrer, sont de la langue commune et d'un fréquent usage.

Mais *couler* est absolu, et *s'écouler* relatif. Dans *s'écouler* l'*é*, du latin *e*, *ex*, de, hors de, en sortant de, indique une relation au point de départ. De l'eau *coule* vite ou lentement; elle *s'écoule* de dessous une montagne, du vin *s'écoule* d'un tonneau, ou le vin *s'écoule* d'un tonneau de tous côtés. De l'encre *coule* ou ne *coule* pas, *coule* trop ou ne *coule* pas assez; la plume d'où l'encre *s'écoule* peut aller bien ou mal. — *S'écouler* est aussi relatif en ce qu'il implique d'ordinaire un rapport à l'effet de l'action qu'il exprime, à un état de vide ou de privation qui s'ensuit. Ce qui *coule* court; ce qui *s'écoule* s'échappe, s'enfuit. L'eau de la rivière *coule* dans son lit; de l'eau *s'écoule* d'un réservoir d'où elle fuit, d'où elle s'en va, qu'elle met ou tend à mettre à sec. Durant le sommeil, dit Pascal, on sent le temps *couler*, on le mesure : que d'hommes pour lesquels le temps, pendant la jeunesse, s'est *écoulé* sans fruit! Des troupes qui *coulent* ou se *coulent* passent doucement comme l'eau de la rivière qui s'épand et serpente entre ses bords; la presse qui *s'écoule* se dissipe et disparaît.

Fluer, du latin *fluere*, dont le sens est le même, se dit spécialement en termes de médecine. On l'emploie aussi en parlant du mouvement de la mer, du *flux*. « Suivant nos astronomes, l'action de la lune entre les tropiques fait *fluer* l'Océan vers les deux pôles. » Bern. « Les marées et les courants de la mer *fluent* alternativement des glaces de chaque pôle par l'action semi-journalière et semi-annuelle du soleil. » Id. C'est ensuite le seul mot qui convienne à l'égard de ce qui est, non pas liquide, mais *fluide*, c'est-à-dire par rapport à l'air. « Partout où l'air est dilaté, l'air environnant *flue*, et y produit un courant qu'on appelle vent. » BERN. « Les montagnes des îles dilatent l'air supérieur qui les couronne, et en déterminent les couches à descendre et à *fluer* vers leurs sommets. » ID. « Si cette prétendue force centrifuge rétrograde fait *fluer* les vents sous la Ligne de l'est à l'ouest.... » ID. « Comme les rayons du soleil dilatent l'atmosphère à mesure qu'ils s'élèvent vers notre horizon, ils la forcent de *fluer* du nord vers le midi. » ID.

COULER (SE), SE GLISSER. Passer doucement et facilement d'un endroit en un autre.

Mais *se glisser* emporte une idée de rapidité et d'adresse, qui est étrangère à son synonyme. « Je me *coule*, je me *glisse*, et de bosquet en bosquet, j'arrive à les entendre. » MARIV.

Leur amorce flatteuse a l'art de nous surprendre,
Le poison qu'elle *glisse* est aussitôt *coulé*. CORN.

Dans une assemblée publique, à la vue de tout le monde, on *se coule* peu à peu vers une porte. « Un conseiller dit à M. d'Aiguebonne qu'il avait perdu son procès : je l'ai vu *se couler* doucement sans dire un seul mot. » SÉV. « Dans le dessein de parler au roi, étant à une de ses réceptions, je *me coulai* peu à peu parlant aux uns et aux autres auprès de la porte du salon des miroirs par laquelle il devait entrer. » S. S. « Quand on eut dit à l'oreille à Timoléon que ses galères étaient en mer, il *se coula* doucement parmi la foule qui, pour favoriser son évasion, se pressait extrêmement autour de la tribune. » ROLL. « Le Saint-Esprit *se coule* efficacement dans les âmes pour leur enseigner au dedans ce que la loi leur montre au dehors. » Boss. « Il entrevit un homme qui *se coulait* par la fenêtre dans la rue. » LES.

Un faux bruit s'y *coula* touchant la mort du roi.
CORN.

Lorsqu'on est sur un arbre et qu'on n'a pas d'échelle, on *se coule* en bas pour descendre (LES.). Mais c'est dans l'ombre avec prestesse et imperceptiblement qu'on *se glisse*.

Je rencontrai ce Guignard sur la brune,
Qui chez Fanchon s'allait *glisser* sans bruit. VOLT.

D'un air insinuant l'adroite Politique
Se *glisse* au vaste sein de la Sorbonne antique. ID.

A pas silencieux, sous ce portique sombre,
Troublé, couvrant sa tête, il s'est *glissé* dans l'ombre.
DUC.

Laisser dans ses discours *se glisser* l'artifice. ID.

« Je me *glissai* subtilement sous sa chaise et fendis sa valise avec un couteau bien tranchant. » LES. « Viriathe trouva le moyen de *se glisser* dans la place, de nuit sans que les Romains s'en aperçussent. » ROLL. « Les jeunes Spartiates *se glissaient* le plus finement et le plus subtilement qu'ils pouvaient dans les jardins et dans les salles à manger pour y dérober des herbes ou de la viande. » ID.

On dit bien en général que des troupes *se coulent* à la faveur d'un bois ou le long d'un fossé pour entrer dans une place. « Les Gantois *se coulèrent* dans le fossé, qui était sec, et escaladèrent la place. » Boss. Mais si on veut exprimer la finesse du stratagème et la promptitude de l'exécution, on préférera *se glisser*. « Les Anglais reprirent Pontoise d'une manière surprenante : comme les fossés étaient pris de glace, et que la terre était toute couverte de neige, ils s'habillèrent de blanc, et étendirent des draps de toile sur lesquels ils *se glissèrent* jusqu'au pied de la muraille. » Boss.

COUP (TOUT A), SUBITEMENT, INOPINÉMENT, A L'IMPROVISTE, BRUSQUEMENT. Adverbes et locutions adverbiales qui servent à exprimer une telle manière de faire les choses ou dont les choses arrivent, qu'on y est pas préparé, qu'on en est surpris.

Tout à coup se dit en parlant de ce qu'on fait ou de ce qui arrive par un *coup*, en frappant ou en étant frappé. On fond *tout à coup* sur quelqu'un (LES.) ; une maison tombe *tout à coup* (ACAD.). « J'admirais les coups de la fortune qui relève *tout à coup* ceux qu'elle a le plus abaissés. » FÉN. « Nos pères n'avaient pas vu comme nous une hérésie invétérée tomber *tout à coup*. » Boss.

Subitement, d'une manière *subite*, dérivé du verbe latin *subire*, venir par dessous, secrètement, présente avec *tout à coup* un contraste manifeste. Il annonce quelque chose qui, au lieu de partir du dehors et de se faire d'une manière visible, vient du dedans ou se fait sous main, en secret ou subtilement. Un mal nous prend *subitement* (MOL.) ; on devient *subitement* fou (REGN.). « L'amour qui naît *subitement* est le plus long à guérir. » LABR. — Un homme périt *tout à coup* renversé par la foudre ; un homme meurt *subitement* quand la cause de cet accident est intérieure et secrète.

Inopinément indique un fait qui arrive contre l'opinion, sans qu'on en eût l'idée, un fait qui surprend, non pas parce qu'il survient, parce qu'il se produit au moment où on ne s'y attend pas et instantanément, mais parce qu'il est de la nature de ceux qu'on n'attend point, qui n'entrent point dans la pensée, qui sont nouveaux, extraordinaires, non conçus comme possibles. « Ce que vous croyez la fin de votre course, quand vous serez arrivés, vous ouvrira *inopinément* une nouvelle carrière. » Boss. « Ce qui a porté les peuples à cette créance ce sont certains effets extraordinaires et prodigieux.... Les histoires grecques et romaines nous parlent de voix *inopinément* entendues et de plusieurs apparitions funèbres. » ID. « Il y a des gens qui gagnent à être extraordinaires : ils parviennent en blessant toutes les règles de parvenir.... Ils rencontrent *inopinément* un avenir qu'ils n'ont ni craint ni espéré. » LABR.

Et que dira le père,
Lorsqu'*inopinément* il saura cette affaire ? MOL.

A l'improviste, ou, comme dit Bossuet quelque part, *à l'impourvu*, fait entendre qu'on prend ou qu'on est pris *au dépourvu*, hors d'état, sans moyen de pourvoir à ce qu'exige la circonstance. « Un orateur, chez les Athéniens, était souvent obligé de monter sur-le-champ à la tribune, et d'y parler *à l'improviste* et d'abondance. » MARM. « Le roi Frédéric avait pris toutes les mesures que la situation permettait pour ne pas être attaqué *à l'improviste*. » D'AL.

Brusquement, d'une manière *brusque*, rude, sans ménagement, sans égards, désigne une action faite mal à propos, par laquelle on blesse quelqu'un, ou soi-même ou plus souvent encore les autres. « Il ne faut pas sauter trop *brusquement* de vos rideaux dans la rue, cela serait dangereux, » J. J. « Sortant du vestibule du temple *brusquement* et avec précipitation, Annius tomba et se heurta si violemment la tête qu'il perdit connaissance. » ROLL. « Alexandre, qui ne pouvait souffrir de résistance à ses volontés, prit *brusquement* la prêtresse par le bras et la conduisit au temple. » ID. « Il sortit *brusquement*, après ces paroles, sans aucune cérémonie. » S. R.

N'ont-elles point été justement irritées
De ce que je les ai si *brusquement* quittées? REGN.

Charger *brusquement* l'ennemi, c'est le faire non-seulement *tout à coup*, mais encore sans y trop regarder, sans longue réflexion, en risquant un peu, en donnant quelque chose au hasard.

COUPE, TASSE. Sorte de vase qui sert à boire et dont les bords sont peu élevés.

Coupe, italien *coppa*, a été incontestablement formé du latin *cuppa* ou *cupa*, qui désignait un vase à contenir du vin. Mais *tasse*, italien *tazza*, provient d'une langue vulgaire et non pas savante : la plupart des étymologistes, Diez entre autres, le dérivent d'un mot arabe, *tassah*.

Il n'en faut pas davantage pour établir entre *coupe* et *tasse* une différence importante, quoique l'Académie n'en suppose et n'en indique aucune.

Coupe est noble; *tasse*, au contraire, est commun. « Le crâne de Postumius, tué en Gaule, fut garni d'or; et les prêtres le firent servir de *coupe* pour les libations qu'ils faisaient dans leurs sacrifices, et de *tasse* pour eux-mêmes dans leurs repas. » ROLL. « Le vin est aussi bon dans une *tasse* de terre que dans la plus belle *coupe* de jaspe. » MARM. « J'irai prendre du café chez vous; mais ce ne sera pas, s'il vous plaît, dans la *tasse* dorée de M. de Voltaire; car je ne bois point dans la *coupe* de cet homme-là. » J. J. En disant de certains arbres, « qu'ils creusent leurs branches en forme de *coupe*, » Bernardin de Saint-Pierre s'exprime d'une manière plus relevée que ne le fait Buffon dans la phrase suivante : « L'extrémité de la trompe de l'éléphant laisse dans le milieu une concavité en forme de *tasse*. »

L'origine latine et par conséquent distinguée de *coupe* le rend propre à être employé au figuré, en poésie, ainsi qu'en astronomie et en architecture. Il n'en est pas de même de *tasse* : la bassesse de son extraction le condamne à ne pouvoir être pris dans des acceptions semblables. On dit toutefois figurément, « boire à la grande *tasse* », c'est-à-dire se noyer dans la mer; mais comme ce n'est là qu'un proverbe tout populaire, il n'en résulte pas que *tasse* soit de même que son synonyme un mot de haut style.

COURS, VOGUE, CRÉDIT. Certaines choses, comme des livres et des maximes, reçues dans le monde sans difficulté, sont dites pour cela avoir du *cours*, de la *vogue*, du *crédit*, plus ou moins de *cours*, de *vogue*, de *crédit*.

Cours a rapport à la diffusion seulement; ce qui a du *cours court*, circule, se répand, se propage sans obstacle. Mais ce qui a de la *vogue* ou du *crédit* est couru, recherché; on fait plus que l'admettre ou l'accueillir, on se porte au-devant, on le poursuit, on l'embrasse. « Ces étoffes, ces monnaies n'ont plus de *cours*. » ACAD. « Cette opinion pernicieuse (de l'athéisme) eut peu de *cours* dans l'Allemagne et dans le Nord, et il n'est pas à craindre qu'elle fasse jamais de grands progrès. » VOLT. « Ils ne peuvent se déclarer en faveur d'un livre (manuscrit) jusqu'à ce qu'ils aient vu le *cours* qu'il aura dans le monde par l'impression. » LABR.

La *vogue* marque empressement; le *crédit*, confiance. Ce qui a été mis en *vogue* fait fureur; ce qui a été mis en *crédit* fait autorité. Il y a concours, concours d'entraînement peut-être, vers la chose qui est en *vogue*; celle qui est en *crédit* inspire de l'estime et la conviction de sa valeur. *Crédit* enchérit donc sur *vogue*, il ajoute au fait de rechercher une chose la ferme croyance qu'elle est bonne ou vraie. « La *vogue* et le *crédit* que les sophistes eurent un certain temps prouvent que leur charlatanisme ne laissait pas d'être contagieux. » LAH.

Le livre que je fais (sur l'art de la flatterie) aura, sans contredit,
Plus que ceux de Platon de *vogue* et de *crédit*. LAF.

COÛTEUX, DISPENDIEUX. Qui oblige à dépenser beaucoup.

Ce sont des mots de création récente : ils ne figurent ni l'un ni l'autre dans la première édition du dictionnaire de l'Académie. *Coûteux* a une origine vulgaire, ayant été formé du français *coût*, *coûter* : *coûteux*, c'est-à-dire plein de coût, qui coûte beaucoup. *Dispendieux* se distingue, au contraire, par la noblesse de son extraction : il vient du latin *dispendium*, dépense, frais, et signifie, qui entraîne beaucoup de frais.

C'est pourquoi *coûteux* a cela de propre, qu'il ne se dit que dans le petit, qu'en parlant d'objets peu considérables. L'Académie a même prétendu, lorsqu'elle l'a cité pour la première fois, en 1740, qu'il n'était que du style familier. « J'étais accoutumé à recevoir de vous des paquets fréquents et *coûteux*. » J. J. « Le goût des fleuristes a quelque chose de petit et de vain qui le rend puéril et ridiculement *coûteux*. » ID. « Cet instrument (le semoir) est *coûteux*; il faut souvent le rétablir; nul ouvrier de campagne n'est en état de le construire. » VOLT. « C'est peut-être la manière la moins *coûteuse* de faire du laiton. » BUFF. « Les copies sur des rouleaux étant plus *coûteuses*, plus lentes à se multiplier, et moins communes que nos imprimés, les poètes d'Athènes avaient peu de lecteurs. » MARM. « On prépare le pain par une multitude d'arts qui ont rendu cet aliment le plus *coûteux* de tous ceux qui servent à la subsistance du genre humain. » BERN.

Mais *dispendieux* a un caractère tout opposé: il ne convient que dans le grand. Une guerre, par exemple, se qualifie de *dispendieuse* (VOLT., LAH., BEAUM., MARM.), et non pas de *coûteuse*. Voltaire applique également l'épithète de *dispendieux* à nos établissements coloniaux de l'Amérique et des Indes, et il soutient que la vénalité des charges de judicature est honteuse et *dispendieuse* à la fois. « Ces jardins étaient faits d'une manière si *dispendieuse* et entretenus à si grands frais, que cette idée m'ôtait tout le plaisir que j'aurais pu goûter à les voir. » J. J. « Ces travaux de Maintenon et de Versailles, aussi meurtriers que *dispendieux*, dévoraient la subsistance des peuples qui les payaient. » LAH. « Il n'y a qu'une nation riche qui puisse faire ces entreprises *dispendieuses*. » BERN.

Oh! combien j'aime mieux vos riants paysages
Que ces parcs, de Pintus *dispendieux* ouvrages,
Où venaient à grand bruit se cacher autrefois
Et les ennuis des grands et les chagrins des rois!
DEL.

Beaumarchais avait conçu l'idée de substituer à la pompe de Notre-Dame une machine à feu destinée à fournir d'eau tout Paris. Les particuliers, disait-il, y gagneront d'être exemptés désormais de l'entretien *coûteux* des tuyaux qui étaient à leur charge, et l'établissement de la machine elle-même sera moins *dispendieux* qu'on ne serait tenté de le croire.

COUTUME (AVOIR), AVOIR ACCOUTUMÉ, ÊTRE ACCOUTUMÉ. On *a coutume* ou *accoutumé* de faire ou de souffrir, et on *est accoutumé* à faire ou à souffrir ce qu'on fait ou ce qu'on souffre d'ordinaire. Ce sont trois manières de rendre le verbe latin *solere*, en vieux français *souloir*.

Avoir coutume se dit en parlant de ce qui est une coutume générale, une loi ; et *avoir accoutumé*, quand il est question d'une coutume de fait, de ce qu'on pratique régulièrement, comme par coutume ou comme une coutume. Les philosophes *ont coutume* de diviser les degrés en huit (Boss.) ; Pascal *avait accoutumé* de dire que la piété chrétienne anéantit le moi humain (P. R.). Le langage didactique est celui dont on *a coutume* de se servir pour enseigner (DESC.) ; *avoir accoutumé* de donner quelque friandise à une pie toutes les fois qu'elle dit une parole (ID.). Les Perses *avaient coutume* de donner pour présents de la pourpre et des bracelets d'or (ROLL.) ; un jour le roi Artaxerxe remarqua à Néhémie un air de tristesse qu'il *n'avait pas accoutumé* d'avoir (ID.).

Au reste, *avoir coutume* et *avoir accoutumé* s'emploient bien aussi, avec la différence qui vient d'être indiquée, à l'égard des choses inanimées, pour exprimer ce qui leur arrive souvent : l'eau *a coutume* de geler pendant l'hiver ; tel fleuve *a accoutumé* de geler tous les hivers.

Mais *être accoutumé* ne convient qu'aux personnes, c'est que, ne se bornant pas à marquer comme ses synonymes une manière d'agir ou de souffrir, il a cela de plus qu'eux, qu'il qualifie le sujet, qu'il lui attribue une propension ou une répugnance, une aptitude ou une incapacité, qui sont des choses que les personnes seules peuvent avoir. « Vous qui *êtes accoutumé* à voir tous ceux qui vous environnent déférer à vos sentiments, vous ne pourrez plus vous résoudre à ne vous conduire que par les impressions d'un guide éclairé. » MASS. « Les prophètes distinguant les visions des réalités, et *étant accoutumés* à les prendre pour des signes, Dieu parla à Ézéchiel fort intelligiblement en lui disant.... » P. R. » Ils sont tellement *accoutumés* à ne rien considérer qu'en l'imaginant, que tout ce qui n'est pas imaginable leur semble n'être pas intelligible. » DESC. « Xerxès, qui n'*était pas accoutumé* à se voir contredire de la sorte, entra en fureur. » ROLL. « Pausanias fit passer les Athéniens de l'aile gauche à l'aile droite pour les opposer aux Perses, contre lesquels ils *étaient accoutumés* à combattre. » ID.

CRAINTIF, PEUREUX, TIMIDE. Sujet à redouter des dangers.

Le *craintif* appréhende des dangers qui ne sont qu'en perspective : « A l'égard des dangers de la solitude, je conçois et j'approuve tes alarmes, quoique je les sache très-mal fondées ; tes fautes passées te rendent *craintive*. » J. J. Le *peureux* s'effraye de l'image présente d'un danger.

Ce roi fit toutefois un tel bruit en tombant,
Que la gent marécageuse,
Gent fort sotte et fort *peureuse*,
S'alla cacher sous les eaux. LAF.

—Ce peut être par réflexion qu'on est *craintif* ; on n'est *peureux* que par tempérament. — Le *craintif* est d'une prudence excessive, il voit des dangers en tout et partout : le *peureux* est si dévoué au soin de sa conservation qu'il ne peut s'empêcher de trembler à tout propos, la moindre apparence de danger l'épouvante.

Le *timide* diffère du *craintif* et du *peureux* en ce que, au lieu de se défier des choses, il se défie de lui-même. Le *craintif* et le *peureux* ne songent qu'à ce qu'il peut y avoir dans les objets de mauvais ou de nuisible ; le *timide* est uniquement préoccupé de sa faiblesse et de l'insuffisance de ses moyens. C'est par un sentiment d'aversion qu'on est *craintif* et *peureux* ; c'est par humilité et modestie qu'on est *timide*. « Que serait-ce dans un État où le peuple des campagnes serait à la merci des grands ; où la *crainte*, qui suit toujours la dépendance, ajouterait encore à la *timidité* qui accompagne la faiblesse? » MARM.

CRÉPU, CRÊPÉ, frisé.

On est *crépu* naturellement, tels sont les nègres ; on est *crêpé*, parce qu'on a été *crêpé* ou qu'on s'est fait *crêper*. Un homme a les cheveux *crépus* (VOLT.), et il porte une perruque *crêpée* (DEST.).

Ou bien on est *crépu* absolument, c'est-à-dire toujours et sur toute la tête, ou par tout le corps s'il s'agit d'un animal ; ou on est *crépu* que relativement, c'est-à-dire à un certain âge ou à un certain endroit. Le jaguar a le poil *crépu* lorsqu'il est jeune, et lisse lorsqu'il devient adulte. » BUFF. « Le bison a le poil *crépu* sur le cou et le long de l'épine du dos. » ID.

CRÉPUSCULE, BRUNE, Faible clarté qui signale le passage du jour à la nuit.

Crépuscule, latin *crepusculum*, de *creperus*, douteux, ou de *creperum*, obscurité, est d'une application bien plus générale. Il s'emploie seul en terme de science et au figuré. « Bernouilli résolut le problème du plus court *crépuscule*. » D'AL. « Le siècle des Médicis, qui fut pour l'Italie le règne le plus florissant des lettres et des arts, était pour nous à peine le faible *crépuscule* d'un siècle de lumière. » MARM.

> Je m'affaiblis, et vous croissez....
> Le *crépuscule* de mes jours
> S'embellira de votre aurore.
> (*Épître* à Desmahis.) VOLT.

Mais *brune*, du mot tout français *brun*, d'une couleur sombre, a une origine vulgaire, et ne se dit qu'au propre dans un style qui touche au familier ; et, ce qui en restreint encore l'usage, c'est qu'on le fait presque toujours précéder d'une préposition : à la *brune*, sur la *brune*, etc. « Un beau jour, à la *brune*, la petite disparaît. » DID.

> La dame donc, pour tromper ses voisins,
> Leur dit un jour : Vous boirez de nos vins
> Ce soir chez nous....
> Bon, dirent-ils, nous viendrons sur la *brune*.
> LAF.

Demain, je vous attends ; vous viendrez sur la *brune*. SÉD.

D'ailleurs, *crépuscule* convient aussi bien par rapport au passage de la nuit au jour que par rapport à celui du jour à la nuit : il y a un *crépuscule* du matin comme il y en a un du soir. « Dès le *crépuscule* du jour renaissant, les assiégés s'élançaient hors des murs. » MARM. « Il fallait qu'un autre envoyé fît, avant le jour douze lieues.... Les deux amis franchissent en six heures le long espace qu'ils ont à parcourir.... Le premier *crépuscule* ne paraissait point encore, qu'ils étaient près du camp espagnol. » FLOR. Mais on ne dit *brune*, à la *brune*, sur la *brune*, etc., qu'en parlant du *crépuscule* du soir, ce *crépuscule* étant celui dont il est le plus souvent question dans les discours ordinaires. « Pyrrhus se mit en marche sur la *brune* pour surprendre Curius dans son camp. Mais le lendemain matin les ennemis l'aperçurent comme il descendait des montagnes où la nuit et la difficulté des chemins l'avaient retenu. » ROLL. « C'est le sage motif qui m'empêche de vous voir le jour.... A quelle heure voulez-vous donc me recevoir ce soir ? Toutes me sont égales, depuis la *brune* de sept heures jusqu'au *crépuscule* de demain. » BEAUM.

CREUSER, CAVER, MINER. C'est, en enlevant des parties d'une chose, y produire un espace vide.

L'action de *creuser*, de faire un *creux*, a lieu en dessus ; celle de *caver*, de faire une *cave* ou une *cavité*, a lieu en dessous ; celle de *miner*, de faire une *mine*, a lieu en dessous, et, de plus, elle tend à détruire. L'eau *creuse* la pierre sur laquelle elle tombe ; la mer *cave* les rochers qu'elle bat par dessous ; la mer et les rivières *minent* les terrains qu'elles *cavent* de manière à les faire ébouler.

On *creuse* un puits, un fossé ; on *creuse* plus ou moins profondément et toujours en allant de la surface vers le fond. « Sous le beau règne de Louis XIV le vaste champ de la poésie ressemblait à une terre neuve et féconde.... Aujourd'hui cette riche surface est épuisée ; il faut *creuser*, approfondir. » MARM.

Ce qui ou celui qui *cave* agit par dessous. « Il a fallu à la Reuss des temps infinis pour se *caver*, dans les abîmes qu'elle forme, un cours en sens contraire à l'inclinaison du terrain. » J. J.

« Dubois et Law *cavaient* en dessous auprès du régent. » S. S.

L'idée de renversement et de ruine est particulièrement attachée à *miner*, la *mine* ayant pour objet de faire sauter ce sous quoi on la pratique.

> Mes mains ont fait des ouvrages
> Qui verront les derniers âges
> Sans jamais se ruiner :
> Le temps a beau les combattre ;
> L'eau ne les saurait *miner*,
> Le vent ne peut les abattre. LAF.

CREUX, CAVITÉ, TROU, FENTE, OUVERTURE, VIDE. L'idée commune à tous ces mots est celle d'un certain espace qui se trouve entre les parties d'une chose.

Il y a d'abord une grande et frappante opposition entre le *creux* et la *cavité*, le *creux* étant extérieur et à la surface, au lieu que la *cavité* est intérieure et dans le sein de la chose. On dit le *creux* de la main, le *creux* de l'estomac ; et les *cavités* du cœur, les *cavités* du cerveau, la *cavité* de la poitrine. A la surface de la terre, les mares et les intervalles entre les montagnes sont des *creux* ; mais sous la surface de la terre se trouvent en forme de voûtes des *cavités* comme il y a des caves sous les maisons. Certains oiseaux font leur nid en plein air dans des *creux* de rochers ; le mugissement du butor ressemble, dit-on, à une expiration retentissante dans une *cavité*. L'eau *creuse* la pierre en tombant dessus ; il y a des fleuves qui se sont *cavé* un cours sous des montagnes qu'ils ont attaquées ou entamées par dessous.

Le *trou* n'est ni en dessus ni en dessous, mais à travers ; ce n'est pas une dépression comme le *creux*, ni un arrondissement intérieur comme la *cavité*, c'est une solution de continuité produite par un percement et donnant passage pour aller au delà de la chose ou pour venir dedans. Un crible est percé d'une foule de *trous*, et il y a des animaux, comme les rats et les lapins, qui vivent dans des *trous*. Ce qu'on considère dans le *creux* et dans la *cavité*, c'est la situation ; dans le *trou*, c'est la faculté offerte de traverser ou d'entrer en conséquence d'une rupture de la surface. Sans doute il peut y avoir aussi quelque chose dans le *creux* et dans la *cavité* ; mais pour l'y mettre il n'a pas été nécessaire, comme pour le *trou*, de perforer : c'est ainsi qu'il y a dans le *creux* de la main certaines lignes et dans la *cavité* d'une noisette un fruit bon à manger. Au contraire, ce qui est dans un *trou* y a été introduit par une brèche faite exprès. Quelques oiseaux profitent des *creux* des arbres pour y placer leur nid ; mais le pic fait le sien dans un *trou* d'arbre qu'il se perce.

Chacun se tient chez soi ; dans son *creux* le hibou, l'aigle sur son rocher, la fourmi dans son *trou*. DUC.

La *fente* ne diffère du *trou* qu'en ce qu'elle est plus longue que large, au lieu que le *trou* s'étend à peu près également dans tous les sens. On regarde par le *trou* d'une serrure et par la *fente* d'une porte. Vous direz plutôt *fente* en parlant de ce qui est susceptible d'éclater comme les rochers, et *trou* quand il sera question de la terre ou de toute autre matière partout également pénétrable ou capable d'être percée : « Dans le jour la musaraigne d'eau reste cachée dans des fentes de rochers ou dans des trous sous terre. » BUFF. « Ma colombe, qui vous cachez dans les *fentes* des rochers et dans les *trous* des murailles. » Boss.

L'*ouverture* est l'endroit, la porte par où entre quelque chose ou quelqu'un dans une enceinte un local, un contenant quelconque, et en particulier dans une *cavité* quand il s'y trouve une issue, ou dans un *trou* quand il est de ceux qui sont habités. « Dirions-nous que les cordes d'un violon seraient venues d'elles-mêmes se ranger et se tendre sur un bois dont les pièces se seraient collées ensemble, pour former une *cavité* avec des *ouvertures* régulières? » FÉN. « La jeune Pythie montait sur un trépied posé dans l'*ouverture* d'un *trou* dont il sortait une exhalaison prophétique. » VOLT.

Le *vide* est vide, non occupé, non rempli : c'est un espace où il n'y a rien, un contenant qui n'a pas de contenu et qui est propre à en recevoir un. « Il est mort dans cette allée beaucoup d'arbres qui y font un grand *vide*. » ACAD. « Ces sortes de biens ne sont faits que pour entrer dans le *vide* des âmes que la nature n'a point remplies. » MONTESQ. « La figure globuleuse est la forme de cavité qui s'offre le plus fréquemment au dépôt de la stillation des eaux dans les *vides* laissés dans les couches des schistes par la destruction des oursins. » BUFF. « J'approuve fort que vous ne veniez que quand vous aurez quelque *vide* de temps à remplir. » J. J.

CREUX, ENFONÇURE. Espace qui se trouve entre les parties supérieures d'une chose ou à sa surface.

Le *creux* est naturel : le *creux* de la main, le *creux* de l'estomac; des *creux* de rochers; « c'est un terrain raboteux, on y voit des *creux* qui sont dans une ombre très-forte. » FÉN. Mais *enfonçure*, résultat de l'action d'*enfoncer*, exprime toujours l'effet d'un accident : « Il y a plusieurs *enfonçures* dans le pavé de cette rue, dans le parquet de cette chambre. » ACAD.

CRITIQUE, SATIRE. Ces mots se disent en général d'écrits ou de discours dans lesquels on attaque publiquement une personne en employant surtout l'arme de l'ironie contre elle. « Combattre dans les jeunes gens un esprit de contradiction, de *critique*, de raillerie. » ROLL. « *Satire* vient du latin *satura*, qu'on appliqua plus particulièrement aux ouvrages qui avaient pour objet la raillerie et la plaisanterie. » LAH.

Mais il y a plus de malignité dans la *satire*. « Tous les honnêtes gens qui pensent sont *critiques*; les malins sont *satiriques*; les pervers font des libelles. » VOLT. Si la *critique* est parfois sévère (ACAD.), il arrive assez souvent à la *satire* d'être sanglante (ACAD.).

« La réputation de talent et de mérite peut souffrir de vives attaques quand elle n'est pas méritée. Ces attaques sont l'objet de la *critique*; ainsi la *critique* est non-seulement permise, elle est encore utile et nécessaire, pourvu qu'on ne la confonde pas avec la *satire*, dont le but est plutôt de nuire que d'éclairer. » D'AL. « Une critique décente et modérée n'offensait pas Moncrif; il n'était blessé que du fiel et des injures dont la *critique* est si souvent infectée. Il en a donné une preuve dans la critique qu'il a faite lui-même d'un de ses ouvrages lyriques. Cet ouvrage avait eu beaucoup de succès; et déjà la *satire* menaçait de déchirer l'auteur; il la prévint et ne lui laissa rien à dire; car il ne s'épargna nullement dans la *critique* dont il s'agit. » ID. Dans une charmante fable, intitulée *La vipère et la sangsue*, Florian établit parfaitement la différence de la *satire* et de la *critique*, qui piquent l'une et l'autre, mais l'une de façon à nuire et l'autre d'une manière bienfaisante.

CROIRE, PENSER, JUGER, ESTIMER. Avoir une certaine opinion.

Croire est le terme général : la *croyance* équivaut à peu près à l'opinion, étant l'une et l'autre une adhésion de l'esprit, dont l'idée se trouve contenue avec différents accessoires dans les trois verbes *penser*, *juger* et *estimer*. Toutefois *croire* a aussi une application spéciale : comme il vient du latin *credere*, croire, se fier, ajouter foi, c'est surtout tenir pour vrai ce qu'on nous dit ou ce qu'on nous a dit. *Croyez-moi*; si vous ne le *croyez* pas, allez-y voir. L'homme *crédule* admet trop facilement ce qu'on lui raconte. En matière de religion, où tout repose sur le témoignage, *croire* est le mot propre, le seul dont on puisse se servir.

Penser avoir une *pensée*, une idée, une image, se figurer, s'imaginer, c'est avoir une croyance ou une opinion à soi, personnelle. — On emploie *croire* quand il s'agit d'un point de croyance, de quelque chose de général, d'un dogme; et *penser* quand il s'agit de questions particulières sur lesquelles on peut avoir une opinion à soi. Malebranche dit au sujet de l'immortalité de l'âme : « Il n'est pas fort utile de savoir ce que Tertullien et Plutarque ont *pensé* qu'Aristote en *croyait*. » — Sur tout ce qui nous concerne personnellement nous ne pouvons que *penser*, c'est-à-dire avoir une opinion particulière, et non pas *croire*. « Je crois, et je *pense* devoir croire que.... » MAL.

Le plus sage est celui qui ne *pense* point l'être. BOIL. « Je *pense* pouvoir assurer que.... » ID. « Travaillez avec confiance, et n'allez pas vous figurer que vous manquez de talent; mais vous en avez plus que vous ne *pensez*. » J. J. — Il résulte de là que *penser* signifie une croyance ou une opinion subjective, faible, peu fondée. « Comme il ne faut pas s'imaginer que Dieu ait la figure humaine, il ne faut pas aussi *penser* que l'esprit de Dieu ait des pensées humaines. » MAL. Boileau dit en parlant de la raison :

En vain certains rêveurs....
Pensent aller par elle à la félicité.

Ailleurs il dit qu'Alexandre :

S'en alla follement et *pensant* être Dieu,
Courir comme un bandit qui n'a ni feu ni lieu.

« Nous prétendons que, parce que Dieu connaît notre fragilité, il soit moins en droit de nous condamner et de nous punir; et à force de le prétendre, nous nous accoutumons à le *penser* et à le *croire*. » BOURD.

Juger, c'est faire comme le *juge*, c'est-à-dire

avoir une croyance ou une opinion motivée et raisonnée, regarder une chose *comme* vraie d'après des considérations. Ce mot suppose un travail intellectuel qui prépare et détermine la croyance. Qui *croit* ou *pense* n'est plus dans le doute, est fixé ; qui *juge* fait l'action de sortir du doute, ou bien en est sorti après délibération, ou bien énonce le résultat de son examen. Avec *croire* et *penser* vous n'indiquez pas, mais avec *juger* vous indiquez le plus souvent ce qui a décidé votre esprit à prendre tel parti : je *crois* ou je *pense* que tel homme à un mauvais caractère ; à la vue de la physionomie et des actions de cet homme, à la lecture de ses écrits, je *juge* qu'il a un mauvais caractère.

Tu *penses* donc, marquis, être fort bien ici?...
Mais qui te fait *juger* ton bonheur si parfait? MOL.

Estimer, latin *æstimare*, évaluer, apprécier, c'est juger de la valeur, de la force, du mérite, de la quantité ; c'est faire l'office, non plus d'un juge, mais d'un *estimateur* ou d'un taxateur : *estimer* une place imprenable, quelqu'un savant, sage, homme de bien. « Jésus-Christ prend avec lui trois de ses disciples qu'il *estimait* les plus fidèles. » Boss. « Nous n'*estimons* pas que toute la philosophie vaille une heure de peine. » PASC. « Expédition qu'on *estime* devoir durer trois ans. » J.-J. « J'*estime* que cette entreprise doit donner un profit net de cent mille francs. » ID. « Vu la difficulté des chemins, j'*estime* qu'il faudra dix heures pour faire la route. » ACAD. — D'ailleurs, ce verbe se prend plutôt en bonne qu'en mauvaise part, implique quelque chose d'*estimable*, de précieux, de bon. On se *croit* malheureux, on s'*estime* heureux. « Il ne faut presque rien pour être *cru* fier, incivil, il faut encore moins pour être *estimé* tout le contraire. » LABR.

CUISSON, COCTION. Opération ou résultat de l'opération produite par la chaleur ou à l'aide de la chaleur sur certaines substances.

Cuisson, du verbe français *cuire*, est de ces deux mots le plus usité, sans comparaison, celui qui est dans la bouche de tout le monde, parce qu'il exprime surtout l'opération la plus commune, celle de cuire, de préparer par le feu les aliments pour les rendre propres à être mangés. » « Ces écrevisses étaient toutes grises avant la *cuisson*, et sont devenues toutes rouges dans la chaudière. » VOLT. « Il n'y a là pour tout logement qu'une salle basse, au milieu de laquelle ces Indiennes font du feu pour la *cuisson* de leurs viandes. » LES. « Ils ne seront pas plus de douze à table ; mais chaque chose doit être servie dans une certaine fleur de *cuisson* qu'un instant est capable de flétrir. » ROLL. « Le succulent petit dîner! voilà ce qu'on appelle du potage, sans parler d'un petit plat de rôt d'une finesse, d'une *cuisson* si parfaite!.... » MARIV.

De deux perdrix du Mans d'un excellent fumet,
Une couple admirable a décoré la fête.
Comus sur la *cuisson* avait eu l'œil au guet. PIR.

« La chair du lamantin à le goût de celle du bœuf ; seulement elle est moins tendre et exige une plus longue *cuisson*. » BUFF. « La *cuisson* du bois de chêne en charbon ne lui enlève pas l'acide dont il est chargé. » ID.

Mais *coction*, latin *coctio*, de *coquere*, faire cuire, digérer, est un terme scientifique, spécialement employé dans quelques locutions de médecine, de physiologie et d'histoire naturelle. « Ces parties du sang vont en plus grande abondance dans l'estomac, où elles aident à la *coction* des viandes. » DESC. « Le miel, transporté par la trompe dans la bouche (des abeilles), passe dans le premier estomac où il essuie une espèce d'analyse et de *coction*. » DEL. « Dans l'estomac les aliments, changés par une prompte *coction*, se confondent tous en une liqueur douce. » FÉN. « Le médecin de l'âme fait comme ceux des corps, qui n'osent purger qu'après que les humeurs qui causent la maladie sont parvenues à ce qu'ils nomment une *coction*. » ID. « Hippocrate, par le mot d'*orgasme*, n'entend pas la fougue ; il entend plutôt la *coction* des humeurs. » LES. « La condensation ou la *coction* des planètes n'a-t-elle pas quelque rapport avec la quantité de la chaleur du soleil dans chaque planète? » BUFF. « En minéralogie, *coction* des métaux se dit en parlant de la manière dont les métaux se perfectionnent dans le sein de la terre (ACAD.).

D

DAMOISEAU, GODELUREAU, FRELUQUET, FRIQUET, MUGUET. Termes familiers et ironiques dont on se sert pour désigner un homme qui cherche à plaire aux femmes par des empressements, qui les courtise.

Damoiseau, autrefois *damoisel*, a signifié primitivement un jeune gentilhomme qui n'était pas encore reçu chevalier. Dans l'acception dont il s'agit ici, il y a quelque chose de relevé qui le rend spécialement applicable à un adorateur *des dames* ou *d'une dame*, à un homme d'une classe distinguée ou du beau monde, à un élégant, à un dandy.

Mais ouvrons le poulet du *damoiseau* Timante. LAF.
.... Et chez vous iront les *damoiseaux*?
.... Qui joueront, donneront des cadeaux?
.... Et nulle femme entendra les fleurettes? MOL.

« Est-ce ce jeune courtisan qui demeure....? — Oui. — C'est pour cela que depuis peu ce *damoiseau* poli s'est venu loger contre moi. » ID.

Godelureau, au contraire, indique un homme du commun, un galant, un coureur de filles, un débauché. C'est ce qui résulte de son étymologie : un *lureau* ou un *luron qui gaudet*, qui s'amuse ou se réjouit, un garçon de joie ou de plaisir, quelque chose d'analogue à ce qu'est une fille de joie parmi les femmes. « En Aragon, le temple de Dieu sert de rendez-vous aux *godelureaux* et aux coquettes.... On y devrait établir des chasse-*godelureaux* et des chasses-coquettes comme des chassechiens et des chasse-chiennes. » SCARR. « La chambre des comédiennes était déjà pleine des plus échauffés *godelureaux* de la ville.... Pour se délivrer de ces galants à outrance...., Pour chasser tous ces cajoleurs.... » ID. « Je venais pour vous dire que je ne voulais point de la fille d'un fou, et qui passe toutes les nuits avec des *godelureaux*. Fi! la vilaine! » REGN. « Voilà de belles drogues que des jeunes gens nous font aimer ! Ce sont de beaux morveux, de beaux *godelureaux* pour donner envie de leur peau! » (Frosine dans l'*Avare*). MOL.

Freluquet, peut-être pour *fanfreluquet*, de *fanfreluche*, annonce dans celui qu'on appelle de ce nom un caractère de légèreté et de frivolité, de peu de mérite, qui le distingue parfaitement. « Tu veux faire épouser à ma famille ce blanc-bec ; tu veux faire tomber ma famille en quenouille.... Et j'irais me promener avec ce *freluquet !* » STAËL. « Dame! vous l'avez appelé *petit monsieur*; et un petit monsieur, c'est justement et à point un *freluquet*. » MARIV.

> Une tête éventée, un petit *freluquet*,
> Qui s'admire lui seul et n'a que du caquet. REGN.

> Car qu'est-ce qu'un jeune homme? Un jaseur important,
> Un petit *freluquet* vide de sens commun,
> Distrait, fat, étourdi....,
> Qui de la bagatelle est toujours occupé. DEST.

> Au lieu de ces héros, de ces grands magistrats,
> D'un essaim *freluquet* vénérables ancêtres,
> La France ne vit plus que gauches petits-maîtres.
> DEL.

Friquet est à peu près totalement désusité. L'Académie a même cessé depuis longtemps de lui donner place dans son dictionnaire. Cependant il est marqué d'une nuance particulière qui aurait dû, ce semble, le maintenir en faveur. Le *friquet* est un petit homme vif et sémillant, semblable à l'oiseau qui porte ce nom et qui l'a reçu, suivant Buffon, parce que, « lorsqu'il est posé, il ne cesse de se remuer, de se tourner, de frétiller. » Dans la *Coquette* de Regnard, le capitaine dit à Colombine en parlant d'un homme de robe : « Vous voyez entre autres un certain.... Trigaudin... Nigaudin ; un petit *friquet* de chicane. »

Il en est de même du *muguet*. Il ne se dit plus guère aujourd'hui, quoique pourtant il se recommande aussi par une idée accessoire assez importante. Le *muguet*, comme la fleur ainsi nommée, est remarquable par la bonne odeur, par l'odeur de *musc*, qu'il exhale : il est toujours parfumé et paré avec soin. On lit dans une ode de Joachim du Bellay.

> Tu fuiras la vaine troppe
> Et les bains accoustumés
> De ces *muguets* parfumés,
> Poursuivants de Pénélope.

DÉBILE, DÉFAILLANT. Mots qualificatifs d'une personne qu'on considère par rapport à la perte de ses forces.

L'homme *débile* les a perdues ; l'homme *défaillant* est en train de les perdre. La *débilité* est un état achevé amené par l'âge, ou de longues maladies ; la *défaillance* est un changement qui s'opère actuellement. Le vieux Priam, de sa main *débile*, lance vainement un trait contre son ennemi ; on dit la main *défaillante* d'une personne que ses forces abandonnent dans le moment, qui se trouve mal ou qui se meurt.

D'ailleurs, ce qui frappe dans *débile*, c'est l'incapacité de service. Ce mot n'est autre que le latin *debilis*, formé de *de* et de *habilis*, et signifie qui a perdu son *habileté*, son aptitude. Les Invalides ont été appelés justement des guerriers *débiles* (MONTESQ.) ; un cerveau ou un estomac *débile* n'est plus apte ou propre à remplir ses fonctions. Mais l'idée distinctive de *défaillant* (que va *faillant* ou tombant) est celle de décadence, de fin prochaine, probable ou à craindre. « Laisser l'âme *défaillante* et prête à expirer faute de soutien. » FÉN. « Ces deux pains sont quotidiens, parce qu'il faut sans cesse soutenir l'homme fragile et *défaillant*. » ID.

> Vous en croirez les traits qu'une mère expirante
> A tracés devant moi d'une main *défaillante*. VOLT.

DÉBORDEMENT, INONDATION. L'idée commune à ces deux mots est celle d'eaux qui se répandent hors de leur lit.

Mais le *débordement*, *exundatio*, précède l'*inondation*, *inundatio*. Le *débordement* est l'extravasation, la sortie hors du contenant, le fait de franchir les bords, après quoi a lieu l'*inondation* c'est-à-dire la dispersion des eaux. « Le *débordement* se dit de l'eau qui sort de son lit, et l'*inondation* de l'eau qui étant débordée se répand partout à une certaine hauteur. » COND. « Le *débordement* une fois commencé, il s'ensuit toujours une *inondation* qui dure plusieurs jours ; car, quand même il arriverait une moindre quantité d'eau après le *débordement* qu'il n'en arrivait auparavant, l'*inondation* ne laisserait pas de se faire parce qu'elle dépend beaucoup plus de la diminution de la vitesse de l'eau que de la quantité de l'eau qui arrive.... L'*inondation* dure toujours pendant quelques jours, parce que le *débordement* a diminué la vitesse. » BUFF.

Débordement est relatif au point de départ : le *débordement* d'un fleuve. *Inondation*, au contraire appelle l'attention vers les points où se portent les eaux : l'*inondation* d'un pays, pays sujet à des *inondations*, faciliter l'*inondation* des terres. Pline recherche la cause des *débordements* du Nil, et il fait remarquer combien l'Égypte serait stérile si elle n'avait des *inondations* périodiques.

> Ainsi fait le bonheur de l'Égypte *inondée*
> Du Nil impétueux la fureur *débordée*. CORN.

Que si toutefois on emploie aussi *débordement* dans le sens particulier d'*inondation*, c'est en lui faisant exprimer quelque chose de moins fort, un commencement d'*inondation* ou une *inondation* médiocre. « La juste grandeur du *débordement* (du Nil), selon Pline, est de seize coudées ; et quand l'*innondation* passe les seize, elle devient dangereuse. » ROLL. « Nous avons des exemples de pays récemment submergés (par la mer) et de *débordements* réguliers ; l'histoire nous parle d'*inondations* encore plus grandes et de déluges. » BUFF. « Les *inondations* du Nil durent écarter tous les colons d'une terre submergée quatre mois de l'année.... Il n'en est pas ainsi des bords de l'Euphrate, du Tigre et d'autres rivières qui se débordent aussi chaque année. Leurs *débordements* ne sont pas si grands, etc. » Volt. Le lac Mœris avait pour objet de préserver l'Égypte des ravages qu'auraient pu causer les *inondations* du Nil et de suppléer à l'insuffisance des *débordements* de ce même fleuve. *Débordement* ne se dit pas comme *inondation* d'une manière absolue pour signifier un fléau.

Même différence au figuré. *Débordement* représente une multitude de gens ou de choses sortant d'un endroit tout à coup et comme par explosion. Un *débordement* de louanges, de compliments, d'injures. « La maladie (du roi) ne fut pas longue et la convalescence fut prompte, qui causa un *débordement* de *Te Deum* et de réjouissances. » S. S. « On voit descendre des montagnes du nord des rats en multitude innombrable, qui, comme un *débordement* de substance vivante, viennent inonder les plaines, se répandent.... » Buff. « Combien n'a-t-on pas vu de ces *débordements* d'animaux à face humaine, toujours venant du nord ravager les terres du midi! » Id. Mais l'*inondation* fait concevoir une multitude de gens ou de choses qui s'étant débordées s'étendent de côté et d'autre et envahissent tout. « Comment vous serez-vous tirée de ses pattes et de ces *inondations* de paroles où l'on se trouve noyée, abymée? » Sév. Une foule de prêtres s'étant enfuis de Sicile à Rome, « Rome ne fut pas peu embarrassée de l'*inondation* de tant de peuple sacré. » S. S. « C'est seulement après l'*inondation* des barbares que s'achève entièrement la victoire de Jésus-Christ sur les dieux romains. » Boss.

DÉCAPITER, DÉCOLLER. Trancher la tête ou couper le cou.

Décapiter est un verbe tout français, bien que composé de deux mots latins, *de* qui marque ablation, et *capite* (de *caput*), qui signifie tête. C'est l'expression commune. » Les deux Hotham père et fils devaient rendre au roi cette place; mais ils furent prévenus et *décapités*. » Boss. « Dans un seul parlement le roi Édouard fit prendre vingt-deux barons (suspects d'avoir conspiré), et les fit tous *décapiter* sans connaissance de cause. » Id. « La reine fit faire à Spenser son procès, et ce vieillard décrépit fut *décapité* à la porte du château. » Id. « Le parlement de Toulouse vient de condamner un ministre de mes amis à être pendu, trois gentilshommes à être *décapités*, et cinq ou six bourgeois aux galères. » Volt. « Le duc de Bourgogne, irrité contre Juvénal des Ursins, veut le faire *décapiter* dans les halles. » Id. « Je me souvenais très-bien d'avoir vu revenir des têtes aux limaces incoques que j'avais *décapitées*. » Id. « Les Romains songèrent à punir le crime de leurs citoyens qui s'étaient établis à Rhège. Ils prirent la ville et tuèrent la plus grande partie des habitants. Il n'en resta que trois cents qui furent conduits à Rome et tous *décapités*. » Roll. « Eutrope fut pris et banni en Cypre, d'où on le tira dans la suite pour lui faire son procès à Calcédoine, et il y fut *décapité*. » Id.

Mais *décoller* est un mot tout latin, *decollare*, transporté tel quel, sauf la terminaison, dans la langue française. Aussi est-ce un terme consacré dans le style de l'Église et des Écritures. « Je les ai vues, dit saint Jean, ces âmes de ceux qui ont été tués, *décollés* pour le témoignage de Jésus-Christ. » Fén. « Là paraissent les âmes de ceux qui ont été *décollés* pour le témoignage de Jésus. » Boss. « Saint Jean fait revivre en même temps tous les *décollés*, c'est-à-dire, comme on a vu, tous les martyrs. » Id. « Entendant les miracles de Jésus : Jean, que j'ai *décollé*, dit Hérode, revit en lui. » Id. « Saint Paul fut *décollé* dans la voie d'Ostie. » Volt. « Quand commença-t-on à condamner en forme juridique des docteurs, des prêtres et des séculiers, à être étranglés ou *décollés*, ou brûlés en place publique, pour des opinions que personne n'entendait? » Id. — Que si toutefois on a aussi employé *décoller* dans la langue ordinaire, ce n'a jamais été qu'en plaisantant. Ainsi dans la traduction de l'*Apocolokintosis* de Sénèque par J.-J. Rousseau on lit : « Claude fit signe qu'on arrêtât la Fièvre; et, du geste dont il faisait *décoller* les gens, il ordonna qu'on lui coupât la tête. » Dans Voltaire une poularde dit à un chapon : « Moi qui suis si paisible, moi qui ai même nourri mes monstres en leur donnant mes œufs, être aveuglée, *décollée* et rôtie! »

Car dès ce jour, où son bras meurtrier
A dans son lit *décollé* Martinguerre,
Elle se plaît tout à fait à la guerre.
(*La Pucelle.*) Id.

DÉCHIRER, LACÉRER. Mettre en pièces un papier ou un écrit.

Que *déchirer* vienne du latin *dilacerare*, comme le prétend Ménage, il est tout au moins permis d'en douter; mais il n'est personne qui ne reconnaisse dans *lacérer* le verbe latin *lacerare*. De là une différence assez importante.

Déchirer est le mot vulgaire, au lieu que *lacérer* ne convient que dans le style du palais. Dans les *Plaideurs*, Léandre, déguisé en commissaire, parle la langue commune quand il interroge ainsi Isabelle :

Avez-vous *déchiré* ce papier sans le lire?

Mais c'est en se servant de termes de jurisprudence que l'Intimé verbalise contre Chicanneau :

Outre plus, le susdit serait venu, de rage,
Pour *lacérer* le dit présent procès-verbal.

Le *déchirement* est produit par une personne ou par une autorité quelconque. « Alors, *déchirant* mon manuscrit: Dieu des siffleurs, m'écriai-je, il faut du sang; bois mon 4ᵉ acte, et que ta fureur s'apaise! » Beaum. « Polyeucte prend l'édit de l'empereur, crache dessus, et le *déchire* en morceaux qu'il jette au vent. » Corn. « Quelque injuste que puisse paraître à un particulier un édit de son souverain, il est criminel de lèse-majesté quand il le *déchire* et le foule aux pieds publiquement. » Volt. « Un des premiers soins de Henri IV fut de charger le chancelier Chiverni d'arracher et de *déchirer* au greffe du parlement toutes les délibérations et tous les arrêts attentatoires à l'autorité royale. » Id. « Le roi (Louis XIII) exila trois membres du parlement: il leur interdit pour cinq ans l'exercice de leur charge, et *déchira* lui-même l'arrêt de partage, dont il jeta les morceaux par terre. » Id. — Mais, outre que *lacérer* et *lacération* sont des termes consacrés dans la langue particulière du droit, ils impliquent ou supposent pour l'ordinaire un acte de l'autorité judiciaire qui a condamné l'écrit en question à être détruit. « Saint Louis poursuivit à Rome la condamnation de ce libelle schismatique, et le fit publiquement *lacérer*. » Bourd. « Le P. Tellier mande le premier président et le parquet pour imposer à leur zèle, qui n'allait à rien moins qu'à flétrir la personne de Jouvency, à faire *lacérer* et brûler son livre par la main du bourreau. » S. S. « M. de la Monnaye fit des recherches *sur les livres proscrits et condamnés au feu*.... A l'occasion de ces malheureux livres *lacérés* et incendiés dans tous les siècles.... » D'Al. « J'ai vu *lacérer* et brûler par la main d'un bourreau mes défenses légitimes, comme des écrits infâmes ou séditieux. » Beaum. « Ces livres ont été *lacérés* et brûlés par l'exécuteur de la haute justice, lors de l'exécution des coupables. » Bach. « Maître Joly de Fleury (procureur général) assemblerait les chambres contre tout autre (écrivain), on *lacérerait* l'écrit scandaleux. » Volt. « Deux chimistes publièrent des thèses contre les opinions d'Aristote. l'Université cria à l'hérésie; elle présenta requête au parlement. La rumeur fut si grande que les nouveaux docteurs furent mis en prison et leurs thèses *lacérées* en leur présence par un huissier. » Id.

DÉCIDÉ, RÉSOLU, DÉLIBÉRÉ, DÉTERMINÉ.
Hardi, qui n'hésite pas.

Décidé regarde les opinions. « M. d'Alembert a l'esprit très-*décidé*, et c'est beaucoup; car le monde est plein de gens d'esprit qui ne savent comment ils doivent penser. » Volt. « L'incrédule tient bon, et oppose un air mystérieux et *décidé* à toutes les preuves qu'il ne peut résoudre. » Mass. « N'est-il pas plaisant que moi, qui propose ouvertement mes objections et mes doutes, je sois l'hypocrite, et que tous ces gens si *décidés*, qui disent sans cesse croire fermement ceci et cela, si sûrs de tout, soient les gens de bonne foi? J. J. « Que vos réponses (aux questions des enfants) soient toujours graves, courtes, *décidées*, et sans jamais paraître hésiter. » Id.

Résolu regarde la volonté. Si le *décidé* ne doute de rien, le *résolu* ne craint rien, est ferme dans ce qu'il se propose ou entreprend. Aussi dit-on plutôt l'air *résolu*, et le ton *décidé* : « Un air trop *résolu*, un ton trop *décidé*. » Marm. « La main d'action est plus ou moins *résolu* (Boss., Roll.), un penseur ou un philosophe plus ou moins *décidé* (Volt.). « C'est aux approches de la mort que l'impiété la plus fière et la plus *résolue* commence à s'ébranler et à se démentir. » Bourd. « Pélage se cantonna dans les montagnes d'Asturie avec ce qu'il y avait de plus *résolu* parmi les Goths. » Boss. « Un poste entre les rochers où cent hommes *résolus* pouvaient arrêter une armée entière. » Volt. « Quoique je sentisse frémir la nature, je ne laissai pas d'affecter de paraître *résolu*. Je pris même un air d'intrépidité. » Les.

Délibéré regarde l'extérieur : il le représente libre, dégagé, plein d'aisance. « Giton a l'œil fixe et assuré, la démarche ferme et *délibérée*. » Labr. « Le maître du logis me parut un grand benêt. Il affectait en vain de prendre l'allure des petits-maîtres; c'était un imbécile qui voulait se donner un air *délibéré*. » Les. « Elle avait de la taille, quelque chose de fort *délibéré* dans l'air. » Ham. « Lubin avait une taille leste, une démarche *délibérée*. » Marm. Avec de la philosophie « on arrive au tombeau d'un pas plus ferme et plus *délibéré*. » Volt.

Déterminé marque un excès et se prend en mauvaise part : le *déterminé* s'emporte hors des termes ou des bornes, comme le *débordé* hors des bords et le *déréglé* hors des règles. Un *déterminé* buveur (J. J.), un voleur *déterminé* (Buff.), un *déterminé* scélérat (Volt., J. J.). « Ils m'ont toujours vu le plus *déterminé* d'entre eux, le plus vif, le plus dévoué au crime. » Mass. « Le duc de Berry trouva une femme haute, altière, emportée, incapable de retour.... Elle était suprêmement fausse et parfaitement *déterminée*. » S. S. « Les hommes s'étourdissent les uns les autres, et s'encouragent mutuellement à mal faire, toujours plus *déterminés* en compagnie qu'en particulier. » Boss. « Figurez-vous dans Jérusalem plus de vingt-deux mille hommes de guerre, gens de carnage et de sang, qui s'étaient aguerris par leurs brigandages; au reste, si *déterminés*, qu'on eût dit que la famine et la peste leur donnaient de nouvelles forces. » Id. « Romulus n'avait pour sujets qu'un assemblage de gens hardis, *déterminés*, féroces, qui n'espéraient de sûreté pour leur personne que par la force. » Roll.

DÉCOMPOSER, ANALYSER. Résoudre un tout en ses parties. « *Décomposer*, disait l'Académie dans son avant-dernière édition, est la même chose qu'*analyser*. »

Décomposer a été formé de deux mots latins, savoir de la particule privative et négative *de*, et de *componere*, réunir, rapprocher, composer. Mais *analyser* a une origine grecque, ayant été fait d'ἀνάλυσις, décomposition, résolution, dissolution, venu lui-même du verbe ἀναλύειν, détacher, délier, décomposer, expliquer.

C'est pourquoi *décomposer* n'est pas comme *analyser* un terme de science. « Tout le monde sent bien, dit Voltaire, qu'il a une intelligence, qu'il reçoit des idées, qu'il en assemble, qu'il en *décompose*. » On a appelé idéologues des philosophes qui se proposent d'*analyser* es idées et d'en rechercher l'origine.

Loin d'être une opération scientifique, la *décomposition* n'est pas même toujours une action volontaire. « Une *décomposition* fortuite ou déréglée n'est pas une *analyse*. » Littré. Un corps se *décompose* en tant de parties; dire qu'il s'*analyse* serait une faute grossière. Il y a certaines pierres précieuses, comme le diamant et la topaze, qui *décomposent* les rayons du soleil (Bern.); de savants physiciens sont parvenus à *analyser* les rayons du soleil (Volt.).

Lorsque les deux verbes sont le plus synonymes, c'est-à-dire lorsqu'ils signifient l'un et l'autre une action faite à dessein par l'homme, *décomposer* la représente toujours comme moins scientifique ou moins subtile. « Pour *décomposer* il suffit de séparer les parties, au lieu que pour *analyser* il faut de plus saisir leurs rapports ; en un mot *analyser* c'est *décomposer* dans un ordre qui montre les principes et la génération de la chose. » Cond. « Newton a *décomposé* les rayons du soleil par l'extrémité qui arrive jusqu'à la terre ; mais qui les *analysera* par le côté où ils émanent du soleil ? » Bern. Ou bien encore *décomposer* convient mieux à l'égard des sciences pratiques, de celles qui ont des applications utiles pour la vie, et *analyser* quand il est question de celles qui sont purement théoriques. La chimie s'occupe de notre conservation en *décomposant* les liqueurs, les minéraux et les plantes ; la géométrie *analyse* les grandeurs (Thom.). En mathématiques *décomposition* ne se dit pas ; *analyse* est le mot de rigueur.

DÉCONCERTER, DÉMONTER. Ces deux mots sont synonymes en tant qu'ils signifient l'un et l'autre au figuré, mettre dans un tel état, qu'on ne sache plus que faire, que résoudre, à quel moyen recourir.

1° *Déconcerter*, rompre le *concert* ou l'harmonie, se dit plutôt de plusieurs hommes réunis pour poursuivre un but commun, ou en parlant d'une chose qui implique l'idée d'un concours de lumières et de desseins. « Cette victoire *déconcerta* les alliés. » Acad. « La doctrine de la Réforme n'a jamais paru plus *déconcertée* : tout s'y dément, tout s'y contredit. » Boss. Au contraire, *démonter*, c'est-à-dire familièrement *désarçonner*, ôter à quelqu'un sa *monture*, suppose toujours un seul homme. « Jean-Jacques jouait-il avec un plus faible que lui qu'il croyait plus fort, il était battu : la suffisance des autres l'intimide et le *démonte* infailliblement. » J. J.

2° On *déconcerte* les mesures (Acad.), les projets (Id.), on les bouleverse ou on les renverse ; on *démonte* la tête, la cervelle, qui est comme la machine à l'aide de laquelle on prend des mesures et on forme des projets, on la détraque : une tête *démontée* (Fén.), un cerveau *démonté* (Mol.) L'homme *déconcerté* est celui dont les plans se trouvent dérangés ; l'homme *démonté* est celui dont l'esprit est troublé, en désordre.

3° *Déconcerter* dit moins que *démonter*. En déconcertant on apporte simplement du désaccord dans le jeu des facultés intellectuelles, on en empêche l'exercice harmonieux, régulier, normal. En *démontant* on sépare, on désassemble les pièces de la machine, on en supprime par conséquent le jeu ou l'exercice. Gil-Blas a eu la naïveté de déclarer franchement son avis sur le dernier discours de l'archevêque de Grenade. Celui-ci lui dit : « Monsieur Gil-Blas, cette pièce n'est donc pas de votre goût ? Je ne dis pas cela, Monseigneur, interrompis-je tout *déconcerté*.....Je vous entends, répliqua-t-il. Je vous parais baisser, n'est-ce pas ?... J'ai été furieusement la dupe de votre intelligence bornée. — Quoique *démonté*, je voulus chercher quelque modification pour rajuster les choses. » Les. « Cela le *déconcerte*, toutefois il se met à vouloir lire. Il répète : monsieur, il ânonne ; bref il se *démonte* au point qu'il ne peut lire et qu'il demeure absolument court. » S. S.

DÉCRASSER, DÉBARBOUILLER. C'est, en parlant du corps de l'homme, le nettoyer, en ôter ce qui le salit.

Décrasser se dit de toutes les parties du corps, la *crasse* pouvant s'amasser sur toutes. « Comme c'était l'homme de la cour le plus propre, il passa le reste de la journée à se *décrasser*, et à se faire toutes les préparations que le temps et le lieu permettaient. » Ham. « On m'en a conté de belles de son peu de propreté.... Comment ! jamais ne se laver pour soi-même, et ne *décrasser* que ce qu'il faut nécessairement que l'on montre, c'est-à-dire la gorge et les mains ! » Id. « Je commençai par me raser, peigner, *décrasser* et poudrer. » Les. — Mais on ne se *débarbouille* que le visage ; car *barbouiller*, c'est appliquer à un visage imberbe ou rasé une couleur qui lui fait une sorte de *barbe* ou des moustaches, c'est, par extension, couvrir le visage d'une couleur qui le gâte, et de là vient qu'on dit, suivant Condillac, *débarbouiller* un tableau, pour, en enlever les couleurs qui l'altèrent. « Pour le visage, le secrétaire se le barbouilla de suie, et se fit une moustache avec de l'encre.... Le secrétaire alla se *débarbouiller* et reprendre ses habits. » Les.

Je lui donne à présent congé d'être Sosie,
Je suis las de porter un visage si laid ;
Et je m'en vais au ciel avec de l'ambroisie
M'en *débarbouiller* tout à fait.
(Mercure, dans *Amphitryon*). Mol.

Les deux mots prennent l'acception figurée dans le style familier, et y signifient enlever, effacer quelque chose qui ternit ou gâte une personne au point de vue moral.

Mais alors *décrasser* suppose quelque chose de permanent, d'inné ou d'habituel et de plus inhérent à la personne, la roture et le pédantisme, par exemple. « Le sieur Poinsinet, appelé par dérision, depuis son voyage en Espagne, *don Antonio Poinsinetto*, nouvelle dénomination qu'il s'était donnée lui-même, croyant se *décrasser* par là et acquérir un vernis de noblesse catalane. » Bach. « Il est généalogiste, et il espère que tous ces nouveaux riches auront besoin de lui pour réformer leur nom, *décrasser* leurs ancêtres, et orner leurs carosses. » Montesq. « On se *décrasse* assez en ma compagnie, et tout le monde avoue que je n'ai point la conversation roturière. » Regn. Lafontaine dit d'un certain pédant :

Qu'il aille voir la cour tant qu'il voudra,
Jamais la cour ne le *décrassera*.

« Votre conversation me *décrasserait* de la rouille que j'ai contractée par trente ans d'absence de Paris. » Volt. — *Débarbouiller*, au contraire, c'est faire disparaître quelque chose d'accidentel et superficiel dont quelqu'un a été taché ou noirci, c'est laver quelqu'un d'un reproche, le blanchir. « On m'a mandé qu'on disait que j'avais eu avec le cardinal de Bouillon un très-vif commerce de lettres. Voici la vérité. Si on peut faire usage de tout ceci, à la bonne heure ; mais je ne veux point que des gens de bien nets se barbouillent pour me *débarbouiller*. » Fén. « Je vous remercie bien de m'avoir *débarbouillé* dans le conclave. Il faudrait que votre cardinal fût bien peu de ce monde pour me croire l'auteur d'un ouvrage dans lequel on loue un homme d'esprit (D'Alembert), uniquement pour sa géométrie. » Volt.

DÉDAIGNER, MÉPRISER. Faire peu ou ne point faire de cas.

Dédaigner a rapport au sujet de l'action, lequel est *dédaigneux*, lequel regarde du haut de sa grandeur ou comme au-dessous de soi. *Mépriser*, au contraire, se rapporte à la personne ou à la chose qui est l'objet de l'action; elle est *méprisable* ou jugée telle, *mal prise*, prise en mauvaise part ou comme étant mauvaise. Le *dédain* a son fondement dans l'idée qu'on se fait de son mérite, de son excellence ou de sa supériorité, et le *mépris* dans l'opinion qu'on a du peu de valeur ou de mérite des choses ou des personnes. Qui doute de rien pour ce qui regarde ses propres forces *dédaigne* l'ennemi; on *méprise* un ennemi qu'on sait ou qu'on suppose être faible. L'homme plein de confiance en ses lumières *dédaigne* les conseils; on *méprise* des conseils qu'on ne trouve pas utiles ou salutaires. Dans l'antiquité, l'homme libre *dédaignait* le commerce et l'industrie, il se croyait d'une nature trop élevée pour daigner s'y adonner; chez les Romains, on *méprisa* d'abord la philosophie, parce qu'elle parut pernicieuse ou tout au moins sans utilité pour la morale et les affaires publiques.

Le *dédain* mortifie, blesse l'amour-propre, on y est très-sensible. Cependant le *mépris* est d'une nature plus grave. Celui qui vous *méprise* ne vous rabaisse pas, ne vous humilie pas seulement, il vous flétrit autant qu'il est en lui; ce n'est plus seulement à votre condition, à votre rang ou à votre capacité qu'il s'attaque, c'est à votre moralité et à votre honneur. Aussi *mépriser* se met-il assez souvent après *dédaigner*, comme propre à renchérir, si non pour le degré, du moins pour l'espèce. « Vous m'ôterez mes biens temporels, mais je les *dédaigne* et je les *méprise*. » Boss. « C'est à qui se surpassera en *dédain* et en *mépris* l'une par l'autre, et à qui s'en rendra la plus digne. » Dudeff. « Un préambule *dédaigneux* et *méprisant*. » Arn.

DÉFENDU, ILLICITE. Qu'on ne doit pas se permettre.

Défendu est le participe du verbe *défendre*; *illicite* est un adjectif pur. Ce qui est *défendu* présuppose une *défense*, quelque chose de positif qui *défend*, ordre, ordonnance, prescription, règlement, décision ou loi particulière. « J'ai trouvé Zachi couchée avec une de ses esclaves, chose si *défendue* par les lois du sérail. » Montesq. « L'usage de la chair est *défendu* aux riches en carême par les saints canons. » Volt. Mais une chose *illicite* ne présuppose rien: elle est *illicite*, non pas de fait, mais en soi, absolument; c'est quelque chose de contraire à la loi naturelle, à la vertu, à l'honnêteté, et non pas à ce qui a été établi, réglé par un homme ou par des hommes. « C'est alors (dans l'indigence) qu'une femme et des enfants sont une violente tentation à la fraude, au mensonge et aux gains *illicites*. » Labr. « Voilà ce qu'on appelle puissance arbitraire. Je ne veux pas examiner si elle est licite ou *illicite*. » Boss.

Franklin avait eu l'idée de composer contre Locke un livre dans lequel il se proposait de démontrer que les choses *illicites* ne sont pas telles parce qu'elles sont *défendues*, mais que les choses *défendues* sont d'ordinaire telles parce qu'elles sont *illicites*.

Illicite, on le voit, enchérit sur *défendu*: ce qui est *illicite* est encore plus interdit que ce qui est *défendu*, puisque c'est quelque chose d'essentiellement mauvais, quelque chose de contraire au bien en soi ou essentiel. « Autant ces hommes convertis se sont procuré de plaisirs *défendus* et *illicites*, autant ils doivent s'interdire de plaisirs même permis et innocents. » Bourd.

D'ailleurs, *défendu* se dit plutôt d'un objet, de quelque chose qui est de nature à être prohibé par les hommes. *Illicite* convient tout aussi bien pour ce qui est abstrait et inaccessible à la législation humaine, pour les sentiments, par exemple. « Éloignez de vous tous les objets *défendus*; retranchez tous les désirs *illicites*. » Fén.

DÉFENSE, INTERDICTION (DÉFENDRE, INTERDIRE). Ces mots signifient dans la langue commune la même chose que *prohibition* et *inhibition* en style de palais ou de chancellerie, à savoir l'ordre de s'abstenir de certaines choses; ordre émanant, non pas de décrets exprès de l'administration, de la police ou des tribunaux, mais de Dieu, de la nature ou des lois générales.

Défendre vient de *de*, qui marque éloignement, et de *fend*, rencontre (allemand, *finden*, trouver): c'est donc empêcher de rencontrer, de heurter contre; on *défend* quelque chose de mauvais en soi, quelque chose qui *offense*; aussi *défendre* signifie-t-il dans une autre acception protéger, garantir. Le meurtre est *défendu* (Labr.); au moyen âge, on *défendit* la lecture des livres d'Aristote (Cond.). On *interdit*, au contraire, par divers motifs des choses en soi bonnes ou avantageuses. L'état présent de notre santé peut nous *interdire* l'usage de mets excellents (J. J.). Pendant le carême, toutes les réjouissances sont *interdites* (Boss.). « Les avantages que vous pouvez retirer de votre prospérité vous sont presque tous *interdits* par la loi de Dieu. » Mass.

Ensuite, la *défense* nous préserve, nous met en garde: elle nous prend avant et nous empêche de commencer. Mais l'*interdiction* nous prend pendant, nous fait cesser, nous fait laisser là ce que nous tenions déjà; c'est aussi ce que suppose le mot *interdire* appliqué aux personnes: *interdire* quelqu'un de ses fonctions, *interdire* une personne en démence. Le clergé et le tiers état étaient en contestation sous Louis XIII touchant les bornes du pouvoir spirituel: on assembla le conseil du roi (1615); le prince de Condé conclut à *défendre* au parlement la publication de son arrêt, et à *interdire* toute dispute au clergé et au tiers état (Volt.). On *défend* les propos de la galanterie à une jeune fille qui débute dans le monde; on les *interdit* à une femme qui y est accoutumée.

Enfin, *interdire* semble moins rigoureux; et c'est peut-être à cause de cela qu'on s'*interdit* et qu'on ne se *défend* pas certaines choses à soi-même. C'est la loi, c'est le devoir qui *défend*;

ce sont plutôt les hommes que les convenances qui *interdisent.* « Le saint vieillard Éléazar ne voulut pas souiller son âme par l'usage des viandes profanes et *défendues* par la loi : la mère et les sept enfants dans les Machabées ne voulurent pas se permettre des mets que Moïse avait *interdits* au peuple de Dieu. » Mass. « Une fois rentré dans le monde, je fais mille démarches que mes promesses à Dieu devaient m'*interdire*, quand tout ce que je dois à mon état ne me les *défendrait* pas. » Id. « L'usure est une chose mauvaise de soi et *défendue* par la loi de Dieu.... Grotius a tort de prétendre que ce n'est qu'aux clercs qu'elle est *interdite* par les lois de l'Église. » Boss. « La puissance souveraine doit se régler sur les volontés des lois, et se croire *interdit* tout ce qu'elles *défendent.* » Roll.

DÉFUNT, FEU. Décédé depuis peu de temps. Le roi *défunt,* le *feu* roi ; mon *défunt* mari, *feu* mon mari.

Défunt, anciennement *défunct*, du latin *defunctus*, mort, est du style commun et se dit en parlant de toutes sortes de gens, même des gens qui ont vécu dans une condition médiocre ou pour lesquels on n'a pas ou on ne tient pas à témoigner de la considération dans le moment. « Le maréchal de Florenges avait épousé la fille aînée de la fameuse Diane de Poitiers et de son *défunt* mari, Louis de Brézé. » S. S. « La princesse des Ursins avait fait venir d'Italie à Madrid le fils de sa *défunte* sœur de Lanti. » Id. « Mon *défunt* ami Gauffecourt. » J. J. « Si tu ne me caresses pas, mon *défunt* mari m'y a tout accoutumée. » Laf. « Cette Monime, qui n'est pas la Monime de Racine, a été confiée à Acasto par le *défunt* père de la demoiselle. » Volt. « *Défunt* Legrand, comédien ordinaire, se promenait avec un de ses amis. » Les. « Le capitaine pria les comédiens de boire à la mémoire de *défunt* Charles Dodo, oncle de la dame accouchée. » Scarr. — Bien plus, il arrive quelquefois qu'en plaisantant on emploie *défunt* à l'égard des choses ou à l'égard de personnes qui ont vécu bien avant nous. « Notre *défunte* compagnie des Indes. » Volt. « La *défunte* Année littéraire. » Lah. « Remuer les cendres de notre *défunte* union. » Dudeff. « *Défunt* Jean de Nivelle. » Scarr. « Je ne crois pas que *défunt* Phaéton, de malheureuse mémoire, ait été plus empêché. » Id.

Et quand un gentilhomme, en commençant à vivre,
Sait tirer en volant, boire et signer son nom,
Il est aussi savant que *défunt* Cicéron. Regn.

Feu, italien *fu*, dérive comme celui-ci du latin *fuit*, italien *fu*, il *fut*, autrefois il *feut*, il a été. Étymologie étrange et pourtant démontrée par ce seul fait, qu'en parlant de plusieurs on disait d'abord *furent, feurent : furent* vos parents pour *feu* vos parents, c'est-à-dire *qui fuerunt* (ceux qui ont été), vos parents, ou vos parents *qui fuerunt* (qui ont été, qui ont vécu). Le *feu* roi, est pour , le roi *qui fuit*, qui fut ou a été. Or, ce mot formé d'une manière extraordinaire et recherchée convient d'abord particulièrement en style de notaire.

Croiriez-vous que depuis la mort de *feu* leur père, Ils m'ont, jusqu'à présent chicané mon douaire! Regn.

« La résolution d'aller toucher deux mille écus que *feue* ma tante me légua par son testament. » Dest. « Ma fortune n'a jamais été dans un si bon état, grâce à *feu* mon oncle qui m'a laissé par un bon testament de quoi pouvoir me passer de maître le reste de mes jours. » Les. « Le *feu* roi avait fait un testament qui bornait l'autorité du régent. » Montesq. — Ensuite, et plus généralement, *feu* s'applique à des personnes distinguées ou dont on veut honorer la mémoire. « *Feu* M. le cardinal de Richelieu. » Corn. « *Feu* M. l'archevêque, d'heureuse mémoire. » Boss. « *Feu* Son Excellence. » Montesq. « *Feu* Madame la Dauphine. » S. S. « La *feue* duchesse d'Orléans. » Id. « Celui de tous les Anglais qui a porté plus loin la gloire du théâtre comique est *feu* M. Congrève. » Volt. « Je tiens ce trait de *feu* M. le comte de Cromstorm. » Les. Il est à remarquer qu'on dit sans façon, *défunt* un tel, ou le *défunt* sieur un tel, au lieu qu'avec *feu* on met d'ordinaire Monsieur.

J'étais intime ami de *défunt* votre père. Dest. « J'étais bien serviteur de *feu* M. votre père. » Les. Pour désigner le même prélat Bossuet et Fénelon disent, le premier : « le *défunt* évêque de Genève ; » et le second : « *feu* M. de Genève. » « *Feu* M. Tristan a renouvelé *Marianne* et *Panthée* sur les pas du *défunt* sieur Hardy. » Corn. Louis XVI étant monté sur le trône, Mme du Deffand, à cette occasion, écrit à un de ses amis : « Après avoir pleuré le *défunt* roi, je ressens tant soit peu de joie de l'espérance de revoir incessamment les exilés. » Et quatre jours plus tard elle écrit au même que la princesse de Conti étant allée demander au roi le retour de son fils, « la réponse du roi fut que, par respect pour la mémoire du *feu* roi, il ne devait changer précipitamment ce qu'il avait décidé. « Marivaux dit quelque part : « Vous ressemblez comme deux gouttes d'eau à *défunt* Baptiste, que j'ai pensé épouser. » Et ailleurs : « Sa belle-mère la croyait fort au-dessous de l'honneur que *feu* le marquis lui avait fait de l'épouser. »

DÉGÂT, RAVAGE, DÉVASTATION. Dommage causé par une armée, ou tel que celui qui est causé par une armée.

Dégât est pour ainsi dire le diminutif des deux autres mots : il ne marque ni autant de *violence* que *ravage*, ni une si grande étendue d'action que *dévastation*. A la différence du *ravage*, le *dégât* peut se faire doucement et avec lenteur, et, quand il est question de troupes, il se fait quelquefois sans l'emploi des armes, par la maraude, par des larcins particuliers. « Pendant les voyages de la cour, Louis IX envoyait toujours un prélat et un seigneur pour informer des *dégâts* et les réparer. » Boss. « En Saxe, des inspecteurs allaient tous les quinze jours de maison en maison s'informer si les Suédois n'avaient point commis de *dégât*. Ils avaient soin de dédommager les hôtes. » Volt. Le *dégât* est donc un petit *ravage*, et le *ravage* un *dégât* terrible, qui, au lieu de *gâter* et de détériorer simplement, renverse, détruit, perd.

Plus leur cours (de ces torrents) est borné, plus ils
font de *ravage*,
Et d'horribles *dégâts* signalent leur passage. RAC.

« Annibal ne manqua pas de piquer et d'irriter la témérité de Flaminius par les *dégâts* et les *ravages* qu'il fit faire à sa vue dans toutes les campagnes. » ROLL. La nielle dans les blés et certains insectes dans les vignes ne laissent pas de faire des *dégâts* dont on s'aperçoit à la longue; la grêle, les orages et les inondations y font des *ravages* qui les abîment tout d'un coup. Et, à la différence de la *dévastation*, le *dégât* peut ne pas s'étendre loin, peut porter sur un objet unique et restreint. J. J. Rousseau parle du *dégât* fait au sein d'une femme par son enfant qu'elle allaite, et du *dégât* que commit un jeune homme en déchirant et en jetant au feu ses manchettes.

Au travers d'un mien pré certain ânon passa,
S'y vautra, non sans faire un notable dommage.
.... Un expert est nommé ;
A deux bottes de foin le *dégât* estimé. RAC.

— D'ailleurs, on le voit par ce dernier exemple, *dégât* est un terme abstrait, au lieu que les deux autres mots font image et frappent l'esprit chacun à sa manière.

Ravage a pour idées accessoires celle de fureur et de destruction par le fer, par le feu ou par tout autre moyen expéditif. « Charles le Chauve abandonnait ses peuples à la fureur et au *ravage* des Normands. » Boss. « L'électeur justement outré des *ravages* et des incendies que Turenne commettait dans son pays lui proposa un duel par un trompette. » VOLT. Mais la *dévastation*, suivant l'excellente définition de Condillac, « est le *ravage* que fait une armée qui rend pour ainsi dire désert un royaume, un empire, une grande étendue de pays. » La *dévastation* suppose un vaste théâtre. « L'on voit dans les pays méridionnaux sortir tout à coup du désert des myriades de fourmis, lesquelles s'emparent de tous les lieux habités, en chassent les animaux et les hommes, et ne se retirent qu'après une *dévastation* générale. » BUFF. « Dans ce recensement de tant d'horreurs mettons surtout les douze millions d'hommes détruits dans le vaste continent du nouveau monde.... Jamais ce malheureux globe n'éprouva une *dévastation* plus horrible et plus générale. » VOLT. « Qu'on se figure la longue *dévastation* de la Russie entière par les Tartares. » ID. « Dans ses conquêtes Gengis ne fit que détruire : son empire, de la frontière de la Russie jusqu'à celle de la Chine, fut une *dévastation*. » ID. « L'invasion des barbares en Occident fut l'époque d'une destruction presque générale.... Sur une partie de la terre régnaient la *dévastation*, le silence, et cet étonnement stupide qui suit les grands malheurs. » THOM.

DÉGÉNÉRER, S'ABÂTARDIR. Se détériorer, devenir pire, perdre les bonnes qualités de sa race ou de son espèce; en parlant des hommes, des animaux et des plantes.

Dégénérer exprime une action successive, relative, qui n'attaque la constitution que peu à peu ou un peu. « Tout est bien, sortant des mains de l'Auteur des choses, tout *dégénère* entre les mains de l'homme. » J. J. « La cause essentielle de la tiédeur, c'est le mépris des petites choses; voilà par où l'on commence à *dégénérer*. » BOURD. L'action marquée par *s'abâtardir* est absolue : *s'abâtardir*, c'est dégénérer tout à fait ou honteusement. « Jamais on n'a vu votre empire si lâche, si efféminé, si *abâtardi*, si indigne des anciens Romains, qui ressemblaient aux Spartiates. » Solon à Justinien. FÉN. « Cette nation (l'espagnole) n'est pas moins jalouse et ombrageuse qu'imbécile et *abâtardie*. » ID. « Les Gortues s'étaient *abâtardis* et ne tenaient plus rien de la vertu de leurs ancêtres. » VAUG. « Tel homme que l'impulsion d'un beau génie eût porté à renouveler les chefs-d'œuvre, se fait journaliste, libelliste, ou *s'abâtardit* dans quelqu'autre métier aussi lucratif que dégradant. » BEAUM.

Les animaux *dégénèrent* dans l'état de domesticité qui affaiblit en eux quelque qualité de leur espèce ou de leur genre. Ils *s'abâtardissent* quand ils *dégénèrent* au point qu'ils sont méconnaissables, qu'on ne peut plus légitimement les rapporter à la famille à laquelle ils appartiennent par leur origine. Les Romains de l'empire avaient *dégénéré* de ceux de la république; c'était un peuple *abâtardi* lorsque les barbares fondirent sur l'Occident. La jeunesse *dégénère* dans l'oisiveté, et *s'abâtardit* dans la débauche. — « Par quoy, la meilleure partie de moy qui est lame, seroyt *degenerante* et *abastardye*. » RAB. — « Sans cela les grains, les fleurs, les animaux *dégénèrent*, ou plutôt prennent une si forte teinture du climat, que la matière domine sur la forme et semble l'*abâtardir*. » BUFF.

DÉGOUTTER, DISTILLER. Tomber doucement en parlant d'un liquide, la pluie, la sueur, les larmes, le sang, ou autres choses semblables.

Naturellement ces deux verbes diffèrent comme en latin *gutta* et *stilla*, d'où ils tirent leur origine. Or *gutta* signifie la plus petite portion d'un liquide, arrondie; et *stilla*, une petite portion de liquide allongée, formant une traînée, coulant. Par conséquent, ce qui *dégoutte* tombe goutte à goutte, une goutte après l'autre, *guttatim*; et ce qui *distille* s'épand ou découle lentement, mais d'une manière continue. La rosée *dégoutte* sur la terre (Boss.); Chardin dit qu'il y a en Perse un bitume précieux qui *distille* des rochers (BUFF.). Quand il a plu, l'eau *dégoutte* des feuilles des arbres; l'encre *distille* d'une plume qui écrit. Le sang *dégoutte* du nez qui saigne ; il *distille* d'une blessure d'où il ruisselle.

Dégoutter exclut positivement l'abondance, et se dit bien quand il s'agit de quelques gouttes qui tombent à des intervalles plus ou moins éloignés. « Le jus et les sauces lui *dégouttent* du menton et de la barbe. » LABR. Corneille dit de l'ombre de Laïus apparaissant à Jocaste :

Tout menaçait en elle ; et des restes de sang
Par un prodige affreux lui *dégouttaient* du flanc.

Pour que l'eau *dégoutte* d'une voûte, il suffit qu'il en tombe en très-petite quantité et de temps en temps.

D'une sueur de sang les marbres *dégouttèrent*. Duc.

Distiller, au contraire, n'implique point du tout l'idée de la rareté du liquide; il en suppose quelquefois et sans difficulté l'abondance. « Marie Madeleine, assise aux pieds de Jésus, boit à longs traits le fleuve de vie qui *distille* si abondamment de sa bouche. » Boss.

> Nourrissez-moi de pleurs, Seigneur....
> Détrempez-en mon pain, mêlez-en mon breuvage,
> Et de tout mon visage
> Jour et nuit à grands flots faites-les *distiller*. CORN.

« Dieu dit à son peuple : Je ferai *dégoutter* ma fureur sur la terre. Que sera-ce quand il la fera *distiller* ou tomber comme un torrent sur les réprouvés ? » BOURD.

DEGRÉ, GRADE. Chacun des échelons par lesquels on s'élève dans une hiérarchie.

Quoique les deux mots aient été tirés l'un et l'autre du latin *gradus*, qui a le même sens, la ressemblance avec le primitif est moins évidente pour *degré* que pour *grade*. *Degré* a d'abord été seul employé, et *grade*, qui ne se trouve point dans Nicot, a été ultérieurement emprunté du latin sans changement de forme bien sensible. De là vient que *degré* est moins noble que *grade*.

Étant moins noble que *grade*, *degré* signifie un moindre poste. Des derniers *degrés* on s'élève aux premiers *grades*. Voltaire a dit du duc de Vendôme « qu'il parvint enfin au généralat, après avoir passé par tous les *degrés* depuis celui de garde du roi, comme un soldat de fortune. » Et dans *Zadig* on lit : « Zadig envoya chercher le brigand Arbogad, auquel il donna un *grade* honorable dans son armée. » « De l'état de page, un jeune homme passait à quatorze ans à celui d'écuyer. En remplissant bien les devoirs de son état, il s'élevait ensuite par degrés jusqu'au *grade* de gendarme, pour être admis quelques années après dans l'ordre des chevaliers. » COND.

Par la même raison on se servira plutôt de *degré* en parlant d'une hiérarchie peu considérée, quand il est question, par exemple, des grades qu'on prend ou qu'on reçoit dans les universités et dans les ordres religieux.

> Mais quoi! j'entends déjà plus d'un fier scholastique
> Qui, me voyant ici sur un ton dogmatique
> En vers audacieux traiter ces points sacrés,
> Curieux, me demande où j'ai pris mes *degrés*. BOIL.

« Le Tasse étudia le droit à Padoue. Il y réussit, il reçut même ses *degrés* en philosophie et en théologie. » VOLT. « Les évêques, pour ordonner patriarche Photius, le firent passer en six jours par tous les *degrés*. Le premier jour, on le fit moine... le second jour il fut lecteur, le troisième sous-diacre, puis diacre, prêtre, et enfin patriarche, le jour de Noël, en 858. » ID. « Le P. Tellier avait passé par tous les *degrés* de la compagnie (des jésuites), professeur, théologien, recteur, provincial, écrivain. » S. S. — Que s'il s'agit d'une profession plus haut placée dans l'estime du monde, et, par exemple, de la carrière des armes ou de celle de la diplomatie, c'est en général le mot *grade* qui méritera la préférence. « Marius passa par tous les *degrés* de la milice ; et ces différents *grades* furent toujours la récompense d'autant d'actions où il s'était signalé. » VERT. « J'exigerais que le ministre de la guerre eût été lui-même officier, qu'il eût passé par tous les *degrés*, qu'il fût au moins lieutenant général des armées. » VOLT. « Prié passa au service de l'empereur. Il y parvint aux premiers *grades*..... Il obtint de la cour de Vienne cet emploi de plénipotentiaire. » S. S.

DÉLAYER, FONDRE, LIQUÉFIER, DISSOUDRE. C'est produire dans les corps solides un effet contraire à celui de l'attraction, c'est en séparer les parties.

Le *délayement* se fait toujours par l'intermède de l'eau ou d'un autre liquide : *délayer* de la farine, des jaunes d'œufs ; *délayer* une couleur dans de l'eau. Mais c'est toujours par le moyen du feu ou de la chaleur que la *fusion* et la *liquéfaction* se produisent. « L'état primitif de fluidité du globe terrestre n'ayant pu s'opérer par le *délayement* dans l'eau, il est nécessaire que cette fluidité ait été une *liquéfaction* causée par le feu. » BUFF. « Des matières minérales proviennent de la décomposition des matières primitives que l'eau aura *délayées*, d'autres ont été *fondues* par le feu des volcans. » ID.

Entre *fondre* et *liquéfier* la différence, quoique peu considérable, est néanmoins certaine et digne d'attention. *Fondre*, du latin *fundere*, est le mot le plus généralement employé ; *liquéfier*, du latin *liquefacere*, est comme *putréfier* par rapport à *pourrir*, il rappelle davantage son origine savante, et convient surtout dans le didactique ou pour exprimer quelque chose d'extraordinaire. « L'élément du feu agit toujours en sens contraire de la puissance attractive, et seul peut séparer ce qu'elle a réuni, résoudre ce qu'elle a combiné, *liquéfier* ce qu'elle a rendu solide. » BUFF. « Mon Espagnol, saisi d'un enthousiasme poétique de son pays, s'écria que Mme la Dauphine était un soleil dont la présence avait *liquéfié* tout l'or du royaume, dont s'était fait un fleuve immense au milieu duquel nageait toute la cour. » J. J. « A Naples, le sang de saint Janvier, de saint Jean-Baptiste et de saint Étienne, conservé dans des bouteilles, se *liquéfie* étant rapproché de leurs têtes. » VOLT. Dans les arts, où l'on parle la langue commune, on dit *fondre* ; mais en termes de science, et, par exemple, dans une théorie sur les opérations de la nature, l'usage veut qu'on préfère *liquéfier*. « Les rayons du soleil animent toute la nature ; ils dilatent les airs, *liquéfient* les eaux.... Archimède les rassemble avec un miroir ardent, et en tire un feu capable de *fondre* les plus durs métaux. » BERN.

Dissoudre ressemble beaucoup à *délayer* ; car pour l'ordinaire il signifie aussi séparer les parties d'un corps au moyen d'un liquide. Mais il dit plus. Ce qui est *délayé* est seulement rendu moins consistant, et ce qui est *dissous* perd toute consistance : de la chaux se *délaye* dans l'eau ; du sucre s'y *dissout*. « La terre est une matière que l'eau pénètre, étend et rend ductile, qui s'y *délaye* et ne se *dissout* pas comme le sel. » BUFF. « L'eau a saisi toutes les matières qu'elle pouvait *délayer* et *dissoudre*. » ID. — Relativement à *fondre* et à *liquéfier* *dissoudre* a cela de propre quand il suppose comme eux l'emploi du feu comme moyen de décomposition, qu'il sert à exprimer que le corps est réduit, non pas en quelque chose de liquide ou de fluide, mais en quelque chose de solide, en cendre. « Supposé que l'altération que cause le feu dans ma main soit une grande agitation de toutes les parties, qui irait enfin à les *dissoudre* et à les réduire en cendres.... » Boss. « Un chêne se *dissout* et tombe en un tas de cendre après que le feu l'a consumé. » J. J.

DÉLICAT, DÉLICIEUX. Adjectifs propres à qualifier ce qu'il y a de meilleur à manger et à boire.

Mais *délicat* désigne une qualité factice, qui a été mise dans la chose, et *délicieux* une qualité, peut-être naturelle, portée au plus haut degré. On ne dirait pas, un fruit *délicat*, comme on dit, un fruit *délicieux*, parce que l'excellence d'un fruit dépend de la nature seule ; mais on dit proprement une chère ou une table *délicate*. Un mets est *délicat* ou *délicatement* préparé ; quand on a bien soif, on trouve l'eau *délicieuse*, on en boit *délicieusement*.

Ou bien la *délicatesse* est une qualité relative à nos idées, à notre manière toute de convention d'estimer les choses ; au lieu que *délicieux* marque une qualité dont l'appréciation appartient au goût tel qu'il est naturellement dans tous les hommes. En sorte que les aliments *délicats* supposent doublement de l'art : ils sont non-seulement bien apprêtés, mais encore très-prisés, recherchés et réputés fins. *Délicat* fait l'éloge de la personne qui a accommodé la chose ou de celle qui l'a choisie et qui sait la goûter ; *délicieux* fait l'éloge de la chose même. « Tout ce que le goût peut inventer de *délicat* et d'exquis pour flatter tous les sens à la fois, semblait concourir, dans ce souper *délicieux*, à l'enchantement d'Alcibiade. » MARM. Il faut un gourmet pour reconnaître et apprécier un vin *délicat*; le gourmand savoure un vin *délicieux*. Les mets *délicats* sont des mets de choix, rares, tendres, légers ; les mets *délicieux* peuvent être très-ordinaires et même grossiers, mais ils sont savoureux et succulents. Les personnes d'une santé faible sont obligées de se réduire aux viandes *délicates*, quoique peut-être un peu fades, et de s'interdire les viandes *délicieuses*, qui leur seraient plus agréables. Il faut un manger *délicat* au voluptueux, à l'homme qui mange avec esprit et discernement ; il faut un manger *délicieux* à l'homme sensuel, à l'épicurien ordinaire qui ne regarde qu'à la somme du plaisir.

DÉMENER (SE), SE DÉBATTRE. S'agiter beaucoup, faire ou se donner beaucoup de mouvement.

Se démener, se *mener* ou se porter de côté et d'autre, est absolu : il représente le sujet solitairement, sans rapport avec qui que ce soit, gesticulant, se trémoussant, se tournant à droite et à gauche avec vivacité. « Quand un acteur s'agite, on dit qu'il *se démène* comme un prédicateur ; car, en effet, il y a beaucoup plus de mouvement dans la chaire que sur le théâtre. » STAËL. « Pour faire passer ce discours, joignez-y quelques petites gesticulations : *démenez*-vous un peu. » DEST. « Il n'y a que les Européens qui gesticulent en parlant ... Quand un Franc s'est bien *démené*, bien tourmenté le corps à dire beaucoup de paroles, un Turc dit deux mots à demi-voix et l'écrase d'une sentence. » J. J. « Je me *démène* comme un possédé, et vous êtes tranquille comme un élu. » VOLT. « A le voir s'agiter et se *démener* comme il fait en se promenant, je juge qu'il compose quelque ouvrage d'importance. LES. « Le furibond chevalier ne revenait point de sa frénésie : il *se démenait* dans la chambre comme un possédé, faisant le moulinet de son épée autour de sa tête. » ID.

Tu sais, quand tu bois,
Toute la nuit tu cours, tu te *démènes*. LAF.

Mais *se débattre*, s'agiter en *se battant* ou *se battre* en se remuant beaucoup, est relatif : il suppose que le sujet est aux prises avec quelqu'un ou avec quelque chose. Aussi, au lieu qu'on dit, *se démener*, simplement, on dit *se débattre* avec, contre, sous, entre les bras de quelqu'un. « On aime à voir (dans la tragédie) comment la créature semblable à nous *se débat* avec la souffrance, y succombe, en triomphe s'abat et se relève sous la puissance du sort. » STAËL. « Il *se débattait* avec un homme dont l'aspect était effrayant. » FLOR. « Je souffre, je me *débats* contre mon existence que je maudis et que j'aime. » VOLT. « La superstition ne *se débattrait* pas encore comme elle fait sous la vérité qui l'écrase. » ID.

Je le vois, l'œil farouche et les cheveux épars,
Se *débattre* longtemps sous le dieu qui l'accable.
CRÉB.

« La déesse *se débat*, et veut échapper des bras qui la tiennent. » MONTESQ. « Ce cavalier emportait avec violence une femme qui *se débattait* entre ses bras, et criait en implorant du secours. » LES. « Des archers avaient mis la main sur un homme arrêté pour dettes, et qui *se débattait* en criant au secours. » DUCL. « Il *se débat* violemment dans son agonie. » SÉV. Dans une des fables de Lafontaine, une grenouille ayant attaché un rat à son pied, s'efforce de le tirer au fond de l'eau pour en faire sa proie.

Il résiste; elle tire. En ce combat nouveau,
Un milan, qui dans l'air planait, faisait la ronde,
Voit d'en haut le pauvret *se débattant* sur l'onde.

Ensuite, outre que *se démener* n'est guère que du style familier, il prend seul l'acception figurée : il signifie quelquefois se remuer beaucoup pour faire ou pour empêcher quelque chose. « Il y eut un jésuite à Bordeaux, qui *se démena* fort pour empêcher l'université de cette ville de recevoir les six articles. » RAC. « Les jeunes gens sont actifs, ils se *démènent* pour rendre service. » VOLT. « Vous pouvez assurer mon neveu de ma malédiction, s'il ne *se démène* pas dans cette affaire. » ID.

DÉMENTIR (SE), SE CONTREDIRE. N'être pas d'accord avec soi-même ou l'un avec l'autre.

Un témoin *se dément*, un savant ou un docteur *se contredit*.

Se démentir se dit proprement quand il est question de faits rapportés. « Les apôtres ont soutenu ces miracles sans *se démentir* jamais. » BOURD. « Si ce que disait l'aveugle guéri par Jésus-Christ eût été une imposture, il se serait coupé dans ses réponses. Mais parce qu'il confesse la vérité et que la vérité est toujours la même, il ne *se dément* point, et n'a qu'un témoignage toujours uniforme. » ID. — *Se contredire* convient mieux en matière d'opinion. « Les pyrrhoniens *se con-*

tredisent souvent en parlant de leur opinion. » P. R. « J'ai prêché cette morale comme les autres, et je suis bien éloigné de la contredire, puisque ce serait *me contredire* moi-même. » Bourd.

Toutes les fois qu'on raconte quelque chose d'incroyable ou de controuvé, on est exposé à *se démentir*. Il est rare que celui qui a avancé quelque chose de paradoxal ou d'erroné ne *se contredise* pas ensuite.

Même distinction quand les actions de *se démentir* et de *se contredire* sont attribuées à des choses. Des bruits *se démentent* (Acad.), et des propositions *se contredisent* (Acad.).

DÉNOMBREMENT, ÉNUMÉRATION, CENS, RECENSEMENT. Action ou résultat de l'action de faire le compte ou le détail des individus d'une classe ou des parties d'un tout.

Dénombrement et *énumération* ont même radical, d'une part le français *nombre*, de l'autre le latin *numerus* d'où vient *nombre*. Toute la différence tient aux terminaisons des deux mots. *Dénombrement* est objectif, relatif aux choses, significatif du résultat ; *énumération* est subjectif, se rapporte à la forme, à l'action, à la manière. Telle chose est ou n'est pas comprise dans un *dénombrement* : « Il manque au *dénombrement* de ses qualités celle de mauvais prédicateur. » Labr. On fait une *énumération* emphatique ou terrible : « Il a fallu nommer mon maître ; et je l'ai fait avec une *énumération* pompeuse de toutes les sciences qu'il voulait bien m'enseigner. » J. J. — *Dénombrement* est un terme tout logique, qui n'a de rapport qu'à la réalité et à la quantité ; aussi y a-t-il en logique un sophisme qu'on appelle *dénombrement* imparfait. *Énumération* est un mot littéraire, oratoire et qu'on emploie dans les descriptions où on veut rendre les choses plus sensibles, plus frappantes ; aussi y a-t-il en rhétorique un lieu commun nommé *énumération* des parties. « Laissons à la rhétorique cette longue et scrupuleuse *énumération* (des prodiges de l'industrie). » Boss. — La tristesse évangélique est suppléée (dans le discour chrétien) par le choix des mots, et par de longues *énumérations*. » Labr. « Cette unique figure qu'on appelle description ou *énumération*, employée avec tant de succès dans les vingt-huit chapitres des *Caractères* de Théophraste. » Id. — Un *dénombrement*, par exemple, celui d'un peuple (Boss., Fén.), celui des fêtes de l'année (Boss.), celui des erreurs d'un auteur (Id.), celui des vertus (Volt.), est exact ou instructif. « On voit Jésus-Christ aller à Capharnaüm, lui, sa mère, ses frères et ses disciples ; Joseph ne paraît pas dans un *dénombrement* si exact. » Boss. Une *énumération*, par exemple celle de certains plaisirs (Laf.), de certains crimes (J. J.), de certains dangers (Id.), des peines des scélérats (Volt.), est touchante ou pathétique, produit un grand effet. « Les députés, se voyant écoutés, échauffaient les esprits par l'*énumération* des mécontentements donnés à l'armée. » J. J. « On frémit en lisant l'*énumération* de ces dangers. » Id. « Le cardinal Duperron faisait une longue *énumération* des absurdités de l'Écriture, en termes si peu ménagés, que le ministre Jurieu ne craignit point de dire qu'il ne se souvenait pas d'avoir jamais rien lu de si scandaleux. » Volt. « Voltaire fait dans ce livre une *énumération* très-édifiante de ses bonnes œuvres. » Grimm. — Linnée, simple classificateur ou nomenclateur, donne un *dénombrement* des oiseaux de la Suède (Buff.) ; Buffon, peintre de la nature, fait l'*énumération* des différentes races d'hommes et d'animaux (Id.).

Cens, latin *census*, est exclusivement un terme d'histoire ancienne. Le *cens*, de *censere*, compter, estimer, était chez les Romains le dénombrement des citoyens, la déclaration authentique qu'ils faisaient tous les cinq ans aux censeurs, de leurs noms, âge, biens, profession, résidence, etc. Le mot français *recensement* en vient, et se dit bien d'abord des choses qui s'estiment, qui s'évaluent, des fortunes, par exemple : « Après la ruine du système de Law on fit un *recensement* de toutes les fortunes, des citoyens : ce fut l'opération de finances et de justice la plus grande et la plus difficile qu'on ait jamais faite. » Volt. D'autre part, *recensement*, en vertu de sa préfixe, indique parfois ou un nouveau dénombrement ou un dénombrement fait avec attention, insistance, avec le soin de passer les choses en revue (*recensere*), de n'en point omettre. « Je n'étendrai pas davantage ce *recensement* des royaumes du Nord au seizième siècle. » Volt. « Le premier dénombrement circonstancié est celui qu'on voit dans les Nombres. Par le *recensement* que Moïse et Aaron firent du peuple dans le désert, on trouva 603 550 hommes en état de porter les armes. » Id. « Jamais il n'y eut sous le règne d'Auguste un *recensement* entier des citoyens romains. » Id. Dans un article où il expose tout au long les conspirations contre les peuples, Voltaire dit : « Dans ce *recensement* de tant d'horreurs mettons surtout les douze millions d'hommes détruits dans le vaste continent du nouveau monde. »

DÉNOUMENT, SOLUTION, RÉSOLUTION. Ce qui sert à faire comprendre quelque chose de difficile, d'obscur, de douteux, d'énigmatique. On dit également le *dénoûment*, la *solution* et la *résolution* d'une difficulté, d'une question et d'un doute.

Solution rappelle l'action du verbe latin *solvere*, résoudre, qui s'emploie dans la même acception ; *dénoûment* ne rappelle l'action d'aucun verbe, car *dénouer* ne se prend pas dans ce sens.

Le *dénoûment* est un éclaircissement, une explication ; la *solution* est un *dénoûment* trouvé et donné par quelqu'un. Le *dénoûment* n'est considéré que par rapport à l'effet qu'il produit, qui est de rendre intelligible, de dissiper l'obscurité ou la confusion ; c'est une clef, comme on dit métaphoriquement : « J'appelle la clef et le *dénoûment* de la prophétie les versets qui…. » Boss. La *solution* indique un travail aussi bien que le *dénoûment* qui en résulte. C'est pourquoi Bossuet dit, en parlant de certaines explications qu'il vient de donner : Ces *solutions* générales servent de *dénoûment* à tous les passages de saint Clément d'Alexandrie.

Le *dénoûment* explique telle chose : le *dénoû-*

ment d'une difficulté, d'un mystère, d'un passage. « La volonté de Dieu est le seul *dénoûment* de tous les doutes de Marie. » Mass. « La divinité paraissait alors le *dénoûment* naturel de tout ce qu'on ne comprenait pas. » Cond. Mais, de plus, la *solution* est de tel auteur qui l'a cherchée de telle façon, qui l'a proposée pour se tirer d'affaire, ou bien elle a lieu dans telle circonstance. La *solution* de tel docteur, de tel savant. « La *solution* que nous donnons à cette difficulté est la même que celle de saint Augustin. » Boss. « Les *solutions* des saints docteurs. » Id. « C'est la *solution* de ce grand cardinal. » Id. « Il ne se tire pas mieux d'affaire par cette *solution* » Id. « A cela les Pélagiens ne trouvèrent d'abord de *solution* qu'en disant que, etc. » Id. « Le lendemain, jour pris pour la *solution* de cet important problème.... Roll.

Denoûment se dit en toutes sortes de matières et relativement à toutes sortes de difficultés à éclaircir. « Nous sentons en nous un mélange étonnant de bassesse et de grandeur, de faiblesse et de force, d'amour pour la vérité et de crédulité pour l'erreur. Les Saintes Écritures seules nous donnent le *dénoûment* de ces difficultés en nous apprenant la chute du premier homme. » Roll. « Les tableaux, les estampes, les tapisseries, les statues sont autant d'énigmes pour ceux qui ignorent la mythologie, qui souvent en est l'explication et le *dénoûment*. » Id. « Voilà le *dénoûment* du mystère. » Mal. « A la fin, je crus avoir trouvé le *dénoûment* de ce mystère. » Prév. « Peut-être que cette parole : ce n'est pas à vous à entendre les temps et les moments que le Père a mis en sa puissance, est le *dénoûment* de celle où Jésus-Christ a dit : pour ce jour et cette heure-là, nul ne la sait que le Père, et le Fils même ne la sait pas. » Boss. « Chaque dogme de la religion a sa difficulté et son *dénoûment*. » Id.

Solution est surtout d'usage dans les sciences, et quand il s'agit d'une question, d'une objection, d'un argument à résoudre. « Proposer aux élèves des difficultés, et tâcher de leur en faire trouver à eux-mêmes la *solution*. » Roll. « Dans une analyse d'un ouvrage philosophique on met les difficultés et les objections dans tout leur jour et on y joint les *solutions* qu'on en apporte. » Id. « C'était ce qui se pouvait opposer de plus fort ; et la *solution* de ce doute me parut claire. » Boss. « Vous trouvez dans saint Thomas une *solution* précise à votre grand argument. » Id. « Je ne dois pas m'attacher ici à réfuter ses *solutions* » Id. « Nos savants seront obligés à chercher avec moi des *solutions* aux objections qu'ils proposent contre le droit de l'Église. » Id.

Résolution diffère de *dénoûment* de la même manière que *solution*. Mais il exprime une *solution* trouvée avec effort ou compliquée. Ce mot fait songer à un travail plus ou moins long et à toute une suite de raisonnements ; au lieu que *solution* indique simplement ce qui satisfait à l'énoncé d'une question. On dira : la *solution* de ce problème se présente naturellement ; ce problème comporte plusieurs *solutions*. Mais on travaille depuis longtemps à sa *résolution* ; l'algèbre est consacrée à la *résolution* des équations, lesquelles ne peuvent jamais être résolues sans effort et sans un long travail. « Un géomètre roule toujours quelque théorème dans sa tête ; il trouve jusque dans ses songes la *résolution* d'un problème dont il aura été occupé durant tout le jour. » Boss. « Par ce moyen, la *résolution* de la question sera faite en forme démonstrative. » Id. « Voilà par où il commence la *résolution* de la question, en établissant quatre principes : le premier, que, etc. » Id.

DÉPENSE, FRAIS, DÉPENS. Idée commune, celle de l'usage ou de l'emploi qu'on fait de son argent ou de son bien. Chez les Romains, les clients s'engageaient envers leurs patrons à entrer dans toutes les *dépenses* que ceux-ci étaient obligés de faire dans leurs charges et dans leurs emplois ; à les racheter à leurs *frais*, s'il arrivait qu'ils fussent pris par les ennemis ; et à payer les *dépens* des procès qu'ils auraient perdus (Roll.).

La *dépense* et les *frais* d'abord diffèrent en ce que la *dépense* est indéterminée et quant à l'objet et quant à la personne. — Quant à l'objet, on dit absolument, aimer la *dépense*, faire de la *dépense*, il ne faut pas que la *dépense* excède la recette ; toutes phrases dans lesquelles *frais* serait impropre, parce qu'il est essentiellement précis et qu'il marque quelque chose de réglé. *Frais* vient de *fredum*, *fred*, mot de la langue franque qui a signifié une sorte d'amende à laquelle un coupable était condamné par le juge. Un État est obligé à une foule de *dépenses* parmi lesquelles il faut compter les *frais* des guerres et ceux du culte. « Il faut pour cet aîné tel office. Y a-t-il de quoi en faire les *frais*?... Cette avance une fois faite, restera-t-il assez de fonds pour toutes les autres *dépenses*? » Bourd. « La plus considérable de toutes les *dépenses* est celle des *frais* de voyage. » Staël. — Quant aux personnes, bien qu'on dise ma *dépense*, votre *dépense*, on dit qu'une chose se fait, non pas à la *dépense* ou aux *dépenses* de quelqu'un, mais à ses *frais*. De là entre *dépense* et *frais* une nouvelle opposition. « Les édiles avaient refusé de donner les grands jeux, dont ils avaient peine à faire la *dépense* à leurs *frais*. » Roll. « Il ne me paraît pas juste que, comme ministre, vous vouliez en votre nom et aux *frais* de l'ambassadeur, faire la même *dépense* qu'il eût faite lui-même. » J. J.

Mais ce qui met le plus de distance entre ces deux premiers mots, c'est que les *dépenses* sont plutôt en pure perte, d'un *dépensier* : le latin *dispendium* veut dire non-seulement dépense, mais encore perte ou dommage. Les *frais*, au contraire, sont des *dépenses* ou des mises utiles, des conditions de succès, des moyens pour arriver à quelque chose de bon. « Les dépouilles remportées sur les ennemis fournissaient sans doute une grande partie des *frais* nécessaires pour la construction de ces superbes bâtiments (de Tarquin) ; mais le prince en trouvait une source féconde dans son attention à ne faire pour lui-même aucune *dépense* inutile. » Roll. Qui fait trop de *dépenses* est un dissipateur ; qui fait trop de *frais* emploie trop d'argent, d'efforts ou de moyens pour atteindre le but particulier qu'il poursuit. On dit les *dépenses* de la table, c les *frais* d'une exploitation : les unes sont, non pas inutiles, mais au moins improductives, au lieu que les autres tendent à fournir des biens, des objets d'une certaine valeur.

Pour *dépens*, il diffère de *dépense* de la même façon que *frais*, par sa précision, par son caractère relatif et déterminé. On ne s'en sert, d'une part que pour exprimer, en termes de procédure, les dépenses que la poursuite d'un procès occasionne, et d'autre part que pour indiquer, dans le langage commun, à la charge de quelle personne se trouve une dépense : être condamné aux *dépens*; vivre aux *dépens* de quelqu'un.

Or, dans les deux acceptions, *dépens* se distingue aussi de *frais*, mais moins sensiblement. — Quand il est question d'un procès, d'une affaire litigieuse, les *dépens* sont ceux des *frais* que la partie qui succombe est ordinairement condamnée à payer. En sorte que le mot *frais* est plus général que celui de *dépens* : il y a presque toujours, outre les *dépens*, des *frais* accessoires, de faux *frais*, des *frais* de justice, qui échappent à la sentence du juge; et d'ailleurs, quand il n'y a pas de jugement, quand l'instance n'est pas poursuivie jusqu'au bout, ou que le jugement n'emporte pas condamnation d'une partie à payer ce qu'a déboursé l'autre, il n'y a pas de *dépens*, mais des *frais*, et c'est absolument tout ce qui a été dépensé afin d'arriver à obtenir gain de cause. « Montrez aux jeunes filles les détours pernicieux de la procédure, les *frais* immenses qu'elle attire, la misère de ceux qui plaident, l'industrie des avocats, des procureurs, et des greffiers pour s'enrichir bientôt.... Enfin remarquez la différence qu'on trouve souvent entre les avocats et les juges sur la même affaire; dans la consultation vous avez gain de cause, et votre arrêt vous condamne aux *dépens*. » FÉN. — Mais dans les locutions de la langue ordinaire, aux *dépens* de quelqu'un, aux *frais* de quelqu'un, les rôles changent : C'est *dépens* qui a la signification la plus étendue, en cela semblable à *dépense*, qui a même étymologie et dont il semble tenir la place dans ce seul cas particulier. Ce qu'on fait aux *dépens* de quelqu'un lui impose une dépense indéfinie, illimitée, et ce qu'on fait à ses *frais* ne l'oblige qu'à une dépense fixe et bornée, comme est celle qu'il faut pour une entreprise. Vous viviez aux *dépens* d'un ami; vous faites à ses *frais* un repas ou un voyage. « Alors chacun faisait la guerre à ses *frais*, et ce n'était point encore la coutume que les soldats romains fussent entretenus aux *dépens* du public. » ROLL. D'ailleurs, aux *dépens* convient seul au figuré : devenir sage à ses *dépens*; rire aux *dépens* de quelqu'un; sauver quelqu'un aux *dépens* de sa propre vie.

DEPUIS PEU, RÉCEMMENT, NOUVELLEMENT, FRAÎCHEMENT, NAGUÈRE. Il n'y a pas longtemps.

Depuis peu est une expression générale, propre à servir de terme de comparaison pour expliquer d'une manière précise les mots suivants

Récemment marque un temps plus éloigné que *depuis peu*. *Depuis peu* veut dire il n'y a qu'un moment, ou tout au moins il indique un très-court intervalle. « D'où vient que cet homme qui a perdu *depuis peu* son fils unique, et qui, accablé de procès et de querelles, était ce matin si troublé, n'y pense plus maintenant ? » PASC. « La foi n'est pas encore éteinte.... : c'est un cadavre, à la vérité, mais qui, *depuis peu* expiré, conserve je ne sais quelles impressions de chaleur. » MASS. Mais *récemment* signifie il n'y a pas très-longtemps, il annonce simplement une époque qui n'est pas éloignée, le contraire d'autrefois : en latin *recentiores* désigne les modernes par opposition aux anciens, *antiqui*. « Voilà le Dieu qu'Adam avait montré à ses descendants comme celui des mains duquel il s'était vu *récemment* sorti. » BOSS. « Il n'y a aucune des propositions que j'attaque qui n'ait été plus d'une fois condamnée, et tout *récemment* encore par deux des plus grands papes. » BOIL.

Nouvellement ajoute à *depuis peu* une idée tout à fait caractéristique, savoir que la chose dont il s'agit est nouvelle, vient de paraître pour la première fois : île (BERN.) ou vérité (PASC.) *nouvellement* découverte; des vaisseaux *nouvellement* construits (VOLT.); un livre *nouvellement* imprimé (ACAD.); une pratique *nouvellement* établie (BOSS.); des hommes *nouvellement* créés (MASS.); des enfants *nouvellement* nés (BOSS.). Une maison est réparée *depuis peu* ou a été *récemment* réparée; une maison est *nouvellement* bâtie. Des arbres ont été *depuis peu* ou *récemment* élagués; des arbres sont *nouvellement* plantés. Une personne est revenue chez elle *depuis peu* ou *récemment*, et elle est *nouvellement* arrivée dans un pays qu'elle n'a jamais habité, qui est *nouveau* pour elle, où c'est une *nouveauté* que de la voir.

Fraîchement se distingue aussi par une idée accessoire qui lui est propre, celle de *fraîcheur*. Un appartement *fraîchement* décoré l'a été *depuis peu*, et il est encore tout *frais*. « Ce bois (une sorte d'ébène), *fraîchement* employé, sent les excréments humains. » BERN. « Nos plus doux mets étaient les fruits *fraîchement* cueillis de nos propres mains. » FÉN. — Toutefois on se sert aussi de *fraîchement* d'une façon générale et sans avoir égard à la nuance qui vient d'être signalée. Mais ce n'est que dans le style familier, et cela seul suffit pour en faire un terme à part. « Un homme *fraîchement* sorti du parlement ne s'effrayera pas de l'humiliation des prêtres. » VOLT.

Naguère, ellipse pour *il n'y a guère* (de temps), est une expression synthétique, principalement usitée dans le style soutenu et dans la poésie. « Voyez ce père.... Il vient du palais où il a prononcé des arrêts, où il a fait retentir tout le barreau du bruit de son éloquence : retourné dans son domestique, ce visage *naguère* si grave, a pris tout à coup un air enfantin. » BOSS. Pharnace trouve les travaux infinis que veut affronter son père Mithridate

Dignes plutôt d'un chef de malheureux bannis
Que d'un roi qui, *naguère*, avec quelque apparence
De l'aurore au couchant portait son espérance. RAC.

Félix est mort, madame et *naguère* en mourant
Il remit ce dépôt à son plus cher parent. CORN.

A Nevers donc, chez les Visitandines,
Vivait *naguère* un perroquet fameux. GRESS.

DÉRANGEMENT, DÉRÈGLEMENT, DÉSORDRE. Écart, manière d'agir qui s'éloigne de ce qui est bien ou sage.

Le *dérangement* n'est qu'un mal relatif ou particulier, qui consiste à manquer de prudence, à faire le contraire de ce qui est bien pour nous, à compromettre notre repos, notre santé, le succès de nos affaires, notre fortune, en un mot nos intérêts. Il n'en résulte que des incommodités ou des inconvénients. « N'éprouvez-vous pas de plus grandes incommodités dans les excès de la table et du jeu, dans le *dérangement* d'une vie toute profane? » MASS. L'ennui ne se trouve que dans le *dérangement* et dans une agitation où jamais rien n'est à sa place. » ID. « Malgré le dépérissement d'un corps qui se refuse à vos *dérangements*, vous êtes de tout. » ID. « Ces États emploient pour se ruiner des moyens si extraordinaires que le fils de famille le plus *dérangé* les imagine à peine. » MONTESQ. — Que si *dérangement* se prend aussi abusivement dans l'acception plus générale et absolument mauvaise de ses deux synonymes, il est à leur égard comme un diminutif, il exprime quelque chose de plus léger ou de moins grave. « S'il y a eu quelque *dérangement* dans les premières années de ce prince, l'âge en eut plus de part que le cœur : l'occasion put le trouver faible, elle ne le rendit jamais vicieux.... L'égarement n'avait été qu'un oubli. » MASS. « Les *dérangements* de la jeunesse ne doivent pas faire désespérer d'un jeune homme, surtout lorsqu'on y remarque un fonds d'esprit, un bon cœur, des inclinations droites. » ROLL.

Le *dérèglement* et le *désordre* impliquent l'idée d'un mal général et absolu, de celui qui consiste à faire le contraire du bien en soi, le contraire de ce qui en soi convient, et non pas le contraire de ce qui convient à tel ou tel. Ce ne sont pas seulement des imprudences, et tout au plus des faiblesses, ce sont des violations du devoir, des excès criminels et honteux, des vices, des débordements, des infamies.

Mais le *dérèglement* attaque la *règle*, ce qui guide l'esprit; il peut ne se faire sentir que dans les pensées, dans les résolutions ou dans les doctrines; au lieu que le *désordre*, attentat contre l'ordre, se rapporte toujours à la conduite. Pascal reproche aux jésuites « le *dérèglement* de leur doctrine dans la morale; » et Massillon dit aux grands que leur rang « donne de l'éclat à leurs *désordres* et à leurs scandales. » « Ne croyez jamais rien de bon de ceux qui outrent la vertu. Le *dérèglement* de leur esprit, qui mêle tant d'excès dans leurs discours, introduit mille *désordres* dans leur vie. » Boss. « M. le comte de Montvallat est un homme qui tient un rang assez honorable.... Tout ce qui paraît au public de reprochable, c'est le *désordre* de son domestique, qui vient plutôt de la mauvaise humeur de sa femme que de son *dérèglement*. » FLÉCH. « Ses joies alors étaient pures, ses désirs *réglés* et tranquilles, ses mœurs *ordonnées* et douces. » MASS. « Qui vous a fait perdre la foi? N'est-ce pas le *dérèglement* des passions? La foi était devenue incommode à vos *désordres*. » ID.

Et le *désordre* étant essentiellement relatif à la pratique, allant jusqu'à produire des effets extérieurs, jusqu'à troubler ce qui a été fixé ou arrêté par la Providence, par la société ou par l'État, le *désordre* renchérit naturellement sur le *dérèglement* comme ils enchérissent l'un et l'autre sur le *dérangement*. « Ils ne connaissent point d'autre règle de leurs mœurs que les passions mêmes qui en font tout le *dérèglement* et tout le *désordre*. » MASS. « S'il y a moins de gloire et de mérite à servir Dieu quand on y trouve son intérêt, il y a sans doute plus de *dérèglement* et de *désordre* à ne le pas servir quand on se prive en même temps de ce que l'intérêt même nous porte à désirer. » NIC.

DÉROBER, SOUSTRAIRE. Faire que quelqu'un ou quelque chose échappe à quelqu'un ou à quelque chose.

On *dérobe* en agissant à la *dérobée*, en cachant; on *soustrait* en retirant de dessous (*sub trahendo*), en affranchissant. Joas enfant fut *dérobé* à la fureur d'Athalie par Josabeth qui le mit et le tint en un lieu secret. *Soustraire* un homme à la fureur d'un autre emporte qu'on met le premier, non pas hors de la vue du second, mais hors de son pouvoir, et cela, non pas d'une manière furtive, mais ouvertement et quelquefois avec violence : c'est ainsi que Junie fut *soustraite* par le peuple à la fureur de Néron, de force et en présence de Néron même. On *dérobe* aux regards (MASS., STAËL), on *soustrait* à l'obéissance (BOURD.), à l'empire (MASS., BOURD.). La loi de l'Église défend de rien *dérober* en confession à la connaissance des ministres de Dieu; le devoir nous commande de *soustraire* nos cœurs à la tyrannie de nos penchants.

En me *dérobant*, je m'évade, je m'éclipse, je disparais secrètement. « Ils me chercheront, et je me *déroberai* à leur vue. » BOURD. « Loin de s'interposer entre les événements et les lecteurs, Thucydide se *dérobe*. » J. J. En me *soustrayant*, je secoue le joug, je fais acte d'indépendance. « L'homme, dit Dieu, a voulu se rendre indépendant de mon secours; il s'est *soustrait* à ma domination. » PASC. « Mme de Maintenon n'aimait guère mieux Torcy, qui s'était toujours dextrement *soustrait* à sa dépendance. » S. S.

Il se peut que les choses auxquelles on se *dérobe* soient agréables : se *dérober* à certains honneurs, aux applaudissements du public, à la reconnaissance de quelqu'un, aux hommages d'une cour empressée : « Si j'avais pu me *dérober* à mon bonheur avec bienséance, je l'aurais fait de tout mon cœur. » J. J. — Mais on ne se *soustrait* qu'à des choses qui pèsent, qui sont à charge, onéreuses ou pénibles, à un joug, à l'esclavage à un châtiment, à la médisance, à des importunités, à un mal ou à un malheur quelconque.

DÉSERT, SOLITUDE. Lieu inhabité, lieu où il ne se trouve pas d'hommes.

Désert latin *desertum* ou *deserta*, de *deserere*, abandonner, a rapport à la nature du lieu; il le représente comme abandonné, sans culture et n'offrant aucune ressource pour les êtres vivants. Un *désert* affreux (Fén.). « Nous avons peint les *déserts* arides de l'Arabie Pétrée, ces solitudes nues où l'homme n'a jamais respiré sous l'ombrage, où la terre sans verdure n'offre aucune subsistance aux animaux. » Buff. « La campagne fertile, comme les *déserts* abandonnés, la mer, comme les étoiles, sont soumises aux mêmes lois. » Staël. *Solitude*, de *solus*, seul, se rapporte à l'état de la personne qui est ou vit dans le lieu ; elle y est seule, isolée, loin du monde, ce qui peut être pour elle un avantage ou un agrément. Une *solitude* charmante (Acad.). « Les éléphants cherchent les bois les plus épais ; ils gagnent les *solitudes* les plus profondes, pour se livrer sans témoins, sans trouble et sans réserve à toutes les impulsions de la nature. » Buff.

    Soit naturel, soit habitude,
Je chéris les mortels ; je meurs si je n'en vois ;
      Et la plus belle *solitude*
  Est un affreux *désert* pour moi. Piron.

Dans les *déserts*, les anachorètes allaient chercher une vie austère au milieu d'une nature rude, aride, nue ; dans les *solitudes* ils trouvaient un asile contre le tumulte et les importunités du monde.

A *désert* s'attache toujours l'idée de stérilité et de dénûment ; en sorte que le *désert* est un lieu inhabité et inhabitable. Mais *solitude* signifie quelquefois simplement un lieu inhabité sans aucune idée accessoire, un lieu vide d'habitants et comme un contenant sans contenu. Des ennemis font d'un pays un *désert* en le ravageant, en y détruisant toutes les ressources de la terre ; ils en font une *solitude* en le dépeuplant. Les Persans ont défendu leurs frontières contre les Turcs par des *déserts*, ils ont dévasté et frappé de stérilité trente lieues de leur propre pays (Volt.) ; lorsque Noé sortit de l'arche avec sa famille, l'espèce humaine avait entièrement disparu, toute la terre n'était qu'une *solitude* (Boss.).

Il semble, d'un autre côté, que le *désert* peut être petit : tel était, par exemple, celui de la Calabre dans lequel se retira saint François de Paule dès l'âge de treize ans (Bourd.). *Solitude*, au contraire, plus approchant du mot latin *vastitas*, étendue vaste, immense, est particulièrement propre à exprimer quelque chose de grand, même d'immensément grand. Dans *Alexandre*, Cléofile dit au héros :

  Qu'espérez-vous combattre en des climats si rudes ?
  Ils vous opposeront de vastes *solitudes*,
  Des *déserts* que le ciel refuse d'éclairer,
  Où la nature semble elle-même expirer. Rac.

« Avoir pénétré dans ces vastes *déserts*, dans ces *solitudes* immenses, où l'on trouve à peine quelques vestiges de l'homme. » Buff. « Les soldats d'Alexandre croyaient qu'ils ne voyaient plus que des *déserts* et des *solitudes*. » Vaug. M. de La Condamine visite, en Amérique, « les débris de ces nations jadis si florissantes, épars dans les *déserts* qui furent des empires, et tant d'objets nouveaux exposés à ses yeux dans ces immenses *solitudes* où la philosophie voyageait pour la première fois. » Del.

DESTINER, GARDER, RÉSERVER. Ces trois verbes se disent également en parlant des choses et des personnes déterminées d'avance comme devant avoir, celles-là certains usages, celles-ci certains emplois. On *destine*, on *garde*, on *réserve* quelque chose à quelqu'un ; on *destine*, on *garde*, on *réserve* quelqu'un pour une fonction, une place, une démarche.

Destiner, de *de*, particule déterminative, et de *stare*, se tenir debout, fixe, être arrêté, ou bien de *tenere*, tenir, retenir, c'est fixer, arrêter, retenir ou lier une chose ou une personne. On *destine* une chose à un usage, une personne à un emploi, en décidant qu'elle l'aura ; de telle façon qu'on la fixe, qu'on la lie en quelque sorte. — *Garder*, de l'allemand *warten*, garder, soigner, veiller à, attendre, c'est tenir intact et prêt pour une fin, mettre en lieu sûr en attendant que le besoin se fasse sentir, comme on *garde* une poire pour la soif. — *Réserver*, de *re*, qui marque retour, et de *servare*, conserver, c'est conserver pour y revenir, c'est ne point consacrer à un usage, ne point attacher à un emploi pour consacrer ou attacher ensuite à un autre.

Ainsi, l'idée caractéristique de *destiner*, c'est la fixation, l'application. « Richelieu *destinait* des pensions aux gens de lettres. » Labr. « Les plus illustres (familles) étaient les familles *destinées* aux armes. » Boss. — L'idée propre de *garder* est celle du soin qu'on met à ne pas laisser échapper ou dépérir, à faire en sorte de continuer à avoir jusqu'au moment où il faudra user des choses, employer les personnes. « Annibal se fit apporter le poison qu'il *gardait* depuis longtemps pour s'en servir dans l'occasion. » Roll.

 Et qui sait, lorsqu'au trône il conduisit vos pas,
Si pour sauver son peuple il ne vous *gardait* pas ?
        (Mardochée à Esther.) Rac.

— L'idée parfaitement distinctive de *réserver* est celle de l'exclusion d'un certain usage actuel de la chose ou d'un certain emploi de la personne. La jeune souris attrappée par le vieux chat qui va la croquer lui dit :

  A présent je suis maigre.... :
  Réservez ce repas à messieurs vos enfants. Laf.

« Ils égorgent tous mes compagnons ; ils ne *réservent* que Mentor et moi pour nous présenter à Aceste. » Fén.

Ce qu'on vous *destine* sera vôtre ; ce qu'on vous *garde* ne court pas de risque et ne vous manquera pas au moment nécessaire ; ce qu'on vous *réserve* est mis en *réserve*, à part, pour vous, on n'en dispose pas en faveur d'un autre, ou c'est votre part, ce qui vous revient par rapport aux autres.

Idoménée, distribuant les terres vacantes, « *réserva* pour les maçons des terres qu'il leur avait *destinées*. » Fén. On pourrait dire qu'il les leur *garda*, si on voulait moins faire sentir l'attention qu'il eut de ne les point donner à d'autres, que celle de veiller à leur conservation jusqu'au moment de les livrer à leurs propriétaires désignés.

On *destine* une personne à un emploi en arrêtant, en fixant qu'elle l'exercera ; on la *garde* pour un emploi pour lequel on en aura besoin et en prenant garde qu'elle ne fasse défaut quand besoin sera; on la *réserve* pour un emploi en s'abstenant de lui en assigner un autre.

DESTITUER, DÉMETTRE, RÉVOQUER, CASSER, DÉPOSER. Oter à quelqu'un d'autorité et par des motifs de mécontentement la place qu'il occupe.

Destituer, de *de*, hors de, et de *status*, état, c'est priver une personne de son état, de son emploi. La *destitution* a pour effet de déposséder, de dépouiller, de troubler les existences. C'est le mot ordinaire de l'administration, et il s'applique à des fonctionnaires de toute sorte, tels que magistrats, employés, professeurs, conseillers d'État, préfets.

Démettre, *mettre hors de*, loin de, veut toujours un régime après lui : *démettre* un homme de sa charge, de son emploi. « On ne dit rien moins à Leyde sinon que M. Leroy est déjà *démis* de sa profession. » DESC. Encore s'en sert-on très-rarement même de cette manière. Mais en revanche il est le seul de tous ces verbes qui s'emploie avec le pronom personnel, apparemment parce qu'il exprime l'action la plus douce, une simple séparation entre l'homme et sa place : se *démettre* de sa charge, de l'empire, etc.

Révoquer, de *revocare*, rappeler, faire revenir a cela de bien distinct relativement aux deux premiers verbes, qu'il suppose une charge passagère, et non pas durable. On *révoque*, non pas en enlevant à quelqu'un son état, mais en retirant une mission ou une commission qu'on lui avait donnée. Un souverain *révoque* son ambassadeur, *révoque* un général ou un amiral délégué ou proposé par lui pour une expédition; un plaideur *révoque* son avoué.

Casser, de *quassare*, secouer, ébranler, briser, emporte une idée de force, de rigueur et de promptitude dans l'action. « Se fait-il une émeute dans une province de la Chine, le gouverneur est *cassé*. » J. J. « Les gens du peuple (de Florence) prirent pour gonfalonnier, Michel de Lando.... Il commença par arrêter les désordres, *cassa* tous les magistrats. » COND. « Le roi de France lui-même ne peut *destituer* un magistrat qu'en lui faisant son procès.... Il n'est pas plus permis de *casser* un magistrat par caprice que d'emprisonner un citoyen par fantaisie. » VOLT. Par conséquent *casser* se dit surtout en parlant des militaires; à leur égard, la discipline exige qu'on agisse énergiquement, qu'on punisse les fautes sans ménagement et sans délai. Un prince *casse* sa garde (VERT., ROLL.). « La punition qui *cassait* les soldats (chez les Romains) s'appelait *exauctoratio*. » ROLL. Chez nous, nous disons *casser* un sergent, un caporal, ce qui signifie les priver de leur grade et les réduire à la condition de simples soldats.

Déposer, de *deponere*, abaisser, faire descendre, c'est renverser d'un haut poste, dépouiller d'une grande dignité.

Maître de l'univers, je règle sa fortune;
Je puis faire les rois, je puis les *déposer*.
(Titus.) RAC.

« Autrefois le pape *déposait* les princes aussi facilement que nos magnifiques sultans *déposent* les rois d'Irimette et de Géorgie. » MONTESQ. « Les lecteurs *déposent* juridiquement l'empereur (Venceslas).... Ayant seuls le droit d'élire, ils en tiraient la conclusion nécessaire qu'ils avaient seuls le droit de *destituer*. » VOLT. « Laisser aux évêques liberté pour visiter, corriger, interdire, *destituer* les curés et tous ecclésiastiques.... Faire accepter la bulle par tous les évêques. Faire *déposer* ceux qui refuseront. » FÉN. Les conciles ont *déposé* des papes. Des papes ont prétendu avoir le droit de *déposer* les rois et les empereurs. Aux papes seuls appartient de *déposer* les évêques.

DÉTAILLÉ CIRCONSTANCIÉ PARTICULARISÉ. Exposé ou présenté, non pas en gros, succinctement, mais d'une manière développée ou explicite.

Détaillé et *circonstancié* d'abord différent en ce que l'un se rapporte au nombre, et l'autre à la manière : une liste *détaillée*, un compte *détaillé*; une relation *circonstanciée*, un récit *circonstancié*. Un mémoire *détaillé*, celui d'un médecin ou d'un tailleur, par exemple, est complet, n'omet aucun article ; un mémoire *circonstancié*, tel que celui d'un témoin, est explicatif, il rapporte comment, où, quand et dans quelle conjoncture un événement s'est passé. On fait l'histoire *détaillée* des minéraux, et l'histoire *circonstanciée* d'une guerre.
— *Détaillé* convient donc à d'autres choses que des événements : des descriptions (LAH., ROLL.), des propositions (BACH.); des lois (VOLT.) *détaillées*, c'est-à-dire, non pas abrégées, mais, au contraire, amplement exprimées, étendues. *Circonstancié* ne se dit absolument que des faits, de ce qui arrive. « Il faut dans un tribunal des faits avérés, des chefs d'accusation précis et *circonstanciés*. » VOLT. « L'abbé de Caveirac, soupçonné d'être auteur de différents libelles, vient d'être recherché très-sévèrement. La police a fait chez lui une descente des plus *circonstanciées*. » BACH.

Particularisé a la plus grande analogie avec *circonstancié*, étant comme lui exclusivement relatif aux choses qui arrivent et au témoignage. « Moïse ne conte point aux Israélites des choses qui se soient passées dans des retraites impénétrables, et dans des antres profonds; il ne parle point en l'air : il *particularise* et *circonstancie* toutes choses, comme un homme qui ne craint point d'être démenti. » Boss. Mais ce qui est *particularisé* est déterminé intrinsèquement, quant à ses appartenances; et ce qui est *circonstancié*, l'est extrinsèquement, quant à ses dépendances. La chose *particularisée* est précise en elle-même, représentée avec ses caractères essentiels ; la chose *circonstanciée* apparaît dans son milieu véritable, environnée de tout ce qui en a accompagné la production.

DÉTERMINÉMENT, PRÉCISÉMENT, JUSTEMENT, POSITIVEMENT, EXPRESSÉMENT, FORMELLEMENT. D'une manière telle qu'on sait à quoi s'en tenir.

Déterminément, d'une manière *déterminée*, fixe, définie, exclut le vague. « Saint Paul nous apprend que cette parole regardait le fils de Dieu; c'est pourquoi il la lui applique *déterminément*. » Boss. « Ces termes particuliers signifient quelque homme, à la vérité; mais ce n'est point indéfiniment, un individu vague; c'est quelque homme *déterminément*, c'est-à-dire un tel et un tel. » ID. « Je ne dirais plus que ce grand changement fut arrivé *déterminément* dans deux jours, mais peu à peu, et dans un espace de temps indéfini. » VAUG.

Précisément, d'une manière *précise*, distincte, non équivoque, exclut la confusion. C'est un mot essentiellement relatif ou comparatif, et non pas absolu comme le premier. « Nous connaissons si bien l'infini que nous le distinguons *précisément* de tout ce qu'il n'est pas. » FÉN. « L'esprit du paysan s'adresse *précisément* à ceux des nerfs ou des muscles dont il a besoin, et il ne prend point les uns pour les autres. » ID. « Toutes les fois qu'on parle du nombre pair, entendre *précisément* que c'est celui qui est divisible en deux parties égales. » PASC. « De déterminer *précisément* qui des trois le doit emporter, je ne le crois pas possible. » LAF.

Justement, d'une manière *juste*, exacte, et, pour ainsi dire, coïncidente, ressemble beaucoup à *précisément*. Il en diffère cependant en ce qu'il est objectif. Au lieu d'indiquer, comme *précisément*, la manière dont les hommes entendent, disent ou font les choses, il sert à marquer comment les choses sont ou arrivent. « En France, par un bonheur admirable, la capitale se trouve plus près des différentes frontières, *justement* à proportion de leur faiblesse. » MONTESQ.

La tortue enlevée, on s'étonne partout
De voir aller en cette guise
L'animal lent et sa maison,

Justement au milieu de l'un et l'autre oison. LAF.

« Je sentais bien que je vous étais quelque chose de plus qu'à l'ordinaire depuis que je suis ici : je ne savais pas bien *précisément* ce que c'était, mais vous me le dîtes : c'est *justement* que je suis votre voisine. » SÉV. On dira qu'un homme vient à un rendez-vous *précisément* à l'heure indiquée quand on voudra donner une idée de sa manière d'agir, de sa ponctualité : mais si c'est par rencontre qu'il survient, on dira : le voici *justement*.

Positivement, d'une manière *positive*, assurée, et non pas négative, hypothétique, incertaine, exclut le doute. « Si j'entends dire à trois ou quatre personnes seulement que Gand est pris, je commence à croire la chose, mais en doutant. Que si la nouvelle se confirme, et que tout le monde le mande *positivement*, je m'en tiens assuré. » BOSS. « Ce serait donner un trop cruel démenti au docte Servius, qui assure *positivement* le contraire. » BOIL. « Conjectures qu'il est impossible de prouver *positivement*. » P. R. « Voilà tout ce que je puis dire sur cet article; je ne tarderai pas à vous parler plus *positivement*; mais jusqu'à présent cet arrangement est très-douteux. » J. J.

Expressément et *formellement*, d'une manière *expresse* ou *formelle*, c'est-à-dire explicite et non tacite, excluent le silence, les réticences, les sous-entendus. On déclare, on défend quelque chose *expressément* ou *formellement*. Mais *expressément*, exprès, à dessein, se dit bien pour signifier la manière d'agir d'un particulier. « Vous m'avez défendu *expressément* de me charger d'aucune affaire auprès de vous. » MOL. *Formellement*, en forme ou dans les formes, convient mieux pour un acte public, pour ce qui émane de l'autorité. « Tout ce qui n'est pas *formellement* défendu par l'Église n'est pas pour cela permis. » BOURD. D'ailleurs *expressément* se rapporte plutôt à l'intention, et *formellement* au résultat. Tel auteur traite *expressément* d'une science (P. R.), et telles ou telles opinions se trouvent *formellement* dans son livre (PASC.). Pour savoir si un pape a *expressément* approuvé une doctrine (BOSS.), il faut voir s'il s'en est *formellement* expliqué (BOURD.).

DÉTOUR, BIAIS. Moyen adroit dont on se sert pour arriver indirectement à un but.

Une première différence résulte de ce que l'un de ces mots est noble d'origine, et l'autre non. *Détour*, tiré du latin *tornus*, tour, instrument du tourneur, convient dans tout genre de discours, particulièrement dans le style relevé; au lieu que *biais*, dérivé d'une langue vulgaire, probablement du gaulois, ne s'emploie que familièrement. — Dans la tragédie de *Phèdre* se trouve le mot *détour*.

Ciel! comme il m'écoutait! par combien de détours
L'insensible a longtemps éludé mes discours! RAC.

Mais dans la comédie des *Plaideurs*, c'est *biais* qui devait être et qui a été préféré par Racine.

Je ne sais quel biais ils ont imaginé,
Ni tout ce qu'ils ont fait ; mais on leur a donné
Un arrêt par lequel, moi vêtue et nourrie,
On me défend, monsieur, de plaider de ma vie.

De même Voltaire. Dans sa tragédie de *Brutus*, Arons dit de Titus :

Un regard de Tullie, un seul mot de sa bouche
Peut plus pour amollir cette vertu farouche
Que les subtils <i>détours</i> et tout l'art séducteur
D'un chef de conjurés et d'un ambassadeur.

Et, d'autre part, on lit dans une des lettres familières de ce même écrivain : « Il ne serait pas mal que l'on trouvât un jour quelque *biais* pour que le fond l'emportât sur la forme. » — Dans la haute comédie un personnage distingué, Alcmène dans *Amphitryon*, par exemple, emploiera *détour*.

Si vous cherchez, dans ces transports confus,
Un prétexte à briser les nœuds d'un hyménée
Qui me tient à vous enchaînée,
Tous ces <i>détours</i> sont superflus. MOL.</p>

Mais *biais* sera mieux placé dans la bouche d'un valet.

Il faut voir maintenant quel biais je prendrai.
(Mascarille, dans l'<i>Étourdi</i>.) ID.</p>

Ensuite, le *détour* est plus subjectif, a plus de rapport aux personnes; on dit bien les *détours* de quelqu'un ; Ulysse était un homme inépuisable en *détours* et en finesse (FÉN.) ; être sans *détour*, c'est-à-dire loyal, franc; un habile *détour* (S. S.). Mais le *biais* est plutôt objectif, relatif aux choses, c'en est une face ou un côté : on ne dit pas les *biais* de quelqu'un, mais bien les *biais* d'une affaire, les affaires compliquées ont mille *biais* par où on les peut prendre (COND.). Trouver un *détour* ressemble plus à trouver une ruse, et trouver un *biais* à trouver un joint ou le joint. Un bon *détour* est bien inventé ; un bon *biais* est juste, celui qu'il faut. Dans le *Misanthrope*, Célimène ayant supposé que le billet dont se plaint Alceste était pour une femme, Alceste reprend :

Ah ! le *détour* est bon, et l'excuse admirable!...
Osez-vous recourir à ces ruses grossières ?...
Voyons, voyons un peu par quel *biais*, de quel air,
Vous voulez soutenir un mensonge si clair. Mol.

Enfin, suivant l'unique distinction de Condillac le *détour* est plus ordinairement négatif, et le *biais* positif. On prend des *détours* pour se *détourner*, pour éluder, pour échapper, pour s'excuser. « Songez à chercher dans votre tête quelque nouveau *détour* pour vous tirer de cette affaire. » Mol. « Le dictateur repartit à Manlius qu'il ne prendrait pas le change, qu'il lui commandait de parler sans tant de *détours*, et de nommer précisément ceux qu'il accusait d'avoir profité des dépouilles des Gaulois. » Vert.

Ne cherche point d'excuses;
Je connais tes *détours*, et devine tes ruses. Corn.

Mais on prend des *biais* pour rendre des obstacles inutiles et en général pour réussir dans ce qu'on entreprend. « On se mortifie en secret; mais on fait si bien que ce secret cesse bientôt d'être secret, et l'on a cent *biais* pour le rendre public. » Bourd. « M. de Péréfixe chercha des *biais* pour satisfaire les uns et les autres. » Rac.

J'ai donc cherché longtemps un *biais* de vous donner
La beauté que les ans ne peuvent moissonner. Mol.
Ce sont, à dire vrai, de très-fâcheux obstacles;...
Mais je vais employer mes efforts plus puissants
Pour tâcher de trouver un *biais* salutaire. Id.

DEVANCER, PRÉVENIR. Ces verbes expriment une antériorité d'arrivée, d'occupation ou d'événement.

Mais *devancer* implique une idée de concurrence tout à fait étrangère à *prévenir*. On *devance* en prenant l'avance, en dépassant, en gagnant de vitesse ; on *prévient* en venant *præ*, avant, avant une personne qui n'est peut-être pas partie ou même qui n'y pense pas. Un écolier *devance* ses condisciples avec lesquels il lutte ; l'ami d'un ministre *prévient* les solliciteurs en se faisant donner une place au moment où on ne sait pas encore qu'elle est vacante. Un courrier *devance* l'autre, c'est à qui arrivera le premier; mais une nouvelle *prévient* le courrier, elle n'a pas pris à tâche de rivaliser avec lui, de l'emporter sur lui. La sagesse *devance* l'âge dans une personne chez laquelle le progrès de la sagesse est plus grand que celui de l'âge; la sagesse *prévient* l'âge dans une personne qui se montre sage avant le temps, chez laquelle la sagesse contraste beaucoup avec l'âge.

Prévenir signifie quelquefois venir le premier, d'abord, aller à une personne avant qu'elle vienne elle-même, et par conséquent l'empêcher de venir. On *prévient* un malheur ou une objection en allant au-devant. Qui *prévient* vos désirs n'attend pas même qu'ils se forment ou au moins qu'ils s'expriment; qui les *devance* les satisfait seulement plus tôt que vous ne l'espériez. Au lieu de *devancer* la critique en commençant par signaler soi-même ses propres fautes, il vaut mieux pour un écrivain songer à la *prévenir* en se rendant irréprochable (Lah.).

DEVENIR, SE RENDRE illustre, ridicule, importun, etc., c'est-à-dire arriver à l'être, ne l'ayant pas été jusque-là.

« En pareil cas, *devenir* marque seulement qu'on est ce qu'on n'était pas, quelle qu'en soit d'ailleurs la cause ; et *se rendre* marque qu'on le *devient* par sa conduite. » Cond.

Devenir exprime une modification subie par le sujet, et *se rendre* une modification produite dans le sujet par lui-même. L'homme qui *devient* malheureux est fait tel ; celui qui *se rend* malheureux se fait tel, c'est sa faute. On *devient* citoyen d'un État ou esclave; on *se rend* digne ou maître de quelque chose. « L'Évangile rend les hommes d'autant plus propres à être bons citoyens sur la terre, qu'il leur apprend par là à *se rendre* dignes de *devenir* citoyens du ciel. » Boss. « Que peut-on refuser à la volupté, lorsque une fois du s'est *rendue* maîtresse d'un cœur, et qu'on en *est devenu* l'esclave. » Mass.

DIABLE, SATAN. C'est, dans la religion chrétienne, le génie du mal, le malin esprit, l'ange déchu qui a l'enfer pour séjour.

Diable en est le nom commun, et il ne s'emploie jamais sans l'article : *Satan* en est le nom propre; aussi ne prend-il pas l'article et commence-t-il par une majuscule.

Diable, du grec διάβολος calomniateur, formé de διαβάλλειν, décrier, tromper, représente l'ange des ténèbres en rapport avec l'homme qu'il cherche à tromper, à séduire. Une tentation du *diable* (Acad.). « Judas n'a pas été poussé au crime, si ce n'est par le *diable* et par sa propre malice. » Boss. « Et le monde et les maîtres du monde, le *diable* les tenait captifs et tremblants sous de serviles religions. » Id. « On conserve une certaine région dans son esprit, qui ne paraît point troublée par les impressions du *diable*. » Nic. Mais *Satan*, d'un mot hébreu, qui veut dire adversaire, désigne plutôt l'adversaire, l'antagoniste de Dieu. « Le péché de *Satan* a été une insupportable arrogance. » Boss. « Tu t'es élevé, ô *Satan*, tu t'es élevé contre Dieu de toute ta force. » Id. C'est proprement *Satan* qui a été le tentateur de Jésus-Christ. » Ne nous persuadons pas qu'il eût été permis à *Satan* de tenter le Sauveur sans quelque haut conseil de la Providence divine. » Boss. « Il était donné à Bonaparte de voir les empires à ses pieds, comme *Satan* les offrit à Notre-Seigneur. » Staël.

En général, d'ailleurs, *diable*, plus susceptible de se mettre au pluriel, est moins distingué que *Satan*, moins propre à signifier un chef, le prince des mauvais anges, le souverain de l'enfer. Pauvre *diable !* dit-on en parlant d'un misérable, et non pauvre *Satan !* dans les exemples suivants, *Satan* est, au contraire, le seul mot qui convienne. « Jésus-Christ a donné son sang pour rendre le paradis à cette partie de sa famille qui est damnée avec *Satan* et avec ses anges. » Boss.

Un jour *Satan*, monarque des enfers,
Faisait passer ses sujets en revue. Laf.

Dans la fable intitulée *l'Ivrogne et sa femme*, celle-ci dit à son mari qu'elle est la cellérière du royaume de *Satan*. — « Parmi les pièces de marionnettes, il y en a une intitulée le *Docteur*

Faust... C'est un chaos intellectuel..... Le *diable* est le héros de cette pièce... Milton a fait *Satan* plus grand que l'homme. » STAËL.

Quant au sens, *diable* le cède encore à *Satan*. C'est de ce dernier mot qu'on se sert par préférence pour exprimer le comble de l'artifice ou de la méchanceté, ce qui provient ou ce qu'on peut attendre d'un maître diable ou du maître des diables. « Trop instruit des profondeurs de *Satan* pour ignorer que... » Boss. « Cela donna beau jeu aux langues de *Satan*. » S. S. « J'ai ouï parler de ce petit abominable dictionnaire ; c'est un ouvrage de *Satan*. » VOLT.

Cette ruse d'enfer confond mon jugement;
Et je ne pense pas que *Satan* en personne
Puisse être si méchant qu'une telle friponne....
Je renonce à jamais à ce sexe trompeur,
Et je le donne tout au *diable* de bon cœur. MOL.
De tous ces damoiseaux on sait trop les coutumes....
Mais ce sont vrais *satans* dont la gueule altérée
De l'honneur féminin cherche à faire curée. ID.

DIABOLIQUE, INFERNAL. D'une grande méchanceté.

Diabolique a pour accessoire la finesse, et *infernal* la noirceur ; en effet, rien de plus rusé que le diable, et l'enfer est un lieu souterrain, le royaume des ténèbres. Des maximes *diaboliques* (MASS.) sont artificieuses et captieuses ; des maximes *infernales* (FÉN., VOLT.) ont été conçues et répandues dans l'ombre, d'une manière souterraine, elles sont affreuses. On invente des artifices *diaboliques* (BOURD.) ; la conspiration des poudres était une entreprise *infernale* (VOLT.), et qu'est-ce qu'une machine *infernale*, sinon un instrument de conspirateur ? Le *Tartufe* a été traité de comédie *diabolique* (MOL.), tant l'auteur, disait-on, s'y montre habile dans ses attaques ouvertes contre la piété ; mais Saint-Simon dit du duc de Noailles : « Ses complots, ses pratiques sous terre, ses noires impostures et ses *infernales* machinations étaient ses armes véritablement à redouter. »

Il y a plutôt de la malice dans ce qui est *diabolique* et de la malignité dans ce qui est *infernal*. On dit un esprit *diabolique*, ce qui ne suppose quelquefois que de la vivacité et de la pénétration : « Leur Jean-Jacques est un esprit *diabolique*, aigu, pénétrant ; le mien, ne pensant qu'avec beaucoup de lenteur et d'efforts, peut à peine passer pour un homme d'esprit. » J. J. Mais on dit une âme *infernale*, pour signifier une âme profondément et odieusement méchante : « Supposez que Jean-Jacques, au lieu d'être l'âme *infernale* et le monstre que vous voyez en lui, se trouvât au contraire un homme simple, sensible et bon... » J. J.

DIEU, DIVINITÉ, DÉITÉ. Puissance surnaturelle qui préside aux phénomènes et aux événements du monde.

Dieu est la cause première, créatrice et ordonnatrice de toutes choses, en tant que personne ou quant à son action. La *divinité* en est l'essence, ou c'est *Dieu* relativement à sa nature, *Dieu* considéré d'une manière idéale et abstraite. « Vive l'Éternel ! ô grandeur humaine ! de quelque côté que je t'envisage, sinon en tant que tu viens de *Dieu*, et que tu dois être rapportée à *Dieu*, car en cette sorte je découvre en toi un rayon de la *divinité*, qui attire justement mes respects ; mais en tant que... » Boss. « Tout ce que les païens entendaient dire de leurs *dieux* ne devait pas leur inspirer un grand respect pour de telles *divinités*. » ROLL. » Les Romains reçurent dans leur ville les *dieux* des autres pays... Ils donnaient aux *divinités* étrangères les noms de celles des leurs qui y avaient le plus de rapport. » MONTESQ. « L'idée qu'on prend de la *divinité* dans le paganisme ne convient nullement au vrai *Dieu*. » FONT. « Brumoi conjecture que la pièce des *Bacchantes* fut composée pour les fêtes de Bacchus. Ce *dieu* vient pour établir à Thèbes sa *divinité* et son culte. » LAH.

Ne doutez point de ma *divinité*.
Disant ces mots la déesse *bénit*
Les deux amants, et le peuple applaudit. VOLT.

Nous recevons tout de la main de *Dieu* (ACAD.) ; le sublime en tout genre est un reflet de la *divinité* (STAËL). — Quand on parle le langage du paganisme, on donne de préférence le nom concret de *dieu* à un être d'imagination, et le nom abstrait de *divinité* à un être de raison. Lafontaine dit au duc de Bourgogne au commencement de sa première fable du XII° livre :

Les Ris et les Amours
Ne sont pas soupçonnés d'aimer les longs discours.
De ces sortes de *dieux* votre cour se compose.
Ils ne vous quittent point. Ce n'est pas qu'après tout
D'autres *divinités* n'y tiennent le haut bout :
Le Sens et la Raison y règlent toute chose.

Déité, de *deitas*, mot de la basse latinité, est un terme de poésie mythologique, qui s'applique particulièrement bien aux divinités infernales. Les pâles *déités* (CHÉN.), les Euménides. Pluton et Proserpine sont des *déités* dont les lois
Traitent également les bergers et les rois. LAF.
On lit dans l'*Oreste* de Voltaire :
Les *déités* du Styx marchaient à ses côtés.

D'ailleurs, en prose comme en vers, *déité* se prend volontiers en mauvaise part. « Les Grecs et les Latins ensuite ont fait régner les fausses *déités*. » PASC. « Ceux qui veulent avoir une *déité* visible et perceptible par les sens, lequel erreur vilain et grossier a trompé presque tout le monde. » CHARR.

Elle traite l'amour de *déité* de rien. MOL.
Les malheurs de l'Indien, sa haine, son amour,
Font, défont et refont ses *déités* d'un jour. DEL.
Tu chéris la Raison....;
Non pas cette pédante et lourde *déité*
Que l'on nomme Raison chez la stupidité.... CHÉN.

DIFFÉRENT, DISTINCT (DIFFÉRENCIER DISTINGUER). Deux objets *différents* ou *distincts* ne sont pas un seul et même objet.

Mais *différent* exprime une qualité absolue, essentielle, et *distinct* une qualité relative. Les choses *différentes* sont telles en soi, par leur nature ; les choses *distinctes* sont telles par leur place ou par rapport à notre intelligence. Des choses égales, comme des pièces de monnaie ou les étamines d'une fleur, sont néanmoins *distinctes*, par cela seul qu'elles sont séparées. « Les hommes ont commencé par donner différents noms aux choses qui leur ont paru *distinctement* *différentes*. » BUFF. Des choses ne sont pas *dis-*

tinctement *différentes* ou sont *différentes* sans être *distinctes* quand leurs différences nous sont inappréciables. Et, d'autre part, des choses peu *différentes*, au moins pour nous, peuvent être *distinctes*. « Le rat, la souris, le mulot, etc., forment autant d'espèces *distinctes* et séparées, mais assez peu *différentes* pour pouvoir en quelque sorte se suppléer. » Buff. — Les choses *différentes* sont autres ; les choses *distinctes* ne sont pas ou ne doivent pas être confondues par nous, soit parce qu'elles sont plus ou moins *différentes*, soit parce que nous les percevons isolément.

Entre *différencier* et *distinguer* même rapport. Ce sont les propriétés des choses qui les *différencient*; c'est nous qui les *distinguons*. « La robe du douc, variée de toutes couleurs, semble *différencier* son espèce... Il est fort aisé de *distinguer* des autres singes. » Buff. On ne dit pas que les choses se *différencient*, mais bien qu'elles se *distinguent*, c'est-à-dire qu'on les *distingue*. — Que si *distinguer* s'emploie aussi dans le sens de *différencier* pour marquer l'effet d'une propriété qui caractérise une chose par rapport à d'autres et l'en sépare, il ne suppose pas comme lui que cette propriété est naturelle ou essentielle. « Les yeux des Lapons, leurs oreilles, leur nez, les *différencient* de tous les peuples qui entourent leur désert. » Volt. Ce qui *distingue* un peuple d'un autre, ce peut être une institution, une mode, une simple circonstance. — *Différencier* n'est guère usité qu'en termes d'histoire naturelle ; *distinguer* se dit partout.

DIFFICILEMENT, AVEC PEINE. Ce qui se fait *difficilement* ou *avec peine* ne se fait pas d'abord, d'emblée et comme de soi-même.

Mais *difficilement*, avec difficulté, est objectif : il suppose quelque chose d'extérieur qui résiste ou fait opposition. On s'avance *difficilement* par un chemin montant, sablonneux, malaisé. Au contraire, *avec peine*, avec douleur, effort ou fatigue, est subjectif : il annonce une cause de retard, un empêchement provenant du sujet lui-même, auquel il attribue pour l'ordinaire de la faiblesse ou de la répugnance. On s'avance ou on fait quelque chose *avec peine* quand on est malade ou blessé. « J'écris *avec peine* ; je suis malade. » Volt.

Mais d'où vient que vers nous il se traîne *avec peine*? Est-il blessé? Id.

A proprement parler, on obtient *difficilement*, et on accorde *avec peine*. « Dommages et intérêts, qu'il obtiendra *difficilement*. » Volt. Les confesseurs sont quelquefois obligés de suspendre la grâce du sacrement, et, après bien des délais, de ne l'accorder qu'*avec peine* (Bourd.).

Le débiteur dont les moyens sont bornés s'acquitte *difficilement*; celui qui a mauvaise volonté ou qui est avare s'acquitte *avec peine*.

On n'arrache que *difficilement* ce qui tient fort; on n'arrache qu'*avec peine* ce qu'on n'arrache qu'avec beaucoup d'efforts ou qu'à regret.

DIFFICULTUEUX (DIFFICILE), ÉPINEUX. L'Académie a défini *épineux*, dans le cas où on l'applique aux hommes, comme elle avait défini *difficultueux* : qui fait des difficultés sur tout.

Les deux mots sont-ils donc de tout point synonymes? Assurément non.

L'homme ou l'esprit *difficultueux* est plein de difficultés, fait beaucoup de difficultés ; l'homme ou l'esprit *épineux* est plein d'épines, c'est-à-dire de petites difficultés, de vétilles, de misères, il fait des difficultés pour ou sur des riens. Fénelon a dit en parlant des religieux intéressés et processifs : « On ne voit pas de gens plus ombrageux, plus *difficultueux*, plus tenaces, plus ardents dans les procès que ces personnes qui ne devraient pas même avoir des affaires. » Mais Labruyère a peint d'après Théophraste une des plus petites manies des gens rustiques en disant : « Ces gens *épineux* dans les payements qu'on leur fait rebutent un grand nombre de pièces qu'ils croient légères, ou qui ne brillent pas assez à leurs yeux, et qu'on est obligé de leur changer. » — La même différence existe a été marquée par Massillon entre *difficile* et *épineux* servant à qualifier les choses. « Que d'expédients la passion ne fournit-elle pas pour sortir des embarras les plus *épineux* ?... Que de ressources dans les occasions les plus *difficiles* ! »

D'ailleurs, *difficultueux* regarde plutôt le fond, et *épineux* la forme. On a de la peine à gagner l'homme *difficultueux*, et à manier l'homme *épineux*. Avec les *difficultueux*, on est tenté de désespérer du succès, tant on les trouve peu disposés à céder ou à se rendre, tant ils opposent de résistance aux efforts qu'on fait pour les amener à vouloir ce qu'on veut. « Mais le moyen de convaincre là-dessus certains esprits *difficultueux* qui ne veulent se rendre qu'à des preuves démonstratives ? » P. A. « Elle me dit que la mère avait bien fait la *difficultueuse*. J'ai longtemps, dit-elle, désespéré de lui faire accepter la proposition ; néanmoins j'en suis venue à bout. » Les. Les gens *épineux* sont comme des fagots d'épines : on n'aime point à avoir affaire à eux, à traiter avec eux ; ce n'est pas de facilité qu'ils manquent proprement ou principalement, mais de douceur. « Par les traitements que l'on reçoit, l'on est jeté hors de son naturel ; l'on a des chagrins et une bile qu'on ne se connaissait point ; l'on se voit une autre complexion, l'on est enfin étonné de se trouver dur et *épineux*. » Labr. « On n'est ni sauvage, ni *épineux*, ni scrupuleux, mais on a au dedans de soi un principe d'amour qui élargit le cœur, qui adoucit toutes choses. » Fén. — *Difficile* et *épineux*, en parlant des choses, diffèrent de même. Une question *difficile* n'est pas aisée à résoudre, on a de la peine à en venir à bout ; une question *épineuse* présente des épines, est de celles qui sont abstraites, subtiles, délicates, peu agréables à traiter, rebutantes.

DIFFORME, CONTREFAIT, MAL FAIT, MAL BÂTI. Dont le corps a quelque défaut apparent.

Difforme, défiguré, dont la forme est défectueuse, irrégulière, disproportionnée, est le mot général. Outre qu'il a seul un substantif correspondant et une acception figurée, il se dit seul en parlant du visage ou de quelqu'une de ses parties. « Sans le nez, posé dans le milieu, tout le visage serait plat et *difforme*. » Fén. Un homme qui n'a qu'un œil est *difforme* (Roll.). Et même pour avoir quelque chose de *difforme*, il suffit d'être louche : « Les regards ainsi partagés (quand on est louche) rendent l'abord d'un homme choquant et *difforme*. » Boss.

Contrefait, fait contre les règles, contrairement à ce qui est bien, annonce un défaut de tout le corps, du corps pris dans son ensemble, considéré par rapport à sa structure ; il suppose une *difformité* qui consiste à être mal taillé ou mal tourné. Une taille *contrefaite* (Acad.) ; un nain *contrefait* (Laf., Volt., d'Al.). « Pope était un petit homme *contrefait*, bossu par devant et par derrière. » Volt. « Sans être bossue ni *contrefaite*, Mme la duchesse d'Orléans avait un côté plus gros que l'autre, une marche de côté. » S. S. « Les pays où l'on emmaillotte les enfants sont ceux qui fourmillent de bossus, de boiteux, de cagneux, de noués, de rachitiques, de gens *contrefaits* de toute espèce. » J. J.

Mal fait est évidemment le diminutif de *contrefait*. Le défaut du *mal fait* n'est qu'une imperfection, au lieu d'être, comme celui du *contrefait*, un vice, quelque chose de monstrueux ; sans être tout à fait conforme aux règles du beau, il ne les viole pas ouvertement. « On ne se repent pas d'être *mal fait* ou d'être mal sain, mais on se repent d'avoir mal fait. » Boss. « A Sparte, si un enfant était bien formé, fort, vigoureux, on le nourrissait. S'il était *mal fait*, délicat, faible, on le condamnait à périr. » Roll. « Les jeunes gens épuisés de bonne heure restent petits, faibles, *mal faits*, et vieillissent au lieu de grandir. » J. J. « Eux bossus ! disait le médecin Procope ; vous vous moquez : ils ne sont que *mal faits*. » Did.

Mal bâti, quelque équivalent à *mal fait* qu'il paraisse pour le sens, en diffère cependant en ce qu'il est familier. On s'en sert quelquefois en opposition à *bien fait*, uniquement afin d'éviter la répétition du mot *fait*. Dans *Turcaret*, Lisette s'écrie en voyant le chevalier pour la première fois : « Ah ! qu'il est *bien fait* ! » Et Frontin lui répond : « Il ne faut pas être *mal bâti* pour donner de l'amour à une coquette. »

Qu'il soit beau, qu'il soit laid, *bien fait* ou *mal bâti*,
Il ne me plaira point, car j'ai pris mon parti. Dest.

Ne semble-t-il pas d'ailleurs que *mal bâti* convient mieux que *mal fait*, quand il est question d'un homme de haute taille, qui ressemble en quelque sorte à un *bâtiment* ? « Mais quel est ce grand *mal bâti* de Romain qui vient après ce chaud amoureux ? » Boil. Dans l'*Énéide travestie*, Acestès dit à Entelle à propos de Darès, vainqueur au combat du ceste :

Si peu de courage il te reste,
Que ce grand vilain *mal bâti*
A tes yeux du prix est nanti ?
Eh ! n'as-tu pas quelque vergogne ? Scarr.

DIMINUER, AMOINDRIR, ACCOURCIR, ABRÉGER, APETISSER, RESSERRER. Ces verbes se rapportent tous à la quantité et signifient la rendre moins grande, opérer dans les choses un changement en moins.

Diminuer de *dis* qui marque séparation, et de *minus*, moins, c'est proprement réduire à moins par séparation, par l'ablation ou le retranchement d'une partie. De tous ces verbes c'est le plus usité et le seul qui se dise en termes de sciences : *diminuer* un nombre, une fraction, les impôts, etc.

Amoindrir, rendre *moindre* ou moins considérable, est un mot rare qui veut dire diminuer la valeur ou l'intensité, avilir ou affaiblir, faire perdre quelque chose du prix ou de la force : *amoindrir* le revenu, les forces de quelqu'un. « L'imagination grossit souvent les plus petits objets par une estimation fantastique jusqu'à en remplir notre âme ; et, par une insolence téméraire, elle *amoindrit* les plus grands jusqu'à notre mesure. » Pasc. « Cette espèce de pintades aura éprouvé l'influence naturelle de ce climat (d'Amérique), laquelle tend à affaiblir, *amoindrir*, détériorer les espèces. » Buff. « Ce mal n'est pas tellement inhérent à cette place, qu'on ne pût l'en détacher, ou du moins l'*amoindrir* considérablement. » J. J. « On m'impute d'avoir voulu m'emparer de la grande affaire des Quinze-Vingts, de l'avoir *amoindrie*, dénigrée, pour l'obtenir à meilleur compte. » Beaum. Dans la *Mère coupable* le comte dit à Suzanne : « Eh ! laisse là ton *monseigneur* ? A quoi elle répond : « Je trouve que cela nous *amoindrit* » Id.

Accourcir, rendre plus court, c'est diminuer en longueur, faire le contraire d'allonger ou d'étendre. On *accourcit* une robe, une jupe, un manteau, un bâton, un sabre, un fil, une ligne, une phrase, un article, un mémoire, un détail.

Abréger, rendre plus bref, c'est diminuer en durée. *Abréger* le temps des études (Acad.), des prospérités (Montesq.). « Ainsi l'Église de Corinthe adoucit la peine de ce pénitent : non-seulement elle en *abrégea* le temps, mais encore elle en *diminua* le poids. » Boss. *Abréger* des formalités (Regn.), les procès (Volt.), des prières (Boss.), des longueurs (Id.), un supplice (Rac.). — Dans le même sens *accourcir* garde toujours un certain rapport à l'espace. On *accourcit* un écrit, on *abrége* un récit ; on *accourcit* une préface, on en *abrége* les idées. On *accourcit* son chemin d'une lieue en prenant une route de traverse ; on l'*abrége* d'une heure de quelque façon que ce soit, en causant, par exemple : « La conversation *abrége* le chemin. » Acad. D'ailleurs, *abréger* avec chemin s'entend plutôt dans un sens abstrait et tout idéal : des voies *abrégées* (P. R.).

Nous autres, gens de cour,
Nous savons *abréger* le chemin de l'amour. Regn.

Apetisser, rendre plus petit, c'est diminuer dans tous les sens de l'espace, et non pas seulement en longueur, c'est faire le contraire d'agrandir, et non pas le contraire d'allonger et d'étendre. Les forgerons *apetissent* une barre de fer, lorsque, loin de l'*accourcir*, ils l'étendent. On *apetisse* une figure, un chapeau ; l'éloignement *apetisse* les objets. Ce mot se dit particulièrement bien de l'homme, de son corps, des différentes parties de son corps, et figurément en parlant de son âme. « Jean-Jacques n'est assurément pas un bel homme ; il est petit, et s'*apetisse* encore en baissant la tête. » J. J. « Dans la systole le cœur s'apetisse et s'allonge. » Boss. « Son œil malade s'était considérablement *apetissé*. » Rac. « Laissez-vous *apetisser* par vos propres défauts, autant que l'occupation des défauts d'autrui vous avait agrandie. » Fén.

Resserrer, c'est diminuer le volume, et cela d'une façon bien distincte de toute autre, savoir par contraction. « Loin de *resserrer* sa main, Dieu l'étend avec une parfaite libéralité. » Boss. En parlant des ouvrages d'esprit, ce verbe ne doit être confondu ni avec *accourcir*, ni avec *abréger*. Ceux-ci marquent plutôt un retranchement, un choix ; *resserrer* exprime une condensation, un rapprochement de parties. Au lieu d'ajouter, un écrivain doit souvent *accourcir* ou *abréger*, sous peine d'être prolixe ; au lieu de développer, il doit souvent *resserrer*, sous peine d'être lâche. Il y a tels historiens qui n'en finissent pas dans leurs narrations et qui auraient dû *accourcir* ou *abréger* ; c'est en *resserrant* leurs pensées plutôt qu'en les délayant ou en les amplifiant que Larochefoucauld et Labruyère sont parvenus à être des modèles dans l'art d'écrire.

DISCONTINUER, INTERROMPRE. Faire qu'une action ou un ouvrage cesse pour un temps.

On *discontinue* ce qu'on fait soi-même ; on *interrompt* ce que font les autres. « De tel verset à tel autre, Jésus-Christ a parlé seul sans *discontinuation*, et sans être *interrompu* par ses disciples. » Boss.

Mais on *interrompt* aussi ce qu'on fait soi-même, ses études, ses travaux, le siège d'une place, etc. Alors la différence consiste en ce qu'on *discontinue* de soi-même, au lieu que l'on *interrompt* parce qu'on est *interrompu*, c'est-à-dire contraint par quelque chose. Un enfant *discontinue* ses études, faute de persévérance ; un autre *interrompt* ses études, à cause d'une maladie. J. J. Rousseau parle d'un « recueil transcrit de lettres, qu'il avait *discontinué* depuis longtemps, » apparemment par lassitude ou par négligence ; et l'Académie donne pour exemple d'*interrompre* dans cette acception : « Il se vit obligé d'*interrompre* son travail, ses études. »

DISCOURS, ORAISON. Énonciation des pensées par la parole. « Lorsqu'on exprime la proposition au dehors, cela s'appelle *oraison* ou *discours*. » Boss.

Discours vient du latin *discursus*, de *discurrere*, courir çà et là, de côté et d'autre : c'est que l'esprit de celui qui parle semble courir d'une idée à une autre. Cependant *discours* appartient au langage commun, dans cette acception comme dans toutes les autres, parce que *discursus* n'a pas le même sens en latin. *Oraison*, au contraire, traduit d'un mot latin *oratio*, qui signifie la même chose, est un terme technique, employé seulement par quelques grammairiens qui ont parlé latin avec leurs modèles et leurs guides. *Oraison* est totalement tombé en désuétude. Quand il se disait concurremment avec *discours*, il ne figurait que dans un petit nombre de locutions ; il était purement grammatical, et n'avait rapport qu'au matériel de l'énonciation, aux mots, au lieu que *discours* était plus intellectuel, se rapportait davantage aux idées, et était plutôt du ressort de la logique. Les parties de l'*oraison* ; un vice d'*oraison*. « Il y avait à gagner de dire *je sais que c'est un mal*, plutôt que *je sais ce que c'est qu'un mal*, par l'avantage qu'il y a souvent à avoir un mot de moins à placer dans l'oraison. » Labr. Mais il y a souvent désavantage ou inconvénient à placer un mot de moins dans le *discours*, parce qu'on s'expose ainsi à n'être pas clair. Dans ses *Remarques*, Vaugelas dit que la netteté du raisonnement est la partie essentielle du *discours*, et que l'adverbe est une partie de l'*oraison* qui veut toujours être proche du verbe. — Quelquefois nous nous servons encore d'*oraison*, uniquement pour éviter la répétition de *discours*. « Les conjugaisons et les déclinaisons sont les parties de l'*oraison* qui reviennent le plus souvent dans le *discours*. » Cond.

DISCOURS, PROPOS. Suite de paroles, de mots ou de phrases qu'on emploie pour exprimer ce qu'on pense.

C'est ce que signifie exactement *discours*, de *discursus*, action de courir et de s'étendre çà et là. Mais *propos*, ce qu'on *propose*, indique plutôt ce qu'on met en avant pour donner lieu à un *discours*, une thèse, en latin *propositum*. On dit proprement tenir un *discours*, et ouvrir un *propos*, jeter des *propos*, mettre un *propos* sur le tapis. « Je dis au régent (pour ce qui regardait le parlement) que, lorsqu'il m'en avait ouvert le *propos*, j'en avais toujours changé et évité d'entrer en aucun *discours* là-dessus. » S. S. Le *discours* est l'action ou le fait de discourir. Le *propos* a particulièrement rapport au sujet dont on *discourt* : aussi dit-on bien et presque indifféremment : à quel *propos* ? et à quel sujet ? sur quel *propos* et sur quel sujet en étiez-vous ? De *propos* en *propos* ou de sujet en sujet, nous sommes tombés sur telle ou telle chose. Le mot latin *propositum* signifie thèse et sujet. Reprendre son *discours*, c'est reprendre la parole pour continuer de parler ; reprendre son *propos*, c'est revenir à son objet, à ce qu'on s'était proposé de traiter en parlant. Ce qu'on considère dans le *discours*, c'est surtout la forme, et dans le *propos* la matière. Chez les Romains, le repas est appelé *convivium*, une assemblée de personnes qui conversent entre elles, qui tiennent des *discours* spirituels et agréables ; à la table de Caton les *propos* les plus ordinaires étaient des éloges des bons citoyens (Roll.).

Charles le Grand, Roland le très-sensé,
A ce *discours* ne savaient que répondre ;
Mais, du *propos* se croyant offensé,
Olivier dit.... Chén.

Les mauvais *discours* sont souvent qualifiés ainsi parce qu'ils pèchent contre le goût ou la logique ; mais c'est toujours contre la morale ou la charité que pèchent les mauvais *propos*. Un *discours* est parlé ou écrit, long ou court, direct ou indirect ; un *propos* est sage ou imprudent, doux ou dur, décent ou malhonnête.

Mais la différence la plus sensible et la plus importante pour l'application, c'est que *discours* est moins vulgaire que son synonyme et qu'il se prend moins volontiers en mauvaise part. « Quelques *discours* échappés à mon père dans sa colère et des *propos* de valets m'ont fait soupçonner cette raison. » Did. « Cette réponse partait d'une femme aussi modeste dans ses *discours* que dans ses manières, mais qui savait au besoin fouler aux pieds la fausse crainte du blâme et les vains *propos* des plaisants. » J. J.

Lettres, billets, chansons, menus-*propos*,
Discours pieux.... Crén.

Selon Delille, le discoureur aimable sait éviter également les *discours* ambitieux et les *propos* vulgaires. On tient des *discours* à Dieu lui-même (Pasc.), et Jésus-Christ nous en a laissé dans l'Évangile dont nous admirons la profonde sagesse (J. J.); mais c'est en conversation, avec familiarité, sans façon et sans gêne, que nous tenons des *propos*.

On entend par *discours*, employé absolument, des paroles en opposition à des effets ou à des réalités.

Nos vœux sur des *discours* ont peine à s'assurer....
Et je ne croirai rien, que vous n'ayez, madame,
Par des réalités su convaincre ma flamme. Mol.

Mais on appelle absolument *propos* de mauvais *propos*, des cancans, des caquets, des *discours* médisants : se permettre des *propos*, se mettre au-dessus des *propos*, on a tenu des *propos* sur son compte (Acad.).

DISSERTATION, MÉMOIRE. Ouvrages de l'esprit peu étendus ou portant sur un point, sur une partie de ce qui fait la matière ordinaire d'un *traité* (Voy. *Traité*; *Dissertation*).

La *dissertation*, latin *dissertatio*, est principalement érudite. Le *mémoire* n'a point du tout ce caractère. *Mémoire*, dans l'acception où il est considéré ici, est un mot du dix-huitième siècle, qui emporte pour idée accessoire que l'œuvre qu'il signifie contient des choses *mémorables*, dont on doit se souvenir, que c'est une œuvre à consulter, destinée à l'avenir. « Le principal but de nos Éloges est d'en faire un objet d'instruction pour nos lecteurs, et un recueil de *mémoires* sur l'état présent de la philosophie parmi nous. » D'Al.

Les *mémoires* des académies sont des opuscules recommandés par leur nom même à l'attention de la postérité. Mais ce sont proprement des *dissertations* qui composent les *mémoires* de l'Académie des inscriptions et belles-lettres. « L'Académie des belles-lettres s'est proposé de présenter au public un recueil de *Mémoires* remplis de recherches et de critiques curieuses.... On se serait fort bien passé de je ne sais quelle *dissertation* sur les prérogatives de la main droite sur la main gauche. » Volt. « Avant que d'entrer en matière, je me crois obligé d'avertir que, surtout dans ce qui regarde la poésie, je ferai grand usage de plusieurs *dissertations* contenues dans les *mémoires* de l'Académie des inscriptions et belles-lettres. » Roll. Les doctes font des *dissertations*; les savants, les hommes instruits ou versés dans une matière font des *mémoires*. « Il ne faut, pour décider cette question, ni *mémoire* ministériel, ni *dissertation* académique. » Bern.

DISSIMULÉ, SOURNOIS. Qui ne laisse pas apercevoir ce qu'il a dans l'âme, ses sentiments, ses desseins.

Dissimulé a été pris immédiatement du latin *dissimulatus*. Mais *sournois* tire-t-il aussi son origine du latin? Cela n'est pas vraisemblable ou tout au moins manifeste. De là la différence mise par l'usage et qu'il faut observer dans l'emploi de ces deux mots.

Dissimulé n'a rien que de relevé et pour le style et pour les personnages auxquels il convient. *Sournois*, au contraire, ne se dit bien qu'en conversation et en parlant de gens du commun ou même d'animaux. — Un courtisan *dissimulé* (Vert.); une servante *sournoise* (Mol.). — Dans la *Henriade*, Voltaire représente le pape Sixte-Quint comme

Violent, mais adroit, *dissimulé*, trompeur.

Et dans une épître familière du même écrivain au duc de Richelieu on lit :

Arrive Isis, dévote au maintien triste,
A l'air *sournois*.

— Suivant Labruyère, le plénipotentiaire est profond et *dissimulé*. Et suivant Delille, le chat et le renard sont *sournois*.

Et *sournois* dans son air, rusé dans son regard,
Qu'un projet d'embuscade occupe le renard.

Le *dissimulé* est proprement habile; le *sournois* rusé. *Dissimulé* emporte les idées de profondeur et de tromperie; c'est plutôt de la malice et de la moquerie qu'on attribue au *sournois*.

En outre, *dissimulé* se prend toujours au sérieux, au lieu que *sournois* est parfois un terme de badinage ou de plaisanterie. « Les premières impressions qu'on donne aux enfants dans la plupart des maisons sont presque toutes vicieuses ; on les voit arriver (dans celle-ci) menteuses, voleuses *dissimulées*.... Vous avez raison, ma chère fille, de trouver bon que je vous appelle *sournoise* (ma chère *sournoise*), car ces sortes d'injures sont en moi de si véritables marques d'amitié, d'inclination et de confiance, qu'on trouve bon ce que je dis. » Maint.

DIVIN, CÉLESTE. Relatif à la puissance d'en haut, à la puissance souveraine de laquelle tout dépend dans le monde, et les hommes et les choses.

Divin, de la *divinité*, exprime une relation à cette puissance elle-même; mais *céleste*, *cœlestis*, de *cœlum*, ciel, marque un rapport au lieu où cette puissance, suivant l'opinion commune, réside avec les bienheureux. « Que de *divines* consolations vont se répandre alors dans votre âme ! Les cantiques *célestes* des esprits qui sont autour du trône de Dieu solenniseront ce jour heureux. » Mass. « Conscience! instinct *divin :* immortelle et *céleste* voix ! » J. J.

Cette âme en crut ainsi la *divine* bonté....
Une *céleste* voix, d'elle seule entendue,
A sa douleur secrète aussitôt répondit. Corn.

Divin fait toujours penser à Dieu lui-même : le *divin* Platon ressemble à Dieu, est comme un dieu. Mais *céleste* ne rappelle quelquefois que les habitants du ciel en général, à savoir les anges : « Les Hilarion et les Antoine, ces hommes tout *célestes* et comme les anges de la terre. » Bourd.

Il s'ensuit que, quand les deux mots s'emploient hyperboliquement pour signifier quelque chose d'excellent ou de parfait, *divin* renchérit sur *céleste* : « Au lieu de ces plaisirs infâmes et criminels que le monde présentait aux saints, Dieu, dès cette vie, leur en a préparé d'autres tout *célestes* et tout *divins*. » Bourd.

D'ailleurs, *divin* est un terme positif et abstrait, au lieu que *céleste*, qui ne donne l'idée de la divinité que par figure, à l'aide de quelque chose de sensible, est plutôt une expression poétique et concrète. La colère *divine*, le *céleste* courroux. En prose nous disons d'ordinaire la puissance *divine*. Mais les poëtes parlent autrement :

Reconnaissons, amis, la *céleste* puissance;
Allons lui rendre hommage. Corn.

On admire la beauté *divine* de l'Évangile : « Il y a dans les vérités de notre religion une beauté *divine* qui les rend aimables. » Mass. Beauté *céleste* se dira mieux d'une beauté physique, apparente, de celle d'une femme, par exemple : « Ces femmes étaient deux monstres, *in puris naturalibus*, et j'en faisais (au moyen de ma pommade) des beautés *célestes*. » Les. Ce sont de *divines* lumières que les vérités du christianisme (Mass.), mais c'était une lumière *céleste* que la colonne de feu qui précédait les Israélites dans le désert.

DOGUE, MATIN. Noms de deux espèces de chien d'un naturel méchant, qui mordent et qu'on a coutume par conséquent d'employer à garder les maisons. « On demanda à Diogène quelle espèce de chien il était : Quand j'ai faim, dit-il, je tiens de la nature du lévrier, je caresse tout le monde, mais, lorsque je suis saoul, je tiens du *dogue*, je mords tous ceux que je rencontre. » Fén. « Un amant ! c'est une espèce d'animal soumis qui s'insinue auprès des filles en chien couchant, les mord en *matin*, et s'enfuit en lévrier. » Regn.

Le *dogue*, de l'anglais *dog*, chien, vient d'Angleterre comme son nom. C'est le chien le plus fort, le plus puissant, le plus féroce et le plus propre au combat. D'ordinaire on l'enchaîne à la porte de la maison qu'il garde; quelquefois on le fait combattre contre un animal de la même ou d'une autre espèce; les Espagnols l'ont fait servir à la destruction des premiers Américains qu'ils avaient découverts.

Ce loup rencontre un *dogue* aussi puissant que beau....
Attaché! dit le loup : vous ne courez donc pas
Où vous voulez? Laf.

« Près de la chambre où couchait Alexandre, tyran de Phères, était posté un gros *dogue* enchaîné pour y faire la garde. » Roll. « On voit à ses pieds un gros *dogue* d'Angleterre, les yeux enflammés, la gueule ouverte, les poils hérissés, dans l'attitude d'une rage prête à dévorer les actionnaires. » Bach. « On voit les ecclésiastiques s'attaquer et se battre, comme des *dogues* anglais, jusqu'à la mort. » Montesq. « L'ennemi de la maison de Tchao veut d'abord en faire périr le chef en lâchant contre lui un gros *dogue*. » Volt. « En Amérique, on allait à la chasse des hommes avec des chiens.... Ces malheureux sauvages étaient dévorés par des *dogues* et tués à coups de fusil. » Id. « Le *dogue* espagnol Bérécillo dévorait les Indiens de Saint-Domingue et avait la paye de trois soldats. » Champ.

Matin, en provençal et en vieux français *mastin*, désigne le chien d'un *mas*, c'est-à-dire d'une maison des champs, un chien de ferme ou de basse-cour, un chien de village, *canis villaticus*, rustre, mal bâti, vilain et de peu de prix. « On voit revenir le centaure accompagné de deux autres garçons de la ferme, tous trois armés de longs bâtons, et suivis de leurs *matins*. » Les. « Les chiens naturels du Canada ressemblent aux *matins* de moyenne grandeur de nos villageois. » Buff. Un gros *matin* de basse-cour (Bach.). Sous le rapport du cas qu'on en fait et quant à la beauté de la forme l'opposition entre le *dogue* et le *matin* est frappante : le *matin* est le dernier des chiens.

Tous les gens querelleurs, jusqu'aux simples *matins*,
Au dire de chacun, étaient de petits saints. Laf.

« Il ne faut pas chasser le sanglier avec les bons chiens courants destinés pour le cerf et le chevreuil; cette chasse leur gâterait le nez : des *matins* un peu dressés suffisent pour la chasse du sanglier. » Buff. « Le grand danois, le *matin* et le lévrier ne font que le même chien : le grand danois n'est qu'un *matin* plus fourni, plus étoffé; le lévrier, un *matin* plus délié, plus effilé, et tous deux plus soignés. » Id. Au reste, le *matin* sert à tout dans les champs ou dans les campagnes; il ne garde pas seulement les maisons, mais aussi les terres et les troupeaux. « Après avoir passé le jour à cultiver leurs terres, il faudra que mes vassaux passent la nuit à les garder; ils auront des *matins*. » J. J.

Ce berger n'avait vu d'autres gens qu'un ermite,
Son troupeau, ses *matins*, le loup, et puis c'est tout. Laf.

Quand on applique ces mots à des hommes, *dogue* les suppose d'un haut rang et féroces, au lieu que *matin* ne se dit que de ceux qui sont de bas étage, vilains et méprisés. « Le vieux duc d'Albe, exilé depuis deux ans, fut rappelé comme un *dogue* enchaîné qu'on lâche encore pour aller à la chasse. » Volt. « Il n'y a jamais eu dans le sérail de sultane si orgueilleuse de sa beauté que le plus vieux et le plus vilain *matin* ne l'est de la blancheur olivâtre de son teint, lorsqu'il est dans une ville du Mexique, assis sur sa porte, les bras croisés. » Montesq.

DOUX, AFFABLE, LIANT, COMPLAISANT. Disposé par nature ou par caractère à être bien ou dans de bons rapports avec les autres hommes.

Doux, du latin *dulcis*, est de tous ces termes le plus général, et il peut très-bien servir à définir les autres. On l'oppose à rude, fâcheux, sévère, violent, emporté, difficile à vivre.

Affable, de *fari ad*, parler à, se dit d'un homme qui parle à tout le monde, particulièrement à ses inférieurs, et qui par conséquent est doux dans son accueil ou dans son abord. « Cyrus, *affable* et d'un accès facile, sait descendre jusqu'au dernier de ses sujets sans s'abaisser. » Cond. « Son air était simple, sa physionomie spirituelle et son abord très-*affable*. » Montesq. » Respecter nos maîtres, souffrir nos égaux, être *affables* envers nos inférieurs. » Mass.

Liant, participe du verbe *lier*, se dit d'un homme qui est doux, non plus envers des inférieurs, mais envers des étrangers, qui forme aisément des liaisons, qui se familiarise vite. Si l'homme *affable* n'est pas fier, l'homme *liant* n'est pas sauvage. « Elle était *liante* et familière. » J. J.

« Necker n'était ni plus *liant* ni plus familier avec nous. » Marm. « Voyez comme Mme de Lafayette se trouve riche en amis ; ses enfants la remercient bien tous les jours de s'être formé un esprit si *liant*. » Sév.

Complaisant se dit d'un homme qui cherche à faire *plaisir* ou des *plaisirs*, qui se conforme, s'accommode ou acquiesce aux sentiments et aux désirs d'autrui. Sa douceur est une disposition non pas affectueuse seulement, mais effective, qui a pour caractère propre l'attention à rendre service, à tenir une conduite avantageuse à la personne qui en est l'objet, à lui agréer par des *complaisances*. « Combien d'esprit, de bonté de cœur, d'attachement, de services et de *complaisance* dans les amis...! » Labr.

DROIT, JURISPRUDENCE. Science des lois.

Droit est général, *jurisprudence* particulier. On dit le *droit*, le *droit* privé ou le *droit* public, et la *jurisprudence* de tel pays, notre *jurisprudence*. « Ces premières règles du *droit* naturel distinguent la *jurisprudence* romaine de toutes les autres. » D'Ag.

Droit regarde le fond, *jurisprudence* la forme. Qui sait le *droit* connaît bien les lois ; qui sait la *jurisprudence* est instruit de la manière dont on procède dans l'application des lois. Un roi doit étudier sérieusement le *droit* des gens et connaître assez les errements de la *jurisprudence* pour être facilement au fait quand on lui rapporte une affaire (Fén.). Sous Louis XIV, l'étude du *droit* se ranima ; la justice eut des lois fixes, et des règlements utiles, destinés à devenir la *jurisprudence* de tous les siècles à venir, furent publiés (Mass.). « Lorsque le *droit* romain fut traduit, lorsqu'il commença à être enseigné dans les écoles, lorsqu'un certain art de la procédure et qu'un certain art de la *jurisprudence* commencèrent à se former... » Montesq.

Ou bien, tandis que le *droit* est relatif au fond, à la matière, *jurisprudence* a rapport à la forme donnée à cette matière dans les ouvrages, dans les traités des jurisconsultes. « Lisez dans le manuel de Godefroy la suite et la liaison des titres du Digeste et du Code, non pour vous convaincre de la bonté de l'ordre de ces deux corps de *jurisprudence*, d'autant plus qu'on y a suivi deux plans différents, dont aucun n'est le naturel, mais pour vous donner une légère idée de toutes les matières du *droit*. » D'Ag. « Le traité de Duaren est une espèce d'abrégé du *droit* canonique, et sa principale utilité sera de vous apprendre à bien parler latin dans cette *jurisprudence* dont le style ordinaire est bien éloigné de la pureté et de la propriété de celui des jurisconsultes romains. » Id. La connaissance du *droit* rend capable de résoudre toutes les questions de *droit* ; la connaissance de la *jurisprudence* familiarise surtout avec les livres, les termes, les formules, les aphorismes de *jurisprudence*.

DUR, IMPITOYABLE, INHUMAIN. Qui ne s'émeut pas des maux des autres, qui y est insensible.

Dur, sans tendresse, qui n'est pas aisément pénétré, affecté, exprime l'idée commune de la manière la plus faible et la plus vague. Aussi ce mot ne s'emploie guère qu'avec un autre qui le suit et le détermine : *dur* et impitoyable, *dur* et inhumain, *dur* et farouche, *dur* et sauvage, *dur* et sévère. Être *dur* envers quelqu'un, c'est simplement manquer pour lui de tendresse et de douceur, c'est n'être pas facile à intéresser en sa faveur. Un tyran est *impitoyable*, ou *inhumain* ; le qualifier de *dur*, ce serait dire trop peu.

Impitoyable, inaccessible à la pitié, exprime un défaut individuel de sensibilité, lequel n'est pas toujours moralement condamnable. « A force de voir mourir et souffrir, les prêtres et les médecins deviennent *impitoyables*. » J. J. Dans tous les cas, qu'un homme soit *impitoyable*, cela dépend de sa constitution sensible.

Inhumain, sans humanité, désigne un défaut moral qui consiste à ne pas regarder les autres hommes comme nos semblables, à ne pas éprouver pour eux ce sentiment de fraternité qui nous lie tous les uns aux autres.

Impitoyable se dit bien de l'âme et du cœur, mais non pas *inhumain*. *Inhumain* se dit seul, à son tour, des principes et des doctrines funestes à l'humanité. Pascal reproche aux jésuites de professer des opinions *inhumaines*.

Un tyran *impitoyable* n'a pas d'entrailles, n'est touché du spectacle d'aucune misère ; c'est un monstre de nature. Un tyran *inhumain* dédaigne les hommes, ne respecte rien de ce qui leur est dû, les traite comme n'étant pas de la même espèce que lui ; c'est un monstre moral. Il en est de même à peu près d'un riche *impitoyable* par rapport à un riche *inhumain* : tous deux manquent de charité, l'un parce qu'il n'éprouve pas de pitié pour les pauvres qu'il voit souffrir, l'autre parce qu'il n'a pas d'amour pour les hommes.

Un homme cruel et un homme qui se venge sont généralement *impitoyables*. On est généralement *inhumain* dans les siècles de barbarie ; les Spartiates étaient *inhumains* envers les Ilotes.

Traiter *durement*, c'est traiter sans ménagement, avec brutalité. Traiter *impitoyablement*, c'est traiter sans se laisser attendrir. Traiter *inhumainement*, c'est traiter comme on ne traite pas un homme, sans se laisser émouvoir par l'idée et le sentiment de ce qui est dû à l'humanité.

E

ÉBRANLEMENT, COMMOTION. Mouvement produit dans une chose par un coup.

Ébranlement marque plutôt un effet, et *commotion* un fait : l'un se rapporte à l'état de la chose *ébranlée*, c'est-à-dire mise hors d'une ferme assiette, menacée de chute ou de ruine ; l'autre représente une action, l'agitation de la chose dans toutes ses parties. On dit, en ayant égard au résultat, l'*ébranlement* des dents (Acad.), et en portant son attention sur la cause, la *commotion* du canon (Buff.). Il se peut par conséquent que l'*ébranlement* provienne d'une *commotion* : c'est ainsi que l'*ébranlement* des édifices est souvent dû à ces sortes de *commotions* qu'on appelle des tremblements de terre.

D'autre part, au lieu que l'*ébranlement* peut être faible, la *commotion* (de *movere cum*, mouvoir ensemble, entièrement, de tous côtés) est essentiellement violente et totale. « Les causes qui peuvent occasionner des *commotions* et des *ébranlements* violents se trouvent plus rarement dans la nature que celles qui produisent des mouvements doux et des effets modérés. » Buff. « Voilà ce qui excita (contre Voltaire) ces clameurs insensées, qui, au milieu de la multitude qui n'examine point, produisirent une *commotion* si vive et presque universelle, qui ne se calma qu'avec le temps, mais qui n'est aujourd'hui qu'un *ébranlement* faible et sourd, comme le murmure des flots qui fait souvenir de la tempête. » Lah.

Il est à remarquer enfin qu'*ébranlement* convient mieux en parlant de quelque chose de simple, et que *commotion*, emportant l'idée de multiplicité et d'ensemble, est préférable par rapport à quelque chose de complexe : l'*ébranlement* d'un nerf ou d'une corde (Boss.); une *commotion* du cerveau, la *commotion* universelle du monde à la fin des siècles (Id.).

ÉCHANTILLON, ESSAI. Partie qu'on présente d'une chose pour faire juger du reste.

Échantillon se dit de quelque chose qui est, des objets, et, par exemple, en parlant d'étoffes, de minéraux, etc. « Cette pierre dont on n'a que de petits *échantillons* est chatoyante. » Buff.

Là sortit de la mine un riche *échantillon*. Del.

« Arlequin l'autre jour portait une grosse pierre sous son petit manteau; on lui demandait ce qu'il voulait faire de cette pierre; il dit que c'était un *échantillon* d'une maison qu'il voulait vendre. » Sév. » Ces Calmouks sont élevés chez les seigneurs russes comme pour conserver un *échantillon* de ces Tartares que les Esclavons ont vaincus. » Staël. — Mais *essai* suppose quelque chose qui se fait, il s'emploie quand il est question d'actions ou d'événements. « Les Romains ne regardaient tous les avantages qu'ils avaient remportés jusqu'ici que comme des *essais* et des préparatifs pour une grande entreprise qu'ils avaient dans l'esprit. » Roll. « C'est une grâce que je vous demande, et je la recevrai comme un *essai* de l'amitié que je veux qui soit entre nous. » Mol.

Tout ce que j'ai souffert....
N'était qu'un faible *essai* des tourments que j'endure.
Ils s'aiment! (*Phèdre*.) Rac.

Ensuite, *échantillon* convient mieux à l'égard des choses faites ou actuelles, et *essai* par rapport à celles qui ne sont encore qu'en puissance, qui sont à faire ou à venir. Psyché souhaite que ses parents, avant de mourir, voient au moins un *échantillon* des douceurs et des avantages dont elle jouit (Laf.); et, d'autre part, on lit dans Bossuet : « Jésus-Christ nous a apporté un commencement de la gloire dans le bienfait de la grâce, un *essai* de la vue de Dieu dans la foi, un gage et une partie de la félicité dans l'espérance. »

Par l'*échantillon* on juge de ce qui a été fait, c'est un fragment : « Cet *échantillon* du système de Burnet suffit pour en donner une idée. » Buff. Par l'*essai* on juge de ce qui sera ou pourra être fait, c'est comme une esquisse ou un prélude. « Les Bucoliques de Virgile firent entrevoir ce qu'on pourrait attendre de sa plume.... Mécène, qui avait senti tout le mérite du poëte par l'*essai* qu'il venait d'en donner, l'engagea à entreprendre un nouvel ouvrage, plus considérable que le premier. » Roll.

ÉCLAIRCIR, DÉMÊLER, DÉBROUILLER. Faciliter la connaissance d'une chose obscure.

On *éclaircit* ce qui est obscur; on *démêle* et on *débrouille* ce qui est obscur par mélange ou embarras, c'est-à-dire confus. On *éclaircit* une chose en la mettant dans son vrai jour ou en y répandant de la lumière. « Les curiosités de l'histoire ou des généalogies, ou celles des rits judaïques, peuvent servir à *éclaircir* l'Écriture. » Boss. On *démêle* et on *débrouille* une chose, une affaire, par exemple, en la séparant d'autres qui sont avec elle ou au milieu desquelles elle est. *Éclaircir* ne donne idée que d'une seule chose; *démêler* et *débrouiller* font concevoir une complication de choses à distinguer, un dégagement à faire.

On *démêle* ce qui est *mêlé*, croisé, entrelacé, embarrassé, comme des cheveux. Dans la plupart des procès, les droits des parties sont difficiles à *démêler* (Fléch.). On *débrouille* ce qui est *brouillé*, confondu ou fondu ensemble; au propre, on dit *brouiller* des œufs, *brouiller* plusieurs vins les uns avec les autres. *Débrouiller* semble donc annoncer dans les choses une plus grande confusion ou un plus grand désordre : Dieu *débrouilla* le chaos. Et en général ce qu'on *débrouille* est toujours un chaos ou une sorte de chaos. « Hermagoras *débrouille* le chaos des deux empires, le Babylonien et l'Assyrien. » Labr.

Ma jalousie, à tout propos,
Me promène sur ma disgrâce;
Et plus mon esprit y repasse,
Moins j'en puis *débrouiller* le funeste chaos.
(*Amphitryon*.) Mol.

« Corde-moi a le premier *débrouillé* le chaos des deux premières races des rois de France. » Volt. « *Débrouiller* les questions les plus abstraites et les plus embarrassées. » Roll.

« Quand l'intrigue d'une pièce est bien faite, elle se *démêle* toute seule; quand elle est mal faite, elle a bien de la peine à se *débrouiller*. » Cond. « On *démêle* une question qui n'a d'autres difficultés que celles qui naissent du fond du sujet, et cela se fait en développant exactement et avec ordre toutes les parties. On la *débrouille* lorsqu'elle a été obscurcie par ceux qui l'ont traitée, et cela demande beaucoup de critique. » Id. « Il est très-difficile de *démêler* comment le platonisme se fondit peu à peu dans le christianisme; vous n'y trouvez plus qu'un chaos de disputes que dix-sept cents ans n'ont pu *débrouiller*. » Volt. Un bon avocat est habile à *démêler* les affaires (Boss.), et à *débrouiller* le chaos d'incidents et de procédures dont les causes sont quelquefois enveloppées (Fléch.).

EFFET, IMPRESSION. Termes d'esthétique, dont on se sert pour marquer ce qui résulte de l'action des objets sur notre âme.

Effet se rapporte aux objets, il est par conséquent objectif; *impression* se rapporte à l'âme ou au sujet, il est, à proprement parler, subjectif. On dit d'une chose qu'elle a eu son *effet*, et d'une personne qu'elle a reçu telle ou telle *impression*. Une chose fait son *effet*; elle nous fait peu ou beaucoup d'*impression*. Il y a des spectacles dont l'unique *effet* est de faire et de laisser en nous des *impressions* funestes (Bourd.). Quand l'*effet* théâtral est bien amené, il nous cause des *impressions* vives et profondes. « On concevrait mieux l'*effet* de la peinture et de la musique, si l'on pouvait se figurer les *impressions* dont notre âme serait susceptible avant qu'elle connût la parole. » Staël. « Il faudrait, pour comprendre tout l'*effet* de cet admirable tableau de *Wilhem Meister*, en rapporter chaque détail.... La jalousie, cette *impression* trop forte pour les jeunes organes de Mignon, brise la pauvre enfant. » Staël.

Comme ces deux mots sont relatifs, savoir l'*effet* à l'objet, à la chose qui agit, et *impression* à la personne vers laquelle tend ou est dirigée l'action, on dit plutôt causer ou produire un *effet*, et recevoir ou éprouver une *impression*. Suivant Pascal, on ne sort guère de la comédie sans désirer causer les mêmes *effets* qu'on a vus si bien représentés; c'est à quoi on a été préparé par les *impressions* qu'on a reçues. » On sent dans la plupart des ouvrages des Français que leur principal but est l'*effet* qu'ils produisent.... En Allemagne, on juge d'un ouvrage par l'*impression* qu'on en reçoit. » Staël.

Consultez donc l'*effet* que votre art veut produire;
Et ces flots, toujours prompts à se laisser conduire,
Vont vous offrir, plus lents ou plus impétueux,
Des tableaux gais ou fiers, grands ou voluptueux.
Tableaux toujours puissants! Eh! qui n'a pas de l'onde
Éprouvé sur son cœur l'*impression* profonde? Del.

EFFRAYER, ÉPOUVANTER, EFFAROUCHER. Causer une grande peur.

Effrayer, c'est frapper de frayeur ou d'effroi, jeter dans un état de stupeur et d'immobilité. « Sans rien répliquer et sans rien dire, qu'aurons-nous à faire autre chose que de demeurer dans un triste et morne silence, confus, interdits, *effrayés*? » Bourd. « Quand la colère de Dieu tonnait, qu'elle t'*effrayait*, qu'elle te consternait, c'était une colère de pardon. » Id. « J'encourageai les matelots *effrayés*, je leur fis abaisser les voiles. » Fén. « Elle eut une nouvelle joie de découvrir *effrayés* du ton absolu que le roi avait pris, découragés et persuadés que ce serait se perdre inutilement que de tenter plus rien. » S. S.

Épouvanter et *effaroucher* annoncent la production d'un tout autre effet, qui est, non pas une disposition passive, un abattement, mais une disposition active, un empressement à fuir.

Mais on *épouvante* en disposant à fuir plein de trouble, tout éperdu, comme une armée en déroute. « Un sanglier ravageait les campagnes. Les laboureurs *épouvantés* se réfugiaient dans leurs villages. » Fén. « Les beaux-arts se refugiaient autour de Minerve, étant *épouvantés* des fureurs brutales de Mars qui ravage tout, comme les agneaux bêlants se réfugient sous leurs mères à la vue d'un loup affamé! » Id.

Le flot qui l'apporta recule *épouvanté*. Rac.

On *effarouche* en disposant à fuir tout farouche ou furieux comme un bœuf échappé de l'abattoir et mis en furie par la menace du coup mortel. Contenir un peuple *effarouché* (Volt.); un pays mécontent et *effarouché* d'une domination (Id.); un livre qui *effarouche* les dévots (J. J.) leur inspire une peur qui les excite, qui les soulève contre l'auteur. « On se laisse *effaroucher* contre toutes les personnes dont les rapporteurs veulent rendre suspectes. » Fén. « Le roi *effarouché* de la proposition lui avait demandé d'un air sévère et rengorgé ce qu'il lui voulait. » S. S. « Au Japon, des âmes partout *effarouchées* et rendues plus atroces (par la sévérité des peines) n'ont pu être conduites que par une atrocité plus grande. » Montesq. « Les cris effrayants de l'armée ennemie, joints à une grêle de traits, *effarouchaient* les éléphants, les mettaient en fureur, et souvent les obligeaient de se tourner contre leurs propres troupes. » Roll.

ÉGAL, INDIFFÉRENT. Qui est de même valeur, et non pas d'une valeur plus grande.

Égal se dit quand il est question de choses. « Il y avait déjà longtemps que toutes les saisons étaient devenues *égales* pour les soldats de Charles XII et pour ceux du czar. » Volt. « A l'exception de vous, toute femme m'est *égale*: brune, blonde, petite ou grande, tout cela revient au même. » Mariv.

Mais *indifférent* est le terme propre quand on parle d'actions. « Il m'est *indifférent* d'aller là ou ailleurs. » Acad. « Tiens, une bonne fois pour toutes, demeure, va-t-en, reviens, tout cela doit m'être *indifférent*, et me l'est en effet. » Mariv.

« Je crois qu'entre toutes les choses *égales*, et dont le choix était *indifférent*, le Verbe n'a point dirigé la volonté humaine et n'a fait que consentir à son choix. » Fén. « Je sais que tous les lieux sont *égaux*, et qu'il est fort *indifférent* de mourir sur les bords de l'Elbe ou du Rhin. » Volt.

Dire qu'un homme est tel que tout lui est *égal*, cela signifie que rien ne l'affecte, qu'aucune chose n'est pour lui plus agréable ou plus désagréable qu'une autre: « Birton, à qui tout était *égal*, montrait une gaieté évaporée. » Volt. Mais, si un homme est tel que tout lui soit *indifférent*, cela revient à dire qu'il n'est pas plus porté à faire une chose qu'à en faire une autre: « Un bon domestique suit son maître à droite, à gauche, vite et lentement; il descend, il monte; il sort, il rentre: tout lui est *indifférent*, pourvu qu'il obéisse. » Fén.

ÉLOIGNÉ, LOINTAIN, RECULÉ. Qui est à une grande distance.

Éloigné et *lointain*, *esloingné* et *loingtain*, ont le même radical, *loin*, du latin *longè*. Mais le premier est un participe pris adjectivement, et le second un adjectif à terminaison significative. Ce qui est *éloigné* a été placé et se trouve loin ; ce qui est *lointain*, selon le sens de la terminaison *ain*, vient de loin ou est relatif à ce qui est loin. On dira donc un pays ou un temps *éloigné*, mais on dira, en employant exclusivement *lointain*, des boissons *lointaines* (J. J.), couvrir sa table de charognes *lointaines* (ID.), un commerce *lointain* (Sév.), des courses *lointaines* (Buff.), des entreprises *lointaines* (Volt., Bern.), des guerres *lointaines* (Montesq., Lah.).

Et quand *lointain* se joint aux mêmes substantifs qu'*éloigné*, quand on s'en sert en parlant des lieux, par exemple, il est plus vague ; et c'est pourquoi, à la différence d'*éloigné*, il se place très-bien avant le substantif comme épithète sans pouvoir se mettre à la fin d'une proposition comme attribut. On dit qu'un pays ou un village est *éloigné*, *éloigné* de tant de lieues ; mais on dit la *lointaine* Afrique (Staël.), un *lointain* rivage (Del.), entreprendre un voyage en *lointain* pays (Laf.), porter quelque chose dans un *lointain* village (Regn.). C'est la même distinction qu'entre *proche* et *prochain* (Voy.).

Des pays ou des peuples *éloignés* sont à une grande distance, il est vrai, mais à une distance néanmoins certaine ; des pays ou des peuples *lointains* sont à une distance indéterminée, incertaine, dont on n'a pas d'idée, et par conséquent très-grande. D'où il suit que *lointain* renchérit sur *éloigné*. « Jonas s'embarque à Joppé pour aller à l'autre extrémité du monde ; car on convient que Tharsis était extrêmement *éloignée* du côté de l'Occident. Il ne faut pas se persuader que le saint prophète crût que Dieu ne le verrait plus lorsqu'il irait dans les terres *lointaines*. » Boss. « La distance des lieux nous fait recevoir tout ce que les diverses relations nous apprennent des pays *lointains*.... Moins rebutés par la barbarie des coutumes de peuples si *éloignés* que réjouis par leur nouveauté.... » Labr. « D'où vient que vous ne voyez dans un avenir *lointain* que le petit marquis (qui doive être en place) ? Je ne sais si c'est que j'ai peu de part à cet avenir si *éloigné*, mais j'avoue que.... » Sév.

Reculé signifie éloigné et retiré, éloigné et mis à l'écart ou hors de la portée, difficilement accessible ou pénétrable. « Elle voudrait trouver, dans quelque province *reculée*, un petit asile. » J. J. « Edwards a pensé que les bécasses allaient toutes dans les contrées plus *reculées* du Nord : apparemment il n'était pas informé de leur retraite aux montagnes. » Buff. « Il n'y aurait point de pays où les bêtes attaquassent les hommes ; on ne trouverait plus d'animaux féroces que dans les forêts *reculées*. » Fén. « Fuyez, mon bien-aimé.... Je ne puis souffrir la foule ; fuyez vite dans des lieux écartés et sur les montagnes les plus *reculées*. » Boss.

Va chercher un asile en des bords *reculés*. Del.

« Ceux qui vivent loin de vous (Grands de la cour), dans les provinces les plus *reculées*, conservent encore du moins quelque reste de l'ancienne simplicité. Mais plus les pays se rapprochent de vous, plus l'innocence s'altère. » Mass. On le voit, un pays *reculé* est un asile, une retraite, un lieu mis à l'abri de certaines choses.

Pareillement, les temps les plus *reculés* sont ceux jusqu'où s'étendent et pénètrent le plus difficilement les recherches de l'érudition. « Les médailles ont servi souvent à éclaircir ou à constater les faits et les époques des siècles les plus *reculés*. » Labr.

ÉLOIGNEMENT, LOINTAIN. Ce qu'il y a d'espace devant nous, à une grande distance : apercevoir quelque chose dans l'*éloignement* ou dans le *lointain*.

Éloignement, état résultant de l'action d'éloigner, marque une distance grande, mais déterminée pourtant et certaine. *Lointain*, ce qui est *lointain*, c'est-à-dire relatif à quelque chose d'éloigné, suppose, au contraire, une distance indéfinie et vague.

« Jusqu'ici nous n'avons considéré Dieu que dans une espèce de *lointain* qui nous présentait un grand spectacle, mais dont l'*éloignement* confondait un peu la perspective. » P. A. Le *lointain* est toujours un *éloignement* tel, que la perspective y est confuse ou confondue.

Ce qu'on aperçoit dans l'*éloignement* se voit et se reconnaît sans peine. « Ils eurent soin de me placer dans un endroit d'où je pouvais aisément avoir le spectacle de toutes les courses et celui de la rivière, avec la vue de Londres dans l'*éloignement*. » Volt. « Qu'on regarde des prés couverts de gens qui fanent et chantent, et des troupeaux épars dans l'*éloignement* ; insensiblement on se sent attendrir. » J. J. « Quel spectacle ! quel moment que celui où le jeune Égisthe paraît dans l'*éloignement* levant au ciel ses mains chargées de chaînes ! » Lah. « Les Athéniens et les Spartiates prévoyaient l'orage qui se préparait dans l'*éloignement*. » Cond. « Je vois la mer dans l'*éloignement*. » Thom. « Cet arbrisseau exhale dans l'*éloignement* une odeur agréable. » Bern. — Mais ce qu'on aperçoit dans le *lointain* se voit à peine, se perd dans les nues ou est incertain. « Je ne peux me lasser des vingt lieues de beau lac, de cent jardins, des campagnes de la Savoie, et des Alpes qui les couronnent dans le *lointain*. » Volt. « Je regarde fort loin par un petit trou un homme posté sur un toit ; le *lointain* et le peu de rayons m'empêchent d'abord de distinguer si c'est un homme. » Id. « Vous voyez les choses de près, et je les vois dans un *lointain* qui les défigure. » Id. « Sédaine indique plus qu'il ne développe. Tel est ici l'amour de ce jeune homme et de Victorine, qui n'est aperçu que dans le *lointain*. » Lah. « Une récompense promise en argent est très-puissante, mais la moitié de sa force se perd dans le *lointain* de l'avenir. » J. J. « Le duc de Noailles voyait derrière moi M. le duc d'Orléans, M. de Beauvilliers, peut-être Monseigneur le Dauphin dans le *lointain*, et à tout hasard il avait envie de me ramasser par le chemin. » S. S. « Ces ténèbres qui bordent l'horizon dans le *lointain* semblent donner l'idée d'un espace inconnu. » Staël. « La mort de l'orateur (Bossuet) jetée par lui-même dans le *lointain*, et comme aperçue par les spectateurs,.... » Thom.

En termes de peinture *lointain* est l'expression consacrée, parce que dans les tableaux les objets éloignés sont représentés d'une manière indécise et indistincte, environnés d'une lumière vaporeuse. « Le Titien peint des montagnes escarpées et des *lointains* qui s'enfuient dans l'horizon. » Fén. « Les *lointains* de Vernet sont vaporeux. » Did.

ÉLOQUENCE, ÉLOCUTION. Don de la parole, talent de s'exprimer.

L'*éloquence* est d'un homme éloquent, qui est éloquent; l'*élocution* est d'un homme qui parle éloquemment, qui se montre éloquent. Avec de l'*éloquence* on est puissant, et avec de l'*élocution* on brille : ce qu'on considère dans l'une, c'est la force, et dans l'autre, c'est la forme ou l'éclat. « C'est aux écueils que rencontre l'*éloquence*, qu'elle heurte et qu'elle franchit, c'est au détroit où ses flots se resserrent et redoublent de force et d'impétuosité, c'est là qu'elle se fait connaître, et perd le nom d'*élocution* pour prendre celui d'*éloquence*. » Marm. « Parmi les causes de l'illusion on compte les prestiges de l'*éloquence*, la pompe et l'élégance de l'*élocution*. » Id.

L'*élocution* est donc une partie de l'*éloquence*, celle qui regarde l'expression, la manifestation des pensées, ou c'est une *éloquence* tout apparente, qui consiste presque toute dans les paroles, comme est celle d'Isocrate et de Fléchier. « On peut être *éloquent* en quelque langue et en quelque style que ce soit, parce que l'*élocution* n'est que l'écorce de l'*éloquence*. » D'Al. Dans un projet de l'Académie française, lequel devait servir de préface à ses statuts, M. Faret disait que « l'*élocution* n'était pas à la vérité toute l'*éloquence*, mais qu'elle en faisait une fort bonne et fort considérable partie. » Pell.

EMBRASSER, ÉPOUSER. Pris au figuré, ces deux verbes signifient également s'attacher par choix à quelque chose; en sorte qu'il semble qu'on puisse dire indifféremment, par exemple, *embrasser* et *épouser* un parti, des intérêts, des sentiments, des opinions, une secte. Cependant ils n'équivalent pas tout à fait l'un à l'autre.

Embrasser marque plutôt le choix, et *épouser* l'attachement, le premier la détermination du sujet, et le second l'état qui s'ensuit. En effet, qu'un jeune homme *embrasse* une jeune fille, c'est un commencement, une déclaration, un témoignage de préférence; mais qu'il l'*épouse*, c'est le comble de l'union, c'est, en fait d'engagement, quelque chose d'achevé. *Embrasser* l'intérêt ou les intérêts de quelqu'un, c'est donc se déclarer pour lui. Esther dit à Dieu :

J'attendais le moment marqué dans ton arrêt
Pour oser de ton peuple *embrasser* l'intérêt;
Ce moment est venu. Rac.

Mais *épouser* l'intérêt ou les intérêts de quelqu'un, c'est soutenir constamment sa cause ou être disposé à le faire. « Il m'a fait une fatigante lecture de toutes les méchantes plaisanteries de la gazette de Hollande, dont il *épouse* les intérêts. » Mol. On *embrasse*, c'est-à-dire qu'on entreprend la défense de quelqu'un; *épouser* la défense de quelqu'un est une façon de parler inusitée.

Ensuite *embrasser* exprime une action réfléchie, faite avec discernement et calme, et de là vient qu'on dit *embrasser* une doctrine, une maxime, un avis, une religion, un état, un certain genre d'études. Au contraire, on n'*épouse* qu'avec une ardeur passionnée, et ce qui le prouve, c'est qu'*épouser* s'emploie seul pour signifier partager la passion ou les passions de quelqu'un. « Sans la probité, l'orateur *épouse* la passion et les haines de ceux pour qui il parle. » Labr.

Il fallut *épouser* les passions du frère. Corn.
Il y va d'*épouser* la haine jusqu'au bout,
D'en suivre la furie. Id.

Je deviens parricide, assassin, sacrilège;
Pour qui? Pour une ingrate à qui je le promets,
Dont j'*épouse* la rage.
(Oreste, dans *Andromaque*.) Rac.

Vous qui de l'hérésie *épousant* les fureurs.... L. Rac.

On *embrasse* proprement un parti (J. J., S. S., Cond., Roll.), et on *épouse* une faction (Volt.) ou une querelle (Bourd., S. S., Cond.). « Il ne restait à Philippe de Macédoine qu'à *embrasser* le parti des Thébains.... Il résolut d'*épouser* la querelle de Thèbes contre les Phocéens. » Roll. Que si toutefois on peut dire *épouser* un parti, c'est quand on s'y attache avec la même chaleur que si c'était une faction. Et réciproquement, ce ne sera pas absolument une faute de dire *embrasser* une querelle, pourvu qu'il soit question d'y entrer après examen et avec modération, et non pas d'une manière emportée.

ÉMINENCE, MONTICULE, TERTRE. Élévation peu considérable et isolée.

Éminence vient du latin *eminere*, sortir de, être proéminent, saillant, s'élever au-dessus, surpasser. C'est pourquoi l'*éminence* est relative; elle fait penser à la plaine du milieu de laquelle elle sort ou surgit comme une saillie, comme un relief dirigé de bas en haut. « Le flot avait déjà couvert toute la campagne qui était autour du fleuve, et il ne paraissait plus que quelques *éminences*, comme de petites îles. » Vaug. « La terre et la mer y sont mêlées (en Chine) de façon qu'il paraît évidemment que c'est un pays inondé duquel on ne voit plus que les *éminences* et les terres élevées. » Buff. « De cette façon, le sommet des montagnes se sera trouvé à découvert. C'est ce que nous appelons des pics ou des cornes de montagnes, et ce qui a formé toutes ces *éminences* pointues qu'on voit en tant d'endroits. » Id. Toutes les élévations du globe, considérées comme des aspérités qui en diversifient la surface, s'appellent des *éminences*: « On peut dire qu'en général les plus grandes *éminences* du globe sont disposées du nord au sud. » Buff. — L'*éminence* est aussi relative aux objets environnants; elle les surmonte, les domine ou menace. « *Épipole* était une hauteur hors de la ville (de Syracuse) et qui la commandait.... Au bas de cette *éminence* était une célèbre prison appelée les Carrières. » Roll. « Il aperçut un château magnifique situé sur une petite *éminence* qui régnait dans la plaine. » Les. « Le prince de Condé attaqua le camp de Merci, retranché sur deux *éminences*. » Volt. « Ces gendarmes se couchaient sur le ventre, sans éviter le canon qui les voyait d'une *éminence*. » Boss. « Valère fut soupçonné d'affecter la tyrannie à cause d'une maison qu'il faisait bâtir sur une *éminence*. » Id.

Le *monticule* et le *tertre* sont absolus, et non pas relatifs.

Mais le *monticule* est composé de toutes sortes de matières. « Si la mer, par son flux, avait d'abord fait un petit *monticule* de quelques pieds de sable, j'ai grand'peur que le reflux n'eût détruit ce que le flux aurait formé. » Volt. « M. le chevalier Hamilton m'a dit avoir vu plusieurs *monticules* composés de grosses masses de pierres calcaires, qui ont été évidemment soulevées par diverses explosions causées par des vents souterrains. » Buff. « Elle paraît s'étendre (cette mine de charbon) dans toute la base du *monticule* qui la renferme. » Id.

Le *tertre* est toujours de terre comme la terrasse. « Les taupes élèvent ensuite un *tertre* pardessus (la voûte de leur souterrain).... Leurs petits se trouvent à couvert de la pluie par la voûte qui recouvre le *tertre* sur lequel ils reposent. Ce *tertre* est percé tout autour de plusieurs trous en pente. » Buff. « Je m'asseyais sur les terrasses et les *tertres* pour parcourir des yeux le superbe et ravissant coup d'œil du lac et de ses rivages. » J. J. « Il fallait élever autour de cette vaste enceinte des *tertres* de gazon. » Staël.

EMPIÉTER, ANTICIPER. S'étendre au delà de ce qu'on a, pour prendre davantage.

« On *empiète* sur les choses des autres, on *anticipe* sur celles qui sont à soi. » Cond.

On *empiète* dans le sens de l'espace, en prenant à côté, en mettant le *pied en*, dans ou sur une propriété voisine, en usurpant. « Ces cités étant voisines, elles cherchent l'occasion d'*empiéter* les unes sur les autres. » Cond. « Les grammairiens *empiétaient* quelquefois sur ce qui appartenait à la rhétorique. » Roll. « Donner à l'Angleterre une longue occupation domestique, qui la mît hors d'état de songer au dehors et d'*empiéter* encore sur le commerce d'Espagne et le nôtre. » S. S. — On *anticipe* (*ante capere*, prendre avant ou d'avance) dans le sens du temps, en prenant d'avance sur ce qu'on doit avoir. « L'homme prévoit la durée et la suite de la douleur; il *anticipe* sur le mal à venir. » Marm. « Un jeune homme trouve à Paris la pernicieuse facilité d'*anticiper* sur sa fortune. » Id. « Les revenus paraissaient toujours engagés d'avance; et pour le courant d'une année on *anticipait* sur une autre. » Cond.

Il se logea, meubla comme un riche homme,
Anticipant tous les jours sur la somme
Qu'il ne devait consumer qu'en dix ans. Laf.
Et, la bêche à la main, la pénitence en deuil
Anticipe la mort et creuse son cercueil. Del.

Q e si toutefois *anticiper*, contre son étymologie, signifie aussi prendre à côté, au dehors, chez autrui, c'est abusivement, et ce mot alors semble conserver au moins ceci de particulier, qu'il n'emporte aucune idée d'injustice, de dommage causé à quelqu'un. « Si la mer *anticipe* sur les plages de l'Occident, elle laisse à découvert celles de l'Orient. » Buff. « La justice (de Dieu) ne prend jamais rien sur les droits de la bonté. La bonté, au contraire, *anticipe* quelquefois sur ceux de la justice, car par le pardon elle s'étend même sur ses péchés. » Boss.

EMPOISONNER, ENVENIMER. Ces verbes désignent une action par laquelle on altère gravement certaines choses, une plaie, des discours, etc.

Empoisonner dit plus qu'*envenimer*, car ils signifient donner ou mettre, savoir *empoisonner* du *poison*, c'est-à-dire quelque chose qui tue, et *envenimer* du *venin*, c'est-à-dire quelque chose qui est propre à tuer. On *empoisonne* une plaie en la rendant mortelle; on l'*envenime* en l'excitant, en l'irritant, en la rendant simplement plus vive et plus difficile à guérir.

Empoisonner n'est pas seulement plus fort quant à l'effet, mais aussi quant à la cause. Des discours *empoisonnés* supposent de la part de celui qui les défigure en les rapportant plus d'art et d'invention que des discours *envenimés*. Fénelon écrit à Bossuet : « Qu'est-ce donc qui sera secret, si vous refusez ce nom à un écrit où je parle si naïvement sur des choses que vous *empoisonnez* avec tant d'art? » Et, d'un autre côté, Voltaire dit, dans une lettre à Mme du Deffand : « Si on vous lit devant le monde ces petites pièces innocentes et gaies, est-il bien sûr que ce monde ne les *envenimera* pas? La société de Paris a-t-elle d'autres aliments que la médisance, la plaisanterie et la malignité? » S'il suffit d'être médisant pour *envenimer* les choses et les paroles, on ne les *empoisonne* guère sans aller jusqu'à la calomnie.

EMPOISONNER, INFECTER. Figurément, au sens moral, ces deux verbes signifient corrompre.

On *empoisonne* par des conseils, en enseignant des idées, des doctrines dont on n'est pas soi-même pénétré, en faisant naître des sentiments qu'on n'éprouve pas soi-même. « Ses maîtres avaient *empoisonné* par la flatterie son beau naturel. » Fén.

Qu'entends-je? Quels conseils oses-tu me donner!
Ainsi donc jusqu'au bout tu veux m'*empoisonner*?
(Phèdre à Œnone.) Rac.

Mais on *infecte* en communiquant par une sorte de contagion le mal dont on est soi-même atteint.

Dans tout ce qu'il dit (Joas)
De vous et de Joad je reconnais l'esprit.
Voilà comme, *infectant* cette simple jeunesse,
Vous....
(Athalie à Josabet.) Rac.

Un tas de faux docteurs
Infecta les esprits d'exécrables maximes. Boil.

« La prévention est un mal désespéré qui *infecte* tous ceux qui s'approchent du malade. » Labr.

Infecter les esprits de ses préventions. Chén.

Ce qui *empoisonne* ne s'étend pas au delà d'une personne.

Pallas de ses conseils *empoisonne* ma mère. Rac.

« La trop grande autorité *empoisonne* les rois. » Fén. « Fallait-il *empoisonner* son cœur? » Id. Mais ce qui *infecte* est une sorte de mal épidémique, qui se répand; qui a une sphère d'action beaucoup plus vaste. « Le dogme de la tolérance *infecte* aujourd'hui tous les esprits. » Volt.

Jusqu'à quand souffre-t-on que ce peuple respire
Et d'un culte profane *infecte* votre empire? Rac.

Mais la corruption, à son comble portée,
Dans le cercle des grands ne s'est point arrêtée;
Elle *infecte* l'empire.... Gilb.

« Ce double inconvénient *infecte* également les démocraties et les aristocraties. » Montesq.

Empoisonner se prend toujours en matière de mœurs. *Infecter*, *inficere*, qui, au propre, joint à l'idée de corruption celle de puanteur et de saleté, se prend bien aussi, au figuré, en matière de goût. Boileau dit au sujet du burlesque qui fit parler au Parnasse le langage des halles :

Cette contagion *infecta* les provinces.

« L'air précieux n'a pas seulement *infecté* Paris ; il est aussi répandu dans les provinces. » Mol. — Montesquieu appelle l'air de Sybaris « un air *empoisonné* ; » mais Chrysale, dans les *Femmes savantes*, se plaignant de ce que tout le monde chez lui prétend à la science, ajoute :

Une pauvre servante, au moins, m'était restée,
Qui de ce mauvais air n'était point *infectée*. Mol.

On *empoisonne* le cœur (Fén., Volt.) ; on *infecte* l'esprit (Boil., Mal., Volt.).

EMPRISONNEMENT, PRISON, DÉTENTION. Trois mots dont on se sert pour exprimer qu'un homme est renfermé par autorité, et ordinairement par autorité de justice.

« *Prison*, dit l'Académie, signifie quelquefois emprisonnement. « Il n'en est rien, à prendre les mots à la rigueur. L'*emprisonnement* est l'action de mettre ou le fait d'être mis *en prison*, incarcéré, placé dans un lieu à ce destiné ; on le raconte et on en cite la date. « Les enfants de Jacob lui racontèrent tout ce qui leur était arrivé, l'*emprisonnement* de Siméon, et l'ordre exprès qu'ils avaient reçu de mener Benjamin en Égypte. » Roll. « Le duc d'Albe fit arrêter les comtes d'Egmont et de Horn.... On dit que le cardinal de Grandvelle, quand la nouvelle de cet *emprisonnement* fut portée à Rome, demanda si le duc avait arrêté le Taciturne. » Boss. « Il paraît évident que la perte des Templiers était résolue très-longtemps avant cet éclat. L'accusation et l'*emprisonnement* sont de 1309. » Volt. Le jour (Bach.), le lendemain (Volt.) de son *emprisonnement*. — Mais la *prison* est un état, celui qui succède à l'*emprisonnement*, le séjour plus ou moins long qu'on fait dans le lieu à ce destiné. Au lieu de dire un *prison* arrive à telle ou telle époque comme l'*emprisonnement*, on dit qu'elle est d'une durée plus ou moins grande. « La duchesse du Maine ne craignait rien pour sa tête ni même pour une *prison* dure et longue. » S. S. « Vous savez après combien de *prison* et à quelles conditions l'un de ces ducs d'Alençon eut sa grâce. » Id. Pendant sa *prison* (Les.), pendant sa longue *prison* (S. S.). « Par jugement du tribunal des Maréchaux de France, MM. de.... ont été condamnés à une *prison* de dix semaines. » Bach. « Richard (Cœur de Lion) ayant été arrêté en Allemagne, Philippe-Auguste fit durer sa *prison* autant qu'il put. » Boss. — On rapporte toutes les circonstances d'un *emprisonnement* (Les.) ; on plaint quelqu'un de la longueur de sa *prison* (Fén.).

« Quoique le roi eût fait des défenses rigoureuses d'écrire dans les pays étrangers l'*emprisonnement* de don Carlos, la nouvelle en fut bientôt répandue.... Le comte de Lerme, à qui le roi avait confié la conduite de don Carlos durant sa *prison*, avait conçu pour lui une amitié extraordinaire. » S. Réal. « Les *emprisonnements*, les exils, dont on avait disputé la puissance aux rois, sont devenus leurs prérogatives.... La noblesse ne devait se plaindre ni des *prisons* ni des exils qu'ont subis les plus grands seigneurs de France. » Staël.

La *détention* ressemble plus à la *prison* qu'à l'*emprisonnement*. Ce n'est cependant pas tout à fait la même chose. La *prison* est l'état d'un homme *pris*, qu'on tient ; la *détention* (detentio, de *detinere*, tenir éloigné, retenir, arrêter) est l'état d'un homme qu'on retient, qu'on a soin de tenir. La *prison* est une peine ; la *détention* est une précaution, ou une peine et une précaution en même temps. On inflige pour châtiment à un élève de collège une heure ou deux de *prison* ; J. J. Rousseau prétend que la *détention* de l'auteur d'un livre déjà publié n'est jamais une précaution propre à en arrêter le progrès. Le nom de *détention* se donne particulièrement bien à une *prison* subie avant le jugement, à la *prison* d'un adversaire ou d'un compétiteur dont on met l'éloignement à profit, et à une *prison* dans un lieu particulièrement sûr, dans une forteresse. « La *détention* de M. de Morangiès et le refus d'entendre de nouveaux témoins me font trembler pour lui. Dieu veuille qu'il n'augmente pas mon catalogue des innocents condamnés ! » Volt. « Je souhaitais ardemment d'être interrogé ; ce qui arriva le troisième jour de ma *détention*. » Les. « S'il est écrit que l'usurpateur de mon bien profite de ma *détention* pour faire juger notre procès au parlement.... » Beaum. « Ainsi mourut Marie Stuart dans la quarante-sixième année de son âge, et dans le dix-neuvième de sa *détention* en Angleterre. » Cond. « Si ma *détention* à la Bastille avait duré huit jours encore, elle aurait été mon tombeau. » Marm. « M. de Lauraguais ayant écrit à M. de Voltaire pour lui faire part de son séjour à la citadelle de Metz, cet auteur a pris la chose en plaisantant. Il paraît *ignorer* dans sa réponse les motifs de la *détention* de ce seigneur. » Bach.

ENDETTER, OBÉRER. Dire avec l'Académie qu'*endetter* signifie charger de dettes, engager dans des dettes, c'est définir le même par le même, puisque les deux mots *dette* et *endetter* sont manifestement de la même famille. Quant à *obérer*, l'Académie l'explique simplement par *endetter*, comme si ces deux verbes étaient tout à fait synonymes.

On *endette* et on *obère* quelqu'un en l'amenant à un tel état de fortune, qu'il a beaucoup de créanciers, que son passif dépasse son actif, et qu'il lui est bien difficile de s'acquitter, de se remettre au-dessus de ses affaires. Voilà la ressemblance ; voici la différence.

Endetter, mettre en dettes, est le mot commun ; car, bien que *dette*, anciennement *debte*, ce qu'on doit, ait été pris du latin *debitum*, tiré lui-même de *debere*, devoir, *debitum*, pour devenir *dette*, a subi une si grande altération de forme, que *dette* a perdu tout caractère de noblesse provenant de son origine. Mais *obérer* est un terme relevé, parce qu'il reproduit d'une manière exacte et évide_te son primitf latin *obæratus*, qui exprimait la même idée.

Endetter, *s'endetter*, *endetté*, s'emploie à l'égard de tout le monde, et spécialement en parlant des particuliers, même les moins considérables. « Les Hollandais n'ont aucune commisération de ceux qui font des dettes. Ils pensent que tout homme *endetté* vit aux dépens de ses concitoyens, s'il est pauvre, et de ses héritiers, s'il est riche. » Champ. « Mes affaires sont dans une fort mauvaise crise. Je suis déjà fort *endetté*, et je n'ai qu'une seule écolière. » J. J. « Je me serais considérablement *endetté* à l'Ile de France, si je n'y avais pas vécu d'herbes. » Bern. « Les pauvres (à Athènes avant Solon) étaient si *endettés*, qu'on les adjugeait tous les jours comme esclaves à leurs créanciers. » Fén. Dans une lettre familière de Fénelon à sa belle-sœur on lit : « J'ai encore la dépense des meubles pour mon logement, que je crains dans ces premières années, où je suis *endetté*. » — Mais **obérer**, *s'obérer*, *obéré*, sont préférables quand il est question d'une nation entière, d'un État, d'une ville, d'un gouvernement ou de quelque grand personnage. « Vous ruinez, par ces multiplications d'offices, la bonne police de l'État; vous *obérez* toute la nation. » Fén. « Quand le despotisme est notoirement *obéré* et banqueroutier. » Id. « Sicyone se trouvait alors extrêmement *obérée*. » Roll. « Croyez-vous que l'État en fût *obéré* ? » Did. « Les dépenses s'augmentèrent, l'État *s'obéra* de plus en plus. » Volt. « Un ministère malheureux, *obéré*, et ignorant. » Id. « Mazarin gouvernait les finances comme l'intendant d'un seigneur *obéré*. » Id. « D'Arrouy, trésorier des États de Bretagne, *s'obéra* si bien que, quand il fallut compter, il ne put jamais se tirer d'affaire. » S. S.

D'un autre côté, *endetter*, qui est d'un plus grand usage, convient seul quand il s'agit de marquer avec précision à combien s'élève l'excédant du passif sur l'actif, la somme qu'on est tenu et actuellement incapable de payer. « Antoine *s'endetta* de six millions de sesterces. » Roll. « Les largesses de César l'avaient *endetté* de treize cents talents. » Cond. « Le roi vint au secours de la Comédie-Française, qu'un désordre antérieur avait *endettée* de quatre cent quatre-vingt-sept mille livres. » Beaum. « La France et l'Angleterre, pour s'être fait la guerre, se sont trouvées *endettées* chacune de trois milliards de nos livres. » Volt. Avec *obérer*, au contraire, on ne détermine jamais le montant de la dette; c'est un mot dont on ne se sert que d'une manière absolue. Aussi est-il seul propre à désigner une fâcheuse situation, non pas relative, à tel ou tel degré, mais complète, un épuisement de fortune. Qui est *endetté* a une dette ou des dettes, qui est *obéré* est accablé de dettes. « Des familles *obérées*, ruinées, sans ressource et tombées dans la dernière mendicité. » Bourd.

ÉNERGUMÈNE, DÉMONIAQUE. Au propre, un homme possédé du malin esprit; au figuré, un homme qui se livre à des emportements.

Ces deux mots sont pris du grec ἐνεργούμενος, δαιμονιακός. Cependant le premier a seul un air de science, ce qui en fait plus particulièrement un terme de théologie comme *catéchumène*, par exemple. Dans la primitive Église on distinguait divers ordres : les surveillants, ἐπίσκοποι; les anciens de la société, πρεσβύτεροι...; les catéchumènes qui attendaient le baptême et les *énergumènes* qui attendaient qu'on les délivrât du démon (Volt.). Au commencement de l'oblation on renvoyait les catéchumènes, les pénitents et les *énergumènes* (Boss.). *Démoniaque*, auquel correspond un mot français *démon*, comme à *maniaque manie*, à *élégiaque élégie*, est un mot de la langue commune. « Tous les peuples ont cru à la magie, aux sorciers, aux *démoniaques*, aux apparitions. » Volt. « Des ecclésiastiques, ennemis secrets de Henri IV, imaginèrent de produire sur la scène une *démoniaque* pour confondre les protestants. » Id.

D'ailleurs, *énergumène* dit plus que son synonyme, il suppose une plus grande fureur. « Les querelles de la religion achevaient d'ulcérer tous les cœurs. Les convulsionnaires surtout étaient des *énergumènes* atroces qui disaient hautement qu'il fallait du sang. » Volt. « Le *démoniaque*, selon la valeur de la terminaison de ce mot, tient seulement du démon, y a rapport, au lieu que l'*énergumène* en est proprement travaillé ou tourmenté comme anciennement la pythonisse par le dieu qui s'emparait de son esprit. Pour peu qu'un homme se démène en agissant ou en parlant, on dit, surtout en style de conversation, qu'il fait le *démoniaque* (Fén.), qu'il prend un ton de *démoniaque*. « Il me semble qu'un roi qui s'entretient tout seul avec son capitaine des gardes parle un peu plus humainement et ne prend guère ce ton de *démoniaque*. » Mol.

ENFONCÉ, ABIMÉ, ABSORBÉ. Ces mots s'emploient en parlant d'un homme qu'ils représentent comme entièrement plongé dans certaines choses, au figuré.

Mais d'abord *enfoncé* dit moins qu'*abîmé*. Mme de Sévigné écrit à sa fille au sujet d'un dérangement de fortune de M. de Grignan : « Bon Dieu! quel horrible mécompte! Jamais il ne fut une telle dissipation : on est quelquefois dérangé, mais de *s'abîmer* et de *s'enfoncer* à perte de vue, c'est ce qui ne devrait point arriver. » *Abîmé* veut toujours dire *enfoncé* à perte de vue ou *enfoncé* dans une chose où on est perdu ou comme perdu. On est *enfoncé* dans une étude (Acad., S. S.); *enfoncé*, c'est-à-dire plongé profondément ou jusqu'au fond : mais on est *abîmé* dans une rêverie (Volt.), c'est-à-dire qu'on est engagé en pensée dans quelque chose de vague, d'illimité, qui est sans fonds et sans bornes. Un théologien érudit est sans cesse *enfoncé* dans la sainte Écriture (Volt.); un mystique est continuellement *abîmé* en Dieu (Bourd., Sév.), dans la contemplation de l'infini, ou, selon l'expression de Bossuet, dans l'incompréhensibilité de l'Être divin. *Enfoncé* dans le sommeil (Corn.), on dort profondément, rien de plus; *abîmé* dans la mort, *abîmé* de dettes, on se trouve comme quand on est *abîmé* dans les flots, c'est-à-dire perdu, c'en est fait.

Absorbé, du latin *sorbere*, humer, attirer avec la bouche, et *ab*, de, hors de, loin de, a cela de propre, qu'il est relatif. Il se rapporte aux choses dont on est tenu éloigné par celle à laquelle on eest appliqué. L'homme *enfoncé* ou *abîmé* dans ses réflexions est considéré en soi comme étant dans tel état; mais celui qui est *absorbé* dans ses réflexions est considéré, par rapport à tout le reste, comme hors d'état d'y penser, comme abstrait. « Quoique je sois *absorbé* dans des in-folio, je n'oublie pourtant pas Corneille. » VOLT. « Vos concitoyens sont tout *absorbés* dans leurs occupations domestiques, et toujours froids sur le reste. » J. J. « Tu découvrirais des vérités qui te paraîtraient si dignes de ton application, qu'*absorbé* dans la contemplation de ton être tu ne pourrais plus penser à autre chose. » MAL. « Le bon gros bourgmestre, *absorbé* dans la contemplation de Mme de Blumm, ne s'était d'abord aperçu de rien. » BOUFFL. Quand votre attention est *absorbée* par un objet, il ne vous en reste plus à donner aux autres. — Une seconde différence, conforme à la première, a été indiquée par Éberhard : c'est qu'*absorbé*, exprimant proprement une préoccupation, est purement intellectuel, ne regarde que l'esprit, au lieu que *enfoncé* et *abîmé* sont d'une application plus générale, et se disent bien, par exemple, quand il est question de l'âme et de ses états. On est *absorbé* dans ses pensées ou dans la lecture d'un livre (VOLT.); on est *enfoncé* dans le chagrin (CORN.), *abîmé* dans la douleur (Boss.).

ENHARDIR, ENCOURAGER. Déterminer quelqu'un à ne pas craindre, à ne pas reculer.

D'abord, c'est toujours à agir qu'on *enhardit*, et c'est quelquefois à souffrir qu'on *encourage*. « Jésus-Christ avait souvent *encouragé* ses disciples à souffrir. » MASS.

Et quand *encourager* se prend comme *enhardir* par rapport à quelque chose à faire, il en diffère encore. La personne qu'on *enhardit* craint d'entreprendre, hésite, manque d'assurance; et celle qu'on *encourage* craint de succomber, se laisse abattre, manque de fermeté. Si tel homme n'était *enhardi*, il ne se porterait pas à agir; si tel autre n'était *encouragé*, il ne se soutiendrait pas en agissant, il se relâcherait et céderait.

C'est donc pour commencer, pour attaquer qu'on *enhardit* ou qu'on a besoin d'être *enhardi*. « Le flatteur *enhardit* la timidité du crime. » MASS. Si l'amour m'*enhardit*, l'amitié m'intimide. CORN.

« Cet assoupissement du régent le rendait méprisable, et *enhardissait* ses ennemis et ceux de l'État à tout oser et à tout entreprendre. » S. S. « Éloignez de moi, ô mon Dieu! une autre sorte de confiance qui *enhardit* les libertins à se révolter contre vous par l'espérance de l'impunité. » Boss. « Le roi parlait de Richelieu avec tant d'aigreur, qu'il *enhardit* Cinq-Mars à lui proposer plus d'une fois de l'assassiner. » VOLT. — Mais c'est à l'exécution que se rapporte *encourager*; il fait considérer l'action pendant qu'elle se fait, et non pas avant ou au début. « Il faut *encourager* la faiblesse. » Boss. « Ils m'*encouragèrent* à continuer. » ACAD. « Compter que ce que nous aurons entrepris et commencé avec la grâce, elle nous le fera soutenir et achever; nous *encourager* et nous affermir contre les répugnances et les révoltes de la nature par ce généreux sentiment : Je puis toutes choses en celui qui me fortifie. » BOURD.

« Faiblesse que le parlement mépriserait et qui l'*encouragerait* à aller plus avant. » S. S. — L'occasion vous *enhardit*; un premier succès vous *encourage*.

Comme *encourager* se dit seul quand il est question de quelque chose à souffrir, et non pas à faire, de même il y a des cas où *enhardir* est le seul mot qui convienne. C'est, par exemple, quand il s'agit d'exprimer l'idée de faire en sorte qu'une personne prenne l'essor, se hasarde, se lance, se produise, et non pas fasse une action suivie qui demande qu'on persévère, qu'on ne se démente point. « Ronsard n'avait pas tort de tenter quelque nouvelle route pour *enhardir* notre poésie. » FÉN. Pareillement on dit que l'éducation publique *enhardit* (ROLL.), et non pas *encourage*, un jeune homme, en l'accoutumant à aborder les gens sans crainte. « Je mourais d'envie de parler; je n'osai jamais. Plusieurs raisons renforçaient ma timidité naturelle.... Je ne trouvais dans les manières de Mme Dupin rien d'assez agaçant pour m'*enhardir*. » J. J.

En deux mots, on *enhardit* la timidité en faisant qu'elle ose, et on *encourage* la faiblesse en faisant qu'elle souffre ou qu'elle agisse avec constance.

ENLÈVEMENT, RAVISSEMENT, RAPT. Action de s'emparer d'une personne et de l'emporter ou de l'emmener avec soi : l'*enlèvement*, le *ravissement*, le *rapt* des Sabines.

Enlèvement, action de lever en soi, avec soi, est de ces trois mots le plus général. Il ne suppose pas nécessairement que l'action qu'il exprime soit faite avec violence, sans le consentement de la personne, ni que ce soit un crime. Fénelon écrit à La Motte : « Paris vous retient; vos amis disputent à qui vous aura; je ne pourrais vous espérer à mon tour que par un *enlèvement* de la main de M. Destouches. » « Un grand seigneur l'enleva, et j'appris que, éblouie de la qualité de son ravisseur, elle avait consenti à l'*enlèvement*. » LES. « Elle ne résistait plus que par un reste d'honneur, aisé à détruire; en effet, après quelques difficultés, elle consentit à un *enlèvement*. » ID.

Ravissement, du latin *rapere*, se saisir, emmener de force, entraîner, implique toujours l'idée de la violence : une femme *ravie* l'est contre son gré, n'a point consenti à l'être. Le *ravissement* d'Europe. (FÉN., LES.). « Comment exprimer les mouvements de fureur et de pitié qui s'élevèrent dans le cœur de don Quichotte, si sensible au *ravissement* des pucelles? » LES. — Du reste, *ravissement* est peu usité dans cette acception, parce qu'il en a une autre et qu'il est à craindre qu'on ne les confonde

Rapt, dérivé également de *rapere*, indique de même que *ravissement* une action violente. Mais, comme il se distingue néanmoins de son synonyme sous le rapport étymologique, en ce qu'il est pris immédiatement d'un mot latin de même forme et de même signification, *raptus*, il se dit particulièrement en style de palais, et il est relatif à la criminalité du fait. Le *rapt* est un *ravissement* considéré comme une action qui mérite d'être poursuivie et punie par la justice. Ce dernier caractère prévaut même dans le *rapt* sur celui de la violence. En sorte qu'on reconnaît un *rapt* de séduction qu'on oppose au *rapt* de violence. Mais, comme l'observe fort bien l'Académie, le *rapt* de violence est le *rapt* proprement dit. Être coupable ou accusé de *rapt*, du crime de *rapt*; puni pour un crime de *rapt*.

Ce jeune homme d'un *rapt* a médité le crime. Duc.

« La mythologie est un amas de vices et de crimes déifiés : l'impudicité, l'adultère, l'inceste, le viol, le *rapt*, la fourberie, le larcin, le parricide même, avaient leurs exemples parmi les dieux. » Marm.

Ainsi, l'*enlèvement* des Sabines est l'expression commune et la moins significative ; le *ravissement* des Sabines fait entendre que les personnes enlevées le furent malgré elles ; et le *rapt* des Sabines présente l'action, au point de vue du droit, comme un attentat.

ENNUYEUX, FASTIDIEUX (DÉGOÛTANT). Qui n'amuse pas ou n'attache pas, qui manque d'intérêt. « Cela supposerait une immensité de paroles, et de paroles très-*ennuyeuses* pour la description des couleurs dans les oiseaux.... Ces portraits d'oiseaux les font mieux connaître d'un seul coup d'œil que ne le pourrait faire une longue description aussi *fastidieuse* que difficile. » Buff. « Soyez sûr qu'il n'y a rien de plus *ennuyeux*, de plus *fastidieux* que tous les écrits et tous leurs auteurs. » Dudeff.

Ma sœur est doucereuse ;
Mais une humeur pareille est bientôt *ennuyeuse* ;
Rien n'est *fastidieux* comme l'égalité. Dest.

Ce qui est *ennuyeux* cause l'ennui, et ce qui est *fastidieux*, *fastidiosus*, de *fastidium*, dégoût, produit le dégoût. D'où il suit que *fastidieux* dit plus qu'*ennuyeux*. L'ennui est seulement un état tout passif de malaise et de langueur, au lieu que le dégoût implique l'idée d'un soulèvement contre ce qui en est l'objet. La chose ou la personne *ennuyeuse* est insipide, sans agrément ; la *fastidieuse* est fade, rebutante, elle excite un sentiment d'aversion. Un récit *ennuyeux* assomme ; un récit *fastidieux* donne des nausées, pour ainsi dire, repousse, inspire de l'éloignement.

C'est, quoique un peu affaiblie, la même différence qui existe entre *ennuyeux* et *dégoûtant*, ennui et dégoût, *ennuyé* et *dégoûté*. « L'*ennuyeux*, je dirai plus, le *dégoûtant* pour un lecteur instruit de ce dehors public échappe bientôt à la connaissance de la postérité. » S. S. « Nous portons partout avec nous l'ennui, le dégoût et l'horreur, pour ainsi dire, de nous-mêmes. » Mass. « *Ennuyé*, *dégoûté* de la vie, je n'y cherchai plus d'autre plaisir que celui de vous la rendre agréable. » J. J.

ENSEIGNE, BANNIÈRE, ÉTENDARD, DRAPEAU, GUIDON. Signes militaires de ralliement.

Enseigne, latin *insigne*, formé de *signum*, signe, marque, ne s'emploie que comme terme générique pour définir ses synonymes; *bannière*, *étendard*, *drapeau* et *guidon* expriment chacun une sorte d'*enseigne*. Toutefois c'est un mot particulièrement usité en parlant des armées des anciens, de celles des Romains surtout. « Alcibiade, arborant sur son bord amiral les *enseignes* athéniennes, fondit sur les Lacédémoniens. » Roll. « Qui ne sait que les armées romaines portaient dans leurs *enseignes* les images de leurs dieux et de leurs césars ? » Boss. « Marius avait un aigle sur son bouclier, et l'aigle commença dès lors à être l'*enseigne* des Romains. » Marm. « Du temps que les Romains avaient une poignée de foin au bout d'une perche pour *enseigne*. » Volt. « Les troupes confédérées des Gaules marchaient sous les *enseignes* de leurs chefs : c'étaient des peaux de loup, d'ours, de vautour, d'aigle, ou de quelque autre animal malfaisant, suspendues au bout d'une gaule. » Bern.

La *bannière*, aujourd'hui reléguée dans les églises, est une enseigne dont on se servait au moyen âge, au temps de la chevalerie. « L'escadron de Philippe-Auguste (à la bataille de Bouvines) était remarquable par la *bannière* royale semée de fleurs de lys. » Boss. « Il y avait chez les Français (du moyen âge) deux sortes de cris de guerre : le cri général (*Montjoye!*), et le cri des seigneurs particuliers qui avaient droit de lever *bannière*. » Vert. « Les seigneurs de fiefs, qui amenaient leurs vassaux sous leurs *bannières*, furent appelés chevaliers bannerets. » Volt. « Le roi Louis le Jeune donna des priviléges à toutes les villes de son domaine, à condition que chaque paroisse marcherait à l'armée sous la *bannière* du saint de son église, comme les rois marchaient eux-mêmes sous la *bannière* de saint Denis. » Id.

Si même des guerriers attaquaient Saladin,
Quand je reconnaîtrais la *bannière* chrétienne,
Ce manteau, cette croix n'ont rien qui me retienne.
(Montfort, templier, dans *Nathan le Sage*.) Chén.

L'*étendard* et le *drapeau* sont des enseignes dont on fait actuellement usage dans nos armées, avec cette grande différence que la cavalerie a des *étendards* et l'infanterie des *drapeaux*. « J'ai vu (à Notre-Dame) les *drapeaux* et les *étendards* qu'a envoyés M. de Catinat. Il y a cent *drapeaux*, et quatre *étendards* seulement, ce qui marque que la cavalerie ennemie n'a pas fait beaucoup de résistance et a de bonne heure abandonné l'infanterie, laquelle a presque été toute taillée en pièces. » Rac.

Mais, comme ordinairement les deux mots se prennent d'une manière large et vague, sans qu'on considère s'il s'agit de troupes à pied ou à cheval, il est besoin d'une nouvelle distinction pour suppléer à l'insuffisance de la première.

Étendard, ce qu'on *étend*, signifie l'objet tout entier qu'on expose aux yeux, au lieu que *drapeau*, morceau de *drap*, n'indique qu'une partie, celle qui flotte autour de la hampe, l'étoffe. « L'*étendard* royal de France était un bâton doré avec un *drapeau* de soie blanche, semé de fleurs de lys. » Volt. — Ou bien l'*étendard* est général, caractéristique, le *drapeau* n'étant qu'individuel ou particulier. « Vous l'auriez vu (le prince de Conti) prenant lui-même des mains d'un de nos officiers blessés le *drapeau* qu'il est hors d'état de porter.... ; courant porter au milieu des ennemis, avec l'*étendard* de la France, le signal de la victoire. » Mass. — Ou bien enfin *étendard* est plus noble, et c'est à cause de cela apparemment qu'on attribue des *étendards* à la cavalerie, et que de tous les mots ici examinés *étendard* est le seul qui se dise en termes de science en botanique. « Un *drapeau* lui est confié; ce devait être entre ses mains l'*étendard* de la victoire. » THOM.

> L'impiété marche à front découvert....
> Sous ses *drapeaux*, sous ses fiers *étendards*,
> L'œil assuré, courent de toutes parts
> Ces légions, ces bruyantes armées
> D'esprits subtils, d'ingénieux pygmées.
> J. B. ROUSSEAU.

— D'ailleurs, on dit lever l'*étendard*, et non pas lever le *drapeau*, pour signifier se soulever, s'insurger, se porter contre, déclarer la guerre : d'où il suit qu'*étendard* seul emporte nécessairement une idée d'agression, de guerre ou d'hostilité. Ce ne sont pas en effet des *étendards*, mais des *drapeaux* qu'on déploie ou qu'on porte dans certaines circonstances, cérémonies ou fêtes qui n'ont rien de pacifique. « Il a déposé l'*étendard* de la guerre, qui tire son droit de la force, pour arborer le *drapeau* de la justice, qui ne tient son pouvoir que des lois. » BEAUM.

Se ranger sous les *enseignes* de quelqu'un, c'est-à-dire prendre son parti, ne s'emploie bien qu'en parlant de l'antiquité : Les soldats de Lépide l'abandonnèrent pour se ranger sous les *enseignes* d'Octave (ROLL.). Se ranger sous la *bannière* de quelqu'un convient quand il est question du moyen âge, ou c'est une expression familière, parce qu'elle rappelle le bon vieux temps et qu'on ne se sert plus de *bannières* que dans les églises. « Parmi tant de chevaliers, le Cid fut celui qui se distingua le plus contre les musulmans. Plusieurs chevaliers se rangèrent sous sa *bannière*. » VOLT. Se ranger sous l'*étendard* ou les *étendards* de quelqu'un est une manière de parler noble ou prétentieuse ou qui suppose que le parti qu'on embrasse est en armes, en insurrection ou en guerre. Se ranger sous les *drapeaux* de quelqu'un est du style ordinaire, relatif à ce qui se passe de nos jours et propre à marquer une adhésion à un parti quelconque.

Guidon, chose destinée à *guider*, n'est ici que pour mémoire. Il n'appartient pas au langage commun ; c'est pour ainsi dire un terme technique. Anciennement les compagnies de gendarmes avaient un *guidon*, et de nos jours on appelle *guidons* de petits drapeaux carrés dont le manche peut entrer dans le canon d'un fusil et qui servent pour l'alignement dans les manœuvres de l'infanterie.

ENSEIGNER, MONTRER. Au propre, indiquer; au figuré, apprendre quelque chose à quelqu'un par leçons.

Au propre, *enseigner* marque une indication moins précise et moins directe. On *enseigne* en disant quelle est l'*enseigne*, à quelle *enseigne* on trouvera une personne, quelle est son adresse ; on *montre* en indiquant du doigt ou de la main, en faisant voir la chose ou la personne qui est là, devant les yeux. « Je ne manquai pas de m'informer de la demeure de Manuel-Simon. Une personne me l'*enseigne*, on me la *montre*. » LES.

Au figuré, *enseigner* s'applique à quelque chose de plus relevé, et *montrer* à quelque chose de plus commun. On *enseigne* les sciences, les arts libéraux, des vérités, des principes, des choses spéculatives ou relatives à l'esprit; on *montre* plutôt ce qui se réduit à un exercice du corps et se démontre par l'exemple, principalement la danse, l'équitation, l'escrime, à lire, à écrire, à chanter, à coudre, etc. « A peine me *montra*-t-on à lire et à écrire : on s'attacha moins encore à m'*enseigner* les principes de ma religion. » LES. « *Enseigne*-lui la langue castillane, mais *montre*-lui en même temps à chanter et à jouer de la guitare. » ID. « Il y avait des maîtres qui *montraient* à monter à cheval et à faire des armes, et d'autres qui se chargeaient d'*enseigner* aux jeunes gens tout ce qu'il faut savoir pour exceller dans l'art militaire et pour devenir un bon commandant. » ROLL.

> Comme il faut vivre, aucuns étaient lecteurs,
> Instituteurs, auteurs, prédicateurs ;
> Aucuns *montraient* le chant à quelque belle
> Aucuns, la danse; aucuns, Polichinelle....
> Quant au héros, il *enseignait* surtout
> L'art d'acquérir esprit, talent et goût,
> Et des secrets pour avoir du génie. CHÉN.

ENSORCELER, FASCINER. C'est exercer sur quelqu'un une influence magique nuisible ; c'est, par des maléfices, lui ôter la possession de lui-même ou l'usage de ses facultés.

Ensorceler, mettre dans l'état d'un homme à qui on a jeté un *sort*, envers qui on a usé de *sortilége*, exprime une action complète, qui atteint toute la personne. *Fasciner*, *fascinare*, de *fascia*, bande, et particulièrement ce qui sert à bander les yeux, indique, au contraire, une action partielle qui n'attaque que la vue : on dit proprement *fasciner* les yeux (BOURD., FOSS., MASS., VOLT., J.J., DEST., LES.), ou la vue (BOURD., LES.).

Au figuré, de même. L'*ensorcellement* est une véritable aliénation de l'âme, qui fait qu'on ne s'appartient plus, qu'on est au pouvoir d'un autre. « On ne peut s'empêcher d'admirer l'*ensorcellement* des monarques abandonnés à un premier ministre. » S. S. Mais la *fascination* ne va qu'à troubler la vue de l'esprit. « Il ne restait plus qu'à se servir de l'aveuglement de ce qui restait de cette noblesse *fascinée*. » S. S.

En *ensorcelant*, en s'empare de toutes les puissances de l'âme, principalement des sentiments, du cœur, de la volonté, on subjugue ; en *fascinant*, on ne fait qu'obscurcir l'intelligence, que l'empêcher de bien voir. « Cet attachement dont nous nous faisons une passion n'est qu'une *fascination* de l'esprit, qu'un *ensorcellement* de cœur. » BOURD. Le fanatisme *ensorcelle* (VOLT.), l'intérêt *fascine* (BOURD.).

ENTENDRE (S'), ÊTRE D'INTELLIGENCE. Agir de concert.

A proprement parler, *s'entendre* exprime une action ou un fait, et *être d'intelligence* un état ou une qualité.

D'où il suit d'abord que *s'entendre*, mais non pas *être d'intelligence*, signifie quelquefois entrer en intelligence, former un concert ou se concerter. « J'ai besoin de m'*entendre* avec vous là-dessus. » ACAD. « Comme l'empereur avait répondu avec mépris, le czar pourrait aussi s'*entendre* avec la France, s'il y trouvait son compte. » S.S.

Il s'ensuit, de plus, que *s'entendre* convient mieux pour un fait particulier, un coup de main, et *être d'intelligence* pour quelque chose d'habituel, pour tout un genre de conduite. « Nous résolûmes de nous venger... Les bourgeois pensaient que les flibustiers espagnols ne *s'entendaient* point avec nous; et toutefois ce furent ceux-ci qui nous livrèrent quatre des maris. » Les. « Les décemvirs poussèrent si loin leur fureur, qu'ils contraignirent une grande partie de la noblesse d'abandonner Rome; de sorte qu'il ne resta plus guère dans la ville que ceux qui *étaient d'intelligence* avec les tyrans. » Roll.

D'un autre côté, quoiqu'on dise proverbialement : ils *s'entendent* comme larrons en foire, *s'entendre* se prend quelquefois en bonne part. « Faire ce qu'on doit, *s'entendre*, être attentif l'un à l'autre, être résolu à tout et soumis à Dieu, c'est tout ce que doivent faire de bons généraux. » Boss. A plus forte raison emploie-t-on bien *s'entendre* quand on ne blâme ni ne loue. « Montgomery eût été en péril, si le maréchal Damville et Montluc *se fussent entendus*. » Boss. Buffon dit en parlant des aigles : « Le mâle et la femelle paraissent *s'entendre* pour la chasse. » Mais *être d'intelligence*, comme entretenir des intelligences, suppose essentiellement un sourd dessein, une entreprise funeste, un complot, une perfidie. « Notre raison, prenant parti contre nous-mêmes, commencerait à s'accorder à *être d'intelligence* avec la passion. » Bourd. L'imposture de Stair alla jusqu'à avertir les ministres d'Angleterre que le régent *était d'intelligence* avec les jacobites qui méditaient quelque entreprise. » S. S. « On surprit un transfuge nommé Arion, qu'Acanthe envoyait vers Adraste pour lui assurer qu'il empoisonnerait les principaux rois avec Télémaque. On soupçonna qu'il *était d'intelligence* avec Acanthe. » Fén. « Ils étaient accusés *d'être d'intelligence* avec les ennemis de l'État. » Bern.

Vous ne répondez point. Mon fils, mon propre fils,
Est-il *d'intelligence* avec mes ennemis ?
(Thésée.) Rac.

Philippe m'a trahi : cet esclave infidèle
Était d'intelligence avec tous les proscrits. Créb.
Mais c'est un crime affreux, qui ne peut s'exprimer,
D'être d'intelligence avec le meurtrier. Volt.

Dans son commentaire sur l'*Héraclius* de Corneille, Voltaire caractérise la fin d'une des scènes de la pièce en disant : « La fin de cette scène approche un peu trop d'une scène de comédie dans laquelle personne ne *s'entend*. » La scène entière lui avait paru, suivant ses propres expressions, « une conspiration dans laquelle personne n'*est d'intelligence*. »

ENTORTILLÉ, CONTOURNÉ. Au figuré, ces deux mots se disent du style, et servent à lui attribuer un défaut de naturel.

Mais chacun d'eux cependant se distingue par une idée accessoire qui lui est propre.

Le style *entortillé* ne manque pas seulement de naturel, il est, de plus, enveloppé, embarrassé, obscur. « Pour se mieux cacher, saint Clément affecte de parler sans suite; souvent il embarrasse et il *entortille* exprès son discours; car, au reste, quand il veut parler nettement, il le sait bien faire. » Boss. « Dans ces soupers privés un reste de circonspection fait inventer devant les laquais un certain langage *entortillé* sous lequel, feignant de rendre la satyre plus obscure, on la rend seulement plus amère. » J. J. « De là dans l'abbé de Boismont le défaut trop fréquent de justesse dans la pensée, et de propriété dans l'expression, l'affectation, l'obscurité, le jargon précieux et *entortillé*. » Lah.

D'autre part, le style *contourné*, outre qu'il pèche contre le naturel, sent l'effort et le travail ; c'est ce qui résulte de la valeur attachée à la particule initiale con. Si ce qui est *entortillé* n'est pas clair, ce qui est *contourné* n'est pas aisément tourné ou facile. « La versification de Piron est de la mauvaise prose richement rimée et durement *contournée*... Ce qui la caractérise, c'est la dureté la plus rebutante... Aucun auteur, depuis Chapelain, n'a eu un style plus péniblement martelé. » Lah. « Du Belloi écrivait ses pièces comme il les avait conçues, avec effort et recherche ; et comme ses combinaisons sont ingénieusement pénibles, le langage de ses personnages est bizarrement *contourné*. La facilité, l'harmonie, la grâce, l'élégance, lui sont partout étrangères. » Id.

ENTREPRENDRE, ATTENTER. Se porter ou chercher à nuire, à faire du mal, à blesser, à commettre une violence.

L'*entreprise* est moins forte que l'*attentat*, moins audacieuse, moins criminelle ; elle a pour objet quelqu'un ou quelque chose de moins considérable.

« Il fut dit que Veltius serait mis en prison et que, si quelqu'un l'en tirait, le sénat regarderait cette *entreprise* comme un *attentat* contre la république. » Roll. « Le vieux roi Josaphat ne permit pas à ses ministres d'*attenter* sur les ministres des choses sacrées, ni réciproquement à ceux-ci d'*entreprendre* sur les droits royaux. » Boss. « Dans la suite le pape *entreprendra* sur de nouvelles provinces, et il osera même *attenter* jusque sur les souverains. » Cond. Moi qui ne voudrais pas qu'on *entreprît* sur le moindre de mes droits, j'*attente* sur le domaine de Dieu en lui ôtant mon cœur (Bourd.).

ENTREPRENDRE, PRENDRE A TÂCHE. Se proposer de faire quelque chose de hardi ou de difficile.

Entreprendre, se proposer une *entreprise* ou comme une *entreprise*, se dit bien en parlant d'un acte ou d'un fait particulier, qui est simple et non pas suivi. *Entreprendre* de résoudre une question (Pasc., J. J.). « Les Gaulois, dans Rome, ayant reconnu que le rocher du Capitole n'était pas aussi impraticable qu'on le croyait, *entreprirent* d'y monter. » Roll. « Essayez d'animer l'indolent, vous n'y parviendrez pas plus que si vous *entrepreniez* de donner la vue à un aveugle-né. » Volt. « J'*entreprends* (dans ce sermon) de vous expliquer deux secrets de la vie chrétienne qu'il vous est important de savoir. » Bourd. — Mais *prendre à tâche*, se faire une *tâche*, un objet d'effort continuels, donne l'idée de quelque chose de long à l'égard de quoi on se fait tout un système de conduite. « C'est la source des combats des philosophes, dont les uns ont *pris à tâche* d'élever l'homme, et les autres de l'abaisser. » Pasc. « Mes affaires n'en ont pas une meilleure issue, et il semble au contraire que Dieu *prenne à tâche* de les arrêter et de les renverser. » Bourd. « Pline semble avoir *pris à tâche* de décrier les médecins en ramassant tout ce qui est capable de les rendre méprisables. » Roll. « J'avais *pris à tâche* de l'apprivoiser, et j'y étais parvenu. » S. S. « Le prince de Conti *prenait à tâche* de plaire cordonnier, au laquais, au porteur de chaise, comme au ministre d'État, au grand seigneur.... » Id. « Servius *entreprit* d'attacher les peuples Latins à Rome par des nœuds d'amitié et de religion. Dans ce dessein, il avait *pris à tâche* de longue main de gagner l'amitié et l'estime des premiers des Latins en les attirant souvent chez lui.... » Roll.

On *entreprend* de faire ce qu'on travaille à faire, et on *prend à tâche* de faire ce qu'on travaille à faire d'une manière persévérante et pour ainsi dire acharnée. « On *entreprend* une chose qu'on se charge d'exécuter ou de faire exécuter. On la *prend à tâche* avec chaleur, avec passion, de façon qu'on ne paraît pas vouloir s'en désister. » Cond. Ainsi *prendre à tâche* est spécialement propre à exprimer une poursuite ardente et dont on a particulièrement à cœur le succès. « Vous contestez, et les gens s'élèvent contre vous; ils vous traitent d'esprit opiniâtre; et, piqués de votre obstination, ils *prennent à tâche* de vous mortifier, de vous rabaisser, de vous humilier. » Bourd. « Il y a peu d'opinions que vous ayez *pris si à tâche* d'établir, comme il y en avait peu dont vous eussiez tant de besoin. » Pasc. On n'*entreprend* pas plus ou moins, mais on *prend* plus ou moins *à tâche*, comme plus ou moins à cœur, suivant qu'on s'attache plus ou moins vivement à faire réussir une entreprise.

ENVI (À L'), À QUI MIEUX MIEU. En rivalisant, en cherchant à l'emporter l'un sur l'autre ou les uns sur les autres.

Vaugelas, dans ses *Remarques*, ayant condamné absolument *à qui mieux mieux* comme une locution vieille et basse, prétendit qu'il fallait toujours dire *à l'envi*. Mais l'Académie réclama justement contre cette décision et soutint qu'*à qui mieux mieux* est fort bon dans le langage familier. Ainsi il y a entre ces deux manières de s'exprimer, qui doivent être également conservées, une distinction aussi simple qu'inviolable, laquelle est, du reste, pleinement confirmée par l'usage.

A *l'envi* convient seul dans les discours ordinaire et sérieux, et surtout dans le style élevé. « Les passions et les sens mentent et se trompent *à l'envi*. » Pasc. « Chacun *à l'envi* flatte les rois. » Fén. « Tous les gens de lettres de l'Europe louaient *à l'envi* la générosité de François Iᵉʳ. » Bos « La chute prochaine d'Albéroni, à laquelle tous les Espagnols contribueraient *à l'envi*. » S. S.

Esther a triomphé des filles des Persans:
La nature et le ciel *à l'envi* l'ont ornée. Rac.
Ses saints, dans les douceurs d'une éternelle paix,
D'un torrent de plaisirs enivrés à jamais,
Pénétrés de sa gloire, et remplis de lui-même,
Adorent *à l'envi* sa majesté suprême.
(La *Henriade*.) Volt.
La pudeur et la crainte
De roses et de lis *à l'envi* l'avaient peinte. Laf.

Mais *à qui mieux mieux* a sa place légitime là où on badine, quand on parle sans façon ou qu'il est question de choses communes tout au moins. « La tourterelle consolée vous embrasse de tout son cœur; nous vous aimons *à qui mieux mieux*. » Sév. « Avec des chalumeaux de seigle nous aspirions le vin dans la bouteille, nous piquant de choisir des tuyaux bien larges pour pomper *à qui mieux mieux*. » J. J. « Dans les soupers des *roués* où buvait d'autant, on s'échauffait, on disait des ordures à gorge déployée, et des impiétés *à qui mieux mieux*. » S. S.

Le chat et le renard.... des frais de voyage,
Croquant mainte volaille, escroquant maint fromage,
S'indemnisaient *à qui mieux mieux*. Laf.

Allons, enfants, *à qui mieux mieux*;
Jeunes garçons, jeunes fillettes,
Parez cet autel glorieux;
Trémoussez-vous, paresseux que vous êtes.
(*Les deux Tonneaux*, opéra-comique.) Volt.
Chacun travaille *à qui mieux mieux*,
Autant les jeunes que les vieux. Scarr.

ÉPAIS, TOUFFU. Abondamment chargé ou fourni de certaines choses réunies et pressées, comme, par exemple, d'arbres, de feuilles, de poils, etc. Des bois, des arbres *épais* ou *touffus*; une fourrure *épaisse* ou *touffue*.

Épais n'a rapport qu'au rapprochement de ces choses, au lieu que *touffu* les représente comme formant par leur assemblage des *touffes*, des bouquets ou des *houppes*. Ce qui est *épais* peut être court; mais ce qui est *touffu* doit avoir un certain développement. On dira plutôt un gazon, un fourré ou un taillis *épais*, et une forêt *touffue*, des ormes *touffus*, la cime ou la tête *touffue* d'un arbre. « Là le ruisseau s'élargissant faisait une espèce de bassin, bordé d'un gazon vert et *épais*, ombragé de grands arbres extrêmement *touffus*. » Ham. Lafontaine ne s'y est pas trompé dans la fable du *Paysan du Danube:*

Sous un sourcil *épais* il avait l'œil caché....
Son menton nourrissait une barbe *touffue*.

Par conséquent *touffu* ajoute à *épais* et se met bien après: ce qui est *touffu* est *épais* d'une manière saillante, *épais* et formant une masse ou des masses. « La terre étant couverte d'herbes grossières, *épaisses* et *touffues*, elle ne s'échauffe, ne se sèche jamais. » Buff. « Le sommet du rocher était couvert de mousse et d'une herbe *épaisse* et *touffue*. » Ham. « Ce fut cette forêt que César ordonna d'abattre. Elle restait seule, *épaisse* et *touffue*, au milieu des monts d'alentour que le fer avait dépouillés. » Marm.

D'ailleurs, *épais* est une qualification abstraite qui fait considérer la chose sous le point de vue de son usage, au lieu que *touffu* est une qualification concrète, pittoresque ou descriptive, qui fait considérer la chose par rapport à son aspect. Un bois *épais* nous sert pour nous abriter ou nous cacher. « C'est un bois *épais* qui défend de tous les soleils. La R. « Raphaël représenta qu'il fallait penser à notre sûreté, qu'il était d'avis que nous marchassions toute la nuit pour gagner un bois fort *épais*. » Les.

Il court bien loin, et dans d'*épais* taillis
Va se cacher loin de ses ennemis. Flor.

Un bois *touffu* fait à l'œil un effet charmant. « On voyait des gazons fleuris.... Des ormes *touffus* et des tilleuls odoriférants, plantés sans ordre, faisaient une agréable irrégularité. » Fén. « J'ai vu ces arbres porter jusqu'aux nues leur cime *touffue* et verdoyante. » Bern. « Les poëtes du Midi mêlent sans cesse l'image de la fraîcheur, des bois *touffus*, des ruisseaux limpides, à tous les sentiments de la vie. » Staël.—Dans la première églogue de Virgile l'infortuné Mélibée vient trouver Tityre couché à l'ombre d'un hêtre *épais*.... C'est un tableau où Virgile, pour avoir représenté sur le devant un hêtre bien *touffu*, met aux environs des rochers, des prairies, des eaux et de l'air (Bern.). Une toison ou une fourrure *épaisse* se distingue par un caractère d'utilité, elle est chaude ; mais ce qui frappe dans une toison ou une fourrure *touffue*, c'est quelque chose de visible, son apparence ou sa forme floconneuse.

ÉPIER, ESPIONNER. Observer secrètement et adroitement quelqu'un afin d'arriver à connaître ses paroles, ses actions, ses démarches ou ses desseins.

Les deux mots ont même origine : *épier*, anciennement *espier*, du latin *specere*, voir, regarder, a servi à former *espion*, d'où le verbe *espionner*, faire le métier d'*espion*.

Mais, comme le métier d'*espion* est une charge, celle d'un agent qui est au service d'une puissance, on *espionne* pour le compte d'un autre dont on est le délégué, au lieu que d'ordinaire on *épie* pour soi-même (Voyez l'article suivant). « Les deux députés de César ne furent pas plus tôt arrivés dans le camp des Germains, qu'Arioviste leur demanda ce qu'ils venaient faire, et s'ils prétendaient *espionner* ce qui se passait dans son armée. » Roll. « Le jeune Velasquez me parla dans ces termes : Écoute, mon cher, je suis persuadé que mon père t'a chargé de m'*espionner* ; mais prends-y garde, cet emploi n'est pas sans désagrément. » Les. « J'avais soupçonné que ces Juifs qui venaient chez Bertrand étaient chargés d'*espionner* ce que disaient ou faisaient les honnêtes gens de la maison de ma sœur. » Beaum. « Mais c'est qu'ous venez un peu tard, noute maîtresse ; car je suis retenu pour vous *espionner* vous-même. » Mariv.

ÉPIER, GUETTER. Observer secrètement et adroitement.

Épier, écrit d'abord *espier*, du latin *specere* ou *spicere*, qui a servi à composer *aspicere*, *conspicere*, etc., voir, regarder, marque simplement l'intention de connaître, de s'instruire, de constater, de recueillir des faits. Mais *guetter*, italien *guatare*, dérivé, ce semble, de *captare*, tâcher de prendre, ou de *cattare*, regarder comme le chat (*cattus*) afin de prendre ou de saisir, implique l'idée d'attraper. L'*espion*, ou, comme on disait autrefois, l'*espie*, cherche seulement à savoir ; le *guet* fait comme le chat à l'égard de la souris, il cherche à gripper, à surprendre, à arrêter au moment où on s'y attend le moins. On *épie* des discours, on *guette* une proie.

« Vulcain, après avoir dressé le piège, annonça qu'il partait pour Lemnos. Mars, qui l'*épiait*, crut légèrement qu'il s'absentait, et court aussitôt chez la belle Cythérée. » Fén. « Pourvu qu'étant faible, vous ne vouliez pas représenter une personne forte. Il est vrai que M. de Coulanges m'a promis de vous *épier*, de vous observer, et de me dire tout. » Sév.

Je ne sais pas du moins *épier* ses discours. Rac.

« On m'*épia*, on m'éclaira de si près qu'on s'aperçut que j'avais avec Célie des entretiens nocturnes. » Les. « On ne croyait pas devoir encore *épier* nos petits entretiens : cependant nous méritions déjà d'être observés. » Id. « On redoutait la compagnie de M. le duc d'Orléans. Les plus avisés *épiaient* ses tours à Paris pour dîner chez Madame sa femme, et s'en tenir quittes après pour longtemps. » S. S. « Le gouverneur veille le nourrisson, il l'observe, il le suit, il *épie* avec vigilance la première lueur de son faible entendement, comme aux approches du premier quartier les musulmans *épient* l'instant du lever de la lune. » J. J. « Je me doutai que mon discours n'avait pas dû lui déplaire, et dès ce moment-là je l'*épiai* pour voir si je pensais juste. » Mariv. — « Un de ses frères, qui se mêlait de faire des convois de faux sel, était *guetté* par les archers des gabelles, et avait besoin de ses amis pour se mettre à couvert. » Scarr. « J'ai sur ma tête quatre sentences par corps, et il y a vingt archers autour d'ici qui me *guettent* jour et nuit pour m'enlever. » Dest. « L'arrivée de du Casse avec les galions très-richement chargés qu'il était allé chercher en Amérique fut un extrême chagrin pour les Anglais et Hollandais qui les *guettaient* depuis si longtemps. » S. S. « Il s'agit de sauver mes papiers, car on les *guette* avec une grande vigilance et l'on espère bien qu'ils n'échapperont pas. » J. J. « Il y avait longtemps que je *guettais* ce terme-là ; à la fin je l'ai attrapé. » Flor. « L'ardeur avec laquelle mon chien fait la guerre aux taupes, la patience avec laquelle je *guette* quelquefois des heures entières. » J. J. « Cet oiseau reste immobile pendant tout le temps que le chasseur le *guette*. » Buff. « Ces hirondelles se précipitent dans la mer sur le poisson qu'elles *guettent*. » Id.

Un renard *guettait* à toute heure
Les poules d'un fermier....
Le voleur tourne tant qu'il entre au lieu *guetté*. Laf.

Épier dit moins que *guetter* : il exprime une action toute spéculative ou intellectuelle à l'idée de laquelle *guetter* ajoute l'idée d'une action effective, l'idée d'une saisie ou d'une capture. On dira donc bien *épier* et *guetter*, mais non pas, dans l'ordre inverse, *guetter* et *épier*. « Toutes ces espèces (goëlands et mouettes) s'*épient*, se *guettent* sans cesse pour se piller et se dérober réciproquement la nourriture ou la proie. » Buff.

Le sens d'*épier* reste toujours le même. Celui de *guetter* se modifie quelquefois, mais sans perdre ce qui constitue son opposition avec *épier*. Ainsi on *guette* une personne qu'on veut, non pas prendre, mais surprendre ou prendre en faute. « Le père de la Tour était *guetté* avec une application à laquelle rien n'échappait, sans qu'il fît jamais un faux pas. » S. S. Dans le *Tartufe*, Orgon, impatienté des représentations de Dorine, lui ordonne de se taire, et se dispose, si elle n'obéit, à lui donner un soufflet. La voyant silencieuse, il lui dit :

Que ne te parles-tu? Certes je t'y *guettais*. MOL.

D'autre part, *guetter* se dit dans le langage familier en parlant de quelqu'un qu'on prend ou dont on s'empare tout à coup au passage, à qui on se présente inopinément. « A peine eus-je fait avec Tallard que la Vrillière, qui me *guettait* depuis quelques moments, me prit à part. » S. S. « Comme je revenais, d'Antin, qui s'était tourné pour me *guetter* au passage, me pria de lui dire ce que c'était que ceci. » ID.

L'occasion qu'on *épie* n'est pas comme celle qu'on *guette* une occasion qu'on va saisir, qu'on va saisir à l'instant; ou bien, ce n'est pas une occasion de surprendre quelqu'un, de le prendre au dépourvu et de lui nuire en conséquence, ainsi qu'en use le chat avec la souris.

ÉPUISER, TARIR. Mettre à sec, faire qu'il n'y ait plus d'eau à prendre ou qu'il n'en coule plus.

« Il me semble, dit Condillac, que ces deux mots ne diffèrent qu'en ce que le second représente l'effet, et que le premier représente l'effet et la manière dont il se produit. Une source se *tarit* lorsqu'elle cesse de couler; on l'*épuise* lorsqu'on enlève toute l'eau qu'elle fournit. On *épuise* ses ressources, son esprit par le trop grand usage, la patience de quelqu'un par l'abus qu'on en fait; on *tarit* la source des maux, des pleurs, des grâces, parce qu'il ne s'en produit plus. »

Telle est en effet la vraie distinction. On *épuise* en *puisant* : *épuiser* une fontaine à force d'en tirer de l'eau (ACAD.). Mais on *tarit* de quelque autre façon que ce soit : une fontaine est quelquefois *tarie* par une grande sécheresse (ACAD.), par un ouragan ou un tremblement de terre (BUFF.). Dans une des expéditions de Charlemagne contre les Saxons, les eaux manquèrent dans son armée, « soit que les fontaines eussent été *épuisées* par les troupes, soit qu'elles se fussent *taries* par quelque autre accident. » Boss. Ce qui est *inépuisable* a beau être exploité ou mis à contribution, il reste toujours quelque chose à en tirer : mine *inépuisable*. La chose *intarissable* a beau couler et couler encore, elle n'a jamais fini de couler : larmes *intarissables*, babil *intarissable*.

D'autre part, *épuiser* est d'une application plus étendue. *Tarir*, formé du latin *arere*, être desséché, ne se dit guère que d'une source et de ce qui en sort, au propre et au figuré; au lieu que *épuiser*, comme *puiser*, auquel il correspond exactement sous ce rapport, s'emploie encore en parlant d'autres choses. « Les fonds des finances étaient tous *épuisés*, et leurs sources presque *taries*. » MARM. « Les sources du commerce étaient *taries*, les finances *épuisées*. » THOM.

ÉQUIPÉE, ESCAPADE, ÉCHAPPÉE. L'idée commune à ces trois mots est celle d'une sortie qu'on ne devrait pas ou qu'on n'aurait pas dû faire.

L'*équipée* est primitivement la sortie d'un *esquif*, d'un vaisseau, qui quitte le port pour prendre le large ou pour attaquer l'ennemi. L'*escapade* et l'*échappée* sont la sortie d'un homme qui *échappe*, ou qui s'*échappe*, qui se dérobe, qui se sauve des mains de quelqu'un au pouvoir duquel il était. L'*équipée* a cela de particulier, qu'elle est faite par une personne qui est libre. « Je fus avant-hier toute seule à Livry, me promener délicieusement avec la lune...; et je me suis trouvée fort bien de cette petite *équipée*. » SÉV. L'*escapade* et l'*échappée*, au contraire, sont des coups de tête d'une personne qui est dans la dépendance. « Je m'accommode assez mal de la contrainte que me donne M. de Grignan : il a une attention perpétuelle à mes actions; il craint que je ne lui donne un beau-père : cette captivité me fera faire une *escapade*. » SÉV. — *Equipée* signifie, par extension, une folle entreprise. « On entendit sept ou huit coups de canon.... C'était Schwartz, qui, sorti des bois avec très-peu de monde, était venu voir s'il ne pourrait point profiter de notre désordre ; mais il s'en était avisé trop tard. Gobert rechassa fort brusquement ce peu de monde dans les bois. Le prince Louis blâma fort cette *équipée* que Schwartz avait hasardée de lui-même. » S. S. « Une telle entreprise si fort à contre-temps ne pouvait mériter que le nom d'une folle *équipée*. » ID. « Je doutai si j'irais au rendez-vous la nuit suivante. Je n'avais pas meilleure opinion de cette seconde *équipée* que de l'autre. » LES. « Que pense Votre Majesté de la belle *équipée* que nous venons de faire devant Gibraltar, de ces batteries flottantes qui menaçaient de tout abîmer, et qui se flattaient que les boulets rouges ne les brûleraient pas? Jamais il n'y a eu un plus triste exemple de la jactance et de la légèreté françaises. » D'AL. « Le beau coup d'État ! la belle *équipée* ! Oui, pleurez à cette heure ; quelle tête à l'envers ! » MARIV. Mais, de leur côté, *escapade* et *échappée* se disent, par extension, d'une entreprise contre l'autorité ou contre le devoir ; ils désignent un attentat contre un écart, et non pas en général une folie ou une imprudence.

Escapade et *échappée* ont évidemment pour radical commun l'italien *scappare*, échapper, formé d'*ex campare*, décamper, laisser le champ libre, déloger. Mais, comme ils n'ont pas la même terminaison, c'est de là qu'ils tirent leur différence. — *Escapade* est plutôt concret, narratif, et il se dit de préférence au propre, dans le sens de fuite. Après l'enlèvement du maréchal de Villeroy, M. de Fréjus avait disparu, et on ne savait ce qu'il était devenu.... « Pézé, étant lié à Fréjus, était outré de cette *escapade*. » S. S. « Mon frère prit le train du libertinage. On le mit chez un autre maître, d'où il faisait des *escapades* comme il en avait fait de la maison paternelle.... Enfin il tourna si mal, qu'il s'enfuit et disparut tout à fait. » J. J. « La cause de mon évasion n'était plus un mystère.... Voilà une belle conduite ! me dit l'abbé; vous vous échappez comme un voleur, sans dire un mot d'adieu !... Mme Denis se plaignit de l'inquiétude que mon *escapade* lui avait causée. » MARM. — *Echappée* est abstrait, caractéristique, et il ne s'emploie guère qu'au figuré pour exprimer un manquement ou une faute envers un supérieur ou une autorité dont on dépend. « J'étais piqué de la mollesse du régent à son propre égard, et de l'autorité du roi dans les diverses *échappées* du parlement à ces égards. »

S. S. « On m'a objecté que Dircé (dans Œdipe) manque de respect envers sa mère; mais cette princesse considère encore tellement ces devoirs de la nature, qu'elle demande pardon à sa mère de cette *échappée*. » Corn.

<pre>Ce Dieu même aujourd'hui force tous mes désirs
A te faire un larcin de deux ou trois soupirs.
A mon égarement souffre cette échappée,
Sans craindre que ta place en demeure usurpée. Id.</pre>

ERMITE, SOLITAIRE. Saint personnage qui vit dans la retraite. Dans les fables de Lafontaine, le *Rat qui s'est retiré du monde* est appelé également des noms d'*ermite* et de *solitaire*. Cependant l'un n'équivaut point à l'autre.

Ermite, grec, ἐρημίτης, formé d'ἔρημος, désert, solitaire, inculte, se dit d'une manière absolue et stricte. *Solitaire*, du latin *solitarius*, isolé, retiré, séparé, est une expression de la même idée, relative et moins rigoureuse.

L'*ermite* habite au désert dans une grotte ou une cabane éloignée de toute autre habitation, n'ayant autour de lui âme qui vive et sans communication avec qui que ce soit. Il n'en est pas de même du simple *solitaire* : il n'est séparé du monde que par des murs, et dans le cloître qu'il habite il a des compagnons de solitude auxquels il se réunit au moins quelquefois. L'*ermite* est un être tout à fait à part ; il y a des sociétés de *solitaires*. Les anachorètes de la Thébaïde étaient proprement des *ermites* (Cond.) ; mais c'étaient des *solitaires* que renfermait le monastère de Port-Royal (Lah.), et c'est en *solitaire*, et non en *ermite*, que Charles-Quint alla mourir au monastère de Saint-Just (Volt.).

Qui dit *ermite* fait entendre la plus parfaite solitude ; il suffit de vivre dans la solitude pour être *solitaire*. Un homme qui ne voit point le monde vit comme un *ermite*; un homme qui voit peu le monde est un *solitaire*.

ERRER, FAILLIR; — SE TROMPER, S'ABUSER, SE MÉCOMPTER, SE MÉPRENDRE, PRENDRE LE CHANGE, SE BLOUSER. Tomber dans le faux, se faire une idée inexacte des choses, en mal juger.

Errer et *faillir* ont cela de commun, qu'ils sont d'un usage très-borné : ils ne se disent que d'une manière absolue, à l'infinitif, et quelquefois au participe avec *avoir*. Mais *errer*, *errare*, c'est vaguer, aller à l'aventure, et *faillir*, de *fallere*, être infidèle, manquer à, exprime un défaut. Ce peut être un malheur ou un accident d'*errer* ; *faillir* est une infirmité ou une imperfection. « En ce cas les jansénistes n'auront point le malheur d'avoir *erré* dans la foi. » Pasc. « La sagesse infinie ne peut jamais *faillir*, et c'est à elle à régler toutes choses. » Boss. Il nous arrive d'*errer*, faute d'un bon guide, par exemple; c'est une des misères de notre nature ou un dérèglement de notre volonté de *faillir*. Dieu ne peut *errer*, ses décisions sont nécessairement droites ; « il conduit l'Église dans la détermination des points de la foi par l'assistance de son esprit qui ne peut *errer*. » Pasc. Dieu ne peut *faillir*, parce qu'il est parfait.

Autant *errer* et *faillir* sont rarement employés, autant *se tromper* l'est souvent : il marque, à vrai dire, le genre dont les verbes suivants désignent les espèces.

S'abuser, c'est se tromper par trop de confiance en soi-même, ou faute de régler, non pas son intelligence, mais la partie sensible ou appétitive de son être, ses désirs, son imagination, ses espérances. « Il *s'abuse* jusques à croire qu'il parviendra à supplanter son rival. » Acad. « Le long usage du monde et des plaisirs ne vous permet plus de *vous abuser* sur le faux bonheur qu'on se promet dans le crime. » Mass. « Ne *vous abusez* point. » Mol. C'est-à-dire, n'ayez pas la présomption de croire que vous êtes aimé de cette personne. Nul n'aime à *se tromper*, on ne *se trompe* qu'involontairement ; on prend quelquefois plaisir à *s'abuser*, comme à se faire illusion, à se persuader une chose. L'ignorance et l'inattention *se trompent*, l'amour-propre *s'abuse*.

Se mécompter, c'est se tromper en *comptant*, mal compter. On *se mécompte* proprement en arithmétique (Volt.). « Je *me* suis *mécompté* de tant. » Acad. — Figurément, *se mécompter* signifie mal calculer, mal conjecturer. « On ne trouve point dans les hommes ni les vertus ni les talents qu'on y cherche. On a beau les étudier et les approfondir, on *s'y mécompte* tous les jours. » Fén. « Il s'est *mécompté* dans ses conjectures. » Acad.

Se méprendre et *prendre le change* veulent dire également se tromper dans un choix entre deux choses, prendre l'une pour l'autre, martre pour renard. Mais *prendre le change* est plus commun, parce qu'il est emprunté du langage de la vénerie, où il se dit des chiens qui quittent la bête qui a été lancée, pour courir la nouvelle. « Je vous assure, dit Sancho, que ce n'est point là du tout le bouclier que vous dites ; c'est plutôt une vieille platine rouillée.... Les chevaliers, répondit don Quichotte, ne *prennent* jamais *le change*. » Les.

<pre>   C'est une chose étrange
Comme dans ce pays on prend toujours le change.
                                    Regn.</pre>

« Ne soyez pas étonné que j'aie *pris le change* (sur la personne que vous voulez épouser). La plaisante équivoque ! » Dest.

Se blouser, usité d'abord en termes du jeu de billard, est familier, sans être restreint, comme *prendre le change*, au cas d'une alternative, au cas où il s'agit de prendre une chose ou une autre.

Un esprit de travers assez souvent *se blouse*. Dest.

« L'ami des hommes, ce M. de Mirabeau, qui parle, qui parle, qui décide, qui fait tant d'écarts, qui *se blouse* si souvent, n'est mon fait que quand il dit : Aimez l'agriculture. » Volt.

ESCARPÉ, ROIDE. Adjectifs qualificatifs d'une hauteur qui va presque perpendiculairement en pente.

Escarpé, de la préposition *ex*, et de *carpere*, couper, paraît signifier en un seul mot ce qu'on exprime en plusieurs par *coupé à pic*. *Roide*, du latin *rigidus*, dur, rude, rigoureux, annonce quelque chose de pénible à monter ou à descendre ; ou c'est un mot qui désigne quelque chose sur quoi on est emporté *roide*, rapidement.

Escarpé représente la chose en soi, quant à sa

forme et à son aspect ; *roide* la fait considérer sous le point de vue de l'usage que nous en faisons ou que nous en pouvons faire, de la difficulté qu'il y a d'y monter ou d'en descendre. « Ce ravin est une espèce d'escalier très-*roide*, remplie de sable et de roches roulées. Nous le grimpâmes.... Nous parvînmes sur la Table. Le soleil se levait de dessus la mer, et ses rayons blanchissaient les sommets *escarpés* du Tigre et de quatre autres chaînes de montagnes. » BERN.

Escarpé s'emploie de préférence à l'égard de l'objet entier, la montagne, au lieu que *roide* s'applique mieux à la partie unique où on marche, à un sentier de la montagne. Les mulets marchent sans broncher dans les sentiers les plus *roides* des montagnes *escarpées*. « Les chevaux de Norvége ont le pied extrêmement sûr ; ils marchent avec précaution dans les sentiers des montagnes *escarpées*, et se laissent glisser en mettant sous le ventre les pieds de derrière lorsqu'ils descendent un terrain *roide* et uni. » BUFF. *Escarpé* se dit bien de tout un pays (BUFF.), de toute une région (ROLL.) ; *roide* convient davantage pour quelque chose de restreint : un défilé fort étroit et *roide* (ROLL.).

Escarpé ne rappelle ni l'homme ni rien de l'homme. « Les sauvages entreprennent et achèvent de longs voyages à pied dans les montagnes les plus *escarpées*, dans les pays les plus difficiles où il n'y a aucun chemin battu, aucun sentier tracé. » BUFF.

Le peu de nos amis dont nos murs sont gardés,
Sur ces bords *escarpés* qu'a formés la nature,
Et qui de ce palais entourent la structure,
En *défendront* l'approche. VOLT.

Ce qui est *roide*, au contraire, se rapporte essentiellement à l'homme, est disposé par lui ou pour lui, comme, par exemple, un escalier et un chemin. « Pontius Cominius gagna la porte Carmentale du côté de laquelle le Capitole était le plus *roide* et le rocher qui l'environne le plus *escarpé*. » ROLL.

Que si parfois *escarpé* se prend abusivement dans l'acception relative et particulière de *roide*, il en diffère alors en ce qu'il dit plus, et il doit se mettre après : une chose, une montagne *escarpée* est plus près d'être droite ou perpendiculaire que celle qui est simplement *roide*. « Croyant qu'on ne pouvait laisser monter trop haut les ennemis, afin de les faire fuir ensuite par une descente *roide* et *escarpée*, Euclidas resta sur le sommet. » ROLL.

« Démosthène prononçait ainsi plusieurs vers de suite, à haute voix, sans s'interrompre, et cela même en marchant et en montant par des endroits fort *roides* et fort *escarpés*. » ID.

1° ESPACE, INTERVALLE ; 2° DISTANCE, ÉLOIGNEMENT. L'étendue qu'il y a entre les objets ou les événements qui ne se touchent pas. Quand vous écrivez à une personne auprès de laquelle vous ne vous trouvez pas, qui n'habite pas au même endroit que vous, vous lui parlez de l'*espace*, de l'*intervalle*, de la *distance* ou de l'*éloignement* qui vous sépare.

Mais d'abord *espace* et *intervalle* diffèrent beaucoup de *distance* et d'*éloignement*. Les deux premiers expriment quelque chose de concret ; les deux derniers signifient quelque chose d'abstrait. On traverse l'*espace* ou l'*intervalle* ; on le remplit de telle ou telle manière ; dans l'*espace* et dans l'*intervalle* on met, on fait ceci ou cela. Rien de semblable ne peut se dire de la *distance* et de l'*éloignement* : on les mesure, voilà tout ; ce ne sont ni des choses ni quoi que ce soit de physique dans les choses, ce sont des rapports, quelque chose de purement idéal. En parcourant l'*espace* ou l'*intervalle* qui est entre nous et les objets, nous prenons une idée de la *distance* ou de l'*éloignement* de ceux-ci. Une armée s'approche d'une ville pour en faire le siège : l'*espace* ou l'*intervalle* entre les assiégeants et les assiégés est bientôt couvert de morts et de débris ; la *distance* ou l'*éloignement* diminue ou augmente suivant que les assiégeants avancent ou reculent. Un fou a des *intervalles* lucides, des espaces de temps pendant lesquels la raison lui revient. Il n'a pas de *distances* ou d'*éloignements*, la *distance* et l'*éloignement* n'étant pas des choses, n'étant pas de la nature de ce qu'on peut avoir ou posséder : mais il y a plus ou moins de *distance* ou d'*éloignement* entre les accès auxquels un fou est sujet.

C'est donc avec raison que Girard s'était proposé d'examiner dans un article la synonymie d'*espace* et d'*intervalle*, et dans un autre celle de *distance* et d'*éloignement* : entre ces deux couples de mots le rapport de signification est peu étroit. Encore était-il bon de le marquer nettement.

1° *Espace*, *intervalle*.

Espace est absolu ; *intervalle*, relatif.

Espace est absolu non-seulement en ce qu'il se dit bien de l'étendue infinie ou indéfinie, mais encore en ce que, quand il signifie une étendue bornée, il ne fait point penser aux limites dans lesquelles cette étendue est contenue. Si vous faites bâtir, et que vous soyez économe, ménagez l'*espace*. Une personne pressée d'arriver dévore l'*espace*.

Intervalle, *intervallum*, *inter vallos*, ce qu'il y a (d'espace) entre les pieux (d'une palissade), est relatif : il a toujours rapport aux termes entre lesquels s'étend la portion d'espace qu'il exprime. « Il n'y a que quatre pieds d'*intervalle* entre ces deux colonnes. » ACAD. « Les côtes laissent entre elles un *intervalle* à l'endroit précis où j'en ai besoin pour faciliter l'élargissement ou le resserrement de toutes ces parties internes. » FÉN.

Avec les bateaux à vapeur nous franchissons plus rapidement qu'autrefois l'*espace* des mers ; l'*intervalle* de mer qui est entre la France et l'Angleterre s'appelle la Manche. C'est un *espace* bien court que celui que nous avons à vivre (MASS.) ; le plus dangereux *intervalle* de la vie est de la naissance à l'âge de douze ans (J. J.).

De ces exemples et de tout ce qui précède il résulte qu'*espace* marque plutôt une totalité, et *intervalle* une partie. Un bataillon carré occupe un certain *espace* ; il reçoit de l'artillerie dans les *intervalles*. Dans l'*espace* d'un jour chaque heure est un *intervalle* qui nous paraît plus ou moins long suivant ce qui nous affecte dans le moment.

2° *Distance, éloignement.*

Distance ne correspond à aucun verbe français; *éloignement* dérive du verbe *éloigner* ou *s'éloigner.*

Par conséquent la *distance* est plutôt quelque chose de fixe et de constant; et l'*éloignement*, résultat de l'action d'éloigner ou de s'éloigner, quelque chose d'accidentel. Il y a telle *distance* ou tant de *distance* d'une ville à une autre. Mais, si une personne vous a quittée, vous parlez de son *éloignement*. « J'ai assez de besoin de cette dévotion pour me faire supporter avec patience l'*éloignement* d'une aimable enfant que j'aime si passionnément. » Sév.

Lorsque l'on aime comme il faut,
Le moindre *éloignement* nous tue;
Et ce dont on chérit la vue
Ne revient jamais assez tôt. Mol.

« De l'homme à Dieu, dit Bourdaloue, il y a une *distance* infinie. » Mais, dans Pascal, Dieu dit de l'homme, qui l'a abandonné : « Aujourd'hui l'homme est semblable aux bêtes, et dans un tel *éloignement* de moi, qu'à peine lui reste-t-il quelque lumière confuse de son auteur. »

D'ailleurs, comme substantif pur, *distance* est objectif, et *éloignement*, comme substantif verbal, subjectif. L'un est simplement significatif d'une quantité géométrique; l'autre a pour accessoire de se rapporter à un sujet et à ce qu'il éprouve. Une *distance* est de tant de lieues; un *éloignement* fait jouir ou souffrir, ou empêche de voir les objets tels qu'ils sont. Distinction confirmée par l'emploi de ces deux mots au figuré : *distance* y exprime quelque chose d'étranger au moi, une différence, et *éloignement* quelque chose d'affectif, une disposition de l'âme, un sentiment d'aversion.

Car d'un dévot souvent au chrétien véritable
La *distance* est deux fois plus longue, à mon avis,
Que du pôle antarctique au détroit de Davis. Boil.

« Les planètes tournent autour du soleil en plus ou moins de temps, mais non pas tout à fait dans la proportion de leur *distance*. » Mal. « On n'a aucune méthode pour déterminer cette *distance*. » Lab. — « Dieu pourra dire à un réprouvé : Je serai ton supplice en t'éloignant de moi, car je n'ai rien dans les trésors de ma colère de plus formidable que cet *éloignement*. » Bourd. « Voilà (des montagnes de glaces éternelles) ce qui fait ma perspective vis-à-vis mes fenêtres. Il est vrai que l'*éloignement* est assez grand pour que le froid en soit diminué. » Volt. « Soit que les objets soient en effet très-petits, soit qu'ils nous paraissent être tels à cause de leur *éloignement*. » Buff.

Une autre différence, tirée de l'étymologie, n'est pas à négliger. La *distance* (de *dis stare*, se tenir séparément ou d'un autre côté) peut être petite, au moins relativement; *éloignement*, au contraire, ne se dit proprement qu'en parlant de choses lointaines, qui sont loin ou à une grande distance. Ce qui est à *distance* peut être encore assez près de nous, mais non pas ce qui est dans l'*éloignement*. « Une étoile paraît assise sur une autre. Si cependant tout l'art des astronomes est inutile pour en marquer la *distance*, que doit-on penser de l'*éloignement* de deux étoiles qui en effet paraissent éloignées l'une de l'autre, et à plus forte raison des deux polaires ? » Labb.

ESPÉRER, SE PROMETTRE, SE FLATTER.

Avoir la confiance, ou aimer à croire que quelque chose d'heureux ou d'avantageux arrivera.

Espérer exprime le désir, *se promettre*, une grande confiance, et *se flatter* une illusion.

On *espère* ardemment; l'*espérance* est une tendance ou une aspiration de l'âme vers un objet afin de l'obtenir et d'en jouir; c'est par la sensibilité, par le cœur, que nous *espérons*, et ce mot donne toujours l'idée d'une certaine langueur, d'une certaine soif, d'un besoin éprouvé.

Hélas! nous *espérions* que de leur race heureuse
Devait sortir de rois une suite nombreuse. Rac.

« Je n'*espère* rien du monde, je n'en appréhende rien, je n'en veux rien. » Pasc.

Se promettre ressemble le plus à *attendre*, pris dans le sens favorable, autant qu'une grande confiance peut ressembler à la certitude. C'est se donner l'assurance, se répondre, se garantir qu'une chose arrivera, n'en pas douter par conséquent, quoiqu'on n'ait proprement aucun droit de le croire. « Vous m'avez tenu tout ce que je m'étais *promis* de vous. » J. J. « La chose arriva plus tard qu'on ne se l'était *promis*. » Montesq. Une chose produit ou ne produit pas tout l'effet qu'on s'en était *promis* (Cond., Laf.). *Se promettre* un succès assuré (Laf.), une victoire aisée (Boil.). « On ne peut se *promettre* sans vanité qu'il n'y aura rien à redire dans un ouvrage. » Mal. — Ensuite, *se promettre* suppose souvent que l'événement, que nous tenons pour sûr, dépend de nous, au moins en partie, et que nous prenons envers nous l'engagement de travailler à son succès. » L'abbé Bossuet *se promet* de tout détruire par preuves. » Boss. « Les hommes *se promettent* tous qu'ils mourront de la mort des justes. » Mass. « Qui oserait se *promettre* de contenter les hommes? » Labr.

Nos ennemis
Feront moins de progrès qu'ils ne s'étaient *promis*. Rac.
Nous nous *promettons* tous l'honneur de la victoire. Volt.

Se flatter, c'est s'amuser ou se bercer de l'espérance de quelque chose, s'en imposer à soi-même sur les chances de succès, se persuader qu'on réussira.

Ah! laissez-moi douter un moment de sa haine!
Laissez-moi me *flatter* de regagner son cœur;
Ne me détrompez point, respectez mon erreur. Volt.
Après m'être longtemps *flatté* que mon rival
Trouverait à ses vœux quelque obstacle fatal,
Je pars, etc. (Antiochus, dans *Bérénice*.) Rac.
Que dis-je! souhaiter? Je me *flatte*, j'espère
Que.... Id.

Ces philosophes ne peuvent se *flatter* qu'on ait recueilli de leurs ouvrages tout le fruit qu'ils s'en étaient *promis*. » Cond.

Lorsqu'il est question de choses qui nous regardent ou qui sont en notre pouvoir, comme *se promettre* et *se flatter* expriment les deux degrés extrêmes de la confiance et de la probabilité, l'un convient mieux au langage de la présomption et l'autre à celui de la modestie. *Se promettre, se flatter* de réussir.

ESSENCE, NATURE. Ce qui fait qu'une chose est ce qu'elle est, ce qui la constitue.

L'*essence* d'une chose, c'est seulement ce sans quoi elle ne serait pas ce qu'elle est, et on ne la concevrait pas, au lieu que sa *nature* est tout ce que l'observation nous apprend qu'elle est. La première est donc moins étendue, mais aussi moins flottante et moins vague; elle détermine d'une manière plus rigoureuse. L'*essence* ne comprend qu'une ou quelques propriétés fondamentales, principales, de la plus grande importance que la chose doit nécessairement avoir pour ne point cesser d'être : la *nature* comprend toutes les propriétés remarquées dans la chose et qui lui sont, non pas nécessaires, mais seulement inhérentes.

Il suit de là, comme du reste l'enseigne expressément la métaphysique, que l'*essence* est invariable, puisque, tout en elle étant nécessaire, la moindre altération ferait que l'être ne serait plus ce qu'il est, au lieu qu'on peut fort bien modifier la *nature* : ainsi l'art de l'homme modifie la *nature* des végétaux par la greffe et celle des animaux par le croisement, et l'habitude modifie celle de l'homme : l'habitude est une seconde *nature*, dit-on, et, suivant Pascal, ce que nous prenons pour la *nature* n'est souvent qu'une première coutume. « L'unité est de même genre que les nombres, précisément par son *essence* et sa *nature* immuable. » Pasc.

L'*essence* est générale, elle répond à un type qui s'applique à toute une classe, et c'est par exception qu'on dit l'*essence* divine. C'est pourquoi la définition qui n'a jamais pour objet de faire connaître les individus comme tels, mais seulement les genres et les espèces, ne s'adresse qu'à l'*essence générique* et à l'*essence spécifique* sans descendre dans les particularités de la *nature*. La *nature*, en effet, admet les particularités, elle peut être individuelle : le méchant homme, entraîné au mal par sa *nature*, doit chercher à la corriger.

Ainsi diffèrent *essence* et *nature* considérés objectivement. Mais *essence* est beaucoup plus subjectif : il exprime ce qui est impliqué dans la notion abstraite de toute une classe d'objets, et *nature* ce qui est effectivement dans un objet. On peut donc très-bien admettre avec Locke une *essence* nominale par opposition à l'*essence* réelle, mais non pas une *nature* nominale par opposition à la réelle. L'*essence* peut correspondre à des êtres simplement possibles ou non réels. « L'idée de l'*essence*, dit Bossuet, représente ce que la chose doit être par sa *nature* quand elle sera. » Il y a telles sciences, les mathématiques, où les *essences* étant données et définies on en déduit la *nature*; il y en a d'autres, les sciences naturelles, où l'on ne peut arriver à déterminer l'*essence* qu'à la condition de connaître préalablement la *nature*.

Essence est un terme d'ontologie qui ne se dit guère qu'en parlant de choses abstraites : il est de l'*essence* de la vertu de.... *Nature* est du langage commun, et se dit très-bien en parlant des choses matérielles, visibles : la *nature* du poisson est de vivre dans l'eau.

ESTIMABLE, RECOMMANDABLE. Dont on doit faire cas.

Estimable, digne d'*estime*, de ce sentiment intime et solitaire que nous éprouvons pour ce qui est moralement bon ou beau, est absolu; *recommandable*, digne de *recommandation*, digne qu'on intéresse en sa faveur, est relatif, il se rapporte à l'opinion. La chose *estimable* se considère en soi-même; mais la chose *recommandable* se considère au point de vue du monde ou du public. Une chose ou une personne très-*estimable* est excellente, admirable, parfaite; celle qui est très-*recommandable* a ou mérite d'avoir un grand renom. Ce qu'il y a de peu *estimable* en nous diminue notre mérite; ce que nous avons de peu *recommandable* nous avilit, nous fait tort dans l'esprit des autres. « M. le chevalier de Laurés, auteur *estimable* qui a remporté plusieurs fois le prix à l'Académie française, ne pouvant avoir accès auprès des Comédiens français pour l'examen d'une tragédie, a adressé une courte *Épître à M. le marquis de Chauvelin*, seigneur *recommandable* par son goût pour les lettres, et il le sollicite de lui accorder sa protection. » Bach.

Estimable attribue une valeur essentielle, le plus souvent une valeur morale, qui doit attirer le respect. « Rien n'est *estimable* que le bon sens et la vertu. » Fén. *Recommandable* suppose plutôt une valeur d'utilité ou d'application qui doit faire rechercher la chose ou la personne, qui doit lui donner de la réputation, l'accréditer. « Le *pigeon de mois* est une race *recommandable* par son utilité, c'est-à-dire par sa grande fécondité. » Buff.

On parlera avec précision en disant d'un homme qu'il est *estimable* par ses vertus et *recommandable* par ses talents. Fénelon demande quelque part pour une ambassade en Espagne un homme aussi *estimable* que *recommandable*, c'est-à-dire qui soit d'une vraie vertu en même temps que distingué par son habileté et par son rang.

ESTROPIÉ, IMPOTENT. Mal accommodé ou infirme d'un membre, et, par exemple, d'une jambe ou d'un bras. « Et vous, pauvres connus, pauvres honteux, malades *impotents*, *estropiés*, restes d'hommes. » Boss.

On n'est jamais *estropié* que parce qu'on a été *estropié*, que par suite d'un accident. « Nous sommes si chanceux que nous sortons presque toujours *estropiés* de nos batailles. » Les. « Il a fait une chute de cheval, il en sera *estropié* toute sa vie. » Acad. Vulcain était *estropié* parce qu'étant enfant il avait été précipité du ciel. Mais il se peut qu'on soit *impotent* par un vice de nature. « Pour un malheureux qui ne l'est que parce qu'il est né faible, *impotent* ou difforme, que de millions d'hommes le sont par la seule dureté de leurs semblables! » Buff. « Ce fut une fortune pour Mlle d'Aubigné d'épouser Scarron, cet homme disgracié de la nature, *impotent*. » Volt.

Estropié fait penser à l'état du sujet, au malheur qu'il a éprouvé, au coup qu'il a reçu; et *impotent*, du latin *impotens*, impuissant, à son incapacité, à l'impossibilité où il est de se servir de la partie de son corps qui est malade. L'*estropié* se meut et agit encore. « Tout *estropié* que je suis, je ne laisse pas d'aller bon train. » Les.

« La reine Gisèle ne se faisait servir que par les gens borgnes, bossus, boiteux et *estropiés*. » Fén. Mais l'*impotent* est privé de l'usage d'un de ses membres ou de plusieurs; c'est ce que le mot fait entendre expressément. « Il vous faudrait bien de pareils rhumatismes pour vous rendre *impotente*; et j'aimerais mieux que vous ne pussiez remuer ni pied ni patte, c'est-à-dire n'écrire ni vers ni comédie, que de vous savoir la migraine. » J. J. « Cela ne suffit pas pour me vêtir et me nourrir moi et ma sœur la couturière devenue *impotente*. » Volt.

Estropié indique plutôt la cause, et *impotent* l'effet : c'est d'ordinaire parce qu'on est *estropié* qu'on est *impotent*. Le roi Louis VI s'étant emparé du jeune prince Richard, fils de Guillaume, duc de Normandie, voulut lui brûler les jarrets, afin que, étant *estropié*, il devînt *impotent*, incapable de régner et de commander les armées (Boss.).

ÊTRE, EXISTENCE. Ces deux termes très généraux expriment ce qui est commun à tout ce qui est, et tous deux sont opposés à ce qui n'est pas, au néant.

Être, qui n'est autre chose que l'infinitif du verbe auxiliaire devenu substantif, est encore plus abstrait, plus général qu'*existence*; il n'exprime que le caractère de n'être point à néant, et encore d'une manière très-vague. *Existence* a quelque chose de plus précis : comme l'annonce sa terminaison, il vient d'un participe présent, et par conséquent il indique quelque chose de présent, d'actuel. *Être* désigne l'idée commune aux deux mots sans détermination, non-seulement de temps, mais aussi de manière; *existence* marque, non-seulement la présence, l'actualité, mais encore l'état, le comment. On dit d'une chose qu'elle a tant d'années d'*existence*, on met fin à son *existence*, on a une *existence* courte, heureuse ou malheureuse.

Être se dit de tout ce qui peut être considéré comme objet. *Existence*, de *ex stare*, se tenir debout hors de là, se dit uniquement de ce qui se tient debout hors de nous, de ce qui se tient présent, ou bien de ce qui est tiré de l'*être*, de ce qui *existe* n'ayant pas *existé* auparavant. Le mot *être* s'applique à tout ce qui n'est pas à néant : outre tout ce qui *existe* réellement, actuellement, il comprend tout ce qui ne répugne pas à l'*existence*; *existence* ne se dit que de ce qui *existe* effectivement. Ce qui a l'*être* peut n'exister qu'en puissance ou en idée; ce qui a l'*existence* existe en réalité : il y a des *êtres* d'imagination, de raison; ils *sont* sans *exister*.

Existence étant relatif au temps ne s'emploie guère qu'en parlant des êtres organisés qui durent ou vivent plus ou moins. L'*existence* n'est donc que la forme de l'*être* ou sa réalisation apparente et locale en un certain point de la durée : c'est l'*être* actuel, l'état de ce qui existe présentement. C'est de Dieu que nous tenons l'*être*, c'est à nos parents que nous devons l'*existence*. Nous *sommes* après que nous avons *existé*. Dieu est ; aussi dit-il lui-même : Je suis celui qui *est*; l'homme *est* et *existe*. « Dieu est celui qui *est* ; tout ce qui *est* et *existe* est ce qui existe par lui. » Boss. Après cette vie l'homme *sera*, mais il aura sans doute une autre *existence*. On ne conçoit pas que ce qui *est* cesse d'*être*; on conçoit parfaitement que ce qui *existe* cesse d'*exister*. Nous n'avons aucun pouvoir sur l'*être*; nous le gardons tel qu'il nous a été donné, sans aucune altération ; nous pouvons modifier l'*existence*, la détruire même ou bien la communiquer à ce qui ne l'a pas encore.

Mais, quoique l'*être* dans sa généralité absolue n'admette aucune qualification, il est susceptible d'être de nouveau particularisé, et alors, il comporte des qualités, mais des qualités fondamentales, profondes, intimes, essentielles, qui servent à caractériser les différents genres d'*êtres*. « C'est la pensée qui fait l'*être* de l'homme. » Pasc. On ne dit point des *existences* comme on dit des *êtres*, parce que *existence* n'est relatif qu'au fait d'*exister* de telle ou telle façon, actuellement et plus ou moins de temps. Mais, en revanche, on dira bien : ces rassemblements prouvent l'*existence* d'un complot; ces vapeurs prouvent l'*existence* d'un volcan, c'est-à-dire le fait, la réalité actuelle. On prouve l'*existence* de Dieu, c'est-à-dire sa réalité actuelle par rapport à notre manière de concevoir la durée, et non son *être*, c'est-à-dire sa nature intime, son essence, le fond de son être. L'*être* est une chose, l'*existence* un fait, parce que le mot *être* est un substantif pur et le mot *existence* un substantif verbal. « Il y a des *êtres* qui n'ont reçu de la nature que l'*existence* physique. » Staël. Notre *être*, c'est ce que nous sommes ; notre *existence*, c'est notre vie. Voltaire, réfutant une pensée de Pascal, dit : « Pourquoi nous faire horreur de notre *être*? Notre *existence* n'est point si malheureuse qu'on veut nous le faire accroire. »

1° ÉVANOUISSEMENT, PÂMOISON; — 2° DÉFAILLANCE, FAIBLESSE, SYNCOPE. Fait ou état d'une personne qui se trouve mal.

L'*évanouissement* et la *pâmoison* se rapportent à l'âme; la *défaillance*, la *faiblesse* et la *syncope*, au corps. L'*évanouissement* et la *pâmoison* produisent dans la vie de l'être intellectuel et moral des effets dont l'étude est du ressort de la psychologie. La *défaillance*, la *faiblesse* et la *syncope* se manifestent chez l'homme et chez les animaux par des altérations plus ou moins dangereuses des fonctions organiques, et c'est à la médecine à s'en occuper. Dans un des contes de Marmontel, une jeune religieuse soigne un malade qui a été son amant et qu'elle reconnaît sans en être reconnue. A la fin, un accident la décèle. Il en résulte qu'ils tombent, l'une en *pâmoison*, l'autre en *défaillance*, c'est-à-dire que l'une, succombant à son émotion, se trouve intérieurement bouleversée, tandis que l'autre éprouve une telle commotion physique, qu'il en pense perdre la vie. De même, dans le *Clitandre* de Corneille, Caliste tombe en *pâmoison* par un mouvement sympathique de frayeur à la vue des périls que court Rosidor, son amant, et celui-ci tombe en *faiblesse* par suite des blessures qu'il a reçues.

1° Évanouissement, pâmoison.

Évanouissement a été formé du latin *evanescere*, s'évanouir, se dissiper, disparaître. C'est un mot tout relatif à l'intelligence : la personne *évanouie* a perdu connaissance; son esprit s'en est allé, s'est comme évaporé; et revenir d'un *éva-*

nouissement, c'est proprement reprendre connaissance, reprendre ses sens ou ses esprits. « Quelle chaîne y a-t-il entre la mort passagère de l'âme dans un profond sommeil ou dans un *évanouissement*, et les idées que l'on reçoit en reprenant ses esprits? » Volt. « En ce cas, l'homme penserait dans un profond sommeil sans rêves, dans un *évanouissement*, dans une léthargie, dans le ventre de sa mère. » Id. « Nous n'épargnâmes rien pour la tirer de son *évanouissement*, et nous eûmes le bonheur d'en venir à bout. Mais, quand elle eut repris l'usage de ses sens, elle sentit son malheur. » Les.

La *pâmoison* est toute relative aux impressions morales : elle provient de ce qui fait d'ordinaire qu'on pâme ou qu'on se pâme, c'est-à-dire d'une forte émotion, d'un excès de chagrin ou de joie. « Ces paroles me causèrent un si furieux déplaisir, que je tombai comme morte entre ses bras. Ma *pâmoison* fut longue. » Scarr. « Il y a tout plein de ces agonisants-là qui tombent en *pâmoison* à l'aspect des jolies demoiselles. » Regn. « La princesse d'Harcourt (surprise au jeu par Mme de Maintenon chez la maréchale de Villeroi au sortir du salut) laisse tomber ses cartes, et soi-même dans son fauteuil tout éperdue.... Elle sort en furie de son espèce de *pâmoison*. » S. S. Dans le *Cid*, don Diègue dit de Chimène qui vient d'apprendre la fausse nouvelle de la mort de Rodrigue :

Mais voyez qu'elle pâme, et d'un amour parfait,
Dans cette *pâmoison*, sire, admirez l'effet.
Sa douleur a trahi le secret de son âme. Corn.

Pâmoison ne s'emploie plus guère aujourd'hui, au moins dans le style sérieux. Et, de son côté, l'*évanouissement* a encore cela de particulier, qu'il est assez souvent simulé, parce qu'on peut aisément faire semblant de n'y être plus, de ne plus rien voir, rien entendre. « Pour adoucir ses transports elle s'est évanouie deux fois.... C'est la force du sexe que d'avoir ces faiblesses à commandement ; car, dans les grands accidents, quand l'attaque est trop forte, une femme se sauve dans l'*évanouissement*. » Dufr. « Mlle Clairon est allée chez Mme de Sauvigny, où après les tendres amitiés sont venus les *évanouissements*. » Bach. « Mme la princesse de Conti vient de mourir.... Mme de Gesvres avait pris le parti des *évanouissements* ; Mme de Brissac de crier les hauts cris.... : ces deux personnages n'ont pas réussi : qui prouve trop ne prouve rien. » Sév.

2° *Défaillance, faiblesse, syncope*.

La *défaillance* est un affaiblissement des forces ; la *faiblesse* en est la perte. L'une n'est qu'un degré qui mène à l'autre. « Il arrivera (au corps) tantôt des tremblements et des convulsions, tantôt des langueurs et des *défaillances*. » Boss. « Je suis quelquefois au hasard de tomber par des étourdissements qui me prennent ; je ne saurais m'appliquer le moins du monde qu'il ne me prenne un mal de cœur tirant à *défaillance*. » Boil. — La *faiblesse* est plus grave ; et il est moins rare d'en mourir. « Vous le voyez là (votre père) ; il vient de mourir tout à l'heure d'une *faiblesse* qui lui a pris. » Mol. « A huit heures l'abbé Chauvelin a donné audience à ses médecins ; il plaisantait avec eux lorsqu'il lui a pris une *faiblesse* dans laquelle il a passé, sans qu'il ait pu recevoir les sacrements. » Bach. — « Le roi d'Angleterre eut une grande maladie. Étant tombé en *faiblesse*, son fils crut qu'il était mort, et prit la couronne qui était sur son lit.... Le roi, revenu de sa *défaillance*, demanda sa couronne.... » Boss.

La *syncope* ressemble à la *faiblesse* en ce qu'elle constitue également un état complet, un état porté au plus haut point. Mais, au lieu que *faiblesse*, d'une origine latine fort difficile à apercevoir, est un mot de la langue commune, *syncope*, pris du grec συγκοπή, est le terme technique de la médecine qui s'en sert exclusivement dans les titres des ouvrages où il est traité de l'espèce de maladie qui consiste, comme on dit vulgairement, à se trouver mal. « La nuit fut cruelle et décisive. Étouffement, oppressions, *syncope*, la peau sèche et brûlante ; une ardente fièvre.... » J. J. « Le roi (Alexandre, qui s'était baigné dans le Cydnus) perdit la parole, et tomba dans de si grandes *syncopes* qu'il n'avait presque plus de pouls ni d'apparence de vie. » Vaug., Roll. « L'incision étant faite, et le fer hors de la plaie, il en sortait une telle quantité de sang, que le roi tomba en *syncope*, de sorte qu'ils se mirent tous à crier et à pleurer, croyant qu'il fût mort. » Vaug. — D'ailleurs, dans la langue ordinaire, dont il est uniquement question ici, la *syncope* paraît avoir pour caractère spécial de mettre le sujet qui en est atteint dans un état d'exaltation ou d'irritation plutôt que d'accablement. « Les femmes de Barbarie aiment la musique et la danse, au point d'en être transportées ; il leur arrive même de tomber en convulsions et en *syncope* lorsqu'elles s'y livrent avec excès. » Buff. « Je crois que l'esprit de mon pauvre maître est tombé en *syncope*.... Il lui prend des accès qui me font trembler, et je crains que la bile noire ne lui fasse faire quelque mauvais coup. » Dest. « Les Français courent ; ils volent ; les voitures lentes d'Asie, le pas réglé de nos chameaux, les feraient tomber en *syncope*. » Montesq.

EXACTITUDE, FIDÉLITÉ. C'est dans un récit, dans un rapport, ou dans la personne qui le fait, une qualité qui détermine ou doit déterminer à y croire.

L'*exactitude* est plutôt objective, relative à ce qui fait l'objet ou le fond du rapport, du récit ; la *fidélité*, au contraire, est subjective, relative à la personne qui est l'auteur du rapport ou du récit. L'*exactitude* de l'histoire dépend d'abord de la *fidélité* de ceux qui ont rapporté les faits. Un compte *exact* se considère en lui-même, il est vrai, il n'y manque rien ; un compte *fidèle* appelle l'attention vers son auteur, son auteur ne l'a point altéré, n'y a rien mis du sien. Un récit *exact* est conforme à ce qui s'est passé ; un récit *fidèle* est fait par un homme impartial et véridique. « Dans la compilation de dom Calmet les faits sont *exacts*, les citations *fidèles*. » Volt. « Je n'ai songé qu'à l'*exactitude* et à la vérité.... Personne de tout ce qui m'a connu et a vécu avec moi ne concevra aucun soupçon sur la *fidélité* du récit que je fais. » S. S.

Exactitude dit plus que *fidélité*, car l'*exactitude* rend la chose croyable absolument, et la *fidélité* ne présente pour y faire croire que la bonne foi de celui qui la rapporte, outre qu'il y a dans l'*exactitude* plus d'attention à ne pas s'écarter de la vérité. « La *fidélité* la plus *exacte*. » S. S., BERN. « Le tout (dans ce récit) peut n'être pas absolument *exact*, mais les traits principaux sont *fidèles*. » J. J. « Il est bon, pour exercer et affermir sa mémoire, qu'elle s'accoutume à rendre l'histoire *fidèlement*, et telle qu'elle est dans le livre, sans pourtant exiger une exactitude rigoureuse, qui aille jusqu'à n'oser changer aucun mot. » ROLL.

EXACTITUDE, PONCTUALITÉ. Attention qu'on met à agir conformément à quelque chose ou de manière à ne s'en point écarter du tout.

Exactitude suppose une règle générale, abstraite, une loi, et *ponctualité*, une règle de fait. L'homme *exact* obéit à l'ordre, et l'homme *ponctuel*, à un ordre ou à des ordres qu'il a reçus ; l'un fait ce qui est régulier, et l'autre ce qui a été réglé. On est *exact* à remplir ses devoirs (MASS.), et *ponctuel* à remplir ses engagements, à s'acquitter d'une commission. « Le bel abbé qui est si *ponctuel* à rendre les billets. » SÉV. « Philippe II d'Espagne ordonne qu'on passe les novateurs au fil de l'épée ; l'ordre est exécuté avec *ponctualité*. » VOLT. « J'étais convenu avec les ducs que pas un n'irait à Villers-Cotterets. Et cela fut exécuté avec la même *ponctualité* et fidélité. » S. S.

Ce prince était
Ponctuel quand il promettait. SCARR.

D'ailleurs, *ponctualité* marque une conformité plus rigoureuse, et non pas seulement une convenance, mais comme une coïncidence de la conduite avec la règle ou ce qui en sert. On suit la règle en agissant *exactement*; on touche précisément le *point* en agissant *ponctuellement*. « On obéissait aux consuls avec autant de soumission et de *ponctualité* qu'on eût fait dans les monarchies les plus absolues. » Boss. « Narcisse lit *exactement* la gazette de Hollande.... Il est d'une *ponctualité* religieuse sur les visites. » LABR. « L'*exactitude* de M. de Beauvilliers, ou, pour parler plus juste, sa *ponctualité* à ses diverses et continuelles fonctions, était sans le plus léger relâche ; elle avait augmenté sa précision naturelle jusqu'aux minutes, et jusqu'à savoir ce qu'il lui en fallait pour aller de chez lui chez le roi. » S. S. « Pour ce qui est de l'histoire, je l'ai suivie *exactement* et *ponctuellement*. » MALH.

Enfin, *ponctualité* est tout subjectif : il ne se dit qu'en parlant d'une action, et pour en qualifier l'auteur. On sait une chose avec *exactitude* (LABR.), mais non pas avec *ponctualité*. Les choses peuvent être dites *exactes* : une justice *exacte* (Boss.), l'*exacte* vérité (VOLT.), un récit *exact* (ACAD.); mais l'épithète de *ponctuel* n'est applicable qu'aux hommes.

EXACTITUDE, RÉGULARITÉ. Qualité d'un homme qui fait bien ce qu'il doit faire, qui agit conformément à quelque chose qui le guide.

Exactitude, du latin *exactus*, fait d'après ou entièrement, achevé, accompli, soigneux, ponctuel, a une signification plus générale : l'homme *exact* est celui qui se conforme à quoi que ce soit, à la réalité, à sa parole, à un ordre, à un modèle quelconque. Aussi dit-on bien l'*exactitude* d'un observateur, d'un historien, d'un commissionnaire, d'un correspondant, d'un débiteur, d'un traducteur, etc. Mais la *régularité*, du latin *regula*, règle, consiste spécialement à se conformer à des règles, à suivre dans ses actions les préceptes de la morale, de la religion ou d'un art.

Toutefois *exactitude* se prend bien aussi dans le sens particulier de *régularité*. Il en diffère même alors : il y ajoute une idée de diligence, de soin ou d'attention à ne rien omettre. « Une *exacte régularité*. » MASS.

Quant à son objet, la *régularité* vaut mieux sans doute que la simple *exactitude*, puisqu'elle est la conformité à quelque chose d'essentiellement louable, l'ordre, le bien ou le beau. Mais quant au degré, c'est, à son tour, l'*exactitude* qui l'emporte sur la *régularité*, car, ennemie de la moindre négligence, elle mène à une pratique plus rigoureuse et plus accomplie. « Cette *exactitude*, cette *régularité* dans les plus petites choses. » BOURD. « Une *exactitude* scrupuleuse. » ID. « La vie chrétienne demande une extrême *exactitude* : il faut prendre garde aux moindres préceptes, et n'en mépriser aucun. » Boss. « Il est difficile d'être tout à fait *régulière* avec la charge que vous avez ; mais la nécessité qui nous oblige quelquefois à manquer aux observances vous doit obliger à y être *exacte* quand vous le pourrez. » MAINT. Ainsi *exact* équivaut à tout à fait *régulier*.

EXCELLENT, EXQUIS. Très-bon.

Excellent est objectif, *exquis* subjectif. La chose *excellente* se considère en soi ; la chose *exquise*, par rapport à nous : la première est d'une nature ou d'une qualité supérieure, la seconde nous cause beaucoup de plaisir. Aussi dit-on un arbre *excellent*, un fruit *exquis* : « C'est un figuier, un *excellent* arbre, dont le fruit est des plus *exquis*. » Boss.

Que si *excellent* est aussi quelquefois relatif à nous, ce n'est pas à la même partie de nous : c'est à notre intelligence, à notre raison, et non à notre sensibilité. Nous estimons beaucoup ce qui est *excellent*; nous goûtons beaucoup ce qui est *exquis*, nous y sommes très-sensibles. Un enfant a d'*excellents* sentiments, les sentiments les plus louables; un livre est plein de sentiments *exquis*, de sentiments délicieux. Un remède est *excellent*, il n'y en a pas de préférable pour l'efficacité; des parfums *exquis*, des plaisirs *exquis*, surpassent tous les autres en douceur. Un animal a l'oreille *excellente*, et l'odorat *exquis* : l'oreille nous instruit, l'odorat nous procure des jouissances. « Le cerf paraît avoir l'œil bon, l'odorat *exquis* et l'oreille *excellente*. » BUFF.

Ensuite, quoique d'une grande valeur et fort estimable, la chose *excellente* (*excellere*, s'élever au-dessus) peut être commune, à la différence de la chose *exquise*, qui est recherchée (*exquisita*), rare et délicate. On dit du pain *excellent* (FÉN.); des mets communs, mais *excellents* (J. J.). On dit, d'autre part, des sirops *exquis* (BOIL.), ce qu'il y a de plus *exquis* dans le nectar et dans l'ambroisie (FÉN.). — Au figuré, de même : un objet d'art *excellent* n'est rien moins que médiocre, et un objet d'art *exquis* rien moins que commun : « De là les différences et les gradations du bien au mieux, du commun à l'*exquis*, du médiocre à l'*excellent*, en fait de goût comme en fait de génie. » Marm. Il y a plus de grandeur et de solide beauté dans un tableau *excellent*, un travail plus soigné ainsi que plus de finesse et plus de délicatesse d'agrément dans un tableau *exquis*.

EXCOMMUNICATION, ANATHÈME. Action ou résultat de l'action par laquelle une personne est retranchée de l'Église ou de toute autre société religieuse.

Dans un recueil de pensées du cardinal Duperron (*Perroniana*) se trouve nettement indiquée la différence suivante sur laquelle il ne saurait rester le moindre doute.

Excommunication, action d'*excommunier*, de mettre hors de la *communion*, est le terme spécial, celui qui exprime la chose à la rigueur : l'*excommunication* est un acte en formes, judiciaire, émané de l'autorité compétente. Mais *anathème*, du grec ἀνάθημα, exposition, malédiction, est une expression vague, désignant une action qui peut être faite par un particulier et se borner à un simple vœu ; en sorte que l'*anathème* est comme une *excommunication*, une espèce d'*excommunication*. « S'il se trouve un pasteur de ce caractère dans cette assemblée, que son argent périsse avec lui ! c'est l'*anathème*, et comme l'*excommunication* que nous prononçons contre cet infortuné. » Mass.

Le pape ou un évêque prononce une sentence d'*excommunication* ; qui que ce soit peut dire *anathème* à quelqu'un, et, par exemple, quand David fut chassé de Jérusalem, son peuple l'accompagna d'*anathèmes* et de dérision (Mass.).

C'est parce qu'il est vague qu'*anathème*, à la différence d'*excommunication*, s'emploie très-bien au pluriel : les *anathèmes* de l'Église (Bourd., d'Al.), les *anathèmes* du ciel (Mass.), de terribles *anathèmes* (Acad.).

EXCUSE, DÉFAITE, FAUX-FUYANT. Ce qu'on allègue pour se justifier ou pour justifier quelqu'un de faire ou de ne pas faire quelque chose, de l'avoir ou de ne l'avoir pas fait.

Excuse, latin *excusatio*, justification, ce qui excuse ou disculpe, est de ces trois mots le seul qui se prenne en bonne part : il y a de bonnes *excuses*, des *excuses* valables, des *excuses* légitimes. « Cette *excuse* n'est bonne que pour les premières guerres. » Boss.

On n'avait jeté
Cette immondice, et la dame gâté,
Qu'afin qu'elle eût quelque valable *excuse*
Pour éloigner son dragon quelque temps. Laf.

Ulysse dit à Agamemnon dans *Iphigénie* :

Mais votre amour n'a plus d'*excuse* légitime:
Les dieux ont à Calchas amené leur victime. Rac.

Et même, employé seul, le mot *excuse* signifie quelque chose de raisonnable ou de fondé. « Si l'ennemi d'un sauvage lui dit : —Mes paroles vous ont blessé ; ma langue est comme l'arc qui décoche la flèche ; si la flèche est mortelle, et si elle vous atteint, l'arc n'en est pas moins innocent ;
— prend-il cela pour une *excuse* ? » Marm.

Défaite et *faux-fuyant*, au contraire, ne se disent jamais qu'en mauvaise part : ils expriment des raisons vaines, frivoles ou fausses, des *excuses* de nulle valeur. Ils diffèrent néanmoins l'un de l'autre d'une manière assez notable encore.

On emploie la *défaite* pour *se défaire* des personnes ou des choses, pour s'en débarrasser ; elle suppose un simple embarras, une simple difficulté, d'où il s'agit de se tirer. Mais on emploie le *faux-fuyant* pour *fuir*, pour échapper à des ennemis qui attaquent ou poursuivent ; il suppose un danger dont il s'agit de se sauver.

Est-on, par exemple, importuné de certaines demandes auxquelles on ne veut pas ou on ne peut pas satisfaire, on a recours à des *défaites*. « M. le Duc et M. le prince de Conti déclarèrent qu'ils n'iraient point au jugement du duc de Richelieu comme étant ses parents trop proches. Ce fut une *défaite* que le régent leur suggéra pour éviter noise. » S. S. « Comme nous étions encore sous ma porte : Arrête ! arrête ! C'était l'abbé Dubois. Force fut de reculer et de descendre. Je lui dis que nous avions bien affaire pour quelque chose qui regardait Mme de Lauzun. Cela devint ma *défaite* ordinaire. » Id. Richelieu dit à Mazarin dans un des *Dialogues des morts* de Fénelon : « C'est ce qui vous faisait promettre trop facilement, et éluder ensuite toutes vos paroles par cent *défaites* captieuses. » « De quelle *défaite* vous paya-t-il ? Il fit le fier sans doute, et rejeta la proposition avec hauteur ? » J. J. Dans le *Distrait* de Regnard, Mme Grognac, ne voulant pas marier sa fille, refuse tel prétendant parce qu'il est trop riche, tel autre parce qu'il est trop pauvre. Sur quoi Valère répond ce qui suit :

La réponse est honnête,
Et vous avez toujours quelque *défaite* prête.

Mais, si vous avez à vous défendre contre un adversaire, contre un accusateur et particulièrement devant les tribunaux, c'est de *faux-fuyants* que vous vous servez. « Il ne faut laisser aucun *faux-fuyant* à ce méchant adversaire. » (Beaum.). « Plus on l'attaque vivement, plus il devient ardent à se défendre ; plus on multiplie les difficultés, plus de sa part il multiplie les subtilités et les *faux-fuyants*. » Bourd. « Le dictateur fit citer Manlius par un licteur, et l'interrogea sur le seul fait des trésors qu'il accusait les sénateurs de cacher. La question était embarrassante pour Manlius. Il y répondit d'une manière très-artificieuse, cherchant des *faux-fuyants* pour en éluder la force. » Roll. Boileau reproche à l'Équivoque, attaquée par un pape,

Ses détours burlesquement pieux,
Ses subtils *faux-fuyants* pour sauver la mollesse....
Afin que pour nier, en cas de quelque enquête,
J'eusse d'un *faux-fuyant* la faveur toujours prête.
Mol.

L'auteur en vos cantons peut soutenir la chose,
Et près des tribunaux que la Garonne arrose
Se sauver par ce *faux-fuyant*. Laf.

EXCUSER, DISCULPER, JUSTIFIER. Tâcher ou parvenir à empêcher qu'une accusation, un reproche ou chose semblable ne subsiste ou n'ait des suites.

Condillac a très-bien distingué ces trois termes.

« On excuse quelqu'un, dit-il, lorsqu'en reconnaissant la faute qu'il a faite on prouve qu'il mérite d'être pardonné ; on le *disculpe* en faisant voir qu'il n'a pas commis la faute dont il est accusé ; on le *justifie* en montrant que ce qu'on lui reproche comme une faute n'en est pas une ou que même il n'a fait que ce qu'il a dû faire. »

Ainsi *excuser* dit moins que ses synonymes. C'est ce qu'il est facile de confirmer par des exemples. « C'est ainsi que la charité de saint Étienne cherche à *excuser* et à *disculper* ses ennemis. » Bourd.

Il doit son innocence à l'amour paternel;
C'est lui seul qui l'*excuse* et qui le *justifie*. Corn.

« Il faut considérer combien de circonstances peuvent, non pas *justifier*, mais du moins *excuser* la conduite de César. » Lah. « Si rien ne peut te *justifier*, songe au moins à ce qui t'*excuse*. » J. J. Entre *excuser* d'une part, *disculper* et *justifier* de l'autre, il y a cette grande différence que, quand on *excuse*, on se borne à diminuer par des considérations atténuantes un tort dont on convient, au lieu que, quand on *disculpe* ou qu'on *justifie*, on ne convient d'aucun tort, on soutient l'entière innocence. Celui qui *excuse* demande pardon ou grâce ; celui qui *disculpe* ou *justifie* demande justice et acquittement. *Excuser*, c'est réclamer l'indulgence par des *excuses*, par des raisons qui tendent, non pas à détruire la culpabilité, mais à disposer en faveur du coupable, en alléguant sa faiblesse, son ignorance, sa légèreté, son exaltation, ses illusions ou son repentir. « Jésus-Christ a *excusé* le crime de ses bourreaux ; et quoique leur ignorance fût inexcusable, il l'a employée pour diminuer la grandeur et l'énormité de leur attentat. » Bourd. « On voit comme M. de Cambrai exténue et comme il *excuse* les excès de Mme Guyon. » Boss. « Il oublie tous les endroits de la Relation où j'*excuse* Mme Guyon par le repentir qu'elle témoignait, et les temps passés par son ignorance.... loin qu'on charge sur les ignorants, on *excuse* même les savants qui ont été éblouis. » Id.

Disculper et *justifier* établissent l'innocence en faisant voir, l'un que le sujet n'a pas commis l'action qu'on lui impute, l'autre que cette action est juste, légitime, et non pas mauvaise ou criminelle. *Disculper* écarte l'inculpation, nie le fait ; *justifier* admet le fait, mais l'explique favorablement, le rend plausible, le présente comme étant de ceux qui sont moralement permis ou même commandés. On se *disculpe* de révolte en prouvant qu'on ne s'est point révolté, qu'on n'a point pris de part à la révolte ; on se *justifie* d'une révolte en montrant qu'on a pu raisonnablement ou que même on a dû se révolter. — D'ailleurs *disculper* se dit surtout des personnes et les représente comme déchargées d'une accusation, au lieu que *justifier* se dit surtout de la conduite et des actions dont la justification fait connaître la raison ou la droiture. « Je ne prétends pas *disculper* ici pleinement les Romains, ni *justifier* en tout leur conduite. » Roll. « Daniel fait des efforts pardonnables pour *disculper* le jésuite Varade ; les curés n'en font aucun pour *justifier* les fureurs des curés de ce temps-là. » Volt.

EXHALER (S'), S'ÉVAPORER. S'élever ou s'en aller dans l'air.

S'*exhaler*, *exhalari*, c'est passer dans l'air et s'y étendre à la manière du souffle qui sort de la bouche. S'*évaporer*, c'est se réduire en *vapeur*, chose vaine, sans qualités, sans consistance au prix de l'*exhalaison*, c'est par conséquent s'en aller en fumée.

L'odeur ou le parfum qui s'*exhale* se répand de tous côtés. « Votre nom est comme un parfum délicieux, qui s'*exhale* de pays en pays chez les peuples les plus reculés. » Fén. Mais l'odeur ou le parfum qui s'*évapore* se perd. « Ces essences précieuses ne peuvent se conserver et s'*évaporent* dès qu'on les produit au jour. » Bourd. « Ce qu'il y a de délicat dans ces auteurs se perd quand on veut mettre leurs pensées dans une autre langue : à peu près comme ces essences exquises, dont le parfum subtil s'*évapore* quand on le verse d'un vase dans un autre. » Bouch.

Ce qui s'*exhale* ne s'anéantit point. « Ce canton n'a ni plantes, ni minières pernicieuses, dont les parties s'*exhalent* continuellement dans le corps des animaux. » Volt. « Il n'y a pas le moindre atome qui périsse. Il n'arrive dans ce qu'on appelle la *mort* qu'un simple dérangement d'organes ; les corpuscules les plus subtils s'*exhalent* ; la machine se dissout.... ; mais aucune parcelle ne cesse jamais d'exister. » Fén. « Votre âme, ô sublime Fénelon ! serait *exhalée* en air inflammable ! » Bern. Mais ce qui s'*évapore* se dissipe et périt. « Vous m'avez vu bien maigre ; je suis devenu squelette ; je m'*évapore* comme du bois sec enflammé, et je serai bientôt réduit à rien. » Volt. « La contemplation de ces philosophes (pythagoriciens) s'*évaporait* en vaines pensées. » Boss. « Cette religieuse est persuadée que, si elle prenait l'air un moment, cette grâce si divine s'*évaporerait*. » Sév. « Au milieu de ces vaines subtilités, la raison, le bon sens s'*évapore*. » Acad.

Son âme s'*évapore*, et tout l'homme est passé.
L. Rac.

Vous dites de la colère d'une personne qu'elle s'*exhale* contre quelqu'un ou en quelque chose de réel, en plaintes, en invectives, en propos injurieux. Mais on doit dire simplement, et sans rien ajouter, qu'elle s'*évapore* ; car cela offre un sens complet et veut dire que ce sentiment se perd dans l'air ou disparaît.

Tenuem evanescit in auram.

EXTERMINER, EXTIRPER. Détruire sans retour, sans reproduction possible.

Exterminer, du latin *exterminare*, envoyer hors des confins ou du territoire, exiler, bannir, ne se dit que des hommes et des animaux sur lesquels on agit, en les tuant de manière à en éteindre l'espèce ou la race. *Extirper*, latin *exstirpare*, déraciner, arracher, ne s'emploie proprement qu'en parlant des plantes et de certaines excroissances, de certaines tumeurs qui ont en quelque sorte des racines. *Exterminer* un peuple ; *extirper* les mauvaises herbes, un cancer, un polype.

Au figuré, on *extermine* les vices, ce sont alors pour ainsi dire des monstres qu'on massacre ; et on *extermine* l'hérésie le fer à la main, en *exterminant* les hérétiques. On *extirpe* les vices, ce sont en ce cas comme de mauvaises herbes qui ont jeté des racines plus ou moins profondes, on les *extirpe* du fond des cœurs; et, quand on *extirpe* l'hérésie, c'est par des moyens pacifiques, tels que l'instruction, des décisions de conciles, la propagation des saines doctrines. On *extermine* les crimes (Rac., Montesq.) en punissant de mort les criminels ; on *extirpe* les abus (Acad., Volt., Lah.) en enlevant jusqu'à leurs plus petites ramifications. Autant est forte l'action d'*exterminer*, autant l'effet de l'*extirpation* est radical.

EXTRAORDINAIRE, MERVEILLEUX ; — ÉTONNANT, ADMIRABLE. Ces épithètes servent à qualifier quelque chose de supérieur et de distingué dans son genre, comme un talent, un ouvrage, un succès, une invention, une science, une manière de parler ou d'agir. On dit ou on fait des choses *extraordinaires, merveilleuses, étonnantes, admirables*.

Mais *extraordinaire* et *merveilleux* représentent la chose en soi, comme étant telle ou telle ; *étonnant* et *admirable* la représentent relativement à l'impression qu'elle produit, comme causant de l'*étonnement* ou de l'*admiration*. On considère dans ce qui est *extraordinaire* ou *merveilleux* l'excellence de sa nature et de ses qualités ; dans ce qui est *étonnant* et *admirable*, l'espèce de sentiment qu'éprouvent ceux qui en sont frappés. Il n'y a rien au-dessus de ce qui est *extraordinaire* ou *merveilleux* ; il n'y a guère de choses qui nous émeuvent plus fortement que ce qui est *étonnant* ou *admirable*. *Extraordinaire* et *merveilleux* sont des mots de la langue commune ; *étonnant* et *admirable* appartiennent surtout au langage de l'esthétique et de la psychologie.

Extraordinaire, merveilleux.

L'*extraordinaire* est au-dessus de l'*ordinaire*, rare, singulier ; le *merveilleux* est surnaturel, divin. *Merveilleux* renchérit donc sur *extraordinaire* : la chose *extraordinaire* n'est pas commune, la chose *merveilleuse* tient du prodige. Un héros et un homme de génie font des choses *extraordinaires* ; Dieu et les saints ont fait des choses *merveilleuses*. Le prince de Condé avait une élévation de génie *extraordinaire* (Bourd.); on attribue à Moïse des actions *merveilleuses* (Volt.). « Il y a je ne sais quoi dans l'*extraordinaire* et le *merveilleux* qui nous paraît étendre les bornes de notre intelligence. » D'Al.

Étonnant, admirable.

Ce qui est *étonnant* nous frappe tout à coup comme le *tonnerre*, et nous surprend ; ce qui est *admirable* nous ravit par sa beauté et sa perfection. La chose *étonnante* est inattendue, inexplicable, elle nous passe ; la chose *admirable* se laisse comprendre et contempler, et, plus nous la faisons, plus elle nous enchante. « Il y a deux manières de considérer les effets naturels : la première est de les voir sans faire attention aux causes ; la seconde, c'est d'examiner les effets dans la vue de les rapporter à des principes et à des causes. Ces deux points de vue produisent des raisons différentes d'*étonnement* : l'un cause la sensation de la *surprise*, et l'autre fait naître le sentiment de l'*admiration*. » Buff. L'*étonnement* a lieu d'une manière plus brusque, plus impétueuse, plus saisissante ; l'*admiration*, d'une manière plus calme et plus douce. « Racine est plus savant à faire naître la pitié que la terreur, et l'*admiration* que l'*étonnement*. » Vauv. Il entre de la frayeur dans l'*étonnement*. « Il se trouve des âmes dures et impitoyables, qu'il faut ébranler par des vérités *étonnantes*. » Mass. Des vérités *admirables* n'excitent dans l'âme d'autre sentiment que celui qui résulte d'une pleine satisfaction de la raison.

Doués de facultés *extraordinaires* et presque *merveilleuses*, Corneille et Racine ont enfanté, le premier d'*étonnantes* créations, le second d'*admirables* chefs-d'œuvre.

EXTRÊME, EXCESSIF, VIOLENT, DÉSORDONNÉ. Ces mots se disent des personnes et des affections des personnes que ne conduit pas la raison.

Extrême et *excessif* conviennent par rapport à toutes les affections, tranquilles ou irascibles et turbulentes : une timidité, une crainte *extrême* ou *excessive*. *Violent* suppose une passion énergique, un emportement de l'âme comme la colère ou la haine. *Désordonné* n'indique pas un défaut provenant du degré ou de ce qu'on est immodéré, comme les trois mots précédents, mais un défaut qui tient à la direction, un déréglement.

Extrême mène à *excessif* : qui dit *extrême* dit très-grand ; qui dit *excessif* dit trop grand. Ce qui est *extrême* ne garde pas le milieu, ce qui est *excessif* va au delà des bornes, déborde. « Nous savons à quelles *extrémités* et à quels *excès* les hérésiarques se sont portés. » Bourd. Une timidité *extrême* est aussi grande qu'elle peut l'être ; une timidité *excessive* est sotte et nuisible. La chose *extrême* est au plus haut point ; la chose *excessive* produit des effets fâcheux, des *excès*. « Lorsque le froid devient *extrême*, il produit quelques effets semblables à ceux de la chaleur *excessive*. » Buff.

Violent se rapporte, non pas à des sentiments, à de simples goûts, ou à des passions qui abattent, comme la tristesse, la crainte, mais à des passions qui excitent, soulèvent, transportent, telles que l'amour, la haine, l'indignation, l'enthousiasme. « Madame d'Epinay, *violente*, mais réfléchie, possède le secret de cacher sa fureur. » J. J. « De quelque *violente* passion que j'aie brûlé pour elle... » Id. « Les craintes des grands sont plus *excessives*, leurs haines plus *violentes*. » Mass.

L'affection *désordonnée* n'est peut-être pas portée à un très-haut point : mais elle est mal appliquée, développée dans un mauvais sens, hors de la bonne voie. Un désir *désordonné* de plaire (Bourd.), l'amour *désordonné* des plaisirs (Boss.). « Lâcher la bride à ses appétits les plus injustes et les plus *désordonnés*. » Bourd. « Combien de pères et de mères réprouvés par l'amour *désordonné* qu'ils ont eu pour leurs enfants ? » Id. « Autant que la face de la république paraissait belle au dehors par les conquêtes, autant était-elle défigurée par l'ambition *désordonnée* de ses citoyens et par ses guerres intestines. » Boss. « Le désir *excessif* d'amasser et l'amour *désordonné* du gain étaient parmi les Carthaginois une source ordinaire d'injustices. » ROLL. — Buffon dit, en parlant du singe, dont on connaît la pétulance et la lubricité : « Toutes ses passions nous paraissent aussi *violentes* que *désordonnées*. »

EXTRÉMITÉ, AGONIE. Quand une personne est tellement malade, qu'elle paraît sur le point de mourir, on dit qu'elle est à l'*extrémité* ou à l'*agonie*.

A l'*extrémité* la fait concevoir comme étant à son dernier moment, au bout de sa carrière, proche de sa fin, en sorte qu'elle ne peut plus aller loin, et qu'il ne faut plus attendre, si on veut obtenir d'elle quelque chose ou appeler le prêtre pour qu'elle se confesse. « Je sors de chez le pauvre M. Hessein que j'ai laissé à l'*extrémité*. Je doute qu'à moins d'un miracle je le retrouve demain en vie. » RAC. « Le maréchal de Boufflers avait de moi un mémoire fort important dans sa cassette, lorsque je fus averti de son *extrémité*, telle qu'il mourut le lendemain... je courus chez lui dans la frayeur du scellé et de l'inventaire.... Il appela sa femme, la pria d'aller chercher sa cassette, l'ouvrit, y prit le papier et le me rendit. » S.S. « Ils laissèrent le chevalier de la Rochefoucauld à l'*extrémité*, et il mourut le même jour qu'ils partirent de Montrond. » LAROCH. « M. d'Argenson arriva ici le 12 juillet, à demi mort... Le 22 du mois dernier on s'aperçut qu'il était à l'*extrémité*, on envoya chercher le curé qui resta avec lui jusqu'à cinq heures du soir qu'il mourut. » DU DEFF.

Agonie est un terme expressif qui vient du grec ἀγών, lutte : il représente le malade en lutte ou aux prises avec la mort, se débattant contre elle. « Enfin, ne parlant plus, et déjà dans les combats de l'*agonie*, elle... » J.J. « Il est injuste d'exiger d'une âme atterrée et vaincue par les secousses d'un mal redoutable qu'elle conserve la même vigueur... Oserons-nous assurer que cet homme n'a jamais eu de courage pendant sa santé, parce qu'il en a manqué à l'*agonie* ? VAUV. « Cette pauvre Madame est toujours à l'*agonie*; c'est une chose étrange que l'état où elle est. » SÉV. « M. de Vardes est retombé, et depuis quatre jours il se défend contre la mort, tantôt à l'*agonie*, tantôt prenant du quinquina, puis retombant en telle sorte que... C'est à trois heures qu'il a passé avec beaucoup de peine. » SÉV.

F

FABLE, APOLOGUE. Histoire presque toujours feinte par laquelle on se propose de présenter d'une manière indirecte une moralité ou quelque vérité instructive. « Les fictions qui ont un objet moral s'appellent *apologues* ou *fables*. » J. J.

Fable, latin *fabula*, qui vient de *fari*, parler, et qui a servi à former *fabulari*, causer, converser, conter, a rapport à l'histoire elle-même, au récit, à la mise en scène des personnages : on dit, on conte, on raconte ou on récite une *fable*, ou publie un recueil de *fables*, un fabuliste est un auteur qui a écrit des *fables*.

Apologue, grec ἀπόλογος, d'où dérive ἀπολογισμός, compte rendu, explication, défense, fait considérer plutôt la nature de la chose, le sens, le but, l'effet, la leçon qui résulte de cette sorte d'allégorie, indépendamment de la forme ou de l'expression. On a recours à un *apologue*, on comprend le sens d'un *apologue*, un *apologue* fait ou ne fait pas son effet ; l'*apologue* est si peu relatif au récit, que quelquefois il n'en suppose aucun : « L'inquiète vigilance du Hollandais qui travaille à ses digues est un *apologue* pour nous. » MARM.

En disant qu'une *fable* est belle, vous la qualifiez au point de vue de l'art ou du style. Mais un bel *apologue* est ingénieux, se distingue par l'invention.

« On doute que les *fables* d'Ésope, telles que nous les avons, soient toutes de lui, du moins pour l'expression... Ésope est regardé comme l'auteur et l'inventeur de cette manière simple et naturelle d'instruire par des *apologues* et des fictions. » ROLL. « Tout est historique (dans ce passage de la *Genèse*). Quand l'Esprit-Saint daigne se servir d'un *apologue*, il a soin de nous en avertir. Jonathan, dans le livre des *Juges*, assemble le peuple, et lui conte la *fable* des arbres qui voulurent se choisir un roi. » VOLT. « J'avais dessein de lui dire quelque *fable* pour l'amuser... Je vis la difficulté de lui faire sentir bien nettement la différence de l'*apologue* au mensonge. » J.J. « Ce dernier vers (d'une fable de Florian), qui est admirable, fait voir que la *fable* peut quelquefois s'élever jusqu'au style sublime... Ce n'est guère que dans les idées morales que l'on peut aller jusque-là, parce que la morale est l'essence de l'*apologue*. » LAH. « Dans l'*apologue* les animaux sont quelquefois les précepteurs des hommes; mais ce n'est que dans les exemples où la *fable* les représente meilleurs et plus sages que nous. » MARM. « Le duc de Lerme me demanda quelle impression cet *apologue* avait faite sur l'esprit d'Atalmuc... La *fable* dit, lui répondis-je, qu'il le combla de bienfaits. » LES. « Les *fables*, où l'on fait parler les animaux, ont servi d'abord comme un *apologue* dont le peuple saisissait plus facilement le sens. » STAËL.

Une autre différence provient de ce que les deux mots, abstraction faite de leur sens étymologique, tirant leur origine, l'un du latin, l'autre du grec, *fable* est moins noble qu'*apologue* et signifie quelque chose de moins relevé. « Lafontaine était persuadé, comme il le dit, que l'*apologue* était un art divin. Jamais peut-être de véritablement grands hommes ne se sont amusés à tourner des *fables*. » VAUV.

La commune s'allait séparer du sénat....
  Quand Ménénius leur fit voir
  Qu'ils étaient aux membres semblables.

Et par cet *apologue*, insigne entre les *fables*,
Les ramena dans leur devoir. LAF.

FABLIER, FABULISTE. Auteur de fables. *Ier* marque l'habitude de faire certaines choses, ou la profession : *manufacturier, épicier, chaudronnier, teinturier.* C'est aussi le sens de la terminaison *iste* : *ébéniste, bandagiste, modiste, herboriste.*

La différence consiste en ce que *ier* seul termine aussi les noms des arbres, ceux-ci étant considérés comme ayant l'habitude ou pour métier de porter tels ou tels fruits : *pommier*, qui porte des pommes, *cerisier* des cerises, *prunier* des prunes. Or, comme les arbres remplissent leurs fonctions, produisent leurs fruits naturellement et sans effort, Mme de la Sablière appelait Lafontaine son *fablier*, pour exprimer la facilité et le naturel de ses compositions. « Un *fabuliste* fait des fables ; le *fablier* en produit comme sans le savoir. » CH. NODIER.

Le mot a fait fortune et se dit communément en parlant de Lafontaine, toutes les fois qu'on veut rappeler les qualités qui lui ont valu cette dénomination applicable à lui seul parmi les *fabulistes*. « Sans doute Lafontaine dut beaucoup à la nature ; sans doute le *fablier* était né pour porter des fables. » CHAMF. « L'*Homme métamorphosé en coucou* de Passerat est digne de Lafontaine. L'auteur a eu dans cette pièce le naturel charmant et les grâces de notre *fablier*. » LAH.

FAÇADE, FRONTISPICE. Devant ou face principale d'un édifice, d'un bâtiment considérable.

Façade, suivant la valeur attachée à la terminaison *ade*, signifie face ornée et se dit en parlant d'un édifice moins grand, moins magnifique. Le *frontispice*, de *frontem inspicere*, voir le front, est une façade faite pour être regardée, la façade de ce qui a ou ressemble à ce qui a un *fronton*, un ornement d'architecture tel qu'on n'en met qu'aux monuments. La *façade* d'une église, le *frontispice* d'un temple.

Sur la *façade* d'un magasin public de Genève, on lisait cette inscription : *Alit et ditat* (J. J.). Chez les Egyptiens, Dieu était désigné par une sphère posée sur le *frontispice* de leurs principaux temples (VOLT.).

« L'empereur Alexandre Sévère ne se contentait pas d'être pénétré de cette belle sentence, il ordonna qu'elle fût gravée sur la *façade* de tous les édifices publics. » LES. « Je me suis arrêté quelquefois dans les rues de Paris à considérer avec plaisir de petites vignes tapisser de leurs grappes toute la *façade* d'un corps de garde. » BERN. — Le *frontispice* d'un palais (BOIL.), le *frontispice* de l'église de Saint-Pierre de Rome (ACAD.). « Il s'agit de faire la dédicace du Capitole : cérémonie fort honorable pour celui qui en était le ministre, dont on gravait le nom sur le *frontispice* du temple. » ROLL.

FACILE, ACCOMMODANT. Deux termes dont on se sert pour caractériser un homme qu'on gagne aisément, qu'on amène sans beaucoup d'effort et de peine à vouloir ce qu'on veut.

L'homme *facile* laisse faire ou se laisse aller, il cède, il n'a pas la force de résister ; un pe plus, ce serait faiblesse. L'homme *accommodant* entre en accommodement, a de la mesure ou de la modération (*modus*) à l'égard de ceux avec qui il traite ; il relâche de ses droits, de ses prétentions ou de la rigueur de la règle. Un père est *facile* quand il ne sait rien refuser à ses enfants ; un marchand et un moraliste sont *accommodants* quand ils font des concessions, l'un en rabattant du prix de la chose à vendre, l'autre en mitigeant la loi, en adoucissant les exigences du devoir.

Dans *Rome sauvée*, Aurélie dit à Catilina, son époux :

Je vais trouver mon père, il faudra que j'obtienne
Qu'il m'arrache la vie, ou qu'il sauve la tienne.
Il m'aime, il est *facile*. VOLT.
Jamais le ciel ne fut aux humains si *facile*
Que quand Jupiter même était de simple bois. LAF.

« N'avez-vous point été trop *facile* pour des courtisans qui, sous prétexte d'épargner vos finances dans les récompenses qu'ils vous ont demandées, vous ont proposé ce qu'on appelle des affaires? » FÉN. « Gontran eut en sa puissance Frédégonde avec son fils ; mais cette princesse sut bientôt gagner par ses caresses ce vieillard *facile*. » BOSS. « Le *facile* Claude se laissait gouverner par Agrippine. » VOLT.

« Ce marchand est fort *accommodant*. » ACAD. « Si vous ajoutez à toutes ces affaires domestiques que Constantin exposa ces rois aussi bêtes pour son divertissement, vour pourrez inférer de tout cela que ce n'était pas l'homme du monde le plus *accommodant*. » VOLT. « Le monde se fait une autre vertu à sa mode, plus *accommodante* et plus douce. » BOSS. « L'exposition de la doctrine de l'Église catholique a semblé plus *accommodante* et plus adoucie aux prétendus réformés. » ID. « L'une des maximes des jésuites était, si la vérité simple ne convenait pas à leurs vues, d'y employer un mélange de mensonge et de vérité ; et cette méthode *accommodante*, leurs missionnaires à la Chine et dans l'Inde l'avaient appliquée aux cérémonies religieuses. » MARM. « C'est l'erreur de certaines personnes *accommodantes* qui font une espèce de partage dans la vie des hommes, et s'imaginent avoir par là trouvé l'art de concilier toutes choses ; qui, dans les affaires de Dieu et du salut, disent qu'il faut agir selon les maximes du salut et de la sagesse de Dieu, mais que dans les affaires du monde il n'y point d'autres règles à prendre que les maximes et les principes du monde. » BOURD. « Ce n'est point à des avocats qu'il faut aller, car ils sont d'ordinaire sévères là-dessus et s'imaginent que c'est un grand crime que de disposer en fraude de la loi. Ce sont gens de difficultés et qui sont ignorants des détours de la conscience. Il y a d'autres personnes à consulter, qui sont bien plus *accommodantes*, qui ont des expédients pour passer doucement par-dessus la loi, et rendre juste ce qui n'est pas permis. » ROLL.

FAIBLE, INFIRME. Qui manque de force.

Faible regarde l'offensive, et *infirme* la défensive. Le *faible* se considère comme agent, et l'*infirme* comme patient. La *faiblesse* rend impuissant, incapable de faire; l'*infirmité* rend chancelant, incapable de se tenir debout ou de résister. On ne peut rien attendre des efforts d'un homme *faible* ; un homme *infirme* a beaucoup de peine à se tenir ou à se soutenir. Les animaux *faibles* sont ceux qui ne peuvent vaincre les autres; les animaux *infirmes* (Boss.) sont ceux qui n'ont pas de défenses ou d'autres armes, comme des cornes, à opposer aux attaques de l'ennemi. Le lion n'est pas un *faible* ennemi, il s'en faut; cependant il devient *infirme* quand la vieillesse et les maladies le mettent hors d'état de repousser les atteintes de l'âne même.

C'est la même différence qu'entre *faible* et *fragile*. Seulement *fragile* se dit proprement des objets, et *infirme* des êtres vivants. C'est pourquoi, au lieu que ce qui est *fragile* est menacé de rupture, ce qui est *infirme* est d'ordinaire menacé de mort. L'*infirme* est généralement un malade qu'on considère par rapport à la force qui lui reste, et de là vient qu'on appelle *infirmerie* un lieu destiné à recevoir les malades. Jésus-Christ allait de ville en ville rendant la santé aux *infirmes* (Pasc.). « Pour guérir cette volonté *infirme*. » Id. « Dire merveilles de sa santé devant des *infirmes*. » Labr. « Je naquis *infirme* et malade. » J. J. « Catherine donna à Pierre le Grand un fils, dont l'enfance *infirme* était menacée d'une mort prochaine, et qui mourut en effet bientôt après. » Volt. « Quant au duc d'Orléans, qui voyait le roi (Charles VIII) devenir *infirme* par ses excès, il reculait autant qu'il pouvait sa sortie du royaume, dont la succession le regardait. » Boss.

Je dis qu'il était vieux pour son peu de santé :
Il se plaignait toujours de quelque *infirmité*. Regn.

FAIBLIR, MOLLIR. Perdre de sa force.

Faiblir est d'abord plus général que *mollir*. Il se dit bien, par exemple, en parlant du vin (Acad.), du talent d'un auteur (Staël), d'une partie d'un poëme ou d'un écrit quelconque comparée aux autres (Lah.).

Quand *faiblir* se rapporte particulièrement comme *mollir* à la force de l'âme, et qu'il exprime un défaut de résolution ou de courage, il en diffère d'une manière qui a été parfaitement saisie et nettement indiquée par Condillac : « On *faiblit*, dit-il, parce qu'on ne sait pas insister; on *mollit*, parce qu'on ne sait pas résister. »

Ainsi, *faiblir* signifie qu'on se relâche, qu'on se dément, qu'on ne se soutient pas, qu'on manque de persévérance. « Aucun de ces ducs ne se démentit, aucun ne *faiblit*, tous agirent et firent merveilles. » S. S. « On aurait peine à rendre le courage avec lequel cet amour si durable de la femme de Cavoye pour son mari la soutint pour l'assister..., et la sépulture à laquelle elle se condamna à sa mort, et qu'elle garda fidèlement jusqu'à la sienne.... Elle se consuma ainsi en peu d'années, sans avoir jamais *faibli*, ni reculé d'une ligne. » Id. — Mais *mollir*, c'est proprement fléchir, céder, ne pas tenir bon, manquer de fermeté ou de constance. Ce verbe emporte l'idée d'une lutte. Aussi dit-on bien *mollir* contre (Acad.). « On se flattait que le cardinal Albéroni deviendrait plus docile; on disait qu'il commençait à *mollir*. » S. S.

De son audace en vain les vrais chrétiens gémissent;
Prêts à la repousser les plus hardis *mollissent*. Boil.

FAIT (EN) DE, EN MATIÈRE DE. Quand il s'agit de.

En fait de se dit en parlant de choses *de fait*, effectives ou réelles, qui arrivent ou qui sont. *En fait* de guerre (Volt., Roll.), de nouvelles (Volt. Montesq.), de pénitence (Bourd.). « *En fait* de réputation comme *en fait* de maladies, c'est toujours l'impatience qui nous perd. » D'Al. « Les Allemands voudraient que tout leur fût tracé d'avance *en fait* de conduite. » Staël. « Un homme qui n'aurait vu, *en fait* de chiens, que des barbets ou des épagneuls. » Volt. — Mais *en matière de* convient spécialement à l'égard des choses de spéculation, des choses qui sont des *matières* ou des sujets dont on traite. *En matière* de physique (Volt.), de littérature (Roll.), de style (J. J.), de goût (Chén.), de raisonnement (S. S.), de calcul (Staël). « *En matière* de sciences exactes, quelques ouvrages lus et médités profondément suffisent; *en matière* d'érudition, la lecture des originaux anciens dispense de celle de tous les modernes. » D'Al.

« Par la nature de l'entendement humain nous aimons, *en fait* de religion, tout ce qui suppose un effort (le célibat, par exemple), comme, *en matière* de morale, nous aimons spéculativement tout ce qui porte le caractère de la sévérité. » Montesq.

En fait de religion est dans cet exemple l'expression propre, parce qu'il y est question de ce qui se fait en religion, de ce qui s'y pratique. Mais on doit préférer *en matière* de religion quand on considère la religion dogmatiquement, sous le point de vue théorique. Ignorant *en matière* de religion (Bourd.). « Il ne s'est jamais informé d'aucun homme comment il pensait *en matière* de religion. » J. J. Pareillement, *en fait* de politique et *en matière* de politique s'employoient pour exprimer, le premier une manière de se conduire et le second une manière de penser en politique. « Donner la plus légère atteinte d'affection des peuples, c'est, *en fait* de politique, la faute la plus capitale.... Cicéron regarde comme une vérité incontestable, et comme la base de toutes les règles qu'on peut donner *en matière* de politique, qu'on ne peut bien gouverner un État sans garder en tout une exacte justice. » Roll.

« L'esprit d'examen *en matière* de religion conduit nécessairement au gouvernement représentatif *en fait* d'institutions politiques. » Staël.

FAMILIARITÉ, PRIVAUTÉ. Manière de parler ou d'en user avec les gens qui exclut toute gêne et toute façon.

Familiarité, *familiaritas*, est, à la terminaison près, le mot même qui servait à exprimer cette idée en latin. C'est bien aussi d'un mot latin, *privatus*, qu'a été formé *privauté*, ainsi que *privé* signifiant apprivoisé, non sauvage; mais en bonne latinité *privatus* ne veut pas dire familier, il n'a pris cette acception qu'au moyen âge.

De là toute la différence.

Familiarité appartient à tous les styles, même au plus noble, et il ne marque rien que de permis. « Nos premiers pères se présentaient au commencement devant Dieu avec une sainte *familiarité*. » Boss. « Sésostris savait bien choisir les plus honnêtes gens pour les admettre dans sa *familiarité*. » Fén. « Vous ouvrirez simplement à Dieu votre cœur avec une entière *familiarité*. » Id. « Les vrais épanchements du cœur veulent non-seulement l'amitié, mais la *familiarité*. » J. J. On lit dans l'Encyclopédie : « La *familiarité* est le charme le plus séduisant et le lien le plus doux de l'amitié. »

Mais *privauté* ne se dit guère que familièrement, ou bien il fait concevoir quelque chose d'illicite, une liberté qu'on ne doit pas prendre.

Si vous vouliez madame caresser,
Un peu plus loin vous pouviez aller rire....
    .... Attendez à tantôt;
Ces *privautés* en seront plus friandes. Laf.
Vous avez pris céans certaines *privautés*
Qui ne me plaisent point. Mol.

« Il voulut passer par degrés aux *privautés* les plus choquantes. » J. J. « Tous ces chefs d'accusation ne roulaient que sur quelques tendres *privautés*, ou tout au plus sur ce qu'on appelle les menus plaisirs d'un commerce. » Ham. « Agrippine vit avec plaisir son fils Néron tomber tout à coup de cette fierté impérieuse à une douceur excessive, et que, passant de la colère à l'enjouement et de l'enjouement à un entretien plus libre, il se laissait insensiblement conduire aux *privautés* les plus tendres; elle s'imagina qu'elle pourrait enfin pousser ce cœur déréglé aux derniers excès de l'aveuglement. » S. Réal. « Entretenir avec de mortelles créatures des liaisons dont la *privauté* pervertirait un ange, s'il avait des sens. » Bourd. Ce goût du cœur, joint à la diversité des sexes, à la *familiarité* des entretiens, à leur durée et à leur *privauté*, mène insensiblement au vice. » Id.

FANFARONNADE, RODOMONTADE, FORFANTERIE. Affectation de valeur.

La *fanfaronnade* est d'un *fanfaron* ou sonneur de *fanfares*, d'un homme qui est toujours à célébrer ses prouesses. « M. de Vendôme avec ses *fanfaronnades* repaissait le roi. » S. S. « On accuse le duc d'Enghien de *fanfaronnade* pour avoir ouvert la tranchée (au siège de Lerida) avec des violons. » Volt. La *rodomontade* est une *fanfaronnade* extravagante, celle d'un rongemontagne (*rodere montes*), d'un avaleur de charrettes ferrées, d'un pourfendeur de géants ; c'est, dit Condillac, la *fanfaronnade* qui se vante des plus grands exploits et qui veut paraître braver les plus grands dangers. « Villars paya d'effronterie et ne parlait que de manger l'armée ennemie avec ses *rodomontades* usées. » S. S. « Les poëtes français empruntaient des poëtes espagnols leurs *rodomontades* et leurs extravagances. » Marm.

La *forfanterie* est d'un *forfant*, d'un homme qui *forfait*, qui fait mal, qui trompe, qui fourbe. Ce mot, à la différence des deux premiers, n'a certainement aucun rapport à la bravoure : il exprime une affectation de valeur morale, de vertu, ou bien d'un talent étranger à la guerre. Dans le *Tartufe*, Dorine dit du héros de la pièce :

Que d'affectation et de *forfanterie*! Mol.

« Les actes de vertu où je ne vois ni *forfanterie* ni ostentation me font toujours tressaillir de joie. » J. J. « Ce ton ampoulé ressemblait au sublime comme la *forfanterie* révolutionnaire ressemble à la grandeur romaine. » Lah. On impute, non pas de la *fanfaronnerie* ou des *fanfaronnades*, mais de la *forfanterie* aux médecins (Mol., Sév.) et aux avocats (Rac.); et c'est ce qu'on appelle de la *charlatanerie*, quand on considère que c'est un moyen d'attirer des dupes pour les exploiter, pour leur débiter sa marchandise.

FASCINER, ÉBLOUIR. Altérer la vue, causer des illusions, surprendre l'esprit.

Ce qui *fascine* est mystérieux, magique, un charme, ou bien c'est quelque chose d'artificieux. « Ils sont *fascinés* par le charme de son hypocrisie. » Bourd. « Que n'ai-je pu apercevoir plus tôt ce bien à travers les charmes trompeurs et les frivoles enchantements qui me *fascinaient* les yeux ! » Id. « Cette *fascination* (du régent par rapport au cardinal Dubois) ne peut paraître qu'un prodige du premier degré. » S. S. « On voit combien le charme du merveilleux peut *fasciner* les esprits. » Buff. « Étrange illusion dont l'ennemi du genre humain nous *fascine*! » Boss. « Je ne laisserai aucun lieu aux équivoques dont les hérétiques *fascinent* le monde. » Id. « Le premier qui osa faire parler Dieu était un composé de fanatisme et de fourberie. La fraude seule ne suffirait pas, elle *fascine* et le fanatisme subjugue. » Volt.

Mais ce qui *éblouit* est éclatant, spécieux, propre à imposer. *Éblouir* les yeux par sa richesse (Boss.), le vulgaire par un superbe appareil (Id.). « Le nom spécieux de Réforme *éblouit* les peuples. » Id. « C'est vouloir *éblouir* le lecteur par des paroles trompeuses et vides de sens, que de parler ainsi. » Fén.

Dieu des Juifs, tu l'emportes!
C'est toi qui, me flattant d'une vengeance aisée,
M'as vingt fois en un jour à moi-même opposée;
Tantôt pour un enfant excitant mes remords,
Tantôt m'*éblouissant* de tes riches trésors....
(*Athalie*.) Rac.

« La multitude se laisse *éblouir* par un faux éclat. » J. J.

FAUSSETÉ, DUPLICITÉ, PATELINAGE. Caractère d'un homme qui n'est pas vrai, qui trompe.

Pour ce qui concerne d'abord *fausseté* et *duplicité*, la *duplicité* est une espèce de *fausseté* qui consiste à jouer deux rôles, à parler d'une manière et à agir d'une autre (Cond.), à louer quelqu'un en face et à le déchirer en secret (Mass.). Qu'une femme simule de l'amour, n'en ayant pas, ou qu'elle cache l'amour qu'elle a, elle n'est que *fausse*. Mais une femme est *double*, si elle fait accroire qu'elle aime un homme tandis qu'elle en aime un autre. Ainsi, dans les *Ménechmes* de Regnard, Araminte accuse le chevalier de *duplicité*, parce qu'elle croit qu'il est infidèle, qu'il joue un double jeu, qu'il en conte à deux. Pareillement, l'hypocrite n'est pas proprement *faux*, mais *double* ; les sentiments qu'il affecte sont en contradiction avec ceux qu'il a : « Ce n'est pas l'hypocrisie et la *duplicité* qui fait la grande plaie de la religion. » Mass.. Nous apprenons aux enfants, suivant J. J. Rousseau, à devenir *faux*, c'est-à-dire, comme il l'explique fort bien, menteurs ou dissimulés, pour extorquer des récompenses ou se dérober aux châtiments. Mais il dit ailleurs que l'éducation du monde n'est propre qu'à faire des hommes *doubles*, qui paraissent toujours rapporter tout aux autres, mais qui en réalité ne rapportent jamais rien qu'à eux seuls. — Il suit de là que *duplicité* renchérit sur *fausseté* : la *duplicité* est une *fausseté* odieuse, par laquelle un homme se met sciemment en opposition avec lui-même, avec ce qu'il a dit ou fait, avec ce qu'il fait ou éprouve. « Ce prince se trouvait dès lors en état de confondre le *faux* et le *double*, et de porter une lumière aussi pénétrante qu'inconnue dans l'épaisseur de ces ténèbres. » S. S. « Ils le connaissaient ouvert et franc, détestant le mystère et la *fausseté*; ils l'ont entouré de trahisons, de mensonges, de ténèbres, de *duplicité*. » J. J.

Patelinage annonce par sa terminaison un défaut plus relatif encore à la conduite qu'au caractère. C'est la *fausseté* d'un homme dont les manières doucereuses et câlines cherche à s'insinuer auprès des gens, ou à les faire venir à ses fins. « Ces moyens (d'accès) sont de s'insinuer à force d'adresse, de *patelinage*, d'opiniâtre importunité, de le cajoler sans cesse, de lui parler avec transport de ses talents.... » J. J. « La façon dont se présentent ceux qui cherchent à s'insinuer dans sa confiance, les fades louanges qu'ils lui donnent, le *patelinage* qu'ils y joignent.... » Id.

FAUSSETÉ, MENSONGE, IMPOSTURE, TROMPERIE. Ces mots expriment quelque chose de contraire à la bonne foi, quelque chose par quoi on fait accroire ce qui n'est pas, ou on représente ce qui est autrement qu'il n'est.

La *fausseté* est proprement contraire à la vérité ou à la réalité; le *mensonge*, à la véracité; l'*imposture*, à la sincérité; la *tromperie*, à la probité. Ce qui est *faux* n'est pas vrai ou réel; ce qui est *menteur* ou *mensonger* n'est pas véritable; ce qui est *imposteur* ment par les apparences, au public ou en public; ce qui est *trompeur* met dedans, fait tomber dans le piége.

La *fausseté* est objective, elle controuve; le *mensonge* est subjectif, il parle contre sa pensée; l'*imposture* est spécieuse, elle éblouit ou jette de la poudre aux yeux; la *tromperie* est frauduleuse, elle attrape, abuse, joue des tours.

C'est une *fausseté* a rapport à la chose dite ou inventée. C'est un *mensonge* regarde la personne qui a parlé ou dit la chose. C'est une *imposture* est relatif aux apparences ou au masque dont on se sert pour en faire accroire, ou bien à l'éclat, à la publicité de ce qui est dit ou fait pour égarer l'opinion. C'est une *tromperie* indique une manière d'agir destinée ou propre à faire une dupe.

On dit les *faussetés* d'un témoin ou d'un historien ignorant ou corrompu, d'un fabricateur d'actes, de faits ou de nouvelles; les *mensonges* d'un hâbleur ou d'un enfant pris en faute; les *impostures* d'un charlatan, d'un hypocrite, d'un calomniateur; les *tromperies* d'un fripon.

Les rapports, les allégations, les faits, doivent être exempts de *fausseté*; les discours, les aveux, de *mensonge*; l'air, d'*imposture*; les pratiques, de *tromperie*.

Quant à la gravité, la *fausseté* en a plus que le *mensonge*, car c'est dans les personnes une qualité permanente, et elle consiste à donner aux choses une valeur, une existence, objectives, au lieu que le *mensonge* est passager, et se réduit quelquefois à un mot qui échappe dans une situation critique, ou bien à un conte fait pour amuser, à une fiction, à une fable, telles que les poëtes en imaginent. « Jamais la *fausseté* ne dicta mes *mensonges*; ils sont tous venus de faiblesse. » J. J. « La *fausseté* d'un acte est un crime plus grand que le simple *mensonge* : elle désigne une imposture juridique, un larcin fait avec la plume. » Volt. L'*imposture*, à son tour, est encore plus sérieuse et plus criminelle que la *fausseté*, parce qu'elle est plus audacieuse, plus effrontée, plus noire, plus incapable de rougir et de lâcher prise. « En voilà assez pour des *faussetés* si vaines. Ce ne sont là que des coups d'essai de vos novices.... Je viens à cette calomnie, l'une des plus noires qui soient sorties de votre esprit. Je parle de cette audace insupportable avec laquelle vous avez osé imputer à de saintes religieuses de ne pas croire la présence réelle. Voilà une *imposture* digne de vous, voilà un crime que Dieu seul est capable de punir. » Pasc. — La *tromperie* a seul un caractère pratique : elle ne consiste pas à dire, mais à faire. Un ennemi, pour vous décrier, emploie la *fausseté*, le *mensonge* et l'*imposture*; votre domestique, pour vous dérober, ou un concurrent, pour nuire au succès de vos affaires, use de *tromperies*, c'est-à-dire de manœuvres.

FAUX, POSTICHE. On qualifie de *faux* ou de *postiches* certains objets qui ne sont point naturels ou véritables : cheveux *faux* ou *postiches*, barbe *fausse* ou *postiche*, dents *fausses* ou *postiches*.

Ce qui est *faux* trompe l'œil; ce qui est *postiche* est ajouté. *Postiche* vient de *postes*, ornement d'architecture de peu de relief, qu'on place ordinairement sur les plinthes. On s'aperçoit ou on ne s'aperçoit point que la barbe d'un homme déguisé est *fausse*; dans une querelle il perd ou on lui arrache sa barbe *postiche*. Une personne âgée et édentée, qui veut se faire passer pour jeune, porte de *fausses* dents; elle ôte ses dents *postiches* en se couchant ou pour manger.

Ce qui est *faux* choque la vérité; ce qui est *postiche* offense presque toujours le goût. C'est, d'une part, une *falsification*, une dissimulation, un déguisement; et, de l'autre, une beauté d'emprunt et déplacée. Or *faux* (Acad.), ornement *postiche* (Marm.), agréments *postiches* (J. J.). Avec de *fausses* dents on ment, on en impose; dents *postiches* signifie d'ordinaire des dents artificielles mal posées, mal assorties, ou qui donnent un drôle d'air.

FEINT, SIMULÉ, CONTREFAIT. Ces épithètes servent à qualifier une chose affectée, une chose à laquelle on donne l'air d'être ce qu'elle n'est pas, ou quoiqu'elle ne soit pas.

Feint s'emploie bien en parlant de choses abstraites, comme les qualités, et ne suppose que de l'invention ; mal *feint*, *feinte* probité, *feinte* modération. *Simulé*, au contraire, s'applique aux choses concrètes, aux actions, et marque le semblant, une démonstration extérieure : attaque *simulée*, querelle *simulée*; les tournois étaient des combats *simulés* (Cond.). On dira donc une raison *feinte*, et une démarche *simulée* ; une joie *feinte*, et un enjouement *simulé*; un zèle *feint*, et un empressement *simulé* ; une amitié *feinte*, et une réconciliation *simulée*. Une personne qui s'est fait ou à qui on a fait, n'importe comment, une réputation de piété, peut n'avoir qu'une piété *feinte*; une personne de beaucoup de dévotion peut n'avoir qu'une piété *simulée*.

Ce qui est *contrefait* est une mauvaise imitation. Les hérétiques ont une piété *contrefaite* (Boss.), c'est-à-dire réelle, mais défectueuse ou de mauvais aloi. Une douceur *feinte* est d'un homme qui n'est point doux ; une douceur *contrefaite* (J. J.) est une douceur bâtarde, forcée, qui n'est point naturelle. Ce qui est *feint* ou *simulé* vous fait croire ce qui n'est point, vous trompe sur l'existence ; ce qui est *contrefait* vous trompe sur la qualité. C'est, d'une part, une ombre, une apparence vaine, et, de l'autre, une *contrefaçon* et comme du chrysocale.

FERMER, BOUCHER. Mettre sur ou dans une ouverture un objet qui empêche que quelqu'un ou quelque chose n'y passe.

Ce avec quoi on *ferme* fait partie de la chose ou y est adapté ; c'est, au contraire, avec un corps étranger qu'on *bouche*. On *ferme* une malle au moyen d'un couvercle ; on *bouche* un trou comme on *bouche* une bouteille, en y apportant et en y introduisant quelque matière qui forme *bouchon* ou tampon, du mortier, du plâtre, des pierres, de la paille, etc. On *ferme* les yeux en *fermant* ou en baissant les paupières, qui sont pour eux comme des portes ; Ulysse, dans la crainte des syrènes, *boucha* avec de la cire les oreilles de ses compagnons, et pour éviter de sentir de mauvaises odeurs on se *bouche* le nez avec son mouchoir. « Dès les premiers accords de ce prélude, mon chameau se mit à deux genoux, tremblant comme la feuille, et *ferma* les yeux, ne pouvant se *boucher* les oreilles. » Ham. Nous *fermons* nos maisons à l'aide de choses qui y tiennent et sont destinées à cela, portes, fenêtres, verrous, etc. ; mais Polyphème *bouchait* sa caverne avec un énorme rocher qu'il roulait à l'entrée. Des écluses *ferment* le passage à l'eau d'un canal, et des matières ou des immondices qui y sont amassées lui *bouchent* le passage.

D'ailleurs, *fermer* est plus propre pour marquer la suspension et *boucher* pour exprimer la suppression de l'entrée ou de l'usage de la chose. On *ferme* une porte ou une fenêtre, pour l'ouvrir ensuite, un peu plus tôt, un peu plus tard ; mais on la *bouche* quand on la condamne, quand on la *ferme* de telle sorte qu'elle ne puisse plus s'ouvrir. Il en est de même de *fermer* une fontaine par rapport à *boucher* une source. Au figuré, qui a les yeux *fermés* n'y voit pas, et qui a les yeux *bouchés* est aveugle pour jamais.

FERMETÉ, RÉSOLUTION ; — COURAGE, ÉNERGIE. Force de volonté.

La *fermeté* et la *résolution* se rapportent à une action qui doit se faire ; le *courage* et l'*énergie*, à une action qui se fait : aussi ne dit-on point une action *ferme* ou une action *résolue*, mais bien une action *courageuse* ou *énergique*. L'homme *ferme* ou *résolu* est considéré en tant qu'il entreprend, il veut bien ce qu'il veut ; l'homme *courageux* ou *énergique* est considéré en tant qu'il exécute, il brave les périls et la mort en homme de cœur, il se comporte vaillamment, d'une manière vigoureuse, héroïque. Sans *fermeté* et sans *résolution* on hésite, on ne s'arrête à aucun parti, on flotte ; sans *courage* et sans *énergie* on se lâche et mou, on plie, on cède, on se laisse vaincre.

Fermeté, résolution.

La *fermeté* est invariable ; la *résolution*, hardie. L'une implique plutôt l'idée de défensive, l'autre celle d'offensive. Avec de la *fermeté* on reste le même, on résiste aux causes de changement, on est très-difficile à ébranler ; avec de la *résolution* on ose, on se décide avec assurance. Régulus est un modèle de *fermeté*, quand il continue à vouloir retourner à Carthage, malgré les prières et les pleurs de sa famille ; on sait avec quelle *résolution* César se décida à passer le Rubicon, prêt à marcher contre Rome et à attaquer Pompée. Portées à l'excès, la *fermeté* dégénère en opiniâtreté, et la *résolution* en témérité. — D'ailleurs, la *fermeté* est une qualité, quelque chose de permanent, d'inhérent au caractère. On cite parmi les qualités de Fabius Maximus une grande *fermeté* à se tenir au parti qu'il avait pris sur de bonnes raisons, à persister toujours dans ses premiers desseins, sans que rien fût capable de l'ébranler (Roll.). « Cette roideur de caractère, cette mutinerie ou cette *fermeté* n'est pas si rare parmi les enfants élevés ainsi. » J. J. « La *fermeté* qui fait votre caractère. » Bourd. *Fermeté* de caractère (Acad.). La *résolution*, au contraire, est plutôt un fait, quelque chose d'accidentel, de passager ou d'extérieur. « Cependant onze jours après, ô *résolution* étonnante ! la reine à peine sortie d'une tourmente si épouvantable ose encore se commettre à la furie de l'océan. » Boss. « Turenne court à la défense d'un pont, et tient ferme contre une armée ; et soit la hardiesse de l'entreprise, soit..., il étonna par sa *résolution* ceux qu'il ne pouvait arrêter par la force, et releva par cette prudente et heureuse témérité l'État penchant vers sa ruine. » Fléch. Avoir un air de *résolution* (Acad.).

Courage, énergie.

Le *courage* est une force morale, l'*énergie* une grande force. Le *courage* ne peut être attribué qu'aux agents intelligents et libres dont il fait des héros ; l'*énergie* est une vertu singulière qui rend capable de grands efforts et de grands effets un agent quelconque : l'*énergie* d'un remède, d'un acide, l'*énergie* des passions. Ce qui frappe le plus dans le *courage*, c'est le mérite de celui qui le développe, car le *courage* est une des quatre vertus cardinales : ce qu'il y a de plus remarquable dans l'*énergie*, c'est son intensité, son haut degré de puissance. Se conduire avec *courage* est une partie de la sagesse ; se conduire avec *énergie*, c'est montrer beaucoup de vigueur. Dans tous les temps on admirera le *courage* de Socrate devant ses juges, et l'*énergie* que déploya Cicéron contre Catilina et ses complices.

FERTILE, ABONDANT. Chacun de ces mots sert à qualifier une chose en tant qu'elle en produit d'autres en grande quantité : des terres *fertiles* ou *abondantes*, *fertiles* ou *abondantes* en telles ou telles denrées. La Bruyère dit des commentateurs qu'ils sont *fertiles* et *abondants* dans les endroits clairs.

Fertile est plus relatif à la chose produisante, et *abondant* aux choses produites. C'est pourquoi, bien qu'*abondant* s'applique aussi aux terres, par exemple, il s'applique mieux encore à ce qui en naît, aux récoltes. « La Pologne est la partie de l'Europe la plus *fertile*; elle produit d'*abondantes* moissons. » BERN. « Obtenir un temps favorable pour rendre nos campagnes *fertiles* et nos moissons *abondantes*. » BOURD. Que si quelquefois on appelle aussi *fertiles* les moissons elles-mêmes, c'est par métonymie, en appliquant à l'effet ce qui convient à la cause, et sans aucun égard à l'usage ou à l'utilité de l'objet, en le considérant comme une production plutôt que comme un produit : « Dieu n'avait promis à ces anciens Juifs que la *fertilité* de leurs moissons, que l'*abondance* du blé et du vin. » BOURD.

La *fertilité*, de *ferre*, porter, fait qu'une chose porte, rapporte, produit ; l'*abondance* en vient, c'est une copieuse provision, une richesse. « A Sybaris on abuse de la *fertilité* du terroir, qui y produit une *abondance* éternelle. » MONTESQ. « Les fleuves arrosent la terre et répandent dans les diverses contrées la *fertilité* et l'*abondance*. » LABR. « La province de Satrapène est un pays *fertile* et *abondant* en toutes sortes de biens. » VAUG. Si un esprit est *fertile*, ses pensées sont *abondantes*, *Fertiles*, les commentateurs sont babillards ; quand on les qualifie d'*abondants*, on fait penser à la vaine érudition dont sont chargés leurs écrits. Les pays *fertiles* se montrent couverts de moissons sur pied et d'arbres portant des fruits ; les pays *abondants* ont de grandes ressources, beaucoup de moyens de bonheur et de succès, qui proviennent le plus souvent, mais non pas toujours, de la *fertilité* des terres: « Pourquoi les Chinois n'auraient-ils pas découvert, avant les Européens, une infinité d'îles *abondantes* et de terres *fertiles* dont ils sont voisins ? » BUFF.

Fertile se dit uniquement de la terre, et, sur la terre, de ce qui porte ou donne des fruits : mais *abondant*, dérivé du latin *unda*, eau, est aussi employé en parlant d'autres choses, particulièrement de la mer et des rivières : un pays est *fertile* en blé et en vin ; il est *abondant* en gibier et en poisson. « Les Lapons prennent des brochets en quantité ; et la nature, comme une bonne mère, leur refusant la *fertilité* de la terre, leur accorde l'*abondance* des eaux. » REGN. « Ces pêches *abondantes* (dans les rivières et les lacs du Nord) n'approchent pas encore de celles de ces mers. » BERN.

FÊTER, CHÔMER, CÉLÉBRER, SOLENNISER. On dit également *fêter*, *chômer*, *célébrer*, *solenniser* un jour, ce qui signifie le signaler de différentes manières ou par différentes pratiques en l'honneur de Dieu ou d'un saint, ou en mémoire d'un événement.

Fêter et *chômer* d'abord ont cela de commun entre eux et de distinctif par rapport aux autres qu'ils se disent spécialement d'un saint. Chacun d'eux a en outre une nuance tout à fait propre et caractéristique.

Fêter, faire fête, donner une fête, vient du latin *festus*, joyeux, gai, divertissant ; en sorte qu'on *fête* par des réjouissances, des jeux, des danses et des *festins*, comme il arrive dans les fêtes de village, par exemple, ou quand on *fête* quelqu'un. Il n'est pas rare de voir le saint jour du dimanche *fêté* par des divertissements emportés, pleins de licence et d'excès.

Chômer veut dire primitivement et positivement ne pas travailler. D'où il suit qu'on *chôme* en cessant de travailler ou en se reposant. On peut *fêter* un jour sans le *chômer*, et la preuve, c'est qu'il y a des *fêtes chômées* et d'autres qui ne le sont pas. Les jours *chômés* ou les *fêtes chômées* diminuent les gains de l'ouvrier en l'obligeant à rester oisif. C'est ce dont se plaint le savetier au financier dans une fable de Lafontaine :

Le mal est que dans l'an s'entremêlent des jours
Qu'il faut *chômer* ; on nous ruine en fêtes.

— Il semble aussi que *chômer*, dont l'origine est probablement vulgaire, est plus familier que *fêter*, qui tire manifestement la sienne du latin. On dira donc pour l'ordinaire en parlant d'un homme décrédité : c'est un saint qu'on ne *fête* plus. Mais en conversation et dans la comédie on préférera *chômer* :

L'honneur est un vieux saint que l'on ne *chôme* plus.
DEST.

Célébrer emporte l'idée de cérémonies : aussi dit-on *célébrer* des funérailles, les mystères, l'office divin, la messe, toutes expressions qui supposent quelque chose de religieux. C'est généralement dans les temples ou les églises que se fait l'action de *célébrer*.

Oui, je viens dans son temple adorer l'Éternel
Je viens, selon l'usage antique et solennel,
Célébrer avec vous la fameuse journée
Où sur le mont Sina la loi nous fut donnée. RAC.

Solenniser, c'est célébrer avec *solennité*, c'est-à-dire avec des cérémonies extraordinaires. « Les saints rois Ézéchias et Josias sont célèbres pour avoir fait *solenniser* la Pâque avec religion et une magnificence extraordinaire... Les fêtes des chrétiens sont beaucoup plus simples, et en même temps beaucoup plus saintes ; et cependant on est bien lâche à les *célébrer*. » BOSS. « Lorsque l'Église fut protégée par les empereurs, les cérémonies se firent avec pompe. On *solennisa* les dimanches, les fêtes de Noël, de Pâques et de Pentecôte ; et on *célébra* encore les fêtes des martyrs dans les lieux où étaient leurs tombeaux. » COND. — D'ailleurs les cérémonies dont *solenniser* implique l'idée sont moins essentiellement religieuses que celles d'une *célébration*. Tout mariage se *célèbre* devant l'autel ; mais Mazarin, pour *solenniser* celui de Louis XIV, fit représenter au Louvre un opéra italien (VOLT.), et Sidoine Apollinaire rapporte que les soldats de Clodion *solennisèrent* le mariage du fils de l'un d'entre eux par des danses guerrières (Vert.). Ainsi *solenniser*, c'est *célébrer* et quelquefois *fêter* avec de grandes cérémonies.

FINIR, TERMINER, DÉCIDER, VIDER, RÉGLER, ACCOMMODER, AJUSTER. C'est, en parlant d'une affaire, d'un différend ou d'autres choses semblables, les faires cesser, faire en sorte qu'on n'ait plus besoin de s'en occuper.

Les *finir*, les mener à *fin* ou à leur *fin*, marque une action douce, lente, naturelle; mais les *terminer*, y mettre un *terme*, y couper court, signifie une manière d'agir soudaine, brusque, qui arrête les choses au lieu de les faire aller jusqu'au bout. En France on *finit* les procès et les disputes en suivant une marche prescrite par des lois (Fléch.); en Turquie on les *termine* promptement, on veut surtout avoir bientôt fait (Montesq.). Les dernières années de Louis XIV se passèrent à *finir* des disputes de religion (Fén.); saint Louis *terminait* sur-le-champ avec une netteté et un jugement admirable les choses qui demandaient une prompte résolution (Boss.). Il arrive quelquefois que, faute de pouvoir *finir* un différend par des négociations, on le *termine* par un combat. Dans une autre acception, on dit *finir* ses jours dans les ennuis de la vieillesse, et les *terminer* par un suicide.

Décider, du latin *de* et *cædere*, couper, trancher, ressemble à *terminer* en ce qu'il annonce comme celui-ci une action prompte, expéditive, par laquelle on en finit tout d'un coup. Mais il en diffère par l'effet qu'il exprime. En *terminant*, on empêche de continuer; en *décidant*, on lève les doutes, on tire d'incertitude ou d'*indécision*. Vous *terminez* une guerre ou une querelle; vous *décidez* une question ou quelque chose qui est en question. Quand une affaire, telle que celle d'un mariage, est *terminée*, c'est une affaire faite, il n'y a plus à y revenir; quand une affaire, une affaire contentieuse, par exemple, est *décidée*, on en connaît la solution, on sait à quoi s'en tenir sur ce qui était disputé ou débattu. On dira plutôt *terminer* un procès, et *décider* un différend, parce qu'un procès et un différend demandent, le premier à être arrêté, le second à être éclairci. « Les différends des nobles doivent être promptement *décidés*; sans cela, les contestations entre les personnes deviennent contestations entre les familles. Des arbitres peuvent *terminer* les procès ou les empêcher de naître. » Montesq.

Vider, épuiser, c'est finir, terminer ou décider à fond, entièrement. Ce verbe emporte l'idée d'une action complète, qui supprime toute difficulté, qui ne laisse plus absolument rien à faire ou à expliquer. « Il faut une fois *vider*, à cette occasion, la question que nous avons avec l'auteur sur le sujet de saint François de Sales. » Boss. « Le grand procès des anciens et des modernes n'est pas encore *vidé*; il est sur le bureau depuis l'âge d'argent qui succéda à l'âge d'or. » Volt. — D'ailleurs, comme ce mot désigne au propre une action commune, celle d'ôter d'un vaisseau ou d'un sac ce qui y est contenu, il ne convient guère au style noble dans l'acception dont il s'agit ici. C'est ce que Voltaire déclare expressément à propos de ces deux vers de la *Mort de Pompée* :

Sire, quand par le fer les choses sont *vidées*,
La justice et le droit sont de vaines idées. Corn.

Parmi les écrivains qui font le plus grand usage de *vider* on compte Mme de Sévigné, Lafontaine et Molière. Bossuet ne s'en sert que dans ses ouvrages de controverse. Fénelon dit en parlant des hommes grossiers du premier âge d'après Épicure : « Ils n'avaient point d'autres défenses que leurs mains, leurs ongles, leurs dents, des pierres ou des bâtons; c'étaient là les armes dont ils se servaient pour *vider* leurs différends. »

Régler, ordonner, c'est finir, terminer ou décider souverainement, d'autorité ou comme le fait l'autorité, en maître, par un arrêt qui fait loi. « Samuel parut à la tête du peuple de Dieu, *régla* les différends des tribus, et fut le censeur des rois et des princes du peuple. » Mass. « S'il n'y avait point de testament pour régler le droit des héritiers, je ne sais si l'on aurait besoin de tribunaux pour *régler* les différends des hommes. » Labr. « Idoménée représenta à Mentor qu'il ne pouvait *régler* sans lui un différend qui s'était élevé entre le prêtre de Jupiter et celui d'Apollon. » Fén.

Accommoder et *ajuster*, arranger, c'est finir, terminer ou décider en accommodant et en ajustant les personnes, c'est-à-dire en les réconciliant, à l'amiable, sans en venir aux moyens extrêmes et aux voies de rigueur. Mais ensuite chacun de ces deux verbes a sa nuance propre.

Accommoder se distingue par l'idée de la *commodité*, de l'avantage (*commodum*) que procure ce mode de réunion aux personnes qu'il rapproche et qu'il accorde. « Mme de Wolmar se charge de mille soins pour ses ouvriers et ses domestiques; elle leur donne des conseils; elle *accommode* leurs différends. » J. J. Dans l'oraison funèbre de Lamoignon, Fléchier représente ce magistrat dans sa retraite de Basville, qui *accommode* les différends des gens de la campagne et assure ainsi le repos de pauvres familles.

Une affaire d'honneur.... Cette affaire cruelle
Vient d'être *accommodée*....
Je n'ai plus rien à craindre.... Dest.

On crie, on nous sépare; un procureur du coin
D'*accommoder* l'affaire a pris sur lui le soin :
Pour empêcher les gens d'aller chercher main-forte,
Pour prévenir, dit-il, une amende plus forte,
Je lui signe un billet encor de mille écus. Volt.

Ajuster a cela de particulier, qu'il suppose, dans celui qui opère la réconciliation, de la *justesse* d'esprit, un certain talent d'entremise, de l'habileté pour rétablir l'harmonie entre les personnes. « Le duc d'Orléans cajola le maréchal d'Huxelles, et lui fit entendre qu'y ayant beaucoup de petites choses locales à *ajuster* avec le duc de Lorraine, il fallait quelqu'un qui fût au fait de toutes ces choses; qu'il pensait que S. Contest était celui qu'il pouvait choisir comme le plus instruit et le plus propre à travailler au traité. » S. S. « Il vous faut l'entremise d'un homme de tête pour *ajuster* ce différend. » Dest.

Votre oncle prévenu veut vous déshériter.
Une telle menace alarme votre père,
Qui ne sait de quel biais *ajuster* cette affaire.
Ils sont partis ensemble, et vont, je crois, tous deux,
Consulter sur ce point un avocat fameux. Id.

FLATTER (SE), SE VANTER. Ces verbes marquent tous deux l'effet d'une confiance qui fait qu'on s'attribue un certain avantage ou un certain pouvoir. Se *flatter* ou se *vanter* d'un grand crédit, d'être juste, de réussir, etc.; vous pouvez vous *flatter* ou vous *vanter* d'avoir fait sa conquête.

Ils sont cependant séparés par une première différence qui saute aux yeux, et qui consiste en ce que se *flatter* est absolu et se *vanter* relatif : on se *flatte* en se persuadant à soi-même qu'on est tel ou tel, et on se *vante* en s'efforçant de le persuader aux autres; celui qui se *flatte* en vain s'en fait accroire, et celui qui se *vante* à tort en fait accroire. Ne vous *flattez* point de telle chose, ce serait une illusion : ne vous en *vantez* point, ce serait de la *vanterie*, de la jactance.

Mais il arrive quelquefois que se *flatter* se prend dans le sens relatif de se *vanter*. Il en diffère même alors. Celui qui se *flatte* espère simplement, on dit très-bien : j'ose me *flatter*, parce que se *flatter* emporte l'idée d'une sorte d'hésitation. Mithridate, dans Racine, dit en parlant des Romains :

Et j'ose me *flatter* qu'entre les noms fameux
Qu'une pareille haine a signalés contre eux
Nul ne leur a plus fait acheter la victoire.

Se *vanter*, d'autre part, annonce dans le sujet une assurance pleine et entière : « Le pharisien de l'Évangile se *vante* de n'être pas semblable aux autres hommes. » BOURD.

FLEXIBLE, SOUPLE, PLIANT. Facile à tourner en un certain sens ou en différents sens; au figuré, qui cède aisément aux volontés des autres, à leurs vœux, à leurs désirs.

Au propre, *flexible* se dit particulièrement des plantes, et *souple* des animaux. Au figuré, *flexible* est passif, il exprime une capacité; mais *souple* est actif, il indique un talent.

Pliant enchérit sur l'un et sur l'autre. En effet, l'objet *pliant* se met en *pli* comme du linge ou du papier, au lieu que l'objet *flexible* ou *souple* se courbe seulement. Il y a dans ce qui est *pliant* plus de mollesse ou moins d'élasticité. L'osier *pliant* est très-*flexible*. De même on appelle *pliantes* les parties du corps de l'animal ou d'un animal qui sont très-*souples*. « Les parties de notre corps doivent bien avoir quelque consistance. Mais, si elles n'avaient aussi quelque mollesse, elles ne seraient pas assez maniables ni assez *pliantes* pour faciliter le mouvement. » Boss. « Ce qu'il y avait de plus étonnant, c'est que les oreilles de cette mule étaient si longues, et en même temps si *pliantes*, qu'elles liaient, de même qu'une queue de serpent, les personnes qui auraient voulu s'approcher d'elle. » LES. — Même différence au figuré. Ce qui est *pliant plie*, ce qui est *flexible* peut *fléchir*, c'est-à-dire commencer à plier. « Ce qui est étonnant, c'est que la religion s'est maintenue sans *fléchir* et *plier* sous la volonté des tyrans. » PASC. Et pour ce qui regarde le rapport de *pliant* à *souple*, on trouve continuellement dans nos meilleurs écrivains *pliant* après *souple*, comme marquant un degré de plus.

« Le principal effet de cette oraison est de tenir l'âme *souple* et *pliante* sous la main de Dieu. » Boss. « Dieu seul peut te rendre aimable, car tu ne l'es point par ton naturel roide et âpre. Il faut que la main de Dieu te manie pour te rendre *souple* et *pliant*. » FÉN. « Callisthène n'était pas né pour la cour, où il faut avoir un esprit *souple*, *pliant*, accommodant, quelquefois même fourbe et perfide, mais au moins dissimulé et flatteur. » ROLL. « Cicéron entend par flatteurs ces hommes faux et doubles, d'un esprit *souple* et *pliant*, qui, vrais Protées, prennent mille formes différentes selon le besoin. » ID.

FOIS, COUP. Mots qui servent à marquer les différents cas où une chose se fait, se passe ou se dit.

L'Académie définit *coup*, dans une de ses acceptions, par *fois*, simplement. Mais, après avoir indiqué *encore un coup* comme équivalent à *encore une fois*, elle ajoute qu'*encore un coup* s'emploie principalement lorsqu'on répète avec vivacité ce qu'on a déjà dit.

C'est là en effet un des caractères distinctifs de *coup*, et par conséquent d'*encore un coup* : il rappelle l'action de frapper, qui est soudaine, prompte, rapide. — Dans la *Défense de la tradition*, de Bossuet, il dit avec calme à la fin d'un chapitre : « Il ne reste plus ici qu'à remarquer *encore une fois* qu'il faut juger de la même sorte de toutes les autres matières dont on dispute avec Pélage. » Mais, dans un autre endroit du même ouvrage, il s'emporte contre son adversaire jusqu'à s'écrier : « Il faut dire *encore un coup* à notre critique qu'il ne sent pas ce qu'il dit . » — J. J. Rousseau en use de même. On lit dans l'*Émile* : « *Encore une fois*, mon objet n'est point de donner à mon élève la science, mais de lui apprendre à l'acquérir au besoin. » Mais une lettre du même écrivain à Hume, fort animée et pleine de passion, se termine ainsi : « *Encore un coup*, si vous êtes innocent, daignez vous justifier; si vous ne l'êtes pas, adieu pour jamais! » — Dans l'*École des femmes*, Arnolphe, d'un ton tranquille et satisfait, félicite Agnès d'avoir échappé à un piége tendu à son innocence :

Mais, *encore une fois*, grâce au soin apporté,
Vous en êtes sortie avec honnêteté.

Au contraire, dans le *Misanthrope*, Alceste courroucé relance de la façon suivante Philinte qui l'importune de ses observations :

Ah ! morbleu ! mêlez-vous, monsieur, de vos affaires...
Monsieur, *encore un coup*, laissez-moi, s'il vous plaît,
Et ne prenez souci que de votre intérêt.

On dit à quelqu'un humblement : *encore une fois*, pardon (VOLT.); et avec colère : *encore un coup*, ceci ne saurait durer (J. J.).

Une autre différence consiste en ce que *coup* est familier parce qu'il rappelle quelque chose de commun : boire un *coup*, avoir encore deux *coups* à jouer.

Certaine Egyptienne
Dont j'ai l'âme piquée, et qu'il faut que j'obtienne,
Je l'ai déjà manquée, et même plusieurs *coups*. MOL.

Voltaire reproche à Corneille et à Racine d'avoir fait un usage assez fréquent de la locution *encore un coup*, qu'il déclare trop familière et presque basse.

FOIS (À LA), EN MÊME TEMPS. Simultanément, et non successivement ou à différentes époques.

Fois a été formé du latin *vices*, qui signifie tour, rôle, et par conséquent *à la fois* annonce une action, et une action particulière, quelque chose à faire en un seul tour, en un seul rôle, en un seul coup. *En même temps*, au contraire, se dit bien des états, des modifications subies ou encore des actions qui ont de la durée, qui sont en quelque sorte permanentes. Faire deux choses *à la fois*; posséder, éprouver deux choses *en même temps*, être, devenir tel et tel *en même temps*. Il ne faut pas courir deux lièvres *à la fois*; une même chose ne peut pas *en même temps* être et n'être pas. L'âme ne peut connaître distinctement plusieurs choses *à la fois*, de même qu'un morceau de cire n'est pas capable d'avoir *en même temps* une infinité de figures différentes (MAL.). César dictait à quatre secrétaires *à la fois*; être *en même temps* comblé de richesses et accablé de misères. Quand on mange de deux mets *à la fois*, on n'a pas toujours deux sensations différentes *en même temps*.

FORFAIT, ATTENTAT. Grand crime. « Les richesses amènent une inégalité odieuse : c'est alors le siècle des *attentats*; on commet hardiment les plus grands crimes, et les succès paraissent justifier les *forfaits*. » COND.

Le *forfait* est un fait, et l'*attentat* une tentative. Jocaste commit un *forfait* en épousant son propre fils (FÉN.), et Clytemnestre en tuant son mari BARTH.). Thésée crut faussement son fils, Hippolyte, coupable d'un *attentat* (BOSS.), et les entreprises de Catilina étaient les *attentats* d'un brigand déterminé et féroce (LAH.).

Toutefois, *attentat* se prend aussi dans le sens de *forfait*, de faits accomplis, de crimes commis, mais alors, à la différence de *forfait*, c'est moins l'atrocité qu'il exprime que l'audace. Le *forfait*, fait hors, excède, passe les bornes, transgresse, c'est une énormité; l'*attentat* touche à ce qui doit être respecté, à quelque chose de sacré ou de vénérable. Il y a de la scélératesse dans le *forfait*, et du sacrilège ou de l'insolence dans l'*attentat*. L'infanticide, surtout avec des circonstances qui font horreur, est un *forfait*; un régicide (BOSS.), le meurtre d'un ambassadeur (ROLL.) est un *attentat*.

FORMALISER (SE), SE SCANDALISER, SE GENDARMER. C'est se choquer, se blesser ou s'offenser mal à propos, par trop de susceptibilité.

Mais se *formaliser* regarde les procédés ou les égards. Qui se *formalise* trouve qu'on manque envers lui aux *formalités*, aux civilités, à ce que son rang exige. « Qu'un aveugle-né entreprît de raisonner avec les pharisiens, ils s'en *formalisaient*... : C'est bien à un pécheur comme vous, lui disaient-ils, de vouloir nous instruire ! » BOURD. « Le dirai-je, et ne s'en *formalisera*-t-on point ? non; car je le dirai avec tout le respect et toute la circonspection convenable. » ID. « La noblesse qui vint au-devant du maréchal de Montesquiou arrivant à Rennes pour tenir les états *se formalisa* de ce qu'il ne sortit point de sa chaise de poste pour monter à cheval avec elle. » S. S. « Le chancelier demanda le suffrage des princes et des pairs; les présidents *se formalisèrent* qu'on n'eût pas commencé par eux. » VOLT.

Se scandaliser, de *scandale*, primitivement terme de religion, se dit par extension de ce qui se rapporte aux mœurs. Qui *se scandalise* d'une chose la trouve impie, immorale, déshonnête, point du tout édifiante. « Vous *vous scandalisez* tant de voir le monde si corrompu. » BOURD.

Voilà ma précieuse
Qui préfère toujours la morale à l'esprit,
Et qui *se scandalise* aussitôt que l'on rit. DEST.

« Le lecteur (d'un livre français) toujours plus habile à trouver des sens obscènes que l'auteur à les écarter *se scandalise* et s'effarouche de tout. » J. J.

Se gendarmer, faire le *gendarme*, se soulever en *gendarme*, en dragon, est familier d'abord, et ensuite il emporte une idée étrangère à ses deux synonymes, celle d'éclat, d'emportement et de violence.

Je m'en vais la rejoindre, et tâcher de calmer
Son esprit violent, prêt à *se gendarmer*. REGN.
Ici mal à propos votre esprit *se gendarme* :
Le mal est donc bien grand pour faire un tel vacarme?
ID.

Quel vacarme !
Quoi ! pour un rien votre esprit *se gendarme*?
VOLT.

Il est plus dangereux au moment qu'il caresse
Que lorsqu'il *se gendarme* et paraît en fureur. DEST.

FORMALISTE, CÉRÉMONIEUX, FAÇONNIER. Vétilleux dans ce qui regarde les règles des convenances sociales.

« Que diable peut-on dire de *formaliste*, sinon qu'un homme *formaliste* est un homme insupportable? » VOLT. Ce qu'on en peut dire relativement à ses synonymes *cérémonieux* et *façonnier*, c'est que sa terminaison primitivement empruntée du grec en fait un terme plus noble. De là vient d'abord qu'il se prend seul dans un sens théorique ou spéculatif en parlant d'un homme trop attaché à la lettre même des lois ou aux formules des procédures, des actes judiciaires ou autres. « O chétive prud'hommie des *formalistes*, qui se tient aux mots de la loi, et en pense être quitte ! » CHARR. « On sait que les Romains étaient extrêmement *formalistes*; et nous avons dit que l'esprit de la république était de suivre la lettre de la loi. » MONTESQ. « César, le moins *formaliste* de tous les hommes, ne fut point blessé du vice qui rendait sa domination irrégulière. » ROLL. Ensuite, dans l'acception où *formaliste* se rapproche davantage de *cérémonieux* et de *façonnier*, il en diffère en ce qu'il se dit seulement de grands personnages. « Sont-ce ces mêmes princes si pointilleux, si *formalistes* sur leurs rangs et sur les préséances, qui consument pour les régler les mois entiers dans une diète ? » LABR. « Le maréchal de Villeroy, grand *formaliste*, ne fut pas content de ce rapport à son insu, comme chef du conseil des finances. » S. S. « Je te trouve fort bonne de vouloir qu'une prude grave et *formaliste* comme moi fasse les avances ! » J. J.

Le *cérémonieux*, quoique très-voisin du *façonnier*, s'en distingue néanmoins. L'un exagère en fait de civilité, l'autre en fait de politesse. « Timon ou le misanthrope peut avoir l'âme austère et farouche, mais extérieurement il est civil et *cérémonieux*...; semblable en ce sens à une femme qui est en visite chez une autre femme. » LABR. « Le caractère des Neuchâtelois est offusqué de manières; ils se croient polis parce qu'ils sont *façonniers*. » J. J. — Le *cérémonieux* s'astreint trop minutieusement à ce que prescrit l'usage envers les personnes selon l'âge, le sexe, le rang, la condition; il est esclave du *cérémonial*, de l'étiquette, comme le sont, dit-on, les Chinois. Le *façonnier* ne se signale pas par des démonstrations d'égards et de respects communes, convenues, aussi invariablement fixées que des règlements de police : il est attentif à plaire par des moyens plus spéciaux, à l'aide desquels il relève ou feint de relever le mérite personnel. Dans le *cérémonieux* on remarque toujours un air de fête et de théâtre, quelque chose de roide et d'apprêté; ce qui déplaît dans le *façonnier*, ce sont ses manières étudiées, ses minauderies, ses grimaces, ses affectations d'amabilité, ses fadeurs. Celui-là n'est rien moins que familier, celui-ci rien moins que naturel. Nous sommes plus *cérémonieux* qu'on ne l'était dans l'antiquité où on tutoyait tout le monde, et moins *façonniers* qu'il y a un siècle ou deux, moins prodigues de compliments et de louanges.

FORME, FORMALITÉ. Manière réglée, établie, consacrée, de procéder en justice, en administration, dans l'exercice d'un culte, pour dresser des actes, etc.

A l'égard de la *forme* la *formalité* est comme la *callosité* à l'égard du *cal*, quelque chose qui en approche, qui en tient, qui y ressemble, quelque chose par conséquent de moins essentiel. Aussi dit-on bien de simples, de petites *formalités*. « D'Aguesseau avait un attachement aux *formes*, et jusqu'aux plus petites, si littéral, si précis, si servile, que toute autre considération disparaissait à ses yeux devant la plus petite *formalité*. » S. S. « Je suppose que les juges, liés par les *formes*, condamnent le maréchal de camp à payer ce qu'il ne doit point.... Il se peut, à toute force, que des *formalités* de chicane que je ne connais pas fassent perdre le procès au maréchal de camp. » VOLT. « Quand on entreprenait une guerre, on envoyait avant toutes choses redemander dans les *formes* (par les féciaux) les choses injustement ravies. Mais que servent les meilleures institutions quand enfin elles dégénèrent en pures cérémonies? Les délibérations des féciaux ne furent bientôt plus qu'une *formalité* inutile. » Boss. Parle-t-on des *formes* comme de quelque chose qui mérite peu qu'on y ait égard, on les appelle des *formalités*. « Comme le prince de Condé (à son lit de mort) donnait des ordres, averti qu'il fallait écrire et ordonner dans les *formes*, il répéta souvent, Monseigneur, qu'il vous connaissait, qu'il n'y avait sans *formalités* qu'à vous dire ses intentions. » Boss.

Formalité, on le voit par ces exemples, se prend plus volontiers que son synonyme dans le sens de *formaliste*, c'est-à-dire pour exprimer quelque chose de frivole, de tout extérieur, une espèce de forme, une pure cérémonie. « C'est être superstitieux de mettre son espérance dans les *formalités* et dans les cérémonies. » PASC. « Sachez-moi gré de vous avoir épargné quelques *formalités* ennuyeuses. » STAËL.

Un chrétien effroyable
Pourra, marchant toujours dans des sentiers maudits,
Par des *formalités* gagner le paradis ! BOIL.

FORTIFIER, RENFORCER, ENFORCIR, CONFORTER, RÉCONFORTER. Donner de la puissance ou de l'énergie; soutenir ou relever ce qui est, devient ou peut devenir faible.

Fortifier vient du latin *fortificare* (*fortis*, fort, et *facere*, faire), comme *amplifier* d'*amplificare*, *purifier* de *purificare*, *justifier* de *justificare*, etc. Mais *renforcer*, de *re en force*, remettre en force, a évidemment une origine et une physionomie françaises, c'est-à-dire vulgaires.

Fortifier s'emploie plus volontiers au moral : *fortifier* la vertu, le vice, les passions, le goût de l'étude, des espérances, l'amitié, le courage, des soupçons. « Si la voix du sang n'est *fortifiée* par l'habitude et les soins, elle s'éteint dans les premières années. » J. J. Mais en physique, surtout en parlant des choses peu relevées, on devra en général se servir de *renforcer* par préférence : *renforcer* le quartier d'un soulier, un mur, une poutre ou d'autres choses semblables; un canon *renforcé*, une étoffe *renforcée*. « Les rossignols, presque à la fin de leur ramage, semblaient se plaire à le *renforcer*. » J. J.

Lorsque les deux mots se disent l'un et l'autre au propre et au physique, ce qui arrive quelquefois, ils diffèrent encore, quoique à un moindre degré. *Fortifier*, comme *purifier*, par exemple, exprime une action intime, dérobée aux regards, qui s'opère au dedans de la chose et se fait sentir à toute la masse; au lieu que l'action de *renforcer* est plutôt extérieure, concrète et partielle. Dans un enfant qui se *fortifie* on voit les membres se *renforcer* peu à peu. « Quand l'enfant commence à se *fortifier*, laissez-le ramper par la chambre, laissez-lui développer, étendre ses petits membres; vous les verrez se *renforcer* de jour en jour. » J. J. Comme la poitrine est quelque chose dont l'état est tout intérieur, invisible, on dira bien qu'on la *fortifie* ou qu'elle se *fortifie*; mais, par la raison contraire, *renforcer* sera le mot propre quand il sera question, par exemple, des jambes. « La vérité est que le bain m'a *renforcé* les jambes et *fortifié* la poitrine. » BOIL. On *fortifie* une place en *renforçant* la garnison, c'est-à-dire qu'on produit une sorte de qualité ou de vertu secrète, un accroissement de puissance défensive, en augmentant matériellement le nombre des défenseurs.

Que si, d'un autre côté, *renforcer* prend quelquefois l'acception morale, c'est abusivement, et dans le discours commun, pour ne pas dire familier, ou bien pour exprimer quelque chose de mauvais ou de blâmable. « Douze ans d'études, sans compter les années que de bons parents font doubler à leurs enfants, pour les *renforcer*, disent-ils..! » BERN. « Cette Église, à peine établie (sous Constantin), était déchirée par les disputes de ses prêtres devenus presque tous sophistes, depuis que le platonisme avait *renforcé* le christianisme. » Voln. Ce qui prouve combien *renforcer* est inférieur à son synonyme par le rang, c'est l'usage qu'on en fait au participe, pour signifier toujours, figurément et familièrement, quelque chose de mauvais, de méprisable ou de ridicule. Un âne (Laf.), un pédant (Lah.), un fat (Acad.) *renforcé*. «L'Opéra-Comique n'est autre chose que la Foire *renforcée*. Je sais que ce spectacle est aujourd'hui le favori de la nation, mais je sais aussi à quel point la nation s'est dégradée. » Volt.

Enforcir n'est pas français. On en trouverait difficilement un seul exemple ailleurs que dans les dictionnaires.

Conforter et *réconforter*, dans l'acception figurée, sont des archaïsmes. Au propre, s'ils se disent encore, c'est bien rarement, et seulement quand il s'agit de soins donnés au corps. *Conforter* est usité uniquement ou presque uniquement en médecine. Les Lapons se servent d'une espèce d'huile de fromage pour se frotter à l'endroit où ils souffrent, « et le remède est toujours suivi d'un succès et d'un effet merveilleux ; il *conforte* la poitrine, emporte la toux, et est bon pour toutes les contusions. » Reg. *Réconforter*, qui marque une action plus forte ou une action venant après un affaiblissement qu'elle répare, ne s'emploie guère plus que *conforter* dans la langue commune, si ce n'est en plaisantant ou en badinant. « Je me *réconforte* dans mes disgrâces en buvant de meilleur vin que le bon homme Loth. » Volt. Vert-Vert partageait

Tous les sirops dont le cher père en Dieu,
Grâce aux bienfaits des nonnettes sucrées,
Réconfortait ses entrailles sacrées. Gress.

FOUILLER, FURETER. Ces verbes signifient l'un et l'autre, au figuré, rechercher curieusement.

Mais on *fouille* en creusant, en pénétrant vers le fond : « Dieu entre jusque dans les replis les plus intérieurs de l'âme, il sonde jusques aux plus profonds abîmes du cœur, il examine, il *fouille*, il recherche. » Bourd. On *furette* en allant dans tous les sens, de tous les côtés, comme le *furet*, qui visite un terrier de lapin : « Allons, tâchons à trouver ce Géronte, cherchons partout. Courons toute la ville. N'oublions aucun lieu. Visitons tout. *Furetons* de tous les côtés. » Mol.

Une autre différence, d'une application plus générale, et déjà indiquée par le rapprochement des deux exemples qui précèdent, c'est que *fouiller* est de tous les styles, et *fureter*, du familier seulement. Celui qui *fouille* creuse la terre pour y chercher et en tirer quelque chose, action qui n'a rien de bas, et c'est pourquoi *fouiller* dans le sens dont il s'agit se dit de Dieu lui-même. Mais celui qui *furette* est un *furet* ou imite le *furet*, petit animal carnassier qui chasse et dont on se sert pour chasser les lapins ; ce qui donne à l'esprit l'idée d'une action animale commune, qui ne peut être attribuée à un homme que familièrement ou par badinage.

Fouiller suppose quelque chose d'important à découvrir ; c'est un mot qui convient particulièrement bien à la police : « Denys le Tyran n'allait jamais de nuit dans la chambre de ses femmes sans avoir fait *fouiller* partout auparavant avec grand soin. » Roll. Mais il arrive souvent de *fureter* par pure curiosité, pour le seul plaisir de savoir, en simple nouvelliste :

Don Lope venant dans mon appartement,
Par une liberté qu'on lui voit se permettre,
A *fureté* partout, et trouvé cette lettre. Mol.

On *fouille* plutôt par autorité, parce qu'on en a le droit ou qu'on en est chargé. « Il répondit qu'il avait ordre de *fouiller* dans ses papiers. » Roll. « M. Le Peletier avait eu commission de visiter la haute Auvergne, et *fouillait* les greffes de toutes les montagnes avec plus d'exactitude qu'on ne saurait imaginer. » Fléch. L'action de *fureter*, au contraire, est presque toujours arbitraire ou indiscrète. « Saumery était du naturel des rats qui se hâtent de sortir d'un logis, lorsqu'il est prêt de crouler. Il *furetait* tout et tant de sortes de lieux qu'il ne lui fut pas difficile de voir la décadence de M. de Beauvilliers. » S. S. « J'imputai ce vol à d'Alembert qui avait pu trouver le moyen de *fureter* ces papiers et d'en enlever ce qui lui avait plu. » J. J. — Dans l'*Avare*, Harpagon *fouille* bien partout pour voir si on l'a volé, et son domestique, La Flèche, est accusé par lui d'être un espion dont les yeux maudits *furettent* de tous côtés pour voir s'il n'y a rien à voler (Mol.).

Quand il s'agit de recherches faites ou à faire dans les papiers, des livres ou des bibliothèques, *fouiller* exprime un travail sérieux, et *fureter* un amusement. « Pour composer un livre utile sur cet objet, il faut avoir *fouillé*, pendant une année entière au moins, dans les registres. Volt. « Quand j'allais à Genève, je logeais chez elle, et je m'amusais à fureter et feuilleter les livres que mon oncle avait laissés. » J. J.

FOURNI, GARNI, MUNI, ARMÉ, POURVU. Ces mots expriment le contraire d'un manque ou d'un défaut, ou, ce qui revient au même, la présence de quelque chose dans le sujet qu'ils qualifient.

Fourni est relatif à la quantité. Ce qui est *fourni* d'une chose en a assez ou beaucoup, suffisamment ou en abondance. Dans une de ses acceptions *fournir* signifie suffire, satisfaire, et pris adjectivement *fourni* veut dire épais, touffu : chevelure bien *fournie*. — « Être abondamment *fourni* de tout. » Acad. » Leurs majestés catholiques y prennent le plaisir de la pêche, cette pièce d'eau étant assez fournie pour cela de poisson. » S. S. « Rien n'est plus rare que le livre de Gaulmin, et j'ai été obligé de le faire venir de Hambourg. Je ne suis pas mal *fourni* de ces drogues-là. » Volt.

Je trouve ici, monsieur, beaucoup de circonstances :
Vous en avez sans doute un trésor infini ;
Votre hymen de Poitiers n'en fut pas mieux *fourni*. Corn.

Garni est relatif à la manière. Ce qui est *garni* d'une chose en a tout du long, tout à l'entour, et de façon qu'il en résulte un heureux effet, quelque chose de complet ou de beau. — Rue *garnie* de trottoirs, une robe *garnie* de dentelles, une boîte *garnie* de diamants (Acad.) ; une haie *garnie* d'arbrisseaux (J. J.). « Le Napel est une très-belle plante haute de trois pieds, *garnie* de jolies fleurs bleues. » Id. — Une boutique bien *fournie* de marchandises en a beaucoup, autant qu'il lui en faut tout au moins ; une boutique bien *garnie* de marchandises en présente qui sont exposées et rangées de tous les côtés d'une manière agréable pour l'œil. Une table est bien *fournie* de viande, un buffet bien *garni* de vaisselle.

Muni et *armé* sont relatifs à l'état. Ce qui est *muni* ou *armé* d'une chose est par elle mis en état, rendu capable ou fort.

Mais *muni*, du latin *munitus*, fortifié, a plus de rapport à la défensive, et il est plus général, il annonce plutôt un secours quelconque, un secours pour faire quoi que ce soit. « Marius arrive devant Zama, ville moins fortifiée par la nature que par l'art, mais bien *munie* de toutes les choses nécessaires pour soutenir un siége. » ROLL. « Le plénipotentiaire est *muni* de pouvoirs particuliers qu'il ne découvre qu'à l'extrémité. » LABR. « *Muni* de ces pensées, et comme revêtu du pouvoir tout-puissant de Dieu même, est-il rien de si pénible dont l'homme craigne de se charger et dont il désespère de venir à bout? » BOURD. « Le pied du cormoran *muni* de cette membrane d'une seule pièce semblerait indiquer qu'il est très-grand nageur. » BUFF. « L'abbé Chappe a observé le passage de Vénus sur le soleil à Tobolsk, mais il était *muni* de toute la science de l'Europe, des meilleurs instruments, de la santé la plus robuste. » VOLT. « *Muni* de tant de secours, je vais faire une édition nouvelle. » ID.

Armé suppose nécessairement l'offensive ou une défense active, qui consiste à rendre des coups, et non pas seulement à en recevoir impunément comme une muraille. Un bâton *armé* d'une pointe de fer, une plante *armée* d'épines (ACAD.). « Les mains s'allongent et se replient par les articles des doigts, *armés* d'ongles. » FÉN. « Le vanneau du Sénégal est *armé* au pli de l'aile d'un petit éperon corné.... L'ergot aux ailes dont la nature a pourvu ces oiseaux les rend apparemment plus guerriers, et l'on assure qu'ils se servent de cet éperon comme d'une arme offensive contre les autres oiseaux. » BUFF. « Un Samuel, *armé* de la seule dignité de son âge et de son ministère, vint reprocher à Saül son ingratitude. » MASS. « La faculté de penser ne lui présentait plus qu'une seule idée *armée* de pointes cruelles qui déchiraient son cœur. » STAËL. « Système pour et contre lequel on doit être *armé* d'une érudition effrayante. » ID.

Pourvu, de *providere*, voir d'avance, d'où *providentia*, prévoyance ou providence, implique une idée de précaution qui lui est exclusivement propre. « Le roi de Prusse partit pour la conquête de la Silésie, à la tête de trente mille combattants, bien *pourvus* de tout et bien disciplinés. » VOLT. Dans un passage de la *Sophonisbe* de Corneille, où il est question de poison, on lit

Que tous les rois d'Afrique en sont toujours *pourvus*
Pour dérober leur gloire aux malheurs imprévus.

Ce mot se dit particulièrement bien en parlant des avantages naturels, parce qu'ils sont considérés comme des dons de la sagesse divine qui veille sur tout et prend soin de tout en ce monde. « S. Bernard avait reçu de la nature ces avantages qui semblent destiner par avance ceux qui en sont *pourvus* au ministère de la parole. » MASS.

FOURREAU, GAINE; — ÉTUI, ENVELOPPE. Choses dans lesquelles d'autres sont mises pour être conservées comme nos corps dans nos vêtements. L'Académie définit *fourreau* par *gaine*, *étui*, *enveloppe*.

Le *fourreau* et la *gaine* sont toujours de forme allongée, semblables à des sacs, on y distingue un bout ou des bouts ; mais l'*étui* et l'*enveloppe* peuvent avoir, comme les boîtes, des formes de toutes sortes. Ensuite, la chose n'est que *fourrée* ou engagée dans le *fourreau* et dans la *gaine*, au lieu qu'elle est renfermée dans l'*étui* et dans l'*enveloppe*. Un couteau dans une *gaine* n'y est contenu qu'en partie ; il est contenu entièrement, le manche comme tout le reste, dans un *étui*. L'âme étant dans le corps, comme dans une maison qui la couvre et l'enferme de toutes parts, le corps peut être dit l'*étui* ou l'*enveloppe* de l'âme (VOLT.), mais non pas son *fourreau* ou sa *gaine*.

Fourreau, gaine. — Le *fourreau* est plus long que la *gaine* : le *fourreau* d'une épée, la *gaine* d'un poignard. « Il y a un proverbe qui dit : Le couteau use la *gaine*, l'épée le *fourreau*, l'esprit le corps. » MAINT. D'ailleurs, *fourreau*, dont l'origine est certainement vulgaire, le cède en noblesse à *gaine*, dérivé du latin *vagina*, dont le sens est le même. On dit bien un *fourreau* de parapluie, un *fourreau* de chaise, et on appelle *fourreau*, surtout dans les villages, une sorte de robe d'enfant. Mais *gaine* ne s'emploie que quand il est question d'armes ou d'instruments qui y ressemblent ; c'est aussi un terme usité dans les sciences et dans les arts, en anatomie, en botanique, en architecture ; c'est même le mot qu'on préfère en parlant d'une épée, s'il s'agit d'assigner à cette arme un *fourreau* distingué : « Un jour Diogène aperçut un beau jeune homme qui parlait de vilenies : N'as-tu pas de honte, dit-il, de tirer une épée de plomb d'une *gaine* d'ivoire? » FÉN.

Étui, enveloppe. — Les *étuis* sont généralement en matière dure et plus ou moins épaisse. Les *enveloppes*, au contraire, sont en voile (*in velo*), en toile, en papier, en quelque chose de mince. Un *étui* à épingles, un *étui* de luth (LABR.) ; l'*enveloppe* d'un paquet ou d'une lettre. Les scarabées ont les ailes revêtues d'*étuis* écailleux pour les préserver de l'humidité (BERN.); la nature fait durer, pendant tout l'hiver, plusieurs espèces de pommes et de poires qui n'ont d'autres *enveloppes* que des pellicules si minces, qu'on ne peut en déterminer les épaisseurs (BERN.). Une pellicule ne peut être qu'une *enveloppe* ; mais la peau ou une peau s'appellera bien un *étui*, si on la considère comme une espèce de revêtement solide et fort : « Avec quel art et quelle industrie Dieu vous a formé cette peau qui couvre si bien le dedans du corps et qui lui sert comme d'un rempart ou comme d'un *étui* pour le conserver! » BOSS.

FRÉTILLER, TRÉMOUSSER. S'agiter beaucoup et vivement.

Frétiller, quel qu'en soit l'étymologie, annonce par sa terminaison un diminutif comme *sautiller*, par exemple. Mais il n'y a rien dans *trémousser*, dérivé peut-être de *tremere*, trembler, qui donne l'idée de petitesse. On dira donc qu'un papillon *frétille* en battant des ailes, et que les ailes d'un ange *trémoussent*. « Je n'ai nulle nouvelle du papillon philosophe. Si sa papillonnerie est partie de Paris, elle doit être à Dijon ; et si elle est à Dijon, elle viendra *frétiller* dans quelques jours à Ferney. » Volt. « J'ai bien à parler d'autre chose à mes anges, et voici sur quoi je supplie leurs ailes de *trémousser* beaucoup. » Id.

Au lieu de *trémousser*, on dit plus ordinairement *se trémousser*. Avec le microscope on voit des animalcules *frétiller* dans certaines liqueurs, comme on voit des vers fourmiller dans le fromage (Volt.) ; il n'est pas rare de voir des chiens endormis *se trémousser* (Acad.) comme s'ils avaient des songes. Un petit oiseau *frétille* : « Cet oiseau ne cesse de se remuer, de *frétiller*, de hausser et baisser la queue ; et c'est de tous ces mouvements qu'il fait d'assez bonne grâce que lui est venu le nom de *friquet*. » Buff. Mais des hommes *se trémoussent* : dans le *Bourgeois gentilhomme*, le second acte s'ouvre par ces paroles de M. Jourdain, qui vient d'être spectateur d'un ballet : « Voilà qui n'est point sot, et ces gens-là *se trémoussent* bien. » Mol.

D'ailleurs, *se trémousser* est de ces deux verbes le seul qui se prenne dans une acception figurée et familière pour signifier travailler à quelque chose avec beaucoup d'empressement, se remuer beaucoup pour atteindre un but ou remplir une tâche. » Molière, excédé des mauvaises plaisanteries de Boileau et de Racine sur Lafontaine, dit un jour : « Nos beaux esprits ont beau *se trémousser*, ils n'effaceront pas le bonhomme. » Ducl.

Allons, enfants, à qui mieux mieux ;
Jeunes garçons, jeunes fillettes,
Parez cet autel glorieux ;
Trémoussez-vous, paresseux que vous êtes. Volt.

FROID, FLEGMATIQUE. Figurément ces deux mots signifient difficile à émouvoir, à animer.

Mais *froid* est relatif, et *flegmatique* absolu. On est *froid* à l'égard des autres, *flegmatique* en soi et pour soi. L'homme *froid* est peu accueillant, peu sensible aux maux d'autrui, ou même sévère. « Je l'aime mieux égale et *froide* qu'accueillante et capricieuse. » J. J. « Je suis si insensible aux maux de mon prochain ! je suis si *froid* à la plaindre, si lent à le secourir ! » Boss. « L'humeur du prince d'Orange était *froide* et sévère. » Volt. L'homme *flegmatique* est grave et calme. « On conçoit aisément que des peuples graves et *flegmatiques*, comme les Espagnols et les Portugais, peuvent avoir de la vanité ; aussi en ont-ils. » Montesq. « Les Suisses sont ordinairement graves et *flegmatiques*. » J. J. « Quoique *flegmatiques*, les Arabes le sont moins que leurs voisins les Égyptiens. M. le chevalier Bruce m'assure que les Égyptiens sont beaucoup plus sombres et plus mélancoliques que les Arabes. » Buff. « Je remerciai Dieu de ne m'avoir pas donné de ces tempéraments posés et *flegmatiques* qui songent à tout, et n'oublient pas le moindre article des commissions dont ils sont chargés. » Les. « Sous un air *flegmatique* et *froid*, le Génevois cache une âme ardente et sensible. » J. J.

Froid est encore relatif et *flegmatique* absolu sous un autre rapport. On est, on se montre *froid* dans l'occasion, parce qu'on le veut, par résolution ou par système. « Il croyait nous faire rire, mais tout le monde demeura *froid*. » Acad. « Dès que le comte voulait seulement approcher de ce sujet, l'air *froid* et sérieux de Pauline le forçait à s'arrêter. » Staël.

Camille avait déjà quelque soupçon
Que l'on l'aimait....
Il fit le *froid*.... Laf.

Mais on est *flegmatique* par tempérament et toujours ; c'est une qualité qu'on tient de la nature, et non une qualité qu'on prend ou qu'on se donne accidentellement. « Le caractère naturel est très-varié, comme nous le voyons par le tempérament de chaque homme : être vif ou *flegmatique*, adroit ou fort, gai ou sérieux, brusque ou patient, sont des différences nécessaires au plan de la nature. » Bern.

En outre, *froid* se dit bien de l'esprit, la *froide* raison, au lieu que *flegmatique* se rapporte toujours à l'humeur ou au caractère. « Avez-vous jamais ouï dire qu'un emporté soit devenu *flegmatique*, et qu'un esprit méthodique et *froid* ait acquis de l'imagination ? » J. J.

FUIR, S'ENFUIR. Se retirer ou s'éloigner avec vitesse.

Fuir est absolu.

Je *fuis* : ainsi le veut la fortune ennemie.
(*Mithridate*.) Rac.

S'enfuir est relatif, relatif au lieu qu'on quitte, d'où on s'en va ; *s'enfuir*, c'est fuir de dedans, du milieu de : *s'enfuir* de prison, de sa ou de la prison (Acad., Volt.), de sa chambre (J. J.), etc. On *fuit* devant l'ennemi ; on *s'enfuit* de la maison paternelle ou de chez soi. A la vue d'un mal quelconque, actuel ou possible, vous *fuyez* ; quand vous êtes dans un endroit plein de mal, au milieu du mal, vous *vous enfuyez*. Des voyageurs apprenant que la peste règne dans une ville *fuient*, au lieu d'entrer ; les habitants de cette ville *s'enfuient*. Le liquide renfermé dans un tonneau mal joint *s'enfuit*, et on dit aussi par métonymie que le tonneau lui-même *s'enfuit* : mais par rapport à l'un comme par rapport à l'autre *fuir* est impropre, parce que l'esprit conçoit nécessairement ici la sortie d'un contenu hors de son contenant.

D'autre part, *fuir* signifie le fait d'une manière abstraite, l'énonce simplement : tout *fuit* (Boss., Mass.) ; on ne lui reprochera jamais d'avoir *fui* (Acad.) ; un général trop inférieur par le nombre est obligé de *fuir* (Volt.). Mais *s'enfuir* exprime le fait d'une manière concrète, le dépeint, représente le sujet en action, faisant effort, prenant soin ou s'empressant de fuir. Ne songer qu'à *s'enfuir* (Fén.) ; trouver le moyen de *s'enfuir* (Volt.) ; saint Joseph reçut ordre de *s'enfuir* en Égypte (Bourd.). « Le prince d'Orange eût été bien embarrassé, si le roi ne *se fût* pas *enfui* ; il le sentit, et il lui facilita lui-même les moyens de s'évader. » Cond. Le temps *fuit* marque une action instantanée, faite tout d'un coup, et le temps *s'enfuit* une action successive, qui commence, se développe et s'achève : l'occasion *fuit*, les années *s'enfuient*.

FUITE, REFUITE ; — FAUX-FUYANT, SUBTERFUGE ; — REFUGE ; — ÉCHAPPATOIRE, ÉVASION. Mauvaise excuse, vaine raison dont on se sert pour se défendre.

La *fuite* et la *refuite* sont antérieures à la lutte et ont pour but de la faire différer. On appelle ainsi les retardements artificieux d'une personne qui recule, qui hésite à entrer en lice, en discussion ou en jugement. « C'est l'ordinaire de ceux qui ont tort et qui connaissent leur faible de chercher des *fuites*; mais évitez tant que vous voudrez le combat, si faut-il que vous m'avouiez que votre proposition est absurde. » LAF. « Mes parties veulent écrire, et retarder encore le jugement, afin qu'on puisse voir ce qu'ils préparent. Ils tâcheront même de le produire à la veille du jugement, pour m'ôter le temps d'y répondre ou pour se plaindre de mes *fuites*, si je demande un terme très-court pour y répondre. » FÉN. — Du reste, la *refuite*, en vertu de la valeur attachée à la particule initiale *re*, diffère de la *fuite* en ce qu'elle suppose un redoublement d'adresse. « Ce raisonnement devrait suffire ; mais la chicane, maîtresse des cavillations et féconde en *refuites*, veut être forcée dans ses retranchements. » S. S.

Le *faux-fuyant* et le *subterfuge* se rapportent à la lutte pendant qu'on la soutient : ce sont, pour s'en tirer à son avantage, des ressources qu'on emploie durant le combat même. Mais ils ont aussi chacun, l'un par rapport à l'autre, sa nuance distinctive. — Le *faux-fuyant*, au propre, est un endroit détourné, écarté, par où l'on peut se sauver adroitement, et, au figuré, c'est comme une sortie par une *fausse* porte, une mauvaise excuse pleine de subtilité. De subtils *faux-fuyants* (MOL. BOIL.); les subtilités et les *faux-fuyants* des hérétiques (BOURD., BOSS.). Voy. *Excuse, défaite, faux-fuyant*. — Le *subterfuge*, du latin *subter fugere*, fuir en dessous ou par-dessous, est plus odieux : il ne suppose pas seulement de la subtilité, mais de l'astuce, quelque chose de sourd et d'insidieux. « Vous m'accusez des plus affreuses impiétés et du déguisement le plus hypocrite. C'est là que vous assurez que mes correctifs ne sont pas des correctifs, mais des *subterfuges*. » FÉN. « Le prétexte manquait pour voiler le serment. Amurat avait observé toutes les conditions avec une exactitude qui ne laissait nul *subterfuge* aux infracteurs. » VOLT. « On fit comparaître ces interprètes trop habiles à trouver des *subterfuges* pour se dispenser du serment, ces députés frauduleux qui, ayant juré à Annibal qu'ils reviendraient dans son camp, croyaient s'être acquittés de leur parole en y entrant un instant sous un prétexte imaginaire. » ROLL.

Le *refuge*, à son tour, a cela de particulier qu'il est relatif à la fin de la lutte; car le mot *refuge* signifie un asile, c'est-à-dire, non pas, comme le *faux-fuyant* et le *subterfuge*, un lieu par où l'on s'enfuit, mais un lieu où on s'enfuit, où on se retire afin d'y être en sûreté. Le *refuge* est un dernier retranchement, un dernier recours. Aussi dit-on particulièrement bien un dernier *refuge*, « Le dernier *refuge* de M. de Cambrai et de ses amis contre la Relation est que... » BOSS. « Malheureux *refuge* d'une cause déplorée. » ID.

L'*échappatoire* et l'*évasion* sont postérieures à la lutte : elles supposent qu'on est pris, convaincu, au pouvoir de l'adversaire, et qu'on cherche à s'y soustraire. On se prépare, on se ménage une *échappatoire* (BOSS., S. S.) ou une *évasion* (BOSS., VOLT.), c'est-à-dire un moyen de sortir des mains de celui par qui on aura été pris, s'il arrive qu'on soit pris. Les deux mots d'ailleurs ne sont pas équivalents l'un à l'autre. *Échappatoire*, lieu par où on *échappe*, paraît avoir une origine vulgaire, au lieu que *évasion*, formé du verbe latin *evadere*, s'évader, est plus noble. Par conséquent *échappatoire* ne se dit guère que familièrement [1], et *évasion* est de tous les styles, même du plus relevé. A quoi il faut ajouter qu'*échappatoire* suppose moins de secret et moins de ruse; *s'évader*, c'est *s'échapper* furtivement, à la dérobée. — « On a mis l'auteur de ce livre à la Bastille, où il fait le fou, croyant que cette *échappatoire* le garantisse. » MALH. » M. Simon s'est contenté de se préparer une misérable *échappatoire* en faisant prétendre à saint Jérôme que... » BOSS. « Pymante lui baille quelque *échappatoire*. » CORN. « Il n'y a friponnerie si avérée (des officiers de justice) qui par la forme dont d'Aguesseau est esclave ne trouve des *échappatoires* qui méritent toute sa protection. » S. S. — « Ils craignent toujours (à Rome) que ma soumission n'ait quelque *évasion*, et que je ne les joue après qu'ils m'auront loué. » FÉN. « Qu'a répondu ce ministre (M. Claude) si fécond en *évasions*, si adroit à éluder les difficultés ? » BOSS. « La Samaritaine n'oppose à la bonté et à la sagesse des précautions de Jésus-Christ que des *évasions* et des artifices. » MASS. « Élisée répondit que le roi pourrait guérir, mais qu'il mourrait. S'il n'avait pas été un prophète du vrai Dieu, on aurait pu le soupçonner de se ménager une *évasion* à tout événement. » VOLT.

FURIBOND, FORCENÉ. Emporté par la passion.

Le *furibond* est agité par la *fureur*, par une grande colère; le *forcené*, italien *forsennato*, c'est-à-dire hors de sens, a l'esprit égaré, est en délire. Le *furibond* n'est plus maître de ses mouvements; le *forcené*, de sa raison.

Ce qui caractérise le *furibond*, c'est l'excès de la violence.

Ah! monsieur, évitez sa rage *furibonde*.
Sauvez-vous, sauvez-vous. REGN.

« Le *furibond* chevalier ne revenait point de sa frénésie : il se démenait dans la chambre comme un possédé. » LES. « Boisseuil était fort brutal, gros joueur et fort emporté, faisait des sorties et

[1]. Un autre mot familier signifiant une mauvaise excuse est *escobarderie*. Mais l'*escobarderie* ressemble plus au *faux-fuyant* et au *subterfuge* qu'à l'*évasion*. C'est un moyen pour éviter d'être pris et non pas un moyen pour se délivrer quand on sera ou en cas qu'on soit pris. On ne se prépare pas une *escobarderie* comme on se prépare une *échappatoire*; on use d'*escobarderie*, on se permet une *escobarderie*.

jurant.... Sa physionomie toujours *furibonde* en tout temps faisait peur, avec de gros yeux rouges qui lui sortaient de la tête. » S. S. « Le dieu que la pythonisse n'a pu chasser la possède et l'agite encore. Elle roule des yeux *furibonds*. » Marm.

Ce qu'il y a de plus remarquable dans le *forcené*, c'est l'aveuglement, l'aliénation. Il ressemble au *frénétique*, dont il diffère cependant en ce que son état n'est pas une maladie ou l'effet d'une maladie. « Cet homme, furieux de me voir fêter, perdit tout à fait la tête et se comporta comme un *forcené*. » J. J. « Dans l'ardeur *forcenée* qui les transporte (les Juifs qui demandent la mort de Jésus-Christ), ils sont incapables d'entendre aucune raison et de s'y rendre. » Bourd. « Ici le jugement de Voltaire est en lui-même suspect, comme tout jugement *ab irato*, parce que sa haine *forcenée* contre la religion l'a jeté dans des écarts qui ont fait rire jusqu'à ses amis. » Lah. « Sylla agissait alors en *forcené* qui ne se connaissait plus, et qui se laissait absolument dominer par la passion. » Roll. Bossuet dit des paysans qui composaient la Jacquerie : « Ils ne savaient la plupart ce qu'ils demandaient, et suivaient à l'aveugle une troupe d'environ cent hommes ; le roi de Navarre aida beaucoup à réprimer et à dissiper cette canaille *forcenée*. »

D'un autre côté, *furibond* fait plus image, frappe davantage les yeux : air, visage, regard *furibond* (Acad.). Mais on dit des cris *forcenés* (Laf., Volt., Buff.), une ambition *forcenée* (Fén., Marm.), être *forcené* des échecs (J. J.).

FUYARD, FUGITIF, FUYANT. L'idée commune à ces trois mots est celle de fuite, celle de l'action d'une personne qui s'éloigne d'un mal ou de ce qu'elle regarde comme tel.

Fuyant ne se dit jamais dans le sens substantif, comme *fugitif* et *fuyard*. Mais ceux-ci pouvant avoir le sens adjectif, ils sont en ce cas synonymes de *fuyant*. La différence est facile à établir.

Fuyard signifie qui fuit à chaque instant, *fugitif*, qui a fui, ou toujours prêt à fuir, tourmenté du besoin de fuir, et *fuyant*, qui fuit actuellement, dans une seule occasion particulière. « On entend tout à coup un bruit effroyable de chariots et de cris d'hommes, les uns vainqueurs, les autres ou *fuyants* ou mourants ou blessés. » Fén. « Le Pasteur trouve et atteint sa brebis *fuyante*. » Boss.

Quand aux bois
Le bruit des cors, celui des voix,
N'a donné nul relâche à la *fuyante* proie. Laf.

G

GAGE, NANTISSEMENT. L'Académie définit ces deux mots l'un par l'autre et l'un comme l'autre : ce qu'on donne à quelqu'un pour sûreté de ce qui lui est dû. Ils paraissent être étroitement synonymes. Dans le *Joueur* de Regnard, Valère ayant dit à Mme la Ressource qu'il avait cru qu'elle prêtait sur des *gages* sûrs, elle répond :

Sur des *gages*, monsieur ? C'est une médisance ;
Je sais que ce serait blesser ma conscience.
Pour des *nantissements* qui valent bien leur prix.
De la vieille vaisselle au poinçon de Paris,
Des diamants usés et qu'on ne saurait vendre,
Sans risquer mon honneur, je crois que j'en puis prendre.

Quelle est, au vrai, la différence, et résulte-t-elle de la distinction établie ici par la scrupuleuse Mme la Ressource ?

Gage se rapporte à celui qui *s'engage*, au débiteur, et *nantissement*, à celui qui est *nanti*, pourvu du *gage* et garanti, au créancier. On dit bien le *gage* d'un débiteur : « Étant un jour dans la nécessité d'emprunter de l'argent d'un usurier, je trouvai deux crucifix sur sa table ; je lui demandai si c'étaient des *gages* de ses débiteurs. » Volt. Mais quand on parle d'un créancier, eu égard à ce qu'il a entre les mains, on dit son *nantissement* : « Elle n'ignore pas qu'un homme qui prête ne se dessaisit pas pour rien de son *nantissement*. » Les. On retire un *gage* (Acad.), et non pas un *nantissement* ; on reçoit telle chose pour son *nantissement* (Acad.), et non pas pour son *gage*. Avec un bon *gage* on obtient beaucoup ou aisément ; avec un bon *nantissement* on ne court point de risque. Ce sont des *gages* qu'on porte aux monts-de-piété pour avoir de l'argent, mais ce sont des *nantissements* que les monts-de-piété mettent en vente. « Cette femme dit au maître de l'auberge qu'à l'égard des *gages* elle n'en avait point à lui laisser qu'un peu de linge.... ; mais il l'avait déjà forcée de sortir de sa chambre et de fermer une cassette qu'il voulait retenir pour *nantissement*. » Mariv.

D'ailleurs *gage*, souche d'une famille assez nombreuse, *engager*, *dégager*, etc., a une grande extension et appartient à la langue commune, au lieu que *nantissement*, comme *nantir*, son seul analogue, est un terme spécial, sans acception dérivée ou figurée, et qui se dit rarement, même au propre.

GALÉRIEN, FORÇAT. Criminel condamné à travailler pour le service de l'État dans un port de mer.

Dans la langue commune, toute relative au passé pour ce qui concerne ces deux mots, *galérien*, habitant des *galères*, appartenant à la classe de ceux qui rament sur les *galères*, se rapporte à l'état ; et *forçat*, *forcé*, qui a pour peine les travaux *forcés*, se rapporte à l'emploi.

S'agit-il du condamné eu égard à sa condition, à l'habit, aux mœurs, au caractère et au sort des gens de sa catégorie, *galérien* convient mieux que son synonyme. « Il a oublié de vous parler de l'histoire de votre Protée, tantôt *galérien* et tantôt capucin. » Sév. « L'intendant de M. de Luxembourg est condamné, on vous l'envoie à Marseille ; ce sera une chose bien nouvelle pour lui que l'habit dégingandé de *galérien*. » Sév. « J'envie votre bonheur, mes pères, et je me repens bien de n'avoir pas embrassé votre état plutôt que de m'être fait *galérien*; car c'est ainsi que j'appelle un pauvre diable de précepteur. » LES. « Je ne tardai guère à me faire aimer du chevalier, et même estimer, tout *galérien* que j'étais. » ID. « Oui vraiment, j'ai lu le *Galérien* (l'*Honnête criminel* de Fenouillot de Falbaire); il y a des vers très-heureux.... La bourse donnée par le *galérien* à la dame ressemble trop à *Nanine*. » VOLT. « On dit que les *galériens* peuvent voler impunément. » ID. « Dans la ridicule affaire du *galérien* Thévenin, digne instrument des gens qui l'ont employé. » J. J. — Mais *forçat* doit être préféré toutes les fois qu'on considère le condamné précisément par rapport au travail contraint auquel il est soumis. « Lorsqu'on punit les déserteurs, c'est par une peine qui les enchaîne au service de la patrie qu'ils ont abandonnée. Ils sont *forçats*. » VOLT. « Nous portons la croix, mais nous la portons comme des *forçats* qu'on tient enchaînés, et qu'on soumet au joug et au travail à force de coups. » BOURD. « C'est un travail de *forçat*. » J. J.

On dit souffrir comme un *galérien*, mener une vie de *galérien*, et travailler comme un *forçat*. Que si on trouve quelquefois travailler comme un *galérien* (ACAD., 1835), cela indique un travail pénible, qui fait penser au sort des condamnés aux galères, plutôt qu'un travail qui n'est pas libre, auquel on est forcé. Ainsi, dans le passage suivant de Rollin, *forçat* est le mot de rigueur : « L'étude dépend de la volonté, qui ne souffre point de contrainte. On peut bien contraindre le corps, faire demeurer un écolier à sa table malgré lui, doubler son travail par punition.... Est-ce étudier que de travailler ainsi comme un *forçat* ? »

Relativement à ce qui se pratique de nos jours en France, cette distinction n'a plus lieu. Comme les condamnés de l'espèce dont il s'agit ne subissent plus leurs peines sur des galères où on les emploie à ramer, ils s'appellent tous et dans tous les cas des *forçats*.

GALETAS, GRENIER. Mauvais logement au dernier étage et immédiatement sous le comble d'une maison.

Galetas paraît signifier quelque chose de plus chétif et de plus vil. Ce n'est pas sans vraisemblance que Ménage le dérive de *valestasium*, *v* latin se changeant volontiers en *g* dans notre langue comme on le voit dans *Gascon* de *Vasco*, dans *gâter* de *vastare*, etc.; en sorte que *galetas* serait pour *valetas*, demeure de valet ou de valetaille. *Grenier*, lieu où l'on met les grains afin de les préserver de l'humidité, n'indique en fait d'habitation rien dont on fasse si peu de cas, qui soit si digne de mépris.

Le *galetas* est un taudis, une chambre en désordre et malpropre occupée d'ordinaire par tout ce qu'il y a de plus misérable. « Qui sait si le tableau de l'indigence et de la mendicité n'aura pas quelque attrait ? Si le pathétique des *galetas*, des prisons et des hôpitaux, n'aura pas ses succès comme de viles bouffonneries ? » MARM. « Le monde a vu le rebut de toutes les classes de la société, et surtout de la dernière, s'échappant des *galetas*, des tavernes, des cachots, des bagnes et des gibets.... » LAH. Mais le *grenier* est le séjour de la pauvreté, rien de plus. « Ces pauvres gens étaient logés dans un *grenier*. » ACAD. « J'ai une impatience bien vive de venir habiter les murailles ébranlées de mon *grenier*, que je préfère de tout mon cœur au palais doré où je suis. » VOLT. « Que de choses vous apprendriez dans les *greniers* d'un cinquième étage, qu'on ensevelit dans un profond secret dans les hôtels du faubourg Saint-Germain! » J. J.

« Peut-être ne faut-il qu'ordonner aux convulsionnaires de représenter leurs farces dégoûtantes, non dans un *galetas*, mais à la foire pour de l'argent; et au gazetier janséniste, d'imprimer son libelle ennuyeux, non dans son *grenier*, mais chez un libraire autorisé. » D'AL. « On nous fourra tous dans une espèce d'hôtellerie, à la porte de laquelle furent postés douze soldats; on en mit quatre autres dans ma chambre, quatre dans un *grenier* où l'on avait conduit ma nièce, quatre dans un *galetas* ouvert à tous les vents où l'on fit coucher mon secrétaire sur de la paille. » VOLT.

GAZETTE, JOURNAL. Feuille publique, écrit périodique sur les choses du temps.

Les deux mots ont été très-distincts à l'origine. *Gazette*, de l'italien *gazetta*, petite monnaie valant deux liards, qu'on donnait à Venise pour lire le premier écrit de cette sorte qui ait paru dans l'Europe moderne, a désigné d'abord une publication toute politique, recueillant et donnant des nouvelles principalement sur ce qui se passe dans et entre les États. Une *gazette*, suivant la définition de Voltaire, est une relation des affaires publiques. La première qu'ait eue la France fut établie en 1631 par le médecin Renaudot, grand nouvelliste, qui par cette invention se proposa d'amuser ses malades. Mais le *journal* (relation jour par jour) a commencé par être exclusivement scientifique et littéraire : témoin le *Journal des savants*, le père de tous les ouvrages de ce genre et qui fut fondé en 1665 par un conseiller au parlement de Paris, Denys Sallo, afin de donner au public des extraits des livres nouveaux et de lui rendre compte de ce qui arrivait de plus mémorable dans la république des lettres. « Si le *Mercure* n'avait été qu'un simple *journal* littéraire....; mais il fallait que, selon les goûts des abonnés, il tînt lieu des *gazettes* aux nouvellistes.... » MARM.

La *gazette* est donc inférieure au *journal* par son objet : elle cherche à satisfaire une curiosité d'une nature moins relevée. Aussi quelques-uns ont-ils pensé que le mot *gazette*, *gazetta*, avait été formé de *gaza*, pie, caquet-bon-bec, les *gazettes* ramassant et répandant des bruits, des caquets, comme sont supposées le faire les pies, et comme le font les commères, qu'on appelle en effet des *gazettes*. Quoi qu'il en soit de cette étymologie, il est certain qu'à *gazette* ne s'attache pas dans l'estime publique une aussi bonne idée qu'à *journal*. « On emploie des expressions poétiques dans ce qui doit être écrit du style le plus simple. Des auteurs de *journaux* et même de quelques *gazettes* parlent des *forfaits* d'un coupeur de bourse. » VOLT. « Il fait l'éloge d'une ancienne *gazette*, intitulée le *Nouvelliste du Parnasse*, et il la compare modestement aux premiers *journaux* des savants, parce qu'elle est de lui. » Id. Laharpe rabaisse singulièrement le poëme de Silius Italicus en disant : « Comme tout cela ne produit que quelques discours inutiles, la présence de Junon n'empêche pas que l'ouvrage ne soit une *gazette* en vers; la diction passe pour être assez pure, mais elle est faible et habituellement médiocre. » Que si un ouvrage est traité de *journal*, c'est une qualification moins dédaigneuse : « Un excellent historien est peut-être encore plus rare qu'un grand poëte....: Xénophon n'a fait qu'un *journal* dans sa Retraite des dix mille; tout y est précis et exact, mais uniforme. » Fén.

Cela étant, et personne ne se souciant de donner et de laisser donner à son œuvre un nom peu avantageux, *gazette* a partout cédé la place à *journal*, et *journaliste* a été créé pour être substitué à *gazetier*, désormais terme d'injure. *Gazette* ne s'emploie plus en bonne part que comme nom propre servant de titre à certains journaux plus ou moins anciens : *Gazette de France, Gazette des Tribunaux, Gazette médicale*. De son côté, *journal*, pour devenir le terme unique et particulièrement le remplaçant de *gazette*, a dû perdre et a effectivement perdu sa signification primitive. Le *journal*, tel que nous l'entendons aujourd'hui, ne s'occupe plus de sciences et de littérature, objet spécial des *Revues*, ou, s'il en traite encore, ce n'est que par accident et dans un endroit séparé à la fin de la feuille, sous le titre de *Variétés*, ou au bas, dans ce qu'on appelle le feuilleton.

GÊNE, CONTRAINTE, VIOLENCE, NÉCESSITÉ. Ce que tous ces mots ont de commun, c'est qu'ils expriment une atteinte à la liberté.

Mais d'abord, pour ce qui concerne la *gêne* et la *contrainte*, elles n'attaquent pas la liberté de la même manière. La *gêne* agit d'une manière négative, en empêchant, c'est une entrave; la *contrainte* influe d'une manière positive, en forçant d'aller ou de faire, en donnant l'impulsion, c'est un ordre ou quelque chose à quoi il faut obéir. *Gêné*, on n'agit pas librement, c'est-à-dire à l'aise, sans obstacle, sans rien qui arrête; *contraint*, on n'agit pas librement, c'est-à-dire volontairement, de son plein gré, on ne se détermine pas de soi-même, on n'a pas l'initiative de son action. La *gêne* vous met dans la position d'un homme qui est en prison, les fers ou tout au moins embarrassé; la *contrainte* vous oblige à suivre les volontés d'un maître comme fait le cheval à l'égard du cavalier qui le mène. On fait quelque chose malgré la *gêne*, et par *contrainte*. La *gêne* est prohibitive et incommode : témoin celle de la rime et celle des bienséances; la *contrainte* est impérative et pressante, comme est celle de parents qui forcent leurs enfants à prendre un engagement ou un parti.

La *violence*, de son côté, consiste en une contrainte *violente*, qui emploie la force, la force ouverte, les armes. « Un prince, qui est toujours dans cet état dans lequel il force ou il est forcé, ne peut pas se plaindre d'un traité qu'on lui a fait faire par *violence*. » Montesq. « J'aime à voir dans Racine le bouillant Achille aller presque jusqu'à la *violence* pour sauver Iphigénie malgré elle. » Lah.

La *nécessité* enfin est une contrainte secrète. « On a imaginé de distinguer entre *nécessité* et *contrainte*, mais au fond la *contrainte* est-elle autre chose qu'une *nécessité* dont on s'aperçoit ? Et la *nécessité* n'est-elle pas une *contrainte* dont on ne s'aperçoit point ? » Volt.

GÉNÉROSITÉ, LIBÉRALITÉ. Penchant ou disposition à bien faire, à traiter les autres favorablement, à user de nos avantages à leur profit.

C'est ce que *générosité* exprime de la manière la plus générale. Mais la *libéralité*, comme le remarque judicieusement Vauvenargues, est une branche de la *générosité*, savoir l'espèce de générosité qui consiste à donner avec plaisir, à n'être point avare.

Êtes-vous *libéral?* — Je ne suis point avare. Corn. Après la défaite de Maxence, Constantin se montra *libéral*, mais non pas *généreux* : il fit une loi qui ordonnait de prendre sur le trésor public ou sur son domaine de quoi nourrir les enfants lorsque les pères seraient trop pauvres pour les entretenir; mais il fit livrer aux bêtes un grand nombre de prisonniers qu'il avait faits sur les Francs (Cond.). « Auguste était tout *généreux*, et sa *générosité* n'a jamais paru avec tant d'éclat que dans les effets de sa clémence et de sa *libéralité*. » Corn. On le voit par les deux derniers exemples, la *générosité* ne se borne pas comme la *libéralité* à faire des dons et des largesses; elle a quelquefois pour effet de nous porter à la clémence, au pardon des injures, au sacrifice de nos affections les plus fortes et de nos intérêts les plus chers, quels qu'ils soient, même au sacrifice de notre vie. « Il n'était parlé que de Postumius (qui avait opiné qu'on devait le livrer aux Samnites et rompre le traité qu'il avait conclu avec eux) : tout le monde le comblait de louanges, et l'on comparait sa *générosité* à celle de Décius qui s'était dévoué pour la patrie. » Roll.

Mais comment diffère la *générosité* de la *libéralité*, quand le premier de ces mots se prend dans le sens particulier au second, quand ils désignent l'un et l'autre une inclination bienfaisante ? Là est la vraie difficulté.

La *générosité* est plus méritoire : elle suppose de la grandeur d'âme, de l'empire sur nous-mêmes, une victoire remportée sur nos instincts de personnalité; elle implique l'idée de sacrifice et nous détermine à donner, quoi qu'il nous en coûte, soit à raison de la modicité de nos moyens, soit à cause de nos sentiments pour la personne à qui nous donnons. « On dit que Molière donna cent louis à Racine pour l'encourager à entreprendre une tragédie. Cette *générosité* de la part d'un comédien qui n'était pas riche me touche. » Vauv. « Cette *générosité* passa de la ville dans le camp. Aucun cavalier, aucun centurion ne voulut recevoir de paye. » Roll. « Qui pourra se sauver? Ce fidèle *généreux* qui comble de bienfaits l'ennemi qui a voulu le perdre. » Mass. « Vous êtes bien *généreuse* de recevoir si bien un ambassadeur qui va vous faire tant de mal. » Sév.

La *générosité* est une vertu, puisqu'elle ne s'exerce pas sans efforts sur nous-mêmes; le latin *generosus* (de *genus*, race) s'est dit primitivement des animaux de bonne race, chevaux, chiens, lions, etc., qui ont la force de surmonter l'instinct de conservation en s'exposant au péril. Il n'en est pas de même de la *libéralité* : le *libéral* donne abondamment et sans y être obligé (*libere*); mais il n'a pas à lutter contre lui-même et à se vaincre; c'est un bienfaiteur opulent et bienveillant, dont les ressources sont très-grandes et qui en dispose en faveur de personnes à l'égard desquelles il n'est retenu par aucun motif de haine, qui sont à plaindre peut-être, mais dont il n'a pas à se plaindre. « Un homme livré à l'ambition se refond, se métamorphose, il force son naturel.... D'une humeur serrée et épargnante, il devient *libéral*, prodigue même, tout est inondé de ses dons. » Mass. « Jésus-Christ sera un roi *libéral* qui comblera notre âme de faveurs. » Id. « Dans l'inégalité de ce qu'on donne par une pure *libéralité* il n'y a point d'injustice. » Boss. « Clitandre fait de la dépense, parce qu'il est amoureux; l'amour rend *libéral*. » Regn. « La *libéralité* paraissait à Cyrus une vertu véritablement royale, mais il le faisait encore plus de cas de la bonté.... D'aimer plus que les autres à donner, quand on est infiniment plus riche qu'eux, est une chose moins surprenante que de descendre du trône pour s'égaler à ses sujets. » Roll. « La bonne Péquigny est la seule personne que j'aie vue qui exerce sans contrainte la vertu de *libéralité* : elle donne, elle jette, elle habille, elle nourrit les pauvres.... Il est vrai qu'elle a vingt-cinq mille écus de rente, et qu'à Paris elle n'en dépense pas dix mille. » Sév. — Bien loin de demander qu'on se prive ou qu'on se contraigne, condition essentielle de la vertu proprement dite, il se peut que la *libéralité* soit un défaut, celui d'un homme prodigue, d'un homme qui s'abandonne à son goût pour les profusions. « La *libéralité* de Charles XII, dégénérant en profusion, a ruiné la Suède. » Volt. « Antoine aimait à donner; la *libéralité* était même un vice en lui, parce qu'il la portait jusqu'à la prodigalité. » Cond. « La *libéralité* de l'indigent est nommée prodigalité. » Vauv.

« Imitons la reconnaissance et la *générosité* des enfants du siècle. Quand le prince les a honorés de ses bienfaits et élevés à des postes brillants, ils sacrifient leur vie pour lui en marquer leur reconnaissance : ils ne comptent pour rien les fatigues et les périls : ils employaient *généreusement* pour la gloire du prince les biens qu'ils tiennent de sa *libéralité*. » Mass. « Avez-vous (pour Dieu) cet amour *généreux* à qui rien ne coûte, dès qu'il y va de sa gloire; cet amour *libéral* qui ne ménage rien, dès qu'il est question de ses intérêts? » Bourd.

« La *générosité* a quelque chose de plus que la *libéralité*, et est bien au-dessus; on aime naturellement à donner, mais il ne se trouve guère de personnes vraiment *généreuses*; celles qui le sont ont l'âme grande; c'est une des plus belles qualités qu'on puisse avoir; elle rend incapable d'intérêt et fait réussir en ce qu'on entreprend, parce qu'elle donne le courage de surmonter les obstacles. » Maint.

GERME, SEMENCE. Au figuré et au moral ces mots signifient tous deux un principe d'où naît quelque chose.

Mais le *germe* se considère comme étant dans la personne ou dans la chose et la *semence comme* y ayant été jetée ou apportée. On aperçoit dans un enfant des *germes* de vertus (Cond.); le but de l'éducation est de jeter des *semences* de vertus dans les cœurs de la jeunesse (J. J.). Des doutes que vous concevez sur un sujet deviennent pour vous le *germe* de certaines réflexions (Volt.); le socialisme est une doctrine dont Fauste Socin surtout répandit les *semences* en Europe (Id.). Le czar Pierre avait en lui les *germes* du génie et de la grandeur (Thom.); c'est le même prince qui a porté en Russie les *semences* de tous les arts (Id.).

Germe annonce un principe plus éloigné, et *semence* un principe plus prochain. En effet la *semence* est un *germe* non pas seulement fécondé, mais encore semé, c'est-à-dire déposé dans un terrain propre pour le développer et le faire pousser. « La paix d'Aix-la-Chapelle semblait avoir pacifié l'Europe; mais le *germe* de toutes les guerres, l'ambition et l'intérêt, subsistait encore.... L'Angleterre cherchait, dans l'exécution même du traité de paix, de nouvelles *semences* de guerre. » Thom. « Ce n'était pas assez pour Henri IV d'avoir arraché toute *semence* de guerre civile; il avait encore besoin de n'être pas troublé par des dissensions domestiques. Car les petites tracasseries, d'abord concentrées dans le palais, sont le *germe* des factions qui tôt ou tard déchirent un royaume. » Cond. — Si on veut exprimer une origine d'une manière de plus en plus vague et indéterminée, on se servira de *germe* après avoir employé *semence* sur lequel il enchérira : « Voilà le culte que je cherche : il n'était chez les Juifs qu'en figure, on n'y en trouvait que la *semence*, qu'un *germe*, qu'une ombre. » Fén. Ce sera, au contraire, *semence* qu'on mettra après *germe* quand il s'agira de représenter une cause qui approche de plus en plus de son effet : « César regardait alors tout trouble et toute faction dans l'État comme un *germe* et une *semence* de ce qu'il prétendait faire lui-même. » Roll.

Outre cela, comme, au propre, *germe* se dit particulièrement des animaux, et *semence* des plantes, et que les plantes sont placées au-dessous des animaux dans l'échelle des êtres, *germe* se prend plus volontiers en bonne et *semence* en mauvaise part. « On se demande comment Dieu, qui est la bonté même, a laissé dans le cœur de l'homme tant de *semences* de malice, et comment il a permis que le principe, que la *germe* de la bonté y fût si corruptible? » Marm. « Semer, voir éclore, cultiver soi-même dans l'esprit et dans l'âme de ses enfants les premiers *germes* des vertus, et en extirper les *semences* du vice. » Id.

GLACÉ, GLACIAL. Très-froid, au figuré.

Glacé dit plus que *glacial*, car il signifie gelé ou réduit en glace, au lieu que *glacial* marque seulement un rapport de ressemblance ou de convenance à la glace.

Ensuite *glacé* sert à qualifier quelque chose d'accidentel ou qui arrive dans un certain cas, et *glacial* est pour l'habituel, pour ce qui arrive toujours : un homme a l'abord *glacial*, et dans l'occasion il fait ou on fait à quelqu'un un accueil *glacé* (Les.); un acteur a constamment le jeu *glacial*, et dans une circonstance particulière on lui trouve le jeu *glacé*.

En outre, *glacé* regarde plutôt le fond des choses, et *glacial* la forme : réponse *glacée* (Acad.), silence *glacé* Les.), trouver à quelqu'un quelque chose de froid et de *glacé* (Delaf.); air ou style *glacial* (Acad.), une pièce de théâtre *glaciale* (Lah.).

GLANER, GRAPPILLER. Pris au figuré, ces deux mots veulent dire l'un et l'autre recueillir encore ou trouver encore à recueillir quelque chose de bon.

Mais *glaner* n'exprime rien que de louable. « Le vieux Caderousse s'était ruiné à ne rien faire, son fils et sa fille avaient achevé à jouer. Il y avait encore à *glaner* en mettant quelque ordre à leurs biens. » S.S. — De plus, la principale application de ce mot est toute littéraire : *glaner*, c'est pour l'ordinaire savoir tirer encore quelque chose d'une matière qui semblait épuisée. « Il n'y a pas de quoi *glaner* après ma fille; elle a en vérité tout dit, et mieux que je n'eusse pu faire. » Sév. « Après les quatre pièces (lyriques) qui viennent de nous occuper, on n'en trouve plus dans les écrivains morts une seule qui mérite une place; et l'on ne peut plus en parcourant les recueils *glaner* que quelques strophes éparses. » Lah. « Depuis le temps qu'on écrit, presque toutes les idées premières ont été saisies; or, que la moisson ait été faite par des hommes de génie et de goût, l'on s'en console en *glanant* après eux et en jouissant de leurs richesses. » Marm. « On ne pouvait plus (au temps de Virgile) que *glaner* dans la Grèce, il y avait à moissonner en Italie. » Del.

Les temps sont durs, même pour un génie....
On peut encore *glaner* dans la satire;
Mais pour la scène il n'est plus temps d'écrire.
On a tout dit.... Chén.

Grappiller est d'une tout autre sorte. Il n'a rien de littéraire, et il se prend en mauvaise part pour signifier, faire de petits profits illicites ou blâmables. « C'est ce qui prit fin par la parade que Voysin fit au feu roi de retrancher ce qu'il traita d'abus au profit de ses finances. C'était à cette sage et savante pratique de Louvois qu'il fallait revenir, au lieu de tirer et de *grappiller* incessamment sur les troupes dans le faux objet de soulager les finances à leurs dépens. » S.S. » Avec cela (ses gages et une gratification) et ce que je pouvais avoir *grappillé* dans les petites commissions dont on avait chargé mon intégrité, je fus en état de me mettre proprement. » Les. « Notre politique ne songe qu'à escamoter et *grappiller* ce qu'elle trouve sous sa main. Plus ces expressions sont basses, plus elles sont propres à rendre ma pensée et le sentiment dont je suis affecté. » Cond.

PASQUIN.
Ne devrait-elle pas empêcher que Cléon
N'achève de ses biens la dissipation?
Mais, bien loin de sauver son amant du pillage,
C'est elle qui s'y porte avec plus de courage....
Hé ! tu suis son allure avec assez d'adresse.
De même que Julie, ardente à nous piller....

FINETTE.
Oh ! pour moi, je n'ai fait encor que *grappiller*. Dest.

GOUVERNAIL, TIMON. Pièce de bois attachée à l'arrière d'un navire et qui sert à le diriger ; au figuré, ces deux mots s'emploient en parlant de la conduite de certaines choses, de la conduite d'un Etat, par exemple.

Au propre, point de difficulté : *timon* est très-rare dans cette acception, outre qu'il signifie d'ordinaire une partie seulement du *gouvernail*, celle que les marins appellent la *barre*.

Mais, au figuré, c'est *gouvernail* qui, à son tour, paraît le moins usité. On ne l'y emploie guère d'une manière absolue et sans rappeler l'acception propre du mot. « Si on préfère le doux loisir de la ville aux dangers et aux fatigues du camp, qu'on ne s'avise pas de vouloir tenir le *gouvernail* en demeurant tranquille dans le port. » Roll. « Lorsqu'avec un peu de courage on travaille à détruire ces répugnances, qu'on rame contre le fil de l'eau, on trouve la chose aisée, parce que Jésus nous aide dans notre travail jusqu'à ce qu'il prenne lui-même le *gouvernail*. » Fén.

Timon, tout métaphorique, et plus indépendant du sens propre, convient particulièrement dans l'acception figurée. Aussi est-il généralement préféré en poésie. « Quelquefois l'imagination enlève le *timon* au jugement; alors l'homme devient fou. » Bern. Dans sa VIIIe épître, Boileau parle

De ces rois nés valets de leurs propres ministres
Et qui jamais en main ne prenant le *timon*,
Aux exploits de leur temps ne prêtaient que leur nom.

Agrippine dit de Néron dans *Britannicus* :

Ai-je mis dans sa main le *timon* de l'État
Pour le conduire au gré du peuple ou du sénat? Rac.
Est-il doux de régner?
Est-il doux de tenir le *timon* d'un empire
Pour en voir les soutiens toujours se contredire ?
Corn.

GRAIN, BRIN. Figurément ces mots signifient, tous deux un peu, une petite quantité : Un *grain*, un *brin* d'amour ou de raison.

Mais un *grain* se considère par rapport à autre chose avec quoi il forme un tas ou un mélange, et c'est pour cela qu'on dit bien augmenter ou diminuer d'un *grain*. « Je ne ferais pas un stade pour aller la voir, si son amitié est diminuée d'un *grain*. » Volt. « Jamais une oraison funèbre n'a ajouté un *grain* à la réputation de personne. » Thom. « C'est une chose admirable que tous les grands hommes ont toujours du caprice, quelque petit *grain* de folie mêlé à leur science. » Mol. « Mme de Montulé avait dans l'esprit et dans le caractère ce *grain* d'honnête coquetterie qui, mêlé avec la décence, donne aux agréments d'une femme plus de vivacité. » Marm. — Au contraire, un *brin* de quelque chose se considère, non pas collectivement, mais absolument, en soi. « Au fond du cœur, j'ai un petit *brin* d'espérance. » Sév. « S'il vous reste un *brin* d'amitié pour moi. » Marm. « Aucun Capouan n'avait porté le moindre *brin* d'amitié et d'affection à la république romaine. » Brant. « Ils ont la prétention de l'esprit sans en avoir un *brin*. » Du Deff. —Telle femme est heureusement douée; avec un *grain* d'imagination ou de caprice, ce serait une personne accomplie. Dans le *Mariage de Figaro*, le comte dit à la comtesse qu'il prend pour Suzanne : « Toi que l'amour a faite et si vive et si jolie, avec un *grain* de caprice, tu seras la plus agaçante maîtresse. » Telle femme est extrêmement bornée; elle n'a pas un *brin* d'imagination : « Esprit bouché! est-il possible que depuis le temps que nous sommes ensemble il ne te soit pas venu le moindre *brin* d'imagination? » Ham.

D'ailleurs, un *grain*, au propre, étant quelque chose de précieux, au lieu qu'un *brin* est quelque chose de chétif ou de vil, un fétu, il s'ensuit que *grain* est moins essentiellement familier que son synonyme. Un *grain* d'amour appartient au style commun et se trouve dans une satire de Voltaire; un *brin* d'amour ou de flamme ne convient guère qu'en badinant comme dans cette chanson de la *Pastorale comique* de Molière :

Iris charme mon âme,
Et qui pour elle aura
Le moindre brin de flamme
Il s'en repentira.

GRAISSER, OINDRE. Frotter d'huile, de pommade ou de quelque autre matière semblable.

Graisser est un mot tout français, formé de celui de *graisse*. *Oindre* est pris directement du verbe latin *ungere*, comme *joindre* de *jungere*.

De là dans l'application une différence considérable.

Graisser est l'expression vulgaire, et ne se dit qu'en parlant de ce qui se fait de nos jours. Dans les *Précieuses ridicules*, Gorgibus dit à ses filles : « Ces pendardes-là, avec leur pommade, ont, je pense, envie de me ruiner. » Puis s'adressant à elles-mêmes : « Il est bien nécessaire, vraiment, de faire tant de dépense pour vous *graisser* le museau! » Mol. « Le vicaire du Temple étant venu administrer l'extrême-onction à ce vaurien : Ah! monsieur l'abbé, lui dit-il, vous venez me *graisser* les bottes. » Marm. « On fait *graisser* l'essieu de son carrosse en voyage. » Volt. « On ne peut guère se dispenser d'étriller les bœufs tous les jours, de les laver, de leur *graisser* la corne des pieds, etc. » Buff. « Un jardinier prend une vieille corde; il la *graisse* avec une figue et l'enterre dans un sillon ; et je vois quelque temps après que sous ces petits grains ont percé la terre. » Mal. « Si Andrée n'entre pas dans mes vues avec piété, il est impossible qu'elle y fasse bien, car il n'est pas délicieux de passer sa vie à tuer des poux, à *graisser* de la gale, à faire laver des pieds... » Maint.

Mais *oindre* est exclusivement réservé pour rappeler des usages anciens. « Anciennement on avait coutume d'*oindre* les corps de ceux qui devaient combattre dans les spectacles publics. » Fén. « Marie se mit aux pieds de Jésus, qu'elle *oignit* d'un parfum exquis. Il est arrivé trois fois au Sauveur d'être *oint* par de pieuses femmes. » Boss. Quand on embaumait un corps chez les Egyptiens, « on l'*oignait* pendant plus de trente jours avec de la gomme de cèdre, de la myrrhe, du cinnamome et d'autres parfums. » Buff. « Dans le cinquième siècle de notre ère, les Bourguignons *oignaient* leurs cheveux avec du beurre fort. » Volt. « Il est dit dans l'*Exode* : Prenez d'excellente myrrhe, du cinnamome, de l'huile d'olive pour *oindre* le tabernacle ; et on fera mourir quiconque s'*oindra* d'une pareille composition ou en *oindra* un étranger. » Id. « Les anciens se faisaient *oindre* au sortir du bain. » Acad.

Si toutefois *oindre* s'emploie aussi par exception pour exprimer quelque pratique moderne, c'est quand il est question de choses relevées et d'ordinaire en termes de médecine ou de liturgie. « *Oindre* une tumeur avec de l'onguent pour l'amollir. » Acad. « On *oint* les évêques à leur sacre. » Id. « *Oindre* un malade avec les saintes huiles. » Id. « Voici le temps de la lutte (de la mort) : Eglise sainte, *oignez* vos athlètes, afin que le démon soit vaincu. » Boss.

GRAS; — PLEIN, REPLET; — POTELÉ, REBONDI; — DODU. Qui a de l'embonpoint.

Gras est le terme général; il ne spécifie rien et se trouve parfois suivi de quelqu'un de ses synonymes qui sert alors à le déterminer : *gras* et *replet* (Boss., Buff., Did.); *gras* et *potelé* (Sév., Buff.); *gras* et *rebondi* (Laf.); *gras* et *dodu* (Volt.). Il se rapporte à tout le corps de l'animal et se prend en bonne plutôt qu'en mauvaise part, étant opposé à *maigre* qui signifie un défaut. « Je suis ravie que vous vous portiez bien, et que vous soyez *grasse*, c'est-à-dire belle. » Sév.

Ce loup rencontre un dogue aussi puissant que beau,
Gras, poli.... Laf.

Plein et *replet* représentent l'embonpoint sous le rapport de la quantité : ils se disent d'un homme qui est gros, bien fourni de graisse et de chair. Quant à la différence de l'un à l'autre, elle est aussi simple qu'incontestable. *Plein*, qui est rempli, et non pas vide, et non pas décharné ou sec, n'annonce rien que de modéré. « M. le duc d'Orléans était d'une taille médiocre au plus, fort *plein*, sans être gros. » S. S. « Daguesseau, de taille médiocre, fut gros, avec un visage fort *plein* et agréable. » Id. Mais *replet*, du latin *repletus*, rempli et rempli encore, rassasié, gorgé, las, est tout au moins très-propre à marquer un excès. « Guillaume (duc de Normandie) était gros et *replet*; Philippe (I*er*) demandait un jour, en se moquant, quand il accoucherait. » Boss. « Ptolémée Évergète II eut dans la suite le sobriquet de *Physcon*, qui veut dire *gros ventre*, parce que ses excès de table l'avaient rendu extrêmement gros et *replet*. » Roll. « Peut-être la constitution lâche, molle et *replète*, étant bien d'un Silène, d'une bacchante et d'autres êtres crapuleux, conviendrait-elle tout à fait dans une bacchanale. » Did.

Potelé et *rebondi* représentent l'embonpoint sous le rapport de la forme : ils se disent d'un corps ou d'une partie d'un corps qui est remarquable, non plus par l'abondance de la matière, mais par sa rondeur. Et ce qui les distingue l'un de l'autre, c'est que *potelé* donne l'idée d'une rondeur complète, et *rebondi* celle d'une rondeur partielle, d'une demi-rondeur. Ce qu'on qualifie de *potelé* est comme un cylindre ou un rouleau, comme ce qui est fait au tour ou ce qui sort des mains du *potier*. « Ce taureau était blanc, fait au tour, *potelé*. » Volt. « Chère petite main rondelette et *potelée*. » Mariv. Aussi ce mot s'emploie-t-il de préférence en parlant des parties du corps qui ont une circonférence et qu'on considère sous ce point de vue : « Un bras rond et *potelé*, des bras *potelés*. » Acad. Mais *rebondi* s'applique ou est relatif aux parties du corps qui sont susceptibles de saillir, de former une éminence seulement, quand elles sont soulevées par la graisse : des joues *rebondies* (Acad., Volt.); une croupe *rebondie* (Acad.); une face (Volt.), une mine (Chén.) *rebondie*. « Il y a bien des visages allongés. Que le vôtre devienne plus *rebondi*! Nul bonheur n'est pareil au vôtre. » Du Deff.

Dodu, quelle qu'en soit l'étymologie, se distingue par un accessoire bien caractéristique. Il a rapport à l'usage qui peut être fait de la personne ou de la chose ; il la fait concevoir comme fraîche et appétissante. « Passe encore que les pères mangent les enfants qui sont *dodus* et tendres. » Volt.

Ces pigeons sont *dodus*, mangez sur ma parole. Boil.
Cette anguille est *dodue*, et vaut bien un poulet ;
  Au lieu d'en faire un bracelet,
  Va m'en faire une matelote. Regn.
  Un lion fit le goutteux
  Et publia qu'il était permis
  A biches fraîches et *dodues*
  De se rendre à sa cour. Ham.

« Figurez-vous la plus jolie petite mignonne, douce, tendre, accorte et fraîche, agaçant l'appétit, pied furtif, taille droite, élancée, bras *dodus*.... » Beaum.

  Sculptez-vous quelque beauté nue
  De qui la chair blanche et *dodue*
  Séduise l'œil du spectateur,
  Et qui dans son âme insinue
  Ces doux désirs et cette ardeur
  Dont Pygmalion le sculpteur
  Brûla, si la fable en est crue ? Volt.

GRATIS, GRATUITEMENT. De pure grâce, sans payement de retour.

C'est ce que *gratis* signifie en soi, absolument, et ce que *gratuitement* exprime en rapport avec un sujet d'action.

D'où il suit que *gratis* convient mieux pour le passif, en parlant d'une chose reçue. « Il reçut tous ses diplômes de grand d'Espagne *gratis*. » S. S. « Il y a des gens de lettres qui ne sont pas assez riches pour acheter cet ouvrage, et qui le recevront de vous bien volontiers *gratis*. » Volt. « Les choses ne sont ni meilleures ni pires, soit qu'on les paye, soit qu'on les ait *gratis*. » Id. « Il venait chez moi des gens pour m'exciter par des supplications à leur faire obtenir *gratis* ce qu'ils souhaitaient. » Les. « Laissons ces seigneurs savourer des plaisirs qu'ils achètent si cher, pendant que leurs valets se consolent dans la douce espérance de les avoir *gratis*. » Id. « Le passage et la nourriture me furent accordés *gratis*. » Prév. « Vous a-t-on donné ordre d'être servi *gratis*? » Mariv. « Quoique sa place doive être *gratis* par le droit du roi, je compte de donner mille livres pour le lendemain de sa profession. » Maint. — *Gratuitement*, au contraire, s'emploie plutôt pour l'actif, quand il est question de quelqu'un qui agit, et pour indiquer la manière dont il s'agit. « Ne chercher son salut que par conformité au bon plaisir divin qui nous le promet *gratuitement*. » Fén. « Comme Polygnote se piquait d'honneur et était plus sensible à la gloire qu'à l'intérêt, il avait fait ce tableau *gratuitement* et sans vouloir en tirer aucune récompense. » Roll. « Je n'ai jamais pensé à vous offrir *gratuitement* l'emploi de mon temps. » J. J. « Il n'y a que l'Europe seule où l'on vende l'hospitalité. Dans toute l'Asie on vous loge *gratuitement*. » Id. « Elle mettrait dans le plus grand danger celui qui lui rendrait *gratuitement* service. » Volt. « Profitant de l'amitié qu'un vieux parent avait pour moi, j'acceptai un logement qu'il m'offrit *gratuitement* avec sa table. » Les. « Une de ces deux personnes est attaquée d'une épilepsie accidentelle, et M. Malouet, médecin charitable, a entrepris la cure *gratuitement*. » Bach. « Nous devons sortir de cette vie comme d'un banquet, en remerciant et bénissant la divinité qui nous y invite *gratuitement*. » Bern.

Lors même qu'on se sert de *gratis* avec donner ou tout autre verbe équivalent, on ne doit pas le considérer comme ayant le même sens que son synonyme, c'est-à-dire comme se rapportant au sujet, comme le qualifiant, comme en faisant connaître les sentiments ou les dispositions. Qui donne *gratis* ne fait rien payer ; qui donne *gratuitement* se montre désintéressé et généreux (*gratuitus*). Des juges rendent la justice *gratis*, des comédiens jouent *gratis* certains jours de fête, il n'y a à cela de leur part aucun mérite, ils y sont obligés ; mais c'est *gratuitement* qu'un avocat, non nommé d'office, en use envers ses clients dont il n'exige pour ses services aucun honoraire. Un médecin traite les pauvres *gratis* quand il leur donne ses soins sans qu'il leur en coûte rien, parce qu'il en a été chargé moyennant rétribution par l'autorité ou par un bureau de bienfaisance. Mais il les traite *gratuitement* quand il travaille à leur guérison de son propre mouvement, par un pur sentiment d'humanité, et sans indemnité d'aucune sorte.

GREFFER, ENTER. C'est couper une petite branche ou lever un œil à la branche d'un arbre en sève, et l'insérer dans une fente d'un autre arbre, afin que la branche ou l'œil reprenne et que l'arbre sur lequel se fait l'insertion porte le fruit de l'arbre d'où on a tiré la branche ou l'œil à insérer.

Greffer rappelle *greffe* qui signifie une opération : l'opération de la *greffe* (Acad.), multiplier par la *greffe* les arbres les plus précieux (Buff.). Mais *enter*, c'est faire des *entes*, c'est-à-dire des arbres qui ont subi l'opération de la *greffe* : il y a beaucoup de jeunes *entes* dans ce jardin (Acad.). On emploie la *greffe* pour avoir des *entes*. D'où il suit que *greffer* a plus de rapport à l'action, et qu'*enter* en a davantage au résultat. Qui *greffe* bien est bon *greffeur*, habile artiste dans le genre dont il s'agit ; qui *ente* bien se distingue par les produits, par les *entes* qu'il obtient.

D'ailleurs *greffer* désignant spécialement l'action ne se dit guère qu'au propre. *Enter*, au contraire, tout relatif au résultat, n'éprouve aucune peine à prendre la signification figurée et même ne prend guère que celle-là, et c'est surtout en le mettant au participe qu'on s'en sert.

« L'art de *greffer* procure à la plupart de nos fruits les qualités que la nature leur avait refusées. » BARTH. « Scipion l'Africain bêchait lui-même la terre, plantait et *greffait* ses arbres. » ROLL. « Il fait ses délices des jardins: personne mieux que lui ne *greffe* et ne taille les arbres. » MARM. « C'est un arbre qui n'a porté jusqu'ici que des fruits de mort; cependant nous ne voulons pas qu'on le coupe, mais qu'on le *greffe*. » VOLT. — « C'est une famille *entée* sur telle autre...; un financier *enté* sur un praticien...; il a beaucoup de vices *entés* sur de bonnes qualités. » ACAD. «Nous pouvons bien imaginer distinctement une tête de lion *entée* sur le corps d'une chèvre. » DESC. « L'anhinga nous offre l'image d'un reptile *enté* sur le corps d'un oiseau. » BUFF. « Un visage d'Éthiopienne *enté* sur un corps de Grecque. » LAF. « Des romans *entés* sur l'histoire. » STAËL. « Le gouvernement de Bonaparte était une tyrannie *entée* sur une révolution. » STAËL. « Se faire des plans de religion, imaginer une morale de bon goût qui réconcilie Jésus-Christ avec Bélial, qui *ente* sur un fonds chrétien les plus pures maximes du paganisme. » MASS.

Vous faites le plongeon,
Petit noble à nasarde, *enté* sur sauvageon. REGN.
Enter de nouveaux mots sur de vieilles idées. CHÉN.

GRIFFE, SERRE. Pied des oiseaux de proie.
Griffe est plus général. Il ne se dit pas seulement par rapport aux oiseaux de proie, mais encore en parlant d'autres animaux, même de l'homme et de certaines plantes. « Les bêtes farouches ne sont redoutables pour l'homme que par leurs dents et par leurs *griffes*. » FÉN. « Le terrible créancier! Un château sous la *griffe* d'un semblable procureur est comme une colombe dans les *serres* d'un milan. » LES. « La nature donne des vrilles à la vigne pour s'attacher à l'orme, et des *griffes* au lierre pour saisir le tronc des chênes. » BERN.

Quand *griffe* s'entend spécialement des oiseaux de proie, il diffère encore de *serre* d'une manière assez remarquable.

La *griffe*, de l'allemand *greifen*, saisir, gripper, sert à saisir, à prendre, à attaquer, à s'accrocher: donner un coup de *griffe*. « Si la nature avait fait l'homme méchant, elle lui aurait donné des *griffes*, une gueule, du venin, quelque arme offensive. » BERN. Dans l'*Œdipe* de Corneille, Iphicrate dit à Œdipe qui lui demande qui il est : Vous êtes

Un enfant exposé....,
Et de qui par pitié j'ai dérobé les jours
Aux ongles des lions, aux *griffes* des vautours.

Mais la serre est proprement employée à *serrer*, à tenir, à avoir ou à emporter en soi. » On vit voler un vautour ; il tenait dans ses *serres* une colombe. » FÉN. « Sur l'étendard d'Othon il y avait un aigle qui tenait un dragon avec ses *serres*. » BOSS. « S'il y avait des races de nains, les oiseaux de proie les enlèveraient dans leurs *serres*. » BERN. « La *serre* du malheur me tient. » STAËL. « La souffrance restait au fond de mon âme; sa cruelle *serre* ne lâchait pas prise. » STAËL.

Les martinets voltigent autour d'un trou, et étendent leurs *griffes* comme pour s'accrocher à la muraille; on en a vu fort souvent sortir des nids d'hirondelles et de moineaux emportant des matériaux dans leurs petites *serres* (BUFF.). — Dans Lafontaine un milan pris par un chasseur et donné à un roi va tout droit poser sa *griffe* sur le nez de sa majesté. On s'efforce en vain de lui faire quitter prise : de sa *serre* insolente il tient bon, et il semble vouloir nicher là malgré tout.

GRIMPER, GRAVIR. Monter à quelque endroit en s'aidant des pieds et des mains.

L'étymologie de l'un et de l'autre n'étant pas certaine, on ne saurait prudemment y recourir. Mais il n'en est pas besoin pour arriver à découvrir en quoi ils différent.

Grimper exprime une action ordinaire et par conséquent facile de certains animaux appelés *grimpants*, tels que chats, singes, écureuils, escargots; de certains oiseaux, des *grimpereaux*, des pics, des mésanges; et même de certaines plantes, de la vigne et du lierre, par exemple. Mais *gravir* ne désigne pour aucun animal ni pour aucune plante en particulier une manière d'avancer ou de s'étendre naturelle.

On *grimpe* donc sans peine, comme un chat, au lieu qu'on *gravit* par une façon d'aller extraordinaire, avec effort et difficilement. Les couvreurs *grimpent* sur les toits de nos maisons(SÉV.); les soldats sont souvent obligés de *gravir* sur des rochers (VOLT.) ou contre des montagnes (ROLL.). J. J. Rousseau peint l'homme sauvage *grimpant* légèrement sur les arbres ou *grimpant* aux arbres comme un singe; mais Voltaire se représente lui-même

Gravissant avec peine à cette double cime,
Où la mesure antique a fait place à la rime....

Et Corneille dit en parlant de l'ambitieux :

Pour un malheureux titre on s'épuise d'haleine,
On *gravit* sur les monts.

« L'âne lourd et constant se plaît à *gravir* les rochers où *grimpe* la chèvre légère et capricieuse.» BERN. Bossuet avait dit dans l'oraison funèbre d'*Henriette d'Angleterre* : « Le juste ne peut pas même obtenir que le monde le laisse en repos dans ce sentier solitaire et rude où il *grimpe* plutôt qu'il ne marche. » Laharpe le reprend avec raison en remarquant que « le mot propre était *gravit*, qui est moins familier, et même plus expressif, puisque *gravir*, c'est *grimper* avec effort. »

Gravir est moins familier que *grimper*, seconde différence qui tient aussi à ce que *gravir* ne se dit pas proprement, comme *grimper*, de certains animaux. On ne dira donc pas *gravir*, mais *grimper* un escalier (DID.), sur une chaise (SÉV.), à un cinquième étage (MONTESQ.), et dans la phrase suivante du *Dissipateur* de Destouches *grimper* sera également le seul mot qui convienne :

Quand on a du bon vin,
On boit à ses amours : cela *grimpe* à la tête,
Et le cœur s'attendrit.

GROSSE, ENCEINTE, en parlant d'une femme, signifient en état de gestation, en état d'accoucher dans peu.

Mais *grosse* exprime un état apparent. Dans les *Lettres persanes* une actrice de l'Opéra, qui a été séduite, se plaint « d'être si *grosse* qu'elle n'ose plus se présenter sur le théâtre. » Montesq. « Les parents et les voisins de la femme de Virginius l'avaient vue *grosse* de la fille dont elle avait accouché. » Vert. « La coupable Marguerite devient *grosse*, sa honte est publique, tout le quartier qu'elle habite la montre au doigt. » Staël. — *Enceinte*, au contraire, marque un état qui n'est pas extérieur ou visible. « Mahomet III commença son règne par faire noyer douze femmes de son père, qu'on croyait *enceintes*. » Volt. « La graine de fougère est contraire aux femmes *enceinctes*. » Rab. Aussi le mot *enceinte* s'emploie-t-il bien et seul dans une acception abstraite ou figurée. « La venue de Jésus-Christ étant préparée dès l'origine du monde, toute la loi, pour ainsi dire, en étant *enceinte* et toute prête à l'enfanter, Dieu.... » Boss. « Une nouvelle prophétesse (Mme Guyon) a entrepris de ressusciter la *Guide* de Molinos, et l'oraison qu'il y enseigne : c'est de cet esprit qu'elle est pleine : mystérieuse femme de l'Apocalypse, c'est de cet enfant qu'elle est *enceinte*. » Id.

D'ailleurs *grosse* est un mot vulgaire, d'où à été formé un verbe plus vulgaire encore pour dire *rendre une femme grosse*, au lieu qu'*enceinte* est un terme relevé ou tout au moins plus distingué, précisément parce qu'étant abstrait il désigne sans le représenter l'état quelque peu immodeste dont il s'agit. On soupçonna la reine d'Angleterre, mère d'Édouard III, d'être *grosse* de son favori (Boss.); la vierge Marie chanta un cantique d'allégresse lorsqu'elle se sentit *enceinte* du Saint-Esprit (Id.). Au moyen âge, une fille devenait-elle *grosse* sans que l'on connût son amant, c'était, disait-on, le diable qui lui avait fait un enfant (Volt.) ; la reine Marie Stuart était *enceinte* de cinq mois lorsqu'on tua sous ses yeux le musicien italien Rizzio (Id.), et Marie était *enceinte* de Jésus lorsqu'Auguste ordonna un dénombrement des peuples de toute la terre. (Id.).

H

HABITUDE, ROUTINE. Pratique familière à quelqu'un et qu'il a contractée par des actes réitérés. « Le paysan faisant toujours ce qu'on lui commande, ou ce qu'il a vu faire à son père, ou ce qu'il a fait lui-même dès sa jeunesse, ne va jamais que par *routine*; et, dans sa vie presque automate, l'*habitude* et l'obéissance lui tiennent lieu de raison. » J. J.

Mais *habitude*, du latin *habitudo*, manière d'être, est plus général, et se dit particulièrement bien en termes de morale et en fait de conduite. « *Habitude* au bien ou au mal. » Acad. « L'*habitude* du crime. » Acad. « L'*habitude* dans la piété. » Pasc. « Des vertus d'*habitude*. » Fén. « Il est charitable : c'est une compassion tout humaine qui le touche, ou l'*habitude* qui le conduit. » Bourd. « Celui qui commence à bien vivre, on dit qu'il a de bonnes dispositions pour la vertu; et celui qui vit tout à fait bien, on dit qu'il en a l'*habitude* même. » Boss.

Routine, du français *route*, correspond au mot *méthode*, tiré du grec, et qui, ainsi que *routine*, signifie procédé, chemin tracé pour arriver à découvrir ou à opérer quelque chose. Aussi s'emploie-t-il proprement quand il est question de sciences ou d'arts. « Il ne sait point de musique, mais il chante par *routine*. » Acad. « Il n'a jamais étudié cet art à fond, mais il y a acquis une sorte de *routine*. » Acad. « Les procédés (pour obtenir les métaux), ainsi que les résultats des *routines* ou méthodes ordinaires, sont très-différents les uns des autres. » Buff. « Les arts libéraux et mécaniques sont distingués, en ce que les premiers travaillent de l'esprit plutôt que de la main; et les autres, dont le succès dépend de la *routine* et de l'usage plutôt que de la science, travaillent plus de la main que de l'esprit. » Boss.

Il est à remarquer, d'ailleurs, que l'*habitude* en elle-même peut être bonne ou mauvaise, au lieu que le mot *routine* se prend de préférence en mauvaise part. Dire d'une personne qu'elle parle correctement par *habitude*, c'est lui attribuer une qualité; mais si on veut établir la nécessité des règles de la grammaire, on dira qu'il ne suffit pas de savoir parler correctement par *routine*.« Prendre une *habitude* est l'expression ordinaire; mais on y substitue quelquefois prendre une *routine* dans le langage familier et quand il s'agit d'une *habitude* qu'on désapprouve : « C'est une *routine* qu'ils ont tous prise de dire que je suis belle; ils m'en importunent. » Sév. Parmi les *habitudes* on distingue une *habitude routinière*, c'est-à-dire aveugle et toute machinale.

> J'ai rassemblé mes amis les plus chers....,
> Que chaque soir, dans mon humble réduit,
> Auprès de moi l'*habitude* conduit;
> Non l'*habitude* routinière
> Qui, se traînant dans une ornière,
> Dans la même assemblée et dans les mêmes lieux
> S'en va porter sa face coutumière
> Et ses propos fastidieux,
> Mais l'*habitude* libre et fière
> Qui, chez ses bons amis, les mêmes qu'autrefois,
> S'achemine par goût et s'arrête par *choix*. Del.

HABITUER, ACCOUTUMER. C'est, par la répétition des mêmes actes ou des mêmes impressions, disposer un homme de manière à lui rendre familière une certaine chose.

Voici la distinction de Condillac : « Nous *habituons* les autres à vivre comme nous, nous les *accoutumons* à notre manière de vivre. Nous nous *habituons* à faire une chose, nous nous *accoutumons* à la voir faire. Ainsi s'*habituer* est relatif à nos actions, et marque que nous les faisons facilement, qu'elles ne nous coûtent plus; s'*accoutumer* est relatif aux actions des autres, et marque qu'elles ne nous choquent plus, qu'elles ne nous surprennent plus. »

Habituer regarde les habitudes actives : qui est *habitué* n'a plus de peine à faire certaines choses. « On est *habitué* à juger des autres par soi-même. » Boss. « Le prince qui *s'habitue* à bien connaître les hommes paraît en tout inspiré d'en haut. » Id. « En étudiant, les enfants *s'habituent* à barbouiller, à prononcer négligemment. » J. J. « *J'habituerais* mes élèves, plusieurs fois la semaine, à parler d'abondance sur un sujet donné. » Lah.

Lorsqu'à la bien chercher (la rime) d'abord on s'évertue,
L'esprit à la trouver aisément *s'habitue*. Boil.

Accoutumer produit une habitude passive : qui est *accoutumé* n'a plus de peine à sentir, à souffrir, à supporter telle ou telle chose. « L'estomac *s'accoutume* à la fin aux viandes qui auparavant lui répugnaient. » Boss. « Notre premier aliment est le lait; nous ne nous *accoutumons* que par degrés aux saveurs fortes. » J. J. « J'admire comme on *s'accoutume* aux maux et aux incommodités. » Sév.

J'*accoutume* mon âme à souffrir ce qu'ils font (les hommes). Mol.

Si vos opinions paraissaient tout à coup dans leur dernier excès, elles causeraient de l'horreur; mais ce progrès lent et insensible y *accoutume* doucement les hommes. » Pasc. « Mentor dit à Idoménée : « Mon dessein a été de vous *accoutumer* à entendre nommer les choses par leur nom. » Fén.

HACHE, COGNÉE. Noms donnés à un fer tranchant d'une certaine largeur dont on se sert au moyen d'un manche de bois pour couper en frappant

Hache paraît avoir été formé du latin *ascia*, doloire, *hache* d'armes au moyen âge. *Cognée*, autrefois *coignée* et *coingnie*, vient incontestablement de *coin*, et signifie un coin emmanché.

Hache est plus général. La *hache* a des usages que n'a pas la *cognée;* et, par exemple, elle est seule une arme, et elle a été seule un instrument d'immolation et de supplice. Lorsque la ville de Paris était assiégée par les Normands (885), « chaque jour l'évêque Goslin se mettait sur la brèche, le casque en tête et une *hache* à sa ceinture. » Volt. Jean sans Peur fut assassiné sur le pont de Montereau; « Tanneguy du Châtel donna le signal, et lui abattit le menton d'un coup de *hache*. » Boss. « Le roi de Navarre attaque une place importante.... La *hache* enfonce les portes. » Thom. « Thrasymène se tient près de la victime, la *hache* à la main, tout prêt à la frapper. » Roll.

Sylla marche en public sans faisceaux et sans *haches*,
Prêt à rendre raison de tout ce qu'il a fait. Corn.
Et Sirven, au supplice échappé dans tes bras,
Vit par un juste arrêt la *hache* menaçante
S'écarter à ta voix de sa tête innocente. Chén.

Mais la *hache* sert aussi à couper du bois, et c'est alors que le mot de *hache* semble différer très-peu de celui de *cognée*, car la *cognée* n'est employée qu'à couper du bois.

Hache se distingue pourtant encore de son synonyme par le caractère de noblesse qu'il tient de son origine. C'est dans le style soutenu qu'il est à sa place : « Un grand chêne du mont Ida, que la *hache* a coupé par mille coups dont toute la forêt a retenti, ne fait pas un plus horrible bruit en tombant. » Fén. Mais *cognée* est vulgaire

Un bûcheron perdit son gagne-pain,
C'est sa *cognée*....
Il n'avait pas des outils à revendre. Laf.

D'ailleurs, par rapport au bois, la *hache* est d'un usage plus relevé; au lieu que la *cognée* est un simple outil pour abattre les arbres et les dépecer, la *hache* est un instrument pour travailler le bois de construction : un bûcheron a une *cognée*, un charpentier une *hache*.

Au figuré, si ce n'est qu'il s'agisse de proverbes, tels que jeter le manche après la *cognée*, et aller au bois sans *cognée*, *hache* est le seul mot qui convienne. « La perte des sciences a été la première plaie faite à l'humanité par la *hache* de la barbarie. » Buff.

HAILLON, GUENILLE. Étoffe de très-petite ou de nulle valeur.

Les *haillons* sont toujours des vêtements, et des vêtements en bon état, quoique pauvres et peut-être usés. « Faites voir à un paysan de riches palais, une cour superbe, il conçoit toute la pauvreté de son village, et ne peut souffrir ses *haillons* à la vue de tant de magnificence. » Fén. « Les *haillons* de la vieille tombaient tous d'eux-mêmes pour faire place à des vêtements magnifiques. » Ham. « Que dites-vous du *Taureau blanc ?* En vérité, Voltaire se moque de nous : il nous débite le fond de sa boutique, il n'y a plus que des *haillons*. » Du Deff. Mais les *guenilles* sont les *haillons* d'un homme *déguenillé*, qui est en *guenilles*, en loques, ou bien ce sont ces *haillons* mêmes, des lambeaux. On dit bien des lambeaux de *haillons* (Volt.) ; on ne saurait dire des lambeaux de *guenilles*. « Le ciel (à l'Opéra) est représenté par certaines *guenilles* bleuâtres, suspendues à des bâtons ou à des cordes, comme l'étendage d'une blanchisseuse. » J. J. « Comment rassembler tous leurs libelles? Qui peut aller trier tous ces lambeaux, toutes ces *guenilles* chez les fripiers de Genève? » Id. « Ce sont des *guenilles* qu'on a cousues à une bonne étoffe. » Volt.

Par conséquent *guenille* renchérit sur *haillon;* il signifie quelque chose de plus misérable. « Tous ces grands trésors que ces messieurs (de l'Académie) disent qu'on leur a volés ne sont que des *haillons* et des *guenilles* dont la misère ne tentera jamais des voleurs et des plagiaires. » Furetière. On attribuera plutôt des *haillons* à des gens qui inspirent de l'intérêt et des *guenilles* à ceux pour lesquels on n'éprouve que du mépris. Dans la *Nouvelle-Héloïse*, J. J. Rousseau s'apitoie sur « de malheureux paysans exténués de jeûnes, excédés de fatigue, et couverts de *haillons*. » Mais à la fin d'une de ses lettres, représentant « toute la canaille de Paris » qui dansa et se divertit un jour de fête dans les superbes salles de Versailles, il ajoute : « Ils ont tant secoué leurs *guenilles*, ils ont tellement bu, et se sont si pleinement piffrés que la plupart ont été malades. » Les pauvres ont pour vêtements des *haillons*, et les gueux des *guenilles*

Outre qu'il est plus général et susceptible de se prendre en plus mauvaise part, *guenille* est aussi plus propre à recevoir l'acception figurée, et il s'emploie de préférence dans le langage familier.

HALEINE, RESPIRATION. Fonction animale qui consiste à attirer l'air dans sa poitrine et à le repousser dehors alternativement.

Mais, à parler proprement, l'*haleine* est la matière de cette fonction, le souffle, l'air qui sort des poumons; la *respiration* est cette fonction même, ou c'en est l'exercice, le jeu des poumons nécessaire pour que l'air entre ou sorte. Avoir l'*haleine* douce ou puante (ACAD.); avoir la *respiration* libre (ACAD.) ou précipitée (ROLL.). Des périodes de peu de longueur suffisent pour épuiser l'*haleine* d'un orateur qui a la *respiration* courte ou difficile (ROLL.).

Nous perdons l'*haleine*, parce que l'*haleine* nous manque, parce que nous ne trouvons plus de quoi respirer. « Nous volâmes si rapidement, que je perdais presque l'*haleine* en fendant le vague de l'air. » FÉN. Perdre la *respiration*, c'est, par oppression ou autrement, perdre l'usage de la fonction de la vie la plus visiblement essentielle. Télémaque dit en parlant de sa lutte avec un Rhodien : « Nous nous serrâmes à perdre la *respiration*. » FÉN.

HARDI, ENTREPRENANT, OSÉ. Qui se comporte résolûment, sans hésitation, sans se laisser intimider ou détourner pour rien.

Hardi et *entreprenant* diffèrent d'abord en ce qu'ils se rapportent, l'un à une action particulière, et l'autre à une *entreprise*, c'est-à-dire à toute une suite d'actions ayant pour objet de s'emparer de quelque chose. Pour un coup de main il faut un homme *hardi* qui sache affronter le péril; mais pour former des projets ou des plans et tenter fortune en conséquence, il faut un homme *entreprenant* qui ne soit pas aisément rebuté par les difficultés. On est *hardi* et déterminé, *entreprenant* et ambitieux. Un soldat est *hardi* dans le combat, aussi Voltaire dit-il de Henri IV « qu'il s'exposait comme le plus *hardi* soldat; » mais un conquérant est *entreprenant*, ainsi Démosthène, suivant Rollin, représentait Philippe « comme un prince inquiet, *entreprenant*, ambitieux, dont le plan était d'envahir toute la Grèce. » « Romulus n'eut pour sujets qu'un assemblage de gens *hardis* déterminés, féroces, qui n'espéraient de sûreté pour leur personne que par la force.... Un des caractères dominants du peuple romain a été d'être belliqueux, *entreprenant*, conquérant.... » ROLL. « Tibérius Gracchus était poussé (à publier la loi agraire) par quelques amis *hardis*, et d'un naturel *entreprenant*. » S. R. « Jacques d'Artevelle était un brasseur de bière, factieux et *entreprenant*, qui ne trouvait rien difficile; il était fin et de bon conseil, aussi *hardi* dans l'exécution qu'habile à haranguer le peuple. » Boss. Sans de *hardis* navigateurs, un ministre ou un négociant d'un génie vaste et *entreprenant* pour le commerce maritime ne saurait réussir dans ses desseins.

Osé se distingue nettement de ses deux synonymes par son caractère social. Ce que l'homme *osé* brave, ce ne sont pas les dangers, c'est l'autorité. Avec un degré de plus, le *hardi* et l'entreprenant seraient des téméraires; avec un degré de plus, l'homme *osé* serait un effronté ou un impudent. « Il n'y a point de maladie si *osée* que de se jouer à la personne d'un médecin. » MOL. « On statua la peine des galères contre quiconque serait assez *osé* pour être d'un autre avis que le Stagyrite. » VOLT. « Clitus continuant avec plus d'insolence irritait toujours davantage Alexandre, même il fut si *osé* que de défendre Parménion. » VAUG.

HAUTEUR, COLLINE, ÉMINENCE. Élévation de terre peu considérable.

La *hauteur* se considère par rapport à sa hauteur, à la distance qu'il y a de sa base à son sommet. Elle oblige à monter ou à descendre plus ou moins, et, quand on est dessus, on se trouve plus ou moins élevé relativement à ce qu'on a devant soi, on le voit, on en est vu plus aisément, ou bien on est au-dessus de ses attentes comme il arrive dans une inondation, par exemple.

La *colline* se considère par rapport à son inclinaison : elle s'étend en pente douce. Ensuite et en conséquence elle est ordinairement cultivée et offre à l'œil des sites agréables, de belles perspectives; si bien que le mot de *colline* est, non pas comme celui de *hauteur*, un terme abstrait et géométrique, mais un mot pittoresque.

L'*éminence* a cela de tout à fait particulier, qu'elle est isolée, qu'elle ne se développe pas en longueur: c'est moins une petite montagne qu'un petit mont; c'est une hauteur en forme de butte, quelque chose de semblable sur la surface de la terre à ce qu'est une tumeur sur le corps d'un homme. Quand on descend ou qu'on remonte un fleuve, le Rhône, par exemple, on aperçoit à droite et à gauche des suites de petites montagnes, c'est-à-dire des *hauteurs* et des *collines*, mais non pas des *éminences*: ce sont des *éminences*, au contraire, que les monticules qui se trouvent sur un vaste espace de terre, comme de grandes taupinières, de distance en distance : « Des *éminences* distribuées dans le milieu des terres arrêtent les vapeurs de l'air, rendent les sources intarissables et toujours nouvelles. » BUFF. De dessus une *hauteur* ou une *colline* on voit loin en avant ; de dessus une *éminence* on voit loin de tous côtés : « Je m'avance dans la campagne pour aller à la découverte du pays. Je monte sur une *éminence*, je promène mes yeux de tous côtés, et j'aperçois de loin la fumée qui sortait du palais de Circé. » FÉN.

HIATUS, BÂILLEMENT. Termes de grammaire relatifs à l'espèce de cacophonie qui résulte de la rencontre, de la succession immédiate de deux voyelles, particulièrement quand elle a lieu sans élision entre un mot qui finit et un mot qui commence : il fut *invité alors*, *invité ensuite* à faire telle chose. « Les Italiens ont été obligés de se permettre cet achoppement de sons qui détruisent l'harmonie naturelle, ces *hiatus*, ces *bâillements* que les Latins étaient soigneux d'éviter. » VOLT.

Voltaire, dans cet exemple, et Dumarsais, dans l'*Encyclopédie*, article *Bâillement*, semblent regarder ces deux mots comme tout à fait synonymes. Il y a cependant une différence à mettre entre l'un et l'autre.

Hiatus est un mot emprunté du latin tel quel

sans aucune modification de forme, et *bâillement* tire certainement son origine d'une langue vulgaire. C'est pourquoi *hiatus*, tout littéraire, est le mot propre dans cette acception, la seule qu'il ait, au lieu que *bâillement* signifie presque toujours, au physique, une ouverture involontaire de la bouche avec grand écartement des mâchoires, et se prend rarement, et seulement par extension, dans le sens dont il s'agit ici. L'*hiatus* est un fait dont il est naturellement question dans une théorie sur l'harmonie des mots et du langage ; le *bâillement* est un phénomène dont l'étude appartient à l'anatomie et à la physiologie. Ce qu'on considère dans l'*hiatus*, c'est le son, et dans le *bâillement*, c'est l'organe, la bouche. « Il y avait peut-être chez les anciens une espèce de *bâillement* dans l'*hiatus*, mais, s'il y en a chez nous, il est insensible. » Marm.

Outre cela, *bâillement*, en conséquence de son origine, est moins noble que son synonyme. Si de bons écrivains s'en servent quelquefois dans la signification étroite d'*hiatus*, ce ne peut être que dans le discours commun, sinon familier. Ainsi appeler le défaut grammatical en question *bâillement*, comme l'a fait Dumarsais dans l'article de l'*Encyclopédie* où il en traite, c'est employer l'expression non-seulement la moins propre, mais encore la moins relevée.

HOMICIDE, MEURTRIER, ASSASSIN. Noms donnés à un homme coupable d'en avoir tué un autre.

Homicide a la signification la plus générale. Pour être appelé de ce nom il suffit d'avoir tué un homme même sans le vouloir, par accident, par imprudence ou inattention, en le frappant, par exemple, dans un accès de colère sans avoir l'intention que mort s'ensuivît. Il y a des *homicides* involontaires, et naturellement ils sont punis d'une manière moins rigoureuse que les *meurtriers* et les *assassins*. « L'asile ne regarda d'abord que les *homicides* involontaires, mais, lorsqu'on y comprit les grands criminels, on tomba dans une contradiction grossière. » Montesq. « Les lois de Moïse furent très-sages. Les *homicides* involontaires étaient innocents, mais ils devaient être ôtés de devant les yeux des parents du mort : il établit donc un asile pour eux. » Id. « En médecine une bévue, une impéritie, n'exposent pas à moins qu'à commettre un *homicide*. » Pir. — D'ailleurs, on dit bien être *homicide* de soi-même (Acad., Bourd.), et il se peut que l'action de l'*homicide* dirigée contre autrui ne présente aucun caractère criminel ou qu'elle soit tout au moins excusable.

Ne descendez-vous pas de ces fameux lévites
Qui....,
De leurs plus chers parents saintement *homicides*;
Consacrèrent leurs mains dans le sang des perfides ?
 Rac.
Qui m'osera punir d'un si juste *homicide* ? Volt.

Le *meurtrier* est celui qui a commis un *meurtre*, c'est-à-dire un *homicide* volontaire, c'est celui qui a tué un homme à dessein, de propos délibéré. « L'Église abhorre tellement la calomnie, qu'elle l'a punie de même qu'un *homicide* volontaire. Car elle a différé aux calomniateurs aussi bien qu'aux *meurtriers* la communion jusqu'à la mort. » Pasc. Par conséquent *meurtrier* enchérit sur *homicide*. « Je ne puis ne point haïr les Athéniens, auteurs de cette malheureuse guerre, comme les *homicides* et les *meurtriers* de mes enfants. » Roll. — Quand les deux mots se prennent adjectivement, *homicide* marque avec l'action de tuer un rapport moins prochain : on dit un dessein *homicide* (Acad.), des cris *homicides* (Lah.), et une arme *meurtrière* (Acad., Mass.), un combat *meurtrier* (Acad.). Ce qui est *homicide* tend à donner la mort ; ce qui est *meurtrier* la donne.

Assassin enchérit sur *meurtrier* même. « On vengera ses querelles particulières par les *meurtres* et les *assassinats*. » Bourd. L'*assassin* commet un *meurtre* avec préméditation ou de guet-apens. C'est un méchant qui a longuement ruminé son crime, ou un lâche, un traître qui machine dans l'ombre et use de moyens secrets, afin de ne pas manquer sa victime et de conserver sur elle un avantage tel qu'elle ne puisse ni s'enfuir ni se défendre. « Si ces personnes étaient en danger d'être assassinées, s'offenseraient-elles de ce qu'on les avertirait de l'embûche qu'on leur dresse, et s'amuseraient-elles à se plaindre du peu de charité qu'on aurait de découvrir le dessein criminel de ces *assassins* ? » Pasc. « Cet *assassinat* de la part d'un lâche qui veut faire périr l'objet de sa haine, et qui n'ose le faire ouvertement, était bien digne de la cour de Byzance. » Thom.

Comme à mon ennemi je t'ai donné la vie,
Et, malgré la fureur de ton lâche dessein,
Je te la donne encore comme à mon *assassin*.
 (Auguste à Cinna.) Corn.
Exécrable *assassin* d'un héros que j'adore !
Va, tu l'as pris en traître.
 (Chimène à don Sanche, dans le *Cid*.) Id.
L'autre a fui lâchement, tel qu'un vil *assassin*. Volt.
D'indignes *assassins*
Des pièges de la mort ont semé les chemins. Id.

On dit figurément et familièrement des yeux *assassins* en parlant d'yeux qui tendent des embûches, qui attendent les gens au passage pour les blesser tout à coup, à l'improviste. De même on appelle *assassinats* des outrages ou des discours d'une méchanceté noire contre lesquels il n'y a point de défense. « Ils l'ont attendu au coin d'une rue, et l'ont chargé de coups : c'est un *assassinat*. » Acad. « Cette calomnie est un véritable *assassinat*. » Acad.

Ces distinctions ont été consacrées par la loi pénale française, qui gradue les peines, applicables à un attentat contre la vie d'une personne, suivant que cet attentat peut être qualifié d'*homicide*, de *meurtre* ou d'*assassinat*. L'*homicide* est excusé, et puni seulement d'un emprisonnement avec dommages-intérêts des parties lésées, mais le *meurtrier* est condamné aux travaux forcés à perpétuité, et pour l'*assassin* la punition est la mort.

Les nuances d'idées attachées à ces trois termes sont trop importantes au point de vue du droit pour n'avoir pas d'expressions correspondantes dans toutes les langues. En allemand elles sont désignées avec non moins de précision qu'en français par les mots *Todtschlag*, *Mord* et *Meuchelmord*.

HOMME DE MÉRITE, HOMME D'ESPRIT, HABILE HOMME. Homme au-dessus du commun ou qui se distingue par quelque qualité personnelle éminente.

L'*homme de mérite* diffère bien des deux autres. Ce qu'on considère en lui, c'est ce qu'il a fait et ce qui lui est dû en conséquence, au lieu que l'idée qui domine dans l'*homme d'esprit* et dans l'*habile homme* est celle de leur capacité, de ce qu'ils savent faire. — L'*homme de mérite* a mérité, c'est-à-dire qu'il a fait des choses dignes d'estime et de récompense; c'est un homme de valeur, de considération, noble et honorable par ses œuvres, tout le contraire d'un faquin ou d'un homme de néant. « Un homme à la mode dure peu ; s'il est par hasard *homme de mérite*, il subsiste encore par quelque endroit; également estimable, il est seulement moins estimé. » LABR. « Tout le monde s'élève contre un homme qui entre en réputation. ...L'on ne se rend qu'à l'extrémité, et après que le prince s'est déclaré par des récompenses; de ce jour-là seulement il prend son rang d'*homme de mérite*. » ID. « Le comte de Bassevitz était un *homme de mérite*, et qui a laissé en Allemagne une mémoire précieuse. » VOLT. « Vous trouverez à pied une infinité de *gens de mérite*, et la plupart des carrosses pleins de faquins. » MONTESQ. « N'avez-vous point trop répandu de bienfaits sur vos ministres, sur vos favoris, pendant que vous avez laissé languir dans le besoin des *personnes de mérite* qui ont longtemps servi? » FÉN.

L'*homme d'esprit* et l'*habile homme* sont tous deux des gens de talent, de ressource, des gens qui excellent à faire certaines choses ; ressemblance qui ne les empêche pas néanmoins d'avoir chacun sa nuance particulière.

L'*homme d'esprit* est spirituel, et l'*habile homme* adroit. Un trait d'*homme d'esprit* est un trait d'esprit, une saillie ou un bon mot; un trait d'*habile homme* est un tour, une manière d'agir pleine de dextérité.

L'*homme d'esprit* brille dans la conversation, dans les lettres, en matière de sciences ou de goût, dans les arts où l'imagination joue le principal rôle. « Appellerai-je *homme d'esprit* celui qui, borné ou renfermé dans quelque art ou même dans une certaine science qu'il exerce dans une grande perfection, ne montre hors de là ni jugement, ni mémoire, ni vivacité? » LABR. » Le public a jugé et applaudi vos écrits, et y a reconnu avec plaisir l'*homme d'esprit* et de goût. » J. J. « Quand on s'est attendu que je brillerais dans la conversation, je ne l'ai jamais fait ; j'aimais mieux avoir un *homme d'esprit* pour m'appuyer que des sots pour m'approuver. » MONTESQ. « Les maximes de Larochefoucauld sont les proverbes des *gens d'esprit*. » ID. « Vous croyez avoir dit une belle chose. De bonne foi, pensez-vous que ce discours soit d'un *homme d'esprit* ou d'un mauvais plaisant? » DEST. « J'avais, dit Denys le Tyran, des *gens d'esprit* pour m'entretenir et pour me louer. » FÉN. « Un défaut de Molière, que beaucoup de *gens d'esprit* lui pardonnent, est qu'il a donné un tour gracieux au vice. » ID.

L'*habile homme* est tout pratique, il se signale par sa conduite ou par des qualités de l'esprit relatives à la conduite, l'entendement, le sens, la prudence, la sagesse. « L'*habile homme* est celui qui cache ses passions, qui entend ses intérêts, qui y sacrifie beaucoup de choses, qui a su acquérir du bien ou en conserver. » LABR. « Je me tirai d'affaire en *habile homme*. » FÉN. « Il faut avouer que les pères de Bâle agirent quelquefois comme des imprudents, et qu'Eugène se conduisit comme un *homme habile*. » VOLT. « Comme Platon avait lui-même profité des avis et des exemples de Socrate son maître, le plus *habile homme* qu'ait eu le paganisme pour faire goûter la vérité, il eut soin de manier l'esprit du jeune Denys avec une adresse merveilleuse. » ROLL. « Voici un avis d'un *habile homme*. » BOSS. « On vient me consulter (comme médecin) ainsi qu'un *habile homme*. » MOL.

I

IMAGE, DESCRIPTION, TABLEAU. Représentation vive et sensible des choses de la nature par le discours.

Beauzée et Marmontel ont très-bien caractérisé l'*image* en disant qu'elle est courte, sans développement, passagère, un simple crayon ou une apparition instantanée. Un orateur ou un écrivain trace quelque *image* des choses (Boss.); il en fait des *descriptions* ou des *tableaux*. Les fables de la Fontaine sont pleines d'*images* qui font presque l'effet des *descriptions* les plus détaillées et des *tableaux* les plus accomplis. « Cette pompe (du triomphe) était magnifique ; j'en donnerai bientôt une *description* étendue et détaillée ; ici je ne songe qu'à en tracer une légère *image*. » ROLL. — Distinction tellement vraie, que parfois même *image* signifie dans un discours, et par conséquent dans une *description* ou un *tableau*, quelque chose qui en fait partie, qui en est un élément, c'est-à-dire une phrase composée de quelques mots, une espèce de métaphore. La mort de Laocoon dans l'*Énéide* est une *description* ou un *tableau*; *Laocoon ardens* est une *image*. « Les *descriptions* (dans le panégyrique de Trajan) sont vives, naturelles, circonstanciées, pleines d'*images* naïves. » ROLL. « La conjuration de Rütly, telle qu'elle est racontée dans l'histoire de Müller..., quel *tableau*! Les *images* seules y font naître des pensées. » STAËL.

Entre la *description* et le *tableau* il n'y a pas non plus identité ou parfaite ressemblance.

La *description*, résultat de l'action de *décrire*, se reproduire, est plutôt d'un savant, d'un naturaliste, au lieu que le *tableau* est une peinture ou comme une peinture, une œuvre d'artiste, c'est-à-dire ici de poëte. « Il ne manque à l'autre partie du monde que des Théocrites et des Virgiles pour que nous en ayons des *tableaux* au moins aussi intéressants que ceux de notre pays. Je sais que des voyageurs plein de goût ont donné des *descriptions* enchantées de plusieurs îles de la mer du Sud. » Bern. « On peut voir par les *tableaux* poétiques de Pindare, de Virgile, et par les *descriptions* des autres auteurs anciens et modernes combien, en dix-huit ou dix-neuf cents ans, la face entière de l'Étna a subi d'altération. » Buff. Il suit de là que, si on peut à la rigueur se servir des deux mots dans quelque genre de littérature que ce soit, il faut au moins prendre garde que la *description* est de sa nature plus détaillée ou plus exacte, et le *tableau* plus pittoresque, plus animé, ou plus original. En parlant des choses physiques, comme il n'y a qu'à copier, on emploie de préférence *description*; mais *tableau* convient mieux à l'égard des choses morales, parce que l'écrivain a plus à y mettre du sien. Dans le poëme des *Saisons*, S. Lambert a associé aux *descriptions* physiques des *tableaux*, c'est-à-dire une philosophie et des idées morales (Thom.). « Lucrèce et Virgile sont lus à cause de leurs belles *descriptions*, de leur saine morale, de leurs *tableaux* admirables de la vie humaine. » Volt. « Si j'avais peint souvent les campagnes des climats étrangers, il aurait fallu trop enchâsser des *descriptions* dans des *descriptions*; j'ai préféré pour épisodes les *tableaux* des mœurs et quelques actions susceptibles d'intérêt. » S. Lamb. — D'autre part, *description* et *tableau* s'expriment proprement, celui-là une action, quelque chose qui se fait, celui-ci un objet, quelque chose qui est. Une *description* de tel écrivain; un *tableau* de la vie champêtre. « Qu'on change quelques mots dans la *description* de Cicéron (dépeignant Verrès), et qu'on en dérange d'autres, cet excellent *tableau* perdra une partie de sa vivacité et de ses couleurs. » Roll. « Quels *tableaux* nous offriraient les *descriptions* de ces pays décorés d'une pompe magnifique! » Bern. « Les *descriptions* exigent non-seulement une imagination vive, forte, étendue pour saisir à la fois l'ensemble et les détails d'un *tableau* vaste, mais encore un goût délicat et sûr pour choisir les *tableaux* et dans chaque *tableau* des circonstances et des détails dignes du poëme héroïque. » Marm. Ce qu'on considère surtout dans la *description*, c'est l'action et celui qui la fait; dans le *tableau*, c'est la chose faite ou ce d'après quoi elle a été faite.

IMAGE, RESSEMBLANCE. Ces mots ont pour idée commune celle d'un rapport tel entre deux personnes ou deux choses, que l'une porte les traits de l'autre, en est la représentation.

Mais *image*, substantif concret, désigne la personne même ou la chose qui est la copie de l'autre, au lieu que *ressemblance*, substantif abstrait, signifie la qualité par laquelle cette personne ou cette chose se rapporte, est conforme à celle qui est son modèle ou son original. L'homme est l'*image* de Dieu, et il a été fait à sa *ressemblance*, il a avec Dieu de la *ressemblance*, des traits de *ressemblance*. « Dieu, dans les premiers âges du monde, ne put souffrir qu'une créature formée à sa *ressemblance* défigurât son *image* par de honteux excès. » Bourd. « Nous sommes les *images* de notre auteur, et celui qui nous a faits nous a faits aussi à sa *ressemblance*. » Boss. « Voici le trait le plus admirable de cette divine *ressemblance*. Dieu se connaît et se contemple; sa vie, c'est de se connaître; et, parce que l'homme est son *image*, il veut aussi qu'il le connaisse. » Id.

L'*image* est plutôt quelque chose d'absolu, d'achevé, et la *ressemblance* quelque chose de partiel, un trait, un commencement, une ébauche. Aussi le mot *image* se met-il volontiers après celui de *ressemblance* comme y ajoutant. « Dieu a des soins particuliers de ceux qu'il porte sur le trône. Ce sont ses créatures les plus nobles, et faites proprement à sa *ressemblance* et à son *image*. » Fléch.

D'où vient toutefois qu'on dit ordinairement, d'après la Genèse, que l'homme a été fait à l'*image* et à la *ressemblance* de Dieu (Boss., Fén., Arn.)? Bossuet l'explique de la manière suivante qui s'accorde sans difficulté avec la distinction ci-dessus indiquée : l'homme a été fait à l'*image* de Dieu quant au fond de sa nature, à son essence, et fait à la *ressemblance* de Dieu quant à ses opérations, à ce qu'il y a en lui de contingent et d'accidentel.

Ressemblance, rappelant *ressembler*, a un caractère verbal, c'est-à-dire qu'il se rapporte à l'action et non à la nature et qu'il exprime, non pas, comme *image*, quelque chose qui est, mais quelque chose qui se fait, quelque chose par conséquent d'imparfait, d'inachevé, de relatif.

IMAGINATION, CHIMÈRE, VISION. Idées qui ne sont que de simples fictions de notre esprit, auxquelles ne correspond rien d'existant : c'est une pure *imagination*, une pure *chimère*, une pure *vision*.

L'*imagination* est le fait de celui qui s'*imagine*, qui a une fausse idée des choses, et le mot s'emploie principalement bien en matière de science. « Les anatomistes se sont persuadés qu'en subtilisant la matière ils la rendraient moins matérielle et qu'enfin elle deviendrait capable de penser, ce qui est une *imagination* ridicule. » P. R. « Le système de Descartes est un tissu d'*imaginations* erronées et ridicules. » Volt. « Cette fausse notion d'un firmament n'est qu'une *imagination* des anciens Grecs. » Id. « Quand la lune et les autres planètes et les étoiles fixes paraissent faire un tour sur notre tête en vingt-quatre heures, c'est donc aussi une *imagination*? » Font. « Si je disais qu'une fontaine est empoisonnée, comme on pourrait croire que c'est une pure *imagination* de ma part, je serais obligé de nommer celui qui l'a empoisonnée. » Pasc.

Chimère se distingue d'abord par quelque chose de bien particulier. Comme la *Chimère* était un monstre fabuleux, *chimère* signifie proprement un être, un objet, et non pas, comme *imagination* et *vision*, un fait ou un événement. On se forme, on se crée, on poursuit, on a dans la tête des *chimères*, et non des *imaginations* et des *visions*; des *chimères* sont quelque chose de subsistant (dans l'entendement seulement), des êtres de raison. « Voilà ce qu'on appelle *êtres de raison*, êtres qui ne sont que dans la pensée. On les appelle aussi en notre langue des *chimères*. Boss. « Ne pensons pas qu'un homme aimable et vertueux ne soit qu'une *chimère*. » J. J. « Les impies désireraient qu'il n'y eût point de Dieu, que cet Être si grand et si nécessaire fût une *chimère*. » Mass. — Ensuite, la *chimère* a pour second caractère d'être l'objet de nos espérances, de nos désirs, c'est quelque chose qui n'a rien de solide, qui trompe notre attente, sur quoi on a tort de compter; et de là vient que *chimère* est synonyme d'*illusion*.

Espérances en l'air : *chimères*, en un mot;
Pour compter là-dessus, il faut être bien sot. Dest.

« Je regarde ce projet comme une belle *chimère*. » J. J. « Sur quelles *chimères*, dis-moi, pourrais-tu bâtir quelque espoir? » Mol. » Si le citoyen obscur forme quelquefois des projets d'élévation, ce sont de ces *chimères* agréables qui amusent le loisir d'un esprit oiseux. » Mass.

La *vision* suppose un esprit dérangé, troublé par quelque cause, semblable à celui qui tire de son imagination et place au dehors des êtres qu'il croit *voir*, entendre, toucher. Elle est le fruit du délire, elle naît dans un cerveau malade; et c'est parce que le mot *vision* se rapporte au sujet et à son état, qu'on dit bien un homme à *visions*. « Quelle *vision*, quel délire au sage Antonin de dire que....! » Labr. « Rien n'est si insensé que cette *vision*. » Fén. Amphitryon soutenant qu'il est Amphitryon, Mercure lui dit :

Ah! quelle *vision*!
Dis-nous un peu quel est le cabaret honnête
Où tu t'es coiffé le cerveau? Mol.
De quelle *vision* sa cervelle est frappée? Id.
Quel vertigo l'agite (Isabelle) et l'a conduite ici?
Toujours de plus en plus son cerveau se démonte....
Ah! monsieur, pour ma sœur et pour sa *vision*,
Il faut, ma fille et moi, vous demander pardon. Regn.

« Je n'ai jamais ouï parler de la lune habitée que comme d'une folie et d'une *vision*. » Font. Un homme se croit aimé d'une femme qui ne l'aime point. C'est une *imagination*, dira-t-on, si on veut faire entendre simplement qu'il se trompe, qu'il est dans l'erreur; c'est une *chimère*, si on veut exprimer qu'il s'abuse, qu'il se flatte, qu'il se repaît d'illusions, que son espérance est mal fondée; c'est une *vision*, si on se propose de marquer que c'est une rêverie, le produit d'un cerveau creux, d'un esprit égaré, une hallucination.

L'*imagination* se considère logiquement ou par rapport à la vérité; la *chimère* objectivement ou par rapport à la réalité; la *vision* subjectivement ou par rapport à l'état de l'esprit qui la conçoit. L'*imagination* est erronée; la *chimère* vaine; la *vision* folle. On dit proprement : ce n'est pas une *imagination*, mais une vérité (Bourd.); donner la *chimère* au lieu de la réalité (Buff.), et les sottes *visions* d'un extravagant. (Mol.).

IMPORTANCE, CONSÉQUENCE. Ce qui fait qu'une chose est d'un grand intérêt et mérite de n'être ni dédaignée, ni négligée.

Une chose qui est d'*importance* importe ou a de la valeur en soi; une chose qui est de *conséquence* est considérable par ses conséquences ou par ses suites. Vous appelez affaire d'*importance* une affaire d'une nature grave; une affaire de *conséquence* peut être de sa nature presque indifférente, mais elle est de celles qui doivent avoir pour résultat quelque chose de très-avantageux ou de funeste.

En général d'*importance* sert plutôt à qualifier ce qui est, les objets et les hommes, choses non susceptibles d'avoir des effets et des suites.

Vous me fîtes d'abord de présent d'*importance*. Mol. « Voyez un peu l'homme d'*importance*! » Id. « Un médecin d'*importance*. » Id.

Faites, faites entrer ce héros d'*importance*. Corn.

« Jamais des personnes de tant d'*importance* n'ont été conduites en prison par un si petit nombre de gens. » Laroch. « Cet homme a un nombre infini d'amis d'*importance*. » Sév. « Il est clair que l'homme *au masque de fer* était un prisonnier de la plus grande *importance*. » Volt. — *De conséquence*, au contraire, est particulièrement propre à qualifier ce qui se *fait*, événements, actions, doctrines. « Je vous prie de suivre ces réflexions, qui me paraissent être d'une extrême *conséquence* et renfermer toutes les règles des mœurs. » Mass. « Et il ne sera pas permis de réfuter une erreur d'une telle *conséquence*? » Pasc.

Je sais bien qu'un bienfait de cette *conséquence*
Ne saurait demander trop de reconnaissance,
Et qu'on doit toute chose à l'exploit immortel
Qui replace mon frère au trône paternel. Mol.

« Ce procès m'est d'une *conséquence* tout à fait grande. Je suis ruinée, si je le perds. » Id. « Ce changement, qui parut d'abord de si petite *conséquence*, eut insensiblement des suites terribles. » Montesq. « Comme les rois de Macédoine ne pouvaient pas entretenir un grand nombre de troupes, le moindre échec était de *conséquence*. » Id. « Elle commençait à sentir toute la *conséquence* d'un signe parti sans doute avant la réflexion. » J. J. Un avis (Vaug.), une faute (Corn, Maint.) de *conséquence*. — « Quoique l'hôtellerie fût pleine de cavaliers d'*importance*, mon valet me fit avoir une des plus belles chambres : il fit accroire à l'hôte que je venais à Florence de la part de l'ambassadeur pour une affaire de *conséquence* et que probablement j'y ferais un assez long séjour. » Les. Un secret est d'une grande *importance*; la révélation en est d'une grande *conséquence*. Dans les emplois d'*importance* ou de grande *importance* (S. R.), il faut prendre garde à ce qu'on dit, tous les mots sont de *conséquence* ou de grande *conséquence* (Gress.).

IMPOSANT, AUGUSTE, MAJESTUEUX. Marqué d'un caractère de grandeur devant lequel on s'incline.

Ce qui est *imposant* nous inspire de la considération ou de la crainte; ce qui est *auguste* ou *majestueux*, du respect. — Un grand nom, un air de dignité ou de noblesse, sont *imposants*; il n'y a d'*auguste* ou de *majestueux* que ce qui tient ou ressemble à Dieu, que ce qui est sacré ou comme sacré, que ce devant quoi nous faisons plus que nous incliner, nous nous prosternons. « Tout ce que les plus grands noms ont d'*imposant*, tout ce que l'ancienne religion a de plus *auguste*. » Volt. — Et d'autre part, ce qui prouve qu'il entre de la crainte, parfois au moins, dans l'impression que produit l'objet *imposant*, c'est qu'on dit des forces *imposantes*, et non pas des forces *augustes* ni des forces *majestueuses*.

Si mon œil aperçoit ces Alpes menaçantes
Qui portent jusqu'aux cieux leurs cimes *imposantes*.
DEL.

Auguste et *majestueux* diffèrent aussi l'un de l'autre.

Auguste est pour l'intérieur et l'abstrait, *majestueux* pour l'extérieur et le concret : un sacrement *auguste*, l'*auguste* sacrifice de nos autels, les sentiments *augustes* de la religion, l'*auguste* vérité, l'*auguste* raison, d'*augustes* souvenirs, l'*auguste* lien du mariage, d'*augustes* lois ; un spectacle, un air, un port, un style *majestueux*, une contenance, une démarche *majestueuse*, des arbres *majestueux*. « On ne peut rien penser de plus grand ni de plus *auguste* que la noble alliance de la puissance et de la raison.... Dans le vieux Testament, Dieu se plaisant à se faire voir avec un appareil *majestueux*, il était convenable que la synagogue eût des marques de grandeur extérieure. » Boss. « Ramassez ensemble les choses si grandes et si *augustes* que nous avons dites sur l'autorité royale.... Il n'y a rien de plus *majestueux* que la bonté répandue.... » ID. « L'exorde de l'oraison funèbre de Turenne (par Fléchier) sera éternellement cité pour son harmonie, pour son caractère *majestueux* et sombre, et pour l'espèce de douleur *auguste* qui y règne. » THOM. « On ne rencontre presque jamais en Italie, dans l'*auguste* fonction de la chaire, un accent vrai ni une parole naturelle.... Un culte éclatant et *majestueux* dans les formes extérieures est certainement très-propre à remplir l'âme des sentiments les plus élevés, mais il faut prendre garde que les cérémonies ne dégénèrent en un spectacle. » STAËL.

L'homme seul eut de toi ce front *majestueux*,
Ce regard noble et doux, fier et voluptueux.
Mais ton chef-d'œuvre *auguste* est une âme sublime.
DEL.

IMPRESSION, ÉDITION. Mots qui expriment ou qui concernent le travail nécessaire pour mettre au jour un écrit.

Impression est plus relatif à ce travail même, à l'action de la *presse*, au fait de mettre sous la *presse* ; *édition*, du latin *edere*, produire, enfanter, l'est davantage à ce qui résulte de ce travail, au produit de cette opération. On conduit l'*impression* d'un ouvrage ; l'*édition* s'en écoule en quelques mois. Il a fallu tant de temps pour terminer l'*impression* d'un livre, et tant de temps pour épuiser une *édition* de ce même livre. L'autorité, apprenant l'*impression* d'un pamphlet qu'elle juge dangereux, fait saisir toute l'*édition*. Or, comme l'*impression* se rapporte essentiellement au travail, et non à l'ouvrage, on ne dit pas qu'un ouvrage plusieurs fois imprimé ait eu plusieurs *impressions*, mais bien qu'il a eu plusieurs *éditions*. Les frais d'*impression* d'un livre réimprimé seront nécessairement plus grands, si l'*édition* qu'on en donne est considérablement augmentée.

Mais il n'y a pas toujours une aussi notable différence entre les deux mots.

Car d'abord *édition* se prend bien dans le sens particulier d'*impression* : commencer, achever, suspendre, retarder l'*édition* ou l'*impression* d'un écrit. L'*impression* alors se réduit à l'œuvre de l'imprimeur, à la composition et au tirage, au lieu qu'*édition* désigne l'action de celui qui revoit le texte, qui le châtie, l'éclaircit, l'étend ou le resserre. L'*impression* peut être retardée par le manque de caractères, et l'*édition* par le manque de copie. L'*impression* marche plus ou moins vite ; l'*édition* se fait avec plus ou moins d'attention à être complet et à ne rien laisser dans le texte d'obscur, d'apocryphe ou de blâmable. En 1767 on entreprit de réimprimer à Paris les Œuvres de Bossuet. L'archevêque, craignant qu'on n'y mêlât des productions étrangères favorables au jansénisme, alla trouver le lieutenant-général de police, M. de Sartine, « et le pria de suspendre l'*impression* de cet ouvrage. » M. de Sartine s'y refusa, mais il nomma un nouveau censeur, le syndic Riballier, « pour suivre l'*édition* avec le plus grand soin et ne rien laisser passer qui ne fût reconnu pour être de l'auteur. » BACH.

De son côté, l'*impression* a quelquefois rapport au résultat de même qu'*édition*. Car, quoiqu'on n'appelle jamais *impression*, mais seulement *édition*, les exemplaires tirés d'un ouvrage, on dit une *impression* comme on dit une *édition* belle, correcte, ou le contraire. Mais les qualités de l'*impression* regardent uniquement l'exécution typographique, et celles de l'*édition* font connaître le livre à tous les autres points de vue. Une belle *impression* fait honneur aux presses de l'imprimeur et suppose des caractères d'une forme et d'une régularité parfaites ; une belle *édition* se recommande par le papier, le format, les figures, les notes, etc. Une *impression* fautive présente des fautes d'*impression*, mais ce sont des fautes d'une autre sorte ou d'autres sortes qu'on remarque dans une *édition* fautive.

INCLINER, PENCHER. N'être pas droit ou d'aplomb, être porté ou tendre d'un côté ou d'un autre.

Incliner marque *déclinaison* ; il est relatif au point de départ, à la perpendiculaire, d'où s'éloigne la chose. *Pencher*, de *pandus*, courbe, plié, ou de *pendere*, pendre, descendre, aller vers la terre, être près de tomber, est relatif au point vers lequel la chose se dirige ou est dirigée ; c'est pourquoi on dit bien qu'un État *penche* (et non pas *incline*) vers sa ruine ou vers sa chute. « *Pencher*, c'est *incliner* vers une chose qui est en bas. » COND. On s'*incline* en donnant à son corps un mouvement qui le fait sortir de la situation verticale ; on se *penche* sur le bord d'une fontaine pour regarder ou pour se mirer dedans.

Pencher renchérit donc sur *incliner* : *incliner*, c'est *pencher* légèrement, s'écarter si peu que ce soit de la perpendiculaire ; et *pencher*, c'est *incliner* beaucoup, de façon à s'approcher de terre, à être prêt de tomber. « Il faut fort peu de chose pour déterminer cette glande à s'*incliner* et se *pencher* plus ou moins tantôt d'un côté, tantôt d'un autre. » DESC.

Il en est de même au figuré. « On *incline*, on *penche* vers un sentiment, vers un parti, lorsqu'on commence à s'y sentir porté. Mais *pencher* marque une plus grande disposition à le suivre. » COND. On lisait autrefois dans le Dictionnaire de l'Académie, que, en parlant d'une bataille où la victoire commence à *pencher* d'un côté, on dit que la victoire *incline* de ce côté-là.

INCRÉDULE, MÉCRÉANT. Sceptique en matière de religion.

C'est ce que signifie ni plus ni moins *incrédule*, *in credulus*, qui ne croit point ; mais *mécréant* veut dire, à la rigueur, qui croit mal, qui a une mauvaise croyance, qui suit une fausse religion. *Incrédule* est purement négatif, au lieu que *mécréant* emporte l'idée positive de quelque chose de mauvais.

L'*incrédule* n'a point de religion, ou il est de la bonne, mais il n'y croit point, c'est un esprit fort, et, comme on disait autrefois, un libertin. « Poussons à bout le raisonnement des *incrédules* et des libertins. » Boss. « Ces prétendus esprits forts, ces incrédules. » Mass. « Pourquoi répéter si souvent contre les *incrédules* cette objection triviale, que c'est le libertinage du cœur qui les mène à la licence de penser ? » D'AL. « Il n'y aura d'*incrédules* punis que ceux dont le cœur se ferme à la vérité. » J. J. Mais le *mécréant* a un culte différent du vrai ; c'est un païen ou un infidèle. « Planter et installer la chétienté en un peuple *mescréant* et infidèle, comme maintenant en la Chine. » CHARR. « Les peuples de cette côte (de Gênes), dès qu'ils reconnurent les Sarrasins, descendirent des montagnes en criant : Amis, donnons sur ces Barbares, sur ces *mécréants*. » LES. « Les Turcs sont des *mécréants* qui n'ont point été baptisés. » VOLT.

Un esclave qui sort des mains des *mécréants*....
N'a pas le demi-quart tant de plaisir que j'ai
En recevant de vous ce bienheureux congé. REGN.

Dans un conte de Thomas, intitulé la *Française au sérail*, un Turc dit au sultan en parlant d'une femme :

Elle naquit parmi les *mécréants* ;
Elle est Française.

Un prédicateur en chaire, un controversiste dans un ouvrage, travaille à convaincre les *incrédules* ; saint François-Xavier se rendit aux Indes pour travailler à convertir les *mécréants*.

Quelquefois on appelle *mécréant* un hérétique ou un sectaire, un homme qui est, non pas d'une religion, mais d'une communion ou d'un parti religieux qu'on désapprouve. « S'ensuit-il des inepties que débite un inspiré que ce soit un catholique, et de celles que réfute un raisonneur que ce soit un *mécréant* ? » J. J. « La Constitution changea tout à coup de situation avec ce parti de *mécréants* (les jansénistes), de révoltés, de schismatiques, d'hérétiques, proscrits, persécutés.... » S. S. « Je n'ai pu m'empêcher de vous dire combien j'estime la probité de mon huguenot. Je ne suis point suspect de favoriser les *mécréants*, puisque je viens de faire bâtir une église. » VOLT. « L'abbé de Prades est enfin arrivé à Potsdam.... Je me remercie d'avoir servi un pareil *mécréant*. C'est le plus drôle d'hérésiarque qui ait jamais été excommunié. » ID. On se sert aussi de *mécréant* pour désigner un simple *incrédule*, mais c'est une expression de dénigrement ou d'injure qui suppose dans le sujet qualifié quelque chose de méchant. « Bonneval déserta aux ennemis de la tête de son régiment en Italie..., fort débauché, fort *mécréant*. » S. S. « Il accuse le vieux abbé Bazin d'avoir dit que la Providence envoie la famine et la peste sur la terre. Quoi ! *mécréant*, tu oses le nier ! » VOLT. Qu'on soit *incrédule*, c'est l'effet d'une disposition de l'esprit ; mais c'est parfois un défaut de l'âme, une sorte de perversité qui rend *mécréant*. Dans le *Festin de Pierre*, Sganarelle dit à don Juan : « Comment ! vous êtes aussi impie en médecine !... Vous avez l'âme bien *mécréante*. Cependant vous voyez que le vin émétique fait bruire ses fuseaux : ses miracles ont converti les plus *incrédules* esprits. » MOL.

Il est à remarquer enfin qu'*incrédule* est de tous les styles, et que *mécréant* ne se dit guère qu'en plaisantant ou dans un langage voisin du familier.

INDÉTERMINÉ, INDÉCIS. Qui a été laissé vague, qu'on n'a pas rendu fixe ou distinct.

Indéterminé, à quoi on n'a pas assigné de termes ou de limites, est le mot qui convient quand on considère les choses au point de vue mathématique, quant à l'étendue et au nombre : espace ou nombre *indéterminé*.

Mais *indécis*, qui n'est pas *décidément* ceci ou cela, à l'égard de quoi on ne s'est pas *décidé* ou on n'a pas *décidé* si c'est quelque chose de tel ou tel, regarde plutôt le côté physique ou esthétique des choses : une lumière *indécise*, les traits *indécis* d'une figure, des expressions, des formes de style *indécises*.

INDIRECT, DÉTOURNÉ, OBLIQUE. Qui ne va pas droit.

Indirect, non direct, exprime l'idée commune de la manière la plus simple, car il n'a rapport qu'à la direction. *Détourné*, c'est-à-dire écarté, éloigné, a pour accessoire l'idée d'éloignement, de mise hors de la vue. Le chemin *indirect* est opposé au droit chemin, c'est le plus long ; mais le chemin *détourné* est opposé au chemin commun ou battu, il est à l'écart ou reculé, c'est le moins connu et celui où on est le moins exposé aux regards. « Les Liégeois (assiégés) sortirent de nuit, et par les chemins *détournés* ils approchèrent fort près du quartier des princes. » Boss.

Ces deux premiers mots diffèrent de même et plus sensiblement encore au figuré. Des voies *indirectes* ne sont considérées que relativement à leur direction : en les suivant on va pas en droite ligne ou droit au but. « Ces voies, tout *indirectes* qu'elles sont, conduisent néanmoins au terme et plus sûrement et plus vite. » BOURD. « Albéroni disait qu'il regardait comme offenses toutes démarches *indirectes*, toutes instances faites (auprès du roi d'Espagne) par d'autres voies que par lui. » S. S. « Tout ce que le czar obtint par des voies *indirectes* fut que le régent interposât ses bons offices pour l'élargissement du baron de Goërtz. » VOLT. Mais des voies *détournées* sont non-seulement en ligne courbe, mais encore secrètes ou même cachées, dérobées à la vue avec soin. « Nous qui sommes si éloquents sur les voies secrètes et *détournées* que les gens de bien savent prendre pour parvenir. » Mass. « Albéroni avait communiqué ces propositions à Cellamare sous un grand secret et par des voies *détournées*. » S. S. « Dans le temps même que Tissapherne se déclarait ouvertement pour les Lacédémoniens, il ne laissait pas d'assister sous main et par mille voies *détournées* les Athéniens. » Roll. Il en est de même d'une louange *indirecte* à l'égard d'une louange *détournée* : celle-ci est plus fine, plus délicate, plus habilement tournée et déguisée.

Oblique, de travers, de biais, est relatif à la qualité de la direction : il marque essentiellement un défaut, l'*obliquité*, le manque de droiture. » C'est notre propre *obliquité* qui nous instruit à la défiance ; on est moins en garde contre la fraude et l'artifice quand on n'a jamais fait usage que de la droiture et de la simplicité. » Mass. « La prudence du pêcheur est corrompue et criminelle ; il ne compte pour rien les crimes ou les démarches *obliques* qui lui répondent du succès. » Id. « Il se pousse par brigue et par intrigue là où il se défie que son mérite le puisse élever, et se plaint de l'injustice du siècle quand par les voies les plus *obliques* il désespère d'y parvenir. » Bourd. « J'admirais comment d'aussi nobles motifs pouvaient dicter des pratiques aussi basses, comment tant de marches *obliques* pouvaient s'allier avec la droiture. » J. J. « Je ne suivrai point tous ces critiques (de Voltaire) dans leur marche *oblique* et tortueuse. » Lah.

Et vous, qui, près des rois, adulateurs *obliques*,
Laissez-mourir le cri des misères publiques.... Del.

INDOCILE, INDISCIPLINABLE. Difficile ou peu maniable à l'autorité.

L'*indocile*, en latin *indocilis* (*in*, non, ne pas, *docere*, instruire), n'est pas susceptible d'instruction ou de conseils, il ferme l'oreille. L'*indisciplinable* est incapable de *discipline*, il secoue le joug, il méconnaît la loi ou la règle. Des enfants, des soldats, des animaux *indociles* n'écoutent pas, ne profitent pas des leçons du maître, ou ne suivent pas les ordres du chef ; des enfants, des soldats *indisciplinables* contreviennent à l'ordre établi, se licencient.

Sourd à la voix qui l'instruit, qui le guide ou qui lui commande, l'*indocile* oppose proprement une résistance passive. « Gui d'Arreze rendit un fort mauvais service à la musique, et il est fâcheux qu'il n'ait pas trouvé en son chemin des musiciens aussi *indociles* que ceux d'aujourd'hui. » J. J. « Les pics verts n'apprennent pas à parler : leur caractère sauvage et *indocile* les rend peu susceptibles d'éducation. » Buff.

O cervelle *indocile* !
Faut-il qu'avec les soins qu'on prend incessamment
On ne puisse l'apprendre à parler congrûment ! Mol.
La superbe Vasthi,
Et que l'orgueil du trône a rendue *indocile*,
Rejette avec mépris l'ordre qu'elle reçoit. Corn.
Sous vos coups le baudet imbécile
Conserve obstinément sa paresse *indocile*. Del.

Mais l'*indisciplinable* résiste activement, il est insubordonné, il s'insurge et commet des excès. « Ces troupes *indisciplinables* commirent les plus grands désordres. » Boss. « Les domestiques du duc de Créqui commettaient dans Rome les mêmes désordres que la jeunesse *indisciplinable* de Paris, qui se faisait alors un honneur d'attaquer toutes les nuits le guet qui veille à la garde de la ville. « Volt. « Les maîtres se plaignent que le feu de cet âge rend la jeunesse *indisciplinable*... Mais est-il étrange que l'élève se mutine ? » J.J.

A un professeur il faut des élèves qui ne soient point *indociles*, mais attentifs à l'enseignement ; à un maître d'études il faut des élèves qui ne soient point *indisciplinables*, qui se laissent gouverner.

INDUCTION, ANALOGIE. Procédé à l'aide duquel l'esprit humain supplée à l'observation, se sert de ce qu'il a vu ou remarqué pour entrevoir, conjecturer ou découvrir ce qu'il n'aperçoit point.

L'*induction*, *inductio* (*in ducere*, conduire dans, introduire), mène dans ce qu'on ne connaît pas, au delà de ce qu'on connaît, introduit au sein des choses. L'*analogie* se fonde sur des *analogies* ou des ressemblances entre différentes choses, pour juger des unes par les autres. L'*induction* s'attache à un même objet, ou à un même ordre de faits, et étend l'idée que la vue nous en donne directement. L'*analogie*, au contraire, est comparative : elle nous fait conclure d'un objet ou d'un ordre de faits à un autre.

On a observé qu'une personne s'est toujours comportée d'une certaine manière dans certaines circonstances : on en infère par *induction* qu'elle se conduira de même dans les mêmes circonstances. C'est par *induction* qu'on juge des qualités cachées d'une personne ou d'une chose sur son air. « Rien n'est plus chimérique que les *inductions* que les physionomistes ont voulu tirer de leurs prétendues observations métoposcopiques. » Buff. « Quand on juge de la chose par l'apparence, on établit par *induction* des rapports qu'on n'aperçoit pas. » J. J. C'est par *induction* qu'on remonte de la connaissance directe de l'état actuel de la terre à la connaissance probable de son état primitif et des révolutions qu'elle a dû subir. C'est par *induction* que les phénomènes électriques, soigneusement recueillis, considérés et analysés, ont conduit les savants à l'explication de la foudre. C'est par *induction* qu'on se persuade qu'une personne qui a dit ou fait certaines choses a dû en dire ou en faire d'autres du même genre. « On se trompe en tirant des *inductions*. Pierre le Grand abolit le patriarcat. Hubner ajoute qu'il se déclara patriarche lui-même. Des anecdotes prétendues de Russie vont plus loin, et disent qu'il officia pontificalement ; ainsi, d'un fait avéré on tire des conclusions erronées. » Volt.

Mais l'*analogie* nous transporte d'un objet à un autre, nous éclaire sur l'un par l'autre. C'est par *analogie* que nous nous autorisons de certains rapports constatés entre la terre et les planètes, entre l'homme et les animaux, entre un genre de plantes et un autre, etc., pour penser que, l'une des deux choses ayant une qualité ou étant dans un état, l'autre a aussi cette qualité ou se trouve aussi dans cet état. « L'*analogie* pourrait attribuer un satellite à Mars, qui est beaucoup plus éloigné du soleil que nous. » Volt. « L'*analogie* m'apprend que les bêtes étant faites comme moi, ayant du sentiment comme moi, des idées comme moi, pourraient bien être ce que je suis. » Id. « Nous ne pouvons pas assurer que cet animal qui ressemble un peu au morse par la tête et les défenses ait comme lui quatre pieds ; nous ne le présumons que par *analogie*. » Buff. « C'est à force d'analyser des fleurs en croix qu'on a trouvé que ces glandes appartenaient au plus grand nombre des genres, et qu'on les suppose par *analogie* dans ceux même où on ne les distingue pas. » J. J. Parmi les sciences naturelles, l'anatomie comparée n'a d'autre instrument que l'*analogie*. Les philosophes ont commis nombre d'erreurs en expliquant par *analogie* ce qui se passe dans l'âme, de la même manière que ce qui se passe dans le corps.

Lorsque les deux mots ont la signification qui est plus particulièrement propre à *analogie*, lorsqu'ils désignent tous deux cette sorte de raisonnement, qui consiste à aller d'une chose à une autre, à juger de l'une par l'autre, *induction* est subjectif, c'est-à-dire qu'il rappelle l'action du verbe *induire*, un travail ou une opération de l'esprit, et *analogie* est objectif, c'est-à-dire qu'il exprime la matière du raisonnement, les rapports qu'il présuppose, ou bien le principe sur lequel il se fonde. « Je me contenterai de vous dire que, sur des questions si fort au-dessus de l'homme, il ne peut juger des choses qu'il ne voit pas que par *induction* sur celles qu'il voit, et que toutes les *analogies* sont pour ces lois générales que vous semblez rejeter. » J. J. « Doit-on admettre en physique une supposition qui n'est fondée sur aucune observation, aucune *analogie*, et qui ne s'accorde avec aucune des *inductions* que nous pouvons tirer d'ailleurs? » BUFF. « Les bons chiens chassent de race : l'*induction* est assez fondée et sur l'*analogie* et sur la vraisemblance, pour établir entre les hommes des distinctions sociales. » MARM. « Croire que les animaux sont des machines, c'est la plus captieuse *induction* que l'esprit de système ait jamais pu tirer d'un principe d'*analogie*. » ID. — Une bonne *induction* est bien faite ; une bonne *analogie* a beaucoup de force ou de valeur.

INDULGENT, CLÉMENT. Disposé à pardonner.

Indulgent, du latin *indulgere*, être complaisant, permettre, marque une qualité, une douceur naturelle, une facilité à excuser, qui peut dégénérer en faiblesse. *Clément*, du latin *clemens*, calme, qui tient son âme en paix, qui ne se fâche point, indique une vertu, la douceur d'un homme qui se possède, se contient et remet une offense sans écouter la colère ni la vengeance. L'homme *indulgent* s'abandonne à son humeur, cède au penchant qui l'entraîne ; mais pour être *clément* il faut de l'empire sur soi-même, il faut réprimer les mouvements de son âme et sacrifier ses ressentiments.

On est *indulgent* envers tous les hommes, surtout envers ceux qu'on aime, et l'*indulgence* consiste à n'être pas sévère, à atténuer les fautes et les défauts, à condamner difficilement. « Se représenter la vertu sous l'idée d'un zèle amer et imprudent qui condamne sans *indulgence*. » MASS. « Le zèle est miséricordieux, et les fautes d'autrui le trouvent toujours aussi *indulgent* que ses propres fautes le trouvent sévère. » ID. « Ne trouvant pas pour autrui des confesseurs assez sévères, nous en formons pour nous-mêmes des plus *indulgents* et des plus accommodants. » BOURD. « David eut trop d'*indulgence* pour les entreprises d'Adonias.... Ce père trop *indulgent* ne le reprit pas en lui disant : Pourquoi faites-vous ainsi? Et son excessive facilité eut les suites qu'on sait assez. » BOSS. « Henri IV fut *indulgent* à ses amis, à ses serviteurs, à ses maîtresses. » VOLT. « Vous ferez des présents de ces *Mariamnes* à ceux de nos amis qui ont le plus d'*indulgence* pour mes vers. » ID.

Une longue *indulgence* est l'équité d'un père. CHÉN. Mais c'est toujours envers nos ennemis, envers les hommes qui nous ont nui ou qui nous ont personnellement offensés que nous sommes *cléments*, et la *clémence* consiste toujours à ne point user de rigueur, à épargner, à faire grâce. « La *clémence* est une bonté envers nos ennemis. » VAUV. « Auguste eut besoin d'un extraordinaire effort de *clémence* pour pardonner à Cinna. » CORN. « Vous n'êtes pas, Seigneur, un Dieu semblable à l'homme, à qui il en coûte toujours de pardonner et d'oublier les outrages d'un ennemi; la *clémence* est le premier caractère de votre être suprême. » MASS. « Le comte de Bretagne méritait de perdre ses États et la vie même pour s'être révolté contre son seigneur; il osa néanmoins compter sur la *clémence* du roi. » COND. « La philosophie avait bien montré qu'il était quelquefois honorable de pardonner à ses ennemis ; elle avait mis la *clémence* parmi les vertus ; mais ce n'était pas une vertu populaire, elle n'appartenait qu'aux victorieux. » BOSS. — « Dans cette fragilité on fait aisément des fautes; il faut donc se porter à l'*indulgence*, et excuser les faiblesses du genre humain.... Un prince ne se montre jamais plus grand à ses ennemis que lorsqu'il use avec eux de générosité et de *clémence*. » ID.

INGAMBE, ALLÈGRE. Mots familiers dont on se sert pour attribuer à quelqu'un de l'agilité ou de la légèreté.

Ils sont peu usités l'un et l'autre, le second surtout. Il n'y a peut-être de celui-ci qu'un seul exemple dans tous les écrivains du dix-septième siècle ; il se trouve dans les *Plaideurs* de Racine, Petit-Jean dit de Perrin-Dandin :

Il nous le faut garder jour et nuit et de près;
Autrement, serviteur, adieu mes plaids.
Pour s'échapper de nous Dieu sait s'il est *allègre*.

L'*ingambe*, de l'italien *gamba*, jambe, est bien en jambes ou *enjambé*, pour ainsi dire : il a les jambes bonnes et fortes, et par conséquent il est léger pour marcher, pour aller et venir. « Je vieillis, je ne suis plus *ingambe* pour herboriser. » J. J. « Si j'étais un peu *ingambe*, si je n'avais pas tout à fait 82 ans, je ferais le voyage de Paris pour la reine et pour vous. » VOLT.

Allègre, de même famille qu'*allégresse*, joint à l'idée de la légèreté celle de la joie, comme le latin *alacer* d'où il dérive probablement. « Ce malheur nous rendit plus gais qu'auparavant, et nous rîmes beaucoup de notre étourderie.... Nous continuâmes notre voyage aussi *allègrement* que nous l'avions commencé. » J. J.

INOCCUPÉ, DÉSOCCUPÉ. Sans occupation, désœuvré.

On est habituellement *inoccupé*, et actuellement *désoccupé*. Un homme est *inoccupé* quand par état il demeure sans occupation ; un homme est *désoccupé*, quand, ayant perdu l'emploi qu'il remplissait, il se trouve pour le moment sans occupation. Les princes d'Orient enfermés dans leur sérail et laissant à des ministres le soin de toutes les affaires mènent une vie *inoccupée*. Un ministre d'État qui par une cause quelconque cesse de prendre part à l'administration de son pays pour passer ses jours dans la retraite mène désormais une vie *désoccupée*. *Inoccupé* est peu usité en comparaison de son synonyme : c'est qu'il y a bien peu d'hommes qui soient absolument et constamment sans occupation, tandis qu'il arrive assez souvent qu'une personne renonce de gré ou de force au genre d'occupation auquel elle était adonnée jusque-là.

Distinguez de même *inusité* et *désusité*. Ce qui est *inusité* n'est point en usage, absolument ; ce qui est *désusité* a été en usage, mais n'y est plus. « Le confesseur de Louis XIV l'avait assujetti à cette pratique peu convenable et aujourd'hui *désusitée* de porter sur soi des reliques. » VOLT.

« *Inanimé* se dit de ce qui ne jouit pas d'existence réfléchie, de sensibilité. *Désanimé* se dirait de ce qui l'a perdue. » CH. NODIER.

De sorte qu'à présent deux corps *désanimés*
Termineront l'exploit de tant de gens armés. CORN.

INONDER, NOYER, SUBMERGER. Couvrir d'eau. Le déluge a *inondé*, *noyé*, *submergé* toute la terre.

Inonder, *inundare*, *undare in*, couler à flots vers ou sur quelque chose, y faire aller de l'eau, exprime l'idée commune simplement et sans aucun accessoire.

Noyer, du latin *necare*, tuer, mettre à mort, éteindre, signifie au propre faire périr un être vivant dans l'eau ou dans tout autre liquide. « Mélon dit que la Syrie avait été autrefois *inondée* dans toutes les plaines.... En 1095 il y eut un déluge en Syrie qui *noya* une infinité d'hommes. » BUFF. « Les Hollandais firent percer les digues.... Les maisons de campagne, les villages, les villes furent *inondées*. Le paysan ne murmura pas de voir ses troupeaux *noyés* dans les campagnes. » VOLT. — Mais *noyer* se prend ensuite par extension dans le sens général d'*inonder*. Ce qui l'en distingue alors, c'est qu'il suppose dans les lieux envahis par les eaux des habitants qui y perdent la vie. Ou bien il a cela au moins de particulier qu'il implique une idée de destruction étrangère ou moins essentielle à *inonder*. Une campagne *inondée* peut être fertilisée par là même ; une campagne *noyée* est dévastée, perdue. « Toutes les rivières sont débordées ; tous les grands chemins sont *noyés*. » SÉV. « Il y a quatre jours qu'il fait un orage continuel ; toutes nos allées sont *noyées*, on ne s'y promène plus. » ID. « Vos rivières sont débordées, vos champs *noyés* et abîmés. » ID. « Vous y aurez vu cette femme, un flambeau et une cruche en main pour éteindre l'enfer et pour *noyer* le paradis. » FÉN.

Que les eaux roulent à grand bruit,
Que leur fureur éclate à l'égal du tonnerre,
Que les champs soient *noyés*, les campagnes par terre,
Que l'univers en soit détruit. CORN.

On est *inondé* de délices et *noyé* de dettes.

Submerger, *submergere*, *mergere sub*, plonger, enfoncer, couler à fond, faire aller sous l'eau, se dit des choses comme *inonder* et des êtres vivants comme *noyer*. Il diffère néanmoins de l'un et de l'autre.

1° *Submerger* dit plus qu'*inonder* : c'est non-seulement couvrir d'eau, mais couvrir de beaucoup d'eau et partout. Pour *inonder* il suffit quelquefois d'arroser abondamment, comme fait une grande pluie, comme font les larmes qui coulent en grande quantité et qui mouillent ou baignent un visage ; mais pour *submerger* il faut ensevelir sous l'eau. Un pays *submergé* est plus qu'*inondé*, c'est-à-dire plus que couvert ou rempli d'eau çà et là ; il est sous les eaux tout entier et ne laisse plus rien paraître. « Tous les jours on dessèche des marais, on cultive des terres abandonnées par la mer, on navigue sur des pays *submergés*. » BUFF. — D'ailleurs, *submerger* ajoute aussi à *inonder* sous le rapport de la durée. Il se peut que l'eau ne fasse que passer dans le lieu qu'elle *inonde* ; elle séjourne quelque temps dans celui qu'elle *submerge*. « Les déluges de Deucalion et d'Ogygès n'ont été produits que par une cause particulière et passagère ; quelques secousses d'un tremblement de terre ont pu soulever les eaux des mers voisines et les faire refluer sur les terres, qui auront été *inondées* pendant un petit temps sans être *submergées* à demeure. » BUFF. « Si la mer a *submergé* la Touraine si longtemps (pendant quarante ou cinquante milles siècles), elle a couvert, à plus forte raison, les pays qui sont au delà. » VOLT.

2° *Submerger* enchérit aussi sur *noyer* : c'est noyer en engloutissant, en faisant aller au fin fond d'une grande masse d'eau. « Les plus distingués d'entre les officiers de Pharaon ont été *submergés* dans la mer Rouge. Ils ont été ensevelis dans les abîmes.... Ils sont couverts, abîmés, disparus pour toujours. » ROLL. — Outre cela, au lieu qu'on *noie* en jetant à l'eau, on *submerge* d'ordinaire en plongeant, en faisant aller sous l'eau celui qui est dessus. « On croirait peut-être qu'en se confiant en Dieu on marcherait sur les eaux sans se *submerger*. » MAL. « Les Égyptiens se précipitant du côté du Nil allèrent s'y *noyer*. Le roi qui se sauvait sur une barque fut *submergé* lui-même. » MARM.

INSISTER, APPUYER. S'arrêter principalement ou avec force sur quelque chose, sur un point particulier, en parlant.

Insister, comme *résister*, est pour ainsi dire militant ; il suppose une lutte engagée : on *insiste* afin d'emporter quelque chose ou de l'emporter sur quelqu'un. *Appuyer* n'a point du tout ce caractère : on appuie pour approfondir, pour bien sentir ou faire bien sentir les choses. Qui n'*insiste* pas se *désiste*, lâche prise ; qui n'*appuie* pas glisse, passe rapidement, sans poser le pied, en quelque sorte. On *insiste* dans une poursuite ou dans une discussion : on *appuie* dans une explication, une exposition, une instruction, dans un récit ou dans un témoignage. Un avocat, un dialecticien *insiste* sur telle ou telle raison ; tout homme qui de vive voix ou par écrit représente, rapporte ou recommande certaines choses *appuie* sur telle ou telle circonstance, sur tel ou tel détail. Il y a dans les controverses des actions qui demandent qu'on y *insiste*; dans l'histoire il y a des faits sur lesquels il convient d'*appuyer*.

On lit dans un des écrits polémiques de Bossuet contre le ministre Claude : « Mais ne pressons pas tant M. Claude, et sans *insister* rigoureusement sur le concile de Trente, prions-le seulement de nous marquer le temps où.... » Le même écrivain dit dans une lettre à Louis XIV où il ne s'agit nullement de disputes ou de combats d'opinions : « Votre Majesté me pardonnera si j'*appuie* tant sur ce sujet-là, qui est le plus important de tous. »

INSTANT (A L'), TOUT A L'HEURE, AU PLUS VITE. Sans faire beaucoup attendre.

A l'instant, d'abord, sur-le-champ, aussitôt, tout de suite, est plus fort que *tout à l'heure*, et signifie sans faire aucunement attendre, sans le moindre délai. A une personne qui vous dit de venir *à l'instant* vous répondez : *tout à l'heure*; c'est-à-dire dans un moment. Dans *Mithridate* le héros de ce nom dit à Pharnace :

> Je vous ai commandé de partir *tout à l'heure*.
> Mais après ce moment.... Prince, vous m'entendez.
> RAC.

Au plus vite, le plus promptement possible, est subjectif, fait penser à une personne qui se hâte ou doit se hâter. Ce qui arrive, ce qui se fait *à l'instant* ou *tout à l'heure* n'est pas long ; quand on fait une chose *au plus vite*, on n'est pas lent. Se retirer *au plus vite* (LAF., ROLL.). « Fagon m'a chargé de vous écrire *au plus vite* de ne point vous baigner. » RAC. à BOIL. « Abraham ayant levé les yeux vit trois hommes à côté de lui, et les ayant vus il courut *au plus vite* et les salua jusqu'à terre. » VOLT.

INTÉRÊT, PART. Sensibilité à ce qui regarde quelqu'un, à ce qui arrive d'agréable ou de fâcheux : prendre *intérêt*, prendre *part* à ce qui touche une personne.

On prend *intérêt* aux personnes mêmes, ainsi qu'aux choses qui les touchent ; on ne prend *part* qu'à ces choses. « Les domestiques, les voisins t'adorent de concert et prennent à toi le plus tendre *intérêt*. » J.J. « Cela me tient en peine et pour vous et pour nombre d'honnêtes gens auxquels je prends *intérêt*. » ID.

Prendre *intérêt* à une chose, c'est n'y être pas indifférent ; y prendre *part*, c'est n'y être pas étranger. *Intérêt* marque attrait ou sympathie seulement ; *part*, participation. Qui prend *intérêt* à vos malheurs y fait attention, a égard : qui prend *part* à vos peines souffre et pleure avec vous. Prendre *intérêt* à vos affaires, c'est y être favorable ; y prendre *part*, c'est y travailler. C'est plutôt par l'esprit que nous prenons *intérêt*, par le cœur ou par l'action que nous prenons *part*. Dans le *Menteur*, « on ne sait qui Dorante aime » : c'est une intrigue où le cœur n'a aucune *part*. Dorante, Lucrèce et Clarice prennent si peu de *part* à cet amour, que le spectateur n'y prend aucun *intérêt*. » VOLT.

Par conséquent prendre *part* dit plus que prendre *intérêt*, comme bienfaisance et partage de sentiments disent plus que simple bienveillance. « En vérité, vous avez raison de dire que je ne suis pas indifférente pour cet enfant ni pour vos affres : ce n'est pas même s'y *intéresser*, ni les *partager*, c'est y être tout entière par-dessus la tête. » SÉV. « Nous devons garantir les choses où nous sommes obligés de *nous intéresser* et de prendre *part*. » BOURD.

INTERRUPTION, INTERMITTENCE, INTERMISSION. Cessation d'une chose qui reprend ou continue ensuite.

Entre *interruption* et *intermittence*, d'abord, la différence est assez grande.

Interruption, d'un usage beaucoup plus fréquent, s'emploie bien en parlant des choses qui sont, c'est-à-dire relativement à l'espace, auquel cas il désigne proprement une solution de continuité : « Ces lits de pierre ont souvent plusieurs lieues d'étendue sans *interruption*. » BUFF. *Intermittence* se dit uniquement des choses qui agissent ou se font, qui, en un mot, ont rapport à la durée. — En outre, l'*interruption*, l'action de rompre ou l'état de ce qui est rompu au milieu (*inter rumpere*), est quelque chose de brusque ou d'accidentel, qui n'a rien de régulier ou de périodique ; au lieu que l'*intermittence* (*inter mittere*, mettre entre), l'action de mettre de l'intervalle ou l'intervalle mis entre le commencement et la suite, est une cessation naturelle, qui se reproduit par intervalles. L'*interruption* d'un travail, d'un discours ; l'*intermittence* du pouls, de la fièvre. L'*interruption* d'une fontaine (ACAD.) est un fait qui a lieu une fois, dans un certain cas, en vertu d'une cause particulière ; l'*intermittence* d'une fontaine est, comme le flux et reflux, un phénomène qui revient de temps en temps : « Cet effet ressemble à l'*intermittence* de certaines fontaines qui coulent des montagnes à glaces et fluent plus abondamment le soir que le matin. » BERN.

Intermittence est nécessairement moins facile à distinguer d'*intermission* dont la racine est la même. Ils n'équivalent cependant pas l'un à l'autre.

L'*intermittence* est un état d'une certaine durée. « Je veux lire vos ouvrages au plus vite, à présent que je suis dans l'*intermittence* de mes fluxions. » VOLT. L'*intermission*, au contraire, n'est qu'une suspension d'un instant ; en sorte que sans *intermission* signifie sans la moindre *intermittence*. « Un géomètre est nuit et jour occupé à cette science : mais il n'y pense pas sans *intermission* à toute rigueur. » BOSS. — D'ailleurs, *intermission* étant, non pas seulement tiré du latin comme *intermittence*, mais calqué sur un mot latin, *intermissio*, est encore plus rarement usité que son synonyme dans le discours ordinaire. On dit les *intermittences* (MARM.) et non les *intermissions* du génie ; la femme doit avoir une égalité de tendresse sans accès, sans *intermittence* (ID.), et non sans *intermission*. Mais *intermission* peut trouver place soit dans le langage spécial de la médecine comme le veut l'Académie, soit dans une version très-fidèle, où on se borne à tourner le latin en français, à lui donner une terminaison ou une forme française. « *Priez sans intermission*, » dit Fénelon traduisant une phrase de saint Paul d'après le texte latin et ayant soin de souligner les trois mots comme pour avertir qu'ils sont à moitié étrangers.

INTOLÉRABLE, INSUPPORTABLE. Qu'on ne peut souffrir.

Intolérable, qui ne peut être *toléré*, c'est-à-dire permis ; *insupportable*, qui ne peut être *supporté*, c'est-à-dire enduré. La chose *intolérable* est considérée du point de vue moral, elle est illicite et révolte notre conscience ; la chose *insupportable* est ainsi qualifiée à raison de la douleur qu'elle nous cause, elle est accablante et révolte notre sensibilité. L'*intolérable* nous répugne comme digne de blâme et contraire au bien. Abus (Bourd.), calomnie (Boss.). *intolérable*; zèle *intolérable* et odieux (Bourd.). « Les magistrats qui sont établis pour maintenir l'ordre dans cet État devraient mourir de honte en souffrant un scandale aussi *intolérable* » Mol. Mais l'*insupportable* nous répugne comme pénible, comme contraire à notre bien-être. Puanteur *insupportable* (Mass.). La pauvreté m'est *insupportable* (Boss.). « Cette manne, autrefois si délicieuse, nous est maintenant *insupportable*. » Bourd. — Ainsi, on peut dire d'une manière générale qu'*intolérable* convient mieux pour le moral, et *insupportable* pour le physique. « Ce ne sont pas les besoins du corps qui sont les plus *insupportables* ; ce sont les peines de l'âme qui sont *intolérables*, c'est le mépris, c'est l'abandon. » Bern.

Si les deux mots étaient toujours à cette distance l'un de l'autre, il ne serait guère à craindre qu'on les confondît. Mais, après n'avoir attribué jusqu'en 1835 à *intolérable* que la signification morale qui le distingue si nettement d'*insupportable*, le dictionnaire de l'Académie aujourd'hui rapproche davantage les deux mots en constatant un fait qui est certain, savoir qu'*intolérable* veut dire aussi très-désagréable, très-déplaisant : douleurs *intolérables*.

Intolérable, même alors, n'équivaut point à *insupportable*. Au lieu qu'*insupportable* se dit des personnes aussi bien que des choses, *intolérable* ne se dit que des choses. Outre cela, ce qui est *intolérable* fait plus souffrir.

La chose *insupportable* nous pèse, nous est à charge ; elle peut n'être que gênante, incommode ou ennuyeuse. « Dès qu'il n'y aura point d'humilité, l'autorité sera onéreuse et *insupportable*. » Bourd. « Quelle vie, dit-on, sera la nôtre, quand nous aurons retranché ces doux commerces, ces jeux, ces plaisirs ? Tout sera triste, ennuyeux, *insupportable*. » Boss. « Si la vie chrétienne nous offre maintenant des devoirs tristes et ennuyeux, ils nous paraîtront plus *insupportables* à mesure que nous vieillirons dans le monde. » Mass. « Cette prolixité fastidieuse en soi est ici doublement *insupportable*. » Lah. « La moindre contrainte est (alors) *insupportable*. » J. J. — Mais la chose *intolérable* cause une douleur atroce, horrible, telle qu'il semble qu'elle ne doit pas être permise. « Ce corps immortel au milieu des flammes (de l'enfer) n'en recevera point d'autre impression que les douleurs cuisantes et *intolérables* qu'elles lui causeront. » Bourd. « O justice terrible pour ceux qui mériteront par leur dureté ses *intolérables* rigueurs ! » Boss. « Les réprouvés seront non moins accablés des miséricordes de Dieu que de l'excès *intolérable* de ses vengeances. » Id. » Les passions peuvent devenir un supplice *intolérable*. » Id. « L'incertitude seule doit suffire pour causer le plus *intolérable* tourment quand il s'agit d'une décision telle que celle du salut éternel. » Fén. « Le marquis de Beauvau reçut une blessure mortelle qui lui causa les douleurs les plus vives. Il mourut dans des tourments *intolérables*. » Volt.

— Un séjour nous est *insupportable*, quand il nous déplaît beaucoup ; mais pour l'homme d'honneur l'ignominie est *intolérable*, elle fait plus que lui déplaire, elle le navre. « Vous concevez que cette ignominie *intolérable* au cœur d'un homme d'honneur rend au mien le séjour de l'Angleterre *insupportable*. » J. J.

INTRODUIRE, INSÉRER, FOURRER. Faire entrer.

Introduire, du latin *introducere, ducere intro* conduire dans ou dedans, se dit proprement des personnes ; on ne l'emploie que par extension en parlant des choses.

Insérer, latin *inserere*, mettre dans, ne s'applique jamais qu'aux choses et encore à des choses bien déterminées à l'égard desquelles *introduire* est inusité ; en sorte que les deux verbes se distinguent aisément l'un de l'autre. — D'une part, *insérer*, conformément à une acception principale du verbe latin *inserere* (semer ou planter dans) veut dire entrer, mettre un œil, un bourgeon dans la fente d'une greffe.

Là d'un arbre fertile on *insère* un bouton,
De l'arbre qui l'adopte utile nourrisson. Del.

On dit d'une manière et dans un cas analogues *insérer* le virus vaccin sous la peau (Acad.). — D'autre part, n'étant pas seulement formé du latin comme *introduire*, mais calqué sur un mot latin, *insérer* est tout littéraire, spécialement employé quand il est question de livres ou d'écrits. On *insère* un cahier, un feuillet dans un livre, et, par extension, des mots, des faits, des pièces, des articles, dans des ouvrages d'esprit, dans des publications, des recueils, des contrats, ou dans le *Bulletin des lois*.

Fourrer, dont l'origine est certainement basse ou barbare, et non pas noble ou savante, a pour caractère bien distinctif sa vulgarité. C'est un terme commun, familier, quelquefois même trivial. On s'en sert en parlant de choses peu relevées, telles que les différentes parties du corps, les doigts, la main, le bras, le nez. Quand il se rapporte à des personnes comme *introduire*, ou à des écrits comme *insérer*, il se prend en mauvaise part ou c'est tout au moins une expression peu distinguée. Je ne sais qui l'a *fourré* dans cette coterie ; où me suis-je *fourré*? *fourrer*, quelqu'un dans un cachot. « Il faut que je vide mes livres dans lesquels j'ai la mauvaise habitude de *fourrer*, en arrivant, les plantes que j'apporte. » J. J. « Elle me gronde fort de ce que j'ai gâté sa lettre par cette gazette de nouvelles frivoles que j'y ai *fourrées* en son absence. » Ham. « On prouvera, par une fine critique, au magistrat de la réforme qu'un passage et puis un autre ont été *fourrés* dans l'Évangile. Il ne saura où cela va : et il est clair que cela va à tout. » Boss.

INUSITÉ, INSOLITE. Non conforme à ce qui se fait, se pratique ou se dit d'ordinaire.

Inusité signifie proprement contraire à l'usage, à quelque chose de particulier ; et *insolite* (*insolitus*, non accoutumé), contraire à la coutume, à quelque chose de général. Une chose est *inusitée* à quelqu'un qui n'a pas l'habitude de la faire ou de l'éprouver. « Louis XIV n'aurait jamais voulu ouïr parler de ce choix, bien qu'arrêté, ce qui lui était entièrement *inusité*. » S. S. « Le roi d'Espagne parla à la reine avec tant de hauteur, qu'elle fut étourdie d'un langage *si inusité* pour elle. » ID. « Ce m'était un pays *inusité*. ID. « C'était la coutume des apôtres, après que Jésus-Christ avait parlé, de l'interroger en particulier.... Mais cette fois ils appréhendaient de l'interroger. D'où leur vient ce sentiment *inusité* ? » Boss. Mais une chose n'est pas *insolite* à quelqu'un ; ce qui est *insolite* l'est en général, pour tout le monde, ou au moins pour tout un pays. « Le duc de Berwick prit le parti de céder à son fils sa grandesse suivant le privilège *insolite* que le roi d'Espagne lui en avait accordé. » S. S. « Cette grâce n'est pas une grâce extraordinaire, *insolite*, ni qui soit particulière parmi les saints et les élus à quelques personnes distinguées. » Boss.—C'est une faveur *inusitée* que celle qu'on obtient d'un roi qui n'en accorde jamais de telle ; c'est une faveur *insolite* que celle qu'on obtient d'un roi, contre la coutume qui est de n'en accorder de semblable à personne.

Inusité, contraire à la coutume de quelqu'un, n'implique ni louange ni blâme. Mais *insolite*, contraire à la coutume, à ce qui est généralement usité et par conséquent établi comme une règle ou comme une loi, emporte assez souvent l'idée défavorable de quelque chose d'étrange ou d'inique. Procédé bizarre et *insolite* (ACAD.); démarche *insolite* et irrégulière (ROLL.) ; demande *insolite* et injuste (ID.). « Cette conduite de l'administration ne paraîtrait pas moins extraordinaire et *insolite*, et ne ferait qu'augmenter le murmure. » S. S.

Inusité, qui rappelle *usité*, *usage*, *user*, se dit communément ; au lieu qu'*insolite* se trouvant dans notre langue seul, sans famille, s'emploie rarement et ne convient guère qu'en termes de science et de pratique. « Ces idées ne se réveillent pas de même un son d'un mot étranger, et, si j'osais le dire, *insolite* à mon oreille et à mon âme. » MARM. « Dans l'un de ces livres de l'analogie César recommandait particulièrement d'éviter comme un écueil les expressions nouvelles et *insolites*. » ROLL. « Saturnin avait ajouté à la loi une clause tout à fait *insolite*. » ID. « La prétendue justice cléricale a continué ses procédures.... Ces démarches illégales et insolentes autant qu'*insolites* rebutent ceux qui travaillent pour moi. » VOLT.

INUTILE, VAIN, SUPERFLU. Qui ne sert à rien ou de rien.

Inutile, *inutilis*, non utile, *utile* et *utilis* venant d'*uti*, se servir, user, employer, signifie littéralement qui ne peut être employé ou dont on ne peut se servir efficacement. Il se dit primitivement et particulièrement bien des *outils* (même racine, *uti*), des instruments, des machines, des meubles et des hommes considérés comme des serviteurs et des moyens. De ces trois mots c'est le plus général : il n'est relatif qu'à l'effet, et il en marque l'impossibilité par les choses employées pour le produire.

Vain, latin, *vanus*, vide, solide en apparence et creux en réalité, qualifie les choses qu'on a eu tort ou qu'on aurait tort de regarder comme capables d'amener un certain effet dont il s'agit. Ce mot implique proprement une idée de déception. Des efforts *inutiles* échouent ; de *vains* efforts échouent et trompent l'attente ou causent du désappointement. Les flots de la mer font d'*inutiles* efforts pour rompre une digue ; un homme présomptueux fait de *vains* efforts pour atteindre un but qui est au-dessus de sa portée. Dans une famine générale, quand il ne reste plus d'aliments à acheter, les trésors sont *inutiles* ; en disant de *vains* trésors nous faisons entendre combien sont peu fondées les espérances de bonheur qu'on y attache. Contre une force supérieure la résistance est *inutile* : le chêne a beau défier la tempête et vanter sa force sur laquelle il compte, sa résistance est *vaine*. Le marronnier d'Inde est un arbre *inutile* (J. J.) ; les Pyrrhoniens opposent à la foi du genre humain de *vaines* raisons (PASC.).

A cette première différence s'en joint une autre qui y est analogue. *Inutile* convient en parlant des choses d'application ou considérées quant à l'application ; et *vain* moins en rapport à l'action qu'à l'acte, regarde surtout l'âme, ses dispositions, ses sentiments. On dit des démarches, des pas, des courses, des cris *inutiles* ; et des prétentions, des pensées, des craintes *vaines*. On dit un raisonnement *inutile*, et de *vaines* raisons ; un art *inutile*, et un *vain* savoir. « Je n'ai pas la *vaine* curiosité d'éclairer des questions *inutiles*. » J. J. « Crois-tu que tous les coups (donnés dans la bataille) seront perdus, toute la prudence *vaine*, et tout le courage *inutile* ? » MONTESQ. « Ce sévère jugement où la vérité condamnera l'*inutilité* de leur vie et la *vanité* de leurs travaux. » Boss.

Superflu, de *superfluere*, couler au-dessus, par-dessus, déborder et se perdre, se dit des choses qui sont de trop pour produire un effet, soit parce que cet effet se produira bien sans elles, soit parce qu'il est déjà produit. Le précepte de céder à la force est *superflu*, c'est un soin *superflu* de chercher à corriger dans l'enfant des défauts qui se corrigeront d'eux-mêmes ; prêcher un converti, raconter à quelqu'un ce qu'il sait déjà, pleurer une personne morte, sont choses *superflues*. — Ce mot contraste d'une manière frappante avec *inutile* : la chose *inutile* est impuissante, la chose *superflue* surabondante. J. J. Rousseau condamne ainsi les livres de morale : « S'ils soutiennent les maximes du monde, ils sont *superflus*, et, s'ils les combattent, ils sont *inutiles*. » Ailleurs il prétend que « l'ouvrage de l'abbé de Saint-Pierre sur la paix perpétuelle paraît *inutile* pour la produire et *superflu* pour la conserver ; » ce qu'il explique en disant que les princes s'opposeront à ce qu'on l'établisse, eux qui la défendraient de toute leur force si elle existait. Le duc de Villeroi prenait mille précautions pour préserver le jeune roi Louis XV des prétendus mauvais desseins du régent : « Ces précautions auraient été bien *inutiles*, si elles n'avaient pas été *superflues.* » Marm.

Ainsi, ce qui est *inutile* est pour une certaine fin de nul effet, de nul usage, sans pouvoir, infructueux ; ce qui est *vain* inspire une confiance chimérique ; ce qui est *superflu* ne fait pas ou ne fait plus besoin, on s'en passera bien ou on s'en est passé. Des efforts, des soins, des conseils *inutiles* ne peuvent rien, ne mènent à rien ; des efforts, des soins, des conseils *vains* sont trompeurs, on ne doit pas ou on aurait pas dû s'y fier ; des efforts, des soins, des conseils *superflus* sont en pure perte, sans eux la chose se fera, se ferait ou est déjà faite.

Armes *inutiles* ; *vaines* promesses ; regrets *superflus*.

INVENTER, CONTROUVER ;— FORGER, FABRIQUER. Ces mots expriment l'action de l'esprit qui imagine ou produit quelque chose de faux.

On *invente* quelque chose de nouveau ; on *controuve* ce qu'on cherche, ce qu'on cherche attentivement, avec soin, selon la force de la préfixe, cum. Ce qui est *inventé* est arbitraire, gratuit, n'a pas le moindre fondement ; ce qui est *controuvé* est composé, arrangé à dessein. Un fait *inventé* est un fait en l'air, de pure *invention*, dont il n'y a ni preuve ni trace. « Cela fit *inventer* des contes inouïs sur l'origine du peuple juif. » Boss. « Scaliger fait peu de cas de ce petit conte, dont il demande des preuves et un meilleur témoignage ; on se tourmenterait en vain à le chercher, c'est un fait *inventé* en l'air. » Id. « Ils me font décréter d'accusation sur des dilapidations *inventées*, dont il n'y a pas de vestiges. » Beaum. Un fait *controuvé* est un fait médité, concerté, imaginé exprès pour arriver à un but. « Des calomnies *controuvées* pour noircir la vertu. » P. A. « Toute espèce de demande des quinze louis n'était donc qu'une histoire *controuvée*, une infamie. » Beaum. Les voyageurs croient se dédommager de leurs travaux pénibles en exagérant, en rendant plus merveilleuses les choses qu'ils ont vues ; « mais un esprit attentif reconnaît aisément les faits purement *controuvés*. » Buff.—L'historien qui *invente*, le fait quelquefois à son insu ; celui qui *controuve*, jamais. D'autre part, ce qu'on *controuve* peut être connu ou déjà existant ; seulement on l'exagère ou on l'applique mal à propos : « Voyez le peuple, il *controuve*, il augmente, il charge.... » Labr. Mais ce qu'on *invente* ne contient rien de réel ou de véritable.

Forger et *fabriquer*, dans l'acception figurée où ils sont pris ici, ne se disent pas familièrement, sans compter qu'ils désignent, non pas seulement, comme *inventer* et *controuver*, l'action de faire des choses abstraites, des mensonges, des histoires, des faits, mais aussi l'action de produire des choses concrètes, des objets, tels que des livres et des testaments.

Forger a plus de rapport à l'invention : ce qui est *forgé* est une création, une fiction toute pure. « Les étrangers qui ont besoin d'assistance *forgent* des mensonges pour se rendre agréables.... Peut-être que vous-même vous inventeriez de pareilles fables si l'on vous donnait de meilleurs habits à la place de ces haillons. » Fén. *Fabriquer* se rapporte davantage à la façon. » Ces philosophes prennent plaisir à se *fabriquer* des dieux à leur fantaisie. » Mal. On se *forge* des chimères ou des monstres ; on ne s'en *fabrique* pas, parce que relativement à ces choses l'action, la manière, le travail importent peu. Mais *fabriquer* se dit de préférence quand on veut marquer le temps, le mode ou l'auteur de la fabrication. Les cinq dogmes fameux *fabriqués* par la main de l'Équivoque (Boil.). « Dans ce temps une bulle ridicule (la bulle *Unigenitus*) était *fabriquée* à Paris dans un collège de jésuites. » Volt. — Ensuite, *forger* ne s'emploie pas aussi essentiellement et aussi constamment en mauvaise part : Un *forgeur* de contes (Acad.), un *fabricateur* de faux actes (Id.). On *forge* des mots (Id.) par besoin ou par caprice ; on *fabrique* des passages (Pasc., J. J.) pour triompher artificieusement d'un adversaire.

INVESTIR, ASSIÉGER. Entourer avec des troupes une place dont on veut se rendre maître. C'est ce que signifie simplement *investir*, du latin *investire*, revêtir, garnir, entourer. Se propose-t-on, par exemple, de réduire une ville par la famine, on l'*investit*, on l'enveloppe d'un cordon de soldats qui empêchent qu'il n'y entre des vivres. On *investit* de même une maison dans laquelle s'est réfugié un homme qu'on veut prendre et qu'on craint de laisser échapper.

Que s'il s'agit d'une ville ou d'une place dont on cherche à s'emparer de force, *investir*, par rapport à *assiéger*, marque un préliminaire, une première mesure. De là vient que *assiéger* se met bien après *investir* comme y ajoutant, comme exprimant quelque chose de plus, une continuation. « Philométor battit Physcon, et l'obligea à se renfermer dans la ville de Lapitho, où il fut bientôt *investi*, *assiégé*, et enfin pris et mis entre les mains de son frère. » Roll. « Bruxelles est étonnée de se voir presque en même temps *investie*, *assiégée* et prise au milieu des glaces de l'hiver. » Thom. « Ces iniquités sont les monstres qui *investiront* le réprouvé, qui l'*assiégeront*, qui le saisiront des plus vives frayeurs. » Bourd.

L'*investissement* cerne ou bloque les ennemis ; il les enferme de manière qu'ils ne peuvent ni sortir ni être secourus. Mais *assiéger* ou *assidere*, s'asseoir ou s'installer auprès, c'est s'établir comme il faut et établir tout ce qu'il faut pour préparer l'action décisive ; c'est disposer les approches et ouvrir la tranchée pour battre en brèche et donner l'assaut. « Jésus-Christ a distingué très-nettement les deux sièges (de Jérusalem) : l'un où la ville serait entourée de fossés et de gabions ; l'autre où elle serait seulement enceinte de l'armée, et plutôt *investie* qu'*assiégée* dans les formes. » Boss.

INVÉTÉRÉ, ENVIEILLI. Fortifié par l'âge ou par le temps, en parlant d'un mal ou de quelque chose de mauvais.

Invétéré, *inveteratus*, des mots *in*, en, et *vetus*, vieux, correspond exactement pour la composition à *envieilli*, *en vieillie*. Seulement le premier est tout latin, et second tout français. De là vient qu'*invétéré* est plus noble et préféré par l'usage. *Envieilli*, qui n'a jamais été très-usité, qui ne se trouve même pas dans la première édition du Dictionnaire de l'Académie, tend de plus en plus à disparaître de la langue. Molière le met dans la bouche d'un médecin qui parle un langage suranné : « Laquelle maladie (procédante du vice des hypocondres), par laps de temps naturalisée, *envieillie*, habituée, et ayant pris droit de bourgeoisie chez lui (M. de Pourceaugnac), pourrait bien dégénérer en manie... » Mais on lit dans un des sermons de Massillon que Jésus-Christ va choisir pour le guérir un paralytique de trente-huit ans, « tandis qu'il se refuse à des infirmités plus communes et moins *invétérées*. »

Pécheur *envieilli* est une expression qui se rencontre encore dans les *Provinciales*; aujourd'hui nous dirions plutôt, avec Massillon, pécheur *invétéré*. Une erreur est proprement *invétérée*, suivant la manière dont on s'exprime à présent ; mais Lafontaine a dit, en parlant de Louis XIV et de ses efforts pour détruire le protestantisme :

Vient-il pas d'attirer, et par divers chemins,
La dureté du cœur et l'erreur *envieillie* ?

IRRÉPROCHABLE, IRRÉPRÉHENSIBLE. A l'abri de la censure, contre qui ou contre quoi il n'y a rien à dire.

On fait des *reproches* au sujet de la conduite, afin de faire rougir et d'humilier ; c'est une punition qu'on inflige, et cela suppose toujours une faute commise. Un juge, un témoin, un administrateur sont *irréprochables*, quand on ne peut élever contre eux aucune réclamation, accusation ou plainte. On *reprend*, non pas d'une faute, mais d'un défaut ou d'une erreur, et la *répréhension* peut avoir pour objet toute autre chose que la conduite, une œuvre de science ou d'imagination, par exemple. « La doctrine de Jésus-Christ était absolument *irrépréhensible*, puisque ses plus grands ennemis demeuraient muets devant lui. » Boss. Des vers *irrépréhensibles* (Volt., Lah.), d'une correction *irrépréhensible* (Marm.).

Irréprochable est une qualification pratique et relative à une conduite tenue envers les autres ; *irrépréhensible*, une qualification idéale ou tout au plus relative à la manière de vivre considérée solitairement et sans rapport avec autrui. Ce qui est *irréprochable* n'est pas coupable ; ce qui est *irrépréhensible* est sans défaut, accompli. On est *irréprochable* dans sa conduite, et *irrépréhensible* dans ses mœurs. « Les libertins du siècle voudraient être instruits par des hommes qui pratiquassent ce qu'ils prêchent aux autres, par des hommes *irréprochables* dans leur conduite, et *irrépréhensibles* dans leurs mœurs. » Bourd.

Cependant ces deux adjectifs s'emploient quelquefois l'un et l'autre en parlant de la conduite ou de toute la manière de vivre. Alors *irrépréhensible* signifie beaucoup plus qu'*irréprochable*. L'homme *irrépréhensible* n'est pas seulement à l'abri de tout reproche, de toute accusation, pur de tout crime, mais parfait, exemplaire, à l'épreuve de la plus rigide censure. Un militaire qui n'enfreint jamais la discipline et ne commet jamais de fautes graves, est *irréprochable*; un saint prêtre, modèle de toutes les vertus, est *irrépréhensible*. « La vie du prêtre oisif, *irréprochable* aux yeux des hommes, peut-elle le rassurer sur la longue inutilité de ses fonctions ? » Mass. « Le christianisme devait être l'idée de la plus *irrépréhensible* sainteté. » Bourd. « Dieu a élu les religieux, afin qu'ils soient saints, afin qu'ils soient *irrépréhensibles*, afin qu'ils servent d'exemples aux chrétiens du siècle. » Id. « Après la descente du Saint-Esprit les apôtres devinrent des hommes saints d'une sainteté consommée, des hommes parfaits et *irrépréhensibles*. » Id. « Il n'y a pas le plus petit reproche à faire au pieux Énée : il est, d'un bout du poëme à l'autre, absolument *irrépréhensible*. » Lah.

Irréprochable marque donc en ce sens une qualité relative, parfois même purement extérieure, tandis qu'*irrépréhensible* désigne une qualité absolue et réelle.

IRRITABLE, IRASCIBLE. D'une grande sensibilité.

Irritable est passif et se dit des choses aussi bien que des personnes ; mais *irascible* est actif, et de là vient qu'il sert à qualifier les personnes seulement. La personne ou la chose *irritable* est susceptible, accessible aux impressions, aisément affectée ; l'homme *irascible* est prompt à se mettre en colère ou à s'emporter.

Que si parfois *irritable* implique aussi l'idée d'un mouvement de l'âme, et non pas seulement d'une affection, il suppose au moins que ce mouvement est une pure réaction, qu'il a été déterminé par quelque chose d'extérieur : l'amour-propre est *irritable* (J. J.), tout l'offense et l'excite. *Irascible*, au contraire, donne l'idée d'un mouvement de l'âme spontané : les gens *irascibles* n'ont pas besoin d'excitation pour prendre feu.

L'émotion exprimée par *irritable* est immanente, c'est-à-dire renfermée ou concentrée dans le sujet ; c'est un sentiment de mécontentement ou de fâcherie dont il a seul à souffrir. Mais *irascible* fait concevoir une passion qui éclate, qui inspire aux autres et doit leur inspirer de la crainte. Aussi dit-on *irritable*, simplement ; et *irascible* contre quelqu'un (Lah.). La pitié commande de ménager les personnes *irritables* ; et la prudence, d'éviter les personnes *irascibles*.

ISSUE, SORTIE. Lieu de passage pour aller de l'intérieur de quelque chose, de l'intérieur d'une maison, par exemple, au dehors.

Issue est objectif, tout relatif au local. *Sortie*, au contraire, est subjectif : comme il signifie primitivement l'action de sortir, il en rappelle toujours l'idée ainsi que celle des personnes qui sortent ou ont à sortir. Pour l'ordinaire, on dit l'*issue* d'un lieu, et la *sortie* d'une personne : à l'*issue* de la caverne (Marm.) ; à la *sortie* des juges (Acad.). Or, même quand *sortie* se prend dans le sens particulier d'*issue*, c'est-à-dire quand il s'emploie en parlant des lieux, il conserve avec les personnes un certain rapport.

A proprement parler, le labyrinthe était sans *issue*, et il ne laissait pas de *sortie*. » C'est un labyrinthe sans *issue*, » dit Laharpe d'une tragédie qui manque de plan. Mais dans la description du labyrinthe d'Égypte, donnée par Bossuet, on lit : « Quinze cents chambres s'arrangeaient autour de douze salles, et ne laissaient point de *sortie* à ceux qui s'engageaient à les visiter.

Une maison qui a deux *issues* est construite de telle façon qu'on y a pratiqué deux portes; des *issues* sont quelque chose de matériel, on en ouvre ou on en bouche. Une maison qui a deux *sorties* permet qu'on passe au dehors par deux côtés différents; les *sorties* sont des choses qui se considèrent immatériellement par rapport aux personnes, ce sont des facultés ou quelque chose qui implique essentiellement l'idée de faculté. En fermant toute *issue*, on ôte nécessairement toute *sortie* : « Manlius entra dans le camp, mit des corps de garde à toutes les portes, et, de cette manière, ferma toute *issue* et toute *sortie* aux ennemis. » ROLL.

A l'*issue* de la messe, n'a point du tout rapport aux personnes; il est entièrement relatif à une chose, à la messe, qui vient de finir. Mais à la *sortie* de la messe, représente à l'esprit le mouvement des personnes à l'entrée du saint lieu qu'elles quittent pour se rendre chez elles. Même distinction entre à l'*issue* du sénat et à la *sortie* du sénat. « Marius, à l'*issue* du sénat, retourna à l'assemblée du peuple où il fit confirmer sa loi. » VERT. « Les tribuns se firent suivre par une troupe des plus mutins d'entre les plébéiens, et ils furent attendre Coriolan à la *sortie* du sénat pour l'arrêter. » ID.

Une autre différence résulte de l'étymologie probable d'*issue*. Il vient d'*issir*, formé, dit-on, du latin *exire*, se tirer de, s'échapper; au lieu que *sortir*, d'où dérive *sortie*, paraît être pour *fortir*, *foras ire*, aller dehors. Par conséquent, l'*issue* est une ouverture pour se sauver, pour se dérober, pour mettre le pied hors d'un lieu d'où il est difficile de se tirer. « Rien n'est plus ordinaire que de le voir s'offrir à servir de guide dans un chemin détourné qu'il ne connaît pas, et dont il ne peut ensuite trouver l'*issue*. » LABR. « Elle n'avait pu sauver sa propre vie qu'en fuyant dans l'appartement du roi par une *issue* dérobée. » STAËL. *Issues* secrètes (ACAD.), *issues* cachées (ROLL.), *issue* de derrière (DEST.). Au figuré, on appelle *issue* plutôt que *sortie* un expédient, un moyen de sortir d'un mauvais pas, d'une affaire embarrassante. « Je ne vois point, je ne trouve point d'*issue* à cette affaire; se ménager des *issues*. » ACAD.

J

JOIE, AISE, HILARITÉ, RÉJOUISSANCE, ALLÉGRESSE, JUBILATION. État passif, épanouissement d'une âme agréablement affectée.

C'est ce que *joie* exprime simplement et sans aucun accessoire.

Aise désigne une petite *joie*, une *joie* causée par un petit plaisir, ou par un plaisir d'une espèce peu grave, peu importante. Ce mot, presque familier se trouve surtout dans Molière et dans les *Lettres* de Mme de Sévigné. J. J. Rousseau s'en sert aussi volontiers dans sa correspondance et dans ses *Confessions*. La guérison inespérée d'un fils nous comble de *joie*; Amphitryon de retour, après une assez courte absence, témoigne à Alcmène, l'*aise* de la revoir (MOL.).

Hilarité, terme renouvelé des Latins à la fin du dix-huitième siècle seulement, signifie, comme en latin, une joie calme et sereine, répandue sur le visage et peinte dans le regard. Une physionomie pleine d'*hilarité*. » ACAD. Le chevalier de Chatelux avait été le premier à faire sur lui-même l'épreuve alors redoutée de l'inoculation. Buffon le lui rappela en pleine Académie : « Souvenez-vous de cet instant (où vous revintes de la campagne après votre guérison!) L'*hilarité* peinte sur votre visage en couleurs plus vives que celles du mal, vous me dites : Je suis sauvé, et mon exemple en sauvera bien d'autres. » « Cet ancien militaire nous reçut avec cette *hilarité* gasconne à laquelle contribuait l'aisance d'une fortune honnête, l'état d'une âme libre et calme, le goût de la lecture et un peu de la philosophie antique. » MARM.

Réjouissance et *allégresse* veulent dire une grande *joie*, une *joie* qui se répand au dehors et est partagée par une multitude d'hommes. Mais la *réjouissance* est plus longue et se témoigne de plus de manières; ce que prouvent et la terminaison du mot et son aptitude à être employé au pluriel. L'*allégresse* se distingue par la vivacité seulement. Un jour de *réjouissance*; des cris d'*allégresse*. On ne savait quelle fête me faire; et tous les jours que nous passions ensemble étaient des jours de *réjouissance*. » MARM. « Pendant le sacre de Louis XVI, la reine soutenait son émotion; mais au moment du grand éclat de l'*allégresse* universelle, l'impression a été trop forte, elle n'a pu y résister. » ID.

Jubilation marque aussi une grande *joie*. « Un air de *jubilation* et de *réjouissance* était répandu dans la maison d'Aman, au seul spectacle des malheurs et du supplice de Mardochée. » MASS. « Mon cher ange est donc dans l'*allégresse* et la *jubilation*. » VOLT. — Mais, outre que *jubilation* est généralement familier, il renchérit sur les deux autres mots, il indique une extrême joie. « Possédant votre Dieu, ô Marie, quels ont été vos transports, vos *joies*, vos *jubilations*, votre exaltation ! » Boss. « M. du Maine crevait de *joie*. Son salut aux présidents eut un air de *jubilation*. » S. S.

JOUISSANCE, POSSESSION, PROPRIÉTÉ. Le maître d'un bien en a la *jouissance*, la *possession*, la *propriété*. « L'homme actif, intelligent, habile, économe des biens produits par son travail, a sur ces biens un droit de *possession*, de *jouissance*, de *propriété*, que n'a pas le fainéant qui les lui envie. » MARM.

Entre la *jouissance* et la *possession* d'abord existe une grande différence. Nous *jouissons* de ce dont nous usons; nous *possédons* ce que nous avons, ce qui nous appartient. La *jouissance* fait notre bonheur; la *possession* notre richesse. Nos *jouissances* sont nos plaisirs; nos *possessions* sont nos biens mêmes, qui peuvent devenir pour nous, mais à la condition que nous en usions, une source de plaisirs et de *jouissances*. — Nous avons la *jouissance*, et non la *possession*, d'un jardin où il nous est seulement permis de nous promener, d'un service de table dans un hôtel où nous ne faisons que nous arrêter pour prendre un repas en passant, d'une place que nous louons au théâtre pour assister à une représentation. Quelquefois la *jouissance* a lieu, non plus sans la *possession*, mais avant. « Ce bonheur (qu'on trouve dans le mariage) est cent fois plus doux à espérer qu'à obtenir ; on en jouit mieux quand on l'attend que quand on le goûte. O bon Émile, aime et sois aimé ! *Jouis* longtemps avant que de *posséder*. » J. J. — Réciproquement, il peut y avoir *possession* sans qu'il y ait *jouissance*. Je puis, par exemple, posséder une promenade, en avoir la *possession* mais si je suis impotent, et que je ne puisse pas faire usage de mes jambes pour me promener, je n'en ai pas la *jouissance*. « Pourquoi l'avarice insatiable aspire-t-elle à ces biens ? Est-ce pour en *jouir* ? Est-ce pour en goûter les douceurs ? C'est seulement et précisément pour les *posséder* ; car pour en *jouir* il faudrait en user, et l'usage les diminuerait. Or c'est ce qu'une âme intéressée ne veut point. » Bourd.

La *possession* et la *propriété*, d'autre part, se ressemblent beaucoup. Seulement la *possession* est de fait, et la *propriété* de droit. La *possession* est plus ou moins ancienne ou paisible; la *propriété* est plus ou moins bien fondée. « Il faut bien distinguer la *possession*, qui n'est que l'effet de la force ou le droit du premier occupant, de la *propriété*, qui ne peut être fondée que sur un titre positif. » J. J. « Cela faisant une *possession* continue se transforme aisément en *propriété*. » Id. Auguste distribua à ses vétérans des *possessions* qui étaient les *propriétés* des bergers dont Virgile a exprimé les plaintes dans sa première églogue. Une terre est censée appartenir à celui qui en est en *possession*, jusqu'à ce qu'il soit prouvé qu'elle ne lui appartient pas en propre ou qu'il n'en a pas la *propriété* (Marm.). Le *possesseur* d'un champ peut n'en être que le fermier; le *propriétaire* d'un champ est celui à qui le fonds appartient d'une manière absolue et qui peut en disposer à son gré souverainement. La ville de Mitylène dans l'île de Lesbos ayant été prise par les Athéniens, « l'île fut distribuée au sort à des habitants d'Athènes à qui ceux du pays donnèrent deux mines de revenu pour chaque part, moyennant quoi ils demeurèrent *possesseurs* de l'île, quoiqu'ils n'en fussent plus les *propriétaires*. » Roll.

JOUG, FARDEAU. Au figuré, « ces termes de *joug* et de *fardeau* marquent la difficulté et de la pesanteur. » Bourd. Un *joug* et un *fardeau* sont quelque chose qu'on porte avec peine.

Joug implique l'idée d'un développement d'activité, par analogie au bœuf qui tire ou laboure, attelé sous le *joug* : le *joug* suppose un maître auquel on est assujetti. Mais *fardeau* fait concevoir un poids purement passif : le *fardeau* est un poids ou comme un poids dont on est chargé. Un *joug* trop pesant nous asservit; un *fardeau* trop pesant nous accable. On secoue le *joug*, on se délivre d'un *joug*, et cela signifie s'affranchir, se mettre hors de dépendance; on se soulage d'un *fardeau* en rejetant ou en déposant quoi que ce soit d'onéreux. Un prédicateur engage ceux qui l'écoutent à subir le *joug* de Jésus-Christ et à se décharger du *fardeau* de leurs péchés par la confession (Mass.). On dit le *joug* de la tyrannie et des passions, et le *fardeau* des ans ou de l'existence. Il faut dans le monde se soumettre au *joug* de l'étiquette; personne, dans l'État, ne doit se refuser à porter une partie du *fardeau* des impôts. La loi est un *joug* et un *fardeau* (Bourd.) : un *joug*, parce qu'elle nous oblige à faire certaines choses, à tenir une certaine conduite, en restreignant notre liberté ou plutôt notre indépendance; un *fardeau* pour ceux à qui elle pèse, qu'elle fatigue, qui la portent sur leurs épaules, comme on dit. Il en est de même du corps par rapport à l'âme (Boss.) : c'est un *joug*, s'il la domine, s'il s'en rend le maître, s'il la subjugue; c'est un *fardeau*, parce que, suivant Platon, au lieu de servir l'âme et de l'aider, il l'embarrasse, et qu'une partie de la puissance de l'âme s'use à remuer son instrument incommode.

Les personnes seules peuvent être dites porter un *joug*. Mais on attribue aussi des *fardeaux* aux choses.

Voudrais-je, de la terre inutile *fardeau*,
Attendre chez mon père une obscure vieillesse? Rac.

Comme on met toujours le même *joug* aux mêmes bœufs, ce mot ne s'emploie qu'au singulier ; *fardeau*, au contraire, prend souvent le pluriel, parce que, au propre, rien n'est plus ordinaire que de changer de *fardeaux*, que d'en recevoir et d'en porter successivement de différentes sortes. « La règle et la constitution (dans une communauté religieuse) ne sont point des *fardeaux* ajoutés au *joug* de l'Évangile ; ce n'est que l'Évangile expliqué en détail. » Fén.

JUGEMENT, SENTENCE, ARRÊT. Actes qui émanent du pouvoir de décider, de prononcer sur les choses ou sur les personnes.

Jugement, action de juger, action d'un juge, est le terme général, et se dit dans tous les cas où il n'est pas besoin d'une grande précision. De plus, il a cela de particulier, qu'il exprime quelquefois, non pas l'acte proprement, mais l'action, l'événement d'où résulte la *sentence* ou l'*arrêt*. « Faites, Seigneur que je m'examine moi-même avant votre *jugement*, et que je prévienne la rigueur de votre *sentence*. » Pasc. « Il est dit que, après le *jugement*, l'empereur Antonin commit à différents juges le soin de faire exécuter l'*arrêt* contre sainte Félicité. » Volt. Le *jugement* est un fait, il a de la relation au temps : demander un prompt *jugement* (Fén.). La *sentence* et l'*arrêt* sont des choses.

Sentence, *sententia*, sentiment, opinion, marque ce qu'on pense, ce qu'on résout. *Arrêt*, c'est ce qu'on *arrête*, ce qu'on ordonne, ce qu'on pense ou résout d'une manière définitive, irrévocable. « Par cette première *sentence*, les juges déclaraient simplement que Socrate était coupable, sans rien statuer sur la peine qu'il devait souffrir, car, lorsqu'elle n'était pas déterminée par la loi, on laissait au coupable le choix de la peine qu'il croyait mériter. Sur sa réponse, on opinait une seconde fois, et ensuite il recevait son dernier *arrêt*. » Roll. Une cour inférieure dont on peut appeler rend une *sentence*, une cour souveraine dont on ne peut pas appeler donne un *arrêt*. La *sentence* est une simple déclaration d'avis, et est quelquefois susceptible d'être modifiée ; l'*arrêt* est invariable et d'une valeur absolue. La *sentence* d'un arbitre ; l'*arrêt* du Destin. « Jésus-Christ dit que les Juifs mourront dans l'impénitence. Est-ce un *arrêt* définitif qu'il portait contre eux ? Saint Chrysostome estime que ce fut seulement comme une *sentence* comminatoire, qui leur déclarait ce qu'ils avaient à craindre, s'ils demeuraient plus longtemps dans leur infidélité. » Bourd. « On vous condamne, ô mon Sauveur! Mais dans cette *sentence* sacrilége vous adorez l'*arrêt* que votre Père prononce alors contre vous. » Mass. La *sentence* se rapporte à des affaires de moindre importance : on obtient une sentence contre un débiteur ; l'*arrêt* concerne des intérêts plus graves, la vie, par exemple. « Si cette malheureuse *sentence* du bailliage (dans un procès civil) subsistait, notre nation en devrait peut-être autant rougir que des *arrêts* qu'un aveuglement barbare dicta contre les Calas. » Volt. Enfin il semble que *sentence* convient mieux pour désigner un jugement favorable ou peu fâcheux, et *arrêt* pour exprimer une condamnation ou une condamnation terrible. « Ce sont des criminels tremblants, à qui l'on va prononcer ou une *sentence* de grâce ou un *arrêt* de mort éternelle. » Mass.

L'affaire de M. de Morangiès fut portée au parlement. « Les chambres assemblées travaillèrent à ce *jugement* le 3 du mois de septembre, depuis cinq heures et demie du matin jusqu'à six heures et demie du soir. M. Linguet seul avait résisté à la *sentence* d'un bailliage prévenu et partial. Le parlement débrouilla ce chaos. La raison et l'équité ont dicté son *arrêt*. » Volt.

L

LAID, VILAIN. Qui n'est pas beau.

Laid, italien *laido*, vient de l'allemand *Leid*, peine, d'où *leidig*, désagréable, dépourvu d'agrément. *Vilain* a été fait de *villanus*, villageois, paysan, et par suite roturier, bas, grossier, sale, malpropre, déshonnête.

Laid est le mot propre, celui de l'esthétique, le seul qui exprime d'une manière nette l'impression fâcheuse produite sur nous par la vue de choses défectueuses sous le rapport des formes, des proportions, de la couleur. *Vilain* mêle à cette idée celle d'une qualité mauvaise ou nuisible : il se dit de ce qui n'est pas bel et bon. L'objet *laid* déplaît au goût, blesse le sentiment du beau ; l'objet *vilain* joint à cela qu'il est gênant, à charge, insupportable, même dangereux, qu'on ne peut en tirer ni service, ni utilité. *Laide* figure, *vilain* chemin. Quand le temps est *laid* il fait sombre et rien ne sourit aux yeux ; par un *vilain* temps on ne peut ni voyager ni travailler aisément dans la campagne. L'hiver est une *laide* saison, c'est-à-dire une saison pâle, décolorée, attristante ; c'est une *vilaine* saison, c'est-à-dire une saison pendant laquelle on n'est pas bien. Une *laide* maison est mal bâtie, irrégulière, répréhensible au point de vue de l'art ; une *vilaine* maison est de plus incommode. Dans une mauvaise situation, un homme est dans de *vilains* draps ou jette un *vilain* coton.

Une personne *laide* et contrefaite, présente quelque vice de conformation, ou bien les traits de son visage sont incorrects et repoussants ; une *vilaine* personne est sotte, déshonnête ou méchante. Buffon dit des oiseaux qu'il appelle tamatias « qu'ils sont assez *laids* et fort mal faits ; » et des goélands : « Ce sont de sots et *vilains* oiseaux qui se battent et se mordent, en s'arrachant l'un à l'autre les morceaux. » Par conséquent *vilain* se met très-bien après *laid* comme y ajoutant. « Le prince de Berghes était un très-*laid* et *vilain* petit homme de corps et d'esprit, dont il avait fort peu. » S. S. « La Reynie, l'un des présidents de la chambre ardente, fut assez mal-avisé pour demander à la duchesse de Bouillon si elle avait vu le diable ; elle répondit qu'elle le voyait en ce moment, qu'il était fort *laid* et fort *vilain*, et qu'il était déguisé en conseiller d'État. » Volt.

Laid est restreint et précis, parce qu'il répond à un défaut unique et distinct ; par la raison contraire, *vilain* est plus indéterminé. On dira donc bien des monuments d'une ville, choses proprement appréciables sous le rapport esthétique ou du beau, qu'ils sont *laids*, et de la ville elle-même, qu'elle est *vilaine*. « Il me semble que Paris est une belle ville, où il y a des choses plus *laides* ; Londres une *vilaine* ville, où il y a de très-belles choses. » Montesq.

Comme *laid* qualifie les choses sous un aspect spécial, qui ne se confond avec aucun autre, il se prend au moral bien plus rarement que *vilain*. Il s'applique seulement aux actions non conformes à l'idée du beau moral, à la bienséance, au devoir ; on ne le trouve guère que dans les phrases générales du style élevé : il n'y a rien de plus *laid* que le vice ; le mensonge est le plus *laid* des vices. *Vilain* est plutôt d'un style voisin du familier et se dit continuellement des paroles ou des actions grossières, honteuses, et presque toujours déshonnêtes, sales, obscènes : un *vilain* ingrat (Fén.), un *vilain* vieux avare (J. J.), de *vilaines* coureuses (Id.) ; jouer à quelqu'un un *vilain* tour (Acad.), des paroles sales et *vilaines* (Acad.).

LANCE, PIQUE ; — HALLEBARDE, PERTUISANE. Armes de longueur ou pour attaquer de loin, lesquelles consistent en un fer pointu porté au bout d'un bâton ou d'un morceau de bois.

La *lance* et la *pique* diffèrent beaucoup de la *hallebarde* et de la *pertuisane* : elles sont plus simples ; leur fer s'étend en longueur seulement, et on ne s'en sert que d'estoc, c'est-à-dire pour percer. La *hallebarde* et la *pertuisane* sont un composé d'une *lance* ou d'une *pique* et d'une hache, ce sont des armes d'estoc et de taille : leur fer ou leur lame, vers le milieu de sa hauteur, s'étend de travers en forme de hache ou de croissant tranchant à pointes aiguës. D'ailleurs, la *lance* et la *pique* ont été d'un usage plus général, et c'est pourquoi les mots qui les désignent dans notre langue ont tous deux des acceptions figurées : parmi les armes offensives des anciens et des sauvages on trouve des *lances* et des *piques*. Les *hallebardes* et les *pertuisanes*, au contraire, n'ont été employées dans les armées que pendant deux siècles environ, de Louis XI à Louis XIV.

Lance, pique. — *Lance*, du latin *lancea*, est plus noble que *pique* qui ne dérive pas d'une langue savante, au moins d'une manière immédiate et certaine. Par conséquent la *lance* est une arme plus distinguée que la *pique*. Dans l'antiquité les chefs ont des *lances*, et les soldats des *piques* : Télémaque tenait sa *lance* d'une main, de l'autre il montrait les divers postes qu'il fallait occuper; on voyait de dessus les murs de Salente les *piques* hérissées qui couvraient la terre comme elle est couverte par une abondante moisson (FÉN.). Les poëtes représentaient Minerve armée d'une *lance* :

Prends, ô Pallas, ton égide et ta *lance*. CHÉN.

Les soldats romains portaient des *piques* :

J'ai vu des légions les aigles renversées,
Des vétérans en pleurs les *piques* abaissées. CHÉN.

Au moyen âge, la *lance* était l'arme propre de la chevalerie; les capitulaires en défendaient l'emploi au vilain. Plus tard, quand la chevalerie eut disparu, la *lance* passa aux mains de la cavalerie, au lieu que la *pique* fut exclusivement une arme de fantassin comme aujourd'hui la baïonnette qui l'a remplacée : *lancier* indique toujours un soldat à cheval, et *piquier* un soldat à pied. Sous Charles IX, par exemple, la cavalerie française ne combattait guère qu'avec la *lance*, et l'infanterie allemande et suisse ne se servait que de longues *piques* (VOLT.).

Hallebarde, pertuisane. — *Hallebarde*, allemand *hellebarte*, primitivement *hëlmebarte*, signifie une hache ou une lance, *barte*, propre à fendre le *heaume* ou le casque, *helm*. Après la bataille de Nancy, Charles le Téméraire fut trouvé parmi les morts, ayant la tête fendue depuis l'oreille jusqu'aux dents du taillant d'une *hallebarde*. *Pertuisane*, mot tout français formé de *pertuis*, trou, ouverture, du latin *pertusus*, percé, est le nom d'une grande *hallebarde*, propre à faire des *pertuis* ou de larges blessures.

La *pertuisane* étant destinée à percer (*pertundere*) plutôt qu'à couper ou à fendre, son fer transversal est peu développé et paraît n'être qu'une extension du bas de la lame qui se distingue, du reste, par sa longueur et sa largeur. Aujourd'hui que les armes à hampe sont totalement abandonnées, les *hallebardes* ne paraissent plus que dans les mains des suisses d'églises, qui ne porteraient pas de *pertuisanes* sans exciter le rire, tant elles sont longues et peu maniables.

Les *pertuisanes* étaient surtout employées, à ce qu'il paraît, dans les assauts. On s'en servait encore au siège de Namur dont Racine rend compte à Boileau dans une de ses lettres. « M. de Maupertuis marchait à la tête des mousquetaires (à cet assaut). L'un d'eux ayant osé passer devant lui, il le porta par terre de deux coups de sa *pertuisane*. » De même Rollin, transportant à l'antiquité un terme qui ne convient qu'à l'époque des temps modernes marquée plus haut, dit qu'au siège de Tyr par Alexandre Admète, le chef des assaillants, « fut tué d'un coup de *pertuisane* ».

LEÇON, ENSEIGNEMENT, INSTRUCTION. Ces mots signifient d'abord ce que des personnes nous apprennent ou ce qu'elles nous disent pour nous apprendre, pour nous communiquer certaines choses.

Mais la *leçon* porte sur un point particulier de doctrine; l'*enseignement* est l'ensemble de toutes les *leçons*; et l'*instruction* est le résultat obtenu par le disciple qui a suivi ou reçu avec plus ou moins de fruit les *leçons* et l'*enseignement* : les *leçons* et l'*enseignement* sont faits pour l'*instruction* de l'élève; tout homme qui a passé par les écoles a plus ou moins d'*instruction*. Outre cela, *leçon* et *enseignement*, suffisamment distingués l'un de l'autre par la différence qui vient d'être indiquée, ont cela de tout à fait particulier à l'égard d'*instruction*, qu'ils sont dogmatiques et théoriques, qu'ils supposent toujours un maître s'adressant dans une école à des élèves. « Le moins qu'on peut faire de *leçons* en forme, c'est le meilleur. On peut insinuer une infinité d'*instructions* plus utiles que les *leçons* même, dans des conversations gaies. » FÉN. « Cambyse voulut accompagner son fils jusqu'aux frontières de la Perse. Dans le chemin, il lui donna d'excellentes *instructions* sur les devoirs d'un général d'armée. Cyrus croyait n'ignorer rien de tout ce qui regarde le métier de la guerre après les longues *leçons* qu'il en avait reçues des maîtres les plus habiles. » ROLL. « Alexandre ne fut pas moins redevable de ses conquêtes aux *leçons* d'Aristote qu'aux *instructions* de Philippe, son père. » ID.

Ces trois mots expriment aussi des avertissements que nous recevons des choses comme des personnes et dont nous devons tirer des règles de conduite. Grâce aux *leçons*, aux *enseignements* et aux *instructions*, nous évitons de commettre des erreurs ou des fautes.

La *leçon* frappe et fait craindre; l'*enseignement* exhorte et fait réfléchir; l'*instruction* éclaire et donne à connaître.

La *leçon* frappe : une *leçon* frappante (MASS., VOLT.). C'est une invitation pressante de ne pas se mettre dans un cas donné de peur d'encourir un malheur qui y a déjà été éprouvé. Elle laisse une impression forte, énergique; elle a un sens précis, saisissable directement; elle est d'une application restreinte et convient tout particulièrement à l'individu qui la reçoit et qu'elle fait sur-le-champ rentrer en lui-même. « Dieu est aussi le seul qui se glorifie de faire la loi aux rois, et de leur donner, quand il lui plaît, de grandes et de terribles *leçons*. » BOSS. « J'ai été instruit par mon malheur. De telles *leçons* sont rudes; mais elles sont bonnes. » FÉN. « Ah! qu'une femme demoiselle est une étrange affaire et que mon mariage est une *leçon* bien parlante à tous les paysans qui veulent s'élever au-dessus de leur condition! » *Georges Dandin*. MOL. « La fin tragique de César fut une *leçon* pour ce tyran (Auguste), qui eût continué d'être cruel s'il n'eût pas craint pour sa vie. » Cond.

L'*enseignement* exhorte, c'est quelque chose de plus général, quelque chose qui consiste plus en préceptes qu'en exemples, qui ne suppose point de malheur arrivé, de faute commise, qui fait sur l'esprit une impression moins forte et s'adresse plus au jugement, à la raison, qu'à l'imagination et à la sensibilité.
Cette fable contient plus d'un *enseignement* :
Nous y voyons premièrement.... Laf.

« Veillez, *vigilate*, parole dont le fils de Dieu a fait la conclusion presque universelle des divins *enseignements* qu'il nous a donnés, et parole dont la pratique est comme le précis et l'abrégé de toute la sagesse chrétienne. » Bourd. « Tout l'Évangile de notre Sauveur est plein d'*enseignements* salutaires, que la sagesse éternelle du Père nous a bien voulu apporter du ciel pour la sanctification de nos âmes. » Boss. « Commode, indigne d'avoir un tel père (Marc-Aurèle), en oublia les *enseignements* et les exemples. » Id.

L'*instruction* éclaire, non pas seulement en morale, comme l'*enseignement*, non pas seulement d'une manière vive, soudaine, exemplaire, comme la *leçon*, mais sous quelque rapport que ce soit et d'une façon quelconque. On entend par ce mot toute connaissance sur des objets inconnus, sur des choses qu'on ignore. L'*instruction* nous donne des lumières, et nous forme, nous dresse, nous met en état d'agir. « L'éclaircissement qu'on voudrait en faire (par la définition) apporterait plus d'obscurité que d'*instruction*. » Pasc. « Toute l'Égypte a profité de leurs lumières (des deux Mercures) : Thèbes doit à leurs *instructions* d'avoir eu peu de mauvais princes. » Boss. « Priez les plus habiles capitaines de vous instruire, et n'ayez point de honte d'attribuer à leurs *instructions* tout ce que vous ferez de meilleur. » Mentor à Télémaque. Fén. « Vous chassez tous ceux qui représentent des tragédies, si l'*instruction* n'est mêlée au plaisir. » Id. « Les gens de guerre, les courtisans, les magistrats y peuvent trouver (dans la *Vie d'Agricola* par Tacite) d'excellentes *instructions*. » Roll. « L'un et l'autre de ces deux ouvrages (sur la botanique) peut donner des *instructions* utiles, dont je profite de mon mieux. » J. J.

LECTEUR, LISEUR. Celui qui fait l'action de lire, l'action de parcourir des yeux en le comprenant quelque chose décrit ou d'imprimé.

Lecteur est évidemment le même mot que le latin *lector*. Aussi n'a-t-il rien de vulgaire. *Liseur*, au contraire, formé d'un verbe français, *lire*, ne s'emploie que familièrement, et se prend volontiers en mauvaise part pour désigner un homme qui ne fait que lire, qui lit trop, ou qui lit des choses dont on fait peu de cas. « Nous avons encore mon fils ; nous craignons ces tristes ordres pour aller en Basse-Bretagne, sans autre profit que de nous ôter notre compagnie, notre *liseur* infatigable. » Sév. « Nous donnions à la lecture des romans la plus grande partie du temps que nous avions pour nous divertir. Pour Saint-Far, il nous appelait les *liseurs*. » Scarr. On lit dans une pièce badine de Lafontaine :
Dieu me garde....
D'avoir rencontres importunes
De *liseurs* de vers sans répit.

Voltaire écrit à l'auteur d'une histoire de Bretagne : « Vous avez rempli cet objet à la satisfaction de vos *lecteurs* : les *liseurs* de brochures n'en sentiront peut-être pas tout le mérite ; mais votre ouvrage intéressera toujours les vrais amateurs de l'histoire. » Sur ce vers de la 3ᵉ satire de Boileau,
Deux nobles campagnards, grands *lecteurs* de romans,
il est à remarquer que le mot propre était *liseurs*, et non pas *lecteurs*.

LÉGAT, NONCE. Ministre du pape à l'étranger.

Légat, du latin *legatus*, député, ambassadeur, est plus ancien. Il s'est dit seul de tout envoyé de la cour de Rome à l'époque où les ambassadeurs en général s'appelaient *legati*, et où les souverains n'entretenaient pas encore auprès des souverains étrangers d'agents diplomatiques à résidence. Par conséquent le *légat*, quel que soit le temps relativement auquel on le considère, n'a reçu qu'une commission, n'a été nommé que pour négocier une affaire, porter un ordre ou tenir la place du saint-père, dans un cas particulier. Au contraire, *nonce*, du latin *nuntius*, messager, tiers, intermédiaire, désigne un ministre résident, un prélat établi et accrédité par le pape près d'une puissance étrangère pour y prendre soin de tous les intérêts du saint-siège pendant un temps assez long ou même illimité. On dit proprement que le pape envoie un *légat*, et qu'il a un *nonce* dans tel ou tel pays.

Le duc de Créqui, notre ambassadeur à Rome, y ayant été insulté, le pape Alexandre VII fut forcé d'envoyer son neveu, le cardinal Chigi, en qualité de *légat*, faire satisfaction au roi Louis XIV. « Ce fut, ajoute Voltaire, le premier *légat* de la cour romaine qui fut jamais envoyé pour demander pardon. Les *légats*, auparavant, venaient donner des lois, et imposer des décimes. » Mais, outre cet agent de circonstance, Rome avait auprès de Louis XIV un agent à poste fixe, un *nonce* : ce fut par les mains du *nonce* que fut remise au roi la condamnation prononcée par les cardinaux de la congrégation contre Fénelon dans l'affaire du quiétisme (S. S.).

Les choses n'ont pas changé sous ce rapport. Parmi les ambassadeurs qui sont en résidence auprès de la cour de France, il y a un *nonce* ; néanmoins le saint-père envoya à Paris, en 1856, un *légat*, le cardinal Patrizzi, pour le représenter au baptême du prince impérial.

Présider les conciles (Pasc., Boss., Cond.), rendre la justice (Volt., Cond.) lever de l'argent sur les peuples (Volt.), telles sont quelques-unes des missions qu'allaient remplir autrefois les *légats*. Mais la *nonciature* n'a pas d'objet spécial comme la *légation* ; ce qui la distingue, c'est sa durée, la continuité ou la longueur de séjour de celui qui en est chargé dans le lieu où il l'exerce : ce qui révolta le plus les Anglais contre le roi Jacques II, « c'est qu'il avait publiquement à sa cour un *nonce* du pape, des jésuites, des capucins. » Volt.

LENT, LAMBIN. Qui manque de promptitude dans ses mouvements ou dans ses actions.

Plusieurs synonymistes, sur la recommandation de Girard, ont cherché à séparer ces deux mots. C'était chose facile.

Lent est toujours adjectif, et *lambin* presque toujours substantif : vous êtes bien *lent*; vous êtes un *lambin*.

Quand il se prend comme *lent* dans le sens adjectif, *lambin* en diffère encore d'une manière très-remarquable, en ce qu'il ne convient que dans le discours familier. « Frère Thiriot, tout paresseux qu'il est, tout dormeur, tout *lambin*, pourra vous faire avoir une *Tolérance*, pourvu que vous vouliez le réveiller. » Volt.

Enfin, ce qui est en défaut dans l'homme *lent*, c'est la nature, et dans le *lambin* la volonté. Le premier n'est pas expéditif, parce qu'il n'a pas beaucoup de ressort ou d'énergie, et quoique peut-être incessamment occupé ; le second est un musard, il ne va pas vite en besogne par légèreté ou inapplication, parce qu'à chaque instant il se dérange pour s'amuser, en un mot parce qu'il lambine.

LENTEMENT, PEU A PEU, INSENSIBLEMENT. Expressions dont on se sert pour marquer que quelque chose se fait progressivement, en plusieurs fois, et non tout d'un coup.

Lentement est verbal et subjectif ; il se rapporte à une action ou à un agent, qui tarde, qui ne va pas vite, qui emploie beaucoup de temps, au lieu de se hâter. « Le Seigneur se hâte de visiter ses élus ; le Seigneur, au contraire, n'ouvre que *lentement* les portes de la mort aux pécheurs pour les attendre plus longtemps à pénitence. » Mass. « La saine raison pénétrait partout, mais *lentement* et avec difficulté. » Volt. « Voilà la *Julie* : je travaille à la première partie, mais *lentement*, selon mes forces. » J. J.

Peu à peu est objectif ou relatif à la chose, dont les parties reçoivent différentes modifications, changent, augmentent, diminuent. « Les eaux s'écoulent *peu à peu*. » Acad. « L'armée se fondit *peu à peu*. » Volt. « La maison de Charlemagne tomba *peu à peu* dans les règnes suivants. » Boss.

Insensiblement, d'une manière qui n'est pas sensible, regarde le spectateur à qui échappe ce qui se passe, qui ne le remarque pas. « Un nouveau monde s'est élevé *insensiblement*, et sans que vous vous en soyez aperçu, sur les débris du premier. » Mass. « C'est ainsi que les États libres se font des monarques absolus, et deviennent *insensiblement*, mais que dis-je? ils deviennent manifestement l'annexe d'une monarchie étrangère. » Boss. « Le passage des bagatelles aux points les plus importants est imperceptible comme les nuances des couleurs qui passent *insensiblement* du blanc au noir, sans qu'on puisse marquer l'endroit précis où commence ce grand changement. » Maint. « Antoine, par un discours artificieux, ramène *insensiblement* ces esprits superbes. » Volt.

Des ouvriers travaillent *lentement*; un ouvrage avance *peu à peu*; des ouvriers travaillent et un ouvrage avance *insensiblement* quand le travail des ouvriers ou le progrès de l'ouvrage a lieu sans qu'on s'en aperçoive.

Dans telle opération, il faut procéder *lentement*; on perd *peu à peu* certaines choses, et, par exemple, son crédit, il s'en va pièce à pièce en quelque sorte ; à mesure qu'on vieillit, le corps s'affaiblit *insensiblement*, sans qu'on s'en doute, il est si naturel de se faire illusion sur ce point.

LETTRE (A LA), AU PIED DE LA LETTRE. Selon le sens intrinsèque et essentiel du discours.

A la lettre, suivant la lettre, se rapporte à l'existence ou à la réalité des choses, et *au pied de la lettre*, suivant la mesure de la lettre, à leur degré. Dans le *Misanthrope*, Alceste, si on en croit J. J. Rousseau, n'est pas misanthrope *à la lettre*, mais en apparence ; un homme qui n'est que bizarre n'est pas fou *au pied de la lettre* (S. S.), mais approchant, presque fou. A prendre les choses *à la lettre*, suis-je réellement coupable ? à prendre les choses *au pied de la lettre*, suis-je aussi coupable qu'on le prétend ? Une chose est arrivée *à la lettre*, c'est-à-dire effectivement, elle n'est pas fabuleuse ou controuvée ; telle louange doit être entendue *au pied de la lettre*, c'est-à-dire à la rigueur, elle n'est pas outrée. Une prédiction s'accomplit *à la lettre*, véritablement ; si sévère que soit telle ou telle loi, elle demande à être accomplie *au pied de la lettre*, sans qu'on en rabatte rien. N'allez pas prendre *à la lettre* mille offres apparentes qui ne vous sont faites dans le monde que pour être refusées, ni *au pied de la lettre* mille compliments flatteurs par lesquels on vante outre mesure votre mérite. Qui dit les choses *à la lettre* ne feint ni ne ment ; qui dit les choses *au pied de la lettre* n'exagère pas.

LIBÉRATEUR, SAUVEUR. Qui a secouru quelqu'un efficacement, qui l'a tiré ou dégagé d'une position fâcheuse.

L'Académie semble ne mettre entre ces deux mots aucune différence ; car elle définit *sauveur* par « celui qui sauve, *libérateur*. » Ils sont loin cependant d'équivaloir l'un à l'autre.

Le *libérateur*, *liberator*, de *liber*, libre, procure proprement la liberté; et le *sauveur*, *salvator*, de *salvus*, sain et sauf, le salut. Au *libérateur* on doit d'être délivré, au *sauveur* de ne pas périr. Moïse fut le *libérateur* des Hébreux qu'il affranchit du joug des Égyptiens ; il fut leur *sauveur* lorsque leur ouvrant un passage à travers la mer Rouge il les empêcha d'être exterminés par leurs ennemis. Nous sommes les *libérateurs* des âmes que nous retirons, par nos prières, du purgatoire où elles sont captives ; Jésus-Christ est le *sauveur* de nos âmes, leur perte sans lui serait certaine. Harmodius et Aristogiton, en détruisant la tyrannie, furent les *libérateurs* d'Athènes ; Joseph, vendu par ses frères, devint leur *sauveur* et celui des Égyptiens en les préservant de la famine.

Libérateur dit moins que *sauveur* ; car le *libérateur* délivre de toutes sortes de maux, même de ceux qui ne font que gêner ou embarrasser, au lieu que le *sauveur* soustrait ou arrache uniquement aux plus grands maux, à ceux qui font courir risque de la vie. Aussi met-on bien *sauveur* après *libérateur* par gradation. « Lorsque Pompée revenait d'Espagne, tout le peuple l'attendait comme son *sauveur* et son *sauveur*. » ROLL.

LIBERTÉ, LIBRE ARBITRE. L'idée commune à ces deux mots est celle d'une certaine exemption de contrainte ou d'empêchement.

Mais cette idée conserve la plus grande étendue dans *liberté*, au lieu que dans *libre arbitre* elle se restreint à une application particulière.

Un pendule se meut avec *liberté*; un ressort a ou n'a pas assez de *liberté*. En pareil cas on ne saurait employer *libre arbitre*. — Relativement aux plantes, les animaux jouissent d'une sorte de *liberté*, en tant que, n'étant pas fixés au sol, ils ont la locomotion, la faculté de changer de place, d'aller et de venir. Ce n'est point encore là le *libre arbitre*. — Le *libre arbitre* ne doit pas être non plus confondu avec la *liberté* sociale ou politique, avec celle qui consiste à n'être pas en servitude ou assujetti aux volontés d'un despote. — Le *libre arbitre* enfin se distingue de cette espèce de *liberté* qu'on a définie le pouvoir de faire ou d'agir, de cette *liberté* dont sont privés les prisonniers et les paralytiques, et qui, pour chaque homme, se mesure sur ses forces et sur ses moyens.

Quelle est donc la *liberté* signifiée par *libre arbitre*? C'est celle de la volonté, la *liberté* morale attestée par la conscience, celle qui fait que nos actions nous sont imputables, la faculté de nous déterminer à notre gré entre plusieurs partis : *libre arbitre*, *liberum arbitrium*, c'est-à-dire libre décision. C'est une expression consacrée en métaphysique et d'une grande utilité pour prévenir ou corriger de funestes malentendus. Ainsi on peut s'en servir pour réfuter le fatalisme de Locke qui supprime le *libre arbitre* en ne reconnaissant d'autre *liberté* à l'homme que celle de pouvoir, de pouvoir sortir quand on n'est pas enfermé, mouvoir ses membres quand on n'est pas enchaîné ou paralysé, produire tel ou tel effet quand on en a la force et qu'on est en état de vaincre la résistance des forces extérieures de la nature. De même Bossuet reproche aux calvinistes de méconnaître le *libre arbitre* et d'expliquer bassement la *liberté* de l'homme en disant que c'est le pouvoir de faire et ne faire pas certaines choses, comme de parler et de se taire, de sortir de la maison et d'y demeurer.

Le *libre arbitre*, ou, comme on disait aussi autrefois, le *franc arbitre* (VAUG., DESC., BOURD., BOSS., PASC.) regarde nos actes et non pas nos actions : c'est le pouvoir qu'a la volonté de choisir une chose à faire préférablement à une autre, « ce pouvoir, pour ainsi dire à deux tranchants, cette vertu élective entre deux partis qui sont immédiatement comme sous notre main. » FÉN. Sans doute *liberté* se dit également dans cette acception, mais ce n'est pas d'une manière aussi précise, parce que ce n'est pas d'une manière exclusive. Si le *Traité du libre arbitre* de Bossuet changeait son titre en celui de *Traité de la liberté*, l'idée en deviendrait singulièrement vague et ambiguë. C'est le *libre arbitre* (BOURD., BOSS., PASC., DID.), et non la *liberté* en général, qui a été un objet de controverse pour les théologiens dans leurs disputes sur la prescience ou sur la grâce et la prédestination.

Accessoirement, d'ailleurs, il est à remarquer qu'on peut considérer la *liberté* comme une qualité et le *libre arbitre* comme un objet auquel cette qualité convient. On dit bien la *liberté* du *libre arbitre*. « Je passe à la difficulté que Votre Altesse propose touchant le *libre arbitre*, duquel je tâcherai d'expliquer la dépendance et la *liberté* par une comparaison. » DESC. « Pourvu que nous pensions que c'est un bien de témoigner par là la *liberté* de notre *franc arbitre*. » ID.

LIEN, NŒUD. L'idée commune à ces deux mots, pris au figuré, est celle d'une attache, ou d'une société entre deux ou plusieurs personnes.

Mais d'abord, comme au propre le *nœud* est ce à l'aide de quoi on serre et on arrête le *lien*, de même au figuré on dit particulièrement bien défaire ou resserrer les *nœuds* des *liens*. « Les *liens* dont nos passions nous enlacent ne peuvent être brisés sans effort ; les *nœuds* en sont trop serrés et trop délicats pour pouvoir être défaits doucement. » BOSS. « Vous avez brisé mes *liens*, ô mon Dieu ! On ne me verra plus en resserrer les funestes *nœuds*. » MASS.

Ensuite, quand, prenant la partie pour le tout, on considère *nœud* comme signifiant un *lien* tout entier, il lui reste cela de distinctif, qu'il désigne en fait de *liens* quelque chose d'étroit. Le *lien* de l'amitié, de la reconnaissance, un *lien* d'intérêt ; le *nœud* du mariage. Quand deux amants tiennent l'un à l'autre par les *liens* du cœur ou du sang, on les unit par les *nœuds* de l'hyménée (LES., STAEL).

O Raguel, dit-il, notre loi t'est connue :
Tu sais qu'elle prescrit des *nœuds* encor plus doux,
Aux *liens* que le sang a formés entre nous. FLOR.

On opposera également bien à un *lien* entre associés, à une simple alliance, les *nœuds* de la parenté : « Dans la fureur des guerres civiles les *nœuds* que forme la nature sont des *liens* trop faibles pour réunir ceux que l'ambition et l'intérêt ont séparés. » VERT. D'un premier effort de la grâce Madeleine brisa tous ses *liens*, Madeleine, cette femme pécheresse que tant de *nœuds* attachaient si fortement au monde (BOURD.). « De ces affections prolongées, multipliées, perpétuées par l'habitude, naissent toutes les affections morales, et les *nœuds* du sang forment de proche en proche les *liens* et la chaîne de la société. » MARM. Même opposition entre les *liens* qui attachent les hommes en tant qu'hommes les uns aux autres, et les *nœuds* qui unissent les hommes d'un même État, qui en font de concitoyens.

L'Anglais est citoyen ; et sa raison suprême
Veut qu'une nation se chérisse elle-même :
Le *lien* fraternel qui joint tous les humains
Se serre en chaque État par d'autres *nœuds* plus saints. DE BELLOI.

On dit, les *liens* de l'amitié (ACAD.), simplement ; mais on dit, les *nœuds* d'une forte ou d'une tendre amitié (LES.). « Qu'est-ce que l'amour du Père et du Fils si ce n'est cette troisième personne, et le Dieu amour, le don commun et réciproque du Père et du Fils, leur *lien*, leur *nœud*, leur mutuelle union? » Boss.

LIEU, ENDROIT, PASSAGE. C'est une partie d'un livre spécialement citée.

Lieu est vague ; *endroit*, précis. On dit d'une manière générale et absolue : pour rapporter fidèlement quelque chose de bon ou de mauvais d'un livre, il faut indiquer le *lieu*. Mais vous direz d'une manière particulière et relative : cette proposition est dans tel *endroit* du livre, dans l'*endroit* déjà marqué, dans l'*endroit* le plus ou le moins connu.

L'Évangile au chrétien ne dit en aucun *lieu* :
Sois dévot. Boil.

L'Évangile, dans l'*endroit* où il parle des béatitudes, est incomparable. — *Lieu* signifie quelque chose d'abstrait, et ne se prend jamais comme *endroit* pour désigner un morceau ou un fragment. La Bruyère a dit que les commentateurs sont fertiles et abondants dans les *endroits* clairs; il n'aurait pas dit dans les *lieux* clairs. « Voyant bien que tous les *endroits* de Jansénius que vous alléguez quelquefois ne sont point les propositions condamnées, vous nous présentez des constitutions qui déclarent qu'elles en sont extraites, sans marquer le *lieu*. » Pasc.

Dans cette acception concrète en quelque sorte, quand il veut dire un morceau, *endroit* a pour synonyme *passage*, dont néanmoins il diffère encore quelque peu. Il est relatif par rapport à *passage* comme il l'est par rapport à *lieu*.

Quand on veut tirer d'un livre des autorités, il faut choisir les *endroits* où il est question de ce dont il s'agit et les *passages* les plus clairs et les plus concluants. « Il semble que c'est assez de considérer les *endroits* où il s'agit expressément de la chose même dont il s'agit; car pour les autres *passages* que l'auteur a tirés d'ailleurs contre nous, je ne sais comment il ne veut pas voir qu'ils ne font rien à la question. » Boss. Est-il juste de nous contraindre à chercher cette présence de Jésus-Christ autre part que dans les *endroits* où il est parlé de l'Eucharistie?... Si l'anonyme y trouve quelque difficulté, il ne s'ensuit pas pour cela qu'il faille aussitôt recourir à d'autres *passages*. » Id. On dit, des *endroits* où..., des *endroits* de tel ou tel livre; mais on dit simplement et sans aucune addition, des *passages*. » Quelque *endroit* de mes écrits que je défende, ils diront que ce n'est pas celui-là qu'ils ont condamné. Si cette accusation portait sur quelque *passage* particulier, on l'aurait cité sans doute. » ... J. Un écrit dans lequel il y a beaucoup de citations est chargé de *passages*, et non pas d'*endroits*.

1° LIEU, OCCASION, SUJET; — 2° CAUSE, MOTIF, RAISON. Tous ces mots sont synonymes en tant qu'ils signifient le principe d'un fait, d'une action, d'une conduite, ce qui les fait être ou arriver.

Mais ils se divisent d'abord en deux classes. Le *lieu*, l'*occasion* et le *sujet* donnent ce qu'il faut pour que la chose soit faite, rendent sa production possible. La *cause*, le *motif* et la *raison* la produisent effectivement ou poussent à la produire, changent la possibilité en réalité. On dit donner *lieu*, *occasion* ou *sujet*, et c'est ne contribuer encore qu'indirectement à l'existence de quelque chose ; mais la *cause*, le *motif* et la *raison* indiquent une puissance, un agent qui effectue ou exécute. On dit dans quel *lieu*, dans quelle *occasion* et pour quel *sujet*; on dit par quelle *cause*, par quel *motif*, par quelle *raison*. Ce qui donne *lieu*, *occasion* ou *sujet* à une guerre en fournit les conditions; mais la *cause*, le *motif* et la *raison* d'une guerre sont ce qui en détermine l'événement.

1° *Lieu, occasion, sujet.* Un homme donne *lieu*, *occasion*, *sujet* à la raillerie, à la critique, aux reproches; on a *lieu*, *occasion*, *sujet* de se plaindre.

De ces trois mots *lieu* est le plus général. Donner *lieu* à une chose, c'est faire qu'elle ait ou prenne place, qu'elle puisse exister : il n'a rapport qu'à la simple possibilité. Dire, j'ai *lieu* de, c'est comme si on disait je puis, il m'est permis de. A l'égard de ce qui tombe sous les sens ou sous le raisonnement, la raison seule a *lieu* d'en connaître (Pasc.), c'est-à-dire qu'il n'y a pas *lieu* ou place pour une autre autorité. « Ce serait faire présumer à ces bonnes gens que cette libéralité vient de moi, idée à laquelle il ne me convient pas de donner *lieu*. » J. J. Donner *lieu* à la raillerie, c'est donc sans accessoire et de quelque façon que ce soit la rendre possible.

Occasion est relatif au temps, et non à l'espace comme *lieu* : il marque à propos de quoi une chose arrive. Donner *occasion* à la raillerie, c'est y fournir une circonstance propre, faire qu'elle ait *lieu* en un certain moment. « Ce discours donna *occasion* à une autre personne de répondre que... » P. R. « Des théologiens emploient si souvent des raisonnements humains pour prouver les mystères qu'ils donnent souvent *occasion* aux hérétiques de demeurer obstinément attachés à leurs erreurs. » Mal.

Le *sujet* fait qu'une chose a *lieu* parce qu'il en fournit la *matière* ou ce sur quoi porte cette chose. On donne *sujet* à la raillerie quand on fait des actions qui sont l'objet de la raillerie. « Ce que j'ai dit a donné *sujet* à quelques personnes de s'imaginer que.... » J. J.

Laissez-moi vite, en m'éloignant d'ici,
Leur ôter tout *sujet* de m'attaquer ainsi.
(Tartufe.) Mol.

Lieu est à part, à cause de son caractère absolu, qui le rend impropre à être employé dans cette acception avec l'article. On ne dit point le *lieu* d'une guerre, comme on dit l'*occasion* ou le *jouet* d'une guerre. — Et quant à *occasion* par rapport à *sujet*, il exprime quelque chose de moins direct, de moins essentiel, une circonstance, et non l'objet ou le fond. La mort de Virginie ne fut que l'*occasion* de la révolution qui arriva après sa mort ; ce qui y donna *sujet*, ce fut la tyrannie des décemvirs. D'ailleurs, *occasion* est temporel et relatif aux choses qui se passent; au lieu que *sujet* est quantitatif et relatif aux choses qui sont : on a *occasion* tel jour, dans tel moment; on a quelque *sujet*, tout *sujet*, assez de *sujet* de.... On prend *occasion* du départ d'une personne pour lui dire telle chose ; on prend *sujet* des défauts d'une personne pour la réprimander [1].

2° *Cause, motif, raison.* Ces mots donnent l'idée de quelque chose qui opère, qui produit un effet.

La *cause* fait naître, elle est proprement efficiente. Le *motif* meut, pousse à vouloir, sollicite une *cause* libre à agir. Les philosophes recherchent les *causes* de nos idées, de nos sentiments, et les *motifs* de nos volontés. Je sais la *cause* de votre affliction et le *motif* de votre démarche. Vous êtes la *cause* de mon malheur, il émane de vous ; le *motif* de vos persécutions a été l'animosité.

Les *raisons* sont des motifs éclairés, des considérations ; et la *raison* diffère de la *cause* de la même manière que le *motif* : « Il n'est pas possible à l'homme de comprendre toutes les *raisons* de l volonté de Dieu, ni toutes les *causes* de ses ouvrages. » Boss. Au lieu que les *motifs* peuvent n'être que les impulsions instinctives, obscures et secrètes même pour celui qui agit, les *raisons* consistent en réflexions, en idées que l'esprit aperçoit, et qui influent, non sur la partie sensible, mais sur la partie raisonnable de notre être. La force des *motifs* s'estime par la véhémence et la rapidité avec laquelle ils entraînent la détermination ; celle des *raisons* s'estime par le plus ou moins de raison ou de plausibilité des réflexions qui ont décidé à agir. « Outre les *raisons* publiques, Cassius avait de longue main contre César des *motifs* personnels de ressentiment. » Roll. — Ou bien la *raison* est la *cause* ou le *motif* servant à expliquer la conduite, à en rendre *raison*, ou à la justifier. « Cet ordre surprit Zelmis ; il n'en pouvait deviner la *cause*, et Méhémet ne lui en dit point la *raison* quoiqu'il la sût. » Regn. « Je ne vois point de nécessité de raisonner avec la mère sur les *causes* de votre retraite. La véritable *raison*, c'est qu'il faut faire un changement de conduite. » Boss. « La *raison* de vous approcher de moi, poussée trop avant, et donnée pour seul *motif* de votre retraite aurait un ridicule qui ne convient point. » Id.

La guerre de Troie eut pour cause Pâris et l'enlèvement d'Hélène, c'est ce qui l'a *causée*, excitée, allumée. Elle a eu pour *motif* le désir de la vengeance, c'est ce qui a porté les Grecs à l'entreprendre. Elle a eu pour *raison* la nécessité de punir la violation de l'hospitalité, c'est ce qui a paru à l'esprit des Grecs une considération suffisante pour la faire ; ou bien cette *raison*, c'est tout ce qu'on allègue ou tout ce qu'on peut alléguer pour rendre compte de cette guerre, pour en développer les *causes* et les *motifs*.

LIGNE, TRAIT, RAIE, BARRE. Noms de choses qui n'ont qu'une seule dimension, qui ne s'étendent qu'en longueur ; et, dans une acception particulière, noms de ce qu'on trace de long avec une plume, un crayon, un pinceau ou tout autre instrument.

Ligne, latin *linea*, de *linum*, lin, fil, ligne de pêcheur, est principalement usité en mathématiques. Pour l'abstrait et l'idéal c'est le seul mot qui convienne ; hors de là, il signifie quelque chose de régulier ou d'uniforme dans toute sa longueur. C'est quelque chose d'imaginaire que ce qu'on appelle la *ligne* équinoxiale, ou simplement la *ligne* ; la *ligne* du devoir ou de l'honneur est un être de raison, une conception de l'esprit, et elle est d'une rectitude parfaite, ne s'écartant ni d'un côté ni de l'autre ; les *lignes* d'un papier de musique ont la même perfection, aussi se font-elles avec une règle.

Le *trait*, latin *tractus*, de *trahere*, tirer, n'est point mathématique, mais graphique ou représentatif, c'est un signe. Une chose est coupée, traversée ou croisée par une *ligne* ; elle est marquée d'un *trait*. On mène une *ligne* parallèle à une autre ; on peint à grands *traits*. On suit telle ou telle *ligne* dans sa conduite ; on annonce telle ou telle qualité par les *traits* de son visage. — D'ailleurs, le *trait* n'est pas d'une aussi grande étendue que la *ligne* : dans une *ligne* d'écriture il y a quelquefois des *traits* d'union, et chaque lettre est formée de différentes sortes de *traits*. Le *trait*, résultat d'un *trait* ou d'un seul coup de plume, est nécessairement quelque chose de court.

Raie et *barre*, d'où les verbes *rayer* et *barrer*, indiquent, non pas des opérations de savants ou d'artistes comme *ligne* et *trait*, mais des actions communes : on tire proprement des *lignes* ou des *traits* : on fait des *raies* ou des *barres*, et c'est quelque chose de moins fin, de moins relevé.

Quant à la différence de *raie* et de *barre*, *raie* est préférable en industrie, et en parlant de la façon dont sont faites les choses qui sortent des mains de l'homme ou de celles de Dieu. L'Académie définit *carabiner* : « creuser des *raies* en dedans du canon d'une arme à feu portative. » « Étoffe à grandes *raies*. » Acad. « Elle avait une robe de chambre de taffetas blanc à *raies* noires. » Les. « Le scarabée vert à *raies* d'or. » Bern. « L'écureuil de la Nouvelle-Espagne à *raies* blanches. » Buff. — Mais ce qui distingue encore mieux ces deux mots, c'est que la *raie* ne se fait pas de la même manière que la *barre*. On creuse une *raie*, comme le dit fort bien l'Académie, et on met une *barre* : on fait une *raie* sur le papier avec l'ongle, on y fait une *barre* en y étendant de l'encre avec une plume. La *raie* demande une incision ou une sorte d'incision, un écartement et quelquefois même un enlèvement de matière : l'entre-deux des sillons s'appelle une *raie*, de même que certaine séparation des cheveux sur la tête ; Buffon parle d'un porc-épic dont les piquants sont sillonnés sur leur longueur d'une *raie* en gouttière. La *barre*, au contraire, est comme une pièce de bois ou de fer, c'est une matière nouvelle qu'on apporte et qu'on met sur les choses. Vous faites une *raie* sur le sable avec le doigt ou un bâton, et des *barres* sur un mur en y appliquant

---

1. *Matière*, synonyme de *sujet*, signifie quelque chose de multiple, de plus étendu, de moins restreint, de moins précis. Une seule action blâmable donne *sujet* et une conduite en plusieurs points blâmable donne *matière* à la critique. « La passion de Jésus-Christ, sa mort, son sang répandu, sont la *matière* de l'ingratitude de ses disciples.... Les crimes s'augmentent par les grâces ; c'est la grande douleur du Sauveur, c'est ce qui est le véritable *sujet* de cette profonde tristesse. » Boss.

et en y laissant des parcelles de charbon ou de craie. De là vient qu'au verbe *rayer* est attachée une idée négative d'ablation ou de retranchement, totalement étrangère à *barrer* : *rayez* cela, et non *barrez* cela, de vos papiers ; en *rayant* un *t* vous l'effacez, vous le faites disparaître, mais en le *barrant*, loin de l'effacer, vous le complétez par l'addition d'une partie essentielle.

LITTÉRATEUR, HOMME DE LETTRES. Expressions propres à désigner quelqu'un qui est adonné aux lettres ou à la culture des lettres, qui en fait son étude, qui s'occupe habituellement de littérature, d'ouvrages de sentiment et de goût, de poésie, d'éloquence, d'histoire, de grammaire et de philosophie.

Littérateur, avec sa terminaison active, représente le personnage en action, comme ouvrier, comme faisant quelque chose, comme composant lui-même, ou bien comme recherchant ou goûtant les productions des autres. « Fontenelle n'avait été qu'un *littérateur* agréable et un écrivain médiocre. » LAH. « On doit placer l'auteur de ce recueil (l'abbé Maury) parmi les bons écrivains et nos vrais *littérateurs*. » ID. « Cette collection (des Mémoires de l'Académie des belles-lettres) est trop négligée par les *littérateurs*. » ID. « Ces longues raies (faites par une plume essuyée sur une robe de chambre) annonçaient le *littérateur*, l'écrivain, l'homme qui travaille. » DID. « En Allemagne, un homme supérieur se borne rarement à une seule carrière : Gœthe fait des découvertes dans les sciences, Schelling est un excellent *littérateur*. » STAËL. « J'ai été toujours étonné qu'aucun *littérateur*, aucun poëte du temps de Louis XIII et de Louis XIV n'eût rien fait à la gloire de Henri IV. » VOLT. « Un chapitre de Cicéron, un chapitre de Locke, une Lettre provinciale, une bonne fable de Lafontaine, des vers de Boileau et de Racine, voilà ce qui doit occuper un vrai *littérateur*. » ID. « M. Lantin, auteur de plusieurs poëmes singuliers, qui n'ont pas été imprimés, mais que les *littérateurs* conservent dans leurs portefeuilles. » ID.

Homme de lettres, ainsi qu'homme de guerre, homme d'Église, homme de robe, indique le personnage comme étant de telle condition, appartenant à telle classe. « Si La Monnaye eût été le maître de suivre son goût dans le choix d'un état, il n'en aurait point eu d'autre que celui d'*homme de lettres*. » D'AL. « Il (l'abbé d'Olivet qui avait refusé d'être le précepteur du prince des Asturies) préféra à l'humble métier de courtisan l'état noble d'*homme de lettres*. » ID. « J'ai laissé à ma femme ma quittance pour recevoir ma pension d'*homme de lettres*. » RAC. « Dans tous les temps, les *gens de lettres* ont été de tous les hommes les plus généralement étrangers aux révolutions des États. » LAH. « Les goûts et les habitudes de d'Alembert le concentraient tout entier dans la société des *gens de lettres*. » ID. « Saint Luc était un Grec d'Alexandrie, *homme de lettres*, puisqu'il était médecin. » VOLT. « Louis XIV répandit des bienfaits sur les *gens de lettres* jusqu'aux extrémités de l'Europe. » ID. « Combien l'état d'*homme de lettres*, jadis si honorable, est avili aux yeux du peuple ! » J. J. « Il est difficile de rencontrer, dans aucun pays, un *homme de lettres* d'une nature plus distinguée que celle de Jacobi. » STAËL. « L'attache à l'argent est un défaut qui déshonore infiniment les *gens de lettres*. » ROLL.

Littérateur annonce ce que fait un homme ; *homme de lettres* ce qu'il est. Le *littérateur*, comme l'*acteur* et l'*ouvrier*, reçoit des qualifications relatives à la manière dont il exerce son art ou développe son goût ; l'*homme de lettres*, comme le *comédien* et l'*artisan*, est considéré socialement, quant à l'ordre dont il fait partie, qui a telles mœurs, tel état ou tel moyen de fortune, etc. « On a de Valincourt quelques petits ouvrages : il était bon *littérateur*. Il fit une assez grande fortune, qu'il n'eût pas faite s'il n'eût été qu'*homme de lettres*. » VOLT. [1].

LIVRE, OUVRAGE, ÉCRIT. Chacun de ces mots signifie un imprimé d'une certaine étendue. « Pouvez-vous croire que le *livre* qui porte le titre d'*Émile* soit un vrai traité d'éducation ? C'est un *ouvrage* assez philosophique sur ce principe avancé par l'auteur dans d'autres *écrits*, que l'homme est naturellement bon. » J. J.

Livre, latin *liber*, nom d'une pellicule qui existe entre l'écorce et le bois de certains arbres, et sur laquelle on écrivit d'abord, se prend et est le seul de ces trois mots qui se prenne matériellement pour désigner le papier même, la chose considérée comme un objet et sans rapport au contenu et à l'auteur. Catalogue de *livres*, ballot de *livres* ; des *livres* brochés, reliés, dorés sur tranche. Quand on parle des *livres* de quelqu'un, cela s'entend de quelque chose qu'il possède ; mais quand on parle de ses *ouvrages* ou de ses *écrits*, cela indique ses productions, quelque chose dont il est l'auteur. Les *livres*, objets de librairie, sont plus ou moins gros, en plus ou moins grand nombre, portent tels ou tels titres, ont paru à telle ou telle époque ; les *ouvrages* et les *écrits* ont telles ou telles qualités de pensée ou de style, ou ils sont de tel ou tel auteur. « Dacier s'était rendu recommandable par ses *ouvrages* et par son érudition. Il était garde des *livres* du cabinet du roi. » S. S. « On en vint jusqu'à faire du titre d'un *livre* un long panégyrique de l'*ouvrage* et le détail de tous ses avantages sur ceux qui ont paru sur le même sujet. » LAH. « Voici donc ce que nous lisons dans le *livre* d'Orygène contre Celse, qui est sans doute le plus exact et le plus savant de ses *ouvrages*. » BOSS. « M. Arnauld écrit aujourd'hui contre un *livre* qui parut il y a plus de dix ans, contre un *ouvrage* dont il a parlé autrefois avec trop d'estime (MAL.). « J'ai jeté sur le papier quelques idées sur l'éducation. Cette importante matière s'est étendue sous ma plume au point de faire un assez et trop gros *livre*, mais qui m'était cher comme le plus utile, le meilleur et le dernier de mes *écrits*. » J. J. — Ensuite, *livre* présentant la chose du côté le moins relevé se prend en moins bonne part ou plus volontiers en mauvaise part que ses synonymes. « Les *livres* sur

---

[1]. L'*homme lettré* est moins adonné aux lettres que le *littérateur* et l'*homme de lettres* : il n'a qu'une teinture des lettres, il les a quelque peu étudiées, outre que lui-même il n'écrit rien et ne produit pas d'œuvre littéraire. Voy. *Lettre* (Homme), *homme de lettres*.

les affaires du temps meurent avec les affaires ; les *ouvrages* d'une utilité générale subsistent. » Volt. « Attaché surtout aux *écrits* du grand saint Augustin, saint Thomas d'Aquin en exprima, pour ainsi dire, le suc.... Puisse-t-il servir à tous les prêtres de modèle, puisse-t-il leur apprendre à se précautionner contre le venin dangereux de tant de *livres* dont la lecture les dégoûte de la simplicité de la parole de Dieu! » Mass.

L'*ouvrage* et l'*écrit* diffèrent aussi l'un de l'autre. L'*ouvrage* est d'une plus grande étendue : il y a des *ouvrages* appelés *mélanges* où se trouvent recueillis en plus ou moins grand nombre des *écrits*, c'est-à-dire des pièces ou des opuscules. Fénelon donne à son traité de l'*Éducation des filles* tantôt le nom de petit *ouvrage*, tantôt celui d'*écrit*. L'*Encyclopédie* est un *ouvrage* composé de plusieurs livres ou de plusieurs volumes : une brochure de quelques pages, un mémoire, des articles de revues ou de journaux sont des *écrits*. Pascal reproche aux jésuites les égarements contenus dans leurs *ouvrages* approuvés, et il leur porte le défi suivant : « Prouvez par mes *écrits* que je n'en reçois pas la constitution : ils ne sont pas en si grand nombre ; il n'y a que seize lettres à examiner. » Les *écrits* sont assez souvent quelque chose d'accessoire ou de secondaire par rapport aux *ouvrages* qu'ils ont pour but d'attaquer ou de défendre. Bossuet dit dans un de ses *écrits* polémiques contre Fénelon : « Pour moi, je n'ai jamais prétendu que mes *écrits* fussent nécessaires à autre fin qu'à produire dans le peuple le mauvais effet des *ouvrages* très-séduisants de ce prélat. »

LOCUTION, EXPRESSION. Manière particulière de s'énoncer, de faire connaître sa pensée par le langage.

La *locution* est une manière de parler (*loqui*) ; ses qualités et ses défauts s'estiment par rapport à l'usage. — L'*expression* est une manière de rendre (*exprimere*, faire sortir en pressant); ses qualités et ses défauts s'estiment par rapport aux pensées qu'elle est destinée à traduire, à faire ressortir.

La *locution* est une manière de dire commune, qui a cours. « Les *locutions* dont on se sert dans la liturgie. » Boss. « C. Gracchus, pour marquer les milles, fit planter de grands piliers de pierre, des colonnes, sur lesquelles était inscrit le nombre des milles : de là cette *locution* si fréquente dans les auteurs, *tertio, quarto, quinto lapide ab Urbe*. » Roll. « *Fais-moi bailler cédule* est une vieille *locution*, mais que tout le monde entend. » Lah. « Je laisse de côté quelques inélégances, comme *en droiture* pour *directement*, que je ne remarque même que parce que cette *locution* familière est répétée. » Id. — L'*expression* est une peinture ; elle appartient davantage à l'écrivain qui l'emploie, et doit convenir au sujet. « C'est une Rome persécutrice des saints dont saint Jean a montré la chute avec des *expressions* si terribles et si magnifiques. » Boss. « Les *expressions* d'un homme qui n'apprend point par cœur sont vives et pleines de mouvement. » Fén. « Moïse, Homère, Platon, Virgile, Horace ne sont au-dessus des autres écrivains que par leurs *expressions* et par leurs images. » Labr. » Le style de T. Gracchus était pur, ses termes choisis, ses *expressions* simples, mais toujours nobles, et si touchantes qu'il enlevait les suffrages de tous ceux qui l'écoutaient. » Vert.

La *locution* est correcte, permise, autorisée, nouvelle, ou bien surannée, vieillie, usée, et tout cela indépendamment des pensées qu'elle énonce et de la place qu'elle occupe dans le discours. L'*expression* est forte, belle, noble, choisie, vive, hardie, mais eu égard à ce qu'elle exprime et dans l'endroit du discours où elle est placée.

Une mauvaise *locution* est illégitime, irrégulière et vicieuse ; elle n'est pas du bon usage ou elle est passée de mode. Une mauvaise *expression* est impropre ou faible ; elle ne s'applique pas avec justesse à la chose et ne rend pas bien ce qu'elle doit rendre.

Locution est plutôt un terme didactique. Les grammairiens distinguent des *locutions* prépositives comme à *l'égard de*, des *locutions* adverbiales comme *à contre-temps*, etc. *Expression* est de tous les styles et du langage commun.

La *locution* se compose toujours de plusieurs mots auxquels elle donne un certain tour ; pour l'ordinaire l'*expression* consiste en un seul. *Tenir bon, se rendre à discrétion*, sont les *locutions* ; *horripilation* est une *expression* très-pittoresque, et *nonpareil* une *expression* qui a vieilli. On appelle *idiotismes* les *locutions* particulières à une langue, c'est-à-dire les manières de parler, les tours de phrase qui ne se retrouvent point dans les autres langues ; mais entre les langues les plus étrangères l'une à l'autre il y a toujours des *locutions* communes, quoiqu'il n'y ait rien de semblable pour les *expressions*.

LONG, LENT. Idée commune, celle de beaucoup de temps mis à faire quelque chose.

Long, longus, se dit primitivement des objets : *long* bâton, *longue* allée. *Lent*, de *lentus*, souple, indolent, calme, sert à qualifier proprement un agent ou une action : un animal *lent* et pesant, un pêcheur *lent* et tardif à revenir à Dieu, un remède *lent*, une parole *lente*.

Dans l'acception où ces deux mots semblent synonymes, *long* diffère encore de *lent* en ce qu'il est objectif, passif, relatif à l'effet, et non pas, comme *lent*, subjectif, applicable aux personnes, aux causes et à leur action. De là vient qu'on dit la *longueur* d'une entreprise et la *lenteur* de quelqu'un. « A la fin je dis au duc d'Orléans l'état où ces deux chanoinesses étaient réduites par la *longueur* de leur séjour à Paris et la *lenteur* sans fin de leur rendre justice. » S. S. Une maladie, une agonie, chose subie ou soufferte, est *longue*: un poison, chose active, est *lent* : il semble que nous avons sucé dans les entrailles de nos mères un poison *lent*, qui nous fait languir ici-bas..... Toute notre vie n'est qu'une *longue* et pénible agonie. » Mass. Une guerre est *longue* quand les opérations en sont *lentes*. « Parce que ces puissances se trouvent affaiblies, les progrès (de leurs armes) seront *lents* et la guerre sera *longue*. » Cond. « Je ne vous dis rien de la députation ; tout a été trop *lent*, trop *long*. » Sév. « Le progrès (de sa convalescence) est continuel, mais *lent*, et je crains que ceci ne soit encore *long*. » J. J.

En disant d'une personne qu'elle est *longue*, on considère les choses faites ou dites par elle, mais quand on la traite de *lente*, c'est elle-même qu'on prétend caractériser par cette épithète. Parler *longuement*, c'est faire un long discours; parler *lentement*, c'est avoir le défaut de ne pas parler assez vite. La *longueur* regarde le résultat de l'action; sa *lenteur*, la manière d'agir. Dans le maniement des affaires, qui se laisse entraîner et absorber par les détails est *long*; qui agit avec trop de mollesse, avec trop peu d'activité est *lent*. Fénelon écrit au duc de Chevreuse : Vous suivez trop votre esprit d'anatomie et d'exactitude en chaque chose. Vous n'êtes point *lent*, mais vous êtes *long*. Vous employez beaucoup de temps à chaque chose, non par la *lenteur* de vos opérations (car au contraire elles sont précipitées), mais par la multitude excessive des choses que vous y faites entrer.»

Si nous sommes *longs*, ce peut être la faute des circonstances ou des choses, qui sont compliquées et difficiles; si nous sommes *lents*, c'est à nous seuls qu'on doit s'en prendre. Nous cherchons des *longueurs* (Boss.); par nos *lenteurs* nous modérons la trop grande ardeur des autres (MONTESQ.).

De ce qui précède il résulte enfin qu'on est *long* par circonstance, par accident, dans l'occasion. « Il continua ainsi : Mais en voilà assez pour les prêtres; je serais trop *long*; venons aux religieux.» PASC. « Si je vous contais toutes les bontés dont votre cher oncle m'honore, je serais encore ennuyeux par mes *longueurs*. J. J. Au contraire, la *lenteur* est une disposition naturelle et permanente, caractéristique du sujet. « Il est *lent* dans tout ce qu'il fait.» ACAD. « Pardonnez la *lenteur* aux vieillards, c'est leur apanage.» VOLT.

LOUER, BÉNIR, GLORIFIER. Ces trois verbes se disent en parlant de Dieu, et signifient des actes de culte, des manifestations des sentiments de l'homme envers la Divinité. « Dieu n'a tiré du néant des créatures raisonnables qu'afin qu'elles le *louent*, le *bénissent*, le *glorifient*. » MASS. « Vous nous sauvez de mille dangers, ô mon Dieu; soyez-en *loué*, *béni*, *glorifié*. » BOURD.

Louer, le contraire de blâmer; c'est-à-dire honorer, témoigner de l'estime, est de ces trois mots le plus simple et le moins significatif. *Louer* Dieu, c'est lui rendre un hommage quelconque, et les choses mêmes en sont capables. « Par ces signes (les cérémonies) on s'excite mutuellement à prier Dieu, à le *louer*, à espérer en lui. » FÉN. « C'est entre tous les chanoines à qui ne *louera* pas Dieu : l'émulation de ne se point rendre aux offices divins ne saurait être plus ardente.» LABR. « Que vos œuvres vous *louent*, ô Seigneur, et que vos saints vous *bénissent*! » BOSS.

Bénir, de *benedicere*, bien dire, en réponse à bien faire, est remarquable par sa précision : c'est *louer* pour un bienfait, rendre grâces ou témoigner de la reconnaissance. « Dieu nous bénit lorsqu'il nous comble de biens : nous le *bénissons* lorsque nous reconnaissons que tout le bien que nous avons vient de sa bonté. » BOSS. « *Bénie* soit votre bonté, ô Père céleste! » ID. « *Bénir* le ciel de si rares présents qui en sont venus. » LABR. « Nous *bénissons* Dieu et nous le remercions. » BOURD. « Ils *béniront* Dieu pour tous ses bienfaits. » FÉN.

Glorifier, rendre gloire, se distingue par le degré. Pour *glorifier* Dieu, il faut lui rendre un hommage éclatant, il faut, non pas seulement le *louer*, mais l'exalter. « Que vos œuvres sont grandes et admirables, ô Seigneur, Dieu tout puissant! Seigneur, qui ne vous craindrait, et qui ne *glorifierait* votre nom? » Boss. « Notre-Seigneur soit *loué* et *glorifié* de tout.» ACAD.

Faites-en éclater une pleine allégresse.
Glorifiez sans cesse
L'auteur de votre joie. CORN.

Mais je t'offre, ô mon Dieu, ces ardeurs, ces lumières
Pour nous unir ensemble et nous sacrifier
A te *louer* sans cesse et te *glorifier*. ID.

LOURD, BALOURD; LOURDISE, BALOURDISE. Ces mots expriment, relativement à 'esprit, savoir les deux premiers à peu près un même défaut, et les deux derniers à peu près une même faute.

Il ne suffit pas de dire, pour les distinguer, que *lourd* est un adjectif et *balourd* un substantif : esprit ou homme *lourd*; un *balourd*, et que, d'autre part, *lourdise* est vieux, tandis que *balourdise* est très-fréquemment usité. Car d'abord *balourd* se prend bien, comme *lourd*, dans le sens adjectif : « Un valet *balourd*.» LAH. « On prétend que vous êtes Anglais : ah! monsieur, vous êtes Anglais comme Arlequin est Italien; il n'en est pas moins *balourd*. » VOLT. Ensuite, quand même on n'emploierait plus présentement *lourdise* et *lourderie*, il serait toujours curieux de savoir pourquoi, et si l'on a eu raison de les abandonner.

Ba, dans *balance*, vient incontestablement de *bis*, deux fois : *balance* est le latin *bilanx* (*bis lanx*), c'est-à-dire balance à deux bassins, par opposition à la romaine qui n'en a qu'un. En est-il de même dans *balourd*, de sorte que ce mot signifierait deux fois ou doublement lourd, comme très-lourd veut dire trois fois (*ter*) ou triplement lourd? Cette opinion nous paraît moins probable que la suivante. L'initiale *ba* représente la première articulation et le premier mouvement des lèvres de l'enfance : aussi se trouve-t-elle au commencement et dans la composition de plusieurs mots qui rappellent l'enfance et ce qui tient de l'enfance, ce qui est enfantin ou puéril, et, par suite, niais. Exemples : *bayer* ou *béier*, regarder longtemps la bouche ouverte et avec une admiration stupide, provençal, *bada*, d'où *badin*, et *badaud*; *ébahi*, qui reste bouche *béante*; *batifoler*, *babiller*, *balivernes* et plusieurs autres.

En conséquence, *balourd*, italien *balordo*, a une particule initiale dont l'origine est certainement commune et non pas savante, et cette particule marque la bêtise, mais la bêtise comique d'un grand enfant, d'un homme novice et prompt à admirer. La personnage de la comédie italienne, appelé Arlequin, était dit *balourd*, par excellence. *Lourd* est du style sérieux et relevé; il exprime un défaut qui excite la commisération plutôt que l'hilarité; *balourd* est un mot familier, vulgaire et presque trivial, désignant un défaut relatif à de plus petites choses et qui fait rire. Cependant le défaut de l'homme *lourd*, quoique plus grave eu égard aux choses auxquelles il se rapporte, est à un moindre degré que celui du *balourd*. L'homme *lourd* est pesant, lent à concevoir, sans légèreté, sans facilité, sans grâce; le *balourd* est bête ou stupide, incapable de concevoir. Le *lourd* Crévier (VOLT.) n'était pas un *balourd*. Les pédants, les traducteurs sont souvent *lourds*; les badauds, les benêts, les nigauds, les mauvais plaisants, tous personnages à mettre sur la scène, sont *balourds*. Une *lourdise* est une gaucherie ou une maladresse; une *balourdise* est une sottise, et, conformément à la première distinction, une sottise risible, une bévue plaisante. *Balourdise* est aujourd'hui à peu près seul usité, parce que toutes les maladresses, même les plus sérieuses, nous excitent à rire, et qu'en général, enclins à exagérer, nous préférons toujours volontiers les expressions les plus fortes.

LUEUR, RAYON. Ces deux mots servent également à exprimer un peu de certaines choses dont on dit figurément qu'elles brillent : une *lueur* ou un *rayon* d'espérance, d'intelligence ou d'esprit, de fortune, de faveur, etc.

Mais *lueur*, lumière affaiblie, se dit plutôt de quelque chose qui finit, qui s'éteint, et marque un reste. « Les Arabes ont conservé une *lueur* de connaissances dans des siècles où d'épaisses ténèbres se répandaient partout.» COND. « C'est ici (dans *Sertorius*) que finit le grand Corneille: tout le reste n'offre que des *lueurs* passagères d'un génie éteint.» LAH. *Rayon*, au contraire, rappelle le soleil levant, l'aurore, et s'emploie de préférence pour indiquer un commencement. « Il faut laisser voir un *rayon* de politesse naissante sous l'empire de Charlemagne.» FÉN. « J'ai cru entrevoir chez vous de beaux *rayons* de philosophie ; il faut qu'elle devienne absolument philosophe. » VOLT. Une dernière *lueur*, un premier *rayon*, d'espérance.

D'ailleurs, comme au propre, la *lueur* est une lumière faible, sombre, mourante, et le *rayon* un simple trait de lumière, mais un trait éclatant, *lueur* se prend en moins bonne part que son synonyme : ou il se rapporte à des choses de moindre valeur, ou il ne signifie des choses qu'une vaine apparence. On dit une *lueur* de gain (ROLL.), et un *rayon* de gloire (ACAD.) ; même un grand *rayon* de gloire (LAROCHEF.); on ne peut refuser aux animaux une *lueur* d'intelligence (BUFF.); la raison est un *rayon* de la sagesse divine qui semble éclairer nos âmes (ACAD.). D'autre part, une *lueur* d'espérance ou de fortune est ou suppose quelque chose de très-faible ou même de vain. « Ce qui me tourmente encore plus est une *lueur* de vaine espérance dont je vois l'illusion.» J.J. « Si quelque *lueur* de fortune le flattait de loin....» VAUV. Mais un *rayon* d'espérance ou de fortune peut être ou annoncer quelque chose de solide. « Un *rayon* d'espérance, si bas que l'on soit, relève aussi haut qu'on était auparavant. » PASC. « Ce petit *rayon* de fortune lui en fit entrevoir une plus grande. » REGN. Fausse *lueur* est une expression très-commune, mais non pas faux *rayon*.

LUIRE, RELUIRE, BRILLER, ÉCLATER, RESPLENDIR. Jeter répandre de la lumière.

Entre *luire* et *reluire* d'abord existent deux différences assez importantes. Dans *reluire* re marque réaction, réflexion, ou bien retour. — D'une part, au lieu que ce qui *luit* est lumineux par soi-même, ce qui *reluit* n'a qu'une lumière d'emprunt : le soleil *luit*; toutes les surfaces extrêmement polies *reluisent*, renvoient la lumière. De même au figuré. « Où a-t-on pris qu'il n'y ait pas en Dieu une justice dont celle qui *reluit* en nous ne soit qu'une étincelle ? » BOSS. « On croyait voir *reluire* en Télémaque la sagesse de Minerve qui l'inspirait. » FÉN. — D'autre part, *reluire* exprime quelquefois un retour à un état antérieur de clarté. Le soleil *luit* pendant le jour; il disparaît pendant la nuit; il *reluit* au matin, après quelques heures d'absence et d'obscurité. Le même rapport se retrouve entre ces deux mots dans l'acception figurée. L'espérance, un rayon d'espérance, *luit* dans tous ceux qui espèrent ; l'espérance *reluit* dans une âme où elle renaît, où elle revient après un temps de désespoir : « On me fit sortir de la tour ; et l'espérance commença à *reluire* au fond de mon cœur. » FÉN.

Briller, de béryl, latin *beryllus*, grec βήρυλλος, sorte d'émeraude, de pierre brillante, suppose une vive lumière. Aussi se met-il bien après *luire* comme y ajoutant. « Ceux qui s'abandonnent à ces sentiments déréglés peuvent bien *luire* et *briller* dans le monde par des dignités éminentes; mais ils ne luisent que par le scandale.» BOSS.

La charge sonne....
Le fer *luit*, l'éclair *brille* et les tonnerres grondent.
   DEL.

Ce qui *luit* simplement répand une lumière douce, égale et continue, et même quelquefois une *lueur* ou des *lueurs* seulement. Mais l'objet qui *brille* fait plus qu'éclairer; il lance la lumière, il frappe la vue et parfois l'éblouit.

Éclater, jeter des *éclats*, des traits de lumière, ressemble singulièrement à *briller* et peut être aussi regardé comme un augmentatif de *luire*. Pour découvrir la différence, il faut remonter jusqu'à l'application primitive des deux mots. Or *briller* se dit d'abord des pierreries, de choses petites; et *éclater*, de toutes les autres choses, même des plus grandes. « Il se fit, par le ministère de ces puissances invisibles, un palais où les choses même du plus vil usage *éclataient* par l'or, ou *brillaient* par les pierreries. » HAM. Par conséquent, ce qui *brille* est d'ordinaire plus petit que ce qui *éclate*, de moindre valeur ou de moindre solidité. L'esprit d'une personne *brille* dans sa conversation ; le génie d'un grand artiste, la sagesse de Dieu, *éclate* dans son ouvrage. D'ailleurs *briller* s'emploie bien en parlant de personnes, au lieu qu'*éclater* ne peut se dire que des choses.

La reine, votre épouse, à votre droite assise,
Brillera d'une auguste et douce majesté....
Mais écoute, ma fille, écoute, et considère
Combien en sa personne *éclatent* de trésors. CORN.
Aujourd'hui que ta gloire *éclate* à notre vue,
Que ta religion est partout répandue,
Les superbes esprits, ivres d'un faux savoir,
Quand tu *brilles* sur eux, refusent de te voir. L. RAC.

Resplendir signifie aussi *luire* beaucoup. Mais il a moins rapport à l'intensité et à la force comme *briller* et *éclater*, qu'à l'étendue et à la plénitude. C'est répandre de tous les côtés une lumière abondante. Ce mot, du reste, n'est guère usité qu'en poésie et dans le style soutenu. « Les terres lointaines apparaissent sombres ; ce sont les eaux et les sommets des monts couverts de neiges et de glaces qui *resplendissent*. » BERN. La divinité de Jésus-Christ.

Devant les trois témoins qu'accable sa lumière,
Libre, au haut du Thabor, *resplendit* tout entière.
Duc

Soudain, de tous les points au loin rejaillissante,
Éclate et *resplendit* la flamme éblouissante. DEL.

M

MAGICIEN, SORCIER, NÉCROMANCIEN. Personnages auxquels on attribuait autrefois une puissance surnaturelle, sans que pourtant on la crût émanée de Dieu comme celle des prophètes ou des saints thaumaturges.

La puissance du *magicien* est merveilleuse, ainsi que l'était la science des *mages* de la Chaldée ou de la Perse. La puissance du *sorcier* est diabolique ou infernale : en relation avec les esprits de ténèbres, il tient d'eux la faculté de jeter des *sorts*, ou d'influer sur le *sort* des hommes d'une manière funeste. La *magie* est inoffensive, si non toujours bienfaisante ; la *sorcellerie* est noire, impie, méchante, redoutable. Dans les gracieuses fictions auxquelles ont donné lieu les exploits de la chevalerie il est souvent question des prodiges opérés par des *magiciens*; dans la jurisprudence barbare du moyen âge les plus terribles peines sont prononcées contre les prétendus crimes des *sorciers*. Le *magicien* fait la pluie et le beau temps, dispose des éléments, des vents, des tempêtes, des astres, ainsi que des âmes ou des ombres; il opère des métamorphoses, prend lui-même toutes sortes de formes, guérit, rend invulnérable ou invisible, donne des secrets pour se faire aimer, se transporte en un instant à des distances prodigieuses, et produit d'un coup de baguette des palais ou des jardins d'une beauté admirable. Le *sorcier* se rend coupable de maléfices ; il nuit ou donne la mort soit aux hommes, soit aux bestiaux, et il se livre à des pratiques occultes et odieuses pour mettre l'enfer au service de ses passions.

« Dans le Latium, l'art des prodiges ou la *magie* était de deux espèces : l'une théurgique, l'autre goétique. La théurgie était l'évocation des démons bienfaisants, dans le dessein de produire quelque bien : la goétie était l'évocation des démons malfaisants dans le dessein de nuire; nous la nommons *sorcellerie*. » COND. « Pendant l'absence du prophète Zoroastre, on jeta parmi ses livres des os de chiens et de chats, des ongles et des cheveux de morts, toutes drogues, comme on sait, avec lesquelles les *magiciens* ont opéré de tout temps; puis on alla accuser le prophète d'être un *sorcier* et un empoisonneur. » VOLT. « Il y a dans l'*Omphale* de La Motte une certaine *magicienne*, nommée Argine, qui ne peut souffrir Omphale, et qui poursuit partout Hercule pour troubler ses nouvelles amours. Cette terrible femme est plutôt une vraie *sorcière* qu'une *magicienne*, et son rôle est aussi désagréable que sa situation. » LAH.

« Sérène a une sœur qui s'appelle Dentue, presque aussi savante qu'elle ; mais comme son art ne lui sert qu'à nuire, elle n'est que *sorcière*, au lieu que l'autre est une honnête *magicienne*. » HAM. Charles VI étant tombé en démence, on vit venir un *magicien* pour le guérir de cette maladie, qu'on regarde comme l'effet d'un *ensorcellement* ou comme ayant été causée par un *sorcier* (Boss., VOLT.)

Au figuré, outre que *magicien* est plus noble que *sorcier*, le *magicien* possède une grande puissance dont il use pour produire des effets essentiellement agréables, enchanteurs, séduisants, au lieu que le *sorcier* se distingue par une qualité qui peut être tournée à mal comme à bien, c'est-à-dire par une grande habileté, surtout par la finesse avec laquelle il devine. Ce peintre, ce musicien, ce poëte est un *magicien* (ACAD.). « Il n'avait pas besoin d'être un grand *sorcier* pour deviner ce que cette grimace voulait dire. » LES.

Le *nécromancien* a une partie de l'art du *magicien*, celle qui consiste à évoquer les morts, pour apprendre d'eux quelque chose de futur ou de caché, ou bien ce qui concerne l'autre monde. *Nécromancie* est le grec νεκρομαντεία, de νεκρον, mort, et de μαντεία, divination. L'évocation des morts était un des plus sublimes mystères de la *magie*. Tantôt on faisait passer aux yeux du curieux quelque grande figure noire qui se mouvait par des ressorts dans un lieu un peu obscur; tantôt le sorcier ou la sorcière se contentait de dire qu'elle voyait l'ombre. Cela s'appelle la *nécromancie*. » VOLT. « Saint Clément, agité par un doute sur l'immortalité de l'âme, et voulant savoir si le monde était éternel, ou s'il avait été créé, s'il y avait un Tartare et un Phlégéton, un Ixion et un Tantale, etc., voulut aller en Égypte apprendre la *nécromancie*. » ID.

MAITRE, PROPRIÉTAIRE. On appelle ainsi un homme par rapport auquel on peut dire en parlant d'une chose qu'elle est exclusivement sienne.

Le *maître* d'une chose en fait ce qu'il veut, en use à son gré, elle est à lui ; le *propriétaire* d'une chose a sur elle un droit absolu, elle lui appartient en propre. Quand vous louez un appartement garni pour si peu de temps que ce soit, vous êtes *maître*, mais non *propriétaire* des meubles qui s'y trouvent; et, de son côté, le *propriétaire* de ces mêmes meubles, l'homme de qui vous les tenez, cesse d'en être le *maître* du moment qu'il vous a mis en possession. Des soldats se rendent *maîtres* et non *propriétaires* du butin qu'ils enlèvent.

Je suis *maître* de ce dont je dispose, et c'est à cause de cela qu'on dit bien être *maître* de faire une chose, je suis *propriétaire* de l'objet dont j'ai l'entier et absolu domaine, qui est mien essentiellement ou pour le fonds. On est *maître* d'élever sa maison tant qu'on veut quand on est *propriétaire* du sol (Acad.).

Le *maître* n'étant proprement que possesseur ou usufruitier, le mot dit moins que celui de *propriétaire* qui désigne un seigneur foncier, un *maître* souverain. « Ce partage de biens s'étant fait d'un commun consentement de toutes les nations, vous êtes les *maîtres* et les *propriétaires* de la portion qui vous est échue. » Boss. « J'ai du bien ; mais Dieu en est le premier *maître* le premier *propriétaire*, et je n'en suis proprement que l'économe et le dispensateur. » Bourd. Mme de Maintenon écrit aux religieuses de Saint-Cyr : « Vous ne devez jamais vous regarder comme *maîtresses* et *propriétaires* des grands biens attachés à cette maison. »

MAL, MALADIE. Désordre organique ou corporel, ce qu'on cherche à guérir à l'aide des remèdes.

Mal, substantif masculin, signifie quelque chose de restreint et de local : *mal* de tête ou à la tête, de dents ou aux dents, d'oreilles ou aux oreilles, de jambe ou à la jambe. *Maladie*, substantif féminin, désigne quelque chose de général qui occupe tout le corps, comme une courbature, la fièvre, la peste, etc. Le *mal* est donc moins grave que la *maladie* : il peut être fort douloureux, faire très-*mal*, mais il est de moindre conséquence pour la santé, il ne l'altère pas autant. « On aime à parler des *maladies* dont on est guéri, parce qu'on se représente à soi-même comme ayant beaucoup de force pour résister aux grands *maux*. » P. R.

Le *mal* est un objet : on a *mal*, on prend *mal*, le remède enlève le *mal*. La *maladie* est un état : relever de *maladie*, pendant sa *maladie*, le remède fait cesser la *maladie*. « On m'assure qu'avec beaucoup de souffrances vous ne laissez pas de sentir que la nature surmonte le *mal*. C'est ce qu'on peut souhaiter de mieux pour vous dans la *maladie*. » Fén.

Le *mal* se considère en soi, solitairement, dans le sujet qu'il fait souffrir, et la *maladie* par rapport aux circonstances, à tout ce qu'elle occasionne de démarches pour arriver à la guérison ; *maladie* est le terme de la médecine.

Si dom coursier voulait
Ne point celer sa *maladie*,
Lui loup, gratis, le guérirait ;
Car le voir en cette prairie
Paître ainsi, sans être lié,
Témoignait quelque *mal*, selon la médecine. Laf.

« La *maladie* dont elle est menacée n'étant point équivoque, elle est mise entre les mains de Carette qui lui fait prendre des médecines et des eaux de Saint-Méon.... Vous ne sauriez croire combien son *mal* me donne de chagrin. » Sév.

MAL, MALHEUR. L'idée commune à ces deux mots est celle d'une situation douloureuse, pénible, triste ou fâcheuse.

Le *mal* est subjectif, quelque chose d'inhérent à une personne ou de considéré par rapport à elle ; le *malheur* est objectif, quelque chose d'extérieur et de fortuit, qui vient assaillir une personne ou tomber sur elle. On est en proie au *mal*, en butte au *malheur*. Les *maux* d'un homme tourmenté dans son corps ou dévoré de chagrin excitent la compassion ; on entend ou l'on fait le récit des *malheurs* d'un infortuné. Mes *maux* sont ce qui m'affecte désagréablement, au physique ou au moral : mes *malheurs* sont ce qui m'arrive et ce que j'essuie de désagréable. « Je suis aussi malade de l'esprit que du corps. Peut-être est-ce un avantage pour ma situation. Mes *maux* me rendent mes *malheurs* peu sensibles. » J.-J.

MALADE, INFIRME ; — INCOMMODÉ, INDISPOSÉ ; — MALINGRE. Mal portant qui n'est pas en santé.

Malade et *infirme* expriment une altération de la santé grave ; *incommodé* et *indisposé*, une altération légère ; *malingre* est familier.

Malade, infirme. — Le *malade* est mal, dans un état de souffrance ou en danger ; l'*infirme*, du latin *in firmus*, non ferme, est faible. Quand on est *malade*, on garde le lit et l'on prend des remèdes : quand on est *infirme*, on manque de force, on est impuissant ou débile, on n'a pas l'usage entier de ses membres ou de ses sens. D'ailleurs la *maladie* est plutôt un accident, et l'*infirmité* un état continuel : le *malade* succombe ou guérit : l'*infirme* traîne une vie languissante.

Incommodé, indisposé. — L'homme *incommodé* n'est pas *commodément* ou à l'aise ; l'homme *indisposé* n'est pas *disposé* ou prêt à. L'incommodité cause un peu de peine, du déplaisir ou du malaise ; l'indisposition empêche d'aller quelque part ou de faire quelque chose. « Zénon vécut jusqu'à l'âge de quatre-vingt-dix-huit ans, sans avoir jamais en aucune *incommodité*. » Fén. « Mon *indisposition* a retardé cet écrit. » Id. On est *incommodé* d'un mal gênant plutôt que douloureux : on s'excuse d'avoir manqué à un rendez-vous ou à une obligation en disant qu'on a été *indisposé*. « Elle vint hier pour me voir ; mais j'étais *indisposée* et ne recevais personne. » Mariv.

Malingre est familier ; c'est tout ce qu'on peut en affirmer de certain. Il représente un homme qui est chétif et dans un piteux état sous le rapport de la santé. « Après avoir été longtemps bien *malingre*, je compte tenter aujourd'hui l'analyse de quelques troncs d'arbres. » J. J. « Je suis actuellement si *malingre* que, si j'arrivais à Paris dans cet état, on me demanderait mon billet de confession aux barrières. » Volt. « C'est une physionomie qui promet une longue vie (celle du Saint-Père) ; si notre comtat eût été sur cette vie, il nous aurait duré longtemps ; mais ce *malingre* mourir au bout de l'an ! » Sév.

MALCONTENT, MAL SATISFAIT. A qui ce qui est ou se fait, ce qui a été ou s'est fait ne plaît ou ne convient que médiocrement.

Malcontent indique un contentement incomplet ; c'est un mot tout subjectif, c'est-à-dire relatif à l'état du sujet ou de l'âme qu'il représente comme n'ayant pas encore tout ce qu'elle voudrait, comme désirant ou pouvant désirer encore. « La prudence vous envoye tousiours *malcontent* et craintif, là où l'opiniastreté et la témérité remplissent leurs hostes d'esiouïssance et d'asseurance. » Montaigne. « La propre volonté ne se satisfait jamais, quand elle aurait tout ce qu'elle souhaite ; mais on est satisfait dès l'instant qu'on y renonce. Avec elle on ne peut être que *malcontent*; sans elle on ne peut être que content. » Pasc. « On trouve quelquefois de ces personnes *malcontentes* et chagrines, à qui tout déplaît dans leur profession. » Bourd. « Le duc de Rohan sortant *malcontent* de l'audience du premier président, vif et brusque comme il était, descend le degré, disant rage et injure de lui. » S. S. « Bayard voyant que son refus affligeait son hôtesse d'une manière sensible, et ne voulant pas la laisser *malcontente* de lui, consentit à recevoir son présent. » Roll.

Mal satisfait a un tout autre caractère : il est objectif, il marque, non pas l'insuffisance de l'effet, de la joie, un reste de désir dans l'âme, mais l'insuffisance de la cause, de l'objet, qui n'est pas encore comme il faudrait ou n'a pas encore été comme il aurait fallu, pour ne plus laisser lieu à aucun désir. Le *malcontent* est désagréablement affecté ; il n'a pas été fait assez (*satis factum*) pour le *mal satisfait*, il lui reste encore à se plaindre. Quand on est *malcontent* de soi (S. S,), ou de quelqu'un ou de quelque chose, on souffre ; quand un maître est *mal satisfait* de ses élèves (J. J.), le travail de ceux-ci ne répond pas pleinement à l'attente de celui-là. C'est plutôt la sensibilité ou l'âme qui est *malcontente*, et l'esprit ou le goût qui est *mal satisfait*. « On a vu l'opinion que Mélanchthon avait des docteurs du parti, et combien il en était *mal satisfait*. » Boss. « Elle eut envie de voir Damon.... Elle l'avait invité à souper comme bel esprit avec une demi-douzaine de gens.... Il les trompa fort par son silence ; et la dame fut aussi *mal satisfaite* de lui que je le fus d'elle. » Mol. « Le czar dit qu'il ferait dire au régent qu'étant *mal satisfait* des Autrichiens et du roi d'Angleterre, il était résolu d'appuyer les intérêts du roi d'Espagne. » S. S. « Monseigneur m'interrogea d'abord sur les humanités.... je dit-il. J'en tirai présentement votre écriture, me dit-il. J'en tirai de ma poche une feuille que j'avais apportée exprès. Mon prélat n'en fut pas *mal satisfait*. » Les.

Tu pourras à toute heure être *mal satisfait*
Des inégalités dont la vie est semée ;
Tous les projets d'un autre auront leur plein effet,
Tandis que les tiens s'en iront en fumée. Corn.

S'il est vrai que *malcontent* soit vieux, comme le prétend l'Académie depuis 1835 seulement, il peut être heureusement rajeuni. Quant à l'opinion de Voltaire qui regarde *mal satisfait* comme un barbarisme, elle se réfute par les exemples qu'on vient de voir et par d'autres de Nicole, de Larochefoucauld, de Lafontaine et de Destouches qui auraient pu y être ajoutés.

MALHEUR, GUIGNON. Espèce de fatalité ou de sort qui nous poursuit et nous empêche de réussir. Avoir du *malheur* ou du *guignon* ; être en *malheur* ou en *guignon* ; jouer de *malheur* ou de *guignon* ; porter *malheur* ou *guignon* à quelqu'un.

Malheur, *maleheure*, latin *mala hora*, mauvaise heure, mauvais moment de la naissance, comme qui dirait mauvaise étoile, est un mot très-commun en français ; il convient à tous les genres de style, au plus relevé comme au plus vulgaire et s'emploie en parlant de toutes sortes de choses, des plus grandes comme des plus petites.

Pylade, où sommes-nous? En quels lieux t'a conduit
Le *malheur* obstiné du destin qui me suit?
(*Oreste*) Volt.

Guignon, de *guigner*, signifie l'effet de l'action de quelqu'un qui en nous *guignant*, en nous regardant du coin de l'œil, nous a jeté un sort, suivant un préjugé déjà répandu au temps de Virgile :

Nescio quis teneros oculus mihi fascinat agnos.

Mais d'où vient *guigner*? Apparemment de l'allemand *winken*, cligner l'œil ; *Wink*, clin d'œil. Aussi *guignon* appartient-il exclusivement au discours familier et ne se dit-il ordinairement que quand il est question de choses peu importantes, de simples contrariétés. « Ma foi, si j'étais dans votre place, je ne jouerais plus ; le cœur me dit que votre *guignon* ne changera pas. » Ham. « Je crois que d'Hacqueville nous louera l'hôtel de Carnavalet, à moins que Mme de Lillebonne ne se ravise et n'en veuille point sortir : je reconnaîtrais bien notre *guignon* à cela. » Sév. « Oh ! j'ai toujours eu du *guignon* dans les rencontres » Mariv.

Quant aux locutions porter *malheur* et porter *guignon*, la première peut servir à exprimer l'action des choses aussi bien que celle des personnes, mais la seconde convient plus particulièrement pour indiquer une influence exercée par des personnes, les personnes seules étant capables de jeter un sort. « Tant de bonnes volontés seront-elles toujours inutiles à ce pauvre homme (Corbinelli)? Pour moi, je crois que c'est son mérite qui leur porte *malheur* ; Segrais porte aussi *guignon*.... ; on donne des pensions aux beaux esprits.... ; on ne peut rien obtenir pour lui. » Sév.

. **MALPROPRE, SALE.** Dont l'aspect choque et inspire du dégoût.

Malpropre, d'abord, dit moins que *sale*. La personne ou la chose *malpropre* n'est pas bien propre, est imparfaitement propre ; la personne ou la chose *sale* n'est point propre du tout. « On reprochait un jour à Diogène qu'il logeait dans des lieux *malpropres* : « Le soleil, dit-il, entre bien « dans des endroits qui sont encore beaucoup plus « *sales*, et cependant il ne se gâte pas. » Fén.

Vous me voyez sur le pavé
En désordre, *malpropre* et *sale*.
Chap. et Bach.

Un vieillard *malpropre* est malséant, mal plaisant, incommode : « C'est un homme incommode à tout le monde, *malpropre*, dégoûtant...., mouchant, toussant, crachant toujours. » Mol. Mais, pour qu'un vieillard soit *sale*, il faut que sa malpropreté aille jusqu'à être repoussante, jusqu'à faire mal au cœur : « Cette reine si vieille, si vieille, était *sale*, hideuse et puante. » Fén.

Ensuite, la *malpropreté* consiste précisément à être mal approprié, mal arrangé, mal habillé, mal peigné, en un mot négligé. « Soyez assez bien pour ne vous faire point critiquer comme une personne sans goût, *malpropre* et trop négligée. » Fén. « La plupart de ces manants étaient mal peignés et fort *malpropres*. » J. J. Elle m'a paru *mal-*

propre et fort mal habillée. » Les. Saint-Simon dit d'une femme *malpropre* « qu'elle avait des cheveux filasse toujours sortants et traînants comme tout son habillement ».

La *malpropre* sur soi, de peu d'attraits chargée,
Est mise sous le nom de beauté négligée. Mol.

Mais la *saleté* consiste à n'être pas net, à être couvert de taches, d'ordures ou de crasse. « Ce sanglier était *sale* et couvert de la boue de sa bauge où il s'était vautré. » Fén. « L'avare porte un manteau usé, *sale* et tout couvert de taches. » Abr. « Un homme effroyablement barbu, *sale* et crasseux. » Scarr. — Une rue *malpropre* est mal entretenue, mal disposée pour l'usage qui doit en être fait : « Les rues de Londres sont très-*malpropres*; le pavé y est si mal entretenu qu'il est presque impossible d'y aller en carrosse. » Montesq. Une rue *sale* est pleine d'immondices et demande à être nettoyée : « Le châtiment eût été plus exemplaire si on avait vu Dodd nettoyer de ses mains sacerdotales le milieu très-*sale* des rues de Londres. » Volt. — Pareillement, dans une chambre *malpropre* tout est en désordre, mal rangé, peu soigné, au lieu que dans une chambre *sale* on ne voit que crasse, vilenie et ordures.

Malpropre, comme *propre*, convient mieux pour un ensemble, pour une chose composée, ou pour tout l'extérieur ; et *sale*, comme *net*, pour une chose simple ou pour un détail. « Les maîtres doivent prendre soin que leurs disciples n'aient rien dans leur extérieur de *malpropre*, de rebutant ni de grossier ; qu'on ne leur voie point des habits déchirés, des cheveux peignés, des mains *sales*. » Roll. — On dit d'une manière générale, la *malpropreté*, et d'une manière particulière et distributive, des *saletés*. « Le caractère d'un vilain homme suppose toujours dans un homme une extrême *malpropreté* et une négligence pour sa personne qui passe dans l'excès et qui blesse ceux qui s'en aperçoivent.... On lui voit aux mains des poireaux et d'autres *saletés* qu'il néglige de faire guérir. » Labr.

Malpropre, qui a de la malpropreté, indique plutôt une qualité constante et caractéristique : « Les Juifs étaient un peuple si *malpropre* que ses législateurs furent obligés lui faire une loi de se laver les mains. » Volt. *Sale*, qui a des saletés, qui a été sali, est préférable pour exprimer une qualité accidentelle : « Pythagore s'enferma dans sa caverne, et après y avoir demeuré une année entière, il en sortit *sale*, maigre et hideux à faire peur. » Fén.

MALTRAITER, MALMENER. En user durement avec quelqu'un en actions ou en paroles.

On *maltraite* tout le monde, particulièrement ses égaux. Un mari *maltraite* sa femme (Acad.) ; un domestique, son camarade (Boss.). On ne *malmène* qu'un inférieur, qu'une personne au-dessus de laquelle on est placé ou sur laquelle on a quelque avantage ; en effet, *mener*, c'est conduire par la *main*, en enfant, comme un petit garçon, d'autorité. Un confesseur *malmène* sa pénitente (Laf.) ; à la guerre, des troupes sont *malmenées* quand elles ont le dessous ; « un joueur qui a l'avantage *malmène* son adversaire lorsqu'il profite de toute sa supériorité. » Cond.

On ne critique guère un ouvrage sans *maltraiter* l'auteur : qui réprimande *malmène*.

MANTEAU, MASQUE, VOILE. Dans l'acception figurée ces mots signifient des prétextes, des moyens dont on se sert pour cacher quelque chose.

Sous le *manteau* on cache primitivement un poignard, un instrument pour accomplir un dessein, et, par extension, ce qu'on se propose de faire, généralement en mal. « On cache doucement le poignard sous le *manteau* de l'amitié, et l'on sait égorger en feignant de plaindre, » J. J. « Jamais homme ne couvrit plus ses crimes du *manteau* de la religion que le P. Letellier. » Volt. « Sachant bien qu'il n'y a pas de meilleur moyen pour fomenter une guerre que le *manteau* de la religion, Sigismond chassa tous les prêtres et introduisit en leur place les luthériens. » Regn. « La maison d'Autriche, qui se pique si fort d'être catholique zélée, et qui couvre tant de desseins et d'exécutions de ce *manteau*.... » S. S. « J'eus avis d'une cabale du duc du Maine pour déclarer le roi majeur.... Le *manteau* du bien public par rapport aux choses de finance, l'audace....; tout cela me parut pouvoir donner de la solidité à ce qui n'en pouvait avoir par nature. » Id.

Sous le *masque* on cache son visage, c'est-à-dire ce qu'on est, et non plus ce qu'on se propose de faire ; ses vices, et non plus ses mauvais desseins. « L'hypocrisie est le *masque* du vice déguisé en vertu. » Marm. « La vanité n'a jamais eu que le *masque* de la grandeur. » Mass. « Une vertu ajustée est la vertu de ceux qui n'en ont point, ou plutôt c'est le *masque* spécieux sous lesquels ils cachent leurs vices. » Boss. « Des âmes qu'on voit, sous un beau *masque* de dévotion, orgueilleuses et hautaines. » Bourd.

Au travers de son *masque* on voit à plein le traitre,
Partout il est connu pour tout ce qu'il peut être. Mol.

Le *voile* ressemble beaucoup au *masque* : et cela doit être, puisqu'au propre le *voile* et le *masque* sont employés tous deux à couvrir le visage. Mais, comme au propre le *voile* sert d'ornement aux femmes qui le portent, cette même nuance convient particulièrement à *voile* pris au figuré. On dit un *voile* pompeux (Mol.), honorable (Volt.). « Ces avarices sordides sont couvertes d'un *voile* de désintéressement dont on se pare. » Bourd. De plus, *voile* se prend de préférence ou même seul en bonne part, ce qui vient sans doute de ce qu'au moyen du *voile* certaines femmes, et, par exemple, les religieuses, se dérobent aux regards par modestie et par humilité. « Cet extérieur qui nous choque est peut-être un *voile* d'humilité sous lequel il a plu à Dieu de tenir cachés les plus excellents dons. » Bourd. « Il ne faut pas juger des hommes sur une seule et première vue ; il y a un intérieur et un cœur qu'il faut approfondir : le *voile* de la modestie couvre le mérite, et ce *masque* de l'hypocrisie cache la malignité. » Labr.

MARBRÉ, JASPÉ. Termes que Girard a indiqués comme synonymes, mais qui n'ont été distingués ni par lui ni par aucun de ses imitateurs.

Ils sont synonymes, car ils se disent également de la surface des livres en tant qu'elle a reçu par la peinture l'apparence de certaines pierres polies. Livre *marbré* ou *jaspé* sur tranche, livre relié en veau *marbré* ou *jaspé*; la *marbrure* ou la *jaspure* d'un livre.

Ils diffèrent cependant comme diffèrent à l'œil le *marbre* et le *jaspe*. Ce qui est *marbré* est tacheté d'une couleur qui se projette et s'étend en forme de traînées, de veines ou d'ondes. Buffon dit très-bien que « les œufs de la bécasse sont plus gros que ceux du pigeon, qu'ils sont *marbrés* d'ondes plus foncées et noirâtres. » Mais ce qui est *jaspé* est proprement pointillé ou piqueté ; ce ne sont point des ondes qu'on croit y voir, mais des gouttes ou des gouttelettes : telles sont des poules *jaspées*, des tulipes *jaspées*.

En général, les livres aujourd'hui sont reliés de façon que la couverture en est *marbrée* et la tranche *jaspée*. On ne voit guère de *marbrés* sur tranche que d'anciens livres ou des livres d'apparat, comme sont assez souvent ceux qu'on donne en prix.

MARIAGE, UNION, ALLIANCE. Société d'un homme et d'une femme attachés l'un à l'autre par le nœud conjugal : contracter un *mariage*, une *union* ou une *alliance*.

Mariage est un mot spécialement et exclusivement consacré à exprimer cette idée. Il est le seul des trois qui s'emploie bien d'une façon générale et absolue : Les liens, les devoirs du *mariage*, le sacrement de *mariage*, l'*union* du *mariage* (STAËL). *Union* et *alliance*, au contraire, ont d'autres acceptions, et quand ils prennent celle qui est propre à *mariage*, ils joignent chacun à l'idée de celui-ci un accessoire particulier.

Union a pour accessoire de se rapporter à la manière d'être des conjoints l'un avec l'autre sous le point de vue de l'*union*, de la paix, du bonheur en conséquence de leur caractère, de leurs qualités respectives. C'est au notaire à dresser le contrat de *mariage* ; mais les parents des futurs doivent avoir soin de les bien assortir afin que leur *union* soit parfaite. « Je crois qu'à la fin vous me ferez venir au *mariage*, dont je me suis tant éloignée.... Il faut des deux parts bien des qualités pour vivre heureusement ensemble ; et les deux plus raisonnables personnes du monde ont souvent peine à composer une *union* dont ils soient satisfaits. » MOL.

Alliance a pour accessoire de se rapporter, non plus aux convenances personnelles des conjoints, mais à leurs convenances extérieures en quelque sorte, c'est-à-dire à leurs convenances de famille ou de condition. Marie de Bourgogne, fille et héritière de Charles le Téméraire, accomplit à Gand son *mariage* avec Maximilien d'Autriche ; elle avait dû épouser le comte de Rivière, frère de la reine d'Angleterre ; mais, ne voulant pas regarder un si petit comte, elle avait méprisé une *alliance* si peu sortable (Boss.). « Ce *mariage* est très-approuvé, la maison est fort bonne, l'*alliance* agréable, tous les Lamoignon, deux cent mille francs. » SÉV.

« On avait fait part au roi de France de ce *mariage* (du roi d'Espagne, Philippe V, avec Élisa-beth de Parme); l'obscurité de cette *alliance* ne réveilla point la politique de ce prince. » HÉN.

Telle statistique indique combien il s'est fait de *mariages* en un certain pays pendant un certain temps. Dans les *Femmes savantes*, Henriette vante les douceurs d'une *union* entre un homme et une femme qui s'aiment. A Rome les lois des douze tables interdisaient toute *alliance* entre les patriciens et les plébéiens.

MÉCONNAISSANT, INGRAT. L'idée de l'oubli d'un bienfait ou de plusieurs est exprimée par chacun de ces deux mots.

Mais ce qui oublie dans le *méconnaissant*, c'est la partie *connaissante* de notre être, savoir l'esprit ; dans l'*ingrat*, dans celui qui ne sait pas *gré*, qui manque de *gratitude*, c'est le cœur. La *méconnaissance* est un défaut qui consiste à n'avoir pas ou à perdre l'idée d'un service qu'on a reçu, faute d'attention ou par étourderie ; l'*ingratitude* est un vice qui consiste à n'aimer pas, à repousser volontairement l'idée d'un service qu'on a reçu, ce qui suppose toujours une nature perverse et des sentiments odieux. « La *méconnaissance*, dit l'Académie dans ses dernières éditions, marque plus de légèreté et moins de vice que l'*ingratitude*. »

Par conséquent, *méconnaissant* dit moins que *ingrat*, ou, ce qui revient au même, *ingrat* renchérit sur *méconnaissant*. « Puis-je ne pas penser aux faveurs et aux miséricordes de Dieu sans être le plus *méconnaissant* et le plus *ingrat* de tous les hommes? » BOURD. « Par tout cecy est aysé à voir combien est lasche et vilain vice la *mescognoissance* et *ingratitude*. » CHARR. Or, comme un penchant à l'exagération nous porte à préférer les expressions les plus fortes, il en est résulté que *méconnaissant* et *méconnaissance* ont toujours été peu usités en comparaison de leurs synonymes.

Ils méritent néanmoins d'être conservés comme des diminutifs, comme signifiant une faiblesse ou impolitesse plutôt qu'une scélératesse ou une noirceur. « Voyons ce qu'il faut attendre des amis qui semblent les plus assurés : faiblesse, *méconnaissance*, secours en paroles, abandonnement en effet. » Boss. « Vous faites une grande aumône, vous obligez le public par quelque service considérable ; ne vouloir pas qu'on vous loue de cette action, c'est vouloir qu'on soit aveugle ou *méconnaissant*. » ID. « Que penserez-vous de moi de me contenter de répondre à vos louanges par une simple lettre de compliment? Ne m'accuserez-vous point d'être *méconnaissant* ou grossier ? » BOIL. « Je me consolai de ne rien devoir à l'abbé de Bernis, parce que bientôt je le vis malhonnête et *méconnaissant* envers sa créatrice. » MARM. « Il y a un peu de *méconnaissance* dans son procédé. » ACAD. 1re édition.

MÉDIOCRE, MODIQUE. Peu considérable. En latin *mediocris* et *modicus*.

Mediocris vient de *medius*, moyen ou mitoyen, intermédiaire, qui est au milieu, entre le grand et le petit, l'admirable et le détestable. *Modicus* a été formé de *modus*, mesure en quantité.

En qualifiant une chose de *médiocre*, on la considère sous quelque rapport que ce soit, particulièrement sous celui de la qualité. Mais c'est toujours à la quantité qu'on a égard quand on dit d'une chose qu'elle est *modique*.

Un homme *médiocre*, une beauté *médiocre*, un vin, un mérite, un esprit, un style *médiocre* sont de qualité inférieure, manquent d'excellence; un revenu, un tribut, une somme, une dose, une pension *modique*, des ressources ou des largesses *modiques* sont de petite quantité, sont quelque chose qui n'est pas copieux ou abondant. On se procure des denrées de *médiocre* qualité (Acad.) à un prix *modique* (Acad., Fén.).

Médiocre se tient entre bon et mauvais, *modique* entre beaucoup et peu. Une nourriture *médiocre* est frugale; une nourriture *modique* est sobre. Fortune *médiocre* indique une condition qui n'est guère brillante; fortune *modique* annonce un modeste avoir, un bien borné.

D'ailleurs, *médiocre* se prend plutôt en mauvaise et *modique* en bonne part. *Médiocre*, c'est-à-dire peu distingué, sans qualité éminente ou remarquable : « La langue fournit un babil facile aux sentiments *médiocres*. » J. J. *Modique*, c'est-à-dire mesuré, non immodéré, non excessif: « Le sénat pensait que des peines immodérées jetteraient bien la terreur dans les esprits, mais qu'elles auraient cet effet qu'on ne trouverait plus personne pour accuser ni pour condamner; au lieu qu'en proposant des peines *modiques* on aurait des juges et des accusateurs. » Montesq.

MÉMOIRE, COMMÉMORATION (MENTION). Que l'idée d'une chose ou d'une personne soit rappelée à l'esprit, il y a de cette chose ou de cette personne *mémoire* ou *commémoration*.

Mais *mémoire* signifie l'idée rappelée, et *commémoration* l'action de la rappeler. On a la *mémoire* comme on a le souvenir; on fait *commémoration* comme on fait mention. La messe est un sacrifice de *commémoration*, lequel est institué pour réveiller, célébrer et faire durer la *mémoire* de l'immolation de Jésus-Christ sur la croix (Boss.). Bossuet dit en parlant des protestants : « Faut-il que des chrétiens, sous prétexte de célébrer dans la cène la *mémoire* de la passion de notre Sauveur, ôtent à cette pieuse *commémoration* ce qu'elle a de plus efficace et de plus tendre? »

D'ailleurs, *mémoire*, quoique formé du latin *memoria*, est un mot tout français : au lieu que *commémoration*, du verbe *commemorare*, qui ne se retrouve pas dans notre langue, est un terme consacré, un terme de liturgie. « Que pouvons-nous employer de plus convenable à la *commémoration* d'un tel mystère (celui de la croix) que...? » Boss. « C'est cette *commémoration* de la mort de notre Seigneur, dont les apôtres faisaient le fond de la célébration de l'eucharistie. » Id. « L'Église invite tous ses enfants à se recommander aux prières des saints.... En honorant leurs vertus cette pieuse *commémoration* nous enflamme à imiter l'exemple de leur bonne vie. » Id. « Quoi! Cadmus et sa femme avaient été changés en serpents dans la Béotie, parce que les Béotiens en faisaient *commémoration* dans leurs cérémonies! » Volt.

Allant ensuite d'un extrême à un autre, comme il arrive assez souvent, l'usage a permis ou voulu qu'on employât *commémoration* familièrement, et quelquefois en mauvaise part. « Je vis l'autre jour le bon P. Rapin.... Le P. Bouhours était avec lui.... Je fus bien aise de les voir tous deux. Nous fîmes *commémoration* de vous comme d'une personne que l'absence ne fait point oublier. » Sév. « Je pourrais, dans ma réponse (au roi de Prusse), glisser une *commémoration* très-convenable de vos services et de vos besoins. » (Lettre à Thiriot). Volt. « Je ferai demain un petit souper, en *commémoration* des soupers du petit appartement. » Dudeff. « Dans vos fictions creuses (celles de Roucher) il n'y a qu'une *commémoration* de vieilles sottises qui, bien loin de valoir la vérité, ne valent pas même les fictions des Grecs. » Lah. [1].

Commémoraison, au lieu de *commémoration*, est une invention peu heureuse publiée pour la première fois par l'Académie en 1740 : le mot, appartenant essentiellement au langage de l'Église, doit garder sa forme la plus latine, la seule, du reste, qu'il ait reçue des écrivains qui font autorité.

MÉPRISABLE, CONTEMPTIBLE. Qui n'est pas digne qu'on en fasse cas.

Méprisable, qui mérite le *mépris*, est un mot très-usité. *Contemptible*, latin *contemptibilis*, de *contemnere*, mépriser, vieillit ou même est vieux. Rabelais, Malherbe et Corneille l'ont employé. On le trouve même encore dans Massillon, mais souligné et comme traduit exactement du latin : « Notre discours paraîtrait vulgaire et *contemptible* (S. Paul, 2 Cor.). » Voltaire s'en sert aussi quelquefois, mais dans des pamphlets contre l'Église et en affectant, à ce qu'il semble, le langage suranné et un peu pédantesque de ses adversaires : les *contemptibles* théologiens; une affaire aussi *contemptible* : les légendes de saint Claude, mensonges si *contemptibles* aux yeux de tous les savants.

MÉPRISANT, CONTEMPTEUR. L'idée qui leur est commune est celle du peu de cas qu'on fait d'une personne ou des personnes.

Méprisant est un adjectif. Air, regard, ton *méprisant*; manières, expressions méprisantes. » Le monde est moqueur, il est *méprisant*. » Mass. « Oh! oh! vous êtes bien *méprisant*. » Fén. » Il ne faut presque rien pour être cru fier, incivil, *méprisant*. » Labr. « J'ai quelque chose de chagrin et de fier dans la mine : cela fait croire à la plupart des gens que je suis *méprisant*. » Laroch. « Il est toujours assidu, et elle est toujours dure, méprisante et amère. » Sév. — Mais *contempteur* est un substantif. « Une seule raillerie d'un *contempteur* de la piété vous arrache des complaisances criminelles. » Mass. « Toute société dans le monde avec les amateurs publics du vice et les *contempteurs* de la vertu est interdite aux ecclésiastiques. » Id.

S'il en était toujours ainsi, il ne serait guère à craindre qu'on ne confondît les deux mots. Mais, comme *contempteur* se prend quelquefois adjecti-

---

[1]. C'est aussi par son caractère tantôt religieux, tantôt familier ou ironique, que *commémoration* se distingue de *mention*, auquel il ressemble réellement plus qu'à *mémoire*.

vement, il y a lieu alors à hésitation, et il importe de savoir comment en sortir.

Méprisant fait au féminin *méprisante*; *contempteur* ne s'emploie qu'au masculin. De plus, *méprisant* est un mot commun et de tout temps usité; au lieu que *contempteur*, quoiqu'il se trouve déjà dans Charron, avait été d'abord condamné par Vaugelas et rejeté par l'Académie, et ce ne fut qu'au dix-huitième siècle qu'il prit quelque faveur. Aujourd'hui même *contempteur* est rare en comparaison de son synonyme, et comme, à la différence de celui-ci, il est pour ainsi dire calqué sur un mot latin de même signification, *contemptor*, il convient surtout, sinon uniquement, au style soutenu. Dans un de ses contes, Hamilton parle de « gens d'un caractère un peu *méprisant* ». Et dans le *Cours de littérature* de Laharpe on lit: « L'esprit philosophique, dont le caractère impérieux, jaloux et *contempteur* s'annonçait dès sa naissance, déclara la guerre à la poésie. » Il semble enfin résulter du rapprochement de ces deux exemples que *contempteur* renchérit sur *méprisant*, qu'il exprime un plus grand dédain.

MER, OCÉAN. La vaste étendue d'eau salée qui baigne toutes les parties de la terre. C'est la définition donnée de ces deux mots par le dictionnaire de l'Académie (1835), qui ajoute, sans les distinguer davantage dans cette nouvelle acception, qu'ils désignent aussi l'un et l'autre quelque grande portion de cette masse d'eau. Sont-ils donc de tout point synonymes?

Mer, latin *mare*, allemand *Meer*, se retrouve dans tous les idiomes du Nord, tant anciens que modernes. C'est le mot commun. *Océan*, latin, *Oceanus*, grec ὠκεανός, est, au contraire, un terme choisi qui signifie quelque chose de plus grand sous tous les rapports.

Mer s'emploie plutôt au pluriel et distributivement pour représenter des parties de cette énorme quantité d'eau salée qui couvre plus des deux tiers de notre globe et qu'on oppose à la terre ferme; mais *Océan*, qui a été chez les anciens le nom d'un personnage, le nom de l'époux de Téthys, et qui s'écrit encore avec une majuscule initiale, s'emploie presque toujours au singulier et collectivement pour exprimer la totalité de cette même eau. « L'*Océan* environne de tous côtés les continents; il pénètre en plusieurs endroits dans l'intérieur des terres, et il forme des *mers* méditerranées. » BUFF. En disant une *mer*, les *mers* ou des *mers*, on indique quelque chose qui fait partie de l'*Océan*, et par conséquent quelque chose de plus petit; et, de son côté, l'*Océan*, la *mer océane*, est la *mer* universelle. « Les nations qui composent le genre humain sont en équilibre entre elles comme les différentes *mers* qui composent l'*Océan* sous diverses latitudes. » BERN. « La grande *mer* où nagent pour ainsi dire les quatre parties du monde s'appelle *Océan*. » J. J. « Les déserts de l'Arabie, les vastes *mers* de l'*Océan*, qui te paraissent être l'effet du hasard, sont des suites nécessaires des lois naturelles. » MAL. « Certes, la cour est bien l'*Océan* où se font les grandes tempêtes; mais les provinces, comme petites *mers*, ont des agitations qui ne laissent pas voyager sans inquiétude. » MALH.

Sans doute, on dit aussi d'une manière générale la *mer*; mais c'est quand on n'a pas égard à son étendue ou qu'on ne considère pas cette étendue comme très-grande ou comme immense: l'eau de la *mer*, craindre la *mer*, courir la *mer*, les îles qui sont dans la *mer*. *Océan* est le mot propre si on veut faire concevoir la mer comme extrêmement grande: « L'ancre fait trouver au vaisseau une espèce de port assuré dans l'immensité et dans le tumulte de l'*Océan*. » Boss. On dit proverbialement et figurément, c'est une goutte d'eau dans la *mer*; mais à *mer* on substitue *Océan* toutes les fois qu'on se propose de renchérir, de donner l'idée d'un contraste aussi grand que possible. « Les stoïciens croyaient que tous les biens extérieurs, joints ensemble, n'ajoutaient pas plus à la vertu qu'une goutte d'eau à la vaste étendue de l'*Océan*. » ROLL. « Les hommes ne paraissent tous ensemble devant Dieu que comme une goutte d'eau comparée à un *océan* infini, selon l'expression d'un prophète. » NIC.

Que si, d'un autre côté, le nom d'*océan* s'applique aussi, comme l'observe l'Académie, à des portions de l'*Océan*, c'est seulement aux plus grandes: l'océan Atlantique, l'océan Pacifique; on ne saurait dire l'océan Méditerranée, l'océan Baltique, l'océan d'Azof.

Au figuré, *mer* ne convient que dans les proverbes, comme, par exemple, c'est ou ce n'est pas la *mer* à boire. Mais partout ailleurs *océan* doit être préféré à cause de la noblesse de son origine. « O Dieu! mon esprit se confond: je me perds, je m'abîme dans cet *océan*. » Boss. « L'âme de Nélée se trouve noyée dans un *océan* de plaisirs. » FÉN. « J'admets que l'attraction émane du soleil, et qu'elle attire à lui tout ce qui flotte dans l'*océan* immense de ses rayons. »

Quand de tout mon visage un *océan* de larmes
Pourrait à gros torrents incessamment couler....
CORN.

MERCURE, VIF-ARGENT. Deux noms d'une même substance métallique, qui, lorsqu'elle n'est mêlée à aucune autre matière, est toujours fluide à notre température.

Mercure est le nom scientifique et technique. Il vient des anciens chimistes ou des alchimistes qui, dans leur langage mystérieux, empruntaient les noms des planètes pour les appliquer aux métaux. Ils appelèrent *mercure* le métal dont il est question comme ils appelaient le plomb *saturne* et l'argent *lune* ou *diane*.

Vif-argent, latin *vivum argentum*, est l'expression vulgaire, celle qui indique l'objet en le dénommant, en le représentant sous sa forme essentielle: le mercure est en effet semblable à de l'argent liquide ou liquéfié, à de l'argent qui coule, qui a l'air d'être vivant ou animé.

Mercure, ayant été pris des sciences occultes, ne s'est introduit dans notre langue qu'avec peine et à la longue. On ne s'en est servi d'abord qu'avec réserve. Descartes, par exemple, ne l'emploie guère qu'en parlant des chimistes. « Je souscris en tout au jugement que Votre Excellence fait des chimistes.... Selon mon opinion, leur sel, leur soufre et leur *mercure* ne différent pas plus entre eux que les quatre éléments des philosophes, ni guère plus que l'eau diffère de la glace, de l'écume et de la neige. » « Vous nommez le sel, l'huile et le soufre pour les principes des chimistes, où vous mettez l'huile au lieu du *mercure*, car ils prennent l'huile et le soufre pour une même chose, comme aussi l'eau et le *mercure*. » Mais quand Descartes expose ses propres théories, au mot de *mercure* il préfère celui de *vif-argent*. « Il suffit de dire que les parties du *vif-argent* et d'autres métaux ont moins de tels pores, pour faire entendre pourquoi ces métaux sont plus pesants. » « Le *vif-argent* résout l'or, l'étain et le plomb, bien qu'il ne se puisse presque pas attacher aux autres métaux. » Montesquieu lui-même a imité cet exemple, comme on peut s'en convaincre en comparant les deux passages qui suivent. « Un chimiste ou un rose-croix, croyant trouver dans son *mercure* tous les principes des qualités des corps, les odeurs, les saveurs et autres, y a vu jusqu'à la pesanteur. » « Les travaux des mines où l'on occupe sans cesse (en Amérique) et les naturels du pays et les étrangers, les exhalaisons malignes qui en sortent, le *vif-argent* dont il faut faire un continuel usage, les détruisent sans ressource. » D'autres écrivains paraissent avoir éprouvé la même répugnance à adopter *mercure* même en termes de sciences. « Dans l'expérience célèbre que l'on fait du *vif-argent*, qui demeure suspendu à la hauteur de deux pieds trois pouces et demi dans les tuyaux qui sont plus longs que cela, et laisse en haut un espace qui paraît vide. » P. R. « Torricelli fit faire un tuyau de verre de trois ou quatre pieds, fermé hermétiquement par un bout. Il le remplit de *vif-argent* et le renversa. Le *vif-argent* descendit.... » ROLL.

Mais aujourd'hui que l'origine du mot *mercure* est totalement oubliée, et que des termes appartenant au vocabulaire des sciences font continuellement invasion dans la langue commune, *mercure* est devenu d'un usage tellement général, qu'il est difficile d'assigner les cas dans lesquels il y a possibilité, sinon obligation, d'y substituer l'expression primitive, *vif-argent*.

Vif-argent se dira bien, au lieu de *mercure*, quand on voudra marquer expressément qu'on entend parler du métal à l'état fluide, ou bien quand il s'agira de le faire considérer comme un agent, comme une cause énergique qui opère certains effets. Au commencement d'un article de Buffon, intitulé *Concrétions du mercure*, on lit : « Le cinabre est la mine primordiale du *mercure*, et l'on peut regarder le *vif-argent* coulant comme le premier produit de la décomposition du cinabre. » « C'est ce fluide qui forme le grand abîme sur lequel la terre porterait comme le liège sur le *vif-argent*. » BUFF. « Les Espagnols du Potosi ont trouvé la manière d'affiner l'argent avec le *vif-argent*, qui est l'ennemi mortel de tous les autres métaux, qu'il détruit, excepté l'or et l'argent, qu'il sépare de tout ce qu'ils ont de terrestre pour s'unir entièrement à eux. On trouve du *mercure* dans cette mine; et ce métal est peut-être un des plus rares effets de la nature. » REGN. — En composition, en minerai ou en amalgane, quand il n'est pas encore ou qu'il n'est plus fluide, le minéral dont il s'agit ici prend nécessairement le nom de *mercure*, et non pas celui de *vif-argent*.

MÉSESTIMER, DÉPRISER. Ce sont des diminutifs de *mépriser* : ils signifient faire peu de cas des personnes ou des choses parce qu'on leur trouve peu de mérite ou de valeur. Au lieu que nous *méprisons* ce qui est au plus bas dans notre opinion, nous ne faisons que *mésestimer* ou *dépriser* ce qui dans notre opinion a seulement diminué ou baissé.

Mais on *mésestime*, comme on improuve, intérieurement, à part soi, sans le témoigner par des paroles ni d'aucune autre manière. Aussi J. J. Rousseau a-t-il reconnu un sentiment de *mésestime*, quoique le mot manque dans les dictionnaires. « Le lecteur juge qu'elle se dégradait à mes yeux en se partageant, et qu'un sentiment de *mésestime* attiédissait ceux qu'elle m'avait inspirés. » J. J. « Cette moralité sentimentale fait un devoir de la sensibilité, et porte à *mésestimer* ceux qui n'en ont pas. » STAËL.

Votre bon astre en ces mêmes esprits
Souffre ensemble pour vous l'amour et le mépris.
Par le secret pouvoir d'un charme que j'ignore,
Quoiqu'on vous *mésestime*, on vous chérit encore
ROTROU.

Qu'un autre considère ici ta renommée,
Et te blâme, s'il veut de m'avoir trop aimée,
Ce n'est point à Camille à t'en *mésestimer*. CORN.

Dépriser, au contraire, comme décrier, par exemple, suppose qu'on manifeste ses idées et ses sentiments par ses discours, que, au lieu de faire valoir la personne, on en parle défavorablement. C'est pourquoi, comme on peut dire qu'il y a un sentiment de *mésestime*, on peut dire, d'autre part, qu'il y a des mots *déprisants*. « Je n'aurais point employé ce terme, que je trouve *déprisant*, si... » J. J. « Je ne parle pas ainsi pour *dépriser* le mâle et puissant génie de Corneille. » VOLT. » Il eût été sage (à cet auteur) de nous montrer des vérités neuves sans *dépriser* celles qui nous ont été annoncées par tant d'autres. » ID. « Le mérite des plus saintes actions est toujours *déprisé* dans la bouche des mondains par les soupçons dont ils noircissent les intentions » MASS.

1° MÉSINTELLIGENCE, DÉSUNION; — 2° RUPTURE, BROUILLERIE, PIQUE; — 3° DIVISION, DISSENSION, DISCORDE. État de personnes qui ne sont ou ne vont pas bien ensemble.

1° *Mésintelligence, désunion.*

La *Mésintelligence* et la *désunion* ont un caractère de modération qui doit leur faire assigner une place à part. La particule initiale de chacun des deux mots annonce déjà quelque chose de purement négatif, un simple défaut d'*intelligence*, d'*union*, d'*harmonie*, de correspondance ou de concours, une insuffisance de bons rapports. Mais c'est une cessation de bons rapports qui est désignée par les mots suivants, *rupture*, *division* et les autres. Qu'il y ait dans une société quelconque *mésintelligence* ou *désunion*, on n'y travaillera plus conjointement et de concert pour l'intérêt commun; mais qu'il y ait *rupture* ou *division*, il n'existe plus d'intérêt commun, une dissolution ou séparation totale s'est opérée, et même les mots *division*, *dissension* et *discorde* indiquent expressément qu'il s'est formé différents partis ayant des intérêts divers qui se combattent, qui agissent les uns contre les autres. La *mésintelligence* et la *désunion* sont proprement des commencements de *rupture* ou de *division*, ou c'est quelque chose qui y mène. « Les esprits s'échauffaient, la *mésintelligence* allait devenir *brouillerie* et peut-être pis. » J. J. « Les variations de la Réforme nous ont fait voir qu'elle était un royaume *désuni*, *divisé* contre lui-même. » Boss.

Entre la *mésintelligence* et la *désunion* la différence est sensible.

La *mésintelligence* est un défaut d'*intelligence*, consiste à ne pas s'entendre, à ne pas entendre ou concevoir les choses de la même façon. « La *mésintelligence* qui avait déjà commencé à paraître entre les deux tribuns dans la ville éclata bien plus dans le camp.... Ils ne pensaient jamais de même. » Roll. « On reconnaît combien la multiplicité des commandants est nuisible, étant rare qu'ils s'entendent bien ensemble. Les Véiens profitèrent de la *mésintelligence* de ceux-ci. » Id. « La *mésintelligence* et l'esprit d'incertitude régnaient dans l'armée française. » Volt. « Si vous aviez écrit tout d'un coup, et si vous n'aviez pas voulu mettre dans l'amitié une politique fort étrangère, il n'y aurait pas eu la moindre malentendu. Oublions donc toute cette *mésintelligence*. » Id. « Molière établit (dans *Amphitryon*) la *mésintelligence* d'un mauvais ménage entre Sosie et Cléantis. » Lah.

Mais la *désunion* est un défaut d'*union*, consiste à s'éloigner de cœur ou de volonté; au lieu d'être relative à l'intelligence ou à l'entendement, c'est à la sensibilité et aux efforts, à l'action, aux entreprises qu'elle se rapporte. « Quels désordres suivirent la triste *désunion* qui se fit des cœurs, Bourd. « Le seul lien capable d'unir les cœurs, malgré tous les sujets de *désunion* qui naissent, c'est un esprit de charité. » Id.

De ceux qu'unit le sang plus douces sont les chaînes,
Plus leur *désunion* met d'aigreur dans leurs haines.
Corn.

« Il y a longtemps qu'on nous donne, chaque année, de belles espérances de *désunion* des alliés. » Fén. Je n'ai jamais senti cette *désunion*: tous ceux que M. Cambrai se vante d'avoir détournés étaient avec moi dans un perpétuel concours contre la doctrine de son livre. » Boss. « Si sa majesté envoyait un corps considérable vers la Meuse, cette démarche opérerait une très-grande *désunion* entre le parti anglais et le parti pacifique. » Volt.

2° *Rupture, brouillerie, pique.*

Ces mots ont cela de particulier, qu'ils signifient un état accidentel, un fait. Au lieu qu'on dit entretenir la *mésintelligence*, la *désunion*, aussi bien que la *division*, la *dissension*, et la *discorde*, on dit qu'une *rupture*, une *brouillerie* ou une *pique* a lieu, survient, que le bruit s'en répand, ou quelque chose de semblable.

La *rupture* suppose des liens quelconques qui viennent à se briser : elle éclate entre associés de toutes sortes. « Une *rupture* entière de l'homme avec Dieu, effet du péché mortel. Bourd. Les doctrines que nos Réformés ont alléguées pour cause de leur *rupture*. Boss. « La Finlande a été souvent un sujet de *rupture* entre la Russie et la Suède. Volt. « Il pensa y avoir une *rupture* entre les cours de Rome et de Madrid. » S. S. « Enfin Périclès en vint avec Thucydide à une *rupture* si ouverte qu'il fallait que l'un ou l'autre subît le ban de l'ostracisme. Roll. — Mais la *brouillerie*, à cause de l'origine très-probablement vulgaire du mot, est une *rupture* entre gens qui vivent familièrement ensemble. « Une grande nouvelle c'est la *brouillerie* de Jean-Jacques et de M. Hume. Je me doutais bien qu'ils ne seraient pas longtemps amis. » Volt. « Le temps de mon séjour à l'Hermitage et de ma grande *brouillerie* avec mes soi-disant amis. » J. J. « Les raccommodements sont toujours plus avantageux à un amant que les *brouilleries* ne lui sont nuisibles. » Id. « Voltaire passa quelque temps chez cette princesse après ses *brouilleries* avec Frédéric. » Lah. « Il s'ensuivit une *brouillerie* entre la duchesse favorite et la reine Anne. » Id. « Il y eut l'autre jour une extrême *brouillerie* entre le roi et Mme de Montespan. » Sév. « Un jour, après une *brouillerie* qui m'avait éloigné de Jean-Jacques pendant quelques semaines, nous nous rencontrâmes tête à tête dans un café des Champs-Élysées. » Bern. — « Celse connaît le fond et les causes de la *brouillerie* de deux frères, et de la *rupture* de deux ministres. N'a-t-il pas prédit aux premiers les tristes suites de leur *mésintelligence* ? » Labr.

Le mot *pique* est familier et, par conséquent, il ressemble beaucoup à *brouillerie*. « Dans les États despotiques on a peur que la liberté des femmes ne fasse des affaires. Leurs *brouilleries*, leurs indiscrétions, leurs répugnances, leurs penchants, leurs jalousies, leurs *piques*, cet art qu'ont les petites âmes d'intéresser les grandes, ne sauraient être sans conséquence. Montesq. Cependant la *pique* ne survient pas seulement entre amis, et elle est moins motivée que la *brouillerie*, elle dépend davantage du sujet, de sa susceptibilité et de son humeur. « Phélipeaux, qui avait de l'esprit comme cent diables, et autant de malice qu'eux, se plaisait à désespérer le maréchal en prenant partout sur lui ses avantages. Cela mit une telle *pique* entre eux, que.... » S. S. « L'esprit de *pique* et de jalousie prévaut chez eux à l'intérêt de l'honneur. » Labr. Ces écrivains, parce qu'on ne les entend pas, semblent vouloir, par *pique*, ne pas entendre ce qu'on leur dit. » Cond. « Ces sentiments de *pique* et d'envie contre la gloire naissante de Scipion mit une tache à la réputation de Fabius. Roll. » Quitter le service pour quelque *pique* d'honneur » Id. Ce fier Persan ne put supporter d'être sous le commandement d'un Ionien, qui d'ailleurs agissait à son égard avec hauteur et empire. Cette *pique* fit naître entre ces deux généraux une *division* qui alla si loin. que.. .. » Id.

3° *Division, dissension, discorde.*

Dis, préfixe de chacun de ces trois mots, marque diversité mouvements en sens contraires. La *division*, la *dissension* et la *discorde* sont donc des états de personnes, non-seulement qui ne sont plus d'intelligence ou unies, non-seulement qui ont rompu, cessé de s'aimer et d'être en relation, mais encore qui ont des intérêts opposés et qui s'efforcent de les faire prévaloir, qui sont adversaires les unes des autres.

Mais *division* exprime une diversité de parti, et *dissension* une diversité de sentiment. — Là où il y a *division* on ne fait plus cause commune, on tend à des buts différents, on a des prétentions exclusives et ennemies les unes des autres. « Ils sont liés à des partis tout contraires, et le monde est instruit de leur *division*. » Bourd. « On n'entend parler dans les auteurs que des *divisions* qui perdirent Rome; mais on ne voit pas que ces *divisions* y étaient nécessaires. » Montesq. « Pompée et Crassus étaient perpétuellement en *division*. » Roll. « La principale cause du mal est l'esprit de *division* qui règne entre les différents ordres de l'État. » Bern. — Là où il y a *dissension* les avis sont partagés, on diffère d'opinion et on dispute. « Les maux futurs de l'Église : les schismes, les erreurs, les *dissensions* qui devaient déchirer le mystère précieux de son unité. » Mass. « Je me sens obligé de vous exposer l'état de nos malheureuses *dissensions*.... Quelle effroyable tempête s'est excitée en nos jours touchant la grâce et le libre arbitre! » Boss. « Les Troglodytes s'assemblèrent pour choisir un gouvernement; et, après bien des *dissensions*, ils créèrent des magistrats. » Montesq. Un médecin dit à d'autres dans Molière : « N'est-ce pas assez que les savants voient les contrariétés et les *dissensions* qui sont entre nos auteurs et nos anciens maîtres, sans découvrir encore au peuple, par nos débats et nos querelles, la forfanterie de notre art? »

La *discorde*, selon la force du mot latin *cor*, est une diversité de passion, une opposition ardente, pleine d'animosité, qui met les armes à la main, qui fait qu'on ne respire que guerre et destruction. « Ce sont ici les historiens d'Angleterre, où on voit la liberté sortir sans cesse des feux de la *discorde* et de la sédition. » Montesq. « Jean-Jacques a un peu attisé le feu de la *discorde*. » Volt. « Il n'y avait que lui qui pût apaiser le camp la farouche *discorde*. » Fén. « Quelle indignité pour les Romains de souffler et d'allumer ainsi le feu de la *discorde* parmi des frères! » Roll. « L'Étolie agitée de *discordes* intestines, que l'acharnement des deux partis opposés portait à des excès furieux. » Id. — Il suit de là que *discorde* est propre à renchérir sur *division* et *dissension*, la *discorde* étant, à parler exactement, une *division* ou une *dissension* violente, furieuse et funeste. « Autrement, chaque maîtresse aurait ses filles, ce ne serait plus que *division* et *discorde*. Maint. « Aratus voyait au dedans des semences de *division* et de *discorde*. » Roll. « La loi agraire sera dans la main des tribuns comme un flambeau de *division* et de *discorde* toujours prêt à prendre feu. » Id. « Un secret levain de *dissension* et de *discorde*. » Id. « Ce zèle pour la liberté réunissait tous les esprits et faisait cesser dans le moment toute *dissension* et toute *discorde*. Id.

MESURE, PRÉCAUTION. Ces mots donnent l'idée des soins qu'on prend et des démarches qu'on fait, afin d'être, par rapport à quelque chose, prêt, prémuni, sur ses gardes, et non pas en défaut. « On prend des *mesures* lorsqu'on emploie les moyens nécessaires pour déterminer le succès d'une entreprise; on prend toutes ses *précautions* lorsqu'on met en usage tous les moyens propres à prévenir les accidents dont on peut être menacé. » Cond.

On prend des *mesures* pour et des *précautions* contre.

Mesure est un terme positif : on prend des *mesures* pour se procurer un bien ou ce qu'on regarde comme tel. « Prenez-vous tout de bon des *mesures* pour commencer une vie nouvelle ? » Mass. « En demandant aux saints certaines vertus, nous prétendons n'avoir nulles *mesures* à prendre pour les acquérir. » Bourd. » Tatius ne se mit en campagne qu'après avoir pris toutes les *mesures* propres à faire réussir son entreprise. » Roll. — *Précaution* est un terme négatif : on prend des *précautions* de peur de tomber dans un mal ou pour éviter quelque inconvénient. « On voudrait que la juste crainte d'une rechute rendît les *précautions* plus exactes. » Mass. « Combien de *précautions* il faut prendre pour instruire les enfants sans les fatiguer! » Bourd. « Rien ne prouve mieux les alarmes que l'excès des *précautions*. » Volt.

Dans l'Odyssée, Minerve inspire à Ulysse les *mesures* et les *précautions* indispensables, d'une part pour faire réussir ses projets de vengeance, d'autre part pour échapper aux pièges des poursuivants (Fén.). L'ambitieux doit prendre des *mesures* pour parvenir, et l'homme en place des *précautions* pour n'être pas évincé.

MOINS (A — QUE), SI CE N'EST QUE. Locutions adverbiales qui servent à marquer une condition restrictive.

L'Académie définit *à moins que* par *si ce n'est que* simplement. Serait-ce qu'on peut employer indifféremment l'une ou l'autre expression? Assurément non; car *si ce n'est que* ne se dit plus. En deçà du dix-septième siècle on n'en trouve plus d'exemples dans nos meilleurs écrivains. Il faut donc renoncer à s'en servir; ainsi le veut l'usage qui l'a condamné.

On parlerait aujourd'hui d'une manière affectée si on disait comme Pascal : « C'est une proposition qu'il faut prouver, *si ce n'est qu'*elle soit très-évidente d'elle-même; » — comme Port-Royal : « Ce serait une faute de changer les définitions reçues par les mathématiciens, *si ce n'est qu'*il y en eût quelqu'une d'embrouillée; »—Comme Bossuet : « Cet objet me revient à l'esprit marqué des mêmes caractères, *si ce n'est qu'*un long temps les fasse oublier; » — comme Bourdaloue : « Ils ne voudraient pas perdre un moment de leur repos pour toutes les affaires du monde, *si ce n'est que* leurs intérêts s'y trouve mêlé; » — comme Malebranche : « Ceux qui condamnent l'étude de la nature semblent s'opposer à la volonté de Dieu, *si ce n'est qu'*ils prétendent que depuis le péché l'esprit de l'homme ne soit pas capable de cette étude; » — comme Lafontaine : « Comment ces habitants viendraient-ils ici m'interroger, *si ce n'est que* votre mari (l'Amour) s'en mêle à la fin, et qu'il nous envoie des amants; » — comme Corneille :

> Je vois peu d'apparence
> Que vos jours à tous deux soient en même assurance,
> *Si ce n'est que* madame ait assez de bonté
> Pour fléchir un vainqueur justement irrité.

Dans toutes ces phrases et autres semblables le mot propre désormais est *à moins que*.

Du reste, on aurait tort de regretter la perte de *si ce n'est que*. Non-seulement il ne paraît pas différer d'*à moins que* pour le sens, ce que prouve sa désuétude même, mais encore c'est une façon de s'exprimer lourde et inutilement compliquée. Il revient souvent à *si.... ne*, qui ne présente pas le même défaut. L'Académie, au mot *si*, avait d'abord mis pour exemple dans son dictionnaire : « Il viendra à bout de cette affaire, *si ce n'est que* les puissances s'en mêlent. » Elle y substitua dans les éditions suivantes : « Il viendra à bout de cette affaire, *si* les puissances *ne* s'y opposent. »

MORT, INANIMÉ. Sans vie.

Mort est relatif, et *inanimé* absolu. C'est pourquoi on dit bien, *mort* de faim, d'impatience, de frayeur ; au lieu qu'on dit, *inanimé*, simplement, sans aucune détermination. C'est pourquoi aussi on donne l'épithète de *mort* à ce qui a été vivant et celle d'*inanimé* à ce qui n'a jamais eu vie. Un corps *mort* est celui d'un homme qui a cessé de vivre, un cadavre ; des corps *inanimés* sont, par exemple, les pierres et les corps célestes. Le latin est une langue *morte*, il ne se parle plus ; la condition des créatures *inanimées* n'est pas à plaindre, ce qu'elles sont elles l'ont toujours été, elles n'ont rien perdu.

Inanimé renchérit sur *mort* : il manque une privation plus complète. On a beau rassembler à grands frais des suites nombreuses de ces animaux, conserver avec soin leur dépouille extérieure, y joindre leurs squelettes artistement montés : tout cela ne représente que la nature *morte*, *inanimée*, superficielle. » Buff. Dans un de ces poèmes, Thomas dépeint le génie du mal faisant de la terre un vaste chaos.

> Où l'homme épouvanté ne voit....
> Qu'une nature *morte*, aride, *inanimée*.

Il en est de même au figuré. Ce qui est *mort* produit peu d'effet ; ce qui est *inanimé* n'en produit point. « La musique intéresse plus que la peinture.... La peinture est souvent *morte* et *inanimée* ; elle vous peut transporter au fond d'un désert : mais sitôt que des signes vocaux frappent votre oreille, ils vous annoncent un être semblable à vous. » J. J. Un teint *mort* manque de vivacité ; une figure *inanimée* n'a pas plus de vivacité qu'un marbre.

La poésie, qui, comme on sait, recherche de préférence les expressions fortes, emploie bien *inanimé* dans le sens relatif et affaibli de *mort* et même quelquefois de *mourant*. Ainsi, dans la *Henriade*, Voltaire représente comme il suit le peuple affamé de Paris venant recevoir les vivres que lui fait offrir la bonté généreuse de Henri IV.

> On voit sur les remparts avancer à pas lents
> Ces corps *inanimés*, livides et tremblants....
> Quel est de ces *mourants* l'étonnement extrême !

MORTUAIRE, FUNÉRAIRE. Relatif aux hommes qui ont quitté la vie.

A en croire l'Académie, il y aurait bien peu de différence, et peut-être n'y en aurait-il point, entre ces deux mots ; car elle les définit de même, savoir *mortuaire* par *appartenant au service, à la pompe funèbre*, et *funéraire* par *qui concerne les funérailles*. Que cette définition convienne à *funéraire*, formé de *funus*, funérailles, rien de plus certain : un convoi *funéraire* (Volt.), honneurs *funéraires* (Vauv.), flambeaux *funéraires* (Del.), cérémonies *funéraires* (Roll.). « N'y a-t-il pas, dit Sapho, des chants dans toutes les solennités de la vie ? N'a-t-on pas vu des jeux *funéraires*? » Staël. Mais, à parler exactement, la même définition n'est point du tout applicable à *mortuaire*, *mortuarius*, de *mortuus*, un mort. On qualifie de *mortuaire* ce qui concerne un mort ou les morts, et non pas ce qui appartient aux funérailles. Registre *mortuaire* (Buff. Les., Du Deff., d'Al.), registre où on inscrit les noms des personnes décédées ; extrait *mortuaire* Buff., Volt.), extrait que l'on tire de ce registre. Dans le *Légataire*, Crispin, s'étant revêtu des habits de Géronte qu'on croit mort, dit à Lisette :

> Tu peux quand tu voudras appeler les notaires ;
> Me voilà maintenant en habits *mortuaires*. Regn.

Des habits *funéraires* seraient tout autre chose, c'est-à-dire des habits qu'on porte quand on assiste à une cérémonie *funéraire* ou funèbre. Droits *mortuaires*, droits perçus sur les morts ; frais *funéraires*, frais occasionnés par des funérailles.

Ce qui a trompé l'Académie, c'est qu'elle a mal interprété l'expression drap *mortuaire*. Elle suppose qu'on nomme ainsi ce qu'autrement on appelle *poêle*, une grande pièce d'étoffe dont on couvre le cercueil pendant les cérémonies funèbres. C'est une erreur. Un drap *mortuaire* est un linceul, une grande pièce de toile qu'on met, non pas, comme d'ordinaire, dans un lit pour y coucher, mais dans un cercueil pour y coucher ou pour ensevelir un mort. Ainsi l'ont entendu les plus grands maîtres. Bossuet écrit dans une religieuse : « Le saint époux soit béni de toutes les grâces qu'il vous a faites sous le drap *mortuaire* ; c'est le drap de l'époux enseveli. » On lit dans son panégyrique de saint Bernard : « Je me jetterai à corps perdu sur vous, ô aimable mort, et je mourrai avec vous ; je m'envelopperai avec vous de votre drap *mortuaire* ; aussi bien j'apprends de l'apôtre que nous sommes ensevelis avec vous dans le saint baptême. » De même Jean-Jacques Rousseau dans une lettre à un de ses amis : « Vous trouvez chez vous la nature en décadence.... On ne meurt point de la surdité, et l'on ne meurt guère de la goutte. Mais vous aimez à vous affubler la tête d'un drap *mortuaire*. »

MOTEUR, MOBILE, PROMOTEUR, AME. Le *moteur*, le *mobile*, le *promoteur* et l'*âme* d'une chose la font aller.

Le *moteur* et le *mobile* la font proprement commencer à aller, la font entrer en mouvement. Aussi dit-on particulièrement bien le premier *moteur* et le premier *mobile* d'une chose, et non son premier *promoteur* ni sa première *âme*.

Moteur diffère ensuite de *mobile* en ce qu'il indique, pour mettre en mouvement, une action plus immédiate. *Moteur*, celui qui meut, marque essentiellement l'action; *mobile*, primitivement ce ou celui qui est mu, ne la signifie que par extension et abusivement. Ainsi le premier *moteur* d'une entreprise la fait être, en est la cause directe; et son premier *mobile* contribue seulement à la faire être ou l'amène comme de loin. Le pape Jules II fut le premier *moteur* de la Ligue de Cambrai (Volt.), c'est-à-dire le premier qui la forma; mais le pape Grégoire XIII fut le premier *mobile* de la bataille de Lépante (Volt.), c'est-à-dire le premier qui la prépara. C'est une distinction déjà établie par Condillac dans les termes suivants : « En physique, premier *moteur* ne se dit que de Dieu qui a le premier imprimé le mouvement à la matière, et premier *mobile* se dit d'une première cause seconde. » En général, premier *moteur* ne s'emploie guère qu'en parlant des personnes, Dieu ou les hommes, parce que les personnes sont seules de véritables agents. « Reconnaître une première cause et un premier *moteur*, une puissance suprême, de qui tout est émané. » Bourd. « Le lord Lovat avait été le premier *moteur* de l'entreprise; il en avait jeté les fondements. » Volt. Mais premier *mobile* convient tout aussi bien à l'égard des choses, parce qu'elles ne sont que des sortes d'agents ou comme des agents. « Une envie hypocrite a été le premier *mobile* de la conspiration des Juifs contre le Sauveur. » Bourd.

Je ne connais d'autre premier *mobile*
Dans l'univers que l'argent et que l'or. Lap.

Promoteur, de son côté, est manifestement en opposition avec *moteur* et *mobile*. Le promoteur ne fait pas commencer, mais continuer à aller. Ce n'est point un auteur ou une cause comme les deux autres, mais un simple propagateur. « Il entend *une doctrine de démons*, celle dont les démons sont les auteurs ou les *promoteurs*. » Boss.

Ame, enfin, a cela de distinctif par rapport aux mots précédents, qu'il n'emporte pas nécessairement l'idée d'impulsion, mais plutôt celle de pensée ou d'intelligence; si bien qu'on appelle *âme* d'une entreprise l'homme qui en est le conseil ou la tête, au lieu d'en être le ressort, la cheville ouvrière, ce qui lui donne le branle. « Être l'*âme* des assemblées, des délibérations, de tous les conseils et de toutes les résolutions. » Bourd. « Louis de Condé fut l'*âme* invisible de la conspiration d'Amboise, et conduisit cette entreprise avec tant de dextérité que.... » Volt. « Canillac se considérait comme l'*âme* et le *moteur* du triumvirat qui s'allait former. » S. S.

MOUCHE, MOUCHARD. Noms donnés aux espions de la police, parce que, comme des mouches, ils entourent et suivent ceux qui leur sont signalés, épiant l'occasion de les surprendre; ce sont des surveillants acharnés auxquels on ne peut échapper un instant.

Cette idée est exprimée simplement par *mouche*. « Je me sens entravé de mille pièges, entouré d'espions, de *mouches*, de surveillants. » J. J. « On m'a montré et recommandé partout aux facteurs, aux commis, aux gardes, aux *mouches*, aux sa-voyards. » Id. Mais *mouchard*, aujourd'hui plus usité que son synonyme, est plus populaire et marque plus de mépris pour le métier qu'il désigne.

Nomme-t-on pas aussi mouches les parasites?
Les mouches de cour sont chassées;
Les *mouchards* sont pendus.... Lap.

Du reste, les deux mots peuvent s'expliquer par extension et avec cette nuance à d'autres espions que ceux de la police. Harpagon renvoie La Flèche, parce que « il ne veut point voir sans cesse devant lui un espion de ses affaires, un traître dont les yeux maudits assiègent toutes ses actions; » et il ajoute : « Ne voilà-t-il pas de mes *mouchards*, qui prennent garde à ce qu'on fait! » Mol.

MOUSQUET, FUSIL. Arme à feu portative, la même que celle qui fut appelée primitivement *arquebuse*, si ce n'est qu'elle est un peu moins longue.

Mousquet ne se dit plus depuis le commencement du dix-huitième siècle, excepté dans les deux locutions consacrées, porter le *mousquet*, c'est-à-dire être soldat dans l'infanterie, et crever comme un vieux *mousquet*, c'est-à-dire mourir tout à coup d'un excès. C'est que l'instrument de guerre dont il s'agit n'est plus fait comme au temps où il s'appelait *mousquet*. En changeant de forme il a changé de nom.

Le *mousquet* ressemblait davantage à l'arquebuse; on le faisait partir au moyen d'une mèche allumée, ainsi qu'on le pratique encore à l'égard des pièces d'artillerie. Quand on fut parvenu à l'armer d'une batterie ou d'un *fusil*, c'est-à-dire d'une pièce d'acier qui couvre le bassinet et contre laquelle donne la pierre tenue par le chien, on le nomma *fusil*.

Ce fut vers 1600 qu'on commença à transformer le *mousquet* en *fusil*. Par conséquent le mot de *mousquet* doit être seul employé en parlant de cette arme relativement aux époques antérieures, au moins depuis Louis XI; c'est depuis Louis XI seulement, suivant Voltaire, que le *mousquet* devint d'un fréquent usage dans les armées. Ainsi les Espagnols qui conquirent l'Amérique au commencement du seizième siècle avaient des *mousquets* et non pas des *fusils*. « Les Américains assiégèrent Cortés (1520); ils se précipitèrent en foule contre les canons et les *mousquets*. » Volt. « En Amérique les Indiens, voyant l'effet étonnant des armes à feu, ramassaient à terre des balles de *mousquet*, puis.... J. J. Ainsi dans les processions de la Ligue, pendant que Henri IV pressait Paris (1590), les moines marchaient « le *mousquet* et le crucifix à la main, et la cuirasse sur le dos. » Volt. Ainsi, pour armer les paysans de la Dalécarlie, Gustave Wasa fit acheter à Lubeck (1516) un nombre considérable de *mousquets* (Volt., Vert.).

Jusqu'ici point de difficulté. Mais, comme depuis 1600 jusqu'à 1703, époque à laquelle on cessa définitivement de se servir du *mousquet* dans les armées, le *mousquet* ou arquebuse à mèche continua à être employé concurremment avec le *fusil* ou arquebuse à batterie, il semble qu'il n'y ait jamais de choix à faire entre les deux mots pour ce qui concerne le dix-septième siècle. Cependant il est à présumer que le *mousquet* y était plutôt pour la guerre et le *fusil* pour la chasse. Mme de Sévigné écrit à sa fille : « Il n'y a point de nouvelles de Condé, qu'une perte de huit ou dix soldats, et le chapeau du maréchal d'Humières percé d'un coup de *mousquet*. » Et dans une autre lettre : « A propos de Livry, pour vous faire voir qu'on est blessé partout, M. de Méli tira il y a quelques jours dans notre forêt ; son *fusil* lui creva dans la main. » D'ailleurs, au dix-septième siècle même le *mousquet* était déjà considéré comme une arme qui vieillissait. Dans *l'Avare* (1767), parmi les antiquailles que l'emprunteur est obligé de prendre pour une somme de mille écus se trouvent « trois gros *mousquets* tout garnis de nacre de perle, avec les trois fourchettes assortissantes. » Mol.

MULTITUDE, MULTIPLICITÉ. Grand nombre. *Multitude* se dit des choses qui sont, et s'emploie bien au pluriel : une *multitude* d'hommes, d'oiseaux, de livres, d'étoiles ; des *multitudes* de religions (Pasc.). Mais *multiplicité* rappelle un peu *multiplication* et *multiplier*, se dit des choses qui se font et n'est jamais d'usage qu'au singulier : on reproche aux gens de justice la *multiplicité* des écritures (Volt.) ; se plaindre de la *multiplicité* des fêtes instituées en l'honneur des saints (Bourd.). — En parlant des mêmes choses, on se sert tantôt de *multitude*, tantôt de *multiplicité*, suivant qu'on les considère comme quelque chose qui est ou comme quelque chose qui se fait. La *multitude* des religions peut être un objet de scandale ; Bossuet ne veut pas qu'on impute à l'Église romaine la *multiplicité* de religions qui naissaient tous les jours en Angleterre sous Cromwell. Il y a dans une pharmacie une *multitude* de remèdes ; Massillon prétend que la santé des grands, déjà ruinée par l'intempérance, succombe souvent sous la *multiplicité* des remèdes.

D'ailleurs, *multitude* se prend indifféremment en bonne et en mauvaise part, au lieu que *multiplicité* emporte presque toujours l'idée d'un mal ou d'un excès, d'une action, d'une multiplication indiscrète ou intempestive. Qu'un livre contienne une *multitude* de citations, cela peut ne présenter rien que d'utile et de louable ; mais une *multiplicité* de citations n'est, selon Bossuet, qu'une ostentation de savoir. L'éducation des enfants demande une *multitude* de soins ; saint Louis gémissait sous le poids de la couronne et sous la *multiplicité* de ses soins et de ses devoirs (Mass.). Une des choses les plus remarquables dans la liturgie catholique, c'est la *multitude* des prières ; c'est un abus que de faire consister la dévotion uniquement dans la *multiplicité* des prières (Fén.). Les enfants, tous naturellement curieux, nous font une *multitude* de questions ; mais on en voit qui, à un certain âge, cherchent à se divertir de l'attention due aux instructions sérieuses en se jetant dans une *multiplicité* de questions frivoles (Maint.).

MUTILER, TRONQUER, ESTROPIER. Agir de telle façon sur un membre ou sur les membres du corps d'un animal, qu'il en soit altéré, mis dans un fâcheux état. Dans la fable intitulée *Les souris et le chat-huant*, Lafontaine se sert également de ces trois mots pour exprimer l'opération que l'oiseau fit subir aux souris qu'il nourrissait et tenait en réserve dans un creux d'arbre. Ils se disent au figuré dans une acception analogue, en parlant, par exemple, des ouvrages d'esprit et des écrivains qui sont mal composés.

Mutiler et *tronquer* diffèrent comme les verbes latins *mutilare* et *truncare*, d'où ils dérivent. Or, *mutilare*, de *mutilus*, grec μύτιλος, signifie, suivant Dœderlein, une altération par le retranchement d'une ou de plusieurs des plus petites parties, le nez, les oreilles, les cornes, les mains ; au lieu que *truncare* marque une altération telle que ce qui reste du corps n'est plus qu'un *tronc*, c'est-à-dire que ce verbe suppose le retranchement de la tête ou des jambes et des cuisses. Par extension, *mutiler* s'emploie plutôt en parlant d'une partie et *tronquer* en parlant du tout. On dit un bras *mutilé* (Thom.), et le corps *tronqué* d'un homme à qui on a tranché la tête. « Ils ont allongé, raccourci, *mutilé* des mots.... Les familles de mots ont été *tronquées*. » Thom. En outre, *tronquer* est propre à renchérir sur *mutiler*. Pour qu'un arbre soit *mutilé* il suffit qu'on lui enlève des rameaux ; mais il n'est *tronqué* qu'autant qu'on lui ôte ses plus grosses branches pour ne lui laisser que le tronc. « Les prédicateurs se sont permis souvent de *mutiler*, de *tronquer* les passages qu'ils empruntaient des livres saints, d'en altérer le sens. » Marm. « A-t-on jamais ouï parler de dix volumes in-folio clandestinement *mutilés*, *tronqués*? » Did. On *mutile* la vérité par le silence (Buff.) ; mais *tronquer* la vérité (Boss.) suppose des falsifications positives et artificieuses par suppression.

Estropier (*extorpiare*, *extorpidare*, de *torpidus*, engourdi, immobile) détermine le mode d'altération éprouvé par le corps, lequel consiste à être rendu incapable de mouvement. Aussi est-ce le mot préféré par la Fontaine dans l'endroit où il indique expressément que l'intention du chat-huant en traitant les souris comme il le fit était de les empêcher de se sauver.

Les premières qu'il prit du logis échappées,
Pour y remédier, le drôle *estropia*
Tout ce qu'il prit ensuite.

De plus, *estropier* n'emporte pas nécessairement, comme ses deux synonymes, l'idée du retranchement d'une partie du corps. Soyez perclus d'un bras ou d'une jambe, vous voilà *estropié*, quoique vous conserviez tous vos membres. Au figuré de même. Qui *estropie* des vers ou des noms les tourne tout de travers, mais il les laisse entiers. Les ciseaux de la censure *mutilent* ou *tronquent* une pièce de théâtre ; de mauvais acteurs l'*estropient*.

MYSTIQUE, MYSTÉRIEUX. Où il y a du mystère, quelque chose de secret, d'enveloppé, de peu compréhensible, ou quelque sens caché. *Mystique* a été pris immédiatement du latin *mysticus*, grec μυστικός, dont la signification est la même. *Mystérieux* est un mot tout français formé du mot français *mystère*.

C'est pourquoi *mystique* est une expression consacrée en termes de théologie, de philosophie et de jurisprudence; au lieu que *mystérieux* appartient au langage commun.

Mystique se dit assez fréquemment en théologie : c'est là son domaine propre. « L'Église est le corps *mystique* de Jésus-Christ. » Acad. « Nous ne pouvons prétendre au salut que comme membres de Jésus-Christ, c'est-à-dire comme faisant une portion de ce corps *mystique* et divin qu'il est venu former sur la terre. » Mass. « Jésus-Christ célèbre la préparation de sa mort en la retraçant sous des signes *mystiques*. » Id. « Saint Augustin nous a donné les plus belles règles que nous ayons pour discerner le sens littéral d'avec le *mystique* et l'allégorique. » Boss. « Vous m'avez dit (ô Jésus) que vous viendriez comme un voleur.... Vous savez, voleur *mystique*, quand vous viendrez. » Id. « Jésus-Christ se voyait contraint (en Angleterre) de chercher d'autres voiles et d'autres ténèbres que ces voiles et ces ténèbres *mystiques* dont il se couvre volontairement dans l'eucharistie. » Id. En philosophie, ainsi qu'en jurisprudence, *mystique* n'entre que dans une seule locution. En philosophie, d'une part, on qualifie de *mystique* une secte ou un philosophe qui, à l'exemple des *mystiques* en dévotion, s'enfonce et se perd dans des spéculations sur ce qu'il y a de plus incompréhensible en Dieu ou qui prétend entrer en communication avec lui par des voies secrètes, inconnues au reste des mortels. En jurisprudence, d'autre part, on appelle *mystique* un testament écrit ou tout au moins signé par le testateur et remis par lui, clos et scellé, à un notaire.

Mais c'est dans la langue parlée par tous qu'est la place de *mystérieux*, et il y est d'un usage illimité. Seulement, comme il marque par sa terminaison plénitude ou même excès, il se prend pour l'ordinaire en mauvaise part. Affaire, conduite *mystérieuse*; entretien *mystérieux*; donner à ce qu'on dit un air *mystérieux*; c'est un homme fort *mystérieux*.

Bossuet s'exprime en théologien dans le passage suivant : « Au dernier jour, le Fils de l'homme paraîtra dans toute la terre.... Où sera le corps, là s'assembleront les aigles.... Contemplons ces aigles *mystiques*, les esprits sublimes, à qui le monde n'aura rien été, prendre tout à coup leur vol à la rencontre de Jésus-Christ pour être ensuite toujours avec lui. » Mais Bossuet parle la langue usuelle lorsqu'il dit : « Ce fut Pierre, et non pas Jean, ni les autres, qui amenèrent au Sauveur les 153 poissons *mystérieux* qui ne rompaient point le filet, et qui figuraient les vrais fidèles. »

Langage *mystique* est une locution qui serait déplacée hors de la théologie : « On regarda les cérémonies comme un langage *mystique*, et Calvin parut trop outré en les rejetant. » Boss. Langage *mystérieux* se peut dire partout, et singulièrement en matière de religion, ce qui, il faut bien le remarquer, n'est pas la même chose qu'en théologie. Outre cela, il se peut qu'ici *mystérieux* soit par rapport à *mystique* comme *harmonieux* par rapport à *harmonique*, c'est-à-dire, non pas indicatif, mais expressif, non pas désignatif du genre auquel appartient l'objet en question, mais significatif de l'effet qu'il produit sur nous : si bien que, à la différence du langage *mystique* qui est de telle sorte, figuré, spirituel, allégorique, le langage *mystérieux* serait tel qu'il nous déplairait par l'excès ou l'affectation de secret qui s'y trouve.

N

NAISSANCE, ORIGINE, EXTRACTION. Ces mots servent à exprimer d'où sort une personne, de quels parents.

Entre *naissance* et *origine* d'abord la différence est bien simple et bien certaine. *Naissance* rappelle les derniers parents, ceux dont on est *né*; et *origine*, les parents primitifs, ceux qu'on trouve à l'*origine*, quand on remonte jusqu'à la source. Un homme d'une *naissance* très-commune eu égard à la condition de son père et de sa mère sera néanmoins d'une *origine* illustre si sa généalogie le fait descendre de quelque grand personnage. Par leur *naissance* les juifs sont, les uns Français, les autres Allemands, etc., suivant qu'ils sont nés, les uns en France de parents français, les autres en Allemagne de parents allemands, etc.; mais ils ont tous la même *origine*, puisqu'ils appartiennent tous à la même race, étant tous issus des fils de Jacob. On dit les droits (Mass.) et les honneurs (Boss.) de notre *naissance*, et ce sont ceux que nous tenons de nos parents, des parents qui nous ont donné le jour; mais *origine* suppose dans le passé quelque chose de lointain : car on dit l'antiquité de l'*origine* (Mass.), et une *origine* qui se perd dans la nuit des temps (Acad.).

Extraction, du latin *extrahere*, tirer de, d'entre, du milieu de, n'a rapport ni à la fin ni au commencement de la suite des parents, mais au milieu, à la succession des ancêtres; en sorte que la noblesse de l'*extraction* fait penser à ce qu'ont été tous les membres d'une famille depuis l'*origine* jusqu'à la *naissance* de la personne dont il est question. « La foi de l'Église catholique, dit saint Athanase, est celle que Jésus-Christ a donnée, que les apôtres ont publiée, que les Pères ont conservée.... Tout est compris en ces quatre mots : Jésus-Christ, les apôtres, les Pères, nous et l'Église catholique : c'est la chaîne qui unit tout; c'est là notre descendance, notre race, notre noblesse, et le titre inaltérable où le catholique trouve son *extraction*. » Boss. « Mon Dieu, faites sentir à ces déserteurs l'opprobre dont ils se couvrent, de ne tenir plus à la succession de tant de martyrs et de pasteurs dont nous descendons de siècle en siècle, de renoncer à la noblesse et à l'ancienneté de leur *extraction*. » Mass.

Extraction se distingue encore par une autre

nuance : il est particulièrement qualificatif. La *naissance* ou l'*origine* d'un homme n'en fait souvent connaître que quelque chose d'extrinsèque, son pays, par exemple, ou l'époque à laquelle le nom de sa famille a commencé à paraître dans le monde ; l'*extraction* d'un homme en annonce les talents ou les défauts, les vertus ou les vices héréditaires, un *extrait* ayant nécessairement telle ou telle nature, la même que ce d'où il a été tiré. « L'homme sorti des mains de Dieu, se ressent, en tout ce qu'il est, de la noblesse de son *extraction*. » ROLL. « Du génie et de l'*extraction* qu'il était (le P. Tellier), on ne peut être surpris qu'il fût sur tout le reste grossier et ignorant à surprendre, insolent, impudent, impétueux.... » S. S. Un homme de basse *naissance* ou de basse *origine* est de bas lieu, ne brille pas par ceux dont il descend immédiatement ou médiatement : un homme de basse *extraction* est bas, tient de ses aïeux des sentiments peu relevés.

NÉCESSAIRE, INDISPENSABLE. Qui ne peut pas ne pas être, ne pas avoir lieu, ou dont on ne peut pas se passer.

Nécessaire est absolu ; *indispensable*, relatif. Ce qui est *nécessaire* l'est en soi ; ce qui est *indispensable* l'est par rapport à nous. Dieu est *nécessaire* ; son culte est *indispensable*. C'est une conséquence *nécessaire* que celle qui découle d'un principe évident ; quand vous avez admis certaines propositions, vous êtes amené par une conclusion *indispensable* à convenir de telle ou telle chose. On dira plutôt d'un devoir qu'il est *nécessaire*, et d'une obligation qu'elle est *indispensable* ; ou, si le devoir, par exemple, reçoit les deux qualifications, elles n'auront pas le même sens exactement ; devoir *nécessaire* voudra dire devoir dont on ne peut jamais s'exempter, et devoir *indispensable* signifiera devoir dont on ne peut s'exempter dans certaines situations : « Quel bonheur si je pouvais vous persuader ces deux devoirs si *indispensables* dans la religion que nous professons, et si *nécessaires* dans tous les états de la vie ! » BOURD.

Ce qui est *nécessaire* l'est universellement, à tous égards, quoi qu'il arrive ; au lieu que ce qui est *indispensable* dépend souvent des lieux, des circonstances, du moment, des individus. La nature fait les choses *nécessaires* ; les convenances font quelquefois les choses *indispensables*. Il est impossible de ne pas faire ce qui est *nécessaire* ; souvent il est simplement mal de ne pas faire ce qui est *indispensable* : l'homme meurt *nécessairement* ; un homme poli est *indispensablement* obligé à certaines déférences envers certaines personnes. Nos besoins naturels sont *nécessaires* ; ceux que nous nous sommes créés par habitude sont *indispensables*. Ainsi il est *nécessaire* de se vêtir pendant la froide saison, et la mode a rendu *indispensables* certaines formes d'habits. La respiration nous est *nécessaire* ; que de gens pour qui est devenu *indispensable* l'usage du tabac ou du café !

Étant relatif à nous, *indispensable* exprime quelque chose de plus impérieux pour nous : en sorte que le *nécessaire*, bien que l'emportant sur l'*indispensable* au fond, nous touche et nous presse moins. Aussi n'est-il pas rare de trouver *indispensable* mis après *nécessaire* pour renchérir. « Examiner la tradition de l'Église pour savoir ce qu'elle a toujours regardé dans la communion comme *nécessaire* et *indispensable*. » BOSS. « Parmi ces dernières vertus il doit y en avoir quelqu'une qui soit plus *nécessaire*, plus essentielle, plus *indispensable* à l'héroïsme. » J. J. « Cela ne veut pas dire que ce sacrifice (d'argent pour les impôts) ne soit pas *nécessaire* et même *indispensable*. » DESTUTT DE TRACY.

NÉGLIGENCE, INCURIE. Défaut de soin.

La *négligence*, de *nec legere*, ne pas choisir, est inattentive ; l'*incurie*, de *in* négatif et de *cura*, souci, est insouciante.

Dans la *négligence* on considère plutôt l'effet du défaut, le dommage qui en résulte ; et, dans l'*incurie*, l'état de l'esprit atteint du défaut, état de sécurité, d'indifférence, de non-préoccupation. Avec de la *négligence* on ne fait pas les choses ou on ne les fait pas bien ; avec de l'*incurie*, on ne les prend pas à cœur, on ne s'en inquiète pas.

La *négligence* est nuisible au succès des affaires. « Ceux qui ont en garde votre vaisselle, vos pierreries, vos trésors, s'ils négligent de les garder, les perdent en tant qu'en eux est, encore que le voleur ne vienne pas. On ne les châtie pas néanmoins toujours, parce qu'on n'aperçoit la faute de cette *négligence* que quand le malheur est arrivé. » BOSS. « Un bon général doit bien se donner de garde de relâcher ses soins et sa vigilance dans les bons succès, la moindre *négligence* étant capable de tout ruiner. » ROLL. — L'*incurie* est commode, elle exempte de toute sollicitude, de toute peine d'esprit. « Il y en a qui ne trouvent leur repos que dans une *incurie* de toutes choses, qui ne prennent rien à cœur, qui se donnent à qui est présent, et n'ont du futur aucune inquiétude. » BOSS. « Il aurait l'embarras des richesses, des soucis, des affaires ; il faudrait renoncer à l'*incurie*, pour lui la plus douce des voluptés. » J. J.

Quant à moi, que ma *négligence*,
Tout comme un auteur d'importance,
Porte assez à ne rien valoir,
De grâce, force remontrance....
Que j'aime la douce *incurie*
Où je laisse couler mes jours ! CHAPELLE.

D'ailleurs, la *négligence* est relative, elle ne finit pas, elle ne fait pas attention à tout ; au lieu que l'*incurie* est absolue, elle ne se donne la peine de rien. La *négligence* n'est pas assez soigneuse ; l'*incurie* ne l'est point. C'est pourquoi le mot *incurie* se place mieux après qu'avant celui de *négligence*. « On va voir la *négligence* et l'*incurie* des pairs. » S. S. « Là-dessus je ne puis qu'admirer la *négligence*, l'*incurie*, et j'ose dire la stupidité de la nation anglaise. » J. J.

NETTOYER, LAVER, RINCER. Rendre propre, enlever d'une chose les ordures, les matières étrangères qui la salissent, la tachent ou la souillent.

Nettoyer est plus général que *laver*, qui, à son tour, est plus général que *rincer*.

Nettoyer, c'est rendre *net* (du latin *nitidus*), c'est-à-dire poli, luisant, pur, de quelque manière qu'on s'y prenne pour produire cet effet, qu'on ramasse et qu'on emporte des immondices, qu'on balaye, qu'on torche, qu'on écure, qu'on fourbisse, qu'on vanne, qu'on épluche, qu'on étrille, ou qu'on brosse.

Laver, latin *lavare*, du grec λο ύεν, baigner, faire prendre un bain, c'est nettoyer avec de l'eau ou avec quelque autre liquide; c'est, suivant le langage de la chimie, employer, pour nettoyer, la voie humide et non la voie sèche. Après la mort des poursuivants, Ulysse ordonne aux femmes de *nettoyer* la salle en emportant les morts et en balayant, et de *laver* la table du festin en y passant une éponge remplie d'eau (Fén.). « Il ne sert de rien d'être *lavé* de l'eau du baptême, si on n'est *nettoyé* par la foi. » Boss.

Rincer, dans Nicod *reinser*, pourrait bien venir de l'allemand *rein*, pur, *reinigen*, rendre pur. Quoi qu'il en soit, il signifie, non pas nettoyer en lavant et en frottant, comme le dit à tort l'Académie, mais nettoyer une chose en la lavant à l'intérieur avec de l'eau qu'on y agite. Voilà pourquoi ce mot ne se dit que des vaisseaux, et encore uniquement quand on les considère comme lavés en dedans de la manière qui vient d'être indiquée. On *lave* des bouteilles, quand on les nettoie comme des assiettes, en les frottant en dehors avec de l'eau; mais on les *rince*, à proprement parler, comme on *rince* un tonneau, en y faisant aller de côté et d'autre, par secousses alternatives, de l'eau qu'on a mise dedans. C'est ainsi qu'on se *lave* les mains, et qu'on se *rince* la bouche. « Lorsque les Arabes ont tué une autruche..., ils la secouent et la ressassent, comme on ressasserait une outre pour la *rincer*. » Buff. Que si on ne *rince* pas des verres sans les frotter, c'est une exception à laquelle l'Académie aurait d'autant moins dû se laisser tromper, que l'action de *laver*, en général, a très-rarement lieu sans qu'on frotte.

NON, NENNI. Particules négatives.

L'Académie décide dans son dictionnaire que *nenni* est familier, et qu'il ne s'emploie que pour répondre négativement à une interrogation expresse ou sous-entendue. Double assertion qui est incontestable, mais insuffisante, et qui demande à être expliquée.

Non est le latin *non*, et se dit comme lui dans une foule de cas où il ne s'agit point de faire une réponse. *Non*-seulement, mais encore...; *non* que je ne l'estime beaucoup; il avait des flatteurs, et *non* pas des amis; il est en peine, *non* sans raison; tous les gens *non* intéressés; nous ne devons pas haïr notre prochain, *non* pas même quand nous en sommes maltraités.

Nenni vient-il du latin? C'est douteux, ou du moins les étymologistes ne s'accordent pas sur celui ou ceux des mots latins d'où on peut le dériver. On conçoit donc qu'il n'ait pas toutes les applications du latin *non*, et qu'il ne convienne que dans la conversation familière. Et même il semble aujourd'hui totalement désusité, si ce n'est dans certaines provinces où on parle encore patois ou moitié patois moitié français, en Provence, par exemple. C'est une perte pour notre langue; car, tout bien considéré, il n'y a pas, comme on pourrait le croire si on s'en rapportait à l'Académie, une entière identité de signification entre *non* et *nenni*.

Nenni se trouve par rapport à *non* comme *pas* par rapport à *point:* il est moins fortement négatif, il n'exprime qu'une demi-négation ou un demi-refus. C'est pour cela apparemment qu'on dit un doux *nenni*, c'est-à-dire un *non* affaibli, qui, au lieu de rebuter, donne à espérer, agace et engage. Nos meilleurs écrivains l'ont entendu ainsi. Quelques exemples en feront foi.

GÉRONTE.

« Comment! c'est sur mes épaules qu'il a frappé.

SCAPIN.

« *Nenni*, monsieur; c'était sur mon dos qu'il frappait.

GÉRONTE.

« Que veux-tu dire? J'ai bien senti les coups, et les sens bien encore.

SCAPIN.

« *Non*, vous dis-je, ce n'est que le bout du bâton qui a été jusque sur vos épaules. » Mol. Que vois-je! Est-ce...? Oui. Je me trompe. *Nenni*. Si fait. *Non*, c'est lui-même. Id. Mme de Sévigné, malgré deux purgations, avait perdu l'appétit et le sommeil. Or, dans une lettre à sa fille, s'adressant la parole à elle-même, elle écrit ce qui suit : « Mangez donc un peu de viande; *non*, je n'en veux point.... Êtes-vous malade? *Nenni*: êtes-vous plus faible? *Nenni*. Je redors présentement; mais je ne mange encore que par machine.... » N'est-il pas évident que la manière dont elle refuse l'usage de la viande est bien plus formelle que la manière dont elle nie qu'elle soit malade? Et est-ce se tromper que de croire que le mot de *nenni* a été mis ici à dessein comme un diminutif de *non*, afin de pouvoir sans mentir rassurer sur une santé dont on ne pouvait affirmer absolument qu'elle ne fût mauvaise? *Non* eût fait un mensonge; *nenni* représentait la chose au vrai ou produisait tout au plus une menterie.

NORD, SEPTENTRION. Partie du ciel ou de la terre qui regarde le pôle arctique ou boréal.

Nord est le même mot qu'on emploie en allemand pour rendre cette même idée, et nul doute qu'il ne soit originairement germanique ou tudesque. Mais *septentrion* est le latin *septentrio* ou *septentriones*, de *septem triones*, les sept bœufs de labour, c'est-à-dire les sept étoiles de la petite Ourse.

Nord se dit dans la langue commune, en géométrie et en termes de marine; mais *septentrion*, d'un usage plus rare, convient surtout en parlant de l'antiquité classique et dans le style soutenu. « Thalès croyait que la cause de l'inondation du Nil venait de ce que les vents étésiens, qui soufflaient du *septentrion* au midi, retardaient les eaux du fleuve, qui coulent du midi vers le *septentrion*, et les contraignaient à se déborder dans la campagne. » Fén. « Au son de cette voix toute-puissante qui se fera entendre en un moment de l'orient jusqu'à l'occident, et du *septentrion* jusqu'au midi, les corps gisants, les os desséchés seront émus dans le creux de leurs tombeaux. » Boss. — Dire que l'aiguille aimantée se tourne vers le *nord* (Acad.), c'est parler comme tout le monde; dire qu'elle se tourne vers le *septentrion* (Acad.), c'est, pour exprimer la même chose, se servir d'un mot plus relevé ou moins ordinaire.

D'ailleurs *nord* est tout abstrait, tout relatif à

la situation ou à la direction ; au lieu que *septentrion*, tout concret, fait penser aux choses, aux pays ou aux peuples qui se trouvent dans cette partie du monde. On s'avance vers le *nord* ; Bourdaloue prétend que Luther et Calvin ont perverti l'occident et le *septentrion*. « C'est un degré modéré de température que les grues, habitantes du *septentrion*, viennent chercher l'hiver dans le midi.... Si des peuplades de ces oiseaux sont allées habiter le fond du midi, séquestrées de la grande masse de l'espèce, elles ne sont certainement pas du nombre de celles que nous voyons voyager vers le *nord*. » BUFF.

Ajoutez que *nord* est précis, et *septentrion* vague. On dit qu'un pays est au *nord* et non pas au *septentrion* d'un autre. Mais on dit bien d'une manière générale, les royaumes du *septentrion* (VOLT.). « C'est avec brièveté qu'on s'exprimait dans les forêts des Gaules et de la Germanie, et dans tout le *septentrion*. » VOLT.

NOUVEAU (DE), DERECHEF. Termes qui servent à marquer qu'une action, qui s'est déjà faite ou qu'on a déjà faite, recommence ou qu'on la recommence.

De nouveau est de tous les temps et de tous les styles. *Derechef*, formé d'un vieux mot français, *rechef*, changement, a vieilli lui-même, et Voltaire le déclare hors d'usage. Mais, avant de devenir un archaïsme, *derechef* s'est dit concurremment avec *de nouveau*. On lit dans Massillon : « Vous avez prié, et Dieu n'a point eu d'oreilles pour vous ; vous avez crié *derechef*, il s'est tu ; encore une fois la voix de votre cœur est montée *de nouveau* vers le Seigneur, et ç'a été en vain. »

Malgré l'autorité d'un si grand écrivain, qui aura voulu simplement éviter ici une répétition en employant *derechef*, on est forcé de reconnaître que ce mot au XVII° et au XVIII° siècle n'est que du style comique, badin ou familier. « J'annonce un écrit périodique.... Je vois s'élever contre moi mille pauvres diables à la feuille ; on me supprime ; et me voilà *derechef* sans emploi ! » Figaro dans le *Mariage de Figaro*. BEAUM.

> Retournez voir Luce le saint ermite....
> Les voilà donc *derechef* en chemin. LAF.
> Nous voilà donc encore en mer
> *Derechef* réduits à ramer. SCARR.

Dans *l'Avare*, Harpagon dit à Cléante qui persiste à prétendre à Mariane : « Quoi, pendard ? *derechef* ? » Dans *le Légataire*, Crispin dit à Géronte :

> Ah ! monsieur, touchez là.
> Je suis votre valet, ou le diable m'emporte.
> Touchez là *derechef*.

Et il est à remarquer que dans cette dernière pièce, Géronte, qui n'est point un valet, emploie *de nouveau* et non pas *derechef* :

> Qu'on aille *de nouveau* les chercher (les notaires).

J. J. Rousseau paraît également avoir senti et observé cette différence. Dans une lettre à M. de Sartine, lieutenant général de police, il le prie de ne pas laisser imprimer son *Dictionnaire de musique*, « jusqu'à ce qu'il ait été *de nouveau* soumis à la censure. » Mais écrivant le même jour à l'un de ses amis les plus familiers, il lui annonce qu'il vient de faire arrêter la publication de ce dictionnaire « jusqu'à ce qu'il ait été soumis *derechef* à la censure. » En général, Jean-Jacques a pour *derechef* une sorte de prédilection ; mais il s'en sert surtout dans ses lettres et dans les endroits de ses lettres où il parle sans façon. « Adieu, monsieur, *derechef* ; bon voyage.... Bonjour, *derechef* ; je ne croyais écrire qu'un mot, et je ne saurais finir. »

NUPTIAL, CONJUGAL, MATRIMONIAL. Qui appartient ou se rapporte au mariage.

Entre *nuptial* et *conjugal* d'abord la synonymie est peu étroite. *Nuptial, nuptialis*, de *nuptiæ*, noces, rappelle le mariage quant aux faits et aux circonstances de sa célébration ; au lieu que *conjugal, conjugalis*, de *conjux*, époux, épouse, le rappelle quant à l'état qui suit la célébration et dans lequel vivent les époux ou les conjoints : bénédiction *nuptiale*, société *conjugale*. Dans *Rodogune*, au moment de procéder à la cérémonie du mariage d'Antiochus, Cléopâtre dit à ce prince :

> L'hymen est maintenant notre plus cher souci.
> L'usage veut, mon fils, qu'on le commence ici :
> Recevez de ma main la coupe *nuptiale*,
> Pour être après unis sous la foi *conjugale*. CORN.

Anneau (ACAD.), festin (BOSS.), voile (ID.), bouquet (LAH.), chant (MARM.), don (CORN.), présent (VOLT.) *nuptial*, habit *nuptial* (BOSS.), habits *nuptiaux* (ACAD., LAF.) ; robe (ACAD., BOSS.), chambre (ACAD., BERN.), bague (DEST.), torche (VOLT.), pompe (ID., STAËL) *nuptiale*, des fêtes *nuptiales* (J. J.), des pompes *nuptiales* (VOLT.). Le lien (ACAD., MOL., LAF.), le nœud (ACAD., BOSS., MOL.), le pacte (DEL.), l'amour (ACAD., LAB.), le devoir (ACAD., MONTESQ., VOLT.), l'état (BOSS.) *conjugal*, des soins *conjugaux* (REGN.), l'union (ACAD., J. J.), l'affection (ACAD.), l'amitié (ACAD., BOSS.), la société (BOSS., J. J.), la vie (BERN.), la fidélité (J. J.), la sagesse (LAH.), la chasteté (BOSS.) *conjugale* ; des mœurs innocentes, *conjugales* et maternelles (BERN.). La foi *nuptiale* (FÉN.) est la foi que se sont jurée le mari et la femme le jour des noces ; la foi *conjugale* (ACAD., CORN., RAC., LAF.) est la foi qu'ils se gardent l'un à l'autre depuis ce même jour. Même différence entre lit *nuptial* et lit *conjugal*. Montesquieu parle d'un tableau qui représente les noces de Vulcain et de Vénus et où on voit Vulcain qui enlève sa divine épouse pour l'emporter sur le lit *nuptial* ; un homme qui, aimant une femme, en a épousé une autre, est exposé à n'éprouver que des remords sur le lit *conjugal* (LES.).

Matrimonial est aussi formé d'un mot latin, *matrimonialis* (de *matrimonium*, mariage). Mais il n'appartient pas à la langue commune ; c'est un terme de jurisprudence particulièrement usité en parlant de ce qui dans le mariage regarde la jurisprudence ou la justice. « C'était aux empereurs et aux rois qu'il appartenait de régler les conditions nécessaires pour la validité des mariages, et de marquer les degrés de parenté où ils seraient défendus. Eux seuls pouvaient donner des dispenses ; et il n'y avait que le magistrat qui pût prendre connaissance des causes *matrimoniales*. » COND. « Le duc de Mantoue étant mort, son gendre prétendait la succession en vertu de ses conventions *matrimoniales*. » Volt. « Si l'on voulait suivre les lois *matrimoniales* des Hébreux, il faudrait donc les suivre en tout. » Id. « Un arrêt du parlement de Paris porte.... Quelques théologiens ont prétendu que cela était fondé sur le quatrième concile de Carthage, qui l'avait ordonné pour la révérence de la bénédiction *matrimoniale*. » Id. Anciennement la justice, dans certains cas, ordonnait un congrès, c'est-à-dire une épreuve pour constater si des gens mariés étaient ou n'étaient pas capables de remplir le devoir *matrimonial*.

(Volt.) — Il est à remarquer, en outre, que *matrimonial* s'emploie bien dans le langage plaisant de la comédie. Il se trouve dans le *Double veuvage* de Dufresny : « Oui, monsieur, c'est la dissimulation qui maintient parmi les hommes la société civile et *matrimoniale*. » Regnard s'en est également servi dans les comédies qu'il a composées pour l'ancien théâtre italien. « Pour peu que vous ayez écorné la fidélité *matrimoniale*.... Je vous conseille de bannir de votre cerveau toutes vos idées *matrimoniales*. »

O

OBJECTION, DIFFICULTÉ. Raison qu'on oppose à une opinion ou à une proposition. On propose, on prévient, on résout des *objections* et des *difficultés*, ou on y répond.

Objection, du verbe latin *objicere*, jeter devant, reprocher, répond d'ailleurs au verbe français *objecter*. C'est donc, à la différence de *difficulté*, un substantif verbal. Il suffit de cette seule remarque pour distinguer les deux mots.

La *difficulté* est une chose, l'*objection* un fait. La *difficulté* se considère en elle-même, comme étant, et comme étant avec telle ou telle qualité : elle est importante, insoluble, etc. L'*objection* se considère comme un événement, comme se passant de telle ou telle manière, et se qualifie en raison de sa manifestation et de son rapport avec celui qui en est l'auteur. On relève les termes d'une *objection*; on soutient le choc des *objections*; on fait une *objection* hardie, ingénieuse, subtile, pressante. « Il m'est impossible de vous suivre dans toutes les *objections* que vous semez sur votre chemin. Les *difficultés* naissent sous vos pas. » Fén. « Une telle *objection* ne peut partir que d'un esprit droit.... : voici la solution de cette *difficulté*. » Volt.

Une opinion ne souffre point de *difficulté*, c'est-à-dire qu'elle est vraie sans contredit ; elle passe sans *objection*, c'est-à-dire sans contradiction.

La *difficulté* regarde uniquement le fond, et l'*objection* se rapporte, ou à la forme seule, ou à la forme en même temps qu'au fond. « On ne doit pas proposer cette *objection* comme une vraie *difficulté*. » Fén. « Cette *difficulté* ne m'étonne pas, et j'oppose à cette *objection* un raisonnement invincible. » Boss. « Toute votre *difficulté* réelle resterait, et on pourrait faire encore votre *objection*. » Fén. « J'ai peut-être fait à Éraste des *objections* dont toute la *difficulté* venait de l'ignorance où nous sommes de bien des choses. » Mal. « Voilà bien des *difficultés*.... Il faut comparer les *objections* aux preuves. » J. J. « Il donne le change dans sa réponse à cette *objection*, parce qu' néglige la deuxième chose, en quoi consiste toute la *difficulté*. » Arn.

On peut être embarrassé d'une *objection* sans avoir à résoudre aucune *difficulté* réelle. On répond à la *difficulté* ou on la résout, en la levant ou en l'éclaircissant. Répondre à une *objection* n'emporte souvent que l'idée d'en démêler les termes, d'en faire voir les équivoques et tout ce qu'elle peut contenir de spécieux dans la forme. C'est la logique qui enseigne l'art de résoudre les *difficultés*, et la dialectique qui apprend celui de réfuter les *objections*.

OBSERVATION, EXPÉRIENCE. Moyen de connaître la nature ou les réalités.

L'*observation* est un moyen par lequel on remarque, on aperçoit des choses visibles, apparentes. L'*expérience* est un moyen par lequel on force la nature à révéler ses secrets. On recueille des *observations*, il n'y a qu'à ramasser, pour ainsi dire ; on fait ou on tente des *expériences*, il faut pour cela une intention plus formelle de rechercher et plus d'art dans la manière de procéder. « Je n'avais pas fait alors toutes les *expériences* qui m'ont conduit à ce résultat ; il me manquait aussi beaucoup d'*observations* que j'ai recueillies dans ce long espace de temps. » Buff. On recueille des *observations* sur les météores, on fait des *expériences* sur le vide.

« L'*observation*, moins recherchée et moins subtile, se borne aux faits qu'elle a sous les yeux, à bien voir et à bien détailler les phénomènes de toute espèce que la nature nous présente. L'*expérience* cherche à pénétrer la nature plus profondément, à lui dérober ce qu'elle cache, à créer en quelque manière, par la différente combinaison des corps, de nouveaux phénomènes pour les étudier ; enfin elle ne se restreint pas à écouter la nature, mais elle l'interroge et la presse. On pourrait appeler l'*observation*, la physique des faits, plutôt la physique *vulgaire* et *palpable*, et réserver pour l'*expérience* le nom de physique occulte. » D'Al.

« Il ne suffit pas, dit Bacon, d'*observer* la nature dans le cours qu'elle suit d'elle-même et librement ; il faut encore la violenter par des *expériences*, la tourmenter, la vexer. » Cond. « Pour parvenir à connaître les phénomènes et les lois de la nature il faut donner une attention particulière à chaque chose, et comparer avec soin les faits et les circonstances ; c'est ce qu'on entend par *observer*, et les phénomènes découverts s'appellent *observations*. Mais pour découvrir des phénomènes, il ne suffit pas toujours d'*observer* ; il faut encore employer des moyens propres à les rapprocher, à les dégager de tout ce qui les cache, à les mettre à portée de notre vue. C'est ce qu'on nomme des *expériences*. Il a fallu, par exemple, faire des *expériences* pour *observer* la pesanteur de l'air. » ID.

L'*expérience* renchérit sur l'*observation* : elle pénètre plus avant et elle est plus précise. « Le premier objet réel de la physique expérimentale est l'examen des propriétés générales des corps que l'*observation* nous fait connaître pour ainsi dire en gros, mais dont l'*expérience* seule peut mesurer et déterminer les effets.... L'*observation* journalière nous apprend que l'air est pesant; mais l'*expérience* seule pouvait nous éclairer sur la quantité absolue de sa pesanteur. » D'AL.

L'*observation* est proprement un moyen d'instruction, et l'*expérience* est d'ordinaire un moyen de vérification. « Telle est la méthode de l'esprit humain dans les arts qu'il crée et qu'il perfectionne. Il recueille des *observations*, il fait des hypothèses que ces *observations* indiquent, et il finit par les *expériences* qui confirment ou qui corrigent ces hypothèses. » COND. Les vérités de la physique sont tous les phénomènes qu'on découvre par l'*observation*, et dont on s'assure par l'*expérience*. » ID.

OCCUPATION, AFFAIRE, TRAVAIL, OUVRAGE, BESOGNE. L'idée commune à tous ces mots est celle d'un certain emploi ou d'une certaine application de l'activité.

Occupation et *affaire* d'abord sont séparés par d'assez grandes différences. — *Occupation* est général, et *affaire* particulier : ils expriment, celui-là quelque chose de continuel ou de constant, celui-ci quelque chose de restreint. De là vient qu'*occupation* se met de préférence au singulier et *affaire* au pluriel : on a de l'*occupation* et on a des *affaires* : on est accablé d'*occupation* et accablé d'*affaires*. Les *affaires* sont des sujets d'*occupation*, et on dit très-bien l'*occupation* des *affaires* : « Vous avez l'*occupation* des *affaires* et l'amusement des plaisirs : voilà tout ce qu'il faut à l'homme. VOLT. — L'*occupation* occupe, remplit le temps de la vide de l'existence, fait qu'on ne reste pas inactif ; mais elle peut n'avoir rien de sérieux, elle peut consister en jeux, en promenades, en mouvements ou en courses pour les visites, la toilette ou l'amusement, et en autres choses semblables.

Toujours à sa toilette, et devant un miroir !
Voilà tout son emploi du matin jusqu'au soir.
Belle *occupation*, vraiment !... REGN.

Au contraire, c'est toujours quelque chose d'important qu'une *affaire* ou que les *affaires*, c'est quelque chose qui intéresse ou qui doit intéresser. *Affaire*, ce qui est *à faire*, emporte l'idée d'une obligation et par conséquent celle d'une grande utilité. « Il serait à désirer que Monseigneur le duc de Bourgogne n'occupât toute sa solitude qu'à la lecture des histoires, et qu'il regardât cette sorte d'*occupation* comme son unique *affaire*, comme la seule pour laquelle il lui est permis de se dérober à la vue de la cour. » S. S. Dans un moment où on fait du plaisir son unique *occupation*, on s'écrie, à demain les *affaires*, ce qui revient évidemment à dire, à demain les choses sérieuses.

Travail signifie quelque chose de pénible, quelque chose qui demande, non pas précisément beaucoup de soins comme les *affaires*, mais beaucoup d'efforts. « Un *travail* fort et suivi a soulagé la plupart de ceux qui s'y sont livrés. » STAËL. « Jésus-Christ ne nous a parlé d'une vie chrétienne que sous la figure d'un combat, d'un négoce, d'un *travail*, pour nous faire entendre que ce doit être une vie laborieuse et agissante. » BOURD. « Sylla savait admirablement l'art de mêler les *travaux* les plus pénibles des plus sérieuses *affaires* aux plus vives douceurs de la galanterie. » S. RÉAL. Au lieu de faire du jeu une *occupation* continuelle et de s'y appliquer comme à une *affaire* importante, on ne doit se le permettre que comme un divertissement passager, frivole en lui-même et propre seulement à remettre l'esprit des fatigues d'un long *travail* (BOURD.). — Ajoutez, pour le distinguer plus complètement encore de l'*occupation* et des *affaires*, que le *travail* est ordinairement productif, qu'il en résulte des effets, des transformations de matière, des édifices, des objets d'art, des compositions littéraires ou autres.

Ouvrage, ce que fait l'ouvrier, désigne proprement le résultat du *travail*. Aussi dit-on bien un *ouvrage* ou des *ouvrages* d'un grand *travail* (FLÉCH., ROLL.). Au lieu que *travail*, tout subjectif, appelle l'attention sur l'action ou sur celui qui la fait, *ouvrage*, tout objectif, fait penser uniquement à ce qui a été créé ou produit par cette action ou par une action de ce genre. « Tous les chefs animaient le peuple au *travail* et le roi Idoménée faisait avancer les *ouvrages* avec une incroyable diligence. » FÉN. Je souhaiterais que les femmes de condition fissent des *ouvrages* où l'art et l'industrie assaisonnent le *travail* de quelque plaisir. » ID. « Depuis huit jours que cet agréable *travail* (des vendanges) nous occupe, on est à peine à la moitié de l'*ouvrage*. » J. J. « Après qu'on a essuyé tant de *travaux* et qu'on a conduit tous les *ouvrages* à leur perfection.... » ROLL. — L'éducation des demoiselles est un *ouvrage* immense, et il n'est pas possible d'en soutenir le *travail* et d'en remplir les devoirs sans une sainteté éminente. » MAINT. — Que si parfois les deux mots échangent leurs significations, de manière que *travail* se dise pour le résultat et *ouvrage* pour l'action, ils diffèrent toujours en ce que le *travail*, et non pas l'*ouvrage*, suppose du labeur ou de la peine. Les digues de Hollande sont un *travail* qui a dû coûter bien des efforts pour vaincre de grandes difficultés ; les dunes sont l'*ouvrage* du vent, l'amour est souvent l'*ouvrage* du hasard. De plus, *travail* garde son caractère de subjectivité en opposition au caractère d'objectivité qui est propre à *ouvrage*. La beauté d'un beau *travail* fait l'éloge du *travailleur*; celle d'un bel *ouvrage* se considère, non plus par rapport à l'artiste, mais dans l'objet qui est sorti de ses mains.

Besogne, d'une origine vraisemblablement vulgaire, est commun, familier ou dépréciant. Cela seul suffit pour en faire un mot à part. « Envoyez quérir notre chère Pène, et ayez la bonté de mettre un peu toute cette *besogne* en train. » Mme DE SIMIANE. « Les platoniciens ne nous faisaient pas l'honneur de penser que Dieu eût daigné nous former lui-même : il avait, selon eux, laissé ce soin à ses officiers, à des génies qui firent dans leur *besogne* beaucoup de balourdises. » Volt. « Au commencement je n'étais guère occupé que de mon travail.... Mais quand ma *besogne*, devenue une espèce de routine, occupa moins mon esprit, il reprit ses inquiétudes. J. J. « Il restait quelques accompagnements et remplissages à faire. Ce travail de manœuvre m'ennuyait fort. Je proposai à Philidor de s'en charger.... Il ne revint plus, et j'achevai ma *besogne* moi-même. » Id. « Tertullien admire cette application de l'Esprit de Dieu sur une matière si méprisable (de la boue destinée à former l'homme) : Dieu, dit-il, en formant le premier homme, songeait à nous tracer Jésus ; c'est pour cela qu'il s'affectionne si sérieusement à cette *besogne*. » Boss.

OCCUPER, REMPLIR. On dit également, surtout au figuré, d'une place dont on est en possession, qu'on l'*occupe* et qu'on la *remplit*.

« On *occupe* une place quand on y est, on la *remplit* quand on en occupe toute la capacité. » Cond. *Remplir* emporte une idée de plénitude et de suffisance, étrangère à *occuper* et qui l'en distingue nettement. Celui qui *occupe* une place la tient, en est maître; celui qui la *remplit* l'occupe bien, comme il faut, en homme habile qui sait en remplir ou qui en remplit toutes les obligations.

« Ils auraient mieux *rempli* que moi la place que j'*occupe*. » Bourd. « Pour bien *remplir* la place qu'il *occupe*, il faut que l'homme de plaisir renonce à la mollesse et aux délices. » Id. « Il est très-difficile d'*occuper* décemment les grandes places, sans les *remplir*. » Marm. « Pendant les époques les plus funestes de la terreur, beaucoup d'honnêtes gens ont accepté des emplois pour empêcher un scélérat d'*occuper* la place qu'ils *remplissaient*. » Staël. A la fin de son discours de réception à l'Académie française, l'abbé Girard proteste « qu'il sent bien qu'il ne vient pas *remplir*, mais seulement *occuper* la place » de l'abbé de Rothelin, son prédécesseur. Le général Foy définissait les aristocrates en disant : « Ce sont ceux qui ont le droit d'*occuper* toutes les places sans être capables de les *remplir*. »

S'agit-il du seul fait de tenir une place, *occuper* est le mot de rigueur.

Peut-être on t'a conté la fameuse disgrâce
De l'altière Vasthi, dont j'*occupe* la place.
(*Esther*.) Rac.

Mais si on a égard à la manière, à la manière plus ou moins exacte dont on satisfait ou dont on peut satisfaire aux devoirs d'une place qu'on tient ou à laquelle on aspire, c'est *remplir* qui doit être préféré. « J'ai les qualités qu'il faut pour *remplir* cette place. » Bourd.

OCCUPER (S') A, TRAVAILLER A, S'APPLIQUER A, S'ÉTUDIER A, S'ATTACHER A. Faire de quelque chose le but de ses pensées et de ses actions. Un calomniateur *s'occupe*, *travaille*, *s'applique*, *s'étudie*, *s'attache* à décrier une personne.

S'occuper à n'est relatif qu'au temps : c'est le remplir (*occupare*) en faisant une certaine chose, se passer à faire cette chose.

On ne peut pas toujours travailler, prier, lire :
Il vaut mieux *s'occuper* à jouer qu'à médire. Boil.

Athalie, voulant savoir à quoi le peuple enfermé dans le sanctuaire emploie le temps, demande à Joas :
A quoi *s'occupe*-t-il ?
Et Joas répond :
Il loue, il bénit Dieu. Rac.

« Louis XIV *s'occupait* à lire des livres d'agrément dans ce loisir. Volt. « Il est impossible qu'à Londres un poète comique soit un homme de goût, et un orateur des communes perd son temps s'il *s'occupe* à l'être. » Marm.

Travailler, c'est s'occuper à quelque chose de difficile, qui demande beaucoup de temps, toute une suite d'actions, et des efforts sérieux : c'est prendre à tâche, se faire un plan de conduite par rapport à un but qu'on s'efforce d'atteindre. *Travailler* sérieusement (Boss., Mal.), de toutes ses forces (Boss., Pasc., J. J.). « Il faut *travailler* de tout son pouvoir à se défaire de ses préjugés et il y faut employer toutes les forces de sa raison. » Fén. « L'éducation dans les monarchies ne *travaille* qu'à élever le cœur. » Montesq. « Je *travaille* depuis vingt ans à recouvrer cette estampe, et je désespère enfin d'y réussir : cela est bien rude ! » Labr.

S'appliquer, c'est s'occuper avec soin et zèle. Si on *travaille* de tout son pouvoir, de toutes ses forces, sans mollesse, on *s'applique* bien ou à bien faire, sans négligence, avec exactitude. « Bien *s'appliquer* à comprendre des vérités. » Mal. « *Appliquez-vous* à bien élever vos enfants. » Fén. « Socrate prêchait lui-même d'exemple, *s'appliquant* à remplir le plus régulièrement qu'il lui était possible tous les devoirs d'un bon citoyen. » Id. « Je m'*applique* à bien développer partout les premières causes. » J. J. — « Les personnes qui *travaillent* sérieusement à se rendre vertueux n'emploient guère leur esprit ni leur temps que pour connaître la religion et s'exercer dans de bonnes œuvres... ; et, leurs devoirs connus, ils ne *s'appliquent* qu'à les remplir avec ferveur et avec exactitude. » Mal.

S'étudier, c'est s'occuper à faire quelque chose qui demande, non plus comme *travailler* du courage, ni comme *s'appliquer* de l'attention, mais de l'art ou de l'habileté, quelque chose qu'on ne peut réussir à faire sans *étude*, sans savoir-faire. « Pourquoi est-ce que je m'*étudie* à chercher des causes secrètes du dégoût que nous donne la piété ? Il y en a de plus grossières et de plus palpables. » Boss. « Lorsque l'évêque de Meaux exposait toutes ces erreurs (de Mme Guyon), l'abbé de Fénelon *s'étudiait*, avec tout l'art dont il est capable, à adoucir et à excuser les discours de cette femme. » Id. « La ruse qu'employa César fut de tâcher de se rendre méprisable. Il *s'étudia* à donner toutes sortes de marques de crainte. » Roll.

S'attacher, c'est s'occuper à faire une chose de préférence à une autre ou à d'autres qu'on laisse; car c'est se lier, se fixer, s'engager. « Socrate considérant que toutes ces vaines spéculations sur les choses de la nature ne menaient à rien d'utile et ne contribuaient point à rendre le philosophe plus homme de bien, *s'attacha* à étudier ce qui regardait les mœurs. » Fén. « On ne croyait pas pouvoir aisément conserver le sacré breuvage en sa propre espèce, et on *s'attachait* principalement à garder le pain sacré. » Boss. « Sans recevoir ces impressions des méchants desseins des molinistes, je *m'attachai* seulement à savoir les divers sens qu'ils donnent à ce mot mystérieux de *prochain*. » Pasc. — Ou bien on *s'attache* à faire une chose avec *attachement*, avec une sorte d'acharnement, d'obstination, ou tout au moins avec persévérance. « Antisthène disait que c'était une folie de *s'attacher* à vouloir connaître la Divinité par quelque représentation sensible. » Fén. « Un artisan *s'attacha* à limer quelques-unes de ces barres de fer; il ne pouvait travailler que la nuit.... Il persévéra durant trois semaines dans ce long et pénible travail. A la fin il vint à bout d'ouvrir un passage. » Boss.

Bien des personnes, dans leurs moments de loisir, *s'occupent* à mal parler de leurs ennemis, à les décrier. On *travaille* à décrier un ennemi quand on met tout en œuvre pour cela, quand on s'en fait une tâche. On *s'y applique* quand on le fait avec un soin particulier, avec diligence. On *s'étudie* à décrier un ennemi là où il faut de l'adresse, et, par exemple, auprès de gens qui l'ont en grande estime. On *s'attache* à décrier un ennemi auquel on s'attaque plutôt qu'à un autre ou à d'autres, ou bien qu'on poursuit opiniâtrement.

Occupez-vous, ne restez pas sans rien faire; *travaillez*, prenez de la peine; *appliquez*-vous, prenez garde aux distractions, soyez tout à ce que vous faites; *étudiez*-vous à éviter les pièges et les artifices; *attachez*-vous à vaincre votre passion dominante, combattez-la principalement et sans relâche.

OFFRIR, PROPOSER. Présenter ou soumettre quelque chose à quelqu'un, afin qu'il l'accepte ou l'agrée.

Offrir se dit plutôt en parlant d'une chose à recevoir, et *proposer* quand il est question d'une chose à faire, d'un parti à prendre. Vous *offrez* votre bourse à votre ami, vous lui *proposez* un voyage ou une entreprise. On fait à une femme l'*offre* de son cœur et des *propositions* de mariage. L'*offre* est un don; on l'accepte ou on la refuse : la *proposition* est un avis, un projet; on s'y rend ou on ne veut point y entendre. Vous *offrez* tant d'une maison; vous *proposez* de vous la vendre à l'amiable. « Le P. Berthier m'écrivit de la part de Mme Levasseur pour m'informer que M. Grimm *offrait* de se charger de son entretien, et pour me demander la permission d'accepter cette *offre*. » J. J. « On *proposa* à Idomenée d'entrer dans la ligue contre les Dauniens; il ne put rejeter une si juste *proposition*, et il promit des troupes. » Fén.

OISIVETÉ, PARESSE. Disposition contraire au travail, manière d'être qui fait qu'on ne travaille pas.

Oisiveté est objectif, il marque un état; *paresse* est subjectif, il exprime un penchant. On dit l'*oisiveté* des champs (Mass.), et la *paresse* de notre esprit (d'Ag.). On est, on croupit dans l'*oisiveté* ou on s'en tire; on fait ou on néglige de faire telle ou telle chose par *paresse*. Les *oisifs* sont désœuvrés, sans occupation; les *paresseux* sont mous, sans énergie, sans ressort. Il nous arrive d'être *oisifs*, c'est l'effet des circonstances; nous sommes par caractère plus ou moins *paresseux*, c'est un défaut naturel. L'*oisiveté* expose aux tentations de toutes sortes, aux mauvaises pensées, aux rêveries dangereuses; la *paresse* est une lâcheté, une langueur de l'âme qui la rend incapable de tout effort : « Par le travail on guérissait la langueur de la *paresse* et les pernicieuses rêveries de l'*oisiveté*. » Boss.

Un jour les membres se plaignirent que l'estomac, seul *oisif* et *paresseux* (Laf., Roll.), jouissait tranquillement des biens qui lui étaient fournis. *Oisif*, c'est-à-dire sans rien faire; *paresseur*, c'est-à-dire aimant à ne rien faire, se complaisant dans un lâche repos. *Paresseux* signifie quelque chose de plus répréhensible en soi : l'*oisiveté*, non relative à l'âme, de sa nature, peut n'être à la rigueur qu'un très-grand loisir dont on fait un utile emploi, au lieu que la *paresse*, par la raison contraire, est toujours un vice. Lorsqu'il ne voyait plus de moyens de servir Rome dans ses malheurs, Cicéron, naturellement trop laborieux pour s'abandonner à une indigne *paresse*, se consolait, dans une honnête *oisiveté*, à raisonner et à écrire sur la vertu (Fén.). Voltaire dit quelque part dans une de ses épîtres qu'on a fait succéder

  La débauche et la volupté,
  Et la vaine et lâche *paresse*
  A cette sage *oisiveté*
  Que l'étude occupait sans cesse.

ONDULÉ, ONDULANT, ONDULEUX. Qui forme des ondulations.

Ondulé est passif : il se dit d'une chose sur laquelle se trouvent imprimées des lignes sinueuses en forme de petites ondes. « Cette moire est bien *ondulée*. » Acad. « Le plumage de ce pic est *ondulé* sur le devant du corps. » Buff. « Le dessous du corps du moucherolle est *ondulé* transversalement de blanc et de gris. » Id.

Ondulant, au contraire, est actif et convient pour qualifier une action, un mouvement, ou quelque chose qui agit, qui se meut. « Le cygne développe ses grâces par mille mouvements doux, *ondulants* et suaves. » Buff. « Le jour de la première représentation du *Barbier de Séville*, je vis le parterre *ondulant*, agité, grondant au loin comme les flots de la mer. » Beaum. « Je ne sais ce que je louerai de préférence dans ce morceau. Est-ce le reflet de la lune sur ces eaux *ondulantes*? Sont-ce ces nuées sombres et chargées, et leur mouvement? » Did.

Ce qui distingue *onduleux*, ce n'est ni l'un ni l'autre de ces deux accessoires, mais la multitude des ondulations, des plis et replis, des tours et retours.

  Il est des plis heureux, des courbes naturelles,
  Dont les champs quelquefois vous offrent des modèles
  La route de ces chars, la trace des troupeaux,
  Qui d'un pas négligent regagnent les hameaux,
  La bergère indolente, et qui, dans les prairies,
  Semble suivre au hasard ses tendres rêveries,
  Vous enseignent ces plis mollement *onduleux*. Del.

OPPOSÉ, CONTRAIRE, CONTRADICTOIRE. Qui ne va pas avec une autre chose, qui est d'un autre côté ou en sens inverse.

« Le nord est *opposé* au midi ; les navigateurs ont souvent le vent *contraire*. » D'AL. C'est-à-dire que *contraire* renferme de plus que son synonyme une idée d'hostilité. Les choses *opposées* sont *posées* en regard ou vis-à-vis les unes des autres ; les choses *contraires* sont les unes *contre* les autres, en lutte, se combattant et tendant à se détruire ou au moins se nuire. La personne qui vous est *opposée* est votre adversaire ou votre partie adverse ; la personne qui vous est *contraire* est votre ennemie. Le blanc et le noir sont *opposés* ; le chaud et le froid sont *contraires*. La longueur est *opposée* à la largeur ; « il y a du plaisir à voir deux passions *contraires* qui se heurtent. » PASC. Par conséquent *contraire* enchérit sur *opposé*. « Cette idée particulière et secondaire me paraît *opposée*, et même *contraire* à toute théorie. » BUFF. « Qu'on s'habitue à ne pas regarder les alcalis comme des substances salines d'une nature *opposée*, et même *contraire* à celle des acides. » ID. Réciproquement, *opposé* est propre à se mettre à la place de *contraire*, quand on veut affaiblir le sens de celui-ci. « Au lieu qu'on n'a jamais vu les conciles généraux et légitimes *contraires* les uns aux autres dans les points de foi, on a vu quelquefois ces mêmes conciles *opposés* sur des points de fait où il s'agissait de l'intelligence du sens d'un auteur. » PASC.

Contradictoire, de *contra dicere*, parler contre ou contrairement, ne peut se dire que dans la dialectique ou des choses dialectiques, des propositions, des termes, des discours, qui répugnent comme le oui ou le non. « Il est *contradictoire* qu'une chose soit et ne soit pas, qu'elle soit en plusieurs lieux à la fois, qu'elle soit d'un tel nombre, d'une telle grandeur, et qu'elle n'en soit pas. » VOLT.

Ce discours au premier est fort *contradictoire*. MOL.

OPPOSITION, CONTRASTE, ANTITHÈSE. Rapport entre des choses éloignées les unes des autres par leurs qualités ou leurs manières d'être.

Opposition est le mot général ; aussi peut-il servir à définir les deux autres. Il y a *opposition* entre toutes les choses très-diverses, adverses, contraires, qui ne vont point ensemble ou qui répugnent.

Contraste et *antithèse*, usités particulièrement en termes d'arts, désignent des oppositions esthétiques, c'est-à-dire qui produisent ou qu'on considère en tant qu'elles produisent certaines impressions sur l'esprit. « Tous les *contrastes* nous frappent, parce que les choses en *opposition* se relèvent toutes les deux. » MONTESQ. « Il y a *antithèse* lorsqu'on choisit (en écrivant) les tours qui rendent l'*opposition* plus sensible. » COND.

Contraste a été formé du latin *contra stare*, se tenir debout vis-à-vis. Il y a *contraste* entre toutes les choses qui sont opposées d'une manière sensible, frappante, qui *contrastent*, qui tranchent, qui ressortent par leur rapprochement inattendu. « Voyez de l'autre côté (que celui de saint Jean) un Judas à la communion : ô Dieu ! quelle *opposition*! quel effroyable *contraste*! » Boss. « Plus vous simplifiez les institutions, plus vous effacez les *contrastes* dont l'esprit philosophique sait faire ressortir des *oppositions* frappantes. » STAËL. « Tout ce qu'on peut remarquer de particulier dans les mœurs des Suisses, et surtout ce *contraste* bizarre de recherche et de simplicité qu'on sent dans toutes leurs manières. » J. J. — Par conséquent *contraste* s'emploie spécialement dans le langage de la peinture et de la sculpture, des arts qui font valoir les choses les unes par les autres en variant leurs attitudes, leurs poses, en faisant figurer d'une manière pittoresque, les unes près des autres, les plus éloignées. « La nature veut que les peintres et les sculpteurs mettent des *contrastes* dans les attitudes. » MONTESQ.

De son côté, *antithèse*, grec ἀντίθεσις, du verbe ἀντι-τιθέναι, placer en face, se dit, non pas principalement, mais uniquement, en termes de rhétorique. L'*antithèse* est une figure qui consiste dans une opposition établie entre les idées et les mots pour leur donner plus de relief. Exemples : Il est petit dans le grand, et grand dans le petit ; Racine a peint les hommes tels qu'ils sont, et Corneille tels qu'ils devraient être ; humble sans bassesse, exact sans scrupule, etc. « Vous ne voulez donc point (dans le discours) d'*antithèses*? — Pardonnez-moi : quand les choses qu'on dit sont naturellement *opposées* les unes aux autres, il faut en marquer l'*opposition*. Ces *antithèses*-là sont naturelles, et font sans doute une beauté solide. » FÉN. « Il est arrivé que la variété qu'on a cherché à mettre par le moyen des *contrastes* est devenue une symétrie et une vicieuse uniformité. Ceci ne se sent pas seulement dans de certains ouvrages de sculpture et de peinture, mais aussi dans le style de quelques écrivains, qui, dans chaque phrase, mettent toujours le commencement en *contraste* avec la fin par des *antithèses* continuelles. » MONTESQ.

Que si par extension on se sert aussi du mot *contraste* en littérature, il n'y signifie pas la même chose qu'*antithèse*. L'*antithèse* a lieu entre les mots et les idées dans une même période ; et le *contraste* se trouve entre les situations les moins semblables que l'écrivain relève par une peinture comparative qui peut être très-longue. Il y a un beau *contraste* dans le *Tartufe* entre le rôle de l'imposteur et celui de Cléante (VOLT.). « Cette situation est dramatique et forme un *contraste* avec telle autre. » ACAD. « Faire précéder une scène tragique d'une scène comique, pour augmenter l'étonnement par le *contraste*. » STAËL. Rollin dit, en commentant un passage étendu de l'*Énéide* : « Le *contraste* est sensible ; le poëte nous montre d'un côté Pallas comme seule, sans crédit, sans distinction ; de l'autre il nous représente Junon comme environnée de gloire, de puissance et de majesté. »

ORATEUR, RHÉTEUR, RHÉTORICIEN. Homme qui cultive le talent ou l'art de la parole.

Quoique ces trois mots aient été indiqués par Girard et traités par Leroy comme synonymes, ils le sont véritablement assez peu.

Orateur est la traduction exacte d'un mot purement latin, *orator*, formé du primitif *os*, *oris*, bouche, parole, et il se rapporte à la pratique ; *rhéteur* et *rhétoricien*, au contraire, étant empruntés du grec ῥήτωρ, ῥητορικος, sont essentiellement relatifs à la théorie. L'*orateur* est actuellement ce que le *rhéteur* et le *rhétoricien* apprennent à devenir : il exerce, tandis que les deux autres s'occupent de préceptes. Dans la x° satire de Juvénal, un écolier,

Qui va chez un *rhéteur* acheter l'éloquence,

demande à Minerve de devenir un *orateur* tel que Cicéron ou Démosthènes (Thom.). Cicéron, par ses traités sur la rhétorique, a mérité à juste titre d'être mis à la tête des *rhéteurs* latins, comme par ses harangues il a mérité de tenir le premier rang parmi les *orateurs*. » Roll. — A peine est-il besoin d'ajouter, pour ce qui concerne le rapport du *rhéteur* et du *rhétoricien*, que l'un donne des leçons d'éloquence et que l'autre en reçoit.

Mais il arrive quelquefois que *rhéteur* et *rhétoricien* s'emploient aussi dans le sens pratique d'*orateur*, et il semble qu'il soit plus difficile alors d'établir la valeur propre et distincte de chacun. Cette difficulté n'est pourtant pas encore très-sérieuse.

En effet, *orateur* ne saurait d'abord être confondu avec *rhéteur* et *rhétoricien*; car, à moins qu'il ne soit modifié par une épithète, il se prend toujours en bonne part, au lieu que par eux-mêmes *rhéteur* et *rhétoricien* signifient de mauvais *orateurs*, des faiseurs de discours peu estimables ou peu estimés. — Ensuite le *rhéteur* se distingue par d'autres défauts que le *rhétoricien*. Le *rhéteur* est tel que les sophistes, les premiers qui sous le nom de *rhéteurs* firent profession d'éloquence chez les Grecs : c'est un déclamateur qui ne songe qu'à la forme et qui débite en style apprêté des pensées subtiles ou vaines. « *Rhéteur* et déclamateur, selon lui, c'est la même chose. » Boss. « On n'est point un grand orateur, mais un *rhéteur* impertinent, quand on se contente des apparences de la raison, et non pas de la raison même. » Id. Mais le *rhétoricien* est un écolier, un apprenti orateur, un novice lourd et maladroit, ce qui est bien différent d'un charlatan artificieux. « Il y a dans cette pièce des endroits attendrissants, sans qu'aucun personnage s'étudie à être pathétique.... Celui qui nous émeut ne songe point à nous émouvoir; il n'est point *rhétoricien*, tout part du cœur. » Volt. « Quand dans un discours les figures sont employées toutes seules, et qu'on parle devant un juge souverain, il conçoit en lui-même une certaine indignation contre l'orateur, et ne saurait souffrir qu'un chétif *rhétoricien* entreprenne de le tromper, comme un enfant, par de grossières finesses » Boil.

ORDINAIRE, ACCOUTUMÉ. Habituel à quelqu'un, devenu sien par l'usage, répété souvent par lui ou pour lui.

Ordinaire, conforme à l'*ordre*, à la règle, se dit plutôt de ce qu'on fait; et *accoutumé*, à quoi on est *accoutumé*, s'applique de préférence à ce qu'on éprouve. Celui-là est pour l'actif, celui-ci pour le passif. Reprendre les exercices *ordinaires* (Boss.), recourir à ses ruses *ordinaires* (Roll.), ma façon d'écrire *ordinaire* (Laf.), c'est sa manière, son procédé, sa pratique *ordinaire* (Acad.); — recevoir sa portion *accoutumée* (Laf.), occuper ou reprendre sa place *accoutumée* (Corn., Boil.), ne plus trouver aux choses leur douceur *accoutumée* (Pasc.), envoyer des troupeaux dans leurs pâturages *accoutumés* (Fén.), se défier de tout ce qu'on appelle impression des sens, principes *accoutumés* (Id.).

Une action est proprement *ordinaire*, une tâche *accoutumée*. « Cette action terrible (la messe) devient pour nous (prêtres) comme une de ces actions réglées et *ordinaires* qui doivent entrer dans le détail de notre journée...; c'est une tâche journalière et *accoutumée*. » Mass.

A l'égard des qualités des personnes, on appelle *ordinaires* celles qui font qu'on se conduit d'une certaine manière, et *accoutumées* celles qui consistent à s'abstenir ou à supporter. Parler avec son élégance *ordinaire* (Roll.), et avec sa retenue *accoutumée* (S. S.). Le duc d'Orléans traita avec sa bonté *ordinaire* Law tombé dans sa disgrâce, et que sa disgrâce n'avait fait sortir en rien de son sang-froid *accoutumé* (S. S.).

ORDINAIREMENT, COMMUNÉMENT, GÉNÉRALEMENT. Ces trois adverbes se disent en parlant de faits qui ne sont point rares.

Ce qui se fait *ordinairement* se fait par *ordre*, successivement, à plusieurs reprises; peu s'en faut qu'il ne se fasse toujours. Ce qui se fait ou se rencontre *communément* se fait ou se rencontre dans le *commun*, dans le public, çà et là, en divers lieux; peu s'en faut qu'il ne se fasse ou ne se rencontre partout. Ce qui se fait *généralement* n'est rien moins qu'une particularité; peu s'en faut qu'il ne se fasse universellement, sans exception.

Ordinairement a rapport au temps, et marque fréquence, reproduction, répétition. *Communément* a rapport au lieu, à l'extension, et indique une sorte d'ubiquité. *Généralement* a rapport aux individus, et en désigne la collection, la presque totalité.

Ordinairement les femmes sont indiscrètes : il leur arrive continuellement de commettre des indiscrétions, c'est pour elles une habitude. Les femmes sont *communément* indiscrètes : des femmes indiscrètes se trouvent en tous lieux, dans le monde, de côté et d'autre, *vulgô*. Les femmes sont *généralement* indiscrètes, *généralement*, c'est-à-dire en général, à peu près toutes. « Ceux qui s'appliquent trop aux petites choses deviennent *ordinairement* incapables des grandes. » Laroch. *Ordinairement*, c'est-à-dire très-souvent. « Un homme ordinaire parmi les Grecs ne pourrait bander un arc tel qu'on en voit *communément* chez les Crotoniates. » Fén. *Communément*, c'est-à-dire presque partout. « Les protestants sont *généralement* plus instruits que les catholiques. » J. J. *Généralement*, c'est-à-dire tous, ou excepté un très-petit nombre.

Un homme qui a coutume de faire une chose la fait *ordinairement*. Une opinion répandue dans le monde, en divers pays, dans différentes classes de la société, y est *communément* reçue. Une personne ou une opinion qui s'est attiré l'estime de tous, ou peu s'en faut, est *généralement* estimée.

Un historien, dans tout le cours de son livre, appelle *ordinairement* un roi du nom que lui donne *communément* l'histoire (Roll.); les rois d'Égypte s'appelaient *généralement* Pharaon, c'est le nom qu'ils portaient tous, leur nom *générique*.

ORDONNANCE, ARRANGEMENT, DISPOSITION. Action et résultat de l'action de mettre ensemble des choses de façon qu'elles aillent bien, qu'elles aient la place qu'il faut.

Ordonnance est absolu et général; *arrangement*, relatif et particulier. Le premier se dit d'une seule chose, dont les parties sont combinées de manière à former un tout régulier; le second, de plusieurs choses distribuées suivant un certain plan ou un certain système. L'*ordonnance* d'un tableau; l'*arrangement* des tableaux d'un musée. L'*ordonnance* d'un discours, d'un poëme; l'*arrangement* des mots d'une phrase. Ordonnance fait penser à l'ensemble et *arrangement* aux détails: l'*ordonnance* d'une bataille (Acad.); l'*arrangement* des troupes (Boss.).

Disposition ressemble beaucoup à *arrangement*; aussi s'emploie-t-il bien comme lui au pluriel, ce qui n'arrive jamais à *ordonnance* pris dans l'acception dont il s'agit. Un général observe dans sa marche l'*ordonnance* de bataille qu'il a choisie pour combattre, afin de n'avoir pas à changer de *dispositions* ou la disposition de ses troupes en présence de l'ennemi (Roll.).

Cependant la *disposition* diffère aussi de l'*arrangement*; elle a plus de rapport à l'utilité, et l'*arrangement* en a davantage à la beauté. Ce qui est bien *disposé* est mis en état de produire un effet avantageux; ce qui est bien *arrangé* est mis dans un état qui fait plaisir à voir. Rien n'importe plus au triomphe d'une cause que la *disposition* des preuves (Lah.), et à la perfection du style que l'*arrangement* des mots (Rac.).

ORDRE, ARRANGEMENT. Disposition de certaines choses telle, que chacune a une place ou la place qui lui convient.

L'*arrangement* diffère d'abord de l'*ordre* comme l'*ordonnance*. C'est quelque chose d'effectif, quelque chose qui se fait, un travail; au lieu que l'*ordre* est quelque chose de fait ou d'établi, qui est, qu'on considère en soi, et non pas par rapport à une action et à un agent. On met de l'*ordre*, on fait un *arrangement*. Vous direz, en parlant d'une bibliothèque, que l'*ordre* des livres y est parfait, et qu'il n'y a rien à reprendre à l'*arrangement* du bibliothécaire.

L'*ordre* est plutôt un effet, le résultat de l'*arrangement* même. « Dieu saura bien tirer du trouble même et de la confusion, où sont la plupart des peuples de l'Europe, l'*arrangement* qui doit y établir l'*ordre* et la tranquillité. » Mass. « L'*arrangement* de nos diverses connaissances est libre comme celui des lettres d'une imprimerie, chacun a droit d'en former différents *ordres* selon son besoin. » P. R. « Il se formera un nouvel *arrangement* qui remettra tout dans l'*ordre*. » Dudeff. « Cet *arrangement* et ce silence sont nécessaires pour le repos, l'*ordre* et l'édification de votre maison. » Maint. « Les plaisirs et les amusements de la feue reine étaient fort simples; mais elle tenait à l'*arrangement* de sa journée, et tout ce qui pouvait en troubler l'*ordre* accoutumé lui donnait de la tristesse. » Grimm. « De la combinaison des mots cet *arrangement* fait sortir avec clarté l'*ordre* et la combinaison des idées. » Thom.

Mais ensuite l'*arrangement*, comme le *rang*, est relativement à l'*ordre* quelque chose de particulier. On dit l'*ordre* ou l'*ordonnance* d'un livre, d'un poëme; et l'*arrangement* des mots dans une phrase. « Il y a (dans ses ouvrages) de l'*ordre* dans le discours et dans les choses, de l'*arrangement* dans les paroles. » Fléch. L'esprit d'*ordre* s'applique à l'ensemble des choses, et l'esprit d'*arrangement* aux détails. « La principale perfection d'une histoire consiste dans l'*ordre* et dans l'*arrangement*. » Fén. « Voilà cette matière confuse, sans *ordre*, sans *arrangement*, sans forme distincte. » Boss. La victoire dépend en grande partie de l'*ordre* de bataille et de l'*arrangement* des divers corps de troupes.

Ordre se dit mieux des grandes choses, et *arrangement* des petites: l'*ordre* de cet univers; l'*arrangement* d'une syllabe, des cheveux d'une personne. On *ordonne* une armée (Corn.); on *arrange* un herbier (J. J.), un jardin (Montesq.), un salon (Beaum.). « Dès qu'il eut mis le pied sur la terre d'Angleterre, Oswald fut frappé de l'*ordre* et de l'aisance, de la richesse et de l'industrie qui s'offraient à ses regards.... Lorsqu'il arriva chez lady Edgermond, il fut frappé du bon goût qui régnait dans l'*arrangement* du jardin et du château. » Staël. Un certain *ordre* de vie (Bourd.) est nécessaire pour régler les principales actions de la vie, et importe à la dignité comme au bonheur de l'homme; un certain *arrangement* de vie (Mass.) est nécessaire pour disposer les plus petites occupations de la vie de manière à éviter l'ennui.

ORDRE, RANG. Il y a quelque air de synonymie entre ces deux mots, quand on les emploie pour désigner la place d'une personne ou d'une chose.

Mais l'*ordre* est quelque chose de général, d'absolu et de fixe; et le *rang*, quelque chose de particulier et de relatif ou d'arbitraire. « Lycurgue ne connut pas l'*ordre* des vertus. Il assigna le premier *rang* à la valeur. » Barth. « Un habile homme doit savoir régler le *rang* de ses intérêts et les conduire chacun dans son ordre. » Laroch. Quelqu'un est de l'*ordre* des chevaliers, où il appartient à l'*ordre*, c'est-à-dire à la classe, des avocats; et il s'y fait un *rang* distingué. On est agrégé à un *ordre*, comme on est agrégé à un corps; et on est mis au *rang*, comme qui dirait, au nombre, des amis de quelqu'un.

L'*ordre* se rapporte plutôt à la nature de la chose ou de la personne, et le *rang* au cas qu'on en fait, à l'opinion qu'on en a. Ce qui est du premier *ordre* est grand, a des qualités supérieures; ce qui est du premier *rang* est très-considérable, très-estimé ou digne de l'être. L'objet ou l'homme qui est d'un *ordre* inférieur a peu de valeur, n'est rien moins qu'excellent; celui qui est d'un *rang* inférieur a peu de prix, est bas placé dans l'estime générale.

ORDRE, TRANQUILLITÉ; — POLICE, DISCIPLINE, SUBORDINATION. L'Académie définit le mot *ordre* considéré par rapport à un État, à une province, à une ville, à une armée: *tran-*

quillité, police, discipline, subordination. Serait-ce que tous ces termes ont la même valeur, et qu'on peut indifféremment dans tous les cas employer l'un ou l'autre pour exprimer la bonne situation où se trouve un État, une province, une ville, une armée ?

A parler rigoureusement, d'abord, l'*ordre* et la *tranquillité* sont des effets qui résultent de la *police*, de la *discipline* et de la *subordination.* C'est afin de garantir l'*ordre* et la *tranquillité* que la *police*, la *discipline* et la *subordination* sont établies parmi les hommes. L'*ordre* et la *tranquillité* sont en soi un bien dont on jouit, qu'on recherche, pour lequel on préfère, par exemple, tel pays à tel autre; la *police,* la *discipline* et la *subordination* sont des institutions sociales gênantes et pénibles en elles-mêmes, auxquelles on ne se soumet que parce qu'elles sont la condition d'un bien, l'*ordre* et la *tranquillité.* « Une *discipline*, devenue encore plus exacte, avait mis dans l'armée un nouvel *ordre*. » VOLT. « Sans cette maxime on ne peut conserver l'*ordre* dans l'Église de Dieu, puisqu'il n'y aurait plus dans le monde chrétien ni *subordination* ni dépendance. » BOURD.

Ordre, tranquillité.

L'*ordre* consiste dans une sage disposition des choses, il a la confusion pour contraire ; la *tranquillité* est un état de paix ou de repos, elle est opposée à l'agitation. Là où règne l'*ordre,* chaque homme a l'emploi qui lui convient, chaque chose sa destination, sa place ou son rang; là où règne la *tranquillité* on mène une vie calme, sans secousse, sans mouvement violent, à l'abri des orages. Dans les États, rien de plus nuisible à l'*ordre* que le gaspillage et l'anarchie, et, sous le point de vue de la *tranquillité*, rien de plus funeste que les révoltes et la guerre.

Police, discipline, subordination.

Police, grec πολιτεία, administration d'une ville (πόλις), désigne quelque chose de plus général que *discipline*, latin *disciplina,* administration de *disciples* ou d'une école, de *discere,* apprendre. Les lois de la *police* s'appliquent à une société plus étendue, et elles sont moins particulières que les règles de la *discipline*: elles ne concernent que l'homme civil ou les rapports les moins étroits. Massillon appelle expressément la *police* une *discipline* extérieure. La *discipline* ne se borne pas à empêcher, elle apprend à faire ce qu'on doit et la manière de le faire ; elle laisse moins de liberté ; elle s'occupe de tous les détails de la conduite ; elle ne vous permet pas même de faire le bien, que vous n'en ayez reçu l'ordre. On dit la *police* d'une ville, et la *discipline* d'une armée. Que si on dit bien aussi la *police* d'une armée, d'un camp, cela se rapporte, dans une armée ou dans un camp, aux mesures les plus générales qui peuvent assurer l'entretien du corps dont il est question.

Quant à la *subordination*, du latin *sub,* sous, et *ordinatio,* disposition, arrangement, elle a cela de distinctif, qu'elle est hiérarchique, qu'elle représente un classement d'hommes dans lequel les uns sont placés au-dessous des autres, en dépendent, leur sont soumis. Sans doute la *police* et la *discipline* supposent, la première des magistrats et la seconde des chefs ou des maîtres. Mais ce sont proprement des supérieurs que suppose la *subordination,* elle n'est relative qu'au rang et n'emporte pas toujours et nécessairement l'idée de commandement et d'obéissance : telle est la *subordination* qui existe entre les pauvres et les riches. « Il fallait qu'il y eût une diversité de conditions, et surtout il fallait qu'il y eût des pauvres, afin qu'il y eût dans la société humaine de la *subordination* et de l'*ordre.* » BOURD. « Pour apprendre à ces boyards une *subordination* qu'ils ne connaissaient pas, le czar Pierre les fit passer par tous les grades. » VOLT. « Sous le gouvernement de Cyrus, chacun avait son district et son objet particulier, dont il rendait compte à celui qui était au-dessus de lui, et celui-là à un troisième, et ainsi des autres, jusqu'à ce que par ces différents degrés et par cette *subordination* réglée, la connaissance des affaires parvint jusqu'au roi. » ROLL.

OUTRE, INDÉPENDAMMENT, PAR-DESSUS. Prépositions qui servent à marquer addition et qui signifient : sans compter telle chose, sans compter ce qui vient d'être dit.

Outre, oultre, du latin *ultra,* au delà, plus loin, en avant, de plus, annonce une addition de choses quelconques, et, par exemple, de choses de même nature. « *Outre* la beauté singulière, le visage du duc de Rohan avait toutes les grâces possibles. » S. S. « Le czar promit encore des troupes au roi de Pologne, *outre* les douze mille hommes qu'il avait déjà envoyés. » VOLT. « *Outre* le millet, les jaunes d'œufs..., les jeunes poulets aiment aussi la navette, le chènevis et autres menus grains de ce genre. » BUFF. « Il nous faudrait, *outre* les mots simples et nouveaux, des composés et des phrases où.... » FÉN. « Chaque grand homme, *outre* sa capacité générale, a encore un talent particulier dans lequel il excelle et qui fait sa vertu distinctive. » MONTESQ. « La police n'a pas été si bien exécutée pour la distribution des billets (pour une représentation à l'Opéra) : *outre* le tumulte effroyable que l'avidité des curieux occasionnait. Il a redoublé par la quantité qu'on a distribuée soit de parterres, soit d'amphithéâtres. » BACH.

Mais *indépendamment,* sans *dépendance* ou sans rapport avec, s'emploie pour exprimer une addition de choses différentes de celles dont il a été question, qui n'en sont pas la suite, qui sont à part. *Outre* telle chose, il a obtenu telle autre, c'est-à-dire qu'il a obtenu encore ou de plus telle autre chose ; *indépendamment* de telle chose, il a obtenu telle autre, c'est-à-dire qu'il a obtenu d'ailleurs telle autre chose distincte, d'une nature particulière. « C'est rendre l'homme libertin de dire qu'au défaut de la foi il n'y a plus d'autre règle de sa conduite que la passion et l'erreur : *indépendamment* de la foi, nous avons une raison qui nous gouverne. » BOURD. « Les huguenots avaient une espèce de petit parlement à Castres, *indépendamment* de celui de Toulouse. » VOLT. « Tout aspirant marié selon la loi, qui aura quelque fonds en propre, *indépendamment* de ceux de sa femme, sera inscrit dans la classe des patriotes. » J. J.

« *Indépendamment* de ses piquants, l'urson a, comme le castor, une double fourrure. » Buff. Le public même prendra part à nos exercices (de l'Académie) ; la cour et la ville nous fourniront des questions, *indépendamment* de celles qui se trouvent dans les livres. » Fén. « Je te ferai voir qu'*indépendamment* des causes physiques (de la diminution des peuples) il y en a de morales qui ont produit cet effet. » Montesq. « *Indépendamment* du beau coup d'œil que présente la salle d'Opéra de Versailles, de sa coupe avantageuse et de la magnificence de son ensemble, le mécanisme de son intérieur offre des détails immenses et admirables à ceux qui s'y connaissent. » Bach.

Par-dessus indique quelque chose de surérogatoire, d'ajouté à la mesure convenue, ordinaire ou suffisante. *Par-dessus* le marché. « Que gagne Épictète de prévoir que son maître va lui casser la jambe ? Il a *par-dessus* son mal le mal de la prévoyance. » J. J. « Le commandement est de soi plus que suffisant pour nous déterminer à une pratique ; de sorte qu'exiger *par-dessus* cela une inspiration extraordinaire, c'est nier qu'il y ait un commandement. » Boss. « M. le tabellion, écrivez que *par-dessus* la dot qui revient à ma fille, je lui donne dès aujourd'hui tout ce que je possède et tout ce que je pourrai jamais posséder. » Flor.

P

PAÎTRE, BROUTER. C'est ce que font certains animaux en mangeant sur place et ordinairement sur racine des plantes dont ils se nourrissent.

Paître, du latin *pascere*, signifie manger de l'herbe dans les prairies (*pascua*) en se baissant pour la prendre, et, par extension, manger de ce qui est à terre sans tenir au sol, des fruits tombés ou des feuilles détachées des arbres. « Ces rennes *paissaient* comme des vaches. » Buff. « Ce sont des chiens qui hurlent contre un beau cheval qui *paît* dans une verte prairie. » Volt. « Un jeune berger jouait de la flûte auprès de ses moutons *paissant*. » Fén. « On peut croire qu'il y a des animaux qui *paissent* sur les feuilles des plantes, comme les bestiaux dans nos prairies. » Bern. « La tortue *paît* au fond de la mer des herbes vertes. » Id. « Cette grosse macreuse s'abat sur les prairies dont elle *paît* l'herbe. » Buff.

L'âne se mit à *paître* :
Il était alors dans un pré
Dont l'herbe était fort à son gré. Laf.

« Les cochons *paissent* le gland, la faîne dans les forêts. » Acad.

Brouter, autrefois *brouster*, veut dire manger du *broust*, et le *broust* était la pâture que trouvaient les bêtes fauves dans les jeunes taillis, savoir les bourgeons et les extrémités des pousses nouvelles. Ce n'est donc pas proprement de l'herbe, ni des choses tombées à terre que *broutent* les animaux, mais bien des *broutilles*, des bouts de branches d'arbre, des feuilles tendres encore attachées aux broussailles, aux arbustes, aux haies, aux buissons vers lesquels il faut que l'animal élève ou tende la gueule pour saisir sa nourriture. La girafe, qui, à cause de l'excessive hauteur de ses jambes, ne peut *paître* l'herbe qu'avec peine (Buff.), se nourrit en *broutant* les feuilles des arbres (Bern.). Le cerf, caché dans la vigne qui l'a mis à couvert des chasseurs, *broute* sa bienfaitrice (Laf.). « L'âne et la chèvre trouvent partout à vivre, et *broutent* également les plantes de toute espèce, les herbes grossières, les arbrisseaux chargés d'épines. » Buff. « Au printemps les chevreuils vont dans les taillis plus clairs et *broutent* les boutons et les feuilles naissantes de presque tous les arbres. » Id. « On trouve au centre des bézoards de petits cailloux, des noyaux de prunes, de tamarin, des graines de cassis, et surtout des brins de paille et des boutons d'arbres : ainsi l'on ne peut guère attribuer cette production qu'aux animaux qui *broutent* les herbes et les feuilles. » Id. — « La vache pesante *paît* au fond des vallées ; la brebis légère sur les flancs des collines ; la chèvre grimpante *broute* les arbrisseaux des rochers. » Bern.

A la vérité, *brouter* l'herbe se dit aussi ; mais c'est moins proprement, ou cela signifie *paître* la sommité de l'herbe : « Nous ne *broutons*, dit l'abeille, que des fleurs odoriférantes. » Fén. Ou bien l'herbe *broutée* est très-courte, consistant toute en pointes à peine saisissables, et c'est pourquoi on dit figurément et familièrement d'un homme industrieux : l'herbe sera bien courte, s'il ne trouve de quoi *brouter*. Quand l'herbe est grande dans les prairies, les bestiaux y *paissent* ; ils y trouvent à peine de quoi *brouter* à l'époque où l'herbe commence à sortir de la terre ou après que les prairies ont été rasées par les faucheurs : « Vous voyez un nombreux troupeau qui, répandu sur une colline, *paît* tranquillement le thym ou le serpolet, ou qui *broute* dans une prairie une herbe menue et tendre qui a échappé à la faux des moissonneurs. » Labr.

A l'égard de l'homme, quoiqu'on dise figurément et populairement envoyer *paître* quelqu'un, pour le renvoyer avec mépris, le seul terme propre est *brouter* ; car le moyen pour nous de *paître*, à moins de nous mettre à plat ventre ? « La famine fut si grande, que les pauvres étaient réduits à *brouter* l'herbe. » Acad. « Des hommes créés à l'image de Dieu *broutent* l'herbe comme des animaux, et dans leur nécessité extrême.... » Mass. « Qui croirait que les Grecs descendissent de sauvages qui ignoraient l'agriculture, et *broutaient* à la manière des bêtes ? » Roll. « J'aimerais mieux aller *brouter* l'herbe et ronger des racines que d'accepter de lui un morceau de pain. » J. J.

PAIX, SILENCE, CHUT. Sortes d'interjections par lesquelles on invite à se taire.

Paix invite à se taire, c'est-à-dire à ne pas faire de bruit, à rester *paisible* ou tranquille.

« A peine furent-ils entrés dans la maison qu'ils rencontrèrent la dame Chimène, qui leur fit signe de ne point faire de bruit. *Paix! paix!* leur dit-elle d'une voix basse, vous réveilleriez ma nièce. » LES. « Ne faites donc pas tant de bruit; *paix*, encore une fois ! » VOLT. « Ainsi plaisantait l'exécuteur de l'infortuné don Carlos. Comme le prince criait et voulait se débattre : « *Paix*, monseigneur, lui disait-il en l'étranglant, tout ce qu'on en fait n'est que pour votre bien. » J. J.

Silence invite à se taire, c'est-à-dire à ne pas parler, à rester muet, afin qu'on puisse entendre autre chose ou une autre personne. « Belle leçon ! s'écria la comtesse.... Fi donc! Madame, dit le chevalier.... Mme la comtesse a toujours raison de blâmer, dit le baron.... *Silence!* Messieurs, *silence!* interrompit le curé, voici la lettre d'un académicien : écoutez-la de toutes vos oreilles. » LES. Dans *la Princesse d'Élide*, Philis dit à Moron qui veut par ses propos l'empêcher de prêter l'oreille aux chants de Tircis : « Tais-toi, je veux l'entendre.... *Silence*, dis-je, ou je me mettrai en colère. » MOL.

Chut invite à se taire, c'est-à-dire à ne pas parler hors de propos, à être discret. Si, au moment où vous parlez mal d'une personne, ou révélez un secret qu'elle ne doit pas savoir, je la vois qui approche, je vous dirai : *Chut!* la voici (MOL., DEST.). « *Chut!* n'offensez pas ces messieurs-là. » MOL.

A tout autre qu'à lui ne dites rien surtout :
On vient.... *Chut !* GRESS.

Une femme âgée de 90 ans disait à M. de Fontenelle âgé de 95 : « La mort nous a oubliés. — *Chut!* lui répondit M. de Fontenelle, en mettant le doigt sur la bouche. » CHAMP.

PANSE, BEDAINE. Mots dont on se sert familièrement en parlant du ventre d'un homme.

Panse, du latin *pantex, pantices*, les intestins, a rapport à l'intérieur, à la capacité. La *panse* est essentiellement grande, elle contient beaucoup. Avoir plus grands yeux que grand'*panse* (ACAD.); une large *panse* (DUC.); avoir la *panse* pleine ((LAF.); ne songer qu'à remplir sa *panse* (LES.).

Bedaine, quelle qu'en soit l'étymologie, et elle est certainement vulgaire, est relatif à l'extérieur, à la forme : la *bedaine* est quelque chose de proéminent ; elle est essentiellement grosse, semblable à un *bedon*, espèce de tambour gros et court.

Expresses défenses à tous
De plus porter chausses suissesses.
Grosses *bedaines*, grosses fesses,
Où diable vous mettrez-vous?
CHAP. et BACH.

Du reste, *bedaine* étant seul de basse extraction et relatif à la forme, indique plus nécessairement quelque chose de grotesque et de risible, et appartient plus exclusivement au langage de la plaisanterie.

Quand j'aurai fait le brave, et qu'un fer, pour ma peine,
M'aura d'un vilain coup transpercé la *bedaine*....
(Sganarelle.) MOL.

L'ami Bonneau court à pied dans la plaine,
En maudissant sa pesante *bedaine*. VOLT.

Les matelots luttaient contre le sort,
Voulant empêcher la baleine
De les nicher dans sa *bedaine*. SCARR.

PARADOXE, PARADOXAL. Contraire au sentiment commun : opinion *paradoxe* ou *paradoxale*.

On a dit d'abord *paradoxe* seulement, puis concurremment *paradoxe* ou *paradoxal*, et enfin le crédit de *paradoxal*, le nouveau venu, est aujourd'hui si grand, qu'on a presque totalement oublié l'adjectif *paradoxe*, tant nous sommes amoureux des nouveautés. Cependant *paradoxe* mérite d'être conservé avec *paradoxal*; car il ne signifie pas exactement la même chose.

Ce qui est *paradoxe* l'est absolument, c'est-à-dire tout à fait et essentiellement : une pensée (D'AL.), une maxime (J. J.) très-*paradoxe* : ce qui est *paradoxal* ne l'est que relativement, c'est-à-dire en partie ou sous un certain point de vue : proposition qui semble avoir quelque chose d'un peu *paradoxal*.

Ensuite *paradoxe* sert à qualifier les choses en elles-mêmes, quant à leur fond ou à leur nature ; au lieu que *paradoxal* a rapport à l'expression, à la forme des choses. On dira donc proprement une idée *paradoxe* et une doctrine *paradoxale*; donner au sentiment le moins *paradoxe* quelque chose de *paradoxal* par la manière de le présenter; tel philosophe a eu un système *paradoxe* (P. A.), et tel orateur ou tel écrivain a cherché à réussir par un certain ton *paradoxal* ou en hasardant des propositions *paradoxales*. — « La loi chrétienne commande deux choses *paradoxes*, l'une de haïr ses proches, l'autre d'aimer ses ennemis. » BOURD. « Éblouir un moment la multitude par des pensées hardies, qui ne paraissent nouvelles que parce qu'elles sont hasardées et *paradoxales*, c'est ce qui est donné à beaucoup d'hommes. » LAH.

PARALYTIQUE, PERCLUS. Atteint d'une maladie ou d'une infirmité qui consiste dans la privation du sentiment et du mouvement volontaire.

Paralytique, qui a une *paralysie*, du grec παραλύειν, relâcher, dissoudre, est absolu. *Perclus*, du latin *perclusus*, fermé, obstrué, empêché, est relatif.

Paralytique représente en soi, comme étant, indépendamment de quoi que ce soit, l'état qu'il signifie ; *perclus*, au contraire, fait concevoir ce même état comme un effet. On dit *paralytique*, simplement; mais on dit *perclus* de goutte (S. S.) ou de rhumatismes (J. J.). Il se peut qu'on soit *paralytique* de naissance : Thibaud le Jeune, fils de Théodebert, était né *paralytique* (VERT.), et Bernardin de Saint-Pierre parle d'un homme qui avait un fils de dix-huit ans, né *paralytique* et imbécile. Mais on n'est jamais *perclus* que par accident, que parce qu'on l'est devenu ; en sorte que *perclus*, dérivé d'un participe et qui a encore la forme d'un participe, ressemble plus à *paralysé* qu'à *paralytique*.

Mais il reste toujours entre *paralysé* ou *paralytique*, d'une part, et *perclus*, de l'autre, une sensible différence. *Paralytique* et *paralysé* marquent un état plus grave, une affection arrivée au point qu'elle mérite d'être appelée de son nom scientifique et rigoureux, une *paralysie*. « J'ai chez moi un parent de vingt-trois ans : il tombe un jour de cheval à la chasse, et le voilà *paralytique* pour le reste de ses jours. » VOLT. « Le bon homme Gil Perez est devenu *paralytique* de la moitié du corps, et n'ira pas loin. » LES. Il n'en est pas ainsi de *perclus* : c'est un mot vague qui exprime une sorte de *paralysie*, une quasi-*paralysie*. Voltaire, dans sa vieillesse, avait la manie d'exagérer ses maux. Il a écrit quelque part, n'osant employer le mot *paralytique*, qui eût été trop fort : « Me voilà à l'âge de quatre-vingts ans, un peu *perclus*, un peu sourd, un peu aveugle; » et ailleurs : « Il ne reste à moi, pauvre *perclus*, que la liberté de la main droite pour remercier Votre Altesse. » De même Lafontaine applique l'épithète de *perclus* à un serpent qui n'était qu'engourdi par le froid. — On trouve beaucoup de gens *paralytiques* dans les hospices et beaucoup de gens *perclus* dans les établissements d'eaux thermales. Ce sont des *paralytiques* que guérit Jésus-Christ et non pas seulement des gens *perclus*.

1° PARCE QUE, À CAUSE QUE ; — 2° CAR, EN EFFET, PUISQUE ; — 3° VU QUE, ATTENDU QUE. Conjonctions et locutions conjonctives également employées dans le discours pour rendre raison de quelque chose.

Parce que et *à cause que* ont rapport aux idées, et leur objet est de faire concevoir, de répondre à un pourquoi. Un corps tombe, quand il n'est pas soutenu, *parce qu*'il est pesant, ou *à cause qu*'il est pesant ; une personne est fière *parce qu*'elle est riche ou *à cause qu*'elle est riche, nous haïssons quelqu'un *parce qu*'il ou *à cause qu*'il nous a fait du mal. Partout où il s'agit de faits à expliquer, en histoire, dans les sciences naturelles, à l'égard de tout ce qui arrive, *parce que* et *à cause que* sont de rigueur, leurs synonymes seraient impropres.

Car, *en effet* et *puisque* ont rapport aux jugements, aux propositions, et servent, non pas à faire concevoir, mais à faire croire ou admettre, à convaincre : ils annoncent la raison, non pas d'un fait, mais d'une assertion, non pas une explication, mais une preuve. Toutes les fois qu'on raisonne, à proprement parler, on doit préférer *car*, *en effet*, *puisque* aux deux premières conjonctions : Dieu est bon, *car*, *en effet*, *puisque*....
— Que si pourtant *parce que* et *à cause que* se prennent quelquefois par extension pour signifier la confirmation de ce qui a été avancé, une cause logique, ils la supposent faible ou apparente, ils indiquent souvent un simple prétexte. « Est-ce donc bien raisonner de dire que vous avez droit de retenir votre superflu, *parce que* les temps sont mauvais, *puisque* c'est justement pour cela même que vous ne le pouvez retenir sans crime ? » BOURD.

Vu que et *attendu que*, ayant ou étant considéré que, désignent une cause intellectuelle, c'est-à-dire un motif, quelque chose qui a agi ou est propre à agir sur un être capable de *voir*, de faire *attention* : J'ai pris telle résolution, j'ai décidé telle chose *vu que* ou *attendu que*.... Ce sont d'ailleurs deux locutions communes, du langage de la procédure ou d'un langage approchant, dont on fait surtout usage quand on expose des considérants, quand on rend compte d'une délibération.

1° *Parce que*, *à cause que*. Conjonctions causatives explicatives.

Parce que, par cela que, est beaucoup plus usité que son synonyme *à cause que*, qui a tout à fait le même sens, mais qui est moins scientifique ou plus simple, qui ne convient guère que dans le langage familier. Pascal dit, d'une part : « Nous sommes redevables aux anciens de l'ascendant que nous avons sur eux, *parce que* s'étant élevés jusqu'à un certain degré où ils nous ont portés, le moindre effort nous a fait monter plus haut. » Et d'un autre côté : « D'où vient qu'un boiteux ne nous irrite pas et qu'un esprit boiteux nous irrite? c'est *à cause qu*'un boiteux dit que nous allons droit et *qu*'un esprit boiteux dit que nous boitons. »
— De même Fénelon, dans l'*Abrégé de la vie des anciens philosophes* : Héraclite tenait que la raison des différentes phases de la lune était *parce que* sa barque ne se tournait que peu à peu. » Et dans un autre endroit du même livre : « Aristippe vit une fois un jeune homme qui était fort glorieux *à cause qu*'il savait bien nager. » — Pareillement, Malebranche a écrit quelque part : « Je sais que je suis, que je pense, que je veux, *parce que* je me sens. » Et ailleurs : « Les termes les plus communs sont les plus confus, quoiqu'on s'imagine les bien entendre, *à cause qu*'ils sont familiers. »

2° *Car*, *en effet*, *puisque*. Conjonctions causatives démonstratives.

Car est bref, décisif, se met devant une preuve courte, sentencieuse, contenue en une seule phrase, et dont la vérité s'aperçoit d'abord. Il s'emploie volontiers dans la conversation où l'on a très-rarement besoin de tirer des conclusions en forme et où l'on ne raisonne guère que par enthymèmes. « Vous ne le trouverez pas chez lui, *car* je viens de le voir dans la rue. » ACAD. « Vous le prendriez pour un stupide, *car* il n'écoute point, et il parle encore moins. » LABR. « Je n'en suis pas bien assuré (que Socrate soit homme); j'en doute quelquefois, *car* il ne ressemble guère aux autres. » FÉN.

En effet, au contraire, commence une preuve développée, qui consiste à reprendre l'assertion pour faire voir par la déduction qu'elle dérive de principes certains. Ainsi, en géométrie, après avoir énoncé la proposition à démontrer, on continue en disant, *en effet*, et on la démontre. Naturellement cette locution sent l'école ; dans une simple conversation, elle a un air de prétention et d'étalage, quelque chose de pédantesque. « Les victoires de Marius ne sont pas une suffisante compensation pour les horreurs dont il s'est rendu coupable.... *En effet*, il eut tous les vices des grands scélérats : il fut sans foi, sans honneur, etc.... » ROLL.

Puisque a cela de tout à fait propre qu'il rappelle pour confirmer une assertion quelque chose d'admis ou de convenu, quelque chose au moins qu'on suppose ne pouvoir pas être désavoué ou contesté. Il n'est pas brusque et tranchant comme *car*, ni étendu et spécialement scientifique comme *en effet*. Il dispose comme par degrés et sans apparat à la persuasion, à recevoir une proposition impliquée dans la vérité admise. « Me voilà résolu à croire que je pense, *puisque* je doute, et que je suis, *puisque* je pense. » Fén. « Adam ne connaissait pas toutes les propriétés des corps, *puisqu'il* est constant que ces propriétés sont infinies. » Mal. « Comment donc, dira-t-on, et par quelle idée connaissons-nous qu'une chose existe actuellement ? *Car, puisque* nous la connaissons, il faut bien qu'il y en ait quelque idée. » Boss.

3° *Vu que, attendu que.* Conjonctions causatives destinées à exprimer, dans le style du palais ou dans un style analogue à celui-là, les considérations qui ont déterminé un être intelligent.

Vu que, ayant ou ayant été vu que, emporte l'idée d'une considération moins sérieuse, moins approfondie qu'*attendu que*, du verbe latin *attendere*, faire *attention* : aussi est-il plus usité dans la langue ordinaire, hors du barreau. « Je m'étonne qu'il ait entrepris cela, *vu qu*'il n'est pas très-hardi. » Acad. « Ils auraient de la peine à concevoir qu'un espace ait une infinité de divisibles, *vu qu*'on les parcourt en si peu de temps. » Pasc. « La difficulté fut de trouver un libraire qui voulût se charger de mon manuscrit, *vu qu*'il y avait quelque dépense à faire pour les nouveaux caractères. » J. J. — *Attendu que* suppose un plus grand examen, et c'est surtout un terme de contrats, d'affaires, de plaidoiries, d'administration. « Crokius Dubius, après un long examen, crut que cette invitation (de la Bible) s'adressait aussi aux Juifs (et non pas seulement aux oiseaux), *attendu qu*'il y est parlé de table. » Volt. « L'auteur prouve que la procédure faite contre Jean Morelli n'était point un exemple à suivre à mon égard : *attendu*, premièrement, *que*...; *que* d'ailleurs mon crime devait être traité plus sévèrement. » J. J. « Il conviendra que ledit premier emprunteur paye cet intérêt sans préjudice du reste, *attendu que* ce n'est que pour l'obliger que ledit prêteur s'engage à cet emprunt. » Mol.

Vaugelas s'est trompé quand il a dit qu'*attendu que*, autrefois relégué dans le pays d'*icelui* et d'*à icelle fin*, commençait à se rendre fort commun dans le beau style : le beau style l'a repoussé encore plus que son synonyme.

PAREIL, ÉGAL. Termes d'estimation comparative, servant à marquer que des choses ont même grandeur ou sont au même degré, qu'elles se valent, qu'elles ne l'emportent pas l'une sur l'autre, qu'elles ne le cèdent pas l'une à l'autre.

Pareil est un mot commun, qui exprime moins de rigueur. *Égal* est, au contraire, un terme spécial, plus particulièrement relatif à ce qui peut être précisément et mathématiquement déterminé. « On combattit de part et d'autre à forces *égales*, et avec un courage et un succès *pareils*. » Roll. On dit, dans le langage ordinaire, une étoffe *pareille* à une autre.

Nous ne concevions point de mal *pareil* au nôtre.
Corn.

Mais en géométrie on emploie exclusivement le mot d'*égal* : des lignes *égales*; deux quantités *égales* à une troisième sont *égales* entre elles. Nos *pareils* sont des hommes qui sont à notre niveau pour la fortune, la condition, le talent; nos *égaux* sont des hommes qui ont les mêmes droits, chose qui se mesure légalement, avec une parfaite exactitude. Vous direz des doctrines *pareilles* (Pasc.), de *pareilles* horreurs (Volt.), et des parts ou des sommes *égales*; il n'est rien de *pareil* au génie d'Homère, et il n'est rien d'*égal* à la force de la vapeur, à la vitesse de la lumière.

Ainsi, quand le soleil fait naître un parélie,
La splendeur qu'il lui prête à la sienne s'allie;
Leur hauteur est *égale*, et leur éclat *pareil*. Corn.

SE PARER, FAIRE PARADE. Montrer avec ostentation.

Se parer, parer soi, mettre sur soi une *parure*, un ornement, annonce quelque chose d'étranger, d'emprunté, dont on se revêt; ce mot emporte les idées d'usurpation et de déguisement. *Se parer* des plumes du paon, des plumes d'autrui (Acad.). « La naissance n'est rien, c'est le mérite de nos ancêtres; c'est *se parer* du bien d'autrui. » Boss. « Il y a de la fausseté dans le cœur, quand on s'est accoutumé à flatter et à *se parer* des sentiments qu'on n'a pas. » Volt. « J'ai le cœur trop bon pour *me parer* de quelque chose qui ne soit point à moi, et tout Naples peut rendre témoignage de ma naissance. » Mol. On *fait* plutôt *parade*, c'est-à-dire montre, de ce qui est à soi, et la seule idée accessoire distinctive de cette expression est celle de vanité. « Tirer *parade* et vanité du mépris qu'on a pour le monde. » Boss. « *Faire parade* de ses bonnes œuvres. » Bourd. « Un religieux qui *fait* parade de sa vertu met du faste jusque dans l'humilité même. » Volt.

Ensuite *se parer* est abstrait : on *se pare* de sentiments (Volt.), de fermeté (Id.), de douceur (Boss.), de modestie (D'Al.), de zèle (Roll.), de dévouement (Fén.), de vertus, de titres (Acad.), etc. Au contraire, *faire parade*, selon le sens de la terminaison *ade*, est concret, et se dit en parlant de choses extérieures. « Que peut dire une dame chrétienne qui *fait parade* de ce que la nature et la religion l'obligent de cacher? » Bourd. « On *fait parade* de luxe jusque dans l'Église. » Boss. « Ils *font parade* de leur bonne chère, ils se vantent de leurs bons morceaux, ils font retentir tout le voisinage et de leurs cris confus et de leur joie dissolue. » Id. « Fier de sa noblesse, jaloux de sa beauté, le cygne semble *faire parade* de tous ses avantages. » Buff. « Les petits esprits, dont tout le mérite consiste dans leurs richesses, font consister leur gloire à en *faire parade* et à les donner en spectacle au peuple. » Roll.

PARTAGE, LOT. Ce que quelqu'un obtient ou a obtenu dans la distribution d'un tout qui a été divisé.

Partage, de *partem agere*, faire part, et par extension part faite, est un mot tout verbal, relatif au fait de la division ou à celui de la distribution, au lieu que *lot*, anciennement *los*, de l'allemand *loos*; tudesque *hlox*, *hlux*, sort, portion échue par le sort, est tout objectif, signifie l'objet même qui échoit. Vous avez telle chose en *partage*, et cette chose est votre *lot*.

L'homme seul a, dis-tu, la raison en *partage*.

Il est vrai, de tout temps la raison fut son *lot*. Boil. Tel *lot* tombe en *partage* à quelqu'un ou est le *partage* de quelqu'un. « Rarement les trappistes deviennent vieux, et les religieux à qui ce *lot* échoit en *partage* le considèrent comme une punition du ciel. » Staël. « Le troisième *lot* fut le *partage* de l'aîné. » Les.

Une autre différence, de grande conséquence pour l'application, surtout au figuré, consiste en ce que *partage*, venu du latin, est plus noble que *lot*, qui a une origine vulgaire ou barbare. *Partage* convient dans tous les genres de styles, même dans les plus relevés, et *lot* ne s'emploie guère que dans le plus commun ; témoin *partagé* comparé à *loti*. D'un autre côté, *partage* se doit dire de préférence en bonne part, et *lot* en moins bonne ou en mauvaise. Dans les monarchies, suivant Montesquieu, la gloire et l'honneur sont le *partage* de la noblesse, et les richesses sont le *lot* de ceux qui lèvent les tributs. Il y a une grande inégalité entre les hommes : le *partage* des uns est de jouir d'un bonheur presque parfait ; le *lot* des autres est de souffrir.

Travailler est le *lot* et l'honneur d'un mortel.
Le repos est, dit-on, le *partage* du ciel. Volt.

PARTICULIER, PRIVÉ. L'Académie donne avec raison chacun de ces deux mots comme étant opposé à *public*. On dit également et sans différence apparente un homme *particulier* et un homme *privé*, une personne *particulière* et une personne *privée*, des relations ou des affaires *particulières* et des relations ou des affaires *privées*.

Mais *particulier* a rapport à la quantité ou au nombre, et *privé* à la condition. Un homme *particulier* ou une personne *particulière* n'est qu'une *partie*, et non pas le tout, ce n'est qu'un membre, et non le corps entier ; un homme *privé*, une personne *privée*, mène une vie *privée*, n'est pas dans les emplois, appartient à la classe des gouvernés et non à celle des gouvernants. — Parle-t-on d'un seul citoyen en opposition à tous, à la masse, à tout le peuple, c'est du mot *particulier* qu'il faut se servir. « Il y a des lois qui violent la liberté contre un seul pour la garder à tous. Tels sont en Angleterre les bills appelés d'*atteindre*.... Ils se rapportent à ces lois qu'on faisait à Rome contre des citoyens *particuliers*. » Montesq. « Le prêtre ne fait pas les oblations sacrées comme personne *particulière*, mais comme représentant tout le peuple assemblé. » Bourd. « Le prince, en tant que prince, n'est pas regardé comme un homme *particulier* ; c'est un personnage public, tout l'État est en lui ; la volonté de tout le peuple est renfermée dans la sienne. » Boss. « Ces miracles sensibles qui ont été faits par Jésus-Christ sur des personnes *particulières* et pendant un temps limité étaient les signes sacrés d'autres miracles spirituels qui n'ont point de bornes semblables, puisqu'ils regardent tous les hommes et tous les siècles. » Id. — Mais, s'il est question d'un homme qui n'exerce aucune sanction dans l'État, en opposition au souverains, aux princes, aux magistrats de tout ordre, on l'appellera proprement une personne *privée*

« Octave envia même à Lépidus la consolation de mener une vie obscure, et le força de se trouver, comme homme *privé*, dans les assemblées du peuple. » Montesq. « Que le rôle de l'homme *privé* ne fasse point de tort à celui de l'homme public : car dans quel trouble d'esprit un juge ne jette-t-il point les parties lorsqu'elles lui voient les mêmes passions?... » Id. « Nous voyons même les enfants des souverains venir ici comme des hommes *privés*. » Mass. « Les personnes *privées*, les magistrats même, se permettaient de.... » S. S. « La plupart des souverains d'alors étaient de fort honnêtes gens comme hommes *privés*. » Staël.

Des relations, des affaires, des qualités *particulières* se rapportent à l'individu, à chaque individu ou à des individus. « Les Italiens ont dans le caractère quelque chose de prudent et de dissimulé qui leur conseille peut-être de ne pas mettre en dehors, par les comédies, ce qui leur sert à se guider dans les relations *particulières*. » Staël. Mais des relations, des affaires, des qualités *privées* sont celles d'hommes étrangers au gouvernement ou celles d'hommes du gouvernement considérés indépendamment de leur état ou de leur position. « Il y a, dans la révolution, des hommes dont la conduite publique est détestable, et qui, dans les relations *privées*, s'étaient montrés pleins de vertus. » Staël. Beaucoup de fortunes *particulières* se sont faites aux dépens de la fortune publique ; il est rare qu'on quitte volontiers, comme Sylla, les fonctions publiques pour rentrer dans la vie ou dans une condition *privée*.

PARTICULIER, SINGULIER ; — SPÉCIAL. Ces mots se disent de ce qui se distingue ou de ce qui distingue un être des autres individus de la même classe.

Un chapitre de la *Logique* de Port-Royal, le 6ᵉ de la 1ʳᵉ partie, a pour titre : Des idées considérées selon leur généralité, *particularité* et *singularité*, et on y voit que la *particularité* est plus étendue que la *singularité* ; en sorte que ce qui est *particulier* convient à une *partie* de la classe, et ce qui est *singulier*, à un seul individu. C'est conformément à cela que Buffon a dit en parlant des Albinos : « Ces nègres blancs ne sont pas une espèce d'hommes *particulière* et constante, ce sont des individus *singuliers* qui ne font qu'une variété accidentelle. »

Particulier dit moins que *singulier*. Ce qui vous est *particulier* est votre *part*, vous met à *part*, vous *sépare* des autres ; ce qui en vous est *singulier* vous rend unique, fait de vous un phénomène, quelque chose de remarquable. « Ce qui gagne le respect des hommes, ce sont les dignités qui tirent du pair, qui donnent un rang *particulier*, qui sont uniques et *singulières*. » Boss. Aimer *particulièrement* une personne, c'est l'aimer d'un amour qu'on n'a pas pour les autres ; l'aimer *singulièrement*, c'est l'aimer d'un amour dont il n'y a pas d'exemple.

Particulier distingue, rien de plus ; *singulier* distingue et qualifie. La chose *particulière* n'est pas commune ; la chose *singulière* est extraordinaire, nouvelle, rare, curieuse. L'homme *particu-*

lier se tient à part, n'aime pas à voir le monde, et cela ne se prend ni en bien ni en mal; l'homme *singulier* est original, sans pair, soit en bien, soit en mal, c'est-à-dire ou merveilleux ou étrange. Des vues *particulières* sont propres à quelqu'un ou à quelques-uns, et non communes à tous; des vues *singulières* sont surprenantes ou bizarres. L'idée de qualité est tellement impliquée dans celle de *singulier*, et non dans celle de *particulier*, qu'on dit bien la *singularité* des *particularités*: « Le développement et les divers intérêts des personnes et des cabales, la *singularité* de plusieurs *particularités*, m'ont paru des curiosités assez instructives pour n'en rien oublier. » S. S.

Particulier, à part, est préférable à l'égard des choses qui sont, qui occupent un lieu dans l'espace, qui peuvent être ici ou là; *singulier*, au contraire, s'emploie mieux quand il est question de phénomènes, d'événements, de faits. Un homme *particulier* est renfermé: « On dit que vous êtes trop *particulier*, trop renfermé, trop borné à un petit nombre de gens. » FÉN. Un homme *singulier* fait ou dit des *singularités*, des choses étonnantes: « Courcillon était un homme très-*singulier* qu'une cuisse de moins n'avait pu attrister, qui s'était mis sur le pied de tout dire et de tout faire, et qui en faisait d'inouïes avec beaucoup d'esprit. » S. S. On dit une chambre *particulière*, et un exemple ou un combat *singulier*; l'intérêt *particulier*, et une aventure *singulière*. Une raison *particulière* (ACAD.) est une considération à part; J. J. Rousseau est un homme dont la raison *singulière*, c'est-à-dire l'esprit faisant l'action de raisonner, n'a pas toujours été d'accord avec la raison des autres hommes (VOLT.). Une plante possède une vertu *particulière*; une plante développe une vertu *singulière*: la propriété se considère, là dans la plante qu'elle sépare des autres, ici dans l'effet qu'elle produit. » Je sais qu'il y a eu de tout temps dans le monde des esprits *singuliers* qui ont porté cette perfection de la loi chrétienne bien au delà de ses bornes....; et pour descendre aux espèces *particulières*, je sais que dès la naissance de l'Église il s'éleva des sectes de parfaits et d'illuminés. » BOURD.

Quant à *spécial*, il a pour nuance bien caractéristique d'emporter l'idée d'une application ou détermination à quelque chose. Un homme *spécial* s'est entièrement consacré à l'étude d'une science ou à la pratique d'un art; une grâce, une faveur, une autorisation *spéciale* n'est accordée qu'à un seul, par privilége. Un soin *particulier* ou *singulier* est incomparable; on charge quelqu'un du soin *spécial* de veiller à la conservation d'une chose, au salut d'une personne. Vous avez des idées *particulières* ou *singulières*, et sur une branche d'administration des connaissances *spéciales*. Une plante a une vertu *particulière* ou *singulière*; un pupille est sous la protection *spéciale* de son tuteur. Un enfant est aimé *particulièrement* ou *singulièrement* de ses parents; un religieux est *spécialement* à Dieu à qui il s'est voué.

PAS, PRÉSÉANCE. Premier rang. Deux mots entre lesquels la ressemblance doit être grande, à en juger par cet exemple de Labruyère: « J'entends dire de quelques particuliers ou de quelques compagnies: Tels et tels corps se contestent l'un à l'autre la *préséance*; le mortier et la pairie se disputent le *pas*. »

Cependant *pas*, mouvement qu'on fait avec le pied pour *passer*, pour aller ou avancer, se dit plutôt en parlant de gens qui sont en marche, et *préséance*, de *præ sedere*, être assis devant, à la tête, être président, convient mieux quand il est question d'une assemblée, d'une réunion d'hommes assis. « Les descendants de Jeanne Hachette ont été exemptés de la taille. Les femmes et les filles de Beauvais sont plus flattées d'avoir le *pas* sur les hommes à la procession le jour de l'anniversaire. » VOLT. « En Pologne la pourpre romaine ne donnant aucune *préséance* dans le sénat, un évêque qui serait cardinal serait obligé de s'asseoir à son rang de sénateur. » ID.

D'un autre côté, *pas* est plus propre à exprimer un fait, et *préséance* un droit. On prend le *pas*, on réclame la *préséance* ou on s'en désiste. A la réception de Pierre le Grand à Paris, le maréchal de Villeroi voulut faire prendre le *pas* au roi de France (VOLT.); une contestation s'étant élevée à Venise entre les ambassadeurs de France et d'Espagne sur le droit de précéder, « le sénat consulta ses registres, où la *préséance* des rois très-chrétiens était établie sans aucun doute. » Boss. — On cède le *pas* de fait ou effectivement, un jour, dans une certaine circonstance; on cède la *préséance* pour l'ordinaire, réglément, selon un cérémonial établi. Pareillement, on raconte une dispute qui eut lieu sur le *pas* une fois, dans telle occasion: « Le parlement et la chambre des comptes s'étaient battus pour le *pas* dans l'église de Notre-Dame le jour que Louis XIII mit son royaume sous la protection de la vierge Marie. » VOLT. Mais dans un traité général on s'occupe théoriquement et non plus historiquement de ce qui regarde les disputes sur la *préséance*: « Les Chinois ne connaissaient pas le droit des gens, les formules des traités, les disputes sur la *préséance* et le point d'honneur. » VOLT.

Pas, relatif à un fait, à quelque chose de particulier, se dit au singulier seulement. *Préséance*, au contraire et par la raison contraire, s'emploie bien au pluriel et d'une manière toute générale: « Croire qu'on ne peut soutenir son ministère que par le faste du monde, que par les disputes éternelles sur les *préséances*, sur les prérogatives, sur la dignité. » BOURD.

PASSER, TRAVERSER. On *passe* et on *traverse* une rivière, une forêt ou quelque autre chose semblable, par laquelle on va, on se rend d'un lieu à un autre.

Mais *passer*, porter ses *pas* (au delà), n'annonce rien que d'ordinaire et de facile, au lieu que *traverser*, aller par ou malgré ce qui est en *travers*, suppose des difficultés ou un espace intermédiaire de grande étendue.

« On ne sait si les Français ont *passé* le Rhin ni si les Russes ont *passé* la Vistule. Jamais les fleuves n'ont été si difficiles à *traverser* que cette année. » VOLT. « Vendôme souffre que le prince Eugène *passe* l'Adige: il lui laisse *traverser* le canal Blanc, enfin le Pô même, fleuve plus large et en quelques endroits plus difficile que le Rhône. » Volt. « Alexandre dit à Parménion que l'Hellespont rougirait de honte, si, après l'avoir *traversé*, on hésitait de *passer* (le Granique) un petit ruisseau. » Vaug. « Il avait résolu de *passer* la rivière (Hypasys), quoique très-malaisée à *traverser*. » Id. « Darius tira vers la rivière de Lyce, et, l'ayant *passée*, fut en doute s'il romprait le pont.... Après avoir *traversé* une longue étendue de pays toujours en fuyant, il arriva sur le minuit à Arbelle. » Id.

Il semble aussi que, toutes choses égales d'ailleurs, *passer* se dit mieux en parlant d'une montagne ou d'un espace solide, et *traverser* par rapport à une rivière ou à un espace liquide quelconque. « On *passe* les montagnes et les précipices ; on *traverse* les fleuves et enfin les mers. » Boss. « Les soldats d'Annibal avaient *passé* les Pyrénées, au milieu des nations les plus féroces, ils avaient *traversé* le Rhône et dompté les flots impétueux d'un fleuve si rapide. » Roll. « Nous qui avons *passé* tant de neiges et *traversé* tant de rivières. » Vaug. « Charles XII, après avoir *traversé* la rivière, *passa* encore le marais à pied. » Volt.

PASTORALE, BERGERIE ; — IDYLLE, ÉGLOGUE. Compositions littéraires d'un goût champêtre, lesquelles ont pour sujets la vie, les mœurs et les plaisirs des habitants de la campagne, de ceux surtout qui s'occupent par état du soin des troupeaux.

Pastorale et *bergerie* désignent des pièces de théâtre. Avant qu'on eût en France l'idée de la bonne comédie, on donnait au théâtre, sous le nom de *pastorales*, des drames d'une espèce nouvelle qui avaient pour personnages des pasteurs ou des bergers. Les Italiens s'y étaient essayés les premiers, et ils y avaient réussi : témoin l'*Aminte* du Tasse et le *Pastor fido* du Guarini. La *Mélicerte* de Molière n'est pas autre chose qu'une *pastorale*. — Quand à *bergeries*, au pluriel, c'est spécialement le titre d'une *pastorale* de Racan appelée d'abord *Artenice*.

Pastorale et *bergerie* se distinguent encore d'*idylle* et d'*églogue* d'une autre manière. Ils ont une signification plus étendue : ils expriment un genre qui compte parmi les espèces les *idylles* et les *églogues*, et qui comprend de plus les romans champêtres, par exemple. « Les anciens ont composé quelques *pastorales*, sous la forme de romans. » Staël. Bernardin de Saint-Pierre donne le nom de *pastorale* à *Paul et Virginie*. C'est aussi celui qui convient à *Daphnis et Chloé* de Longin, à la *Galatée* de Cervantes, à l'*Estelle* de Florian, etc. — Quant à la différence entre *pastorale* et *bergerie* dans cette acception large et que ne connaissent point les dictionnaires, elle consiste en ce que *bergerie*, formé du mot *berger*, moins noble que *pasteur*, latin *pastor*, d'où *pastorale*, se prend pour l'ordinaire en mauvaise part. « Nous ne parlerons plus des crapauds en style de *bergerie*. » Volt. « M. de Thiard, pour exprimer l'insipidité des *bergeries* de M. de Florian, disait : Je les aimerais assez, s'il y mettait des loups. » Champ.

Feu Céladon, je crois, vous a légué son âme :
Il faudrait des six mois pour aimer une femme....
Laissez la *bergerie*.... Gress.

L'*idylle* et l'*églogue* n'ont aucun rapport au théâtre. Ce sont, selon le sens général du mot *pastorale*, des *pastorales* courtes, presque toujours en vers, de petits poëmes par conséquent. Aussi Boileau en a-t-il assigné les règles dans son *Art poétique*. L'*idylle*, d'ailleurs, n'est pas exactement la même chose que l'*églogue*. C'est ce que Marmontel a si habilement établi dans l'*Encyclopédie*, que Voltaire n'a trouvé rien de mieux à dire sur le même sujet.

On connaît et l'on dit surtout les *idylles* de Théocrite et les *églogues* de Virgile. Les unes sont en grec, les autres en latin. Cela seul, à défaut de l'étymologie qui ne peut ici servir de rien, paraît avoir déterminé dans l'idée précise qu'on s'est faite de l'*idylle* et de l'*églogue*.

L'*idylle* l'emporte sur l'*églogue* en noblesse et en élégance. « Une simplicité élégante fait le caractère de l'*idylle* ; et c'est par cette élégance ennoblie qu'elle se distingue de l'*églogue*. » Marm. « Les *idylles* de Pétrarque, de Sannazar, de Garcilasso, de Pope, offrent des beautés dignes des anciens ; Ségrais et Mme Deshoulières ont mis dans leurs *églogues* de la grâce et quelquefois du naturel. » Flor. Les *idylles* de Gessner les plus remarquables par les qualités du sujet et du style sont en effet des *idylles* ; celles qui n'ont que de la vérité sont de simples *églogues*. En peinture, le Poussin a fait des *idylles*, et Berghem des *églogues*. Lafontaine a composé un poëme intitulé *Adonis*. Il l'appelle lui-même une *idylle* à cause de sa brièveté ; mais, sans ce défaut, il l'aurait appelé, dit-il, un poëme héroïque, « genre de poésie le plus beau de tous, le plus fleuri, le plus susceptible d'ornements et de ces figures nobles et hardies qui font une langue à part. » L'*églogue*, au contraire, exclut la parure et l'éclat ; elle ne se recommande que par la simplicité et par l'agrément qui en résulte. « L'*églogue* est l'imitation des mœurs champêtres dans leur plus agréable simplicité. » Marm. « L'histoire de Ruth, à ne la considérer que comme une pastorale, serait encore la plus aimable et la plus intéressante *églogue* que l'antiquité nous ait laissée. » Lah.

PATRIE, PAYS. Partie de la terre à laquelle on appartient ou d'où on est.

A en croire le Dictionnaire de l'Académie, il y aurait parfaite synonymie entre ces deux mots, qu'il définit de même : lieu de naissance. Mais d'abord sa définition est inexacte : le lieu de la naissance s'appelle *pays natal*, et, pour qu'un lieu puisse être dit la *patrie* ou le *pays* de quelqu'un, il n'est pas absolument nécessaire que cette personne y soit née. « On n'a point vu d'affranchi qui n'ait préféré sa nouvelle *patrie* à son *pays natal* et à sa famille. » Roll.

Ensuite *patrie*, latin *patria*, du grec πατριά, famille, emporte pour accessoire une idée morale d'attachement qui est étrangère à *pays*, dérivé de *pagus*, bourg, village, canton. Vous direz plutôt ma chère *patrie*, et simplement, mon *pays*.

« Nous sommes de pauvres bannis, relégués loin de notre chère *patrie*..... Dieu a envoyé son Fils sur la terre pour nous apporter ici-bas des nouvelles de notre *pays*. » Boss. « Je fais mon compliment à ma chère *patrie* du privilége exclusif qu'on a donné à Fréron de vilipender son *pays*. » Volt. — En général la *patrie* se considère moralement comme un objet d'affection, et le *pays* physiquement comme un lieu qu'on quitte ou vers lequel on retourne, ou comme une contrée, une étendue de terre grande ou petite, propre à tel· ou telle chose. « Anaxagoras se retira de son *pays*, et ne songea plus qu'à la recherche de la vérité. Quelqu'un lui reprocha l'indifférence qu'il avait pour sa *patrie*; il répondit, en montrant le ciel du bout du doigt : Au contraire, je l'estime infiniment. » Fén. « Beaucoup de familles étrangères, qui meurent de regret hors de leur *patrie*, se naturaliseraient dans la nôtre au milieu des plantes et des animaux de leur *pays*. » Bern. « Oh! que ne puis-je voir dans cet asile du genre humain quelques-uns des infortunés que j'ai rencontrés hors de leur *patrie*.... L'intendant reconnut cet esclave pour Chinois et le renvoya dans son *pays*. » Id. « Le Vésuve est pour les Napolitains la gloire et la *patrie*; leur *pays* est signalé par cette merveille. » Staël. — On se dévoue pour sa *patrie*; on prend les armes pour défendre les frontières de son *pays*. « Les hommes marchent tous au secours de leur *pays*, quand les circonstances l'exigent; mais, s'ils sont inspirés par l'enthousiasme de leur *patrie*, de quel beau mouvement ne se sentent-ils pas saisis! » Staël. On gémit sur les maux de sa *patrie*; on couvre son *pays* de monuments, on le sillonne de canaux, on le soumet à telle ou telle sorte de culture. L'amour de la *patrie*, le *patriotisme*, est le zèle dont nous sommes animés pour la gloire de notre nation; les intérêts matériels de notre nation ou même les lieux qu'elle habite et où nous vivons habituellement sont ce à quoi se rapporte l'amour du *pays*.

D'un autre coté, *patrie*, emprunté du latin et du grec, est plus noble que *pays*, formé d'un primitif latin dont il diffère pour le sens et plus encore pour la forme. C'est un mot qui convient principalement au style élevé, à l'art oratoire, à la poésie, et qui ne consent pas ainsi que *pays* à entrer dans des locutions familières ou populaires, telles que le mal du *pays*, écrire au *pays*, cet homme est bien de son *pays*. Mais quelquefois aussi c'est un *terme* purement emphatique, et de là vient la répugnance qu'on éprouve aujourd'hui à l'employer en politique, où, du reste, il en avait été fait un étrange abus et où on doit préférer au langage du sentiment le langage des affaires.

PEAU, CUIR. Membrane qui enveloppe et couvre extérieurement le corps des animaux.

La *peau*, en latin *pellis*, est comme la *toison* et la *chair*, elle se considère par rapport à l'animal; mais le *cuir*, du latin *corium*, d'où ont été formés aussi *corroyer* et *courroie*, est, comme la *laine* et la *viande*, quelque chose de séparé de l'animal et d'approprié aux usages de l'homme. C'est avec des *peaux* de divers animaux que le tanneur et le corroyeur font des *cuirs*, et, par exemple, le *cuir* de nos souliers. « C'est avec cette *peau* des onagres qu'on fait dans le Levant le *cuir* ferme et grenu qu'on appelle chagrin, et que nous employons à différents usages. » Buff. « La *peau* de rhinocéros fait le *cuir* le meilleur et le plus dur qu'il y ait au monde. » Id. « Il y avait aussi sur cet enfant des taches sans poil, et la *peau*, dans ces endroits nus, ressemblait à du *cuir* tanné. » Id.

Mais cette première distinction ne suffit pas, car, d'un côté, *cuir* se prend quelquefois dans le sens particulier de *peau*, et, d'autre part, *peau* a quelquefois la signification spécialement attachée à *cuir*.

Dans le premier cas, c'est-à-dire quand le deux mots désignent l'enveloppe naturelle du corps animal en tant qu'elle est encore sur l'animal, *cuir* indique quelque chose de plus *coriace*, de plus épais et de plus dur : en latin, *corium* différait de même de *pellis* et se disait en particulier de l'écorce des arbres. « La *peau* du lamentin est une espèce de *cuir* d'un pouce d'épaisseur, plus ressemblant, à l'extérieur, à l'écorce rude d'un arbre qu'à la *peau* d'un animal. » Buff. « Le pied de l'éléphant est partagé en cinq doigts, qui tous sont recouverts par la *peau*.... La plante du pied est revêtue d'une semelle de *cuir* dur comme de la corne et qui déborde tout autour. » Id. — A l'égard de l'homme le seul mot usité est celui de *peau*. On dit toutefois le *cuir* chevelu, parce que sous les cheveux la peau est plus dure qu'ailleurs : « Ces avares ont la tête rasée jusqu'au *cuir*. » Labr. On donne même le nom de *cuir* à la peau entière d'un homme quand elle est naturellement dure ou qu'elle a été endurcie par une cause quelconque : « Ces onctions, en rendant le *cuir* des lutteurs trop glissant, leur ôtaient la facilité de se colleter et de se prendre au corps avec succès. » Roll.

Dans le second cas, c'est-à-dire quand *peau* et *cuir* servent à exprimer la dépouille d'un animal préparée pour les besoins de l'homme, *peau* la représente comme plus fine, plus douce, plus souple, ou comme moins travaillée, comme s'éloignant moins de l'état naturel, comme entière ou comme ayant encore ses poils ou ses plumes : des gants de *peau*, *peau* de vélin, un tablier de *peau*; des fourrures en *peaux* de martre, de petit-gris, de cygne, etc.; il y a des sauvages qui sont vêtus ou qui se font des tentes avec des *peaux* de bêtes sauvages. « Laërte portait de vieilles bottines de *cuir*, avait aux mains des gants fort épais, et sur la tête un casque de *peau* de chèvre. » Fén. « Les paysans russes sont vêtus d'une robe courte de *peau* de mouton dont la laine est en dedans; cet habit ne vient guère au-dessous du genou : ils le ferment d'une ceinture de *cuir*. » Bern. De ces derniers exemples il résulte qu'on dit du *cuir* ou des *cuirs* simplement, au lieu qu'avec *peau* on met ordinairement le nom de l'animal d'où a été tiré l'objet signifié par ce terme; tant il est vrai que la *peau*, à la différence du *cuir*, conserve avec l'animal qui l'a fournie, et dont elle est cependant détachée, un certain rapport.

PÉDANT, PÉDAGOGUE. Formé du grec παῖς,

παιδός, enfant, chacun de ces mots désigne un maître qui enseigne un enfant ou des enfants. Ils ont d'ailleurs cela de particulier, qu'ils ne se prennent qu'en mauvaise part.

Mais *pédant*, avec sa forme de participe présent, fait concevoir le maître comme enseignant, παιδεύων, comme pédantant, comme parlant actuellement du haut de la chaire, plein de confiance en lui-même, d'un ton magistral et d'un air capable; en sorte que ce qui caractérise le *pédant*, c'est la suffisance. « Toute autre qu'elle aurait beau jeu à berner l'inepte suffisance de ce lourd *pédant*. » LAH. « Je n'ai jamais vu de face de *pédant* où de la présomption fût mieux peinte qu'elle l'était sur le visage de ce licencié. » LES. « Quand j'aurai tout dit sur...., j'aurai fait l'étalage d'un vrai *pédant*. » J. J. « La plupart des maîtres, les *pédants* surtout, regardent l'acquisition et l'entassement des sciences comme l'unique objet d'une belle éducation. » ID.

Le *pédagogue* (παῖς, ἄγω), celui qui dirige ou gouverne un enfant, se considère plutôt comme conducteur que comme instituteur. Il se distingue, non plus par la suffisance, mais par une affectation d'autorité ou d'empire. « Il me semble que c'est vouloir un peu trop faire le *pédagogue* et le censeur, que de.... » DESC. « On représenta Dion et Platon à Denys comme d'incommodes censeurs et d'impérieux *pédagogues*, qui prenaient sur lui une autorité qui ne convenait ni à son âge ni à son rang. » ROLL. « Welches, votre extrême ignorance vous livra à ces maîtres comme des enfants que des *pédagogues* gouvernent et corrigent à leur gré. » VOLT. « Engagez nos frères les journalistes à renoncer à ce ton *pédagogue* et magistral avec lequel ils gourmandent les fils d'Apollon. » BEAUM.

Qui de nous, sous les lois d'un *pédagogue* austère,
Sujet obéissant et docile écolier,
De bonne heure apprit à plier
Au joug d'une règle sévère
Son caractère moutonnier? DEL.

En outre *pédant* signifie ordinairement un maître de *pédanterie* ou qui *pédante*, c'est-à-dire qui enseigne dans les colléges ou dans les classes : c'est un maître de classe, un maître qui a des écoliers, comme le dit fort bien Lafontaine dans la fable intitulée *l'Écolier, le pédant et le maître d'un jardin.* « Cet homme n'a pas l'honneur d'être *pédant* de l'Université. » VOLT. Mais *pédagogue* convient mieux quand il est question d'un maître qui n'a qu'un élève, qui fait une éducation particulière. Aussi dit-on en parlant du précepteur d'un grand, son *pédagogue*. Caton reproche à Scipion l'Africain, dans un des dialogues des morts de Fénelon, qu'il fit donner un commandement d'armée à son frère Lucius qui en était incapable; qu'il promit de le suivre et de servir sous lui, et qu'il était son *pédagogue*.

En dépit de son fier *pédagogue*,
Le jeune amant se résout à rester. BACH.

PEINDRE, DÉPEINDRE, DÉCRIRE. Exprimer ou représenter par le discours.

Peindre diffère bien nettement des deux autres verbes, ainsi qu'il se voit par l'exemple suivant : « La philosophie *décrit* et *dépeint* la nature; la poésie la *peint* et l'embellit. » BUFF. C'est-à-dire que *peindre* est le mot propre pour les choses feintes ou imaginées, et que ses synonymes s'emploient spécialement quand il est question de réalités. Fénelon, dans le *Télémaque*, *peint* les mœurs des habitants de Salente. « Lorsque vous *peignez* des héros, vous faites ce que vous voulez; ce sont des portraits à plaisir. » MOL. « Ni Cinna ni Maxime n'ont dû être tels que Corneille les a *peints*. » VOLT.

Mais y a-t-il ensuite parfaite ressemblance entre *dépeindre* et *décrire*, et peut-on toujours se servir indistinctement de l'un ou de l'autre pour faire connaître par la parole les choses qui sont, et non celles qu'on conçoit, qui n'ont d'existence que dans l'esprit? Nullement.

Quoiqu'on ne *dépeigne* pas, comme on *peint*, des imaginations ou des fictions, c'est néanmoins à l'imagination ou pour l'imagination qu'on *dépeint*. Dépeindre, c'est *peindre* d'après nature, faire un portrait, représenter d'une manière colorée, sensible, vive. *Décrire*, au contraire, n'appartient point au langage de l'imagination. Terme abstrait, tel que celui de *définir*, par exemple, il s'adresse proprement à l'esprit. Saint-Simon *dépeint* Louis XIV et les divers personnages qui ont vécu à sa cour; la physiologie et la psychologie *décrivent* l'homme, l'analysent, en expliquent la nature, les fonctions et les facultés. Buffon *dépeint*; Daubenton *décrit*. Saint Jérôme, dit Fénelon, *dépeint* les honneurs qu'on rendait alors aux reliques, si semblables à ceux qu'on leur rend de nos jours, qu'en les lisant on croit voir nos châsses et nos processions. » Ces mêmes honneurs seraient simplement *décrits* par un érudit qui en donnerait une idée exacte, mais inanimée, et qui ne frapperait en rien l'imagination.

PENSÉE INGÉNIEUSE, BON MOT, SAILLIE, TRAIT, POINTE, QUOLIBET. Condillac a réuni tous ces mots dans un même article et les a comparés ensemble. Chacun d'eux signifie quelque chose par quoi on montre qu'on a de l'esprit.

Mais d'abord *pensée ingénieuse* a cela de propre, qu'il regarde plutôt la *pensée* et le *génie* que l'expression : il est plus relatif au fond qu'à la forme. Les *pensées ingénieuses* d'une personne caractérisent son talent; ses *bons mots*, ses *saillies*, ses *traits*, ses *pointes* et ses *quolibets* la font connaître sous le rapport de sa conversation ou de son style. « Ses yeux, ses gestes, les traits de son visage, tout en elle annonce des *pensées ingénieuses*, qui, pour éclore, n'attendent que des mots. » MARM. Il y a d'ailleurs dans les *pensées ingénieuses* plus d'invention et de solidité. C'est quelque chose de moins superficiel et qui sent moins le badinage. « Les saints n'avaient besoin pour adorer Dieu ni d'un génie sublime, ni d'un travail assidu, ni de curieuses recherches, ni de *pensées ingénieuses* et subtiles. » BOURD. « Il y a des beautés dans Sénèque le tragique. On y remarque des *pensées ingénieuses* et fortes. » LAH.

Le *bon mot* est un mot qui est bon en ce sens qu'il réjouit, qu'il plaît, qu'il est plaisant : c'est d'ordinaire un mot pour rire ou une plaisanterie. « On ne se paye point de plaisanterie ni de gentillesse ; on ne se tire point d'affaire par de *bons mots*. » J. J. « Le bouffon emploie les *bons mots* en tout temps et sans sujet, au lieu que l'orateur ne le fait que rarement, toujours pour quelque raison essentielle à sa cause, et jamais simplement pour faire rire. » ROLL. « Il faisait le bel-esprit et s'efforçait par de *bons mots* de réjouir la compagnie qui éclatait de rire. » LES. « Quoiqu'on ne marque pas expressément au médisant qui parle le plaisir qu'on a de l'entendre, il le voit assez par les ris et les éclats qu'excitent ses *bons mots*. » BOURD.

La *saillie*, de *salire*, sauter, est quelque chose qu'on dit tout à coup, brusquement, une sorte d'impromptu, quelque chose qui coule comme de source. Avoir des *saillies*, dit Vauvenargues, c'est, par des transitions soudaines et inattendues qui causent toujours une grande surprise, saisir les rapports des choses les plus éloignées. « M. Narquois définit l'esprit *saillie* aimable et raisonnée.... *Saillie raisonnée* offre deux mots incohérents. » LAH. « Leur esprit, toujours présent et pénétrant, leur fournit sans cesse des pensées neuves, des *saillies*, des réponses heureuses....; ils étonnent par la promptitude et le sel de leurs réparties. » J. J. « Le duc d'Orléans s'amusait fort des *saillies* du duc de Brancas, qui était un homme d'une imagination vive, singulière, plaisante, plein de traits auxquels on ne pouvait s'attendre. » S. S. « Les *saillies* qui nous échappaient. » LES.

Le *trait*, flèche lancée contre quelqu'un qu'on immole à la risée, est un bon mot piquant, une plaisanterie maligne, une raillerie. « Point de *traits* railleurs et piquants. » BOURD. « Ce comte de Lemos avait de l'esprit, et se faisait craindre par la liberté de ses *traits*. » S. S. « Les armes du monde sont dans ses *traits* piquants, dans ses railleries. » BOSS. « Les *traits* malins, mordants (ACAD.) ; les *traits* de la satire, de la haine, de la calomnie (ACAD.). — Toutefois *trait*, dans une de ses acceptions, se prend aussi pour quelque chose d'innocent, qui se distingue moins par le sel que par la vivacité, auquel cas le *trait* se rapproche beaucoup de la *saillie*. Le *trait* ainsi entendu est prompt comme la *saillie*, mais d'une promptitude qui se considère plutôt pendant la course qu'au moment du départ. Et c'est par cette dernière circonstance que les deux termes diffèrent. La *saillie* échappe, le *trait* vole. On est surpris de la *saillie*, on ne s'y attendait pas ; on a à peine le temps de saisir le *trait*, il fuit et disparaît à l'instant comme une étincelle. Aussi dit-on bien d'un ouvrage qu'il pétille de *traits* (ACAD.).

La *pointe* est un jeu de mots, quelque chose qui ressemble à ce que nous nommons aujourd'hui un calembour. « Les Pères sont pleins de jeux de mots, d'antithèses et de *pointes*. » FÉN. « Je ne relève pas dans ces auteurs les *pointes* et les jeux de mots dont on sent le faux aisément. » VOLT. « Boileau, en proscrivant les *pointes*, ne défend pas à la gaieté d'en faire quelquefois usage.... Voici un des calembours de Plaute. » LAH. « Quelqu'un jeta au feu les satires de Perse peut-être pour faire cette mauvaise *pointe*: Brûlons-les pour les rendre *claires*. » ID.

Quolibet vient de la théologie scolastique où on appelait *questions quodlibétaires* des problèmes sur lesquels on pouvait soutenir le pour et le contre, et qui étaient impertinents et ridicules, comme celui de savoir si c'est l'œuf qui a précédé la poule ou la poule l'œuf. Il se prend toujours en mauvaise part. C'est là son caractère propre. *Quolibet* froid (VOLT.), licencieux (ID.), plat (LAH.), libertin (ID.), burlesque (ID.). « On dit que le goût des mauvaises pointes et des *quolibets* est la seule chose qui soit aujourd'hui à la mode. VOLT. « Piron n'est qu'un bouffon tout farci de *quolibets* en équivoques triviales. » LAH. « Benserade dit que dans le déluge Dieu lava bien la tête à son image. Peut-on dire rien de plus petit ni de plus ridicule que ce *quolibet* ? » BOIL. « On admirera un vieux rébus, un mauvais *quolibet* dans la bouche d'un grand seigneur, et l'on ne fera point de cas d'un *bon mot* qui échappera à un homme ordinaire. » LES. « Le capucin leur prêche la modération et la justice dans un langage plein de *quolibets* et de calembours. » STAEL. Boileau dit de l'Équivoque qu'elle fit

Goûter comme *bons mots* ses *quolibets* frivoles.
De froids *bons mots*, des équivoques fades,
Des *quolibets* et des turlupinades. VOLT.
Les *quolibets* que je hasarde
Sentent un peu le corps de garde. LAF.

PERCER, TRANSPIRER. Ces deux verbes expriment de la part des choses l'action de se manifester, de se faire jour, d'arriver à être connues.

Percer, pénétrer, se faire ouverture, emporte pour idée accessoire celle du milieu par lequel passent les choses. On dit presque toujours *percer à travers*. « L'excellence de la nature de l'homme *perce* à travers les organes matériels. » BUFF. « Le contentement *perce* à travers son embarras. » J. J. « Son intention *perce* à travers son silence. » ACAD. Mais *transpirer*, dont le sens primitif est s'exhaler, sortir du corps par les pores, est relatif à l'opposition du dedans au dehors ; en sorte que ce qui *transpire* passe à l'extérieur, se découvre et se répand ici ou là, dans tel ou tel endroit. On dit *transpirer* au dehors (DEST.), parmi telles ou telles gens (ID.), dans le public (LES., VOLT.). « L'édition d'Allemagne (de la tragédie d'*Olympie*) n'est bonne que pour les pays étrangers ; et il eût été bon qu'elle n'eût point *transpiré* à Paris. » VOLT.

La vérité *perce* tôt ou tard malgré les obstacles. Le secret qui a *transpiré* parmi les domestiques d'une maison aura bientôt *transpiré* dans le public.

PÉRISSABLE, FRAGILE. Susceptible de destruction, d'anéantissement.

« Les choses sont *périssables*, parce qu'elles doivent finir ; elles sont *fragiles*, parce qu'elles euvent finir à chaque instant et tomber sous les premiers coups qui les frappent. » COND. Les choses *périssables* sont de nature à perdre l'être ; et les choses *fragiles*, de nature à le perdre aisément. Les premières ne sont pas immortelles ou incorruptibles ; les autres, solides.

Périssable, rappelant par opposition ce qui est éternel, ce qui ne passe point, est proprement un terme religieux ou de théologie, au lieu que *fragile*, cassant, aisé à rompre, à briser, exprime un fait de l'ordre commun et appartient au discours ordinaire. Sur ce vers de *Denys le Tyran*, tragédie de Marmontel :
Vous que je méprisais, *périssables* attraits,
Laharpe fait la remarque suivante : « Dans les convenances du style, il y a de la différence entre des attraits *fragiles* et des attraits *périssables* : celui-ci est proprement du style chrétien, tel que celui de Pauline ; l'autre peut se mettre partout et convenait ici. »

Périssable se dira plutôt des êtres, et *fragile* des manières d'être, des qualités. Ce monde est *périssable*, et sa gloire *fragile*. Le corps de l'homme est *périssable* (Volt.), et sa beauté *fragile* (Boss.). « Plus l'existence est, pour un animal, *fragile* et passagère, plus il s'empresse de suppléer à sa destruction par sa fécondité ; les plus *périssables* sont ceux dont l'espèce se régénère avec le plus de promptitude et d'abondance. » Marm.

PERPENDICULAIRE, VERTICAL. Qui aboutit à une chose de manière à n'incliner par rapport à elle ni d'un côté ni de l'autre.

Il y a d'abord entre ces deux termes une différence considérable et bien connue. *Perpendiculaire*, latin *perpendicularis* ou *perpendicularius*, de *perpendiculum*, fil à plomb, cordeau, est plus général. Il se dit, quel que soit le sens dans lequel se trouve placée relativement à la terre la chose que rencontre celle dont il est question. *Vertical*, du latin *vertex*, sommet, point culminant du ciel, zénith, n'est applicable qu'à ce qui descend pour ainsi dire du point le plus élevé du ciel sur la terre, ju'à ce qui est *perpendiculaire* au plan de l'horizon. « Tous les fers étant posés dans une situation *perpendiculaire* à l'horizon prendront quelque portion de vertu magnétique. M. le chevalier de Lamanon ayant examiné les fers employés dans tous les vaisseaux qu'il a vus dans le port de Brest, en 1785, a trouvé que tous ceux qui étaient placés *verticalement* avaient acquis la vertu magnétique. » Buff.

Mais il ne suffit pas de cette distinction, car, si *vertical* ne se prend jamais dans le sens étendu de *perpendiculaire*, l'usage permet d'employer *perpendiculaire* dans l'acception étroite de *vertical*.

Dans ce dernier cas, quand il s'agit de qualifier une chose eu égard à sa situation droite sur le plan de l'horizon, *perpendiculaire*, transporté à peu près tel quel du latin en français, est plus abstrait ou plus noble que *vertical*, qui a été seulement formé du latin.

On appliquera de préférence l'épithète de *perpendiculaire* à une ligne, à une hauteur, à un mouvement, choses qui ne sont pas matérielles. « Les dimensions pures et abstraites de la matière ne sont pas sans quelque expression. La ligne *perpendiculaire*, image de la stabilité, mesure de la profondeur, frappe plus que la ligne oblique. » Did. « Dans cinquante ou soixante pieds de hauteur *perpendiculaire*, on voit souvent tous les degrés de plus ou moins de solidité de la craie. » Buff. « On distingue les mouvements primordiaux par les mots de *perpendiculaire*, d'horizontal, de circulaire, d'elliptique et de parabolique. » Bern. — Mais *vertical* se dira plutôt en parlant d'objets, de choses concrètes, d'un mur, d'une boussole, des feux du soleil. « Contre le mur *vertical* qui forme le derrière de la fontaine, debout, le dos appuyé contre ce mur, deux figures charmantes.... » Did. « Les aiguilles des boussoles *verticales* doivent être faites et placées de manière que leur centre de gravité coïncide avec leur centre de mouvement, au lieu que, dans les boussoles horizontales.... » Buff. « Le soleil, au milieu de sa carrière, embrase les campagnes de ses feux *verticaux*. » Bern.

D'un autre côté, c'est apparemment en raison du caractère de noblesse reconnu à *perpendiculaire* et non à *vertical* qu'on attribue à l'homme une situation *perpendiculaire*, et aux plantes une direction *verticale*. « L'homme est le seul (des animaux) qui se soutienne dans une situation droite et *perpendiculaire*. » Buff. « Telle est l'habitude des plantes dont on gêne la direction *verticale*.... Si la plante (qu'on a inclinée) continue à végéter, son prolongement redevient *vertical*. » J. J.

PERSÉVÉRANCE, CONSTANCE. Idée commune, celle d'une conduite soutenue ou qui ne se dément pas.

Dœderlein distingue *perseverantia* de *constantia* en disant qu'ils expriment, le premier l'état ou la qualité de l'âme qui fait tenir une telle conduite, et le second cette conduite même, la manière d'agir. Le même rapport existe évidemment entre les deux mots français. La *persévérance* est une qualité ou une vertu : la *persévérance* filiale (Acad.) ; Bourdaloue a fait un sermon sur la *persévérance* chrétienne. Mais on appellera plutôt du nom de *constance* un acte ou un trait de *persévérance* : « M. de Feins eut la *constance* de passer plusieurs jours à Motiers. » J. J. *Persévérance* appelle l'attention sur la personne, et *constance* sur ce qui s'y rapporte : « La *constance* de leur foi, la *persévérance* généreuse avec laquelle ils en conservent la pureté. » Mass. Un homme est *persévérant* dans le bien, et il refuse *constamment* de s'associer à une entreprise criminelle : *persévéramment* est un barbarisme, quoi qu'en dise l'Académie depuis 1835.

Ce n'est pas là pourtant la seule ni la principale différence. La principale, déjà indiquée par Condillac, consiste en ce que la *persévérance* est absolue, et la *constance* relative. La *persévérance* ne se lasse pas, continue sans relâche jusqu'à la fin ; la *constance* ne cède pas, va toujours malgré les obstacles et les oppositions. Si la *persévérance* est infatigable, la *constance* est inébranlable. En un mot, la *persévérance* n'emporte pas l'idée de lutte contre quelque chose qui empêche. « Ce que vous dites des arbres qui changent est admirable ; la *persévérance* de ceux de Provence est triste et ennuyeuse ; il vaut mieux reverdir que d'être toujours vert. » Sév. « La plupart des hommes, pour arriver à leurs fins, sont plus capables d'un grand effort que d'une longue *persévérance*. »

LABR. Mais la *constance* suppose nécessairement des assauts ou des résistances. On connaît la *constance* du sénat de Rome, que les défaites et les calamités n'empêchaient pas de suivre invariablement ses desseins (Boss., MONT., ROL.). « Dieu voyant l'homme appliqué à se maintenir dans la grâce, et pour cela se faire violence à lui-même, mortifier ses passions, résister et combattre, il se sent réciproquement ému, en vue d'une telle *constance*, à le gratifier de ses plus singulières faveurs, et en particulier du don de la *persévérance* finale. » BOURD.

Que si parfois la *persévérance* s'exerce contre quelqu'un, se manifeste par un combat, elle a pour lors cela de distinctif, qu'elle prend l'offensive, au lieu que la *constance* se conçoit toujours comme étant sur la défensive. La *persévérance* poursuit avec acharnement; la *constance* tient bon. « Il y a de la *persévérance* à persécuter, et de la *constance* à résister à la persécution. » COND. *Persévérance* est donc le mot propre, le mot indispensable, dans cette exclamation d'Oreste si connue :

Grâce aux dieux, mon malheur passe mon espérance !
Oui, je te loue, ô ciel ! de ta *persévérance*. RAC.

Mais ce que nous fait admirer Bossuet dans l'oraison funèbre de la reine d'Angleterre, c'est « sa *constance*, par laquelle n'ayant pu vaincre la violence de la destinée, elle en a si noblement soutenu l'effort ». Quand la *persévérance* du sort contre nous est tellement grande qu'il ne nous reste plus assez de *constance* pour soutenir l'épreuve de la vie, les Romains prétendaient que nous avons le droit de mettre fin à nos jours. C'est ce que dit Titus dans *Bérénice* :

Lorsque trop de malheurs ont lassé leur *constance*,
Ils ont tous expliqué cette *persévérance*
Dont le sort s'attachait à les persécuter
Comme un ordre secret de n'y plus résister. RAC.

PESTILENTIEL, CONTAGIEUX. Propre à infecter, à corrompre dans l'homme les principes de la vie.

Pestilentiel, qui peut causer la peste (*pestis*, de *perdere* ou de *perire*), mal capable de perdre ou de faire périr, est relatif au danger et au grand nombre d'hommes qu'il menace. « Le péché est un mal plus grand et plus dangereux que les maladies du corps les plus *pestilentielles*. » Boss. « La raison commence à détruire ce germe *pestilentiel* (de l'opinion religieuse) qui avait si longtemps infecté la terre. » VOLT. Mais *contagieux*, qui agit par *contact*, en touchant, annonce un mal qui se gagne. « Quand les maladies sont incurables et *contagieuses*, c'est s'exposer à les gagner que d'entreprendre de les guérir. » D'AL. « Il y a des folies qui se prennent comme les maladies *contagieuses*. » LAROCHEF. « Vos tristesses sont si *contagieuses* qu'elles ont gagné jusqu'à votre valet. » MARIV.

«Ce qui est *pestilentiel* répand de tous côtés un mal meurtrier ou funeste, un mal mortel pour l'ordinaire et épidémique; ce qui est *contagieux* répand d'un homme à un autre un mal qui se prend, c'est-à-dire qui est de nature à se communiquer, à se propager par le contact.

PEU A PEU, PETIT A PETIT. Locutions adverbiales dont on se sert pour exprimer que des choses éprouvent des modifications, surtout en plus ou en moins, augmentent ou diminuent, successivement, et non tout d'un coup.

Mais *peu à peu* paraît mieux convenir pour l'abstrait, et *petit à petit* pour le concret. L'un signifie par degrés, l'autre par parties. L'ardeur, la vertu de quelqu'un croît *peu à peu;* l'eau d'une citerne augmente *petit à petit* par les pluies. Après Charlemagne, sa maison tomba *peu à peu* (Boss.); le château de Versailles, qui ne devait être d'abord qu'un rendez-vous de chasse, devint *petit à petit* un palais immense (VOLT.). *Peu à peu* on vient à bout de comprendre une énigme; *petit à petit* l'oiseau fait son nid.

PHILOSOPHE, PHILOSOPHIQUE. Où il y a de la philosophie : esprit, siècle, vie *philosophe* ou *philosophique*.

Philosophe, qui possède, qui a en partage la philosophie, se dit d'abord des personnes, puis d'une réunion de personnes, comme une nation (VOLT.), un auditoire (ID.), un parterre (ID.), et enfin de ce qui compose ou représente en quelque sorte une personne : une âme (VOLT.) ou une tête (D'AL.) *philosophe*. *Philosophique*, qui tient à la philosophie, marque avec la philosophie un rapport moins étroit et ne convient qu'aux choses : traité, discours, raisonnement *philosophique*. « Vous savez quel bruit ont fait des gens peu *philosophes* au sujet d'une tragédie un peu *philosophique*. » VOLT. Un esprit *philosophe* est une personne philosophe ; l'esprit *philosophique* est un genre d'esprit marqué de philosophie : « Il n'y a que les cœurs sensibles et les esprits *philosophes* qui rendent justice aux vrais talents; puisse cet esprit *philosophique* germer dans la nation ! » VOLT.

Ensuite, il y a plus de philosophie dans ce qui est *philosophe* que dans ce qui est *philosophique*. Voltaire et Vauvenargues appellent le dix-huitième siècle un siècle *philosophe;* mais, quand le premier de ces deux écrivains veut affaiblir cette qualification, il emploie le mot *philosophique* : « On me cita plusieurs exemples dans ce siècle même, dans ce siècle *philosophique*, de jeunes gens appliqués à la torture, mutilés, brûlés, rompus vifs, pour n'avoir pas révéré les portraits de la sainte Vierge. »

Enfin, *philosophe*, qui est philosophe ou appartient au philosophe, c'est-à-dire à celui qui sait la philosophie et qui en observe les préceptes, regarde plutôt la pratique, au lieu que *philosophique*, relatif à la philosophie, à la science seule, convient uniquement pour la théorie. On dira donc une mort *philosophe* (SÉV.), un chagrin *philosophe* (MOL.).

Oh! que peu *philosophe* est ce qu'il vient de faire ! ID. « La partie la plus *philosophe* de la vie de Platon et d'Aristote était de vivre simplement et tranquillement. » PASC. Une vie *philosophe* est une vie sage, employée à vivre conformément à la philosophie ; une vie *philosophique* se passe à étudier la science, les systèmes de la philosophie. Même différence entre un esprit *philosophe* et un esprit *philosophique*. « La moitié de Genève va à Lyon pour voir passer des rois; cela est peu *philosophe*... J'aurais voulu dans votre écrit quelque chose d'un peu plus piquant et dont le sujet eût donné plus d'exercice à votre esprit *philosophique*. » VOLT.

Croirait-on que l'Académie ne cite l'adjectif *philosophe* que depuis 1835?

PIN, SAPIN. Noms de deux arbres aussi communs dans le Nord qu'ils sont rares vers l'équateur, et qui présentent les ressemblances suivantes : l'un et l'autre sont conifères, résineux, toujours verts, ont des feuilles longues et très-effilées, et fournissent un bois propre aux mêmes usages.

On croirait au premier coup d'œil, vu surtout le peu de différence des deux arbres, que le mot *sapin* n'est autre chose que celui de *pin*, devant lequel on a mis, pour préfixe, *sa*. Il n'en est rien cependant. *Pin* est le latin *pinus*, en grec, πίτυς. *Sapin* correspond au latin *abies*, venu lui-même du grec ἄβιν. Or de ce mot radical ἄβιν les Latins ne s'étaient pas contentés de tirer *abies*, mais ils avaient formé aussi *sapinus*; ce qui est conforme aux lois de dérivation du latin par rapport au grec. Car, par exemple, les mots latins *sal, saltis, saltus*, qui commencent par un *s*, dérivent incontestablement des mots grecs ἅλς, ἅλις, ἅλσος, qui commencent par un *a*. Et rien n'est plus commun que le changement de *b* en *p*. Donc *pin* et *sapin*, pour l'étymologie, comme pour le sens, reviennent à *pinus* et à *abies*, et dans *sapin*, la syllabe initiale *sa* n'est pas ajoutée à *pin* en guise de préfixe.

Comment distinguer maintenant *pin* de *sapin*, *pinus* d'*abies*? En général, le *pin* est moins élevé et moins droit. Le *sapin* est le rival du chêne et du cèdre; il partage avec eux la royauté dans l'ordre des végétaux. « Hercule déracinait sans peine d'une main les hauts *sapins* et les vieux chênes, qui, depuis plusieurs siècles, avaient méprisé les vents et les tempêtes. » FÉN.

C'est ainsi que la terre avec plaisir rassemble
Ces chênes, ces *sapins*, qui s'élèvent ensemble :
Leur pied touche aux enfers, leur cime est dans les cieux. VOLT.

« Ce n'est qu'au pied des neiges éternelles du mont Liban que le cèdre, le roi des végétaux, s'élève dans toute sa majesté. Le *sapin*, qui est après lui l'arbre le plus grand de nos forêts, ne vient à une hauteur prodigieuse que dans les montagnes à glaces. » BERN. « Les *pins* sont très-beaux dans un jardin, les *sapins* au sommet d'une haute montagne. » ID. — Ensuite, les branches du *pin* ne commencent qu'à une certaine hauteur, et se réunissent toutes au sommet, de manière à composer la plupart du temps une espèce de voûte ou de parasol. Le *sapin* n'a pas cette forme ramassée et arrondie : ses branches partent du tronc comme des bras, à peu de distance du sol, s'étendent horizontalement à droite et à gauche, ou même s'abaissent au lieu de s'élever, et se disposant par étages en diminuant de longueur font de cet arbre svelte et élancé une sorte de pyramide. « Des plantes inclinent leurs branches vers la terre, comme les *sapins*; d'autres les arrondissent en tête de champignon, comme les *pins*. » BERN. — Le bois du *pin* est supérieur à celui du *sapin* pour la dureté et la solidité; et d'ailleurs le *pin* a l'avantage de croître sur le sol le plus ingrat, dans les terrains les plus arides, les plus stériles, et dans des lieux qui, sans sa présence, n'offriraient aucune image de végétation. — Quant aux caractères scientifiquement et strictement essentiels, le *sapin* diffère du *pin* par la disposition des feuilles qui ne sont jamais réunies par faisceaux dans des gaînes, et par les cônes composés d'écailles coriaces, mais non ligneuses, amincies au sommet et non épaisses, inadhérentes et non entregreffées.

PIRATE, CORSAIRE. Écumeur de mer, homme qui va sur mer attaquer et piller les vaisseaux marchands.

Malgré leur synonymie apparente, ces deux mots doivent différer notablement, car Voltaire reproche quelque part à un écrivain comme une faute grossière d'avoir pris *pirate* pour *corsaire*.

Pirate, latin *pirata*, grec πειρατής, exprime l'idée commune dans toute sa force et dans toute sa plénitude. Le *pirate* a pour métier de *pirater*, d'exercer la *piraterie*, c'est-à-dire des brigandages sur mer. « Il y a cent ans qu'un Maratte, nommé Conogé Angria, se fit *pirate*; et s'étant retranché vers Bombai, il pilla indifféremment ses compatriotes, ses voisins et tous les commerçants qui naviguaient dans cette mer... Son fils et son petit-fils continuèrent le même métier.... Mille vagabonds marattes, indiens, renégats chrétiens, nègres, étaient venus augmenter cette république de brigands, presque semblable à celle d'Alger. » VOLT.

Corsaire dit moins que *pirate*, qui se met volontiers après, comme propre à enchérir : « Nicias ne fit aucun compte de l'approche de Gylippe, depuis qu'il eut appris qu'il avait fort peu de vaisseaux avec lui; et il le traitait de *corsaire* et de *pirate*. » ROLL. Le *corsaire*, de l'italien *corso*, course, va en course, c'est-à-dire qu'avec des lettres de marque, avec une autorisation du gouvernement, il court sur les navires marchands ennemis; c'est moins un brigand, un bandit, un homme sans aveu, qu'un soldat qui est régulièrement au service d'un État ou d'un prince. « On déclara la guerre à l'Espagne dans les formes à la fin de l'année 1739. La mer fut d'abord le théâtre de cette guerre, dans laquelle les *corsaires* des deux nations, pourvus de lettres patentes, allaient en Europe et en Amérique ruiner réciproquement le commerce pour lequel ils combattaient. » VOLT.

Mais, si *pirate* ne se prend jamais dans la signification affaiblie et légale de *corsaire*, il arrive assez souvent à *corsaire* de recevoir le sens absolu et odieux de *pirate*. Chacun d'eux a pourtant même alors une nuance qui lui est propre.

Le *corsaire* est le *pirate* en exercice, en course, actuellement occupé à courir les mers : on est pris par les *corsaires*, on tombe entre les mains des *corsaires*, on a soin propre à mettre les barques à l'abri des *corsaires*. Mais le *pirate* se considère comme étant ailleurs que sur mer ou comme ne faisant pas dans le moment ce qui est de son métier : on est prisonnier entre les mains des pirates, vendu par des pirates, tel lieu est un repaire de pirates; Alexandre demandait un jour à un pirate qu'il avait pris quel droit il croyait avoir d'infester les mers. — Jean-Jacques Rousseau termine son Émile par une lettre dans laquelle Émile raconte comment il fut pris sur la Méditerranée par des corsaires et quelle vie il mena à Alger chez les pirates.

Au figuré reparaît la différence du plus au moins. Le pirate est un brigand qui vous pille, qui vous vole sans l'ombre d'un droit. « Denys (tyran de Syracuse) était cruel, avide, pirate, brigand. » COND. Mais le corsaire n'est qu'un homme dur qui abuse de son droit pour vous rançonner. « Pour ce qui est de cette coutume de faire des conventions avec les parties et de les rançonner à proportion du danger qu'elles courrent, c'est, dit Quintilien, un trafic abominable, plus digne d'un corsaire que d'un orateur. » ROLL.

Endurcis-toi le cœur : sois Arabe, corsaire.
Ne va point sottement faire le généreux. BOIL.

PISSER, URINER. C'est, comme dit Molière dans une de ses comédies, expulser le superflu de la boisson. Il serait difficile d'exprimer la chose d'une manière tout à la fois plus exacte et aussi décente.

Pisser, quoi que prétendent certains étymologistes, ne vient assurément ni du grec ni du latin; il doit avoir une origine vulgaire, car il est lui-même, non pas vulgaire seulement, mais populaire. On se le permet à peine dans la conversation d'où la gêne est bannie. Voltaire le compte expressément parmi les gros mots de Shakespeare qu'on ne peut faire entendre sur la scène française. Cependant, dans les Plaideurs de Racine, Dandin, à qui on a présenté les petits chiens pour le supplier et l'attendrir, s'écrie :

Tirez donc. Quels vacarmes!
Ils ont pissé partout.

On en trouve aussi des exemples supportables dans des livres qui ne manquent pas totalement de décence. « La plus belle fontaine de Bruxelles est un enfant de bronze...; il pisse continuellement de l'eau. » VOLT. « Voilà M. de Metz à s'impatienter, à gloser sur l'inutilité de ce qui se débattait, à frétiller, et finalement à dire qu'il crevait d'envie de pisser. » S.S. « Celui qui supprime un mauvais livre ou qui détruit une statue voluptueuse ressemble à un idiot qui craindrait de pisser dans un fleuve, de peur qu'un homme ne s'y noyât. » DID. J.J. Rousseau fait dire à un symphoniste qui écrit à ses camarades de l'orchestre : « Au bout d'une ligne ou deux, ne sachant plus où j'en étais, je feignais de compter des pauses, ou bien je me tirais d'affaire en sortant pour aller pisser. »

Mais uriner, formé du latin urina, urine, est le mot usité en termes de science. « Les mouches cantharides portent à la vessie, l'excorient et font uriner du sang. » VOLT. « Les cochons d'Inde ne boivent jamais, et cependant ils urinent à tout moment. » BUFF. « Ce lama que je décris urine en arrière. » ID. « Voltaire tomba très-sérieusement malade pour avoir pris dans un moment de travail plusieurs tasses de café qui augmentè- rent la stranguire ou difficulté d'uriner à laquelle il était sujet. » D'AL. « Mon premier soin, quand je me suis vu en sûreté, a été d'uriner bien vite. Une expérience bien des fois réitérée m'a appris qu'après une grande émotion, c'est un des plus sûrs calmants qu'on puisse employer. » BEAUM.

Mme de Sévigné, écrivant familièrement à sa fille, emploie pisser dans la même circonstance absolument où Buffon, dans son histoire naturelle de l'homme, se sert d'uriner. « Ce fut une joie si parfaite pour moi que celle de votre heureux accouchement... Vous avez eu la colique, vous avez eu la fièvre de votre lait...; votre fils a été trois heures sans pisser, à ce que m'a dit le coadjuteur; vous étiez déjà tout épouvantée. » SÉV. « Quelques instants après sa naissance, l'enfant urine, c'est ordinairement lorsqu'il sent la chaleur du feu. » BUFF.

PLACE, POSTE. Lieu occupé par une personne; au figuré, lieu occupé par une personne dans le monde ou dans l'État, à la cour, dans l'armée, l'Église, la magistrature, etc.

Place (du latin platea, place publique) exprime le genre, et poste (du latin positus, posé, préposé) désigne une espèce. Poste est primitivement un terme de guerre qui signifie une place assignée par un chef à un militaire, soldat ou officier, ou à des troupes; mais il se prend aussi dans l'acception générale de place, sans quoi il n'y aurait entre ces deux mots aucune synonymie.

Or, même alors, même quand poste semble le plus équivaloir à place, il garde quelque chose de sa signification spéciale primitive, et c'est de là que se tire son caractère distinctif. L'idée de gloire et d'éclat étant inséparable de celle de guerre, le poste est une place importante, éminente, supérieure ou des plus honorables. « Je n'appris pas sans peine que quelqu'un pouvait vivre avec Mme de Warens dans une plus grande intimité que moi. Je n'avais pas songé même à désirer pour moi cette place... Sans affecter avec moi l'autorité que son poste le mettait en droit de prendre, Claude Anet prit naturellement celle que son jugement lui donnait sur le mien. » J. J. « Content de la place où Dieu m'a mis, je ne vois rien, après lui, de meilleur que mon espèce... Puis-je me voir ainsi distingué s Est-ce une bonne maxime qu'un citoyen puisse être obligé d'accepter, dans l'armée, une place inférieure à celle qu'il a occupée ?... Dans les gouvernements despotiques, où l'on abuse également de l'honneur, des postes et des rangs, on fait indifféremment d'un prince un goujat, ou d'un goujat un prince. » MONTESQ. On dit un poste brillant (MASS.) plutôt qu'une place brillante. Poste périlleux (ACAD., MASS., J.J.) est aussi une locution préférable à place périlleuse (qui peut-être ne se dit point du tout), et c'est aussi parce que le mot poste a été employé d'abord en termes de guerre et que le souvenir en reste.

Ce n'est pas que la place, de son côté, ne puisse être considérable; mais elle l'est moins essentiellement; et d'ailleurs, elle est plus proprement grande et le *poste* élevé. » On se persuade que, dans une grande *place*, il faut soutenir l'éclat d'une dignité publique ; que l'honneur du maître demande qu'on ne laisse pas avilir par des dehors obscurs et rampants le *poste* élevé qu'il nous a confié.» Mass. Ajoutez que la *place* est plus particulièrement hiérarchique, comparative, relative à d'autres *places* : les dernières, les premières *places*, une *place* inférieure. « Il reste encore aux palatins un assez grand nombre d'années pour jouir, dans les premières *places* de l'Etat, du respect et des honneurs qu'ils auront si bien mérités... On n'arrivera guère à ce *poste* éminent avant la quarantaine.» J. J. « Tous les *postes* que l'homme public remplit en Pologne ne doivent être considérés que comme des *places* d'épreuve et des degrés pour monter plus haut après l'avoir mérité.» ID.

Enfin, on a ou on remplit une *place*; on est, on se rend ou on meurt à son *poste*. C'est-à-dire que pour l'ordinaire le *poste* est une *place* obtenue par délégation et où on a des ordres et comme une consigne à observer. On postule une *place* à l'Académie française (LABR.); un ambassadeur s'empresse d'aller à son *poste* aussitôt que le service l'exige.

PLAISANT, RISIBLE, COMIQUE. Qui divertit, qui excite un sentiment de gaieté ou de bonne humeur.

Pour ce qui concerne d'abord *plaisant* et *risible*, la chose *plaisante plaît*, et la chose *risible* fait *rire*. Or, pour plaire, une chose doit, en général, être spirituelle ; et pour faire rire elle doit présenter l'image d'un défaut ou d'un travers que le spectateur n'a pas ou croit ne pas avoir. Un bon mot est *plaisant*; une maladresse ou une étourderie est *risible*. — D'ailleurs, *plaisant* étant actif et *risible* passif, il s'ensuit que le *plaisant* suppose une intention et un effort, et que le *risible* n'en suppose point. On cherche à être *plaisant*; on est ou on n'est pas *risible*. Un des plus grands défauts de La Motte dans ses fables, c'est de viser à être *plaisant* ou fin; le bon La Fontaine est *risible*, il nous charme par ses naïvetés qui lui donnent l'air à nos yeux de n'être qu'un enfant en comparaison de nous.

Comique annonce quelque chose de *plaisant* ou de *risible* dans la *comédie*, au point de vue de la *comédie*, quelque chose qui réjouit ou qui est semblable à ce qui réjouit au théâtre. « La folie du bourgeois (qui veut être un homme de qualité) est la seule qui soit *comique*, et qui puisse faire rire au théâtre.» VOLT. « Théodore a un visage *comique*, et d'un homme qui entre sur la scène.» LABR. Ce qui dans un ouvrage dramatique est *plaisant* ou *risible* peut néanmoins se trouver très-peu *comique* à la représentation. Il se peut de même qu'un écrivain possède le talent des choses *plaisantes* ou *risibles* sans avoir celui des choses *comiques*. Tel fut Voltaire. « Voltaire, qui a porté si loin le talent de la bonne *plaisanterie*, n'a point eu celui de la *plaisanterie comique*. C'est que le *comique* et le *plaisant*, quoique le dernier puisse et doive servir à l'autre, ne sont point essentiellement la même chose. Dans une satire, dans une épître, dans un badinage quelconque, la gaieté naturelle et l'esprit peuvent vous suffire. Mais au théâtre il faut d'abord être *comique* par les situations et les caractères, et Voltaire n'a jamais su être ni l'un ni l'autre. » LAH. Boileau disait que Regnard n'était pas médiocrement *plaisant*, eu égard sans doute aux traits d'esprit de ses personnages, de son Crispin, par exemple ; mais il ne reconnaissait de vrai *comique* que Molière, parce que ses pièces sont intriguées et les caractères de ses personnages développés d'une manière parfaitement conforme aux règles de l'art.

PLANTE, VÉGÉTAL. Corps organisé et doué de vie, mais privé de sentiment et de mouvement volontaire.

Plante, du latin *planta*, et d'où ont été formés *planter* et *transplanter*, est relatif au lieu occupé par le corps ou plutôt au fait ou au mode de son transport ou du transport de sa semence en ce lieu. *Végétal*, ce qui *végète*, ce qui croît et se développe, a rapport à la croissance du corps, à son action de s'entretenir, de se fortifier et de vivre à sa manière. « Les vents ont été créés pour transporter et répandre les germes des *plantes*, pour fortifier les *végétaux* par d'utiles secousses.» THOM. « Il n'y a pas un grand nombre de siècles que les *végétaux* croissent sur la montagne de la Table (à l'Ile de France)... Les semences des *plantes* y auront été longtemps portées par les vents avant d'y pouvoir germer. » BERN.

Plante est le mot ordinaire, parce qu'il fait considérer la chose à un point de vue commun, celui de *planter* ou de semer, de porter çà ou là et de mettre en terre ou pour mettre en terre. *Végétal*, au contraire, est plutôt un terme scientifique, parce qu'il donne l'idée d'un phénomène tout intérieur, objet de l'étude de la physiologie et de la chimie. *Plante* a toujours été très-usité; mais l'Académie, dans la première édition de son dictionnaire, paraît regarder *végétaux* (elle ne cite le mot qu'au pluriel) comme une expression consacrée parmi les savants, car elle donne pour seul exemple : ce chimiste ne travaille que sur les *végétaux*. Le fait est que tout le monde dit *plante*, et que *végétal* n'est employé que dans les sciences ou par des personnes qui considèrent les *plantes* théoriquement comme on le fait dans les sciences. « Le froment, l'orge, le seigle, ont comme les autres *plantes* des années qui leur sont très-favorables... Nous avons conçu le dessein d'examiner les *végétaux*, les écorces, et une infinité de choses qu'on ne soupçonnerait pas par rapport à leur qualité nutritive. » MONTESQ. « Les *plantes* paraissent être réduites à recevoir la nourriture que la terre veut bien leur fournir... Cependant, si l'on fait attention à l'organisation et à l'action des racines et des feuilles, on reconnaîtra bientôt que ce sont là les organes extérieurs dont les *végétaux* se servent pour pomper la nourriture.» BUFF. « Les *plantes* sont utiles à la vie; la médecine en conclut qu'en se nourrissant de *végétaux* on doit vivre des siècles. » BERN.

Plante a encore cela de particulier, qu'il se prend quelquefois dans une acception étroite, au lieu que *végétal* s'étend toujours à tout ce qui est compris dans le règne *végétal*, à tout ce qui dans la nature n'appartient ni à la classe des minéraux ni à celle des animaux. On entend alors par *plantes* ceux des *végétaux* qu'on *plante* ou qui ressemblent à ceux qu'on *plante*, qui se développent en racines dans la terre, en branches et en feuilles au-dessus. « Les *plantes* sont des *végétaux* disséminés sur la surface de la terre, pour la vêtir et la parer. » J. J. Parmi les *végétaux* qui ne sont *pas des plantes* dans ce sens restreint on compte surtout les algues, les champignons et les truffes.

PLIABLE, PLIANT. Qui plie, qui se laisse modifier de façon que ses extrémités se joignent ou tendent à se joindre. Au figuré, qui cède ou se prête aux désirs, aux volontés d'autrui.

L'Académie définit également *pliable* et *pliant* par flexible, facile ou aisé à plier. Cela n'est pas exact.

Pliable exprime simplement la possibilité : « La raison est *pliable* à tous sens. » Pasc. Mais la facilité n'est indiquée que par *pliant*; car ce dernier mot signifie seul, qui plie, qui plie effectivement, qu'on voit plier, à qui il arrive de plier, et par conséquent souple. « Il faut que la main de Dieu te manie pour te rendre souple et *pliant*. » Fén. « Lysandre était souple, *pliant*, plein de complaisance pour les grands, toujours disposé à leur faire sa cour. » Roll. « Les herbes sont d'une substance *pliante* et molle. » Bern.

PLIER, PLOYER, COURBER, FLÉCHIR. Agir sur un corps droit et le modifier de façon qu'il ne reste pas tel.

Plier marque la plus grande modification, car c'est mettre en *pli*, par *plis* ou en double, c'est, en joignant les deux bouts de la chose, faire de cette chose deux parties, non séparées pourtant, qu'on rabat et qu'on *applique* l'une sur l'autre : *plier* du linge, *plier* une lettre. *Ployer*, dont le radical est le même, ne diffère souvent de *plier* qu'en ce qu'il se dit plutôt en poésie et dans le style élevé. Il paraît toutefois, à la rigueur, avoir par rapport à *plier* une signification diminutive, en sorte qu'on rapproche seulement, au lieu de les joindre, les bouts de la chose qu'on *ploie*. En marchant vous *ployez* le genou ; vous ne le *pliez* que dans une génuflexion profonde.

Courber ne saurait être confondu avec *plier*, pas plus que la *courbure* avec le *pli* : on *plie* à plat et jusqu'à *application*, on *courbe* en arc, en voûte, et sans aller jusqu'à faire toucher les extrémités. Mais *courber* semble étroitement synonyme de *ployer*. Il y a cependant encore à choisir entre l'un et l'autre.

D'abord *ployer* s'emploie seul dans le sens neutre, au moins pour l'ordinaire : on dit d'une personne qu'elle *ploie*, et non pas qu'elle *courbe* sous le faix. Ensuite on *ploie* des choses susceptibles d'être *pliées*, mais qu'on ne *plie* pas tout à fait, comme le genou, ou qu'on met en rond pour les arranger, comme une serviette ou des voiles. On *courbe* des choses qui ne sont pas de nature à être *pliées*, comme le dos, les épaules, et dans aucun cas ce qu'on *courbe* ne va jusqu'à former un rond ou un cercle entier.

Fléchir, à son tour, dit moins que *courber* lui-même et ne convient qu'à l'égard des choses très-roides. « La plupart des os sont d'une substance sèche et dure, incapable de se *courber*, et qui peut être cassée plutôt que *fléchie*. » Boss. *Fléchie*, c'est-à-dire *courbée* tant soit peu. Une poutre qui *fléchit* commence à se *courber*. D'ailleurs, *fléchir*, du latin *flectere*, ne s'emploie guère au propre dans le sens actif qu'en termes de sciences, d'anatomie particulièrement. « Cela doit changer la position des pôles magnétiques sur le globe et *fléchir* en même temps la direction de l'aimant. » Buff. Le muscle qui *fléchit* la première phalange du petit doigt (Acad.); les muscles *fléchisseurs* du bras (Acad.). Son plus grand usage est au figuré. Ainsi *fléchir* les genoux emporte toujours l'idée morale de témoigner à quelqu'un, en pliant les genoux devant lui, et, par extension, de toute autre manière, du respect ou de l'adoration. « *Fléchir* le genou est chez nous un signe de culte bien plus fort que de baiser simplement la main pour saluer. » Fén. Corneille dit en parlant de la conduite de Mardochée à l'égard d'Aman :

Un Juif voit tant d'orgueil sans *fléchir* les genoux.

Sénat, au nom du souverain,
Tu proclamas la république.
Les rois *fléchirent* les genoux. Chén.

POIGNARD, DAGUE. L'Académie dit de la *dague* que c'est une espèce de *poignard*, et elle définit le *poignard* : une sorte d'arme destinée à frapper de la pointe et beaucoup plus courte qu'une épée. Lesage, dans l'endroit du *Diable boiteux* où il raconte l'histoire de doña Emerenciana, emploie les deux mots comme synonymes. Rollin en use de même en parlant des gladiateurs, auxquels il donne pour armes « une espèce de *dague*, de *poignard*, avec une rondache ».

Qu'il y ait, ou plutôt qu'il y ait eu, entre la *dague* et le *poignard*, des différences de forme ou de grosseur, qui, du reste, ont pu varier suivant le temps et les lieux, ce n'est pas ce qu'il importe le plus de savoir quand on se place, comme ici, au point de vue général de la langue commune.

La *dague* est une arme depuis longtemps abandonnée, mais on fait encore usage du *poignard*. Il en est de même des mots qui les désignent. Tandis que *poignard*, comme *poignarder*, se dit continuellement, *dague*, comme *daguer*, est un mot, sinon totalement désusité, au moins extrêmement rare, même dans le style comique, où il paraît avoir été relégué. Il se trouve dans le *Ragotin* de Lafontaine. Molière l'a aussi employé dans l'*Étourdi*; mais, en le mettant avec les mots de *mousquet* et de *flèche*, il indique clairement que c'est le nom d'une arme dont on ne se sert plus aujourd'hui. Il représente entre deux vieilles femmes égyptiennes un combat furieux,

Qui pour armes pourtant, mousquets, *dagues* ou
flèches,
Ne faisait voir en l'air que quatre griffes sèches.

Mais, si la *dague* est vieille et son nom à peu près hors d'usage, elle n'est pas odieuse comme le *poignard*, arme clandestine, instrument de vengeance et de trahison avec lequel on attaque dans les ténèbres une personne qui ne peut se défendre. C'est pour cela que Beaumarchais, dans ses *Mémoires*, se représente armé contre Goëzman non-seulement d'une épée pour se défendre, mais encore d'une *dague* (et non d'un *poignard*) pour attaquer. « Et dans ce combat à outrance, où il faut qu'un des deux périsse, des gens légers me blâment d'oser unir la *dague* à l'épée contre un ennemi sans pudeur qui me poursuit avec la flamme et le fer. » La *dague* n'a jamais été une arme qu'on cachât ; les chevaliers et les gens d'armes la portaient à la ceinture. C'était, dit Feydel, et d'après l'exemple cité de Beaumarchais, une arme de secours dans le combat à l'épée, comme l'épée était une arme de secours dans le combat à la lance.

POINTU, AIGU. Qui va en s'apetissant jusqu'à l'extrémité ou vers l'extrémité.

Pointu, qui se termine en *pointe*, dit moins. Pour qu'une chose soit *pointue* il suffit qu'elle se termine par une cime arrondie, en pain de sucre ou en pyramide : chapeau *pointu*, menton ou nez *pointu*, souliers *pointus*. Mais pour qu'une chose soit *aiguë*, il faut qu'elle soit très-*pointue* et par conséquent propre à pénétrer : une flèche *aiguë*. « La taupe naît avec un museau si *pointu* et si *aiguisé* qu'elle perce en un moment le terrain le plus dur pour se faire une retraite souterraine. » Fén.

Toutefois *pointu* s'emploie aussi le plus souvent dans l'acception d'*aigu*, pour qualifier quelque chose qui pénètre ou s'insinue aisément. Mais il reste alors entre les deux mots une différence encore assez notable.

La chose *pointue* perce, fait un trou, entre par un seul point, comme une épine ou une alène. La chose *aiguë* entre par plusieurs points, coupe au lieu de percer ou en même temps qu'elle perce. « Nous disons que d'être *aigu* dans un couteau est la cause de ce qu'il coupe. » Boss. « Devenus plus industrieux, on peut croire que les premiers hommes avec des pierres *aiguës* et des bâtons *pointus* commencèrent par cultiver quelques légumes. » J. J. Les dents des animaux carnivores sont *pointues*, ce sont des espèces de tarières (J. J.); mais les dents du requin sont « tranchantes sur les côtés, *aiguës* et taillées comme des lancettes. » Bern. De même la plupart des oiseaux ont le bec *pointu* ; mais les perroquets l'ont *aigu*, tranchant sur les côtés et courbé comme les mordants d'une tenaille (Id.). — A proprement parler, un clou et un dard sont *pointus*, mais une lame de couteau est *aiguë*, des ongles, des coins de fer sont *aigus*.

POPULACE, CANAILLE, RACAILLE. Termes de mépris dont on se sert pour désigner la dernière classe ou une partie de la dernière classe de la société.

Il y a de l'un à l'autre une gradation sensible : *populace* est moins injurieux que *canaille*, qui, de son côté, l'est moins encore que *racaille*.

La *populace* est le bas peuple, ce qu'il y a dans la société de moins distingué, de moins considéré ou de plus obscur, ce qu'on oppose aux grands. « Il y a le peuple qui est opposé aux grands, c'est la *populace* et la multitude. » Labr. « La religion n'ordonne pas aux princes la pauvreté et la simplicité de ceux qui vivent au fond des champs et de la plus obscure *populace*. » Mass.

— La *canaille* est une vile *populace*, une *populace* sans probité et sans honneur : aussi oppose-t-on d'ordinaire la *canaille* aux honnêtes gens. « Le danger de Milon était réel, à ne considérer même que la *canaille* attachée à la mémoire de Clodius.... Pendant que M. Marcellus interrogeait...., il s'éleva de la part de cette vile *populace* une clameur effroyable. » Roll. « Un coupable puni est un exemple pour la *canaille*; un innocent condamné est l'affaire de tous les honnêtes gens. » Labr. « L'égalité de Londres est l'égalité des honnêtes gens, en quoi elle diffère de la liberté de la Hollande, qui est la liberté de la *canaille*. » Montesq. — *Racaille* signifie quelque chose de plus abject encore, la lie de la société, ce qui sort de ses égouts, ce qu'elle a de plus méprisable. On lit dans une traduction du *Jules César* de Shakespeare par Voltaire : « A ce dernier refus (de César de prendre la couronne), la *canaille* a poussé de si hauts cris et a battu de ses vilaines mains avec tant de fracas, et a tant jeté en l'air ses sales bonnets, et a laissé échapper tant de bouffées de sa puante haleine, que César en a été presque étouffé ; et, pour ma part, je n'osais rire, de peur qu'en ouvrant ma bouche je ne reçusse le mauvais air infecté par la *racaille*. »

D'ailleurs, la *populace*, la *canaille* et la *racaille* se distinguent chacune par un défaut particulier.

La *populace*, de *populus*, peuple, et de la terminaison *ace*, imitée du latin *ax* (*vorax, rapax, loquax*), qui marque passion, acharnement, paraît être surtout le peuple en fureur.

Quand il fallait calmer toute une *populace*,
Le sénat n'épargnait promesse ni menace. Corn.

« On eut bien de la peine à empêcher qu'Astarbé ne fût déchirée par le peuple en fureur... Mais Narbal la tira des mains de la *populace*. » Fén. « Dans les séditions populaires un homme qui saura ménager avec art les esprits de la *populace* irritée lui fera aisément tourner sa fureur contre ceux auxquels on pensait le moins. » Boss. « Quelque reste de *populace* mutinée. » Laroch. « Dans la crainte que la *populace* de Paris ne le massacrât dans sa fureur. » Staël. — L'idée propre de *canaille* (de *canis*, chien), c'est l'impudence, l'infamie, le manque de respect pour tout ce qui est honnête ou bien. « Suivant Xénophon, pour conserver la démocratie dans toute sa perfection, il est prudent d'aimer le désordre, et de ne pas réprimer l'insolence des affranchis et de la *canaille*. » Cond. Jésus-Christ fut livré aux insultes d'une soldatesque insolente, et « présenta sa face droite et immobile aux crachats de cette *canaille*. » Boss. « Il fut insulté par la *canaille*. » Acad.

DORANTE.
Suis-je fait en voleur ou bien en assassin?
CLITON.
Connaît-on à l'habit aujourd'hui la *canaille*?
Et n'est-il point, monsieur, à Paris de filous
Et de taille et de mine aussi bonnes que vous? Corn.

— *Racaille* a peut-être été formé de *raca*, terme d'injure que Jésus-Christ, dans saint Matthieu, nous défend d'employer contre notre frère, et qui veut dire insensé. Le fait est que par *racaille* on entend à la rigueur, non plus, comme par *canaille*, un tas de vauriens, mais un tas de crétins. « J'y ai trouvé seulement un peu à dire qu'il mette les sots poëtes si proche d'Apollon. La *racaille* poétique dont il parle est logée au pied et dans les marais du mont *Parnassien*. » BOIL.

Mais quoi! puis-je en mes vers, aiguisant un bon mot,
Affliger sans raison l'amour-propre d'un sot,
Des Cotins de mon temps poursuivre la *racaille*?
VOLT.

L'oiseau chasseur lui dit : Ton peu d'entendement
Me rend tout étonné. Vous n'êtes que *racaille*,
Gens grossiers, sans esprit, à qui l'on n'apprend rien.
LAF.

POSSIBLE, FAISABLE, PRATICABLE. Susceptible d'être réduit en actes ou réalisé, de passer à l'état de chose effective. Ce que vous dites est ou n'est pas *possible, faisable, praticable*.

Possible, qui peut être, du latin *posse*, pouvoir, est le terme général, et, de plus, il a cela de particulier, qu'il est passif, qu'il n'emporte pas nécessairement l'idée d'un agent, et qu'il se dit seul de ce qui peut arriver. Une chose est *possible*, quand rien n'empêche qu'elle soit. Éprouver tous les malheurs *possibles* (ACAD.) ; établissement *possible* (BERN.). « Devant les grands toutes les voies du crime s'aplanissent, et tout ce qui plaît est bientôt *possible*. » MASS. « Il y a dans l'histoire romaine des événements très-*possibles* qui sont très-peu vraisemblables. » VOLT.

Faisable, de *faire*, l'un des verbes français les plus communément usités, a, comme *faiseur*, un caractère de familiarité par lequel il se distingue suffisamment de ses deux synonymes. « Il faut lui prouver (à la bonne de votre enfant) que la chose est *faisable* et qu'elle ne l'est que par les moyens que vous proposez. » J. J. « Quand je veux rêver agréablement, c'est la première chose qui se présente à moi que ces jolis châteaux; en reculant un peu celui-ci, il ne sera plus en Espagne; et le tour que vous proposez est si joli et si *faisable*, que je m'en vais emporter cette idée en Bretagne! » SÉV. « La proposition que vous croyez si *faisable* est la plus grande chimère du monde. » BOSS. « Non, madame, je ne saurais; votre commission n'est pas *faisable*. » MARIV.

C'est un avis d'un gain inconcevable,
Et que du premier mot on trouvera *faisable*. MOL.
Vous destiniez Ariste à votre belle-fille,
Cela n'est plus *faisable*.... DEST.

De son côté, d'ailleurs, *praticable* a aussi sa nuance propre et caractéristique. Cela seul est *praticable* qui peut être mis en *pratique* ou en usage, c'est-à-dire exécuté ou réalisé, non pas une fois comme ce qui est *faisable*, mais d'une manière suivie, habituellement. A ce mot est attachée une idée particulière de répétition ou de fréquence. Un mariage ou une affaire est *faisable*; un régime, un système de conduite ou d'éducation est *praticable*. Ou bien *praticable*, qui sert spécialement à qualifier un chemin par où on peut passer, convient particulièrement aussi à l'égard de tout ce qui mène à un but, comme voie, moyen, expédient. « Je veux bien rechercher si cet expédient est *praticable* avec quelque espoir de succès. » J. J.

POTAGE, SOUPE. Ce sont deux noms d'un mets fait de bouillon et de quelques autres substances alimentaires.

Mal définis par l'Académie, ils ont été savamment distingués par Génin dans son livre *Des variations du langage français*.

Potage, de *potus*, boisson, donne l'idée d'un mets liquide, porte l'attention sur le bouillon seul, et laisse dans l'ignorance sur la nature de l'autre élément qui peut être ou du riz, du gruau, du tapioka, de la purée, des légumes ou quelque autre chose semblable. Ducange définit *potagium* par *potio quævis*, un breuvage quelconque, et *potage* par *jus* ou *jusculum*, bouillon, jus. D'où il suit que *potage* exprime un genre de mets dont il peut y avoir bien des espèces en raison des différentes substances qu'on a coutume d'ajouter au bouillon. « Cliton dit les entrées qui ont été servies au dernier repas où il s'est trouvé, il dit combien il y a eu de *potages* et quels *potages*. » LABR.

Soupe, au contraire, fait penser uniquement à la substance ajoutée au liquide, et il indique toujours la même, savoir du pain; en sorte que la *soupe* est proprement un *potage* au pain. Cela est si vrai que, d'un autre côté et même primitivement, *soupe*, espagnol *sopa*, signifie la tranche de pain qu'on met dans l'espèce de *potage* appelée, par suite, du nom de *soupe* : c'est ce qui fait qu'on dit bien tailler la *soupe*, tremper la *soupe*, trempé, mouillé, ivre comme une *soupe*. » On nous régala d'une *soupe* pareille à celle qu'on a coutume de donner aux chiens pour leur conserver le nez. Le bouillon en était tout clair, et l'on y voyait flotter des croûtes de pain moisi. » LES. Rabelais dit de Gargantua enfant que « ses mains lavoyt de *potaige*, et faisoit de tel pain *souppe* ».

Une autre différence, tout aussi généralement observée, tient à ce que le *potage* au pain est un des plus communs : la *soupe* n'est pas quelque chose d'aussi délicat et d'aussi relevé que le *potage*. Une *soupe* de cabaret (J. J.); *soupe* économique (ACAD.) ; la *soupe* fait le soldat (ACAD.) ; venez manger ma *soupe*, dit-on familièrement et sans façon à quelqu'un. Un bon *potage* est exquis ou fait avec talent; une bonne *soupe* est plantureuse. On vit de bonne *soupe*; on est habile à faire un bon *potage*.

Je veux de bonne *soupe*, et non de beau langage.
Vaugelas n'apprend point à faire un bon *potage*. MOL.

1° **POUPON, BAMBIN, POPULO**; — 2° **GAMIN, GALOPIN, POLISSON**; — 3° **MARMOT, MOUTARD**. Termes familiers qui servent à désigner différentes sortes d'enfants ou l'enfant considéré sous différents points de vue.

1° *Poupon, bambin, populo*. — Le *poupon*, le *bambin* et le *populo* appartiennent au premier âge ; ils débutent dans la vie et sont encore bien éloignés du temps où ils mériteront d'être appelés des hommes.

Mais ce caractère est plus remarquable dans le *poupon* que dans *bambin* et le *populo*. Le *poupon* est nouvellement né; emmailloté jusqu'au cou, immobile des bras et des jambes, au moins des jambes, il ressemble à ces grosses *poupées* qui ne sont pour ainsi dire que tête et joues. Il vit dans le berceau, et ne le quitte que pour teter ou pour être porté dans les bras de sa nourrice. « Le roi rit beaucoup de Mme l'abbesse et de son *poupon*, que, pour se mieux cacher, elle était venue pondre en pleine hôtellerie au milieu de la cour. » S. S. « Ah! nourrice, je voudrais bien être le petit *poupon* fortuné qui tétât le lait de vos bonnes grâces. » Mol. « Une charge non moins vraie serait de représenter le cardinal dans le berceau, et le pape caressant le *poupon*. » Bach.

> Vous avez fait des *poupons* le héros....
> C'est, ce dit-on, la meilleure cervelle
> De nourrisson qui soit sous le soleil :
> Pour bien teter il n'a pas son pareil. Laf.

> Ne permettre point qu'une femme
> Mette au jour un petit *poupon*
> Sans accoucher après madame
> D'un petit poëme avorton. Del.

Il se peut même que le *poupon* n'ait pas encore vu le jour. La Fontaine écrit à une dame qui avait accouché avant terme :

> Dites-nous s'il devait être fille ou garçon,
> Et si c'est d'un Amour, ou si c'est d'une Grâce
> Que vous avez perdu l'étoffe et la façon,
> A quelqu'autre *poupon* laissant libre la place.

Le *bambin*, italien *bambino*, du grec βαμβαίνειν, bégayer, ne fait encore que bégayer, que prononcer peu distinctement. Mais enfin il s'essaye déjà à babiller. Il est par conséquent parvenu à cette époque de l'enfance où on commence à marcher, à se donner divers mouvements, à folâtrer, à se livrer à toutes sortes de jeux bruyants. « Ensuite, le titre de *chik*, de *graf*, de *seigneur*, de *comte*, a été donné à des enfants, et les Allemands appellent un *bambin* de quatre ans *monsieur le comte*, c'est-à-dire *monsieur le vieux*. » Volt. « Je serais bien plus à mon aise devant un monarque d'Asie que devant un *bambin* qu'il faut faire habiller. » J. J. « Je ne crois pas que jamais homme ait plus aimé que moi à voir de petits *bambins* folâtrer et jouer ensemble. » Id.

Le *populo* a déjà quelques années comme le *bambin*. Sous ce rapport ils se ressemblent tout à fait. Mais le *populo* semble être d'une classe plus commune : c'est moins par son babil et la gentillesse de ses manières qu'il se distingue que par son embonpoint, que par une grosse face jouflue et réjouie. En outre, *populo* ne se dit presque pas, même parmi le peuple, et il s'écrit encore moins, on le trouverait difficilement ailleurs que dans les dictionnaires.

2° *Gamin*, *galopin*, *polisson*. — Le *gamin*, le *galopin* et le *polisson* sont déjà grands ; ils touchent à l'adolescence ; ce sont, ou peu s'en faut, des jeunes gens, mais des jeunes gens conçus et représentés sous un jour peu favorable.

Le *gamin*, du verbe anglais *game*, jouer, a la passion du jeu. Le *galopin*, du verbe français *galoper*, court les rues, bat le pavé du matin au soir. Autant le premier a de répugnance pour le travail, autant l'autre se déplaît à la maison. Rieur, léger, original, insouciant, s'amusant de tout et amusant les autres par les niches et les farces qu'il fait, le *gamin* est proprement l'enfant espiègle. Il a d'ailleurs le cœur bon et généreux : il reconnaît aisément ses torts et rend volontiers service. Aussi excuse-t-on ordinairement ses étourderies qui se corrigeront avec le temps et par l'éducation. De son côté, le *galopin* est l'enfant des rues. Il semble se multiplier : on le rencontre partout, dans les places et les promenades, arrêté devant les boutiques ou regardant les bateleurs ; il assiste aux courses, aux parades, aux revues, aux exécutions. C'est parmi les enfants d'un certain âge le flâneur par excellence.

Quant au *polisson*, il diffère encore plus du *gamin* et du *galopin* que ceux-ci ne diffèrent entre eux. *Polisson*, gibier *de police*, ou bien impertinent, impudent, libertin, comme on l'est à la ville (πόλις), se prend en bien plus mauvaise part. Le *polisson* n'est pas seulement un espiègle ou un vagabond : c'est un petit bandit, un petit mauvais sujet, malpropre, mal vêtu, mal peigné, encore plus mal-appris, indisciplinable, insolent, apostrophant les passants, leur disant des sottises ou leur jetant des pierres, hargneux, toujours prêt à en venir aux mains. Il prend plaisir à faire le mal pour le mal ; les niches ou les farces qu'il fait ne sont pas des malices, mais des méchancetés. C'est tout au moins un enfant dangereux dont il faut surveiller les instincts et réformer les habitudes.

3° *Marmot*, *moutard*. — Le *marmot* et le *moutard* n'ont rien qui les distingue sous le rapport de l'âge. Ce qui les distingue, c'est le peu de cas qu'on fait d'eux, c'est l'air de supériorité et de dérision que prennent à leur égard ceux qui les appellent ainsi.

Pour le *marmot* ce caractère est évident et résulte de l'étymologie du mot. *Marmot*, de μορμώ, masque, désigne primitivement une certaine espèce de singe, puis un *marmouset*, une petite figure bizarre et grotesque. Quand on s'en sert en parlant d'un enfant, on représente celui-ci comme ayant une vilaine mine, comme quelque chose de risible, ou, par extension, comme quelque chose de chétif qui n'a point de valeur ou d'importance, et à quoi il ne faut faire aucune attention. Aussi de *marmot* a-t-on formé *marmaille*, terme de dédain. « Quand tu aurais planté là pour huit jours ton mari, ton ménage et tes *marmots*, ne dirait-on pas que tout eût été perdu ? » J. J.

> Il n'est hobereau qui ne fasse
> Contre nous (loups) tels bans publier ;
> Il n'est *marmot* osant crier
> Que du loup aussitôt sa mère ne menace. Laf.
> Que vous jouez au monde un petit personnage
> De vous claquemurer aux choses du ménage,
> Et de n'entrevoir point de plaisirs plus touchants
> Qu'un idole d'époux et des *marmots* d'enfants ! Mol.

Moutard, d'une origine incertaine, est un terme populaire et de création toute récente, qui ne figure point encore dans le dictionnaire de l'Académie. Cela seul suffit pour empêcher qu'on le confonde avec *marmot*, dont le sens paraît être exactement le même, mais qui est consacré par l'usage dans la meilleure littérature, et qui convient dans toutes les bouches.

PRÉDICATEUR, PRÊCHEUR. Celui qui prêche, qui annonce en chaire la parole de Dieu.

Prédicateur est le latin *prædicator*, de même signification ; mais *prêcheur* a été formé du verbe français *prêcher*.... D'où il suit que *prêcheur*, d'une origine vulgaire, est familier et désigne une espèce de *prédicateur*, s'applique à quelqu'un dont on dit en riant ou par moquerie qu'il prêche, qu'il fait ou qu'il a fait un sermon, un discours ennuyeux et importun. Christine de Suède passant par Vienne fut haranguée par M. de Boissat, qui lui fit un sermon au lieu d'un compliment, et la reine dit en se retirant : « Ce n'est point là ce Boissat que je connais ; c'est un *prêcheur* qui emprunte son nom. » D'OL. Dans sa satire contre les philosophes du dix-huitième siècle, le poëte Gilbert leur donne le nom de *prêcheurs* :

Mais de l'humanité maudits missionnaires,
Pour leurs tristes lecteurs ces *prêcheurs* n'en ont guères.

Pareillement, dans Lafontaine, le pêcheur répond aux représentations du petit poisson, qu'il vient de prendre, en disant :

Poisson, mon bel ami, qui faites le *prêcheur*,
Vous irez dans la poêle.

PRÉFACE, DISCOURS PRÉLIMINAIRE, AVANT-PROPOS, PRÉAMBULE ;—AVERTISSEMENT, AVIS ;— PROLOGUE, PROLÉGOMÈNES.
C'est quelque chose qui est mis à la tête d'un écrit pour y préparer le lecteur.

Préface, latin *præfatio*, ce qui se dit d'abord, est de tous ces mots celui qui exprime l'idée commune de la manière la plus générale et la plus simple. Il n'est d'aucun style en particulier et ne se prend essentiellement ni en bonne ni en mauvaise part. Il signifie quelque chose qui peut être long ou court, d'un ordre relevé ou vulgaire, quelque chose qui peut se trouver placé à la tête de toute sorte d'écrits et avoir avec la matière qui y est traitée toutes sortes de rapports. C'est le terme dont on se sert quand on parle en général de l'habitude où sont les auteurs de commencer leurs livres par ces espèces de hors-d'œuvre. Quant aux choses dont il peut être question dans les *préfaces*, elles sont d'une grande variété : on s'y occupe de tout ce qui regarde l'écrit ou l'écrivain, le sujet, son importance, la manière dont il a été ou dont il doit être envisagé, le dessein de l'auteur, les difficultés qu'il a eues à vaincre et les attaques dont il a été l'objet. Pour l'ordinaire on y parle trop de soi ; c'est là l'écueil.

Le *discours préliminaire*, discours tenu devant le seuil (*præ limen*), est une préface étendue, considérable, contenant des notions ou des explications nécessaires pour passer outre et qui servent comme d'initiation au lecteur. C'est quelque chose à quoi nous donnons aujourd'hui le nom un peu moins solennel d'*introduction*. L'*Essai sur les mœurs* de Voltaire, est précédé de considérations générales dont l'ensemble est appelé par l'auteur lui-même tantôt *introduction*, tantôt *discours préliminaire*. Le plus célèbre des *discours préliminaires* est celui de l'*Encyclopédie* par d'Alembert. C'est aussi par des *discours préliminaires* que commencent le *Traité des études* de Rollin, l'*Histoire des révolutions romaines* de Vertot, et l'ouvrage de Mme de Staël intitulé *De la littérature*. En soi *discours préliminaire* est une expression distinguée et qui ne se prend guère qu'en bonne part. « Le *discours préliminaire* qui est à la tête des *Institutions de physique* de Mme du Châtelet est un chef-d'œuvre de raison et d'éloquence. » VOLT. « Les *discours préliminaires* des annales de la Suisse (par Müller) sont des chefs-d'œuvre d'éloquence. » STAËL.

L'*avant-propos*, propos tenu avant, diffère naturellement du *discours préliminaire* comme le *propos* du *discours*. D'abord il est moins long : ce n'est pas une espèce de harangue, il ne consiste qu'en quelques mots comme ce qui se dit en conversation. Le livre de Mme de Staël qui a pour titre *De l'influence des passions* commence par un très-court *avant-propos* que suit une longue *introduction*. Après le *discours préliminaire*, qui est très-étendu et divisé en deux parties, le *Traité des études* présente à la tête du premier livre un *avant-propos* composé de quelques phrases seulement. Il faut que l'*avant-propos* soit susceptible d'une bien grande brièveté pour que Marmontel ait pu dire : « L'épigramme a un *avant-propos* qui excite l'attention, et une solution imprévue qui décide l'incertitude. » Mais le caractère le plus distinctif d'*avant-propos*, qui signifie proprement une *préface* de ou en conversation, c'est qu'il se prend assez souvent en mauvaise part, auquel cas, loin d'exclure la longueur, il peut supposer une longueur excessive. « Entrons d'abord en notre matière ; elle est si haute et si importante qu'elle ne me permet pas de perdre le temps à vous faire des *avant-propos* superflus. » Boss. Dans une petite préface qui précède la *Mort de Pompée*, Corneille s'adressant au lecteur lui dit en commençant : « Si je voulais te donner le texte ou l'abrégé des auteurs dont cette histoire est tirée, je ferais un *avant-propos* dix fois plus long que mon poëme. »

Le *préambule*, de *præ ambulare*, marcher devant, aller avant les autres pour disposer à les bien recevoir, a cela de propre que son but est toujours de se rendre le lecteur favorable, de le gagner, et non de l'instruire. En cela il ressemble tout à fait à l'exorde. « Les jésuites ont bien vu que l'acte de protestation de nullité que M. Arnauld avait fait de leur censure, dès avant qu'elle fût conclue, serait un mauvais *préambule* pour la faire recevoir favorablement. » PASC. *Préambule* se dit surtout en parlant de lois, d'édits et d'ordonnances, et désigne une courte préface dont on les fait précéder et dans laquelle on s'efforce de les faire paraître justes. « Platon regarde comme une précaution très-importante de mettre toujours à la tête des édits un *préambule* raisonné qui en montre la justice et l'utilité. » J. J. « Les *préambules* des édits de Louis XIV furent plus insupportables aux peuples que les édits mêmes. » MONTESQ. « Dans le *préambule* de la charte, il était dit que l'autorité tout entière résidait dans la personne du roi, mais que souvent l'exercice en avait été modifié par les monarques prédécesseurs de Louis XVIII. » STAËL.

Les *avertissements* et les *avis* sont de petites

préfaces relatives à des points particuliers qu'on signale spécialement à l'attention du lecteur. Au commencement de l'*Esprit des lois* se trouve une *préface* qui se rapporte à tout l'ouvrage, puis un *avertissement* sur ce qu'il faut observer pour bien entendre les quatre premiers livres. De même, outre une longue *préface* et un *avant-propos* moins long, mais également consacré à des généralités, l'*Histoire ancienne* de Rollin présente d'abord plusieurs *avertissements* que l'auteur avait mis à la tête de divers tomes de l'édition primitive à mesure qu'il les publiait. Un autre caractère bien remarquable de l'*avertissement* et de l'*avis*, c'est qu'ils peuvent être de l'éditeur, et non pas de l'auteur lui-même.

Du reste, ils diffèrent aussi l'un de l'autre. L'*avertissement avertit*, invite à réfléchir sur quelque partie de sujet auquel il se rapporte toujours. « Je pardonnerais à l'auteur de la *Recherche de la vérité* qu'il ait pris le mot d'*idée* dans des sens très-différents, pourvu au moins que, dans les *avertissements* qu'il y a joints à la quatrième édition, il eût pris soin de les bien marquer, et d'en donner des notions bien distinctes. » Arn. Mais l'*avis* donne *avis*, donne des détails purement bibliographiques, étrangers au sujet, apprend des faits. L'*avis* placé au commencement de la Logique de Port-Royal fait connaître à quelle occasion elle a été composée. Dans l'*avis* des éditeurs qui a été fait par Voltaire lui-même pour son *Essai sur les mœurs*, il parle surtout des fautes typographiques dont l'introduction a été purgée dans la dernière édition et des lacunes qui y ont été remplies d'après le manuscrit original. Les *Considérations sur les principaux événements de la révolution française* par Mme de Staël sont précédées d'un *avis* et d'un *avertissement* : dans l'*avis* des éditeurs rendent compte de l'état où ils ont trouvé le manuscrit remis à leurs soins, et dans l'*avertissement* l'auteur prévient que, malgré la généralité du titre, le livre se rapporte particulièrement aux actes et aux écrits politiques de son père.

Prologue et *prolégomènes* sont grecs. Aussi n'appartiennent-ils pas à la langue commune.

Prologue se dit d'abord à l'égard de certains traités théologiques ou de codes publiés dans les premiers siècles du christianisme ou tout au moins avant la Renaissance. « Saint Jérôme dans ses *prologues* sur les livres de la Bible ; le *prologue* de la loi salique. » Acad. « Le *prologue* d'un des opuscules de saint Thomas contre les erreurs des Grecs. » Boss. « Le *prologue* de la loi de Gondebaud. » Montesq. Mais en ce sens *prologue* est un archaïsme ; il signifie plus ordinairement la même chose que le grec πρόλογος, savoir une courte préface qui sert comme de prélude à une pièce dramatique : les *prologues* de Térence (Rac.), les *prologues* de Quinault (Volt.), le *prologue* de l'*Amphitryon* de Molière (Marm.), le *prologue* de *Tarare* de Beaumarchais (Staël). Les *Éléments de littérature* de Marmontel contiennent un article sur le *prologue*. Il y est dit, entre autres choses, que dans nos anciens théâtres français le *prologue* était fort en usage, et que l'emploi du mot a été étendu à d'autres poëmes ; que Lucrèce a orné de *prologues* le frontispice de tous ses livres ; que l'Arioste en a égayé ses chants, et que Lafontaine a joint de petits *prologues* à quelques-uns de ses contes.

Prolégomènes est didactique, et non pas littéraire ou même poétique comme *prologue*. On appelle de ce nom une réunion ou suite de notions préliminaires par lesquelles on débute dans l'enseignement d'une science. « Il ne reste plus qu'à rendre raison pourquoi on a omis grand nombre de questions qu'on trouve dans les logiques ordinaires, comme celles qu'on traite dans les *prolégomènes*, l'universel *à parte rei*, les relations.... » P. R. « C'est à quoi je réduis l'étude des préliminaires, ou, si vous le voulez, des *prolégomènes* de la jurisprudence. » D'Ag. Les *prolégomènes* du livre que Grotius a fait sur le droit. » Id. « Les deux premiers livres des *Institutions oratoires* de Quintilien sont comme les *prolégomènes* de l'ouvrage. » Lah.

Le *prologue* est plus ou moins beau, ou plus ou moins spirituel ; les *prolégomènes* sont plus ou moins instructifs, plus ou moins savants.

PRÉMUNIR (SE), SE PRÉCAUTIONNER. Se mettre en mesure contre quelque chose de mauvais ou de dangereux dont on est menacé.

Se *prémunir*, du latin *præ munire*, fortifier d'avance, se dit proprement en terme de guerre, et, par extension, en parlant de quelque chose à l'égard de quoi il faut être fort, affermi, et pour ainsi dire inexpugnable. « Je voudrais prendre des mesures justes pour garder les côtes d'Espagne, et pour se *prémunir* du côté du Portugal, où il pourrait y avoir des changements et des surprises. » Fén. « Je vous gardais moi-même, et je n'avais pas besoin de vous *prémunir* contre les persécutions qui vous devaient arriver après ma retraite. » Boss. « Elles doivent bien consulter leurs confesseurs sur leurs inclinations naturelles les plus dangereuses et sur les occasions les plus funestes auxquelles elles peuvent être exposées, afin de se *prémunir* et de se fortifier contre tant d'assauts qu'elles auront à soutenir. » Maint.

Se *précautionner*, de *præ cavere*, être, se mettre ou se tenir en garde, suppose plutôt quelque chose qui demande qu'on emploie, pour y échapper, une prudence habile ou de la finesse. Au lieu qu'on se *prémunit* contre les attaques, c'est contre des pièges qu'on se *précautionne*. « Quoique Pygmalion parût si rempli de confiance pour Astarbé, il ne laissait pas de se *précautionner* contre elle ; il la faisait toujours manger et boire avant lui de tout ce qui devait servir à son repas. » Fén. Je pourrais me garantir de la séduction des méchants....; je pourrais m'en donner de garde et me *précautionner* contre leurs artifices. » Mass. « Il est étrange de voir le soin avec lequel nous nous *précautionnons* contre la mauvaise foi des hommes à notre égard.... Nous sommes vigilants et attentifs pour empêcher que ceux qui traitent avec nous ne nous fassent le moindre tort. » Bourd.

PRESTIGE, ILLUSION. L'Académie définit *prestige* par *illusion*, et *illusion*, suivant elle, est une apparence trompeuse. Y a-t-il donc égalité de sens entre les deux mots ?

Non, tant s'en faut. *Prestige* est objectif et représente la chose artificieusement disposée ou son apparence; *illusion* est subjectif et exprime l'effet produit dans l'âme du spectateur par cette disposition ou cette apparence. De là il vient que *prestige* est synonyme de sortilége, de charme, de faux prodige, et *illusion* synonyme d'erreur. « L'erreur de l'*illusion* a plusieurs causes : les *prestiges* de l'éloquence, la pompe ou l'élégance de l'elocution.... » MARM. « Au théâtre, où le *prestige* poétique a tant de force et de charmes, non-seulement l'*illusion* n'est pas entière, mais elle ne doit pas l'être. » ID. « C'est par les *prestiges* de cette espèce de magie que les peintres font *illusion* aux sens. » ROLL. « Racine sentit qu'il ferait *illusion* par le *prestige* de son art admirable. » VOLT. Quand le *prestige* disparaît, l'*illusion* cesse (J. J.). « Le moment où l'on perd les *illusions*, les passions de la jeunesse, laisse souvent des regrets; mais quelquefois on hait le *prestige* qui nous a trompé : c'est Armide qui brûle et détruit le palais où elle fut enchantée. » CHAMP.

Ou bien encore, le *prestige*, étant objectif, est toujours extérieur, dépend toujours des choses et de leur arrangement, au lieu que l'*illusion*, subjective de sa nature, est quelquefois volontaire, ou tout au moins admet et suppose l'intervention du sujet, de l'imagination, des sens, des passions. Aussi dit-on mon *illusion* et non pas mon *prestige*. « Je ne vis plus qu'erreur et folie dans la doctrine de nos sages, qu'oppression et misère dans notre ordre social. Dans l'*illusion* de mon sot orgueil, je me crus fait pour dissiper tous ces *prestiges*. » J. J. Il faut également nous mettre en garde contre les *prestiges* de magie par lesquels l'optique et la mécanique abusent nos sens, et contre les *illusions* qui résultent de nos inductions fausses (ID.).

PRESTIGE, SORTILÉGE. Faux miracle, opération qui semble tenir du prodige. Croire aux *prestiges* et aux *sortiléges* (VOLT.). « Il est impossible aux sens humains de discerner un *prestige* d'un miracle. » J. J. « Il n'y a de faux miracles, de *sortiléges*, que parce qu'il y en a de vrais. » PASC.

Les *prestiges* sont proprement des artifices ou des tours de passe-passe, selon la signification du mot latin *præstigiæ*, d'où *præstigiator*, escamoteur. Les *sortiléges* sont des actes de sorcellerie, des effets d'une puissance occulte et mystérieuse employée à nuire, des maléfices.

En attribuant des *prestiges* aux magiciens de Pharaon, vous les représentez comme des charlatans et des imposteurs qui avaient l'art de faire illusion, de faire voir les choses tout autrement qu'elles n'étaient ; en leur attribuant des *sortiléges*, vous donnez à entendre qu'ils étaient en relation avec les malins esprits et qu'ils tenaient d'eux la faculté de mal faire par sorcellerie ou en jetant des sorts.

En général, l'idée d'une grande habileté, sans rien pourtant qui sorte de l'ordre naturel, et sans rien de méchant ou de funeste, s'attache au mot *prestige*. « Le *prestige* de l'art, c'est de cacher l'art même. » MARM. « Cela nous apprend quelle était (chez les Grecs) la force des *prestiges* de l'harmonie du style. » COND. « Ces *prestiges* de magie par lesquels l'optique et la mécanique abusent nos sens. » J. J. « Livrés aux attraits séducteurs de la poésie, nous nous munirons de force et de raison contre ses *prestiges*. » ID. « Racine sentit qu'il ferait illusion par le *prestige* de son art admirable. » VOLT. — Au contraire, le *sortilége*, comme le *sorcier*, est ou suppose quelque chose qui est toujours surnaturel et d'ordinaire malfaisant. « La prétendue église chinoise n'est qu'un amas confus d'athéisme, de politique et d'irréligion, d'idolâtrie, de magie, de divination et de *sortilége*. » Boss. « Les Anglais condamnèrent la princesse de Glocester à faire une amende honorable, et une de ses amies à être brûlée vive, sous prétexte de je ne sais quel *sortilége* employé contre la vie du roi. » VOLT. « M. de Luxembourg fut arrêté sur des soupçons de poison et de *sortiléges*. » BUSSY.

PRÊTRE, ECCLÉSIASTIQUE, CURÉ. Homme qui par état est chargé de l'exercice du culte public.

Prêtre et *ecclésiastique* se distinguent chacun par une sorte particulière de généralité. *Prêtre* est général en ce sens qu'il se dit aussi bien par rapport aux religions de l'antiquité, soit juive, soit païenne, qu'en parlant du christianisme. De son côté, *ecclésiastique*, dans son application à la religion chrétienne, la seule dont il soit susceptible, est général en ce sens qu'il s'étend à tous les hommes qui sont attachés à l'Église, qui font partie du clergé, haut ou bas, aux prélats, aux abbés, aux moines, aux religieux et religieuses de tous les ordres et aux simples séministes, tout comme aux prêtres proprement dits, à ceux des membres du clergé séculier qui disent la messe. *Curé*, au contraire, se fait remarquer par la grande spécialité de sa signification : le *curé* est un prêtre chrétien préposé à la direction spirituelle d'une paroisse comme un pasteur à la garde de son troupeau.

Mais, dans le langage ordinaire, on rapproche à tel point ces trois mots, qu'on semble les confondre : on s'en sert également pour désigner les ministres de Dieu dans la religion catholique en particulier. Cependant ils diffèrent même alors, et il faut en les employant avoir égard à la nuance caractéristique de chacun d'eux.

Comme les *prêtres* de l'antiquité formaient une classe, une tribu ou une caste considérable, sinon la plus considérable, et qu'ils avaient pour fonction essentielle celle de sacrificateur, aujourd'hui encore le nom de *prêtre* est un titre honorable, et ce qu'on regarde surtout dans le *prêtre*, c'est le pouvoir qu'il a d'offrir le saint sacrifice, de dire la messe, c'est qu'il est ministre de l'autel. « M. Necker leur recommandait le respect des propriétés, les égards pour les *prêtres* et les nobles. » STAËL. « Tous les fidèles, sans porter ce sacré caractère, comme le *prêtre* spécialement député de Dieu pour présenter le sacrifice, lui sont néanmoins associés dans cette importante fonction. » BOURD. A cette attribution principale du *prêtre* s'en joint une autre qui consiste à pouvoir ouïr les pénitents en confession et les absoudre. « Cette humble princesse se sentait dans son état naturel quand elle était comme pécheresse aux pieds d'un *prêtre*, y attendant la miséricorde et la sentence de Jésus-Christ. » Boss. — *Ecclésiastique*, homme d'Église, est relatif au point de vue extérieur de la condition : l'*ecclésiastique* appartient à une certaine classe sociale qui occupe tel ou tel rang, qui a ou doit avoir telles ou telles mœurs. On peut lire dans Massillon un discours « sur la manière dont les *ecclésiastiques* doivent converser avec les personnes du monde. » « Faut-il s'étonner si toutes les conditions du monde sont si aviliés, si l'on voit tant d'*ecclésiastiques* scandaleux, tant de juges corrompus? » Bourd. » Contribuez, non pas à vêtir les ministres de Jésus-Christ, à les meubler en *ecclésiastiques* mondains, mais en *ecclésiastiques* sages, humbles, retenus, ennemis d'une propreté affectée. » Id. — *Curé*, attaché à une *cure* (de *cura*, soin), emporte pour idée accessoire celle du soin avec lequel le chef d'une paroisse doit pourvoir aux besoins de son troupeau. « Je sens déchirer mes entrailles quand on vient m'annoncer que quelques malades dans une paroisse sont morts sans secours par la faute et la négligence du *curé*. » Mass. « D'ailleurs, *curé*, qui est déjà le moins vague de ces trois mots, a encore cela de propre qu'on l'emploie de préférence quand on parle du clergé de la campagne, de celui qui est en rapport avec le peuple. « Ces fêtes féroces se donnent dans les avenues des châteaux ou auprès des églises, sans que le seigneur ou le *curé* se mette en peine de s'y opposer : souvent celui-ci défend des danses aux jeunes filles, et il permet aux garçons de supplicier des oiseaux innocents. C'est ainsi que dans nos villes des *prêtres* chassent des églises les femmes qui s'y présentent en chapeaux.... » Bern. « On veut sans cesse confondre la richesse du haut clergé avec l'ascendant simple et naturel des *curés* sur les gens du peuple. » Staël.

PRÉVALOIR, L'EMPORTER. Avoir l'avantage, être supérieur.

Prévaloir, c'est valoir plus ; *l'emporter*, c'est peser plus.

Une chose *prévaut* sur une autre sans avoir à lui disputer l'avantage qu'elle a sur elle. « Philoclès était sans empressement et laissait Protésilas *prévaloir*. » Fén. *Prévaloir* suppose si peu concurrence et combat qu'il se dit bien quelquefois sans comparaison et absolument. « Cette opinion, loin de *prévaloir* parmi les Juifs, y a été détestée. » Boss. « L'ordre *prévaut* en tous les hommes. » Fén. « Monsieur, frère de Louis XIV, ne fit appeler tant qu'il put l'aînée de ses filles que Mademoiselle tout court. Mais jamais cela ne *prévalut*. » S. S. Mais une chose ne peut *l'emporter* sur une autre sans vaincre une résistance de la part de celle-ci, de même qu'un corps pour peser plus qu'un autre doit surmonter la résistance que lui oppose ce dernier, c'est-à-dire que *l'emporter* annonce un avantage *remporté*. « A la fin la patience romaine *l'emporte* : Annibal est vaincu.... » Boss. « Le seul Philoctète, dit Ulysse, me surpassait quand nous nous exercions sous les murs de Troie ; mais je crois *l'emporter* sur tous les autres hommes qui sont aujourd'hui sur la terre. » Fén. « Nous sommes le plus grand nombre (dans cette dispute); et, s'il est besoin, nous ferons venir tant de cordeliers, que nous *l'emporterons*. » Pasc. « Il *l'a emporté* sur ses concurrents. » Acad. — Si la faction de la Ligue avait *prévalu*, Henri IV ne serait connu aujourd'hui que comme un petit prince de Béarn.... Si Arius *l'*avait *emporté* sur Athanase, Athanase ne passerait aujourd'hui que pour un hérétique. » Volt.

Ainsi on *prévaut* sans résistance, sans lutte, d'emblée ; ce n'est qu'à la fin qu'on *l'emporte*, après avoir triomphé d'une opposition plus ou moins forte. Quand on prend un parti, la considération déterminante a *prévalu*, si on s'y est arrêté de prime abord, si elle a été faiblement combattue ; elle *l'a emporté* dans le cas contraire. Des raisons *prévalent* sans difficulté et du premier coup ; elles *l'emportent* enfin ou à la longue.

D'autre part, *prévaloir*, c'est proprement être supérieur en valeur, en prix, en considération, en vogue, en crédit, en estime, et *l'emporter*, c'est être supérieur en force, avoir le dessus. Une opinion *prévaut* sur une autre, les méchants *prévalent* sur les bons auprès des rois ; Charles-Quint *l'emporta* sur François I*er* son compétiteur à l'empire. Il faut que la vertu *prévale* sur le vice, c'est-à-dire soit plus en honneur ; il faut que la raison *l'emporte* sur les passions, c'est-à-dire soit plus puissante : à l'époque du déluge le vice *prévalait* sur la vertu, et le plaisir des sens *l'emportait* sur l'attrait du bien (Boss.).

Enfin, comme la valeur dépend de l'estime des hommes et est arbitraire par conséquent, *prévaloir* est propre à marquer un avantage d'opinion ; au lieu que *l'emporter*, par la raison contraire, signifiera plutôt un avantage réel. « Pourquoi son sentiment *prévaudra*-t-il au nôtre, puisque nous sommes deux contre lui seul, et que constamment du moins nous *l'emportons* par le nombre? » Boss. Labruyère dit du fleuriste : « Il ne livrerait pas pour mille écus l'oignon de sa tulipe, et il le donnera pour rien quand les tulipes seront négligées et que les œillets auront *prévalu*. » Ailleurs, parlant du vieux mot français *moult*, il avoue « qu'il ne voit pas par où *beaucoup l'emporte* sur lui. » En disant que Racine *l'emporte* sur Pradon, Voltaire sur Crébillon, ce n'est pas un simple fait qu'on prétend exprimer, une mode, quelque chose de contingent, mais bien quelque chose d'essentiel et de vrai en soi.

PRÉVOYANCE, PRÉCAUTION. Qualités de l'homme prudent relatives à l'avenir. Si on manque de *prévoyance* et de *précaution*, on est exposé à être pris au dépourvu, on n'est pas sur ses gardes et préparé contre les événements.

Mais la *prévoyance prévoit* simplement, voit d'avance les dangers, les chances à courir ; et la *précaution*, de *præ cavere*, prendre d'avance des mesures pour ses sûretés, prémunit, met en état de faire, quand le temps sera venu, ce qu'il faudra.

La *prévoyance* est purement spéculative : par elle on pressent, on découvre ce qu'on peut espérer ou craindre. La *précaution* est pratique : par elle on dresse ses batteries, on prend les moyens nécessaires pour faire arriver ce qu'on espère ou pour être à l'abri de ce qu'on redoute.

La *prévoyance* précède la *précaution*, dont elle est la condition essentielle : il faut avoir *prévu* pour se *précautionner*. « Je n'avais pris cette *précaution* que par un excès d'inquiétude et de *prévoyance*. » Prév. Il y a des maux à l'égard desquels il peut y avoir *prévoyance*, et non pas *précaution* ; ce sont ceux qui sont sans remèdes ou inévitables. On ne peut que perdre à les *prévoir*, puisque aucune *précaution* n'est capable de les prévenir.

PRIÈRE, ORAISON. Acte de religion par lequel on s'adresse à Dieu.

Prière (de *precari*, prier) vient du latin aussi bien que *oraison* (*oratio*). Cependant sa dérivation latine est moins apparente ; on ne l'aperçoit pas, comme celle d'*oraison*, au premier coup d'œil et sans avoir besoin d'y réfléchir. C'est pourquoi *prière* est le mot ordinaire, et *oraison* l'expression consacrée. *Prière* se dit dans la langue commune, au lieu que *oraison* convient particulièrement au style de l'Écriture, de l'Église et de la dévotion, de la dévotion mystique surtout.

> Et l'abbé Courtin, qui pleurait
> En voyant votre heure dernière,
> Adressait à Dieu sa *prière*,
> Et pour vous tout bas murmurait
> Quelque *oraison* de son bréviaire,
> Qu'alors, contre son ordinaire,
> Dévotement il fredonnait. Volt.

« En élevant le pain et le calice on prie Dieu d'en avoir l'offrande agréable.... Cette *prière* se fait souvent et en termes exprès une *oraison* qu'on appelle secrète. » Boss. « Ce nom salutaire de Médiateur conclut toutes les *oraisons* de l'Église... Il n'y a que Jésus qui prie, parce que c'est son Esprit saint qui forme en nos cœurs toutes nos *prières*. » Id. « Les autres sujets de *prières* sont marqués dans les *oraisons* de l'Église. » Id. « S'ensuit-il de là que la *prière* soit inutile ? A Dieu ne plaise que je m'ôte cette ressource !... Mais, si l'on abuse de l'*oraison* et qu'on devienne mystique, on se perd à force de s'élever. » J. J. Pour faire cesser ou pour détourner des fléaux on a recours à des *prières* publiques, et l'Église a soin de prescrire les *oraisons* qui doivent être récitées alors par les prêtres au nom des fidèles ou en commun avec les fidèles.

Une autre différence tout aussi importante pour le moins consiste en ce que la *prière* et l'*oraison* ont plus de rapport, la *prière* à l'intérieur, au fond, au sentiment, et l'*oraison* à l'extérieur, à la forme, à l'expression. La *prière* est plus ou moins fervente, l'*oraison* plus ou moins longue. « Que n'aurais-je point à dire de ces ferventes *prières* (de la reine), de ces longues *oraisons* dans le secret de l'oratoire ! » Bourd. « Pour conserver cet esprit de *prière*, qui doit nous unir à Dieu, il faut le nourrir. Ce qui peut le nourrir, c'est la lecture réglée, l'*oraison* actuelle en certains temps. » Fén. « L'évêque se mit à genoux (à l'occasion d'un incendie), et commença à prononcer des *oraisons* avec cette ferveur qui était inséparable de ses *prières*. » J. J. « Nous l'avons vu (M. de Montausier), frappé de ces murmures importuns qui interrompent les *oraisons* des fidèles, se lever avec indignation et ordonner qu'on fléchît les genoux.... Avec quelle effusion de cœur exprimait-il à Dieu ses nécessités spirituelles dans ces *prières* pures et tendres qu'il avait composées lui-même pour implorer ses miséricordes ou pour lui offrir ses vœux et ses reconnaissances ! » Fléch. On dit que Dieu exauce une *prière*, et non pas une *oraison* ; mais on dit une méthode d'*oraison* (Bourd.), et non pas une méthode de *prière*.

PRINCIPAL, CAPITAL. Somme d'argent plus forte qu'une autre, par rapport à laquelle on la considère d'une manière plus ou moins explicite : le *principal* et les intérêts ; le *capital* et les intérêts.

Principal, l'opposé d'*accessoire*, est plus général que *capital*, qui est toujours et exclusivement opposé à *intérêts*. Ainsi dans ce qu'une femme apporte en mariage on distingue très-bien le *principal*, qui est la dot, de ce qui n'est que secondaire, le trousseau, les bagues et les joyaux, etc... Pareillement, dans un héritage, le fonds est le *principal* et on l'oppose aux fruits, qui ne sont proprement qu'un accessoire ou une dépendance.

Quand les deux mots sont en opposition avec celui d'*intérêts*, exprimé ou sous-entendu, ils diffèrent encore.

Le *principal* est une somme promise ou due, qui, n'étant pas livrée d'abord à temps, occasionne des intérêts. « On paya au marchand (du diamant *le Régent*, l'intérêt des deux millions jusqu'à ce qu'on lui pût donner le *principal*, et, en attendant, pour deux millions de pierreries en gage. » S. S. « François Ier acheta des chanoines la grille d'argent de Saint-Martin, et il devait en payer l'intérêt et le *principal* sur ses domaines. » Volt. « Je vis que ses dettes se montaient alors, tant en *principaux* qu'en intérêts, à plus de 1,120,000 livres. » Id.

Mais le *capital* est une somme prêtée afin qu'elle produise des intérêts, et qui, dans un temps donné, doit faire retour au propriétaire. « Pour payer au roi un don gratuit de plusieurs millions pour quelques années, le clergé de France emprunte ; et, après en avoir payé les intérêts, il rembourse le *capital* aux créanciers. » Volt. « Rainuce, duc de Parme, emprunta de grosses sommes.... Son fils Odoard devait les intérêts avec le *capital*, et ne pouvait s'acquitter que difficilement. » Id.

PRINCIPAL, CAPITAL. De grande importance. Intérêt, article *principal* ou *capital* ; affaire, raison *principale* ou *capitale*.

Principal, de *princeps*, qui est au premier rang ou en première ligne, dit moins que *capital* (de *caput*, tête), qui est à la tête ou la tête elle-même. Ce qui est *principal* importe beaucoup, et ce qui est *capital* importe plus que toute autre chose. Aussi dira-t-on plutôt, quand il s'agit d'explication à donner, qu'on expose quelques-unes des raisons *principales* (Acad.) et la raison *capitale* (Bourd.). « Il y a dans toutes les affaires des points *principaux*, qu'il ne faut pas perdre de vue, et un point *capital* dont il ne faut jamais s'écarter. » Leroy.

Il en est de même quand ces mots sont pris substantivement pour désigner ce qu'il y a de plus considérable dans quelque chose ou pour quelqu'un. *Capital* renchérit sur *principal*. Suivant une maxime de Labruyère, le *principal* pour une femme pieuse est d'avoir un bon directeur, mais le *capital* est de vivre si uniment qu'elle s'en puisse passer. « Les mondains attachés aux biens terrestres en font leur *principal* et leur *capital*. » Bourd.

PRINCIPE, MAXIME, RÈGLE. Vérité générale. *Principe* est pour la théorie, *maxime* pour la pratique. Le *principe* est une vérité qui éclaire ; la *maxime*, une vérité qui guide. Ce qui est un *principe* quand on raisonne sur la morale devient une *maxime* quand il faut agir. On pose des *principes*, on prêche des *maximes*. En faisant un argument, on part de tel ou tel *principe* ; en faisant une démarche, on suit telle ou telle *maxime*. Un *principe* mène à telles ou telles conséquences ; une *maxime*, à telle ou telle conduite. « Les auteurs de notre droit public ont supposé dans les conquérants le droit de tuer : ce qui leur a fait tirer des conséquences terribles comme le *principe*, et établir des *maximes* que les conquérants eux-mêmes, lorsqu'ils ont eu le moindre sens, n'ont jamais prises. » Montesq. « De *maximes*, les Pamphiles ne s'en chargent pas ; de *principes* encore moins : ils vivent à l'aventure, et n'ont point d'opinion qui soit à eux. » La Br.

La *règle* ressemble à la *maxime*, en ce qu'elle se rapporte aussi à la pratique. Elle en diffère en ce qu'elle s'y rapporte plus immédiatement. On prend ou on ne prend pas telle *maxime* pour *règle*. « L'homme de lettres doit suivre la *maxime* dont Fontenelle a fait la *règle* de sa conduite...... » D'Al. Un prince peut, en lisant l'histoire, extraire des *maximes* dont il se servira ensuite comme de *règles* pour le gouvernement de ses États. — La *règle* est obligatoire, et obligatoire pour tout le monde dans les mêmes circonstances : la *maxime* n'a pas cette force absolue et universelle : c'est moins un précepte qui commande à tous que la manière de voir de quelqu'un, celle qu'il suit habituellement et en particulier dans ses actions. « Condé avait pour *maxime* (écoutez, c'est la *maxime* qui fait les grands hommes) que dans les grandes actions il faut uniquement songer à bien faire, et laisser venir la gloire après la vertu. » Boss. La prudence a ses *règles* qu'il faut suivre ; un homme adroit a ses *maximes* qu'il suit. Chaque art a ses *règles* ; chaque homme a ses *maximes*. — Il suit de là que les *règles* ont une valeur moins arbitraire et plus constante que les *maximes* : « Maintenir les *règles* de l'Evangile contre les *maximes* du monde. » Mass.

PRODIGALITÉ, PROFUSION. Excès de libéralité ou de dépense.

La *prodigalité* est dans le caractère, c'est le défaut contraire à l'avarice. La *profusion* est dans la manière d'agir, c'est un trait de *prodigalité*. « Dans le jeu on voit régner et les dernières *profusions* de la *prodigalité* et les empressements de l'avarice la plus honteuse. » Boss. « Quand Madeleine répandit des parfums sur les pieds du Sauveur du monde, ce fut par un mouvement de piété, et les apôtres l'accusèrent de *prodigalité*... Tout agréable qu'était à Jésus-Christ l'action de Madeleine, les apôtres en murmurèrent et la traitèrent de *profusion*. » Bourd.

Lors même que *prodigalité* signifie aussi une action, il reste caractéristique, il rappelle l'idée d'une personne qu'il représente comme *prodigue*. En citant les *prodigalités* d'un prince, vous le faites connaître lui-même. « On a regardé comme une *prodigalité* insensée la fantaisie qu'eut Héliogabale de nourrir de faisandeaux les lions de sa ménagerie. » Buff. En rapportant les *profusions* d'un prince, vous ne faites connaître que l'énormité de ses dépenses, et ce qui en a été la suite, l'épuisement de ses trésors. « On attribuai l'affaiblissement des sources de l'abondance aux *profusions* de Louis XIV. » Volt. — « La *prodigalité* du régent et la *profusion* de Law avaient jeté autour d'eux, pour acheter des partisans, une quantité énorme de billets. » Marm. — « Les saints ont été riches sans injustice, sans dureté, sans luxe, sans *prodigalité*. » Bourd. » Là règne l'abondance sans *profusion*. » J. J.

Enfin, la *prodigalité* tenant au naturel même, ce mot dit plus que celui de *profusion*, qui exprime un fait, quelque chose d'accidentel et de passager. « Que l'on compare la *profusion*, la *prodigalité* du luxe, ses dissipations, ses dégâts, avec l'économie et la frugalité rustique... » Marm. « Le président nous voulut faire voir dans un dîner jusqu'où peut aller la *profusion* et la *prodigalité*. » Chap. et Bach. Jamais la *prodigalité* n'est permise, la *profusion* l'est quelquefois : « Philippe de Macédoine recevait chez lui ce qu'il y avait pour lors de plus illustre dans le monde la *profusion* est ordinaire et paraît pardonnable dans ces occasions. » Roll.

PROJETER, MÉDITER. En parlant d'un dessein, d'un ouvrage, d'un voyage, d'une guerre, d'une expédition, d'un siège ou de quelque autre chose semblable, c'est penser à les faire.

Mais les *projeter*, c'est en avoir l'idée ; et les *méditer*, c'est en rouler l'idée dans son esprit. Qui *projette* une chose se la propose, y vise ; qui la *médite* y réfléchit, l'examine, en considère la portée, les avantages et les inconvénients, les facilités et les obstacles. *Projeter* marque simplement la détermination de la volonté vers un objet ; *méditer* implique de plus un travail de l'esprit sérieux et approfondi relativement aux conséquences et aux moyens d'exécution.

Vous *projetez* un testament, quand vous avez l'intention d'en faire un ; vous le *méditez*, quand vous en raisonnez en vous-même, quand vous vous appliquez à en développer au dedans de vous les motifs, les convenances, les clauses. On *projette* une chose, on en *médite* les moyens. Pour faire réussir ce qu'on *projette*, disait Pittacus, il faut le *méditer* à loisir et l'exécuter promptement (Fén.).

PRONONCER, DÉCLAMER, RÉCITER, DÉBITER. Tous ces verbes se disent en parlant d'un discours et signifient le rendre par la parole.

On *prononce* haut et en public toutes sortes de discours, même ceux qu'on improvise ou qu'on a seulement préparés plus ou moins. D'ordinaire on *déclame* et toujours on *récite* ceux qu'on a appris par cœur : on les *déclame* avec action, avec véhémence, en joignant à la parole un ton et des gestes animés ; on les *récite*, au contraire comme on *récite* des prières, c'est-à-dire sans mouvement bien marqué, et, sinon à voix basse, au moins en élevant peu et en variant peu la voix. « L'acteur Baron disait qu'on ne doit pas *déclamer* la tragédie, qu'on doit la *réciter*. » ACAD. « Le duc de Villars possédait, dans un degré éminent, le talent de la *déclamation* théâtrale; talent que le préjugé et la sottise ont avili, comme s'il pouvait y avoir de la honte à *réciter* avec sentiment, avec force et avec grâce les chefs-d'œuvre de la scène française. » D'AL.

Débiter emporte l'idée de rapidité ou de fréquence : on *débite* vite, ou on *débite* en répandant çà et là, comme le marchand qui se défait promptement de sa marchandise et la sème de tous côtés. « Quel effet prodigieux font les contrastes, les inflexions de voix, les passages du *débit* rapide à la déclamation douloureuse! » VOLT. « Quand le discours, rapide dans sa marche, doit être simplement *débité*, c'est le cas de s'y livrer uniquement à l'accent de la déclamation.... Voilà le récitatif simple. » J. J. « Il faut mettre dans le récitatif français la rapidité et le *débit* nécessaires à une bonne déclamation. » D'AL. « Les apôtres se répandront dans tout l'univers, comme des désespérés pour *débiter* un fait qu'ils croient faux? » MASS. — De plus, on le voit par ce dernier exemple, *débiter* se prend volontiers en mauvaise part, à cause de son origine vulgaire; les discours *débités* sont une sorte de marchandise qu'on colporte : *débiter* des mensonges (ACAD.), des maximes pernicieuses (ID.), des obscénités (MASS.), des choses étranges (VOLT.). « Maupertuis assure qu'il est aussi facile de voir l'avenir que de se représenter le passé, et nous nous attendons que dans quelques jours il *débitera* des prophéties. » VOLT. « L'auteur d'une tragédie est forcé de mettre dans la bouche des méchants leurs maximes et leurs principes, revêtus de tout l'éclat des beaux vers et *débités* d'un ton imposant et sentencieux, pour l'instruction du parterre. » J. J.

PROPORTION, MESURE. On dit également, pour exprimer un rapport de convenance, *à proportion de* et *à mesure de*, *à proportion que* et *à mesure que*. L'esprit devient plus pur, plus fort *à proportion que* s'augmente l'union qu'il a avec Dieu; au contraire, il se corrompt, il s'affaiblit *à mesure que* l'union qu'il a avec son corps s'augmente et se fortifie (MAL.).

La différence a été indiquée ainsi qu'il suit par Condillac : « On vous paiera *à proportion que* vous travaillerez, c'est-à-dire, on vous paiera plus ou moins, suivant que vous travaillerez plus ou moins, le paiement sera en proportion avec le travail; on vous paiera *à mesure que* vous travaillerez, c'est-à-dire, on ne vous paiera pas tout à la fois, mais à différentes reprises dans le cours de votre travail. »

Nul doute que ce ne soit là la vraie distinction. Mais elle demande à être généralisée en même temps que confirmée par des exemples empruntés de nos meilleurs écrivains.

A proportion de ou *que* est l'expression propre en parlant de ce qui est, des choses proprement dites, et se rapporte à la quantité. « Ces deux factions (des bleus et des verts) étaient plus ou moins furieuses *à proportion* de la grandeur des villes. » MONTESQ. « Les vierges ne doivent-elles pas donner à Dieu *à proportion de* ce qu'elles reçoivent de lui? » BOSS. « Les œufs des petites bécassines sont plus petits que ceux de la grande *à proportion de* l'oiseau, qui n'est pas plus gros qu'une alouette. » BUFF. « Aimer tous les biens selon l'ordre, *à proportion qu'*ils sont aimables. » MAL. « On trouve des mœurs plus pures dans les divers États d'Orient, *à proportion que* la clôture des femmes y est plus exacte. » MONTESQ. « A cet argument chacun donne plus ou moins de force *à proportion* qu'il a plus ou moins d'humanité. » J. J. — Mais *à mesure de* ou *que* s'emploie quand il est question de choses qui se font, d'événements ou d'actions, et il est relatif au temps. « Les Romains augmentaient toujours leurs prétentions *à mesure de* leurs défaites. » MONTESQ. « Ces peuples ont, pour commercer entre eux, un fonds dans les productions dont chacun d'eux surabonde; et, *à mesure du* progrès des arts, ils ont un autre fonds dans leur industrie. » COND. Écrire des mémoires au jour le jour, *à mesure des* faits ou des événements (HÉN.). « Il faudra dans une seconde lecture examiner ces remarques, *à mesure qu'*on trouvera que la marge y renvoie. » MAL. « *A mesure que* j'entrais dans les pays de ces profanes, il me semblait que je devenais profane moi-même. » MONTESQ. « Vous avez changé leur hérésie selon le temps; car, *à mesure qu'*ils se justifiaient de l'une, vos pères en substituaient une autre, afin qu'ils n'en fussent jamais exempts. » PASC. — On paie *à proportion de* l'ouvrage, et *à mesure du* travail. Fournir de l'argent à quelqu'un *à proportion du* besoin (COND.), c'est lui en donner autant qu'il faut, ni trop ni trop peu; lui fournir de l'argent *à mesure de* ses besoins (BEAUM.), c'est lui en donner quand il faut, c'est-à-dire, non pas tout d'un coup, mais successivement, à diverses époques où il est nécessaire qu'il en ait.

PROPOS (MAL A), HORS DE PROPOS, A CONTRE-TEMPS. Locutions adverbiales qui marquent inopportunité.

Entre *mal à propos* et *hors de propos* il y a d'abord une différence sensible du moins au plus. Ce qu'on dit ou ce qu'on fait *mal à propos* n'est pas bien à propos, est simplement mal placé; mais ce qui est dit ou fait *hors de propos* est en dehors de ce qui est à propos, n'est nullement à propos, est déplacé. Qui se tourmente *mal à propos* le fait sans raison suffisante; qui se tourmente *hors de propos* n'a pour se tourmenter aucune raison. Vous direz plutôt un peu *mal à propos*, et entièrement *hors de propos*. « De son dard, qu'elle lui a lancé un peu *mal à propos*, la princesse a fait au sanglier une assez petite blessure. » MOL. « Cette sorte de machine (dans l'Oreste d'Euripide) est entièrement *hors de propos*, n'ayant aucun fondement sur le reste de la pièce. » CORN.

A contre-temps, de son côté, se distingue de ses synonymes, non pas par le degré, mais par l'espèce. La chose dite ou faite *mal à propos* ou *hors de propos* est dite ou faite à tort, ne convient point sous quelque rapport que ce soit, sous le rapport du lieu, par exemple; mais c'est toujours eu égard au temps que la chose dite ou faite *à contre-temps* ne convient pas, elle est proprement hors de saison. On a reproché à Montesquieu d'avoir été plaisant *mal à propos* ou *hors de propos* dans l'*Esprit des lois* (VOLT.), c'est *mal à propos* ou *hors de propos* qu'on donne des avis à des personnes plus éclairées que soi (FÉN.); mais c'est *à contre-temps* qu'un maître d'école s'avise de tancer un enfant qui se noie et crie au secours (LAF.), *à contre-temps* qu'un importun survient au moment où nous sommes le plus occupés (FÉN.), *à contre-temps* que Louis XIV persécuta les protestants, non plus rebelles comme ceux de Jarnac, de Montcontour et de Coutras, mais soumis (VOLT.).

PROUVER, DÉMONTRER, MONTRER, ÉTABLIR. Faire voir qu'une chose est vraie ou certaine.

Prouver est l'expression générale. On *prouve* de toutes les manières. Mais *démontrer* et *montrer*, c'est *prouver* clairement, puisque c'est mettre sous les yeux, exposer aux regards.

On *démontre* en *prouvant* clairement et rigoureusement, de manière à produire l'évidence ; ce qui suppose qu'on emploie pour cela, non pas des faits ou des témoignages, mais des raisons, des arguments. « Une vérité n'est *démontrée* que lorsqu'on fait voir clairement qu'elle a un rapport nécessaire à son principe. » MAL. « *Démontrer*, c'est *prouver* par évidence. » ARN. *Démontrer* dit donc plus que *prouver* : c'est *prouver démonstrativement*, c'est-à-dire d'une manière tout à fait convaincante. « Ce qui, selon saint Justin, n'est pas seulement une *preuve*, mais encore la plus grande et la plus forte de toutes les *preuves*, une véritable *démonstration*. » Boss. « Ces interprètes tiennent que.... Ils en rapportent quantité de *preuves* dont quelques-unes me paraissent des *démonstrations*. » RAC. « Cet art est la science la plus essentielle à tout homme qui ne parle que pour *prouver* et, s'il se peut, pour *démontrer*. » D'AG. » On a dû remarquer comment, passant de l'évidence à une évidence plus forte, des *preuves* aux *démonstrations*, j'ai forcé tout le monde à avouer que.... » BEAUM.

Montrer signifie, comme *démontrer*, *prouver* clairement, mais sans joindre à l'idée de clarté celle de rigueur. Ce mot n'a aucun caractère scientifique, et ne suppose aucun travail de raisonnement, aucun appareil de déduction. Par sa contenance on *montre*, c'est-à-dire qu'on indique d'une manière non équivoque, manifestement, qu'on ne craint rien; « on ne *démontre* qu'une proposition de mathématiques ». VOLT.

Et toi, pour te *montrer* que tu m'es à mépris,
Voilà ton demi-cent d'épingles de Paris. MOL.

Établir, c'est *prouver* solidement, de manière à rendre la chose inébranlable, à l'affermir, à la mettre à l'abri des attaques ou des objections. « Non contents de leur faire voir que cette inégale dispensation des biens et des maux de ce monde ne nuit en rien à la Providence, montrons au contraire qu'elle l'*établit*. « Boss. « Saint Augustin, selon M. Simon, a affailli le libre arbitre. Qu'il *montre* donc un seul endroit où il s'affaiblisse ! Il n'a osé; car il sait bien qu'il l'a *établi* partout. » ID.

PUIS, ENSUITE, APRÈS. Ces adverbes servent à marquer entre les choses, les actions, les événements, un rapport de postériorité ou de succession.

Puis, italien *poi*, latin *post*, semble d'abord simplement additif et équivalent à peu près aux conjections *et*, *plus*. Comme elles, et à la différence d'*ensuite* et d'*après*, il n'est jamais le dernier mot de la phrase; mais il se place toujours à la tête d'un membre précédé d'un autre. « Il leur dit quelques mots, *puis* il sortit. » ACAD. « Elle y portait la main, *puis* l'en retirait. » LAF. Cependant il a une légère relation au temps, sans quoi il ne serait pas synonyme d'*ensuite* et d'*après:* L'incendie dévora telle maison *et* ou *puis* telle autre peut laisser croire qu'il les consuma simultanément; *puis* telle autre fait bien entendre qu'il y eut succession. Du reste, cette relation au temps est si faible, que, quand on veut la marquer expressément, on met *ensuite* ou *après* même à la suite de *puis*. « Ne sommes-nous pas ici-bas pour être utiles d'abord, et *puis* heureux *ensuite?* » STAEL.

Jadis mon œil te vit toute petite
Dans ton berceau me rire, et *puis ensuite*,
En t'essayant, former tes premiers pas. DUC.

« Il faut premièrement que vous ayez le fouet, *puis après* nous verrons au reste. » MOL.

Du bain interne elle le régala,
Puis dit adieu, *puis après* s'en alla. LAF.

— En général, *puis*, synonyme d'*ensuite* et d'*après*, indique succession des circonstances très-rapprochées d'un même fait ou une suite non interrompue de petits événements semblables, ou encore la répétition fréquente d'un même fait. Aussi se répète-t-il lui-même volontiers, surtout dans le langage commun ou de la conversation.

Trop bien croyait qu'il en pourrait croquer
Une en passant,
Et *puis* une autre, et *puis* toute la troupe. LAF.

D'abord il s'y prit mal, *puis* un peu mieux, *puis* bien,
Puis enfin il n'y manqua rien. ID.

« Après dînée, me revoilà sur le poing de M. de Marseille, à voir la citadelle ; et *puis* à l'arsenal voir tous les magasins et l'hôpital, et *puis* sur le port, et *puis* souper chez ce prélat. » SÉV. « Abadie, jésuite, *puis* janséniste, *puis* protestant, voulut faire encore une secte. » VOLT.

Ensuite et *après* différent aussi sensiblement l'un de l'autre.

Ensuite, à la suite, faisant suite, en latin *ex ordine*, se rapporte primitivement à l'espace, et fait concevoir une rangée de choses placées les unes à côté des autres. Lafontaine dit au milieu de la description d'un jardin :

Deux parterres *ensuite* entretiennent la vue.

Et il n'y a là aucune succession de temps. C'est, au contraire, une succession purement temporelle qui est désignée par *après* : aussitôt, bientôt, longtemps *après* ; une heure, une semaine, une année *après*.

Par conséquent, *ensuite* pris dans l'acception d'*après*, c'est-à-dire comme adverbe de temps, conserve une idée d'ordre : il se dit en parlant de choses qui se tiennent, forment un ensemble, font partie d'un même plan ou d'un même récit « Les Romains ne prétendirent à rien moins qu'à mettre premièrement leurs voisins et *ensuite* tout l'univers sous leurs lois. » Boss. « Expliquez-nous premièrement si votre guerre est juste, *ensuite* contre qui vous la faites, et enfin quelles sont vos forces. » Fén. « Leurs instructions portaient qu'ils iraient trouver premièrement Antiochus et *ensuite* Ptolémée. » Roll. « Les Achéens parlèrent les premiers, et les autres *ensuite*, chacun à leur tour. » Id. « Quand l'exorde est beau, il rend supportables toutes les sottises qui viennent *ensuite*. » Montesq. *Après*, au contraire, s'emploie quand il s'agit de deux événements bien distincts, dont le second, sans doute, succède immédiatement (*à proximo*) au premier, mais sans avoir avec lui de connexion, sans s'y rattacher comme en étant une suite ou une dépendance. « Aussitôt que l'Église a paru sur la terre, l'infidélité s'est élevée, et elle a excité les persécuteurs ; *après*, la curiosité s'est émue, et elle a fait naître les hérésies. » Boss. « Quintilien demandait à ses élèves ce qu'ils trouvaient à louer ou à blâmer dans ce qui venait d'être lu. Lui-même, *après*, marquait le jugement qu'il en fallait porter. » Roll. « Voilà bien parler de la Bretagne....; nous parlerons *après* de la Provence. » Sév. « Parlez, lui dit-il, vous pleurerez *après*. » Marm.

Lorsque je m'en allai, fut-elle triste *après?* Mol.

« Descartes donne assez de connaissance pour découvrir les choses *après*, de soi-même, par la méditation. » Mal. — Il en est de même lorsque les deux adverbes sont interrogatifs. On se sert d'*ensuite* lorsqu'il est question des différentes parties d'un tout : par exemple, un enfant s'arrête au milieu de la leçon qu'il récite ; pour le faire continuer, le maître doit lui dire : *Ensuite ?* On se servirait d'*après*, si l'enfant racontait des choses qui ne font pas *suite* les unes aux autres.

Un confesseur engagera son pénitent à poursuivre l'aveu de ses fautes en lui disant : *Après ?* Dans le *Malade imaginaire*, la petite Louison est convenue qu'elle a vu sa sœur avec un homme qui lui a déclaré son amour. Argan, qui veut savoir encore autre chose, lui dit par trois fois : « Et puis *après ?* » Mol.

PURETÉ, INTÉGRITÉ. Exemption d'altération, au moral. La *pureté*, l'*intégrité* des mœurs, de la foi, de la raison, de la conscience, d'une âme, d'une personne.

Pureté, du latin *purus*, pur, simple, net, exclut l'idée d'une altération par addition et mélange ; *intégrité*, *integritas*, d'*integer*, non touché, non endommagé, entier, marque une non-altération par retranchement. La *pureté* consiste à ne rien prendre, à ne rien contracter qui puisse souiller, gâter ou corrompre ; et l'*intégrité*, à ne rien perdre, à rester intact, à n'être pas par conséquent amoindri, mutilé ou affaibli. « D'où vient un si grand désordre, si ce n'est que les vérités sont diminuées : diminuées dans leur *pureté*, parce qu'on les falsifie et on les mêle ; diminuées dans leur *intégrité*, parce qu'on les tronque et on les retranche. » Boss.

D'autre part, la *pureté* se considère en soi, comme quelque chose de parfait, de saint, de vénérable, au lieu que l'*intégrité* est relative aux attaques qu'elle a à essuyer. On dit la *pureté* d'une doctrine qui est exacte, et l'*intégrité* d'un juge dont la probité ne saurait être entamée, résiste aux sollicitations. « Apprenez, à l'exemple de la sainte Vierge, l'estime que vous devez faire de la *pureté*.... Avec quel ravissement embrassait-elle son fils, qu'elle reconnaissait pour son fils, sans que son *intégrité* en fût offensée ! » Boss. « Déjà, Seigneur, vous avez inspiré à saint Bernard un généreux amour de la *pureté*....; déjà votre grâce lui a fait chercher un bain et un rafraîchissement salutaire dans les neiges et les étangs glacés où son *intégrité* attaquée s'est fait un rempart contre les molles délices du siècle. » Id.

Q

QUALITÉ, PROPRIÉTÉ, ATTRIBUT, MANIÈRE D'ÊTRE, MODE, MODIFICATION. Ce que nous saisissons dans les objets par l'observation et ce qui suppose pour sujet ou soutien quelque chose qu'on nomme une substance ; ou bien encore, suivant la définition de Port-Royal, c'est ce qui, étant conçu dans la chose, *comme ne pouvant subsister sans elle*, la détermine à être d'une certaine façon.

Qualité est de tous ces mots le plus commun, et il fait considérer les choses sous leur point de vue le plus commun, comme bonnes ou mauvaises, utiles ou nuisibles, excellentes ou détestables. On parlera donc la langue de tout le monde en disant avec Voltaire : « Je ne puis connaître aucune substance, parce que je ne puis avoir d'idées que des *qualités*. » Et on vantera ou on dépréciera la *qualité* ou les *qualités* d'un aliment, d'un objet d'art ou d'autres choses semblables.

Ce caractère pratique ou d'application de la *qualité* manque à la *propriété* ainsi qu'à l'*attribut*, à la *manière d'être*, au *mode* et à la *modification*. D'ailleurs les *propriétés* en particulier sont tellement propres aux choses où elles se trouvent qu'elles ne sauraient convenir à d'autres : elles sont ce qu'on appelle spécifiques. « Être terminé par trois côtés est une *propriété* du triangle. » Cond. « Jésus-Christ, sortant du tombeau, donne à sa chair d'admirables *qualités* : impassibilité, subtilité, agilité, lumière et splendeur ; mais après tout ces *qualités* n'ont rien qui surpasse l'ordre de la créature, au lieu que dans l'eucharistie la chair du Sauveur est élevée à un ordre tout divin, elle y prend un être, elle y acquiert des *propriétés*, elle y fait ce que Dieu seul peut faire. » Bourd. « Toutes les *qualités* comprises dans la définition ne sont pas des *propriétés*. Il y en a de communes, ou à plusieurs espèces, ou à l'espèce entière de l'individu défini ou à plusieurs individus de la même espèce. » MARM.

Attribut, ce qui a été assigné ou donné en partage (*attributum*), exprime une *propriété* inhérente à un être, une *propriété* qui est pour lui primitive et essentielle. « Chaque espèce est distinguée de son genre par un *attribut* essentiel qui la caractérise, et qui se nomme différence. » BARTH. « Lorsqu'il est question d'un oiseau ou d'un poisson, les plumes et les écailles s'offrent à l'imagination et paraissent être des *attributs* inséparables de ces êtres. » BUFF. « L'attraction est une force générale, une *propriété* primitive, un *attribut* essentiel de toute matière. » ID. « Les deux *attributs* qui caractérisent le feu étant de brûler et d'éclairer, d'où lui viennent ces deux *attributs*, et quelles autres *propriétés* en résultent? » VOLT. L'homme est capable de science; c'est une de ses *propriétés*, et elle naît de ce qui est son *attribut* essentiel, la raison.

La *manière d'être* est quelque chose de passif, qui se rapporte à la forme et à l'état plutôt qu'à la puissance. Au lieu que les *qualités*, les *propriétés* et les *attributs* rendent quelquefois la chose ou la personne capable de certains effets, la *manière d'être* la constitue telle ou telle. Nos facultés, ainsi que les vertus des objets ou des agents naturels, peuvent être appelées des *qualités*, des *propriétés* ou des *attributs*, mais non pas des *manières d'être*. L'action est l'*attribut* de Dieu (VOLT.) ; dire que c'est sa *manière d'être* serait d'une impropriété choquante. « Le faux est susceptible d'une infinité de combinaisons, mais la vérité n'a qu'une *manière d'être*. » J. J.

Mode, du latin *modus*, manière, semble équivaloir tout à fait à *manière d'être*, mais c'est un terme de logique ou de philosophie inusité hors de l'école. « A l'accident appartiennent toutes ces différentes façons d'être qu'on appelle *modes*. » P. R. « Ce que nous appelons si hardiment la substance, disent les philosophes sceptiques, n'est que l'assemblage des *modes*, et les *modes* sont nos perceptions. » VOLT.

Modification, action ou résultat de l'action de modifier, se distingue sans peine de tous les mots précédents en ce qu'il signifie un effet, une *manière d'être* qui a été amenée ou causée par quelque chose. Mon caractère est ma *manière d'être* ; le plaisir que j'éprouve dans un certain cas et en vertu d'une certaine impression est une *modification* de mon âme. Une chose ou une personne a telle *manière d'être*, et elle est susceptible de telle *modification*. La *manière d'être* est l'état, et la *modification* l'état en conséquence d'un changement ou un changement survenu dans l'état. « Dieu n'est pas moins incapable de changement pour les *manières d'être* que pour le fond de l'être. On ne lui peut attribuer aucune *modification*. » FÉN.

QUELQUEFOIS, PARFOIS, DE TEMPS EN TEMPS. Expressions adverbiales dont on se sert pour marquer la production plus ou moins fréquente de certains faits ou événements.

Quelquefois est opposé à jamais, *parfois* à rarement. Ce qui est arrivé *quelquefois* s'est vu, ne fût-ce qu'une fois, n'est pas sans exemple. « Qu'y a-t-il de plus faux que tous leurs raisonnements ? Ils concluent qu'on peut toujours ce qu'on peut *quelquefois*. » PASC.

DÉMOPHON.
Mais, vous voyant, son cœur (de ma fille) n'a plus fait de défense.

MÉNECHME.
Nous nous sommes donc vus *quelquefois*? REGN.

Ce qui arrive *parfois* arrive de fois à fois, de moment à moment, à des intervalles très-rapprochés
Une bergère
Tourne *parfois* les yeux sur son troupeau paissant.
LAF.

Dans ses simplicités à tous coups je l'admire,
Et *parfois* elle en dit dont je pâme de rire. MOL.

« Je confesse, dit saint Bernard, que cet amoureux Époux m'a *quelquefois* honoré de ses visites; et, si je l'ose dire dans la simplicité de mon cœur, il est vrai qu'il m'a souvent fait cette faveur. Dans ces fréquentes visites, il est arrivé *parfois* que je ne m'en suis pas aperçu. » Boss.

Quelquefois et *parfois* sont placés entre jamais et souvent ; mais *quelquefois* est plus près du premier : ce qui arrive *quelquefois* ne laisse pas d'être exceptionnel, extraordinaire, hors de la règle.

Ajoutez *quelquefois*, et souvent effacez. BOIL.
Ce cas n'arrive pas *quelquefois* en cent ans. LAF.

Parfois, au contraire, est beaucoup plus près de souvent que de jamais : ce qui arrive *parfois* arrive d'ordinaire, habituellement.

Mais encor, dites-moi, vous prend-il (ce mal) d'ordinaire?
— *Parfois*. MOL.

Il est vrai, je suis prompt, je m'emporte *parfois*. ID.

Quand *quelquefois* figure dans une maxime, il lui donne un air de paradoxe.

Un fat *quelquefois* ouvre un avis important. BOIL.
Les menteurs les plus grands disent vrai quelquefois.
CORN.

Le sage *quelquefois* fait bien d'exécuter
Avant que de donner le temps à la sagesse
D'envisager le fait. LAF.

Mais *parfois* va très-bien dans les maximes communes dont la vérité est généralement reconnue.

Et *parfois*, n'en déplaise à votre austère honneur,
Il est bon de cacher ce qu'on a dans le cœur. MOL.
L'esprit veut du relâche et succombe *parfois*
Par trop d'attachement aux sérieux emplois. ID.
Un homme riche, sot et vain,
Qualités qui *parfois* marchent de compagnie....
FLOR.

De temps en temps semble peu différer de *parfois*. Cependant il emporte l'idée d'une sorte de périodicité et s'emploie en parlant d'événements qui se répètent après des pauses à peu près égales. Il ressemble davantage à *fréquemment*, et *parfois* à *souvent*. « Ma fluxion me prend de *temps en temps*. » MOL. « J'écris de *temps en temps* à un de mes amis. » PASC. Envoyer de *temps en temps* savoir des nouvelles de quelqu'un (J. J.). Il se dit très-bien d'événements soumis à des règles naturelles ou arbitraires qui en fixent le retour, qui se produisent ou qu'on produit à certains intervalles. « Ce sont choses (les coups) qui sont de *temps en temps* nécessaires dans l'amitié. » MOL. « Pour ne point lui laisser (au roi) perdre l'habitude de croire, il (le pape) lui donne de *temps en temps* pour l'exercer de certains articles de croyance. » Montesq. « Onésime, faisant souvenir Persée que Philippe son père s'était toujours fait lire régulièrement deux fois chaque jour le traité qu'il avait conclu avec les Romains, l'avait exhorté d'en faire autant, sinon avec la même régularité, du moins de *temps en temps*. » Roll. — En cherchant la vérité, on trouve *parfois* l'erreur; prier Dieu de *temps en temps* est le devoir d'un chrétien, et plus encore celui d'un religieux.

QUESTION (IL EST), IL S'AGIT. Ces deux locutions servent également à indiquer, tantôt un projet, tantôt un sujet de discours. On dit dans le premier sens: *il est question* ou *il s'agit* de mariage entre ces deux personnes; *il est question* ou *il s'agit* de construire un édifice, un port ou un canal. Dans le second sens on dira: le sujet dont *il est question* ou dont *il s'agit*; *il a été question* ou *il s'est agi* de telle chose dans le conseil; *il est question* ou *il s'agit* de savoir telle chose, si telle chose a eu lieu.

En parlant d'un projet, *il est question* le désigne comme beaucoup plus vague et plus éloigné de l'exécution. *Il est question* de mariage, quand il y a simple proposition, quand on en a dit quelque chose, quand on a fait sur ce sujet une demande ou une *question*, qui est là attendant réponse. *Il s'agit* donne l'idée d'un commencement d'exécution, ou tout au moins d'une exécution très-prochaine, conformément à l'étymologie du mot *agere*, agir, faire. *Il s'agit* de mariage, quand on est d'accord, quand il y a déjà des démarches faites, et qu'il ne reste plus qu'à les continuer pour arriver au dénoûment: Terminons au plutôt l'hymen dont *il s'agit*. Regn. On dirait, au contraire: *il a bien été question* de mariage entre ces deux personnes, mais ce n'était qu'une idée en l'air. Une entreprise dont *il est question* est sur le tapis, on en parle, mais elle demande à être examinée; une entreprise dont *il s'agit* est en train de se réaliser ou va être réalisée; tout est prêt pour cela.

En parlant d'un sujet de discours, *il est question* signifie qu'on le touche, qu'on en dit quelque chose; et *il s'agit*, qu'on le traite, qu'on le discute. *Il a été question* de telle chose dans le conseil: c'est un sujet qu'on a effleuré, qu'on a soulevé, dont on a parlé en passant, dont on a fait mention; *il s'est agi* de telle chose dans le conseil, c'est le sujet qu'on a examiné et sur lequel a porté toute l'action des membres du conseil. *Il est question* de savoir, quand pour savoir il n'y a qu'à demander, à interroger, quand il faut prendre connaissance d'un fait simple; *il s'agit* de savoir, quand il faut un travail, une enquête, une recherche, pour parvenir à savoir. « *Il n'est pas question* de savoir votre opinion, elle n'a pas d'autorité. » Pasc. « On a vu quelquefois les conciles opposés sur des points de fait, où *il s'agissait* de l'intelligence du sens d'un auteur. » Id. Dans l'enseignement d'une science le professeur dira: la science dont *il s'agit*, et non la science dont *il est question*.

QUÊTE, COLLECTE. Ces deux mots expriment le fait de demander et de recueillir de l'argent pour venir au secours de quelqu'un.

Quoique *quête* soit formé d'un verbe, *quærere*, demander, aussi bien que *collecte*, de *colligere*, recueillir, il s'en ressent moins, il est moins propre à marquer l'action. Aussi ne dirait-on pas qu'on fait la *quête* des aumônes, comme on dit qu'on en fait la *collecte*: « Cette femme se chargeait de la *collecte* des aumônes. » Staël. Tel jour il y aura une *quête* dans telle église, et la *collecte* sera faite par telle personne. « On faisait une *quête* à l'Académie française. Un des membres, connu par son avarice, fut soupçonné de n'avoir pas contribué; il soutint qu'il avait mis. Celui qui faisait la *collecte* dit: Je ne l'ai pas vu, mais je le crois. » Champf.

Mais une différence plus importante consiste en ce que la *quête* a plutôt pour objet une bonne œuvre, et la *collecte* une bonne action. — La *quête* est un acte de charité, elle a un caractère religieux qui manque à la *collecte*. « Mais il n'y a point de fonds? C'est la charité des fidèles; c'est à vous, mesdames, à l'exciter. C'est pour cela que vous vous êtes toutes données à Dieu pour faire la *quête*. » Boss. « Judas fait une *quête* de douze mille drachmes, et les envoie à Jérusalem, afin qu'on offre un sacrifice pour les péchés des morts. » Volt. « L'Allemagne était alors si mal administrée, qu'on fut obligé de faire une *quête* publique pour avoir de quoi s'opposer aux conquérants ottomans.... C'est la première guerre qu'on ait faite avec des aumônes. » Id. — La *collecte* est un acte de bienfaisance, inspiré par l'humanité. « Nous sommes obligés de faire une *collecte* en faveur de ces infortunés (les Calas), les frais de justice sont immenses. » Volt. « Les Anglais ont fait une *collecte* en faveur des matelots qu'ils avaient pris: et cette générosité n'a eu d'autre principe que cette philosophie humaine qui commence à pénétrer dans plusieurs États. » Id. « On m'écrit qu'il se fait à Londres une *collecte* pour l'infortuné peuple de Genève. » J. J.

QUITTER, LAISSER, ABANDONNER (DÉSERTER, PLANTER LÀ). Se séparer, s'éloigner d'une chose ou d'une personne, cesser d'être avec ou auprès.

Quitter exprime cette idée simplement, s'en aller d'auprès, ne pas continuer à être avec. *Laisser*, c'est *quitter* une chose ou une personne, en ce sens qu'elle ne nous suit pas, qu'elle reste, au lieu de venir avec nous. Vous *quittez* votre habit en l'ôtant; vous le *laissez* en partant sans lui, par oubli ou autrement. *Quitter* marque uniquement la séparation; *laisser* donne de plus l'idée d'un contraste entre l'homme qui s'en va et la chose ou la personne qui ne s'en va pas avec lui. *Quitter* est absolu et ne fait penser qu'au sujet qui s'éloigne; *laisser* est relatif et fait penser aussi à la personne ou à la chose dont on s'éloigne, et qui, elle, reste.

En mourant, vous *quittez* la vie; et vous *laissez* des biens, des héritiers, des regrets, en un mot, tout ce qui peut subsister après vous. Si vous *quittez* une personne, vous ne serez plus auprès d'elle ou avec elle; si vous la *laissez*, elle restera après vous.

Auprès de votre époux, ma fille, je vous *laisse*.
Seigneur, daignez m'attendre, et ne la point *quitter*
(Clytemnestre à Iphigénie et à Achille.) RAC.

On *quitte* proprement un lieu ; ce n'est pas chose qui puisse nous suivre. On *laisse* des personnes ou des choses, qui, elles, ne sortent pas avec nous du lieu que nous *quittons*.

Nous *quittons* les cités, nous fuyons aux montagnes ;
Nous *laissons* nos chères compagnes.
(*Le Paysan du Danube*.) LAF.

— On dit absolument *quitter*, mais on dit *laisser* en partant ou *laisser* après soi.

Abandonner, donner à ban, rendre banal, mettre une chose à la disposition de tout le monde, du premier venu qui voudra la prendre et s'en servir, c'est *quitter* ou *laisser* pour toujours un objet dont on se soucie peu. « Les sujets de ce prince aimaient mieux souvent *quitter* le royaume et *abandonner* leurs biens que d'être persécutés comme ils l'étaient par ses officiers. » Boss. « Émile, il faut *quitter* Sophie : je ne dis pas l'*abandonner*; si vous en étiez capable, elle serait trop heureuse de ne vous avoir point épousé; il la faut *quitter* pour revenir digne d'elle. » J. J. Néron, *laissant* Narcisse entre les mains d'un peuple furieux, rentre et l'on craint,

S'il est *abandonné* plus longtemps sans secours,
Que sa douleur bientôt n'attente sur ses jours. RAC.

« Nangis rencontra du canon *abandonné* qu'il ne voulut pas *laisser*, et qu'il emmena. » S. S.

Un locataire *quitte* la maison qu'il occupe ; et en général on *quitte* un lieu en allant ailleurs. Un voyageur ou tout homme qui *quitte* un lieu *laisse* ce qu'il n'emporte ou n'emmène pas, soit par résolution, par oubli, ou par impossibilité. Un indifférent *abandonne* les choses dont il ne veut pas prendre soin. — De même à l'égard des personnes. On *quitte* celles avec lesquelles on ne continue pas à être ou à vivre; on *laisse* celles sans lesquelles on part ; on *abandonne* celles qu'on ne se met pas en peine de secourir ou d'assister[1].

QUITTER, SE DÉFAIRE, SE DÉPOUILLER, DÉPOSER. Cesser volontairement d'avoir.

C'est ce que *quitter* signifie simplement et sans aucun accessoire. Les verbes suivants expriment

[1]. A ces mots se rapportent *déserter* et *planter là*, qui sont d'un usage plus restreint. — On *déserte* un lieu qu'on quitte ou qu'on abandonne à cause de quelque inconvénient. « Les marâtres font *déserter* les villes et les bourgades. » LABR. « Insensiblement tout le monde viendra habiter cette maison, et la maison pleine de léopards sera *désertée*. » D'AL. « Les séances de la Saint-Louis (à l'Académie), qu'autrefois l'insipidité des pièces couronnées et le silence des académiciens avaient fait *déserter*, étaient devenues nombreuses et brillantes. » LAH. — *Planter là* est familier. Il signifie quitter ou abandonner, les personnes surtout, de dépit, par malice, ou au moins sans façon. On *plante là* quelqu'un, comme on l'envoie paître ou promener. « Si j'en croyais mon cœur, j'enverrais paître toutes mes petites affaires, et m'en irais à Grignan. Oh ! avec quelle joie je *planterais* tout là ! » SÉV. « Les femmes font des agaceries, et *plantent là* les gens après les avoir subjugués. » VOLT. « Ennuyé de faire ma cour à des comédiens, je les *plantai là*. » J. J.

Vous moquez-vous de moi ? Vous lever au dessert,
Et, pour me *planter là*, sortir l'un après l'autre ? DEST.

l'action de quitter ce qu'on ôte de dessus soi, et, outre cela, chacun d'eux a une nuance particulière qui le distingue, au lieu que *quitter*, pris abusivement dans cette acception, en est totalement dépourvu.

Se défaire, se dégager, se délivrer, veut dire quitter quelque chose qui gêne, incommode, embarrasse, quelque chose de mauvais ou de nuisible. On *se défait* de ses défauts, de ses vices, de ses préjugés, d'une malheureuse prévention, de ses haines, d'une injustice, de l'esprit d'intolérance, d'un esprit flatteur ou contredisant, comme on *se défait* d'une lèpre ou d'un ennemi.

De la fureur du jeu veux-tu qu'il *se défasse*,
Hélas ! quand je ne puis *me défaire* aujourd'hui
Du lâche attachement que mon cœur a pour lui ?
REGN.

Mais *se dépouiller* est avec *se défaire* dans un rapport d'opposition très-frappant : il veut dire quitter ses vêtements, d'abord, et, par extension, quelque chose de bon, de commode, d'utile, en un mot, un bien, et non pas un mal. « Des religieuses *se dépouillent* de tous les biens de la terre. » BOURD. « Le pécheur répare par la grâce de la pénitence ce qu'il a perdu en *se dépouillant* de la grâce d'innocence. » ID. « A-t-on jamais rien vu de plus impertinent et de plus ridicule que d'amasser des biens avec de grands travaux, et élever une fille avec beaucoup de soin et de tendresse, pour *se dépouiller* de l'un et de l'autre entre les mains d'un homme qui ne nous touche de rien ? » MOL. « Servius Tullius *se dépouilla* des jugements civils, et ne se réserva que les criminels. » MONTESQ.

Déposer, de *deponere*, abaisser, mettre ou faire aller de haut en bas, veut dire quitter, non plus quelque chose de mauvais ou de bon, mais quelque chose de haut, d'élevé, de grand. « Quand ce prince visitait ses amis, il semblait *déposer* sa grandeur en entrant. » ACAD. « Le Fils de Dieu est descendu du ciel en terre ; il a *déposé* cette majesté terrible. » BOSS. « Ne *déposons* jamais aux yeux du monde la sainte gravité de notre état, et le personnage respectable du ministre de Jésus-Christ. » MASS. « M. Le Grand avait un air de grandeur naturelle qu'il ne *déposait* jamais avec personne. » S. S. « Nous avons vu saint Benoît, fidèle à la grâce qui l'inspirait, *se dépouiller* de tous ses droits à d'amples héritages.... Des rois descendent du trône, et ne croient pas se dégrader en *déposant* l'autorité souveraine et se rangeant sous l'obéissance du saint législateur. » BOURD.

QUOIQUE, BIEN QUE, ENCORE QUE. Conjonctions adversatives ordinairement suivies de *néanmoins*, *toutefois*, ou de quelque autre mot équivalent. « *Quoique* le titre d'allié des Romains fût une espèce de servitude, il était néanmoins très-recherché. » MONTESQ.

Elles semblent ne différer en rien pour le sens. Du moins il est certain que, si chacune d'elles a sous ce rapport une nuance particulière, ce n'est pas ce qui détermine dans le choix qu'on a coutume d'en faire soit en parlant, soit en écrivant. Cependant il ne faudrait pas en conclure qu'on peut les employer indistinctement et au hasard dans tous les cas.

Quoique est seul très-usité. C'est le mot courant, le mot de tout le monde et de tous les styles, celui qui vient d'abord à la bouche ou sous la plume.

Bien que est en quelque sorte une expression de réserve, à laquelle Vaugelas conseille de recourir et à laquelle on recourt en effet par raison d'euphonie, pour éviter de mettre *quoique* après *quoi*, *que* ou *qui*, ce qui produirait une rencontre de syllabes désagréable : *quoi quoique*, *que quoique*, *qui quoique*. « C'est pourquoi, *bien qu*'il eût déjà par deux fois demandé la paix en vain..... » Vaug. « C'est par l'imagination et la mémoire que, *bien que* seuls, les enfants se voient un riche équipage et un grand cortège. » Labr. « On voit des gens brusques, suffisants, qui, *bien qu*'oisifs, vous expédient, pour ainsi dire, en peu de paroles. » Id.

Faites-moi la faveur de croire sur ce point
Que, *bien que* vous m'aimiez, je ne vous aime point.
Corn.

« Incidents qui, *bien qu*'ils soient imités de l'original, n'ont presque point de ressemblance avec lui pour les pensées. » Id. « L'autre vérité que je vous supplie de croire est que, *bien que* l'on ne se corrige point à mon âge, j'ai pourtant le cœur pénétré de vos bontés. » J. J. « Je sais que vous avez à adresser des griefs qui, *bien que* relatifs à de simples particuliers, blessent la liberté publique. » Id. « Les livres exagéreront toujours le nombre des méchants qui, *bien que* trop grand, est moindre qu'on ne le dit. » Volt.

Ensuite et en conséquence *bien que* est devenu en général une expression harmonieuse, distinguée, moins usée que *quoique* parce qu'elle est moins usuelle. Bossuet s'en sert assez souvent, et c'est aussi une locution que la poésie paraît affectionner.

Bien qu'aux monarques seuls ma naissance me donne,
Rodrigue, avec honneur je vivrai sous tes lois.
(*L'Infante, dans le Cid.*) Corn.

Mais, *bien qu*'il soit léger, tout fardeau m'embarrasse.
Laf.

Cependant, *bien qu*'ici nos goûts soient différents,
Nous devons obéir, ma sœur, à nos parents. Mol.

Mais, *bien que* d'un faux zèle ils masquent leur faiblesse,
Chacun voit qu'en effet la vérité les blesse. Boil.

Encore que ne se dit plus, et, lorsqu'il s'est dit, n'a jamais été d'une manière générale, mais principalement, sinon uniquement, dans le style étendu et lent de la démonstration. De là vient qu'on le trouve pour l'ordinaire après *car*. « Alexandre envoya Amyntas en Macédoine pour y faire des levées : car, *encore qu*'il gagnât des batailles, ses forces ne laissaient pas de se consumer. » Vaug. « J'ai donc de l'esprit, mais un esprit que la mélancolie gâte : car, *encore que* je possède assez bien ma langue, j'ai pourtant une si forte application à mon chagrin, que souvent j'exprime assez mal ce que je veux dire. » Laroch. « Il est impossible que cette union (avec Dieu) se rompe entièrement sans que notre être soit détruit : car, *encore que* ceux qui sont plongés dans le vice soient insensibles à la vérité, ils ne laissent pas d'y être unis. » Mal. « Nos Pères rendent justice même aux pécheurs : car, *encore qu*'ils soient fort opposés à ceux qui commettent des crimes, néanmoins ils ne laissent pas d'enseigner que les biens gagnés par des crimes peuvent être légitimement retenus. » Pasc. « Le contraire semble être assuré : car, *encore que* ce que l'on nous attribue ne soit pas vrai, il est vrai toutefois qu'on nous l'attribue, et cela sans doute c'est un avantage. » Boss. « Faisons donc le bien avec discernement : car, *encore que* la charité ne cherche qu'à s'étendre pour augmenter la gloire de Dieu, elle sait néanmoins se borner quand il le faut. » Fén. « Cette compagnie a toujours subsisté : car, *encore que* les Hollandais eussent pris Pondichéri en 1694, et que le commerce des Indes languît depuis ce temps, il reprit une force nouvelle sous la régence du duc d'Orléans. » Volt.

R

RABAISSER, RABATTRE. Contraindre de descendre ou de redescendre, au figuré.

En vertu de leur préfixe *re*, qui marque redoublement, ces deux verbes expriment également une action volontaire et forte. Nulle différence entre eux sous ce rapport. Mais, quant à l'effet, il n'en est pas de même : *rabaisser* dit moins que *rabattre*.

Rabaisser signifie seulement diminuer la hauteur, le contraire de l'augmenter. « Nous verrons si M. le maréchal de Richelieu *rabaissera* ou augmentera cette fierté. » Volt. Mais *rabattre*, c'est absolument enlever toute hauteur, jeter de haut en bas ou à terre. « La mort nous égale tous ; c'est où nous attendons les gens heureux. Elle *rabat* leur joie et leur orgueil. » Sév.

La personne dont on *rabaisse* le ton parle moins haut, baisse le ton ; celle dont on *rabat* le ton parle bas ou ne parle plus du tout, reste interdite ou muette. Puissance *rabaissée*, puissance amoindrie ; puissance *rabattue*, puissance jetée à bas, déchue, renversée.

RACCOMMODEMENT, RAPATRIAGE. Réconciliation, retour à la concorde, en parlant de personnes entre lesquelles il y a simplement de la brouille.

Raccommodement tire son origine d'un verbe latin, *accommodare*, qui a été usité dans les meilleurs temps : aussi convient-il dans tous les genres de style et pour exprimer un renouement d'amitié sérieux. « Les courtisans conduisirent le roi d'Angleterre à se raccommoder avec son fils.... Dans la joie du *raccommodement* entre le père et le fils, Dubois la voulut témoigner d'une façon éclatante. » S. S. « Il fallait préparer ainsi le *raccommodement* de cette femme avec son mari. »

Dɪᴅ. « Je ne craindrais pas une brouillerie avec la princesse pour me ménager l'avantage d'un *raccommodement.* » J. J. « Tout lui rappelait les jours heureux qu'il avait passés auprès de son épouse, leurs jeux, leurs plaisirs, leurs querelles et leurs tendres *raccommodements.* » Iᴅ.

Mais *rapatriage*, formé d'un mot bas-latin, *repatriare*, rentrer dans son pays, dans sa patrie, ne se dit que dans le langage familier, et, de plus, il est très-propre à signifier une mauvaise réconciliation, un replâtrage.

  Hé bien! tu vois, Cléanthis, ce ménage;
  Veux-tu qu'à leur exemple ici
 Nous fassions entre nous un peu de paix aussi,
  Quelque petit *rapatriage*?
   (Sosie, dans *Amphitryon*.) Mᴏʟ.

« Je sais taire les faveurs des vieilles maîtresses avec qui je renoue. Ce *rapatriage* ne durera pas longtemps. » Vᴏʟᴛ. « Selon ce que dit la maréchale, elle s'intéresse fort à son frère ; elle n'a pas le projet de se réconcilier avec lui, en sentant l'impossibilité.... Le mariage du chevalier de Beauvau produira peut-être une espèce de *rapatriage.* » Dᴜᴅᴇғғ. « Si ce garçon-là me recherchait, je ne suis pas rancuneuse, il y aurait du *rapatriage*, et je prétends être brouillée. » Mᴀʀɪᴠ.

1º RACONTER, RAPPORTER, RENDRE COMPTE ; — 2º DÉDUIRE, EXPOSER. Présenter quelque chose à l'esprit de quelqu'un de vive voix ou par écrit.

Raconter, *rapporter* et *rendre compte* sont purement historiques : on *raconte*, on *rapporte* ce qui s'est passé ou on en *rend compte*. Mais *déduire* et *exposer* sont quelquefois dogmatiques : on *déduit* ou on *expose* des raisons, des vérités, des doctrines.

1º *Raconter, rapporter, rendre compte*. Présenter à l'esprit de quelqu'un par des paroles ou par écrit des faits ou quelque chose qui est arrivé.

Raconter n'équivaut pas absolument à *conter*, car il n'y a pas de mots qui soient de tout point synonymes : il lui ressemble néanmoins plus qu'aucun autre des verbes avec lesquels il est ici comparé, car il a évidemment la même origine. *Raconter*, comme *conter*, est du style de la conversation : ce sont des aventures plutôt que des événements qu'on *raconte*, et le *raconteur*, ainsi que le *conteur*, est plutôt considéré comme agréable que comme véridique. Le *récit* fait paraître les faits plus ou moins intéressants; mais, quand on veut des faits bien constatés, ce n'est pas un *récit* qu'on demande, qu'on consulte, c'est un *rapport* ou un *compte rendu*. « Mme de Sévigné est toujours affectée de ce qu'elle dit et de ce qu'elle *raconte*. » Lᴀʜ. « Termosiris *racontait* si bien les choses passées, qu'on croyait les voir ; mais il les *racontait* courtement, et jamais ses histoires ne m'ont lassé. » Fᴇ́ɴ. « Telles étaient ces personnes avec qui nous avions constamment vécu, jusqu'à l'aventure qu'il s'agit maintenant de *raconter*. » S. S. « Le comte de Tessé était d'un visage agréable, doux, poli, obligeant, d'un esprit *raconteur*, et quelquefois point mal. » Iᴅ.

Rapporter, c'est apporter quelque chose du lieu d'où on vient, faire connaître ce dont on a été témoin; *rapport* est synonyme de *témoignage* : le *rapport* des sens, le *témoignage* des sens. Si *raconter* est le mot de la conversation, *rapporter* est celui de l'histoire, et si l'homme qui *raconte* nous plaît plus ou moins, celui qui *rapporte* nous apprend plus ou moins de choses, nous fournit plus ou moins de connaissances ou de renseignements. On lit dans Tacite, traduction d'Alembert : « La plupart des choses que j'ai *rapportées* ou que je *rapporterai* paraîtront sans doute peu dignes d'être connues; mais il ne faut pas comparer ces annales aux anciennes histoires du peuple romain. » Bossuet dit au commencement de l'oraison funèbre du prince de Condé avec lequel il avait vécu : « On les *raconte* partout (ses victoires et les merveilles de sa vie); le Français qui les vante n'apprend rien à l'étranger ; et, quoi que je puisse aujourd'hui vous en *rapporter*, j'aurai encore à répondre au secret reproche d'être demeuré beaucoup au-dessous. »

Rendre compte se dit d'abord de l'action d'un intendant qui donne une idée de sa gestion et la justifie auprès de celui de qui il tient sa charge. On *rend compte* à qui de droit, à qui on doit compte, à un maître, à un supérieur. « C'est ce que j'ai appris de la bouche de Sa Majesté, en lui *rendant compte* de la disposition des choses. » Bᴏss. « Comines *rendit compte* de cette réponse à Jean de Rohan, amiral de France, qui commandait pour le roi dans ces quartiers. » Iᴅ. « Agricola, dans ses dépêches, *rendait compte* de sa victoire sans ostentation. » D'Aʟ. « Popilius revint à Rome *rendre compte* au sénat du succès de son ambassade. » Rᴏʟʟ. « Socrate fut appelé devant les juges pour *rendre compte* de ses sentiments sur la religion. » Iᴅ. « Si quelque chose pouvait encore étonner dans l'extravagance de l'orgueil humain, ce serait de l'entendre dire à Dieu : Je ne puis croire que tu aies jamais rien produit, à moins que tu ne me *rendes compte* de tout l'emploi de ton éternité. » Lᴀʜ. « Isocrate composa son éloge : il y *rend compte* à la patrie et aux lois de l'usage qu'il a fait de son éloquence. » Tʜᴏᴍ.

2º *Déduire, exposer*. Faire connaître à quelqu'un, mettre sous les yeux de son esprit, non plus ce qu'on a vu, entendu ou fait, quelque chose d'effectif, mais ce qu'on pense.

Entre *déduire* et *exposer* la différence est aussi simple que certaine. *Déduire*, du latin *deducere*, tirer de, étirer, signifie mettre en long, dérouler; *exposer*, latin *exponere*, mettre en vue, étaler, c'est mettre ou étendre dans tous les sens. On *déduit* au long : « Xénophon déduit fort au long les raisons qu'il n'avait d'abord touchées que légèrement et son avis sur nomme des commandants. » Rᴏʟʟ. Mais on *expose* amplement : « Vous n'attendez pas que je vous explique par ordre le détail presque infini des préceptes de la rhétorique, vous les avez lus dans les livres où ils sont amplement *exposés*. » Fᴇ́ɴ.

En *déduisant* on présente une suite de choses, on fait une sorte d'énumération. « Toutes ces circonstances sont *déduites* au long dans le manuscrit dont je vous ai parlé. » Lᴀғ. « Les vingt-quatre vieillards, pour plusieurs raisons qu'il serait trop long de *déduire* ici, signifient tous les esprits bienheureux. » Boss. « Il arrive par une suite d'événements qui seraient trop longs à *déduire* que.... » Lah. Mais en *exposant* on met comme un tableau sous les yeux. « Il est question de peindre une pensée, et de l'*exposer* aux yeux d'autrui, c'est-à-dire aux yeux de l'esprit. La première parole a déjà ébauché ou tracé la ressemblance de ce qu'elle représente, mais le synonyme qui suit est comme le second coup de pinceau qui achève l'image. » Vaug. « Tacite paraît regarder le dogme de la Providence comme une opinion rejetée par plusieurs sages de l'antiquité, et qu'il *expose* sans la combattre. » D'Al.

RAISON, FONDEMENT, PRÉTEXTE. Cause intellectuelle; ce qui détermine, en l'éclairant, un être intelligent et libre; ce dans quoi il puise le principe de ses résolutions; ce qu'il allègue ou ce qui peut être allégué en leur faveur.

Raison est le mot ordinaire et signifie quelque chose d'ordinaire. Le *fondement* est une raison fondamentale, solide. Le *prétexte* est une raison simulée qu'on met en avant pour en couvrir une autre.

On dit par une *raison* et sur un *fondement*. La *raison* rend *raison*, explique, fait entendre pourquoi; le *fondement* appuie, autorise, légitime: sans *raison*, une chose est inconcevable; sans *fondement*, elle est incertaine. — D'ailleurs, *fondement*, dans cette acception, ne s'emploie qu'au singulier et d'une manière tout objective: on ne dit point à une personne vos *fondements* comme on lui dit vos *raisons*.

Le *prétexte* est un voile qui cherche à cacher la *raison* véritable. « Il m'a annoncé qu'il cesserait de m'écrire, sans m'en dire aucune autre *raison*, sinon qu'il était vieux, qu'il écrivait avec peine, etc. Vous jugez si mon cœur est la dupe de pareils *prétextes*. » J. J. « *Domine, non sum dignus*.... Dans les pécheurs sincères, cette excuse (pour ne pas communier souvent) est une *raison*: dans les pécheurs aveugles, cette excuse est un *prétexte*. » Bourd.

RAISON, RÉPARATION, SATISFACTION. Ce qu'on fait ou ce qu'on demande pour obtenir ou pour accorder le pardon et l'oubli d'une injure.

La *raison*, ce qui est de *raison*, de droit, juste, a cela de propre qu'elle consiste en un recours à la force. Suivant un préjugé barbare, la justice veut, quand on a reçu un affront, qu'on en appelle aux armes pour s'en venger: aussi dit-on tirer *raison* comme on dit tirer vengeance. « Prince, dit le roi, vous avez offensé don Pompeyo de Castro.... S'il se plaint de mon emportement, répondit le prince, je suis prêt à lui en faire *raison* par la voie des armes. » Les. « Vous n'avez pas dû être étonné de l'appel que je vous ai fait; vous auriez bien mauvaise opinion de mon courage, si je ne vous demandais pas *raison* de l'offense que vous m'avez faite. » Id. « Changer l'opinion publique sur les occasions où un brave homme est obligé, sous peine d'infamie, de tirer *raison* d'un affront l'épée à la main. » J. J. « Les Romains résolurent de tirer *raison* du pillage que les Véiens avaient fait sur le territoire de Rome.... Ils donnèrent tous leurs soins pour faire un puissant armement. » Vert.

La *réparation* et la *satisfaction* ne supposent ni l'une ni l'autre qu'on en vient ou qu'on en doit venir aux mains. Du reste, elles diffèrent encore l'une de l'autre d'une manière assez frappante.

La *réparation* se rapporte à la chose, à l'effet produit par l'offense, et la *satisfaction* à la personne. On fait *réparation* d'une injure, on fait *satisfaction* à quelqu'un. « Le pape fut forcé d'envoyer le cardinal Chigi faire *satisfaction* au roi, et d'élever dans Rome une pyramide avec une inscription qui contenait l'injure et la *réparation*. » Volt. « Tu as méprisé toutes les suivantes de France en ma personne; je les représente. Il faut une *réparation* à cette insulte. Je ne puis trahir les intérêts et l'honneur d'un corps aussi respectable pour toi. Fais-lui donc *satisfaction*, demande-lui à genoux pardon de toutes tes impertinences. » Mariv.

La *réparation* s'opère en *réparant* le mal causé, en rétablissant l'honneur par une rétractation ou un désaveu... « Que coûterait-il à S. Hyacinthe de réparer tant d'injustices par un mot? Je ne lui demande qu'un désaveu. Je suis content, s'il dit qu'il ne m'a point eu en vue, que tout ce qu'avance l'abbé Desfontaines est calomnieux, qu'il pense de moi tout le contraire...; en un mot, je me tiens outragé de la manière la plus cruelle par S. Hyacinthe, et je demande une juste *réparation*. » Volt. « Avouez-le donc, imposteur, et faites-lui une *réparation* publique de cette injure publique. » Pasc. Dans les *Plaideurs*, Chicaneau, ayant traité de folle la comtesse, reçoit sommation de l'Intimé de faire à la dame un petit mot de *réparation*

En l'avouant pour sage et point extravagante. Rac.

Mais la *satisfaction* s'opère par tous les moyens qui peuvent être à la *satisfaction* de la personne, qui sont propres à la calmer et à la contenter, c'est-à-dire en général par des excuses et des soumissions. « Vous ne sauriez expier l'indignité de votre action qu'en présentant vous-même un bâton à votre ennemi et qu'en vous offrant à ses coups.... Je serai seul témoin de cette *satisfaction*.... Demandez-lui seulement pardon de votre violence. » Les. « Il y eut un de ces prédicateurs qui en pleine chaire osa même prendre à partie les prélats approbateurs (du livre). Il s'emporta contre eux à de tels excès, qu'il fut condamné par une assemblée d'évêques à leur faire *satisfaction* à genoux. » Rac. — Or, comme la *satisfaction* emploie ordinairement les excuses, il lui arrive assez souvent d'être frivole, évasive et plus apparente que réelle. « Content de la plus légère *satisfaction*.... » Cond. « Quant aux *satisfactions* cérémonieuses dont on a voulu payer l'offensé, ce sont de véritables jeux d'enfants. » J. J. « Le comte de Brême s'amusant à des *satisfactions* qui ne contentaient pas le marquis de Nesle, celui-ci en voulut lui-même prendre une autre, et lui donna deux coups d'épée sur les oreilles. » Malh.

RAISONNEMENT, ARGUMENT. Travail de l'esprit qui infère, conclut, tire une conséquence, fait sortir un jugement d'un autre ou de plusieurs autres.

Raisonnement, qui signifie d'abord la faculté ou l'action de raisonner, conserve toujours un certain rapport au fait, représente comme se faisant le travail intellectuel dont il s'agit ; mais *argument*, qui n'a pas une telle signification primitive, fait considérer ce même travail en lui-même, comme un résultat, comme ayant telle ou telle qualité. Le *raisonnement* se montre plutôt comme une opération, et l'*argument* paraît plutôt être un effet de cette opération et en quelque sorte un objet qui en provient. « De cette erreur l'Apôtre tirait toutes ses conclusions par un *raisonnement* théologique dont il y a peu de personnes qui comprennent toute la force, mais que saint Chrysostome a très-bien développé. Ce n'était pas contre des hérétiques...; son *argument* eût été nul. » BOURD. « Tous les *raisonnements* qu'on fait en faveur des animaux se réduisent à deux. Le premier est... ; le second est..,. Le premier *argument* a un défaut manifeste. » BOSS. « A quoi aboutissent donc tous ces *raisonnements* qui reviennent sans cesse par tant de tours nouveaux ?... Que si vous refusez d'abandonner ce grand *argument* qui règne dans vos ouvrages,... » FÉN. « Les philosophes ordinaires ne se sont guère appliqués qu'à donner des règles des bons et des mauvais *raisonnements*.... Ces règles servent quelquefois à découvrir le défaut de certains *arguments* embarrassés. » P. R. « Les *raisonnements* de ces savants étaient toujours conduits par la synthèse. Ils disaient.... Il n'y a rien à répliquer à ces *arguments*. » VOLT. « Des hommes libres redoutent tout ce qui pense, et c'est avec un cri de guerre qu'ils combattent tous les *arguments* ! Le *raisonnement* est suspect, et l'opinion publique s'appelle des intrigues particulières. » STAËL. — L'idée d'action est si peu essentielle à *argument*, que quelquefois ce mot ne la rappelle nullement et veut dire, comme le latin *argumentum*, une preuve dans un sens tout objectif, et non pas quelque chose qui résulte d'une opération de l'esprit. « Des provinces entières qui demandaient du pain déposent fortement contre l'esprit d'innovation des Économistes.... Le concours des circonstances est un *argument* bien fort, surtout dans la bouche des malheureux qui meurent de faim. » BACH. « Le pouvoir qu'a l'âme de se donner différentes inclinations doit être au moins un *argument* vraisemblable qu'elle a aussi le pouvoir de se donner différentes perceptions. « ARN. « Un des plus grands écarts qu'on ait reprochés à Jean-Jacques, c'est le mal qu'il a dit des lettres; mais par l'usage sublime auquel il les a consacrées, il est à lui-même le plus fort *argument* qu'on puisse lui opposer. » BERN.
De plus, *raisonnement*, aussi bien que *raisonner* et *raison*, appartient à la langue commune, quoiqu'en définitive ils aient été formés tous les trois du latin *ratio*, raison. *Argument*, au contraire, pris immédiatement du latin *argumentum*, preuve, est un terme de logique, un terme technique pour ainsi dire et qui sent l'école. On dit un *argument* en forme, la majeure, la mineure, la conclusion d'un *argument*, des *arguments* théologiques, des *arguments* de philosophie. « M. Arnauld avait déjà fait ce *raisonnement* par un *argument* en forme. » MAL. « Ce principe est celui qui soutient tout *raisonnement*, et qui nierait une conséquence d'un *argument* bien fait, en accordant la majeure et la mineure, serait forcé d'avouer qu'une chose serait et ne serait pas. » BOSS. Avec des *raisonnements* exacts et le talent de les exposer d'une manière ornée et soutenue un philosophe est orateur ; il n'est que philosophe, s'il ne sait que prouver sèchement la vérité par des *arguments*. « Que diriez-vous d'un homme qui prouverait la vérité d'une manière exacte, sèche, nue, qui mettrait ses *arguments* en bonne forme, ou qui se servirait de la méthode des géomètres sans y ajouter rien de vif et de figuré ?... Il faut donc, pour faire un orateur, choisir un philosophe, c'est-à-dire un homme qui sache prouver la vérité, et ajouter à l'exactitude de ses *raisonnements* la beauté et la véhémence d'un discours varié pour en faire un orateur. » FÉN.

Le *raisonnement* n'ayant pas de forme déterminée n'a pas non plus de longueur certaine ; il y a des *raisonnements* d'une grande étendue, de longs *raisonnements* (BOURD.), des *raisonnements* infinis (ID.) ; voir toute la suite d'un *raisonnement* (FÉN.), voir par toute la suite d'un *raisonnement* que.... (BOSS.). L'*argument*, au contraire, et par la raison contraire, se réduit à un nombre fixe de propositions, et, par exemple, à trois dans le syllogisme et à deux dans l'enthymême. Bossuet dit de ce dernier *argument*, dans sa logique, que souvent il renferme en quelques mots tout un long *raisonnement*.

Les Muses aiment peu de longs *raisonnements*.
Un récit dira plus que de froids *arguments*. DEL.

Enfin *argument* se prend plus ordinairement que son synonyme en mauvaise part, précisément parce qu'il est de l'école et qu'il en rappelle les défauts, les subtilités et les sophismes. « Il n'y a rien qu'on ne mette en Dieu par un semblable *raisonnement*, puisque.... Mais tous ces *arguments* sont de purs sophismes » ARN. « Je n'ai rien mêlé d'offensant contre la personne de mon adversaire en découvrant les défauts de ses *arguments*.... Tout ce qu'il y avait à faire était de montrer que ses *raisonnements* étaient bons. » ID. Après avoir rapporté plusieurs disputes frivoles de la théologie scholastique, Voltaire ajoute : « C'est ainsi qu'on a *argumenté* parmi les chrétiens ; quand se mettra-t-on à *raisonner* ?

RAMASSÉ, TRAPU. Court et gros, en parlant du corps d'un animal, de celui de l'homme en particulier.

Le corps *ramassé* ne se répand pas, ne s'étend pas de côté et d'autre, forme un *amas*, une *masse*, est *massif*; mais il peut être lourd. « Le papion a le corps massif et *ramassé*, les membres gros et courts. » BUFF. « Elle était petite de stature, courte même, et *ramassée* un peu dans sa taille, quoique sans difformité. » J. J. « Mlle Beauvoisin, courtisane d'une jolie figure, mais sans taille, courte et *ramassée*. » BACH. Boileau dit du prélat dans le *Lutrin*

Que son corps *ramassé* dans sa courte grosseur
Fait gémir les coussins sous sa molle épaisseur.

Trapu, quelle qu'en soit l'étymologie, emporte une idée de force : il exprime une grosseur carrée plutôt que ronde, robuste ou vigoureuse plutôt que provenant d'embonpoint. « Les Lapons sont très-petits, *trapus*, quoique maigres. » Buff. « La marmotte est bien plus *trapue* que le lièvre, et joint beaucoup de force à beaucoup de souplesse. » Id.

Pour être *trapu*, un animal doit avoir un corps ramassé et des membres nerveux : « Le babouin est un animal *trapu* dont le corps *ramassé* et les membres nerveux indiquent la force et l'agilité. » Buff. On lit dans le même écrivain que les femmes de l'isthme de Panama sont petites et *ramassées*, et n'ont pas la vivacité des hommes, leur activité, leur légèreté à la course; mais qu'en Égypte l'habitude de porter des fardeaux sur la tête rend les femmes *trapues* et plus carrées aux épaules que les hommes.

RAMASSER, RELEVER. Prendre à terre.

Ramasser, re ou *rursus ad massam*, c'est remettre à la *masse* ou au tas ce qui en était tombé. *Relever*, re ou *rursus levare*, c'est redonner la situation élevée ou droite, remettre debout ou sur pied, redresser. On *ramasse* ce qui a été abattu, ce qui a cessé d'être au-dessus du sol et a été porté à terre, des grains, des fruits, des gants, une épée, un chapeau; mais on *relève* ce qui a été seulement renversé, c'est-à-dire couché ou étendu par terre, au lieu d'être laissé dans la position verticale qui lui convient, une échelle, une chaise, une statue, une personne. « J'ai trouvé la couronne de France par terre, dit Bonaparte, et je l'ai *ramassée*; mais c'était la nation française elle-même qu'il fallait *relever*. » Staël.

D'ailleurs, *ramasser*, comme *ramas* et *ramassis*, est vulgaire, ce qui vient sans doute de ce que ces mots se disent primitivement de choses de peu de prix dont on forme des tas. *Relever*, au contraire, signifiant rétablir la position élevée d'une chose, et, dans une autre acception, rehausser, se distingue par un caractère de noblesse auquel on a souvent plus d'égard qu'à la valeur propre et rigoureuse du mot. La poule *ramasse* tout ce qui se perd dans les champs (Bern.) ; on rapporte que le pape Célestin III poussa d'un coup de pied la couronne dont on devait orner l'empereur Henri IV, et que les cardinaux la *relevèrent* (Volt.). « Diogène aperçut un homme qui avait laissé tombé du pain, et qui avait honte de le *relever*; il *ramassa* une bouteille cassée et la promena par toute la ville, pour lui faire connaître qu'on ne devait pas rougir quand on tâchait à ne rien perdre. » Fén. On *ramasse* un gant qui est tombé à terre, c'est l'expression communément usitée au propre ; mais au figuré on dit *relever* plutôt que *ramasser* le gant, pour signifier accepter un défi : « On jette le gage de bataille, on le *relève*. » Volt. Un chien *ramasse* les morceaux de pain qui tombent de la table de son maître; Bollandus raconte que, sainte Eudoxe, vierge et martyre, ayant été dépouillée par des soldats, il tomba de son sein une particule de l'Eucharistie qu'elle y avait cachée, et qui, *relevée* et apportée au président, se changea en feu (Boss.). Êtes-vous pauvre, on ne vous *ramassera* pas dans les rues, on vous laissera dans la boue si vous y tombez (Maint.); quand on se bat en duel, l'humanité veut que, si l'un des deux adversaires tombe, l'autre coure le *relever* aussitôt (Boss.).

RAME, AVIRON. Long instrument de bois dont on se sert pour conduire les bateaux.

Rame, latin *remus*, a de l'analogie avec le grec ἐρετμός, dont le sens est le même et qui vient du verbe ἐρέσσειν, ramer, mouvoir, agiter : à l'aide de la *rame* on fait mouvoir et avancer le bateau. *Aviron* désigne un instrument *à virer*, à tourner, à détourner, qu'on emploie pour la manœuvre, pour éviter les écueils. Dans un poisson les nageoires sont des *rames*, la queue est un *aviron*; on appelle *aviron* de queue, dans de petits bateaux, une pièce de bois placée à l'endroit du gouvernail et qu'un seul homme manie en la tournant et retournant; le premier gouvernail paraît avoir été un *aviron* attaché au flanc ou à l'arrière du navire. La *rame* donne l'impulsion, l'*aviron* la direction. « Nous allions nous briser contre ces bords escarpés, si je n'avais paré ce malheur en me saisissant d'un *aviron* pour éviter ce choc furieux et pour gagner la haute mer ; mes matelots me secondent : dociles à mes ordres, ils font force de *rames*. » Fén. Les flotteurs ont des *avirons* pour maintenir dans le courant les trains que les rivières emportent d'elles-mêmes et sans le secours de *rames*. Voulez-vous arriver à un but promptement ou avant les autres, faites force de *rames*. Mais pour échapper aux périls dont est semée la mer de la vie, prenez et sachez manier un *aviron* ou des *avirons*.

Pour moi, sur cette mer qu'ici-bas nous courons,
Je songe à me pourvoir d'esquif et d'*avirons*. Boil.

« L'homme, par sa raison, accélère la cure avec des amers et surtout du régime.... Cette raison est un *aviron* avec lequel il peut courir quelque temps la mer de ce monde, quand sa maladie ne l'engloutit pas. » Volt.

Rame se dit plutôt des grands bateaux et des galères. *Aviron* est plus souvent employé en parlant des petits bateaux de rivière, apparemment parce que, faute de gouvernail, le même instrument sert à les mouvoir et à les diriger.

Rame rappelle toujours l'usage de la chose, qui est de faire aller. Si on s'en sert à quelque usage fin, le mot d'*aviron* est préférable : Un coup d'*aviron* (Lap., Mol., J. J.), « Lorsqu'une baleine est morte, les goélands se jettent dessus par milliers. Les pêcheurs s'efforcent de les écarter en les frappant à coup de gaule ou d'*aviron*. » Buff.

RAPPELER, RETRACER. Faire revenir dans la mémoire.

L'Académie définit se *retracer* par se *rappeler*, simplement. Cependant il n'y a pas identité absolue entre les deux mots.

Rappeler est abstrait. Aussi dit-on bien, *rappeler* ou se *rappeler* que.... On *rappelle* et on se *rappelle* le temps passé, des paroles, des souffrances, ses premières études et autres choses semblables. Mais *retracer* est concret; car c'est remettre devant les yeux de l'esprit sous des traits, d'une manière figurée, quelque chose qui peut être représenté ou décrit. On *retrace* et on se *retrace* proprement une image ou à l'imagination. « Les images de la volupté *retrac*-s avec complaisance. » Mass. Je m'en *retrace* parfaitement bien l'image. » Acad. « Elle se retraçait sa propre demeure, la porte qu'il ouvrait deux fois par jour. Staël. « Les édifices gothiques retracent le moyen âge à l'imagination. » Id.

« Oswald se rappelait avec un profond respect et les vertus de sa mère et le caractère timide et réservé de ses vertus : Insensé que je suis! s'écria-t-il....; je puis me retracer l'image de ma mère....» Id.

O jour que tout ici rappelle à ma mémoire,
Lieux terribles, témoins d'un parricide affreux,
Retracez-nous sans cesse un spectacle si triste!
CRÉB.

RAPPELER, RÉVOQUER. Oter à quelqu'un par des raisons de mécontentement des pouvoirs qu'on lui avait donnés.

Rappeler, faire revenir, se dit de quelqu'un qu'on a envoyé quelque part, qui est actuellement loin de la personne qui rappelle. « Germanicus, qui se couvrait de gloire en Germanie, fut rappelé pour l'enlever aux légions qui le chérissaient. » Cond. « Louville s'était fait renvoyer d'Espagne (de la cour de Philippe V), ou, en termes plus doux, s'était fait rappeler. » S. S. Révoquer, latin revocare, est une expression abstraite applicable à des agents, qui ne sont pas encore partis, en mission, ou dont la charge n'est pas de partir pour une certaine destination, d'aller en mission. « M. d'Usson, qui devait aller en Suède (comme ambassadeur), a été révoqué. » Dudeff. Ceux-mêmes (des pasteurs) qui ont été établis perpétuels peuvent être révoqués, comme les magistrats perpétuels que la république révoque, quand elle ne juge pas utile de laisser continuer leur administration. » Fén.

D'ailleurs révoquer étant le terme spécial et propre, et n'ayant pas d'autre signification, exprime l'idée commune d'une manière plus forte ou moins ménagée. Le rappel, qui consiste quelquefois dans un rétablissement, dans la réparation d'une disgrâce, n'est jamais une destitution aussi décidée, aussi dure que la révocation. « Le consul Marcellus fit (contre César) le premier acte d'hostilité.... Il proposa au sénat assemblé de révoquer César, et de lui ordonner de quitter le commandement des Gaules.... Curion ajouta qu'en même temps que l'on rappelait César il fallait aussi ordonner à Pompée d'abdiquer le gouvernement des Espagnes.... Domitius s'était déclaré l'ennemi personnel de César. Il avait travaillé avec acharnement à le faire révoquer. » Roll.

RAPPORT, RELATION. La signification commune à ces deux mots est extrêmement générale et difficile à exprimer. Ils désignent ce qu'on trouve que deux choses sont l'une à l'égard de l'autre quand on les porte de l'une à l'autre pour les comparer, quand on les rapproche.

Mais rapport est tout français, comme rapporter ; au lieu que relation est pris du latin relatio, racine referre, rapporter. De là une première différence consistant en ce que relation a un air de science et se dit surtout en termes de métaphysique, de pratique, d'administration, de discussion. « La plupart des ballets forment autant de sujets séparés que d'actes, et ces sujets sont liés entre eux par de certaines relations métaphysiques dont le spectateur ne se douterait jamais.... Les saisons, les âges, les sens, les éléments : je demande quel rapport ont tous ces titres à la danse. » J. J.

En second lieu, relation ayant seul une terminaison verbale active, il s'ensuit qu'il est subjectif et relatif, qu'il marque ou rappelle une action, ou qu'il indique quelque chose de fait, de contingent, quelque chose qui, au lieu d'être absolu, a trait à nous, à notre manière de voir. Nous avons des rapports ; nous formons, nous entretenons des relations. Rapport de parenté ; relations d'affaires, ministre des relations extérieures. Les esprits et les corps ont avec Dieu un rapport nécessaire (Mal.). « Newton entendait par Dieu un maître qui a mis une relation entre lui et ses créatures. » Volt. Un peintre et un poëte ont beaucoup de rapport (Fén.); nous n'osons plus avoir de relation avec une personne qu'on nous a défendu de voir (Id.). « Cet ordre d'idées, cette suite de pensées qui existe au dedans de nous-mêmes, quoique fort différente des objets qui les causent, ne laissent pas que de nous donner des relations avec les objets extérieurs, que nous pouvons regarder comme des rapports réels, puisqu'ils sont invariables et toujours les mêmes relativement à nous. » Buff. « Les émotions de l'âme ont leur source dans les rapports inhérents à la nature humaine ; la gaieté n'est souvent que le résultat des relations diverses et quelquefois bizarres, établies dans la société. » Staël. « Les relations sociales se rapprochent alors davantage des rapports naturels. » Id.

RAPPORT, TÉMOIGNAGE. Exposition orale ou écrite de quelque chose qu'on a vu ou entendu.

Le rapport rappelle ce qui s'est passé, le reproduit ou le fait revivre par le récit. Le témoignage est un rapport de témoin, un rapport qui se fait ou tel que ceux qui se font en justice, c'est-à-dire particulièrement considéré quant à sa valeur, comme étant plus ou moins digne de foi, plus ou moins propre à établir ou à infirmer quelque chose ; ou bien c'est un rapport circonstancié et tellement précis, qu'il est indubitable ; ou bien même enfin c'est une sorte de rapport qu'on oppose au simple rapport comme quelque chose de vrai à quelque chose de faux. « Tout portait saint Thomas à croire que Jésus-Christ était ressuscité : le rapport des femmes qui l'avaient vu, le témoignage de Madeleine qui lui avait parlé, celui des deux disciples qui avaient mangé avec lui dans la bourgade d'Emmaüs. » Bourd. « Je ne connais la matière (disait un idéaliste) que par le rapport équivoque de mes sens, et je connais la pensée par le témoignage infaillible du sentiment intérieur. » D'Al. » On crut que, si on appuyait ce rapport par quelque témoignage qui ne fût pas suspect, ce serait assez pour empêcher le roi de recevoir jamais sa femme en particulier. » S. Réal. Dans ses instructions au duc de Bourgogne, Fénelon lui recommande expressément de se défier des rapports, mais de consulter les témoignages des hommes de la cour sur les talents des sujets qui peuvent recevoir de l'avancement dans les emplois.

Quand il est spécialement question de ce que nous apprennent les sens, *rapport* et *témoignage* diffèrent encore en ce que l'un est plutôt particulier et l'autre général. Si on n'a soin de rectifier les uns par les autres les divers *rapports* des sens, on est exposé à n'obtenir par le *témoignage* des sens que des idées incertaines ou fausses. La nouvelle Académie rejetait tout *rapport* des sens; l'entreprise de rejeter le *témoignage* des sens est la plus hardie qu'on puisse former (ROLL.).

RAPPORTER (S'EN), S'EN REMETTRE. On *s'en rapporte* et on *s'en remet* à quelqu'un de quelque chose qu'on fait dépendre de lui avec confiance.

Mais *s'en rapporter* à une personne, c'est accepter son *rapport*, son *témoignage*, la prendre pour juge de ce qu'il faut croire; au lieu que *s'en remettre* à quelqu'un, c'est se soumettre ou s'abandonner à sa direction, l'établir maître de ce qui arrivera ou juge de ce qu'on doit faire.

S'agit-il de l'opinion qu'il faut avoir, d'une question à résoudre, d'un point douteux à éclaircir, on *s'en rapporte* à quelqu'un, à son avis, à son jugement, à son sentiment, à ses lumières. « C'est à la foi seule que je suis obligé de *m'en rapporter* touchant ce mystère. » BOURD. « J'ai peine à rien décider sur les austérités, et je *m'en rapporterais* volontiers à un confesseur discret. » BOSS. « Il n'a plus qu'une faible ressource (pour se faire reconnaître comme étant le véritable Ibrahim), c'est de *s'en rapporter* au jugement de ses femmes. » MONTESQ. « C'était un plat lieu commun (que cette pièce). Je *m'en rapporte* à ceux qui pourront la lire. » LAH. « Je n'ai pas ouï dire aux savants, à qui je dois *m'en rapporter* sur ce que je n'ai pas étudié, que la dynamique de d'Alembert soit une si belle chose. » ID. « Concluez donc ; je *m'en rapporte* aveuglément à vos lumières. » VOLT. « Je vous demande en grâce de ne point écouter les fausses délicatesses de tant de mauvais critiques, et de vous *en rapporter* à votre propre sentiment. » ID.

Mais si je *m'en rapporte* aux esprits soupçonneux,
Vous aidez aux Romains à faire essai d'un maître.
CORN.

Je vous crois grand latin, et grand docteur juré,
Je *m'en rapporte* à ceux qui m'en ont assuré. MOL.

Que s'il est question d'affaires ou d'événements, de ce qu'on doit faire ou éprouver, d'un succès ou de succès à obtenir, on *s'en remet* à quelqu'un, à sa conduite, à sa discrétion, à sa prudence, à ses soins, à ses ordres. « De tout le reste, mon Dieu, je *m'en remets* aux soins paternels de votre Providence. » BOURD. « Quoiqu'il y ait un ministre habile, les affaires vont toujours mal quand le prince *s'en remet* aux autres. » BOSS. « Changerai-je mon nom? Vous déciderez de cela ; là-dessus comme sur tout le reste, je *m'en remets* à votre prudence et à votre amitié. » J. J. « Brutus apprend aux conjurés qu'il est fils de César, et *s'en remet* à eux pour prononcer sur ce qu'il doit faire. » LAH. « Je *m'en remets* à votre prudence.» VOLT. « Je *m'en remets*, sur tous les futurs contingents, aux ordres de sa sacrée majesté le Hasard.» ID. « J'achetai votre petite terre de Tourney à vie sur le pied que vous voulûtes. Je *m'en remis* à votre honneur, à votre probité. » ID. « Philippe dit qu'il exécuterait tout ce que les Romains lui avaient prescrit, et que pour le reste il *s'en remettait* entièrement à la discrétion du sénat.» ROLL. « Soit que vous vous *en remettiez* absolument à sa conduite... » MOL.

Soit que, instruit des complots qui menaçaient sa vie,
Sur ma fidélité César *s'en soit remis*.
(Narcisse.) RAC.

Si l'on nous fait quelque injustice,
Seigneur, notre devoir *s'en remet* à vos soins. CORN.

S'en rapporter est donc proprement spéculatif, et il suppose l'attente d'une décision; mais *s'en remettre* est pratique, et c'est une détermination qu'il a pour objet.

RARE, CURIEUX. Qui n'est pas commun.

C'est ce que *rare* signifie exactement, ni plus ni moins. *Curieux*, digne de *curiosité*, qui excite ou doit exciter l'envie de le connaître, exprime une des impressions que fait sur nous ce qui est *rare*. De ce qu'une chose est *rare*, de ce qu'on n'a pas coutume de la voir, il s'ensuit d'ordinaire qu'elle est *curieuse*. C'est pourquoi *curieux* se met volontiers après *rare*. « C'est un attrait pour faire lire ces livres qu'ils soient recherchés, qu'ils soient *rares*, qu'ils soient *curieux*. » BOSS. « Je ne suis pas fâché que Mlle Clairon n'ait pas repris *Olympie*; il faut la laisser désirer un peu au public. Cette pièce forme un spectacle si singulier, qu'on la reverra toujours avec plaisir, à peu près comme on va voir la *rareté*, la *curiosité*. » VOLT. Mais s'il arrive souvent que ce qui est *rare* est *curieux*, cela n'arrive pas toujours : la cause se trouve quelquefois séparée de l'effet. « Il ne paraît rien actuellement qui soit marqué au bon coin. J'ai acquis depuis peu des livres très-*rares* ; mais ils ne sont que *rares*. » VOLT.

D'ailleurs, l'effet produit sur nous par ce qui est *rare* peut être autre que celui qui est marqué par *curieux*. Une chose étant *rare*, il en résulte quelquefois qu'elle est, non pas *curieuse*, mais belle, admirable ou d'un grand prix, en un mot intéressante à un autre point de vue que le point de vue spéculatif. — Les *raretés* ou les objets *rares* nous éblouissent et nous enchantent, c'est dans les trésors qu'il s'en trouve, et les palais des r en sont pleins. « Pompée admira la richesse et la grandeur des habillements et des armes de Mithridate. Il y manquait néanmoins deux pièces *rares* et précieuses, un fourreau d'épée qui avait coûté deux cents talents, et un bonnet royal à la persienne d'un ouvrage admirable.... Pompée recueillit beaucoup de meubles précieux et de bijoux *rares*.» ROLL. « Nous n'admirons que ce qui est *rare*. » BERN. « Quand Bohémond vint rendre hommage à l'empereur Alexis à Constantinople, et qu'on lui fit voir les *raretés* du palais, Alexis ordonna qu'on rem lit un cabinet de meubles précieux, d'ouvrages d'or et d'argent, de bijoux de toute espèce. » VOLT. « La sacristie (de l'église de Tolède), pleine de richesses immenses, est vaste... On m'y ouvrit une armoire remplie des *raretés* les plus précieuses.» S. S. Mais les *curiosités* ou les objets *curieux* ont pour nous cette sorte particulière d'attrait qui provoque notre attention et excite notre désir de voir, d'apprendre, de nous instruire ; il s'en trouve surtout dans les musées, dans les cabinets qui renferment des collections, dans les bibliothèques. « S. A. E. a une suite de médailles de monnaies papales. Nous n'avons pas de telles *curiosités* à Genève. » Volt. « J'ai un grand nombre de plantes sèches, et communes pour la plupart, mais dont cependant quelques-unes sont plus *curieuses*. » J. J. « Je m'amusais à fureter et feuilleter les livres et papiers que mon oncle avait laissés. J'y trouvai beaucoup de choses *curieuses*. » Id. — Un bijou, un excellent tableau, une beauté sont plutôt quelque chose de *rare*; *curieux* se dit proprement d'un objet à voir, à connaître ou à étudier, spectacle, invention, nouvelle, phénomène, livre, médaille, plante ou choses semblables. « Voilà pourquoi les galeries de tableaux les plus *rares*, les jardins remplis des plantes les plus *curieuses* finissent par nous ennuyer. » Bern. — Un homme *rare* est d'un mérite extraordinaire; un homme *curieux* est un homme à voir, à entendre, à connaître.

RATATINÉ, RABOUGRI. Ces deux mots se disent également d'une personne dont le corps chétif est comme contracté, retiré sur lui-même, arrêté dans son développement.

Ratatiné sert proprement à qualifier les personnes et *rabougri* les arbres ou les plantes. Mais ensuite *rabougri* s'applique aussi aux personnes par extension.

Une personne *ratatinée* a été réduite à cet état par l'âge qui l'a flétrie, ridée, comme un parchemin qu'on met trop près du feu ou comme une pomme qui se dessèche. « Une petite vieille *ratatinée*. » S.S. « Une petite vieille *ratatinée* et dégoûtante. » Volt. « Qu'il me serait doux, avant ce moment (de la mort) tout courbé, tout *ratatiné*, sans dents et sans oreilles, vous revoir encore avec mes faibles yeux ! » Une personne *rabougrie* est ainsi appelée sans égard à son âge et seulement parce qu'elle est d'une vilaine venue, rachitique, et parmi les hommes comme un avorton parmi les plantes. « J'ai soupçonné sa mère d'avoir été une habile femme; car le jeune candidat est d'une taille fine et élancée, et son père est tout *rabougri*. » Volt. « Lanoue (acteur) a l'air d'un fils *rabougri* de Baubourg, mais aussi il joue d'une manière plus forte, plus vraie et plus tragique que Dufresne. » Id.

REBATTU, USÉ, TRIVIAL. Mots qui servent à qualifier en matière de pensées et d'expressions quelque chose d'extrêmement commun.

Rebattu, répété, dont on a les oreilles *rebattues*, est le moins significatif. La pensée ou l'expression *rebattue* n'a plus l'attrait de la nouveauté ; mais elle peut être bonne encore. « L'auteur traite avec mépris les causes finales, parce que c'est un argument *rebattu*; mais cet argument si méprisé est de Cicéron et de Newton. » Volt. « Pour peu qu'il y ait dans leurs pièces deux ou trois situations intéressantes, quoique *rebattues*, ils sont contents. » Id.

La pensée ou l'expression *usée* est si *rebattue*, qu'elle n'est plus bonne à rien ; semblable à un vêtement à tel point détérioré par l'usage, qu'on ne peut plus s'en servir. « Il ne faudrait pas trop répéter ces idées; elles deviennent alors des lieux communs. Le premier qui les emploie avec succès est un maître; mais quand elles sont *usées*, celui qui les emploie encore court risque de passer pour un écolier déclamateur. » Volt. « Il est vrai que le fréquent usage qu'on a fait des idées et des images de la Fable prescrit au talent de ne plus s'en servir que très-sobrement et de chercher d'autres ressources, parce qu'il est dangereux de revenir sur ce qui est épuisé. Mais cette observation est aussi trop *usée*. » Lah.

La pensée ou l'expression *triviale* est si *rebattue* qu'elle n'a plus cours que dans les rues, dans les carrefours (*trivia*), parmi le peuple; qu'elle est vulgaire ou grossière. « J'entre dans une longue digression sur un sujet si *rebattu* qu'il en est *trivial*. » J. J. « Des scènes de valets remplies de plaisanteries *triviales*. » Volt. « Quelques plaisanteries *triviales* et grossières. » Bach. « Il y a des figures qui sont devenues si communes et si *triviales* qu'elles ont perdu leur grâce. » Roll.

La chose *rebattue* a été déjà dite tant de fois, la chose *usée* a été dite tant de fois qu'elle ne peut plus l'être, qu'elle a été comme mise hors de service; la chose *triviale* a été dite tant de fois qu'elle est tombée dans le langage de la dernière classe de la société, qu'elle a été avilie, qu'elle est devenue basse ou ignoble.

REBELLE, RÉFRACTAIRE. Qui s'est soustrait ou a manqué à l'autorité.

Rebelle, latin *rebellis*, de *re bellum*, signifie étymologiquement qui recommence la guerre ou qui répond par la guerre, qui se révolte : il suppose prise d'armes, soulèvement, et non pas seulement refus d'obéir. L'idée de *réfractaire* est, au contraire, purement négative, le mot n'exprimant rien de plus qu'une désobéissance, une *infraction* (d'*infringere*, de la même famille que *refringere*, d'où vient *réfractaire*). On dit une armée de *rebelles* (Roll.), et on parle en droit naturel des peines dont le législateur menace les *réfractaires* (d'Ag.). Catilina fut tué à la tête des *rebelles* qui avaient embrassé son parti (Vert.): quand les plébéiens romains refusaient de s'enrôler, les consuls faisaient punir les *réfractaires* (Roll.). Charles Ier d'Angleterre fut mis à mort par ses sujets *rebelles* (d'Al.); Dioclétien ayant ordonné aux chrétiens d'apporter aux juges tous leurs livres, plusieurs *réfractaires* furent punis du dernier supplice (Volt.).

Ensuite, *rebelle* est un mot très-communément usité même dans le sens de *réfractaire*, qui, lui, ne se prend jamais dans l'acception particulière à *rebelle*. Celui-ci s'est complètement naturalisé chez nous, et il y forme avec *rébellion* et se *rebeller* une famille bien connue. Il n'en est pas de même de *réfractaire*, en latin *refractarius* : il n'a pas en français de substantif abstrait et de verbe correspondants de même signification, et il conserve quelque chose d'étranger et de savant qui fait qu'on l'emploie peu, même dans les cas où il conviendrait le mieux pour le sens. Il se dit surtout dans le langage de l'Église et en termes de jurisprudence, c'est-à-dire là où on a continué à parler latin pendant qu'ailleurs on parlait le français ou l'idiome qui est devenu notre français. « Les jésuites disaient que les jansénistes étaient une secte d'indépendants qui n'en voulaient pas moins à l'autorité royale qu'ils se montraient *réfractaires* à celle du pape. » S. S. « L'évêque de Luçon regardait les ennemis de la constitution *Unigenitus* comme *réfractaires* à l'autorité de l'Église. » D'AL. « Ces deux messieurs refusent de se soumettre aux décisions du concile de Trente. Le mandarin se tournant vers les deux *réfractaires*, leur dit.... » VOLT. « Cette commission autorisait Esdras à rétablir des magistrats et des juges pour punir les *réfractaires*. » ROLL. « Ingo IV, roi de Suède, voulut faire régner la justice et les lois, et punir les *réfractaires*. » VERT. « La nation française a pu supprimer ses ordres ecclésiastiques *réfractaires* à ses lois. » BERN. « De nos jours *réfractaire* est particulièrement un terme de législation militaire par lequel on désigne un homme qui se soustrait à la loi du recrutement et refuse de se ranger sous les drapeaux. — Une substance minérale infusible ou presque infusible est appelée *rebelle* dans l'art de la métallurgie et *réfractaire* dans le vocabulaire plus relevé des chimistes. Delille parle la langue commune quand il représente le bismuth comme étant « peu ductile et peu *rebelle* aux flammes »; mais il emprunte le langage des savants quand il dit que le cobalt

Garde dans le creuset sa roideur *réfractaire*.

RÉCAPITULER, RÉSUMER (RÉCAPITULATION, RÉSUMÉ). Exposer quelque chose d'une manière succincte.

Récapituler est d'une application plus étendue. — Au lieu qu'on ne *résume* jamais que de vive voix ou par écrit, on *récapitule* quelquefois mentalement, au dedans de soi, et c'est se retracer les choses ou s'en faire comme un tableau en raccourci. « Je m'attendrissais sur ces réflexions; je *récapitulais* les mouvements de mon âme dès ma jeunesse.... Mon après-midi se passa dans ces paisibles méditations. » J. J. « Vous possédez cette même facilité (de style) dans la conversation, et vous entrez pour beaucoup dans la *récapitulation* que je fais des bonheurs de la grand'maman. » DUDEFF. — D'un autre côté, on dit très-bien *récapituler* des faits, et en cela ce verbe se distingue nettement encore de *résumer* qui ne s'emploie jamais qu'en parlant de discours ou d'écrits et signifie exclusivement redire en abrégé. « La Narration succincte, très-mal composée par l'abbé de Bourzéis, *récapitule* assez mal ce qu'on avait fait sous le ministère du cardinal. » VOLT. « Beaucoup de lecteurs réprouvent ce long monologue (d'Antiochus dans *Bérénice*). Il n'est pas naturel qu'on fasse ainsi tout seul l'histoire de ses amours.... On pardonne un monologue qui est un combat du cœur; mais non une *récapitulation* historique.... ID. « Elle fit une courte *récapitulation* de sa vie entière pour montrer qu'à tout prendre elle avait été douce et fortunée. » J. J. « La lettre contenait une *récapitulation* de ce qui était arrivé depuis l'année précédente. » S. S.

Que si *récapituler* ne se prend pas toujours dans l'acception qui est particulière à *résumer*, c'est-à-dire pour signifier reproduire en abrégé de vive voix ou par écrit ce qui a déjà été dit, cela lui arrive au moins quelquefois. Comment en différe-t-il alors?

Récapituler convient plutôt à la langue commune, ce qui tient sans doute à ce qu'il a été seulement formé du latin, et non pas copié d'un verbe latin correspondant, car *recapitulare* est un mot d'une mauvaise latinité. « Lisez les gazettes; tout y est surprenant comme dans un roman. On y voit.... Une *récapitulation* de tout cela pourrait composer un volume qui ne serait pas gai, mais qui occuperait l'imagination. » VOLT. « Faites part de ces confidences à qui de droit, afin que, si mes lettres ont le malheur de se perdre de quelque côté, l'on puisse de l'autre en *récapituler* le contenu. » J. J. « *Résumer*, au contraire, représente exactement *resumere*, verbe latin de la meilleure époque, et c'est pourquoi son plus grand usage, comme le disait avec raison l'Académie avant 1835, est dans le dogmatique et dans la jurisprudence. « On dirait, à entendre le critique, que l'auteur (de l'*Esprit des lois*) vient de faire un traité de théologie ou du droit canon, et qu'il *résume* ensuite ce traité de théologie et de droit canon. » MONTESQ. « Il est vraisemblable que le discours de l'avocat du roi fut un *résumé* des allégations des deux parties. » VOLT. Dans son *Émile*, qui est proprement un traité d'éducation, J. J. Rousseau dit quelque part : « Je crois pouvoir *résumer* toutes les réflexions précédentes en deux ou trois maximes précises. » De même Mme de Staël, dans un endroit de son traité sur l'*Influence des passions* : « Je termine ici cette première partie; mais, avant de commencer celle qui va suivre, je veux *résumer* ce que je viens de développer. » Et dans son livre de la *Littérature* : « Il manquait aux philosophes grecs ce qu'on ne doit qu'aux sciences exactes, la méthode, c'est-à-dire l'art de *résumer*. »

RECEVOIR, SOUFFRIR, ESSUYER, SUBIR, ÉPROUVER. Tous ces verbes se disent de quelque chose de fâcheux qui arrive à quelqu'un ou dont quelqu'un est frappé.

Recevoir est le plus général sans contredit; car il s'emploie même pour exprimer quelque chose d'heureux : on *reçoit* un bon comme un mauvais accueil, de bons comme de mauvais traitements. Ensuite ce même verbe convient seul en parlant de certains objets physiques, comme une tuile, un seau d'eau qu'on *reçoit* sur la tête, ou de choses dont on dit bien qu'on les donne, des coups, des soufflets, par exemple.

Souffrir indique toujours quelque chose de mauvais ou de malheureux, et de plus il est particulièrement relatif à la peine qu'on en ressent. Il a cela de spécial, qu'il est subjectif, qu'il fait penser à l'état de l'âme désagréablement affectée. On *souffre* proprement des maux, ou, dans tous les cas, quelque chose à quoi on est très-sensible. « Le souvenir profond de la première injustice que j'ai *soufferte*. » J. J. « Suivons la nature qui a donné aux hommes la honte comme leur fléau; et que la plus grande partie de la peine soit l'infamie de la *souffrir*. » MONTESQ. — D'autres fois *souffrir* est subjectif en ce sens qu'il a rapport à la disposition avec laquelle le sujet reçoit le mal, disposition passive ou patiente, qui tend à endurer, à laisser faire, à permettre. « Milord Maréchal n'était pas fait, ni par sa naissance pour essuyer ces hauteurs, ni par son caractère pour les *souffrir*. » D'AL.

Essuyer se dit, au propre, de l'eau et de la poussière qui sont tombées sur les meubles et qu'on ôte. Dans l'acception figurée où il se prend ici, il doit être préféré à ses synonymes toutes les fois qu'il est question de choses qui semblent tomber sur nous et nous assaillir, telles que des tempêtes ou le feu d'une place (ACAD.), l'inclémence du ciel et des saisons (LABR.), des malheurs (MONTESQ.); ou bien encore telles que des brusqueries (BOURD.), des caprices (ID.), des rebuts ou des dégoûts (MASS.), de mauvais traitements (J. J.), des persécutions (J. J., LABR.), des refus (J. J., REGN.), des réprimandes (J. J.), des affronts (ACAD.). Dans toutes ces expressions se retrouve la même idée essentielle, celle d'une attaque dont on est l'objet.

Subir, du latin *subire*, aller ou se mettre sous, annonce, non plus un assaillant, un ennemi, ou un homme de mauvais vouloir et rude, mais un supérieur. On *subit* le joug, et tout ce qui est imposé par une autorité dont on dépend, la loi du vainqueur, l'arrêt du destin, un jugement, un châtiment, la mort. « Recevez un pouvoir sans bornes sur tout le sérail; commandez avec autant d'autorité que moi-même...; que tout *subisse* votre tribunal redoutable. » MONTESQ.

Vous aimez. On ne peut vaincre sa destinée :
Par un charme fatal vous fûtes entraînée....
Mortelle, *subissez* le sort d'une mortelle.
Vous vous plaignez d'un joug imposé dès longtemps.
RAC.

On *essuie* des mépris (MASS.) de la part de tout le monde ; mais on *subit* le mépris (ACAD.) d'un homme auquel on est subordonné.

Éprouver, expérimenter, faire connaissance avec, c'est souffrir pour la première fois, prendre par expérience idée d'un mal qu'on n'avait pas encore senti.

Bientôt le riche même, après de vains efforts,
Éprouva la famine au milieu des trésors. VOLT.

On dit particulièrement bien *éprouver* un changement, parce qu'un changement consiste en quelque chose de nouveau, en un état autre que l'état habituel d'auparavant. Que si *subir* un changement s'emploie aussi, c'est quand le nouvel état est produit par l'autorité ou par Dieu. « Il se peut que notre monde ait *subi* autant de changements que les États ont *éprouvé* de révolutions. » VOLT.
— Mais quelquefois *éprouver* signifie souffrir soi aussi un certain mal, et ce mot emporte alors l'idée d'une opposition, non pas avec ce qu'on avait souffert soi-même précédemment, mais avec ce qu'un autre ou d'autres avaient souffert de leur côté. « Si Mithridate avait l'art de solliciter les peuples et de faire révolter les villes, il *éprouvait* à son tour des perfidies de la part de ses capitaines, de ses enfants et de ses femmes. » MONTESQ. « Je laissai, par mégarde, dit Philoctète, tomber la flèche de l'arc sur mon pied. Aussitôt j'*éprouvai* les mêmes douleurs qu'Hercule avait *souffertes* » FÉN.

RECHERCHE, INVESTIGATION. La synonymie de ces deux mots se fonde sur ce qu'ils signifient, l'un et l'autre, les efforts et tentatives de l'esprit pour parvenir à savoir, à découvrir la vérité, à réussir dans les sciences.

Recherche vient probablement du latin; mais cela n'est pas tellement certain qu'on puisse assigner sans conteste le mot latin d'où il a été tiré. C'est l'expression commune, générale, représentative et de l'action de l'esprit et des résultats qu'il obtient dans quelque science que ce soit, particulièrement en philosophie, en histoire et en matières d'érudition. « Les impies ont voulu, par leurs *recherches* orgueilleuses, s'élever à des connaissances inconnues au reste du genre humain. » MASS. « Ne croyez pas que je veuille faire en ce lieu une *recherche* philosophique sur cette cruelle passion (la haine), ni vous rapporter dans cette chaire ce qu'Aristote nous a dit de son naturel malin. » BOSS. « Nous trouvons, après une exacte *recherche* de tout ce qui est dans l'homme, que la raison est ce qu'il a de plus propre et de plus divin. » ID. « Les historiens grecs étaient plus éloquents dans leurs narrations que curieux dans leurs *recherches*. » ID. Il a fait de profondes *recherches* sur ce point de chronologie. » ACAD. « Ce livre est plein de *recherches* savantes, est intitulé : *Recherches* sur.... » ACAD.

Investigation, latin *investigatio*, d'*investigare*, suivre les vestiges ou la piste, est nouveau dans notre langue; il y a été introduit ou naturalisé au dix-huitième siècle par J. J. Rousseau, et le Dictionnaire de l'Académie n'en faisait pas mention avant 1835. C'est par rapport à *recherche* un terme distingué, et qui doit cette distinction moins encore à sa jeunesse qu'à sa dérivation manifestement latine. Quant au sens, il exprime quelque chose de suivi, la marche plutôt qu'une démarche de la raison, le travail plutôt que le fruit qu'il produit, et il semble se rapporter spécialement aux sciences physiques, aux sciences dans lesquelles on va pour ainsi dire à la chasse des faits. « Que de dangers, que de fausses routes dans l'*investigation* des sciences ! » J. J. « La vue et le toucher sont les deux sens qui nous servent le plus à l'*investigation* de la vérité. » ID. « Pour réduire en règles l'*investigation* des vérités physiques, le critique devrait tenir le milieu et les extrémités de la chaîne. » MARM.

Personne n'ignore quelle gloire s'est acquise Aristote par ses *recherches* en toutes sortes de sciences ; Thalès est célèbre par l'esprit et l'ardeur d'*investigation* qu'il inspira à toute l'école philosophique ou plutôt physicienne de l'Ionie.

RECHERCHE, PERQUISITION, ENQUÊTE, INFORMATION. L'idée commune à tous ces mots est celle de soins et de moyens qu'on prend, de mouvements qu'on se donne pour parvenir à connaître, non plus dans les sciences (voy. l'article précédent), mais en justice. Ce qu'on se propose par les *recherches* ainsi entendues, par les *perquisitions*, les *enquêtes* et les *informations*, ce n'est pas de s'instruire en satisfaisant une curiosité toute spéculative, mais de se procurer des indices, des révélations, toutes sortes de connaissances relatives aux affaires et aux intérêts de la vie.

Recherche appartient à la langue commune; il ne rappelle pas comme ses synonymes les usages de la justice, ses allures mesurées et conformes à des règles constantes et les mêmes pour tous; ce qu'il exprime le mieux, ce sont des entreprises ou des poursuites faites sans formalités et le plus souvent arbitraires. « Narbal ne jugea point à propos, pendant la vie de Pygmalion, de faire venir Baléazar; il aurait tout hasardé pour la vie du prince et pour la sienne propre : tant il était difficile de se garantir des *recherches* rigoureuses de Pygmalion. » Fén. « *Allez, informez-vous soigneusement de cet enfant.* Voyez comme Hérode les engage à une exacte *recherche* et à un fidèle rapport. » Boss. « Pour que le citoyen paye, il faut des *recherches* perpétuelles dans sa maison. Rien n'est plus contraire à la liberté. » Montesq. « Le peuple voulait poursuivre les complices des vexations commises sur les Trente : Thrasybule, jugeant que ces *recherches* occasionneraient de nouveaux désordres, inspira d'autres sentiments. » Cond. « Rien n'a été omis pour l'exécution de cette noble entreprise : tous les talents d'un ministre intrigant, toutes les ruses de ses satellites, toute la vigilance de ses espions...; les malignes *recherches* sur ma vie pour la souiller, sur mes propos pour les empoisonner... » J. J.

Les *perquisitions* ont un caractère légal comme les *réquisitions*, ce sont des recherches auxquelles on procède par autorité et selon certaines formes, Au reste, elles ont cela de tout à fait propre, qu'elles tendent à découvrir des personnes ou des choses, à faire mettre la main dessus. « Le prévôt de Paris eut ordre de faire dans tous les hôtels des princes une exacte *perquisition* des meurtriers. » Boss. « On dit qu'il dépeignit à peu près ma figure aux huissiers, et qu'ils me cherchaient avec leurs archers. Pendant qu'ils faisaient des *perquisitions* inutiles... » Les. « Il ne faut pas en faire *perquisition* (des chrétiens); mais s'ils sont accusés et convaincus, il faut les punir. » (Lettre de l'empereur Trajan à Pline). Roll. « Le commissaire de police a dressé un procès-verbal de *perquisition*. » Acad. « La Dauphine dit à Mme de Levy de lui aller chercher cette boîte dans son cabinet où elle la trouverait sur la table.... Toute espèce de *perquisitions* faites, jamais on ne la revit. » S. S. — D'autre part, la *perquisition* étant l'action de chercher à travers ou d'une manière persévérante et achevée, par *quærere*, ce mot, toutes les fois qu'on s'en sert dans la langue commune, et non plus en termes de palais, emporte l'idée de beaucoup de pénétration, de beaucoup de finesse, ou d'une grande exactitude. « Comment accorder la charité avec ces tours d'adresse, avec ces *perquisitions*, ces questions subtiles et captieuses; avec ces longs circuits pour amener une personne dans le piège, pour lui tirer ce qu'elle a de plus caché dans l'âme? » Bourd. « Pour être informé de la vérité, il les fit suivre par un laquais qui avait de l'esprit, et ce laquais ayant tout découvert par ses *perquisitions*, lui en fit un fidèle rapport. » Les. « Afin que nous comprenions quelle exactitude nous est commandée pour nous informer des choses au *milieu* de nos ignorances, puisque celui qui sait tout fait une si soigneuse *perquisition* et vient en personne pour voir. » Boss.

L'*enquête* et l'*information* ont pour fin particulière, non pas, comme la *perquisition*, de faire trouver des personnes ou des choses, mais d'éclaircir des faits. Sans la *perquisition* ou si elle échoue, les hommes restent cachés ou les objets perdus : sans l'*enquête* et sans l'*information* ou si elles sont infructueuses, les faits restent incertains, indécis, et on demeure dans le doute, on ne sait quel jugement porter.

Enquête est seul usité en matière civile, et *information* en matière criminelle.

L'*enquête* porte directement sur les choses ou les objets et se propose d'en déterminer la nature, l'état, l'étendue, le maître, l'utilité ou les inconvénients : une *enquête* (et non pas, comme on disait autrefois, une *information*) de commodo et incommodo. Les Carthaginois s'étant plaints d'usurpations de Masinissa, « on ordonna une nouvelle députation pour aller sur les lieux faire de nouvelles *enquêtes*. » Roll. « Où sont les âmes délicates jusqu'à ce point qu'une chose trouvée leur soit un fardeau? Je dis un fardeau, parce qu'il leur impose devant Dieu l'obligation d'une *enquête* exacte et d'une fidèle restitution. » Bourd.

Quelques rayons de miel sans maître se trouvèrent :
   Des frelons les réclamèrent;
   Des abeilles s'opposant,
Devant certaine guêpe on traduisit la cause....
La guêpe, ne sachant que dire à ces raisons,
Fit *enquête* nouvelle, et, pour plus de lumière,
   Entendit une fourmilière. Laf.

Mais l'*information* est destinée à faire connaître les personnes, leurs actions et leur caractère : une *information* de vie et de mœurs. « Langei fit voir quels étaient les assassins (des ambassadeurs)...; il mit en évidence toute la suite du crime, et afin que l'*information* ne fût pas suspecte, il la fit faire à Plaisance, qui était une ville neutre. » Boss. « Quand on veut juger un criminel, on commence par l'*information*, on appelle les témoins, on reçoit les dépositions.... » Bourd. « Saint Louis faisait faire de temps en temps des *informations* juridiques de la vie et des mœurs de tous les officiers de sa cour. » Id. « La chambre ne travaillera de vingt jours (dans une affaire d'empoisonnements), soit pour tâcher de se racquitter en faisant des *informations* nouvelles, soit en faisant venir de loin des gens accusés, comme par exemple cette Polignac qui a un décret ainsi que la comtesse de Soissons. » Sév.

Une remarque accessoire, qui ne laisse pourtant pas d'avoir son importance, c'est qu'*enquête* se prend plutôt au singulier et signifie le travail, l'examen, l'audition des témoins, au lieu qu'*information* se met et se trouve plus souvent au pluriel et marque ce qu'on se procure par l'*enquête*, à savoir les renseignements, les témoignages qu'on recueille. On fait proprement une *enquête*. « Il se trouva par l'*enquête* exacte que l'on fit, que depuis le commencement de la guerre on avait tiré du temple plus de dix mille talents. » Roll. Faire une *information*, procéder à une *information* sont aussi des locutions usitées ; mais on dit prendre, recevoir, avoir, conserver des *informations*, et non pas des *enquêtes*. « Le prélat Mezzabarba avait tout pouvoir pour prendre toutes les plus juridiques *informations* sur ce qui s'était passé (en Chine) entre les jésuites et le cardinal de Tournon. » S. S. « J'ai écrit en Suisse pour avoir des *informations* sur le compte de ce misérable..... Vous pourriez passer chez MM.... Vous en tireriez peut-être des *informations* qui me seraient utiles pour confondre mon coquin. » J. J. « La cour vémique déléguait secrètement des commissaires qui allaient, sans être connus, dans toutes les villes d'Allemagne, prenaient des *informations* sans les dénoncer aux accusés, les jugeaient sans les entendre. » Volt. « Voilà, disent les *informations* conservées jusqu'à nos jours, ce qu'avouèrent soixante et douze templiers au pape même. » Id.

RECOIN, REPLI. Au figuré, ces deux mots signifient l'endroit le plus retiré d'une chose, ce qu'il y a en elle de plus secret, de plus difficilement aperçu ou de plus difficile à apercevoir.

Leur différence est analogue à celle qui les sépare au propre. Or, au propre, *recoin* se dit de lieux ou de choses considérées localement, abstraction faite de toute idée d'action ; au lieu que *repli* s'emploie en parlant de choses qui se *replient*, qui agissent ou qui se meuvent, qui font des tours et des détours. Psyché visita tous les *recoins* d'une grotte où elle avait été conduite en suivant les *replis* d'un ruisseau qui y aboutissait (Laf.) Il en résulte qu'au figuré *recoin* ne suppose pas et que *repli* suppose une action ou des efforts pour tenir cachées les choses dont il s'agit. « Les sciences spéculatives ont des *recoins* et des enfoncements fort peu utiles. » P. R. « Avec tant et de si grandes parties, ce prince si admirable (le duc de Bourgogne) ne laissait pas de laisser voir un *recoin* d'homme, c'est-à-dire quelques défauts. » S. S. « Dans l'entreprise que j'ai faite de me montrer tout entier au public, il faut que rien de moi ne lui reste obscur ou caché ; il faut qu'il me suive dans tous les égarements de mon cœur, dans tous les *recoins* de ma vie. » Mol. « Les *replis* sont proprement des effets de la *duplicité*, quelque chose d'artificieux, des détours. » On n'avait pas pénétré d'abord tous les secrets d'une secte qui avait tant de *replis* et tant de détours. » Boss. « Suivre scrupuleusement les détours artificieux et les profonds *replis* d'une procédure embarrassante. » D'Ag.

Nous vivons sous un prince ennemi de la fraude,
Un prince dont les yeux se font jour dans les cœurs,
Celui-ci n'était pas pour le pouvoir surprendre,
Et de pièges plus fins on le voit se défendre.
D'abord il a percé, par ses vives clartés,
Des *replis* de son cœur toutes les lâchetés. Mol.

RÉCOMPENSE (EN), EN REVANCHE. Par compensation.

En récompense annonce une *récompense*, sert à exprimer qu'on rend le bien pour le bien. « Si vous me faites voir le petit-fils de mon maître, puissent les dieux *en récompense* vous faire voir sur vos genoux les enfants de vos enfants jusqu'à la cinquième génération ! » Fén. « Il y a un paquet pour vous chez M. Bouret. *En récompense* instruisez-moi un peu de l'état de notre littérature. « Volt. « Des rois d'Afrique se sont adressés plusieurs fois aux chefs de nos comptoirs pour avoir des femmes blanches, leur promettant *en récompense* des priviléges considérables. » Bern. — *En revanche*, au contraire, donne l'idée d'une *revanche*, fait entendre qu'on rend la pareille d'un mal ou le mal pour le mal. « Ces millouins écartaient les autres canards à coups de bec sur l'eau ; mais ceux-ci *en revanche* les battaient lorsqu'ils étaient à terre. » Buff.

Qui rit d'autrui
Doit craindre qu'*en revanche* on rie aussi de lui. Mol.
Tu me fais penser....
Qu'elle ne m'aime point, et qu'elle me méprise.
— Oui ; mais, par son portrait que je te fais ici,
En revanche tu peux la mépriser aussi. Dest.
Quand un époux a fait quelque intrigue nouvelle,
La femme a beau crier, le mari va son train.
Quand la dame, *en revanche*, a formé le dessein
De se dédommager d'un époux infidèle,
L'époux a beau gronder.... Regn.

Dans une acception très-générale les deux locutions marquent une compensation à quoi que ce soit de bon ou de mauvais. Mais alors *en récompense* indique une compensation quelconque, et *en revanche* une compensation exacte. En effet *se revancher*, ce n'est pas seulement comme *récompenser* faire quelque chose en retour, mais rendre la pareille. Des oiseaux ont le vol pesant, mais *en récompense* ils courent très-vite (Buff.), ils ont au moins cette consolation, cet avantage qui supplée à cet inconvénient d'une manière telle quelle ; les femmes n'ont pas la force, mais *en revanche* elles ont l'adresse (Fén.), elles possèdent une qualité qui vaut tout autant. Une personne m'a fait telle ou telle chose ; *en récompense* je l'aime ou je la hais. Une personne m'aime beaucoup ; *en revanche* je l'aime beaucoup aussi.

L'amour qu'il a pour moi ne s'imagine pas ;
Mais *en revanche* aussi je l'aime à la folie. Regn.

RÉCOMPENSER, PAYER, RECONNAITRE. Faire du bien à quelqu'un à cause d'un bien qu'on en a reçu ou qu'il a fait.

On *récompense* toute sorte de mérite, et, par exemple, les bons sentiments, l'affection, le zèle, et le bien qu'ils portent à faire. Mais on ne *paye* proprement que les services et la peine ; car la *paye* est l'argent qu'on donne à des soldats et à des ouvriers, c'est-à-dire à des gens et au travail de gens qui sont au service. « Dieu ne *récompense* pas toujours par un succès prompt et visible le zèle de ses ministres... ; nous voudrions être *payés* comptant de nos peines par un fruit soudain et visible. » Mass.

J'attendais ton retour pour pouvoir avec gloire
Récompenser ta flamme et *payer* ta victoire. Corn.
Quand pourrai-je, dit-il, au gré de ma justice,
Récompenser ton zèle et *payer* ton service ? Volt.

Reconnaitre a cela de propre qu'il ne s'applique jamais aux personnes : on ne dit pas, dans l'acception dont il s'agit ici, *reconnaitre* quelqu'un comme on dit le *récompenser* et le *payer* ; mais on dit *reconnaitre* aussi bien que *récompenser* et *payer* des soins, des services, etc.

Étranger à la personne qui est l'objet de l'action, *reconnaître* est tout relatif au sujet. D'une part, il exprime que le sujet se souvient du bien reçu, qu'il s'avoue redevable et obligé, soit qu'il s'acquitte ou ne s'acquitte pas actuellement en *récompensant* et en *payant* : « Il plaignit le maréchal de servir un prince ingrat qui, loin de *récompenser* les services, ne savait même pas les *reconnaître*. » Ducl. D'autre part ou d'autres fois il indique dans le sujet un sentiment, celui de la *reconnaissance* ou de la gratitude ; en sorte que *reconnaître* revient à *récompenser* ou à *payer* avec une sorte de tendresse ou de souvenir affectueux. « Le roi dit à Aspase : Si vous pouvez découvrir la cause de la mélancolie de mon fils et m'en instruire, je saurai *reconnaître* ce bon office en père et le *récompenser* en roi. » Marm. C'est le cœur qui *reconnaît* ; c'est la main qui *récompense* et qui *paye*.

REÇU, QUITTANCE, ACQUIT. Écrit par lequel on déclare avoir touché une certaine somme d'argent.

Reçu d'abord est séparé des deux autres mots par une grande différence. Il se dit quelle que soit la personne qui a remis l'argent, et quelle qu'ait été son intention en le remettant, de le donner, par exemple, ou de le confier ou de le laisser en dépôt ; au lieu que la *quittance* et l'*acquit* supposent toujours et nécessairement de l'argent payé par un débiteur qui par là *s'acquitte* ou se libère. « Je soulageais tous les pauvres de mon faubourg de sommes assez considérables. J'ai les *reçus* de ma section et ses très-doux remerciements. » Beaum. « J'eus tout l'argent que je voulus pour mon voyage (en Prusse aux frais du roi de France), sur mes simples *reçus*, de M. de Montmartel. » Volt. « Il n'est pas assez simple pour confier des billets d'une si grande importance sans en tirer un *reçu*. » Id. « Allez déposer la somme chez votre notaire, dont vous tirerez un *reçu*. » Dest.

Quittance et *acquit*, dont la racine est la même, *quitte*, *quietus*, tranquille, qui n'a plus à s'inquiéter (de sa dette), se ressemblent beaucoup. Cependant la *quittance*, qui fait l'action d'acquitter, se considère plutôt d'une manière concrète ; et l'*acquit*, état de celui qui est acquitté, donne l'idée de quelque chose d'abstrait, de l'effet opéré par la *quittance*. La *quittance* est propre à décharger, c'est un titre de libération ; l'*acquit* est la décharge ou la libération même. « Il me dit qu'il m'enverrait les *quittances* de ces objets que l'on avait payés pour moi à l'*acquit* de la masse entière. » Beaum. *Quittance* fixe l'attention sur l'écrit lui-même, qui est sous seing privé, par devant notaire, sur papier timbré, etc., *acquit* fait penser à l'état de la personne qui par cet écrit se trouve délivrée d'une dette. Une bonne *quittance* est revêtue de toutes les formalités légales ; un bon *acquit* a toute la valeur intrinsèque possible, met bien le débiteur à l'abri de toute réclamation ultérieure.

REDIRE, RÉPÉTER. Rendre de nouveau par la parole ou par écrit.

Redire, c'est proprement renouveler l'expression d'une pensée ; et *répéter* (du latin *repetere*, recommencer, reprendre), recommencer à parler. Comme *dire*, *redire* suppose nécessairement quelque chose qui est l'objet de l'action ; il est matériel, il se rapporte à ce qui fait la matière ou le fond du discours. *Répéter* est, au contraire, purement formel, tout relatif à la forme, aux mots. Vous *redites* le secret qu'on vous a confié ; un perroquet ou l'écho *répètent* les sons de notre voix. « Je dis au régent que je n'avais point de nouveaux raisonnements à faire, que je lui avais tout dit, que *redire* ne serait que *répéter* et rebattre. » S. S. Ce qui prédomine dans *redire*, c'est le sens : on *redit* les choses pour les inculquer. Mais *répéter* est préférable là où on ne considère que la manière ou l'art de s'exprimer ; aussi y a-t-il des *répétitions* et non des *redites* de mots, aussi distingue-t-on en rhétorique une figure appelée *répétition* et non *redite*. Dans un examen critique de *Mérope*, après avoir cité un passage où Mérope, cette mère incomparable, exprime de plusieurs manières l'unique sentiment dont elle est pénétrée, Laharpe ajoute : « Ce n'est pas là *répéter*, c'est redoubler, et l'on ne saurait trop le *redire* aux auteurs tragiques : quand une fois vous aurez trouvé le chemin du cœur, avancez toujours. » L'effet trop ordinaire des *redites* et des *répétitions* est d'ennuyer en reproduisant, les unes les mêmes choses, les mêmes pensées, les autres les mêmes façons de parler, les mêmes sons, les mêmes phrases ou les mêmes tournures.

Tandis que du vainqueur qui marche vers le temple
Tout *redit* les exploits, tout *répète* le nom.... Del.

Étant relatif au fond, *redire* s'emploie bien quand il est question de choses réelles et sérieuses. « Chacun en *redisant* les vices de votre frère y ajoute de nouvelles circonstances. » Bourd. » C'est parce que vous n'avez pas profité de ce qu'on vous l'a déjà dit, que je vous le *redis* encore. » Pasc. « Nous regardons comme un devoir de *redire* ici que..,. » Volt. Mais, n'ayant rapport qu'à la forme, *répéter* est préférable en parlant de faux bruits et de fables. « Combien d'histoires se racontent comme des choses certaines et avérées et ne sont néanmoins que de faux bruits et de simples imaginations! On les croit comme on les entend, et on *les répète* de même. » Bourd. « Eumée *répète* à Télémaque le roman que lui a fait Ulysse. » Fén. « Pourquoi sera-t-il permis à Rollin de nous *redire*, de nous *répéter* la fabuleuse enfance de Cyrus? » Volt.

D'un autre côté, comme on ne *dit* jamais sans *dire* quelque chose, on ne *dit* jamais sans *dire* à quelqu'un. Il en est de même de *redire*, il est toujours transitif. Mais *répéter* est volontiers intransitif, réfléchi ; de là vient qu'on dit se *répéter* et que dans une de ses acceptions *répéter* marque l'action de se dire plusieurs fois à soi-même en particulier une certaine chose afin de la savoir par cœur. On *redit* pour les autres, on *répète* quelquefois pour soi. « Vous n'ignorez ni combien vous m'êtes cher ; mais vous aimez à vous le faire *redire* ; et comme je n'aime guère moins à le *répéter*, il vous est aisé d'obtenir ce que vous voulez. » J. J.

RÉEL, EFFECTIF. Qui existe, qui n'est pas seulement en idée ou fictif.

Réel se dit des choses qui sont, et effectif des choses qui se font. Ce qui est réel est une chose (res), existe dans la nature. Ce qui est effectif (efficere, ex facere, faire) est un fait ou de fait, se fait, a lieu, se pratique. Le monde réel, des maux réels, un personnage réel sont ou se trouvent dans la nature. Dieu a rendu effective dans son fils cette idée de vertu (Boss.); Fénelon oppose une autorité effective à une autorité de nom, et Bossuet des combats effectifs à des images de la guerre; ce sont choses de pratique ou d'exercice. Tous les philosophes de la secte de Pyrrhon, qui ont vécu dans l'antiquité ou dans les temps modernes ont été des pyrrhoniens réels: mais « il n'y en a jamais eu d'effectifs et de parfaits. » Pasc. D'effectifs, c'est-à-dire qui se soient conduits conformément à leurs doctrines. Le soleil est réellement plus grand que la terre, et c'est effectivement la terre qui tourne autour du soleil. Dans l'Eucharistie, la présence de Jésus-Christ est réelle, et il se fait un changement effectif du pain et du vin (Boss.) « Que sera-ce de la frayeur que des maux réels font sur notre esprit, par la crainte du tort effectif que les autres hommes peuvent nous faire? » D'Ag.

Réaliser, c'est rendre réel, donner la réalité ou de la réalité, donner une existence objective : il ne faut pas réaliser des abstractions. On réalise des chimères en faisant qu'elles soient des choses, qu'elles prennent corps, pour ainsi dire. Effectuer, c'est en venir au fait, et ne pas s'en tenir aux projets, aux paroles ; ce mot s'emploie très-bien en ce sens d'une manière absolue, et sans indication d'aucune chose. Un amant jure de se tuer, mais il n'effectue pas (Mol.). Tel homme, pour votre avancement, avait seulement désiré ; tel autre a effectué (S. S.). Si vous réalisez vos promesses, vous donnez ce que vous avez promis; si vous effectuez vos promesses, vous faites ce que vous avez promis. C'est à une chose que vous donnez l'existence, en réalisant, et c'est à une action, à un fait que vous en venez en effectuant. On réalise mais on n'effectue pas sa fortune ou des chimères. Et d'autre part, on effectue mais on ne réalise pas le projet de se tuer.

RÉEL, VRAI, CERTAIN. Ce que vous dites est réel, vrai, certain, c'est-à-dire ne manque pas de fondement, ou plutôt est.

Mais réel, tout objectif, ne regarde que les choses mêmes que vous dites : elles sont. Vrai et certain désignent aussi ces mêmes choses comme étant, mais avec un rapport subjectif à des esprits qui les conçoivent ou les croient : ce qui est vrai est comme on le rend où l'exprime ; ce qui est certain est sans doute. Réel n'est pas un terme de philosophie comme vrai et certain : aussi ne dit-on pas, il est réel que...., comme on dit, il est vrai ou certain que.... Réel sert à qualifier des choses qui sont en tant qu'elles sont, indépendamment de notre intelligence ; vrai et certain bien qualifient des choses qui sont dans notre entendement ou en viennent, des idées, des images, des jugements, des propositions. Il y a probablement dans la nature une foule de choses réelles qui ne peuvent être dites ni vraies, ni certaines, parce que notre esprit n'étant jamais arrivé jusqu'à elles n'a pu s'en faire une idée ni une opinion. Ce qui n'est pas réel a un défaut essentiel : c'est quelque chose de vain, de chimérique, qui manque de solidité, qui n'est qu'apparent, sur quoi on ne doit pas compter ou faire fond. Ce qui n'est pas vrai ou certain n'a qu'un défaut idéal ou intellectuel : c'est quelque chose de faux, de mensonger, de douteux, à quoi il faut se garder de croire.

Vrai et certain se rapportent à différentes opérations de l'esprit, savoir : vrai à l'idée, et certain au jugement. La vérité regarde la manière dont on se représente les objets ou dont on les représente aux autres : ce qui est vrai est conforme à la nature des choses, et non pas faux, inexact, imparfaitement exprimé. La certitude regarde l'acquiescement de l'esprit : ce qui est certain est digne de foi et non pas douteux, détermine la croyance et ne permet pas de rester en suspens et indécis. Tout est vrai dans un roman ou dans un tableau purement imaginaire où tout est rendu d'une manière naturelle et conforme au train ordinaire des choses; mais il n'y a rien de certain. Une chose, au contraire, est certaine sans être vraie, si on a pour y croire des motifs puissants et que pourtant au fond ce soit une erreur. « S'il est vrai, comme il est certain que.... » Boss. Il est certain pour le vulgaire que le soleil tourne autour de la terre, mais cela n'est pas vrai.

En résumé, ce qui est réel existe effectivement; ce n'est pas une idée, une abstraction, un être de raison, une pure création de l'esprit. Ce qui est vrai représente les choses comme elles sont; ce n'est point une image incomplète, infidèle ou altérée. Ce qui est certain emporte conviction et ne laisse pas lieu au doute.

RÉFLÉCHIR, MÉDITER, RUMINER. Appliquer intérieurement son esprit à quelque sujet de pensée.

Réfléchir marque un retour de l'esprit à quelque chose qui a déjà eu lieu ou qui l'a déjà occupé ; la réflexion manque d'originalité, et elle se rapporte au passé, elle est rétrospective : vous réfléchissez à ce que ou sur ce que vous avez fait, vu ou entendu. Au contraire, méditer, meditari, machiner, préparer, c'est porter et arrêter son attention sur quelque chose à quoi on n'avait point encore pensé; la méditation est féconde, créatrice, et relative à l'avenir ou préparatoire : vous méditez un projet, quelque chose à faire, à produire, à mettre au jour. Si on ne réfléchit, l'expérience ne sert à rien ; sans la méditation, le génie est impuissant. — Réfléchir a plus de rapport à la pratique, à la conduite de la vie, et méditer en a davantage à la théorie ou à la spéculation : l'homme sage ou prudent réfléchit; le philosophe, l'homme abstrait, l'utopiste, le rêveur médite. — Il semble aussi que méditer suppose une plus grande application. « Méditer, dit Condillac, c'est réfléchir longtemps et profondément sur un sujet. » Aussi méditer se met-il bien après réfléchir apparemment pour renchérir. « Je vous promets bien de m'occuper beaucoup du respectable objet de vos lettres, d'y réfléchir, d'y méditer. » J. J.

Ruminer, remâcher, c'est penser et repenser,

rouler dans son esprit, faire quelque chose d'analogue à ce que font les animaux *ruminants*, qui font revenir, pour la tourner et la retourner, la nourriture qu'ils ont avalée. Familier d'abord, ce verbe a pour second caractère d'exprimer une action, non pas forte comme *réfléchir* et *méditer*, mais continuelle. « Je n'avais cessé de *ruminer* en moi même les moyens de sauver Maurepas. » S. S. « J'aurai le temps de *ruminer* tout cela jusqu'à la belle saison. » J. J.

Il s'en retourne, il *rumine*, il repense,
Il rêve tant, qu'enfin il dit en soi.... LAF.
Il avait dans la terre une somme enfouie,
Son cœur avec, n'ayant autre déduit
Que d'y *ruminer* jour et nuit. ID.

— D'ailleurs, non-seulement *ruminer* le cède en noblesse à ses deux synonymes, mais encore il se prend plus volontiers en mauvaise part. « Étant d'un naturel cruel et malin, toujours *ruminant* à part soi quelque dessein de nous nuire, le génie du mal n'avait point d'autre plaisir que de tremper, disait-on, ses mains dans le sang. » Boss.

Mais quoi! chacun de nous dans la société
Porte souvent l'humeur chagrine
De l'intraitable vanité,
Ou les projets cruels que la haine *rumine*. DEL.

RELEVER, REHAUSSER. Ces mots sont pris ici au figuré, en tant qu'ils signifient faire ressortir, donner du relief ou de l'éclat.

Ils diffèrent comme au propre, et à peu près de la même manière que les verbes simples *lever* et *hausser* (Voy.). *Relever* se dit de ce qui par soi-même est bas, et *rehausser* de ce qui est haut, de ce à quoi on ne fait qu'ajouter un nouveau degré de hauteur. « Les casques des Samnites étaient *relevés* d'une aigrette pour *rehausser* la taille. » ROLL. Vous *relevez* en faisant paraître ce qui ne paraît point, ou ce qui paraît très-peu, ce qui est pour ainsi dire à bas ou tombé; vous *rehaussez* en donnant un nouveau lustre à une chose qui brille déjà. Un peintre *relève* son tableau en y mettant des couleurs vives et éclatantes sans lesquelles il serait terne et plat; les ombres dans un tableau *rehaussent* l'éclat des couleurs, c'est-à-dire qu'elles l'augmentent simplement. Sans les assaisonnements ou les agréments qui les *relèvent*, les mets ou les ouvrages d'esprit seraient insipides; si on n'a soin de *rehausser* certaines choses, elles ne sont pas assez hautes, assez grandes, assez belles, assez frappantes.

On *relève* proprement la bassesse (BOURD., MASS.) ou la médiocrité (D'AL); on *rehausse* la grandeur (Boss., NIC), l'éclat (RAC, ROLL.), la gloire (CORN., ROLL.). On dit qu'une chose est *relevée* par une autre; on dit qu'une chose est encore *rehaussée* par une autre. « Quelque grand que soit le sujet, vous avez toutes les qualités nécessaires pour le *rehausser* encore. » SÉV. « La jolie figure de l'écureuil est encore *rehaussée*, parée par une belle queue en forme de panache, qu'il relève jusque dessus sa tête. » BUFF.

« Notre passion nous couvre les défauts de nos amis et *relève* avec éclat leurs plus petits avantages. » MAL. « Le satirique est obligé de se détourner sur de petites choses qu'il *relève* par la beauté de son génie et de son style. » LABR.

Et le farouche aspect de ses fiers ravisseurs
Relevait de ses yeux les timides douceurs. RAC.

« Ce tour d'esprit distingue les grands auteurs des médiocres, et *relève* quelquefois leurs productions les plus faibles. » P. A. « Vous pourriez trouver basse quelques-unes des actions des saints, où il y a un trait secret de Dieu, qui les *relève*. » Boss. —

Vous verrez ma mort en ce combat,
Loin d'obscurcir ma gloire, en *rehausser* l'éclat.
CORN.

« Les rois étaient persuadés que la palme olympique *rehaussait* de beaucoup l'éclat du sceptre et du diadème. ROLL. « O Dieu, *rehaussez* les dons de la nature dont vous l'avez ennobli (le jeune Louis XIV) par l'éclat immortel de la piété. » MASS. « Charité qui mérite les plus grands éloges.... Mais savez-vous encore ce qui en *rehausse* le prix? » BOURD. « M. de Lavardin a de très-bonnes et grandes qualités...; et puis tout d'un coup une douceur et une déférence pour le gouverneur qui le *rehaussent* encore. » SÉV.

RELIGIEUX, MOINE. Personnage dévot qui s'est particulièrement consacré à Dieu en s'astreignant à suivre la règle de quelque ordre ou de quelque congrégation.

Religieux exprime le genre, et *moine* une espèce. Le *religieux* est entré en religion, mais ce peut être sans avoir rompu avec le monde, et sans avoir fait de vœux: tels étaient les oratoriens et tels sont les Frères de la Charité. Le *moine* est un *religieux* cloîtré, vivant sous le froc dans un *monastère*, mort au monde et engagé par des vœux.

Mais les *moines* étant, sinon tous les *religieux*, au moins des *religieux*, et les plus nombreux de tous sans comparaison, il importe de savoir quand est-ce qu'il convient de les appeler du nom général de *religieux* ou de leur nom spécifique de *moines*.

Religieux se dira plutôt pour signifier l'état, d'une manière vague; et *moine* s'emploiera de préférence quand il s'agira de déterminer l'ordre spécial du personnage en question. Luther était un *religieux*, un *moine* augustin. « Ces coutumes ont été rédigées par saint Udalric, *moine* de cet ordre (de Cluny).... Il est marqué dans ce livre que les *religieux* infirmes ne recevaient que le corps (de Jésus-Christ) qu'on leur donnait trempé dans du vin non consacré. » Boss.

Une autre différence, qu'on trouve plus souvent observée et à laquelle l'usage veut qu'on se conforme rigoureusement, consiste en ce que *religieux* se prend toujours en bonne part et *moine* ordinairement en mauvaise. L'idée du *religieux* ne renferme rien que de louable, c'est celle d'un homme qui est *religieux* par excellence, qui fait de sa religion une profession expresse. « Sommes-nous plus forts que tant de *religieux* et tant de solitaires, les élus et les amis de Dieu? » BOURD. « Rappelez en votre esprit tout ce que font encore tant de *religieux* dans le cloître et tant d'âmes vertueuses jusque au milieu du monde. » ID. « Tels sont les devoirs, tel est l'état sublime des *religieux*; tels on en trouve encore aujourd'hui dans tous les cloîtres. » THOM. « La vente des messes est une légère rétribution dont subsistent les pauvres *religieux* et les prêtres habitués. » VOLT. « Je sortis sans argent; car j'avais donné tout le mien à ces bons *religieux*. » LES. Mais l'idée du *moine* est odieuse en elle-même, c'est celle d'un homme qui vit seul, μονος, et pour lui seul; et, de plus, elle est odieuse par le souvenir des excès et des abus de la vie monacale surtout à l'époque de la réforme. On dit un vilain *moine* (DID.), un *moine* intrigant (VERT.), des *moines* apostats (Boss.). « Quoi donc! Socrate Aristide, Solon, Trajan, Marc-Aurèle, etc., seront-ils dévorés dans des feux éternels tandis qu'un *moine* sera sauvé? » THOM. « Les jésuites étaient orgueilleux au point qu'ils firent donner une lettre de cachet à un ecclésiastique qui les avait appelés *moines*. » VOLT. « Lecamus, évêque du Belley, assure dans son *Apocalypse* que le nom de *moine* est devenu si infâme et si exécrable qu'il est regardé par les *moines* mêmes comme une sale injure et comme le plus violent outrage qu'on leur puisse faire. » ID. Dans un dialogue entre Lucien, Érasme et Rabelais, Érasme définit ainsi la profession de *moine* : « C'est celle de n'en avoir aucune, s'engager par un serment inviolable à être inutile au genre humain, à être absurde et esclave, et à vivre aux dépens d'autrui. » Sur quoi Lucien s'écrie : « Voilà un bien vilain métier. ID.

« Les mots de magistrat et de robin, de gentilhomme et de gentillâtre, d'officier et d'aigrefin, de *religieux* et de *moine*, ne signifient pas la même chose. » VOLT. « Les artisans, les cultivateurs, qui gagnent leur pain à la sueur de leur front, voyaient avec douleur des *moines* entourés du faste et du luxe des souverains.... Il y avait cependant partout des hommes de mœurs très-pures, des *religieux* soumis de cœur à des vœux qui effrayent la mollesse humaine. » ID. « Ce pécheur endurci ne fit pas à notre carme une réception plus gracieuse. Retire-toi, *moine*, lui criat-il, ta figure me déplaît. Le *religieux*, au lieu de se rebuter, répondit avec douceur. » LES. « L'évêque de Strengnâs dit que tout le clergé et les *religieux* avaient au grand-maréchal d'étroites obligations...; qu'après tout on était obligé d'avouer que les *moines* avaient introduit dans l'Église, sous l'apparence de dévotion, plusieurs superstitions qui défiguraient entièrement le christianisme. » VERT.

RELIGION, CULTE, ADORATION. Ces mots expriment ou concernent l'application de l'homme ou d'une société d'hommes aux choses de Dieu.

Religion, de *relegere*, relire, méditer ou peut-être de *religare*, lier, attacher, est le plus général : on dit bien la *religion* naturelle, la *religion* révélée; l'histoire des *religions*. Il représente l'homme employant pour s'adonner à Dieu et à ce qui regarde Dieu toutes les facultés de sa nature, particulièrement son intelligence. La *religion* a cela de propre, qu'elle est théorique aussi bien que pratique; elle emporte l'idée de dogmes, de croyances qu'on professe : embrasser une *religion*, savoir ou ignorer sa *religion*.

Le *culte* et l'*adoration*, au contraire, sont uniquement pratiques, exclusivement relatifs à la sensibilité et à l'activité humaines, dont ils marquent des développements ou des manifestations par rapport à Dieu. Les hommes sont des animaux *religieux* ou qui ont de la *religion*, ils connaissent la divinité; par le *culte* et l'*adoration* ils exercent leur *religion*, ils rendent à la divinité en sentiments et en actions ce qui lui est dû selon ce que leur *religion* leur enseigne. En même temps qu'elle donne de Dieu les notions les plus justes, la vraie *religion* apprend à rendre à Dieu le *culte* et l'*adoration* les plus dignes de lui. L'excès est condamnable en tout, même en matière de *religion* et en fait de *culte* ou d'*adoration*. — Ensuite, comme la *religion*, spéculative de sa nature, ne nous établit pas toujours en relation par la conduite avec l'Être divin, elle ne se rapporte qu'à nous; au lieu que le *culte* et l'*adoration*, par la raison contraire, se rapportent à Dieu qui y a droit ou qui les obtient. Aussi dit-on bien, la *religion* d'un peuple, la *religion* des Égyptiens, par exemple, et le *culte* ou l'*adoration* de Dieu, d'Isis, de Sérapis, des idoles. « Ils veulent eux seuls, ô mon Dieu, être les arbitres de leur *religion*.... Ils vomissent en secret leurs blasphèmes contre la majesté de votre *culte*. » MASS.

Le *culte* (en latin *cultus*, de *colere*, cultiver, soigner, s'occuper de) est à son tour plus général que l'*adoration*; et la preuve, c'est qu'on dit un *culte* d'*adoration* (BOURD.). Dans le *culte* sont compris toutes les manifestations de nos sentiments et tous nos actes qui ont la divinité pour objet, invocations, actions de grâces, témoignages d'amour, de fidélité, de dévouement, de résignation. Mais l'*adoration* est la démonstration d'un seul sentiment, le respect; c'est essentiellement un hommage. « Le profane même ne parle que d'*adoration*, que d'hommages, que de dépendance. » Boss. « L'esprit n'a pas un moment accompagné toutes ces démonstrations de respect et d'*adoration*. » BOURD. Dans une de ses acceptions dérivées, *adorer* signifie rendre des respects extraordinaires en se prosternant : les rois de Perse se faisaient *adorer*. Et primitivement *adorer*, c'est porter la main à la bouche, *ad os*, en parlant avec respect.

RENFERMER, RECÉLER. Contenir une chose de telle façon qu'elle est retirée, hors de la portée et comme inaccessible.

Ce qui *renferme* une chose la rend difficile à prendre, à tirer de là, à enlever. « Toute la montagne de Goyer est remplie de mines d'étain; mais le roc qui les *renferme* est si dur qu'on est obligé de le faire calciner par le feu avant d'en tirer les blocs. » BUFF. Mais ce qui *recèle* une chose la rend proprement difficile à découvrir. « Nous remplîmes nos poches de ducats; nous en mîmes dans nos chausses et dans tous les endroits que nous jugeâmes propres à les *recéler*, » LES.

A force d'industrie, l'homme est parvenu à extraire les métaux de la terre qui les *renferme*; mais il n'a pas encore été assez habile pour retrouver les trésors engloutis et *recélés* dans les abîmes de la mer.

RENONCER, se DÉSISTER, se DÉPARTIR, se

DÉPORTER. Quitter volontairement, expressément, quelque chose de bon, cesser d'y tenir et de le vouloir.

C'est ce que *renoncer* exprime simplement. — Se *désister*, ne pas *persister* ou ne pas *résister*, c'est renoncer à une chose commencée, à une démarche à demi faite, s'arrêter au milieu. « On a commencé, il faut finir.... On poursuit, on s'anime par les contradictions; la vanité soutient, supplée à la raison qui cède et qui se *désiste*. » LABR. » Les tribuns voyant qu'ils se compromettraient, s'ils résistaient davantage, se *désistèrent* de leur opposition. » COND. — Se *départir*, c'est renoncer à une règle de conduite ou de croyance, cesser de s'y conformer, s'écarter de la bonne voie. « Fidèle à suivre la voie qui lui a été tracée, le soleil ne s'en est jamais *départi*. » MASS. « Il a plu à MM. les intendants des postes de se *départir* des courtoisies qu'ils avaient ci-devant pour moi. » VOLT. « Le sénat ne se *départait* jamais des maximes anciennes. » MONTESQ. — Se *déporter*, c'est renoncer à quelque chose de disputé ou de litigieux. « Dès que vous voudrez pour cet ami, ce voisin, ce concurrent, vous *déporter* de tel et tel intérêt, qui fait contre vous son chagrin, dès là vous aurez avec lui la paix ; et souvent la paix vaudra mieux pour vous que l'intérêt qu'on vous disputait, et à quoi vous renoncez. » BOURD.

On *renonce* à une poursuite en ne la faisant pas. On s'en *désiste* en la discontinuant. On s'*en départ* en manquant à la faire. S'en *déporter* annonce qu'il s'agit exclusivement d'une poursuite judiciaire.

On *renonce* proprement à quelque chose d'avantageux. On se *désiste* proprement d'une entreprise. On se *départ* proprement d'une manière ordinaire d'agir ou de croire, d'une loi, d'un principe, d'une opinion. On se *déporte* proprement d'un procès.

Il ne faut *renoncer* que pour avoir quelque chose de meilleur ou par pur désintéressement. Il ne faut se *désister* que quand on a eu tort de commencer ou qu'on rencontre, chemin faisant, des obstacles insurmontables. Il ne faut se *départir* que de ce qui est illégitime ou faux. Il faut se *déporter* toutes les fois qu'on est à peu près sûr de perdre sa cause ou qu'on veut immédiatement avoir la paix avec la partie adverse.

RENVERSER, BOULEVERSER, SUBVERTIR. Déranger, ne pas laisser en place, debout ou en vigueur.

Renverser et *bouleverser* ont été formés d'un même mot latin, *versare*, tourner, retourner. Mais on *renverse* ce qu'on met à l'*envers* ou sur le côté simplement, et on *bouleverse* une chose qu'on *verse* ou *renverse* en la faisant rouler, en la mettant sens dessus dessous. Par conséquent *bouleverser* marque un plus grand désordre. Vous *renversez* un homme, une table, un coup de vent *renverse* une muraille, une cheminée, une voiture; mais une ville est *bouleversée* par un tremblement de terre, une violente colique nous *bouleverse* toutes les entrailles, le peuple s'imaginait autrefois que les éclipses et les comètes devaient *bouleverser* le monde. — D'ailleurs, ce qu'on *renverse* est plutôt un, susceptible seulement de changer de sens, d'être abattu; ce qu'on *bouleverse* est multiple, susceptible de recevoir les positions les plus diverses et par là d'être embrouillé, mis pêle-mêle. « Rien n'est comparable à la force de ces matières enflammées et resserrées dans le sein de la terre : on a vu des villes entières englouties, des provinces *bouleversées*, des montagnes *renversées* par leur effort. » BUFF. « Un homme seul (comme Marius ou Sylla) *bouleversait* sa patrie, *renversait* les lois et les coutumes. » MASS. Un événement nous *renverse* l'esprit, c'est-à-dire l'étonne, le démonte ; un événement le *bouleverse*, quand il en confond toutes les idées.

Subvertir, du latin *subvertere*, dont le sens est le même, n'est d'usage qu'au figuré. Et encore, au figuré, il a un caractère de noblesse et de distiction qui oblige à ne s'en servir que dans le grand, en parlant de la foi, de la morale, de la patrie, d'un État ou du gouvernement d'un État. « Le luthéranisme, le puritanisme, l'ancienne religion romaine partageaient et troublaient les esprits (en Angleterre sous Henri VIII). Ce conflit d'opinions et de cultes *bouleversait* les têtes, s'il ne *subvertissait* pas l'État. » VOLT.

REPAS, RÉGAL, FESTIN, BANQUET. L'idée commune à tous ces mots est celle des plaisirs de la table et celle du fait ou de l'action de les goûter.

Repas, de *re*, équivalent à *rursus*, de nouveau, et *pasci*, paître, manger, se nourrir, est le terme général, celui qui exprime ce qu'on fait tous les jours à certaines heures pour se restaurer en prenant de la nourriture. Aux heures du *repas*, faire ses quatre *repas*, il boit rarement entre ses *repas* (ACAD.); durant nos *repas* (Boss.); J. J. Rousseau avait coutume de boire du vin pur à la fin du *repas* (J. J.). « On ne connaît plus le temps ni du sommeil, ni de la veille, ni du *repas*. » VOLT. « Quelquefois en montrant le portique de Jupiter, Diogène s'écriait : Ah! que les Athéniens m'ont fait bâtir un bel endroit, pour aller prendre mes *repas*. » FÉN.

Mais, si on s'en rapportait à l'Académie, il n'y aurait aucune différence à mettre entre *régal*, *festin* et *banquet*. Car elle dit que le *régal* est un festin, un grand repas; le *festin*, un banquet : et le *banquet*, un festin, un repas magnifique. Cependant chacun de ces trois mots a sa valeur propre.

Régal et *régaler*, comme aussi *gala*, mot de la même famille, ont été formés du verbe *galler*, se réjouir, à présent inusité et d'une origine très-probablement vulgaire. C'est pourquoi, bien loin de signifier un grand repas, *régal* exprime en fait de repas quelque chose de petit et de chétif.

Compère le renard se mit un jour en frais,
Et retint à dîner commère la cigogne.
Le *régal* fut petit et sans beaucoup d'apprêts. LAF.

Les uns, d'un froid éloge ont le maigre *régal*.... DEL.

Que si *régal* s'emploie également pour indiquer un grand repas, ou un repas délicieux, ou un morceau de prédilection dans les repas, ce n'est jamais qu'en parlant d'animaux ou de petites gens, ou dans le comique, ou familièrement : *régal* et *régaler* sont familiers dans leurs acceptions figurées, et rigoureusement exclus du style soutenu, dans tous les cas. Même caractère est attribué par Ch. Nodier à gala : « Malgré son noble emploi, ce mot, dit-il, a cessé d'être noble. » « Pour régal on peut jeter à la grue dans son bassin quelques petits poissons vivants : elle les mange avec plaisir. » Buff. « Sancho dit au petit cuisinier boiteux : Je n'oublierai jamais les régals que vous m'avez faits à Saragosse. » Les. « Vous vous trompez fort à votre calcul, si vous vous figurez tant de plaisir dans le mariage. Le beau régal qu'un mari qui gronde toujours ! » Régn. Dans la comédie intitulée le Retour imprévu du même auteur, Lisette dit à Merlin : « Clitandre a-t-il donné de bons ordres pour le régal d'aujourd'hui ? »

Un jour Satan....
A ses vassaux donnait un grand régal.
Il était fête au manoir infernal. Volt.

Festin et *banquet* diffèrent aussi l'un de l'autre, quoiqu'il soient l'un et l'autre du haut style et en effet significatifs d'un grand repas, d'un repas extraordinaire.

Festin, formé de l'adjectif latin *festus*, de fête, joyeux, divertissant, désigne un repas essentiellement agréable, un repas dans lequel on fait bonne chère ou un repas accompagné de réjouissances, de musique, de danse, etc. « Ce docteur fait si bonne chère, que ses moindres *repas* sont des *festins*. » Les. « La joie est le meilleur assaisonnement des *festins*. » Id. « Au milieu des *festins* et des fêtes. » Thom. « Célébrer une entrevue d'ambassadeurs par des réjouissances et des *festins*. » Mass. « Là les *repas* et la bonne chère devaient nous tomber avec d'autant plus d'abondance, que.... Nous n'imaginions partout que *festins* et noces. » J. J. « Quand j'écoute parler les voluptueux dans le livre de la Sapience, je ne vois rien de plus agréable ni de plus riant : ils ne parlent que de fleurs, que de *festins*, que de danses, que de passe-temps. » Boss.

Mille vins différents, sous mille noms divers,
Vont charmer, égayer, consoler l'univers :
Ai brille à leur tête....
C'est l'âme du plaisir, le charme du *festin*. Del.

Le *banquet* est un repas qui se distingue par le nombre de conviés : il en représente des rangées assis sur des *bancs* au lieu que pas un des mots précédents ne suppose, à la rigueur, plus d'une personne à table. Un *banquet* patriotique ; un *banquet* annuel d'anciens condisciples ; le *banquet* de la Saint-Charlemagne. Ensuite et par extension *banquet* se dit d'un repas solennel, somptueux, d'un repas de souverains ou tel que ceux des souverains. « Le samedi il y eut un *banquet* superbe à l'hôtel de Condé pour M. le duc et Mme la duchesse de Lorraine. M. le duc y avait invité grand nombre de dames, qui toutes furent extrêmement parées. Il y eut beaucoup de tables, toutes magnifiquement servies. » S. S. « Les princes se réservaient comme gibier d'honneur la mauvaise chère du héron qualifiée *viande royale* et servie comme un mets de parade dans les *banquets*. » Buf. « Napoléon ne voulait pas d'abord admettre le roi de Prusse à son *banquet* de Dresde. » Staël.

On garde le nectar le plus délicieux
Pour la coupe des rois et les *banquets* des dieux. Del

« L'extravagance des repas qui, modestes au commencement, dégénérèrent bientôt en pyramides de viandes et en *banquets* somptueux. » Labr.

Puis-je voir sans crier un luxe furieux,
Ses *banquets* insulter nos repas de famille ? Duc.

En général, *banquet* l'emporte en noblesse sur *festin* : il annonce, non pas plus de joie ni quelque chose de plus délicieux, mais quelque chose de plus grand. Il convient mieux en termes de dévotion, en poésie, au figuré et en parlant d'un repas qui eut lieu, dit-on, entre d'illustres personnages de la Grèce : le *banquet* des sept sages. « Le *banquet* eucharistique. » Boss. « Le sacré *banquet* de l'eucharistie. » Id. L'assemblée des saints dans le ciel est appelée le *banquet* céleste (Bourd.). « On portait cet habit magnifique dans le *festin* nuptial. Le fils de Dieu allègue ici l'habit nuptial pour expliquer les ornements intérieurs qu'il faut apporter à son *banquet*. » Boss. « Dieu ordonnait à son peuple de venir au lieu que le Seigneur avait choisi pour y faire bonne chère.... Ces *festins* et cette joie ont été la cause que la béatitude céleste nous est représentée comme un *banquet*. » Id.

Au *banquet* de la vie, infortuné convive,
J'apparus un jour, et je meurs. Gilb.

Anciennement on appelait *festin* royal un repas de joie ou d'allégresse donné par le roi pour célébrer quelque événement heureux, et *banquet* royal un repas d'étiquette où le roi lui-même mangeait en public avec toute sa famille et tout le cortège des princes et princesses du sang. — « Tous ceux qui sont entrés aux appartements le jour du mariage, et au *festin* royal surtout, conviennent qu'ils n'ont jamais vu de coup d'œil aussi miraculeux. » Bach. — « On peut faire également et promptement de cette salle de Versailles une salle de spectacle, une salle de *banquet* royal et une salle de bal. » Bach.

RÉPRIMER, REFRÉNER. Empêcher ou arrêter l'action, le développement, le progrès de quelque chose. L'Académie les reconnaît pour synonymes, en définissant *refréner* par *réprimer*, simplement. Anacharsis était surpris que Solon prétendît *réprimer* (Fén.) ou *refréner* (Roll.) par des lois écrites l'injustice et les passions des hommes.

Cependant *réprimer* est d'abord, comme ses analogues *comprimer*, *imprimer*, *supprimer*, *opprimer* un des mots les plus usités qu'il y ait en français ; au lieu que *refréner* latin *refrenare*, de *re*, en arrière, et *frenum*, frein, mettre un frein, tirer le frein en arrière, est un terme presque sans famille, peu connu, et qu'on n'emploie guère si ce n'est quand on cite quelque chose d'un auteur qui a écrit en latin ou quand ce qu'on dit se rapporte à l'antiquité, à la latine surtout. « La très-sainte Eucharistie fait les vierges, dit saint Bernard, parce qu'elle *refrène* les appétits sensuels. » Bourd. « Numa estimait que la véritable grandeur consistait à *refréner* ses désirs, et à se tenir toujours sous l'empire de la raison. » Roll. « Rome armait son ambition d'une raison céleste, afin d'en *refréner* la férocité dans ses citoyens. » Bern.

Ensuite, *réprimer* se dit des personnes aussi bien que des choses, et *refréner* se dit des choses seulement. « Périclès n'était occupé qu'à arrêter cette ardeur inquiète des Athéniens, et à *refréner* une ambition qui ne connaissait plus ni bornes ni mesures.... Il trouvait que c'était beaucoup faire que de *réprimer* les Lacédémoniens. » ROLL.

Mais une différence plus importante consiste en ce que *refréner* est plus fort que *réprimer*, après lequel il se met bien pour renchérir. « Le principal but de Lycurgue, dans l'établissement de ses lois, était de *réprimer* et de *refréner* l'ambition de ses citoyens. » ROLL. *Refréner*, c'est *réprimer* en maître, souverainement, comme fait le cavalier à l'égard du cheval qu'il dirige avec le frein. « On *réprime* les choses lorsqu'on en diminue les effets ; on les *refrène* lorsqu'on en arrête les effets. » COND.

Et non-seulement l'action de *refréner* est plus puissante et plus décisive que celle de *réprimer*, mais encore elle suppose plus de violence dans les choses auxquelles elle s'applique. On *réprime* des abus, des défauts, des désirs ; on *refrène* des passions et des passions emportées, furieuses. « Un peuple ému se soulève : c'est la passion qui l'emporte ; c'est elle qu'il faut *refréner*. » MARM. « De toutes les passions la plus féroce est l'orgueil, et immédiatement après la cupidité.... Ces deux passions sont intérieurement *refrénées* par la morale et la religion. » LAH.

RÉSISTANCE, DÉFENSE. Ces deux mots donnent l'idée de ce qu'on fait pour empêcher le succès d'une attaque.

Mais la *résistance* a plus de rapport à celui à qui on résiste, à l'attaquant, au lieu que la *défense* est plus relative à celui est défendu ou qui défend, à l'attaqué ou à son protecteur. La *résistance* est une opposition, la *défense* une conservation. Vous faites *résistance* à quelqu'un, vous prenez la *défense* de quelqu'un. Qui *résiste* à la tentation rend impuissants les efforts du tentateur ; qui s'en *défend* s'en garantit, se tire du péril. Un homme incapable de *résistance* est à la discrétion des autres qui en font ce qu'ils veulent ; un homme sans *défense* est exposé, dans une position critique ou peu sûre. Quand une ville est assiégée, une longue *résistance* irrite les assiégeants, et une longue *défense* fait honneur aux défenseurs de la place. « Cette femme se rend à Leucate, ranime le courage de la garnison, et prépare la plus vigoureuse *défense*. Les lâches assiégeants, irrités d'une *résistance* qu'ils devaient admirer, font dresser un gibet. » FLOR.

De cette première différence en dérive une seconde, qui consiste en ce que *résistance* se prend plutôt en mauvaise part que son synonyme. La *résistance* est proprement une opposition et peut être une rébellion, car on s'oppose aussi bien à une autorité légitime qu'à une agression violente ; mais la *défense* ne peut guère être que juste, car quoi de plus naturel et de plus juste que de pourvoir à son salut ou à celui des autres ? « Jésus-Christ regardait cette *résistance*, qu'il prévoyait qu'on ferait en sa faveur, non comme une *défense* légitime, mais comme une violence et un attentat manifeste. » Boss. « Jésus-Christ blâme une *résistance* qui le faisait mettre au rang des méchants, une *résistance* contre la puissance publique contre laquelle un particulier n'a point de défense. » ID. « Le roi de Danemark fit sommer la veuve de l'administrateur de lui ouvrir les portes de Stockholm : il lui fit représenter qu'elle s'opiniâtrait à une *défense* inutile, et que les États d'Upsal l'ayant reconnu pour souverain de la Suède, une plus longue *résistance* passerait justement pour une rébellion. » VERT.

L'idée de *résistance* est d'ailleurs plus étroite ; elle représente les adversaires uniquement comme étant actuellement aux prises ; au lieu que la *défense* se considère bien aussi avant la lutte : une place de *défense*, mettre une ville en état de *défense*, être sans *défense*. L'idée de *résistance* est encore moins étendue en ce qu'elle est purement négative. « On ne *résiste* que d'une manière, c'est-à-dire en arrêtant l'action d'une force contraire ; mais on se *défend* soit en arrêtant cette action, soit en attaquant et en détruisant la force qui tend à agir. » COND. Les assiégés qui *résistent* se bornent à repousser les attaques quand on en fait ; ceux qui se *défendent* prennent quelquefois l'initiative, font des sorties, et emploient du reste toutes sortes de moyens autres que la force. « Les premières sorties de Piles (assiégé dans Saint-Jean d'Angely) firent bien connaître que sa *défense* serait longue. Dans la première il ruina le faubourg. » Boss. On *résiste* aux passions en ne cédant pas à leurs entraînements, en se refusant à ce qu'elles veulent ; on s'en *défend* en les combattant, en leur livrant bataille. « Dieu me donne une grâce de *résistance* et de *défense* contre la passion qui me porte au péché : je ne puis correspondre à cette grâce qu'en résistant à ma passion et en la combattant. » BOURD.

RÉSONNER, RETENTIR. Renvoyer et quelquefois produire un son ou des sons.

Ces deux mots commencent par la même particule, *re*, qui équivaut à *rursus*, de nouveau, et marque une seconde action ou une réaction ; ils ont d'ailleurs pour racine, savoir : *résonner*, *sonus*, son, et *retentir*, *tinnitus*, son clair et aigu des métaux, d'où vient *tinter*.

Ce qui *résonne* rend un son qui peut ou être faible ou ne pas se faire entendre loin. *Retentir*, au contraire, emporte l'idée d'un son éclatant ou d'un son qui se prolonge dans une grande étendue, *longe*, *lateque*, comme on disait en latin. « L'oreille a son tambour, ou une peau aussi délicate que bien tendue, qui *résonne* au mouvement d'un petit marteau que le moindre bruit agite. Elle a dans un os fort dur des cavités pratiquées pour faire *retentir* la voix de la même sorte qu'elle *retentit* parmi les rochers et dans les échos. » Boss. « Comme nos cœurs endurcis sont sourds à de tels propos, Dieu fait *résonner* une voix plus claire, une voix nette et intelligible, qui nous appelle à la pénitence.... Cette parole d'avertissement, qui *retentit* en ces temps (de carême) dans toutes les chaires, doit servir de préparatif à son jugement redoutable. » ID. « Le marteau *résonnait* sur l'enclume qui gémissait sous les coups redoublés ; les montagnes voisines et les rivages de la mer en *retentissaient*. » FÉN. « Hercule poussait des cris horribles, dont le mont Œta *résonnait* et faisait *retentir* toutes les profondes vallées. » ID. Après le départ d'Ulysse, la grotte de Calypso ne *résonnait* plus de son chant (Fén.); Calypso, jalouse d'Eucharis, était semblable à une bacchante qui remplit l'air de ses hurlements, et qui en fait *retentir* les hautes montagnes de Thrace (Id.).

> L'air, de tous nos besoins ce bienfaiteur utile,
> Au gré du souffle humain, de l'archet et des doigts,
> En accents modulés fait *résonner* le bois....
> Jubal lui fit une âme; et ses sons éclatants
> Dans les murs de Sion *retentirent* longtemps. Del.

Résonner se dit plutôt par rapport à des sons mesurés, tels que ceux, par exemple, que rendent les voix des hommes, quand ils parlent ou qu'ils chantent, et les instruments de musique. « Souhaitez d'entendre parler Jésus-Christ, et il fera *résonner* sa voix jusqu'aux oreilles de votre cœur. » Boss. « Un nombre infini d'oiseaux faisaient *résonner* ces bocages de leur doux chant. » Fén. « L'attraction qui meut les éléments est une lyre harmonieuse qui *résonne* sous les doigts divins. » Bern.
Faire vivre le marbre et *résonner* la lyre. S. Lamb.

« Les cordes d'un piano-forté *résonnent* encore lorsqu'on a cessé d'en jouer. » Id. « Ces fifres, ces trompettes, ces hautbois et ces tambours qui *résonnent* autour de la statue. » Boss. « Les prisons devenaient des temples sacrés, qui *résonnaient* nuit et jour de pieux cantiques. » Id. — Mais *retentir* convient mieux quand il est question de cris confus, de clameurs, de bruits de toutes sortes, « C'étaient des éclats de rire, des brouhahas, dont le bruit *retentissait* jusque dans l'autre salle. » Bach. « Les poursuivants de Pénélope font *retentir* la salle de leurs clameurs. » Fén. « Les deux glaives se croisent plusieurs fois et portent des coups inutiles sur les armes polies qui en *retentissent*. » Id. « Ils ont une voix étourdissante, et qu'ils font *retentir* dans les marchés et dans les boutiques » Labr. « La loi parle, elle commande, elle tonne, elle *retentit* aux oreilles d'un ton puissant et impérieux.... Mais tout ce bruit ne fait qu'étourdir le pauvre malade. » Boss. « Quand le tonnerre *retentit* dans les abîmes. » Staël.

> Le palais *retentit* du bruit confus des armes. Volt.
> Quel bruit sourd et lointain, descendu des montagnes,
> Fait trembler les forêts, roule sur les campagnes,
> Redouble, *retentit*, et des plaines de l'air,
> Annonce à nos climats les fureurs de l'hiver!
> S. Lamb.

RETARD, RETARDEMENT. Délai fâcheux, délai d'une chose qui aurait dû arriver ou être faite sur-le-champ ou plus tôt.

Retard signifie absolument, en soi, comme étant, ce que *retardement* désigne comme ayant lieu et en rapport avec un sujet qui agit.

Le *retard* se considère d'une manière passive et relativement à l'effet, qui est d'entraîner tel ou tel inconvénient. Une chose éprouve ou essuie du *retard*, ne souffre aucun *retard*. « Le paquet et la lettre ne me sont parvenus qu'à plus de trois semaines de date. Ce *retard* m'a empêché de faire plus tôt à Votre Majesté (le roi de Prusse) mes très-humbles remercîments. » D'Al. « Par des précautions que les curieux d'ici rendent nécessaires, ma correspondance, en France, est assujettie à quelque *retard*. » J. J. « Ce qu'elle estimait d'une si grande importance, et qui ne souffrait aucun *retard*. » Id. « Il m'importe de savoir si ma lettre lui est parvenue et si elle n'a pas essuyé de *retard*. » Id. « D'où viennent les *retards* de la plupart de ces marées ? » Bern. Le *retard* d'une pendule (Acad.).

Retardement exprime un retard qui est le fait d'un agent dont il rappelle la faute ou les tergiversations. « Que signifient donc ces précautions, ces *retardements*, ces mystères ? » J. J. « Je ne puis douter qu'il n'y eût du dessein dans ce *retardement*. » S. S. « Quel est ici le premier et le grand désordre que nous avons à nous reprocher ? Ne sont-ce pas les *retardements* éternels, les *retardements* affectés, les *retardements* téméraires et insensés, que nous apportons tous les jours à l'exécution des ordres de Dieu ? » Bouad. « Ils se proposaient, non de conclure, mais de retarder la conclusion, et chacun de deux mettait toute son habileté à ne pas paraître coupable des *retardements*. » Cond. « Une jeune femme qui épouse un vieillard, dans l'espérance de l'enterrer six mois après, n'est-elle pas en droit de lui demander raison de son *retardement* ? » Regn. « La lenteur et le *retardement* des Macédoniens pouvaient exciter les chefs de rébellion. » Vaug.

Le *retard* d'une réponse, du départ d'une lettre, etc., peut être causé pas des circonstances fortuites, mais aussi par le *retardement* des personnes.

RETOURNER, REPARTIR. Aller ou s'éloigner de nouveau.

Retourner a rapport au but: on *retourne* à Londres, à Rome, en Espagne. *Repartir*, c'est se remettre en route, abstraction faite de l'idée de l'endroit où on se rend: nous avons eu des hôtes, ils sont *repartis*. « Il est *reparti* comme un éclair pour *retourner* à Paris. » Staël. « Je *retournai* le soir à ma gargote, et je *repartis* le surlendemain de mon arrivée sans trop savoir où j'avais dessein d'aller. » J. J.

Mais si *repartir* n'est pas relatif au but, en revanche il peut l'être et il l'est souvent au point de départ. « Je ne sais si je dois aller en Provence, tant j'ai de crainte d'en *repartir*. » Sév. « Je *retourne* demain à Fontainebleau, dont je ne *repartirai* qu'avec le roi. » Boss.

RETRANCHER, SUPPRIMER. Ne pas laisser une chose être, se trouver ou se montrer quelque part.

Retrancher, c'est retirer d'une chose une *tranche* qu'on en détache, c'est en couper, en séparer un morceau qu'on enlève ; si bien que ce verbe exprime une action partielle. Mais *supprimer*, du latin *supprimere*, abaisser une chose en pressant dessus, afin qu'elle ne se produise pas et qu'on ne la voie pas, signifie une action totale, qui s'étend à toute une chose. On *retranche* d'une société un membre ou plusieurs ; on *supprime* la société elle-même. « La prudence vous fait une loi d'ensevelir pour toujours cet ouvrage et de tâcher de le *supprimer*. Quoique vous en ayez *retranché* tous les vers qui ont fait tant de bruit, je crois qu'il y aurait du danger pour vous à le faire reparaître. » Thom.

Toutefois il arrive assez souvent que *retrancher*

prend le sens étendu de *supprimer* et réciproquement *supprimer* le sens partiel de *retrancher*. D'où la nécessité de chercher à mettre entre eux d'autres différences.

Ce qu'on *retranche* a déjà paru, on le fait proprement disparaître; mais il peut se faire que l'on *supprime* quelque chose qui n'a point paru encore, et on l'empêche proprement de paraître, en le *supprimant*. C'est pourquoi *retrancher* ne veut jamais dire comme *supprimer* taire une chose, la passer sous silence, s'abstenir d'en parler. La pénitence nous oblige à *retrancher* tout ce que nous avons dit contre le prochain (Boss.); le silence épargne beaucoup de paroles hautaines et *supprime* à l'égard du prochain un grand nombre de jugements dangereux (FÉN.).

En second lieu, on *retranche* en coupant, c'està-dire d'une manière violente, et c'est une action qui porte d'ordinaire sur quelque chose de mauvais ou de vicieux. Double caractère étranger à *supprimer*. « Il vaut mieux *supprimer* tous ces dialogues d'imagination. Il ne faut pas les vouloir *retrancher* par violence; il suffit de ne vous en occuper point volontairement. » FÉN. « Que la propriété (dans le sens mystique du mot) soit une imperfection naturelle, tantôt vicieuse et tantôt exempte de vice, ou qu'elle soit toujours vicieuse, elle n'en est pas moins à *retrancher* pour la perfection.... Dans la citation de mes paroles vous *supprimez* des mots essentiels. » ID.

Enfin, *retrancher* a une origine très-probablement vulgaire, et celle de *supprimer* est certainement latine. Aussi *retrancher* appartient-il à la langue commune, au lieu que *supprimer* s'emploie surtout en termes de jurisprudence. C'est à cause de cela également que le premier convient mieux pour le concret et le second pour l'abstrait. On *retranche* dans des arbres à fruits le bois inutile (LAF., FÉN.); on *supprime* dans un passage qu'on cite un mot ou plusieurs (PASC.).

Ce qu'ils (ces poëtes) font vous ennuie. Oh! le plaisant détour!
Ils ont bien ennuyé le roi, toute la cour,
Sans que le moindre édit ait, pour punir leur crime,
Retranché les auteurs et *supprimé* la rime. BOIL.

RÉUSSIR À, PARVENIR À, VENIR À BOUT DE. Arriver à faire une chose.

Réussir marque succès, heureuse issue, efficacité des moyens employés. De ces trois verbes c'est le plus simple, et il peut servir à définir les deux autres qui y ajoutent chacun une nuance d'idée particulière. « *Réussir* aussi sûrement (à l'aide de certaines règles) à se faire aimer des rois qu'à démontrer les éléments de la géométrie. » PASC. « C'est alors qu'il serait temps, poursuit Dumoulin, de solliciter d'accord l'Église romaine; mais il doute qu'on y *réussît*. » Boss. « Elle craignait de lui laisser voir ses alarmes, mais elle *réussissait* mal à les cacher. » J. J.

CLARICE.
Léandre est pris ailleurs, et, pour le dégager,
Votre application peut-être serait vaine.

VALÈRE.
Calmez-vous, je prétends y *réussir* sans peine.
REGN.

Parvenir, *venire per*, venir à travers, c'est réussir à travers les obstacles, malgré la résistance, à force d'efforts et de peine. « Quelque violence que je me fasse, je ne puis *parvenir* à douter si ce qui pense en moi existe. » FÉN. « A force d'efforts, je *parvins* enfin à entendre Rameau et à faire quelques petits essais de composition. » J. J. « Il trouva ma résolution si bien prise, qu'il ne put *parvenir* à l'ébranler. » ID.

Venir à bout, c'est venir au terme ou à la fin; ce qui suppose, non plus quelque chose de difficile, mais quelque chose de long. On *vient à bout* de ce qui demande de la patience, de ce qui ne peut être exécuté que par une suite d'actions. « La patience *vient à bout* de tout. » Boss. « Diogène voulait aussi s'accoutumer à manger de la viande crue, mais il n'en put *venir à bout*. » FÉN. « Cyrus sentit bien cet inconvénient (de n'avoir pas de cavalerie), et de loin il prit de sages précautions pour y remédier. Il en *vint à bout*, et peu à peu il forma un corps de cavalerie persane. » ROLL.

Pour *réussir* il n'est besoin de rien d'extraordinaire, il suffit quelquefois d'avoir du bonheur; mais on ne *parvient* pas sans peine, sans courage et sans moyens puissants; et pour *venir à bout* il faut du temps et de la persévérance.

RIEN, NÉANT. Ces mots signifient le contraire ou la négation de quelque chose.

Mais *rien* est relatif, et *néant* absolu.

Rien, provençal *ren*, vient de *rem*, chose. On a dit autrefois toutes *riens* et nulles *riens* pour toutes choses et nulles choses. C'est pourquoi aujourd'hui encore *rien* ne s'emploie d'ordinaire qu'avec l'addition de la particule négative *ne* : je n'ai *rien*, *non habeo rem*; il ne fait *rien*, en latin *non facit rem*. Mais *néant*, de *ne ens*, le non-être, ou qui n'est pas, nie par lui-même, sans avoir besoin qu'on y joigne la particule *ne* qu'il contient déjà : tout est *néant* devant Dieu. Je ne suis *rien*; je suis un *néant*. » Boss. « Les choses qui nous tiennent le plus à cœur ne sont *rien* le plus souvent. C'est un *néant* que notre imagination grossit en montagne. » PASC.

Rien se met quelquefois avec l'article indéfini *un*, mais jamais avec l'article défini *le*, ce qui lui donnerait un sens entièrement général, et ce qui ne convient qu'à *néant*. « Sans la grâce, je ne suis *rien* : or d'un *rien* on ne doit rien attendre.... Puisque le pécheur s'est lui-même réduit au *néant*, la raison veut qu'il ne trouve que le *néant*. » BOURD. L'homme que Dieu a fait à son image, n'est-ce qu'un *rien* (Boss.)? Dieu a tiré l'homme et toutes choses du *néant*.

Rien nie moins essentiellement que *néant*; il équivaut quelquefois, non pas à nulle chose, mais à pas grand'chose : un *rien* vous offense, il a eu cette maison pour *rien*; c'est un homme très-sobre, il vit de *rien*. *Rien*, suivant la définition de Sosie dans *Amphitryon*, « veut dire *rien*, ou peu de chose. » *Néant* veut dire *rien* du tout. Des *riens* sont des bagatelles, des choses peu importantes. Mais les *néants* manquent totalement d'être ou d'importance. « Les plus hautes puissances de l'univers ne sont, en présence de la majesté divine, que des atomes et des *néants*. »

Bourd. « Deux *néants* d'étendue ne peuvent faire une étendue. » Pasc.

Des gens de *rien* sont des gens de peu ou d'une naissance médiocre, de petites gens. « On veut s'agrandir à l'infini...; désir surtout condamnable dans des gens de *rien*, quand, à force de se pousser, devenus plus audacieux, ils ne rougissent point d'aspirer enfin aux degrés les plus éminents. » Bourd. « Ah! ah! madame Zénobie (princesse Zénobie), interrompit Sancho, vous avez donc été la servante d'un barbier? Je n'en disconviens pas, repartit Barbe; car les gens de *rien* ne doivent pas se méconnaître dans la prospérité. » Les.

D'un homme d'un haut rang faire un homme de *rien*. Dest.

Mais des gens de *néant* sont de l'extraction la plus basse, et cette expression est bien plus méprisante que l'autre. « Toute cette multitude, ce sont des têtes de nul prix, et, comme on parle, des gens de *néant*. » Boss. « Son temple est déshonoré comme un homme de *néant*. » Id. « Les Juifs font passer Jésus-Christ pour un homme de *néant*, né dans la boue et dans la plus vile populace. » Mass.

RIGOUREUX, INCLÉMENT, RUDE, ÂPRE. Adjectifs dont on se sert pour qualifier une température excessive, violente, et par conséquent fâcheuse, difficile à supporter.

Rigoureux, qui se dit primitivement des personnes, personnifie la température, l'anime, la fait considérer comme une cause active qui poursuit, qui attaque et qu'on fuit : « Lorsque le froid est *rigoureux*, les chardonnerets se cachent dans les buissons fourrés. » Buff. Ou bien encore *rigoureux* représente la chose comme un châtiment qui est infligé ou qu'on s'inflige : parmi les fléaux il faut compter les hivers *rigoureux*; « de quelles austérités affligez-vous votre corps? Quand avez-vous éprouvé la *rigueur* des saisons, les froids de l'hiver, les ardeurs de l'été? » Bourd.

Inclément ressemble beaucoup à *rigoureux*; mais il est presque inusité, et pour ce qui regarde *inclémence* relativement à *rigueur*, il est moins fort, il indique une température plus supportable. « Voudriez-vous, faquins, que j'exposasse l'embonpoint de mes plumes aux *inclémences* de la saison pluvieuse? » Mascarille, dans les *Précieuses ridicules*. Mol. « L'homme a trouvé les moyens de braver l'*inclémence* de l'air. » Buff. « La mauvaise nourriture ni l'*inclémence* des saisons ne les incommodaient point. » Fén.

Rude et *âpre*, qui dans leur première acception s'appliquent aux objets, diffèrent des deux mots précédents en ce qu'ils ne donnent point du tout l'idée d'une activité semblable à celle des personnes et quelquefois correctionnelle pour ainsi dire. Quant à la différence qui les sépare l'un de l'autre, elle revient à celle du moins au plus : une *rude* saison n'est pas douce, une *âpre* saison est cruelle. — L'hiver incommode simplement quand il est *rude*. « La Haye est un séjour délicieux l'été, et la liberté y rend les hivers moins *rudes*. » Volt. « Mme Denis commence à trouver les hivers *rudes* à la campagne au milieu des neiges. » Id. — Mais l'*âpreté* de l'hiver se fait sentir d'une manière bien plus violente et plus fâcheuse. « Charles XII aima mieux aller conquérir des rochers au milieu des neiges et des glaces, dans l'*âpreté* de l'hiver, qui tue les animaux en Suède même. » Volt. « Le froid de la nuit était si *âpre* que le cocher en perdit la main. » Marm.

RIVIÈRE, FLEUVE. Cours naturel et abondant d'eaux qui coulent dans un lit d'une certaine étendue pour aller se jeter dans la mer soit directement, soit par l'intermédiaire d'un autre cours. « Est-ce que *rive* et *bord* ne sont pas des mots synonymes, aussi bien que *fleuve* et *rivière*? » Boil.

Rivière paraît venir d'un primitif latin, soit de *ripa*, rive, dont on aurait fait *riparia*, comme le veut Ducange, soit de *rivus*, ruisseau, qui aurait servi, suivant d'autres, à former *rivaria*. Mais il est beaucoup plus évident que *fleuve* a une origine latine, puisqu'il reproduit à peu près exactement un mot latin, *fluvius*, qui signifie la même chose et qui n'a presque pas changé de forme en passant de la langue des Romains dans la nôtre. De là toute la différence.

Rivière est le mot générique et commun; *fleuve* est un terme spécial et de distinction auquel on n'a recours que dans un certain nombre de cas faciles à déterminer.

1° Th. Corneille prétendait qu'on ne devait appeler *fleuves* que les *rivières* dont il est parlé dans les écrits des anciens. C'était exagérer. La vérité est que le nom de *fleuve* convient particulièrement, mais non pas uniquement, à l'égard de ces sortes de *rivières* : le *fleuve* Araxe, le *fleuve* Indus, le *fleuve* du Gange.

2° En poésie et dans le style soutenu *fleuve* est le mot propre. On dit figurément et politiquement le *fleuve* de la vie; descendre paisiblement le fleuve de la vie. « Les générations des hommes s'écoulent comme les ondes d'un *fleuve* rapide. » Fén. De même on nomme exclusivement *fleuves* en mythologie les divinités qui sont supposées présider aux grands cours d'eau.

3° Outre que *fleuve* est préférable à *rivière* par rapport à l'antiquité et quand il est besoin de s'exprimer avec noblesse, il signifie quelque chose de plus grand. « Dans l'Océan on ne distingue point le Rhin ni le Danube, ni ces autres *fleuves* renommés, d'avec les *rivières* les plus inconnues. » Boss. Le *fleuve* est à la *rivière* comme celle-ci est au ruisseau. « La source forme le ruisseau, le ruisseau se jette dans la *rivière*, la *rivière* dans le *fleuve*, le *fleuve* dans la mer. » Bern. Pour l'ordinaire, en effet, les *rivières* se déchargent dans les *fleuves*, et les *fleuves* portent leurs eaux et conservent leurs noms jusqu'à la mer. Aussi chaque *fleuve* a-t-il des *rivières* confluentes ou latérales (Bern.). « Le royaume de France devint bientôt (sous Louis XI) le plus puissant de l'Europe. C'était un *fleuve* grossi par vingt *rivières*. » Volt. « Tous les grands *fleuves* reçoivent beaucoup de *rivières* dans toute l'étendue de leur cours; on a compté, par exemple, que le Danube en reçoit plus de deux cents, tant ruisseaux que *rivières*. Mais, en ne comptant que les *rivières* assez considérables que les *fleuves* reçoivent, on trouvera que le Danube en reçoit trente ou trente et une, le Volga en reçoit trente-deux ou trente-trois.... » Buff.

Un *fleuve* est donc en général une grande *ri-*

vière. Mais pour qu'une grande *rivière* puisse prendre le nom spécial de *fleuve*, il faut qu'on ait actuellement l'intention d'en exprimer la grandeur sous le rapport géographique, poétique ou oratoire. Que si on la considère et on la présente sous un autre point de vue, et, par exemple, sous le point de vue commun de l'utilité de ses eaux, l'appeler un *fleuve* serait une faute, on doit s'en tenir ou en revenir pour la désigner au nom commun de *rivière*. C'est de l'eau de *rivière*, et non de l'eau de *fleuve*, que boivent ceux qui se désaltèrent dans le Danube ou dans l'Euphrate. La *rivière* des Amazones produit telle sorte de poisson, la *rivière* de Seine telle autre. On dit qu'une *rivière*, quelles que soient son étendue et son importance, est marchande, et non pas que c'est un *fleuve* marchand, parce qu'il s'agit ici d'un service à tirer de la masse d'eaux courantes dont il est question. Un médecin, à Paris, à Strasbourg ou à Lyon, prescrit des bains de *rivière*, et c'est dans la Seine, dans le Rhin ou dans le Rhône qu'il ordonne d'aller se baigner. Ce sont des *rivières* que les grands cours d'eau naturels, même les plus grands, qui arrosent les campagnes et facilitent le commerce; mais les plus grands seront dits des *fleuves* quand on les opposera à de plus petits ou qu'on les peindra, par exemple, descendant des hautes montagnes et roulant majestueusement leurs flots jusqu'à la mer dans laquelle ils vont se rendre.

S

SACRÉ, INVIOLABLE. Qui est tel qu'on ne doit pas y toucher ou y attenter.

Sacré, sacer, saint, divin, céleste, représente la chose ou la personne en soi, quant à son caractère; et *inviolable*, qui ne doit pas être *violé*, la fait considérer par rapport à l'obligation où on est envers elle. Ce qui est *sacré* a quelque chose de Dieu, est d'une nature auguste et plus qu'humaine; ce qui est *inviolable* commande le respect, veut qu'on se garde d'y porter atteinte. *Sacré* sert plutôt à qualifier les personnes mêmes ou les choses, et *inviolable* ce qui y tient ou en dépend. « Les souverains ne voient rien de plus grand que leur sceptre, rien de plus *sacré* que leur personne, rien de plus *inviolable* que leur majesté. » Boss.

Et lors d'un *sacré* nœud l'*inviolable* étreinte
Tirera notre appui d'où partait notre crainte. Corn.

Une chose est *sacrée* absolument; elle est *inviolable* pour quelqu'un. « Il n'y a rien de plus *inviolable* pour le prince (Condé) que les droits *sacrés* de l'amitié. » Boss. On dit qu'une chose est *sacrée* et *inviolable* (Id., Mass., Volt., Vert.), *inviolable* ajoutant à l'idée de *sacré* celle d'une conséquence relative à la conduite que les hommes doivent tenir.

Mais on dit aussi *inviolable* et *sacré*, ce qui est l'indice d'une nouvelle différence. « Nos amitiés particulières ne seront jamais plus *inviolables* ni plus *sacrées* que lorsque Dieu en sera le médiateur. » Boss. *Sacré* exprime un motif particulier ou un motif de plus pour nous abstenir de tout attentat. Cela est *sacré*, comme Bossuet le dit expressément, qu'on tient pour *inviolable* « par principe de religion et de conscience. » Au point de vue de la loi civile, le serment est *inviolable*: il est *sacré* pour l'homme que guide le sentiment moral ou le sentiment religieux. Le droit de propriété est *inviolable*; le droit d'hospitalité chez les anciens était *sacré*, on l'observait pour obéir à la loi divine et afin de n'être pas puni par Jupiter protecteur des étrangers.

La parole des rois doit être *inviolable*.
Elle est toujours *sacrée* et toujours adorable. Corn.

SAIN, SALUBRE, SALUTAIRE. Bon pour la santé. Entre *salubre* et *salutaire* se trouve d'abord une différence considérable. Les choses *salubres* sont favorables à la santé constamment, l'entretiennent, l'empêchent de s'affaiblir ou de s'altérer, au lieu que les choses *salutaires* sont de celles auxquelles on a recours dans l'occasion, quand on est malade, pour se rétablir ou réchapper, pour se tirer du péril. Un air *salubre* fait qu'on se porte bien; et un air *salutaire*, qu'on guérit. De plus, *salubre* ne s'emploie qu'au propre, et *salutaire* se dit très-souvent au figuré.

Sain ressemble beaucoup, d'une part à *salubre*, et d'autre part à *salutaire*. Car, de même que *salubre*, il qualifie ce qui exerce sur le corps une action bienfaisante continuelle et préservatrice; et, de même que *salutaire*, il se prend au figuré aussi bien et aussi fréquemment qu'au propre. Il diffère cependant et de *salubre* et de *salutaire*.

Par rapport à *salubre*, *sain* est simplement négatif et signifie innocent, qui ne nuit point, qui n'est ni altéré ni capable d'altérer, tandis que *salubre* veut dire positivement qui met en santé, qui donne de la santé, *salutem ferens*. De l'eau *saine* est pure, non corrompue, on peut en boire impunément; de l'eau *salubre* est, par exemple, de l'eau minérale qui fortifie l'estomac, aide à la digestion et par suite à la prospérité de la santé. Dans un climat *sain* et quand on prend une nourriture *saine*, la santé ne court aucun risque; dans un climat *salubre* et en prenant une nourriture *salubre*, on se porte à merveille, on fait provision de santé. La prudence veut qu'on se garde de tout ce qui n'est pas *sain*; l'hygiène recommande tout ce qui est *salubre*.

Par rapport à *salutaire*, c'est-à-dire quand il se prend au figuré, *sain* se distingue par son caractère de constance. Ce qui est *sain* l'est toujours, ce qui est *salutaire* l'est dans un cas particulier: *saine* philosophie, conseil *salutaire*. Ajoutez à cela que la chose *saine* se considère surtout quant à sa nature, et la chose *salutaire* quant à son effet : une *saine* doctrine n'est pas corrompue, une doctrine *salutaire* n'est rien moins que pernicieuse; il n'y a rien à reprendre dans l'une, l'autre est d'une grande efficacité, peut exercer, ainsi qu'un remède, une excellente influence.

SALIR, SOUILLER, TACHER, BARBOUILLER. Faire qu'une chose ou une personne cesse d'être propre, nette ou pure.

Salir, rendre sale (de l'ancien haut-allemand *salo*, trouble en parlant d'un liquide), est le mot général.

Souiller, rouler dans une *souille* (du latin *suillus*, de cochon), dans un lieu bourbeux comme celui où le cochon se vautre, ne s'emploie guère qu'au figuré, ainsi que le remarque expressément l'Académie. — Que si *souiller* se dit quelquefois au propre, c'est ordinairement en poésie ou dans le style soutenu.

Un temple où le druide
Souillait de sang humain son autel homicide. DEL.
Et de son sang glacé *souillant* ses cheveux blancs,
La tête d'un héros roule aux pieds des brigands. ID.

— Si, d'autre part, *salir* se prend bien dans l'acception figurée, c'est d'une manière moins abstraite et moins naturelle pour ainsi dire, en rappelant davantage ou plus souvent le sens propre. « Rien ne *souille* et n'avilit plus la noblesse et la sainteté de notre ministère que cet indigne penchant (l'avarice)... Quelle indignité, lorsque le dispensateur des biens éternels devient lui-même l'esclave d'un tas de boue qui le *salit* et le couvre d'opprobre ! » MASS. Le même écrivain dit encore que l'avarice est un vice qui *souille* presque toute la sainteté des ministres de Dieu, une lèpre qui les *salit* pour la plupart. — D'ailleurs, *salir*, c'est mettre de la saleté simplement, et *souiller*, c'est en couvrir, comme s'en couvre le cochon qui se vautre dans la fange; en sorte que *souiller* veut dire *salir* beaucoup, *salir* jusqu'à gâter, à perdre, ou à rendre dégoûtant.

Tacher, faire des *taches*, signifie *salir* en un endroit ou par places seulement. « Ce sac était lié d'un ruban rouge et *taché* d'encre au milieu. » LES. Au figuré, par conséquent, *tacher* est en quelque sorte le diminutif de *salir*, au lieu d'en être l'augmentatif comme *souiller*, il dit moins au lieu de dire plus. La mémoire d'un homme est *salie* par toutes ses mauvaises actions, *souillée* par des crimes ou des lâchetés; pour le *tacher*, il suffit d'une seule mauvaise action ou de simples fautes, de simples faiblesses. « La plupart des poëmes demeureraient en un pitoyable état, si l'on en retranchait tout ce qui s'y rencontre de personnages méchants, ou vicieux, ou *tachés* de quelque faiblesse qui s'accorde mal avec la vertu. » CORN.

Barbouiller, faire à quelqu'un qui est imberbe ou rasé une sorte de barbe en lui appliquant des couleurs autour de la bouche, c'est *salir* précisément et uniquement le visage. « Pour le visage, le secrétaire se le *barbouilla* de suie. » LES. « Pour le rendre plus ridicule, on lui avait *barbouillé* le visage de jaune. » HAM. Ce mot ne s'emploie que familièrement au figuré. « Il me sembla que Lambertini s'est bien *barbouillé* dans le conclave et qu'il a joué un assez mauvais personnage en se liguant avec Albéroni. » HÉN. On lit dans le *Chevalier à la mode* de Dancourt : « Je la connais; elle est d'une humeur violente; elle se croit offensée, et elle est femme à vous *barbouiller* terriblement dans le monde. » Et dans les *Mémoires* de Saint-Simon: « Je ne *barbouillerais* pas ces mémoires du nom et du retour de ce bas financier sans les raisons curieuses qui s'en présenteront d'elles-mêmes en cet article. »

SAUVAGES, BARBARES. Noms que donnent les peuples civilisés à ceux qui ne le sont point. « Il y a cette différence, dit Montesquieu, entre les peuples *sauvages* et les peuples *barbares*, que les premiers sont de petites nations dispersées qui, par quelques raisons particulières, ne peuvent pas se réunir, au lieu que les *barbares* sont ordinairement de petites nations qui peuvent se réunir. Les premiers sont ordinairement des peuples chasseurs; les seconds, des peuples pasteurs. »

Remontons aux idées primitives. *Sauvage* est le latin *silvaticus*, qui erre et vit dans les bois à la manière des animaux qui ne sont point domestiques. *Barbare* est la qualification appliquée par les Grecs à tous les peuples étrangers, parce qu'ils se regardaient comme leur étant supérieurs dans les arts et la civilisation.

Ce qui caractérise les *sauvages*, c'est l'isolement et l'amour de l'indépendance. Ils manquent de sociabilité : ils vivent sans police, sans subordination et sans lois, ou du moins ils se réunissent à peine en petites bourgades ou en petites peuplades sans rapport les unes avec les autres, et « tout l'objet de leur police est la liberté naturelle. » MONTESQ. « Ils ont presque tous de l'éloignement pour le travail et la culture de la terre. Ils croient qu'il n'y a que la chasse et la pêche qui soient un exercice noble et digne d'eux. » ID. « Il s'est formé des peuples presque *sauvages* dans les contrées autrefois les plus policées. » VOLT.

Ce qui caractérise les *barbares*, c'est la grossièreté et la rudesse des mœurs. S'ils ne sont pas sans police, ils sont sans politesse, c'est-à-dire qu'ils manquent de cette douceur produite par la culture des arts : ils sont insensibles aux charmes de la poésie, de l'éloquence et de la musique, n'ayant d'estime que pour la force du corps et pour la valeur guerrière. « Il y a toujours des *barbares* dans les nations les plus polies, et dans les temps les plus éclairés. » VOLT.

Les *sauvages* sont donc encore moins avancés en civilisation et plus voisins de l'état de nature que les *barbares*. « Saint André soumettra à son maître l'Epire, l'Achaïe, la Thrace, la Scythie, peuples *barbares*, et presque *sauvages*. » BOSS. « Entre l'état de l'homme *sauvage* et l'état de l'homme civilisé, et dans le passage de l'un à l'autre, est l'état de l'homme *barbare*. » MARM.

Les habitants de l'Amérique, avant qu'on en fît la découverte, étaient presque tous des peuples *sauvages*. Il s'en trouve encore beaucoup dans les îles de la mer du Sud et dans l'intérieur de l'Afrique. On peut compter principalement au nombre des peuples *barbares* les nations du Nord qui envahirent l'empire romain et celles qui plus tard établirent leur domination dans une grande partie de l'Asie, ainsi que sur la côte septentrionale de l'Afrique, laquelle porte encore le nom de *Barbarie*.

SAVEUR, GOÛT. En latin, *sapor*, *gustus*. Qualité des objets et surtout des aliments par laquelle ils affectent le palais d'une certaine manière.

C'est l'idée primitivement et proprement exprimée par *saveur*, tandis que *goût* signifie d'abord le sens ou l'organe. « La *saveur* du cuivre, plus que répugnante au *goût*, annonce ses qualités funestes. » BUFF. « La nature a voulu servir sur la table de l'homme des aliments d'une variété de *saveur* égale à la variété de son *goût*. » BERN. « La petite pointe d'ail assaisonnait le plat de morue avec une finesse de *saveur* et d'odeur qui aurait flatté le *goût* du plus friand Gascon. » MARM.

Mais, comme *goût* se prend ensuite dans l'acception particulière de *saveur*, c'est alors seulement qu'il y a quelque synonymie entre les deux mots et qu'il devient nécessaire de les distinguer.

Cette distinction s'obtient en observant que *goût* doit garder quelque chose de sa première signification. Au lieu que *saveur* représente la qualité dans l'objet, *goût* la fait considérer par rapport au sujet. C'est la même différence qui existe entre *odeur* et *senteur*, entre *aspect* et *vue*. Avec telle *saveur* un corps est de telle ou telle sorte ; avec tel *goût* il nous cause telle ou telle sorte de sensation. « Si l'on voulait compter les acides végétaux par la différence de leurs *saveurs*, il y en aurait autant que de plantes et de fruits dont le *goût* agréable ou répugnant est varié presque à l'infini. » BUFF. « Les objets dont la statue peut se nourrir sont ceux qu'elle distingue en plus de classes. Elle s'en fait des idées complexes, en les considérant comme ayant telle couleur, telle odeur, telle forme et telle *saveur* à la fois.... Elle les compare les uns avec les autres, et elle désire d'abord de se nourrir par préférence de ces fruits où elle se souvient d'avoir trouvé un *goût* qui lui a plu davantage. » COND.

La *saveur* est une qualité peu sensible, chimique ou intellectuelle, pour ainsi dire, et caractéristique des corps. « La chaux a une *saveur* qui indique la présence d'une certaine quantité d'alcali. » BUFF. « On doit rapporter la formation de ces acides et leur *saveur* au même principe. » ID. « Mis sur la langue, sa *saveur* (celle de l'étain) est déplaisante. » ID. Le *goût*, au contraire, est une qualité qui nous affecte beaucoup ou principalement envisagée comme nous affectant, une qualité toute relative à nous, à nos sensations et à l'usage que nous faisons des choses pour nous nourrir, et c'est pourquoi le mot *goût* se dit plutôt des aliments. « La boisson des Éthiopiens est faite avec des tamarins et a un *goût* agréable. » BUFF. « Il ajoute que ces chauves-souris sont bonnes à manger, que leur *goût* approche absolument de celui du lièvre. » ID. — « Les eaux pluviales donnent après l'évaporation une poudre terreuse très-fine, d'une *saveur* sensiblement salée et du même *goût* que le sel marin. » ID.

Ce qui n'a ni *goût* ni *saveur* n'est pas très-sensible au palais et n'y est même pas assez sensible pour y faire une impression distincte, c'est quelque chose de fade et d'insipide. « Ils cueillent tristement de misérables pommes sans *goût* et sans *saveur*. » VOLT. « Le morceau qu'elles vous donnent n'a ny *goust* ny *saveur*. » BRANT.

SAVOIR (FAIRE), MANDER. Apprendre quelque chose à quelqu'un par lettre ou par message.

Faire savoir, faire en sorte qu'on sache, est l'expression ordinaire. *Mander*, du latin *mandare*, charger, enjoindre, d'où le français *commander*, se dit du supérieur à l'inférieur.

Mme de Maintenon *manda* à la duchesse de Ventadour de *faire savoir* à Mme de la Vieuville qu'elle était dame d'atours de la future duchesse de Berry. S. S. Dans *Gil Blas*, le comte d'Olivarès, premier ministre du roi d'Espagne, dit à Gil Blas, son secrétaire : « Don Alphonse, mon ami, n'était que gouverneur de la ville de Valence, je le fais vice-roi du royaume d'Aragon, c'est ce que je me permets de lui *faire savoir*, et tu peux lui *mander* de venir prêter serment. » LES.

Cette distinction est si vraie, que *mander* implique parfois, comme dans ces deux exemples, l'idée d'un ordre, ou au moins d'une invitation de l'autorité.

SCIENCE, ART. Système de connaissances. « Les *sciences* et les arts font voir combien l'homme est ingénieux et inventif. » BOSS.

La *science* ne comprend que des connaissances spéculatives, ainsi appelées parce qu'elles se rapportent à la contemplation seule de la vérité ; ou au moins on les considère indépendamment de la pratique. L'*art*, au contraire, est un système de connaissances réduites en règles, destinées et propres à guider l'action ou l'industrie. « La spéculation et la pratique constituent la principale différence qui distingue les *sciences* d'avec les *arts*. » D'AL. « La *science* se borne à la spéculation, et l'*art* produit un ouvrage. » LAH. « Les *sciences* exercent seulement les opérations intellectuelles, au lieu que les *arts* font produire quelque ouvrage sensible. » BOSS.

Il suit de là que les *sciences* sont plus relevées, plus nobles que les *arts*. « Hippocrate éclaira l'expérience par le raisonnement, et, à la faveur de cette méthode, l'*art*, élevé à la dignité de la *science*, marcha d'un pas plus ferme. » BARTH. « Je vous trouve tous trois bien impertinents de donner le nom de *science* à des choses que l'on ne doit pas même honorer du nom d'*art* et qui ne peuvent être comprises que sous le nom de métier misérable de gladiateur, de chanteur et de baladin. « Le maître de philosophie au maître d'armes, au maître de musique et au maître à danser dans le *Bourgeois gentilhomme*. » MOL.

La logique et la morale sont tout à la fois des *sciences* et des *arts* : des *sciences*, parce qu'elles enseignent une théorie, l'une sur le vrai, l'autre sur le bien ; des *arts*, parce qu'elles prescrivent des préceptes pour diriger, l'une dans la recherche de la vérité, l'autre dans la pratique du bien.

SECOND, DEUXIÈME. Qui vient immédiatement après le premier.

Second est plus noble que *deuxième*, parce

qu'ils ont été formés, l'un d'un mot latin, *secundus*, l'autre d'un mot français, *deux*. On dira donc avec Fénelon : Dieu ne peut produire hors de lui un être infiniment parfait, qui serait une *seconde* divinité ; et avec Mme de Sévigné : On me purge une fois, on me purge deux, et le lendemain de la *deuxième* je me mets à table.

Second, à la différence de *deuxième*, rappelle nécessairement *premier*, qui même se trouve d'ordinaire exprimé avant lui. « Le premier tome de notre dictionnaire est achevé, mais le *second* marche lentement.... Ce *deuxième* volume n'en est qu'à la moitié de l'M. » D'OL. Voltaire, après avoir critiqué le premier acte d'une tragédie, ajoute que le *second* est encore pire ; mais il remarque ailleurs qu'il y a un mot trop rude au *deuxième* acte d'une tragédie dont il n'a pas cité le premier. Dans une maison, telle personne habite le premier, telle autre le *second* ; mais le *deuxième* étage se considère indépendamment du premier ou aussi bien par rapport au troisième, au quatrième, etc., que par rapport au premier. *Second* suppose *premier* comme l'autre suppose l'*un* : le *premier*..., le *second*...; l'*un*..., l'*autre*....

Second, *secundus*, qui ou *quod sequitur*, celui ou ce qui suit, marque infériorité ou aide, c'est-à-dire en général qu'il qualifie, qu'il fait penser à la valeur. Mais *deuxième*, qui a le numéro *deux* pour ainsi dire, est simplement indicatif, détermine la place, abstraction faite de toute autre idée. La *seconde* édition, la *seconde* partie d'un livre se distingue par telles ou telles qualités ; mais sur le titre de ce livre on lit *deuxième* édition et en tête d'une de ces parties *deuxième* partie. On vante ou on réfute le *second* chapitre d'un livre ; que si on ne veut que signaler l'endroit d'un livre où se trouve tel mot ou telle pensée, on dit : voyez dans le *deuxième* chapitre. Le grand Arnauld attaqua le *second* Éclaircissement ou la doctrine contenue dans le *deuxième* Éclaircissement de la *Recherche de la vérité* (MAL.). Malebranche répondit. Arnauld répliqua, et reprocha à son adversaire de recourir à des défaites. Après en avoir examiné une, il poursuit en disant : « On va voir combien la *seconde* défaite est misérable. » Et c'est ce qu'il cherche à faire voir dans un article suivant qu'il intitule : *Deuxième défaite*. « Il y avait trois sortes de partis dans le parlement. Le premier était des Frondeurs.... Le *deuxième* parti était des Mazarins.... Et le dernier était de ceux qui blâmaient l'emportement des premiers et n'approuvaient pas aussi la retenue des *seconds*. » LAROCH.

Enfin, *second* convient mieux pour désigner l'ordre la place naturelle, essentielle ou de droit, et *deuxième* pour signifier le rang, une place assignée ou de fait, le résultat d'un classement. L'argent est le *second* des métaux précieux ; dans telle ou telle classification des métaux précieux *deuxième* est celui qu'on a cru devoir mettre à la suite du premier. L'habitude est une *seconde* (BERN.) et non une *deuxième* nature ; je suis le *deuxième* (ACAD.) et non le *second* sur une liste. Un enfant est le *second* des fils de son père, et il obtient à une distribution le *deuxième* prix ou un *deuxième* accessit. Fénelon reconnaît avec tout le monde qu'il y a eu selon l'ordre nécessaire et fixe de la naissance un premier Denys de Syracuse et un *second* ; mais au commencement d'un Mémoire sur les occupations de l'Académie, il écrit : « Je diviserai ce que j'ai à dire en deux parties : la première regardera l'occupation de l'Académie pendant qu'elle travaille encore au dictionnaire ; la *deuxième*, l'occupation qu'elle peut se donner lorsque le dictionnaire sera entièrement achevé. »

SECRET, CACHÉ, SOURD, CLANDESTIN, OCCULTE. Qui est tel ou disposé de telle façon, qu'on ne l'aperçoit ou qu'on ne le voit pas.

Secret, quoique formé d'un participe latin, *secretus*, de *secernere*, mettre à part, est dans notre langue un adjectif pur ; il n'a conservé pour nous aucun caractère verbal. *Caché*, au contraire, se rapporte manifestement à un verbe, *cacher*, dont il est le participe. En conséquence *secret* signifie une qualité, et *caché* l'effet d'une action : on dit un lieu *secret*, et un trésor *caché*. Une maladie *secrète* est telle de sa nature ; une maladie *cachée* est telle parce que celui qui en est atteint la *cache*, la couvre ou la tait. Un homme *secret* est impénétrable ; un homme *caché* s'est rendu impénétrable à force d'empire sur lui-même, en se composant, en dissimulant. Vous direz plutôt, un sentiment *secret*, il est tout intérieur et ne se montre pas au dehors ; mais il faudra dire de préférence, un crime *caché*, on a pris soin de le dérober aux yeux. Des desseins *secrets* restent inconnus, n'apparaissent pas ; des desseins *cachés* sont tenus *secrets* ; on fait en sorte qu'ils n'apparaissent pas. — *Caché* emportant, et important seul l'idée d'attention et d'effort pour éloigner de la vue, est propre à enchérir sur *secret* : « Ceci marque un vice intérieur, un venin *secret* et *caché*, une maladie de langueur, qui afflige la nature humaine. » MONTESQ. — *Secret* suppose une ignorance relative, et *caché*, une ignorance absolue. Ce qui est *secret* n'est pas su de tous, n'est pas public : une négociation *secrète*. Ce qui est *caché* n'est su de personne, demeure enseveli dans les ténèbres : des vérités *cachées*.

Oui, c'est un Dieu *caché*, que le Dieu qu'il faut croire.
L. RAC.

Sourd, qui ne fait pas de bruit, est d'une application plus restreinte : il se dit métaphoriquement en parlant d'une entreprise funeste, tendant à nuire ou à détruire, laquelle est conduite à la sourdine, sous-main, insidieusement, de manière à surprendre. De *sourdes* menées (ACAD., J. J.), de *sourdes* pratiques (ACAD., CORN., BOSS., MOL.), de *sourdes* machinations (Boss.), une *sourde* trame (CORN., J. J.). « Je n'ai jamais ouvert aucun de ses livres où je n'aie bientôt ressenti un *sourd* dessein de saper les fondements de la religion. » Boss. « Maulévrier avait de l'esprit, et un esprit fertile en intrigues *sourdes*. »

Clandestin et *occulte* n'appartiennent pas ou appartiennent moins que les mots précédents à la langue commune. Ils ont été pris du latin *clandestinus* et *occultus*, pour être transportés presque tels quels dans le français, où, isolés et sans famille, ils n'ont guère perdu de leur air étranger.

Clandestin est un terme de jurisprudence servant à qualifier quelque chose d'illicite et de caché, quelque chose de fait en cachette contre les lois. Mariage *clandestin* (Acad., Mol., Dest.); un enfant (Regn.), un décret (Volt.), un commerce (Id.) *clandestin*; des assemblées, des démarches, des relations *clandestines* (Acad.). « Ces messieurs n'ont aucune force pour faire valoir leur autorité, et tout aboutit à des arrêts presque *clandestins*. » J. J.

Un rapport *clandestin* n'est pas d'un honnête homme ;
Quand j'accuse quelqu'un, je le dois, et me nomme.
Gress.

Clandestin s'applique aussi aux personnes qui se cachent pour faire quelque chose de contraire aux lois : « L'auteur *clandestin* de la gazette ecclésiastique. » Volt.

Occulte est un terme de philosophie ou de physique qualificatif d'une chose qui a pour caractère d'être cachée pour notre raison, inaccessible à la science, inexplicable pour la lumière naturelle. « Il faudrait être aveugle pour ne pas voir qu'il y a une puissance *occulte* et terrible qui se plaît de renverser les desseins des hommes. » Boss. « O mon père, lui dis-je, voilà des paroles bien puissantes! Sans doute elles ont quelque vertu *occulte* pour chasser l'usure, que je n'entends pas. » Pasc. « Les épicuriens attribuent tout à une force *occulte*, à la nécessité. » Volt. « Newton avertit de ne pas confondre l'attraction avec les qualités *occultes* des anciens. » Id. « Voici les livres des sciences, ou plutôt d'ignorance *occulte*; tels sont ceux qui contiennent quelque espèce de diablerie.... Tels sont encore les livres d'astrologie judiciaire. » Montesq. On appelle sciences *occultes* celles qui, comme la magie et la cabale, ont la prétention d'expliquer les phénomènes de la nature par l'action d'agents surnaturels et mystérieux. Pascal donne à l'instinct des animaux le nom de mouvement *occulte*.

SECRET, DISCRET. Qui sait se taire, qui ne révèle pas ce qu'on lui a dit ou confié.

Se, comme *de* dans *déjoindre*, *décréditer*, indique une séparation bien nette, un éloignement, une privation, au lieu que *dis* exprime seulement une désunion, une distinction. L'homme *secret* met tout à fait à part ce qu'il sait, il le garde pour lui ou le renferme en lui-même; il ne parle point : l'homme *discret* discerne, distingue ce qu'il faut cacher ou dire, et les personnes auxquelles on peut sans danger communiquer ce qu'on a appris; il parle, mais ce n'est jamais légèrement ni mal à propos. L'homme *secret* est impénétrable ; on peut compter sur son silence : l'homme *discret* est fin et circonspect; on peut compter sur son jugement et sa réserve. En général, les conspirateurs doivent demeurer bouche close, être *secrets*; mais, s'ils ont besoin de se parler en public ou qu'ils veuillent gagner de nouvelles personnes à leur cause, ils doivent être *discrets*, c'est-à-dire mesurés dans leurs paroles et attentifs à n'en hasarder aucune qui les puisse compromettre.

Il suit de là que *secret* enchérit en un sens sur *discret*: l'homme *secret* possède absolument la qualité qui n'est que relativement dans le *discret* : l'un se tait; l'autre parle, et quoiqu'il le fasse avec retenue on a toujours à craindre quelque allusion, quelque mot échappé, qui puisse mettre sur la voie. « Portland était *discret*, *secret*. » S. S. « Le maréchal de Boufflers était *discret* et *secret* au dernier point. » Id. « Que tout soit employé pour rendre vos filles modestes, *discrètes*, silencieuses, *secrètes*, bonnes, justes, généreuses. » Maint. Un confesseur doit être non-seulement *discret*, mais encore *secret*. Un homme, en parlant, observe les règles de la *discrétion* (Bourd., Fén.), et, pour réussir dans certaines entreprises, il faut du silence et un profond *secret* (Roll.).

1° **SECRÈTEMENT, EN CACHETTE**; — 2° **A LA DÉROBÉE, FURTIVEMENT**; — 3° **SOUS-MAIN, SOURDEMENT**; — 4° **A LA SOURDINE, EN TAPINOIS**. Adverbes et locutions adverbiales qui signifient également une manière d'agir telle que ce qui est fait ne soit pas su.

1° *Secrètement*, *en cachette*. Ils se rapportent tous deux au lieu, et en font concevoir un où on n'est point en vue.

Mais *secrètement* à l'égard d'*en cachette* est une expression générale et faible. Ce qu'on fait *secrètement*, on le fait, non pas en public, devant tout le monde, mais en particulier ou à l'écart, rien de plus; ce qu'on fait *en cachette*, on le fait, non pas dehors, mais dans une petite *cache*, dans un lieu où on est absolument sans témoins. *En cachette* renchérit donc sur *secrètement*. « Dans les choses mêmes où il semble que l'on ait séparé l'amour, il s'y trouve *secrètement* et *en cachette*, et il n'est pas possible que l'homme puisse vivre un moment sans cela. » Pasc. « La femme d'un homme de la secte des Macédoniens retint ce qu'on lui avait donné (c'était le pain consacré), et prit *en cachette* ce que sa servante lui avait *secrètement* apporté de la maison (c'était du pain commun). » Boss. Quand on veut qu'une chose ne soit pas publiée, que la nouvelle ou la connaissance ne s'en répande pas, on la fait *secrètement* : « Déjà le pilote se préparait à aller aborder *secrètement* dans une petite île qui est auprès de la grande, pour dérober aux amants de Pénélope le retour de Télémaque. » Fén. Que s'il s'agit de quelque chose qu'on veuille tenir tout à fait caché ou couvert, on le fait *en cachette* : « Il vint à la duchesse de Sully un abcès en lieu que la modestie ne lui permit pas de montrer à un chirurgien. Une femme de chambre la pansa quelque temps *en cachette*. » S. S. Voy. *Secret caché*, etc.

2° *A la dérobée*, *furtivement*. *A la dérobée*, à la manière d'un homme qui *dérobe*, et *furtivement*, à la manière d'un voleur (*fur*), se ressemblent beaucoup. Ils supposent une action qui se fait, non pas dans un lieu écarté ou dans un lieu où on s'est mis à couvert, mais en public, dehors, de façon pourtant à échapper aux regards. Ils servent à exprimer ou un vol subtil ou quelque chose de semblable.

Ils diffèrent l'un de l'autre par l'importance du fait. *A la dérobée* annonce quelque chose qu'on *dérobe*, un simple larcin : « Sancho, qui aidait à servir, s'approchant du buffet, buvait quelques coups *à la dérobée*. » Les. Mais *furtivement* convient mieux pour un véritable vol : « Annibal prit tant de soin du riche temple de Junon Lacinia, que jamais aucun de ses soldats n'en tira rien *furtivement.* » ROLL. Il en est de même quand les deux mots sont pris dans une signification figurée ou plus étendue. *A la dérobée* ne dénote rien de grave. « Si les hommes et les femmes se voient ici les uns les autres, c'est plutôt par entrevues et presque *à la dérobée,* comme les époux de Lacédémone. » J. J. « Elle s'était bien formée dans son couvent par les romans qu'elle avait lus *à la dérobée.* » VOLT. « Nous nous lancions l'un à l'autre, *à la dérobée,* les plus douces œillades. » LES. *Furtivement,* au contraire, donne l'idée d'une fraude de conséquence. « Le duc de Noailles avait *furtivement* obtenu et fait expédier sur-le-champ un brevet de retenue de 120 000 livres pour sa sœur. » S. S. « J'avais exigé de Rey (libraire) qu'il n'introduirait jamais *furtivement* en France aucun de mes livres. » J. J.

3° *Sous-main, sourdement.* Ils ont cela de commun qu'ils se disent en parlant d'une entreprise et de ce qu'on fait pour ou contre, afin qu'elle réussisse ou qu'elle échoue. On travaille *sous-main* ou *sourdement* à telle ou à telle chose. « Le souba traitait *sous-main* avec M. de Bussi, et le général Clives traitait *sourdement* de son côté avec le rival du souba. » VOLT.

Chacune de ces deux expressions se distingue cependant par une nuance particulière. *Sous-main* est plutôt théorique, et *sourdement* pratique. On fait savoir ou on découvre *sous-main* quelque chose; on aide quelqu'un ou on agit contre lui *sourdement.* « Avertir *sous-main* les jésuites qu'on est attentif à leur conduite...; les faire avertir d'être sages et, si quelqu'un ne l'était pas, le pincer tout aussitôt ou *sourdement* ou avec éclat. » S. S. « Scipion passa le quartier d'hiver à s'informer *sous-main* de ce qui avait quelque rapport à l'entreprise qu'il méditait, et à préparer *sourdement* tout ce qui pouvait contribuer à la faire réussir. » ROLL.

4° *A la sourdine, en tapinois.* Ce sont des termes familiers, et cela seul suffit pour leur faire assigner une place à part.

Mais cependant ils ont aussi, l'un par rapport à l'autre, leurs traits distinctifs. *A la sourdine* s'emploie comme *sourdement* à l'égard d'une entreprise menée dans l'ombre et sans bruit. « Le cardinal de Bouillon commença alors avec éclat une lutte avec le roi, qu'il n'avait jusqu'alors soutenue qu'*à la sourdine.* » S. S.

Ils s'en vinrent *à la sourdine,*
Sans tambour, flûte, ni buccine,
Aborder près de la cité,
Où l'on dormait en sûreté. SCARR.

Mais *en tapinois,* en faisant l'action de se *tapir,* de se cacher, revient pour le sens à *en cachette.*

Plus on connaît Livry, plus il est agréable :
Il donne des plaisirs, et toujours il en prend ;
Il est le dieu du lit et de la table,
Son frère (l'abbé), *en tapinois,* en fait bien tout autant.
VOLT.

A peine de vingt (vaisseaux) que j'avois,
En ai-je sept, *en tapinois,*
Que j'ai cachés en ce rivage. SCARR.

Pa trois fois la lune cornue
Sur notre horizon est venue
Depuis que je suis dans ce bois
Où je me cache *en tapinois.* ID.

D'ailleurs, *en tapinois* convient mieux qu'*en cachette* quand il y a une idée de mouvement à exprimer. On fait une chose *en cachette,* étant caché ; on quitte quelqu'un (DEST.), on en approche (LAF.), on se glisse auprès (LAF., VOLT.) *en tapinois,* comme un animal qui vient en rampant et en se faisant petit pour n'être pas aperçu.

SEMER, RÉPANDRE. Figurément, au sens moral, jeter çà et là un bruit ou une nouvelle, par exemple, la terreur, de l'argent, une doctrine, un manifeste.

On *sème* afin que ce qu'on *sème* porte des fruits, c'est une action qui se fait toujours avec dessein ; mais *répandre* n'est relatif qu'à la dispersion et à l'étendue, on *répand* plus ou moins et dans plus ou moins de lieux. Distinction tellement fondamentale, que la chose *semée* l'est toujours par quelqu'un, au lieu que la chose *répandue* peut s'être répandue d'elle-même, ou avoir été répandue par un fait, un événement. Aussi *semer* ne s'emploie-t-il pas avec le pronom personnel comme *répandre :* ce bruit, cette nouvelle se *répandit.*

Gilotin en gémit, et, sortant de fureur,
Chez tous ses partisans va *semer* la terreur. BOIL.

Un mal qui *répand* la terreur,
La peste.... LAF.

Car enfin, c'est un bruit qui, par vos soins *semé,*
S'est *répandu* partout, et partout confirmé. DUC.

Semer suppose toujours un but ultérieur qu'on se propose d'atteindre ; quand on *répand,* on n'a rien autre chose en vue, sinon la dispersion même de ce qu'on *répand.* On *sème* la nouvelle de la mort d'un général afin de décourager ses troupes ; on la *répand* plus ou moins, et, quand elle est plus ou moins *répandue,* elle est connue d'un plus ou moins grand nombre d'hommes. La chatte va *semer* l'effroi dans la famille de l'aigle et dans celle de la laie, afin que ses deux voisines par crainte l'une de l'autre n'osent sortir et meurent de faim avec leurs petits. Mais la femme, à qui sa voisine vient de conter que le mari de celle-ci avait pondu un œuf, va *répandre* la nouvelle en plus de dix endroits, simplement pour qu'elle soit *répandue.*

Semer, qui emporte toujours l'idée d'un dessein, marque plus particulièrement celui de nuire : on *sème* des pièges sur les pas de quelqu'un, des impostures, des calomnies, de faux ou de méchants bruits, des bruits injurieux, des soupçons, des accusations malignes, des libelles, la division, la discorde, des querelles. Mais *répandre* se prend indifféremment en bonne ou en mauvaise part : un écrivain *répand* des doctrines, des opinions, des maximes quelconques, il *répand* beaucoup de jour sur un sujet : Bossuet dit des jeunes gens élevés avec Alexandre : « Il y en avait dix-sept cents capables de *répandre* dans toute l'armée le courage, la discipline et l'amour du prince. » Pour suborner et corrompre on *sème* l'argent ; l'homme généreux *répand* l'argent de tous côtés. — « Auguste envoya des émissaires jusque dans l'armée même d'Antoine, qui y *semèrent* des manifestes contre sa conduite. » VERT. « Christiern fit publier une amnistie générale, en forme de manifeste, que les émissaires de l'archevêque *répandirent* avec soin dans toute la Suède : il protestait, dans cet écrit, qu'il ne revenait principalement que pour défendre la religion. » ID.

Ce qu'on *sème* n'est souvent que le germe de ce qu'on veut produire, et ce mot équivaut souvent à faire naître, commencer à engendrer. Lafontaine dit au sujet des méchants :

> *Semez* entre eux la guerre,
> Ou vous n'aurez avec eux nulle paix.

« Mars commençait à *semer* la rage dans tous les cœurs. » FÉN.

> Pour toi de qui la main *sème* ici les forfaits
> Et fait naître la guerre au milieu de la paix. VOLT.

Mais *répandre* n'entraîne point cette idée, et, encore une fois, la seule considération qui doive déterminer à s'en servir, c'est celle du plus ou moins d'étendue, du plus ou moins de dispersion.

> On dit même, et ce bruit est partout *répandu*,
> Que.... RAC.

« On en *répandit* un grand nombre de copies (de ce cartel) dans l'Espagne, en Portugal, et même dans la plupart des cours de l'Europe. » VERT. « Le bruit de la sagesse de Salomon était *répandu* dans toutes les cours de l'Orient. » MASS. — Par conséquent *répandre* enchérit sur *semer* : il exprime une plus grande expansion ou dissémination. « Certains discours qu'ils *semaient* et *répandaient* partout. » ROLL. L'industrie *sème* et *répand* le gain sur toutes sortes de gens (ID.).

SENS, ORGANE. C'est au moyen des *sens* ou des *organes* que nous percevons les objets extérieurs et leurs qualités : savoir, par le *sens* ou l'*organe* de la vue, les couleurs ; par le *sens* ou l'*organe* de l'ouïe, les sons, etc. Certains animaux se distinguent par la finesse de tel *sens* ou de tel *organe*.

Cependant le *sens* est la faculté ; l'*organe* est le moyen inerte en lui-même, la machine ou l'instrument, comme l'indique l'étymologie du mot, όργανον, instrument. Les *sens* sont immatériels et dérobés à la vue, comme la sensibilité ou la faculté générale de sentir dont ils sont les modes ou les formes, qu'ils représentent chacun sous un aspect particulier, comme percevant dans les corps telles ou telles propriétés ; ils agissent à l'intérieur. Les *organes* sont des parties du corps, des appareils placés extérieurement, façonnés de telle ou telle manière, et servant les *sens* dans leur exercice. Du *sens* dépend la sensation, phénomène tout psychologique, et de l'*organe*, l'impression, phénomène tout physique. Les *organes* sont comme autant de canaux par lesquels les impressions arrivent aux *sens* qui font de celles-ci des sensations. « Les *organes* de nos *sens* (BOSS.) ; les *organes* matériels de nos *sens* (BUFF.). « La nature, qui nous apprend que ces *sens* et leurs actions appartiennent proprement à l'âme, nous apprend aussi qu'ils ont leurs *organes* ou leurs instruments dans le corps. » BOSS.

Or, les *sens* différent si bien des *organes* que souvent la sensation a lieu indépendamment de l'impression, et plus souvent encore l'impression sans être suivie de la sensation. Dans les songes nous voyons les couleurs et les images, nous entendons les sons, nous goûtons les saveurs, sans qu'aucune impression soit faite sur les *organes*. Les somnambules voient, écrivent et marchent dans l'obscurité, les yeux fermés ; il y en a même qui lisent une lettre cachetée et placée sur l'épigastre, et qui distinguent très-bien les saveurs des mets appliqués sur cette même partie. Le *sens-intime* par lequel nous sentons ou saisissons ce qu'éprouve et ce que produit notre âme n'a pas d'*organe*. De même, nous sentons le froid et le chaud sans avoir besoin pour cela d'*organe* particulier. D'autre part, que d'impressions sont faites et reçues sans qu'il en résulte aucune sensation, parce que les *sens* n'entrent pas en exercice en même temps que les *organes* ! C'est ce qui arrive toutes les fois qu'une idée ou une action nous préoccupe fortement.

Dans le rhume de cerveau, alors que l'odoration est momentanément abolie, l'*organe* refuse le service au *sens*. On peut perdre le *sens* de la vue, tout en en conservant l'*organe*. Au moment de la mort, l'action des *sens* cesse comme celle de toutes les autres facultés, et les *organes* continuent à rester intacts, au moins durant quelques heures. Enfin, un dernier fait qui distingue le *sens* de l'*organe*, c'est que dans l'audition et la vision la perception est simple, quoique l'*organe* soit double, et qu'il doive y avoir un double ébranlement. « Il faut aussi remarquer, touchant les objets, qu'ordinairement on n'en voit qu'un, quoique le *sens* ait un double *organe*. » BOSS.

SENS, SIGNIFICATION, ACCEPTION. Ce que donnent à entendre les signes ou les termes dont se sert celui qui parle ou écrit, leur valeur représentative.

Sens a cela de particulier d'abord, comme l'a fort bien remarqué Condillac, qu'il se dit proprement de tout un discours, de tout un écrit ou d'une phrase entière, au lieu que *signification* et *acception* ne se rapportent qu'aux mots. Pour comprendre le *sens* de ce qu'on vous dit ou de ce que vous lisez, il faut que vous connaissiez la *signification* des mots et leurs diverses *acceptions*. Prenez bien le *sens* de ce que je vous dis (ACAD.) ; le *sens* d'un passage, d'une phrase (ID.) ; le *sens* d'une prière (BOURD.) ; le *sens* d'un livre (BOSS.). — Ensuite le *sens*, quand il est question de mots, se considère absolument ou en soi ; mais *signification* et *acception*, deux substantifs verbaux qui expriment des résultats d'actions, marquent quelque chose de relatif, de phénoménal, de mobile ou de variable, un *sens* donné ou de fait, et assez souvent arbitraire. Un mot a tel *sens* ou il est vide de *sens* ; il reçoit ou on lui donne telle *signification* ou telles *acceptions*. « N'est-ce pas corrompre une langue que de donner aux termes employés par les bons auteurs une *signification* nouvelle ? Qu'arriverait-il, si vous changiez ainsi le *sens* de tous les mots ? » VOLT. « Je prends mes termes dans le *sens* commun de la langue, sans être au fait ou en souci des honnêtes *acceptions* qu'on leur donne dans les vertueuses sociétés de Paris. » J. J. Quand Montesquieu dit : « Les lois, dans la *signification* la plus étendue, sont les rapports nécessaires qui dérivent de la nature des choses, » il pense à la valeur du mot loi relativement au fait de son établissement qui l'a renfermée dans des limites plus ou moins étroites ; mais il ne regarde plus cette même valeur qu'en elle-même quand il ajoute : « Et, dans ce *sens*, tous les êtres ont leurs lois. »

Signification et *acception* diffèrent aussi l'un de l'autre, et même considérablement. Un mot a une *signification* et des *acceptions* : sa *signification* en fait connaître la valeur, et ses *acceptions* montrent cette valeur sous divers aspects. « Si, lisant une phrase, je trouve un mot que je n'entends pas, je dirai que je n'en sais pas la *signification*, et je ne dirai pas que je n'en sais pas l'*acception*. *Signification* doit donc être préféré toutes les fois qu'il s'agit d'entendre un mot d'une seule manière. Mais, si je considère un mot en lui-même, je dirai, j'en sais où je n'en sais pas toutes les *acceptions*, et alors *acception* est mieux que *signification*. » COND. « *Habile*, terme adjectif, qui, comme presque tous les autres, a des *acceptions* diverses, selon qu'on l'emploie. Il vient du latin *habilis*, et non de.... Mais il n'importe plus de savoir la *signification* des mots que leur source. » VOLT. « Le parti qu'il y aurait à prendre serait de ne point s'opiniâtrer sur ces mots (les prépositions), de remarquer seulement parmi leurs différentes *acceptions* celles dont on pourrait assigner la filiation et l'analogie, et de renoncer à chercher le rapport des autres en se contentant d'en indiquer la *signification*. » D'AL. La *signification* d'un mot est plus ou moins étendue ; ses *acceptions* sont plus ou moins nombreuses. — Que si toutefois *signification* s'emploie aussi au pluriel en parlant d'un même mot, c'est pour indiquer les différents sens qui lui ont été donnés successivement, à diverses époques, et non ses nuances particulières dans un même temps. On distingue la *signification* primitive d'un mot d'avec sa *signification* actuelle, et son *acception* propre d'avec son *acception* figurée. L'Académie, après avoir déterminé dans son dictionnaire les *acceptions* de chacun des mots de la langue française, a entrepris d'en exposer les *significations* dans son dictionnaire historique.

SENSIBLE, PALPABLE, VISIBLE. D'une clarté ou d'une évidence simple, accessible aux esprits les plus ordinaires.

La chose *sensible*, qui peut être *sentie*, est d'une clarté ou d'une évidence facile à saisir ; car *sentir* exprime une manière de connaître commune, point abstraite, pour laquelle il suffit d'avoir des *sens*. Les vérités, les préceptes, deviennent *sensibles* par des exemples qui leur donnent une forme et les matérialisent en quelque sorte.

La chose *palpable*, qui peut être *palpée*, qui se fait sentir au toucher, le plus grossier des sens, est encore moins fine, moins subtile, moins difficile à percevoir ou à comprendre. Aussi *palpable* renchérit-il sur *sensible*. « Dans l'esprit de géométrie les principes sont *palpables*... Il faudrait avoir tout à fait l'esprit faux pour mal raisonner sur des principes si gros. » PASC. « Mais pourquoi est-ce que je m'étudie à chercher des causes secrètes du dégoût que nous donne la piété ? Il y en a de plus grossières et de plus *palpables*. » BOSS. « Les esprits mous ne voient pas les effets des causes même les plus grossières et les plus *palpables*. » MAL. « La plupart des hommes ont assez de facilité pour comprendre et retenir les vérités *sensibles* et *palpables*, c'est-à-dire les rapports qui sont entre les corps. » ID. « Afin que cette suite du peuple de Dieu fût claire aux moins clairvoyants, Dieu le rend *sensible* et *palpable* par des faits que personne ne peut ignorer. » BOSS.

Quant à *visible*, il se distingue, non pas par le degré, mais par l'espèce. Ce qui est *visible*, ce qui peut être *vu*, tombe sous le sens particulier de la *vue*, dont l'idée doit toujours être rappelée ou aisée à sous-entendre quand on emploie ce mot. Une marque *visible* (PASC., BOURD.). « Il est tombé dans un embarras *visible*. » BOSS. « On évite d'envisager cette inévitable et *visible* contradiction. » ID. « L'incivilité est toujours un défaut *visible* et manifeste. » LABR.

D'ailleurs pour cet enfant leur attache est *visible*.
RAC.

SENSUALITÉ, DÉLECTATION. Goût ou amour du plaisir, de ce qui attire, charme, ravit.

La *sensualité* a rapport aux *sens*, aux plaisirs sensibles ou sensuels. « Le démon inspire la *sensualité*, il enflamme la concupiscence, afin de faire servir l'esprit à la chair. » BOSS. « Un libertin, dans l'emportement de ses débauches, cherche partout une proie à sa *sensualité*. » BOURD. « Vous voulez que votre *sensualité* soit satisfaite, et que votre corps ait toutes ses commodités et toutes ses aises. » ID. La *délectation*, au contraire, porte vers les choses dont on se *délecte*, choses qui peuvent être spirituelles, élevées, trascendantes, divines. « Il faut distinguer la *délectation* que Dieu a mise en nous à la vue de lui-même, qui est notre béatitude, d'avec la pente violente que la révolte du premier homme a mise dans nos cœurs pour nous faire centres de nous-mêmes. » FÉN. « Je trouve bien faux que la sainte *délectation* de l'amour divin diminue la liberté. » BOSS.

D'ailleurs, la *sensualité* est d'un homme *sensuel*, et s'étend à tout un genre, à toute une suite de choses ; au lieu que la *délectation* est d'un homme qui se *délecte*, à qui il arrive une fois de se *délecter*. On vit avec *sensualité* (ACAD.) ; on fait quelque chose avec *délectation* (ACAD.).

SENSUEL, VOLUPTUEUX. Fort attaché aux plaisirs des sens, qui en fait abus. Homme *sensuel* ou *voluptueux* ; âme *sensuelle* ou *voluptueuse* ; mener une vie *sensuelle* ou *voluptueuse*. « Sénèque nous peint, dans le portrait qu'il fait de cet Apicius, l'image d'un homme *sensuel* et *voluptueux*, qui reçoit avidement et savoure comme à longs traits le plaisir par tous ses sens. » ROLL.

Sensuel, adonné aux sens, indique un penchant bas et grossier, une sorte d'avidité brutale, qui nous ravale jusqu'au niveau des bêtes et n'est pas digne d'un être doué de raison. Aussi le trouve-t-on joint d'ordinaire aux mots charnel, animal, abruti, auxquels il est analogue. « Étant aussi *sensuel* et aussi charnel que vous l'êtes. » BOURD.

« Un chrétien *sensuel* et esclave de la concupiscence de la chair. » ID. « Mener une vie *sensuelle* et animale, et borner ses désirs à la terre. » ID. « Les actions *sensuelles* et animales, comme est celle de manger. » ID. « Moïse fut envoyé pour réveiller par des récompenses temporelles les hommes *sensuels* et abrutis. » Boss. « Où est la passion *sensuelle* et grossière dans un homme qui veut mourir? » J. J. — *Voluptueux*, comme le mot *volupté*, d'où il dérive, suppose de la recherche et de la délicatesse dans les plaisirs; en sorte que l'homme *voluptueux* l'est avec choix, avec esprit et bon goût; il se connaît en plaisirs; il en fait une étude et comme un art. On peut dire que la *sensualité* est une *volupté* grossière, et la *volupté* une *sensualité* raffinée. Au lieu que *sensuel* qualifie plutôt les hommes qui se laissent dominer par leurs appétits grossiers, *voluptueux* convient aux hommes riches qui raffinent sur le luxe et la mollesse. « Ce n'est pas pour flatter les riches *voluptueux* dans leur mollesse, dit Fénelon dans un mandement pour le carême, que nous usons de condescendance. » « L'abondance, la bonne fortune, la vie délicate et *voluptueuse*, sont comparées dans les saintes lettres à des fleuves impétueux. » Boss. « L. Thorius Balbus, l'un de ces *voluptueux* habiles et délicats qui se font une occupation et un mérite de raffiner sur tout ce qui s'appelle délices, ne se livrait point brutalement aux excès du boire et du manger, ni aux autres divertissements grossiers, mais, attentif à sa santé et à certaines bienséances, menait une vie douce et molle. » ROLL. « Horace fait l'éloge de ces vins: il était assez *voluptueux* et d'assez bon goût pour mériter d'en « être cru sur parole. » ID. « Les passions des pays chauds sont des passions *voluptueuses* qui tiennent à l'amour et à la mollesse. » J. J.

Il faut ajouter qu'on est *sensuel* par emportement, par un entraînement instinctif et aveugle, et qu'on est *voluptueux* en faisant usage de sa volonté libre (*volupté*, de *voluptas*, de *volupe*, *volup*, *volo*, je veux, je désire), c'est un système de conduite qu'on suit. Aussi dit-on absolument le *voluptueux*, comme l'ambitieux ou l'avare, et les philosophes qui soutiennent le système du plaisir en morale sont appelés les *voluptueux*. « Aristote réfute les *voluptueux* qui mettent la félicité dans les plaisirs corporels. » FÉN.

SENTIR, ÉPROUVER. Recevoir une impression ou concevoir une affection.

Sentir est plus général: on *sent* tout ce qui touche ou émeut. *Éprouver* est plus particulier: on n'*éprouve* que ce qu'on *sent* pour la première fois; car *éprouver*, latin *probare*, c'est faire l'essai d'une chose inconnue afin de la connaître, afin de savoir si elle est bonne ou mauvaise. *Sentir* se dira donc bien en parlant de choses qui nous sont familières, auxquelles nous sommes accoutumés; mais *éprouver* ne convient qu'à l'égard de celles qui sont nouvelles pour nous, dont nous n'avions pas encore l'expérience.

« Il naît dans l'âme un désordre et une confusion qu'elle a peine à démêler, mais qui est la suite d'anciennes impressions longtemps *senties*, et de nouvelles qu'elle *éprouve*. » PASC. « Le duc de Bragance s'en retourna à Villaviciosa avec des inquiétudes qu'il n'avait point encore *éprouvées* et qui ne lui permirent pas de *sentir* les plaisirs qu'il avait goûtés jusque-là dans une vie privée. » VERT. « Je les *éprouverai* aussi, ces angoisses de la mort que mon père a *senties*. » STAËL.

D'ailleurs, *sentir* est subjectif, il a rapport à la manière dont le sujet est affecté ou dont il reçoit l'impression. « Les malheurs que j'ai *éprouvés*, avec quelque amertume que je les ai *sentis*, sont si peu de chose au milieu des désastres publics! » STAËL.

SÉRIEUSEMENT, TOUT DE BON. Sans plaisanter.

Sérieusement n'est déplacé dans aucun genre de style. « Entrons *sérieusement* dans une grande estime de ce que nous sommes en qualité de chrétiens. » Boss. « Lorsque l'envoyé d'un prince paraît revêtu de l'autorité du souverain qui l'envoie, on l'écoute avec respect, on traite *sérieusement* avec lui. » MONTESQ. « J'ai toujours cru qu'on devait parler de Dieu comme de Dieu, c'est-à-dire *sérieusement* et respectueusement. » MAINT. Mais *tout de bon* paraît convenir surtout au discours simple et familier, ainsi que plusieurs autres locutions commençant par *tout*: *tout* de suite, *tout* du long, *tout* de go, etc. « *Tout de bon*, ma petite, j'ai bien du regret à notre commerce. » SÉV. « Dans les commencements j'ai cru qu'elle se moquait (de vouloir ce mariage); mais quand j'ai vu que c'était *tout de bon*, j'ai couru vous avertir. » DANC.

M'avez-vous cru si dur et si brutal,
Que d'avoir fait *tout de bon* le sévère? LAF.
Je crois qu'à voir un amant tendre
Se précipiter ou se pendre,
Mais je dis pendre *tout de bon*,
Comme en Grève on pend un larron,
Cela pourrait vous divertir. HAM.

A cette différence s'en joint une seconde tout autrement considérable. En sa qualité d'adverbe, *sérieusement* est subjectif, relatif à un agent et à son action, au lieu que la locution adverbiale *tout de bon* est objective, relative à un état ou à un fait. On agit, on parle, on fait quelque chose, *sérieusement*; c'est *tout de bon* qu'on est tel ou tel, malade, fâché, etc., ou qu'une chose a lieu. On songe, on travaille à une chose *sérieusement* (ACAD.), c'est-à-dire d'une manière sérieuse ou en homme sérieux, avec ardeur et suite; on est affligé ou ruiné (SÉV.), touché de pitié (PASC.), *tout de bon*, c'est-à-dire réellement, et l'attention est appelée par *tout de bon*, non sur une manière d'agir, mais sur une manière d'être.

Jean-Jacques Rousseau prétend que l'effet de la tragédie est de nous montrer la vertu comme un jeu de théâtre, bon pour amuser le public, mais qu'il y aurait de la folie à vouloir transporter *sérieusement* dans la société; et dans son *Émile* il la représente avec son élève dans un atelier de menuisier, où ils sont apprentis, apprentis *tout de bon*, et non pas pour rire. On trouva de la Brinvilliers une confession qu'elle reconnut, mais en ajoutant qu'elle ne l'avait pas écrite *sérieusement*; elle ne croyait pas à sa condamnation à mort, et elle dit en montant sur l'échafaud: C'est donc *tout de bon* (SÉV.)?

LISETTE.
« Vous arrivez pour épouser? »
DAMIS.
« Ma foi! non, s'il est possible. »
LISETTE.
« Quoi! *Tout de bon?* »
DAMIS.
« Je parle très-*sérieusement.* » MARIV.

D'ordinaire *sérieusement* s'emploie avec un verbe actif et *tout de bon* fait partie d'une phrase commençant par *c'est* : *c'est tout de bon que...*, c'est-à-dire, il est réel ou c'est un fait que.... « Nous causons pour causer; c'est aussi pour vous demander bien *sérieusement* si c'est *tout de bon* que vous avez pu vous représenter que je fusse contente de vous voir partir dans l'état où vous étiez. » SÉV. « C'est *tout de bon* que je suis fâchée contre vous.... Songez *sérieusement* à devenir plus raisonnable. » MAINT.

Sérieusement a des degrés comme l'adjectif *sérieux* d'où il dérive. *Tout de bon* n'en a pas, et ce qu'il signifie, il l'exprime au superlatif. Aussi paraît-il propre à enchérir sur son synonyme. « Je ne sais pas s'il ne serait point à propos de munir cette Méditation de quelque préface, dans laquelle le lecteur fût averti que ce n'est pas *sérieusement* et *tout de bon* que l'on doute de ces choses. » ARN.

SERRER, ÉTREINDRE, ENLACER. Tenir étroitement dans quelque chose.

Serrer est de ces trois verbes le plus usité et celui qui a la plus grande étendue de signification. On *serre* dans quoi que ce soit, et, par exemple, dans ce qui forme un contenant, dans ce qui enveloppe ou enferme. On n'*étreint* et on n'*enlace* que ce qu'on entoure ou ce qu'on ceint, que ce qu'on tient dans un lien ou comme dans un lien. Ainsi, on *serre* dans la main ; on *étreint* et on *enlace* dans les bras.

Quand *serrer* se prend dans l'acception particulière d'*étreindre* et d'*enlacer*, il semble exprimer une action moins forte qu'*étreindre*. Étreindre signifie, en effet, *serrer* d'une main ferme, de manière à ôter la respiration ou la liberté des mouvements. « Il faudra donc, dit Sancho, que vous le teniez si *serré*, qu'il ne puisse remuer ni pied ni patte. Je l'*étreindrai* d'une telle force, répondit le chevalier, qu'il n'aura pas la respiration libre. » LES.

Enlacer, passer l'un dans l'autre des *lacets* ou des cordons, tisser, ourdir, ou bien mettre dans un *lacs*, emporte une idée de multiplicité ou d'artifice. Un reptile *enlace* la proie autour de laquelle il s'entortille ; Dalila *enlaça* dans ses bras Samson qu'elle voulait séduire et perdre. L'idée d'art ou d'intrigue est surtout sensible au figuré. « Que de péchés, que d'injustices! que de tromperies, que d'iniquités *enlacées!* » BOSS. « Au ministère autrichien et aux gouvernements alliés de Bonaparte il ne reste de l'art avec lequel sa diplomatie les a *enlacés* qu'une seule idée nette, celle de la force. » STAËL.

SERRER, PRESSER. Rapprocher étroitement différentes choses ou les différentes parties d'une chose.

Serrer, du latin *sera*, *serrure*, signifie aussi enfermer, mettre sous clef ; dans l'acception qui lui est commune avec *presser*, il marque une action qui s'opère sur une chose en l'entourant, en l'embrassant, en l'enveloppant. Mais *presser*, du latin *premere*, *pressum*, appuyer sur, indique une action qui s'exerce dans un seul sens, c'est-à-dire généralement de bas en haut. On *serre* au moyen d'un lien ou de quelque chose qui s'applique sur l'objet en tout sens, au moyen de la main, par exemple, qui est comme la *serre* d'un oiseau; on *presse* en pesant, en faisant porter sur ou contre en mettant sous la presse ou comme sous une *presse*. On se *serre* le ventre avec une ceinture ; on *presse* les piles de plantes d'un herbier en les mettant sous quelque chose de très-lourd. Des souliers *serrent* les pieds (ACAD.); les pieds *pressent* le sol ou le pavé sur lequel on marche (STAËL). On *serre* quelqu'un dans ses bras ; on le *presse* sur son cœur. « Marguerite s'aperçoit du chagrin de sa fille; elle lui en demande la cause, en la *serrant* dans ses bras.... Elle partage ses peines ; elle *presse* Estelle sur son cœur maternel. » FLOR. Vous *serrez* la main d'une personne dans la vôtre ; vous la *pressez* contre votre cœur ou sur vos lèvres. « Dieu veut abattre et dompter ma volonté trop licencieuse. Il la lie, il la *serre*, de peur qu'elle ne résiste au coup salutaire qu'il lui veut donner. Enfin il frappe où je suis sensible, afin qu'étant *pressé* sous sa main suprême et sous les ordres inévitables de sa volonté je sois enfin obligé de me détacher de la mienne. » BOSS.

Ensuite *serrer* a plus de rapport à l'état et *presser* à l'action. Une personne *serrée* n'est pas au large ou à l'aise ; une personne *pressée* a hâte d'arriver ou d'en finir. On se *serre* pour occuper moins de place ; on se *presse* pour avoir bientôt fait. « *Serrer* l'ennemi, c'est le mettre à l'étroit, lui laisser peu de moyens d'échapper ; le *presser*, c'est le poursuivre vivement. » COND. Et comme *presser* est plus relatif à l'action, il est naturellement propre à exprimer une action plus forte. *Presser*, c'est souvent *serrer* de *près* ou beaucoup. « Icétas *pressait* vivement la citadelle de Syracuse, et la *serrait* de si près que les convois ne pouvaient y pénétrer qu'à peine. » ROLL. « Considérez saint Paul jeté dans l'obscurité d'un cachot, ayant les pieds *serrés* dans du bois qui était entr'ouvert par force et les *pressait* ensuite avec violence. » BOSS. « Il y avait dans le ciel comme un nuage grisâtre, qu'un fantôme gigantesque *serrait* et *pressait* à longs plis. » STAËL.

En général, *presser* renchérit sur *serrer*. Ce qui nous *serre* nous gêne ; ce qui nous *presse* nous oppresse ou nous accable. Dans un pays trop *serré* pour les habitants (J. J.) il n'y a pas assez d'espace, mais enfin il y en a, les hommes ne se touchent pas. Mais là où les rangs sont *pressés* il ne reste plus de place ou d'intervalle : « Elle va descendre à ces sombres lieux où à peine peut-on la placer, tant les rangs y sont *pressés*, tant la mort est prompte à remplir ces places ! » BOSS. *Serrer* quelqu'un dans ses bras est l'expression ordinaire ; le *presser* dans ses bras se dit quand le fait a lieu d'une manière ardente et passionnée : « Corinne se jeta sur son corps inanimé, et, le *pressant* dans ses bras avec ardeur.... » STAËL. Il en est de même de *serrer* et de *presser* la main. On *serre* la main en toute circonstance. On la *presse* quand on la *serre* fortement, dans un moment de grande émotion : « Tous nos efforts pour rappeler Léonce à la vie furent d'abord vains; Delphine lui répétait : Ange de ma vie! reviens à toi... Ne sens-tu pas ma main qui *presse* la tienne? » STAËL. « La prose vous donne la facilité de *serrer*, de *presser* votre style. » FLOR.

SIMAGRÉES, MINAUDERIES. Manières qui manquent de naturel.

Les *simagrées*, de *simia*, singe, ou de *simulacrum*, faux-semblant, sont des singeries, des grimaces, des apparences trompeuses, quelque chose d'affecté. Les *minauderies* sont des petites *mines*, de petits airs gracieux qu'on s'efforce de prendre afin de plaire, quelque chose, non pas d'affecté précisément, mais d'affété.

Les *simagrées* ont pour objet d'en imposer en quelque genre que ce soit, de faire le dévot, l'homme de bien, le modeste, le complaisant, etc.

C'est être libertin que d'avoir de bons yeux;
Et qui n'adore pas de vaines *simagrées*
N'a ni respect ni foi pour les choses sacrées. MOL.

« Dubois, pour être cardinal, avait fait recevoir la constitution *Unigenitus* et les formulaires, et toutes les *simagrées* ultramontaines dont il se moquait. » VOLT. « C'était uniquement par aversion pour les *simagrées* qu'elle ne faisait point en public la dévote : elle avait une piété trop solide pour affecter de la dévotion. » J. J. « Il n'offrira pas sa place à un autre par *simagrée*, mais il la lui cédera volontiers par bonté. » ID. « Les Chinois, peuple poli, complimenteur, adroit, fourbe et fripon, qui met tous les devoirs en étiquettes, toute la morale en *simagrées*. » ID. « Je dis à Pollion mon sentiment sans aucun ménagement. Son caractère est au-dessus des *simagrées* des compliments. » VOLT. — Mais les *minauderies* appartiennent uniquement au domaine de la coquetterie : ce sont des moyens qu'on emploie, les femmes surtout, pour faire le gentil afin de séduire. « Les églogues de Fontenelle montrent un peu trop souvent, sous l'extérieur d'une paysanne, la *minauderie* d'une coquette. » D'AL. « Elle agaça mon maître ; il répondit avec dédain à ses *minauderies*. » LES. « Je trouvai ma voisine si belle que j'en fus d'abord enchanté. Je le lui marquai aussitôt par des œillades si vives qu'il n'y avait pas à s'y méprendre. Mais elle n'était pas fille à répondre à mes *minauderies*. » ID. « Est-ce notre faute, si les femmes nous plaisent quand elles sont belles, si leurs *minauderies* nous séduisent? » J. J. « On ne pourrait pas l'accuser d'avoir cherché à plaire, à moins qu'un air de coquetterie et toutes les *minauderies* des femmes à prétentions n'en montrassent le dessein. » ID.

Ce qu'il y a de plus caractéristique dans les *simagrées*, c'est la fausseté; dans les *minauderies*, c'est la fadeur : de vaines *simagrées* (MOL., J.J.); de fades *minauderies* (J. J.).

SIMPLICITÉ, MODESTIE, HUMILITÉ. Disposition contraire à l'orgueil, laquelle consiste à être modéré dans l'estime de soi-même.

Simplicité et *modestie* ont été comparées par d'Alembert, qui nous a laissé sur ce point un article peu connu, celui-là même apparemment qu'il lut à l'Académie en 1777 devant l'empereur Joseph II. Sa distinction que voici est aussi lumineuse que certaine. La *simplicité* est simple, sans faste, sans art, spontanée, naïve, une disposition naturelle du caractère ; la *modestie*, au contraire, est une vertu, c'est-à-dire une disposition réfléchie, qui suppose et qui demande de l'empire sur soi-même. La *simplicité*, excluant essentiellement la volonté et par conséquent l'affectation, ne peut être fausse ; mais la *modestie* l'est quelquefois, parce qu'elle dépend de nos efforts. « Ayant ouï dire que la *modestie* sied bien aux grands hommes, ils osent être *modestes*, contrefont les *simples* et les naturels. » LABR. Il y a plus de charme dans la *simplicité* ; Fénelon l'avait dit avant d'Alembert dans les termes suivants : « La *simplicité* paraît quelquefois un peu négligée et moins régulière que la *modestie*, mais elle a un goût de candeur et de vérité qui fait sentir je ne sais quoi d'ingénu, de doux, d'innocent, de gai, de paisible, qui charme quand on le voit de près. » « Il était mieux que *modeste*, il était *simple*. » HÉN.

L'*humilité* ressemble moins à la *simplicité* qu'à la *modestie*. C'est, comme cette dernière, une vertu. Mais d'abord c'est une vertu presque toute chrétienne, les païens ne l'ont guère connue. « L'usage du mot *humilité* en notre langue est purement chrétien. » VAUG. « Voilà tout ce qu'ont dit les sages du monde en faveur de la *modestie*...; voilà les principes d'*humilité* qui se sont conservés jusque dans la corruption du paganisme. » BOURD. Ensuite l'*humilité* renchérit sur la *modestie* : elle est dans le sentiment plutôt que dans les actes et dans l'extérieur, ce qui fait que Voltaire l'appelle la *modestie* de l'âme, et elle consiste proprement à se mettre à terre (humi), à se mépriser, et non pas seulement à *modérer* (de *modus*, mesure, d'où *modestie*) l'opinion qu'on a de soi-même. L'abbé d'Olivet a dit de l'académicien poète Michel Leclerc « qu'il poussait la *modestie* jusqu'à l'*humilité*. » « Nous sommes (Italiens) une nation beaucoup trop *modeste*, je dirais presque trop *humble*, pour oser avoir des tragédies à nous, composées avec notre histoire. » STAËL.

SINUOSITÉ, DÉTOUR. Une chose a, présente des *sinuosités* ou des *détours* quand dans son cours elle ne va pas droit.

L'Académie définit *détour* par *sinuosité* simplement, ce qui fait croire, si on n'y regardait de près, que les deux mots sont de tout point synonymes.

Sinuosité, du latin *sinus*, sinuosité, courbure, enfoncement, pli, d'où *sinuosus*, sinueux, est spéculatif. Au contraire, *détour*, formé du français *tour*, est pratique.

Sinuosité convient particulièrement en termes de théorie, en géographie, dans les descriptions ou quand on veut représenter à l'imagination quelque chose de pittoresque. « Un docteur en médecine qui sait quelque chose, qui a longtemps examiné les *sinuosités* du cervelet, qui a recherché si les nerfs ont un suc circulant.... » VOLT. « Les jeunes Déliens se mêlèrent avec les Athéniens (dansant) pour figurer les *sinuosités* du labyrinthe de Crète. » BARTH. « Le portique de l'école publique présentait une image de la disposition de toutes les terres et des mers avec le détail du cours des fleuves et de la *sinuosité* des rivages. » ROLL. « La Grèce est coupée par une chaîne de montagnes, qui, formant plusieurs *sinuosités*, et jetant des branches de côté et d'autre, la divise en plusieurs vallées. » COND. « Si l'on considère, en voyageant, la forme des terrains, la position des montagnes et les *sinuosités* des rivières, on s'apercevra que.... » BUFF.

Mais *détour* soit préférable soit quand il s'agit de l'usage qu'on fait des choses, soit quand il est question des inconvénients ou des avantages qui résultent de leur forme ou de leur direction. « Au-dessous sont les intestins, où, par divers *détours*, les excréments se séparent, et tombent dans les lieux où la nature s'en décharge. » Boss. « Je pris la lampe et sortis du caveau.... Ce ne fut pas sans peine que je démêlai les *détours* de ce nouveau labyrinthe. » LES. « Se perdre dans les *détours* d'un souterrain. » ACAD. « Les hommes sont tous comme du bois flotté : l'un s'arrête ici, l'autre là selon les *détours* du rivage. » MARM. « Des bergers vinrent à Flamininus lui dire qu'ils savaient un *détour* qui n'était point gardé, et lui promirent de le rendre sur le sommet des montagnes en trois jours. » ROLL. « Il n'y a pas un seul enfant qui, sur un plan du jardin de son père, fût en état d'en suivre les *détours* sans s'égarer. » J. J.

SOCIAL, SOCIABLE. L'idée commune à ces deux mots est celle de société exprimé par leur radical.

Mais *social* désigne relativement à la société une qualité actuelle, et *sociable* une qualité potentielle.

D'un autre côté, la qualité marquée par *social* est extrinsèque, de forme seulement, au lieu que celle qui est signifiée par *sociable* est tirée de la nature même du sujet. Ce qui est *social* a rapport à la société ; ce qui est *sociable* a du penchant pour la société. L'homme *social* est l'homme en société ou civilisé, par opposition à l'homme dans l'état sauvage ; l'homme *sociable* est par caractère enclin à vivre en société ou à lier différentes sortes de sociétés ; et, comme cette disposition ne peut se rencontrer que dans les hommes, *sociable* est une épithète applicable à l'homme seul, au lieu que *social* est un qualicatif abstrait qui convient à toutes les choses relatives à la société : vertus, institutions *sociales*. Un homme est *sociable*, et il a une position *sociale*. « L'auteur du *Contrat social* n'était pas un homme fort *sociable*. » CH. NODIER.

SOCIÉTÉ, COMPAGNIE. Réunion de personnes liées ensemble et formant un corps. *Société* ou *compagnie* de Jésus ; règle de *société* ou de *compagnie* ; les actionnaires d'une *société* ou d'une *compagnie* ; *société* savante, savante *compagnie* ; introduire quelqu'un dans une *société* ou dans une *compagnie*.

Société, *societas*, de *socius*, associé, uni, joint, désigne une réunion de plusieurs personnes ; *compagnie*, de *cum*, avec, qui marque multiplicité, et de *pain* ou de *pennon*, signifie une réunion de beaucoup de personnes. Qu'un homme et une femme soient unis par les liens du mariage, ils font une *société* ; mais une *compagnie* dans un régiment comprend un assez grand nombre d'hommes. Selon l'Académie, pour former une *société* commerciale il suffit aussi de plusieurs personnes, mais il en faut beaucoup pour composer ce qu'en termes de commerce on appelle une *compagnie*.

Une autre différence, aussi importante tout au moins pour l'application, résulte de ce que *société* reproduit un mot latin de même signification, au lieu que *compagnie* dérive d'un mot vulgaire. *Société* est plus noble et marque quelque chose de plus honorable. Nous donnons le nom de *société* simplement à une académie ; nous ne l'appelons plus *compagnie*, comme on faisait autrefois, ou ce n'est qu'en y ajoutant une épithète propre à relever ce terme : illustre, célèbre, savante. La règle de *société* est la même que la règle de *compagnie* ; seulement le nom en est plus distingué, et c'est pourquoi il s'emploie de préférence aujourd'hui et tend à s'employer seul désormais. *Société* de Jésus représente la congrégation des jésuites sous le côté supérieur de son esprit et de ses doctrines ; *compagnie* de Jésus en rappelle le côté extérieur, celui des membres qui composent l'ordre : « Le P. Tellier avait consacré corps et âme à sa *compagnie*... ; il avait été achever de se perfectionner à Rome dans les maximes et la politique de sa *société*. » S. S.

Par conséquent *compagnie* se prend plus volontiers et plus souvent en mauvaise part. On dit une *société* de saints (Boss.), et une *compagnie* de loups (VOLT.). « J'ai fort envie de savoir quelle *société* a eue mon fils. Nous lui avions bien recommandé d'éviter la mauvaise *compagnie*. » SÉV. « Renoncez à toutes les *compagnies* qui peuvent vous faire retomber.... Pourquoi ne vous contenter pas de la *société* de ceux qui aiment Dieu ? » FÉN. « La plupart des *compagnies* ne vous seraient pas propres, quand même elles ne seraient pas dangereuses ; mais je vous souhaiterais quelque petite *société* innocente qui vous pût amuser. » ID.

SOLIDITÉ, CONSISTANCE. État opposé à celui de la fluidité.

La *solidité* est la qualité essentielle de ce qui est solide. « Chaque créature a ses caractères propres, avec ses qualités et ses excellences. Ainsi la terre a sa ferme et immuable *solidité*, et l'eau sa liquidité transparente. » Boss. La *consistance* est la qualité de fait de ce qui devient solide, de ce qui, selon le sens du verbe latin *consistere*, s'arrête, cesse de couler ou se fige. « Au premier âge de notre univers, la terre et les planètes, ayant reçu leur forme, ont pris de la *consistance*, et de liquides sont devenues solides. » BUFF. — On dira plutôt qu'un corps a de la *solidité*, et qu'il prend de la *consistance*. De même au figuré : il y a dans un discours ou dans un raisonnement de la *solidité* ; un bruit ou une nouvelle acquiert de la *consistance*.

Solidité signifie un état absolu et parfait ; mais *consistance* désigne un état relatif, incomplet, qui est en train de se former ; un commencement ou quelque degré de *solidité*. « Ces poudres de coquilles ont acquis avec le temps de la *consistance* et quelque *solidité*. » Buff. « Toutes les matières dures et solides doivent leur première *consistance* à la force générale et réciproque d'une attraction mutuelle ; mais ces matières n'ont acquis leur entière dureté et leur pleine *solidité* que par l'interposition successive d'un ou de plusieurs ciments. » Id.

Toutefois, pour ce qui regarde l'effet de cet état, c'est *consistance* qui paraît enchérir sur *solidité* : il annonce une capacité de résister aux causes de séparation d'une manière, sinon plus forte, au moins plus longue et plus persévérante. Avec de la *solidité* un bâtiment ou un corps d'armée est difficile à ébranler ou à entamer ; avec de la *consistance*, ses parties tiennent comme poix, on ne peut venir à bout de les désassembler. « La phalange macédonienne ne peut conserver longtemps sa propriété naturelle, c'est-à-dire sa *solidité* et sa *consistance*.... Étant une fois enfoncée, elle ne sait plus se rallier. » Boss. « On ne cherche pas la curiosité dans le fondement que l'on cache en terre, mais la *solidité* et la *consistance*. » Id. « Il faut nous en prendre à nous-mêmes, si notre piété n'a point cette *solidité* et cette *consistance* qui est le fruit assuré de la bonne prière. » Fén.

SON, TON, BRUIT. Ce qui frappe l'ouïe, ce que l'ouïe perçoit.

Entre le *son* et le *ton* d'abord la différence est sensible. Le *ton*, ainsi que l'accent, est un mode ou inflexion du *son*. « On nomme *tons* les degrés par lesquels la voix ou un instrument s'élève ou descend. » Cond. — Le *son* peut être quelque chose de simple ou d'instantané comme un cri : un coup de fusil ou un coup de fouet produisent différents *sons*. Mais le *ton* suppose de la continuité, des *sons* qui se prolongent, comme sont ceux de la parole, du chant et des instruments de musique. — Le *son* est tel ou tel naturellement et constamment ; le *ton* est tel ou tel par accident, dans un certain cas, en raison des sentiments dont on est animé. La flûte a un *son* très-doux ; le musicien qui en joue sait en diversifier les *tons* suivant les airs, suivant ce qu'il veut exprimer. « Le renard glapit, aboie et pousse un *son* triste, semblable au cri du paon ; il a des *tons* différents selon les sentiments différents dont il est affecté. » Buff.

Le *bruit* est un *son* ou un assemblage de *sons* confus, ou, suivant l'expression de Condillac, inappréciable. « Celui qui, pour la première fois de sa vie, entendrait le *bruit* du canon ou le *son* d'un concert. » Volt. « Dans la déclamation, le *bruit* des applaudissements agit sur l'âme comme le *son* de la musique militaire. » Stael. L'origine de ce terme doit être vulgaire, au lieu que *son* et *ton* sont calqués sur des mots latins, *sonus* et *tonus*. Le fait est qu'il se prend volontiers en mauvaise part, pour signifier quelque chose d'importun ou de vain. « Outre le *son* qui frappe l'oreille, il y a une voix secrète qui parle intérieurement, et c'est la véritable prédication, sans laquelle tout ce que disent les hommes ne sera qu'un *bruit* inutile. » Boss. On marche au *son* du tambour, on s'assemble à l'église au *son* des cloches, mais on est étourdi par le *bruit* du tambour et ou par celui des cloches.

SOUFFRIR, PÂTIR. Éprouver quelque chose de fâcheux, de pénible.

Souffrir, de *sufferre*, supporter, endurer, se prend dans le sens actif avec un complément direct aussi bien que dans le sens neutre, et, dans le sens neutre où il est considéré ici, il s'emploie très-bien avec toutes les déterminations de la cause, du degré, du mode ou de la manière ; au lieu que *pâtir*, de *pati*, grec παθεῖν, est un verbe exclusivement neutre qui signifie d'une manière générale et vague être dans un état de malaise. *Souffrir*, c'est éprouver une sensation fortement désagréable ; *pâtir*, c'est être dans la misère ou en souffrance. L'âme est affectée d'une manière plus soudaine et plus vive quand on *souffre*, d'une manière plus lente et plus languissante quand on *pâtit*. « Qui de nous a langui avec les malades ? Qui de nous a *pâti* avec les faibles ? Qui de nous a *souffert* avec les pauvres ? » Boss. « Mme de la Pommeraye disait : Je *souffre*, mais je ne *souffre* pas seule.... Elle tint le marquis près d'un mois dans l'attente de l'entrevue qu'elle avait promise, c'est-à-dire qu'elle lui laissa tout le temps de *pâtir*. » Did. L'extraction d'une dent fait *souffrir* ; les maladies chroniques qui traînent, qui épuisent peu à peu, font *pâtir* : Il a été longtemps malade, il a bien *pâti* avant de mourir (Acad.) ; c'est à force d'expérience, en *pâtissant* beaucoup, qu'à la fin on acquiert de la sagesse (Boss.). « C'est dommage qu'un jeune homme comme toi consume sa jeunesse dans la langueur et la souffrance ; car, dis la vérité, tu t'ennuies ici, tu *pâtis*. » Mariv.

Souffrir marque toujours un effet immédiat et direct ; *pâtir*, un effet indirect et qui vient d'une cause lointaine. Chacun *souffre* de ses propres sottises ; les petits *pâtissent* des sottises des grands (Laf.). Si une nourrice use de certains aliments, elle en *souffre* ; son nourrisson en *pâtit* (J. J.).

Souffrir suppose toujours un être sensible qui sent effectivement, qui reçoit une impression de déplaisir ; *pâtir* se dit souvent de choses susceptibles, non de sentir proprement, mais seulement d'être blessées ou altérées, capables d'éprouver, non de la douleur, mais du mal. « Un fou est un malade dont le cerveau *pâtit*, comme le goutteux est un malade qui *souffre* aux pieds et aux mains. » Volt.

Je *souffre* doublement dans le vol de son cœur ;
Et l'amour y *pâtit* aussi bien que l'honneur. Mol.

Quand les deux mots se disent dans l'acception plus particulièrement propre à *pâtir*, en parlant des choses inanimées auxquelles est causé du déchet, de l'altération, du mal, *souffrir* exprime un dommage reçu en un seul coup, et *pâtir* un état de dépérissement produit peu à peu par quelque chose qui agit sans cesse ou au moins à plusieurs reprises. On dira après un orage : Les blés, les vignes, les arbres, ont *souffert* de l'orage. On dira bien, au contraire : Les longues sécheresses font *pâtir* les blés, les vignes, les arbres.

SOUHAIT, VŒU. Mouvement de l'âme vers un bien qu'on n'a pas et qu'on a envie d'avoir.

Un *souhait* est proprement un plaisir, une joie, un désir (en vieux français, *hait*) en dessous, un mouvement par lequel on se porte en secret vers une chose agréable, une simple aspiration de l'âme. Le *vœu*, du latin *votum*, promesse ou prière faite aux dieux, est, au contraire, quelque chose d'extérieur, une demande adressée à Dieu ou à quelqu'un, afin qu'il veuille bien y satisfaire.

> Prince, l'appui des lis, et l'amour de la France,
> Et pour qui tous nos *vœux* s'efforçaient d'obtenir
> Du souverain des rois un si bel avenir,
> Aujourd'hui qu'elle voit tes vertus éclatantes
> Répondre à nos *souhaits* et passer nos attentes....
> CORN.

« Puissiez-vous, sire, et ce *souhait* les renferme tous, puissiez-vous être un jour aussi grand que vous nous êtes cher!... Grand Dieu! si ce n'étaient là que mes *vœux* et mes prières..., mais ce sont les *vœux* de tant de saints rois qui vous demandent pour cet enfant auguste la couronne de justice. » MASS.

Le *souhait* n'est qu'un désir ou une espérance que nous renfermons en nous-mêmes; le *vœu* est un désir exprimé à quelqu'un, c'est ou il implique une prière, une demande. Nos *souhaits* sont ou ne sont pas accomplis; nos *vœux* sont ou ne sont pas exaucés. Tous les biens réels ou chimériques, après lesquels nous soupirons secrètement, sont l'objet de nos *souhaits*; une femme est l'objet des *vœux* des hommes qui la recherchent en mariage. Une jeune fille peut faire pour se marier des *souhaits*, seulement il n'y a qu'un jeune homme qui puisse se permettre des *vœux*.

Les *souhaits* sont ou regardent plutôt quelque chose de vague. « Les désirs tuent le paresseux; il passe toute la journée à faire des *souhaits*. » BOSS. « Cette reine était fée; et elle n'avait qu'à faire des *souhaits*, aussitôt tout ce qu'elle voulait ne manquait pas d'arriver. » FÉN. « Ceci sont plutôt des *souhaits* vagues que des projets d'une prochaine exécution. » J. J. — Les *vœux*, au contraire, se rapportent à quelque chose de précis. « L'unique objet de ses *vœux*, c'est sa réputation.» BOURD. « Le petit-fils de Louis XIV était appelé au trône d'Espagne par les *vœux* de toute la nation. » VOLT.

> Pour sa mort je faisais tous les jours mille *vœux*.
> RÉGN.
> Tous mes soins, tous mes *vœux* hâtent cette vengeance.
> CORN.

SOUPLESSE, AGILITÉ. Aptitude, facilité de l'homme ou des animaux pour se mouvoir en tous sens.

Souplesse et *souple* se mettent plus volontiers avant qu'après *agilité* et *agile*. « Anciennement on avait coutume d'oindre les corps des athlètes, afin que leurs membres fussent plus *souples* et plus *agiles* dans le combat. » FÉN. « L'embonpoint de ces insulaires ne les empêche pas d'être *souples* et *agiles*. » BUFF. C'est que la *souplesse* est la condition de l'*agilité*. On n'est *agile*, c'est-à-dire dégagé dans sa manière d'agir (*agilis*, d'*agere*, agir), que parce qu'on a des membres souples et non pas roides ou inflexibles. Un cheval qui a le jarret *souple* (ACAD.) marche d'un pas *agile* (LAF.).

SOURCE, FONTAINE. Eau vive sortant de terre: de l'eau de *source* ou de *fontaine*; *source* ou *fontaine* claire, limpide, intermittente.

La *source* peut être le commencement d'un grand cours d'eau, d'un fleuve; la *fontaine*, au contraire, est nécessairement petite. « On voit la Reuss sortir tout d'un coup de terre à sa *source*, non point en petite *fontaine* ou ruisseau, mais toute grande et déjà rivière. » J. J.

La *source* (de *surgere*, sortir, s'élever) est en quelque sorte plus primitive, c'est le premier élancement ou la première apparition de l'eau; mais la *fontaine* (latin *fons*, qui vient de *fundere*, ou d'où vient *fundere*, répandre, couler, arroser) représente l'eau qui court, qui est déjà en train de couler. C'est pourquoi on dit bien, en mettant *source* avant *fontaine*, des *sources* et des *fontaines*, les *fontaines* étant considérées comme faisant suite aux *sources*. « La citadelle de Corinthe abondait en *sources* et en *fontaines* d'une eau très-claire. » ROLL. » Ce n'est que du superflu de ces eaux que se forment les *sources* et les *fontaines* qui sourdissent au pied des collines. » BUFF. C'est pourquoi aussi on dit bien la *source* d'une *fontaine*, comme en latin *caput fontis* (HORACE). « Sixte-Quint rétablit la *fontaine* Mazia, dont la *source* est à vingt milles de Rome, et il la fit conduire par un aqueduc de treize mille pas. » VOLT. « Virginie s'avançait avec timidité à la *source* d'une *fontaine* voisine, pour y puiser de l'eau. » BERN. « Alexandre vit à Milet une *fontaine* qui est salée dans sa *source*, et qui est douce en se répandant en ruisseaux. » VAUG. — Quelquefois la *source* est non pas seulement plus près du sein de la terre, mais même encore dans le sein de la terre, au lieu que la *fontaine* est toujours conçue comme en étant sortie. « Les eaux des pluies et des vapeurs se rassemblent sur la glaise et forment des *sources* et des ruisseaux; elles tendent à couler et à s'ouvrir des routes jusqu'à ce qu'elles trouvent une issue...; elles sortent enfin, soit à la surface de la terre, soit dans la mer, en forme de *fontaines*. » BUFF.

Source convient mieux pour un cours d'eau qui commence actuellement, qui actuellement jaillit pour la première fois, comme l'eau tirée d'un rocher par la verge de Moïse; mais *fontaine* est préférable en parlant d'un cours établi, ordinaire, dans lequel on a coutume d'aller puiser ou qui a coutume de couler. « Ce tremblement de terre s'étendit jusqu'en Eubée où les *fontaines* d'Aréthuse tarirent tout à coup et ne reparurent que plusieurs jours après par de nouvelles *sources* éloignées des anciennes. » BUFF. « Les eaux ayant manqué dans l'armée, soit que les *fontaines* eussent été épuisées par les troupes, soit qu'elles se fussent taries par quelque autre accident, on vit sortir du pied d'une montagne une *source* qui servit à abreuver toute l'armée, ce qui fut regardé comme un miracle. » BOSS. « Je n'en suis pas encore à pouvoir lire ce qui me vient de vous, sans que la *fontaine* joue son jeu.... Vous avez vu comme ce jour douloureux du départ de M. le cardinal n'est pas encore arrivé : il le sera quand vous recevrez cette lettre : Cela seul mériterait d'ouvrir un *source*. » SÉV.

SOUTENIR, SUPPORTER. On *soutient* et l'on *supporte* des choses qu'on subit sans faiblir, sans céder, sans être vaincu.

Mais d'abord *soutenir*, comme son primitif *te*,

nir, n'annonce pas toujours des choses fâcheuses et pénibles : on *tient* ce qu'on a à la main. « Il se trouve des hommes qui *soutiennent* facilement le poids de la faveur et de l'autorité, qui se familiarisent avec leur propre grandeur, et à qui la tête ne tourne point dans les postes les plus élevés. » Labr. « L'œil de l'homme voyait alors la majesté de Dieu. Mais il n'a pu *soutenir* tant de gloire sans tomber dans la présomption. » Pasc. *Supporter*, au contraire, se dit toujours de choses mauvaises, onéreuses, qui sont à charge et incommodes : on *porte* ce dont on est chargé. C'est pourquoi *supporter*, à la différence de *soutenir*, est synonyme de *souffrir* et d'*endurer*. « Les Justes souffrent avec peine les pécheurs, les pécheurs ne peuvent pas même *supporter* la présence des Justes, et ils sont à charge les uns aux autres. » Mass. « La charité est patiente, elle endure tout, elle *supporte* tout. » Bourd. — « Claude Anet, qui avait si bien *supporté* sa misère, n'a pu *soutenir* un état plus doux. » J. J. Dieu se joue en *soutenant* l'univers (Mass.); la mythologie nous représente Atlas gémissant sous le poids du ciel qu'il *supporte*.

Ensuite, *soutenir* marque, comme *tenir*, qu'on ne lâche pas prise, et par conséquent c'est résister à une action ; d'où il suit que Condillac a raison de prétendre qu'on doit toujours dire *soutenir*, et non pas *supporter*, un assaut, de même qu'un choc, des efforts, la force du vent, etc. Mais *supporter* impliquant pour idée principale qu'on ne succombe pas, ce n'est point une action qu'on *supporte*, mais une chose, un fardeau ou quelque chose de semblable, des croix, des douleurs, le jeûne, etc. Ce que nous ne pouvons *soutenir* nous abat ; ce que nous ne pouvons *supporter* nous accable. Vous *soutenez* l'adversité ou les adversités que vous essuyez ; vous *supportez* vos maux, le poids de vos maux. Il faut savoir, d'une part, *soutenir* et repousser les attaques des incrédules (Bourd.), et, de l'autre, les *supporter* eux-mêmes avec leurs défauts (Acad.). Le babil de l'importun est *insoutenable*; le caractère du fâcheux, *insupportable*. Des hommes meurent, faute d'oser *soutenir* une opération (J. J.); d'autres se tuent, faute d'avoir le courage de *supporter* la vie (Id.). « Quand un tison brûlant vient à tomber sur cette éloquente main, pourquoi la retirez-vous si vite ? Quoi ! vous avez la lâcheté de n'oser *soutenir* l'ardeur du feu ? Rien, dites-vous, ne m'oblige à *supporter* le tison. » Id. Les murs d'un bâtiment doivent pouvoir *soutenir* les tempêtes, les inondations, les tremblements de terre, et être capables de *supporter* la charpente et la toiture sous lesquelles ils se trouvent placés.

SOUVERAIN, ABSOLU. C'est en fait de puissance ou d'autorité, en fait de maître et d'ordres le *non plus ultra*, ce à quoi on doit le plus se soumettre.

Cet empire *absolu* sur la terre et sur l'onde,
Ce pouvoir *souverain* que j'ai sur tout le monde.
(Auguste dans *Cinna*.) Corn.

Souverain, synonyme de suprême et formé comme lui de *super*, ou *supra*, sur, au-dessus, marque le rang : ce qui est *souverain* n'est rien moins que subordonné ou subalterne, n'a rien au-dessus de soi. *Absolu*, du latin *absolutus*, détaché, délié, dégagé, marque indépendance : ce qui est *absolu* n'est sujet à aucun contrôle, n'a rien qui le retienne ou le restreigne. La puissance *souveraine* est au plus haut degré, ne relève d'aucune autre par rapport à laquelle elle soit inférieure ; la puissance *absolue* est sans bornes, arbitraire, affranchie de tout, non comptable.

Dans tout État, quelle que soit la forme de gouvernement, il doit y avoir une puissance *souveraine*, qu'elle soit concentrée en un seul ou partagée entre plusieurs ; mais il ne doit point y avoir de puissance *absolue*, car toute puissance qui n'est pas le despotisme doit avoir des bornes et reconnaître au moins des lois fondamentales. Les *souverains* étaient loin d'être *absolus* sous le régime féodal. Les Juifs demandant un roi, un prince *souverain*, « Samuel leur déclare que la puissance de leur prince sera *absolue*, sans pouvoir être restreinte par aucune autre puissance. » Boss.

Malebranche appelle la raison le maître *souverain* de tous les hommes, parce qu'on n'appelle de ses décisions à aucun tribunal supérieur. Suivant Labruyère, dire qu'un prince est maître *absolu* de tous les biens de ses sujets, sans égard, sans compte, ni discussion, c'est le langage de la flatterie. Un maître *souverain* est le plus haut dans son genre ; un maître *absolu* l'est sous tous les rapports, sans réserve.

Des ordres *souverains* ne peuvent être révoqués par aucune autorité plus élevée. C'est bien dans ce sens que Molière dit que

On reçut de tout temps
Pour *souveraines* lois les ordres des mourants.

Des ordres *absolus* ne veulent point être épilogués, ne souffrent ni commentaires, ni distinction, ni examen ; on ne peut les éluder d'aucune manière, il faut les exécuter à la lettre. « Antiope pleura ne voulant point aller à la chasse ; mais il fallut exécuter l'ordre *absolu* de son père. » Fén.

Mais on doit ce respect au pouvoir *absolu*
De n'examiner rien quand un roi l'a voulu. Corn.

SPÉCULATION, THÉORIE. La *spéculation* et la *théorie* sont quelque chose qu'on oppose à la pratique et qui d'ordinaire y prépare, une connaissance ou un ensemble de connaissances qui s'arrête ou qu'on considère par abstraction comme s'arrêtant à la conception ou au scientifique pur. Joindre la pratique à la *spéculation* ou à la *théorie* ; admettre dans la pratique ce qu'on rejette dans la *spéculation* ou dans la *théorie*.

Spéculation a été pris du latin *speculatio*, et *théorie* est le grec θεωρία. Or, quoique le mot latin et le mot grec aient le même sens étymologique, *spéculation* et *théorie* dans notre langue diffèrent déjà par cela seul qu'ils viennent, l'un du latin, l'autre du grec. *Spéculation* convient mieux en parlant du temps présent et de ce qui y a rapport, et *théorie* quand il est question de l'antiquité grecque. D'une part, Bossuet dit : « Parmi les sciences les unes s'attachent à la seule contemplation de la vérité, et pour cela sont appelées *spéculatives*; les autres tendent à l'action, et sont appelées pratiques. » D'autre part, on lit dans Fénelon : « Aristote divisa sa philosophie en pratique et en *théorique*. »

Par la même raison, *spéculation* est un terme plus commun, un terme relatif à quelque chose de moins relevé, savoir à la conduite, aux usages et aux affaires de la vie. On donne le nom de *spéculations*, et non pas de *théories*, à des projets, à des raisonnements, à des calculs, à des entreprises que l'on fait en matière de banque, de finance et de commerce. Pareillement ce sont des *spéculations*, et non pas des *théories*, que les idées générales de morale. Pascal reproche aux casuistes des Jésuites d'avoir permis dans la *spéculation* des actions condamnées dans la pratique. « La sagesse est, en *spéculation*, la connaissance du vrai bien ; en pratique, la conformité de nos actions à cette connaissance du vrai bien. » Lah. « Cette égalité, disent-ils, est une chimère de *spéculation* qui ne peut exister dans la pratique. » J. J. « Vos dispositions sont bonnes ; mais il faut réduire à une pratique constante et uniforme tout ce qu'on a en *spéculation* et en désir. » Fén. *Théorie* au contraire, a de la noblesse et veut être employé de préférence pour désigner les principes qui servent de règles aux arts les plus distingués, à ceux où l'esprit a le plus de part, à l'art d'écrire, par exemple. « J'ai reconnu dans La Mothe une composition régulière, beaucoup de justesse et de sagacité ; mais j'ai cru devoir observer ses erreurs dans la *théorie*, et ses fautes dans la pratique. » Marm. « Le goût naturel (pour juger des ouvrages d'esprit) n'est pas une connaissance de *théorie* ; c'est une application prompte et exquise des règles mêmes que l'on ne connaît pas. » Montesq. « Je prétends être un des plus intelligents sur ce point (l'éloquence épistolaire). Si ma pratique répondait à ma *théorie*, je défierais vous et Cicéron, Pascal et Voiture. » Corbinelli. « C'était (Chirac) le plus savant médecin de son temps, en *théorie* et en pratique. » S. S. « Képler jugea que deux verres convexes produiraient plus d'effet (qu'un seul).... Il s'en tint cependant à la *théorie*, et ce n'est que quelques années après sa mort qu'on a construit des télescopes à deux et à trois verres convexes. » Cond. — « Un enfant n'est pas plus capable d'acquérir de la morale en *spéculation*, qu'il ne le serait de développer sa faculté de voir par la *théorie* de la vision. » Bern.

Une autre différence, aussi essentielle tout au moins, tient à ce que *spéculation* a cela de particulier qu'il correspond à un verbe. La *spéculation* est l'action de *spéculer* ou la rappelle. C'est quelque chose de subjectif, qui se considère par rapport à un sujet ou à ce qu'il fait ; au lieu que la *théorie* est objective et se considère en soi. — La *spéculation* est une occupation, un travail auquel on se livre : « Le monachisme est né dans les pays chauds d'Orient, où l'on est moins porté à l'action qu'à la *spéculation*. » Montesq. Mais la *théorie* est un objet, un effet, quelque chose dont on possède plus ou moins : « J'ai de la *théorie*, il ne me manque que de la pratique. » Dest. — Les *spéculations* d'un homme le montrent à l'œuvre, elles sont ambitieuses ou modestes : « Socrate n'approuvait pas que l'on s'égarât dans ces *spéculations* ambitieuses. » Lah. Les *théories* d'un homme sont le fruit de ses méditations le plus souvent déposé dans un livre : « C'est ce que don Ustariz ne cesse de recommander dans sa *théorie* pratique du commerce. » Volt. En général, on dit plutôt les *spéculations* d'un homme, d'un philosophe, d'un savant, et ce sont ses tentatives, ses démarches, ses recherches ; mais on dit la *théorie* du beau, de la musique, de la terre, des planètes, de l'électricité, et c'est un résultat d'études, un système d'idées sur le beau, la musique, la terre, les planètes, l'électricité.

Cette même distinction a été exprimée par Condillac de la manière suivante. « Le mot de *spéculation* représente plus particulièrement les principes généraux par rapport à l'esprit de celui qui les observe ou qui les cherche, et celui de *théorie* les représente plutôt comme servant de base au système d'un art ou d'une science. C'est pourquoi on dit une science de *spéculation*, c'est-à-dire qui est faite pour être méditée, qui n'est que l'objet de l'esprit, et on dit la *théorie* d'une science, c'est-à-dire les principes qui lui servent de fondement. »

SPIRITUEL, INGÉNIEUX. Épithètes qualificatives de certaines productions et des auteurs de certaines productions remarquables par quelque chose de vrai, de juste, de neuf, de fin, qui plaît et séduit.

Spirituel, de *spiritus*, esprit, annonce de l'esprit ; *ingénieux*, d'*ingenium*, génie, du génie.

Le *spirituel* est plus spontané, il brille tout à coup comme une étincelle, il consiste plutôt en traits rapides et inattendus, c'est un jet de l'esprit ; l'*ingénieux* est plus lent, plus réfléchi, c'est quelque chose de sagement préparé, qui se développe dans un ouvrage suivi, détaillé, travaillé. Le *spirituel* est plus vif, plus brillant, plus frappant, plus prompt, mais aussi plus léger, plus superficiel ; l'*ingénieux* est plus habile, plus pénétrant, plus profond. Des femmes piquantes et *spirituelles*, des ministres d'État *ingénieux* et profonds (Staël).

L'un est d'un esprit prime-sautier, qui pétille, éclate, scintille ; l'autre part d'un esprit de combinaison. Dans un ouvrage il y a des idées *spirituelles* et des conceptions *ingénieuses*. Un couplet est *spirituel* ; une intrigue, un plan sont *ingénieux*.

Ce qui est *spirituel* n'est que saillie, il échappe, c'est en quelque sorte une illumination, une inspiration soudaine ; dans ce qui est *ingénieux* on reconnaît de l'invention.

Spirituel marque beaucoup de tact, de délicatesse, une grande connaissance des convenances ; *ingénieux* marque de l'originalité, de la sagacité : une femme de la conversation *spirituelle*, et un homme adroit sait inventer des moyens *ingénieux* pour venir à bout d'une entreprise ou échapper à une difficulté. *Spirituel* tient plus de l'à-propos et de l'improvisation ; *ingénieux* plus de l'expédient : une repartie vive, subite, imprévue et qui frappe juste est *spirituelle* ; la nécessité est *ingénieuse*, le besoin rend *ingénieux*.

Spirituel tient plus du badinage, de la conversation, s'arrête à la superficie, à la forme, à l'expression; *ingénieux* tient plus de la science et va plus au fond : on a un air, un sourire *spirituel*; on produit des pensées *ingénieuses*.

Enfin *spirituel* ne se dit guère que des choses parlées ou écrites; *ingénieux* se dit aussi des ouvrages de la main où l'on aperçoit de l'adresse, de la dextérité : pièce, machine *ingénieuse*.

Quand on se sert de ces mots en parlant des hommes, et non plus de leurs œuvres, ils diffèrent de même. Il faut ajouter seulement que *spirituel* dénotant moins d'invention, l'homme *spirituel* est plutôt celui qui saisit dans les choses ce qu'il y a de fin, de subtil, de délicat, et l'homme *ingénieux* celui qui imagine des choses fines, subtiles, délicates. Trévoux en a déjà fait la remarque : *Ingénieux*, dit-il, va plus à la faculté de l'invention que *spirituel*, qui ne marque que de la pénétration et du discernement. Aussi *ingénieux* renchérit-il sur *spirituel* : l'*ingénieux* n'a pas seulement de l'esprit, il est plein d'esprit et d'invention. « Sa malice (du diable) est *spirituelle* et *ingénieuse*; il trompe les plus déliés. » Boss.

SUBSÉQUENT, SUIVANT, POSTÉRIEUR, ULTÉRIEUR. Adjectifs qualificatifs d'une chose en tant qu'elle vient après une autre ou après d'autres.

Subséquent a cela de propre que, comme *antécédent*, auquel il correspond, il est didactique et n'appartient pas à la langue commune. Aussi Marmontel l'emploie-t-il en termes de grammaire comme un substantif qu'il oppose à *antécédent*. « *Celui-ci, celui-là* ont besoin quelquefois qu'un *subséquent* les détermine, comme lorsqu'on dit : *Celui-là* mérite d'être loué, qui.... Mais le plus souvent ils sont définis par leur *antécédent*. » *Subséquent* se dit particulièrement bien en matières de métaphysique, d'histoire naturelle, de controverse et de jurisprudence. « Il n'est et il ne peut exister qu'une seule cause véritable; toutes les autres, qui sont *subséquentes*, ne sont que des instruments. » Volt. « Mélanges moins intimes formés par les transports *subséquents* des eaux. » Buff. « Outre que ces protestations contre le concile n'ont jamais regardé la foi, il suffit qu'elles demeurent sans effet par le consentement *subséquent*. » Boss. « Chez les mahométans il y a divers ordres de femmes dont les enfants se reconnaissent par des contrats civils, ou même par l'esclavage de la mère et la reconnaissance *subséquente* du père. » Montesq. « Il est vrai, sire, que les traités de paix *subséquents* semblent couvrir et réparer cette injustice. » Fén. « C'est sur ce compte rendu que les nonces doivent être ou exclus de toute autre nonciature *subséquente*, ou déclarés derechef admissibles. » J. J.

Suivant, à son tour, a pour caractère nettement distinctif, qu'il est ordinal, qu'il suppose une *suite*, une série de choses du même genre. Sous le règne de saint Louis et sous les règnes *suivants*; voyez les pages 4, 5 et *suivantes* de tel livre. D'ailleurs il se dit seul d'une manière absolue avec l'article défini : cet hiver et le *suivant* ont été rudes; dans ce livre, le chapitre VI et le *suivant* sont consacrés au sujet.

Séparés des deux premiers mots par les nuances qui viennent d'être indiquées, *postérieur* et *ultérieur* diffèrent aussi sensiblement l'un de l'autre.

Postérieur, de *post*, derrière, après, est pour les choses qui sont; et *ultérieur*, d'*ultra*, outre, au delà, en avant, est pour les choses qui se font : des auteurs *postérieurs*, des progrès *ultérieurs*; un testament *postérieur*, une démarche ou une demande *ultérieure*. De plus, *postérieur* convient mieux pour le passé et *ultérieur* pour l'avenir. *Postérieur* se dit de quelque chose qui a été après quelque chose qui avait été : « Ces faits étaient connus il y a deux mille ans, et les siècles *postérieurs* n'y ont rien ajouté. » Buff. Mais *ultérieur* sert à qualifier quelque chose qui sera après ce qui est actuellement : « Nous ne craignons pas que cette réduction soit démentie par des observations *ultérieures*. » Buff. Nous étions bien ensemble dans notre jeunesse; des démêlés *postérieurs* nous ont divisés; aucun événement *ultérieur* ne nous divisera.

SUBSTANTIEL, SUCCULENT, NOURRISSANT. Épithètes dont on se sert pour qualifier des aliments de bonne qualité, c'est-à-dire très-propres à entretenir la vie dans les animaux. « Les aliments sont beaucoup plus *substantiels* et *succulents* dans les pays chauds.... Pourquoi mange-t-on tant de légumes en Italie ? parce qu'ils y son bons, *nourrissants*, d'excellent goût. » J. J.

Substantiel, plein de substance, riche en matière nourricière, en molécules organiques, annonce quelque chose de solide et de confortant, mais sans aucun rapport au goût. « Après le déluge, les herbes et les fruits n'eurent plus leur première force, et il fallut donner aux hommes une nourriture plus *substantielle* dans la chair des animaux. » Boss. « L'homme ne pourrait pas se nourrir d'herbe seule; il périrait d'inanition s'il ne prenait des aliments plus *substantiels*. » Buff. « Il faut que la nourrice vive un peu plus commodément, qu'elle prenne des aliments un peu plus *substantiels*. » J. J. « Les mets délicats et peu *substantiels*, comme les meringues, la crème fouettée, et les fruits fondants, étaient poison pour l'âme. » Volt.

Succulent, plein de suc, de jus, de graisse, tendre, fondant, onctueux, se dit, au contraire, de quelque chose qui est sensible au goût ou appétissant. Aussi ressemble-t-il davantage à *savoureux*. « Si la nécessité ne déterminait pas plus souvent que le goût les animaux carnassiers, comment pourraient-ils dévorer la chair infecte et corrompue avec autant d'avidité que la chair *succulente* et fraîche ? » Buff. « Rien n'est plus délicat, plus fin, plus *succulent* que le bec-figue mangé dans la saison; c'est un petit peloton d'une graisse légère et savoureuse, fondante, aisée à digérer. » Id. « L'un dit que la poularde sent la noisette; l'autre vante sa chair *succulente*. » Volt.

Monsieur votre fils en a fait un portrait
Si beau, si *succulent*, qu'on en ressent l'effet,
Qu'on ne peut exprimer l'appétit qu'il inspire. Dest.

— « On donne au bœuf pour l'engraisser du son du grain, des navets, des aliments en un mot plus *substantiels* que l'herbe ; et en très-peu de temps la quantité de la chair de l'animal augmente, les sucs et la graisse abondent, et font d'une chair assez dure et assez sèche par elle-même une viande *succulente*. » Buff.

Nourrissant, qui nourrit, dit moins que les deux premiers mots, qui en sont comme les superlatifs. Dans une de ses lettres à Parmentier, Voltaire le remercie de lui avoir envoyé deux mémoires, « l'un sur les pommes de terre, l'autre sur les végétaux *nourrissants*. » D'où vient toutefois qu'on met bien *nourrissant* après *substantiel* et après *succulent?* « La femelle du renne donne du lait plus *substantiel* et plus *nourrissant* que celui de la vache. » Buff. « Les fruits à la fois refraîchissants, *succulents* et *nourrissants* sont au nombre des richesses et des délices de l'Inde. » Lah. C'est que *nourrissant* marque l'effet, une qualité actuellement développée, au lieu que *substantiel* et *succulent* sont relatifs à la cause, n'expriment qu'une puissance inhérente aux choses qu'ils qualifient. Ce qui est *substantiel* et *succulent* est très-nutritif, très-bon pour nourrir ; mais ce qui est *nourrissant* nourrit effectivement, possède une qualité dont on voit présentement la réalisation. « Le manœuvre anglais boit d'une bière aussi *nourrissante* que dégoûtante qui l'engraisse. » Volt. « Notre âme devient languissante et exténuée, à peu près comme un homme qui ne prendrait que des viandes qui ne seraient pas *nourrissantes*. » Boss.

SUITE, CONSÉQUENCE, EFFET. On désigne par ces mots des faits qui viennent après d'autres dont ils dépendent et auxquels ils se rattachent par un rapport plus ou moins prochain : tel événement est la *suite*, la *conséquence*, l'*effet* de tel autre.

Suite, ce qui *suit*, est le mot général : toute chose qui arrive après une autre, d'où elle procède, de quelque façon que ce soit, de loin ou de près, en est la *suite*.

Conséquence, latin *consequentia*, est un terme intellectuel, idéal, théorique, qui signifie d'abord en logique la suite d'un principe, ce qui découle de certaines prémisses ou d'une vérité, d'une proposition, d'un système. « Ces *conséquences* sont des *suites* nécessaires du système de Spinosa ; mais elles se réfutent d'elles-mêmes. » Cond. Dans l'acception où *conséquence* est lié avec *suite* et *effet* par une synonymie plus étroite, il veut dire une suite considérée intellectuellement, c'est-à-dire en tant qu'elle est sue, connue, prévue, pressentie, ou en tant qu'on la fait connaître, qu'on l'expose. « Un rapport échappé témérairement produit souvent des animosités durables et permanentes qui ont de longues et fâcheuses *suites*.... Il est utile de faire souvent réflexion sur les *conséquences* terribles des indiscrétions qu'on peut commettre. » Nic. « Comme s'il eût pris vigueur de l'état où l'on voulait le mettre, le peuple de Paris témoigna être préparé à toutes les *suites* qui le menaçaient ; le parlement parut moins ferme en cet accident, parce qu'il en prévoyait mieux les *conséquences*. » Laroch.
— Ce même caractère spéculatif distingue aussi la *conséquence* de l'*effet*. « Vous voyez les funestes *conséquences* de ce mal, vous en avez peut-être mille fois éprouvé les tristes *effets*. » Bourd. « Le peuple romain, qui n'avait pas fait attention aux *conséquences* du changement que le roi Servius Tullius avait introduit, en sentit dans la suite tout l'*effet* et tout le poids. » Roll.

L'*effet*, d'*effectus*, fait, exécuté, est la suite d'une cause, une suite immédiate par conséquent, précise, plutôt physique que morale. Une chose fait ou produit des *effets* ; elle a des *suites* ou des *conséquences*. On dit les *effets*, et non les *suites* ou les *conséquences* d'un remède. On dit les *effets* et les *suites* d'une chose (Bourd., Roll.) ; c'est-à-dire ce qui en résulte d'abord, et ce qui en provient par la *suite*, ultérieurement, à la longue, plus tard. « Le fanatisme, quoique plus funeste dans ses *effets* immédiats que ce qu'on appelle aujourd'hui l'esprit philosophique, l'est beaucoup moins dans ses *conséquences*. » J. J. « Dire que la corruption et la mortalité de la race humaine, *suite* du péché d'Adam, est un *effet* naturel du fruit défendu, et que cet aliment contenait des sucs venimeux. » Id.

Les *suites* de l'ivrognerie sont tous les désordres qu'elle entraîne. Ces mêmes désordres, quand on se les représente ou qu'on les représente aux autres, sont les *conséquences* de ce vice. L'*effet* de l'ivrognerie, c'est, à parler rigoureusement, l'ivresse.

Un incendie a pour *suites* tous les maux qu'il occasionne directement ou indirectement, présentement ou *ensuite*, dans un avenir plus ou moins éloigné. Aperçus d'avance par l'auteur du sinistre, ces maux ont été des *conséquences* dont la vue ne l'a point arrêté. Un incendie a pour *effet* l'embrasement d'un certain nombre de maisons.

Une chose est sans *suite* quand elle n'amène pas toute la série des faits qu'on en attendait, quand elle ne continue pas ou ne se développe pas jusqu'au bout. Une chose sans *conséquence* est sans *suite* aux yeux de l'esprit, c'est-à-dire insignifiante, de peu de portée ou peu importante. Une chose est sans *effet* quand elle ne produit pas tel ou tel fait particulier qu'il est de sa nature de produire.

Les *suites* d'une maladie, d'une affaire, en sont comme la queue, comme un prolongement, comme un retentissement plus ou moins lointain. Les *conséquences* d'un parti, d'une entreprise, d'une certaine conduite, en sont les avantages et les inconvénients en tant que l'esprit les conçoit, y pense, y applique son attention. L'*effet* d'une cause, de quelque chose d'actif, comme la foudre, une mine, la colère, une révolte, en est le produit immédiat, ce qui s'ensuit d'abord.

SUPPLICE, TOURMENT, TORTURE. Grande douleur ou grande peine.

Supplice est le latin *supplicium* (de *supplex*, suppliant, qui prie), dont le sens est le même, mais qui a désigné primitivement une cérémonie religieuse mêlée de prières qu'on faisait avant une exécution. Le *supplice* est une punition corporelle ordonnée par la justice. Mais le *tourment* et la *torture* (*tormentum*, instrument de question, de *torquere*, tordre, tordre les membres) n'ont point du tout ce caractère expiatoire : au lieu de s'appliquer à un homme en raison de ce qu'il a fait, il leur arrive quelquefois d'être employés contre un homme pour en obtenir quelque chose. On conduit un criminel au *supplice* (Bourd) ; « la question, la *torture* fut d'abord une invention des brigands, qui, venant piller des maisons, faisaient souffrir des *tourments* aux maîtres et aux domestiques, jusqu'à ce qu'ils eussent découvert leur argent caché. » VOLT. Il en est de même au figuré : les *supplices* de l'ambition sont les suites fâcheuses qu'elle entraîne pour l'ambitieux et qui forment comme son châtiment ; les *tourments* de l'ambition regardent plutôt l'avenir que le passé, ce sont les inquiétudes et les soucis de l'ambitieux.

Mais une autre différence qui a été plus généralement sentie et observée provient de l'énergie extraordinaire attachée aux mots *tourment* et *torture* : ils sont plus forts que *supplice* ; *supplice* signifie le fait, *tourment* et *torture* en expriment l'intensité, la violence. « Jésus-Christ va à la mort, au *supplice*, au plus cruel de tous les *tourments*. » Boss. « Le *supplice* de la mère et des sept enfants dans les Machabées n'est donc qu'une histoire risible, puisque les *tourments* les plus affreux ne purent les déterminer à se permettre des mets que Moïse avait interdits? » MASS. « Un auteur (en enfer) verra croître son *supplice* et ses *tourments*, à mesure que le feu impur qu'il a allumé se répandra sur la terre. » ID. « S'agit-il d'offrir votre corps à la rigueur des feux ou à la *torture* des *supplices*? » ID. « Quel *supplice*, quel *tourment* égalerait ce qui se passe dans mon sein! » STAËL. Les *supplices* des martyrs et des damnés se considèrent comme leur ayant été infligés ; leurs *tourments* se conçoivent comme très-sensibles ou extrêmement douloureux. Au figuré *supplice*, mais non pas *tourment* ni *torture*, a une signification tellement affaiblie qu'il se dit même d'une simple incommodité ou d'un simple désagrément : C'est un *supplice* pour moi que d'entendre cet homme-là. (ACAD.).

Quant à la différence de *tourment* et de *torture*, dont la racine est la même, elle se tire toute de la valeur de leurs terminaisons. Le *tourment* est le résultat d'une action, et la *torture* le résultat d'une action faite à dessein et avec art.

Malheur à l'art affreux qui peut à tant de maux
Condamner sans pitié d'innocents animaux,
Et sur eux prolongeant des *tortures* savantes,
Déchirer de sang-froid leurs entrailles vivantes! DEL.

Ce ne sont pas des *tourments* que les tyrans ont inventés, mais des *tortures* (ACAD.), et on a appelé spécialement *torture* la question, la gêne, institution cruelle ayant pour objet de forcer les accusés par des *tourments* à faire des aveux. « Supposez que Dieu fît paraître devant vous ces âmes affligées (en enfer), et que vous fussiez témoins de leurs *tourments*, vous qui, sans frémir, ne pourriez voir un criminel à la *torture*. » BOURD. «Ceux qui se convertirent au second siècle n'ont pas embrassé sans examen une doctrine qui les exposait à la haine, au mépris, aux *tourments*, à la mort.... Si on considère la longueur et la cruauté des *tortures* employées pour faire succomber les Chrétiens, on conviendra que leur foi avait besoin d'être soutenue par des secours extraordinaires. » COND. — De plus, *torture* est collectif et veut dire des *tourments*, plusieurs *tourments*. « Dieu sépare de lui ses ennemis, et les précipite loin de sa présence dans un lieu de *tourments*. Que dis-je? Jusque dans ce lieu de *torture*, il leur est toujours présent. » BOURD. « Elles veulent sentir la contrition, et pour cela elles mettent leur esprit à la *torture*. Enfin, après bien des efforts et bien des *tourments*, croient-elles pouvoir procéder à la déclaration de leurs péchés ; nouvelle peine. » ID.

SURCROIT, SURCHARGE. Chose ajoutée sur une autre.

Surcroît ne s'emploie qu'au figuré et d'une manière abstraite ; au lieu que *surcharge* est également usité au propre et pour le concret. Buffon dit des oiseaux nommés combattants qu'au printemps ils ont un *surcroît* de vie ; mais il appelle *surcharge* l'espèce d'excroissance monstrueuse que les calaos portent sur le bec, et il remarque, au sujet des chiens, que, dans nos maisons, ces animaux, par la *surcharge* de la nourriture, deviennent pesants et paresseux.

De plus, *surcroît* peut servir à exprimer quelque chose de bon ou d'avantageux, mais jamais *surcharge*, qui naturellement ne convient qu'en parlant de quelque chose qui est à *charge*, onéreux, accablant ou tout au moins pénible : un *surcroît* de bonheur (ACAD.), de gloire (CORN.) ; une *surcharge* d'affaires, d'afflictions (COND.), une *surcharge* d'impositions illégale (LAH.).

SURTOUT, PRINCIPALEMENT. Ces deux mots servent à tirer une chose du milieu des autres pour lui appliquer de préférence une idée ou une assertion.

Surtout se dit bien d'une manière absolue :

Surtout qu'en vos écrits la langue révérée,
Dans vos plus grands excès, vous soit toujours sacrée.
BOIL.

Mais *principalement* ne s'emploie qu'en rapport avec un verbe exprimé : je vous recommande ou respectez *principalement* la langue.

Surtout est absolu pour le fond comme pour la forme, et il dit plus que *principalement*, qui est relatif. *Principalement* n'emporte qu'une excellence générale, convenable à toute une espèce. « Je suis libre, dit Fénelon : c'est en cela *principalement* que je suis l'image de Dieu. » C'est-à-dire que ma liberté est un des traits principaux, les plus considérables, qui constituent ma ressemblance avec Dieu ; *surtout* voudrait dire que ma liberté est, non pas l'un des traits les plus essentiels de cette ressemblance, mais le plus essentiel de tous, un trait hors ligne, hors de pair. Il faut *principalement* et *surtout* se garder de faire une chose, c'est-à-dire, dans le premier cas, donner une très-grande attention, et, dans le second, donner sa plus grande attention, en négligeant tout le reste, si besoin est, à ne la point faire. — « Je m'arrêterai *principalement* à ce qui regarde les Carthaginois, et je m'appliquerai *surtout* à faire connaître le génie et le caractère d'Annibal.» ROLL.

D'ailleurs, *surtout* est objectif, et se met ordinairement avec les substantifs, avec les mots significatifs des choses qui se comptent, après une énumération explicite ou implicite.

J'ai bon air, bonne mine,
Les dents belles *surtout*, et la taille fort fine. MOL.

« Selon la prudence et les conseils des gens sages, et *surtout* de ceux à la conduite de qui Dieu vous a soumise. » BOSS. *Principalement*, d'une manière *principale*, est subjectif, a plus de tendance à se joindre au verbe, au mot qui exprime l'action, ses circonstances et ses degrés. Auguste et Tibère songèrent *principalement* à punir les débauches de leurs parentes. » Montesq. « C'est là *principalement* ce qu'on improuva dans sa doctrine. » Boss. — « La comédie émeut les passions et les fait naître dans notre cœur, et *surtout* celle de l'amour, *principalement* lorsqu'on le représente fort chaste et fort honnête. » Pasc. « Les personnages de Virgile sont également remarquables par cette heureuse combinaison, par la beauté de l'invention et de l'exécution, et *surtout* par le mérite de la variété : c'est *principalement* cette dernière qualité qui distingue la seconde partie de son poëme. » Del. Tous les écrivains, les poëtes *surtout*, sont avides de gloire ; c'est ce qu'ils se proposent et ce qu'ils célèbrent *principalement*.

SYNTAXE, CONSTRUCTION. Rapport des mots entre eux dans la phrase.

La *syntaxe* regarde tous les rapports que les mots peuvent ou doivent avoir ensemble, et, par exemple, les rapports essentiels de concordance et de dépendance ; au lieu que la *construction* ne consiste que dans le rapport extérieur de la place, dans l'arrangement. La *syntaxe* enseigne comment on doit faire accorder des mots avec d'autres en genre, en nombre, et en cas dans les langues qui ont des cas, et comment certains mots en modifient d'autres, les régissent, les obligent à prendre telle ou telle forme suivant les vues de l'esprit; mais la *construction* indique précisément et uniquement la manière de disposer les différentes parties de la phrase. Silvestre de Sacy, dans ses *Principes de grammaire générale*, après avoir établi cette distinction, la consacre en traitant de la *syntaxe* dans un chapitre et de la *construction* dans un autre. M. Egger n'est pas moins précis sur ce point dans l'endroit de sa *Grammaire comparée* qui s'y rapporte. Cette même distinction svait déjà été faite par Dumarsais, Condillac et l'Encyclopédie. D'Alembert avait dit : « La *syntaxe* est l'art d'appliquer les signes aux différentes vues de l'esprit ; et la *construction*, la connaissance de l'ordre qu'ils doivent avoir dans le discours. » Les anciens rhéteurs grecs et romains eux-mêmes ne confondaient point du tout les deux choses signifiées par ces deux mots, et ils prescrivaient des règles différentes pour l'une et pour l'autre.

Si telle est la différence entre *syntaxe* et *construction*, la *syntaxe* peut rester invariable pendant que la *construction* change. Cicéron a dit, selon trois combinaisons différentes, *accepi litteras tuas, tuas accepi litteras,* et *litteras accepi tuas.* Il y a là trois *constructions*, puisqu'il y a trois arrangements de mots ; mais il n'y a qu'une *syntaxe*, puisque dans chacune de ces *constructions litteras* est dans le même rapport de concordance avec *tuas* et de dépendance avec *accepi*.

Quelquefois pourtant la synonymie est plus étroite entre ces deux termes de grammaire : c'est quand *syntaxe* se prend dans le sens particulier de *construction*, est également relatif à l'arrangement des mots.—Alors ils diffèrent en ce que *syntaxe*, sans terminaison significative, désigne quelque chose de fixe, de général, d'idéal, d'*à priori*, et *construction*, à cause de sa désinence verbale, quelque chose de particulier et d'effectif. La *syntaxe* est proprement l'ordre à suivre et la *construction* un ordre suivi. Condillac, ayant cité deux vers de Boileau d'une tournure un peu louche, ajoute : « La *syntaxe* de notre langue ne permet pas de pareilles *constructions*. » Laharpe dit du style marotique: « Il permet une espèce d'inversion, et quelques *constructions* anciennes que notre langue emprunta du latin avant qu'elle eût une *syntaxe* régulière. » Un enfant apprend d'abord les règles absolues et abstraites de la *syntaxe* dans une grammaire ; puis il les applique en faisant la *construction* (et non la *syntaxe*) des phrases réelles, qu'on lui présente dans les auteurs afin qu'il s'en rende compte et qu'il s'accoutume à ne faire lui-même que des *constructions* nettes et élégantes. Observez les règles de la *syntaxe*, si vous voulez apprendre à éviter les *constructions* vicieuses.

T

TAMBOUR, CAISSE. Instrument de percussion au son duquel s'assemblent, marchent et vont au combat nos soldats d'infanterie.

Tambour, dont l'étymologie est incertaine et que Voltaire regarde comme un terme imitatif, a surtout rapport au bruit ou au son rendu par l'objet. « Si à la société dont j'ai parlé on ne donnait que des *tambours* et des airs de trompette, n'est-il pas vrai que l'on parviendrait moins à son but que si l'on donnait une musique tendre? » Montesq. « En fait de musique, il n'y a que le *tambour* qui me fasse plaisir. » Mariv. « La voix de ces singes retentit comme un *tambour* et se fait entendre à une très-grande distance. » Buff.

La voix veut le téorbe, et non pas la trompette ;
Et la viole, propre aux plus tendres amours,
N'a jamais, jusqu'ici, pu se joindre aux *tambours*. Laf.

Je suis discret, ma princesse,
Comme le bruit d'un *tambour*. Regn.
Tambours, trompettes et tonnerre,
Dieux et Titans, que faites-vous?
Vous confondez, par vos terribles coups,
Les enfers, le ciel et la terre. Volt.

Caisse signifie primitivement et proprement une des parties du *tambour*, savoir la *caisse*, de forme cylindrique, le fût creux, que ferment par en haut et par en bas des peaux bien tendues. Mais l'usage veut que dans certains cas le nom de la partie soit donné au tout.

C'est d'abord pour éviter l'équivoque, quand le mot *tambour* est employé par extension à désigner le soldat dont la fonction est de porter cet instrument et de s'en servir. « Le czar voulut servir dans cette compagnie ; et ayant été fait *tambour*, il en prit l'habit et battit la *caisse*. » Cond.

C'est ensuite quand on considère l'objet indépendamment du son qu'on en tire : bander la *caisse* (Acad.) ; cette *caisse* est crevée (Acad.) ; s'asseoir sur une *caisse* ; la grosse *caisse*. « Les dernières paroles de Jean Ziska furent d'ordonner qu'on l'écorcherait pour faire une *caisse* de sa peau. » Cond. On dit bien sans doute battre la *caisse* comme on dit battre le tambour, mais c'est qu'il ne s'agit encore que d'une action antérieure au son, et non d'une action qui suppose le son déjà produit. La preuve en est qu'on dit entendre le *tambour*, et point du tout entendre la *caisse*. « Tel entend un *tambour* et se croit général. » J. J. « On entend des *tambours*, des trompettes. » Sév.

On n'entendait ni *tambours* ni trompettes. Volt.

TANDIS QUE, AU LIEU QUE. Locutions adverbiales servant à marquer une opposition. Vous jouez *tandis que* votre frère travaille ; vous jouez *au lieu que* vous devriez travailler.

Mais *tandis que*, et non pas *au lieu que*, a toujours rapport au temps : il a pour accessoire et ajoute à l'idée commune celle de simultanéité. « Cette année la sécheresse fut très-grande, de manière que les terres qui étaient dans les lieux élevés manquèrent absolument, *tandis que* celles qui purent être arrosées furent très-fertiles. » Montesq. « Je partis accompagné et fêté de tout le monde, *tandis que* l'ambassadeur, seul et abandonné dans son palais, y rongeait son frein. » J. J. « Les gentils ont pris la place des juifs, *tandis que* les enfants de la promesse sont tombés dans l'aveuglement le plus profond. » Bourd. On le voit par ces exemples, *tandis que* peut se traduire par *dans le même temps que*, et *dans ce même temps*.

Au lieu que signifie, *mais au contraire*, abstraction faite de toute circonstance de temps. « Les fatigues pour les soldats romains étaient continuelles, *au lieu que* nos soldats passent sans cesse d'un travail extrême à une extrême oisiveté. » Montesq. « On s'imaginait que je pouvais écrire par métier, *au lieu que* je ne sus jamais écrire que par passion. » J. J. « Les gens du monde rapportent tout à eux, *au lieu que* tout doit être rapporté à Dieu. » Bourd. *Au lieu que* convient surtout dans les propositions et dans les comparaisons absolues, où on n'a aucun égard au temps. « Le divorce se fait par un consentement mutuel, *au lieu que* la réputation se fait par la volonté d'une des deux parties. » Montesq. « Il n'y a que le salut qui subsiste et qui soit éternel, *au lieu que* tout le reste est passager. » Bourd.

1° **TAPAGE, TINTAMARRE**; — 2° **CARILLON, CHARIVARI**; — 3° **SABBAT**; — 4° **VACARME, BACCHANAL, TRAIN**. Tous ces mots signifient dans le langage familier un grand bruit.

1° *Tapage, tintamarre*. Grands bruits produits par des coups, en battant, en frappant, en renversant, en causant du désordre ou du dégât. On dit très-bien, en ayant égard aux effets de cette action particulière, perturbatrice ou destructive en même temps que bruyante, voir du *tapage* et voir du *tintamarre*.

Mais ce sont proprement les personnes qui font du *tapage*. « La princesse d'Harcourt prit une femme de chambre à qui, dès les premières journées, elle distribua force tapes et soufflets…. C'étaient tous les jours (avec ses domestiques) des combats et des aventures nouvelles. Ses voisines à Marly disaient qu'elles ne pouvaient dormir au *tapage* de toutes les nuits. » S. S. « Un ivrogne, dans une pièce anglaise qu'on joue tous les jours, se masque en prêtre, fait du *tapage*, est arrêté par le guet. » Volt. « C'est un gaillard qui ne s'embarrasserait non plus de jeter votre cousin par les fenêtres que de boire un verre de vin…. Le diable m'emporte s'il ne fait du *tapage*. » Dest. « Plus on augmente le nombre des pigeons mondains dans un espace donné, plus il y a de combats, de *tapage* et d'œufs cassés. » Buff.

Dans l'autre nid, toujours querelle,
Œufs cassés, *tapage* et rumeur. Flor.

« Toutes les compositions de Boucher font aux yeux un *tapage* insupportable. » Did.

Le *tintamarre*, au contraire, est plutôt fait par les choses. « L'esprit du plus grand homme du monde n'est pas si indépendant qu'il ne soit sujet à être troublé par le moindre *tintamarre* qui se fait autour de lui. Il ne faut pas le bruit du canon pour empêcher ses pensées : il ne faut que le bruit d'une girouette ou d'une poulie. » Pasc. « Vous ne savez pas tout le *tintamarre* qu'a fait ici le tonnerre. Il a frappé deux hauts chênes dans la forêt ; il a grillé et séché un poirier chez mon curé….. » Boss. Dans le *Bourgeois gentilhomme*, le maître de philosophie ayant dit que « la physique est celle qui nous enseigne les causes de tous les météores, les feux volants, les comètes, les éclairs, le tonnerre, la foudre, la pluie, la neige, la grêle, les vents et les tourbillons….. » M. Jourdain ne veut pas de cette science, et répond : Il y a trop de *tintamarre* là dedans, trop de brouillamini. » Mol.

J'ai voyagé, j'ai vu du *tintamarre* :
Je n'ai jamais vu semblable bagarre. Volt.

2° *Carillon, charivari*. Grand bruit causé par des sons, perceptible à l'ouïe seulement, et non accompagné comme le *tapage* et le *tintamarre*, de scènes de trouble ou de désordre propres à tomber sous la vue.

Le *carillon* est causé par des sons de cloches. « Avant le lever du soleil j'entendis sonner toutes les cloches de la ville ; et l'on faisait ce *carillon* pour avertir le peuple qu'on allait commencer l'auto-da-fé. » Les. « Les carillonneurs (genre merle) forment parfaitement entre eux un *carillon* pareil à celui de trois cloches d'un ton différent…. Ils continuent leur singulier *carillon* pendant des heures entières sans la moindre interruption. » Buff. — Au figuré, ce qui distingue nettement *carillon*, c'est l'idée d'une continuité importune. « Les alouates (sorte de sapajous), ne cessent de hurler : leur *carillon* lugubre dure souvent quelques heures de suite. » Buff. « Un petit chien s'est mis à japper de toutes ses forces, et m'a poursuivi, en faisant toujours le même *carillon*, pendant deux ou trois rues. » Boufl. On appellera *carillon* les rabâcheries d'un homme qui ne cesse de gronder.

Le *charivari* est un bruit d'ustensiles de cuisine accompagné de huées et qu'on faisait la nuit devant la maison des femmes du petit peuple, veuves et âgées qui se remariaient. « Entendez-vous dans la rue un *charivari* ? Une femme de soixante ans a épousé ce matin un cavalier de dix-sept. Tous les rieurs du quartier se sont ameutés pour célébrer ses noces par un concert bruyant de bassins, de poêles et de chaudrons. » Les. Il se dit particulièrement bien d'une mauvaise musique. La musique de M. Gluck n'est qu'un *charivari*, tantôt bruyant, tantôt plat, et toujours ennuyeux. » Dudeff. « Chacun peut entendre à quels abominables *charivaris* on donne en France le nom de musique. » J. J.

> Mon démon de musique
> M'agite, me saisit....
> — Nous entendrons bientôt de beaux *charivaris*.
> Regn.

Dans l'acception la plus étendue, *charivari* sert à exprimer une avanie. « S'il ne me donne pas mes cinq quartiers, j'irai chez ses maîtresses faire un *charivari*. » Les.

3° *Sabbat*. Grand bruit produit par des cris ou des chants de sorciers assemblés pour adorer le diable. Ce mot désigne par extension le bruit que font des chats réunis et qui miaulent ensemble. « On conta hier qu'à Bruxelles la comtesse de Soissons a été contrainte de sortir doucement de l'église, et que l'on avait fait une danse de chats liés ensemble et un *sabbat* si épouvantable, qu'ayant crié en même temps que c'étaient des diables et des sorciers qui la suivaient, elle avait été obligée de quitter la place. » Sév. « Si on vous disait que tous les chats d'un grand pays se sont assemblés par milliers dans une plaine, et qu'après avoir miaulé tout leur saoul, ils se sont jetés avec fureur les uns sur les autres, ne diriez-vous pas : Voilà le plus abominable *sabbat* dont on ait jamais ouï parler ? » Labr. Enfin *sabbat* convient spécialement pour exprimer le bruit fait par un esprit, par un être surnaturel ou mystérieux, ou pour désigner un bruit qui a quelque chose de diabolique. « C'est dans cet endroit-ci que l'esprit bat le tambour ordinairement, et je veux y boire à sa santé, afin qu'il ne vienne point faire le *sabbat* dans ma chambre. » Dest.

> Je croyais que ces brusques manières
> Venaient de quelque esprit qui voulait des prières ;
> Et, pour mieux m'éclairer dans ce fâcheux état,
> Si c'était âme ou corps qui faisait ce *sabbat*.... Regn.

« Faire un *sabbat* du diable. » Acad. « Quel diable de *sabbat* ! » J. J.

4° *Vacarme, bacchanal, train*. Grands bruits caractérisés par les différents états des personnes d'où ils proviennent.

Le *vacarme* est causé par une personne mécontente et courroucée qui querelle et tempête, qui éclate en reproches, en injures ou en menaces. Le *bacchanal* est fait par des gens qui se comportent comme dans l'antiquité ceux qui célébraient les *bacchanales* ou les fêtes de Bacchus, par des gens en goguettes, qui se réjouissent ou se divertissent surtout en buvant. Le *train*, suivant une ancienne acception de ce mot, suppose des gens de mauvaise vie, de la canaille, des vauriens de toutes sortes. « Que font là ces ivrognes ?.... Est-il temps, messieurs les coquins, de faire ce *train*-là ? » Dest. Faire un *train* de coquin.

TEMPS (AVEC LE), A LA LONGUE. Après un intervalle d'une certaine durée. L'Académie définit simplement *à la longue* par *avec le temps*.

Avec le temps suppose un intervalle de moindre durée. *Avec le temps*, c'est-à-dire avec du temps, peu ou beaucoup, tôt ou tard ; *à la longue*, c'est-à-dire avec un long temps, avec beaucoup de temps, à la fin.—*Avec le temps* on se forme (Volt.), on apprend à parler aux enfants (Mal.); « si ce n'est d'abord, ce sera, s'il plaît à Dieu, *avec le temps*. » Boss. « La semence que le laboureur jette en terre, il ne la voit pas paraître tout d'un coup ; cependant elle pousse *avec le temps*. » Maint. — *A la longue* on vient à bout des choses (Acad.); « Grimaldo avait bien envie de devenir chevalier de la Toison d'or, et il y parvint enfin *à la longue*. » S. S. « En Angleterre, la familiarité ne s'établit que fort *à la longue*. » Staël. D'ailleurs *avec le temps*, le temps aidant, à la faveur du temps, annonce plutôt un événement heureux. « L'avenir est incertain ; mille événements peuvent, *avec le temps*, offrir des ressources inespérées. » J. J. « Ces livres ont je ne sais quoi d'étrange et de rebutant qui effarouche et fait peine ; mais on les goûte *avec le temps*. » Mal. « Cette ville devint *avec le temps* fort peuplée et fort puissante. » Roll. « *Avec le temps* les dettes s'acquitteront, le remords s'apaisera, et j'aurai une jouissance pure. » Did. « La calomnie se détruit *avec le temps* et se dissipe. » Mass. « Tout se perfectionne *avec le temps*. » Maint. « Il faut espérer qu'*avec le temps* le monde sera débarrassé de l'esprit courtisan, le plus fade de tous. » Staël.

Un si juste intérêt s'accrut *avec le temps*. Volt.

— Mais on emploie *à la longue* aussi bien pour exprimer quelque chose de fâcheux que pour marquer quelque chose de bon ou de favorable. « Tout fatigue *à la longue*, et surtout les grands plaisirs. » Montesq. « Rome, pressée de si près par un tel ennemi (Annibal), aurait succombé *à la longue*. » Fén. « Soins séducteurs, insidieux, puérils, qui, *à la longue*, rapetissent l'âme et corrompent le cœur. » J. J. « Si le mensonge peut servir un moment, il est nécessairement nuisible *à la longue*. » Did. « Le czar jugea bien que l'armée suédoise périrait entièrement *à la longue*, puisqu'elle ne pouvait être recrutée. » Volt. « On ne meurt pas pour manquer quelques repas, mais on s'en trouverait mal *à la longue*. » Maint. « C'était le cri de la douleur, cri monotone *à la longue*, comme celui des oiseaux de la nuit. » Staël.

TERRIBLE, FORMIDABLE, REDOUTABLE. Fort à craindre.

Terrible, de nature à inspirer la terreur, ou peur violente qui fait trembler, qui abat, décourage, terrasse. Ce qui est *terrible* se montre d'un air menaçant et paraît invincible, irrésistible. Coups *terribles* (Laf.), d'une voix *terrible* (Boss.), d'un ton *terrible* (Fén.); le rugissement *terrible* d'un lion (Boss.). « M. de la Trémouille a une *terrible* mine. » Sév. « L'air *terrible* qui fait partie de l'apanage de Pluton. » Fén. « L'image *terrible* d'un Dieu vengeur et irrité. » D'Ag. « Cet air menaçant et *terrible* que Commode faisait donner à ses statues. » Montesq.

Ses deux yeux flamboyants ne lançaient que menace ;
A ce *terrible* aspect.... Mol.

Formidable, de *forma*, forme, ou de *fortis metus*, grande crainte, se dit de ce qui impose par la forme ou l'appareil, plutôt qu'il ne menace. Ce mot a plus rapport à la puissance qu'à la force, et sert à marquer une crainte grande, et, comme dit Cicéron, permanente, plutôt qu'une vive peur dont on est frappé ou saisi.

Ce *formidable* amas de lances et d'épées. Rac.

Armes *formidables* (Volt.), appareil *formidable* (Roll.), le *formidable* empire romain (Montesq.), l'empire *formidable* conquis par Alexandre (Boss.); après la défaite de Xerxès et de ses *formidables* armées (Id.) ; une petite république environnée de puissances *formidables* (Montesq.). « Que me servirait que ma patrie fût puissante et *formidable* si....? » Labr. « Ces fléaux arriveront d'une manière *formidable* aux approches du dernier jour. » Boss. « Rien n'était si *formidable* que de voir toute l'Allemagne, ce grand et vaste corps, déployer tous ses étendards et marcher vers nos frontières. » Fléch. « A cette cavalerie, capable d'écraser seule toutes les forces de l'Europe réunies ensemble, il ajoutait une infanterie encore plus nombreuse et plus *formidable*. » Roll.

Redoutable n'exprime rien d'apparent, ni la force qui menace et frappe d'une vive peur, ni la puissance qui impose en se montrant et donne une grande crainte. Ce qui est *redoutable* l'est pour ainsi dire dans le silence et dans le secret : on doit être très en suspens à son égard (*re*, particule réduplicative, et *dubius*, incertain, irrésolu), sur ses gardes, dans une crainte respectueuse. D'ailleurs, ce qui est *redoutable* ne l'est pas toujours par la force et la puissance qu'il renferme, mais, ce qui est bien caractéristique, par des qualités qui ne font point éclat, l'adresse, la ruse, le talent, la méchanceté, le crédit.

L'ambassadeur d'un roi m'est toujours *redoutable*.
VOLT.

« Richelieu était un ministre *redoutable* aux rois. » Laf. Lafontaine des présents :

Des machines d'amour c'est la plus *redoutable*.

Un amant a un rival *redoutable* (Mol.). « La Grèce était *redoutable* par sa situation, sa force, la multitude de ses villes, le nombre de ses soldats, sa police, ses mœurs, ses lois. » Montesq. « Le sénat mit Antoine en état de balancer les forces et le crédit du jeune César, qui devenait suspect et *redoutable* par l'argent qu'il répandait de tous côtés. » Vert. « Les objets inconnus et qu'on ne considère que dans l'éloignement paraissent toujours plus *redoutables*. » Roll.

TERROIR, TERRAIN, SOL, CHAMP, FONDS.
Terre considérée sous divers points de vue.

Terroir se dit de la terre en tant qu'elle produit des fruits ou qu'elle exerce des influences. « A Sybaris on abuse de la fertilité du *terroir*, qui y produit une abondance éternelle. » Montesq. « Elle s'informait de ce que produisait le *terroir*. » Les. « Les arts sont nés chez les Grecs comme des fruits naturels de leur *terroir*. » Volt.

Le bon *terroir* produit l'excellente moisson. Laf.

Parcours tous les *terroirs* en oliviers fertiles. Del.

« Le mot de vin signifie autant de choses différentes qu'il y a de différents *terroirs*. » Mal. « La nature du *terroir* influe sur ces animaux comme sur tous les autres. » Buff. « Les qualités de l'air et du *terroir* marquaient de peuple à peuple les tempéraments, les figures, les mœurs, les caractères. » J. J. « On veut retrouver dans une traduction le caractère de l'écrivain original, le génie de sa langue, l'air du climat et le goût du *terroir*. » Marm.

Terrain représente la terre, non plus comme productive, mais matériellement, comme un emplacement, comme un espace propre à quelque ouvrage ou à quelque action, à établir des bâtiments, des cours, des jardins, un camp, des fortifications, à faire manœuvrer des troupes ou à donner bataille. On dispute le *terrain*, on le ménage ; on gagne du *terrain* ou on en perd. « Je m'accommode de tous les *terrains* ouverts qui me plaisent ; je fais de l'un mon parc, de l'autre ma terrasse.... » J. J. « Depuis l'invasion qui fut si générale sous Gallus, l'empire sembla rétabli, parce qu'il n'avait point perdu de *terrain*. » Montesq. En géologie, où il s'agit d'étudier la terre par rapport à sa matière et à sa constitution, et non pas comme en agriculture sous le point de vue de ses propriétés et de sa fécondité, *terrain* est le mot propre. « Les *terrains* bas et plats ont été tour à tour couverts et dégagés des eaux jusqu'à trente et quarante lieues. » Volt. « Qui est-ce qui ayant un peu de goût pour l'histoire naturelle peut se résoudre à passer un *terrain* sans l'examiner ? » J. J. — Que si toutefois *terrain* se prend aussi comme *terroir* pour signifier la terre en tant que propre à donner des fruits, il n'en indique toujours que le côté matériel, que la composition, et non la puissance. Un bon *terroir* est productif ou fertile ; un bon *terrain* est formé des éléments qu'il doit avoir. « Virgile recommande ensuite d'étudier la nature du *terrain*. » Del. « Les médiocres *terrains*, et surtout les mauvais, ne pourront jamais être amendés par des fermiers. » Volt.

Le *sol*, latin *solum*, d'où *solidus*, solide, est la partie de la terre qui est à la surface, et qui sert de base, de soutien, de plancher, pour ainsi dire, aux personnes et aux choses. Sentir le *sol* trembler sous ses pieds. « J'use autant que je veux le *sol* à force d'y marcher. » J. J. « Avant d'élever un grand édifice, l'architecte observe et sonde le *sol* pour voir s'il en peut soutenir le poids. » J. J. « Si vous frappez sur ce *sol*, la voûte souterraine retentit. » Staël. — Quand ce mot se rapporte à l'agriculture comme *terrain* et surtout comme *terroir*, il ne cesse pas de désigner une partie de terre superficielle : ainsi, après avoir parlé de l'intérieur de la montagne de Potosi, Buffon dit que le *sol* en est sec et stérile. Ou bien *sol* se prend de préférence en mauvaise part, comme marquant un terrain pierreux, aride ou ingrat. « L'Ingénu ressemblait à un de ces arbres vigoureux qui, nés dans un *sol* ingrat, étendent en peu de temps leurs racines et leurs branches quand ils sont transplantés dans un *terrain* favorable. » Volt. « Le *sol* est-il ingrat et stérile? Tournez-vous du côté de l'industrie et des arts.... Dans un bon *terrain*, manquez-vous d'habitants? donnez tous vos soins à l'agriculture. » J. J.

Par un triomphe utile
Changez ce *sol* ingrat en un *terrain* fertile. Del.

Le *champ* et le *fonds* ont cela de propre, qu'ils appartiennent à l'ordre humain, pour ainsi dire, et non à l'ordre naturel. Au lieu qu'on dit la nature du *terroir*, du *terrain* et du *sol*, on dit particulièrement bien le maître, le propriétaire d'un *champ* ou d'un *fonds*. Le *champ* et le *fonds* sont une certaine portion de terre possédée et exploitée par quelqu'un à qui elle a été dévolue par succession ou autrement.

Entre l'un et l'autre la différence est aussi simple qu'incontestable. Au *champ* s'attachent surtout l'idée d'étendue et celle de culture. Au bout du *champ*, au milieu d'un *champ*; un *champ* de tant d'arpents. « Quel est celui d'entre vous qui n'affermera pas son *champ* et sa vigne à un anabaptiste....? Ce sont des papistes lombards qui labourent les *champs* des cantons que nous possédons dans le Milanais. » Volt. « Les terres des grands propriétaires ne sont pas aussi bien cultivées que les *champs* d'un paysan. » Cond.

Le laboureur en paix coule des jours prospères;
Il cultive le *champ* que cultivaient ses pères. Del.

Mais l'idée distinctive du *fonds* c'est celle de revenu. « Fais bien attention jusqu'où vont les revenus de l'industrie. Un *fonds* ne produit annuellement à son maître que la vingtième partie de sa valeur; mais avec une pistole de couleur, un peintre fera un tableau qui lui en vaudra cinquante. » Montesq. « Un fermier occupe seul un *fonds* qui, partagé, nourrirait cent familles. » Marm. Dans Lafontaine, un laboureur, prêt de mourir, recommande à ses enfants de remuer leur *champ*, de le creuser, fouiller, bêcher, en tous sens, leur faisant accroire qu'un trésor est caché dedans; ils lui obéissent, et, quoiqu'ils ne découvrent pas de trésor, ils s'aperçoivent néanmoins par l'amélioration de leur héritage que le travail est le *fonds* qui manque le moins ou qui rapporte le plus.

TIMIDITÉ, HONTE. Sentiment qui fait qu'on fuit, qu'on se tient à l'écart, qu'on n'ose paraître ou se présenter.

Mais la *timidité*, à la différence de la *honte*, peut n'avoir rien de moral. Elle tient alors à la défiance de soi-même et à la crainte d'un échec ou d'une défaite. « On fait plus de cas du courage que de la *timidité*. » Montesq. « Cette conduite de Lysandre, qui montrait de la réserve et de la *timidité*, augmenta extrêmement la confiance et l'audace des Athéniens. » Roll. « Je me jette aux pieds de votre majesté sans *timidité* et sans défiance, et je me tiens assuré de lui plaire. » Corn. — La *honte*, compagne de la conscience du mal, était venue avec les années; elle avait accru ma *timidité* naturelle au point de la rendre invincible. » J. J.

Lorsque la *timidité*, comme la *honte*, se rapporte à l'honnêteté, elle suppose une faute simplement possible, au lieu que la *honte* en suppose une certaine, soit passée, soit future. C'est la distinction de Vauvenargues : « La *timidité* peut être la crainte du blâme, la *honte* en est la conviction. »

TITRE, CARACTÈRE, QUALITÉ. Distinctions propres à certains hommes ou à certains états : le *titre*, le *caractère*, la *qualité*, d'ambassadeur, d'évêque, de chrétien, etc.

Le *titre* est purement nominal, c'est comme une étiquette; aussi dit-on bien un vain *titre*, un *titre* d'honneur ou honorifique. « Il se dit duc de tel lieu, mais il n'en a que le *titre*. » Acad. Le *caractère* et la *qualité*, au contraire, sont quelque chose d'effectif, quelque chose à quoi sont attachés des droits, des priviléges, ou des devoirs. On honore quelquefois du *titre* de Grandeur le ministre des Dieu qui a reçu le *caractère* et qui a la *qualité* d'évêque. Pour être véritablement ambassadeur il faut en avoir non-seulement le *titre*, mais encore la réalité, c'est-à-dire le *caractère* ou la *qualité*.

Mais, à vos yeux charmés par de plus forts appas,
Ce n'est point être roi que de ne régner pas.
Vous en vouliez en moi l'effet comme le *titre*. Corn.

Le *caractère*, au propre l'empreinte ou la marque, est quelque chose de conféré. Mais la *qualité*, qui indique *quel* on est, est quelque chose d'essentiel, dont on est doué, et non pas revêtu, qu'on possède naturellement ou qui n'est pas actuellement considéré comme un don reçu. On a plutôt le *caractère* d'ambassadeur et la *qualité* de prince ou de sujet. » Quelque grand prince que fût M. le duc d'Orléans par sa naissance et par sa régence, il ne laissait pas d'être sujet du roi, dont la *qualité* ne comportait pas d'envoyer en son nom des ambassadeurs, pas même des envoyés ayant le *caractère* et les honneurs qu'ont les envoyés des souverains. » S. S.

De plus, les priviléges qui tiennent au *caractère* sont en quelque sorte passifs, et consistent à être reconnu, considéré, à obtenir les égards auxquels on a droit; au lieu que les priviléges que donne la *qualité* sont actifs, imposent un rôle, font qu'on peut ou qu'on agit plus ou moins. Le *caractère* d'un ambassadeur rend sa personne inviolable; un ambassadeur, dans l'occasion, se prévaut de sa *qualité* pour faire, entreprendre ou exiger telle ou telle chose. Jésus-Christ est venu en ce monde avec le *caractère* d'ambassadeur que les Juifs ont méconnu; il y reviendra à la fin des siècles avec la *qualité* de juge et de vengeur des crimes. Par leur *caractère* les chrétiens sont consacrés à Dieu, marqués d'un signe divin; par leur *qualité* ils ont une vocation et des obligations à remplir.

TONNER, FULMINER. C'est-à-dire éclater, en parlant d'un homme fortement ému et animé de quelque passion.

Tonner n'a pas autant de force que *fulminer*; aussi se place-t-il avant plutôt qu'après. « A cette justice rigoureuse qui *tonne*, qui *fulmine*, qui rompt et qui brise, qui extermine les pécheurs superbes, il lui faut des sacrifices sanglants. » Boss. « Celui-là est naturellement libéral : *tonnez*, *fulminez* tant qu'il vous plaira contre les rapines, il applaudira à votre doctrine. » Id. Le *tonnerre* précède et annonce la foudre (en latin *fulmen*, d'où *fulminare* et *fulminer*). On entend gronder le *tonnerre*, mais on est frappé de la *foudre*.

Tonner, relatif au bruit, au son de la voix seulement, se dit particulièrement bien d'un orateur pour en exprimer la véhémence. « A quel propos faire l'agréable dans un sujet si effrayant, et amuser l'auditeur par le récit profane de la douleur d'Artémise, lorsqu'il faudrait *tonner*, et ne donner que des images terribles de la mort? » Fén.

Montrez-moi cette Athènes
Où méditait Platon, où *tonnait* Démosthènes. Del.

Mais *fulminer*, qui marque un degré de plus, et qui se rapporte aux regards, aux gestes et à tous les mouvements du corps aussi bien qu'à la voix, est le mot qui convient pour peindre une explosion de colère ou de fureur. « Genseric *fulmina* de fureur en apprenant cette révélation, et dans l'ardeur de se venger il donna l'ordre d'amener sur-le-champ Théodora en sa présence. » Ham. A la fin d'*Attila*, Corneille se sert du verbe *fulminer* pour représenter les transports frénétiques au milieu desquels expira ce prince.

C'est en vain qu'il *fulmine* à cette affreuse vue,
Sa rage qui renaît en même temps le tue.
L'impétueuse ardeur de ces transports nouveaux
A son sang prisonnier ouvre tous les canaux.

On *tonne* d'ordinaire contre les vices; mais, à cause de sa grande énergie, *fulminer* s'emploie de préférence quand il est question d'emportements contre les personnes.

TOUJOURS (POUR), POUR JAMAIS, A PERPÉTUITÉ. Pour un temps qui ne doit pas avoir de terme ou de fin.

Entre *pour toujours* et *pour jamais* la différence est aussi simple qu'évidente. *Pour toujours* a un caractère purement affirmatif; au lieu que *pour jamais*, en conséquence de la signification primitive de *jamais*, convient particulièrement bien pour la négative ou pour exprimer une privation. Des époux s'unissent *pour toujours*; la mort les sépare ou nous sépare *pour jamais*. On donne quelque chose à quelqu'un, on est, on se dévoue à lui *pour toujours*; on dit à quelqu'un adieu *pour jamais*, on renonce *pour jamais* à une chose ou à une personne. Cette distinction se trouve parfaitement indiquée dans le passage suivant de Bernardin de Saint-Pierre. « Ma fortune est faite, dit l'un, j'ai de quoi vivre *pour toujours*; et il mourra demain. Que je suis misérable, dit un autre! je suis perdu *pour jamais*; et la mort me délivre de tous les maux. »

A perpétuité, *ad perpetuitatem*, se ressent de son origine savante; il n'appartient pas à la langue commune et ne se dit bien qu'en matière de droit privé ou public. « Achab et Jézabel avaient fait mourir Naboth parce qu'il avait refusé, comme l'ordonnait la loi de Moïse, de leur vendre *à perpétuité* l'héritage de ses pères. » Boss. « L'auteur d'un livre ou de quelque invention utile devrait être fondé à tirer, *à perpétuité*, un droit sur ceux qui vendent son livre ou se servent de son invention. » Bern. » Le seul prix que j'avais mis à ma pièce en la cédant était mes entrées *à perpétuité*. » J. J. « Lorsque les rois commencèrent à donner pour toujours, il était naturel qu'ils commençassent plutôt à donner *à perpétuité* les fiefs que les comtés. « Montesq. « On assurait qu'il allait se faire un échange de places considérables de Flandre contre les places de Catalogne. Cet échange ne devait pas être *à perpétuité*. « Delaf. « Les décemvirs tentèrent de retenir *à perpétuité* leur pouvoir en ne permettant plus aux comices de s'assembler. » J. J.

TOUR A TOUR, ALTERNATIVEMENT. L'un d'abord, puis l'autre.

Tour à tour, avec sa forme toute substantive, convient particulièrement bien pour exprimer un état ou en parlant de choses qui sont. Mais *alternativement*, étant un adverbe, tient du verbe, et s'emploie de préférence quand il est question d'action, de quelque chose qui se fait. Une personne est *tour à tour* gaie et triste; elle rit et pleure *alternativement*. Le duc de Noailles était toujours à la mode, dévot, débauché, mesuré, impie *tour à tour*, selon qu'il convenait (S. S.); le flux et le reflux de la mer est causé par une puissance qui soulève et abaisse *alternativement* les flots (Buff.). Autrefois la Russie fut en proie *tour à tour* aux Tartares, aux Suédois, aux Polonais (Volt.): chez les Romains, deux chœurs, l'un de jeunes garçons et l'autre de jeunes filles, chantaient *alternativement* les strophes du Poëme séculaire d'Horace (Bern). Mme de Staël a dit avec une merveilleuse justesse : « L'archevêque de Toulouse, arbitraire et constitutionnel *tour à tour*, était maladroit dans les deux systèmes qu'il essayait *alternativement*.

Que si *tour à tour* se dit aussi quelquefois quand il s'agit de quelque chose qui se fait, il lui reste toujours ceci de distinctif, qu'il se rapporte spécialement à l'effet, et non pas, comme *alternativement*, à la cause. « Les factions qui divisent le peuple sont tôt ou tard funestes à l'État quand les souverains passent *alternativement* d'un parti dans un autre; car, en les affaiblissant et fortifiant *tour à tour*, ils ruinent insensiblement leur royaume. » Cond.

TOUT A FAIT, ABSOLUMENT, A FOND, PLEINEMENT, PARFAITEMENT, ENTIÈREMENT, COMPLÈTEMENT, TOTALEMENT. Adverbes de quantité au superlatif servant à marquer quelque chose à un degré si éminent qu'on ne peut plus y rien ajouter.

Tout à fait est un adverbe de quantité dans la qualité : il veut dire on ne peut pas plus, extrêmement, jusqu'au dernier point. Cela est *tout à fait* judicieux (Pasc.), obligeant (Mol.), imperceptible (Mal.), étrange (Laf.), digne de compassion (Id.), extraordinaire (Boss.), vain (Id.), mal fondé (Bourd.), nouveau, merveilleux, inexplicable (Stael); hommes *tout à fait* incorrigibles (Bourd.), d'une naissance *tout à fait* basse (Roll.).

Absolument est un adverbe de quantité dans les points de vue ou les rapports : il veut dire non relativement, mais de toutes manières, à tous égards, sans exception ni condition ni restriction. » On peut par honnêteté approuver généralement et à certains égards ce qu'*absolument* on improuve. » Boss. « Il ne s'agit point en cet endroit si on y est obligé (à l'aumône) par justice ou par charité, mais si on y est obligé *absolument*. » Pasc. « Quoique les personnes n'aient point d'intérêt à ce qu'ils disent, il ne faut pas conclure de là *absolument* qu'ils ne mentent point. » Id. « Il ne faut pas mépriser *absolument* les vraisemblances. » Mal. Des créanciers se trouvent *absolument* hors d'état de s'acquitter (Roll.). Il faut *absolument* que... (Fén.). *Absolument* nécessaire (Pasc., Fén.), ou indispensable (Mal.). « C'est *absolument* la même chose. » J. J.

A fond est un adverbe de quantité qui regarde la profondeur : il veut dire non superficiellement et s'applique spécialement à la manière de connaître ou de faire connaître les choses. Connaître (Mal.), examiner (Pasc., Laf.), savoir, entendre ou traiter (Boss.), expliquer (Fén.), discuter (Del.) les choses, ou en causer (Boss.) *à fond*, c'est le faire de la manière la plus approfondie, de telle sorte qu'on ne saurait pénétrer plus avant. « N'entrer *à fond* dans aucune étude. » Staël.

Pleinement est un adverbe de quantité qui regarde la capacité et le fait concevoir comme comble ou remplie. C'est un terme métaphorique usité surtout en parlant d'une satisfaction du cœur, d'une adhésion ou d'une conviction de l'esprit qui ne peut augmenter. *Pleinement* content (Rac., Sév.), satisfait (Rac., J. J.), heureux (Fén.). Résoudre des difficultés d'une façon *pleinement* satisfaisante (J. J.). Goûter *pleinement* son bonheur (Mal., Corn.). Posséder *pleinement* le bien (Mal.). Consentir *pleinement* à quelque chose (Boss.): se soumettre *pleinement* à quelqu'un (Roll.). Être *pleinement* convaincu (Id.). « Cela me persuade *pleinement* ce que je refusais de croire. » Mol.

Parfaitement est un adverbe de quantité dans le bien ou relatif au bien : *parfaitement*, c'est-à-dire on ne peut pas mieux. On s'en sert en parlant d'actions ou d'états qui ont toute perfection, auxquels il ne manque rien pour avoir toute l'excellence possible. Un cheval *parfaitement* beau (Laf.) ; une *parfaitement* belle fille (Id.) ; le roi est *parfaitement* guéri (Id.) ; ils sont *parfaitement* d'accord (Pasc., Fén.) ; un concert *parfaitement* unanime (J. J.) ; un ciel *parfaitement* serein (Staël) ; Dieu est un être *parfaitement* bon (Id.). « Marie était juste par excellence, et *parfaitement* détachée de toutes les choses de la terre. » Bourd. Écrire, jouer du violon *parfaitement*, s'acquitter *parfaitement* bien de son devoir (Acad.).

Entièrement, *complètement*, *totalement* sont des adverbes de quantité, tous les trois relatifs aux parties dont sont composées les choses : ils sont opposés à en partie ; ils indiquent qu'il ne manque aucune partie, qu'on ne saurait en mettre une de plus.

Entièrement suppose un tout à parties naturellement et indivisiblement réunies. L'hiver est *entièrement* passé (Laf.) ; une personne est *entièrement* à votre dévotion (Id.) ; vous vous livrez *entièrement* à l'étude (Acad.) ; un roi *entièrement* tourné à la guerre (Fén.) ; le fanatisme est-il *entièrement* extirpé (Volt.)?

Complètement, mot à peu près inusité avant la fin du dix-huitième siècle et dont on a fait un grand abus depuis, suppose un tout à parties distinctes, rassemblées de manière à faire quelque chose de *complet*, d'*accompli*, d'*achevé*. « L'ouvrage est *complètement* achevé. » Acad. « Ici la pièce est finie, l'action (d'une tragédie) est *complètement* terminée. » Volt. « Des gens de goût ont *complètement* justifié Virgile à cet égard. » Del. Remonter *complètement* une compagnie de cavalerie. Un homme *complètement* fou (Acad., Volt., J. J.) réunit en lui tous les traits de la folie, c'en est un modèle et comme une peinture achevée.

Totalement, d'une manière *totale*, est un terme abstrait qui ne rappelle pas l'idée de parties aussi expressément que ses deux synonymes : oublier *totalement* (Pasc., J. J., Cond.). En conséquence, il est volontiers négatif ou privatif et se dit de préférence quand il s'agit du manque, de l'anéantissement, d'une ruine ou d'une dispersion de toutes les parties. Quitter ou abandonner *totalement* quelque chose (J. J.). « Je me détruis *totalement* l'estomac. » Id. « Qualités dont les végétaux sont *totalement* privés. » Bern. Chose *totalement* interdite (Staël) ; manquer *totalement* son coup (Id.). « Je ne crois pas avoir *totalement* manqué de génie. » Montesq. « Les secours manquent ici *totalement*. » Volt. « En ce moment ils changèrent *totalement* de disposition à l'égard des Romains. » Roll. (Voy., pour ces trois derniers mots, *Entier*, *complet* et *total*.)

On ne saurait être davantage ce qu'on est *tout à fait*, on l'est au suprême degré. — On ne peut rien ajouter en généralité à la chose qui est telle ou telle *absolument ;* car elle l'est de toute façon, sous quelque aspect et dans quelque cas qu'on la considère. — On ne peut rien ajouter en profondeur à ce qui est su ou expliqué *à fond*. — *Pleinement* annonce que l'âme est remplie de quelque chose, de joie, par exemple, ou de persuasion, autant que possible, et qu'on ne saurait y en verser davantage. — On ne peut rien ajouter en mieux à ce qui est tel ou tel *parfaitement* ou à ce qu'on fait *parfaitement*. On ne peut ajouter aucune partie à ce qui est fait ou donné *entièrement ;* — à la chose qui est faite *complètement* on ne peut ajouter aucune partie essentielle, aucune partie pour la mettre au *complet*, pour l'achever, pour la rendre *accomplie* ou comme il faut qu'elle soit ; — à *totalement* s'attache d'ordinaire l'idée d'un manque, d'une perte, d'une destruction, d'un changement en moins ou en pis qui s'étend à toutes les parties sans réserve d'aucune.

TRADUCTEUR, TRUCHEMENT, INTERPRÈTE. On appelle ainsi un homme qui fait passer dans une langue des choses exprimées dans une autre.

Entre *traducteur* et *truchement* d'abord la différence est si grande, que leur confusion est presque impossible. Ce qui est tourné en une autre langue par le *traducteur*, ce sont des ouvrages, des livres ; et ce qui est tourné en une autre langue par le *truchement*, ce sont des paroles. Le *traducteur* fait que nous pouvons lire dans notre langue ce qui a été écrit dans une autre, il nous procure la connaissance des œuvres littéraires et scientifiques des autres nations, anciennes ou modernes; le *truchement* fait que nous pouvons entendre un interlocuteur qui ne parle pas la même langue que nous, il nous fournit le moyen de nous entretenir avec les étrangers.

Interprète, latin *interpres*, se prend dans les deux acceptions particulières de *traducteur* et de *truchement;* mais il se distingue cependant de l'un et de l'autre par des nuances encore assez remarquables.

1° L'*interprète* diffère du *traducteur* en ce qu'il explique et ne se borne pas à transporter (*transducere, traducere,* d'où *traductor*) d'une langue dans une autre; il développe, il expose, avec plus de liberté que le *traducteur* : c'est ainsi que Lucrèce a été l'*interprète* d'Épicure (ROLL.). Ensuite l'*interprète* porte son attention et son travail, non pas comme le *traducteur* sur tout un ouvrage pour le transmettre tout à ses compatriotes, mais seulement sur les endroits difficiles et obscurs pour en éclaircir le sens. De sorte que l'*interprète* est pour le *traducteur* par rapport à ces endroits un guide, une autorité, un érudit dont l'exégèse lui a préparé la voie. « Il s'y trouve (dans les *Caractères* de Théophraste) de différentes leçons, quelques endroits tout à fait interrompus, et qui pouvaient recevoir diverses explications : et pour ne point s'égarer dans ces doutes, on (c'est-à-dire le *traducteur*) a suivi les meilleurs *interprètes.* » LABR. « Il peut y avoir (dans cette prophétie) quelques termes obscurs, douteux, difficiles à expliquer, et sur lesquels les *interprètes* varient. » ROLL. « Il y a dans le commencement de cette lettre (de Cicéron) un endroit fort obscur... Les deux *traducteurs* ont suivi la conjecture de quelques habiles *interprètes* qui corrigent ainsi cet endroit : *Abest....* » ID.

2° L'*interprète* diffère du *truchement* en ce qu'il est d'un rang plus élevé. Cela résulte de l'origine des deux mots, dont l'un est latin, et l'autre tiré d'une langue vulgaire, la langue franque, l'arabe ou le turc. Un ambassadeur a des *interprètes ;* saint François-Xavier au Japon était obligé de se servir d'un *truchement.* L'*interprète* n'est point un homme du peuple, un homme sans instruction ; il est plutôt lettré; il sait au moins écrire : aussi dit-on un secrétaire *interprète,* et faire mettre un traité en différentes langues par les *interprètes.* « J'entrai dans un cabaret pour y dîner : j'y vis un homme à grande barbe avec un habit violet à la grecque.... J'entendais presque tout ce qu'il disait, et j'étais le seul.... La liaison fut bientôt faite, et dès ce moment je lui servis de *truchement....* Il me conta qu'il était prélat grec et archimandrite de Jérusalem, qu'il était chargé de faire une quête en Europe. Il me proposa de l'accompagner pour lui servir de secrétaire et d'*interprète.* » J. J. — *Interprète* est un nom plus honorable et témoigne d'une plus grande estime. « Un roi des environs du Pont-Euxin demanda à Néron un pantomime qu'il avait vu jouer, pour en faire son *interprète* en toute langue. Cet homme, disait-il, se fera entendre de tout le monde, au lieu que je suis obligé de payer un grand nombre de *truchements* pour entretenir commerce avec mes voisins. » ROLL.

TRAIT, FLÈCHE, DARD, JAVELOT. Armes de jet dont on a abandonné l'usage depuis l'invention des armes à feu.

Trait, écrit autrefois *traict*, est le seul de ces mots dont l'étymologie soit certaine : il vient du latin *tractus*, formé de *trahere*, tirer. Et comme il est le seul qui ait une origine évidemment latine, il se dit particulièrement bien au figuré : les *traits* de l'envie, de la médisance, de la satire, etc. « Les dames du palais passaient leurs jours à chasser, non pour épuiser les *flèches* de leurs carquois sur les bêtes de la forêt, mais les *traits* de leurs yeux sur le cœur de Floris. » LES.

Au propre, *trait* est un terme générique qui signifie tout ce qu'on tire ou tout ce qu'on lance de quelque façon que ce soit. Aussi, comme on dit armes de jet, on dit d'une manière non moins générale armes de *trait.* Les gens de *trait* étaient dans les armées ceux qui tiraient des *flèches* ou qui lançaient des *dards* et des *javelots.* — D'ailleurs le *trait* est essentiellement tiré, on se le représente à l'œuvre en quelque sorte, en l'air ou dans la blessure ; au lieu que la *flèche* peut être encore dans le carquois, et le *dard* ou le *javelot* dans la main du soldat qui ne s'en sert pas actuellement. De là vient qu'on dit partir comme un trait.

Aussi prompt que le *trait* dans les airs emporté.
VOLT.

L'Amour est armé de *flèches*, menace de ses *flèches*; mais quand il a blessé quelqu'un, celui-ci

Porte partout le *trait* dont il est déchiré. RAC.

« Un bouclier percé de mille *traits.* » FÉN. « Accabler de *traits* les ennemis. » ID. « Faire pleuvoir sur l'ennemi une grêle de *traits* mortels. » MARM. « Alors une nuée de *traits* obscurcit l'air et couvrit tous les combattants. » FÉN.

Déjà de *traits* en l'air s'élevait un nuage. RAC.
Leurs *traits*, lancés en haut, portent des coups certains.
SAURIN.

La *flèche* est un *trait* qu'on tire avec un arc ou une arbalète. « L'arc et les *flèches* sont de l'antiquité la plus reculée. » ROLL. « Les Phéaciens négligent les *flèches* et les arcs, mais ils s'occupent à construire des vaisseaux. » FÉN. « Cupidon tira de son carquois d'or la plus aiguë de ses *flèches*, il banda son arc, et elle allait me percer quand Minerve se montra. » ID. « Je vis un carquois enrichi d'or et de quelques pierreries, avec toutes ses *flèches.* » HAM. « Guillaume Tell, qui passait pour un archer très-adroit, dut abattre d'un coup de *flèche* une pomme placée sur la tête de son fils. » VOLT.

Le *dard* et le *javelot* sont des *traits* qu'on lance avec la main. On tire proprement une *flèche*; on lance un *dard* ou un *javelot.* « C'était à qui lancerait plus adroitement un *dard*, à qui tirerait mieux une *flèche.* » ROLL. « On le voit tantôt, pour s'exercer au *javelot*, le lancer tout un jour contre l'homme de bois, tantôt tirer de l'arc, et disputer avec son valet lequel des deux donnera mieux dans un blanc avec des *flèches.* » LABR.

Avec la *flèche* on se battait de plus loin, avec le *dard* et le *javelot* de plus près. Dans une description de bataille entre des Indiens d'Amérique on lit : « Bientôt les carquois s'épuisent ; et la *flèche*, dès ce moment, fait place au *javelot* qui, lancé de plus près, porte des coups plus assurés. » (*Les Incas*). MARM.

Entre le *dard* et le *javelot* la différence, pour être moins sensible, n'en est pas moins incontestable. Elle consiste en ce que le *dard* est plus petit, et surtout plus court. « Aussitôt Adraste lui lance un second *dard* fort court, qu'il tenait caché. » FÉN. C'est pourquoi on appelle *dards*, et non pas *javelots*, les piquants d'un porc-épic (BUFF.) et d'un hérisson (LAF.), même les aiguillons de certains insectes, les langues des serpents, etc. (ACAD.), même les pistils des fleurs (ID.). C'est pourquoi on dit bien d'un sanglier

Que son poil hérissé semble de toutes parts
Présenter au chasseur une forêt de *dards*. LAF.

C'est pourquoi à la chasse on se servait de *dards*, et non pas de *javelots*. A la guerre, les soldats qui portaient des *dards* étaient comme les archers armés à la légère ; le *javelot*, au contraire, était rangé parmi les armes pesantes. On donne plutôt un *dard* à une femme, surtout à une femme qui n'est pas guerrière, et un *javelot* à un homme, à un homme qui fait métier de se battre. « Semblable à une Bacchante, Calypso court au travers des bois avec un *dard* en main. » FÉN. « Vous trouverez encore chez moi, dit Sylla, le *javelot* que j'avais à Orchomène, et le bouclier que je portais sur les murailles d'Athènes. » MONTESQ. « Dans Virgile, un roi malheureux, le père de Camille, l'emporte en fuyant. Un fleuve débordé l'arrête : il attache sa fille à un *javelot*, d'un bras vigoureux lance le *javelot* au delà du fleuve, le passe à la nage, et reprend à l'autre rive son *javelot* et son enfant. » DEL. Enfin la gradation sera plus naturelle quand on dira des *dards* et des *javelots* que si on disait des *javelots* et des *dards*.

Un autel hérissé de *dards*, de *javelots*. RAC.
Je reprends mon carquois,
Mes *dards*, mes *javelots*, dont ma main tant de fois
Moissonna dans nos champs leur troupe fugitive.
VOLT.

TRAITÉ, DISSERTATION. Ouvrages de l'esprit, écrits méthodiques sur un objet de connaissance, sinon toujours scientifique, au moins toujours sérieux et qui demande un examen.

Le *traité* est plus étendu ou plus général ; la *dissertation*, plus restreinte ou plus particulière. Le *traité* roule sur telle ou telle science, telle ou telle matière, et il est plus ou moins complet ; la *dissertation* roule sur tel ou tel sujet, telle ou telle question, tel ou tel point, et, de sa nature, elle est toujours partielle. Dans la classe de philosophie, les élèves analysent des *traités* de Cicéron, de Descartes, de Malebranche, de Fénelon ou de Bossuet, et ils font des *dissertations* pour devoirs. Dans le *Traité des études*, de Rollin, il y a un chapitre consacré à une *dissertation* sur les différentes sortes de gouvernements d'après Polybe. « Cette petite *dissertation* ne sera point un *traité* de philosophie, mais une simple exhortation aux jeunes gens à l'étudier avec soin. » ROLL. « Il est à désirer, pour la gloire de l'Académie, qu'elle nous procure un *traité* sur l'histoire... Le bon historien retranche toute *dissertation* où l'érudition d'un savant veut être étalée. » FÉN. « Quel est l'auteur de cet ouvrage (*le Songe du Verger*) et dans quel temps a-t-il vécu ? C'est sur quoi nos critiques ne sont pas d'accord. On peut lire la *dissertation* qui a été imprimée sur ce sujet dans la nouvelle édition des *Libertés de l'Église gallicane*, où le *Songe du Verger* a été compris parmi les *traités* qui remplissent les deux premiers volumes de cette édition. » D'AG. Parmi les ouvrages de Balzac, Pellisson cite le *Socrate chrétien*, « avec lequel sont divers autres *petits traités* ou *dissertations*, en un volume in-octavo. »

De plus, et cela résulte déjà des derniers exemples, c'est surtout en termes de sciences proprement dites que le mot de *traité* convient, et en parlant de questions de critique ou de recherches érudites que celui de *dissertation* est préférable. On dit un *traité* de mathématiques, de physique, d'agriculture, de morale, de politique ; de théologie, de législation, de rhétorique, etc. Mais on dit une *dissertation* sur Montaigne (SÉV.), des *dissertations* sur un concile (BOSS.) ; on joint à une traduction des notes et des *dissertations* instructives (LAH.), et Rollin prétend qu'on se passerait bien du travail que Plutarque prodigue un peu en *dissertations* mythologiques, géographiques, généalogiques, critiques qui seraient mieux dans Pausanias que chez lui. « Les *Lettres à Lucilius* sont de petits sermons de morale ou de petits *traités* de stoïcisme, ou de petites *dissertations* sur des matières de philosophie et d'érudition. » LAH. « En Angleterre, la première classe de la société se livre autant à l'étude que la seconde : M. Windham a laissé divers *traités* intéressants sur les mathématiques et sur la littérature ; M. Fox écrivait de savantes *dissertations* sur le grec. » STAËL.

TREMBLER, FRÉMIR, FRISSONNER. Être ému par de fréquentes secousses, éprouver une sorte d'agitation, un mouvement en sens opposé très-rapide.

Trembler désigne un mouvement plus fort et plus sensible que *frémir* ; c'est une oscillation, un ébranlement alternatif dont on peut distinguer les parties ou les divers moments. *Frémir* exprime proprement une vibration, une trépidation, un ébranlement alternatif dans lequel les allées et venues se succèdent si vite qu'on les aperçoit à peine, qu'on n'en a même quelquefois connaissance que par le son qui les accompagne. L'arbre qu'on appelle *tremble* a des feuilles qu'on voit *trembler* au moindre vent ; une corde *frémit* quand elle est tendue subitement, et un timbre *frémit* assez longtemps encore après qu'il a sonné. Que la terre *tremble*, les maisons seront renversées ; mais qu'elle *frémisse*, par l'effet d'une décharge d'artillerie, par exemple, il s'ensuivra simplement que les vitres des fenêtres seront agitées avec bruit. Quant à *frissonner*, de *frigus*, froid, il ne se dit que de la peau du corps de l'homme quand elle éprouve le léger tremblement causé par le froid qui précède la fièvre

Au figuré, ces trois mots signifient des mouvements de l'âme analogues entre eux et dont il semble assez difficile d'assigner les caractères distinctifs.

Pour ce qui concerne d'abord *trembler*, il marque accablement, un état de l'âme qui fuit et se retire en elle-même : on *tremble* de peur, on *tremble* pour les jours de quelqu'un. Ce mot vient du latin *tremere*, grec τρέμειν, trembler, craindre. » Que celui qui est debout *tremble*, de peur de tomber. » Fén. « *Trembler* pour sa vie. » Volt. « Dans les fortunes médiocres, l'ambition encore *tremblante* se tient si cachée qu'à peine se connaît-elle elle-même » Boss.

J'en *tremble* encor de peur. Corn.
Je vous parle en *tremblant*; si j'étais ici vue,
Votre péril croîtrait, et je serais perdue. Id.
Je n'adore qu'un Dieu, maître de l'univers,
Sous qui *tremblent* le ciel, la terre et les enfers. Id.
Trembler pour l'avenir, y réfléchir sans cesse,
    C'est mourir à tous les instants. Gilb.
Tremble, m'a-t-elle dit, fille digne de moi ;
Le cruel dieu des Juifs l'emporte aussi sur toi.
Je te plains de tomber dans ses mains redoutables.
                                                Rac.

Frémir, latin *fremere*, dérive du grec βρέμιν, gronder. Par conséquent ce mot, en cela bien opposé à *trembler*, indique de la part de l'âme un soulèvement, un état d'irritation qui fait qu'elle se porte contre ce qui l'a émue. « Les loups se disputent cruellement la femelle ; ils grondent, ils *frémissent*, ils se battent, ils se déchirent. » Buff. « Si tout à coup un de ces esclaves brise sa chaîne, et fait retentir à leurs oreilles le nom de liberté, ils s'agitent, ils *frémissent*, et, des débris de leurs chaînes rompues, accablent leurs tyrans. « Thom. Le coursier qui *frémit* au son du canon pétile, est impatient de s'élancer contre l'ennemi. On *frémit* d'horreur, de colère ou d'indignation. « L'arrêt fut exécuté. L'Europe entière *frémit* d'horreur. » Volt. « Ce ne fut qu'en *frémissant* de colère et d'indignation que le peuple entendit un discours si injurieux. » Vert. « Télémaque sortit en *frémissant* de rage. » Fén.

Du prince des enfers que la rage *frémisse*. L. Rac.
Le peuple rassemblé *frémit* d'impatience. Duc.
Tu *frémiras* d'horreur et rompis le silence. Rac.
Et mon cœur, indigné d'une telle amitié,
En *frémit* de colère, et *tremble* de pitié. Corn.

On *tremble* qu'une chose n'arrive, c'est-à-dire qu'on le redoute : on *frémit* de voir une chose arriver, c'est-à-dire qu'on s'en indigne : « Il n'y a pas dans Rome un seul Romain qui ne *frémisse* de ne pouvoir acheter un seul livre sans la permission d'un jacobin..... ; soyez sûrs que ce contraste révolte tous les esprits. » Volt.

Frissonner est subjectif : il suppose, comme le *frisson*, une cause de tremblement venue du sujet ou intérieure. Ce sont nos pensées qui nous font *frissonner* ; nous *frissonnons* à telle ou telle idée. « Chacun *frissonne* à cette idée. » Volt. « A ce souvenir, j'ai *frissonné*. » Staël.

A ce penser, je *frissonne* d'horreur. Corn.

« Je serai cause de votre perte (en vous faisant trop écrire). Ma très-chère, cette pensée me fait *frissonner*. » Sév. « Vous que le sentiment de votre indignité devrait faire pâlir et *frissonner* de tous vos membres, à l'approche de ce sanctuaire. » Mass. En proie au remords, Caïn

Sombre, tout *frissonnant*, et les bras étendus,
Roulait autour de lui ses regards éperdus. Gilb.
Ne concevez-vous point ce que, dès qu'on l'entend,
Un tel mot (celui de mariage) à l'esprit offre de dégoûtant,
De quelle étrange image on est par lui blessée,
Sur quelle sale vue il traîne la pensée ?
N'en *frissonnez*-vous point ? Mol.

Et, d'un autre côté, comme le *frisson* naît dans le corps d'une manière inexplicable, sans qu'on sache pourquoi, *frissonner*, au figuré, s'emploie particulièrement bien quand ce qui produit le tremblement est obscur ou mystérieux. « Je n'imagine qu'un spectacle plus simple et plus terrible encore, c'est celui de la main sortant du mur et traçant des mots inconnus au festin de Balthasar. Cette seule idée fait *frissonner*. » J. J.

D'une secrète horreur je me sens *frissonner*. Rac.
Mais quelle épaisse nuit tout à coup m'environne ?
De quel côté sortir ? D'où vient que je *frissonne* ?
Quelle horreur me saisit ?
                (Oreste dans *Andromaque*.) Id.

TRÊVE, SUSPENSION D'ARMES, ARMISTICE. Cessation d'hostilités pour un certain temps.

Trêve, dans Nicod *treuves*, anciennement *trive*, *trieve*, *triuwe*, paraît dérivé du tudesque *triwa*, *triuwa*, bonne foi, traité, *fides*, *fœdas*. La *trêve* est un traité ; conclue pour un temps assez long, elle a de plus une assez grande généralité, elle s'étend à des peuples entiers et règle presque tous leurs rapports. C'est une sorte de paix. « Saint-Saphorin faisait revenir au régent que les conférences pour la paix entre l'empereur et le grand-seigneur s'allaient ouvrir ; que si ce n'était pas une paix définitive, ce serait une *trêve* de quatre ou cinq ans. » S. S. « La paix de Nimègue enfreinte fut changée en une *trêve* de vingt ans. » Volt. « Les Polonais conclurent (avec la Russie) une *trêve* de quatorze ans. La Pologne, par cette *trêve*, demeura en possession du duché de Smolensko. Les Suédois firent aussi la paix. » Id. La *suspension d'armes* et l'*armistice*, au contraire, sont le fait de combattants, de gens qui ont les armes à la main, et qui conviennent d'en discontinuer l'usage pour un temps assez court, et pour un objet unique, afin, par exemple, d'enterrer leurs morts, de prendre les ordres de leurs souverains ou de laisser le temps d'ouvrir et de faire des négociations pour la paix. « Méhémet-Baltagi accorda d'abord une *suspension d'armes* pour six heures pendant laquelle on conviendrait des conditions du traité. » Volt. « Après cette sanglante action, il y eut une heure d'*armistice* pendant laquelle on agit et on se parla comme si tout le monde avait été du même parti. » Id. Et puisque la *trêve* est un traité et qu'elle équivaut presque à une paix, c'est quelquefois pour arriver à former une *trêve* qu'on demande ou qu'on accorde une *suspension d'armes* ou un *armistice*.

« Édouard Ier fut forcé à demander une *suspension d'armes*, et on fit une *trêve* de deux ans. » Cond.

D'autre part, *suspension d'armes* et *armistice*, quoi qu'on en ait dit, ne diffèrent point du tout l'un de l'autre pour le sens. « Le nouveau roi de Suède demanda une *suspension d'armes*.... Le congrès s'assembla dans Neustadt ; mais le czar ne voulut accorder l'*armistice* que quand on fut sur le point de conclure et de signer. » Volt. « Steinbock demanda un *armistice*.... Mais ayant reçu de l'argent et fait des recrues, il renonça à toute *suspension d'armes* et ne chercha plus qu'à combattre. » Id. Seulement *suspension d'armes*, composé de deux mots tout français, est du style commun ; au lieu qu'*armistice*, formé du latin *arma*, et de la terminaison *stitium*, dérivée de *stare*, s'arrêter, est un terme spécial de diplomatie ou d'art militaire qui n'a pris place dans le Dictionnaire de l'Académie qu'au commencement de la seconde moitié du dix-huitième siècle. C'est, d'ailleurs, un fait général, que les circonlocutions, au lieu des noms propres, *mouche à miel* pour *abeille*, *panier à mouches* pour *ruche*, etc., appartiennent au langage peu précis des gens sans instruction ou à celui des gens qui parlent familièrement. Mme de Sévigné, dans une lettre à sa fille, dit *suspension d'armes* : « Peut-être qu'on fera une *suspension d'armes*, comme le pape le demande. » Mais Condillac, dans son *Histoire moderne*, emploie *armistice* quand il parle en publiciste des négociations qui eurent lieu entre Louis XIV et ses ennemis peu de temps avant la bataille de Malplaquet. « Les Hollandais demandaient que Louis XIV leur donnât plusieurs places en otage.... Ce n'est qu'à ces conditions qu'ils lui offraient un *armistice* de deux mois pendant lequel il serait tenu d'engager Philippe V à descendre du trône. » Cond.

TRIOMPHAL, TRIOMPHANT. Adjectifs propres à qualifier en rappelant l'idée de triomphe, de victoire glorieuse et qui attire de grands honneurs.

Triomphal, relatif au triomphe, fait concevoir la cérémonie du triomphe, et se dit de ce qui s'y rapporte ou de ce qui y sert : char, arc, pont, habit *triomphal* ; couronne, palme, robe, pompe, marche, entrée, porte *triomphale*. Mais *triomphant*, qui triomphe, exprime l'idée de triomphe d'une manière plus essentielle ou plus prochaine en quelque sorte, puisqu'il se dit du triomphateur lui-même et de ce qui y tient : le parti *triomphant* de belles et *triomphantes* armées, la Grèce victorieuse et *triomphante*, bras, front *triomphant*, tête, voix *triomphante*. Lorsque Corinne, dans le roman de ce nom, s'avance vers le capitole, où elle doit être couronnée, une musique très-belle précède l'arrivée de la marche *triomphale* ; et, la sybille *triomphante* entre dans le palais préparé pour la recevoir (Staël).

C'était peu de tracer, de leurs mains *triomphantes*,
Du Tibre au Pont-Euxin ces routes étonnantes ;
De transporter les flots des fleuves captivés,
Sur cent arcs *triomphaux* jusqu'au ciel élevés. Volt.

TROMPERIE, FRAUDE, FOURBERIE, SUPERCHERIE, TRICHERIE. Action manœuvre, tour, contraire à la bonne foi, et qui a pour but de nuire.

Tromperie est le terme général. « Notre défiance justifie la *tromperie* d'autrui. » Laroch. « La mère de cet enfant ayant voulu lui donner une bague de laiton au lieu d'une d'or, il reconnut la *tromperie*. » Montesq.

Capitaine renard allait de compagnie
Avec son ami bouc des plus haut encornés :
Celui-ci ne voyait pas plus loin que son nez ;
L'autre était passé maître en fait de *tromperie*. Laf.

Fraude, *fraus*, *fraudis*, le seul de ces mots qui soit directement tiré du latin, désigne la *tromperie* considérée sous le point de vue de la morale et du droit. « Vous vous interdisez le dol, la *fraude*, la rapine, vous faites une haute profession d'honneur et de probité. » Mass. « L'imposteur (qui se disait Beaudouin, empereur de Constantinople) se coupa et fut obligé d'avouer sa *fraude*. » Boss. — Le satrape Tissapherne était un Perse plein de *fraude* et de ruse, qui ne faisait nul cas de la simplicité et de la sincérité ; un jour Agésilas se vengea de sa perfidie par une *tromperie* juste et permise, par un stratagème (Roll.).

Fourberie vient de *fur*, voleur qui ravit les choses avec adresse, surtout la nuit, à la différence du *latro*, brigand, qui les arrache avec violence, à main armée ; ou bien il dérive de *furvus*, noir, méchant. Par conséquent, il exprime une tromperie subtile, ou bien basse et odieuse. « Virginius raconta la *fourberie* qu'Appius avait inventée pour se rendre maître de sa fille. » Vert. « Développons les artifices, les *fourberies*, les actes de faussaires, que les chrétiens eux-mêmes ont appelées *fraudes* pieuses. » Volt. « Toute la suite de l'histoire romaine nous fera connaître que les plus grandes affaires de l'État ne se décidaient qu'en conséquence des auspices et des augures où il entrait mille *fraudes* et mille *fourberies*. » Roll.

Supercherie, *supérencherie*, surfaite, est proprement la tromperie d'un marchand qui surfait et survend, et par suite toute tromperie en fait de commerce ou de droits, ou dans les affaires de concurrence, d'intérêts. « Pygmalion use de *supercherie* pour surprendre les marchands, et pour confisquer leurs marchandises. » Fén. « On convint avec Brennus de lui donner mille livres d'or, à condition qu'il se retirerait.... Quand il fut question de peser, les Gaulois se servirent de faux poids. Les Romains se récrièrent contre cette *supercherie*. » Vert. « Les tribuns dirent qu'il y avait eu infailliblement de la *supercherie* dans le scrutin, et qu'il en fallait faire rendre compte. » Id. « Dire que le droit de représentation se borne à cela, c'est accuser les médiateurs d'avoir usé avec la bourgeoisie de Genève de la plus indigne *supercherie*. » J. J. « Les concurrents usaient quelquefois de *supercherie* ; ils se retenaient mutuellement, ou se faisaient tomber. » Id. « Vous devez tenir parole à la garnison ennemie qui se retire d'une ville prise, et n'y faire aucune *supercherie* sur des termes ambigus. » Fén. « C'est la concupiscence qui a fait une science des chicanes les plus honteuses et de toutes les *supercheries*. » Bourd.

A propos de ce vers de Corneille,
Ne laisse pas de place à la supercherie.

Voltaire remarque que jamais ce mot ne doit entrer dans la tragédie. En effet il n'est pas noble, parce qu'il désigne une tromperie d'une espèce commune. Cela est également vrai, et même plus vrai encore de *tricherie* (de l'allemand *triegen*, tromper), qui se dit familièrement d'une tromperie au jeu. « Vous aimez le jeu. De là ces *tricheries* indignes, ces friponneries que cause l'avidité du gain. » BOURD. « Trouvant occasion (au jeu de cartes) de faire de bons coups sans *tricherie*, je ne négligeai point d'en profiter. » LES. « Je voudrais être taupe. Je suis si ennuyée de ce qui se passe sur la terre, que j'aimerais mieux ce qui se passe dessous; je n'y verrais pas ce qu'on appelle le dessous des cartes, j'ignorerais toutes les *tricheries*. » DUDEFF. — Par extension et en plaisantant on appelle *tricherie* une *tromperie* dans de petites choses. « Trouvant que le vin allait bien vite, je soupçonnai qu'il y avait de la *tricherie* de ce côté-là (c'est-à-dire que le maître d'hôtel en escamotait une partie). » LES.

TROUBLE, CONFUSION, DÉSORDRE. Altération de l'état qui convient ou qui est naturel à une chose.

La *confusion* diffère du *trouble* par le degré; le *désordre* se distingue et du *trouble* et de la *confusion* par l'espèce.

La *confusion* diffère du *trouble* par le degré, c'est un grand *trouble*. Si le *trouble* rend la chose *trouble*, fait qu'on y voit *trouble*, qu'on la reconnaît ou qu'on s'y reconnaît à peine, la *confusion*, de *confundere*, mélanger, brouiller, embrouiller la chose, y met tout pêle-mêle et fait qu'on n'y voit goutte, qu'on ne la reconnaît point ou qu'on n'y reconnaît rien. « Si le soleil venait à s'obscurcir tout à coup, et que toute son action fût suspendue, quel *trouble* et quelle *confusion* dans l'univers ! » BOURD. « Les hérésiarques ont mieux aimé voir le *trouble* et la *confusion* qu'ils causaient dans le monde, que de se relâcher d'un sentiment erroné et nouveau. » ID. « Les esprits s'aigrissent, les disputes s'animent; ce n'est partout que *trouble* et que *confusion*. » MASS.

Le *désordre* est d'un autre genre, d'une autre nature que le *trouble* et la *confusion*. En effet, l'idée primitive du *trouble* et de la *confusion* est celle d'obscurcissement, d'embarras pour l'intelligence des choses ; au lieu que l'idée primitive du *désordre* est celle de dérèglement, d'écart, d'égarement, c'est-à-dire d'un mauvais effet, non pas intellectuel, mais moral, politique ou esthétique. Le *trouble* et la *confusion* empêchent que la chose ne soit claire ; le *désordre* empêche qu'elle ne soit à sa place ou régulière. Ce qui est *trouble* ou *confus* est indistinct, difficile à connaître, à démêler ; ce qui est en *désordre* ou *désordonné* est sens dessus dessous, tout de travers, contraire à ce qui est droit, bien, convenable, juste. « Appius Claudius l'aveugle introduisit les affranchis dans les tribus de la campagne. Mais ce *désordre*, qui jetait le *trouble* et la *confusion* dans les assemblées du peuple en donnant du crédit à la populace, fut bientôt réprimé par Q. Fabius Rullus. » ROLL. « Quelque étrange *confusion*, quelque *désordre* même ou quelque injustice qui paraisse dans les affaires humaines, mettons bien avant dans notre esprit que tout s'y conduit par ordre, que tout s'y gouverne par maximes. » Boss.

Pour qu'il y ait *trouble* ou des *troubles* dans une famille ou dans un État, il suffit qu'on ne s'y entende pas, qu'il y règne de la mésintelligence; s'il y a de la *confusion*, on ne s'y entend point du tout, il s'y trouve un tel mélange d'intrigues, une telle complication d'intérêts opposés, qu'on dirait un chaos. Mais c'est autre chose si une famille ou un État est en proie au *désordre* : l'ordre y est violé, il s'y commet des infractions, des excès, des actes de destruction.

La présence subite d'une personne dans une assemblée y cause quelque *trouble* ou une grande *confusion*, c'est-à-dire que les esprits et la délibération en sont légèrement ou gravement déconcertés; quand elle y cause du *désordre*, elle met aux prises, occasionne des violences, fait cesser la tranquillité ou la paix.

Qu'il y ait dans un livre du *trouble* ou de la *confusion*, cela le rend plus ou moins inintelligible; qu'il y ait du *désordre*, cela le rend irrégulier, c'est un autre défaut, et dans certains cas mais exceptionnels, ce n'est pas un défaut.

Chez l'Ode un beau *désordre* est un effet de l'art.
BOIL.

TUER, ASSASSINER, POIGNARDER, ÉGORGER, MASSACRER. Frapper de mort.

Tuer est l'expression générique, celle qui signifie le fait simplement et de quelque manière qu'il ait lieu. On *tue* de bien des façons, et, par exemple, sans le vouloir, par accident, par inattention, maladresse ou ignorance, ou bien à son corps défendant comme il arrive dans une bataille. « La plaintive Philomèle pleure sans cesse son cher Ityle, qu'elle a *tué* par une cruelle méprise. » FÉN. « Un oracle d'Apollon prédit à Œdipe qu'il *tuerait* son père. » VOLT. « On *tua* aux ennemis quatre mille hommes (dans cette bataille), on leur en prit deux mille cinq cent quatre-vingt-dix-huit. » ID. « Adraste, croyant lancer son javelot contre le sanglier, *tua* Atys. » ROLL. Celui qui *tue* peut n'être qu'homicide, c'est-à-dire que dans certains cas son action est excusable. « Si je dis : Brutus a *tué* un tyran, cela veut dire que Brutus a *tué* quelqu'un, et que celui qu'il a *tué* était tyran. » P. R. Voltaire dit en parlant du massacre des habitants de Thessalonique par Théodose : « Certes il eût mieux valu que ces soldats eussent *tué* l'empereur, comme ils en avaient *tué* tant d'autres. » Charlotte Corday a *tué* Marat.

Mais *assassiner*, *poignarder*, *égorger* et *massacrer* expriment toujours un meurtre, une action de *tuer* volontaire et criminelle, laquelle est présentée par chacun d'eux en particulier sous un point de vue distinct.

Assassiner, c'est commettre un meurtre de la manière la plus noire, la plus lâche, en trahison, avec préméditation ou guet-apens, en cachant son dessein de telle sorte que la victime ne puisse ni s'en douter ni s'en échapper. « Hérode fit tout cela pour couvrir le noir dessein d'*assassiner* le Sauveur. » Boss. « Les parents et les amis des ambassadeurs qu'on avait *assassinés* (c'est-à-dire surpris et tués pendant qu'ils étaient endormis) fondirent sur Tatius. » Roll. « La marquise fit plusieurs fois attaquer Édouard sortant du couvent de Laure ; elle lui tendit des piéges elle-même... Il retournait le lendemain chez celle qui l'avait voulu *assassiner* la veille. » J. J. Dans un des *Dialogues des morts* de Fénelon, Tatius reproche à Romulus de l'avoir fait *assassiner*, c'est-à-dire tuer en trahison, suivant l'explication formelle donnée par l'auteur. Dans un autre, le duc de Bourgogne dit à Charles VII : « Pourquoi me faire *assassiner* ? Un dauphin faire cette trahison à son propre sang !... Mais, quoi ! *assassiner* ? cela est infâme... quoi ! dans un lieu où vous m'aviez attiré par les promesses les plus solennelles ! »

Ainsi donc, sans cet avis fidèle,
Deux traîtres dans son lit *assassinaient* leur roi ?
RAC.

Poignarder, c'est commettre un meurtre en employant le *poignard*, arme courte, facile à cacher et par conséquent propre pour les *assassinats*. De là vient que *poignarder* désigne la même action qu'*assassiner* ; seulement il la fait considérer, non pas moralement, mais physiquement, eu égard à l'instrument du meurtre. « Se sentir *poignarder* par derrière par des assassins masqués. » J. J. « A Naples, il irait attendre son homme au coin d'une rue, et le *poignarder* par derrière. » ID. « Vous aviez peur de votre ombre, vous pensiez toujours voir sous votre lit quelque assassin prêt à vous *poignarder*. » Mazarin à Richelieu. FÉN. « Jugurtha résolut de faire périr les deux jeunes princes (fils de Micipsa). Il dressa d'abord des embûches au cadet, qu'il fit *poignarder* dans son lit. » VERT. « Ranacaire fut livré à Clovis par trahison avec son frère Richiaire, et il les *poignarda* de sa propre main... Renomer, un autre frère de Ranacaire, fut *assassiné* par des gens que Clovis avait subornés. » COND. « Je sais quel est le furieux qui a voulu m'*assassiner* et qui m'a attaqué, ayant pour second son domestique, sans me laisser aucun moyen de me défendre ; il m'a dit avec fureur en me *poignardant* : Je me venge de ma sœur déshonorée. » STAËL. — Toutefois comme *poignarder* ne se rapporte pas au côté moral du fait, n'appelle pas l'attention sur ce que le fait a de criminel et d'odieux, il se dit quelquefois, comme *tuer*, d'attentats moins criminels et moins odieux, et, par exemple, d'actes de vengeances que certaines circonstances semblent justifier jusqu'à un certain point. Aussi dit-on bien se *poignarder* comme on dit se *tuer* soi-même ; c'est ce que fit la chaste Lucrèce. « Tes concitoyens, en te *poignardant*, sont les libérateurs de leur patrie. » Alexandre à César. FÉN. « On assurait que Subrius Flavius s'était offert de *poignarder* Néron lorsqu'il chanterait sur le théâtre. » D'AL. « Orosmane entend la voix de Zaïre, et son poignard s'échappe. Elle approche, elle appelle Nérestan, et à ce nom Orosmane la *poignarde*. » VOLT.

La perfide a couvert mon front d'ignominie :
Pour satisfaction je veux avoir sa vie.
Poignarde-la. LAF.

Égorger, c'est commettre un meurtre en coupant la gorge, à la manière du boucher qui enfonce le couteau dans le cou du bœuf ou du mouton, c'est par conséquent tuer volontairement quelqu'un qui est faible et sans défense. « Puisqu'il ne résiste point, il y aurait de la barbarie à l'*égorger*. » Fén. « Nous vous trouvons errants, dispersés, et plus faibles que nous ; il ne tiendrait qu'à nous de vous *égorger*. » FÉN. « Le dernier Curiace, affaibli par le sang qu'il a perdu, et déjà vaincu par la mort de ses frères qu'il venait de voir *égorger* à ses yeux, comme une victime sans défense présente la gorge à son vainqueur. » ROLL. « Quels bons catholiques que les fils de Clovis qui *égorgèrent* de leurs propres mains leurs neveux au berceau ! » VOLT. « Ce qui est plus contraire à la nature, c'est que les soldats aient *égorgé* quinze mille personnes sans défense, vieillards, femmes et enfants. » ID. « Des peuples sans défense *égorgés* (par le fanatisme) au pied des autels, des rois poignardés ou empoisonnés. » ID.

L'idée de *massacrer* a été parfaitement déterminée par Voltaire. « Un *massacre*, dit-il, signifie un nombre d'hommes tués... On ne dit point, il s'est fait le *massacre* d'un homme ; et cependant on dit, un homme a été *massacré* ; en ce cas on entend qu'il a été tué de plusieurs coups avec barbarie. »

Massacrer, c'est se rendre coupable de meurtre sur une *masse* ou une multitude d'hommes pêle-mêle, en confusion, sans rien distinguer ni rien épargner. « On vit enfin les hommes se *massacrer* par milliers sans savoir pourquoi. » J. J. « Quatre-vingt mille hommes marchant sous les ordres de Pierre l'Hermite furent presque tous exterminés par les chrétiens... Les Hongrois, voyant ensuite arriver une autre multitude de pèlerins les prirent pour des brigands ; et sans autre examen ils les *massacrèrent*. » COND. « On ne *massacre* pas par pelotons et par troupes en rase campagne sans l'avoir appris. » LABR. « Le troisième jour de Pâques 1282, au son de la cloche des vêpres, tous les Provençaux sont *massacrés* dans l'île de Sicile. » VOLT. « Les Israélites surprennent la petite ville de Jabès, tuent tout, *massacrent* tout, jusqu'aux animaux. » ID. « Théodose donna l'ordre exprès de ne rien épargner, et de *massacrer* tout, sans distinction d'âge ni de sexe. » THOM.

Faisons, disent-ils, cesser
Les fêtes de Dieu sur la terre ;
De son joug importun délivrons les mortels ;
Massacrons tous ses saints. RAC.

— Il se peut aussi qu'on *massacre* une seule personne. Alors c'est la tuer de manière à la mettre en *masse*, à en faire une espèce de tout où on ne reconnaît plus rien, la hacher, lui porter des coups au delà de ce qui est nécessaire pour lui ôter la vie ; et, naturellement, cela suppose une grande fureur. « Le Cyclope se saisit de deux de mes compagnons, les écrase contre une roche... Il les déchire en plusieurs morceaux et en prépare son souper... Dès que l'aurore parut, il *massacre* deux autres de mes compagnons dont il fait son dîner. » Fén. « Que de sang répandu à Namur! Et l'on est assez barbare pour trouver que ce n'est point encore assez, et l'on voudrait que le maréchal de Villeroi eût encore battu, tué et *massacré* ce pauvre M. de Vaudemont! Quelle rage! » Sév.

Ce fut lui qui du prince à ses yeux *massacré*
Rapporta dans nos murs le corps défiguré. Volt.

U

UN À UN, L'UN APRÈS L'AUTRE. Ces deux locutions expriment également le contraire de l'un avec l'autre.

Mais la première est relative à l'espace et signifie séparément : « Les monades, étant indépendantes les unes des autres, existent dans le vrai *une à une.* » Cond. La seconde se rapporte à la durée et signifie successivement : « Les maréchaux commandaient chacun leur jour l'*un après l'autre.* » Volt.

Un à un, c'est-à-dire, non pas ensemble, mais l'un étant mis ici, l'autre là : « Au lieu que César avait toujours eu soin de mettre dans les quartiers d'hiver plusieurs légions ensemble, il aima mieux pour la commodité les placer *une à une* dans des cantons différents. » Roll. *L'un après l'autre*, c'est-à-dire non en même temps : « La vue est confuse lorsque nous voulons voir en même temps tous les objets qui frappent les yeux; elle devient distincte lorsque nous regardons les objets les *uns après les autres.* » Cond.

Dans un chemin très-étroit des hommes ou des animaux ne peuvent passer qu'*un à un* (Rac., Laroch., Volt., S. S.), et non pas deux à deux, trois à trois, plusieurs de compagnie ; un homme peut épouser deux sœurs, mais l'*une après l'autre* (S. S.), et non pas l'une et l'autre simultanément. Les hommes ne sont pas mauvais en masse, mais *un à un* (Staël) ; les deux fils d'un roi lui succèdent l'*un après l'autre*, et non pas à la fois (Flor.).

On choisit, on trie proprement des choses *une à une* (Buff.), puisque le choix ou le triage consiste à prendre ou à mettre chacune à part, en particulier, celle-ci d'un côté, celle-là d'un autre; vous appelez proprement des personnes, l'*une après l'autre* (Labr.), puisqu'il est impossible de prononcer des noms d'une autre manière que tour à tour, dans les temps divers, celui-ci d'abord, celui-là *après* ou ensuite.

USURPER, EMPIÉTER, ENTREPRENDRE. Employé neutralement avec la proposition *sur*, ces verbes signifient tous trois s'emparer injustement.

Usurper, usurpare (*usu* ou *usui rapere*, ravir pour son usage), est le plus général, celui qui se prend le plus rarement dans le sens neutre, et celui aussi qui paraît convenir le mieux dans le grand ou en parlant de choses considérables. « Chez les Romains, les riches *usurpèrent* sur le domaine public. » Cond. « Les empereurs *usur*paient sur le sacerdoce; les évêques *usurpèrent* sur l'empire. » Id.

Empiéter, mettre le *pied en*, dans ou sur, c'est s'étendre de chez soi chez un autre ; c'est, au lieu de se borner à ce qu'on a, y ajouter, s'arrondir, en usurpant ce qui est ou sur ce qui est à côté. L'*empiétement* se distingue donc par deux accessoires: il suppose qu'on a, qu'on possède déjà de ce qu'on usurpe, et qu'on augmente la partie qu'on a en prenant chez un voisin. « L'empire romain, fondé sur la guerre, et par là naturellement disposé à *empiéter* sur ses voisins, a mis tout l'univers sous le joug. » Boss. « Ces cités étant voisines, elles cherchent l'occasion d'*empiéter* les unes sur les autres. » Cond. Deux administrations en contact ou qui se touchent sont en danger d'*empiéter* l'une sur l'autre. « Comment ces administrations peuvent-elles être distinguées sous l'autorité commune du législateur, si l'une peut *empiéter* sur celle de l'autre ? » J. J. « Séparer chaque département de conseil ; et faire que chaque conseil ne pût *empiéter* ni lutter contre un autre. » S. S.

Entreprendre, prendre la résolution de faire une chose et commencer à l'exécuter, indique une simple tentative. L'*entreprise* est l'action d'un homme *entreprenant*, qui a la hardiesse ou qui ne craint pas de chercher à *usurper* ou à *empiéter*. Aussi met-on bien *entreprendre* avant *usurper* et *empiéter* comme marquant le commencement de l'action exprimée par ceux-ci. « Portraits où l'historien se donne la liberté d'*entreprendre* sur l'art du peintre. » D'Ag. « M. le Grand, qui avait perdu ses prétentions, n'avait pas cessé de faire des tentatives et des *entreprises.* » S. S. « Les ducs ni les princes étrangers ne reconnaissent point l'autorité ni la juridiction des maréchaux de France, et n'y ont jamais été soumis, encore que ce tribunal ait saisi toutes les occasions de l'*entreprendre* et de l'*usurper.* » Id. — D'ailleurs, au lieu qu'*usurper* et *empiéter* ne se disent que par rapport aux biens, *entreprendre* est également usité pour désigner un attentat contre les personnes, contre leur vie ou leur honneur. « Dès qu'un homme *entreprend* sur la vie des autres, la sienne n'a plus un quart d'heure d'assuré. » Fén. « Assuérus qui vit Aman aux pieds de la reine, pour implorer sa clémence, s'alla mettre dans l'esprit qu'il en*trep*renait sur son honneur. » Boss.

V

VAGUE, INDÉTERMINÉ. Qui n'a rien de fixe et est difficile à reconnaître.

Vague est absolu; *indéterminé*, relatif. La chose *vague* est telle en soi; la chose *indéterminée* est telle parce qu'elle a été laissée telle par quelqu'un, parce qu'elle n'a pas reçu une modification qui l'eût rendue autre. Tel mot a un sens *vague*; on ne peut reprocher à la géométrie de hasarder aucun mot qui ait un sens *indéterminé*. Vous avez d'une chose une connaissance *vague* (Bourd.); vous faites sur certaines choses des questions *indéterminées* (Mal.). Dans la rêverie l'esprit s'abandonne à des idées *vagues* (Volt.); la calomnie arrange et présente avec art des idées *indéterminées* (J. J.). On éprouve une douleur *vague*; quand le malade accuse une douleur *indéterminée*, le médecin ne sait où appliquer le remède. Une accusation *vague* ne porte sur rien de particulier; une accusation *indéterminée* est d'un accusateur qui n'a rien *déterminé*, désigné ou spécifié, soit par négligence, soit à dessein.

Vague est absolu et *indéterminé* relatif d'une autre manière encore. On ne saisit pas, on ne conçoit pas ce qui est *vague*; on ne saisit pas, on ne conçoit pas distinctement ce qui est *indéterminé*. La chose *vague* manque proprement de clarté, et la chose *indéterminée* de précision. La première n'est rien, ou c'est un rien, pour ainsi dire; la seconde est quelque chose d'indéfini, quelque chose qui n'est point ou qui est mal séparé d'autre chose. Un souhait *vague* n'a pas d'objet; un souhait *indéterminé* se rapporte à quelque chose de confus.

VAINQUEUR, VICTORIEUX. Qui s'est battu avec avantage, qui a eu le dessus.

Une première différence, indiquée par les dictionnaires, semble suffire pour mettre entre les deux mots une séparation profonde: c'est que *vainqueur* est un substantif et *victorieux* un adjectif. « Le sénat se mit à regarder les démarches du *vainqueur* (Annibal).... Annibal, tout habile, tout courageux, tout *victorieux* qu'il était, ne put tenir contre Rome. » Boss. « On s'était battu près de huit heures à Hochstedt, et on avait tué près de huit mille hommes aux *vainqueurs*... Marlborough entra *victorieux* dans Anvers. » Volt. « Y reconnaîtra-t-on le *vainqueur* de Fontenoi et de Laufeldt, qui donna la paix à ses ennemis étant *victorieux*? » Id. « Pour pouvoir dire qu'un prince est le *vainqueur* des nations, il ne suffit pas qu'il ait été toujours *victorieux* dans toutes ses guerres; il faut qu'il ait subjugué des nations entières. » D'Al.

Mais il arrive assez souvent que *vainqueur* se prend dans le sens adjectif, et *victorieux*, de son côté, peut s'employer substantivement. D'où la nécessité d'une nouvelle distinction.

Vainqueur, qui a vaincu, rappelle un seul fait, annonce qu'on a été supérieur dans un seul combat. On entend tout à coup un bruit effroyable de chariots, d'armes, de cris d'hommes, les uns *vainqueurs* et animés au carnage, les autres ou fuyants, ou mourants, ou blessés. » Fén. « C'est au sortir de la croix et des horreurs de son supplice que Jésus-Christ parut à ses apôtres glorieux et *vainqueur* de la mort. » Boss. Après la bataille de Rocroi « les officiers espagnols se jetaient aux genoux de Condé pour trouver auprès de lui un asile contre la fureur du soldat *vainqueur*. » Volt.

Titus vous embrassa (Antiochus) mourant entre mes bras,
Et tout le camp *vainqueur* (qui venait de prendre Jérusalem) pleura votre trépas. Rac.

Victorieux, plein de victoires, signifie, au contraire, quelque chose d'habituel; une qualité constante, suppose une suite de batailles gagnées. « Ce prince *victorieux* durant vingt ans, Philippe de Macédoine, assujétit toute la Grèce. » Boss. « Vivez, sire, heureux, fortuné, *victorieux* de vos ennemis, père de vos peuples. » Id. « Cromwell marche à eux à la tête de son régiment des *Frères rouges* avec lesquels il avait toujours été *victorieux*. » Volt. *Victorieux* depuis qu'il régnait, la terreur de l'Europe pendant six années de suite, Louis XIV.... Id. Mithridate prétend que les ennemis des Romains se rangeront avec empressement.

Sous les drapeaux d'un roi longtemps *victorieux*.
Rac.

Alors *victorieux* de tous tes ennemis.... Corn.

« César gagne la bataille Actiaque... Hérode Iduméen est contraint de se donner au *vainqueur*.... *Victorieux* par mer et par terre, César ferme le temple de Janus. » Boss. « Pierre le Grand s'assura de la citadelle de Mittau, malgré Levenhaupt, *vainqueur*, qui n'avait pas assez de troupes pour s'opposer à lui.... A peine était-il à Moscou qu'il apprit que Charles XII, partout *victorieux*, s'avançait du côté de Grodno. » Volt.

VANTERIE, JACTANCE. Se donner à soi-même de fausses louanges, est l'idée commune à ces deux mots.

L'Académie semble les croire tout à fait synonymes; car elle définit *jactance* par *vanterie* simplement.

Cependant *vanterie* se dit plutôt des louanges mêmes, et c'est pour cela qu'il s'emploie d'ordinaire au pluriel : *jactance*, au contraire n'est d'usage qu'au singulier, et désigne le plus souvent le sentiment qui est le principe des *vanteries*. Les *vanteries* sont des discours avantageux d'un homme qui a de la *jactance*. On fatigue de ses *vanteries* celui qui veut bien les écouter (Bourd.); tel homme a plus de *jactance* et d'audace que de talent réel (J. J.). Il se peut même que la *jactance* incite à autre chose qu'à faire son propre éloge : Montesquieu parle « de la *jactance* espagnole, uniquement portée à faire des libéralités excessives dans une action d'éclat ».

Lorsque *vanterie* se prend, ainsi que *jactance*, au singulier, et que tous deux signifient une disposition ou un empressement à se louer, ils diffèrent encore. La *vanterie* est vaine, sans fondement; la *jactance* est hautaine et emportée. La *vanterie* tient à la *vanité*; c'est quelque chose de vide, ou ce n'est que du vent. « Je remarque si peu de fonds et tant de *vanterie* dans le fait de ces géomètres, que je serai bien aise de n'avoir plus du tout de communication avec eux. » DESC. La *jactance*, du latin *se jactare*, se jeter, se lancer, avec redoublement d'effort, avec excès, est excessive, arrogante; c'est comme un déchaînement de l'orgueil. Laharpe signale dans les discours prononcés pendant la Révolution « un mélange inouï de dépravation monstrueuse et de rhétorique puérile, de *jactance* emphatique et de grossièreté triviale; la démence s'énonçant par axiomes comme la raison, etc. » Il dit que les tyrans « se renflaient de *jactance* à leur tribune. » Beaumarchais a aussi fait sentir toute l'énergie de *jactance* dans ce passage de ses Mémoires: « Bergasse ne garde plus de mesure: ses intentions, ses espérances, la *jactance* d'un fat enivré de son vin, sa bravade, son juste esprit, tout est versé dans le billet suivant. »

VAPEUR, EXHALAISON. Fluide gazeux; parties subtiles qui s'élèvent dans l'air.

La *vapeur*, du latin *vapor*, dont le sens est le même, se considère comme une chose; l'*exhalaison*, ce qui résulte de l'action de s'exhaler, rappelle cette action et peut se considérer comme un fait. On dit des *vapeurs* inflammables, d'épaisses *vapeurs*; mais on dit des *exhalaisons* fréquentes (DESC.) ou continuelles (VOLT.). « Le docteur Lister est le premier qui ait observé la nature de ces *vapeurs*.... Les ouvriers des mines savent reconnaître qu'ils sont menacés de cette *exhalaison*, et qu'elle va s'allumer. » BUFF.

De plus, *vapeur* est absolu, et *exhalaison* relatif. La *vapeur* est un corps; l'*exhalaison* est un corps venu ou, selon la force étymologique du mot, soufflé d'un autre (*ex halatus*), c'est une émanation. Vous parlez en général du pouvoir des *vapeurs*, des *vapeurs* qui forment les tonnerres et les éclairs, ou de celles dans lesquelles nage notre globe. Mais avec *exhalaison* on indique d'ordinaire d'où sort la chose, de quoi elle s'est dégagée: suivant Thalès, les étoiles sont nourries des *exhalaisons* humides de notre globe (VOLT.). « Ici se présente une objection; c'est que le feu est subitement éteint par des *vapeurs* grossières. Les *exhalaisons* du vin nouveau éteignent un flambeau dans une cave fermée. » VOLT. « Ce n'est pas le ciel matériel que nous voyons (qu'il faut adorer); car ce ciel n'est autre chose que l'air, et cet air est composé de toutes les *exhalaisons* de la terre. Ce serait une folie bien absurde d'adorer des *vapeurs*. » ID. « S'il existe de l'air, il faut qu'il nage dans la mer immense des *vapeurs* qui nous environnent ... Les *exhalaisons* continuelles du corps des spectateurs et des musiciens, et du parquet, et des fenêtres, et des plafonds, occupent encore ce salon. » ID.

Enfin *vapeur* se dit surtout de la *vapeur* d'eau, du fluide gazeux le plus simple, et *exhalaison* sert de préférence à désigner les gaz les plus composés, ceux qui contiennent des particules ayant les propriétés primitives des substances minérales, et plutôt encore animales ou végétales d'où ils proviennent. « Les *exhalaisons* portent avec elles des parties de soufre, de vitriol, d'arsenic, et de toutes les plantes nuisibles.... Allez à Frascati, ce n'est plus le même terrain, ce ne sont plus les mêmes *exhalaisons*. » VOLT. « Pour ce qui est des *exhalaisons*, elles sont capables de beaucoup plus de diverses qualités que les *vapeurs*. » DESC. « Le serein ne consiste qu'en certaines *exhalaisons*, subtiles et pénétrantes qui, étant plus fixes que les *vapeurs*, ne s'élèvent qu'aux pays chauds. Il a diverses qualités en divers pays, selon les différences des terres d'où sortent ces *exhalaisons*. Ce sont aussi des *exhalaisons* qui composent la manne et les autres tels sucs qui descendent de l'air pendant la nuit; car pour les *vapeurs*, elles ne sauraient se changer en autre chose qu'en eau ou en glace. » ID.

VASE, VAISSEAU. Ustensiles destinés à contenir quelque chose.

Ce sont deux mots aussi synonymes que possible; ce qui le prouve, c'est que l'un des deux, le second, pris dans le sens général dont il s'agit ici, se dit de moins en moins et tend de jour en jour à céder toute la place au premier. Buffon a dit des *vases* de cuisine, et J. J. Rousseau des *vaisseaux* de cuisine. Rollin parle des « *vases* du temple du Seigneur que Nabuchodonosor avait emportés de Jérusalem, » et Bossuet dit que Balthasar se fit apporter « les *vaisseaux* sacrés enlevés du temple de Jérusalem ».

Il y a pourtant une différence entre l'un et l'autre.

Vase est évidemment le même mot que le latin *vas, vasis*. *Vaisseau* paraît avoir été formé de *vascellum*, diminutif de *vas*; mais cette dérivation ne frappe pas les yeux d'abord et *vascellum* n'a pu devenir *vaisseau* qu'en subissant des changements qui l'ont pour ainsi dire défiguré.

Par conséquent *vase* est plus noble, et désigne quelque chose de plus précieux. « Tous ces *vaisseaux* étaient d'argent. Les *vases* d'or venaient ensuite. » ROLL. — On fait, dans l'Indostan, des tasses et d'autres *vases* de jade vert. » BUFF. « Les hommes ont très-anciennement employé l'argile cuite en *vaisseaux* creux pour contenir l'eau et les autres liqueurs. » ID. « Souvent on était obligé de vendre les *vases* d'or et d'argent dans les églises des monastères pour recevoir les évêques et pour les défrayer dans leurs visites. » VOLT. « L'air se dilate par le feu, casse les *vaisseaux* qui le renferment. » ID. — « Les écrivains de la Compagnie de Jésus, qui dans ont donné la vie de leur patriarche, n'ont pas manqué de nous dire qu'il était un *vaisseau* d'élection; si, au lieu d'écrire l'histoire de ce saint ils en eussent fait le panégyrique, ils l'auraient appelé sans doute un *vase* d'élection. » LER. — Vous direz plutôt un *vase* d'or (FÉN.), et un *vaisseau* de terre (MASS.).

Malgré l'autorité de Bossuet, l'usage préfère *vases* sacrés à *vaisseaux* sacrés. *Vaisseaux* de cuisine (J. J.), est, au contraire, l'expression propre; en y substituant *vases* de cuisine, Buffon s'est exprimé d'une manière plus noble, mais moins précise.

Quand il est question d'un objet d'art et d'ornement, d'un objet de grandeur ordinairement médiocre et dont on considère la forme plutôt que la destination, *vase* convient seul, *vaisseau* serait impropre : un *vase* antique, des *vases* étrusques, un *vase* de fleurs ; on définirait mal une urne en disant que c'est un *vaisseau*, c'est un *vase*. Au contraire, on appelle exclusivement *vaisseaux* certains contenants qu'on ne peut envisager que comme utiles, qu'on ne saurait qualifier d'élégants, de beaux, de jolis, et, par exemple, des bâtiments pour aller sur mer ; de petits canaux qui contiennent quelque humeur dans le corps de l'animal ; des tonnes, des cuves, des jarres, tous objets faits pour contenir des liqueurs d'un usage commun ; et, enfin, les divers instruments de capacité dont on se sert dans les opérations chimiques : « Nos *vaisseaux* de chimie. » Buff.

Dans la première édition du Dictionnaire de l'Académie, ces deux mots avaient été définis de la manière suivante. *Vase :* sorte d'ustensile qui est fait ordinairement pour contenir quelque liqueur, mais dont on ne se sert d'ordinaire que pour l'ornement. *Vaisseau :* on appelle ainsi les divers ustensiles de ménage qui servent à contenir quelque liqueur, comme une cruche, une pinte, une cuve, une tonne, etc.

VÉNAL, VENDABLE. Des choses à vendre sont dites *vénales* ou *vendables*.

Al indique avec l'idée radicale de vente, *venum* un rapport de convenance ; et *able* exprime une simple faculté : la chose *vénale* se vend, et la chose *vendable* peut, pourra ou pourrait se vendre ; l'une est de fait ce que l'autre est en puissance, à savoir une marchandise.

D'autre part, *al* sert à former des qualifications tout extrinsèques, qui ne se rapportent nullement aux qualités propres de la chose ; au lieu que la terminaison *able* se trouve à la fin d'adjectifs qui font connaître la nature même de l'objet qualifié. La chose *vénale* est de débit ; la chose *vendable* est bonne ou propre à être vendue. Vous trouverez au marché la chose *vénale ;* vous pouvez sans crainte mettre en vente la chose *vendable*. Luther reprochait au pape d'avoir rendu *vénales* les indulgences qui de leur nature ne sont pas *vendables*. Et c'est parce que *vénal* ne désigne que des qualités de fait, et non de nature, que ce mot se prend souvent en mauvaise part en parlant de choses qu'on vend et qu'on ne devrait pas vendre.

D'ailleurs *vénal* est le latin *venalis*, et *vendable* a été formé du français *vendre* ; en latin on ne dit pas *vendabilis*, mais *vendibilis*. De là vient à *vénal* une supériorité de noblesse ; de là vient qu'il se dit, au figuré, des objets moraux, des charges, des dignités, et ensuite des hommes. *Vendable*, au contraire, n'est usité qu'au propre pour qualifier des objets physiques ou naturels.

VENDRE, DÉBITER, SE DÉFAIRE. Aliéner quelque chose pour un certain prix.

Vendre est le terme général : on *vend* quoi que ce soit. *Débiter*, verbe itératif, se dit uniquement des marchandises, et de celles qu'on vend beaucoup, à beaucoup de personnes : un marchand a du *débit*, quand il vend souvent ; et, à cause de cette idée de fréquence, le mot *débiter* convient surtout au commerce de détail. « Espion, j'entrais dans le camp ennemi en qualité de marchand ; et, en *débitant* mes denrées, je faisais mes observations. » Dest. Se *défaire* c'est se débarrasser par une vente : une marchandise de *défaite* est telle, qu'on ne doit pas craindre d'en être embarrassé. « Vous êtes orfèvre, monsieur Josse ; et votre conseil sent son homme qui a envie de se *défaire* de sa marchandise. Vous vendez des tapisseries, monsieur Guillaume : et vous avez la mine d'avoir quelque tenture qui vous incommode. » Mol. « M. de Voltaire, qui se trouvait un riche malaisé a voulu vendre sa terre de Ferney, comme d'une *défaite* plus facile, ou comme celle dont la *vente* rendrait davantage. » Bach.

La *vente* procure de l'argent ; le *débit* répand la chose, la fait parvenir à une multitude d'acheteurs ; la *défaite* vide les magasins, et met hors de peine le marchand ou le propriétaire.

VERGE, BAGUETTE, HOUSSINE, Bâton menu et flexible.

Verge et *baguette* d'abord diffèrent beaucoup. *Verge*, tirant évidemment son origine d'un mot latin, *virga*, dont le sens est le même, a un caractère particulier de noblesse et convient surtout en parlant de l'antiquité ; au lieu que *baguette*, ne venant ni du latin ni du grec, au moins d'une manière apparente et qui frappe au premier coup d'œil, est d'un style inférieur et ne s'emploie bien que par rapport aux temps modernes. — C'est une distinction observée par Voltaire dans l'article *Verge* de son *Dictionnaire philosophique*. Il cite comme ayant eu une *verge* les théurgistes et les anciens sages, Mercure, Zoroastre, Bacchus, Hercule, Pythagore, Abaris, Moïse et Aaron ; mais il représente comme armés d'une *baguette* les sorciers, les joueurs de gobelets et les hommes qui de nos jours ont la prétention de trouver les sources d'eau au moyen d'une branche de coudrier. Dans l'Odyssée, Minerve touche Ulysse de sa *verge*, d'or pour lui rendre sa première beauté (Fén.) ; mais c'est une *baguette*, et non pas une *verge*, que nous supposons aux fées pour attribut (S. S., Del.). L'Académie donne pour exemple de *verge* : « Il n'avait qu'une *verge* à la main. » Si elle entend parler d'un homme de notre temps, elle se trompe, le vrai mot est *baguette*: « M. du Maine voyait passer un jour sous ses fenêtres M. de Montausier avec une petite *baguette* qu'il tenait en l'air. » Sév. — Au figuré, pour indiquer un instrument ou un signe de correction, *verge* se dit dans le grand : « Si le Seigneur vous épargne la verge et la correction, craignez qu'il ne vous réserve au supplice. » Boss. Au contraire, *baguette*, dans cette même acception, est familier : Mener les gens à la *baguette*.

Houssine, petite branche de *houx* (de l'allemand, *hulis*, *hulst*), a une signification bien moins étendue. Une *houssine* est une baguette destinée à frapper mais doucement, sans faire de mal; on s'en sert surtout pour faire aller un cheval et pour battre les habits. « Pour faire marcher ces chevaux on n'emploie point la *houssine* et fort rarement l'éperon. » Buff. Battre un habit, un tapis avec une *houssine* (Acad.). « Ils purent être fâchés de ce petit coup de *houssine*, mais trop riches pour se soucier des 25000 livres. » S. S. « J'ai commencé par les croquignoles, je continuerai par les coups de *houssine*, ensuite viendront les coups de gaule, et je finirai par les coups de bâton. » Volt.

VÉRIDIQUE, SINCÈRE. Qui ne ment pas en parlant, dont les *discours* sont dignes de foi. On s'en s'ert aussi pour qualifier les discours mêmes : un récit *véridique* (J. J.) ou *sincère* (Acad.).

Véridique est relatif à des faits qu'on rapporte, et *sincère* à des sentiments qu'on témoigne. On raconte une histoire *véridique* (Volt.), on fait des protestations *sincères* (Acad.). Un récit *véridique* rend un compte exact de ce qui s'est passé; un récit *sincère* découvre ce qu'on a dans le cœur ou dans l'âme. Un pénitent doit être *véridique* dans l'exposition de ses fautes, et *sincère* dans l'expression de son repentir. La relation qu'un navigateur donne de ses voyages est plus ou moins *véridique*; l'aveu d'une personne, interrogée sur ce qu'elle aime, veut ou pense, est plus ou moins *sincère*.

« Tant de miracles rapportés par des auteurs *véridiques*. » J. J. « La liberté de conscience, comme le remarque Kempfer, ce *véridique* et savant voyageur, avait toujours été accordée dans le Japon. » Volt. « Le jésuite Charlevoix, qui était un homme très-*véridique*, fait assez entendre dans son histoire du Canada que tous les peuples de l'Amérique septentrionale étaient anthropophages. » Id. « Voilà tout ce que les voyageurs les moins crédules et les plus *véridiques* nous disent de cet animal. » Buff.

Hélas! Montval est mort....; votre frère l'assure;
Et puisqu'il me l'a dit, la nouvelle est très-sûre...
Il n'est point ici-bas d'homme plus *véridique*. Dest.

« J'accepterais vos offres avec joie (si j'en avais besoin); soyez-en sûr, mon ami, vous savez que je suis *sincère*. » Dudeff. « Je ne dirai point de vous : Elle m'a trompé en me disant qu'elle m'aimait. Quand vous seriez reine, vous seriez *sincère*. » Volt. « Je mêle ma voix à toutes celles qui font des vœux pour vous : elle est *sincère*, elle part du cœur. » Id. « Christine déclara sa volonté d'abdiquer. Il est naturel d'opposer de la résistance à une pareille proposition. On ne sait jamais si elle est bien *sincère*. » Cond.

Je veux qu'on soit *sincère*, et qu'en homme d'honneur
On ne lâche aucun mot qui ne parte du cœur. Mol.

VÉRITÉ, VÉRACITÉ. Qualité d'un homme qui se conforme à la réalité, à ce qui est, qui ne controuve ni ne ment.

Vérité le fait connaître en soi, exprime un des traits de son caractère moral; *véracité* le fait connaître relativement aux autres, comme ne les induisant point en erreur. La *vérité* rend vrai; la *véracité* rend véridique et fait faire des récits véritables. On estime,. on admire l'homme qui a de la *vérité*; on ajoute foi au témoignage de celui qui a de la *véracité*. La *vérité* est une vertu la *véracité* donne de la créance.

D'autre part, *véracité*, du latin *verax*, attaché au vrai, qui y tient fortement, avec une sorte d'obstination, annonce qu'on s'y conforme constamment, malgré tout ce qui tend à en détourner. Montaigne se pique de *vérité* (J. J.). « Lorsque d'injustes prêtres voudront se faire les arbitres de la croyance et m'obliger à une rétractation, ils ne me feront point mentir pour être orthodoxe. Que si ma *véracité* les offense, et qu'ils veuillent me retrancher de l'Eglise, je craindrai peu cette menace. » Id. « Diogène a été le philosophe de l'antiquité le plus décrié parce que sa *véracité* intrépide le rendait le fléau des philosophes mêmes. » D'Al.

VIDER, ÉVACUER. On dit également *vider* et *évacuer* un lieu pour signifier le quitter, en sortir.

Mais *vider*, formé du français *vide*, dont l'étymologie est incertaine; appartient à la langue commune; au lieu qu'*évacuer*, pris du latin *evacuare*, qui a le même sens, est d'une application plus relevée.

Vider se dit bien, en conversation, par exemple, et même dans la comédie, par rapport à un particulier qui quitte une maison ou le pays. « Ce fut alors qu'Antoine consomma son divorce avec Octavie en lui envoyant ordre de *vider* sa maison. » Roll. « J'opine que Claude ait à *vider* l'Olympe en trois jours, et le ciel en un mois. » (Traduction de l'*Apocolokintosis* de Sénèque.) J. J. « Dès que le scélérat de Janin sera révoqué, je trouverai bien le moyen de lui faire *vider* le pays sur-le-champ. » Volt.

Sans mon respect pour lui, cette large fenêtre
Serait votre chemin pour *vider* la maison. Id.
Ce n'est rien seulement qu'une sommation,
Un ordre de *vider* d'ici, vous et les vôtres.
(M. Loyal, dans le *Tartufe*.) Mol.

Vidons, vidons sur l'heure.
(Trufaldin, dans l'*Étourdi*.) Id.

Évacuer est spécialement un terme de guerre qu'on emploie quand il est question de troupes qui se retirent d'un pays, d'une ville ou d'une place forte. « Lutatius dicta le traité suivant : Les Carthaginois *évacueront* la Sicile.... » Roll. Voltaire écrit à l'impératrice de Russie : « Je vous crois toujours maîtresse de Navarin et de plusieurs autres places; il n'est pas croyable que vos troupes aient *évacué* ce pays. » M. d'Espagnac ne dit pas tout (sur la bataille de Fontenoy); il supprime l'ordre donné par le maréchal de Saxe d'*évacuer* le poste d'Antoin. » Id. « Pépin passe en Italie. Astolphe promet d'*évacuer* l'exarchat. » Cond.

S'il s'agit d'un lieu de réunion, *évacuer* est le mot propre : *évacuer*, faire *évacuer* la salle. En pareil cas, *vider* conviendrait moins parce qu'il est moins noble, ou si l'usage en permet l'emploi, c'est en parlant non pas du local entier, mais d'une partie : *vider* les bancs, *vider* le parquet. « On se tint en place pendant que la robe *vidait* tous ses bancs,... Cela s'exécuta un moment après, et le parquet se *vida*. » S. S.

VIE, EXISTENCE, JOURS. On dit également

a *vie*, l'*existence* et les *jours* d'une personne qui est au monde, qui respire, qui n'a point encore rendu l'âme.

Mais d'abord la *vie* et l'*existence* ne sont pas absolument la même chose. Le mot *vie*, exclusivement applicable aux êtres animés et en particulier à l'homme, dit plus, est chargé de plus d'accessoires que le mot *existence* qui convient en parlant de tout ce qui est, en parlant même des êtres qui ne sentent ni ne se meuvent. Ainsi, à l'idée de la *vie* se rapportent d'ordinaire des idées de bonheur et de moralité qui sont étrangères à celle d'*existence*. « Vous ne connaissez pas la *vie* libre et patriarcale ; c'est une espèce d'*existence* nouvelle. » Volt. « L'avare, l'égoïste craignent la mort comme s'ils avaient su jouir de la *vie*... : ils éprouvent une sorte de rage en voyant s'approcher le terme de l'*existence*. Staël. Outre cela, *existence* ne dit pas seulement moins, il dit aussi quelque chose de moindre ou de moins bon, il se prend plus aisément en mauvaise part. Les douceurs de la *vie* (Acad.) ; les misères de l'*existence* (Volt.). Mener une *vie* irréprochable (Acad.) ; se faire une *existence* d'égoïsme (Staël) « Dieu puissant ! ôtez-moi la *vie* quand il cessera de m'aimer, ôtez-moi le déplorable reste d'*existence* qui ne me servirait plus qu'à souffrir. » Id « Quand l'infortune est générale, il n'y a plus de but pour la *vie* ; les plaisirs de la volupté deviennent le seul intérêt d'une *existence* sans gloire, sans honneur et sans morale. » Id. — Enfin, la *vie* est quelque chose d'intime, et l'*existence* quelque chose d'extrinsèque. « J'ai perdu ma fortune, mon *existence*, je ne sais ce que je deviendrai, et cependant je jouis de la *vie* comme si je possédais toutes les prospérités de la terre. » Staël. Le rapport d'*existence* à l'état extérieur se marque quelquefois en ce que ce mot indique la position d'un homme dans la société : une *existence* indépendante. « Il veut me perdre dans le monde.... Il est dur de m'ôter à présent l'*existence* à laquelle j'ai sacrifié toute ma *vie*. » Staël.

Quant à *jours*, par cela seul qu'il ne s'emploie qu'au pluriel dans cette acception, il est multiple et partitif, il présente la chose comme étendue ou dans son étendue, comme composée de parties ou relativement aux parties dont elle est composée. Faudra-t-il que je traîne jusqu'à la fin de mes *jours* une *vie* imparfaite sans régularité, sans fruit, sans mérite ? » Bourd. « Vous flattez-vous de conserver un pouvoir absolu sur ma *vie*, quand tous mes *jours* se passent à repousser les plus indignes plaintes ? » Staël. « Une sorte d'âpreté d'âme est nécessaire à une *existence* aussi rude (celle des trappistes).... On remplit chaque instant de leurs *jours* par la douleur. » Staël.

VIEUX, USÉ. Ces épithètes se donnent à une personne ou à une chose qui ne peut plus être d'un bon service comme si elle était neuve.

Mais ce qui est *vieux* a perdu de son utilité par l'effet du temps ; et ce qui est *usé* s'est détérioré par l'*usage*, à force de servir. Un habit qu'on n'aurait jamais mis se trouverait *vieux* néanmoins au bout de quelques années, ne fût-ce que parce qu'il ne serait plus de mode ; mais un habit peut se trouver *usé* en très-peu de temps par un service trop fréquent ou excessif. « Il avait un habit noir plutôt *usé* que *vieux*. » J. J. *Vieux* se dit de préférence des choses qui périssent de vétusté plutôt que par l'emploi qu'on en fait ; et *usé* de celles dont on *use* sans ménagement et qui finissent par succomber de fatigue.

Ou tel, abandonné de ses poutres *usées*,
Fond enfin un *vieux* toit sous ses toiles brisées. Boil.

A quatre-vingts ans un homme qui n'a jamais porté les armes est trop *vieux* pour accepter un commandement ; un général, quoique de beaucoup plus jeune, ne devrait pas s'en charger davantage, s'il était *usé*, si dans les guerres précédentes il avait épuisé les forces de son corps et de son esprit. Tout homme *vieux* est inhabile au plaisir, les ans en sont la cause ; on peut également y être inhabile dès la jeunesse, quand on est *usé*, quand on a fait abus des jouissances.

VIL, MÉPRISABLE. Ce qu'on qualifie de *vil* ou de *méprisable* n'est pas grand'chose, est comme rien.

Mais ce qui est *vil* se considère en soi-même, et ce qui est *méprisable* se rapporte au sentiment qu'il inspire ou doit inspirer. La personne ou la chose *vile* est au dernier degré dans son espèce, sans mérite, sans importance ; celle qui est *méprisable* excite ou doit exciter le mépris, le dédain, l'aversion, on en fait ou on doit en faire peu de cas. Pour l'ordinaire, c'est parce qu'on est *vil* qu'on est *méprisable*, et de là vient que *méprisable* se met volontiers après *vil* : *vil* et *méprisable*. (Bourd., P. R., Mass., J. J.). Toutefois il peut y avoir des personnes et des choses *viles* qui ne sont point *méprisables* : sans doute elles manquent d'excellence, elles ne sont pas relevées, mais ce n'est pas une raison pour qu'on les méprise. « Les plus *vils* animaux sont formés avec un appareil non moins admirable. » Volt. « Qu'on étudie le monde : qu'on descende au dernier détail ; qu'on fasse l'anatomie du plus *vil* animal....: on y trouvera plus de dessein, de conduite et d'industrie que dans tous les ouvrages de l'art. » Fén. « Si un roi mortel ou un *vil* père de famille s'attire par sa sagesse l'estime et la confiance de tous ses enfants, on ne voit à toute heure que les honneurs qui lui sont rendus. Que serait-ce donc si les hommes étaient possédés de l'amour de Dieu ? Leur société serait un culte continuel. » Id. Quoique le plomb soit un *vil* métal, il n'est pas *méprisable*, on ne conçoit pas, on ne doit pas concevoir à son égard ce sentiment moral du mépris qui n'est légitimement éprouvé que contre ce qui est honteux.

Que si l'objet *vil* n'est pas toujours *méprisable*, il l'est le plus souvent, et quand il l'est, il l'est beaucoup, il l'est plus que ce qu'on appelle proprement *méprisable*. En effet, ce qui est *vil* n'est d'aucune valeur, et ce qui est *méprisable* n'est d'aucun prix. Or la valeur tient à la nature des choses, et le prix à l'opinion des hommes ; si bien que la chose *vile* est essentiellement indigne d'estime, détestable, au lieu que la chose *méprisable* ne l'est qu'aux yeux de certaines personnes et à certains égards. L'homme *vil* est plutôt odieux, et le *méprisable* haïssable. « Un homme dont l'esprit n'est pas *vil* peut être encore *méprisable*. Ce qui est avec raison *méprisable* pour moi peut, avec autant de raison, ne l'être pas pour un autre. Au contraire, tout le monde doit porter le même jugement de ce qui est *vil*. » COND. « Si vous considérez la condition de saint Paul, il est pauvre, il est *méprisable* et réduit à gagner sa vie par l'exercice d'un art mécanique. De là vient qu'il dit aux Corinthiens : *J'ai été au milieu de vous avec beaucoup de craintes et d'infirmités :* d'où il est aisé de comprendre combien sa personne était *méprisable*. » Boss. En un mot, *méprisable* dénote une *vileté* arbitraire, d'opinion, variable, relative. *Vil* se dit d'une manière absolue : un *vil* esclave, un *vil* courtisan. Mais on n'est *méprisable* que relativement : Henri III, voulant ménager les huguenots et les catholiques, se rendait *méprisable* aux uns et aux autres (FÉN.). *Vil* est préférable quand il s'agit des choses et de leur nature ; *méprisable* convient mieux en parlant de la manière dont les choses sont par nous envisagées, exprimées ou traitées : « Les éloges ne sont qu'une déclamation *méprisable* quand l'objet en est *vil*. » THOM.

VISAGE, FACE, FIGURE. La partie antérieure de la tête, celle où se trouvent principalement les yeux.

Visage a été formé du latin *visu*, vue, comme *usage* de *usu*, *carnage* de *carne*, etc. Mais, la terminaison *age* étant toute française et se joignant le plus souvent à des radicaux tirés de langues vulgaires, *visage* ne se ressent en rien de son origine savante. *Face*, au contraire, se distingue par sa noblesse native : c'est le latin *facies*, visage, dont on a ôté la terminaison sans la remplacer par aucune autre qui pût le dégrader.

Visage est donc le mot ordinaire, au lieu que *face* est un terme ou savant ou noble, et le seul usité au figuré. — En médecine, ce n'est pas *visage* qu'on emploie proprement, mais *face*. « Ce geste n'est pas dans les faibles mains des enfants, il est sur leurs *visages*. Il est étonnant combien ces physionomies mal formées ont déjà d'expression : leurs traits changent d'un instant à l'autre ; vous y voyez le sourire, le désir… ; à chaque fois vous croyez voir un autre *visage*. Ils ont les muscles de la *face* plus mobiles que nous. » J. J. De même dans les autres sciences, en minéralogie, par exemple. « J'ai vu une agate sur laquelle on discernait un arbre chargé de fruits et une *face* d'homme très-mal dessinée, mais reconnaissable…. Il est évident qu'un homme n'a pas laissé son *visage* sur une agate. » VOLT. — Dans le style relevé, *face* est aussi le seul mot qui convienne : on le dit en parlant de Dieu (MASS., FÉN.), de Jésus-Christ (MASS. BOURD.), des anges (BOURD.), d'un prince (J. J.). « Il me reste un seul plaisir dans la vie, celui de voir la *face* d'un honnête homme. » J. J. « La tête de l'homme regarde le ciel et présente une *face* auguste sur laquelle est imprimé le caractère de sa dignité ; l'image de l'âme y est peinte par la physionomie, l'excellence de sa nature perce à travers les organes matériels et anime d'un feu divin les traits de son *visage*. » BUFF. — Au figuré enfin le mot *face* est seul de mise : la *face* de la terre, la *face* d'une maison, la *face* des affaires, les différentes *faces* d'une question.

Toutefois, comme les extrêmes se touchent, on se sert de *face* dans le petit, le bas et le familier de même qu'on s'en sert dans le grand. Ce n'en est pas moins par rapport à *visage* une expression extraordinaire ou l'expression de quelque chose d'extraordinaire. « Une *face* de carême. » ACAD. « Ta chienne de *face*. » MOL.

Savez-vous bien qu'ici votre *face* équivoque,
Et rare en son espèce, étrangement nous choque ?
REGN.

« Je me refis si bien, qu'au bout de quinze jours j'avais déjà une *face* de bernardin. » LES. « Ces officiers avaient tous des habits magnifiques, mais avec cela des *faces* si baroques, que…. » ID. « Coulange était un très-petit homme, gros, à *face* réjouie. » S. S. « Le Livonien Rose est un escroc, un fripon. J'étais un imbécile de m'être laissé séduire par sa *face* rebondie. » VOLT. « César croyait que les *visages* longs et maigres étaient de vraies *faces* de conjurés. » ID.

Figure vient du latin *figura*, qui n'a point du tout le même sens, mais qui signifie, comme primitivement notre mot *figure*, la forme, la configuration, la délinéation. *Figure* pour *visage* est esthétique, a rapport à la beauté et à la laideur ; aussi est-ce le mot qu'on emploie le plus en termes de peinture ou de sculpture. « On peut voir dans l'atelier du sieur Pigalle, un petit buste de la tête de M. de Voltaire : rien de plus ressemblant que cette *figure*, pleine d'esprit et de feu. » BACH. Belle, jolie, agréable, laide *figure*, une vilaine *figure* (MOL.). « Le duc de Buckingham pensait que ni les femmes ne devaient résister aux charmes de sa *figure*, ni les hommes à la supériorité de son caractère. » VOLT. « Heudicourt avait une *figure* hideuse de vilain satyre. » S. S. « Le duc de Veragua était vilain de sa *figure*. » ID. « Mirabeau était très-laid de *figure*, mais plein d'esprit. » CHAMF. « Ma taille est contrefaite, et ma *figure* n'a point de grâce. » STAËL. « La *figure* des Patagons n'est ni dure ni désagréable, plusieurs l'ont jolie ; leur *visage* est long et un peu plat. » BUFF. « Représente-toi un grand homme pâle et décharné, une *figure* à servir de modèle pour peindre le bon larron. Tu n'as jamais vu de *face* si hypocrite. » LES. — On dit très-bien la *figure* du *visage* pour exprimer sa manière d'être, gracieuse ou déplaisante. « Je tâche de me consoler dans la pensée que votre joli *visage* reprend son agréable *figure*. » SÉV.

Et de ces blonds cheveux de qui la vaste enflure
Des *visages* humains offusque la *figure*. MOL.

VISER À, TÂCHER À. L'Académie définit *tâcher*, suivi de la préposition *à*, par *viser à*, simplement. Ils signifient en effet l'un et l'autre se proposer quelque chose pour but.

Mais *viser* marque une *visée*, un dessein ; et *tâcher*, prendre à *tâche*, annonce une entreprise. Pour *viser à* faire une chose il suffit d'y penser, de diriger ses vues de ce côté ; pour *tâcher à* la faire, il faut y travailler. Il fut un temps où la maison d'Autriche *visait à* la monarchie universelle (FÉN.), c'était son idée, son projet ou son rêve; mais quand la sibylle, pleine du dieu qui l'oppresse, *tâche à* le repousser (Boil.), elle s'efforce d'y parvenir. Un ouvrage *vise à* rendre les hommes sages (Labr.), c'est à quoi il tend; l'auteur *tâche à* plaire au lecteur (Laf.), c'est à quoi il s'applique de tout son pouvoir.

Viser à une chose, c'est seulement l'avoir en vue ou dans l'esprit. Les Égyptiens (Boss.) et les Romains (Roll.) *visaient au* grand; il y a des ambitieux qui *visent à* tout (Bourd.); l'épicurien *vise à* vivre gaiement (Volt.). Mais *tâcher à* faire une chose, c'est s'en faire une *tâche* et se mettre ou s'employer à la faire : on *tâche à* oublier un ingrat (Regn.), *à* sauver quelqu'un (Corn.), *à* découvrir un secret (Boss.).

Quand le but auquel on *vise* est trop élevé, on *tâche* en vain *à* y atteindre.

Viser à, uniquement relatif à l'intention, à la tendance ou à la direction des pensées, prend presque toujours pour complément un substantif : *viser à* un but (Boss.), *au* beau (Fén.), *à* un emploi (Acad.). Mais *tâcher à*, qui se rapporte à la conduite et qui exprime proprement une action ou une suite d'actions, ne veut jamais après lui pour régime qu'un verbe à l'infinitif : *tâcher à* faire un effort (Mol.), *à* devenir semblable à Dieu (Boss.), *à* séduire quelqu'un (Regn.) ou *à* lui nuire (Acad.).

VIVANT, EN VIE. On dit également d'une personne qui voit le jour, qui jouit de la lumière, qu'elle est *vivante* ou *en vie*.

Mais *vivant*, participe, tient de l'adjectif, il qualifie en même temps qu'il marque l'existence; et *en vie*, dans la vie, indicatif d'une simple circonstance, marque l'existence sans qualifier.

En disant qu'une personne est *vivante*, vous la représentez comme étant et comme étant avec telle manière d'être qui lui est propre ou qui est commune à son espèce. « On a cru voir ou plutôt on a vu dans M. Talma Othello *vivant*, avec toute l'énergie africaine, avec tout le charme de son amour, de sa franchise et de sa jeunesse. » Duc. En disant qu'une personne est *en vie*, vous faites entendre seulement qu'elle n'est pas morte, qu'elle est au monde. « Un roi versa des pleurs en songeant que, dans peu d'années, de tant de milliers d'hommes (qui composaient sa nombreuse armée) il n'en resterait pas un seul *en vie*. » J. J.

On peut rayer Gentil Bernard du tableau des *vivants*, quoiqu'il soit encore *en vie*.... Il est tombé dans l'enfance.... Il eut une attaque au mois de juillet dernier, qui vient d'être suivie d'un aff·issement total du cerveau. » Grimm.

Le caractère d'adjectif est tellement particulier à *vivant* relativement à *en vie* qu'il se peut qu'on soit plus ou moins *vivant*, au lieu qu'on ne saurait être plus ou moins *en vie*. « Le meunier d'ici est trépassé, et madame sa femme est diablement *vivante*, à ce qu'il me paraît. » Dang.

VIVEMENT, ARDEMMENT. C'est-à-dire fortement, en parlant de l'homme considéré quant au développement de son activité.

Vivement s'emploie bien pour exprimer une manière d'agir extérieure : attaquer, presser, réprimander *vivement* quelqu'un. *Ardemment*, au contraire, ne convient qu'à l'égard de l'âme et de ses facultés : vouloir, désirer, aimer *ardemment*.

Quand *vivement* se dit aussi de l'âme et de ce qui se passe en elle, il a spécialement rapport au sentiment, à une disposition passive; au lieu qu'*ardemment* est relatif à la passion, à une disposition active. On sent *vivement*, on est *vivement* touché, blessé, pénétré de certaines paroles, on partage *vivement* la joie ou la douleur de quelqu'un; on souhaite *ardemment* quelque chose, ou on y aspire *ardemment*. « Lorsqu'on vient à penser tout à coup à quelque chose qu'on désire *ardemment* ou qu'on regrette *vivement*, on ressent un tressaillement ou un serrement intérieur. » Buff. On montre de la *vivacité* dans les plaisirs, de l'*ardeur* dans les passions. « Peut-être le Seigneur n'a permis votre *vivacité* dans les plaisirs, que pour prévenir votre tiédeur dans une nouvelle vie.... Peut-être a-t-il voulu que vous fissiez un essai funeste de votre *ardeur* dans les passions, afin que vous ne puissiez plus ignorer combien vous pouviez être ardent dans le bien et dans la vertu. » Mass.

Enfin, qu'il s'agisse proprement d'impressions ou de mouvements de l'âme, *ardemment* renchérit sur *vivement* : être *vivement* épris, aimer *vivement*, est moins significatif qu'être *ardemment* épris, qu'aimer *ardemment*. Ce qui est *vif* n'est pas mort ou mourant, rien de plus; ce qui est *ardent* brûle, bouillonne, est plein de feu ou tout en feu. « Plus ces passions sont *vives* et *ardentes*, moins nous souffrons qu'on y résiste. » Bourd.

VOL; — LARCIN; — RAPINE, PILLAGE, BRIGANDAGE; — MALVERSATION, PÉCULAT, CONCUSSION, EXACTION; — DÉPRÉDATION. Chacun de ces mots marque un attentat contre la propriété, l'action de prendre pour soi ce qui est à autrui.

Vol est l'expression la plus usuelle et la plus générale, celle qui représente l'idée commune sans y ajouter aucune nuance accessoire. « Si vous êtes religieux pour le *vol*, il faut l'être pour la médisance. » Bourd. « La tyrannie de mon maître finit par me rendre insupportable le travail que j'aurais aimé, et par me donner des vices que j'aurais haïs, tels que le mensonge, la fainéantise, le *vol*. » J. J. « La théorie des lois romaines sur le *vol* était tirée des institutions lacédémoniennes. » Montesq. « Les lois de Lycurgue sur le *vol* n'avaient point été faites pour les esclaves. » Id. « Les lois grecques et romaines punissaient le recéleur du *vol* comme le voleur. » Id. « Chez les Scythes, le *vol* était condamné et puni comme un des plus grands crimes. » Roll.

Le *larcin* est un vol furtif, commis en secret et sans violence. « L'impie Théodore enseigna que le sage pouvait commettre des *larcins*, des sacriléges et des adultères, lorsqu'il en trouverait l'occasion favorable. » Fén. « Le temps ne nous dépouille que peu à peu; il nous dérobe si subtilement, que nous ne sentons pas son *larcin*. » Boss. « On commet un *larcin*, en s'appropriant par une criminelle usurpation des aumônes que la charité des fondateurs avait destinées à l'entretien du troupeau de Jésus-Christ. » Bourd. « C'est par l'hydrostatique qu'Archimède découvrit le *larcin* qu'un orfévre avait fait sur la couronne du roi Hiéron, dans laquelle il avait mêlé d'autre métal avec de l'or. » ROLL. — Ensuite *larcin*, sans être jamais, comme *volerie*, par exemple, fréquentatif ni familier, signifie quelquefois un *vol*, non plus inaperçu, mais léger, peu grave, peu criminel, ou le *vol* d'un objet de peu de valeur. « Il est donc vrai qu'il y a eu de mes lettres de perdue ; mais je ne jette les yeux sur personne. Je ne sais qui peut faire ce misérable *larcin*. » Sév. — Cet affaiblissement du sens primitif peut être porté au point que le mot *larcin* n'entraîne plus aucune idée de blâme, ou même qu'il se prenne en bonne part. Ce n'est pas le *vol*, mais proprement le *larcin* (MONTESQ., J.J., ROLL.) qui était permis ou plutôt prescrit aux jeunes Spartiates par les lois de Lycurgue. « Quand un auteur vend les pensées d'un autre pour les siennes, ce *larcin* s'appelle *plagiat*.... C'est surtout en poésie qu'on se permet souvent le plagiat, et c'est de tous les *larcins* le moins dangereux pour la société. » VOLT. Fleur d'Épine baisa le chevalier.... Elle fut tentée de recommencer ; mais la crainte d'être surprise dans cet amoureux *larcin* par le beau chevalier l'obligea de s'arrêter. » LES. « Les heureux *larcins* qu'on a faits à Senèque (le Tragique) font voir que, comme poëte, il n'est pas indigne d'attention ni de louange. » LAH.

Les temps sont accomplis, princesse : il faut parler ;
Et votre heureux *larcin* ne se peut plus celer.
(Joad à Josabet, dans *Athalie*.) RAC.

Rapine, *pillage* et *brigandage* indiquent, non pas l'action de prendre simplement, mais celle d'enlever de force, c'est-à-dire des *vols* commis avec violence. Et de ces quatre mots le plus général est celui de *rapine*. « Tonnez, ô divin Sauveur, contre les *rapines* et les violences. » Boss. « Les Francs n'étaient point frappés des injustices et des *rapines* de leurs rois, parce qu'ils étaient ravisseurs et injustes comme eux. » MONTESQ. « Les peuples conquérants ont tous été d'abord des sauvages vivant de *rapine*.... Les antiquités des Turcs ne méritent guère mieux une histoire suivie que les loups et les tigres de leurs pays. » VOLT.

D'Amboise est à ses pieds (de Louis XII)....
Tendre ami de son maître, et qui, dans ce haut rang,
Ne souilla point ses mains de *rapine* et de sang. VOLT.

— D'ailleurs, la force dont la *rapine* suppose l'usage peut être morale plutôt que physique, ou au moins elle peut s'exercer avec la main seule et sans le secours des armes. « Nos cœurs doivent être de glace pour les vains plaisirs, et nos mains immobiles pour les *rapines*. » Boss. « Le pécheur renonce à tous ces trésors amassés par tant de *rapines* ; les pleurs du pupille ont percé son cœur, il se résout de faire justice à la veuve qu'il a opprimée. » ID. L'homme injuste, né dans la boue et dans l'obscurité, et que ses *rapines* et ses vexations ont tiré de la poussière. » MASS. « La confiscation est-elle autre chose qu'une *rapine* ? » VOLT.

Le *pillage* est une *rapine* de soldats ou de gens de guerre, qui saccagent une ville, qui en emportent violemment les biens au milieu du désordre. « Le pape saint Léon se fit respecter par Attila et sauva Rome du *pillage*. » Boss « Charles IX donna cent mille livres à l'amiral (de Coligny) pour le dédommager du *pillage* de sa maison durant les guerres. » ID. « Donnez-vous à vos troupes la paye nécessaire pour vivre sans piller ? Si vous ne le faites point, vous mettez vos troupes dans une nécessité évidente de commettre les *pillages* et les violences que vous faites semblant de leur défendre. » FÉN. « Les Polonais, après s'être avancés jusqu'à Moscou, et après des *pillages*, qui étaient les expéditions militaires de ce temps-là, conclurent une trêve. » VOLT. « Ces troupes se débandèrent pour piller.... Ce ne furent pas seulement les campagnes qui se sentirent de ces *pillages*, il y eut des villes prises et ravagées. » ROLL. Tout y est au *pillage*, dit-on en parlant d'une grande maison où chacun pêche en eau trouble, où les domestiques profitent du désordre pour faire leur main.

Le *brigandage* est une rapine non pas seulement de gens armés mais de gens qui ne sont armés et réunis en bandes que pour voler, qui, semblables à des bêtes féroces, répandent la terreur dans les pays qu'ils infestent. « Il y eut durant les guerres de la Fronde des villages ruinés, des campagnes dévastées, un *brigandage* affreux. » VOLT. « Les Francs étaient au nombre de ces peuples affamés et féroces qui couraient au pillage de l'empire. Ils subsistaient de *brigandages*. » ID. « Ces malheureux (les esclaves), poussés à bout et forcés par la nécessité, se mirent à voler. La Sicile devint un affreux coupe-gorge. Ce métier de *brigandage* était pour les esclaves un exercice qui les préparait à la guerre. » ROLL. « Sans le droit des gens, la guerre ne serait plus qu'un *brigandage* inhumain, qu'une suite perpétuelle de trahisons, d'assassinats, d'abominations et de barbaries. » FÉN. « Figurez-vous dans Jérusalem plus de vingt-deux mille hommes de guerre, gens de carnage et de sang, qui s'étaient aguerris par leurs *brigandages*. » Boss. — On appelle par extension *brigandage* tout ce qu'il y a de plus énorme en fait de *vol*, comme on appelle *larcin* tout ce qu'il y a de plus faible. « Dans le pays où un petit *vol* domestique est puni par la mort, ce châtiment disproportionné n'est-il pas une invitation même au *larcin* ? Car s'il arrive qu'un maître livre son serviteur à la justice pour un *vol* léger, tout le voisinage a ce maître en horreur.... Les maîtres ne voulant pas se couvrir d'opprobre, se contentent de chasser leurs domestiques qui vont voler ailleurs, et qui s'accoutument au *brigandage*. La peine de mort étant la même pour un petit *larcin* que pour un *vol* considérable, il est évident qu'ils chercheront à *voler* beaucoup. » VOLT. « Ce qui indispose contre les grands, ce sont leurs injustices, leurs violences, leurs concussions, et, si je puis user de ce terme, leurs *brigandages*. » BOURD.

La *malversation*, le *péculat*, la *concussion* et l'*exaction* sont des vols d'administrateurs ou commis dans l'administration. Le comte Lally-Tollendal, gouverneur des possessions françaises dans l'Inde, se vit imputer par ses ennemis des *malversations*, des crimes de *péculat*, des *concussions*, des *exactions* (VOLT.).

Malversation n'a pas la précision des mots suivants : il donne l'idée d'une gestion frauduleuse, sans déterminer qu'elle en est la nature. « De tous côtés l'on portait des plaintes au Sénat contre la dureté, l'injustice et les *malversations* des magistrats. » ROLL. « Caton fit un exemple ou deux sur ceux (des greffiers de questeurs) qui s'étaient rendus coupables de *malversations*. » ID. « Hérode fut le premier qui éprouva le pouvoir et la mauvaise volonté de ce fameux sanhédrin établi par Pompée. On l'accusa devant ce tribunal. On lui imputait des *malversations* et des meurtres. » VOLT.

Le *péculat* est le vol de l'argent de l'État, la malversation qu'on commet dans le maniement des finances ou des deniers publics. « Comme les fermiers des revenus publics étaient tirés de l'ordre des chevaliers, leur nouvelle puissance leur donna le moyen d'exercer hardiment le *péculat*, et de piller la république avec une entière impunité. » ROLL. « Un accusateur prétendait que Pompéius Strabo s'était rendu coupable de *péculat*, et demandait qu'on recherchât dans ses biens ce qu'il s'était approprié des deniers publics. » ID.

Les *concussions* et les *exactions* sont des malversations qui consistent, non pas, comme le *péculat*, à mettre la main dans la caisse du fisc pour y puiser, mais à se faire donner par les particuliers qu'on administre ou qu'on gouverne ce qui n'est pas dû.

Les *concussions* (de *concutere*, agiter, secouer, tourmenter, vexer) sont le crime de tout fonctionnaire qui abuse de son autorité pour rançonner ceux qui dépendent de lui, pour en extorquer quelque chose. « Imaginez-vous de quelles vexations, de quelles oppressions, de quelles *concussions* cette passion (l'avarice), doit être accompagnée. » BOURD. « Le Sénat tenait en bride les gouverneurs, et faisait justice aux peuples. Cette compagnie était regardée comme l'asile des oppressés : aussi les *concussions* et les violences ne furent-elles connues que dans les derniers temps. » BOSS. « La négligence et le défaut d'économie conduisent les seigneurs à un excès : je veux dire la rapine, l'amour des présents, les *concussions*. » ROLL. « Une loi très-sage autorisait les peuples sur qui les gouverneurs de provinces avaient exercé des *concussions*, à s'adresser aux juges pour se faire restituer ce qui leur avait été enlevé injustement. » ID. « Une loi fut portée qui défendait aux avocats de recevoir des parties ni argent ni présent. Le motif de cette loi était de délivrer le peuple d'une espèce de *concussion* qu'exerçait sur lui l'ordre des sénateurs, duquel étaient presque tous ceux qui se chargeaient de plaider. » ID. — Les *exactions* (du latin *exactio*, levée des impôts) ont uniquement rapport aux impôts et consistent à en frapper d'injustes ou d'exorbitants. Les princes ligués contre Louis XI se plaignaient « que la noblesse était opprimée, les peuples ruinés par de nouveaux impôts, et enfin tout le royaume accablé. En effet, la France était pleine de mécontents à cause que le roi faisait des *exactions* extraordinaires. » BOSS. « Les députés des Allobroges étaient venus pour demander au Sénat quelque diminution des impôts dont ils étaient chargés. » Ils étaient à la veille de voir vendre leurs femmes et leurs enfants pour satisfaire à des *exactions* si cruelles. » VERT. « Louis d'Anjou, l'un des oncles de Charles VI, chargeait le peuple d'*exactions*. » VOLT. « Il n'y eut point d'extorsion que l'on n'inventa sous le nom de taxe et d'impôt.... Le peuple (en Suède, sous Charles XII), accablé de tant d'*exactions*, se fût révolté sous tout autre roi. » ID. « Le mot d'*exaction* est un terme qui n'a pas un sens bien déterminé. Lalli n'avait jamais imposé une contribution d'un denier ni sur les habitants de Pondichéry, ni sur le conseil. » ID. « Ce que n'avaient pu ni le denier de saint Pierre, ni les réserves, ni les provisions, ni les annates, ni les collectes, ni cinq cents années d'*exactions* toujours combattues par les lois des parlements, un amour passager (de Henri VIII pour Anne de Boulen) l'exécuta. » ID. — Un ministre ou un juge, qui pour être favorable à un particulier, en exige de l'argent, est coupable de *concussion* ; un prince, un gouverneur de province, un général commet des *exactions* en foulant les peuples.

Déprédation, *deprædatio*, de *præda*, proie, d'où *prædo*, voleur, ne se dit guère que dans le style soutenu, ou en parlant d'un vol considérable pour son objet ou pour son étendue plutôt que par son énormité ou sa criminalité. « La *déprédation* des reliquaires et des trésors de l'Église. » BOSS. « Une sacrilège *déprédation* des biens consacrés à Dieu. » ID. « Ces pasteurs infidèles ont laissé cette portion de mon héritage exposée à la *déprédation* et à la fureur de ses ennemis. » MASS. « Le maréchal d'Estrées lut un mémoire fort détaillé sur la *déprédation* des bois de la marine de Rochefort. » S. S. « La *déprédation* des trésors d'Henri IV déposés à la Bastille. » ID. « Les *déprédations* de Fouquet. » VOLT. « Le contrôleur général Éméri, connu par ses *déprédations*. » ID. « Les prédécesseurs de Charlemagne ne furent illustres que par des *déprédations*. » ID. « La France s'épuise et a dépensé 300 millions d'extraordinaire en deux ans : j'ai été témoin des *déprédations* et du brigandage des finances dans la guerre de 1741. » ID.

VOÛTE, ARCADE. Construction qui s'étend en rond, d'une manière courbe ou concave, au-dessus d'un certain espace.

Voûte, anciennement *voulte*, italien *volta*, du latin *volutus*, participe de *volvere*, tourner, rouler, représente toute une demi-sphère, une sorte de coupe sans pied renversée. *Arcade*, ouvrage en forme d'*arc*, signifie par rapport à *voûte* quelque chose de partiel, quelque chose qui, au lieu d'envelopper de toutes parts l'espace qui est au-dessous et de le couvrir, ne l'enveloppe que d'une portion de cercle, et, du reste, le laisse ouvert, susceptible d'être traversé. On est renfermé sous une *voûte* ; on passe sous une *arcade*. Les cavernes ont des *voûtes* ; les aqueducs et les ponts, des *arcades*. Dans les prisons, dans les mines et les catacombes, ce sont des *voûtes* qu'on a au-dessus de soi ; il y a dans certaines villes des rues bordées d'*arcades* à travers lesquelles circulent les passants.

Au milieu d'une forêt, vous vous trouvez sous

une *voûte* de verdure. « Les arbres de cette forêt s'élevaient une fois aussi haut que nos plus grands arbres d'Europe, et formaient au-dessus de nos têtes une *voûte* de verdure. » BERN. Mais ce sont des *arcades* de verdure que forment les lianes en s'enlaçant d'un arbre à l'autre. « Des lianes, s'enlaçant d'un arbre à l'autre, forment ici des *arcades* de fleurs, là de longues courtines de verdure.» BERN. On dit la *voûte* du ciel, et l'*arc*-en-ciel, bien qu'il ne soit pas lui-même nommé une *arcade*, est l'image de tout ce qu'on appelle de ce nom. En anatomie, la *voûte* du crâne comprend toute la partie supérieure de la boîte osseuse qui contient le cerveau, et on donne le nom d'*arcades* sourcilières à deux parties du crâne, aux deux saillies de l'os frontal qui correspond aux sourcils.

FIN DU SUPPLÉMENT DU DICTIONNAIRE DES SYNONYMES

TABLE ALPHABÉTIQUE

DES SYNONYMES

DISTINGUÉS DANS LE SUPPLÉMENT DU DICTIONNAIRE

A

A, ou. Page 1.
Abaisser, abattre. 1.
Abaisser (s'), descendre. 2.
Abandonner, livrer, céder, lâcher. 2.
Abandonner, voy. *Quitter, laisser,* etc. 251.
Abandonner (s'), se livrer. 3.
Abâtardir (s'), voy. *Dégénérer, s'abâtardir.* 102.
Abattre, renverser, terrasser. 3.
Abattre, voy. *Abaisser, abattre.* 1.
A b c, alphabet. 3.
Abeille, mouche à miel. 4.
Abîmé, voy. *Enfoncé, abîmé, absorbé.* 126.
Abjurer, se convertir, renier, apostasier. 4.
Ablution, lavage, lavement. 5.
Abolissement, voy. *Abolition, abolissement.* 5.
Abolition, abolissement. 5.
Abondance, affluence. 6.
Abondant, voy. *Fertile, abondant.* 150.
Abonder, fourmiller, regorger, pulluler, foisonner. 6.
Abord, accès. 7.
Abord, accueil, réception. 8.
Abord (d'), sur-le-champ, aussitôt, à l'instant, tout de suite, incontinent, immédiatement. 8.
Abordable, accessible, voy. *Abord, accès.* 7.
Aboyer, japper. 10.
Abrégé (en), en raccourci. 10.
Abréger, voy. *Diminuer, amoindrir,* etc. 115.
Absence, éloignement. 10.
Absolu, arbitraire, despotisme. 11.
Absolu, voy. *Souverain, absolu.* 289.
Absolument, voy. *Tout à fait, absolument, à fond,* etc. 299.
Absorbé, voy. *Enfoncé, abîmé, absorbé.* 126.
Absorber, voy. *Consumer, dissiper,* etc. 134.
Abuser (s'), voy. *Errer, faillir,* etc. 134.
Accablé, surchargé. 12.
Accabler, opprimer, fouler. 12.
Accabler, voy. *Combler, accabler.* 72.
Acception, voy. *Sens, signification, acception.* 281.
Accès, voy. *Abord, accès.* 7.
Accessible, abordable, voy. *Abord, accès.* 7.
Accommodant, voy. *Facile, accommodant.* 145.
Accommoder, voy. *Apprêter, accommoder, assaisonner.* 27.
Accommoder, voy. *Arranger, accommoder, adapter,* etc. 27.
Accommoder, voy. *Finir, terminer,* etc. 151.
Accorder (s'), voy. *Convenir, s'accorder.* 84.
Accoucheuse, sage-femme. 12.
Accourcir, voy. *Diminuer, amoindrir,* etc. 115.
Accoutumé, voy. *Ordinaire, accoutumé.* 219.
Accoutumé (avoir), voy. *Coutume (avoir), avoir accoutumé, être accoutumé.* 92.
Accoutumé (être), voy. *Coutume (avoir), avoir accoutumé, être accoutumé.* 92.
Accoutumer, voy. *Habituer, accoutumer.* 167.
Accueil, voy. *Abord, accueil, réception.* 8.
Accuser, reprocher, taxer. 12.
Acquit, décharge. 13.
Acquit, voy. *Reçu, quittance, acquit.* 265.
Acquitter, libérer. 13.
Activité, hâte. 14.
Adapter, voy. *Arranger, accommoder,* etc. 27.
Adhérent, complice, fauteur. 14.
Admirable, voy. *Extraordinaire, merveilleux,* etc. 143.
Adonner (s'), se donner, se livrer s'appliquer. 15.
Adoration, voy. *Religion, culte, adoration.* 268.
Affable, voy. *Doux, affable, liant,* etc. 118.
Affaiblir, atténuer. 15.
Affaire, voy. *Occupation, affaire, travail,* etc. 215.
Affaire (avoir), voy. *Besoin (avoir), avoir affaire.* 42.
Affamé, altéré. 15.
Affidé, confident. 15.
Affirmation, assertion. 16.
Affluence, voy. *Abondance, affluence.* 6.
Affronter, voy. *Braver, affronter.* 50.
Afin de, afin que. 16.
Age (à l') de, âgé de. 17.
Agé, vieux, suranné, vieillard, barbon. 17.
Agé de, voy. *Age (à l') de, âgé de.* 17.
Agencer, voy. *Arranger, accommoder,* etc. 27.
Agile, léger, vite, leste, alerte, preste, dispos. 17.
Agilité, voy. *Souplesse, agilité.* 288.
Agit (il s'), voy. *Question (il est), il s'agit.* 251.
Agonie, voy. *Extrémité, agonie.* 144.
Agréable, voy. *Bon, agréable.* 46.
Agreste, voy. *Champêtre, rustique, agreste.* 62.
Aider, seconder. 18.
Aigle, phénix. 18.
Aigrir, irriter, piquer, fâcher. 19.
Aigu, voy. *Pointu, aigu.* 238.
Aimant, sensible. 19.
Aimer à, prendre plaisir à. 19.
Aise, voy. *Joie, hilarité,* etc. 184.
Ajuster, voy. *Arranger, accommoder,* etc. 27.
Ajuster, voy. *Finir, terminer,* etc. 151.
Alerte, voy. *Agile, léger, vite,* etc. 17.
Allègre, voy. *Ingambe, allègre.* 117.
Allégresse, voy. *Joie, aise, hilarité,* etc. 184.

TABLE ALPHABÉTIQUE DES SYNONYMES DU SUPPLÉMENT.

Alliance, voy. Mariage, union, alliance. 201.
Alphabet, voy. A b c, alphabet. 3.
Altéré, voy. Affamé, altéré. 15.
Altérer, falsifier. 20.
Alternativement, voy. Tour à tour, alternativement. 299.
Amante, maîtresse. 20.
Amateur, curieux. 21.
Ambitionner, briguer. 21.
Ame, cœur. 21.
Ame, esprit. 22.
Ame, voy. Moteur, mobile, etc. 207.
Améliorer, voy. Amender, améliorer, etc. 22.
Amender, améliorer, perfectionner. 22.
Ameuter, voy. Attrouper, ameuter. 34.
Amoindrir, voy. Diminuer, amoindrir, etc. 115.
Amollir, attendrir. 23.
Analogie, voy. Induction, analogie. 176.
Analyser, voy. Décomposer, analyser. 98.
Anathème, voy. Excommunication, anathème. 141.
Anatomie, dissection. 23.
Anéantir, annihiler. 24.
Angle, coin. 24.
Animadversion, voy. Blâme, animadversion. 43.
Anneau, bague. 24.
Annihiler, voy. Anéantir, annihiler. 24.
Annotations, voy. Commentaire, notes, etc. 73.
Anticiper, voy. Empiéter, anticiper. 124.
Antithèse, voy. Opposition, contraste, etc. 218.
Apetisser, voy. Diminuer, amoindrir, etc. 115.
Apologue, voy. Fable, apologue. 144.
Apostasier, voy. Abjurer, se convertir, etc. 4.
Apothicaire, pharmacien. 24.
Appareiller, voy. Assortir, appareiller, etc. 30.
Apparence, semblant. 25.
Apparent, spécieux. 25.
Apparier, voy. Assortir, appareiller, etc. 30.
Appartenances, dépendances. 25.
Appartenir, convenir. 26.
Appartenir à, être à. 26.
Appliquer (s'), vaquer. 26.
Appliquer (s'), voy. Adonner (s'), se donner, etc. 15.
Appliquer (s') à, voy. Occuper (s') à, travailler à, etc. 216.
Apprêter, accommoder, assaisonner. 27.
Appuyer, peser. 27.
Appuyer, voy. Insister, appuyer. 178.
Apre, voy. Rigoureux, inclément, etc. 274.
Après, voy. Puis, ensuite, après. 248.
Après (l'un) l'autre, voy. Un à un, l'un après l'autre. 307.
Arbitraire, voy. Absolu, arbitraire, despotique. 11.
Arcade, voy. Voûte, arcade. 316.
Ardemment, voy. Vivement, ardemment. 314.
Ardent, voy. Chaud, brûlant, etc. 64.
Argument, voy. Raisonnement, argument. 255.
Armé, voy. Fourni, garni, etc. 155.
Armistice, voy. Trêve, suspension d'armes, etc. 303.
Arrangement, voy. Ordonnance, arrangement, disposition. 220.
Arrangement, voy. Ordre, arrangement. 220.
Arranger, accommoder, adapter, ajuster, agencer. 27.

Arrêt, voy. Jugement, sentence, arrêt. 185.
Arrêter, retenir. 28.
Arrivée, venue, avénement. 28.
Arriver, parvenir, atteindre. 29.
Art, voy. Science, art. 277.
Artificiel, factice. 29.
Assaillir, voy. Attaquer, assaillir. 32.
Assaisonner, voy. Apprêter, accommoder, etc. 27.
Assassin, voy. homicide, meurtrier, etc. 170.
Assassiner, voy. Tuer, assassiner, etc. 305.
Assemblée, compagnie. 30.
Assertion, voy. Affirmation, assertion. 16.
Assiéger, voy. Investir, assiéger. 182.
Assortir, appareiller, apparier. 30.
Assoupissement, léthargie. 31.
Assurément, sans doute. 31.
Astre, étoile. 31.
Atelier, voy. Boutique, magasin, etc. 48.
Attacher (s') à, voy. Occuper (s') à, travailler à, etc. 216.
Attaquer, assaillir. 32.
Attaquer, prendre. 32.
Atteindre, voy. Arriver, parvenir, atteindre. 29.
Attendrir, voy. Amollir, attendrir. 53.
Attendu que, voy. Parce que, à cause que, etc. 224.
Attentat, voy. Forfait, attentat. 153.
Attenter à, voy. Entreprendre sur, attenter à. 130.
Attention (avoir), prendre garde. 33.
Attentions, soins. 33.
Atténuer, voy. Affaiblir, atténuer. 15.
Atticisme, urbanité. 33.
Attirant, engagement, insinuant. 33.
Attirer (s'), encourir. 34.
Attribut, voy. Qualité, propriété, etc. 249.
Attrition, voy. Contrition, attrition, etc. 83.
Attrouper, ameuter. 34.
Auguste, voy. Imposant, auguste, etc. 173.
Aumône, charité. 35.
Aumônier, voy. Chapelain, aumônier. 63.
Auprès, voy. Comparaison (en), au prix, etc. 75.
Aussitôt, voy. Abord (d'), sur-le-champ. 8.
Avancement, progrès, progression. 35.
Avant-propos, voy. Préface, discours préliminaire, etc. 241.
Avénement, voy. Arrivée, venue, avénement. 28.
Avenir, postérité, descendants, neveux. 36.
Avenir (à l'), dans la suite, dorénavant, désormais. 37.
Avertisement, remontrance. 37.
Avertissement, voy. Préface, discours préliminaire, etc. 241.
Aveuglement, cécité. 37.
Aviron, voy. Rame, aviron. 257.
Avis, voy. Préface, discours préliminaire, etc. 241.
Avoir, voy. Biens, richesses, etc. 43.

B

Bacchanal, voy. Tapage, tintamarre, etc. 295.
Bagage, équipage. 38.
Bague, voy. Anneau, bague. 24.
Baguette, voy. Verge, baguette, houssine. 310.
Bâillement, voy. Hiatus, bâillement. 169.

TABLE ALPHABÉTIQUE DES SYNONYMES DU SUPPLÉMENT.

Baladin, voy. *Bouffon, farceur*, etc. 46.
Balivernes, voy. *Chansons, sornettes*, etc. 62.
Balourd, voy. *Lourd, balourd*. 195.
Balourdise, lourdise, voy. *Lourd, balourd*. 195.
Bambin, voy. *Poupon, bambin*, etc. 239.
Bannière, voy. *Enseigne, bannière*, etc. 128.
Banquet, voy. *Repas, régal*, etc. 269.
Barbares, voy. *Sauvages, barbares*, etc. 276.
Barbon, voy. *Âgé, vieux*, etc. 17.
Barbouillage, griffonnage, 38.
Barbouiller, voy. *Salir, souiller*, etc. 276.
Bariolé, bigarré, chamarré. 39.
Barque, voy. *Bateau, batelet*, etc. 39.
Barre, voy. *Ligne, trait, raie, barre*. 192.
Bas, ignoble. 39.
Bateau, batelet, barque, nacelle, esquif, canot, vaisseau, navire, bâtiment, galère, chaloupe. 39.
Batelet, voy. *Bateau, batelet*, etc. 39.
Bâtiment, édifice. 41.
Bâtiment, voy. *Bateau, batelet*, etc. 39.
Bâton, canne. 41.
Bedaine, voy. *Panse, bedaine*. 223.
Bélître, voy. *Coquin, maraud*, etc. 85.
Bénir, sacrer. 42.
Bénir, voy. *Louer, bénir, glorifier*. 195.
Bergerie, voy. *Pastorale, bergerie*, etc. 228.
Besogne, voy. *Occupation, affaire*, etc. 215.
Besoin (avoir), avoir affaire. 42.
Besoin (n'avoir pas), n'avoir que faire. 42.
Biais, voy. *Détour, biais*. 111.
Biaiser, tergiverser. 42.
Bien que, voy. *Quoique, bien que*, etc. 252.
Biens, richesses, fortune, facultés, avoir. 43.
Bienséant, voy. *Convenable, bienséant*, etc. 84.
Bière, voy. *Cercueil, bière*. 61.
Bigarré, voy. *Bariolé, bigarré, chamarré*. 39.
Billevesées, voy. *Chansons, sornettes*, etc. 62.
Blâme, animadversion. 43.
Blesser, voy. *Choquer, blesser, offenser*. 67.
Blouser (se), voy. *Errer, faillir*, etc. 134.
Bocage, bosquet. 44.
Bois, forêt. 44.
Boisson, breuvage. 45.
Boîte, voy. *Caisse, coffre*, etc. 54.
Boiteux, écloppé. 45.
Bombance, bonne chère. 46.
Bon, agréable. 46.
Bon, excellent, délicieux, exquis. 46.
Bon (tout de), voy. *Sérieusement, tout de bon*. 283.
Bonace, voy. *Calme, bonace*. 55.
Bosquet, voy. *Bocage, bosquet*. 44.
Boucher, voy. *Fermer, boucher*. 149.
Bouffon, farceur, baladin, turlupin, histrion. 46.
Bouillant, voy. *Chaud, brûlant*, etc. 64.
Bouleverser, voy. *Renverser, bouleverser*, etc. 269.
Bourgeon, voy. *Bouton, bourgeon*. 49.
Bourrasque, tourbillon. 47.
Bourreau, exécuteur. 47.
Bourru, brusque, brutal. 48.
Boutique, magasin, atelier, chantier. 48.
Bouton, bourgeon. 49.
Bras (dans les), entre les bras. 49.
Bras entre les), voy. *Bras (dans les), entre les bras*. 49.

Braver, affronter. 50.
Braver, défier, provoquer. 50.
Braver, morguer. 50.
Bref, bulle, constitution. 50.
Breuvage, voy. *Boisson, breuvage*. 45.
Brevet, provisions. 52.
Brigandage, voy. *Vol, larcin*, etc. 314.
Briguer, voy. *Ambitionner, briguer*. 21.
Briller, voy. *Luire, reluire*, etc. 196.
Brin, voy. *Grain, brin*. 163.
Brouillerie, voy. *Mésintelligence, désunion*, etc, 204.
Brouillon, tracassier, 52.
Brouter, voy. *Paître, brouter*. 222.
Bruit, voy. *Son, ton, bruit*. 287.
Brûlant, voy. *Chaud, brûlant, ardent*, etc. 64.
Brûler, griller. 53.
Brune, voy. *Crépuscule, brune*. 92.
Brusque, voy. *Bourru, brusque, brutal*. 48.
Brusquement, voy. *Coup (tout à), subitement*, etc. 90.
Brutal, voy. *Bourru, brusque, brutal*. 48.
Bulle, voy. *Bref, bulle, constitution*. 50.
Burlesque, grotesque. 53.
But, objet, fin. 53.

C

Çà et là, voy. *Côté (de) et d'autre, çà et là, par-ci, par-là*. 87.
Caché, voy. *Secret, caché, sourd*, etc. 278.
Cachette (en), voy. *Secrètement, en cachette*, et 279.
Caduc, cassé. 54.
Cailler, coaguler, figer, congeler, 54.
Caisse, coffre, cassette, boîte. 54.
Caisse, voy. *Tambour, caisse*. 294.
Calme, bonace. 55.
Canaille, voy. *Populace, canaille*, etc. 238.
Canal, conduit, tuyau. 56.
Canne, voy. *Bâton, canne*. 41.
Canonicat, chanoinie. 56.
Canot, voy. *Bateau, batelet*, etc. 39.
Cantatrice, voy. *Chanteuse, cantatrice*. 63.
Cap, promontoire. 56.
Capital (subs.), voy. *Principal, capital*. 245.
Capital (adj.), voy. *Principal, capital*. 245.
Capitales, majuscules. 57.
Capture, prise, 57.
Car, voy. *Parce que, à cause que*, etc. 224.
Caractère, génie. 58.
Caractère, humeur. 58.
Caractère, voy. *Titre, caractère, qualité*. 298.
Caractères, lettres. 58.
Carcasse, squelette. 59.
Caricature, voy. *Charge, caricature*. 64.
Carillon, voy. *Tapage, tintamarre*, etc. 295.
Cassé, voy. *Caduc, cassé*. 54.
Casser, voy. *Destituer, démettre*, etc. 110.
Cassette, voy. *Caisse, coffre*, etc. 54.
Catholicisme, catholicité. 59.
Catholicité, voy. *Catholicisme, catholicité*. 59.
Cause, voy. *Lieu, occasion*, etc. 191.
Cause (à) que, voy. *Parce que, à cause que*, etc. 224.

SYN. FRANÇ.   21

Cavale, jument. 59.
Caver, voy. *Creuser, caver, miner.* 93.
Cavité, excavation. 60.
Cavité, voy. *Creux, cavité, trou,* etc. 93.
Cécité, voy. *Aveuglement, cécité.* 37.
Céder, voy. *Abandonner, livrer,* etc. 2.
Célébrer, voy. *Fêter, chômer,* etc. 150.
Céleste, voy. *Divin, céleste.* 117.
Cens, voy. *Dénombrement, énumération,* etc. 105.
Centre, milieu. 60.
Cercle, sphère. 60.
Cercueil, bière. 61.
Cérémonieux, voy. *Formaliste, cérémonieux,* etc. 153.
Certain, voy. *Réel, vrai, certain.* 266.
Chaloupe, voy. *Bateau, batelet,* etc. 39.
Chamarré, voy. *Bariolé, bigarré, chamarré,* 39.
Champ, voy. *Terroir, terrain,* etc. 297.
Champ, (sur-le-), voy. *Abord (d'), sur-le-champ,* etc. 8.
Champêtre, rustique, agreste. 62.
Change (prendre le), voy. *Errer, faillir,* etc. 134.
Chanoinie, voy. *Canonicat, chanoinie.* 56.
Chansons, sornettes, balivernes, billevesées, fariboles. 62.
Chanteuse, cantatrice. 63.
Chantier, voy. *Boutique, magasin,* etc. 48.
Chapelain, aumônier, 63.
Charge, caricature. 64.
Charitable, miséricordieux. 64.
Charité, voy. *Aumône, charité.* 35.
Charivari, voy. *Tapage, tintamarre,* etc. 295.
Chaud, brûlant, ardent, bouillant, fervent. 64.
Chef, prince, coryphée. 65.
Cher, précieux. 66.
Chercher, quérir. 66.
Chère (bonne), voy. *Bombance, bonne chère.* 46.
Chèrement, tendrement. 66.
Chicaner, incidenter. 67.
Chimère, voy. *Imagination, chimère, vision.* 172.
Chômer, voy. *Fêter, chômer,* etc. 150.
Choquer, blesser, offenser. 67.
Chimère, voy. *Paix, silence, chut.* 222.
Ciel, cieux, 68.
Cieux, voy. *Ciel, cieux.* 68.
Circonspection, voy. *Considération, circonspection,* 81.
Circonstancié, voy. *Détaillé, circonstancié,* etc. 110.
Clandestin, voy. *Secret, caché,* etc. 278.
Claquemurer, voy. *Coffrer, claquemurer.* 70.
Classe, ordre, genre, espèce, sorte. 68.
Clément, voy. *Indulgent, clément.* 177.
Clique, voy. *Coterie, clique.* 88.
Coaguler, voy. *Cailler, coaguler,* etc. 54.
Cochon, porc, pourceau. 70.
Coction, voy. *Cuisson, coction.* 95.
Cœur, voy. *Ame, cœur.* 21.
Coffre, voy. *Caisse, coffre,* etc. 54.
Coffrer, claquemurer. 70.
Cognée, voy. *Hache, cognée.* 168.
Coin, voy. *Angle, coin.* 24.
Collationner, voy. *Comparer, confronter,* etc. 76.
Collecte, voy. *Quête, collecte,* 251.

Colline, coteau. 71.
Colline, voy. *Hauteur, colline, éminence.* 169.
Colonne, pilier, pilastre. 71.
Colossal, gigantesque. 71.
Combler, accabler, 72.
Comique, voy. *Plaisant, risible, comique.* 236.
Commémoration, voy. *Mémoire, commémoration,* etc. 202.
Commencer, se mettre, se prendre. 72.
Commentaire, notes, annotations. 73.
Commerçant, négociant, trafiquant, marchand. 73.
Commettre, compromettre. 74.
Commettre, préposer. 74.
Commettre, voy. *Confier, commettre.* 78.
Commotion, voy. *Ébranlement, commotion.* 119.
Communément, voy. *Ordinairement, communément,* etc. 219.
Compagnie, voy. *Assemblée, compagnie.* 30.
Compagnie, voy. *Société, compagnie.* 286.
Comparaison (en), au prix, auprès. 75.
Comparer, confronter, conférer, collationner. 76.
Compensation, dédommagement. 76.
Complaisant, courtois. 77.
Complaisant, voy. *Doux, affable,* etc. 118.
Complétement, voy. *Tout à fait, absolument,* etc. 299.
Complice, voy. *Adhérent, complice, fauteur.* 14.
Componction, voy. *Contrition, attrition,* etc. 83.
Comprendre, embrasser. 77.
Comprendre, voy. *Contenir, renfermer,* etc. 82.
Compromettre, voy. *Commettre, compromettre.* 74.
Comptable, responsable. 77.
Compte (rendre), voy. *Raconter, rapporter,* etc. 254.
Concubine, maîtresse. 78.
Concussion, voy. *Vol, larcin,* etc. 314.
Conduit, voy. *Canal, conduit, tuyau.* 56.
Conduite, procédé. 78.
Conférer, voy. *Comparer, confronter,* etc. 76.
Confiance, sécurité. 78.
Confident, voy. *Affidé, confident.* 15.
Confier, commettre. 78.
Conforter, voy. *Fortifier, renforcer,* etc. 154.
Confrérie, voy. *Congrégation, confrérie,* etc. 79.
Confronter, voy. *Comparer, confronter,* etc. 76.
Confusion, voy. *Trouble, confusion, désordre.* 305.
Congeler, voy. *Cailler, coaguler,* etc. 54.
Congrégation, confrérie, société. 79.
Conjugal, voy. *Nuptial, conjugal,* etc. 213.
Conséquence, voy. *Importance, conséquence.* 173.
Conséquence, voy. *Suite, conséquence, effet.* 292.
Conséquence (en) de, en vertu de. 80.
Conserver, garder. 80.
Considération, circonspection. 81.
Considération (en) de, en faveur de. 81.
Consistance, voy. *Solidité, consistance.* 286.
Constance, voy. *Persévérance, constance.* 232.
Constitution, voy. *Bref, bulle, constitution.* 50.
Construction, voy. *Syntaxe, construction.* 294.
Consumer, dissiper, engloutir, absorber. 81.
Contagieux, voy. *Pestilentiel, contagieux.* 233.
Contempteur, voy. *Méprisant, contempteur.* 202.
Contemptible, voy. *Méprisable, contemptible.* 202.

TABLE ALPHABÉTIQUE DES SYNONYMES DU SUPPLÉMENT.

Contenir, renfermer, comprendre. 82.
Contentieux, litigieux. 82.
Continu, continué. 83.
Continué, voy. Continu, continué. 83.
Contourné, voy. Entortillé, contourné. 130.
Contradictoire, voy. Opposé, contraire, etc. 217.
Contrainte, voy. Gêne, contrainte, etc. 161.
Contraire, voy. Opposé, contraire, etc. 217.
Contrarier, contredire, contrecarrer, contrepointer. 83.
Contraste, voy. Opposition, contraste, etc. 218.
Contrecarrer, voy. Contrarier, contredire, etc. 83.
Contredire, voy. Contrarier, contredire, etc. 83.
Contredire (se), voy. Démentir (se), se contredire. 104.
Contrefait. voy. Difforme, contrefait, etc. 114.
Contrefait, voy. Feint, simulé, contrefait. 148.
Contrepointer, voy. Contrarier, contredire, etc. 83.
Contretemps (à), voy. Propos (mal à), hors de propos, etc. 247.
Contrition, attrition, componction. 83.
Controuver, voy. Inventer, controuver, etc. 182.
Contusion, meurtrissure. 84.
Convenable, bienséant, décent, honnête, séant, sortable. 84.
Convenir, s'accorder, 84.
Convenir, voy. Appartenir, convenir. 26.
Conversion, transmutation. 85.
Convertir (se), voy. Abjurer, se convertir, etc. 4.
Convié, voy. Convive, convié. 85.
Convive, convié. 85.
Coquin, maraud, maroufle, bélitre, faquin, vaurien, garnement, gueux, va-nu-pieds, fripon, pendard, 85.
Corriger, redresser, rectifier. 87.
Corsaire, voy. Pirate, corsaire. 234.
Coryphée, voy. Chef, prince, coryphée. 65.
Côté (de) et d'autre, çà et là, par-ci par-là. 87.
Coteau, voy. Colline, coteau. 71.
Coter, numéroter. 88.
Coterie, clique. 88.
Couché, étendu, gisant. 88.
Couchée, gîte. 89.
Couler, s'écouler, fluer. 89.
Couler (se), se glisser. 90.
Coup, voy. Fois, coup. 152.
Coup (tout à), subitement, inopinément, à l'improviste, brusquement. 90.
Coupe, tasse. 91.
Courage, voy. Fermeté, résolution, etc. 149.
Courber, voy. Plier, ployer, etc. 237.
Cours, vogue, crédit. 91.
Courtois, voy. Complaisant, courtois. 77.
Coûteux, dispendieux. 91.
Coutume (avoir), avoir accoutumé, être accoutumé. 92.
Craintif, peureux, timide. 92.
Crédit, voy. Cours, vogue, crédit. 91.
Crêpé, voy. Crépu, crêpé. 92.
Crépu, crêpé. 92.
Crépuscule, brune. 92.
Creuser, caver, miner. 93.
Creux, cavité, trou, fente, ouverture, vide. 93.
Creux, enfonçure. 94.

Critique, satire. 94.
Croire, penser, juger, estimer. 94.
Cuir, voy. Peau, cuir. 229.
Cuisson, coction. 95.
Culte, voy. Religion, culte, adoration. 268.
Curé, voy. Prêtre, ecclésiastique, curé. 243.
Curieux, voy. Amateur, curieux, 21.
Curieux, voy. Rare, curieux. 259.

D

Dague, voy. Poignard, dague. 237.
Damoiseau, godelureau, freluquet, friquet, muguet. 95.
Dard, voy. Trait, flèche, dard, javelot. 301.
Débarbouiller, voy. Décrasser, débarbouiller. 99.
Débattre (se), voy. Démener (se), se débattre. 104.
Débile, défaillant. 96.
Débiter, voy. Prononcer, déclamer, etc. 246.
Débiter, voy. Vendre, débiter, se défaire. 310.
Débordement, inondation. 96.
Débrouiller, voy. Éclaircir, démêler, débrouiller. 120.
Décapiter, décoller. 97.
Décent, voy. Convenable, bienséant, etc. 83.
Décharge, voy. Acquit, décharge. 13.
Déchirer, lacérer. 97.
Décidé, résolu, délibéré, déterminé. 98.
Décider, voy. Finir, terminer, etc. 151.
Déclamer, voy. Prononcer, déclamer, etc. 246.
Décoller, voy. Décapiter, décoller. 97.
Décomposer, analyser. 98.
Déconcerter, démonter. 99.
Décrasser, débarbouiller. 99.
Décrire, voy. Peindre, dépeindre, décrire. 230.
Dédaigner, mépriser. 100.
Dédommagement, voy. Compensation, dédommagement. 76.
Déduire, voy. Raconter, rapporter, etc. 254.
Défaillance, voy. Évanouissement, pâmoison, etc. 138.
Défaillant, voy. Débile, défaillant. 96.
Défaire (se), voy. Quitter, se défaire, etc. 252.
Défaire (se), voy. Vendre, débiter, se défaire. 310.
Défaite, voy. Excuse, défaite, faux-fuyant. 141.
Défendu, illicite. 100.
Défense, interdiction. 100.
Défense, voy. Résistance, défense. 271.
Défier, voy. Braver, défier, provoquer. 50.
Défunt, feu. 101.
Dégât, ravage, dévastation. 101.
Dégénérer, s'abâtardir. 102.
Dégoûtant, voy. Ennuyeux, fastidieux, dégoûtant. 128.
Dégoutter, distiller. 102.
Degré, grade. 103.
Déité, voy. Dieu, divinité, déité. 113.
Délayer, fondre, liquéfier, dissoudre. 103.
Délectation, voy. Sensualité, délectation. 282.
Délibéré, voy. Décidé, résolu, etc. 98.
Délicat, délicieux. 104.
Délicieux, voy. Bon, excellent, délicieux, exquis, 46.

Délicieux, voy. *Délicat, délicieux*. 104.
Démêler, voy. *Éclaircir, démêler, débrouiller*. 120.
Démener (se), se débattre. 104.
Démentir (se), se contredire. 104.
Démettre, voy. *Destituer, démettre, révoquer*, etc. 110.
Démoniaque, voy. *Énergumène, démoniaque*. 126.
Démonter, voy. *Déconcerter, démonter*. 99.
Démontrer, voy. *Prouver, démontrer*, etc. 248.
Dénombrement, énumération, cens, recensement. 105.
Dénoûment, solution, résolution. 105.
Départir (se), voy. *Renoncer, se désister*, etc. 268.
Dépeindre, voy. *Peindre, dépeindre, décrire*. 230.
Dépendances, voy. *Appartenances, dépendances*. 25.
Dépens, voy. *Dépense, frais, dépens*. 106.
Dépense, frais, dépens. 106.
Deporter (se), voy. *Renoncer, se désister*, etc. 268.
Déposer, voy. *Destituer, démettre*, etc. 110.
Déposer, voy. *Quitter, se défaire*, etc. 252.
Dépouiller (se), voy. *Quitter, se défaire*, etc. 252.
Déprédation, voy. *Vol, larcin*, etc. 314.
Dépriser, voy. *Mésestimer, dépriser*. 204.
Depuis peu, récemment, nouvellement, fraîchement, naguère. 107.
Dérangement, déréglement, désordre. 108.
Derechef, voy. *Nouveau (de), derechef*. 213.
Déréglement, voy. *Dérangement, déréglement*, etc. 108.
Dérobée (à la), voy. *Secrètement, en cachette*, etc. 279.
Dérober, soustraire. 108.
Désanimé, inanimé, voy. *Inoccupé, désoccupé*. 177.
Descendants, voy. *Avenir, postérité*, etc. 36.
Descendre, voy. *Abaisser (s'), descendre*. 2.
Description, voy. *Image, description, tableau*. 171.
Désert, solitude. 108.
Déserter, voy. *Quitter, laisser*, etc. 251.
Désister (se), voy. *Renoncer, se désister*, etc. 268.
Désoccupé, voy. *Inoccupé, désoccupé*. 177.
Désordonné, voy. *Extrême, excessif*, etc. 143.
Désordre, voy. *Dérangement, déréglement*, etc. 108.
Désordre, voy. *Trouble, confusion, désordre*. 305.
Désormais, voy. *Avenir (à l'), dans la suite*, etc. 37.
Despotique, voy. *Absolu, arbitraire, despotique*. 11.
Destiner, garder, réserver. 109.
Destituer, démettre, révoquer, casser, déposer. 110.
Désunion, voy. *Mésintelligence, désunion*, etc. 204.
Désusité, inusité, voy. *Inoccupé, désoccupé*. 177.
Détaillé, circonstancié, particularisé. 110.
Détention, voy. *Emprisonnement, prison*, etc. 125.
Déterminé, voy. *Décidé, résolu*, etc. 98.
Déterminément, précisément, justement, positivement, expressément, formellement. 110.

Détour, biais. 111.
Détour, voy. *Sinuosité, détour*. 285.
Détourné, voy. *Indirect, détourné, oblique*. 175.
Deuxième, voy. *Second, deuxième*. 277.
Devancer, prévenir. 112.
Dévastation voy. *Dégât, ravage*, etc. 101.
Devenir, se rendre. 112.
Diable, Satan. 112.
Diabolique, infernal. 113.
Dieu, divinité, déité. 113.
Différencier, distinguer, voy. *Différent, distinct*. 113.
Différent, distinct. 113.
Difficile, voy. *Difficultueux, difficile, épineux*. 114.
Difficilement, avec peine. 114.
Difficulté, voy. *Objection, difficulté*. 214.
Difficultueux, difficile, épineux. 114.
Difforme, contrefait, mal fait, mal bâti. 114.
Diminuer, amoindrir, accourcir, abréger, apetisser, resserrer. 115.
Discipline, voy. *Ordre, tranquillité*, etc. 220.
Discontinuer, interrompre. 116.
Discorde, voy. *Mésintelligence, désunion*, etc. 204.
Discours, oraison. 116.
Discours, propos. 116.
Discours préliminaire, voy. *Préface, discours préliminaire*, etc. 241.
Discret, voy. *Secret, discret*. 279.
Disculper, voy. *Excuser, disculper, justifier*. 141.
Dispendieux, voy. *Coûteux, dispendieux*. 91.
Dispos, voy. *Agile, léger*, etc. 17.
Disposition, voy. *Ordonnance, arrangement*, etc. 220.
Dissection, voy. *Anatomie, dissection*. 23.
Dissension, voy. *Mésintelligence, désunion*, etc. 204.
Dissertation, mémoire. 117.
Dissertation, voy. *Traité, dissertation*. 302.
Dissimulé, sournois. 117.
Dissiper, voy. *Consumer, dissiper*, etc. 81.
Dissoudre, voy. *Délayer, fondre*, etc. 103.
Distance, voy. *Espace, intervalle*, etc. 135.
Distiller, voy. *Dégoutter, distiller*. 102.
Distinct, voy. *Différent, distinct*. 113.
Distinguer, différencier, voy. *Différent, distinct*. 113.
Divin, céleste. 117.
Divinité, voy. *Dieu, divinité, déité*. 113.
Division, voy. *Mésintelligence, désunion*, etc. 204.
Dodu, voy. *Gras, plein, replet*, etc. 164.
Dogue, mâtin. 118.
Donner (se), voy. *Adonner (s'), se donner*, etc. 15.
Dorénavant, voy. *Avenir (à l'), dans la suite*, etc. 37.
Doute (sans), voy. *Assurément, sans doute*. 31.
Doux, affable, liant, complaisant. 118.
Drapeau, voy. *Enseigne, bannière*, etc. 128.
Droit, jurisprudence. 119.
Duplicité, voy. *Fausseté, duplicité, patelinage*. 147.
Dur, Impitoyable, inhumain. 119.

E

Éblouir, voy. *Fasciner, éblouir*. 147.
Ébranlement, commotion. 119.
Ecclésiastique, voy. *Prêtre, ecclésiastique, curé*. 243.
Échantillon, essai. 120.
Échappatoire, voy. *Fuite, refuite, faux-fuyant*, etc. 158.
Échappée, voy. *Équipée, escapade, échappée*. 133.
Éclaircir, démêler, débrouiller. 120.
Éclater, voy. *Luire, reluire, briller*, etc. 196.
Éclopé, voy. *Boiteux, éclopé*. 45.
Écouler (s'), voy. *Couler, s'écouler, fluer*. 89.
Écrit, voy. *Livre, ouvrage, écrit*. 193.
Édifice, voy. *Bâtiment, édifice*. 41.
Édition, voy. *Impression, édition*. 174.
Effaroucher, voy. *Effrayer, épouvanter, effaroucher*. 121.
Effectif, voy. *Réel, effectif*. 266.
Effet, impression. 121.
Effet, voy. *Suite, conséquence, effet*. 292.
Effet (en), voy. *Parce que, à cause que*, etc. 224.
Effrayer, épouvanter, effaroucher. 121.
Égal, indifférent. 121.
Égal, voy. *Pareil, égal*. 225.
Églogue, voy. *Pastorale, bergerie*, etc. 228
Égorger, voy. *Tuer, assassiner*, etc. 305.
Élocution, voy. *Éloquence, élocution*. 123.
Éloigné, lointain, reculé. 121.
Éloignement, lointain. 122.
Éloignement, voy. *Absence, éloignement*. 10.
Éloignement, voy. *Espace, intervalle*, etc. 135.
Éloquence, élocution. 123.
Embrasser, épouser. 123.
Embrasser, voy. *Comprendre, embrasser*. 77.
Éminence, monticule, tertre. 123.
Éminence, voy. *Hauteur, colline, éminence*. 169.
Empiéter, anticiper. 124.
Empiéter, voy. *Usurper, empiéter, entreprendre*. 307.
Empoisonner, envenimer. 124.
Empoisonner, infecter. 124.
Emporter (l'), voy. *Prévaloir, l'emporter*. 244.
Emprisonnement, prison, détention. 125.
Enceinte, voy. *Grosse, enceinte*. 166.
Encore que, voy. *Quoique, bien que, encore que*. 252.
Encourager, voy. *Enhardir, encourager*. 127.
Encourir, voy. *Attirer (s'), encourir*. 34.
Endetter, obérer. 125.
Endroit, voy. *Lieu, endroit, passage*. 191.
Énergie, voy. *Fermeté, résolution*, etc. 149.
Énergumène, démoniaque. 126.
Enfoncé, abîme, absorbé. 126.
Enfonçure, voy. *Creux, enfonçure*. 94.
Enforcir, voy. *Fortifier, renforcer*, etc. 154.
Enfuir (s'), voy. *Fuir, s'enfuir*. 157.
Engageant, voy. *Attirant, engageant, insinuant*. 33.
Engloutir, voy. *Consumer, dissiper*, etc. 81.
Enhardir, encourager. 127.

Enlacer, voy. *Serrer, étreindre, enlacer*. 284.
Enlèvement, ravissement, rapt. 127.
Ennuyeux, fastidieux, dégoûtant. 128.
Enquête, voy. *Recherche, perquisition*, etc. 262.
Enseigne, bannière, étendard, drapeau, guidon. 128.
Enseignement, voy. *Leçon, enseignement, instruction*. 187.
Enseigner, montrer. 129.
Ensorceler, fasciner. 129.
Ensuite, voy. *Puis, ensuite, après*. 248.
Entendre (s'), être d'intelligence. 129.
Enter, voy. *Greffer, enter*. 165.
Entièrement, voy. *Tout à fait, absolument*, etc. 299.
Entortillé, contourné. 130.
Entreprenant, voy. *Hardi, entreprenant, osé*. 169.
Entreprendre, attenter. 130.
Entreprendre, prendre à tâche. 130.
Entreprendre, voy. *Usurper, empiéter, entreprendre*. 307.
Énumération, voy. *Dénombrement, énumération*, etc. 105.
Enveloppe, voy. *Fourreau, gaîne*, etc. 156.
Envenimer, voy. *Empoisonner, envenimer*. 124.
Envi à (l'), à qui mieux mieux. 131.
Envieilli, voy. *Invétéré, envieilli*. 182.
Épais, touffu. 131.
Épier, espionner. 132.
Épier, guetter. 132.
Épineux, voy. *Difficultueux, difficile, épineux*. 114.
Épouser, voy. *Embrasser, épouser*. 123.
Épouvanter, voy. *Effrayer, épouvanter, effaroucher*. 121.
Éprouver, voy. *Recevoir, souffrir*, etc. 261.
Éprouver, voy. *Sentir, éprouver*. 283.
Épuiser, tarir. 133.
Équipage, voy. *Bagage, équipage*. 38.
Équipée, escapade, échappée. 133.
Ermite, solitaire. 134.
Errer, faillir, se tromper, s'abuser, se mécompter, se méprendre, prendre le change, se blouser. 134.
Escapade, voy. *Équipée, escapade, échappée*. 133.
Escarpé, roide. 134.
Espace, intervalle, distance, éloignement. 135.
Espèce, voy. *Classe, ordre, genre*, etc. 68.
Espérer, se promettre, se flatter. 136.
Espionner, voy. *Épier, espionner*. 132.
Esprit, voy. *Ame, esprit*. 22.
Esquif, voy. *Bateau, batelet*, etc. 39.
Essai, voy. *Échantillon, essai*. 120.
Essence, nature. 137.
Essuyer, voy. *Recevoir, souffrir*, etc. 261.
Estimable, recommandable. 137.
Estimer, voy. *Croire, penser, juger, estime*. 94.
Estropié, impotent. 137.
Estropier, voy. *Mutiler, tronquer, estropier*. 209
Établir, voy. *Prouver, démontrer*, etc. 248.
Étendard, voy. *Enseigne, bannière*, etc. 128
Étendu, voy. *Couché, étendu, gisant*. 88.
Étoile, voy. *Astre, étoile*. 31.
Étonnant, voy. *Extraordinaire, merveilleux*, etc. 143.
Être, existence. 138.

Être à, voy. *Appartenir à, être à.* 26.
Étreindre, voy. *Serrer, étreindre, enlacer.* 284.
Étudier (s') à, voy. *Occuper (s') à, travailler à*, etc. 216.
Étui, voy. *Fourreau, gaîne*, etc. 156.
Évacuer, voy. *Vider, évacuer.* 311.
Évanouissement, pâmoison, défaillance, faiblesse, syncope. 138.
Évaporer, (s'), voy. *Exhaler (s'), s'évaporer.* 142.
Évasion, voy. *Fuite, refuite, faux-fuyant*, etc. 158.
Exaction, voy. *Vol, larcin*, etc. 314.
Exactitude, fidélité. 139.
Exactitude, ponctualité. 140.
Exactitude, régularité. 140.
Excavation, voy. *Cavité, excavation.* 60.
Excellent, exquis. 140.
Excellent, voy. *Bon, excellent, délicieux, exquis.* 46.
Excessif, voy. *Extrême, excessif, violent*, etc. 143.
Excommunication, anathème. 141.
Excuse, défaite, faux-fuyant. 141.
Excuse, disculper, justifier. 141.
Exécuteur, voy. *Bourreau, exécuteur.* 47.
Exhalaison, voy. *Vapeur, exhalaison.* 309.
Exhaler (s'), s'évaporer. 142.
Existence, voy. *Être, existence.* 138.
Existence, voy. *Vie, existence, jours.* 311.
Expérience, voy. *Observation, expérience.* 214.
Exposer, voy. *Raconter, rapporter*, etc. 254.
Expressément, voy. *Déterminément, précisément*, etc. 110.
Expression, voy. *Locution, expression.* 194.
Exquis, voy. *Bon, excellent, délicieux, exquis.* 46.
Exquis, voy. *Excellent, exquis.* 140.
Exterminer, extirper. 142.
Extirper, voy. *Exterminer, extirper.* 142.
Extraction, voy. *Naissance, origine, extraction.* 210.
Extraordinaire, merveilleux, étonnant, admirable. 143.
Extrême, excessif, violent, désordonné. 143.
Extrémité, agonie. 144.

F

Fable, apologue. 144.
Fablier, fabuliste. 145.
Fabriquer, voy. *Inventer, controuver*, etc. 182.
Fabuliste, voy. *Fablier, fabuliste.* 145.
Façade, frontispice. 145.
Face, voy. *Visage, face, figure.* 313.
Fâcher, voy. *Aigrir, irriter, piquer, fâcher.* 19.
Facile, accommodant. 145.
Façonnier, voy. *Formaliste, cérémonieux, façonnier.* 153.
Factice, voy. *Artificiel, factice.* 29.
Facultés, voy. *Biens, richesses*, etc. 43.
Faible, infirme. 145.
Faiblesse, voy. *Évanouissement, pâmoison*, etc. 138.
Faiblir, mollir. 146.
Faillir, voy. *Errer, faillir, se tromper*, etc. 134.
Faire (n'avoir que), voy. *Besoin (n'avoir pas), n'avoir que faire.* 42.
Faisable, voy. *Possible, faisable, praticable.* 239.

Fait (en) de, en matière de. 146.
Falsifier, voy. *Altérer, falsifier.* 20.
Familiarité, privauté. 146.
Fanfaronnade, rodomontade, forfanterie. 147.
Faquin, voy. *Coquin, maraud, maroufle*, etc. 85.
Farceur, voy. *Bouffon, farceur, baladin*, etc. 46.
Fardeau, voy. *Joug, fardeau.* 185.
Fariboles, voy. *Chansons, sornettes*, etc. 62.
Fasciner, éblouir. 147.
Fasciner, voy. *Ensorceler, fasciner.* 129.
Fastidieux, voy. *Ennuyeux, fastidieux, dégoûtant.* 128.
Fausseté, duplicité, patelinage. 147.
Fausseté, mensonge, imposture, tromperie. 148.
Fauteur, voy. *Adhérent, complice, fauteur.* 14.
Faux, postiche. 148.
Faux-fuyant, voy. *excuse, défaite, faux-fuyant.* 141.
Faux-fuyant, voy. *Fuite, refuite*, etc. 158.
Faveur (en) de, voy. *Considération (en) de, en faveur de.* 81.
Feint, simulé, contrefait. 148.
Fente, voy. *Creux, cavité, trou*, etc. 93.
Fermer, boucher. 149.
Fermeté, résolution, courage, énergie. 149.
Fertile, abondant. 150.
Fervent, voy. *Chaud, brûlant, ardent*, etc. 64.
Festin, voy. *Repas, régal, festin, banquet.* 269.
Fêter, chômer, célébrer, solenniser. 150.
Feu, voy. *Défunt, feu.* 101.
Fidélité, voy. *Exactitude, fidélité.* 139.
Figer, voy. *Cailler, coaguler*, etc. 54.
Figure, voy. *Visage, face, figure.* 313.
Fin, voy. *But, objet, fin.* 53.
Finir, terminer, décider, vider, régler, accommoder, ajuster. 151.
Flatter (se), se vanter. 152.
Flatter (se), voy. *Espérer, se promettre, se flatter.* 136.
Flèche, voy. *Trait, flèche, dard, javelot.* 301.
Fléchir, voy. *Plier, ployer, courber, fléchir*, 237.
Flegmatique, voy. *Froid, flegmatique.* 157.
Fleuve, voy. *Rivière, fleuve.* 274.
Flexible, souple, pliant. 152.
Fluer, voy. *Couler, s'écouler, fluer.* 89.
Fois, coup. 152.
Fois (à la), en même temps. 153.
Foisonner, voy. *Abonder, fourmiller*, etc. 6.
Fond (à), voy. *Tout à fait, absolument*, etc. 299.
Fondement, voy. *Raison, fondement, prétexte.* 255.
Fondre, voy. *Délayer, fondre, liquéfier*, etc. 103.
Fonds, voy. *Terroir, terrain, sol, champ, fonds.* 297.
Fontaine, voy. *Source, fontaine.* 288.
Forçat, voy. *Galérien, forçat.* 159.
Forcené, voy. *Furibond, forcené.* 158.
Forêt, voy. *Bois, forêt.* 44.
Forfait, attentat. 153.
Forfanterie, voy. *Fanfaronnade, rodomontade, forfanterie.* 147.
Forger, voy. *Inventer, controuver*, etc. 182.
Formaliser (se), se scandaliser, se gendarmer. 153.
Formaliste, cérémonieux, façonnier. 153.
Formalité, voy. *Forme, formalité.* 154.
Forme, formalité. 154.
Formellement, voy. *Déterminément, précisément*, etc. 110.

TABLE ALPHABÉTIQUE DES SYNONYMES DU SUPPLÉMENT.

Formidable, voy. *Terrible, formidable, redoutable.* 296.
Fortifier, renforcer, enforcir, conforter, reconforter. 154.
Fortune, voy. *Biens, richesse*, etc. 43.
Fouiller, fureter. 155.
Fouler, voy. *Accabler, opprimer, fouler.* 12.
Fourberie, voy. *Tromperie, fraude.* etc. 304.
Fourmiller, voy. *Abonder, fourmiller*, etc. 6.
Fourni, garni, muni, armé, pourvu. 155.
Fourreau, gaine, étui, enveloppe. 156.
Fourrer, voy. *Introduire, insérer, fourrer.* 180.
Fragile, voy. *Périssable, fragile.* 231.
Fraîchement, voy. *Depuis peu, récemment*, etc. 107.
Frais, voy. *Dépense, frais, dépens.* 106.
Fraude, voy. *Tromperie, fraude, fourberie*, etc. 304.
Freluquet, voy. *Damoiseau, godelureau*, etc. 95.
Frémir, voy. *Trembler, frémir, frissonner.* 302.
Frétiller, trémousser. 156.
Fripon, voy. *Coquin, maraud, maroufle*, etc. 85.
Friquet, voy. *Damoiseau, godelureau*, etc. 95.
Frissonner, voy. *Trembler, frémir, frissonner.* 302.
Froid, flegmatique. 157.
Frontispice, voy. *Façade, frontispice.* 145.
Fugitif, voy. *Fuyard, fugitif, fuyant.* 159.
Fuir, s'enfuir. 157.
Fuite, refuite, faux-fuyant, subterfuge, refuge, échappatoire, évasion. 158.
Fulminer, voy. *Tonner, fulminer.* 298.
Funéraire, voy. *Mortuaire, funéraire.* 207.
Fureter, voy. *Fouiller, fureter.* 155.
Furibond, forcené. 158.
Furtivement, voy. *Secrètement, en cachette*, etc. 279.
Fusil, voy. *Mousquet, fusil.* 208.
Fuyant, voy. *Fuyard, fugitif, fuyant.* 159.
Fuyard, fugitif, fuyant. 159.

G

Gage, nantissement. 159.
Gaine, voy. *Fourreau, gaine, étui*, etc. 156.
Galère, voy. *Bateau, batelet.* etc. 39.
Galérien, forçat. 159.
Galetas, grenier. 160.
Galopin, voy. *Poupon, bambin.* etc. 239.
Gamin, voy. *Poupon, bambin*, etc. 239.
Garde (prendre), voy. *Attention (avoir), prendre garde.* 33.
Garde, voy. *Conserver, garder.* 80.
Garder, voy. *Destiner, garder, réserver.* 109.
Garnement. voy. *Coquin, maraud, maroufle*, etc. 85.
Garni, voy. *Fourni, garni, muni*, etc. 155.
Gazette, journal. 160.
Gendarmer (se), voy. *Formaliser (se), se scandaliser*, etc. 153.
Gêne, contrainte, violence, nécessité. 161.
Généralement, voy. *Ordinairement, communément*, etc. 219.
Générosité, libéralité. 161.

Génie, voy. *Caractère, génie.* 58.
Genre, voy. *Classe, ordre, genre*, etc. 68.
Germe, semence. 162.
Gigantesque, voy. *Colossal, gigantesque.* 71.
Gisant, voy. *Couché, étendu, gisant.* 88.
Gîte, voy. *Couché, gîte.* 89.
Glacé, glacial. 162.
Glacial, voy. *Glacé, glacial.* 162.
Glaner, grappiller. 163.
Glisser (se), voy. *Couler (se), se glisser.* 90.
Glorifier, voy. *Louer, bénir, glorifier.* 195.
Godelureau, voy. *Damoiseau, godelureau*, etc. 95.
Goût, voy. *Saveur, goût.* 277.
Gouvernail, timon. 163.
Grade, voy. *Degré, grade.* 103.
Grain, brin. 163.
Graisser, oindre. 164.
Grappiller, voy. *Glaner, grappiller.* 163.
Gras, plein, replet, potelé, rebondi, dodu. 164.
Gratis, gratuitement. 165.
Gratuitement, voy. *Gratis, gratuitement.* 165.
Gravir, voy. *Grimper, gravir.* 166.
Greffer, enter. 165.
Grenier, voy. *Galetas, grenier.* 160.
Griffe, serre, 166.
Griffonnage, voy. *Barbouillage, griffonnage.* 38.
Griller, voy. *Brûler, griller.* 53.
Grimper, gravir. 166.
Grosse, enceinte. 166.
Grotesque, voy. *Burlesque, grotesque.* 53.
Guenille, voy. *Haillon, guenille.* 168.
Guetter, voy. *Épier, guetter.* 132.
Gueux, voy. *Coquin, maraud, maroufle*, etc. 85.
Guidon, voy. *Enseigne, bannière*, etc. 128.
Guignon, voy. *Malheur, guignon.* 199.

H

Habile homme, voy. *Homme de mérite, homme d'esprit, habile homme.* 171.
Habitude, routine. 167.
Habituer, accoutumer. 167.
Hache, cognée. 168.
Haillon, guenille. 168.
Haleine, respiration. 169.
Hallebarde, voy. *Lance, pique*, etc. 186.
Hardi, entreprenant, osé. 169.
Hâte, voy. *Activité, hâte.* 14.
Hauteur, colline, éminence. 169.
Heure (tout à l'), voy. *Instant (à l'), tout à l'heure, au plus vite.* 179.
Hiatus, bâillement. 169.
Hilarité, voy. *Joie, aise, hilarité*, etc. 184.
Histrion, voy. *Bouffon, farceur, baladin*, etc. 40.
Homicide, meurtrier, assassin. 170.
Homme de mérite, homme d'esprit, habile homme. 171.
Homme d'esprit, voy. *Homme de mérite, homme d'esprit, habile homme.* 171.
Honnête, voy. *Convenable, bienséant*, etc. 84.
Honte, voy. *Timidité, honte.* 298.
Houssine, voy. *Verge, baguette, houssine* 310.
Humeur, voy. *Caractère, humeur.* 58.
Humilité. voy. *Simplicité, modestie, humilité.* 285

I

Idylle, voy. Pastorale, bergerie, etc. 228.
Ignoble, voy. Bas, ignoble. 39.
Illicite, voy. Défendu, illicite. 100.
Illusion, voy. Prestige, illusion. 242
Image, description, tableau. 171.
Image, ressemblance. 172.
Imagination, chimère, vision. 172.
Immédiatement, voy. Abord (d'), sur-le-champ, etc. 8.
Impitoyable, voy. Dur, impitoyable, inhumain. 119.
Importance, conséquence. 173.
Imposant, auguste, majestueux. 173.
Imposture, voy. Fausseté, mensonge, etc. 148.
Impotent, voy. Estropié, impotent. 137.
Impression, édition. 174.
Impression, voy. Effet, impression. 121.
Improviste à (l'), voy. Coup (tout à), subitement, etc. 90.
Inabordable, inaccessible, voy. Abord, accès. 7.
Inaccessible, inabordable, voy. Abord, accès. 7.
Inanimé, désanimé, voy. Inoccupé, désoccupé. 177.
Inanimé, voy. Mort, inanimé. 207.
Incidenter, voy. Chicaner, incidenter. 67.
Inclément, voy. Rigoureux, inclément, etc. 274.
Incliner, pencher. 174.
Incommodé, voy. Malade, infirme, etc. 198.
Incontinent, voy. Abord (d'), sur-le-champ, etc. 8.
Incrédule, mécréant, 175.
Incurie, voy. Négligence, incurie. 211.
Indécis, voy. Indéterminé, indécis. 175.
Indépendamment, voy. Outre, indépendamment, etc. 221.
Indéterminé, indécis. 175.
Indéterminé, voy. Vague, indéterminé. 308.
Indifférent, voy. Égal, indifférent. 121.
Indirect, détourné, oblique. 175.
Indisciplinable, voy. Indocile, indisciplinable. 176.
Indispensable, voy. Nécessaire, indispensable. 211.
Indisposé, voy. Malade, infirme. etc. 198.
Indocile, indisciplinable. 176.
Induction, analogie. 176.
Indulgent, clément. 177.
Infecter, voy. Empoisonner, infecter. 124.
Infernal, voy. Diabolique, infernal. 113.
Infirme, voy. Faible, infirme. 145.
Infirme, voy. Malade, infirme, etc. 198.
Information, voy. Recherche, perquisition, etc. 262.
Ingambe, allègre. 177.
Ingénieux, voy. Spirituel, ingénieux. 290.
Ingrat, voy. Méconnaissant, ingrat. 201.
Inhumain, voy. Dur, impitoyable, inhumain. 119.
Inoccupé, désoccupé. 177.
Inondation, voy. Débordement, inondation. 96.
Inonder, noyer, submerger. 178.
Inopinément, voy. Coup (tout à), subitement, etc. 90.
 sensiblement, voy. Lentement, peu à peu, etc. 189.

Insérer, voy. Introduire, insérer, fourrer. 180.
Insinuant, voy. Attirant, engageant, insinuant. 33.
Insister, appuyer. 178.
Insolite, voy. Inusité, insolite. 180.
Instant (à l'), tout à l'heure, au plus vite. 179.
Instant (à l'), voy. Abord (d'), sur-le-champ, etc. 8.
Instruction, voy. Leçon, enseignement, etc. 187.
Insupportable, voy. Intolérable, insupportable. 180.
Intégrité, voy. Pureté, intégrité. 242.
Intelligence, (être d'), voy. Entendre (s'), être d'intelligence. 129.
Interdiction, voy. Défense, interdiction. 100.
Intérêt, part. 179.
Intermission, voy. Interruption, intermittence, etc. 179.
Intermittence, voy. Interruption, intermittence, etc. 179.
Interprète, voy. Traducteur, truchement, etc. 300.
Interrompre, voy. Discontinuer, interrompre. 116.
Interruption, intermittence, intermission. 179.
Intervalle, voy. Espace, intervalle, distance, etc. 135.
Intolérable, insupportable. 180.
Introduire, insérer, fourrer. 180.
Inusité, désusité, voy. Inoccupé, désoccupé. 177.
Inusité, insolite. 180.
Inutile, vain, superflu. 181.
Inventer, controuver, forger, fabriquer. 182.
Investigation, voy. Recherche, investigation. 262.
Investir, assiéger. 182.
Invétéré, envieilli. 182.
Inviolable, voy. Sacré, inviolable. 275.
Irascible, voy. Irritable, irascible. 183.
Irrépréhensible, voy. Irréprochable, irrépréhensible. 183.
Irréprochable, irrépréhensible. 183.
Irritable, irascible, 183.
Irriter, voy. Aigrir, irriter, piquer, fâcher. 19
Issue, sortie. 183.

J

Jactance, voy. Vanterie, jactance. 308.
Jamais (pour), voy. Toujours (pour), pour jamais à perpétuité. 299.
Japper, voy. Aboyer, japper. 10.
Jaspé, voy. Marbré, jaspé. 200.
Javelot, voy. Trait, flèche, dard, javelot. 301.
Joie, aise, hilarité, réjouissance, allégresse, jubilation. 184.
Joug, fardeau. 185.
Jouissance, possession, propriété. 184.
Journal, voy. Gazette, journal. 160.
Jours, voy. Vie, existence, jours. 311.
Jubilation, voy. Joie, aise, hilarité, etc. 184.
Jugement, sentence, arrêt. 185.
Juger, voy. Croire, penser, juger, estimer. 94.
Jument, voy. Cavale, jument. 59.
Jurisprudence, voy. Droit, jurisprudence. 119.
Justement, voy. Déterminément, précisément, etc. 110.
Justifier, voy. Excuser, disculper, justifier. 141.

L

Lacérer, voy. Déchirer, lacérer. 97.
Lâcher, voy. Abandonner, livrer, etc. 2.
Laid, vilain. 186.
Laisser, voy. Quitter, laisser, abandonner, etc. 251.
Lambin, voy. Lent, lambin. 189.
Lance, pique, hallebarde, pertuisane. 186.
Larcin, voy. Vol, larcin, rapine, etc. 314.
Lavage, voy. Ablution, lavage, lavement. 5.
Lavement, voy. Ablution, lavage, lavement. 5.
Laver, voy. Nettoyer, laver, rincer. 211.
Leçon, enseignement, instruction. 187.
Lecteur, liseur. 188.
Légat, nonce. 188.
Léger, voy. Agile, léger, vite, etc. 17.
Lent, lambin. 189.
Lent, voy. Long, lent. 194.
Lentement, peu à peu, insensiblement. 189.
Leste, voy. Agile, léger, vite, etc. 17.
Léthargie, voy. Assoupissement, léthargie. 31.
Lettre (à la), au pied de la lettre. 189.
Lettre (au pied de la), voy. Lettre (à la), au pied de la lettre. 189.
Lettres, voy Caractères, lettres, 58.
Lettres (homme de), voy. Littérateur, homme de lettres. 193.
Liant, voy. Doux, affable, liant, complaisant, 118.
Libéralité, voy. Générosité, libéralité. 161.
Libérateur, sauveur. 189.
Libérer, voy. Acquitter, libérer. 13.
Liberté, libre arbitre. 190.
Libre arbitre, voy. Liberté, libre arbitre. 190.
Lien, nœud. 190.
Lieu, endroit, passage. 191.
Lieu, occasion, sujet, cause, motif, raison. 191.
Lieu (au) que, voy. Tandis que, au lieu que. 255.
Ligne, trait, raie, barre. 192.
Liquéfier, voy. Délayer, fondre, liquéfier, etc. 103.
Liseur, voy. Lecteur, liseur. 188.
Litigieux, voy. Contentieux, litigieux. 82.
Littérateur, homme de lettres. 193.
Livre, ouvrage, écrit. 193.
Livrer, voy. Abandonner, livrer, céder, lâcher. 2.
Livrer (se), voy. Abandonner (s'), se livrer. 3.
Livrer (se), voy. Adonner (s'), se livrer, etc. 15.
Locution, expression. 194.
Lointain, voy. Eloigné, lointain, reculé, 121.
Lointain, voy. Eloignement, lointain. 122.
Long, lent. 194.
Longue (à la), voy. Temps (avec le), à la longue. 296.
Lot, voy. Partage, lot. 225.
Louer, bénir, glorifier. 195.
Lourd, balourd. 195.
Lourdise, balourdise, voy. Lourd, balourd. 195.
Lueur, rayon. 196.
Luire, reluire, briller, éclater, resplendir. 196

M

Magasin, voy. Boutique, magasin, etc. 48.
Magicien, sorcier, nécromancien. 197.
Main (sous), voy. Secrètement, en cachette, etc 279.
Maître, propriétaire. 197.
Maîtresse, voy. Amante, maîtresse. 20.
Maîtresse, voy. Concubine, maîtresse. 78.
Majestueux, voy. Imposant, auguste, etc. 173.
Majuscules, voy. Capitales, majuscules. 57.
Mal, maladie. 198.
Mal, malheur. 198.
Malade, infirme, incommodé, indisposé, malingre. 198.
Maladie, voy. Mal, maladie. 198.
Malbâti, voy. Difforme, contrefait, etc. 114.
Malcontent, mal satisfait. 198.
Malfait, voy. Difforme, contrefait, etc. 114.
Malheur, guignon. 199.
Malheur, voy. Mal, malheur. 198.
Malingre, voy. Malade, infirme, etc. 198.
Malmener, voy. Maltraiter, malmener. 200.
Malpropre, sale. 199.
Mal satisfait, voy. Mal content, mal satisfait. 198.
Maltraiter, malmener. 200.
Malversation, voy. Vol, larcin, etc. 314.
Mander, voy. Appeler, mander. 26.
Mander, voy. Savoir (faire), mander. 277.
Manière d'être, voy. Qualité, propriété, etc. 249.
Manteau, masque, voile. 200.
Maraud, voy. Coquin, maraud, maroufle, etc. 85.
Marbré, jaspé. 200.
Marchand, voy. Commerçant, négociant, etc. 73.
Mariage, union, alliance. 201.
Marmot, voy. Poupon, bambin, etc. 239.
Maroufle, voy. Coquin, maraud, maroufle, etc. 85.
Masque, voy. Manteau, masque, voile. 200.
Massacrer, voy. Tuer, assassiner, etc. 305.
Matière (en) de, voy. Fait (en) de, en matière de. 145.
Mâtin, voy. Dogue, mâtin. 118.
Matrimonial, voy. Nuptial, conjugal, etc. 213.
Maxime, voy. Principe, maxime, règle. 246.
Mécompter (se), voy. Errer, faillir, etc. 134.
Méconnaissant, ingrat, 201.
Mécréant, voy. Incrédule, mécréant. 175.
Médiocre, modique, 201.
Méditer, voy. Projeter, méditer. 246.
Méditer, voy. Réfléchir, méditer, ruminer. 266
Mémoire, commémoration, mention. 202.
Mémoire, voy. Dissertation, mémoire. 117.
Mensonge, voy. Fausseté, mensonge, etc. 148.
Mention, voy. Mémoire, commémoration, etc. 202.
Méprendre (se), voy. Errer, faillir, etc. 134.
Méprisable, contemptible. 202.
Méprisable, voy. Vil, méprisable. 312.
Méprisant, contempteur. 202.

Mépriser, voy. Dédaigner, mépriser. 100.
Mer, Océan. 203.
Mercure, vif-argent. 203.
Merveilleux, voy. Extraordinaire, merveilleux, etc. 143.
Mésestimer, dépriser. 204.
Mésintelligence, désunion, rupture, brouillerie, pique, division, dissension, discorde. 204.
Mesure, précaution. 206.
Mesure, voy. Proportion, mesure. 247.
Mettre (se), voy. Commencer, se mettre, etc. 72.
Meurtrier, voy. Homicide, meurtrier, assassin. 170.
Meurtrissure, voy. Contusion, meurtrissure. 84.
Mieux (à qui) mieux, voy. Envi (à l'), à qui mieux mieux. 131.
Milieu, voy. Centre, milieu. 60.
Minauderies, voy. Simagrées, minauderies. 285.
Miner, voy. Creuser, caver, miner. 93.
Miséricordieux, voy. Charitable, miséricordieux. 64.
Mobile, voy. Moteur, mobile, promoteur, âme. 207.
Mode, voy. Qualité, propriété, etc. 249.
Modestie, voy. Simplicité, modestie, humilité. 285.
Modification, voy. Qualité, propriété, etc. 249.
Modique, voy. Médiocre, modique. 201.
Moine, voy. Religieux, moine. 267.
Moins (à) que, si ce n'est que. 206.
Mollir, voy. Faiblir, mollir. 146.
Monticule, voy. Éminence, monticule, tertre. 123.
Montrer, voy. Enseigner, montrer. 129.
Montrer, voy. Prouver, démontrer, etc. 248.
Morguer, voy. Braver, morguer. 50.
Mort, inanimé. 207.
Mortuaire, funéraire. 207.
Mot (bon), voy. Pensée ingénieuse, bon mot, etc. 230.
Moteur, mobile, promoteur, âme. 207.
Motif, voy. Lieu, occasion, etc. 191.
Mouchard, voy. Mouche, mouchard. 208.
Mouche, mouchard. 208.
Mouche à miel, voy. Abeille, mouche à miel. 4.
Mousquet, fusil. 208.
Moutard, voy. Poupon, bambin, etc. 239.
Muguet, voy. Damoiseau, godelureau, etc. 95.
Multiplicité, voy. Multitude, multiplicité. 209.
Multitude, multiplicité. 209.
Muni, voy. Fourni, garni, etc. 155.
Mutiler, tronquer, estropier. 209.
Mystérieux, voy. Mystique, mystérieux. 209.
Mystique, mystérieux. 209.

N

Nacelle, voy. Bateau, batelet, etc. 39.
Naguère, voy. Depuis peu, récemment, etc. 107.
Naissance, origine, extraction. 210.
Nantissement, voy. Gage, nantissement. 159.
Nature, voy. Essence, nature. 137.
Navire, voy. Bateau, batelet, etc. 39.
Néant, voy. Rien, néant. 273.
Nécessaire, indispensable. 211.
Nécessité, voy. Gêne, contrainte, etc. 161.

Nécromancien, voy. Magicien, sorcier, etc. 197.
Négligence, incurie. 211.
Négociant, voy. Commerçant, négociant, etc. 73.
Nenni, voy. Non, nenni. 212.
Nettoyer, laver, rincer. 211.
Neveux, voy. Avenir, postérité, descendants, etc. 36.
Nœud, voy. Lien, nœud. 190.
Non, nenni. 212.
Nonce, voy. Légat, nonce. 188.
Nord, septentrion. 212.
Notes, voy. Commentaires, notes, annotations. 73.
Nourrissant, voy. Substantiel, succulent, etc. 291.
Nouveau (de), derechef. 213.
Nouvellement, voy. Depuis peu, récemment, etc. 107.
Noyer, voy. Inonder, noyer, submerger. 178.
Numéroter, voy. Coter, numéroter. 88.
Nuptial, conjugal, matrimonial. 213.

O

Obérer, voy. Endetter, obérer. 125.
Objection, difficulté. 214.
Objet, voy. But, objet, fin. 53.
Oblique, voy. Indirect, détourné, oblique. 175.
Observation, expérience. 214.
Occasion, voy. Lieu, occasion, sujet, etc. 191.
Occulte, voy. Secret, caché, sourd, etc. 278.
Occupation, affaire, travail, ouvrage, besogne. 215.
Occuper, remplir. 216.
Occuper (s') à, travailler à, s'appliquer à, s'étudier à, s'attacher à. 216.
Océan, voy. Mer, Océan. 208.
Offenser, voy. Choquer, blesser, offenser. 67.
Offrir, proposer. 217.
Oindre, voy. Graisser, oindre. 164.
Oisiveté, paresse. 217.
Ondulant, voy. Ondulé, ondulant, onduleux. 217.
Ondulé, ondulant, onduleux. 217.
Onduleux, voy. Ondulé, ondulant, onduleux. 217.
Opposé, contraire, contradictoire. 217.
Opposition, contraste, antithèse. 218.
Opprimer, voy. Accabler, opprimer, fouler. 12.
Oraison, voy. Discours, oraison. 116.
Oraison, voy. Prière, oraison. 245.
Orateur, rhéteur, rhétoricien. 218.
Ordinaire, accoutumé. 219.
Ordinairement, communément, généralement. 219.
Ordonnance, arrangement, disposition. 220.
Ordre, arrangement. 220.
Ordre, rang. 220.
Ordre, tranquillité, police, discipline, subordination. 220.
Ordre, voy. Classe, ordre, genre, etc. 68.
Organe, voy. Sens, organe. 281.
Origine, voy. Naissance, origine, extraction. 210.
Osé, voy. Hardi, entreprenant, osé. 169.
Ou, voy. A, ou. 1.
Outre, indépendamment, par-dessus. 221.
Ouverture, voy. Creux, cavité, trou, etc. 93.
Ouvrage, voy. Livre, ouvrage, écrit. 193.
Ouvrage, voy. Occupation, affaire, etc. 215.

P

Paître, brouter. 222.
Paix, silence, chut. 222.
Palpable, voy. *Sensible, palpable, visible.* 282.
Pamoison, voy. *Évanouissement, pâmoison,* etc. 138.
Panse, bedaine. 223.
Parade (faire), voy. *Parer (se), faire parade.* 225.
Paradoxal, voy. *Paradoxe, paradoxal.* 223.
Paradoxe, paradoxal. 223.
Paralytique, perclus. 223.
Par ce que, à cause que, car, en effet, puisque, vu que, attendu que. 224.
Par-ci par-là, voy. *Côté (de) et d'autre, çà et là, par-ci par-là.* 87.
Par-dessus, voy. *Outre, indépendamment.* etc. 221.
Pareil, égal. 225.
Parer (se), faire parade. 225.
Paresse, voy. *Oisiveté, paresse.* 217.
Parfaitement, voy. *Tout à fait, absolument,* etc. 299.
Parfois, voy. *Quelquefois, parfois,* etc. 250.
Part, voy. *Intérêt, part.* 179.
Partage, lot. 225.
Particularisé, voy. *Détaillé, circonstancié,* etc. 110.
Particulier, privé. 226.
Particulier, singulier, spécial, 226.
Parvenir, voy. *Arriver, parvenir, atteindre.* 29.
Parvenir à, voy. *Réussir à, parvenir à,* etc. 273.
Pas, préséance. 227.
Passage, voy. *Lieu, endroit, passage.* 191.
Passer, traverser. 227.
Pastorale, bergerie, idylle, églogue. 228.
Patelinage, voy. *Fausseté, duplicité,* etc. 147.
Pâtir, voy. *Souffrir, pâtir.* 287.
Patrie, pays. 228.
Payer, voy. *Récompenser, payer, reconnaître.* 264.
Pays, voy. *Patrie, pays.* 228.
Peau, cuir. 229.
Péculat, voy. *Vol, larcin,* etc. 314.
Pédagogue, voy. *Pédant, pédagogue.* 229.
Pédant, pédagogue. 229.
Peindre, dépeindre, décrire. 230.
Peine (avec), voy. *Difficilement, avec peine.* 114.
Pencher, voy. *Incliner, pencher.* 174.
Pendard, voy. *Coquin, maraud, maroufle,* etc. 85.
Pensée ingénieuse, bon mot, saillie, trait, pointe, quolibet, 230.
Penser, voy. *Croire, penser, juger, estimer.* 94.
Percer, transpirer. 231.
Perclus, voy. *Paralytique, perclus.* 223.
Perfectionner, voy. *Amender, améliorer,* etc. 22.
Périssable, fragile. 231.
Perpendiculaire, vertical. 232.
Perpétuité (à), voy. *Toujours (pour), pour jamais,* etc. 299.
Perquisition, voy. *Recherche, perquisition,* etc. 262.
Persévérance, constance. 232.
Pertuisane, voy. *Lance, pique,* etc. 186.
Peser, voy. *Appuyer, peser.* 27.
Pestilentiel. contagieux. 233.

Petit à petit, voy. *Peu à peu, petit à petit.* 233.
Peu à peu, petit à petit. 233.
Peu à peu, voy. *Lentement, peu à peu,* etc. 189.
Peureux, voy. *Craintif, peureux, timide.* 92.
Pharmacien, voy. *Apothicaire, pharmacien.* 24.
Phénix, voy. *Aigle, phénix.* 18.
Philosophe, philosophique. 233.
Philosophique, voy. *Philosophe, philosophique.* 233.
Pilastre, voy. *Colonne, pilier, pilastre.* 71.
Pilier, voy. *Colonne, pilier, pilastre.* 71.
Pillage, voy. *Vol, larcin, rapine,* etc. 314.
Pin, sapin. 234.
Pique, voy. *Lance, pique, hallebarde,* etc. 186.
Pique, voy. *Mésintelligence, désunion,* etc. 204.
Piquer, voy. *Aigrir, irriter, piquer, fâcher.* 19.
Pirate, corsaire. 234.
Pisser, uriner. 235.
Place, poste. 235.
Plaisant, risible, comique. 236.
Plaisir (prendre) à, voy. *Aimer à, prendre plaisir à.* 19.
Plante, végétal. 236.
Planter là, voy. *Quitter, laisser,* etc. 251.
Plein, voy. *Gras, plein, replet,* etc. 164.
Pleinement, voy. *Tout à fait, absolument.* etc. 299.
Pliable, pliant. 237.
Pliant, voy. *Flexible, souple, pliant.* 152.
Pliant, voy. *Pliable, pliant.* 237.
Plier, ployer, courber, fléchir. 237.
Ployer, voy. *Plier, ployer, courber, fléchir.* 237.
Poignard, dague. 237.
Poignarder, voy. *Tuer, assassiner,* etc. 305.
Pointe, voy. *Pensée ingénieuse, bon mot,* etc. 230.
Pointu, aigu. 238.
Police, voy. *Ordre, tranquillité,* etc. 220.
Polisson, voy. *Poupon, bambin.* etc. 239.
Ponctualité, voy. *Exactitude, ponctualité.* 140.
Populace, canaille, racaille. 238.
Populo, voy. *Poupon, bambin,* etc. 239.
Porc, voy. *Cochon, porc, pourceau.* 70.
Positivement, voy. *Déterminément, précisément,* etc. 110.
Possession, voy. *Jouissance, possession,* etc. 184.
Possible, faisable, praticable. 239.
Poste, voy. *Place, poste.* 235.
Postérieur, voy. *Subséquent, suivant,* etc. 291.
Postérité, voy. *Avenir, postérité, descendants,* etc. 36.
Postiche, voy. *Faux, postiche.* 148.
Potage, soupe. 239.
Potelé, voy. *Gras, plein, replet,* etc. 164.
Poupon, bambin, populo, gamin, galopin, polisson, marmot, moutard. 239.
Pourceau, voy. *Cochon, porc, pourceau.* 70.
Pourvu, voy. *Fourni, garni, muni,* etc. 155.
Praticable, voy. *Possible, faisable, praticable.* 239.
Préambule, voy. *Préface, discours préliminaire,* etc. 241.
Précaution, voy. *Mesure, précaution.* 206.
Précaution, voy. *Prévoyance, précaution.* 244.
Précautionner (se), voy. *Prémunir (se), se précautionner.* 242.
Prêcheur, voy. *Prédicateur, prêcheur.* 240.
Précieux, voy. *Cher, précieux.* 66.
Précisément. voy. *Déterminément, précisément,* etc. 110.

Prédicateur, prêcheur. 240.
Préface, discours préliminaire, avant-propos, préambule, avertissement, avis, prologue, prolégomènes. 241.
Prémunir (se), se précautionner. 242.
Prendre, voy. *Attaquer, prendre.* 32.
Prendre (se), voy. *Commencer, se mettre,* etc. 72.
Préposer, voy. *Commettre, préposer.* 74.
Préséance, voy. *Pas, préséance.* 227.
Presser, voy. *Serrer, presser.* 284.
Preste, voy. *Agile, léger, vite,* etc. 17.
Prestige, illusion. 242.
Prestige, sortilége. 243.
Prétexte, voy. *Raison, fondement, prétexte.* 255.
Prêtre, ecclésiastique, curé. 243.
Prévaloir, l'emporter. 244.
Prévenir, voy. *Devancer, prévenir.* 112.
Prévoyance, précaution. 244.
Prière, oraison, 245.
Prince, voy. *Chef, prince, coryphée.* 65.
Principal, capital (subst.). 245.
Principal, capital (adj.). 245.
Principalement, voy. *Surtout, principalement.* 293.
Principe, maxime, règle. 246.
Prise, voy. *Capture, prise.* 57.
Prison, voy. *Emprisonnement, prison,* etc. 125.
Privauté, voy. *Familiarité, privauté.* 146.
Privé, voy. *Particulier, privé.* 226.
Prix (au), voy. *Comparaison (en), au prix,* etc. 75.
Procédé, voy. *Conduite, procédé.* 78.
Prodigalité, profusion. 246.
Profusion, voy. *Prodigalité, profusion.* 246.
Progrès, voy. *Avancement, progrès, progression.* 35.
Progression, voy. *Avancement, progrès, progression.* 35.
Projeter, méditer. 246.
Prolégomènes, voy. *Préface, discours préliminaire,* etc. 241.
Prologue, voy. *Préface, discours préliminaire,* etc. 241.
Promettre (se), voy. *Espérer, se promettre, se flatter.* 136.
Promontoire, voy. *Cap, promontoire.* 56.
Promoteur, voy. *Moteur, mobile,* etc. 207.
Prononcer, déclamer, réciter, débiter. 246.
Proportion, mesure. 247.
Propos, voy. *Discours, propos,* 116.
Propos (hors de), voy. *Propos (mal à), hors de propos, à contre-temps.* 247.
Propos (mal à), hors de propos, à contre-temps. 247.
Proposer, voy. *Offrir, proposer.* 217.
Propriétaire, voy. *Maître, propriétaire.* 197.
Propriété, voy. *Jouissance, possession,* etc. 184.
Propriété, voy. *Qualité, propriété,* etc. 249.
Prouver, démontrer, montrer, établir. 248.
Provisions, voy. *Brevet, provisions.* 52.
Provoquer, voy. *Braver, défier, provoquer.* 50.
Puis, ensuite, après. 248.
Puisque, voy. *Parce que, à cause que,* etc. 224.
Pulluler, voy. *Abonder, fourmiller,* etc. 6.
Pureté, intégrité. 249.

Q

Qualité, propriété, attribut, manière d'être, mode, modification. 249.
Qualité, voy. *Titre, caractère, qualité.* 298.
Quelquefois, parfois, de temps en temps. 250.
Querir, voy. *Chercher, querir.* 66.
Question (il est), il s'agit. 251.
Quête, collecte. 251.
Quittance, voy. *Reçu, quittance, acquit.* 265.
Quitter, laisser, abandonner, déserter, planter là. 251.
Quitter, se défaire, se dépouiller, déposer. 252.
Quoique, bien que, encore que. 252.
Quolibet, voy. *Pensée ingénieuse, bon mot,* etc. 230.

R

Rabaisser, rabattre. 253.
Rabattre, voy. *Rabaisser, rabattre.* 253.
Rabougri, voy. *Ratatiné, rabougri.* 260.
Racaille, voy. *Populace, canaille, racaille.* 238.
Raccommodement, rapatriage. 253.
Raccourci (en), voy. *Abrégé (en), en raccourci.* 10.
Raconter, rapporter, rendre compte, déduire, exposer. 254.
Raie, voy. *Ligne, trait, raie, barre.* 192.
Raison, fondement, prétexte. 255.
Raison, réparation, satisfaction. 255.
Raison, voy. *Lieu, occasion, sujet,* etc. 191.
Raisonnement, argument. 255.
Ramassé, trapu. 256.
Ramasser, relever. 257.
Rame, aviron. 257.
Rang, voy. *Ordre, rang.* 220.
Rapatriage, voy. *Raccommodement, rapatriage.* 253.
Rapine, voy. *Vol, larcin, rapine,* etc. 314.
Rappeler, retracer. 257.
Rappeler, révoquer. 258.
Rapport, relation. 258.
Rapport, témoignage. 258.
Rapporter, voy. *Raconter, rapporter,* etc. 254.
Rapporter (s'en), s'en remettre. 259.
Rapt, voy. *Enlèvement, ravissement, rapt.* 127.
Rare, curieux. 259.
Ratatiné, rabougri. 260.
Ravage, voy. *Dégât, ravage, dévastation.* 101.
Ravissement, voy. *Enlèvement, ravissement, rapt.* 127.
Rayon, voy. *Lueur, rayon.* 196.
Rebattu, usé, trivial. 260.
Rebelle, réfractaire. 260.
Rebondi, voy. *Gras, plein, replet,* etc. 164.
Récapituler, résumer. 261.
Recéler, voy. *Renfermer, recéler.* 268.
Récemment, voy. *Depuis peu, récemment,* etc. 107.
Recensement, voy. *Dénombrement, énumération,* etc. 105.
Réception, voy. *Abord, accueil, réception.* 8.
Recevoir, souffrir, essuyer, subir, éprouver. 261.
Recherche, investigation. 262.
Recherche, perquisition, enquête, information. 262.

Réciter, voy. Prononcer, déclamer, etc. 246.
Recoin, repli, 264.
Recommandable, voy. Estimable, recommandable. 137.
Récompense (en), en revanche. 264.
Récompenser, payer, reconnaître. 264.
Reconforter, voy. Fortifier, renforcer, etc. 154.
Reconnaître, voy. Récompenser, payer, etc. 264.
Rectifier, voy. Corriger redresser, rectifier. 87.
Reçu, quittance, acquit. 265.
Reculé, voy. Éloigné, lointain, reculé. 121.
Redire, répéter. 265.
Redoutable, voy. Terrible, formidable, redoutable. 296.
Redresser, voy. Corriger, redresser, rectifier, 87.
Réel, effectif. 266.
Réel, vrai, certain. 266.
Réfléchir, méditer, ruminer, 266.
Réfractaire, voy. Rebelle, réfractaire. 260.
Réfréner, voy. Réprimer, réfréner. 270.
Refuge, voy. Fuite, refuite, faux-fuyant, etc. 158.
Refuite, voy. Fuite, refuite, faux-fuyant, etc. 158.
Régal, voy. Repas, régal, festin, banquet, 269.
Règle, voy. Principe, maxime, règle, 246.
Régler, voy. Finir, terminer, etc. 151.
Regorger, voy. Abonder, fourmiller, etc. 6.
Régularité, voy. Exactitude, régularité. 140.
Rehausser, voy. Relever, rehausser. 167.
Réjouissance, voy. Joie, aise, hilarité, etc. 184.
Relation, voy. Rapport, relation. 258.
Relever, rehausser. 267.
Relever, voy. Ramasser, relever. 257.
Religieux, moine. 267.
Religion, culte, adoration. 268.
Reluire, voy. Luire, reluire, briller, etc. 196.
Remettre (s'en), voy. Rapporter (s'en), s'en remettre. 259.
Remontrance, voy. Avertissement, remontrance. 37.
Remplir, voy. Occuper, remplir. 216.
Rendre (se), voy. Devenir, se rendre. 112.
Renfermer, recéler. 268.
Renfermer, voy. Contenir, renfermer, comprendre. 82.
Renforcer, voy. Fortifier, renforcer, etc. 154.
Renier, voy. Abjurer, se convertir, etc. 4.
Renoncer, se désister, se départir, se déporter. 268.
Renverser, bouleverser, subvertir. 269.
Renverser, voy. Abattre, renverser, terrasser. 3.
Répandre, voy. Semer, répandre. 280.
Réparation, voy. Raison, réparation, satisfaction. 255.
Repartir, voy. Retourner, repartir. 272.
Repas, régal, festin, banquet. 269.
Répéter, voy. Redire, répéter. 265.
Replet, voy. Gras, plein, replet, etc. 164.
Repli, voy. Recoin, repli. 264.
Réprimer, réfréner. 270.
Reprocher, voy. Accuser, reprocher, taxer. 12.
Réserver, voy. Destiner, garder, réserver. 109.
Résistance, défense. 271.
Résolu, voy. Décidé, résolu, délibéré, etc. 98.
Résolution, voy. Dénoûment, solution, etc. 105.
Résolution, voy. Fermeté, résolution, etc. 149.
Résonner, retentir. 271.
Respiration, voy. Haleine, respiration. 169.

Resplendir, voy. Luire, reluire, briller, etc. 196.
Responsable, voy. Comptable, responsable. 77.
Ressemblance, voy. Image, ressemblance, 172.
Resserrer, voy. Diminuer, amoindrir, etc. 115.
Résumer, voy. Récapituler, résumer. 261.
Retard, retardement. 272.
Retardement, voy. Retard, retardement. 272.
Retenir, voy. Arrêter, retenir. 28.
Retentir, voy. Résonner, retentir. 271.
Retourner, repartir. 272.
Retracer, voy. Rappeler, retracer, 257.
Retrancher, supprimer. 272.
Réussir à, parvenir à, venir à bout. 273.
Revanche (en), voy. Récompense (en), en revanche. 264.
Révoquer, voy. Destituer, démettre, etc. 110.
Révoquer, voy. Rappeler, révoquer. 258.
Rhéteur, voy. Orateur, rhéteur, rhétoricien. 218.
Rhétoricien, voy. Orateur, rhéteur, rhétoricien. 218.
Richesses, voy. Biens, richesses, etc. 43.
Rien, néant. 273.
Rigoureux, inclément, rude, âpre. 274.
Rincer, voy. Nettoyer, laver, rincer. 211.
Risible, voy. Plaisant, risible, comique. 236.
Rivière, fleuve. 274.
Rodomontade, voy. Fanfaronnade, rodomontade, forfanterie. 147.
Roide, voy. Escarpé, roide. 134.
Routine, voy. Habitude, routine. 167.
Rude, voy. Rigoureux, inclément, etc. 274.
Ruminer, voy. Réfléchir, méditer, ruminer. 266.
Rupture, voy. Mésintelligence, désunion, etc. 204.
Rustique, voy. Champêtre, rustique, agreste. 62.

S

Sabbat, voy. Tapage, tintamarre, etc. 295.
Sacré, inviolable. 275.
Sacrer, voy. Bénir, sacrer. 42.
Sage-femme, voy. Accoucheuse, sage-femme. 12.
Saillie, voy. Pensée ingénieuse, bon mot, etc. 230.
Sain, salubre, salutaire. 275.
Sale, voy. Malpropre, sale. 199.
Salir, souiller, tacher, barbouiller. 276.
Salubre, voy. Sain, salubre, salutaire. 275.
Salutaire, voy. Sain, salubre, salutaire. 275.
Sapin, voy. Pin, sapin. 234.
Satan, voy. Diable, Satan. 112.
Satire, voy. Critique, satire. 94.
Satisfaction, voy. Raison, réparation, satisfaction. 255.
Sauvages, barbares. 276.
Sauveur, voy. Libérateur, sauveur. 189.
Saveur, goût. 277.
Savoir (faire), mander. 277.
Scandaliser (se), voy. Formaliser (se), se scandaliser, se gendarmer. 153.
Science, art. 277.
Séant, voy. Convenable, bienséant, etc. 84.
Second, deuxième. 277.
Seconder, voy. Aider, seconder. 18.
Secret, caché, sourd, clandestin, occulte. 278.
Secret, discret. 279.

Secrètement, en cachette, à la dérobée, furtivement, sous main, sourdement, à la sourdine, en tapinois. 279.
Sécurité. voy. *Confiance, sécurité.* 78.
Semblant, voy. *Apparence, semblant.* 25.
Semence, voy. *Germe, semence.* 162.
Semer, répandre, 280.
Sens, organe. 281.
Sens, signification, acception. 281.
Sensible, palpable, visible. 282.
Sensible, voy. *Aimant, sensible.* 19.
Sensualité, délectation. 282.
Sensuel, voluptueux. 282.
Sentence, voy. *Jugement, sentence, arrêt.* 185.
Sentir, éprouver. 283.
Septentrion, voy. *Nord, septentrion.* 212.
Sérieusement, tout de bon. 283.
Serre, voy. *Griffe, serre.* 166.
Serrer, étreindre, enlacer. 284.
Serrer, presser. 284.
Si ce n'est que, voy. *Moins (à) que, si ce n'est que.* 206.
Signification, voy. *Sens, signification, acception.* 281.
Silence, voy. *Paix, silence, chut.* 222.
Simagrées, minauderies. 285.
Simplicité, modestie, humilité. 285.
Simulé, voy. *Feint, simulé, contrefait.* 148.
Sincère, voy. *Véridique, sincère.* 311.
Singulier, voy. *Particulier, singulier, spécial.* 226.
Sinuosité, détour. 285.
Sociable, voy. *Social, sociable.* 286.
Social, sociable. 286.
Société, compagnie. 286.
Société, voy. *Congrégation, confrérie, société.* 79.
Soins, voy. *Attentions, soins.* 33.
Sol, voy. *Terroir, terrain, sol,* etc. 297.
Solenniser, voy. *Fêter, chômer, célébrer,* etc. 150.
Solidité, consistance. 286.
Solitaire, voy. *Ermite, solitaire.* 134.
Solitude, voy. *Désert, solitude,* 108.
Solution, voy. *Dénoûment, solution,* etc. 105.
Son, ton, bruit. 287.
Sorcier, voy. *Magicien, sorcier, nécromancien,* 197.
Sornettes. voy. *Chansons, sornettes, balivernes,* etc. 62.
Sortable, voy. *Convenable, bienséant,* etc. 84.
Sorte, voy. *Classe, ordre, genre,* etc. 68.
Sortie, voy. *Issue, sortie.* 183.
Sortilége, voy. *Prestige, sortilége.* 243.
Souffrir, pâtir. 287.
Souffrir, voy. *Recevoir, souffrir, essuyer,* etc. 261.
Souhait, vœu. 287.
Souiller, voy. *Salir, souiller, tacher,* etc. 276.
Soupe, voy. *Potage, soupe.* 239.
Souple, voy. *Flexible, souple, pliant.* 152.
Souplesse, agilité. 288.
Source, fontaine. 288.
Sourd, voy. *Secret, caché, sourd,* etc. 278.
Sourdement, voy. *Secrètement, en cachette,* etc. 279.
Sourdine (à la), voy. *Secrètement, en cachette,* etc. 279.
Sournois, voy. *Dissimulé, sournois.* 117.
Soustraire, voy. *Dérober, soustraire.* 108.

Soutenir, supporter. 288.
Souverain, absolu. 289.
Spécial, voy. *Particulier, singulier, spécial.* 226.
Spécieux, voy. *Apparent, spécieux.* 25.
Spéculation, théorie. 289.
Sphère, voy. *Cercle, sphère.* 60.
Spirituel, ingénieux. 290.
Squelette, voy. *Carcasse, squelette.* 59.
Subir, voy. *Recevoir, souffrir,* etc. 261.
Subitement, voy. *Coup (tout à), subitement,* etc. 90.
Submerger, voy. *Inonder, noyer, submerger.* 178.
Subordination, voy. *Ordre, tranquilité,* etc. 220.
Subséquent, suivant, postérieur, ultérieur. 291.
Substantiel, succulent, nourrissant. 291.
Subterfuge, voy. *Fuite, refuite, faux-fuyant,* etc. 158.
Subvertir, voy. *Renverser, bouleverser, subvertir.* 269.
Succulent, voy. *Substantiel, succulent,* etc. 291.
Suite, conséquence, effet. 292.
Suite (dans la), voy. *Avenir (à l'), dans la suite,* etc. 37.
Suite (tout de), voy. *Abord (d'), sur-le-champ,* etc. 8.
Suivant, voy. *Subséquent, suivant,* etc. 291.
Sujet, voy. *Lieu, occasion,* etc. 191.
Supercherie, voy. *Tromperie, fraude,* etc. 304.
Superflu, voy. *Inutile, vain, superflu.* 181.
Supplice, tourment, torture. 292.
Supporter, voy. *Soutenir, supporter.* 288.
Supprimer, voy. *Retrancher, supprimer.* 272.
Suranné, voy. *Âgé, vieux, suranné,* etc. 17.
Surcharge, voy. *Surcroît, surcharge.* 293.
Surchargé, voy. *Accablé, surchargé,* 12.
Surcroît, surcharge. 293.
Surtout, principalement. 293.
Suspension d'armes, voy. *Trêve, suspension d'armes, armistice.* 303.
Syncope, voy. *Évanouissement, pâmoison,* etc. 138.
Syntaxe, construction. 294.

T

Tableau, voy. *Image, description, tableau.* 171.
Tâche, (prendre à) voy. *Entreprendre, prendre à tâche.* 130.
Tacher, voy. *Salir, souiller,* etc. 276.
Tâcher à, voy. *Viser à, tâcher à.* 313.
Tambour, caisse. 294.
Tandis que, au lieu que. 295.
Tapage, tintamarre, carillon, charivari, sabbat, vacarme, bacchanal, train. 295.
Tapinois (en), voy. *Secrètement, en cachette,* etc. 279.
Tarir, voy. *Épuiser, tarir.* 133.
Tasse, voy. *Coupe, tasse.* 91.
Taxer, voy. *Accuser reprocher, taxer.* 12.
Témoignage, voy. *Rapport, témoignage.* 258.
Temps (avec le), à la longue. 296.
Temps (en même), voy. *Fois (à la), en même temps.* 153.

TABLE ALPHABÉTIQUE DES SYNONYMES DU SUPPLÉMENT.

Temps (de) en temps, voy. *Quelquefois, parfois*, etc. 250.
Tendrement, voy. *Chèrement, tendrement*. 66.
Tergiverser, voy. *Biaiser, tergiverser*. 42.
Terminer, voy. *Finir, terminer, décider*, etc. 151.
Terrain, voy. *Terroir, terrain*, sol, etc. 297.
Terrasser, voy. *Abattre, renverser, terrasser*. 3.
Terrible, formidable, redoutable. 296.
Terroir, terrain, sol, champ, fonds. 297.
Tertre, voy. *Éminence, monticule, tertre*. 123.
Théorie, voy. *Spéculation, théorie*. 289.
Timide, voy. *Craintif, peureux, timide*. 92.
Timidité, honte. 298.
Timon, voy. *Gouvernail, timon*. 163.
Tintamarre, voy. *Tapage, tintamarre*, etc. 295.
Titre, caractère, qualité. 298.
Ton, voy. *Son, ton, bruit*. 287.
Tonner, fulminer. 298.
Torture, voy. *Supplice, tourment, torture*. 292.
Totalement, voy. *Tout à fait, absolument*, etc. 299.
Touffu, voy. *Épais, touffu*. 131.
Toujours (pour), *pour jamais, à perpétuité*. 299.
Tour à tour, alternativement. 299.
Tourbillon, voy. *Bourrasque, tourbillon*. 47.
Tourment, voy. *Supplice, tourment, torture*. 292.
Tout à fait, absolument, à fond, pleinement, parfaitement, entièrement, complétement, totalement. 299.
Tracassier, voy. *Brouillon, tracassier*. 52.
Traducteur, truchement, interprète. 300.
Trafiquant, voy. *Commerçant, négociant*, etc. 73.
Train, voy. *Tapage, tintamarre*, etc. 295.
Trait, flèche, dard, javelot. 301.
Trait, voy. *Ligne, trait, raie, barre*. 192.
Trait, voy. *Pensée ingénieuse, bon mot*, etc. 230.
Traité, dissertation. 302.
Tranquillité, voy. *Ordre, tranquillité, police*, etc. 220.
Transmutation, voy. *Conversion, transmutation*. 85.
Transpirer, voy. *Percer, transpirer*. 231.
Trapu, voy. *Ramassé, trapu*. 256.
Travail, voy. *Occupation, affaire*, etc. 215.
Travailler à, voy. *Occuper* (s') à, travailler à, etc. 216.
Traverser, voy. *Passer, traverser*. 227.
Trembler, frémir, frissonner. 302.
Trémousser, voy. *Frétiller, trémousser*. 156.
Trêve, suspension d'armes, armistice. 303.
Tricherie, voy. *Tromperie, fraude*, etc. 304.
Triomphal, triomphant. 304.
Triomphant, voy. *Triomphal, triomphant*. 304.
Trivial, voy. *Rebattu, usé, trivial*. 260.
Tromper (se), voy. *Errer, faillir*, etc. 134.
Tromperie, fraude, fourberie, supercherie, tricherie. 304.
Tromperie, voy. *Fausseté, mensonge*, etc. 148.
Tronquer, voy. *Mutiler, tronquer, estropier*. 209.
Trou, voy. *Creux, cavité, trou*, etc. 93.
Trouble, confusion, désordre. 305.

Truchement, voy. *Traducteur, truchement*, etc. 300.
Tuer, assassiner, poignarder, égorger, massacrer. 305.
Turlupin, voy. *Bouffon, farceur*, etc. 46.
Tuyau, voy. *Canal, conduit, tuyau*. 56.

U

Ultérieur, voy. *Subséquent, suivant*, etc. 291.
Un à un, l'un après l'autre. 307.
Union, voy. *Mariage, union, alliance*. 201.
Urbanité, voy. *Atticisme, urbanité*. 33.
Uriner, voy. *Pisser, uriner*. 235.
Usé, voy. *Rebattu, usé, trivial*. 260.
Usé, voy. *Vieux, usé*. 312.
Usurper, empiéter, entreprendre. 307

V

Vacarme, voy. *Tapage, tintamarre*, etc. 295.
Vague, indéterminé. 308.
Vain, voy. *Inutile, vain, superflu*. 181.
Vainqueur, victorieux. 308.
Vaisseau, voy. *Bateau, batelet*, etc. 39.
Vaisseau, voy. *Vase, vaisseau*. 309.
Vanter (se), voy. *Flatter* (se), se vanter. 152.
Vanterie, jactance. 308.
Va-nu-pieds, voy. *Coquin, maraud*, etc. 85.
Vapeur, exhalaison. 309.
Vaquer, voy. *Appliquer* (s'), vaquer. 26.
Vase, vaisseau. 309.
Vaurien, voy. *Coquin, maraud*. etc. 85.
Végétal, voy. *Plante, végétal*. 236.
Vénal, vendable. 310.
Vendable, voy. *Vénal, vendable*. 310.
Vendre, débiter, se défaire. 310.
Venir à bout, voy. *Réussir à, parvenir à*, etc. 273.
Venue, voy. *Arrivée, venue, avénement*. 28.
Véracité, voy. *Vérité, véracité*. 311.
Verge, baguette, houssine. 310.
Véridique, sincère. 311.
Vérité, véracité. 311.
Vertical, voy. *Perpendiculaire, vertical*. 232.
Vertu (en) de, voy. *Conséquence* (en) de, en vertu de. 80.
Victorieux, voy. *Vainqueur, victorieux*. 308.
Vide, voy. *Creux, cavité, trou*, etc. 93.
Vider, évacuer. 311.
Vider, voy. *Finir, terminer*, etc. 151.
Vie, existence, jours. 311.
Vie (en), voy. *Vivant, en vie*. 314.
Vieillard, voy. *Agé, vieux, suranné*, etc. 17.
Vieux, usé. 312.
Vieux, voy. *Agé, vieux, suranné*, etc. 17.
Vif-argent, voy. *Mercure, vif-argent*. 203.
Vil, méprisable. 312.
Vilain, voy. *Laid, vilain*. 186.
Violence, voy. *Gêne, contrainte*, etc. 161.
Violent, voy. *Extrême, excessif, violent*, etc. 143.

Visage, face, figure. 313.
Viser à, tâcher à. 313.
Visible, voy. *Sensible, palpable, visible.* 282.
Vision, voy. *Imagination, chimère, vision.* 172.
Vite, voy. *Agile, léger,* etc. 17.
Vite (au plus), voy. *Instant (à l'), tout à l'heure, au plus vite.* 179.
Vivant, en vie. 314.
Vivement, ardemment. 314.
Vœu, voy. *Souhait, vœu.* 287.

Vogue, voy. *Cours, vogue, crédit.* 91.
Voile, voy. *Manteau, masque, voile.* 200.
Vol, larcin, rapine, pillage, brigandage, malversation, péculat, concussion, exaction, déprédation. 314.
Voluptueux, voy. *Sensuel, voluptueux.* 282.
Voûte, arcade. 316.
Vrai, voy. *Réel, vrai, certain.* 266.
Vu que, voy. *Parce que, à cause que,* etc. 224.

FIN DE LA TABLE ALPHABÉTIQUE DU SUPPLÉMENT DES SYNONYMES

Imprimeries réunies, **A**, rue Mignon, 2, Paris.

www.ingramcontent.com/pod-product-compliance
Lightning Source LLC
Chambersburg PA
CBHW060508170426
43199CB00011B/1372